Kunze

Grundzüge der Bibliotheks-lehre

HORST KUNZE

Grundzüge der Bibliothekslehre

4., neubearbeitete Auflage

VEB Verlag
für Buch- und Bibliothekswesen
Leipzig

Lehrbücher für den bibliothekarischen Nachwuchs
Band 1

4., neubearbeitete Auflage
Lizenz-Nr. 433/130/165/76 – LSV 0934
Lektor: Erika Tröger
Einband und Schutzumschlag: Ursula und Volker Küster, Leipzig
Printed in the German Democratic Republic
Gesamtherstellung: INTERDRUCK Graphischer Großbetrieb Leipzig – III/18/97

Inhalt

Verzeichnis häufig verwendeter Abkürzungen

AK	Alphabetischer Katalog
BDK	Brüsseler Dezimalklassifikation
BV	Bibliotheksverband der DDR
BVO	Bibliotheksverordnung
DB	Deutsche Bücherei
DSB	Deutsche Staatsbibliothek
DDK	Deweys Dezimalklassifikation
DGK	Deutscher Gesamtkatalog
DK	Dezimalklassifikation
FIAB	Fédération Internationale des Associations de Bibliothécaires
FID	Fédération Internationale de Documentation
GAZ	Gesamtverzeichnis ausländischer Zeitschriften
GBl.	Gesetzblatt der DDR
Handbuch	Handbuch der Bibliothekswissenschaft
HB	Handbibliothek
IFLA	International Federation of Library Associations
IVBV	Internationaler Verband der Bibliothekar-Vereine
ILV	Internationaler Leihverkehr
ILZ	Institut für Leihverkehr und Zentralkataloge
IWT	Informationssystem Wissenschaft und Technik
LB	Landesbibliothek
LS	Lesesaal
LVO	Leihverkehrsordnung
Nachr. Dok.	Nachrichten für Dokumentation
Nachr. f. wiss. Bibl.	Nachrichten für das wissenschaftliche Bibliothekswesen
SB	Staatsbibliothek
SW	Schlagwort
SWK	Schlagwortkatalog
UB	Universitätsbibliothek
ZfB	Zentralblatt für Bibliothekswesen
ZfBB	Zeitschrift für Bibliothekswesen und Bibliographie
ZIB	Zentralinstitut für Bibliothekswesen
ZIID	Zentralinstitut für Information und Dokumentation
ZK	Zentralkatalog
ZKA	Zentralkatalog der Auslandsliteratur
ZLS	Zeitschriften-Lesesaal

Vorwort

Seit Abschluß des Manuskriptes zur letzten, dritten, völlig veränderten Auflage meiner „Bibliotheksverwaltungslehre“ sind über 10 Jahre vergangen; die „Grundzüge der Bibliothekslehre“ sind 1966 erschienen (unveränderter Neudruck Leipzig sowie Teilauflage München-Pullach: Verlag Dokumentation 1969). In diesem Jahrzehnt ist mir von Fachkollegen des In- und Auslandes wiederholt nahegelegt worden, die „Grundzüge“ auf den neuesten Stand zu bringen. Bei Beginn dieser Arbeit war nicht zu übersehen, welcher Arbeitsaufwand dazu nötig werden sollte. Die rasche Entwicklung des Bibliothekswesens in den letzten zehn Jahren, aber auch die Fülle einschneidender Veränderungen sowie neuer Einsichten sind mir in ihrem ganzen Ausmaß erst im Verlaufe der Arbeit deutlich geworden.

Das traditionelle Gefüge der Bibliothek ist gegenwärtig grundlegenden Veränderungen unterworfen, z. B. durch die Integrierung von Bibliotheks- und Informations- und Dokumentationswissenschaft, durch Zentralisierungen als Voraussetzung für die Automatisierung bibliothekarischer Prozesse, durch die Einwirkung der Gesetze der Ökonomie auch auf Wissenschaft und Kultur, durch die Notwendigkeit, Erkenntnisse der Soziologie zur Geltung zu bringen – das alles sind Faktoren, die zugleich auf die Struktur nationaler Bibliothekssysteme und Bibliotheksnetze sowie auf Großbibliotheken entscheidend einwirken. Die Anwendung der elektronischen Datenverarbeitung im Bibliothekswesen hat die minutiöse Kenntnis bibliothekarischer Arbeitsvorgänge sowie deren Ineinandergreifen neu bewertet.

So wird auch für die Bibliothekswissenschaft, in Kooperation mit dem Partner Informations- und Dokumentationswissenschaft, in nächster Zukunft ein System spezieller Lehr- und Handbücher das zusammenfassende Hand- oder Lehrbuch der Bibliothekare ablösen. Eine Entwicklung in dieser Richtung hat bereits eingesetzt. Es wird sich erweisen müssen, ob das Lehrbriefwerk für das Fernstudium, wie es in der DDR von dem Institut für Bibliothekswissenschaft und wissenschaftliche Information der Humboldt-Universität zu Berlin in den vergangenen Jahren erarbeitet worden ist, die Grundlage für die Entwicklung neuer differenzierter Lehrbücher bilden kann. Wie aber eine Bibliothek keine lose Aneinanderreihung von Abteilungen und Dienststellen, sondern ein lebendiger Organismus ist, so wird es bei dem künftigen Lehrbuchwerk entscheidend darauf ankommen, daß durch eine maximale Verzahnung der einzelnen Teile der deutliche Zusammenhang und das zweckmäßige Ineinandergreifen bibliothekarischer Arbeitsvorgänge gewährleistet bleiben.

Die Beibehaltung des bisherigen Titels „Grundzüge der Bibliothekslehre" lag bei einer neuen Auflage nahe. Der Gegenstand der Bibliothekswissenschaft und auch der Begriff Bibliothekslehre befinden sich zur Zeit in Diskussion. Ihre derzeitigen Ergebnisse, z. B. die Versuche, eine „allgemeine Bibliothekswissenschaft" von einer „speziellen" abzuheben, können noch nicht als letztes Wort angesehen werden. Angesichts dieser Situation, die im Grunde nur von den ernsten Bemühungen zeugt, den Gegenstand der Bibliothekswissenschaft aus marxistischer Sicht neu zu bestimmen, habe ich es für richtig gehalten, das in den vorausgehenden Auflagen behandelte Thema „Die Bibliothekslehre im System der Bibliothekswissenschaft" wegzulassen. Aus einem ganz anderen Grund ist das bisherige Kapitel „Struktur des Bibliothekswesens der DDR" entfallen; dazu liegt genügend Literatur vor. Bei der stürmischen Entwicklung gerade der Strukturen veralten Darstellungen dieser Art zudem besonders rasch.
Die sonstigen Veränderungen im Gesamtaufbau haben sich von selbst ergeben: Erfahrungen in der Lehre sprechen dafür, von den Grundfunktionen der Bibliotheken in der sozialistischen Gesellschaft auszugehen und daraus abgeleitete Fragen erst im Anschluß daran zu behandeln.
Bei der Darstellung der Arbeitsvorgänge und Probleme bin ich bemüht gewesen, mich um der Verständlichkeit willen so wenig wie möglich des bibliothekarischen Fachjargons zu bedienen. Erst recht habe ich darauf verzichtet, die Wissenschaftlichkeit des Lehrbuchanliegens durch gespreiztes, schwer zugängliches Sprachgut zu erweisen, wie es leider auch in der bibliothekarischen Fachsprache, besonders in der BRD, Mode geworden ist.
Aus den dargelegten Gründen verabschiedet sich der Autor der „Grundzüge" mit dieser letzten Neubearbeitung von seinen Lesern in der Hoffnung, daß die neue Auflage noch so lange Nutzen stiften möge, bis ein modernes Lehrbuchwerk sie ersetzen wird.
Zu großem Dank verpflichtet bin ich dem Ministerium für Hoch- und Fachschulwesen für den mir gewährten Arbeitsurlaub. Von den Kollegen, deren Rat mir zuteil geworden ist, nenne ich meine engsten Mitarbeiter, Frau Renate Gollmitz, Herrn Hans Kasper, Frau Helga Kießling. Wertvolle Hinweise verdanke ich den zahlreichen Gutachtern aus der DDR, und zwar den Kollegen Dr. Burghard Burgemeister, Dr. Günther Meyer, Dr. Andreas Noack, Dipl.-Ing. Peter Prohl, Dr. Dieter Scheffel, Hans-Werner Schmidt, Karla Schmidt, Dr. Gerhard Schwarz.
Voller Dankbarkeit darf ich verzeichnen, daß die Kollegen Prof. Dr. Georgi Gavrilovič Firsov und Dozentin Dr. Tatjana Innokent'evna Skripkina, beide Leningrad, sich gleichfalls gutachtlich zu meinem Manuskript geäußert haben. Frau Erika Tröger vom VEB Bibliographisches Institut Leipzig hat mir unermüdlich Hilfe geleistet.

Horst Kunze

1. Bibliothek

1.1. Definition

Unesco

Nach einer Empfehlung der Unesco vom 13. November 1970[1] soll u. a. als Bibliothek (griech. βιβλιοϑήκή, lat. bibliotheca, ursprünglich Buchbehälter, Buchladen) gelten: „unabhängig von ihrer Bezeichnung jede geordnete Sammlung gedruckter Bücher und periodischer Veröffentlichungen oder anderer graphischer oder audiovisueller Materialien sowie die Dienstleistungen eines Mitarbeiterstabes, der für die bequeme Nutzung der Materialien sorgt, die die Leser zu Zwecken der Information, Forschung, Bildung oder Entspannung benötigen." Da diese Definition internationale Gültigkeit bezweckt, d. h. für Bibliotheken in Ländern unterschiedlicher Gesellschaftsformationen gelten soll, ist es verständlich, daß sie sich auf inhaltsleere Funktions- und Zielaussagen beschränkt. Wir werden im Zusammenhang mit der Zweckbestimmung der Bibliothek notwendige Ergänzungen zu machen haben, um diese Norm-Bibliothek im Sinne der Unesco-Empfehlungen auf unser nationales Bibliothekssystem – in grundsätzlicher Übereinstimmung mit den anderen europäischen sozialistischen Ländern – anzuwenden. Privatbibliotheken klammert diese Definition aus. Im Sinne der Verfassung der DDR (1974), die gesamtgesellschaftliches Volkseigentum, Eigentum gesellschaftlicher Organisationen und persönliches Eigentum der Bürger unterscheidet, werden wir auf die Rolle der Privatbibliothek noch einzugehen haben, obwohl auch für uns die öffentliche Bibliothek im Mittelpunkt steht.

1.1.1. *Sammlung literarischer Dokumente*

Literatur

Unter Literatur versteht man den Niederschlag menschlichen Geistes auf allen Gebieten, unabhängig von seiner Überlieferungsform (mündlich) oder ursprünglichen Aufzeichnungsart (schriftlich oder akustisch), also sowohl die wissenschaftliche und populärwissenschaftliche als auch die schöngeistige oder schöne Literatur; nur im engeren Sinne und als ein Gegenstand der Literaturwissenschaft fällt darunter die sogenannte schöne Literatur (Belletristik < franz. belles-lettres = schöne Wissenschaften).

---

[1] *Empfehlungen zur internationalen Vereinheitlichung der Bibliotheksstatistik.* Dt. Übers., abgedr. in: ZfB 85 (1971) S. 596.

literarische Dokumente

In einer Bibliothek werden zwar auch heute noch vorwiegend – und in bestimmten Bibliothekstypen sogar ausschließlich – gedruckte oder in einem anderen Vervielfältigungsverfahren hergestellte Bücher[2], Zeitschriften und Zeitungen zu einer Sammlung vereinigt. Sammelobjekt können aber auch literarische Dokumente aller Art, wie Mikrofilme, Schallplatten, Tonbänder usw., ferner handgeschriebene Dokumente, wie Briefe, Autographen, Nachlässe, Handschriften, sein. Inhaltlich können sich diese gedruckten und handschriftlichen Dokumente auf wissenschaftliche, belehrende oder unterhaltende Literatur erstrecken.[3]

audiovisuelle Materialien

Zu den literarischen Dokumenten, denen die Bibliotheken in zunehmendem Maße Aufmerksamkeit schenken müssen, zählen die audiovisuellen Materialien.[4] Darunter versteht man Tonträger und Bildnachweise wie Filmstreifen, Schallplatten, Tonbänder, Kassetten (Ton- und Bild ~) sowie Dias, Kleinbildfilme, Bildermappen, Kunstdrucke, Originalgraphik. Man hat unser Zeitalter zu Recht als optisches bezeichnet, um dadurch anzudeuten, daß im Zusammenhang mit dem Fernsehen das Bild als kulturgeschichtliches Dokument und als zeitgenössisches publizistisches Mittel eine erhöhte Bedeutung gewonnen, genaugenommen wiedergewonnen hat. Das spiegelt sich in dem Auf- und Ausbau von Bildarchiven, Porträtsammlungen nebst dazugehörigen reprographischen Einrichtungen in wissenschaftlichen Bibliotheken wider.[5] Ausgehend

---

2 Wie wenig geklärt das Wesen des Buches und wie schwierig seine Definition ist, hat WIELAND SCHMIDT in seiner Untersuchung *Vom Wesen des Buches* (Gutenberg-Jahrbuch 1952 S. 197–208) nachgewiesen. Seine Definition lautet: „Bücher sind bewegliche Bild- oder Schriftträger, die erhalten und durch Vervielfältigung verbreitet werden sollen und deren Zweck durch die Vermittlung eines immateriell-geistigen Inhalts und durch den Wert für die Allgemeinheit gegeben ist" (S. 207).

3 WERNER DUX, *Informationsquellen.* Berlin 1966 (ZIID. Arbeitsmaterialien f. Lehrgänge. 1.) – GEORG ABEL u. KARL BARTUSCH, *Literaturkategorien.* 2. Aufl. Leipzig 1968. (Einführung in d. Inform. u. Dok. 3.)

4 ISOLDE UNGER, *Zur Bibliotheksarbeit mit audiovisuellen Materialien,* Berlin 1971. (Beiträge zu Theorie und Praxis d. Bibliotheksarbeit. 7.) – HELMUT KÖSNER, *Audiovisuelle Medien,* Berlin (West) 1972. (Bibliotheksdienst. Beih. 74.)

5 Im Zuge dieser Entwicklung liegt die Angliederung der *„Deutschen Fotothek Dresden"* als „Zentrales Institut für Bilddokumente der Wissenschaft, Forschung und Lehre" an die Deutsche Staatsbibliothek Berlin. Veröffentlichungen: Landesbildstelle Sachsen. *Lichtbilder und Aufnahmen.* 5. Ausg. Dresden 1949. – Deutsche Fotothek Dresden. *Verzeichnis der Aufnahmen von Dresden.* Dresden 1961. – *Verzeichnis der Diapositivsammlung. Abt. Kunst- u. Kulturgeschichte.* Ausg. 1963. Dresden 1963. – Eine der bedeutendsten Sammlungen dieser Art ist die *„Porträtsammlung und Bildarchiv der Österreichischen Nationalbibliothek"* zu Wien, die mit der Erschließung ihrer Schätze in einer besonderen Schriftenreihe, der fünften innerhalb der Museion-Veröffentlichungen, begonnen hat. Bd. 1: *Die Vertreter des schöngeistigen Schrifttums mit Literaturhistorikern und Philologen in der Porträtsammlung der Österreichischen Nationalbibliothek.* Ein Nachweisbehelf. Wien 1963. – Für die breitere Öffentlichkeit (Presse, Fernsehen, Verlagswesen usw.) bestimmt ist: *Bildquellen-Handbuch.* Ein Wegweiser f. Bildsuchende. Hrsg. u. Bearb.: Gerhard Ploetz. 1. Ausg. Wiesbaden 1961. International angelegt, Nachweis von 4000 Bildstellen, mit einem Vorw. v. Luther H. Evans.

von den Musikbibliotheken und Musikabteilungen in Bibliotheken[6] hat die Notwendigkeit, Tonträger in größerem Umfang zu erwerben, zu verwalten und zur Benutzung bereitzustellen, auch zur Einrichtung besonderer Phonotheken oder Diskotheken als selbständige Einrichtungen geführt. 1963 wurde eine *Fédération internationale des phonothèques* (FIP) begründet; sie soll der Entwicklung von Phonotheken auch außerhalb des musikalischen Bereiches (Medizin, Biologie, Sprachwissenschaft, Theaterwissenschaft) Rechnung tragen. Daneben besteht die schon ältere *Internationale Kommission der Musikphonotheken* innerhalb des Internationalen Verbandes der Musikbibliotheken (IVMB) weiter. Das Sammeln, Erschließen und Verleihen von Schallplatten gehört vorwiegend zum Aufgabenkreis der allgemeinbildenden Bibliotheken.

Phonotheken

Diese Entwicklung ist weitergegangen. Im Umkreis der Bibliotheken wimmelt es in der Tages- und Fachpresse von meist allzu überschwenglich aufgemachten Nachrichten, die allerlei -theken betreffen, als da sind Ludothek, Media-, Lingua-, Arto-, Graphotheken usw. Sofern es sich lediglich um die Verwendung technisch neuer Ton- und Bildträger handelt, müßte man auch noch die Mikro- und Filmotheken in Bibliotheken anführen. Anders verhält es sich, wenn allgemeinbildende Bibliotheken im Dienste sinnvoller Freizeitgestaltung und zwecks Befriedigung neu entstandener kultureller Bedürfnisse durch Bereitstellung und Ausleihe von Graphik und Gemäldereproduktionen neue zusätzliche Aufgaben übernehmen, wie das bei Einrichtungen von Arto- und Graphotheken der Fall ist. Sehr positiv ist auch das Ausleihen von Spielen an Kinder, Jugendliche und Erwachsene („Ludothek") zu beurteilen.[7] Das ist im Ganzen ein internationaler Entwicklungstrend,[8] und auch in der DDR haben zahlreiche Bibliotheken solche neuen Vermittlerfunktionen übernommen, führend dabei die Berliner Stadtbibliothek[9]. Vielleicht ist die audiovisuelle Euphorie schon im Abklingen, nachdem erste Erfahrungen

andere -theken

---

[6] GÜNTHER SOFFKE, *Anlage u. Verwaltung von Schallplattensammlungen in wiss. Bibliotheken.* Köln 1961. – *Gramophone record libraries.* Their organization and practice. 2. ed. by Henry F. I. Currall. London 1970. – ISOLDE UNGER, *Die Schallplatte in den staatlichen allgemeinen öffentlichen Bibliotheken der DDR.* In: Bibliothekar 23 (1969) S. 1121–1131. – ISOLDE UNGER, *Einige Bemerkungen zur Bibliotheksarbeit mit Schallplatten...* In: Weimarer Tage für Musikbibliothekare, 8.–12. 10. 1973. Berichte, Referate. Berlin 1974 S. 103–114, mit neuesten Lit.angaben.

[7] Mit großem Erfolg z. B. in der WAB Potsdam. – *Grundbestandsliste „Unterhaltungsspiele".* In: Buch u. Bibliothek 25 (1973) S. 1074–1077; Grundliste „Lernspiele" dort S. 862–866.

[8] ANNETTE DANNENBERG, *Die Graphothek in der Öffentlichen Bücherei.* Berlin (West) 1972. (Schriftenreihe d. Bibliothekar-Lehrinstitute. R. A, 4.) – GERHARD LANIUS, *Die Bibliothek auf dem Wege zum Kommunikationszentrum im Medienverbund?* In: Buch u. Bibliothek 24 (1972) S. 1144–1152. – *Library uses of the new media of communication.* Issue editor: C. Walter Stone. In: Library trends 16 (1967) S. 179–299.

[9] Zu der dort 1969 eröffneten Spezialabteilung Artothek vgl. ISOLDE PREISSLER, *Bilder zum Ausleihen.* Berliner Stadtbibliothek. Artothek. Berlin 1972.

vorliegen. Das literarische Dokument im Original, als Ablichtung oder als Mikroform wird mindestens für die wissenschaftliche Arbeit seine überragende Position vorerst noch weiter behaupten. Zu wenig zu sehen ist leider noch von neuen „Plakatotheken", d.h. von Zentren, die regional (z.B. in den Bezirken) oder im nationalen Maßstab Plakate vollständig sammeln, wie das u.a. in der UdSSR (Leninbibliothek), in der Volksrepublik Polen (Biblioteka Narodowa, dort auch Plakat-Museum in Wilánow bei Warszawa) und in der Ungarischen Volksrepublik (Nationalbibliothek Széchényi) geschieht.

Verschiedene Länder, z.B. Frankreich[10], haben bereits ein Netz von Diskotheken aufgebaut. Das Verleihen von Schallplatten ist zwar wegen des Verschleißes ökonomisch aufwendig (40–50 Entleihungen maximal möglich), aber notwendig.

Bibliothek und Archiv

Mit den Archiven[11] und Museen[12] gehören die Bibliotheken zu den Sammlungen, die der allgemeinen Bildung und der wissenschaftlichen Arbeit dienen. Die praktische Zusammenarbeit von Bibliothek und Archiv (z.B. im Leihverkehr) sowie die Notwendigkeit, grundsätzliche Abgrenzungen der Arbeitsbereiche treffen zu können, verlangen vom Bibliothekar, besonders im wissenschaftlichen Dienst, daß er über Funktion und Struktur des Archivwesens in großen Zügen unterrichtet ist.[13] Die Bibliothekare sollten daher während ihrer Ausbildung Archiveinrichtungen kennenlernen, zumal da auch die Grundsätze des Archivwesens der gesetzmäßigen Weiterentwicklung unterworfen sind. Im

---

[10] JAQUELINE CHASSE, *La bibliothèque publique et la disque.* In: Bulletin des bibliothèques de France 1 (1956) S.249–267. – ROGER DÉCOLLOGNE, *La phonothèque nationale.* In: Bull. des bibliothèques de France. A. 12 (1967) S.35–60.

[11] Die Archive unterstehen in der DDR der Staatlichen Archivverwaltung des Ministeriums des Innern.

[12] In der DDR gehören die wissenschaftlichen Museen (z.B. das Museum für deutsche Geschichte, Berlin, das Museum für Völkerkunde, Leipzig) zum Bereich des Ministeriums für Hoch- und Fachschulwesen, die Kunst- und Heimatmuseen zu dem des Ministeriums für Kultur. – *Museum.* A quarterly review publ. by Unesco. Jg. 1ff. Paris 1948ff. – *Neue Museumskunde.* Jg. 1ff. Berlin 1958ff. – *Handbuch der Museen u. wiss. Sammlungen in d. DDR.* Hrsg. v. Heinz Knorr. Halle 1963. – *Museen der Welt.* Museums of the world. Ein Handbuch über 17000 Museen in 148 Ländern m.e. Reg. d. Sammelgebiete. Pullach b. München 1973.

[13] Lit. zum Archivwesen: Bücher: Vgl. GERHART ENDERS, *Archivverwaltungslehre.* 3.Aufl. Berlin 1968. – BOTHO BRACHMANN, *Schriftgutverwaltung in Staat und Wirtschaft der DDR,* Berlin (Humboldt-Univ.) Phil. Habil.-Schrift 1962. – ADOLF BRENNEKE, *Archivkunde.* Bearb. u. ergänzt von Wolfgang Leesch. Leipzig 1953. – WOLFGANG LEESCH, *Vom Wesen und von den Arten des Archivgutes.* Münster 1951. (Westf. Archivpflege. 1.) – HEINRICH OTTO MEISNER, *Urkunden- und Aktenlehre der Neuzeit.* 2.Aufl. Leipzig 1952. – *Ordnungs- und Verzeichnungsgrundsätze für die staatlichen Archive der DDR.* Hrsg. v. d. Staatl. Archivverwaltung im Ministerium d. Innern d. DDR. Potsdam 1965; dazu Ergänzungen. – *Taschenbuch Archivwesen der DDR.* Hrsg. v. d. Staatl. Archivverwaltung d. Ministeriums d. Innern d. DDR. Red.: Eberhard Schetelich. Berlin 1971. – *Deutsches Zentralarchiv 1946–1971.* Veröff. v. d. Autorenkollektiv des DZA unter Leitung v. H. Lötzke. Potsdam 1971. – Zeitschriften: *Archivmitteilungen.* Hrsg. v. d. Staatl. Archivverwaltung der DDR. Berlin. Jg. 1. 1951ff. – *Der Archivar.* Mitteilungsblatt für deutsches Archivwesen.

Gegensatz zu früher, als man unter Archivalien nur amtliche Schriftstücke verstand, unterscheidet man beim Archivgut heute[14]

Archivgut

a) Schriftgut (vor allem Urkunden, Akten, Amtsbücher, Briefe)
b) Bildgut (vor allem Karten, Pläne und Risse, Siegel, Bilder, Fotografien und Filme)
c) Tonschriftgut (insbesondere Schallplatten und Tonbänder).

Schrift-, Bild- und Tonschriftgut ist dann Archivgut, wenn es aus den gesellschaftlichen Beziehungen der Menschen bzw. Institutionen untereinander entstanden sowie für vielfältige Zwecke in Registraturen aufbewahrt und erhalten worden ist. Schrift-, Bild- und Tonschriftgut wird also auf dem Wege über Registraturgut zu Archivgut. Inhalt und Form der Registratur können sehr verschieden sein und sind der historischen Entwicklung unterworfen.

Während die früheren Definitionen des Archivgutes auf Dokumente, die einem Verwaltungszweck gedient hatten, hinausliefen, so daß sich das Bibliotheksgut als literarisches Gut davon scheiden ließ, erschweren die neueren Definitionen der Archivare zwangsläufig die Abgrenzung des Archivgutes vom Bibliotheksgut. Freilich ist diese Scheidung nach dem literarischen Zweck des Bibliotheksgutes einerseits und nach dem rechtlichen Zweck des Archivgutes andererseits auch früher schon als unbefriedigend und zu grob empfunden worden. So können sich in der praktischen Arbeit Überschneidungen von Bibliotheken und Archiven ergeben. Bibliotheksgut oder Archivgut ist ein sehr altes und umstrittenes Problem, um dessen Lösung zu verschiedenen Zeiten Anstrengungen gemacht worden sind[15] und unentwegt gemacht werden.[16] Gemeinsames Wirken von Bibliothekaren und Archivaren ist grundsätzlich,[17] besonders

Archivgut/
Bibliotheksgut

Im Auftrage d. Vereins Deutscher Archivare hrsg. v. Staatsarchiv Düsseldorf. Siegburg. Jg. 1. 1947ff. – Die meisten Archive der DDR haben bereits wertvolle Übersichten über ihre Bestände vorgelegt. – Ausbildung: *Ausbildung von wissenschaftlichen Archivaren am Institut für Archivwissenschaft (der Humboldt-Universität zu Berlin).* Beilage zu Archivmitteilungen 12 (1962) H. 1. – *Anordnung über das Statut der Fachschule für Archivwesen* vom 9. April 1964. In: GBl. III 1964 S. 232–234.

[14] *Verordnung über das staatliche Archivwesen vom 17. Juni 1965.* In: GBl. II 1965 S. 567–570; dazu Durchführungsbestimmungen.

[15] Die wichtigsten Arbeiten hierzu sind: a) von seiten der Archivare: IVO STRIEDINGER, *Was ist Archiv-, was Bibliotheksgut?* In: Archivalische Zeitschrift 36 (1926) S. 151 bis 161; b) von seiten der Bibliothekare: OTTO WENIG, *Bibliotheksgut und Archivgut.* In: ZfB 68 (1954) S. 321–334. – HANS-ERICH TEITGE, *Literarische Nachlässe.* In: ZfB 86 (1972) S. 131–152. – Kommission für Handschriften und Inkunabeln ... *Die Erschließung der Handschriften und Autographenbestände in den Bibliotheken der Deutschen Demokratischen Republik.* Vorträge u. Berichte. Im Auftr. d. Komm. hrsg. v. Hans Lülfing u. Ursula Winter. Berlin 1968.

[16] Zuletzt im Zusammenhang mit einem *Wörterbuch des Archivwesens der DDR* (in Vorbereitung). Vgl. dazu: *Archivmitteilungen* Jg. 22 (1972) und Jg. 23 (1973), u. a. zum „Staatlichen Archivfonds der DDR".

[17] ARMANDO PETRUCCI, *Archives and libraries.* In: Unesco bull. f. libr. 20 (1966) S. 65–70.

bei der Erfassung und Ordnung von Gelehrtennachlässen[18], erforderlich. Eine besondere Archivgattung sind die Literaturarchive, wie das *Goethe-Schiller-Archiv* in Weimar[19], zum Bereich der Nationalen Forschungs- und Gedenkstätten der klassischen deutschen Literatur gehörig.[20] Diese Literaturarchive, die an bestimmten Nachlaß-Aufgaben gewachsen sind, haben ihre von keiner Seite bezweifelte Berechtigung. Nahe liegt es z. B. auch, daß Akademien in ihren Archiven den Nachlaß ihrer Mitglieder aufbewahren und erschließen. Sie übernehmen damit freilich auch die Verpflichtung, der wissenschaftlichen Öffentlichkeit ihre Schätze durch Verzeichnisse bekanntzugeben.[21]

Literaturarchive

Dessen ungeachtet sind und bleiben die wissenschaftlichen Bibliotheken, denen in der Vergangenheit, als noch nicht einmal eine Vorstellung von Literaturarchiven existierte, wertvolle Nachlässe und Nachlaßteile anvertraut worden sind, für die Aufbewahrung dieser Materialien besonders geeignet, weil in ihnen auch die natürlichen Voraussetzungen für deren Auswertung (Nachschlagewerke, Spezialliteratur, Bibliographien usw.) gegeben sind. Das bedeutendste Literaturarchiv im Bereich der wissenschaftlichen Bibliotheken der DDR ist das *Fontane-Archiv* der Deutschen Staatsbibliothek.[22]

---

[18] *Gelehrten- und Schriftstellernachlässe in den Bibliotheken der Deutschen Demokratischen Republik.* T. 1–3. Berlin 1959–1971. 1. Die Nachlässe in den wissenschaftlichen Allgemeinbibliotheken. Hrsg. v. Ruth Unger. 2. Die Nachlässe in wissenschaftlichen Instituten und Museen und in den allgemeinbildenden Bibliotheken. Unter Mitw. v. Horst Wolf hrsg. v. Hans Lülfing u. Ruth Unger. 3. Nachträge, Ergänzungen, Register. Hrsg. v. Hans Lülfing u. Horst Wolf. – *American Literary Manuscripts.* A checklist of holdings in academic, historical and public libraries in the United States. Austin 1960. – WOLFGANG MOMMSEN u. LUDWIG DENECKE, *Verzeichnis der schriftlichen Nachlässe in deutschen Archiven und Bibliotheken.* Bd. 1. 2. Boppard a. Rh. 1969. 1. Wolfgang Mommsen, Archive. 2. Ludwig Denecke, Bibliotheken.

[19] KARL-HEINZ HAHN u. HELMUT HOLTZHAUER, *Vorschlag und Plan einer Zentralkartei für Nachlaßhandschriften deutscher Dichter.* Weimar 1963. Plan eines Gesamtverzeichnisses der in öffentlichem Besitz befindlichen deutschen Dichterhandschriften, und zwar als erste Stufe eines Gesamtverzeichnisses aller überlieferten „Nachlaßhandschriften" (Nachlässe) überhaupt.

[20] Das Schiller-Nationalmuseum in Marbach a. N. (BRD) erfüllt ebenfalls die Aufgaben eines Literaturarchivs: Schiller-Nationalmuseum. *Deutsches Literaturarchiv, Marbach a. N.* Marbach 1969. (Marbacher Schriften. 2.)

[21] Ihr ist z. B. die Akademie der Künste der DDR nachgekommen mit der Herausgabe einer *Übersicht über die von der Deutschen Akademie der Künste betreuten Schriftstellernachlässe.* Berlin 1962. (Dt. Akad. d. Künste. Schriftenreihe d. Literatur-Archive. 8.) – *Die Archive der Deutschen Akademie der Künste.* Berlin 1970.

[22] JOACHIM SCHOBESS, *Ein Gang durch das Theodor-Fontane-Archiv in Potsdam.* In: Deutsch-Unterricht 11 (1958) S. 252–275. – Brandenburgische Landes- und Hochschulbibliothek. Theodor-Fontane-Archiv Potsdam. *Bestandsverzeichnis.* Potsdam 1962 bis 1965. 1,1: *Theodor Fontane. Handschriften, Briefe, Gedichte...* Bearb. v. Joachim Schobeß. 1.2. Hannelore Wolter, *Theodor Fontane. Verzeichnis d. Familien-Brief-Abschriften...* 2. Joachim Schobeß, *Literatur von und über Theodor Fontane.* 2., bed. verm. Aufl. – JOACHIM SCHOBESS, *Die Bibliothek Theodor Fontanes.* In: Marginalien 14 (1963) S. 2–22.

Die Einrichtung nationaler Gedenkstätten als selbständige Einrichtungen für Persönlichkeiten der Weltkultur oder Weltpolitik (Typ: Lenin-Museum, Moskau), die auch die Erfassung, Aufbewahrung und Auswertung des schriftlichen Nachlasses dieser Persönlichkeiten zu ihrem Aufgabengebiet zählen, ist sinnvoll und bedarf jeder Unterstützung, solange sich solche Unternehmungen auf einzelne überragende Persönlichkeiten erstrecken. Überhaupt ist im Interesse der internationalen Forschung zu wünschen, daß in der Zukunft ein Austausch, in Einzelfällen auch eine entschädigungslose Abgabe von verstreuten Einzelstücken aus Nachlaßteilen mit dem bzw. an das Land erfolgt, zu dessen nationalem Erbe das Werk der betreffenden Persönlichkeit zählt.[23] Unabhängig von diesen besonderen Fällen (Nachlässen) sollte in Zukunft die Zusammenführung verstreuter Einzelstücke zu vollständigen Sammlungen innerhalb einer Landes durchgesetzt werden, weil dadurch die Arbeit der Wissenschaftler unterstützt wird. Gedenkstätten

Auch über *Museumskunde* (Museologie)[24], die sich international als Einzelwissenschaft herausbildet,[25] muß der Bibliothekar wenigstens in den Grundzügen informiert sein, nicht nur wegen Gemeinsamkeiten in ihrer geschichtlichen Entwicklung, sondern weil es sachliche Beziehungen zwischen Bibliotheken und Museen gibt: auf dem Gebiet der Ausstellungen und der Bildarchive sowie auf dem Felde der Buchkunde; zahlreiche Museen besitzen Handschriften, alte Drucke oder wertvolle Bucheinbände. Die zur wissenschaftlichen Arbeit der Museen unentbehrlichen Fachbibliotheken in größeren Museen sind trotz ihrer in der Regel eingeschränkten Öffentlichkeit wichtige Partner im Leihverkehr. Museen

In manchen Ländern ist die Verbindung von Bibliotheken, Archiven und Museen untereinander sehr eng, und das erweist sich für alle drei Partner als vorteilhaft. Auch in der Deutschen Demokratischen Republik haben daher die Bibliothekare und Archivare eine engere Zusammenarbeit aufgenommen.

---

[23] In einem jetzt beigelegten zweihundertjährigen Streit zwischen Dänemark und Island ist der Begriff *„cultural property“* geprägt worden, über den es nachzudenken lohnt. Vgl. HANS BEKKER-NIELSEN, *Icelandic manuscripts in Denmark and their return to Iceland.* In: Libri 23 (1973) S. 169–180.

[24] GERTRUD RUDLOFF-HILLE, *Hilfsbuch der Museumsarbeit.* Dresden 1953. – *Museum.* A quarterly review publ. by Unesco. Revue trimestrielle par l'Unesco. 1 ff. Paris 1948 ff. – *Neue Museumskunde.* Informationsorgan über die Arbeit d. kulturgeschichtl. u. naturkundl. Museen in d. DDR. Hrsg. v. d. Fachstelle f. Heimatmuseen beim Ministerium f. Kultur, Halle, Red.: Heinz Arno Knorr. Jg. 1 ff. Leipzig 1958 ff. – *Handbuch der Museen und wissenschaftlichen Sammlungen in der Deutschen Demokratischen Republik.* Hrsg. v. Heinz Arno Knorr. Halle 1963. – JIŘÍ NEUSTUPNÝ, *Museum and Research.* Transl. by B. Vančura. Prague 1968. (Museum Work.) – *Handbuch der Museen.* Deutschland, BRD, DDR, Österreich, Schweiz. Hrsg. v. Gudrun B.-Kloster. Bd. 1.2. München-Pullach. Berlin 1971. – ELEANOR BRAUN, *Museums of the world. Museen der Welt.* A directory of 17 000 museums in 148 countries, including a subject index. Comp. Pullach b. München 1973.

[25] Vgl. *Anordnung über die Bildung eines Instituts für Museumswesen vom 27. November 1970.* Nebst Anl.: Statut. In: GBl. II 1971 S. 54–55.

Zu den Partnern der Bibliothekare gehören auch die Mitarbeiter in Einrichtungen der Information und Dokumentation. Hier ist ein Integrierungsprozeß im Gange, auf den wir noch mehrfach zurückkommen werden.

1.1.2. *Ordnung*

Aufstellung und Kataloge

Nicht der Umfang, sondern die Ordnung der Bestände ist charakteristisch für eine Bibliothek, die sich dadurch von einem Bücherhaufen unterscheidet. Ordnungsmittel in Bibliotheken können bereits bestimmte Formen der Aufstellung der Bücher sein, im allgemeinen aber, von kleineren Sammlungen und Privatbibliotheken abgesehen, erfüllen diesen Zweck heute Kataloge, die entweder mit der Aufstellung der Bücher übereinstimmen oder von dem Standort der Bestände ganz unabhängig sind. In jedem Fall aber führen sie auf das in der Bibliothek vorhandene Exemplar des betreffenden Titels, also auf das Buch selbst, hin. Geordnete Büchersammlungen sind auch die Lager eines Sortiments oder eines Antiquariats, aber durch ihren kommerziellen Verwendungszweck (Bücher als Handelsware), der einen dauernden Gebrauch der einzelnen Stücke zu einem bestimmten Zweck durch einen Benutzerkreis ausschließt, unterscheiden sie sich von den Bibliotheken und deren Nutzungsprinzipien.

1.1.3. *Nutzung*

Die Ordnung erfolgt im Hinblick auf die zweckmäßigste Nutzung der Bestände. Eine lediglich zu Dekorationszwecken aufgestellte Büchersammlung ist keine Bibliothek, sondern bestenfalls eine Schausammlung, im Grunde aber ein Mißbrauch von Büchern zu buchfremden Zwecken.
Die Zugänglichkeit von Bibliotheksbeständen wird in Statuten oder Ordnungen festgelegt; sie kann entweder durch Bereitstellung in der Bibliothek selbst (*Präsenzcharakter*) oder durch Verleihung nach Hause, selbst außerhalb des Bibliotheksortes (*Ausleihcharakter*), oder zugleich in der Bibliothek und nach außerhalb erfolgen (Mischformen von Präsenz- und Ausleihbibliothek).

Ausleihbibliotheken

1. Ausleihbibliotheken sind alle allgemeinbildenden Bibliotheken; sie haben in ihren Freihandbibliotheken eine Sonderform der unmittelbaren Ausleihe entwickelt. In den wissenschaftlichen Bibliotheken hat sich mehr und mehr das Ausleihsystem herausgebildet, obwohl unterschiedliche nationale Traditionen vorherrschen.

Präsenzbibliotheken

2. Präsenzbibliotheken sind in der Regel alle Sektions- und Institutsbibliotheken der Hochschulen sowie unter den großen wissenschaft-

lichen Allgemeinbibliotheken verschiedene Nationalbibliotheken von Weltbedeutung.

3. Mischformen sind z. B. Sektions- und Institutsbibliotheken mit Präsenzcharakter, wenn sie zusätzlich bestimmte Bestände (Texte, Lehrbücher usw.) zur Ausleihe bereithalten. Umgekehrt sind in jeder typischen Ausleihbibliothek auch bestimmte Bände mit Präsenzcharakter vorhanden (Handapparate usw.), die von der Verleihung ausgeschlossen sind.

Mischformen

Die Nutzung von Bibliotheksbeständen (literarischen Dokumenten aller Art) erstreckt sich heute nicht nur wie früher auf Bereitstellung von Originalquellen; in vielen Benutzungsfällen wird statt dessen ein Ersatz mit Hilfe der Reprographie geleistet.

Reprographie

Die Verfassung der Deutschen Demokratischen Republik (1974) gewährleistet jedem Bürger das gleiche Recht auf Bildung (Art. 25, 26) und legt fest: „Die Bildungsstätten stehen jedermann offen ..." Das Bibliotheksbenutzungsrecht, das für den Benutzer auch Pflichten einschließt, berührt also die Öffentlichkeit der Bibliotheken. Als Gebrauchsöffentlichkeit bezeichnet man die praktische Seite des juristischen Öffentlichkeitscharakters einer Bibliothek. Öffentlichkeit und Gebrauchsöffentlichkeit sind in den sozialistischen Staaten grundsätzlich identisch, sofern die Bibliothek gesamtgesellschaftliches Volkseigentum oder Eigentum gesellschaftlicher Organisationen ist. Lediglich gesellschaftliche Zweckmäßigkeit kann den Grad der Öffentlichkeit einschränken, so daß zwischen eingeschränkt öffentlichen Bibliotheken (z. B. bestimmte betriebsgebundene Forschungsbibliotheken) und uneingeschränkt öffentlichen zu unterscheiden ist.

Gebrauchsöffentlichkeit

Tatsache ist, daß die Bildungsprivilegien der herrschenden Klasse auf die Bibliotheksbenutzung eingewirkt haben und noch einwirken. Zum Beispiel dürfen die im 19. Jahrhundert in Deutschland auftauchenden liberalen Benutzungsordnungen wissenschaftlicher Bibliotheken, wie etwa die der Universitätsbibliothek Halle von 1825, nach der die Bibliothek „dem gesamten gebildeten Publikum" offenstand, nicht darüber hinwegtäuschen, daß es sich bei dieser scheinbaren Öffentlichkeit nur um die ausnahmsweise Zulassung privilegierter nichtakademischer Standespersonen handelte. Andere Klassen und Schichten (Arbeiter, Bauern, Handwerker) standen zu jener Zeit auf Grund ihrer sozialen Stellung ganz außerhalb der Kreise, die Zugang zu den Wissenschaften und Künsten hatten. Mit dem durch die Verfassung der DDR garantierten Grundrecht des Bürgers auf Bildung haben solche scheinbar liberalen Ausnahmebestimmungen nichts zu tun. Erst wenn die Voraussetzungen für den Zugang zu Wissenschaft und Bildung für jeden – entsprechend seinen Fähigkeiten und Leistungen – gleich sind, kann man von Beseitigung der Bildungsprivilegien sprechen. Dann sind Einschränkungen in der Benutzung bestimmter Bibliothekstypen auf bestimmte Kreise

Bildungsprivilegien

Recht auf Bildung

nicht mehr Ausdruck von Klassenunterschieden, sondern Regelungen, die sich vom gesellschaftlichen Nutzeffekt her als selbstverständlich ergeben.

1.1.4. *Zweck*

Allen genannten Merkmalen (Sammlung literarischer Dokumente, Ordnung und Nutzung) übergeordnet ist die Zweckbestimmung der Bibliothek, d. h. ihre kulturelle und gesellschaftliche Funktion. Sie bestimmt ihre Arbeitsmethoden, ihre gesamte Organisation und die Qualifikation ihrer Mitarbeiter.

1.2. Bibliothek und Gesellschaft

Die Frage nach Zweck und Ziel der Bibliothek und nach der Rolle des Bibliothekars führt unmittelbar auf das Verhältnis von Bibliothek/Bibliothekar und Gesellschaft, also auf zentrale Fragen der Bibliothekssoziologie, die u. a. die sozialökonomische Bedingtheit der Bibliothek und die kulturelle Funktion der Bibliothekstypen, die sich herausgebildet haben, als ihren Gegenstand ansieht.[26]

Funktion der Bibliothek

Die Funktion der Bibliothek als gesellschaftliche Einrichtung wird inhaltlich bestimmt von den vorherrschenden gesellschaftlichen Bedürfnissen; sie kann daher nur aus der konkreten gesellschaftlichen Situation richtig verstanden werden.

im Feudalismus

Das läßt sich an der Rolle der Bibliotheken in der Zeit des Feudalismus, die als Schausammlungen zu Repräsentationszwecken angelegt worden waren, genauso demonstrieren wie in anderen Epochen. Als Einrichtungen für die zahlenmäßig kleine privilegierte Oberschicht fehlen ihnen Merkmale der Nutzung und Öffentlichkeit noch weitgehend. Aber in der besonderen Pflege der Staats- und Rechtswissenschaft, der Kameralistik und der Technologie erkennen wir die gesellschaftlichen Bedürfnisse des Feudalismus. Bibliotheken im modernen Sinne sind erst mit der Herausbildung der bürgerlichen Gesellschaft entstanden, nämlich auf der Grundlage der sich entfaltenden kapitalistischen Produktionsverhältnisse. Die antagonistischen Klassenverhältnisse der bürgerlichen Gesellschaft verhinderten es, daß die Bibliotheken zu allseitig wirksamen und auch umfassenden gesellschaftlichen Einrichtungen werden konnten. Mit derselben Entschiedenheit, mit der sich das aufstrebende Bürgertum im Kampf gegen die feudale Gesellschaftsordnung des Buches in Lesezirkeln, Leihbibliotheken, Journalzimmern und mit Hilfe des Buchhandels

[26] GÜNTER FRÖSCHNER, *Zur methodologischen Problematik der Beziehung zwischen Bibliothek und Gesellschaft.* In: Buch – Bibliothek – Leser. Festschrift f. Horst Kunze… Berlin 1969 S. 81–96. Diese als „Versuch" bezeichnete Arbeit hat leider „ganz bewußt auf Zitate und Quellenangaben verzichtet".

zur Durchsetzung seiner Macht bediente, wendete es sich später, im 19. Jahrhundert, gegen das emporstrebende Proletariat, indem es auf *seinem* Bildungsprivileg beharrte. So war das Proletariat in Deutschland gezwungen, sich eine eigene Moral, Literatur und Bildung zu schaffen; seine Bildungsstätten waren u. a. Arbeiterbildungsbibliotheken, allgemeinbildende Vereinsbibliotheken mit einem weltanschaulich sozialistischen Inhalt. Es kann in diesem Zusammenhang auf die Besonderheiten der Bibliotheksentwicklung in Deutschland[27], Auswirkungen der Kleinstaaterei, die die Herausbildung eines nationalen Bibliothekssystems verhinderte, nur hingewiesen werden. Es sind diese vor allem die starre Scheidung des Bibliothekswesens in wissenschaftliche Bibliotheken und Volksbüchereien sowie die sich aus beiden Besonderheiten ergebende unzureichende gesellschaftliche Wirksamkeit der Bibliotheken überhaupt. Nationale Entwicklungszüge dürfen also bei der historischen Beurteilung der Funktion der Bibliotheken nie außer acht gelassen werden.

Arbeiterbildungsbibliotheken

wissenschaftliche Bibliotheken und Volksbüchereien

Die bürgerliche Soziologie hat in der Vergangenheit die Bibliothek nicht in den Kreis ihrer Untersuchungen einbezogen. Und bis zu den Studien Peter Karstedts (zuerst 1954)[28] hat auch die bürgerliche Bibliothekswissenschaft die Beziehungen von Bibliothek und Gesellschaft nicht beachtet oder sogar umgangen, weil „die Bibliothekare es über dem Forschen in der Vergangenheit versäumt haben, die Funktion herauszuarbeiten, welche die jeweilige soziale Umwelt für die Bibliothek und diese für jene ausübt". Das trifft voll und ganz zu: die grundlegenden Werke der bürgerlichen Bibliothekswissenschaft in Deutschland bis 1945, das „Handbuch der Bibliothekswissenschaft" in der ersten Auflage, das „Lexikon des gesamten Buchwesens" einschließlich sämtlicher Lehrbücher für Bibliothekare sind diesen soziologischen Sachverhalten ausgewichen. Die europäische bibliothekswissenschaftliche Literatur weist zwar eine Arbeit von Oscar Thyregod auf, die, 1936 in Dänemark veröffentlicht und 1941 ins Deutsche übersetzt, von ihrem Titel her (Die Kulturfunktion der Bibliothek) Ansätze dazu vermuten ließe. Nur aus der Kenntnis von Fachbibliotheken geschrieben und zu eng angelegt, kann sie jedoch nicht als wesentlicher und noch gültiger Beitrag zu diesem Thema angesehen werden.

bürgerliche Bibliothekssoziologie

Das muß man bedenken, wenn man den bibliothekssoziologischen Studien Peter Karstedts gerecht werden will, die der Problematik der Beziehung von Bibliothek und Gesellschaft gelten. Seine Studien zur „historischen Soziologie" vermitteln richtige Interpretationen des Zusammenhangs von öffentlichen wissenschaftlichen Bibliotheken und demokrati-

„historische Soziologie" Peter Karstedts

---

[27] Nach *Die gesellschaftliche Funktion der Bibliotheken.* T. 1. Ms.: Wolfgang Mühle. Bearb. u. hrsg. v. d. Abt. Fernstudium an d. Fachschule f. Bibliothekare „Erich Weinert". Leipzig 1962 S. 93. (Lehrbriefe f. d. Fachschul-Fernstudium. Reihe A. 1.)

[28] PETER KARSTEDT, *Studien zur Soziologie der Bibliothek.* Wiesbaden 1954. (Beiträge zum Buch- und Bibliothekswesen. 7.); folgendes Zitat dort 2. Aufl. Wiesbaden 1965 S. 1.

schen Stadtrepubliken im Altertum sowie des Prozesses, in dem die fürstlichen Privatbibliotheken zu Landesbibliotheken werden mußten – „eines Prozesses, der ... die gesellschaftliche Ordnung des Abendlandes buchstäblich vom Kopfe auf die Füße stellte ...“. Hier werden zwar die Anteile bestimmter sozialer Gruppen und Schichten an Bibliothek und Wissenschaften untersucht, aber deren Handlungsantriebe werden nur auf ideelle Vorgänge zurückgeführt. Ihre materielle Bedingtheit und ihre gesamtgesellschaftlichen Zusammenhänge werden nicht einbezogen, auf jeden Fall nicht deutlich genug herausgearbeitet.

andere bibliotheks-soziologische Versuche

Beachtenswert sind auch die Unternehmungen der (1918 gegr.) dänischen Bibliotheksschule in Kopenhagen, die 1960 ein soziologisches Laboratorium eingerichtet und seitdem verschiedene literarische Beiträge zur Bibliothekssoziologie geleistet hat.[28a]

Auch die Arbeiten von Bartholomeus Landheer[29] schätzen wir als redliche Bemühungen um die Klärung von Fragen zu Bibliothek und Gesellschaft in der bürgerlichen Gesellschaft, aber solange solche Untersuchungen auf eine allgemein formulierte Persönlichkeitsentwicklung durch Lesen mittels Bibliotheken (reading and personality development) hinauslaufen, ohne bis zu der Fragestellung nach dem Engagement: Lesen wozu und für welche Gesellschaft? vorzudringen, führen sie nicht weiter. Eindeutiger sind Beiträge zum Thema Bibliothek und Kultur, wie der von Geneviève Grandamy[30], bei dem Kultur mit katholischer Kultur gleichgesetzt ist, die Methodik kultureller Arbeit der Bibliothekare in diesem Bereich jedoch vielseitig gesehen wird.

internationale Ansätze

In erfreulichem Maße mehren sich in der ganzen Welt die Stimmen, die nach der gesellschaftlichen Funktion der Bibliotheken und der Rolle des Bibliothekars in der Gegenwart fragen. Auf internationalen Tagungen (zuletzt auf der IFLA-Tagung in Grenoble 1973) wird von Vertretern der Entwicklungsländer nach dem Sinn des bibliothekarischen Berufs und nach der sozialen Verantwortung des Bibliothekars eindringlich gefragt und eine Antwort erwartet.

sozialistische Länder

Die Stellungnahme der Bibliothekare der sozialistischen Länder ist klar und eindeutig. Schon vor mehr als einem Jahrzehnt hat eine Konferenz von Bibliothekaren aus den sozialistischen Ländern im Hinblick auf die Nachwuchsausbildung beschlossen: „Die Bibliothekswissenschaft untersucht die gesellschaftlichen Funktionen der Bibliotheken unter den jeweiligen historischen Bedingungen und hat die Aufgabe, ausgehend von der marxistisch-leninistischen Lehre von der Kulturrevolution, die Prinzipien für die gesellschaftliche Nutzung der Literatur zum Zwecke der aktiven Unterstützung der kommunistischen Erziehung der Werktätigen und der Entwicklung der sozialistischen Kultur und Wissenschaft auszuarbeiten.“[31]

[28a] B. V. ELBERLING, *The Danish school of librarianship's sociological laboratory.* In: Unesco bull. f. libr. 20 (1966) S. 184–188. – B. V. ELBERLING, *The sociology of libraries and their publics.* In: Libri 16 (1966) S. 87–112.

[29] BARTHOLOMEUS LANDHEER, *Social functions of libraries.* New York 1957.

[30] GENEVIÈVE GRANDAMY, *Bibliothèques et culture.* 3. éd. Paris 1971.

[31] *Zweite Konferenz d. bibliothekswissenschaftlichen Hochschulen u. Institute in den*

Auch in der westlichen Welt, und eindeutig im Zusammenhang mit soziologischen Untersuchungen, mehren sich diese Fragestellungen[32], an denen mindestens soviel erkennbar ist, daß die abgegriffene Münze von der Neutralität und Unparteilichkeit des Bibliothekars nicht mehr von allen stillschweigend hingenommen wird. Das ist das Neue, denn wenn sozialistische Bibliothekare vor Jahren von ihrem Prinzip der Parteilichkeit sprachen, wurde eine solche Einstellung für die „freie“ Welt grundsätzlich abgelehnt. Wer aber heute die Frage nach dem Verhältnis von Bibliothek und Gesellschaft stellt,[33] muß mindestens konzidieren: „Willy-nilly we are part of society, and are influenced by it.“ Oder es bildet sich deutlich die Meinung heraus, daß der Bibliothekar im „education business“[34] sei und deshalb mit anderen Partnern die Erziehungsziele seines Staates zu unterstützen habe.

kapitalistische Länder

Nun ist es nicht so, daß solche Überlegungen ganz neu sind. Archibald MacLeish[35] hat schon 1940 die Frage nach Form und Inhalt des bibliothekarischen Berufs recht zugespitzt gestellt, nämlich ob der Bibliothekar tatsächlich nichts anderes sei als ein „check boy in the parcel room of culture“? Und er hat dazu gemeint, daß „the profession of the librarian is not and cannot be the neutral, passive, negative profession of the guardian and fiduciary, but must become instead the affirmative and advocative profession of the attorney for a cause“.

Parteilichkeit oder Neutralität

So läuft es darauf hinaus, daß der Bibliothekar sich nicht von der Gesellschaft isolieren kann, daß es sogar zweifelhaft ist, ob er das überhaupt versuchen soll und daß er nolens volens in seinem Denken und Tun gesellschaftlich integriert ist. Es liegt bei ihm selbst, den Inhalt seiner bibliothekarischen Sache mitzubestimmen.

Ansätze marxistischer Bibliotheks-soziologie

Die marxistisch-leninistische Soziologie hat die Bibliothek noch nicht zum Gegenstand ihrer Forschung gemacht. Auch von bibliothekarischer Seite ist noch keine umfassende Bibliothekssoziologie ausgearbeitet worden. Fruchtbare Ansätze dazu, besonders auf dem Gebiete der empiri-

---

sozialistischen Ländern. Berlin 20.–26. Mai 1962. Gegenstand und Methoden der Bibliothekswissenschaft... Leipzig 1963 S. 337. (Ergebnisse u. Empfehlungen.) – ERICH SIEK, *Es geht um die sozialistische Bibliothek.* In: Bibliothekar 16 (1962) S. 920–938. – JAROSLAV DRTINA, *Einige kennzeichnende Wesenszüge des sozialistischen Bibliothekswesens.* In: ZfB 73 (1959) S. 297–324. – JAROSLAV DRTINA, *Die gesellschaftliche Funktion der Bibliotheken als Informationsstellen.* In: ZfB 81 (1967) S. 12–27.

[32] Solche Arbeiten sind z. B.: GEORGE JEFFERSON, *Libraries and society.* Cambridge, London 1969. – SIGURD MÖHLENBROCK, *The public library as a cultural institution.* In: Scandinavian public library 3 (1970) S. 37–45. – W. L. SAUNDERS, *Humanistic institution or information factory?* In: Journal of librarianship 1 (1969) S. 195–210. – BRYAN LUCKHAM, *The library in society.* London 1971. (Libr. Association research publications. 4.) – RONALD C. BENGE, *Libraries and cultural change.* London 1970. – P. HARVARD-WILLIAMS, *International librarianship.* In: Unesco bull. f. libr. 26 (1972) S. 63–68.

[33] und [34] H. J. HEANEY, *The social responsibility of the librarian.* In: An Leabharlann. The Irish library. N. S. 2 (1973) S. 3–7.

[35] In: Atlantic monthly 165 (1940) S. 787–788; zit. nach ALA bull. 61 (1967) S. 812.

schen Soziologie sind jedoch zu verzeichnen, ebenso Untersuchungen zu gesellschaftlichen Funktionen von Bibliotheken.

Leninsche Prinzipien

Ausgehend von der Tatsache, daß die politisch-ökonomischen Grundlagen der jeweiligen Gesellschaftsordnung für die Funktion der Bibliotheken bestimmend sind, hat W. I. Lenin die Grundprinzipien der Bibliotheksarbeit in der sozialistischen Gesellschaftsordnung, die für *alle* Bibliotheken gelten, erkannt und aus verschiedenen Anlässen formuliert. Es sind zusammengefaßt die folgenden[36]:

Wesenszüge des sozialistischen Bibliothekswesens

1. Nutzung der vorhandenen Bücherschätze durch bessere, moderne Arbeitsmethoden sowie durch Ausbau des Bibliothekswesens „für alle".
2. Aufbau einer einheitlichen, planmäßigen Organisation für das ganze Bibliothekswesen.
3. Pflege, kritische Stellung und Nutzung des progressiven Teils des internationalen Kulturerbes, und zwar „dank der völligen Beherrschung alles dessen, was die frühere Wissenschaft zu bieten hatte"[37].
4. Mit der Formulierung „der sowjetische Bibliothekar ist verantwortlich am sozialistischen Aufbau" beteiligt, leitete Lenin die neue marxistische Einschätzung der Bibliotheken für die kommunistische Gesellschaft sowie die aktive, mitschaffende Rolle des Bibliothekars ein.
5. Indem Lenin einerseits die Anwendung der bestmöglichen Bibliothekstechnik forderte, andererseits aber gegen den Bibliothekar als nur „technischen Buchausgeber" polemisierte, stellte er die Forderung nach Weltniveau und Parteilichkeit auf.

schöpferische Weiterentwicklung

Es ist nicht zufällig, daß Lenins Gedanken über Bibliotheken und die Arbeit der Bibliothekare schon sehr früh[38] als grundsätzliche Orientierungen für die Entwicklung des sowjetischen Bibliothekswesens und seit 1945 dann für die Bibliotheksentwicklungen in den anderen sozialistischen Ländern erkannt worden sind. Seine Auffassungen und Prinzipien sind „eine Anleitung zum Handeln"[39], und ihre schöpferische Weiterent-

---

[36] Vgl. N. K. KRUPSKAJA, *Was Lenin über die Bibliotheken schrieb und sagte.* Leipzig 1956. – HORST KUNZE u. WERNER DUBE, *Bibliothek und Wissenschaft im Sozialismus.* In: ZfB 76 (1962) S. 49–74. – *Lenin i kniga. Materialy sbornika otobrany i podgotovleny k pečati* A. Z. Okorokovnym. Pod nabljudeniem red. L. F. Toropova. Moskva 1964. – *Lenin i bibliotečnoe delo.* Sost.: K. I. Abramov, G. P. Fonotov u. Je. D. Jagodina. Moskva 1969; dt. Bearb. v. Sabine Roloff u. d. T.: *Lenin und das Bibliothekswesen.* Leipzig 1972 – ein Standard-Quellenwerk d. soz. Bibliothekswissenschaft.

[37] V. I. LENIN, *Die Aufgaben der Jugendverbände.* 1920. In: Lenin, Werke. Bd. 31. Berlin 1959 S. 276. Oder um eine weitere von vielen Varianten Lenins zu zitieren: „... in Entwicklung der besten Vorbilder, Traditionen und Ergebnisse der bestehenden Kultur vom Standpunkt der marxistischen Weltanschauung". Vgl. V. I. LENIN, *Über Kunst und Kultur.* Berlin 1960 S. 373.

[38] *Was Lenin über die Bibliotheken schrieb und sagte.* 1. russ. Ausgabe Moskva 1929; dt. Übers. von Irmgard Dreßler. Leipzig 1956.

[39] Dort Vorwort v. N. K. Krupskaja.

wicklung ist die höchste und schwerste Aufgabe aller sozialistischen Bibliothekare.
Ganz in diesem Sinne haben wir die Ausführungen Jaroslav Drtinas zu bewerten, die noch immer für die sozialistische Bibliotheksarbeit grundlegend sind, weil sie eine schöpferische Weiterentwicklung der Leninschen Prinzipien darstellen.[40]
Zu den aktuellen Aufgaben der sozialistischen Bibliothek läßt sich danach etwa folgendes aussagen. Der Entwicklungsstand der Produktivkräfte und die objektiven gesellschaftlichen Bedürfnisse der sozialistischen Gesellschaft bestimmen die Funktion der Bibliotheken. Das bedeutet: Übereinstimmung der Bibliotheksarbeit mit den Erfordernissen des sozialistischen Aufbaus, Orientierung aller Maßnahmen des Bestandsaufbaus, der Bestandserschließung und der Bestandsvermittlung auf die politischen, ökonomischen, wissenschaftlichen und kulturellen Aufgaben, die die jeweilige Entwicklungsetappe stellt.[40a]

Produktivkräfte und Bibliotheksfunktion

Die zunehmende Verschmelzung von Wissenschaft, Technik und Produktion ist ein Merkmal der Entwicklung der modernen Produktivkräfte und beginnt, wie schon Karl Marx im „Kapital" dargelegt hat, bereits mit der Herausbildung der kapitalistischen Produktionsweise. Zu diesem Zeitpunkt fängt die Wissenschaft bereits an, Produktivkraft zu werden, und somit gilt dieses Merkmal, das wir als technisch-wissenschaftliche Revolution bezeichnen, sowohl für den Kapitalismus als auch für den Sozialismus. Obwohl also die Verwandlung der Wissenschaft in eine unmittelbare Produktivkraft auf der Gesetzmäßigkeit der Entwicklung der Produktivkräfte beruht und wichtiger Bestandteil der wissenschaftlich-technischen Revolution der Gegenwart ist, kann die Wissenschaft nur im Sozialismus zur voll entfalteten Produktivkraft werden. Sie kann nur im Sozialismus konsequent verwirklicht werden, weil die kapitalistischen Produktionsverhältnisse, unter denen dieser Prozeß zwar begonnen und auf technischem und naturwissenschaftlichem Gebiet auch bedeutende Erfolge erzielt hat, mehr und mehr zu Hemmnissen für die volle Entfaltung der Produktivkräfte werden.

Produktivkraft Wissenschaft

wissenschaftlich-technische Revolution

Als Beitrag der Bibliotheken zur Kulturrevolution[41] gehört die Verpflichtung, mit ihren spezifischen Mitteln und Methoden allen Mitgliedern der sozialistischen Gesellschaft Bildung, Wissen und Kultur zu vermitteln. Sie haben dabei das Ziel der Kulturrevolution im Auge zu behalten: die Herausbildung einer sozialistischen Kultur, die auf dem kulturellen Erbe der Vergangenheit aufbaut.

Kulturrevolution

[40] JAROSLAV DRTINA, *Einige kennzeichnende Wesenszüge des sozialistischen Bibliothekswesens.* In: ZfB 73 (1959) S. 297–324. – Positive Ansätze dazu auch in: *Lenin-Symposium 1970 des Deutschen Bibliotheksverbandes.* Berlin 1970: enth. u. a. 4 Referate.

[40a] GREGOR SCHIRMER, *Es geht um die Qualität u. Effektivität.* Aufgaben wiss. u. Hochschulbibliotheken bei d. Durchführung d. Beschlüsse d. VIII. Parteitages d. SED. In: ZfB 88 (1974) S. 518–526.

[41] JAROSLAV DRTINA, *Zu einigen Aufgaben der Bibliotheken in der Kulturrevolution.* In: ZfB 77 (1963) S. 289–306.

Einheit von Politik, Ökonomie, Ideologie und Kultur

Die Einheit von Politik, Ökonomie, Ideologie und Kultur im Sozialismus bewirkt, daß die Bibliotheksarbeit zu einem umfassenden, in sich differenzierten, aber in seiner Zielsetzung einheitlichen gesellschaftlichen Auftrag wird, und bestimmt die Funktion der Bibliothek im Sozialismus.

Parteilichkeit der Bibliotheksarbeit

Das verlangt in erster Linie eine extensive und intensive Förderung der Literatur, die diesen Zielen dient, in zweiter Linie eine weitgehende Abkehr von denjenigen Veröffentlichungen, die sich diesen Zielen entgegenstellen. Erst diese beiden Seiten zusammen kennzeichnen die verantwortliche und parteiliche Arbeit des Bibliothekars. Parteilichkeit des Bibliothekars besagt in der Hauptsache, Verbreitung aller wissenschaftlich und künstlerisch wertvollen Dokumente, Zugänglichmachung aller Literatur mit objektivem Informationsgehalt. Gegenüber den literarischen Dokumenten, die nicht unter diese Kategorie fallen und bei denen es sich im Grunde nur um unwissenschaftliche, antihumanistische und antikommunistische, der Menschheitsentwicklung schädliche handelt, hat der Bibliothekar eine nach gesellschaftlichen und wissenschaftlichen Bedürfnissen differenzierte Ausleihpolitik vorzunehmen. Eine solche differenzierte Behandlung der Literatur hat nichts mit Zensurmaßnahmen der Vergangenheit zu tun. Gewiß wird in unseren Bibliotheken die Literatur nach ihrem gesellschaftlichen Nutzen gewertet, wenn auf der einen Seite demokratische und sozialistische Literatur so breit wie möglich erworben und eingesetzt wird und wenn auf der anderen Seite undemokratische Literatur entsprechend dem wissenschaftlichen Bedarf angeschafft und verliehen wird. Es gibt aber in den Bibliotheken der DDR keine „banned books“ im Sinne von autoritären Bücherverboten, sondern eine verantwortungsbewußte, individuelle und den tatsächlichen Bedürfnissen Rechnung tragende Ausleihe.

Bibliotheken und kulturelles Erbe

Zugleich ist die sozialistische Bibliothek Erbe und Sachwalter aller progressiven und humanistischen Traditionen. Die Pflege des kulturellen und wissenschaftlichen Erbes ist in *allen* Bibliotheken eine vordringliche Aufgabe. In den allgemeinbildenden Bibliotheken besteht die Aufgabe in der bewußten Mittlerrolle des Teiles der nationalen und internationalen Buchproduktion, der das progressive Erbe breiteren Leserschichten zugänglich macht. In den wissenschaftlichen Bibliotheken mit Erbebeständen ist die Erhaltung, Pflege und Erschließung der Originale (= Quellen) eine wichtige Aufgabe, die besonders in den Sonderabteilungen großer wissenschaftlicher Universalbibliotheken, in Universitäts- und wissenschaftlichen Fachbibliotheken durchgeführt wird.[42]

Am Prozeß der Aneignung des Kulturerbes durch das Volk wirken die Bibliotheken zwar mit anderen Einrichtungen zusammen, aber gerade ihre

---

[42] *Die Erschließung der Handschriften- und Autographenbestände in den Bibliotheken der Deutschen Demokratischen Republik. Vorträge u. Berichte.* Im Auftr. d. Komm. Handschriften u. Inkunabeln hrsg. v. Hans Lülfing u. Ursula Winter. Berlin 1968. – HORST KUNZE, *Die Pflege des wissenschaftlichen und kulturellen Erbes in der Deutschen Staatsbibliothek.* In: ZfB 83 (1969) S. 563–570.

Arbeit trägt wesentlich zur Entwicklung eines sozialistischen Geschichtsbewußtseins und zur Bereicherung der Kulturwerte bei. Sie können mit vielfältigen Mitteln auf eine breite Öffentlichkeit unmittelbar einwirken, und zwar durch Ausstellungen, literarische und musikalische Veranstaltungen sowie durch populärwissenschaftliche Veröffentlichungen, in bestimmten Fällen auch durch wissenschaftliche Publikationen oder mittelbar, indem sie Verlage bei der kritischen Sichtung, Erschließung und Propagierung des kulturellen Erbes großzügig unterstützen oder selbst aktiv Hinweise und Anregungen für Veröffentlichungen oder Editionen geben.

bibliothekarische Methoden der Erbevermittlung

Wissenschaftliche Bibliotheken bringen diese wesentliche Seite ihrer Tätigkeit der Öffentlichkeit gegenüber u. a. dadurch zum Ausdruck, daß sie die traditionelle Bezeichnung der Sonderabteilung, die sich vorwiegend, wenn auch keineswegs allein diesen Aufgaben widmet, erweitert haben zu: Handschriftenabteilung und Literaturarchiv (DSB 1968). Sie sind deshalb mehr denn je auch bemüht, wertvolle ältere Druckschriften gesondert aufzustellen (Réserve précieuse). Ausdruck dieser bibliothekarischen Verpflichtung gegenüber dem kulturellen Erbe sind in der DDR u. a. die Bemühungen um vollständige Erfassung von Handschriften und Inkunabeln mittels zentraler Leiteinrichtungen.[43]

die Bibliothek im Sozialismus

Mit dem veränderten Charakter des sozialistischen Staates, in dem die Produzenten des materiellen Reichtums der Gesellschaft auch die Eigentümer der Produktionsmittel geworden sind, hat sich auch der Charakter der Bibliotheken verändert. Ihr Funktionswandel ist gekennzeichnet durch ihre Vergesellschaftung; sie haben allgemeinen gesellschaftlichen Charakter erhalten. Sie sind entweder unmittelbare Einrichtungen des sozialistischen Staates geworden, oder aber sie dienen dem einheitlichen sozialistischen Bildungsziel des Staates.[44]

Bibliothekar und Leser

Diese Zielsetzung hat zweierlei bewirkt: die bewußte und intensive Hinwendung des Bibliothekars zum Leser (s. Kap. 3: Leser/Nutzer) sowie die Aktivierung und Propagierung seiner Arbeit in der Öffentlichkeit (vgl. Kap. 7: Öffentlichkeitsarbeit), ja auch die Einbeziehung der Öffentlichkeit in seine Arbeit (vgl. Kap. 3: Leser/Nutzer; 3.4.: Gesellschaftliche Bibliotheksarbeit). Auf eine Formel gebracht: die sozialistische Bibliothek begnügt sich nicht mehr mit dem traditionellen Darbieten ihres Bestandes, sondern eine Hauptaufgabe ihrer Bibliothekare ist es, die Schätze der Bibliothek differenziert und mit vielfältigen Mitteln und Methoden anzubieten. Je breiter die Öffentlichkeit einer Bibliothek ist, desto notwendiger sind diese Methoden der Bestandsaktivierung. Gott-

---

43 *Anweisung Nr. 12/1972 über Aufgaben und Arbeitsweise der Deutschen Staatsbibliothek als zentrale Leiteinrichtung für Handschriften und Inkunabeln in wissenschaftlichen Einrichtungen im Bereich des Ministeriums für Hoch- und Fachschulwesen vom 14. Juli 1972.* In: Verfügungen und Mitteilungen des Ministeriums f. Hoch- und Fachschulwesen 1972, Nr. 9 S. 19–21.

44 *Gesetz vom 25. Februar 1965 über das einheitliche sozialistische Bildungssystem.* In: GBl. I 1965 S. 83–106.

hold Ephraim Lessing, der sich über sein bibliothekarisches Dasein deswegen so bitter beklagt hat, weil er nur als Stallknecht, der den Pferden das Heu hinzuschütten hatte, angesehen worden sei, müßte seine Freude an dieser Entwicklung haben.

sozialistische Bibliothekswissenschaft – Erbe humanistischer Traditionen

Im Prozeß der geschichtlichen Entwicklung gibt es keine Nullpunkte, sondern nur eine Kontinuität, weil jede Generation – und das wird gerade am Beispiel der wissenschaftlichen Bibliotheken deutlich – bestimmte Lebensverhältnisse (Natur, Gesellschaft, Stand der Produktivkräfte, Kultur) fertig vorfindet. Es kommt darauf an, das Gute, Brauchbare und Vorwärtsweisende, das die alte Gesellschaft hinterlassen hat, für die neue sozialistische Gesellschaft zu übernehmen. So gesehen, ist die sozialistische Bibliotheksarbeit eine Weiterführung progressiver richtungweisender Lehren, Erkenntnisse und Erfahrungen der internationalen bürgerlichen Bibliothekswissenschaft. Wir sind zudem in der glücklichen Lage, Erfahrungen und Lehren der sowjetischen Bibliothekare für uns nutzen zu können. Wie der Marxismus-Leninismus selbst, ist die sozialistische Bibliothekswissenschaft rechtmäßiger Erbe und Sachverwalter, zugleich aber auch Vollender der humanistischen Traditionen aller bisherigen bibliothekarischen Erkenntnisse.

Definition der sozialistischen Bibliothek

Von diesen Erkenntnissen ausgehend, können wir die eingangs zitierte pluralistische Definition der Bibliothek dahingehend präzisieren: eine Bibliothek ist eine zur Nutzung bestimmte, geordnet aufgestellte Sammlung literarischer Dokumente, deren Erschließung gesellschaftlichen Zwecken entsprechend der jeweiligen Gesellschaftsformation dient. Aufgabe des sozialistischen Bibliothekars ist es, mit seinen Kenntnissen und Arbeitsmitteln die Wissenschaft und Forschung seines Landes sowie der sozialistischen Staatengemeinschaft planmäßig zu fördern, das sozialistische Bewußtsein zu entwickeln und die Allgemeinbildung und fachliche Qualifikation aller Bürger seines Landes zu erhöhen, indem er die dafür geeigneten Informationsquellen nicht nur durch zweckmäßigste Erschließung zur Benutzung bereitstellt, sondern vielfältig differenziert anbietet und dadurch Lektüreimpulse vermittelt. Sozialistische Bibliotheken sind daher am Aufbau der sozialistischen und kommunistischen Gesellschaft unmittelbar und mittelbar beteiligt.

1.3. Das Eigentum an Bibliotheken

Die Entwicklung der modernen Gebrauchsbibliothek im 19. Jahrhundert bedeutete zugleich den Sieg der öffentlichen Bibliotheken über die privaten, die noch bis in das 18. Jahrhundert vielerorts die öffentlichen Bibliotheken an Zahl und Umfang der Bestände übertroffen haben.[45]
Durch die Bodenreform in der DDR sind die aus Feudalbesitz stammen-

[45] Vgl. GEORG LEYH, *Die deutschen Bibliotheken von der Aufklärung bis zur Gegenwart.* In: Handbuch III, 2. Aufl. (1957), 2. Halbbd. S. 15–35, mit Lit.angaben.

den Privatbibliotheken in Volkseigentum übergegangen. Dieses Beispiel läßt die allgemeine Entwicklungstendenz der menschlichen Gesellschaft auch im Bibliothekswesen sichtbar werden: das Überwiegen des öffentlichen Buchbesitzes gegenüber dem privaten, in der sozialistischen Gesellschaft im gesellschaftlichen Eigentum des Kulturbesitzes folgerichtig vollendet. Private Büchersammlungen einzelner Wissenschaftler sind vielfach durch Vermächtnis des Erblassers oder durch Verkauf seitens der Erben in den Besitz öffentlicher Bibliotheken übergegangen. Ihr besonderer Charakter sollte, sofern es sich um in sich geschlossene, thematisch bestimmte, wertvolle Sammlungen handelt, durch eine geschlossene Aufstellung innerhalb der Bibliotheksbestände berücksichtigt werden. Besondere Bedeutung kommt ihnen dann zu, wenn ein gedruckter Katalog bereits bei der Übernahme vorlag oder nachträglich angefertigt worden ist.

öffentlicher Buchbesitz

Privatbibliotheken

Öffentlicher und privater Charakter einer Bibliothek brauchen sich praktisch nicht auszuschließen. Es hat private, z. B. fürstliche Bibliotheken gegeben, die der Öffentlichkeit zugänglich waren. Ein Beispiel dafür aus der Gegenwart in der BRD – zugleich ein Relikt der Vergangenheit – ist die Fürstlich Fürstenbergische Hofbibliothek zu Donaueschingen. Juristisch bleibt eine solche Bibliothek allerdings eine Privatbibliothek; die Benutzungsverträge, die sie mit ihren Benutzern schließt, sind privatrechtliche Verträge.

öffentlicher und privater Charakter

Ebenso deutlich zeichnet sich aber heute schon ab, daß die Privatbibliothek im Sozialismus einer neuen Blüte entgegengeht, denn der gebildete sozialistische Mensch ist nicht nur Bücherleser, sondern auch Bücherbesitzer. Diese Entwicklung ist bereits in allen sozialistischen Ländern zu erkennen. In der Deutschen Demokratischen Republik sind eine Reihe neuer Buchgemeinschaften entstanden, beginnend mit je einer Buchgemeinschaft für Kinder und Jugendliche.[46]

Privatbibliothek im Sozialismus

Der sozialistische Staat fördert mit den verschiedensten Methoden auch das buchkünstlerische Schaffen. Seit 1952 wählt in der DDR eine Jury alljährlich die *50 schönsten Bücher* aus.[47] Eine Gesellschaft von Bücherfreunden, die *Pirckheimer-Gesellschaft* im Kulturbund der DDR, setzt sich für das künstlerisch und inhaltlich wertvolle Massenbuch ein und propagiert ihre Ziele durch eine eigene Zeitschrift.[48]

---

[46] *Buchklub der Schüler* (Kinderbuchverlag, Berlin); *Buch der Jugend.* Abonnementsreihe innerhalb des *buchclubs 65* (Verlag Volk und Welt / Kultur und Fortschritt, Berlin).

[47] *Die schönsten Bücher der DDR des Jahres* ... Jährlich seit 1951.

[48] *Marginalien. Blätter der Pirckheimer-Gesellschaft.* 1957 ff., seit 1965 vierteljährlich. Ab H. 30 (Juli 1968) u. d. T.: *Marginalien. Zeitschrift für Buchkunst und Bibliophilie.* Hrsg. v. d. Pirckheimer-Gesellschaft. – Vgl. ferner HORST KUNZE, *Bibliophilie im Sozialismus.* In: Marginalien H. 26 (Juni 1967) S. 1–21.

2. Bibliothekstypen, -netze und -systeme

2.1. Bibliothekstypen

2.1.1. *Internationale Unesco-Einteilung*

Unter Bibliothekstypen (besser Arten) versteht man Gruppen von Bibliotheken, die gleiche oder ähnliche Funktionen ausüben und daher gleiche oder ähnliche Arbeitsmethoden anwenden.

Bibliothekstypen nach Unesco

Die Unesco hat für ihre jährliche Berichterstattung[49] ein Einteilungsschema für Bibliotheken entwickelt. Vier bzw. fünf statistische Kennziffern wurden zunächst (ab 1952) nur für drei Bibliothekstypen, nämlich National-, Universitäts- und Öffentliche Bibliotheken, verzeichnet, gleichzeitig aber ein internationaler Querschnitt nach Zahl der Bibliotheken und Zahl der Bestände für folgende Kategorien von Bibliotheken gegeben:

1. Nationalbibliotheken
2. Universitätsbibliotheken
3. Schulbibliotheken
4. Fachbibliotheken
5. Allgemeine öffentliche Bibliotheken.

Seit Erscheinen dieser Berichterstattung als Statistisches Jahrbuch der Unesco (beginnend mit dem Berichtsjahr 1963) sind keine wesentlichen Veränderungen mehr eingetreten, wohl aber einige Verbesserungen vorgenommen worden, z. B. durch eine zusätzliche Statistik für laufende Haushaltmittel (current expenditure), nach vier Kennziffern aufgeschlüsselt.

Ohne vorerst den neuesten Entwicklungsstand (ab 1966) durch Änderung des Schemas zu berücksichtigen,[50] hat die Generalversammlung der Unesco auf ihrer 16. Sitzung vom 12. Okt. bis 14. Nov. 1970 zur Einteilung von Bibliotheken folgende Empfehlung gegeben:

1. *Nationalbibliotheken* (National libraries)

2. *Bibliotheken von Einrichtungen des höheren Bildungswesens* (Libraries of institutions of higher education) und zwar getrennt nach:

---

[49] Zunächst, ab 1952, als *Basic facts and figures. Faits et chiffres,* ab 1963 als *Statistical yearbook, Annuaire statistique.*

[50] Unesco. *Statistical yearbook.* 1971. Paris 1972 S. 655 u. 665.

a) Haupt- oder zentralen Universitätsbibliotheken.[51]
b) Bibliotheken, die zu Universitätsinstituten oder Abteilungen gehören, der Leitung der zentralen Universitätsbibliothek aber nicht unterstehen.
c) Bibliotheken an Einrichtungen des höheren Bildungswesens, die nicht zur Universität gehören.

Zu a–c wird betont, daß es sich nur um Einrichtungen der dritten Ausbildungsstufe (institutions of education at the third level) handelt.

3. *Andere größere nicht spezialisierte Bibliotheken* (other major non specialized libraries)
Wissenschaftliche Bibliotheken, die weder zum Hochschulwesen gehören noch Nationalbibliotheken sind, obwohl sie für eine bestimmte Region die Aufgabe einer Nationalbibliothek erfüllen.

4. *Schulbibliotheken*
Bibliotheken unterhalb der Hochschulebene, die vorwiegend Lehrern und Schülern dienen.

5. *Fachbibliotheken*
Hier werden alle Fachbibliotheken unabhängig von ihrem Unterhaltsträger zusammengefaßt, also neben wissenschaftlichen Fachbibliotheken auch wissenschaftliche Betriebs- sowie Parlaments- und Behördenbibliotheken, sofern sich der größere Teil der Bestände auf ein bestimmtes Gebiet oder einen bestimmten Gegenstand erstreckt. Sie sollen aber unterschieden werden nach dem Grad ihrer Öffentlichkeit.
a) Uneingeschränkt öffentliche Bibliotheken.
b) Eingeschränkt öffentliche Bibliotheken.

6. *Allgemeine öffentliche (oder Volks-) Bibliotheken*
Bibliotheken, die der Bevölkerung eines Ortes oder einer Region unentgeltlich oder für eine geringe Gebühr zur Verfügung stehen. Neben den Bibliotheken für die Allgemeinheit zählen hierzu auch die für bestimmte Gruppen von Benutzern, wie Kinder, Arbeiter und Angestellte, Krankenhauspatienten, Armeeangehörige, Heiminsassen und Gefangene.
Zu unterscheiden ist zwischen
a) aus öffentlichen Mitteln finanzierten Bibliotheken und
b) aus privaten Mitteln finanzierten Bibliotheken.

---

[51] Die hier und im folgenden verwendeten Formulierungen gehen auf die engl. Fassung zurück, wie sie verkürzt im *Unesco statistical yearbook* 1971 (Paris 1972) S. 655 abgedr. sind; dabei wurden die im ZfB 85 (1971) S. 598–599 wiedergegebene dt. Übers. v. E.-Ch. Genzel sowie eigene Formulierungen verwendet.

Die genannte Generalversammlung der Unesco hat den Mitgliedsstaaten im Hinblick auf die internationale Vergleichbarkeit der nationalen Bibliotheksstatistiken die Anwendung dieser Einteilung empfohlen.

2.1.2. *Einteilung der Bibliotheken in der DDR (BVO)*

Bibliothekstypen nach BVO

Für das Bibliothekssystem der DDR hatte vorher die Bibliotheksverordnung von 1968 folgende Einteilung der Bibliotheken getroffen, bei der die Gewerkschaftsbibliotheken ausgeschlossen worden sind:

1. *Wissenschaftliche Allgemein- und Fachbibliotheken*
2. *Staatliche allgemeinbildende Bibliotheken*

Zu den wissenschaftlichen Allgemein- und Fachbibliotheken (1) zählen nach der Bibliotheksverordnung:

a) die beiden zentralen wissenschaftlichen Bibliotheken (Deutsche Staatsbibliothek, Deutsche Bücherei),
b) die zentralen wissenschaftlichen Fachbibliotheken,
c) die Bibliotheken der Akademien,
d) die Universitäts-, Hochschul- und Fachschulbibliotheken,
e) die wissenschaftlichen Allgemeinbibliotheken der Bezirke als wissenschaftliche Bestandszentren,
f) die wissenschaftlichen Fachbibliotheken der staatlichen Organe und Einrichtungen sowie der Betriebe.

Nach der Bibliotheksverordnung gelten als staatliche allgemeinbildende Bibliotheken (2):

a) die Stadt- und Bezirksbibliotheken,
b) die Stadt- und Kreisbibliotheken,
c) die Stadtbibliotheken,
d) die ländlichen Zentralbibliotheken,
e) die Gemeindebibliotheken,
f) die Schülerbibliotheken,
g) die Heim-, Patienten- und Anstaltsbibliotheken.

Sachlich gehören ferner dazu die allgemeinbildenden Gewerkschaftsbibliotheken in den Betrieben.

Änderung nach 5. DB zur BVO

Nach der 5. Durchführungsbestimmung – vom 27. Januar 1971 – zur Bibliotheksverordnung[52] gelten als „Staatliche Allgemeinbibliotheken"

[52] GBl. II 1971 S. 209–212. Eine Richtlinie des Ministers für Kultur vom 24. Febr. 1971 regelt Einzelheiten der Arbeit dieser den örtlichen Räten unterstehenden staatlichen Allgemeinbibliotheken. Abgedr. in: Verfügungen u. Mitteilungen d. Ministeriums für Kultur Nr. 3 vom 31. März 1971.

die Gemeindebibliotheken, die ländlichen Zentralbibliotheken, Stadtbibliotheken in kreisangehörigen Städten, Stadtbibliotheken in Stadtkreisen, Stadt- und Kreisbibliotheken, Stadt- und Bezirksbibliotheken sowie nach der 6. Durchführungsbestimmung die Wissenschaftlichen Allgemeinbibliotheken der Bezirke.

2.1.3. *Wissenschaftliche Allgemein- und Fachbibliotheken*

Wissenschaftliche Allgemeinbibliotheken werden wegen der grundsätzlichen Weite ihres Sammelgebiets auch universal sammelnde Bibliotheken genannt (Universalbibliotheken). Die Bezeichnung bedarf aber einer Einschränkung: Außer den National- und Staatsbibliotheken gibt es nur sehr wenige große wissenschaftliche Allgemeinbibliotheken, die tatsächlich alle Wissenschaftsgebiete pflegen. Bei den Universitätsbibliotheken und einigen großen Landesbibliotheken engt sich die Universalität im wesentlichen auf die Fakultätswissenschaften ein.

Universalität und ihre Einschränkung

Wenn auch die Wissenschaftlichen Allgemeinbibliotheken der Bezirke, die wir im folgenden behandeln werden, als universal sammelnde Bibliotheken konzipiert sind, so muß ihre „Universalität" in anderer Weise eingeschränkt werden: Sie erstreckt sich auf Belletristik, wissenschaftliche und populärwissenschaftliche Literatur aus der Produktion der DDR. Es wird jedoch auch ausländische Literatur, vorwiegend aus den sozialistischen Staaten, wie Nachschlagewerke mit hohem Informationsgehalt usw., sowie Literatur für die Forschung, die in dem betreffenden Bezirk angesiedelt ist, erworben.

Ein logisches Einteilungsprinzip für wissenschaftliche Allgemeinbibliotheken ergibt sich laut Schaubild:

WISSENSCHAFTLICHE UNIVERSALBIBLIOTHEKEN

National	*Regional-territorial*	*Institutionell*
Staats- und Nationalbibliotheken	Landes- und Bezirksbibliotheken	Zentrale Akademie- und Universitätsbibliotheken

2.1.3.1. Staats- und Nationalbibliotheken

Für die größeren Staats- und Nationalbibliotheken wird zu Recht auch die Bezeichnung Weltbibliotheken verwendet, weil sie über ihr Land hinaus eine internationale Bedeutung – für die ganze Welt – haben.[53] Erfahrungsaustausch und Publikationen haben in neuester Zeit die internatio-

Funktion

[53] ARUNDELL ESDAILE, *National libraries of the world.* 2. ed. compl. rev. by F. J. Hill. London 1957. Trotz aller Unvollkommenheiten ein nützliches Informationswerk. Vgl. Besprechung v. H. HLEB-KOSZAŃSKA in: ZfB 74 (1960) S. 56–58.

nale Bibliothekswelt auf diesen wichtigen Bibliothekstyp gelenkt. Es sind verschiedene Anstrengungen,[54] zum Teil sogar recht große, gemacht worden, die besondere Funktion der Staats- und Nationalbibliotheken zu klären und zu verallgemeinern, ohne daß die bisher erzielten Ergebnisse als befriedigend betrachtet werden können. Seit 1952 arbeitet im Internationalen Verband der Bibliothekar-Vereine (IVBV) eine *Sektion für National- und Universitätsbibliotheken.* Die bunte Welt dessen, was in den einzelnen Ländern als Staats- oder Nationalbibliotheken herangewachsen ist, macht es nicht nur unmöglich, zwischen Staats- und Nationalbibliothek zu unterscheiden, sondern läßt für diesen Typ mit wechselnder Bezeichnung auch nur die Aufstellung einiger Wesensmerkmale zu. Das sind:

Wesenszüge

1. *vollständige Sammlung und Bewahrung der nationalen Literatur,*[55]
2. *Erarbeitung der nationalen Primärbibliographie*, d. h. die bibliographische Verzeichnung der nationalen Literatur („Nationalbibliographie"), laufend und mit Jahres- bzw. Mehrjahresverzeichnissen,
3. *Informations- und Auskunftstätigkeit über die Nationalliteratur.*

Besonderheiten

Die Problematik der Nationalbibliothek beginnt bereits mit der *Benutzung* ihrer Bestände, die grundsätzlich im Gegensatz zur Verpflichtung der Erhaltung und Bewahrung der Nationalliteratur „für alle Zeiten" steht. Alle weiteren Merkmale gestatten schon keine Verallgemeinerung, sondern sind höchstens als wünschenswert zu bezeichnen:

1. Führung zentraler Kataloge,
2. Einflußnahme auf die Nachwuchsausbildung,
3. bibliographische Erschließung des Inhaltes der nationalen Zeitschriftenliteratur mit Einschluß großer Tageszeitungen des Landes in einer laufenden Bibliographie nebst jährlichen Registern dazu,
4. Zentralstelle für den internationalen Leihverkehr,
5. Zentralstelle für den internationalen Schriftentausch.

Sammlung ausländischer Literatur

Das einzige Kriterium, das einen Unterschied zwischen Staats- und Nationalbibliothek anzudeuten vermag, ist das Verhältnis zur ausländischen Literatur. Es gibt keine Nationalbibliothek ohne die Sammlung und bibliographische Verzeichnung der Nationalliteratur. Es kann für die

[54] *Current trends in national libraries.* In: Library trends, Vol. 4 (1955/1956) Nr. 1. 14 Beiträge zu den einzelnen Aufgabengebieten (z. B. Acquisitions policy, collections, services usw.). – *National libraries: their problems and prospects.* Paris 1960. (Unesco manuals for libraries. 11.) – HERMAN LIEBAERS u. MARIA RAZUMOVSKY, *Die großen Bibliotheken.* Der IFLA-Fragebogen. Antworten und Kommentare. In: Libri 10 (1960) S. 149–161. – CURT D. WORMANN, *National libraries in our time.* The Unesco Symposium on national libraries in Europe. In: Libri 9 (1959) S. 273–307.

[55] Auf die *Sammeltätigkeit von Nationalbibliotheken* wird im Zusammenhang mit dem *Bestandsaufbau* näher eingegangen.

Wahrnehmung dieser und der oben genannten wünschenswerten Aufgaben, sofern sie sich auf die nationalen Buch- und Zeitschriftenbestände beziehen, sowohl die Bezeichnung National- als auch Staatsbibliothek gelten. Wenn aber diese nationalen Aufgaben noch erweitert werden durch eine ausgedehnte Sammlung ausländischer Literatur aller Gebiete (universal) mit staatlichen Mitteln, so trifft hierfür nur die Bezeichnung Staatsbibliothek zu.

Die repräsentativste Staatsbibliothek der Länder der sozialistischen Gemeinschaft ist die *Leninbibliothek* zu Moskau, deren Aufgaben in einem neuen Statut von 1972 festgelegt wurden. Charakteristisch für die Stellung der Staatsbibliotheken im Sozialismus ist die auch der Leninbibliothek ausdrücklich gestellte Aufgabe, eine methodische Anleitung allen Republiks- und Gebietsbibliotheken der UdSSR sowie allen wissenschaftlichen und Massenbibliotheken (allgemeine öffentliche Bibliotheken) zu geben (§ 3). Darüber hinaus ist bemerkenswert, daß die Leninbibliothek die Aufgaben eines wissenschaftlichen Forschungszentrums auf dem Gebiet der Bibliothekswissenschaft, der Bibliographie und der Buchgeschichte wahrnimmt (§ 1).[56]

Leninbibliothek

Nationale Traditionen wirken sich besonders in den Staats- und Nationalbibliotheken aus. Es ist daher müßig, nach Verallgemeinerungen zu suchen, aber das Hauptproblem löst sich leicht, wenn man sie als wissenschaftliche Allgemeinbibliotheken mit zentralen Aufgaben betrachtet, die von einer Bibliothek (Biblioteka Narodowa Warszawa, Bibliothèque nationale Paris) oder arbeitsteilig von zwei wissenschaftlichen Allgemeinbibliotheken mit zentralen Aufgaben (Deutsche Staatsbibliothek Berlin, Deutsche Bücherei Leipzig) erfüllt werden. Die Wahrnehmung zentraler Aufgaben, wie sie für das Funktionieren eines nationalen Bibliothekssystems erforderlich sind, kann also entweder konsequent konzentriert oder dezentralisiert arbeitsteilig erfolgen. Arbeitsteilung ist hier übrigens häufiger als man vermuten könnte, besonders in der Abgrenzung von alter und neuer bzw. neuester Nationalliteratur. „Doppelgleisigkeit" auf dem Gebiet der eigenen staatlichen Buchproduktion bei entsprechender Pflichtexemplarregelung ist kein Nachteil, sondern ein Vorteil – von den Nutzern aus, für die Bibliotheken tätig sind. Aber auch für große zentrale wissenschaftliche Bibliotheken ist es heute wichtig, ihren Systembezug zu finden, um organisiert und koordiniert die ihnen gestellten vielfältigen Aufgaben lösen zu können.[57]

zentrale Aufgaben

---

[56] Neuerdings ist die Leninbibliothek auch Informationszentrum für die Gebiete Kunst und Kultur.

[57] KONSTANTINKA KALAJDŽIEVA, *Probleme der Koordinierung zwischen der Nationalbibliothek und den Fachbibliotheken.* In: Buch – Bibliothek – Leser. Festschrift f. Horst Kunze. Berlin 1969 S. 97–111, mit Lit.angaben.

2.1.3.2. Zentrale Hochschulbibliothek und Zweigbibliotheken[58]

Zentralismus als Prinzip

Das bibliothekarische Kernproblem der Hochschulen einschließlich großer Akademien hat rückblickend in der Klärung des Verhältnisses der zentralen Hochschul- bzw. Akademiebibliothek zu den Bibliotheken der Sektionen und Institute des betreffenden Bereiches bestanden. Die verschiedensten Spielarten, vom völligen Nebeneinanderarbeiten der Universitätsbibliothek und der Institutsbibliotheken bis zum glücklichsten Ineinandergreifen dieser beiden Bibliotheksarten, hat die Geschichte der Hochschulbibliotheken aufzuweisen.

preußischer Erlaß von 1892

Beraten von zwei Bibliothekaren, befaßte sich bereits Friedrich Althoff in den 80er Jahren des vorigen Jahrhunderts mit dem Verhältnis der Universitätsbibliotheken zu den Institutsbibliotheken. Der *Erlaß vom 15. Oktober 1892*[59] für Preußen ist zwar in verschiedenen seiner Punkte geduldiges Papier geblieben, im ganzen bedeutete er jedoch einen Fortschritt. Er unterstrich durch bestimmte Aufgabenstellung (zentrale Kataloge im Universitätsbereich, einzige Aufnahmestelle von Dubletten aus den Universitätsinstituten) die zentrale Stellung der Universitätsbibliothek. Die weitere Entwicklung hat gezeigt, daß weder dieser Erlaß noch die Tätigkeit von Bibliothekskommissionen geeignet waren, eine nach allen Seiten befriedigende Lösung zu schaffen. Mit Recht hat Georg

---

[58] *Lit.* zu Problemen der Hochschulbibliothek: GEORG LEYH, *Die Universitätsbibliothek im Rahmen der Universität.* In: ZfB 50 (1933) S. 543–554. – ERICH V. RATH, *Die deutschen Universitätsbibliotheken.* In: Das akademische Deutschland. Bd. 3. Berlin 1930 S. 285–296. – VIKTOR BURR, *Die Stellung d. Universitätsbibliothek im Bildungswesen d. Gegenwart.* In: Mitteilungsblatt d. Verbandes d. Bibliotheken d. Landes Nordrhein-Westfalen. N. F. 3. (1952) S. 15–20. – HERMANN TIEMANN, *Das Problem der Universalbibliothek heute.* In: Nachr. f. wiss. Bibliotheken 6 (1953) S. 166–177. – WILLI GÖBER, *Das Bibliothekswesen einer Universität als Einheit.* In: Bibliothek, Bibliothekar, Bibliothekswissenschaft. Festschrift Joris Vorstius. Leipzig 1954 S. 154–171. – KARL BULLING, *Die Aufgaben der Universitätsbibliotheken.* In: Aus d. Arbeit. d. wiss. Bibliotheken in d. DDR. Leipzig 1955 S. 158–174. – *European university libraries.* Current status and developments. Editor: Robert Vosper. In: Library trends 12 (1963/1964) Nr. 4. Entwicklung und Entwicklungstendenzen der Universitätsbibliotheken in 18 europäischen Ländern. – WERNER ASCHER, *Organisationsprobleme eines Hochschulsystems.* München-Pullach, Berlin (West) 1972. (Bibliothekspraxis. 5.) – FRITZ SCHAAF, *Die Universitätsbibliotheken der DDR.* In: ZfB 88 (1974) S. 531–536. – DIETER SCHEFFEL, *Die Hochschulbibliotheken der DDR.* In: ZfB 88 (1974) S. 537–542. – HORST KUNZE, *Tasks and functioning of library and information and documentation services at the institutes of higher education of the German Democratic Republic in connexion with the 3rd university reform.* In: University library problems. Proceedings of the symposium in library science on the occasion of the 350th anniversary of the Uppsala University Library ... Stockholm 1975. (Acta bibliothecae R. Universitatis Upsaliensis. Vol. 19.) Dieser Sammelband behandelt einschlägige Probleme in den verschiedenen Ländern.

[59] *Erlaß, betreffend die Bibliotheken der Universitäts-Anstalten und deren Beziehungen zu den Universitäts-Bibliotheken (im Königreich Preußen),* abgedruckt in ZfB 8 (1892) S. 550–551. – GEORG LEYH, *Die Universitätsbibliothek im Rahmen d. Universität.* In: ZfB 50 (1933) S. 543–554.

Leyh für die deutschen Bibliotheksverhältnisse vor 1945 darauf hingewiesen, daß für ein gesundes Verhältnis zwischen UB und Institutsbibliotheken die aktive Vollmitgliedschaft des Bibliotheksdirektors im Senat erstrebenswert sei. Diese Forderung ist in der DDR schon seit vielen Jahren grundsätzlich erfüllt. Damit hat die Universitätsbibliothek als zentrales Institut einen eindeutigen Aktionsradius gefunden.

Mitgliedschaft des Bibliotheksdirektors im Senat

Von bibliothekarischer Seite ist das Nebeneinander von universal sammelnder Universitätsbibliothek und Sektions- und Institutsbibliotheken mit speziellen Sammelaufgaben stets als berechtigt und wünschenswert betont worden. Allerdings darf dieses Nebeneinander kein zufälliges, sondern es muß ein planvolles sein. Es muß in einer Kooperation auf den Gebieten der Erwerbung, Katalogisierung und Verwaltung zum Ausdruck kommen,[60] es muß ein effektives Bibliotheksnetz entstehen.

wünschenswertes Nebeneinander

Im Zeitalter der Planwirtschaft muß diese Frage eine den jeweiligen Hochschulverhältnissen angepaßte Regelung erfahren. Das gesamte Bibliothekswesen einer Universität oder Hochschule bildet eine natürliche Einheit, und diese Einheit muß in entsprechenden Verwaltungsmaßnahmen ihren Ausdruck finden.[61] Nach zweckmäßigen Verwaltungsordnungen, wie sie in den fünfziger Jahren für Bibliotheken der Universitäten in verschiedenen Ländern geschaffen worden sind, war für die DDR die *Anweisung Nr. 10/1962 des Staatssekretariats für das Hoch- und Fachschulwesen betr. die wissenschaftlichen Bibliotheken der technischen und*

Einheit des Bibliothekswesens

Anweisung 10/1962

[60] In *Großbritannien* hat der Direktor der UB, der zugleich der Bibliothekar der Gesamtuniversität ist, Sitz und Stimme im akademischen Senat. Sämtliche „sub-libraries" und „sectional libraries" sind Teile der Hauptbibliothek; „departmental libraries" bei den Lehrstühlen dienen nur dem unmittelbaren Gebrauch der Studierenden. Vgl. FRANZ KROLLER, *Aus der Verwaltungspraxis englischer Universitätsbibliotheken.* In: Biblos 11 (1962) S. 211–221. Ein interessanter Beitrag zur vergleichenden Bibliothekslehre. – MAURICE B. LINE, ass. by M. TIDMARSH, *Student attitudes to the university library.* In: Journal of doc. 22 (1966) S. 123–135. – JAMES THOMPSON, *An introduction to university library administration.* London 1970; Verf. nimmt Kurs auf die erzieherische Funktion d. UB mit optimalen Benutzungsdiensten u. Informationsaufgaben. – Vgl. auch T. P. PYŠNOVA, *K voprosu o strukture universitetskich bibliotek.* In: Opyt raboty Naučnoj biblioteki MGU 11 (1962) S. 37–54. – Beachtenswert ist die Auflösung (frz. éclatement) der zentralen Universitätsbibliothek in Sektionen für Naturwissenschaften, Gesellschaftswissenschaften und Rechtswissenschaft sowie die Schaffung von collèges scientifiques universitaires in Frankreich. Vgl. *Instructions concernant les nouvelles sections et les sections transférées des bibliothèques des universités (à l'exclusion des sections „Médecine")* vom 30. Juni 1962. Gleichzeitig mit dieser Maßnahme werden mehrere moderne Tendenzen des internationalen Bibliothekswesens realisiert: dezentralisierte Fachbibliotheken, maximale Freihandaufstellung (Bücher u. Zeitschriften), einheitliche Klassifikation (BDK) sowie Differenzierung der Bestände nach dem wissenschaftlichen Niveau der Benutzer (Studenten der ersten Semester auf der einen Seite, Forscher, Professoren und fortgeschrittene Studenten auf der anderen); vgl. Bulletin des bibliothèques de France 7 (1962) S. 401–410; ferner ZfBB 10 (1963) S. 282–286 (Jacques Lethève S. 273–286).

[61] WILLI GÖBER, *Das Bibliothekswesen einer Universität als Einheit.* In: Bibliothek, Bibliothekar, Bibliothekswissenschaft. Festschrift Joris Vorstius. Leipzig 1954 S. 154 bis 171.

ökonomischen Hochschulen der DDR vom 15. Dez. 1962[62] ein weiterer bedeutsamer Schritt vorwärts zur Einheit des Bibliotheksnetzes im Hochschulbereich. Sie verwirklichte die funktionelle, bestandsmäßige oder organisatorische Einheit der zentralen Hochschulbibliothek dieser Bereiche mit den vorhandenen Sektions- und Institutsbibliotheken und ordnete die Einrichtung einer Bibliothekskommission an, die vom Direktor der Hochschulbibliothek geleitet wurde und dem Rektor der Hochschule unterstand. Als zentrale Funktionen der Hochschulbibliothek wurden u. a. festgelegt:

zentrale Funktion der Hochschulbibliothek

> Planung und Verwaltung der Haushaltmittel (einschl. Kontingente) für die Literaturerwerbung der gesamten Hochschule im Einvernehmen mit der Bibliothekskommission;
> Beschaffung, Inventarisierung und Katalogisierung der Literatur für den gesamten Hochschulbereich;
> bibliothekarische Anleitung der Mitarbeiter in den Sektions- und Institutsbibliotheken.

Als es Ende der sechziger Jahre darum ging, die Universitäten und Hochschulen der DDR aufs engste mit der fortgeschrittenen gesellschaftlichen Entwicklung zu verbinden, um sozialistische Fachkader zu gewinnen, die den gewachsenen Ansprüchen genügen mußten, regelte die Anweisung 22/1969 des Ministeriums für Hoch- und Fachschulwesen vom 15. August 1969 die *Stellung, Aufgaben und Arbeitsweise des Bibliothekswesens und der wissenschaftlichen Information an den Hochschulen.*[63] Damit wurden die Voraussetzungen dafür geschaffen, daß das Bibliothekswesen einer Universität oder Hochschule ein einheitliches institutionelles Netz bildet, gegliedert in zentrale Hochschulbibliothek und deren Zweigstellen bei den Sektionen und anderen wissenschaftlichen Einrichtungen der betreffenden Hochschule.[64] So sind in den Hochschulen der DDR Struktureinheiten entstanden, die die Gesamtheit der im Hochschulbereich vorhandenen Bibliotheks- und Informationseinrich-

Anweisung 22/1969

---

[62] In: Mitteilungen a. d. wiss. Bibliothekswesen d. DDR. 1963 Nr. 1 Beil. 2 sowie in: Verfügungen u. Mitteilungen des Staatssekretariats f. d. Hoch- u. Fachschulwesen 1963 Nr. 9/10 S. 13. – JOHANNES SCHILD, *Die Einheit der Bibliotheksarbeit im Hochschulbereich.* In: ZfB 76 (1962) S. 337–344. – JOHANNES SCHILD u. HELMUT SCHULZE, *Die Zusammenarbeit der technischen u. ökonomischen Hochschulbibliotheken in d. DDR.* In: ZfB 76 (1962) S. 529–538.

[63] In: ZfB 84 (1970) S. 198–203 (S. 196–197 Kommentar v. G. Messow u. P. Thüringer); zur Bedeutung dieser Anweisung für das Informationswesen der Hochschulen vgl. Kap. 6: *Literaturinformation.*

[64] INGEBORG GOLTDAMMER, EBERHARD KABUS u. GERHARD SCHWARZ, *Die dritte Hochschulreform und ihre Auswirkungen auf das Bibliotheks- und Informationswesen an den Universitäten und Hochschulen der DDR.* Meth. Zentrum f. wiss. Bibliotheken. Berlin 1970. – FRITZ SCHAAF, *Die Universitätsbibliotheken der DDR.* In: ZfB 88 (1974) S. 531–536. – DIETER SCHEFFEL, *Die Hochschulbibliotheken der DDR.* In: ZfB 88 (1974) S. 537–542.

tungen umfassen. Die Hochschulbibliothek gliedert sich in Bibliothek, wissenschaftliche Information und technische Einrichtungen. Von dieser Struktureinheit her erfolgen Anleitung, Kontrolle und Koordinierung der bisherigen Zweigstellen und Informationsorgane in den Sektionen. Die Zweigstellen haben den Charakter von Außenstellen, in denen Bibliotheks- und Informationsarbeit fusioniert ist.
Die Bezeichnung Sektionsbibliothek trifft nur noch auf solche Zweigstellen zu, bei denen es sich nur um Bibliotheken *einer* Sektion handelt.[65]
Spezifische Probleme und spezielle Aufgaben sind mit den Hochschulbibliotheken verbunden.

1. *Bibliothekskommissionen*

Das internationale Grundproblem der Universitäts-, dann auch der Hochschulbibliotheken im engeren Sinne, besteht darin, allen Universitätsangehörigen zu dienen (Studenten, Lehrkörper) und den verschiedensten fachlichen Anforderungen von außerhalb der Hochschule gerecht zu werden. Viel älter als die Wünsche der Studierenden sind die Forderungen der Professoren. So weist die Bibliotheksgeschichte des 18. bis 20. Jahrhunderts zahlreiche Versuche kollegialer Verwaltung von Bibliotheken auf. An den Universitäten entstanden aus Dozenten der Universität zusammengesetzte Bibliothekskommissionen[66], die den Bibliotheksdirektor von Haus aus beratend unterstützen sollten, die ihn aber ebenso häufig in seinen Entscheidungen nur hemmten. Der Kampf gegen diese Kommissionen ist ein Teil des Kampfes um die Selbständigkeit des bibliothekarischen Berufsstandes. Unter den Wortführern, die gegenüber den Bibliothekskommissionen einen eindeutig ablehnenden Standpunkt einnahmen, finden wir die bedeutendsten Namen der neueren deutschen Bibliotheksgeschichte: Robert von Mohl, Anton Klette, Arnim Graesel. Besonders eifrig hat sich Georg Leyh gegen die Bibliothekskommissionen ausgesprochen; er hat richtig gefordert, daß in solchen Kommissionen, wenn sie schon nicht zu vermeiden seien, der Bibliotheksdirektor mindestens den Vorsitz führen müsse.

Geschichtliches

Gegner der Bibliothekskommissionen

[65] Zu den Bestrebungen weiterblickender Bibliothekare der BRD um die Stärkung der Funktion der zentralen Hochschulbibliothek mangels zentraler staatlicher Regelungen vgl.: *Empfehlungen des Wissenschaftsrates zum Ausbau der wiss. Einrichtungen.* T. 2: Wiss. Bibliotheken. o. O. 1964. Dazu ZfBB 11 (1964) H. 5/6 mit mehr. Aufsätzen, bes. PAUL KAEGBEIN, *Die Empfehlungen des Wissenschaftsrates f. d. Bibliotheken techn. Hochschulen.* Dort S. 263–271. – GÜNTHER PFLUG, *Die Stellung der Bibliothek in den Tendenzen zur Neuordnung des Hochschulwesens.* In: Verband d. Bibliotheken d. Landes Nordrhein-Westf. Mitteilungsblatt. N. F. 20 (1970) S. 321–334. – HARTWIG LOHSE, *Universitätsbibliotheken – Institutsbibliotheken.* Anmerkungen z. aktuellen Fragen der Bibliotheksstruktur. Bonn 1972. (Forschungsstelle f. Buchwissenschaft an d. UB Bonn. Kleine Schriften. 9.) Nach Meinung d. Verf. ist die allgemeine Planungs- u. Finanzkrise das Entscheidende, nicht eine vermeintliche Strukturkrise.

[66] Zur Frage der Bibliothekskommissionen: ARNIM GRAESEL, *Handbuch d. Bibliothekslehre.* 2. Aufl. Leipzig 1902 S. 334–339. – Georg Leyh im Handbuch III (1940) S. 706 bis 713 und anderen Orten (vgl. Register).

Funktion der Senatskommissionen

Um die rationelle Ausnutzung der im Universitätsbereich vorhandenen Literaturbestände und das organisatorisch-verwaltungsmäßige Zusammenarbeiten aller Bibliothekseinrichtungen unter Leitung der Universitätsbibliothek zu sichern, sind in der DDR zunächst (bis 1969) Senatskommissionen für Bibliotheksfragen eingerichtet worden, die sich bewährt hatten. Aber in der Anweisung 22/1969[67] vom 15. August 1969 des Ministeriums für Hoch- und Fachschulwesen ging es darum, auch das Informationswesen im Hochschulwesen zu integrieren und eine noch engere Zusammenarbeit von Hochschulbibliothek, Informationseinrichtungen und Sektionen der Hochschule sowie der sozialistischen Praxis zu sichern. Dazu wurde an allen Hochschulen ein *Bibliotheks- und Informationsrat* geschaffen, dem unter dem Vorsitz des Direktors der Hochschulbibliothek die Bibliotheksbeauftragten, die Leiter der Informationseinrichtungen bei den Sektionen sowie Vertreter der Studenten angehören. Diese Räte haben die Senatskommissionen abgelöst.

Bibliotheks- und Informationsrat

Richtlinien und Ordnungen stellen freilich nur die *eine* Seite des Verhältnisses von Hochschulbibliothek zu den Zweigstellen und Informationseinrichtungen dar. Sie werden erst lebendig durch einen engen und guten Kontakt, den der Bibliotheksdirektor, unterstützt von allen Mitarbeitern seiner Bibliothek, zu den Angehörigen des Lehrkörpers gewinnt. Unabdingbare Voraussetzung dafür ist, daß Professoren und Dozenten von *allen* Mitarbeitern der zentralen Hochschulbibliothek als bevorrechtete Benutzer anerkannt, ihre Anliegen jederzeit mit Verständnis behandelt und sie mit Geschick als Freunde der Bibliothek gewonnen werden.

Bibliothek und Dozentenschaft

Das Unbehagen mit den überlieferten Formen der Bibliotheksarbeit im Hochschulbereich ist, wie wir einleitend feststellten, schon alt. In den zwanziger und dreißiger Jahren sind von seiten der Bibliothekare heftige Diskussionen zum Thema Hochschulbibliothek geführt worden.[68] Gegenüber der stumpfen, aber geschlossenen Abwehr der sich in *diesem* Punkte einigen Hochschullehrer haben sie de facto nichts auszurichten vermocht. Ein ähnliches Schicksal ist Erhebungen und Recherchen, die in der BRD die Notgemeinschaft der Deutschen Wissenschaft bzw. die Deutsche Forschungsgemeinschaft organisiert hat (1951, 1956, 1957),[69] beschieden gewesen. Erst seit einem Jahrzehnt sind diese Fragen in der BRD erneut aufgeworfen worden. Während in den traditionellen Universitätsgefügen unterschiedliche Versuche unternommen worden sind, um zu echten Struktureinheiten der bibliothekarischen Einrichtungen im Hochschulbe-

Problematik der Bibliothekseinrichtungen im Hochschulbereich

BRD

[67] Abgedr. in ZfB 83 (1969) S. 198–202.

[68] Besonders progressive, für die damalige Zeit kühne Forderungen erhob LUDWIG KLAIBER, *Um die Einheit der Universitätsbibliothek.* In: ZfB 46 (1929) S. 26–33. Seine Gedanken gehen, mindestens im naturwissenschaftlichen und medizinischen Bereich, in Richtung sachkundig verwalteter Fakultätsbibliotheken.

[69] GISELA VON BUSSE, *West German library developments since 1945.* Washington 1962 S. 55.

reich zu gelangen,[70] sind bei den neugegründeten Universitäten von Anfang an auf Einheitlichkeit abzielende Regelungen getroffen worden.[71] Ausgehend von Empfehlungen des Bibliotheksausschusses der Deutschen Forschungsgemeinschaft haben W. Haenisch und C. Köttelwesch[72] einen faktenreichen Überblick über alle Anstrengungen in der BRD gegeben, die Einheit des Bibliothekswesens an den Hochschulen zu verwirklichen.

Entsprechende Gremien, die auf das Bibliothekswesen einer Universität Einfluß nehmen sollen, sind auch in anderen Ländern als Bibliotheksausschüsse (Library committees, Library boards oder Boards of trustees) in den USA auch außerhalb von Hochschulen, entstanden. Trotz unterschiedlicher Zusammensetzung dieser Kommissionen gilt für sie gemeinsam, daß ihre Aufgabe in der Beratung und Unterstützung des Bibliotheksdirektors, in der Regel aber auch in dessen Kontrolle besteht.

andere kapitalistische Länder

2. *Lehrbuchsammlungen, Studentenbüchereien*

Das Bedürfnis, Lehrbücher und anderes Material für das Studium zu entleihen, ist in verstärktem Maße in der Notzeit nach dem ersten Weltkrieg in Deutschland wahrzunehmen, konnte aber damals von den staatlichen Bibliotheken nicht ausreichend befriedigt werden. Daß die Versorgung der Studenten mit Literatur heute wieder die Grundaufgabe der Hochschulbibliotheken ist, hat seine Gründe. Die erhöhten wissenschaftlichen Anforderungen, die an die Studenten gestellt werden, einerseits und der Mehrbedarf an Büchern mit, vor allem in kapitalistischen Ländern, steigenden Preisen andererseits, haben die Fragen der *Lehrbuchsammlungen*[73] aufs neue in den Vordergrund gerückt. Sie wird heute international diskutiert und verschieden gelöst – sie ist auf jeden Fall unausweich-

Studentenbüchereien

[70] *Allgemeine Zielvorstellungen für das Bibliothekswesen in den Gesamthochschulbereichen d. Landes Nordrhein-Westfalen.* In: Mitteilungsblatt. Verband d. Bibliotheken d. Landes Nordrhein-Westfalen. N. F. 23 (1973) S. 111–119.

[71] GISELA VON BUSSE, HORST ERNESTUS, *Das Bibliothekswesen der Bundesrepublik Deutschland.* Wiesbaden 1968 S. 61–72.

[72] *Vom Strukturwandel deutscher Hochschulbibliotheken.* Hrsg. v. Wolf Haenisch u. Clemens Köttelwesch. Frankfurt a. M. 1973 (ZfBB. Sonderh. 14.)

[73] Lit. WILLI GÖBER, *Die Studienbücherei der UuLB Halle.* In: ZfB 65 (1951) S. 450 bis 452. – WALTER SCHULZ, *Die amerikanische Studentenbücherei.* In: Festgabe zum 60. Geburtstag v. R. Juchhoff. Köln 1955. (Arbeiten aus d. Bibliothekar-Lehrinstitut d. Landes Nordrhein-Westfalen. 7.) S. 115–126. – WALTER SCHULZ, *Studentenbüchereien in Deutschland.* In: ZfBB 7 (1960) S. 110–126. – JOACHIM WIEDER, *Lehrbuchsammlungen an Universitäts- und Hochschulbibliotheken.* In: ZfBB 10 (1963) S. 287–308; mit Lit.angaben. – WOLFGANG KEHR, *Studentenbücherei und Hochschulbibliothek.* In: Aktuelle Probleme d. Bibliotheksverwaltung. Festgabe Hermann Fuchs. Wiesbaden 1966 S. 62–81. – CLEMENS KÖTTELWESCH, *Die Lehrbuchsammlungen in deutschen Bibliotheken.* In: ZfBB 14 (1967) S. 73–82. – GÜNTHER MEYER, *Lehrbuchsammlungen an Universitäts- und Hochschulbibliotheken.* Berlin 1968. (Arbeitsmaterial d. Meth. Zentrums f. wiss. Bibliotheken). – DEMETRIUS DIAMANTICHIS, WILLI HAHN u. KARL STOCK, *Bestellprogramm für eine Lehrbuchsammlung.* München-Pullach, Berlin (West) 1971.

Kriterien für Lehrbuchsammlungen

lich geworden. Besonders großzügig ist die Versorgung der Studenten mit Literatur, insbesondere mit Lehrmaterialien, in der Sowjetunion gelöst[74] (učebnye biblioteki), und zwar vielseitig und keineswegs schematisch. Die wichtigsten Kriterien für eine gute Lehrbuchsammlung sind: vielseitiges, tief gestaffeltes Angebot neuester Ausgaben, d. h. aber beträchtliche Mittel für laufende Neuerwerbungen[75], bequeme Zugänglichkeit sowie ausreichende Leihfristen (1 Semester bis 1 Jahr). Ob diese Sonderbestände frei zugänglich sind oder nicht, ist, wenn diese Bedingungen erfüllt sind, nicht das Entscheidende. Angesichts des finanziellen Aufwandes, den solche Einrichtungen erfordern, ist die Ermittlung des echten Bedarfs an Lehrmaterialien vorrangig.

Da es eine erzieherische Aufgabe der modernen Bibliothek sein muß, dem Studenten den Weg zum Lesen und zur Bibliotheksbenutzung zu ebnen, müssen gerade bei der Versorgung der Studenten mit Literatur neue Wege der Bibliotheks- und Literaturpropaganda eingeschlagen werden. Die Bibliothek muß mit Außenstellen oder Filialen dem studentischen Leser näherrücken. Besonders in den großen Studentenwohnheimen sollte die Errichtung von Studentenbüchereien heute eine Selbstverständlichkeit sein.[76] In verschiedenen Hochschulen der DDR sind in den letzten Jahren auf diesem Gebiete Fortschritte erzielt worden.

Außenstellen

3. *Ausblick*

dreifache Aufgaben der zentralen Hochschulbibliothek

Jedem Bibliotheksnetz im Hochschulbereich sind heute *drei* Aufgaben gestellt. Es soll der Forschung, der Ausbildung und Erziehung der Studenten sowie einer breiten interessierten Öffentlichkeit gleichzeitig dienen. Das ist schlechterdings unmöglich. Hinzu gekommen ist, daß die Forschung heute mit den lokalen Buchbeständen nicht mehr auskommt und deshalb den nationalen und internationalen Leihverkehr wesentlich stärker in Anspruch nimmt als früher. Die Versorgung der Studenten mit Studienmaterialien ist bei den angewachsenen Studentenzahlen und bei dem Tempo der Wissenschaftsentwicklung für das Bibliotheksnetz jeder Hochschule ein kaum oder nur schwer lösbares Problem. Die zusätzliche Betreuung wissenschaftlich interessierter, nichtakademischer Leser ist eine weitere Belastung, der die durchschnittliche Universitätsbibliothek

Vielfalt der Anforderungen

---

[74] S. K. VILENSKAJA, *Die Universitätsbibliotheken der UdSSR und ihre Stellung im System der sowjetischen Bibliotheken.* (Org. in: Biblioteki SSSR. Sbornik. Vyp 12. Moskva 1960.) Dt. Übers. als „Sowjetische Beiträge zum Bibliothekswesen der UdSSR in dt. Übers.", hrsg. v. Institut für Bibliothekswissenschaft der Humboldt-Universität. 4. (Berlin 1961).

[75] Exakte Mittelberechnungen sind nicht einfach. Dabei sind verschiedene Faktoren (Studentenzahl, Fachrichtung) zu berücksichtigen. Vgl. hierzu u. a. JOACHIM WIEDER, *Lehrbuchsammlungen an Universitäts- und Hochschulbibliotheken.* In: ZfBB 10 (1963) S. 287–308. – *Empfehlungen des Wissenschaftsrates zum Ausbau der wissenschaftlichen Einrichtungen.* T. 2. Wiss. Bibliotheken. o. O. 1964 S. 36–37.

[76] GISELA EWERT u. KLAUS PLÖTZ, *Jugendobjekt Bibliotheken in Studentenwohnheimen…* In: ZfB 88 (1974) S. 591–594; kleiner Beitrag zur Jugendarbeit in Bibliotheken ebenda S. 594–600.

nicht gewachsen ist. Deshalb werden dabei die Wissenschaftlichen Allgemeinbibliotheken der Bezirke (WABB) in zunehmendem Maße entlastend mitzuwirken haben. Diese Kooperation wird aber unabweislich bei der Versorgung von Industriebetrieben, Forschungsinstituten und Bildungseinrichtungen der Region. Bei dieser breiten, über die Hochschulaufgaben im engeren Sinne hinausgehenden Wirksamkeit von Hochschulbibliotheken kann es freilich geschehen, daß wichtige Studien- oder sogar Forschungsmaterialien der eigentlichen Hochschularbeit zeitweilig entzogen werden oder daß umgekehrt bei negativ erledigten Bestellungen solcher Leser der gesamte Benutzungsapparat überbeansprucht wird. Über all diesen Kalamitäten steht das Ansteigen der Bücherpreise als eine internationale Erscheinung; es läßt die Erwerbungsmittel immer unzulänglicher werden. Wie die Statistik erweist, bindet die Befriedigung der Literaturwünsche der Studenten und der wissenschaftlich interessierten Leser relativ viele Kräfte im Benutzungsdienst – und das erfolgt in der Regel auf Kosten des Geschäftsganges.

Maßnahmen zur Verbesserung der Bibliotheksarbeit

Es wird daher notwendig sein, neben den Lehrbuchsammlungen und Studentenbüchereien für die wissenschaftliche Arbeit der Hochschullehrer, Assistenten, Aspiranten und fortgeschrittenen Studenten durch Einrichtung besonderer Arbeitsbereiche mit großen offenen Buchbeständen ein besseres Arbeitsklima zu schaffen. Ohne Erhöhung der Erwerbungsmittel der Universitätsbibliotheken sowie bauliche Erweiterungen bzw. Neubauten kann dieser Prozeß nicht vollzogen werden, wenn auch ein großer Teil der erforderlichen Mittel durch sinnvolle Koordinierung aufgebracht werden könnte. In einem sozialistischen Lande sollte die studentische Selbstverwaltung solcher Einrichtungen unter Leitung der zentralen Hochschulbibliothek selbstverständlich sein.

Dabei geht es überhaupt nicht mehr um ängstliche Zentralisierung von Beständen in der Zentralen Hochschulbibliothek. Sofern die funktionelle Einheit des Bibliotheksnetzes der Hochschule gewährleistet ist, ist die Aufstellung und Verwaltung von Teilbeständen dezentralisiert, also räumlich getrennt von der Zentrale, durchaus gerechtfertigt.

Perspektive

Viel wichtiger ist demgegenüber die reale Perspektive der Hochschulbibliothek, die durch den weiteren Ausbau des nationalen Bibliothekssystems gefördert wird: ihr Charakter als institutionelle Bibliothek, deren Hauptanliegen die bibliothekarische Literaturbereitstellung und Literaturaufbereitung für Hochschullehrer und Studenten sowie vertraglich gebundene Forschungs- und Praxispartner ist – bei Aufgabe ihres Charakters als Bibliothek für die breite Öffentlichkeit der an wissenschaftlichen Fragen Interessierten.

2.1.3.3. Wissenschaftliche Fachbibliotheken

die Fachbibliotheken im Bibliothekssystem

Die wissenschaftlichen Fachbibliotheken[77] bilden heute in allen Bibliotheksländern, auch in der DDR, zahlenmäßig einen wesentlichen Bestandteil des wissenschaftlichen Bibliothekswesens überhaupt. Aber auch die Qualität des wissenschaftlichen Bibliothekswesens wird heute entscheidend von den Fachbibliotheken bestimmt. Das wichtigste Kriterium einer wissenschaftlichen Fachbibliothek ist ihre Praxisbezogenheit. Sie arbeitet unmittelbar für ein bestimmtes Gebiet, für einen Betrieb oder für ein Kombinat, für eine Forschungsstelle – kurzum für einen fachlich abgegrenzten, relativ konstanten Nutzerkreis. Deshalb haben die Mitarbeiter in der Regel ein engeres Verhältnis zu ihrem kleineren Nutzerkreis sowie zur Informations- und Dokumentationsarbeit auf ihrem Fachgebiet, sofern nicht überhaupt Informationsstellen selbst in ihnen verankert sind.

Zusammenarbeit mit wissenschaftlichen Allgemeinbibliotheken

Ihre Zusammenarbeit mit den wissenschaftlichen Allgemeinbibliotheken in methodischen und bibliothekstechnischen Fragen sowie beim Bestandsaufbau (Koordinierung) hat sich als sinnvoll erwiesen. Umgekehrt brauchen die wissenschaftlichen Allgemeinbibliotheken bei der Auskunftserteilung und bei der Ausübung ihrer Mittlerrolle im Leihverkehr die Hilfe der wissenschaftlichen Fachbibliotheken. In der Mitarbeit an zentralen Katalogunternehmungen, deren Leitung in der Regel bei den wissenschaftlichen Allgemeinbibliotheken liegt, begegnen sie sich auf der lokalen und regionalen Ebene. So ruht auch das wissenschaftliche Bibliothekswesen der DDR heute auf diesen beiden Säulen der älteren wissenschaftlichen Allgemeinbibliotheken und der jüngeren wissenschaftlichen Fachbibliotheken, in der BRD überwiegend als Spezial-

---

[77] Grundlegend: KLOTH–BARTH–MÖBUS, *Die wiss. Fachbibliothek.* 2. Aufl. 1975. Ferner: NORBERT FISCHER, *Die Spezialbibliotheken* [außer Musik]. In: Handbuch II 2. Aufl. 1961 S. 555–632. – Eine beachtenswerte, besonders den techn.-naturwiss. Bereich berücksichtigende Zeitschrift für Fachbibliotheken ist die amerikanische *Special libraries* Vol. 1 ff. New York 1910 ff. – Grundlegend für die Arbeit der wissenschaftlichen Fachbibliotheken ist: *Handbook of special librarianship and information work.* 2nd ed. Gen. ed.: Wilfried Ashworth. London 1962, 1. Aufl. 1955. Dieser Sammelband behandelt in 13 Beiträgen verschiedener Sachkenner alle einschlägigen Fragen, vom Aufbau der Spezialbibliotheken bis zu ihrer Planung, Publikationstätigkeit, mechanischen Registerherstellung usw. Zu jedem Kapitel viele Literaturhinweise, allerdings nur angelsächsische. Einheitliches Namen- und Sachregister. – Von großer praktischer Bedeutung sind auch Verzeichnisse von Spezialsammlungen in Bibliotheken wie LEE ASH, *Subject Collections.* A guide to special book collections and subject emphases as reported by university, college, public, and special libraries in the United States and Canada. Second ed. New York 1961. – Wichtige Hilfsmittel für den Bibliothekar sind Verzeichnisse von Fachbibliotheken homogener Gebiete, z. B.: *Das pädagogische Bibliothekswesen in Deutschland. T. 2. Die zentralen pädagogischen Bibliotheken.* München 1963. (Harms pädagogische Reihe. 92.) Enthält Beschreibungen dieser Fachbibliotheken in beiden deutschen Staaten. Auch die anderen Teile dieses Sammelwerkes sind beachtenswert, z. B. T. 1 *Einführung in das pädagogische Bibliothekswesen.* 1962. – FRITZ MEYEN, *Verzeichnis der Spezialbibliotheken in der Bundesrepublik Deutschland einschließlich West-Berlin.* Neu bearb. 2. Aufl. Braunschweig 1970.

bibliothek bezeichnet, russ. sowohl special'naja als auch otraslevaja biblioteka, engl. special library und franz. bibliothèque spécialisée. Je enger ihre lokale, regionale, nationale und internationale Kooperation ist, desto besser werden sie ihre gesellschaftlichen Aufgaben erfüllen.

Entwicklung der Fachbibliotheken

Wie aber die nationalen Bibliothekseinrichtungen ein getreues Spiegelbild der politischen Entwicklung des betreffenden Landes sind, so erweist es sich gerade an der Entwicklung der Fachbibliotheken in Deutschland (bis 1945), daß die partikularistische politische Entwicklung die Herausbildung eines nationalen Bibliothekssystems verhindert hat. Spontan und ungleichmäßig ist eine Vielzahl von wissenschaftlichen Fachbibliotheken ganz unterschiedlicher Bedeutung entstanden. Von Ausnahmen (wie die 1735 in Hamburg gegründete Kommerzbibliothek und die berühmte 1763 entstandene Senckenbergische Bibliothek in Frankfurt am Main) abgesehen, fällt ihre Entstehung vorwiegend in die zweite Hälfte des 19. Jahrhunderts. Spezialisierung der Wissenschaften, insbesondere das Aufblühen der Naturwissenschaften und die wachsende Bedeutung der Technik, haben bei diesen Neugründungen in ebenso starkem Maße Pate gestanden wie die gestiegenen Bedürfnisse des staatlichen Verwaltungsapparates. Leistungsfähige zentrale Fachbibliotheken haben sich erst in neuerer Zeit herausgebildet.

zentrale wissenschaftliche Fachbibliotheken

Heute unterscheiden wir bei den wissenschaftlichen Fachbibliotheken zwischen zentralen wissenschaftlichen Fachbibliotheken und Fachbibliotheken ohne eine solche zentrale Aufgabenstellung, die aber innerhalb ihres Fachnetzes einen festen Platz (Teilfunktion) einnehmen. Die zentralen wissenschaftlichen Fachbibliotheken wirken eng mit den fachlich zuständigen zentralen Forschungsstätten sowie den zentralen Leitstellen (bzw. Zentralstellen) für Information und Dokumentation zusammen. Im übrigen geht auch die internationale Entwicklung dahin, für bestimmte wichtige Gebiete zentrale bibliothekarische und informatorische Einrichtungen zu schaffen. Diese auch ökonomisch richtige Tendenz erweist sich besonders dann als zukunftsträchtig, wenn Bibliotheks- und Informationsaufgaben in einer Einrichtung zusammengefaßt werden. Das sowjetische Bibliothekswesen weist auf den volkswirtschaftlich wichtigen Gebieten schon seit Jahrzehnten zentrale Fachbibliotheken auf, die, einem Grundprinzip sowjetischer Bibliotheksarbeit getreu, für ihr Gebiet zugleich die Funktion eines anleitenden methodisch-wissenschaftlichen Zentrums ausüben. Für die Gesellschaftswissenschaften ist das Institut der wissenschaftlichen Information der Gesellschaftswissenschaften der Akademie der Wissenschaften der UdSSR in Moskau zugleich auch das Zentrum für Bibliotheks- und Informationstätigkeit. In ähnlicher Weise hat sich in den meisten sozialistischen Ländern ein planmäßiger Aufbau von zentralen wissenschaftlichen Fachbibliotheken vollzogen.

UdSSR

DDR

In der DDR wird der Aufbau zentraler wissenschaftlicher Fachbibliotheken systematisch betrieben. Die Bibliotheksverordnung von 1968 hat diese Entwicklung bewußt gefördert. Eine besondere Durchführungsbestimmung hierzu sowie ein Rahmenstatut bilden die gesetzliche Grundlage.[78]

Einige leistungsfähige traditionelle Fachbibliotheken haben sich zu zentralen Fachbibliotheken entwickelt (Geographische Zentralbibliothek der Akademie der Wissenschaften der DDR, Leipzig, Wissenschaftliches Informationszentrum der Bergakademie Freiberg); die Mehrzahl zentraler Fachbibliotheken sind Neugründungen nach 1945 (Zentrale Wissenschaftliche Fachbibliothek Bauwesen der Bauakademie der DDR, Berlin, Bibliothek der Hochschule für Körperkultur Leipzig, Pädagogische Zentralbibliothek Berlin, Landwirtschaftliche Zentralbibliothek der Akademie der Landwirtschaftswissenschaften der DDR, Militärbibliothek der Deutschen Demokratischen Republik, Dresden[79]). Eine Sonderstellung nimmt die Zentralbibliothek der Gewerkschaften ein, die, 1949 als öffentliche wissenschaftliche Bibliothek des Bundesvorstandes des Freien Deutschen Gewerkschaftsbundes gegründet, seit 1972 auch für die methodische Anleitung der Gewerkschaftsbibliotheken verantwortlich ist.[80]

Bibliotheken der Fachhochschulen

Wir haben bei der Behandlung der Universitäts- und Hochschulbibliotheken der DDR die Fachhochschulbibliotheken eingeschlossen, wie das international üblich ist. Sie sind geeignet, die Grenzen aller Typisierungsversuche sichtbar zu machen, denn Hochschulbibliotheken sind sie als Bibliotheken dieser wissenschaftlichen Einrichtungen, zugleich sind sie aber wissenschaftliche Fachbibliotheken[81], und gerade als solche haben sie Bedeutendes geleistet. Diese Bibliotheken sind im Zuge der großzügigen Förderung entstanden, die der Wissenschaft, Forschung und Lehre in der DDR seit Anfang der fünfziger Jahre zuteil geworden ist. Sie haben den Vorteil genutzt, nicht wie ältere Universitätsbibliotheken traditionsbelastet zu sein, und haben von Anfang an neueste bibliothekswissenschaftliche Kenntnisse und Praxiserfahrungen bei ihrem Aufbau anwenden können. Dieser Vorteil, im Verein mit außergewöhnlicher Aktivität ihrer Leiter und Mitarbeiter, hat den von ihnen 1959 formierten Arbeitskreis der ökonomischen und technischen Hochschulbibliotheken zu einem starken Motor für das gesamte Bibliothekswesen werden lassen.

---

[78] *7. Durchführungsbestimmung zur Bibliotheksverordnung vom 5. Jan. 1972.* Aufgaben und Arbeitsweise zentraler Fachbibliotheken. In: GBl. II 1972 Nr. 3 S. 26–27; *Anweisung über das Rahmenstatut für die zentralen Fachbibliotheken.* In: ZfB 86 (1972) S. 339–344.

[79] *Anordnung über das Statut der Militärbibliothek der DDR vom 13. Nov. 1972.* In: GBl. II 1972 S. 827–828.

[80] R. FISCHER, *20 Jahre Zentralbibliothek der Gewerkschaften.* In: ZfB 83 (1969) S. 668 bis 672. – WOLFGANG SCHUMANN, *Koordinierung und Kooperation auf neuer Stufe.* In: Bibliothekar 23 (1969) S. 981–993.

[81] H.-U. KLOTH, F.-G. BARTH u. R. MÖBUS, *Die wiss. Fachbibliothek.* 2. Aufl. 1975, subsumieren u. a. die Bibliotheken der Fachhochschulen und definieren deshalb die Fachbibliothek, „für die es bisher noch keine so eindeutige und allgemein anerkannte Begriffserklärung“ gibt, wie folgt: „Eine Fachbibliothek ist eine nach speziellen fachgerichteten und auf die Praxis bezogenen Gesichtspunkten ausgewählte, intensiv erschlossene und geordnet aufgestellte Sammlung literarischer Dokumente; sie dient der Information von Fachkräften und der Benutzung durch sie“ (S. 12).

Gefördert von der Deutschen Forschungsgemeinschaft, wird auch in der BRD der Aus- und Aufbau zentraler Fachbibliotheken[82] betrieben, und zwar sowohl durch Ausbau bestehender leistungsfähiger Sammlungen als auch durch Neugründungen. Die wichtigsten sind die Technische Informationsbibliothek in Hannover (1959)[83], die Zentralbibliothek der Landbauwissenschaft in Bonn (1962)[84], die Zentralbibliothek für Medizin in Köln (1968). Eine der bedeutendsten europäischen zentralen Fachbibliotheken für Wirtschaftswissenschaften, insbesondere Weltwirtschaft, ist die durch Erweiterung ihrer Funktion entstandene Bibliothek des Instituts für Weltwirtschaft in Kiel (gegr. 1910). BRD

Eine ähnliche Entwicklung sehen wir in den USA. Dort wurde die 1862 als Bibliothek des Agricultural Department entstandene landwirtschaftliche Fachbibliothek 1962 anläßlich ihres 100jährigen Bestehens zur *National Agricultural Library*[85] umgewandelt, nachdem bereits zuvor (1956) die 1836 als Bibliothek des General-Chirurgen eingerichtete Bibliothek zur *National Library of Medicine*[86] gemacht worden war. Infolgedessen überläßt die Library of Congress die umfassende Sammlung landwirtschaftlicher und medizinischer Literatur diesen beiden fachlichen Nationalbibliotheken. USA

Besondere Fragen wirft auf dem Gebiete der Fachbibliotheken die Arbeit der Fachschulbibliotheken[87] auf, die jeweils zuständigen Fachministerien Fachschulbibliotheken

---

[82] DIETER OERTEL, *Der Aufbau zentraler Fachbibliotheken in der BRD.* In: ZfBB 13 (1966) S. 322–330. – MARTIN CREMER, *Zentrale Fachbibliotheken.* In: 15 Jahre Bibliotheksarbeit d. Dt. Forschungsgemeinschaft. 1949–1964. Ergebnisse u. Probleme. Hrsg. v. Wieland Schmidt u. Dieter Oertel. Frankfurt a. M. 1966. (ZfBB. Sonderh. 4.) – GISELA VON BUSSE u. HORST ERNESTUS, *Das Bibliothekswesen der Bundesrepublik Deutschland.* Wiesbaden 1968 S. 75–80. – LUCILLE I. STRAUSS, IRENE M. SHREVE and ALBERTA L. BROWN, *Scientific and technical libraries.* Their organization and administration. 2. ed. New York 1972. – *Grundsätze für die Förderung der Spezialbibliotheken.* 1971. Arbeitspapier d. Dt. Forschungsgemeinschaft. Vgl. ELISABETH RÜCKER, *Das Schwerpunktprogramm d. Dt. Forschungsgemeinschaft zur Förderung von Spezialbibliotheken.* In: Bibliotheksarbeit heute. Festschrift f. Werner Krieg. Frankfurt/Main 1973 S. 185–191.

[83] WILHELM GRUNWALD, *Die Techn. Informations-Bibliothek – Ziele und derzeitiger Stand der Arbeiten.* In: Arbeitsgem. technischer u. wirtschaftlicher Bibliotheken. Bericht über die 8. Tagung... 1961. Essen 1962 S. 11–14. – Vgl. ferner in: Nachr. Dok. 10 (1959) S. 180–184; 13 (1962) S. 228–229. – ROLF KLUTH, *Die Technische Informationsbibliothek (TIB) Hannover. Jahresbericht 1964 der Technischen Informationsbibliothek (TIB) Hannover.* In: Dokumentation, Fachbibliothek, Werksbücherei 13 (1964/65) S. 147–149, 151–156.

[84] WILHELM GÖCKE, *Zentralbibliothek der Landbauwissenschaft.* In: Mitteilungsblatt. Verband d. Bibliotheken d. Landes Nordrhein-Westfalen. N. F. 13 (1964) S. 111–112.

[85] *Quarterly Bulletin of the International Association of Agricultural Librarians and Documentalists.* Special double number to celebrate the centenary of the U. S. A. National Agricultural Library. Vol. 7 (1962) Nr. 2–3. Enth. S. 97–135 mehrere Beiträge über die Nat. Agric. Libr. u. ihre Tätigkeit.

[86] DOROTHY M. SCHULLIAN and FRANK R. ROGERS, *The National Library of Medicine.* 1. 2. In: The library quarterly 28 (1958) S. 1–17 u. 95–121.

[87] RUDOLF MACK, *Die Entwicklung der Fachschulbibliotheken der DDR in den Jahren 1959–1964.* In: ZfB 78 (1964) S. 832–837.

unterstellt sind. Sie sind in einem besonderen *Arbeitskreis* für die Arbeit der Fachschulbibliotheken zusammengefaßt, der seinerseits eng mit dem Arbeitskreis der Hochschulbibliotheken zusammenarbeitet.

Zentralbücherei für Blinde

Ein in doppelter Hinsicht interessanter Bibliothekstyp ist die Deutsche Zentralbücherei für Blinde in Leipzig[88]. Sie nimmt insofern eine Sonderstellung ein, als sie Zentralbibliothek auf ihrem speziellen Gebiet ist und den Charakter einer Einheitsbibliothek hat, die sowohl Bildungs- als auch Wissenschaftsaufgaben erfüllt. Die Deutsche Demokratische Republik unterhält mit dieser Zentralbücherei, die dem Ministerium für Kultur unterstellt ist, eine der reichhaltigsten und modernsten Blindenbibliotheken der Welt. Sie ist ein Beispiel für die vielfältige Sorge um den behinderten Menschen. Die Leipziger Zentralbücherei, 1894 gegründet, im zweiten Weltkrieg zerstört, zählt heute 22500 Bände in Blindenschrift. Seit 1956 verfügt sie über eine Hörbücherei (Tonbänder) mit einem eigenen Studio und mit einer Jahresproduktion von rund 150 Titeln; die Zahl der Tonträger beträgt 74950.

Verwaltungsbibliotheken

Eine besondere Gruppe innerhalb der Fachbibliotheken sind die Behörden- und Parlamentsbibliotheken[89], die unter dem Oberbegriff Verwaltungsbibliotheken zusammengefaßt werden können. Sie haben sich aus dem Bedarf an Quellen (Gesetzblättern usw.) und Nachschlagewerken bei Verwaltungen herausgebildet. Es handelt sich dabei in der Regel um nicht öffentliche Bibliotheken, die meist Literaturwünsche im Bereiche einer Verwaltung (eines Ministeriums, eines Parlaments, einer Behörde) umgehend zu befriedigen haben. Nur Bibliotheken von Zentralbehörden mit umfassendem Aufgabengebiet haben eine überörtliche, meist auch öffentliche Bedeutung gewonnen.[90] Sie sind in Deutschland zuerst in den Jahren nach der Reichsgründung 1871 entstanden, nach 1945 in beiden deutschen Staaten weitergeführt bzw. neu eingerichtet worden; in der DDR z. B. die *Bibliothek des Staatsrates,* die *Zentralbibliothek im Haus der Ministerien,* Berlin (1949), die *Bibliothek des Obersten Gerichts der DDR*, die die 1879 gegründete *Bibliothek des Reichsgerichts* weiterführt. Innerhalb des IVBV arbeitet eine spezielle Kommission der Parlaments- und Behördenbibliotheken.[91]

Die besonderen Aufgaben der Fachbibliotheken haben sowohl international als auch in einzelnen Ländern das Bedürfnis nach Erfahrungsaustausch durch Arbeitsgemeinschaften usw. entstehen lassen. Im Internationalen Verband der Bibliothekar-Vereine (IVBV) ist eine aktive Sektion Special libraries tätig. Darüber hinaus bezwecken solche Grup-

---

[88] *75 Jahre Deutsche Zentralbücherei für Blinde zu Leipzig.* 1894–1969. Leipzig 1969.

[89] Deutscher Bundestag. Bibliothek. *Bibliographie der Behördenbibliotheken.* Bonn 1963; 61 Titel, international; NORBERT FISCHER, *Behörden- und Parlamentsbibliotheken.* In: Handbuch. 2. Aufl. II. Wiesbaden 1961. S. 585–594 (Die Spezialbibliotheken).

[90] *The Libraries of the United Nations.* A descriptive guide. New York 1966.

[91] FRIEDRICH PZILLAS, *Zum Problem der Behördenbibliothek.* In: ZfB 69 (1955) S. 22–39. – HERMANN RAABE u. ELEONORE RAABE, *Die Verwaltungsbibliothek, Aufgaben u. Funktionen in d. DDR.* In: ZfB 70 (1956) S. 112–128.

pierungen in einzelnen Ländern eine kontinuierliche, planmäßige Entwicklung solcher Bibliotheken sowie die Rationalisierung und Standardisierung ihrer Arbeitsmittel und -methoden. So wirken z. B. international die International association of technological university libraries = IATUL[92], in der DDR ein *Arbeitskreis der Hochschulbibliotheken, ein Arbeitskreis der Ingenieurhochschul-Bibliotheken* sowie ein *Arbeitskreis der Fachschulbibliotheken.* Es ist charakteristisch, daß z. B. in dem Arbeitskreis für Fachschulbibliotheken etwa 200 Bibliotheken vereinigt sind, die 80 verschiedenen Unterhaltsträgern zugehören. Häufig sind bei nationalen Bibliotheks- bzw. Bibliothekarverbänden spezielle Sektionen tätig, in der DDR z. B. als Sektionen des Bibliotheksverbandes der DDR die Sektionen Technische Bibliotheken, Landwirtschaftliche Bibliotheken, Medizinische Bibliotheken, Pädagogische Bibliotheken usw.[93]

Arbeitskreise der Fachbibliotheken

2.1.3.4. Landesbibliotheken

Die Landesbibliotheken (LB) sind wissenschaftliche Allgemeinbibliotheken, die aus alten Feudalbibliotheken hervorgegangen sind.[94] Das erklärt zugleich ihre funktionale Verwandtschaft mit den Staatsbibliotheken, die nichts anderes als eine Sonderentwicklung der Landesbibliotheken darstellen. Im Gebiet der DDR sind Landesbibliotheken, beginnend mit der 1952 durchgeführten Reform der Verwaltungsstruktur (Auflösung der Länder/Bezirks- und Kreiseinteilung), vielfachen Veränderungen unterworfen worden.

Entstehung

Jede Analyse des Typs Landesbibliothek[95] muß davon ausgehen, daß im Ergebnis der historischen Entwicklung die Wirkungsbereiche der einzelnen Landesbibliotheken nach Größe und Charakter sehr verschieden sind und daß deshalb hier und da bestimmte allgemeine Funktionsmerkmale

Funktion

---

[92] L. J. VAN DER WOLK, *Organization and activities of the International Association of Technological University Libraries* (IATUL). In: Bull. de l'Association Internationale des Documentalistes et Techniciens de l'Information 4 (1965) 2, S. 17–19.

[93] GERHARD FRÖHLICH, *Zu einigen Problemen der Einbeziehung der Fachbibliotheken in das einheitliche Bibliothekssystem der DDR.* In: ZfB 79 (1965) S. 548–552.

[94] GEORG STEINHAUSEN, *Einiges über die Aufgaben der Landesbibliotheken und wissenschaftlichen Stadtbibliotheken.* In: ZfB 39 (1922) S. 256–270. – HANS WILHELM EPPELSHEIMER, *Die Landesbibliothek als Bibliothekstyp.* In: ZfB 50 (1933) S. 525 bis 528. – RUPPRECHT LEPPLA, *Die Landesbibliotheken als Gattung.* In: Festschrift Martin Bollert. Dresden 1936 S. 116–125.

[95] HORST KUNZE, *Die Landesbibliotheken gestern, heute, morgen.* In: Sächsische Landesbibliothek Dresden 1556–1956. Leipzig 1956 S. 1–14. – HEINRICH IHNE, *Landesbibliothek und Landesgeschichte.* In: In libro humanitas. Festschrift W. Hofmann. Stuttgart 1962 S. 94–111. – *Regionalbibliotheken in der BRD.* Hrsg. v. Wilhelm Totok u. Karl-Heinz Weimann. 1971. (ZfBB. Sonderh. 11.) – JOACHIM DIETZE, *Stellung und Funktion d. Landesbibliotheken im einheitlichen Bibliothekssystem.* In: ZfB 79 (1965) S. 545–548. – BURGHARD BURGEMEISTER, *Regionalbibliotheken erster Ordnung im Bibliothekswesen der DDR.* In: Festschrift Josef Stummvoll. T. 2. Wien 1970 S. 467–473. (Museion. N. F. R. 1, Bd. 4,2.)

fehlen können. Grundsätzlich ist zu sagen, daß Landesbibliotheken wissenschaftliche Regionalbibliotheken sind, denen drei Hauptfunktionen übertragen sind.

landeskundliche Arbeit

Die erste Funktion, die landeskundliche und landesgeschichtliche Arbeit, erstreckt sich im wesentlichen auf die alten Landesterritorien. Sofern Landesbibliotheken ein regionales Pflichtexemplar erhalten, sind sie zur gewissenhaften Sammlung und Erschließung des regionalen Schrifttums verpflichtet. Der kleinere regionale Bereich sowie die engeren Kontakte mit den Literatur produzierenden Institutionen, Gesellschaften und Stellen ihres Gebietes gewährleisten in der Regel die vollständige Erfassung der regionalen Literatur. Die Landesbibliotheken unterstützen und ergänzen daher die Arbeit der Nationalbibliothek.[96] Aufs engste verbunden mit der landeskundlichen Sammeltätigkeit sollte ihre Verpflichtung zur Erschließung des regionalen Schrifttums (regionale Bibliographie) sein.[97]

Zentralfunktion

Weit umfangreicher und komplizierter ist – vor allem in den größeren Landesbibliotheken – die zweite Aufgabe. Die Landesbibliotheken sind zentrale wissenschaftliche Bibliotheken regionaler Bereiche. Es ist ihre Aufgabe, den Bestandsaufbau und die Bestandserschließung unter gleichzeitiger Koordinierung mit anderen wissenschaftlichen Bibliotheken auf den Bedarf von Forschung, Lehre und wissenschaftlicher Berufsarbeit in ihrem Regionalbereich einzustellen.

Anleitung anderer Bibliotheken

Zu dieser zweiten Regionalaufgabe gehört notwendigerweise die methodische Anleitung der zahlreichen kleineren Bibliotheken im Regionalbereich. Ausgehend von den Erfordernissen und Erfahrungen der großen Gemeinschaftsunternehmen Fernleihverkehr und Zentralkataloge, erstreckt sie sich auf alle Hauptgebiete bibliothekarischer Arbeit.

Bildungsaufgaben

An dritter Stelle ist die allgemeine Bildungsaufgabe zu nennen, mit deren Wahrnehmung sich die Landesbibliotheken in die bibliothekspolitischen und methodischen Bestrebungen einfügen, die für alle wissenschaftlichen Allgemeinbibliotheken gelten; naturgemäß haben sie diese Seite bibliothekarischer Arbeit stärker entwickelt als die Universitätsbibliotheken. Dazu ist eine enge Zusammenarbeit mit den allgemeinbildenden Bezirksbibliotheken erforderlich, besonders mit den Stadt- und Bezirksbibliotheken. Eine sinnvolle Arbeitsteilung geht davon aus, daß jedem Bürger, dessen ernste Bildungswünsche durch die allgemeinbildenden Bibliotheken nicht unmittelbar befriedigt werden können, die breiteren Buchbestände der wissenschaftlichen Allgemeinbibliothek zugänglich sein müssen.

Als reiner Typ, aber mit modernen Kooperationsbeziehungen wirkt die Sächsische Landesbibliothek Dresden; als „Forschungsbibliothek" wird

---

[96] Vgl. den Diskussionsbeitrag von BURGHARD BURGEMEISTER zur Wissenschaftlichen Konferenz anläßlich der 50-Jahr-Feier der Deutschen Bücherei Leipzig; Manuskript im Hausarchiv der Deutschen Bücherei.

[97] BURGHARD BURGEMEISTER, *Regionalkundliche Bibliotheksarbeit – regionalkundliche Bibliographie.* 3 Aufsätze. Dresden 1968. – REINHARD OBERSCHELP, *Zur Bearbeitung von Regionalbibliographien.* In: ZfBB 21 (1974) S. 379–387.

die ehem. LB Gotha weitergeführt, d. h., sie dient der Erforschung ihrer reichen Bestände und sammelt nur noch Literatur für diese Erschließungsaufgabe. Mit anderen Funktionen verbunden werden Aufgaben einer LB wahrgenommen in Halle: Universitäts- und Landesbibliothek Sachsen-Anhalt in Halle/Saale; aus der Fusion der Brandenburgischen Landes- und Hochschulbibliothek und der Stadt- und Bezirksbibliothek Potsdam entstand die Wissenschaftliche Allgemeinbibliothek für den Bezirk Potsdam; entsprechend fusionierte die Mecklenburgische Landesbibliothek Schwerin mit der Stadt- und Bezirksbibliothek zur Wissenschaftlichen Allgemeinbibliothek des Bezirkes Schwerin. Keine glückliche Lösung ist das Verschwinden der Thüringischen Landesbibliothek Weimar in der Zentralbibliothek der deutschen Klassik, Nationale Forschungs- und Gedenkstätten der Klassischen deutschen Literatur, Weimar. in der DDR

In der BRD ist der Typ Landesbibliothek beibehalten worden. Er wird zu den Regionalbibliotheken gezählt, Bibliotheken also, die einer räumlichen Einheit zugeordnet sind (Stadt, Landkreis, Regierungsbezirk, Bundesland). Sie sollen Literaturbedürfnisse befriedigen, die mit „allgemeiner Information, allgemeiner Bildung, beruflicher Aus- und Fortbildung, beruflicher Praxis und wissenschaftlicher Information" umrissen werden.[98] Sie nehmen im Bibliothekswesen eine Mittlerstellung zwischen den Universitäts-, Hochschul-, Staats- und Spezialbibliotheken sowie zwischen den öffentlichen Bibliotheken der Region ein. Es wird gerade im Hinblick auf die Landesbibliotheken ein Integrationsprozeß sichtbar, insofern sie z. B. als wissenschaftliche Stadtbibliotheken dem städtischen Büchereisystem verbunden sind oder z. B. Bibliotheksfunktionen für neue Bildungseinrichtungen (z. B. Hochschulen) übernehmen. in der BRD

2.1.3.5. Wissenschaftliche Allgemeinbibliotheken der Bezirke

Als neuer Bibliothekstyp entwickelt sich in der DDR die Wissenschaftliche Allgemeinbibliothek des Bezirkes auf der Grundlage der Bibliotheksverordnung von 1968. Um allen Bürgern der DDR gleiche Bildungschancen zu geben, soll in jedem Bezirk ein „wissenschaftliches Bestandszentrum" schrittweise geschaffen werden.[99] Zwei Varianten sieht die BVO für die Realisierung solcher Zentren vor: neuer Bibliothekstyp

[98] *Regionalbibliotheken in der Bundesrepublik Deutschland.* Im Auftr. d. Arbeitsgemeinschaft d. Landesbibliotheken u. d. Kommunalen Wiss. Bibliotheken hrsg. v. Wilhelm Totok u. Karl-Heinz Weimann. Frankfurt a. M. 1971. (ZfBB. Sonderh. 11.)

[99] Erfahrungsbericht v. HANS-ULRICH KLOTH, *Entwicklungsstand und Erfahrungen beim Aufbau der WAB (B) Schwerin.* In: Bibliothekar 27 (1973) S. 796–803. – *Zur Entwicklung Wissenschaftlicher Allgemeinbibliotheken in den Bezirken.* Empfehlungen. Berlin 1974. (Beiträge zu Theorie und Praxis der Bibliotheksarbeit. 14.) – HELMUT GÖHLER, PETER GÜNNEL, HANS-ULRICH KLOTH, GOTTHARD RÜCKL, ILSE SCHUMANN, *Die Entwicklung Wissenschaftlicher Allgemeinbibliotheken der Bezirke –*

1. Eine bestehende Universitäts- oder Hochschulbibliothek nimmt diese Aufgabe wahr.
2. Die Stadt- und Bezirksbibliothek (zu den Staatlichen Allgemeinbibliotheken gehörend) oder die im Bezirk bestehende Landesbibliothek ist zu diesem bezirklichen Zentrum zu entwickeln.

Die zweite Variante (Fusionierung zweier führender bibliothekarischer Einrichtungen von Bezirken, vgl. Abschn. 2.1.3.4. Landesbibliotheken) ist in Potsdam und Schwerin realisiert worden; hinzu kommt der Bezirk Erfurt, wo bereits eine Wissenschaftliche Bibliothek der Stadt Erfurt (hervorgegangen aus der Stadtbibliothek, 1392 gegründet als UB) vorhanden war, die zusammen mit der Stadt- und Bezirksbibliothek heute die Wissenschaftliche Allgemeinbibliothek Erfurt bildet. Die Wissenschaftliche Allgemeinbibliothek des Bezirkes Suhl entwickelte sich aus der Stadt- und Bezirksbibliothek Suhl.
Für die Hauptstadt der DDR Berlin nimmt die Berliner Stadtbibliothek die Aufgaben eines wissenschaftlichen Bestandszentrums wahr. Die Wissenschaftlichen Allgemeinbibliotheken der Bezirke vereinigen in sich also zwei Aufgaben, die eines wissenschaftlichen Bestandszentrums für den Bezirk und die eines geistig-kulturellen Zentrums der Bezirksstadt. Ihnen obliegt zugleich die Sammlung und Erschließung der regionalkundlichen Literatur des Bezirkes bzw. der Bezirke. Sie entwickeln Arbeitsbeziehungen zwischen den verschiedenen Bibliotheken im Bezirk und geben den allgemeinbildenden Bibliotheken des Bezirkes methodische und operative Unterstützung.

Aufgaben

Die Wissenschaftlichen Allgemeinbibliotheken der Bezirke sind nachgeordnete Einrichtungen des Rates der Bezirksstadt.

---

eine bedeutsame bibliothekspolitische Aufgabe. In: Bibliothekar 28 (1974) S. 510–520. – *Die Wissenschaftliche Allgemeinbibliothek des Bezirkes Potsdam...* Ein Beitr. z. Herausbildung d. Typs WAB (B). Potsdam 1974. – *Zur Eröffnung des Neubaues der Wissenschaftlichen Allgemeinbibliothek des Bezirkes Potsdam.* In: Bibliothekar 28 (1974) S. 649–699; mehrere Beiträge.

[100] ARTHUR E. BOSTERICK, *The American Public Library.* New York, London 1929. – ROBERT D. LEIGH, *The Public Library in the United States.* New York 1950. – L. R. McCOLVIN, *The chance to read.* Public libraries in the world today. London 1956. – W. A. MUNFORD, *Penny rate. Aspects of British Public Library history.* 1850–1950. London 1951. – HAROLD JOLLIFFE, *Public Library extension activities.* 2. ed. London 1968. – J. LANGFELDT, *Zur Geschichte des Büchereiwesens.* In: Handbuch des Büchereiwesens. Halbbd. 1 S. 285–294, 386–469. – N. T. TJALINE, *Die amerikanische Bibliothekswissenschaft der Gegenwart über die Rolle der öffentlichen Bibliothek.* In: Entwicklungstendenzen d. bürgerl. Bibliothekswissenschaft. Berlin 1966 S. 29–53.

2.1.4. *Public libraries*

Die Wissenschaftlichen Allgemeinbibliotheken der Bezirke kommen dem Bibliothekstyp am nächsten, der in der angelsächsischen Bibliothekswelt als Public library[100] eine so große und international bekannte Rolle spielt. Ihre Entfaltung in England und in den Vereinigten Staaten liegt im letzten Viertel des 19. Jahrhunderts, zwischen 1875 und 1900. Der markante Ausgangspunkt für diese Entwicklung in England ist der *Public Libraries Act* von 1850[101]. Für die gleiche Epoche sind in den USA vier Ereignisse charakteristisch, die für das gesamte amerikanische Bibliothekswesen bestimmend geworden sind: die Einführung der Dezimalklassifikation, die Schaffung einer einheitlichen Katalogisierungsvorschrift, die Gründung von Bibliothekarschulen sowie 1876 die Gründung der American Library Association (ALA). Public libraries sind Bildungsbibliotheken in den Städten mit verhältnismäßig großem wissenschaftlichen Buchbestand in tief gestaffelten Exemplaren; veraltete Literatur wird laufend ausgeschieden. Ihre Unterhaltung ist eine Aufgabe der Bundesstaaten, die sich in wirtschaftlicher Hinsicht und dementsprechend auch in ihrem sozialen Gefüge sehr wesentlich voneinander unterscheiden. Mehr noch als von den zuständigen Staaten werden die Public libraries durch Stiftungen und Schenkungen unterstützt, und da diese Geldgeber überwiegend monopolkapitalistische Großbetriebe sind, ist es klar, daß die von ihnen bereitgestellten Mittel auch ihren Interessen dienen müssen. Das spiegelt sich naturgemäß im Bestandsaufbau wider. Selbst die großen Public libraries beschränken sich weitgehend auf die englischsprachige bzw. amerikanische Nationalliteratur. Marxistische Literatur in Originalausgaben führen sie in der Regel nicht. Insofern hinkt eingangs vorgenommener Vergleich: Lediglich als methodischer Typ ist die Wissenschaftliche Allgemeinbibliothek mit der Public library vergleichbar. Sie unterscheidet sich wesentlich von ihm durch ihren sozialistischen Inhalt.

Public Libraries Act

Aufgabe und Finanzierung

2.1.5. *Allgemeinbildende Bibliotheken*

Wie in allen anderen sozialistischen Ländern haben die allgemeinbildenden Bibliotheken in der DDR die Aufgabe, die sozialistische Gegenwartsliteratur und die sozialistische Persönlichkeitsbildung zu fördern, der allgemeinen Bildung, der fachlichen Weiterbildung, der Verbreitung wissenschaftlicher Kenntnisse und der Unterhaltung zu dienen. Vorrangig ist für diese Bibliotheken die Erfüllung ihrer kulturell-erzieherischen Aufgaben sowie ihre Einordnung in das gesamte geistig-kulturelle Leben ihres Territoriums. Zu diesem Zweck vermitteln sie das klassische literarische Erbe der nationalen Literatur sowie die fortschrittliche Weltliteratur, propagieren sie grundlegende gesellschaftswissenschaftliche Litera-

Aufgaben der allgemeinbildenden Bibliotheken

---

[101] Vgl. Handbuch III (1940) S. 904–907 (A. PREDEEK).

tur, insbesondere die Werke des Marxismus-Leninismus, wissenschaftliche Literatur und das Fachbuch aller Gebiete und pflegen eine lebensbejahende, saubere Unterhaltungsliteratur. Sie wirken dadurch entscheidend an der Bewußtseinsbildung der breiten Massen unseres Volkes mit, fördern ihre berufliche und politische Qualifizierung und tragen zur Erhöhung der Lebens- und Schaffensfreude bei.[102]

Bibliothekar und Leser

Die Tätigkeit des Bibliothekars, der in diesen Bibliotheken in der Regel ein enges persönliches Verhältnis zu seinen Lesern gewinnt, ordnet sich ein in die Arbeit auf dem Gebiete der Erwachsenenbildung und der Volksbildung (Volkshochschule). Sie ist eine ausgesprochen pädagogische. Über die pädagogische Führung des Lesers in allgemeinbildenden Bibliotheken durch den Bibliothekar ist schon viel und heftig diskutiert worden. Geschieht sie ungeschickt und überheblich, so wird sie von vielen Lesern als Besserwisserei und Bevormundung empfunden. Die Freihand hat auf jeden Fall gegenüber der Theken- und Schalterausleihe den Vorzug, daß sie den Leser zwanglos zum guten Buch führt.

Leserkunde

Neben der Buchanschaffung und Gliederung (Bestandsaufbau) steht die Bestandserschließung im Mittelpunkt der Arbeit des Bibliothekars in allgemeinbildenden Bibliotheken. Um sie auf Grund der neuesten wissenschaftlichen Erkenntnisse der Pädagogik und Psychologie leisten zu können, ist eine vertiefte Beschäftigung mit der Leserkunde erforderlich.

Kinderbibliotheken

Auch die bibliothekarische Betreuung von Kindern und Jugendlichen in besonderen Abteilungen ist ein wichtiges Aufgabengebiet der allgemeinbildenden Bibliotheken.[103] Zusammen mit der Schule führen sie die planmäßige Verbreitung und systematische Vermittlung von Literatur an Kinder im Alter von 7 bis 13 Jahren durch.[104] Die umfassende und koordinierte Verbreitung von Kinder- und Jugendliteratur erfordert Planmäßigkeit. Dazu sind zwischen den zuständigen staatlichen Organen und gesellschaftlichen Einrichtungen verbindliche Vereinbarungen getroffen worden.[105] Die Kinderbibliotheken sind gleichsam die Vorstufe der allgemeinbildenden Bibliotheken für Erwachsene.

---

[102] GOTTHARD RÜCKL, *Die Bibliothek als Bildungseinrichtung.* In: Theoretische Konferenz zu Fragen der Ausleihe in allgemeinbildenden Bibliotheken. Berlin 1965 S. 9–23. – *Die gesellschaftliche Funktion der Bibliotheken.* T. 1. 2. Ms.: Wolfgang Mühle. Leipzig 1962. (Lehrbriefe f. d. Fachschul-Fernstudium. Reihe A. 1.) – LORENZ WALIGORA u. WOLFGANG MÜHLE, *Zur Funktion der allgemeinbildenden Bibliothek.* In: Bibliotheksarbeit heute. F. 2. Leipzig 1960 S. 7–26.

[103] *Konferenz zu Fragen der Arbeit mit dem Kinderbuch in den allgemeinen öffentlichen Bibliotheken der DDR vom 10.–13. Nov. 1959 in Schwerin.* Referate, Kommissionsberichte, Diskussionsbeiträge. In: Bibliothekar. Sonderheft März 1960.

[104] IRMGARD DRESSLER, *Kindern Bücher nahebringen.* Zur Herausbildung u. Funktion der Veranstaltungstätigkeit mit Kindern in den Bibliotheken der DDR. Berlin 1973. (Beiträge zu Theorie u. Praxis der Bibliotheksarbeit. 11.)

[105] *Vereinbarung vom 30. Okt. 1963 zwischen dem Ministerium f. Volksbildung u. d. Ministerium f. Kultur über d. Zusammenarbeit d. Oberschulen (insbesondere Schülerbüchereien) mit d. allgemeinen öffentlichen Bibliotheken (insbesondere Kinderbiblio-*

Die allgemeinbildende Bibliothek hat sich aus bescheidenen Anfängen in der modernen Welt zu einer bedeutenden Größe entwickelt, die das Bibliotheksprofil jedes Landes entscheidend mitbestimmt. Deshalb hat die Unesco bereits 1949 und in einer Neufassung anläßlich des Internationalen Jahres des Buches 1972 ein Manifest Öffentliche Bibliotheken (Unesco public library manifesto)[106] veröffentlicht, in dem die öffentliche Bibliothek als „eine demokratische Einrichtung für Bildung, Kultur und Information" bezeichnet wird, die uneingeschränkt allen Mitgliedern der Gesellschaft, auch Kindern, Studenten (die Dienste wissenschaftlicher Bibliotheken ergänzend) sowie behinderten Lesern zugänglich sein soll.

öffentliche Bibliotheken und Unesco

Ein Versuch, in diesem Manifest die öffentliche Bibliothek juristisch zu fassen, ist der folgende: „Büchereien/Bibliotheken, die von Gemeinden, Gemeindeverbänden, anderen Gebietskörperschaften oder dem Staat getragen oder mitgetragen werden und der allgemeinen Literaturversorgung unmittelbar auch in gemeinnütziger Weise dienen."

Wenn man sich nicht entschließt, zum Inhalt der Arbeit dieser Bibliotheken etwas auszusagen, läßt sich in der Tat nicht mehr als „allgemeine Literaturversorgung" für breite Leserschichten anführen.[107] Zwei Fakten beleuchten das: W. I. Lenin hat, zusammen mit seinen weitblickenden Genossen, unmittelbar nach dem Sieg der Revolution in Rußland Weisungen zur Gestaltung des Bibliothekswesens gegeben, um den „staatlichen Bildungsapparat richtig zu organisieren, denn ihm war bewußt: „‚Von unten', d. h. von der Masse der Werktätigen, die der Kapitalismus sowohl offen, mit Gewalt, wie auch durch Heuchelei und Betrug von der Bildung ferngehalten hat, kommt ein mächtiges Streben zum Licht, ein Drang nach Wissen."[108] Es ging ihm deshalb und im Kampf gegen den Analphabetismus vordringlich und entschieden um ein Netz von Bildungsbibliotheken für die breiten Volksmassen. Und deshalb haben die sowjetischen Bibliothekare richtig und konsequent diesen Typ Öffentlicher Bibliotheken als Massenbibliotheken (massovaja biblioteka) bezeichnet. Wir leiten aus beiden Fakten ab, daß die allgemeinbildenden Bibliotheken als geistig-

Massenbibliotheken

---

theken) in d. Städten und Gemeinden. In: Bibliothekar 18 (1964) S. 213–216. – *Vereinbarung vom 1. Juli 1971 zwischen d. Ministerium f. Kultur, d. Ministerium f. Volksbildung u. d. Zentralrat d. Freien Deutschen Jugend über d. Zusammenarbeit bei d. bibliotheksmäßigen Betreuung von Kindern u. Jugendlichen.* In: Bibliothekar 25 (1971) S. 724–725.

106 Zuerst veröffentl. in: Unesco bull. f. libr. 26 (1972) Nr. 3 S. 138–140. Dt. Fassung in: IFLA news. Nr. 41, Juli 1972 (= Nr. 4 d. dtspr. Ausg., Berlin/Nov. 1972 S. 7–10).

107 Es ist bemerkenswert, daß die Aktivierung öffentlicher Bibliotheksarbeit bis zum „marketing of culture" (S. 45) getrieben werden kann, ohne daß zum Inhalt der „Kultur" Stellung genommen wird: die Bibliothek hat in der demokratischen Gesellschaft – nach dieser Auffassung – nur die Aufgabe „people to able to view their situation impartially, and then make their own decisious" (S. 40); vgl. SIGURD MÖHLENBROCK, *The public library as a cultural centre.* In: Scandinavian public library quarterly 3 (1970) S. 37–45.

108 *Lenin und das Bibliothekswesen.* Übers. u. Bearb.: Sabine Roloff. Leipzig 1972 S. 104 u. öfter (s. Register).

kulturelle Zentren in den sozialistischen Ländern eine bedeutende Rolle spielen, eben weil ihr Hauptziel die Massenwirksamkeit ist, verbunden mit dem Ziele, die sozialistische Ideologie zu festigen und die sozialistische Kultur zu entfalten. Die allgemeinbildenden Bibliotheken insgesamt sind also die wichtigsten Motoren in der großen Lese- und Lernbewegung, die für die sozialistischen Länder charakteristisch ist.

Das gilt sowohl für die Staatlichen Allgemeinbibliotheken als auch für die Gewerkschaftsbibliotheken, die wichtigsten Säulen des Zweiges der allgemeinbildenden Bibliotheken.

Gewerkschaftsbibliotheken

Gewerkschaftsbibliotheken[109] sind die allgemeinbildenden Bibliotheken von Betrieben, Kulturhäusern oder Ferienheimen; sie werden in der DDR seit 1955 so bezeichnet. Wesentlich mitbestimmt von der Sowjetunion, sind sie in den sozialistischen Ländern ein bedeutender Faktor der gewerkschaftlichen Interessenvertretung. Für die Gewerkschaftsbibliotheken sind die verschiedensten Organisationsformen charakteristisch, entsprechend den jeweiligen betrieblichen Bedingungen. Stets sind sie der zuständigen Betriebsgewerkschaftsleitung unterstellt, und im Betriebskollektivvertrag werden ihre Funktionen materiell und personell gesichert. Alle Gewerkschaftsbibliotheken zeichnen sich durch aktive Bibliotheksarbeit aus, um neue Leser zu gewinnen. Die Ausleihe am Arbeitsplatz ist ein besonderes Kennzeichen ihrer operativen Arbeit. Sie kooperieren einerseits mit den wissenschaftlichen Betriebsbibliotheken, andererseits mit den Staatlichen Allgemeinbibliotheken ihres Regionalbereichs. Nachdem bereits 1969 eine Vereinbarung zwischen dem Bundesvorstand des Freien Deutschen Gewerkschaftsbundes und dem Ministerium für Kultur getroffen worden war, ist zur Sicherung einer stabilen Zusammenarbeit 1975 erneut eine gemeinsame rechtliche Regelung besonders hinsichtlich der Literaturpropaganda und Literaturverbreitung getroffen worden; sie setzt die Vereinbarung von 1969 außer Kraft.

Zu den „staatlichen allgemeinbildenden Bibliotheken“ im Sinne der Bibliotheksverordnung von 1968 zählen ferner – neben den Schülerbibliotheken – die Heim-, Patienten- und Anstaltsbibliotheken. Die

Staatliche Allgemeinbibliotheken

Staatlichen Allgemeinbibliotheken[110] sind in der Regel nachgeordnete Einrichtungen des Rates der Stadt oder Gemeinde, in der sie ihren Sitz

[109] CHRISTA STEINERT, *Neue Aufgaben der Gewerkschaftsbibliotheken.* Berlin 1965. – WOLFGANG SCHUMANN, *Koordinierung und Kooperation auf neuer Stufe.* In: Bibliothekar 23 (1969) S. 981–993. – WOLFGANG HIMMELREICH, *Gewerkschaftsbibliotheken – Zentren des Lesens und Lernens.* In: Bibliothekar 23 (1969) S. 760–771. – *Probleme, Initiativen, Erfahrungen.* Konferenz d. Bundesvorstandes d. FDGB. Karl-Marx-Stadt 1973. – *Vereinbarung zwischen dem Ministerium für Kultur und dem Bundesvorstand d. Freien Deutschen Gewerkschaftsbundes über die Zusammenarbeit auf d. Gebiet d. Literaturpropaganda u. Literaturverbreitung sowie bei der Entwicklung des Bibliothekswesens.* In: Verfügungen u. Mitteilungen d. Ministeriums f. Kultur. 1975, Nr. 3 S. 27–29.

[110] Zur wechselnden Bezeichnung dieser Bibliotheken: bis 1945 Volksbüchereien, dann allgemeine öffentliche Bibliotheken, später Staatliche allgemeine öffentliche Bibliotheken, ab 1971 Staatliche Allgemeinbibliotheken.

haben.[111] Ihre Aufgaben sind präzis zusammengefaßt die folgenden: „Die Bibliotheken wecken, fördern und befriedigen als literaturverbreitende Einrichtungen die Bedürfnisse der Erwachsenen, Jugendlichen und Kinder nach Literatur und Literaturinformation für die sozialistische Bewußtseins- und Persönlichkeitsbildung, für Aus- und Weiterbildung, Studium, berufliche Qualifizierung und Praxis, für die ästhetische und Allgemeinbildung sowie für die niveauvolle Unterhaltung und schöpferische Freizeitgestaltung. Sie fördern Aufgaben der Landesverteidigung, insbesondere die patriotische Erziehung. Sie ... unterstützen das geistig-kulturelle Leben in Betrieben in dem Maße, wie das in Verträgen des zuständigen Rates mit Betriebsleitungen oder in ihren Vereinbarungen mit Gewerkschaftsbibliotheken festgelegt ist. Die Bibliotheken tragen mit ihren Mitteln und Methoden dazu bei, die wissenschaftlich-technische Revolution zu meistern, die Aufgaben des einheitlichen sozialistischen Bildungssystems zu erfüllen und die sozialistische Kulturrevolution weiterzuführen. Die Bibliotheken nehmen durch die vorrangige Verbreitung sozialistischer Belletristik und der Werke des Marxismus-Leninismus wirksamen Anteil daran, daß die sozialistische Ideologie und Kultur alle Bereiche des gesellschaftlichen Lebens durchdringen."[112]

Aufgaben

Eine entsprechende Kooperation hat sich auf dem Felde der Schülerbibliotheken und dem dafür zuständigen Ministerium für Volksbildung sowie dem Zentralrat der Freien Deutschen Jugend[113] als notwendig und für alle Seiten als fruchtbar erwiesen. Hier wird zugleich eine weitere Spezifik[114] der allgemeinbildenden Bibliotheken sichtbar, nämlich ihre Arbeit für die jüngsten Leser, die Kinder, dann auch für die Jugendlichen, beides Arbeitsgebiete, die Sonderprobleme aufwerfen, die nur durch Nutzung internationaler Erfahrungen, besonders der sowjetischen Bibliothekare, zu meistern sind.

Schülerbibliotheken

Auf diesem bibliothekarischen Gebiet hat sich ein tiefgreifender Wandel vollzogen. Es ist daher nicht abwegig, daß die Unesco eine besondere

---

[111] *Fünfte Durchführungsbestimmung zur Bibliotheksverordnung – Aufgaben, Arbeitsweise und Struktur der den örtlichen Räten unterstehenden staatlichen Allgemeinbibliotheken vom 27. Jan. 1971.* In: GBl. II 1971 S. 209–212.

[112] *Richtlinie zur 5. Durchführungsbestimmung zur Bibliotheksverordnung – Aufgaben, Arbeitsweise und Struktur der den örtlichen Räten unterstehenden staatlichen Allgemeinbibliotheken.* In: Die Bibliotheksverordnung der Deutschen Demokratischen Republik und mit ihr in engem Zusammenhang stehende rechtliche Regelungen und Vereinbarungen. Bibliotheksverband der DDR. Berlin 1973.

[113] Vgl. Fußnote 105 *Vereinbarung vom 1. Juli 1971 ...*

[114] *V pomošč detskim i škol'nym bibliotekam.* Sbornik metod i bibliograf. materialov. 1961ff. Moskva 1960ff. – F. G. SETIN, *Rabota škol'noj biblioteki.* Moskva 1961. – *Škol'naja biblioteka.* Sbornik statej. Red.-sost. S. P. Burmistrova. Moskva 1964. – *Osnovnye principy organizacii edinoj sistemy bibliotečnogo obsluživanija naselenija.* 1ff. Moskva 1971ff. – *Die moderne Schulbibliothek.* Bestandsaufnahme und Modell. Untersuchungen zur Situation der Schulbibliotheksverhältnisse in der Bundesrepublik u. in West-Berlin. Hamburg 1970. (Schriften z. Buchmarkt-Forschung. 19.) – JOHANNES KINMAYER, *Ein Stein am Wege: Die Schulbibliothek.* In: Buch u. Bibliothek 25 (1973) S. 1025–1043; dort weitere Aufs. zum Thema.

Lehrerbibliothek und Schülerbibliothek

Kategorie Schulbibliotheken vorsieht (vgl. Kap. 2.1.2.). In der bibliothekarischen Fachsprache der DDR werden – getrennt – Lehrerbibliothek und Schülerbibliothek verwendet, wobei die Lehrerbibliotheken einen besonderen Typ älterer pädagogischer Bibliotheken (seit dem 18. Jh.) darstellen, Schülerbibliotheken in der bürgerlichen Klassengesellschaft sich sehr unterschiedlich, nachweislich bis zum ersten Weltkrieg überwiegend an höheren Lehranstalten, herausgebildet haben. Daß die Schülerbibliotheken mit den allgemeinbildenden Bibliotheken, deren Kinderbibliotheken und Jugendbuchabteilungen, eng zusammenarbeiten müssen,[115] ist theoretisch klar, Unterschiede in der Praxis dieser Kooperation sind freilich gegeben. Der Sammelbegriff Schulbibliothek hat den Vorteil, daß er nicht nur die beiden genannten schulischen Bibliothekseinrichtungen einbezieht, sondern daß ihm auch Arbeits- und Hilfsbüchereien (Textsammlungen für die Pflichtlektüre usw.) zugewiesen werden können. Es ist also kein Zufall, daß die Bibliothekare vieler Länder es vorziehen, mit dem Sammelbegriff Schulbücherei zu operieren.[115a]

Es ist – auch international – ein besonderes Problem, Kinderleser über das Jugendalter hinweg als Erwachsenenleser zu gewinnen. Infolgedessen ist die Jugendarbeit in den Staatlichen Allgemeinbibliotheken und in den Gewerkschaftsbibliotheken ein sehr schwieriges, aber auch ein sehr lohnendes Arbeitsgebiet. Moderne Formen bibliothekarischer Arbeit mit der Jugend mittels Jugendklubs (auch Biblioklubs genannt) sind daher von großer Bedeutung.

Bibliotheksarbeit auf dem Lande

Nicht vergleichbar mit der Situation des Bildungswesens auf dem Lande nach dem Sieg der Großen Sozialistischen Oktoberrevolution in Rußland, aber noch immer ein ergiebiges bibliothekarisches Betätigungsfeld ist in allen Ländern, auch in der DDR, die Bibliotheksarbeit auf dem Lande, der deshalb große Aufmerksamkeit geschenkt werden muß. Für diese Aufgaben sind in der DDR ländliche Zentralbibliotheken[116], Bibliotheken an einem territorial wichtigen Punkt in einem Landkreis mit überörtlichem Wirkungsbereich (für 5–10 Gemeinden) verantwortlich. Ländliche Zentralbibliotheken gibt es zwar in allen Bezirken der Republik, aber sie sind

---

[115] IRMGARD DRESSLER, *Die Zusammenarbeit v. Schülerbüchereien u. allg. öffentl. Bibliotheken in d. DDR.* Berlin 1967.

[115a] In der BRD ist aus dem Institut f. Jugendbuchforschung der Johann-Wolfgang-Goethe-Universität Frankfurt a. M. 1971 eine „Zentrale Beratungsstelle f. d. Schulbibliothekswesen in d. BRD" hervorgegangen. Hierzu vgl. Verband d. Bibliotheken d. Landes Nordrh.-Westfalen. Mitteilungsblatt. N. F. 23 (1973) S. 409. – *Die moderne Schulbibliothek.* Bestandsaufn. u. Modell. Hamburg 1970. (Schriften z. Buchmarkt-Forschung. 19.) – *Standards for school library programms.* Chicago 1960.

[116] WOLFGANG HORSCHT u. BRIGITTE REHBEIN, *Bereiche der ländlichen Zentralbibliotheken in der DDR.* Ergebnisse e. Sondererfassung. Zentralinstitut f. Bibl.wesen. Berlin 1971. – BRIGITTE REHBEIN, *Die örtliche Wirksamkeit d. ländl. Zentralbibliotheken u. der nebenberufl. geleiteten staatl. Allgemeinbibliotheken in d. Zentralbibliotheksbereichen der DDR.* Zentralinstitut f. Bibl.wesen. Berlin 1973. – *Das ländliche Bibliothekswesen der DDR.* 1945–1972. Annot. Auswahlbibliographie. Bearb. v. Erika Rossoll. Hrsg. v. Zentralinstitut f. Bibl.wesen. Berlin 1973.

noch nicht gleichmäßig verteilt. Ihre Weiterentwicklung ist ein Prozeß, der um 1960 eingesetzt hat. Deshalb kommt auch den untersten Einheiten der Staatlichen Allgemeinbibliotheken, den Gemeindebibliotheken[117] als Einrichtungen des Rates einer Gemeinde, Bedeutung zu. Es gibt hauptberuflich und (in Orten unter 5000 Einwohnern) nebenberuflich geleitete Gemeindebibliotheken. Die Entwicklung des allgemeinbildenden Bibliothekswesens hat bewirkt, daß ein großer Teil dieser mehr als 8500 Gemeindebibliotheken nicht nur Austauschbestände der Zentralbibliothek bzw. der Stadt- und Kreisbibliothek ausleihen, sondern auch geistig-kulturelle Zentren und Kooperationsknotenpunkte zur örtlichen landwirtschaftlichen Genossenschaft oder/und zum Dorfklub geworden sind. Aktuelle Fragen der Entwicklung der sozialistischen Landwirtschaft hingegen können Rückwirkung auf Inhalt und Struktur des ländlichen Bibliothekswesens haben.

Für das Bibliothekswesen einzelner Länder spielt das kirchliche bzw. konfessionelle Bibliothekswesen[118] allein wegen seines historischen Buchbestandes eine Rolle. Es verdient besondere Beachtung, wenn seine allgemeinbildenden Bibliotheken zum Zwecke konfessioneller Erziehung sowie der Bildung und Unterhaltung, wie in der BRD und Österreich, rege sind, erst recht wenn Verbände solcher Bibliotheken besondere Organisationsformen gefunden haben, wie in den USA die katholischen (Catholic library association). In vielen alten Bibliotheksländern, auch in der DDR, sind die Kirchenbibliotheken, die eigene Netze bilden, wegen wertvoller Altbestände (Handschriften, Inkunabeln, alte Drucke usw.) von Wichtigkeit. Nationale Verzeichnisse konfessioneller Bibliotheken nach dem neuesten Stand sind daher wichtige Informationsmittel, besonders dann, wenn sie sowohl allgemeinbildende als auch wissenschaftliche Einrichtungen umfassen.

kirchliche Bibliotheken

Wir haben uns auf die Behandlung einiger Haupttypen beschränkt und einige Sonderfunktionen von Bibliotheken dargelegt. In Ermangelung einer modernen internationalen Kategorienlehre von Bibliotheken soll das Schaubild über die Bibliotheken der DDR die Vielfalt von Bibliothekstypen wenigstens andeuten.[119]

---

[117] ILSE SCHUMANN, *Die Gemeindebibliothek.* Hrsg. v. Zentralinstitut f. Bibl.wesen. Berlin 1971; mit ausführl. Lit.verz.

[118] Z.B. FRANZ RUDOLF REICHERT, *Handbuch der kirchlichen katholisch-theologischen Bibliotheken in der BRD und in West-Berlin.* Trier, Paderborn 1972. – *Bibliotheksführer der evangelischen Kirche in der BRD u. in West-Berlin.* Hrsg. v. d. Arbeitsgemeinschaft f. d. Archiv- u. Bibliothekswesen in d. evang. Kirche. Hamburg 1973; weist 160 Bibl. nach.

[119] *Materialien d. 4. Hauptversammlung d. Dt. Bibliotheksverbandes.* Berlin 1970. – GÜNTHER MEYER, *Bemerkungen zur Territorial- u. Fachstruktur im Bibliothekssystem* [d. DDR.] In: ZfB 84 (1970) S. 457–466. – Ein weiterer Ansatz dazu ist in der deutschspr. Lit. der Teil Spezielle Bibliothekslehre (S. 161–332) in ROLF KLUTH, *Grundriß d. Bibliothekslehre.* Wiesbaden 1970, allerdings nur aus der westeuropäisch-bürgerlichen Sicht.

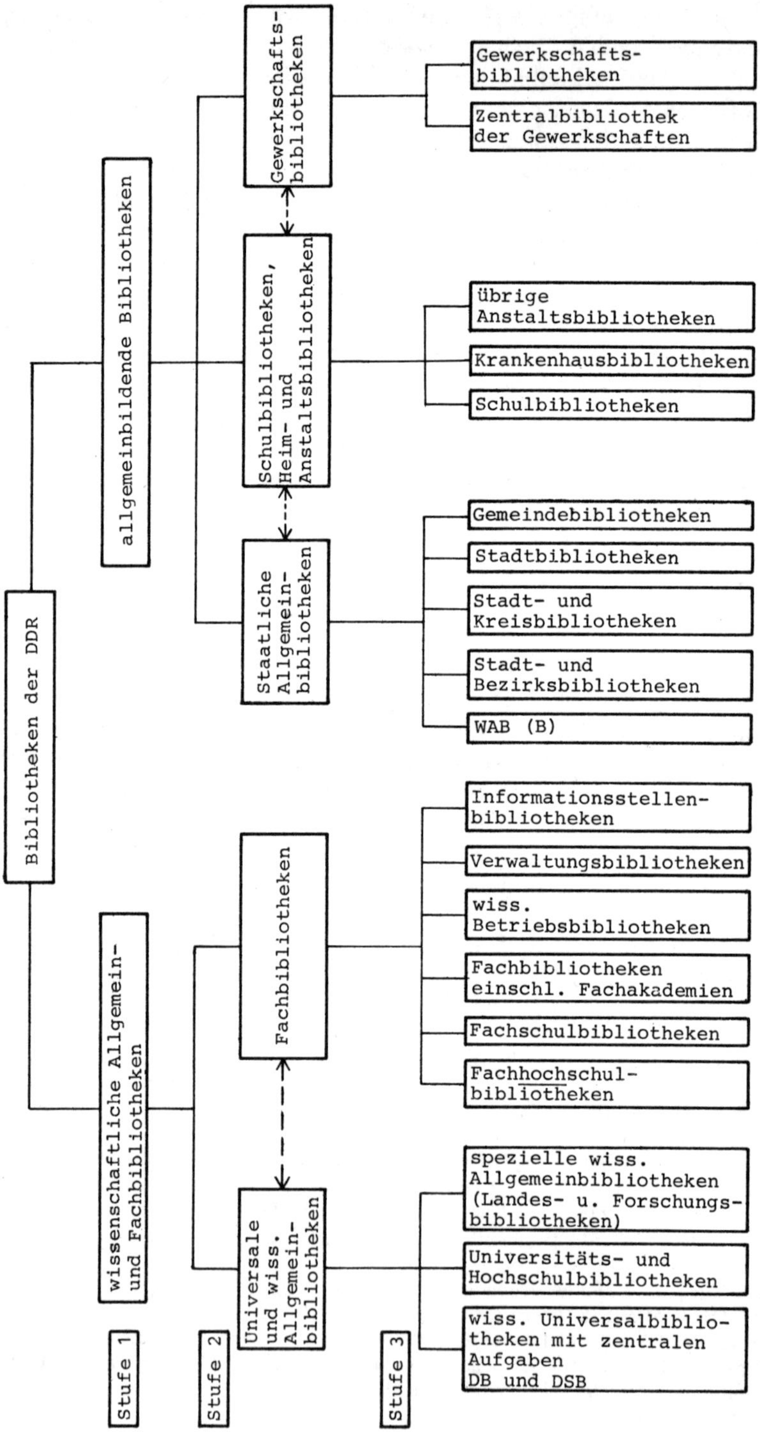
Bibliotheken der DDR
allgemeinbildende Bibliotheken
wissenschaftliche Allgemein- und Fachbibliotheken
Gewerkschaftsbibliotheken
Schulbibliotheken, Heim- und Anstaltsbibliotheken
Staatliche Allgemeinbibliotheken
Fachbibliotheken
Universale und wiss. Allgemeinbibliotheken
Gewerkschaftsbibliotheken
Zentralbibliothek der Gewerkschaften
übrige Anstaltsbibliotheken
Krankenhausbibliotheken
Schulbibliotheken
Gemeindebibliotheken
Stadtbibliotheken
Stadt- und Kreisbibliotheken
Stadt- und Bezirksbibliotheken
WAB (B)
Informationsstellenbibliotheken
Verwaltungsbibliotheken
wiss. Betriebsbibliotheken
Fachbibliotheken einschl. Fachakademien
Fachschulbibliotheken
Fachhochschulbibliotheken
spezielle wiss. Allgemeinbibliotheken (Landes- u. Forschungsbibliotheken)
Universitäts- und Hochschulbibliotheken
wiss. Universalbibliotheken mit zentralen Aufgaben DB und DSB
Stufe 1
Stufe 2
Stufe 3

2.2. Bibliotheksnetze

Die Bibliotheksverordnung (BVO) von 1968 hat im Hinblick auf „den weiteren schrittweisen Ausbau des Bibliothekssystems“ die Aufgabe der Netzbildung[120] im Zusammenhang mit der sozialistischen Gemeinschaftsarbeit gestellt und sie zugleich in der einzig richtigen Weise als Mittel zum Zweck, nämlich zur „Erhöhung der Leistungsfähigkeit der Bibliotheken“ (III.), eingeordnet: „Zur effektiven Nutzung aller vorhandenen Kapazitäten des Bibliothekssystems, zur vernünftigen Abstimmung der Aufgaben der einzelnen Bibliotheken und zur rationellen Arbeitsteilung wirken die Bibliotheken, bei Wahrung der Eigenverantwortlichkeit, in Bibliotheksnetzen zusammen.“ Zugleich werden Hinweise gegeben, worauf sich die Kooperationsbeziehungen zwischen den Bibliotheken konzentrieren sollen.[121] Solche Netzbildungen erstrecken sich auf verschiedene Ebenen. Ebenso klar formuliert die 5. Durchführungsbestimmung zur BVO vom 27. Januar 1971[122] die territoriale Netzbildung für die Staatlichen Allgemeinbibliotheken in den Landkreisen, in den Bezirken sowie im Hinblick auf die Stadt- und Kreisbibliotheken und die Stadt- und Bezirksbibliotheken. Da diese rechtlichen Regelungen in Übereinstimmung mit dem Bundesvorstand des Freien Deutschen Gewerkschaftsbundes getroffen worden sind und auch für den Bereich der Gewerkschaftsbibliotheken gelten, ist das territoriale Netz der allgemeinbildenden Bibliotheken durchgängig und am besten ausgebaut. Mit dem Ziele, das Bibliothekssystem der Deutschen Demokratischen Republik zu fördern, ist der Bibliotheksverband der DDR seit seiner Gründung 1964 zu einem Motor auch der Netzbildung geworden. Die Staatlichen Allgemeinbibliotheken, die in ihrer Gesamtheit einen territorial wirksamen Teilbereich im Bibliothekssystem der DDR bilden, weisen in ihrer Netzbildung wesentliche allgemeingültige Züge der Bibliotheksnetze auf: Koordinierung und Kooperation mit anderen Partnern je nach Bedarf und Zweckmäßigkeit, nämlich mit wissenschaftlichen Allgemein- und Fachbibliotheken. Das Zentrum der hauptberuflich geleiteten Bibliotheken in einem territorialen Bibliotheksnetz ist die Stadt- und Bezirksbibliothek bzw., soweit vorhanden, die Wissenschaftliche Allgemeinbibliothek des betreffenden Bezirkes.

gesetzliche Grundlage

Bibliotheksverband

Netze der Staatlichen Allgemeinbibliotheken

Auch in kleineren territorialen Einheiten, z. B. innerhalb von Großstädten, ist die Netzbildung von Vorteil. Das beweisen bereits ältere Erfahrungen. Schon vor 50 Jahren hat es effektive Kooperationsbeziehungen zwischen Großstadtbibliotheken gegeben, wenn man sie auch nicht so nannte.[123]

Großstädte

[120] GÜNTHER MEYER, *Bemerkungen zur Territorial- und Fachstruktur im Bibliothekssystem.* In: ZfB 84 (1970) S. 457–466.

[121] GBl. II 1968 S. 565–571; auch in: Die Bibliotheksverordnung der DDR und mit ihr in engem Zusammenhang stehende rechtliche Regelungen und Vereinbarungen. Berlin 1973.

[122] GBl. II 1971 S. 209–212.

Wenn der neue Büchereientwicklungsplan der Stadt Frankfurt/Main[124] ein städtisches Bibliotheksverbundnetz für einen Zeitraum von etwa 12 Jahren vorsieht, so geht es im Grunde um einen Teil-Perspektivplan „kooperationswilliger Büchereien", also allgemeinbildender Bibliotheken, mit dem vorrangigen Ziel, für die Stadtbücherei unter Einbeziehung der Schülerbüchereien eine Leitfunktion für diesen ihren Bereich zu erreichen.

Institutionen

Auf die Herausbildung institutioneller Netze sind wir bereits im Zusammenhang mit der modernen Entwicklung der Bibliotheks- und Informationseinrichtungen in Hochschulbereichen eingegangen. Hier hat sich die Netzbildung aus sachlicher Notwendigkeit sowie aus den besonderen Bedingungen der sozialistischen Wissenschaftsentwicklung ergeben und ist staatlicherseits (Ministerium für Hoch- und Fachschulwesen) gefördert worden. Ganz ähnlich ist die Situation in anderen größeren Institutionen zu sehen, z. B. in Akademien, wo sich die Haupt- oder Zentralbibliothek zum Mittelpunkt des institutionellen Netzes und zum methodisch anleitenden Zentrum aller Institutsbibliotheken entwickelt bzw. entwickelt hat.[125] Als Modellfall kann die gegenwärtige und perspektivische Entwicklung innerhalb der Akademie der Wissenschaften der DDR[126] gelten – bis hin zur Einheit von Bibliothek und Information/ Dokumentation. Diese neue Qualität kommt in Struktureinheiten auf drei Ebenen zum Ausdruck:

Akademien

1. wissenschaftliches Informationszentrum
2. fachliche Informationszentren
3. Institutsabteilungen Information/Bibliothek.

Die Hauptbibliothek ist die zentrale Bibliothekseinrichtung der Akademie und gehört zum Wissenschaftlichen Informationszentrum (WIZ). Das Bibliotheksnetz der Akademie ist die organisierte Gesamtheit der funktionell und strukturell miteinander verbundenen Bibliotheken der Akademie unter Leitung der Hauptbibliothek.

Gerade für die institutionellen Netze sind die Kooperationsbeziehungen

---

[123] Es gab z. B. in der Sächsischen Landesbibliothek bereits um 1930 als wichtige Signierhilfe ein *Gesamtverzeichnis der in Dresdener Bibliotheken laufend gehaltenen Zeitschriften.* – In Frankfurt a. M. haben die großen wissenschaftlichen Bibliotheken bereits nach dem ersten Weltkrieg eine fachlich abgestimmte Kooperationsgemeinschaft gebildet: die Stadtbibliothek als Zentrale, die Senckenbergische Bibliothek für Medizin und Naturwissenschaften, die Rothschildsche Bibliothek für neuere Sprachen und Literatur, die Kunstgewerbebibliothek für Kunst und Technik, die Zentralbibliothek des Städtischen Krankenhauses für Medizin.

[124] HANS JOACHIM VOGT, *Büchereientwicklungsplan der Stadt Frankfurt a. M.* Berlin (West) 1972. (Bibliotheksdienst. Beih. 85.)

[125] ALDONA GAWECKA, *Biblioteki główne akademii nauk w krajach socjalistycznych.* In: Przegląd bibl. 40 (1972) S. 268–273.

[126] JOACHIM REX, *Grundzüge der historischen Entwicklung und Probleme der weiteren Gestaltung des Bibliotheksnetzes der Akademie der Wissenschaften der DDR.* Berlin 1973. Phil. Diss.

von entscheidender Bedeutung. Es kommt darauf an, die keineswegs neuen, sondern traditionellen Wechselbeziehungen mit Bibliotheken und Institutionen anderer Unterhaltsträger (besonders des Hoch- und Fachschulwesens sowie der Industrieministerien) zu festigen und die Glieder des Bibliotheksnetzes der Akademie der Wissenschaften der DDR in den dafür geeigneten fachlichen und regionalen Netzen wirksam werden zu lassen – als Nehmende und Gebende.[127] Das entspricht einem Grundprinzip jeder Netzbildung.[128]

Kooperationsbeziehungen

Als ein Beispiel für das Bibliotheksnetz einer Fachhochschule, das durch Konzentration von Kräften und Mitteln modernisiert worden ist, nennen wir das der Bergakademie Freiberg/Sachsen: aus 47 selbständigen Institutsbibliotheken wurden 13 Zweigstellen der zentralen Bibliothek gebildet.[129]

Fachhochschulen

Während die territorialen Netze im wesentlichen der Befriedigung weitverbreiteter und ausgedehnter Literaturbedürfnisse dienen, decken Fachnetze in der Hauptsache speziellen wissenschaftlichen Literaturbedarf, der in Bereichen der Volkswirtschaft, der Wissenschaft (Forschung und Lehre) sowie der Verwaltung auftritt. Für die Fachnetze ist im Zuge der Wissenschaftsentwicklung und der sich daraus ergebenden Bedürfnisse charakteristisch, daß bibliothekarische Einrichtungen hier aufs engste mit den fachlich entsprechenden Einrichtungen der Information und Dokumentation zusammenwirken müssen.

Fachnetze

Die Fachnetzbildung und ihre ständige Effektivitätsorientierung ist zur Zeit eine Schwerpunktaufgabe[130]; sie ist in den zahlreichen Fachbereichen noch unterschiedlich gelöst. Intensive Überlegungen zur zweckmäßigsten Bildung von Bibliotheksnetzen im allgemeinen sind im Zusammenhang mit der Formierung des Fachnetzes medizinischer Bibliotheken angestellt worden. Gerade beim Zustandekommen dieses Fachnetzes ist deutlich zu erkennen, daß die Zusammenschlüsse von Fachbibliotheken in Form von Sektionen oder Arbeitskreisen kräftige Hebelarme der Netzbildung und der Netzfunktion sein können. Die Kooperation mit dem

Fachnetzbildung

---

[127] G. P. FONOTOV, *Die Universalbibliotheken und die wissenschaftliche Information.* Berlin 1969. – FEDOR N. PAŠČENKO, *Struktur und Organisation der bibliothekarischen Information von morgen.* Berlin 1968.

[128] Vgl. hierzu MARIANNE u. GUNTHER HELBIG, *Entscheidungsfragen bei der Fachnetzbildung.* In: ZfB 85 (1971) S. 78–80: Mitarbeit in anderen Netzen.

[129] GERLINDE BRAUN u. DIETER SCHMIDMAIER, *Zur Theorie und Praxis von Zweigstellen an Hochschulbibliotheken,* dargest. am Beispiel d. Bergakademie Freiberg. 2. Aufl. Freiberg/Sachsen 1971. (Veröffentlichungen d. Wiss. Inf.-Zentrums d. Bergakademie Freiberg. 39.)

[130] GÜNTHER MEYER, *Bemerkungen zur Territorial- und Fachstruktur im Bibliothekssystem.* In: ZfB 84 (1970) S. 457–466. – GERHARD SCHWARZ, *Zur Entwicklung fachlicher Bibliotheksnetze.* In: Materialien d. 4. Hauptversammlung d. DBV. Berlin 1970 S. 44–52. – EDITH MANTE, *Zu Fragen der Bildung von Bibliotheksnetzen, insbesondere eines Netzes medizinischer Fachbibliotheken.* In: ZfB 84 (1970) S. 202–224. – GÜNTHER MEYER, *Zur Diskussion um die Bildung von Netzen der Fachbibliotheken.* In: ZfB 86 (1972) S. 257–263. – EDITH MANTE, *Zur Funktion und Struktur des Netzes der medizinischen Fachbibliotheken in der DDR.* Berlin 1973. Phil. Diss.

Ziele der Fachnetzbildung ist z. B. im Bereich der Land- und Nahrungsgüterwirtschaft schon seit Jahren entfaltet[131] und hat bedeutende Aktivitäten aufzuweisen.

Theorie der Netzbildung

Neben den praktischen Zielsetzungen fachlicher Netzbildung, auf die es ja letztlich ankommt, ist es zweifellos nützlich, sich auch mit der Theorie der Netzbildung zu befassen und ihre wissenschaftlichen Grundlagen u. a. durch Verallgemeinerung charakteristischer und tragender Erfahrungswerte aus verschiedenen Bereichen zu festigen. Solche Theorien sind so lange sinnvoll, als sie den Endzweck der Netzbildung, d. h. die optimale Leistung der Bibliotheken durch Netzbildung für den Nutzer, im Auge behalten, als sie rechtlich administrative Regelungen nicht über die Initiative und Eigenverantwortlichkeit stellen und als sie in solchen organisatorischen Zusammenschlüssen den sich wandelnden Prozeß erkennen, der von dem Reifegrad der erreichten Organisiertheit abhängig ist. Andernfalls laufen Netztheoretiker Gefahr, daß ihnen die Netzbildung zum Selbstzweck wird.[132]

In diesem Sinne hat Gerhard Schwarz die Zielsetzung der Fachnetzbildung klar formuliert: „Das Ziel der Fachnetzbildung ist die Erreichung einer höheren Effektivität der Bibliotheksarbeit für Forschung, Entwicklung und Praxis durch die Organisierung des planmäßigen Zusammenwirkens aller leistungsfähigen Fachbibliotheken innerhalb eines oder ähnlicher Fachgebiete."[133] Und er hat zugleich richtig die Kooperationsbezüge der Fachnetze bestimmt: „Von entscheidender Bedeutung für die Entwicklung der Fachnetze ist ihr Verhältnis zu den Einrichtungen der Information und Dokumentation."

2.3. Bibliothekssystem

2.3.1. *Die zwei Bibliothekszweige: allgemeinbildende und wissenschaftliche Bibliotheken*

Jedes Bibliothekssystem ruht auf zwei Säulen, den beiden Bibliothekszweigen der allgemeinbildenden und der wissenschaftlichen Bibliotheken.

kulturell-erzieherische Funktion der Bibliotheken

Wichtigste Aufgabe aller Bibliotheken ist es, zur sozialistischen Persönlichkeitsbildung ihrer Leser mit ihren spezifischen Möglichkeiten und Mitteln beizutragen. Damit ist auch die kulturell-erzieherische Funktion

[131] MARIANNE HELBIG, *Kooperationsmöglichkeiten für staatliche Allgemeinbibliotheken und Fachbibliotheken der Land- und Nahrungsgüterwirtschaft.* In: Bibliothekar 22 (1968) S. 1179–1188. – MARIANNE HELBIG u. GUNTHER HELBIG, *Entscheidungsfragen bei der Fachnetzbildung.* In: ZfB 85 (1971) S. 65–87.

[132] Diese Gefahr besteht z. B. bei dem von Edith Mante (ZfB 84, 1970, S. 202–224) vielfach zitierten Gewährsmann RYSZARD PRZELASKOWSKI, *Die Struktur von Bibliotheksnetzen.* In: Bibliothekar 7 (1953) S. 638.

[133] GERHARD SCHWARZ, *Die Fachnetzbildung im Bibliothekswesen d. DDR.* In: ZfB 88 (1974) S. 565–575; Zitate S. 569 u. 575.

aller Bibliotheken gegeben. Es ist daher auch mit sozialistischer Bibliotheksarbeit unvereinbar, sie als bloße Zuliefereinrichtungen für die Information abzuwerten. Daß die Bibliotheken diese Aufgaben nur differenziert erfüllen können, ist selbstverständlich.[134] Gerade die Bibliothekslehre ist in der Lage, diese Gemeinsamkeiten und Besonderheiten der Bibliotheksarbeit exakt nachzuweisen; mit Deklarationen von „Einheitlichkeit" wird gar nichts bewiesen.

Zusammenwirken von wissenschaftlichen und allgemeinbildenden Bibliotheken

Die allgemeinbildenden Bibliotheken sind Institutionen der sozialistischen Erziehung und wissenschaftlichen Weiterbildung. Mit der Beseitigung der Bildungsprivilegien haben die wissenschaftlichen Bibliotheken ihren exklusiven Charakter verloren und sind zu Bildungsstätten und Forschungsinstrumenten des ganzen Volkes geworden. Zwischen beiden Bibliothekstypen, den allgemeinbildenden Bibliotheken und den wissenschaftlichen Bibliotheken, besteht eine rationelle Arbeitsteilung im Dienste des gemeinsamen gesellschaftlichen Auftrags. Während beide Bibliothekstypen unter kapitalistischen Verhältnissen divergierende Funktionen aufweisen, die wissenschaftlichen Bibliotheken de facto einem anderen Leserkreis zu dienen haben als die allgemeinbildenden Bibliotheken, gibt es unter sozialistischen Bedingungen ausgesprochen konvergierende Tendenzen. Mitbestimmend sind dabei u. a. auch die Überwindung des Unterschiedes zwischen körperlicher und geistiger Arbeit, überhaupt die Befreiung von schwerer körperlicher Arbeit sowie die Überwindung des Unterschiedes zwischen Stadt und Land.

Entwicklung nach 1945

Während es nach 1945 noch nötig war, das Erbe, das die deutschen Bibliotheken angetreten hatten, u. a. auch dadurch zu bewältigen, daß mit verhärteten Klischeevorstellungen von Bildungsaufgaben hier, Forschungsbedarf dort aufzuräumen war,[135] erübrigen sich in einer Bibliothekslehre heute solche Reminiszenzen. Die Spaltung des deutschen Bibliothekswesens in zwei getrennte große Bereiche, die volkstümlichen Bibliotheken und die wissenschaftlichen Bibliotheken, hervorgerufen durch betonte Abgrenzung der wissenschaftlichen Bibliotheken und durch die Kampfansage von der „Autonomie des volkstümlichen Büchereiwesens", gehört der Vergangenheit an und ist Gegenstand der Bibliotheksgeschichte geworden.

Die ersten Schritte auf dem Wege zu einer funktionalen Einheit des Bibliothekswesens nach 1945 waren in der DDR darauf gerichtet, das Trennende und Überholte in den überlieferten Auffassungen und Lehrmeinungen durch Praxiserfahrungen zu überwinden und das Gemeinsame zu erkennen. Das waren Akte des guten Willens im Interesse des Fortschreitens der Bibliotheksarbeit.

---

[134] Grundlegend hierzu: JAROSLAV DRTINA, *Knihovna jako instituce socialistická.* Praha 1961; Die Bibliothek als sozialistische Institution. Dt. Übers. liegt im Zentralinstitut f. Bibliothekswesen, Berlin, vor; vgl. auch Bespr. in ZfB 78 (1964) S. 169–172 (G. SCHWARZ).

[135] Das ist z. B. in den vorangegangenen Auflagen dieses Lehrbuchs geschehen, zuletzt in der 3. Aufl. (Grundzüge der Bibliothekslehre 1966) S. 31–39.

Bibliotheksverordnung von 1968

Heute geht es um sehr viel mehr, nämlich um die Erfüllung gesellschaftlicher Forderungen, wie sie für das Bibliothekswesen der DDR die Bibliotheksverordnung von 1968 gestellt hat: Forderungen der Ökonomie im Sozialismus, der Volkswirtschaft, insbesondere ihrer strukturbestimmenden Zweige, der Landesverteidigung, der Wissenschaft, Kultur und der gesellschaftlichen Praxis. Diese großen, wachsenden und sehr konkreten Aufgaben können nicht durch diesen oder jenen isoliert arbeitenden Bibliothekstyp gelöst werden, sondern nur durch die geballte Kraft aller bibliothekarischen Einrichtungen, die – und das ist das Entscheidende – nach gesellschaftlicher Zweckmäßigkeit arbeitsteilig die staatlichen und gesellschaftlichen Bibliothekskapazitäten einsetzen müssen. Insofern erübrigen sich auch theoretische Abgrenzungen, denn die Aufgaben sind je nach Bedürfnis und Anforderung grundsätzlich verteilt und kein Einzelglied des Bibliothekssystems kann sich auf die Dauer allein behaupten, sondern bedarf der kooperierenden Partner. Die Öffentlichkeitsarbeit (vgl. Kap. 7) sorgt für die zweckmäßigste Steuerung der Nutzer, und die Nutzerforschung befruchtet die Öffentlichkeitsarbeit. Außerdem hat sich das Bildungsniveau der Bevölkerung so gehoben, und Bibliotheken und Ausleihstellen bilden ein so dichtes Netz, daß jeder Bürger für die Befriedigung seiner Literatur- und Informationsbedürfnisse einen ihm gemäßen Ansatzpunkt finden kann, zumal die Bibliothekare die rationelle Steuerung von Nutzerbedürfnissen als eine ihrer wichtigsten Aufgaben erkannt haben und ohne falsche – nur ihre eigene Bibliothek betreffenden – Ambitionen danach verfahren.

nationale Bibliothekssysteme

Die Notwendigkeit, nationale Bibliothekssysteme herauszubilden, d. h., dem Bibliothekswesen eines Landes eine höhere Qualität zu verleihen, wird heute als eine internationale Aufgabe gesehen. Die wichtigste Ursache dafür sind die erhöhten Anforderungen, die gegenwärtig überall an die Bibliotheken gestellt werden. International ergeben sich diese gewachsenen und wachsenden Anforderungen z. B. aus der Rolle der modernen Wissenschaft, vor allem in Verbindung mit der technischen Revolution, aus dem damit zusammenhängenden Steigen der Literaturproduktion und für jeden Angehörigen eines qualifizierten Berufes aus dem Zwang, durch Weiterbildung auf der Höhe der Zeit zu bleiben.

in den sozialistischen Ländern

In den sozialistischen Ländern, in denen sich die Wissenschaft, ungehindert von sozialen Schranken, zu einer Produktivkraft entfaltet hat, entwickeln sich alle Bereiche des menschlichen Lebens, der Wissenschaft und der Wirtschaft. Die Werktätigen sind Eigentümer der Produktionsmittel und sind daher auch interessiert, an dem Wachstum der gesellschaftlichen Produktion, der Bildung und Kultur teilzunehmen. Infolgedessen ist die Erhöhung der Effektivität aller diesen Zwecken dienenden Einrichtungen, die Verbesserung ihrer Leistungen zur Notwendigkeit geworden. Dieser Prozeß vollzieht sich in der ganzen sozialistischen Volkswirtschaft und Industrie genauso wie in den Wissenschafts- und Bildungseinrichtungen, den Bibliotheken zum Beispiel.
So sind Kooperation und Koordinierung, Profilierung der einzelnen Bi-

bliothekstypen und deren Zusammenarbeit untereinander und mit anderen Partnern, Netzbildung und Kooperation zwischen den einzelnen Netzen selbstverständliche Mittel und Möglichkeiten, dieses Ziel zu erreichen.

Wege zum Bibliothekssystem

Es ist eine sehr oberflächliche Betrachtung zu meinen, daß dieser Prozeß der Systembildung in sozialistischen Staaten leicht, ja eigentlich „gegeben sei" wegen der diesen Staaten eigenen Leitung und Planung. Sofern hinter solchen Auffassungen nicht ganz primitive Meinungen vom „autoritären" Charakter sozialistischer Staaten stehen, mißachten sie jedenfalls entscheidende Grundprinzipien des Sozialismus, wie die sozialistische Demokratie und deren weitere Entfaltung, das Prinzip der Eigenverantwortlichkeit, die Initiative der Werktätigen und deren Beachtung. Das einheitliche sozialistische Bildungssystem (1965) ist kein staatliches Reglement für die Bildungseinrichtungen, sondern ein Perspektivprogramm, das die Bedingungen für die Bildung und Erziehung schöpferisch denkender, mit eigener Initiative handelnder Menschen schaffen soll. Die gleiche ideologische Grundlage gilt für die Bibliotheksverordnung von 1968, die für die Erhöhung der Leistungsfähigkeit der Bibliotheken und für den schrittweisen Ausbau des nationalen Bibliothekssystems der DDR konkrete Hinweise gibt, zugleich aber die Entfaltung der Eigenverantwortlichkeit betont.

ideologische Grundlage

Die Grundelemente jedes nationalen Bibliothekssystems[136] sind die einzelnen Bibliotheksrichtungen sowie deren funktionale und strukturelle Beziehungen untereinander in Bibliotheksnetzen. Wichtige Voraussetzungen für das Wirksamwerden eines Systems sind dessen Stabilität und Leistungsvermögen. Aber Kooperationsbeziehungen führen noch nicht spontan zu einem Bibliothekssystem. Die Effektivität eines Systems ist vielmehr abhängig von der Effektivität jeder einzelnen Einrichtung und ihrem Anteil an der Realisierung ihrer Kooperationsbeziehungen. Die entscheidenden Größen für die Realisierungsfähigkeit sind keineswegs

Grundelemente

[136] *Materialien der 1. Jahreshauptversammlung des Deutschen Bibliotheksverbandes.* Leipzig, 4.–6. Mai 1965. Berlin 1966. Enth. mehrere Referate u. Diskussionsbeiträge zu e. Bibliothekssystem, die z. T. überholt sind, weil sie von den nicht realisierten Grundsätzen der „Grundzüge des einheitlichen Bibliothekssystems der DDR" (Diskussionsmaterial des Verbandes 1964, dort abgedr. S. 9–20) ausgehen. – ERWIN MARKS, *Zur Entwicklung eines Bibliothekssystems.* In: Bibliothekar 19 (1965) S. 232–238. – RUDI FRANZ, *Theorie und Praxis der Kooperation im Bibliothekswesen.* In: Jahrbuch d. Deutschen Bücherei. Bd. 5. Leipzig 1969 S. 93–126. – WOLFGANG SCHUMANN, *Jeder trägt Verantwortung für das Ganze.* In: Bibliothekar 23 (1969) S. 677–694. – WOLFGANG SCHUMANN, *Koordinierung und Kooperation auf neuer Stufe.* In: Bibliothekar 23 (1969) S. 987–993. – *Sozialistische Gemeinschaftsarbeit und Kooperationsbeziehungen im Bibliothekswesen der DDR.* Referate u. Berichte d. 2. Aktivtagung des Deutschen Bibliotheksverbandes. 6.–8. 5. 1969 in Magdeburg. Berlin 1969. – GOTTHARD RÜCKL, *Die Herausbildung von Bibliotheksnetzen und ihr Zusammenwirken im Bibliothekswesen der DDR.* In: Materialien d. 4. Hauptversammlung d. DBV. Berlin 1970. – *Materialien der 4. Hauptversammlung des Deutschen Bibliotheksverbandes.* Berlin 1970. – *System design and analysis for libraries.* Editor: F. Wilfried Lancaster. In: Library trends 21 (1973) Nr. 4.

neu, wenn wir dabei an Qualifikation und Zahl der Mitarbeiter, Buchbestand, Arbeitsorganisation sowie die materiell-technische Basis denken.

Systembezüge

Die Vielfalt der Systembezüge wird auch deutlich an den neu strukturierten Hochschulbibliotheken, besonders durch die dort integrierte Informationstätigkeit. Hier ergeben sich je nach Sammelschwerpunkt usw. Beziehungen zu Einrichtungen der Praxis, zu den relevanten Fachnetzen mit ihren zentralen Bibliotheken als Zentren sowie ihren Leitstellen, ferner zu den Zentralinstituten bzw. Zentralen Leitungen der Information und Dokumentation sowie deren Leitstellen. Das sind im einzelnen nicht immer ganz neue Kooperationsbeziehungen – sie gibt es z. T. schon seit Jahrzehnten. Das Neue ist die höhere Stufe planmäßiger und vielseitiger Bezüge bzw. die Qualität der Organisiertheit. Aber es ist falsch zu meinen, daß die Bibliothekare an der Basis erst darauf gewartet haben, daß ihnen Systemtheoretiker die Vorzüge von Kooperationsbeziehungen klarmachen.

Leitung und Planung

Die Bauelemente eines nationalen Bibliothekssystems sind je nach Traditionen und Bibliotheksbedingungen verschieden einsetzbar, im ganzen jedoch überschaubar. Sie sind beeinflußbar durch Faktoren, die damit ein neues Gewicht bekommen, wie Aus- und Weiterbildung, Leitung und Planung auf allen Ebenen sowie Anwendung neuer betriebswirtschaftlicher Erkenntnisse, nicht zuletzt durch methodische Anleitung und Hilfe seitens zentraler Einrichtungen. Was wir dringend benötigen, sind wissenschaftliche Untersuchungen der Kriterien für die Effektivität von Bibliothekssystemen, wie netz- und systembezogene Kooperation und Koordinierung sowie aller sonstigen Elemente. Deshalb bezeichnet die Bibliotheksverordnung von 1968 (§ 16) als vorrangige Forschungsaufgaben die Leitung und Planung des Bibliothekssystems der DDR, die diese Klärungen zur Voraussetzung haben.
Bei allen bibliothekarischen Systemüberlegungen auf der nationalen Ebene, die einen echten Vorlauf schaffen wollen, sind zwei Gesichtspunkte unbedingt zu beachten:

nationale Kooperation

1. die Berücksichtigung des gesamtgesellschaftlichen Kommunikationsprozesses und seiner Perspektive, die auf jeden Fall neben dem Buch- und Verlagswesen den notwendigen Integrierungsprozeß mit den sich entwickelnden Informations-Dokumentationssystemen einbeziehen muß. Aus dieser perspektivischen Sicht können Kooperationsbeziehungen der Bibliotheken nur als Teilprobleme eines gesamtgesellschaftlichen Prozesses angesehen werden. Diese gesetzmäßige Entwicklung nicht beachten, bedeutet heute schon, zu eng planen.

2. die internationale Kooperation nationaler Bibliothekssysteme[137]. Dazu

[137] Vgl. hierzu *International symposium on European library systems.* Prague 27. Nov. bis 2. Dec. 1972. Final report. Prague 1973. Resolutions. – *Reader in library cooperation.*

sind im Sinne von UNISIST (vgl. Kap. 11) Möglichkeiten maximaler Kompatibilität und Konvertibilität der technischen Grundlagen aller relevanten Bibliotheksdienste zu beachten. Dieser Gesichtspunkt sollte bei allen Planungen auf dem Felde der Automatisierung, aber auch bei rechtlichen Regelungen – den Ausbau nationaler Bibliothekssysteme betreffend – berücksichtigt werden.

internationale Kooperation

In den USA ist 1968 auf gesetzlicher Grundlage eine National advisory commission on libraries[138] eingesetzt worden, deren Aufgabe es ist, eine Gesamtkonzeption für das amerikanische Bibliothekswesen zu erarbeiten.[139]

USA

Um auf diese notwendigen Entwicklungen vorbereitet zu sein, sind Kenntnis und Studium ausländischer Bibliotheks- oder Bibliotheksteilsysteme, insbesondere deren Vorbereitung und Durchführung sowie – soweit vorliegend – deren Ergebnisse vonnöten.

In Großbritannien, wo durch den Public libraries and museums act 1964 eine gesetzliche Rahmenregelung für diese Bibliotheken getroffen worden war, ist das Projekt der seit Jahren vorbereiteten und nun im Aufbau befindlichen British library ein sehr bedeutsames Unternehmen.[140] Die organisatorische Zusammenfassung der großen Bibliotheken bzw. Bibliothekseinrichtungen des Landes zur British library umfaßt immerhin einen Bestand von rund 20 Millionen literarischen Dokumenten und bezieht Einrichtungen ein, deren Alter zwischen über 200 Jahren (Library of the British Museum 1753) und einem reichlichen Jahrzehnt (National lending library, 1961) liegt.[141]

Großbritannien

Die Bibliotheksplanung in Schweden hält es für richtig, von mutmaßlichen Anforderungen an Bibliotheken in den achtziger und neunziger Jahren unseres Jahrhunderts auszugehen – wenn nur 50 % der Informationsmaterialien in gedruckter Form vorliegen werden – und berücksichtigt drei

Schweden

Ed. by Michael M. Reynolds. Washington 1972. (Reader's series in library and information science.) Zit. nach Rez. v. PETER VODOSEK in: Buch u. Bibliothek 25 (1973) S. 974–975.

138 Vgl. Library journal 92 (1967) S. 949.

139 *Libraries at large.* Tradition, innovation and the national interest. The resource book based on the materials of the National advisory commission on libraries. Ed. by Douglas M. Knight and E. Shepley Nourse. New York 1969.

140 D. T. RICHNELL, *Central planning and library services.* In: Library association record 72 (1970) S. 223–228. – ADELHEID KASBOHM, *Das Projekt British Library.* In: ZfB 86 (1972) S. 391–405. – *The scope for automatic date processing in the British library.* Report... London 1972; vgl. dazu Rez. v. A.-M. MOTAIS DE NARBONNE in: Bull. des bibliothèques de France 18 (1973) S. 563–573, mit Abdruck der Empfehlungen. – MAURICE B. LINE, *The developing of national library network in Great Britain.* In: Library resources & technical services 16 (1972) S. 61–73.

141 PETER G. WATSON, *Great Britain's National Lending Library.* Los Angeles 1970. – BERNARD HOUGHTON, *Out of the dinosaurs.* The evolution of the National Lending Library for Science and Technology. London 1972. – JOBST TEHNZEN u. WILHELM JACOB, *Probleme der Literatur-Versorgung.* Überlegungen nach einem Besuch der National Lending Library, Boston Spa, England. In: Nachr. Dok. 24 (1973) S. 167–178.

Ebenen, eine staatliche für die strategische Planung, eine betriebliche durch Bibliotheken sowie eine operative durch Projektgruppen. Dazu sind eine ganze Reihe einzelner Planungsgrundlagen (Analysen u. a.)[142] erarbeitet worden, die auch für die internationale Bibliothekswelt instruktiv sind.

BRD

Besondere Anstrengungen bei der Herausbildung von Bibliothekssystemen sind in den Ländern erforderlich, in denen sich eine Differenzierung der verschiedenen Bibliothekenzweige zementiert hat.[143] Die Besinnung darauf, daß die Grundaufgabe der Bibliotheken die gleiche ist, nämlich das Buch in seinen vielfältigen traditionellen und modernen Formen zu sammeln, zu ordnen und zu vermitteln, ist zwar geeignet, diese Hemmnisse allmählich zu überwinden, aber es bedarf dazu auch eines planvollen Vorgehens auf der langen Strecke, das materiell abgesichert sein muß. Das beabsichtigt der „Bibliotheksplan '73" der BRD[144], der zunächst Anlaß gibt, mit einem Wort auf den sprachlichen Wirrwarr hinzuweisen, der hinsichtlich Netz und System in Anwendung auf das Bibliothekswesen in der deutschen Sprache zur Zeit herrscht. Dieser Plan ist laut Untertitel der „Entwurf eines umfassenden Bibliotheksnetzes für die Bundesrepublik Deutschland", während in der Anlage (S. 77–85) von „Bibliothekssystemen der Gesamthochschulen" die Rede ist. Er beruht auf einem vierfachen Stufenprogramm.

1. „Bibliotheken der 1. Stufe, die der Grundversorgung dienen und den gehobenen Bedarf im Mittelbereich abdecken."
2. „Bibliotheken der 2. Stufe, die das für den spezialisierten höheren Bedarf benötigte Material im Bereich eines Oberzentrums bereitstellen."
3. „Bibliotheken der 3. Stufe, die auf Landesebene über Bestände größerer Breite und Tiefe verfügen und damit den speziellen Bedarf decken,

---

[142] HANS DIETER LAUBINGER, *Materialien über die Bibliotheksplanung Schwedens.* Pullach b. München, Berlin (West) 1973.

[143] „In kaum einem andern Land ist das Bibliothekswesen so vielfach zersplittert wie in der Bundesrepublik Deutschland." In: Bibliotheksdienst 1973 H. 4, S. 177. Hierzu die Vorbereitung eines „Deutschen Bibliotheksverbandes", der u. a. „die Kooperation aller Bibliotheken" bewirken soll. Satzungsentwurf dort S. 180–187, ferner HANSJÖRG SÜBERKRÜB, *Ein umfassender bibliothekarischer Institutsverband in der Bundesrepublik Deutschland.* S. 172–177. – ROLF KLUTH, *Grundriß der Bibliothekslehre.* Wiesbaden 1970 S. 158–258. – HORST BRAUN, *Planungen d. Dt. Forschungsgemeinschaft für ein Gesamtsystem der Literaturversorgung in der BRD.* In: ZfBB 19 (1972) S. 361–368.

[144] Es handelt sich um eine wesentlich veränderte und auf die wissenschaftlichen Bibliotheken ausgedehnte Fassung des 1969 erarbeiteten Bibliotheksplanes I für „ein umfassendes Netz allgemeiner öffentlicher Bibliotheken". – Auch für einzelne Bundesländer sind Bibliotheksentwicklungspläne in der Diskussion, z. B. *Empfehlungen zum Ausbau des Bibliothekswesens in Nordrhein-Westfalen.* In: Mitteilungsblatt. Verband d. Bibl. des Landes Nordrhein-Westfalen. N. F. 23 (1973) S. 211–224.

der von Bibliotheken der 1. und 2. Stufe, die als Verband oder System eine funktionale Einheit bilden, nicht befriedigt werden kann."

4. „Bibliotheken der 4. Stufe, die auf Bundesebene die Literatur- und Informationsvermittlung sichern sollen."[145]

Für Bibliotheken dieser Stufen werden Modelle und Mindestnormen entwickelt.

Bedeutung feststehender Typenbezeichnungen

Es kommt darauf an, die theoretischen Fragen der Bibliothekstypen, -netze und des nationalen Systems nach ihrem Gewicht richtig einzuordnen. Typenbildung „an sich" hat gar keinen Sinn, denn Netzbildung und das Gesetz der Kooperation machen nicht an Typen halt. Die klare Bezeichnung von Bibliothekstypen hat Bedeutung für die Öffentlichkeitsarbeit: um den potentiellen Nutzern eine klare Orientierung zu geben. Dazu ist freilich auch eine Stabilität der Bezeichnungen nötig; ein häufiger Wechsel der Benennungen, wie das in den vergangenen zwei Jahrzehnten auf dem Wege von der Volksbücherei zur Staatlichen Allgemeinbibliothek (mit mehreren Abwandlungen dazwischen) der Fall gewesen ist, dient nicht der Sache der Bibliotheken in der Öffentlichkeit, und ein neues Schild an der Tür ist noch kein Beweis für eine neue Qualität der Dienstleistungen. Selbst die Vergleichbarkeit statistischer Werte zwischen Bibliotheken gleichen Typs ist nur bedingt möglich, nämlich wenn diese Werte über minimale Eckziffern (Bestand, Leser, Ausleihzahlen) nicht hinausgehen und nur in Verbindung mit vergleichenden Analysen der Ausgangssituation stehen.

qualitative Voraussetzungen

Ob Typ, ob Netz, ob System – immer entscheidet letztlich, d. h. für den Nutzer, die politische und fachliche Qualität der Mitarbeiter, ihre Bereitschaft zur sozialistischen Gemeinschaftsarbeit, gestützt auf eine moderne, den Ansprüchen genügende materiell-technische Basis. Alle diese Qualitäten zusammen erbringen die gesellschaftlich notwendige und von dem einzelnen Nutzer differenziert erwartete Leistung. Die Qualität eines nationalen Bibliothekssystems ist von seinen Voraussetzungen, den Systemelementen, abhängig.[146]

innere Einheit der Bibliotheken

Das Streben nach höherer Leistung und das Bemühen um den Nachweis ihrer Effektivität ist für alle Bibliotheksländer heute charakteristisch. Sehr unterschiedlich sind die Ziele, die damit verbunden werden. Nur in den sozialistischen Ländern, in denen das individuelle Interesse mit dem gesellschaftlichen identisch ist, können die Bibliotheken eine Einheit in dem Sinn bilden, daß sie, auf verschiedenen Wegen und Ebenen mit

---

[145] Zit. in der verkürzten Form nach FRIEDRICH ANDREAE, *Konkrete Utopie* / Bibliotheksplan 1973 – KGST Gutachten „Öffentliche Bibliothek" – Bildungsgesamtplan. In: Buch u. Bibliothek 25 (1973) S. 929–936.

[146] So auch P. HARVARD-WILLIAMS: „Contributions [i. e. to international librarianship] must start at the local level, regional and national problems are built on what is seen to be of value in individual libraries" (*International librarianship.* In: Unesco bull. f. libr. 26, 1972, S. 70).

differenzierten Materialien und Methoden dem gleichen humanistischen Ziele zustreben.
So reihen sich alle Bibliotheken ein in den Strom dieser gesellschaftlichen Anstrengungen. Und so bilden sie auch – unabhängig von ihrem Typ – eine Einheit. Wie es auf dem Gebiet des Schulwesens verschiedene Stufen der Wissensvermittlung gibt, so verhält es sich auch auf dem Gebiet des Bibliothekswesens. Je nachdem, ob sie in der Ebene der niveauvollen Unterhaltung sowie der allgemeinen und berufsspezifischen Bildung bzw. Weiterbildung der Bevölkerung oder mit dem besonderen Auftrag, der Wissenschaft und Forschung zu dienen, tätig sind, unterscheiden wir allgemeinbildende Bibliotheken und wissenschaftliche Bibliotheken. Die Einheit, die wir meinen, ist eine dialektische. Das bedeutet, daß diese beiden Hauptgruppen zwar in sich differenziert sind, aber trotz der Verschiedenheit ihrer Arbeitsaufträge an bestimmten Punkten funktionell ineinandergreifen. Aber nicht die ökonomisch erforderliche, gesellschaftlich notwendige Arbeitsteiligkeit zwischen den Bibliotheken ist das Wesentliche, sondern ihre innere politisch-ideologische Einheit, die in dem nach Perfektion strebenden Bibliothekssystem ihren äußeren Ausdruck findet.

2.3.2. *Zentrale Gremien für das Bibliothekswesen, insbesondere in der DDR*

Expertengruppen

Für die Leistungssteigerung der einzelnen Bibliotheken entsprechend ihrem Typ, für die produktive Zusammenarbeit der Bibliotheken in Netzen und nicht zuletzt für die weitere Ausgestaltung von Bibliothekssystemen sind sowohl Expertengruppen als auch wissenschaftlich-methodische Zentren und Leitstellen mit zentralen Funktionen für Teilgebiete der Bibliotheksarbeit von großer Bedeutung.[147] Man sollte jedoch nicht übersehen, daß das im Bibliothekswesen Neue daran lediglich die hochgesteckten Ziele solcher Zentren sind, nicht der Zentralisierungsgedanke selbst. Ansätze dazu lassen sich in Europa bis in den Anfang unseres Jahrhunderts zurückverfolgen. Als Initiativen von weitblickenden Bibliothekaren in kapitalistischen Ländern sind also solche Vorstufen bemerkenswert, auch wenn sie sich nur auf die zweckmäßige Sicherung der materiell-technischen Basis öffentlicher Bibliotheken erstreckten: Ein Beispiel ist das Buchzentrum für öffentliche Bibliotheken in Norwegen 1902[148], im gleichen Jahr erfolgte auch die Gründung des Einkaufshauses für Volksbüchereien durch Walter Hofmann in Leipzig.

Zentralisierungsgedanke

zentrale Gremien

Zentrale Gremien, überwiegend mit empfehlendem Charakter, sind in den

[147] GOTTHARD RÜCKL, GERHARD SCHWARZ, *Die zentralen fachwissenschaftlichen Einrichtungen des Bibliothekswesens der DDR.* In: Bibliothekar 23 (1969) S. 772–784; spezielle Lit. zu einzelnen Einrichtungen jeweils bei Einzelfragen.
[148] MICHAEL DEWE, *Library supply agencies in Europe.* London 1968.

meisten entwickelten Bibliotheksländern zum Teil schon seit geraumer Zeit anzutreffen. Staaten, häufig junge Nationalstaaten, in denen solche Gremien neu gebildet werden, haben den Vorteil, aus Fehlentwicklungen älterer Länder lernen zu können. Dort werden auf Empfehlung der Unesco derartige Einrichtungen in der Regel für das Bibliotheks- und Informationswesen gemeinsam geschaffen, häufig unter Einbeziehung des Archivwesens und/oder des Buchhandels. Bei aller Unterschiedlichkeit der Zusammensetzung und der Aufgaben solcher zentraler Gremien lassen sich grundsätzlich enge und weite Konzeptionen erkennen.[149] Am Beispiel des Bibliothekswesens der DDR läßt sich das wie folgt, auf das Faktographische beschränkt, nachweisen.

Bibliotheks-konzeption

Für das Bibliothekssystem der DDR ist die Regierung der DDR verantwortlich, insbesondere ihre zentralen staatlichen Organe. Grundsatzentscheidungen werden vom Ministerrat der DDR getroffen (Bibliotheksverordnung 1968).

DDR

1. Auf der Grundlage der Bibliotheksverordnung von 1968 ist ein beratendes Gremium (Beirat)[150] beim Minister für Kultur gebildet worden, dem Vertreter der verschiedenen Bibliotheksbereiche sowie leitende Mitarbeiter zentraler und örtlicher Staatsorgane und ihrer methodischen Einrichtungen, der Präsident und der Vizepräsident des Bibliotheksverbandes der DDR und Vertreter der Information und Dokumentation angehören.

beratende Gremien

2. Der Minister für Hoch- und Fachschulwesen hat in dem Beirat für das wissenschaftliche Bibliothekswesen und die wissenschaftliche Information ein beratendes Gremium zu allen Fragen seiner anleitenden Tätigkeit für das Bibliotheks- und Informationswesen seines Bereiches (seit 1953).[151] Ihm sind ständige bibliothekarische Arbeitskreise angegliedert.

---

[149] Beispiel für einen „weiten" Beirat bietet die VR Polen: Staatlicher Bibliotheksbeirat d. VR Polen. Unter den Mitgliedern des von einem Stellvertreter des Ministers geleiteten Beirates befinden sich neben Bibliothekaren Vertreter des Buchhandels, des Schriftstellerverbandes, der Jugendverbände. Vgl. Przegląd biblioteczny 37 (1969) S. 39–42.

[150] *Ordnung über die Aufgaben und die Arbeitsweise des Beirates für Bibliothekswesen beim Minister für Kultur.* In: Die Bibliotheksverordnung der DDR und ... rechtl. Regelungen und Vereinbarungen. Berlin 1973 S. 52–53.

[151] KLAUS BULLING, *Zur Entwicklung zentraler Fachgremien im wissenschaftlichen Bibliothekswesen der DDR.* In: Beiträge zur fachl. Weiterbildung in wiss. Bibliotheken. H. 2. 1963 S. 7–18. – HELMUT RÖTZSCH, *15 Jahre Beirat für das wiss. Bibliothekswesen der DDR.* In: Buch – Bibliothek – Leser. Festschrift f. Horst Kunze... Berlin 1969 S. 137–147. – HORST KUNZE u. KURT BRÜCKMANN, *Aus der Arbeit des Beirates für das wiss. Bibliothekswesen und die wiss. Information beim Ministerium für Hoch- und Fachschulwesen.* In: ZfB 88 (1974) S. 526–530.

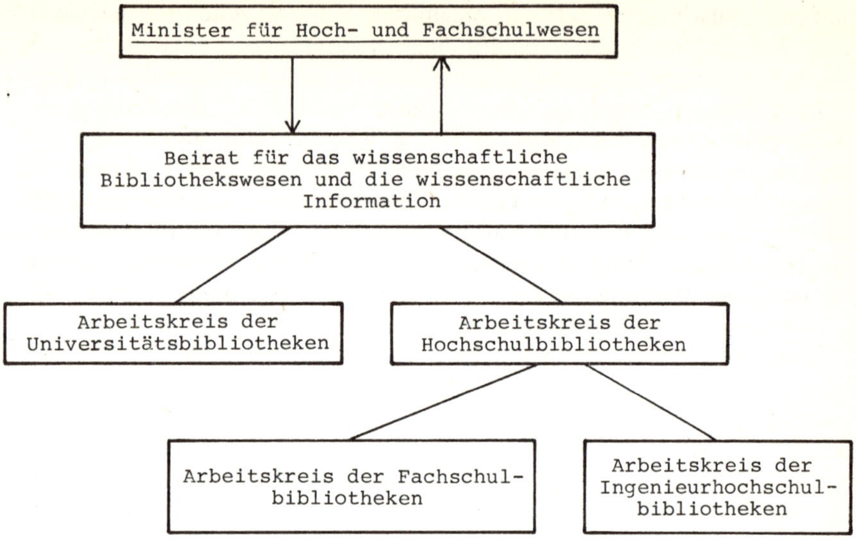

Zwei wissenschaftlich-methodische Zentren, die unmittelbar staatlichen Organen unterstellt sind, sind

Zentralinstitut für Bibliothekswesen

1. das Zentralinstitut für Bibliothekswesen (gegr. 1950) als Einrichtung beim Ministerium für Kultur zu Grundfragen der Entwicklung des Bibliothekssystems der DDR und des Netzes der Staatlichen Allgemeinbibliotheken[152];

Methodisches Zentrum für wissenschaftliche Bibliotheken

2. das Methodische Zentrum für wissenschaftliche Bibliotheken beim Ministerium für Hoch- und Fachschulwesen (gegr. 1964)[153] als beratendes Organ für das genannte Ministerium sowie zur Unterstützung der Leitung und Planung der Bibliotheken in diesem Anleitungsbereich.

Zentralbibliothek der Gewerkschaften

Für die Gewerkschaftsbibliotheken ist seit 1961 die Zentralbibliothek der Gewerkschaften das methodische Zentrum. Die wissenschaftlich-methodischen Zentren der sozialistischen Länder stehen untereinander im Erfahrungsaustausch.[154]
Die entsprechenden zentralen Institute für den Bereich der Information

[152] BRUNO HAID, *20 Jahre Zentralinstitut für Bibliothekswesen.* In: Bibliothekar 24 (1970) S. 673–678. – *Festveranstaltung zum 20jährigen Bestehen des Zentralinstituts für Bibliothekswesen.* In: Bibliothekar 24 (1970) S. 678–686.

[153] *10 Jahre Methodisches Zentrum f. wissenschaftliche Bibliotheken.* In: ZfB 88 (1974) H. 7. (Thematik des Heftes) Enth. 6 Aufsätze u. 1 Bibliographie.

[154] Näheres zu diesen Einrichtungen vgl. Lexikon des Bibliothekswesens. 2. Aufl., Länderartikel.

und Dokumentation – ZIID und ZLGID – werden im Zusammenhang mit Fragen der Literaturinformation (Kap. 6) behandelt.

Deutsche Bücherei

Als Leitstelle für bibliographische Vorhaben ist die Deutsche Bücherei, als Leitstelle für alle Fragen des Leihverkehrs und der Zentralkataloge ist die Deutsche Staatsbibliothek auf der Grundlage der Bibliotheksverordnung von 1968 (§ 12) eingesetzt.

Deutsche Staatsbibliothek

Bibliotheksverband der DDR

Als gesellschaftliche Organisation ist der Bibliotheksverband der DDR (gegr. 1964) als Fachorganisation des Bibliothekswesens der DDR tätig, um im Sinne seines Statuts (1972) insbesondere die sozialistische Gemeinschaftsarbeit im Bibliothekswesen sowie die vielfältigen Formen der Kooperation und des Erfahrungsaustausches zwischen den Bibliotheken verschiedenster Typen und Bereiche zu fördern.[155]

[155] HELMUT RÖTZSCH: *Stellung und Aufgaben d. Bibliotheksverbandes d. DDR im sozialistischen Bibliothekswesen d. DDR.* In: ZfB 88 (1974) S. 542–550. – WILFRIED KERN, *Entwicklung u. Arbeitsweise d. Fachkommissionen d. BV d. DDR.* In: ZfB 88 (1974) S. 551–564.

3. Leser – Nutzer[156]

3.1. Einleitung

im Mittelpunkt der Leser/Nutzer

Ein Kapitel „Der Leser – Nutzer“[157] bedarf heute keiner Begründung mehr. Im Gegenteil, es hat sich in den vergangenen zehn Jahren international die Erkenntnis durchgesetzt, daß die Bibliotheken eines Landes in ihrer Gesamtheit eine der Gesellschaft dienende Funktion haben und daß daher deren Nutzung der Zentralnerv aller bibliothekarischen Tätigkeiten ist. Heute muß es das Ziel jeder Leitungstätigkeit in Bibliotheken sein, daß für jeden Bibliothekar die Einstellung auf den Leser Maxime seines Handelns zu sein hat, und zwar im Bestandsaufbau wie in den Leserdiensten, bei der Gestaltung der dem Nutzer dienenden Arbeitsräume, -plätze und -mittel sowie im täglichen Umgang des Bibliothekars mit seinen Nutzern durch Höflichkeit, Aufgeschlossenheit und Hilfsbereitschaft.
Die gegenwärtige Praxis steht allerdings noch nicht auf gleicher Höhe mit dieser theoretischen Einsicht. Es sind sogar noch einige ideologische Vorbehalte der Bibliothekare abzubauen, die aus der Zeit stammen, als wissenschaftliche Bibliotheken unbezweifelt als Sammlungen galten, die ihre Schätze auf ausdrücklichen Wunsch sozial gesicherten Personen zeitweilig zur Verfügung zu stellen hatten.

Verhältnis Bibliothek/Bibliothekar Leser/Nutzer

Wie auch immer das Verhältnis Bibliothek/Bibliothekar und Leser/Nutzer im einzelnen bestimmt werden kann, stets geht es für die sozialistische Bibliothekswissenschaft um drei Grundpositionen:

---

[156] Wir verwenden *Nutzer* und *Leser* nebeneinander, wenn auch grundsätzlich in differenzierter Bedeutung. Der *Leser* oder *Benutzer* einer Bibliothek ist derjenige, welcher im traditionellen Sinne eine Bibliothek aufsucht, um dort Bücher zu lesen bzw. auszuleihen sowie um die jedermann zugänglichen Einrichtungen der betreffenden Bibliothek selbst zu benutzen (Kataloge, offene Bestände, Nachschlagewerke aller Art). Daneben haben sich vielfältige Leserdienste (gedruckte Informationen, schriftliche Auskünfte, Veröffentlichungen, Reprographien usw.) herausgebildet, deren Inanspruchnahme als *Nutzung* bezeichnet wird. Wer diese nur oder als Leser/Benutzer zusätzlich in Anspruch nimmt, gilt als *Nutzer* (= allgemeiner, übergeordneter Begriff).

[157] Dieses Kapitel ist eine Weiterführung meines ersten Versuches in Kapitel 1.5. der 3. Auflage (1964) der „Grundzüge“. Die Leser-Nutzer-Bedarfsforschung im Bibliotheks- sowie Informations- und Dokumentationswesen steckt, übrigens auch international, noch mehr oder weniger in den Anfängen. Es liegt zwar aus den letzten Jahren eine Reihe von Ansätzen zur Behandlung dieses Themas vor, eine grundsätzliche und umfassende theoretische Arbeit fehlt jedoch. Angesichts dieser Forschungslage ist sich daher der Verf. der Unzulänglichkeit seiner Ausführungen bewußt, hofft aber doch, einige Impulse geben zu können.

1. um die enge Bindung der aktiven Leser an ihre Bibliothek durch ihre Einbeziehung in die Gestaltung der Bibliotheksarbeit zum Zwecke ihrer höchsten Effektivität.

2. um die Befriedigung differenzierter existenter Literaturbedürfnisse der Bevölkerung einerseits und aktive Stimulierung von Literaturbedürfnissen seitens der Bibliothekare andererseits. Dazu bedarf es wissenschaftlich begründeter Methoden.

3. um die Gewinnung potentieller Leser und deren Betreuung.

Das Neue an dieser Einstellung, die für den sozialistischen Bibliothekar ein moralisches Gebot sein muß, erhellt am besten aus einem historischen Rückblick.

geschichtlicher Abriß

Wenn wir von den Vorstufen der Bibliothek im frühen Mittelalter absehen, für die die Anlage von Scriptorien an sehr verschiedenen Stellen im Kirchen- oder Klosterbereich charakteristisch ist, so entstanden spezifische Bibliothekslokale erst im 15. Jahrhundert, und zwar in der Weise, daß in der Regel in rechteckigen Räumen rechts und links eines Mittelganges Lesepulte aufgestellt wurden, an denen die vielfach angeketteten Kodizes von den Lesern an Ort und Stelle eingesehen wurden: Die Einheit von Leser und Buch war auf natürlichste Weise gegeben. Allmählich bildeten sich nischenförmige Lesebezirke in Räumen heraus, die zugleich die Funktion von Lesezimmer, Aufbewahrungsort für die vorhandenen Bücherschätze und zuweilen auch als Amtssitz des Bibliotheksverwalters erfüllten. Selbst wenn, wie es in der Folgezeit der Fall war, weitere Ablagebretter für Bücher in die flachen oder schrägen Stehpulte eingefügt oder gar die Außenwände durch Wandregale ausgefüllt wurden, bestand in diesen Räumen auch weiterhin die Einheit von Leser und Buch. Das Pultsystem setzte sich bei weiterer intensiver Ausnutzung der Wände als Stellflächen auch in der Renaissancebibliothek und der Bibliotheksentwicklung Englands im 16. und 17. Jahrhundert fort. Selbst der Übergang zur Saalbibliothek im Zeitalter des Feudalismus mit hohen Bücherwänden und Galerien in kirchlichen und weltlichen Bibliotheken Europas zerstörte nicht das enge Verhältnis von Buch und Leser im Bereich der Bibliothek: Noch immer bestand der unmittelbare Kontakt zwischen Leser und Buch. Das Neue an der Saalbibliothek war das in dem Repräsentationsstreben des Feudalismus begründete, geschlossene, optisch sichtbare, später vielfach prunkvolle Zurschaustellen der Bücherschätze in der „Wandbibliothek“: Die Bücher bestimmten den Charakter des Raumes. Arbeitsplätze im Raume selbst gestatteten das Lesen. Nur in dem Verhältnis des Lesers zur Bibliothek als gesellschaftlicher Institution entwickelte sich nun unter neuen ökonomischen Verhältnissen gleichfalls etwas Neues. Während der Leser der Klosterbibliothek aus dem Klosterbereich selbst kam und somit in einer natürlichen Verbindung mit

Mittelalter

16. u. 17. Jahrhundert

seinem Kloster stand, regulierten die weltlichen Feudalbibliotheken die Leserzulassung aus eigener Machtvollkommenheit unterschiedlich. Das Motiv für die Einrichtung und Unterhaltung z.T. prächtiger feudaler Schausammlungen war Freude am Besitz auf seiten ihrer Eigentümer. Mit der Herausbildung des Bürgertums als Klasse wurden diese Bibliotheken mit einem im 17. Jahrhundert sich entwickelnden und im 18. Jahrhundert sich ausdehnenden Lesebedürfnis dieser aufstrebenden Klasse konfrontiert.

18. Jahrhundert

In der Folgezeit veränderten verschiedene neue ökonomische Faktoren das Gesicht und die Funktion der Bibliothek. Das natürliche Kontaktverhältnis zwischen Leser und Buch ging der Auflösung entgegen. Gleichzeitig erweiterte sich der kleine Kreis bevorrechteter Leser; die wachsenden Bildungsansprüche des emporstrebenden Bürgertums erzeugten neue Lesebedürfnisse. Die steigende Buchproduktion in Deutschland und in den übrigen europäischen Ländern bedingte sowohl das Anwachsen der Bestände als auch die Notwendigkeit ihrer genauen Registrierung (Kataloge). Das Streben, die Bibliotheksarbeit unter neuen gesellschaftlichen Bedingungen sparsam und rationell zu organisieren, führte im Bereich der wissenschaftlichen Bibliotheken zum dreigeteilten raumsparenden Bau – Leserbereich, Bibliothekarbereich, Bücherhaus – und damit weitgehend zur Auflösung des natürlichen Buch-Leser-Verhältnisses. Der Zugang zum Buch, von Lesesaaleinrichtungen mit unmittelbarem oder eingeschränktem Zugang zu den Beständen abgesehen, erfolgte nunmehr in der Regel über den Katalog. Der Zutritt zum Bücherhaus wurde untersagt oder eingeengt. Mauerwände trennten den Leser von dem Buch in den Bibliotheken, die überwiegend von weltlichen Besitzern oder Kommunen mit einigem finanziellen Aufwand unterhalten wurden und in deren Verfügungsgewalt blieben. Gegenüber dem ständig wachsenden Strom interessierter Leser versuchten zahlreiche Bibliotheken, sich durch allerlei Sicherheitsmaßnahmen abzuschirmen. Der Leser wurde nicht nur räumlich in der Bibliothek vom Buch getrennt, sondern er wurde auch von diesen Einrichtungen unter den Gesichtspunkten der Klassengesellschaft nach der ökonomischen Sicherheit, die er zu bieten vermochte, verschieden eingestuft.

19. Jahrhundert

Trennung von Leser und Buch

Hinzu kam, daß die Privatbibliothek des Gelehrten, die gerade in Europa vom Humanismus an bis ins 19. Jahrhundert hinein eine weitgehend ausreichende Forschungsgrundlage dargestellt hatte, diese Bedeutung mehr und mehr verlor. Heute ist der Forscher, besser gesagt gerade der Forscher, in ständig wachsendem Maße auf die Benutzung öffentlicher Bibliotheken, wissenschaftlicher Fachbibliotheken und – zu Querschnittfragen – wissenschaftlicher Allgemeinbibliotheken angewiesen. Zugleich ist die Zahl der an Wissen und Bildung interessierten Bürger besonders in den sozialistischen Ländern bedeutend gewachsen und stellt an die bibliothekarische Berufsausübung auf allen Ebenen unvergleichlich höhere Anforderungen als früher. So ergibt sich aus vielerlei Ursachen eine völlig veränderte Situation, die mit diesen Faktoren nur summarisch

der Forscher als Bibliotheksbenutzer

angedeutet ist. Sie stellt Bibliothek und Bibliothekar vor ganz neue Aufgaben.[158]

3.2. Nutzerforschung

Literaturflut

Wie eine Woge brandet heute an die Mauern der Bibliotheken eine von überschwenglichem Enthusiasmus erfüllte Flut von Literatur zur Nutzerforschung und Nutzerschulung, besonders aus der westlichen Welt, insbesondere der BRD. Viele dieser Arbeiten sind sich zwar bewußt, daß es sich dabei gegenüber der angelsächsischen Bibliothekswelt um einen Nachholebedarf handelt, die meisten davon übersehen aber die Leistungen, die das sozialistische Bibliothekswesen bereits aufzuweisen hat.

Nutzerforschung in der Sowjetunion

Die führende Rolle hat dabei die sowjetische Bibliothekswissenschaft gehabt, die schon seit Jahrzehnten und intensiv seit Beginn der sechziger Jahre als ein spezielles Lehr- und Forschungsgebiet „Die Arbeit mit dem Leser", das die Rolle der Bibliotheken bei der kommunistischen Erziehung der Massen einschließt,[159] geprägt, begründet und ausgebaut hat. Leser- und Nutzerforschung heute muß diese Vorgaben nutzen.[160]

sozialistische Nutzerforschung

Wenn die Bibliotheksverordnung der DDR von 1968 in ihrer Präambel eine höhere Qualität der Bibliotheksarbeit in der Zukunft und den weiteren schrittweisen Ausbau des Bibliothekssystems als Ziel vor Augen stellt, so sieht sie gleichzeitig eine Voraussetzung dafür in der stärkeren Einbeziehung aller Bürger und ihrer gesellschaftlichen Organisationen in die Gestaltung der Bibliotheksarbeit. Diese Forderung ist Ausdruck sozialistischer Demokratie, und unter diesem obersten Gesetz politischer Arbeit steht die gesamte sozialistische Nutzerforschung. Der zweite leitende Gesichtspunkt dafür ist die marxistisch-leninistische Grundauffassung von der erzieherischen Aufgabe der bibliothekarischen Arbeit und der Kulturfunktion der Bibliothek. Bibliotheken „sind Kultur-Institutionen, und auch der Effekt ihrer Informationstätigkeit darf nicht nur auf

---

[158] Sie beginnen damit, Anfänger in der Bibliotheksbenutzung allgemeinverständlich zu informieren und für ihre Bibliothek zu interessieren. Vgl. KARL SCHUBARTH-ENGELSCHALL, *Die Bibliothek und Du.* Eine Einf. in d. Benutzung d. Bibliotheken u. ihre Lit. 2. Aufl. Leipzig 1972.

[159] *Rabota s čitateljami*, Pod red, V. F. Sacharova, Izd. 2-e, pererab. i dop. ... učebnik ... Moskva 1970. – *Rol' bibliotek v kommunističeskom vospitanii sovetskich ljudej.* Sbornik materialov. Moskva 1965.

[160] Verdienstvoll und informativ ist der auf sowjetischen Quellen beruhende Bericht von GERHARD SCHWARZ, *Leser – Bibliothek – Lektüre.* Sowjetische Forschungsarbeiten zu aktuellen Problemen der Bibliothekswissenschaft. In: ZfB 86 (1972) S. 707–723; es werden wesentliche Arbeiten zitiert und die folgenden zwei grundlegenden Werke analysiert: *Sovetskij čitatel'.* Opyt konkretno-sociologičeskogo issledovanija. Moskva 1968. – *Specialist – biblioteka – bibliografija.* Opyt issledovanija professional'nych potrebnostej v informacii. Moskva 1971. – Fragen der Leserforschung im weitesten Sinne zählen auch zu d. Schwerpunkten der neuen sowj. Fachzeitschr. *Sovetskoe bibliotekovedenie,* ab 1973 viermal jährl., Hrsg. Leninbibliothek, Red.: O. S. Čubaŕjan.

ökonomische, sondern muß auch auf kulturelle Werte gerichtet sein, und beide müssen in Übereinstimmung stehen"[161].

interdisziplinärer Charakter

Internationale Übereinstimmung besteht darin, daß eine wissenschaftlich fundierte Nutzerforschung, die noch in den Kinderschuhen steckt[162], mit Erfolg nur auf interdisziplinärer Grundlage betrieben werden kann. Wenn das aber stimmt, dürfen Bibliothekare nicht so tun, als ob sie die Nutzerforschung gepachtet hätten, sondern müssen bei Forschungen planmäßig Zusammenarbeit mit anderen Disziplinen erstreben, grundsätzlich mit dem Partner Informations-/Dokumentationswissenschaft, sehr häufig mit der Soziologie[163] und schließlich je nach Thema zusätzlich mit der oder den anderen dafür zuständigen Einzelwissenschaften. Ob wir nun die Bibliotheken als Subsysteme im Informations- und Kommunikationsprozeß der Gesellschaft betrachten oder nicht, feststeht, daß bibliothekarische Arbeit, die ihren gesellschaftlichen Auftraggeber richtig sieht und den Nutzer und seine Bedürfnisse in den Mittelpunkt ihrer Arbeit stellt, praktisch und theoretisch nur als Teil des gesellschaftlichen Kommunikationsprozesses begriffen werden kann.[164]

Zusammenarbeit der Bibliotheks- mit der Informations- und Dokumentationswissenschaft

Engster Partner der bibliothekswissenschaftlichen Nutzerforschung ist naturgemäß die Informations- und Dokumentationswissenschaft, die nur unter gleichen Voraussetzungen richtig betrieben werden kann. Beide sind in ihren Entscheidungen von Erkenntnissen der Informations- und Kommunikationswissenschaft abhängig oder haben mindestens die Pflicht, ihre zweckdienliche Verarbeitung zu prüfen. Beide betreiben Nutzerforschung, vorerst noch nebeneinander, beide bedürfen der Integrierung mit den gleichen Nachbarwissenschaften, und alle Effektivi-

---

[161] JAROSLAV DRTINA, *Lektüre, Buch, Bibliotheken.* In: Bibliothekar 25 (1971) S. 335.

[162] GERNOT WERSIG, *Zur Systematik der Benutzerforschung.* In: Nachr. Dok. 24 (1973) S. 10–14.

[163] Als typisch für diese Integrationsseite ROBERT ESCARPIT, *Das Buch und der Leser.* Entwurf e. Literatursoziologie. Dt. Übers. 2. Aufl. Köln, Opladen 1966.

[164] WILFRIED STIEHL, *Untersuchungen zur weiteren Entwicklung der pädagogischen Information und Dokumentation.* Berlin, Phil. Diss. 1971. – KARL WILHELM NEUBAUER, *Die Bibliothek u. ihre Benutzer.* Ein Bericht ü. Arbeiten z. Benutzerforschung. In: Mitteilungsblatt. Verband d. Bibl. d. Landes Nordrhein-Westfalen. N. F. 20 (1970) S. 195-227; mit Lit. Verz. S. 219-227. – FRANK HEIDTMANN, *Materialien zur Benutzerforschung.* München-Pullach, Berlin (West) 1971. (Bibliothekspraxis. 3.); Lit. Verz. S. 169–178; vgl. dazu ZfB 86 (1972) S. 618–619 (GÜNTHER MEYER). – FRANK HEIDTMANN, *Zur Theorie und Praxis der Benutzerforschung.* München-Pullach, Berlin (West) 1971; vgl. dazu die kritische Besprechung in: ZfB 87 (1973) S. 174–177 (GÜNTHER MEYER). – HEINZ STEINBERG, *Benutzerforschung als Aufgabe einer zeitgerechten Bibliothekswissenschaft.* In: Buch u. Bibliothek 23 (1971) S. 841–846. – *Zur Benutzerforschung in Bibliotheken.* Die Situation in d. Bundesrepublik Deutschland. Ein Reader. Hrsg. v. Gunter Bock, Frank Heidtmann, u. a. München-Pullach, Berlin (West) 1972; vgl. ZfB 87 (1973) S. 553–555 (GÜNTHER MEYER). – REIMAR RIESE, *Nutzerforschung und Nutzerausbildung in der Deutschen Demokratischen Republik.* Vervielv. Ms. IFLA, 38. Vollversammlung. Budapest 1972. – ANDREAS NOACK, *Nutzerschulung von Studenten an Universitäten und Hochschulen.* Begründung – Zielsetzung – Programm. In: Das Hochschulwesen 23 (1975) S. 358–364.

tätsnachweis-Versuche gehen zwangsläufig in dieselbe Richtung. Nutzerforschung ist eine Nahtstelle für das Zusammengehen von Bibliotheks- und Informations- und Dokumentationswissenschaft[165]. Interdisziplinäre Zusammenarbeit ist notwendig auf der einen Seite mit Pädagogik, Psychologie, Soziologie und Sprachwissenschaft, auf der anderen Seite mit Mathematik und den technischen Wissenschaften.
Das wiederum hat zur Folge, daß eine pädagogisch orientierte Nutzerforschung als Teil des einheitlichen sozialistischen Bildungssystems (1965) an dessen Verwirklichung mitarbeiten muß. Aus dieser Sicht lassen sich einige Aufgaben der sozialistischen Nutzerforschung verdeutlichen.

Bibliotheksarbeit mit Kindern

Wenn man von der internationalen Aufwertung der Kinderliteratur in unseren Tagen geschäftstüchtige Marktmache und naive Sammlerfreude Erwachsener abzieht, bleibt noch immer die wissenschaftlich begründete Erkenntnis ihrer bewußtseinsbildenden und weltbildformenden Rolle.[166] Insofern werfen die ersten Begegnungen von Kind und Buch zwar primär pädagogisch-psychologische Fragestellungen von politischer Brisanz auf, sind aber zugleich auch integrierende Aufgaben bibliothekarischer Lese- und Lektürelenkung der allgemeinbildenden Bibliotheken. Mit der nächsten Stufe, die nicht exakt, aber terminologischem Brauch folgend, als Kinderbibliotheksarbeit bezeichnet werden soll, geht die Führung bereits eindeutig, von der Integrierungsnotwendigkeit mit Pädagogik, Literaturwissenschaft und anderen Einzelwissenschaften abgesehen, an die bibliothekarische Nutzerforschung über. Hierbei geht es grundsätzlich um zweierlei, um die Versorgung von Kindern mit Literatur und deren sachkundige Betreuung, ferner darum, mit Hilfe des Buches bei Kindern ein inneres Verhältnis zu Buch und Bibliothek herzustellen. Dabei ist die häufig viel zu eng aufgefaßte Anleitung zur Benutzung allgemeinbildender Bibliotheken – von der Kinderbibliothek über die Jugend- zur Erwachsenenbibliothek durch „Bibliotheksunterricht"[167] – nur als ein pragmatischer Teil der großen Gesamtaufgabe zu sehen. Zu ihr zählt ganz wesentlich, Kinder die Handhabung und Nutzung von Nachschlagewerken zu lehren; auch dies ist ein Beitrag zum Umgang mit dem Buch. Trotz bedeutender Erfolge, die auf diesem Gebiet international, wenn auch unterschiedlich in den einzelnen Ländern, u. a. auch dank den Aktivitäten der Untersektion Bibliotheksarbeit mit Kindern (der Sektion Öffentliche

[165] GÜNTHER MEYER, *Informationsbedarfsproblem.* In: Informatik 17 (1970) S. 27–30. – K. GRESSER, H. PASCHEN u. W. SCHWUCHOW, *Die Kosten der wissenschaftlichen und technischen Information.* München-Pullach, Berlin (West) 1970.

[166] Hierzu gibt es eine Fülle internationaler Literatur. Eine Auswahl wichtiger Titel wird von IRMGARD DRESSLER, *Bibliotheksunterricht, Kinderbibliotheksarbeit* im Lexikon des Bibliothekswesens, 2. Aufl. Leipzig 1973, verzeichnet. – IRMGARD DRESSLER, *Kindern Bücher nahebringen.* Zentralinstitut für Bibliothekswesen Berlin. 1973. (Beiträge zu Theorie und Praxis der Bibliotheksarbeit. 11.)

[167] IRMGARD DRESSLER, *Die Einführung der Kinder in die Bibliotheksbenutzung.* In: Der Bibliothekar 17 (1963) S. 316–320; betr. Regelungen u. Erfahrungen in der UdSSR. – IRMGARD DRESSLER, *Die systematische Einführung der Kinder in die Bibliotheksbenutzung.* In: Bibliothekar 20 (1966) S. 1168–1177.

Bildungspolitik in der DDR

Bibliotheken zugehörig) des Internationalen Verbandes der Bibliothekar-Vereine (IVBV), erzielt worden sind, harren hier der wissenschaftlichen Nutzerforschung noch große Aufgaben für die Zukunft: die Herausbildung einer Bibliothekspropädeutik in der Schule und in Zusammenarbeit mit der Schule. In der Deutschen Demokratischen Republik ist auf diesem Felde von den staatlichen Organen (Ministerium für Kultur, Ministerium für Volksbildung) und dem Zentralinstitut für Bibliothekswesen schon Beträchtliches geleistet worden. Überall dort, wo diese Arbeit besonders erfolgreich gewesen ist, hat es sich erwiesen, daß sie sowohl fachlich als auch politisch richtig beurteilt worden ist, denn es geht bei dieser erzieherischen Bibliotheksarbeit darum, in Kindern die Entfaltung sozialistisch denkender, fühlender und handelnder Menschen vorzubereiten.

Sozialistische Bildungspolitik im Sinne des einheitlichen Bildungssystems verlangt ein konsequentes Vorgehen, um Heranwachsende zu gebildeten Persönlichkeiten zu formen. Daher gilt es, die Lücke zwischen Bibliotheksinformation für Kinder und Berufs- oder Hochschulausbildung zu schließen. In dieser Richtung sind bereits Schritte getan worden, um Schüler der erweiterten Oberschulen (Gymnasien) zu befähigen, sich mit Hilfe von Informationsmitteln selbständig über den neuesten Stand des Wissens zu unterrichten.[168]

Statistik und Nutzerforschung

Veränderungen in den Methoden der Bestandsdarbietung, z. B. durch wesentliche Ausweitung der Freihandaufstellung, werfen auch hinsichtlich ihrer effektivsten Nutzung immer wieder neue Probleme auf.[169] Ein wichtiger erster Schritt in Richtung Nutzerforschung wird getan, wenn statistisches Material unter dem Gesichtspunkt der örtlich oder institutionell gegebenen Nutzerstrukturen analysiert und ausgewertet wird. Hierbei ist eine Kontinuität erforderlich, weil bestimmte volkswirtschaftliche und andere Faktoren Einfluß ausüben und geeignet sind, Wandlungen der Nutzerstrukturen zu bewirken.[170] Die wichtigste Aufgabe besteht aber in der exakten, planmäßigen und differenzierten bibliothekarischen Bedarfsforschung.

---

[168] JADWIGA SINIARSKA-CZAPLICKA, *Einführung von Schülern in die Nutzung von Bibliotheken und Informationseinrichtungen*... In: Wiss. Zeitschr. d. TU Dresden 19 (1970) S. 385–386. – ANDREAS NOACK, *Nutzerschulung für Schüler der erweiterten Oberschulen.* Ein Experiment. In: ZfB 87 (1973) S. 539–541. – EDITH SCHURZIG, *Lesetätigkeit und literarische Bedürfnisse jugendlicher Leser staatl. allg. öffentl. Bibliotheken.* Berlin 1970. (Beiträge zu Theorie u. Praxis d. Bibliotheksarbeit. 4.)

[169] HANS BODEN, *Über die kommunikative Funktion des Bibliothekars in der Freihandausleihe.* Probleme d. empirischen Nutzerforschung, untersucht in staatlichen Allgemeinbibliotheken d. DDR. Berlin, Phil. Diss. (Inst. f. Bibl.wiss. u. wiss. Inf.) 1974.

[170] HANS-ULRICH KLOTH, *Wandlungen der Leserstruktur einer wissenschaftlichen Allgemeinbibliothek dargestellt am Beispiel der Mecklenburgischen Landesbibliothek Schwerin.* In: Über Bücher, Bibliotheken und Leser. Ges. Beiträge z. 60. Geburtstag von Horst Kunze. Leipzig 1969 S. 80–84. (ZfB. Beih. 68.)

3.3. Bibliothekarische Bedarfsforschung

Wie es die Aufgabe jeder Einzelwissenschaft ist, sich mit den Erkenntnissen anderer Disziplinen, die den eigenen Theorie- und Praxisbereich tangieren, auseinanderzusetzen, so muß die Bibliothekswissenschaft den aus dem Bereich der Ökonomie stammenden Begriff Bedarf sowie die primär in der Wirtschaft betriebene Bedarfsforschung in ihren Aufgabenbereich einbeziehen. Die im benachbarten Bereich des Buchhandels als Buchmarktforschung[171] betriebene Bedarfsforschung hat enge Berührungspunkte mit der Bibliothekswissenschaft und ist ihr schon sehr nahegerückt. So ist die bibliothekarische Bedarfsforschung als Teil der gesellschaftlichen Bedarfsforschung[172] unausweichlich geworden. Dabei sollte man vier Gesichtspunkte im Auge behalten.

bibliothekarische und buchhändlerische Bedarfsforschung

1. Bedarf im Bibliothekswesen ist keine vom ökonomischen Himmel herabgefallene Neuigkeit. Wenn wir bibliothekarische Bedarfsforschung betreiben, so setzen wir mit verbesserten Methoden und klarerem ökonomischen Blick die überlieferte Untersuchung von Benutzungsanforderungen fort.

Grundsätzliches

2. Der Gegenstand der bibliothekarischen Bedarfsforschung ist das Buch bzw. die Literatur im weitesten Sinne. Die Bibliotheken sind nicht die einzigen Kommunikationsmittel, die diesen Bedarf decken.

3. Der bibliothekarische Bedarf ist die Summe von Einzel- bzw. Gruppenbedürfnissen. Wenn deren Erforschung in ihrer ganzen Differenzierung schon schwierig ist, so ist deren tatsächliche Befriedigung erst recht kein im Handumdrehen lösbares Problem – eben aus ökonomischen Gründen.

4. Der bibliothekarischen Bedarfsforschung sind natürlich Grenzen gezogen. Sie als ein Allheilmittel aller bibliothekarischen Nöte anzusehen, ist ebenso falsch, wie ihre Bedeutung zu unterschätzen.

Das Allerwichtigste an der bibliothekarischen Bedarfsforschung, gleichsam ihre neue Qualität gegenüber der traditionellen Untersuchung von Benutzungsanforderungen, ist die wissenschaftlich fundierte Differenzierung der Leser oder Nutzer, die Auflösung dieser allgemeinen Größe in einzelne, ihrerseits wieder bestimmten Nutzergruppen zugehörige Leserpersönlichkeiten. Das Schlagwort bedarfsgerechte Versorgung der Bevölkerung mit Literatur, besser mit literarischen Dokumenten aller Art, löst sich also auf in eine Summe höchst komplexer Subjekt-Objekt-Beziehun-

Nutzergruppen

[171] LKG Leipziger Kommissions- u. Großbuchhandel, Abteilung Buchmarktforschung, 701 Leipzig, Leninstr. 16.

[172] MARTIN DÖBLER, *Triebkraft Bedürfnis.* Zur Entwicklung d. Bedürfnisse d. sozialistischen Persönlichkeit. Berlin 1969.

Nutzeranforderungen an Bibliotheken

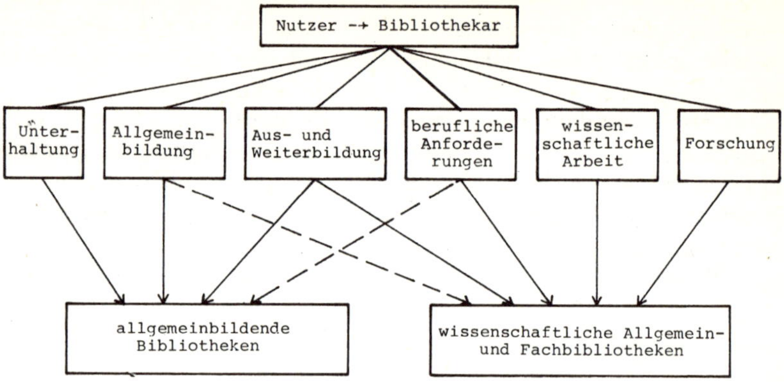

gen, bei denen, wie gesagt, die Bibliothek nur ein, wenn auch wichtiger Faktor ist. Bei der bibliothekarischen Bedarfsforschung steht dem System der Bibliotheken, so groß es auch sein mag, eine Vielzahl von Trägern bestimmten Bedarfes gegenüber. In diesem Zusammenspiel sind aber bedarfsgerechte Bestände nur ein Teil des tatsächlichen Bedarfs. Seine Deckung verlangt aber auch mindestens gruppenspezifisch zweckmäßige Gebäude, Ausstattung, technische Einrichtungen und Arbeitsmittel, Karteien, Dienste oder Dienstleistungen, die dem gesellschaftlichen Bedarf gerecht werden.[173] Für Bedarfsforschung, die nur komplex angelegt, durchgeführt und ausgewertet zu brauchbaren Ergebnissen führt, können auch einzelwissenschaftliche Untersuchungen zur Zitierhäufigkeit von Zeitschriften[174] von Wert sein, wobei allerdings die Analyse der Untersuchungsergebnisse nur von dafür kompetenten fachwissenschaftlich vorgebildeten Bibliothekaren durchgeführt werden kann.

behinderte Leser

Zu den Sonderfragen der Nutzerforschung zählen auch alle Bemühungen um blinde und taubstumme Personen, für deren bibliothekarische Betreuung zum Teil schon vor vielen Jahrzehnten spezielle Einrichtungen geschaffen worden sind. Es ist nun erfreulich, feststellen zu können, daß

[173] MARGARET SLATER, *Technical libraries: users and their demands.* London 1964. – A. WYSOCKI, *Der Bedarf d. Spezialisten an wiss. Information.* Orig. in: Nauč.-techn. inform. Ser. 1 (1968) 3. Dt. Übers. Berlin 1969. (Arbeitsmaterial d. Meth. Zentrums f. wiss. Bibliotheken.) – GÜNTHER MEYER, *Zur Methodik der Analyse von Benutzungsanforderungen.* Ein Beitrag z. bibliothekarischen Bedarfsforschung. In: ZfB 83 (1969) S. 204–216. – JOHANNA WALIGORA-RITTINGHAUS, *Zur bibliothekarischen Bedarfsforschung.* In: Bibliothekar 24 (1970) S. 129–138; spezielle Literatur zur Benutzungsanforderung u. Informationsbedarf wird in Kap. 6 Literaturinformation genannt.

[174] HINRICH DIERKS, *Über die Zitierhäufigkeit von Zeitschriften auf d. Gebiete der Physik.* Köln 1972. (Arbeiten aus d. Bibliothekarlehrinstitut d. Landes Nordrhein-Westfalen. 41.) Zum Beispiel KARL KLAUS WALTER, *Methode zur Ermittlung der wiss. Bedeutung v. Zeitschriften.* In: ZfB 85 (1971) S. 721–725; *Untersuchungen an Zitaten in Dissertationen der Martin-Luther-Universität Halle-Wittenberg.* In: ZfB 86 (1972) S. 595–604.

diese Tätigkeiten in neuester Zeit ausgedehnt werden. Hierzu zählen wir z. B. die Herstellung von Großdruck-Ausgaben[175] wertvoller Klassiker und moderner Literatur. In der DDR hat sich die Deutsche Zentralbücherei für Blinde in Leipzig dieses kulturpolitischen Auftrages anzunehmen, indem sie planmäßig Jahr für Jahr Literatur für Sehschwache und Sehbehinderte im Großdruck herstellt. Diese Bemühungen erstrecken sich heute, noch viel weitergehend, auf alle vom Leben physisch oder psychisch benachteiligten Bürger (disadvantaged).[176] Diese Fragen lassen sich, von dem nicht unbeträchtlichen technischen und organisatorischen Aufwand abgesehen, nur in Zusammenarbeit mit anderen Einzelwissenschaften lösen. Hier sind die Nahtstellen integrierter Forschungsarbeit ganz offensichtlich. Untersuchungen der psychologischen und therapeutischen Wirkungen des Buches führen unmittelbar zur Bibliotherapie[177], die im Bereich der medizinischen Fachbibliotheken heute bereits ein fester Bestandteil ist.

Bibliotherapie

---

[175] M. JOY LEWIS, *Libraries for the handicapped.* London 1969. (Library Association Pamphlet, 33.); mit Lit.verz. S. 38–44. – *Library programs and services to the disadvantaged.* Issue ed.: Helen Huguenor Lyman. In: Library trends Vol. 20 (1971) No. 2 S. 185–471. Da die Probleme der bibliothekarischen Betreuung Behinderter überwiegend die öffentlichen bzw. allgemeinbildenden Bibliotheken angehen, sind hier Beiträge wie der v. E. J. JOSEY, Wiss. Bibl. und behinderte Studenten betr. (S. 432–444) sowie der v. D. ROBERTS, *Tomorrow's illiterates* (S. 297–307) bes. beachtenswert. – *Print for the visually handicapped reader.* Papers and proceedings of a conference. Held on 28. Oct. 1970, London. London 1971. (Library Association research publication. 6.)

[176] MIRJAM NYBERG, *Der behinderte Leser.* Referate von Mirjam Nyberg, Alison Shaw u. Kjerstin Thulin. Berlin 1970. (Bibliotheksdienst. Beih. 47.)

[177] M. P. KUTANIN, *Biblioterapija.* In: Trudy Naučnoj biblioteki pri S. G. U. Vyp. (1947) S. 161–166. – *Library trends* Vol. 11 (1962/1963) Nr. 2 (Editor: Ruth M. Tews) haben dem Thema „Bibliotherapy" eine Sondernummer mit 12 Beiträgen gewidmet; Literaturangaben zu jedem Beitrag, nur angelsächsisch. – RUTH M. TEWS hat den folgenden Definitionsversuch unternommen: „Bibliotherapy is a program of selected activity involving reading materials, planned, conducted, and controlled as treatment under the guidance of the physician for emotional and other problems. It must be administered by a skilled, professionally trained librarian within the prescribed purpose and goals. The important and dynamic factors are the relationships which are established, the patient's reactions and responses, and the reporting back to the physician for interpretation, evaluation, and directions in follow-up." – BERNÁT KELLNER, *Einige Gedanken über die Bibliotherapie und über Krankenhausbibliotheken.* In: Bibliothekar 22 (1968) S. 463–468. – *IFLA-Standards for libraries in hospitals (general service)* sowie Aufsätze zur Organisation und Ausstattung v. Krankenhaus-Bibliotheken vgl. Unesco bull. f. libr. 23 (1969) Nr. 2. – *Bibliotherapy; methods and materials.* Chicago: Association of Hospital and Institution Libraries, American Library Association. 1971. – *Patientenbibliothek und Bibliotherapie.* Bibliotheksarbeit in Krankenhäusern. Eine Auswahlbibliographie. Berlin 1972. Veröffentlichung d. Bibl.verbandes d. DDR, Sektion Med. Bibliotheken, Untersektion Patientenbibliotheken.

3.4. Gesellschaftliche Bibliotheksarbeit

der Bürger als Teilnehmer an der Bibliotheksarbeit

Eine für das sozialistische Bibliothekswesen besonders charakteristische neue Entwicklung ist die gesellschaftliche Bibliotheksarbeit[178], die es mit sinnvollen Mitteln und Methoden zu fördern gilt. Darunter verstehen wir „alle Formen der Einbeziehung der Bürger und gesellschaftlichen Organisationen in die Gestaltung der Bibliotheksarbeit, ihre Leitung und Planung ebenso wie die tägliche Bewältigung praktischer Aufgaben".[179] Gesellschaftliche Bibliotheksarbeit ist Ausdruck sozialistischer Demokratie: Sie erfolgt auf freiwilliger Grundlage, sie sichert die Mitbestimmung der Bürger an ihren bibliothekarischen Einrichtungen, und sie ist Teil der Entfaltung sozialistischer Persönlichkeiten, die an der Lösung staatlicher und gesellschaftlicher Aufgaben mitwirken.

Tradition der Arbeiterbibliotheken

Es wäre aber kurzsichtig zu meinen, das Neue im Verhältnis von Bibliothekar und Informator zu seinen Nutzern habe sich erst in unseren Tagen, gleichsam auf Grund einer ganz neuen Erkenntnis, eingestellt. In Wirklichkeit handelt es sich um einen Prozeß. Ihre Traditionen und Vorbilder hat die gesellschaftliche Bibliotheksarbeit in der deutschen Arbeiterbewegung, in der es selbstverständlich war, daß Mitglieder von Arbeiterparteien und Sympathisierende freiwillig und ehrenamtlich Arbeiterbibliotheken verwalteten und die Parteipresse, Flugblätter und Publikationen der Arbeiterverlage vertrieben. Hier bildete sich auch die Tätigkeit des Literaturobmanns heraus, wie sie als Wort und Sache bis in unsere Tage für die Arbeit sozialistischer Partei- und demokratischer Massenorganisationen selbstverständlich ist. Besonders weit entwickelt ist die gesellschaftliche Bibliotheksarbeit in den Massenbibliotheken der UdSSR.[180]

Wunschbücher

Nach dem ersten Weltkrieg war es in den Bibliotheken schon allgemeiner Brauch, daß Kontakte zwischen Bibliotheksleitung und den Lesern gesucht wurden. Das beweisen die sogenannten Wunschbücher, die damals z.B. in allen oder doch den meisten Universitätsbibliotheken ausgelegt wurden, um zumindest Anhaltspunkte von draußen für den inneren bibliothekarischen Bestandsaufbau zu haben.[181] Hier hatten die Benutzer

---

[178] WOLFGANG SCHUMANN, *Bedeutung und Notwendigkeit der gesellschaftlichen Bibliotheksarbeit.* In: Bibliothekar 26 (1972) S. 579–589.

[179] *Gesellschaftliche Bibliotheksarbeit zur Verbesserung der Literaturverbreitung und Literaturpropaganda in städtischen Wohngebieten und kleineren Betrieben.* Empfehlungen f. Staatl. Allgemeinbibliotheken. Mitarbeiterkollektiv des Zentralinstituts f. Bibliothekswesen. Berlin 1973 S. 10.

[180] *Musterstatut vom 14. Nov. 1961.* In: Sammlung richtungsweisender Materialien zur Bibliotheksarbeit in der Sowjetunion. Berlin 1965. – IRMGARD DRESSLER, *Die Arbeitsweise ehrenamtlicher Bibliothekare in der Sowjetunion.* In: Bibliothekar 18 (1964) S. 587–591. – N. F. GAVRILOV, *Ehrenamtliche Aktivitäten im Bibliothekswesen.* In: Dt. Bibliotheksverband. Aufsätze zum Bibliothekswesen d. UdSSR. Berlin 1971 S. 64–68.

[181] Vereinzelt sind Desiderien bzw. Wunschbücher natürlich schon sehr viel früher verwendet worden, in der Bibliothek des Britischen Museums z. B. schon im 18. Jh.

Gelegenheit, auf Lücken im Bestandsaufbau hinzuweisen, und viele Bibliotheksdirektoren fühlten sich verpflichtet, in diesen Wunschbüchern schriftliche Antworten zu geben, mindestens aber die von einem Beauftragten erteilten Repliken zu kontrollieren. Diese ersten Kontakte waren defensiver Natur, d. h., es wurde mit solchen Methoden versucht, „Wünsche", de facto Kritik, zu ermitteln. Daß darüber hinaus einzelne Bürger sich auch mit schriftlichen Eingaben oder durch persönliche Vorsprache zwecks Verbesserung der Bibliotheksorganisation an die Bibliotheken gewandt haben, beweisen die Akten der Bibliotheksarchive.

Vorbild des sowjetischen Bibliothekswesens

Aber gerade aus dieser Sicht kann man die Fortschritte ermessen, die in diesem Prozeß unter Führung des sozialistischen, insbesondere des sowjetischen Bibliothekswesens, in den letzten 50 Jahren gemacht worden sind, um dieses passiv-defensive Bibliothek-Leser-Verhältnis in ein Aktivum zu verwandeln, um die gesellschaftliche Bibliotheksarbeit in ihrer ganzen Vielfalt als eine Berufsverpflichtung zu begreifen.

Wunschkästen

Diese aktive Seite des Bibliothekar-Leser-Verhältnisses ist u. a. dadurch vorbereitet worden, daß neben die traditionellen Wunschbücher in vielen Bibliotheken „Wunschkästen" getreten sind, die den Leserwünschen über den Bestandsaufbau hinaus eine breitere Basis geben. An gut sichtbarer Stelle in der Bibliothek angebracht, fordern sie die Kritik der Leser an der Arbeit ihrer Bibliothek als eine unentbehrliche Resonanz geradezu heraus. Es ist üblich geworden, daß diese Leserstimmen ohne jedes Filtern dem staatlichen Leiter vorgelegt werden, der auch persönlich deren Auswertung vornimmt.

der Leser als aktiver Teilnehmer an der Bibliotheksarbeit

Wenn es also darum geht, den Leser zum aktiven und verantwortungsbewußten Mitgestalter seiner Bibliothek zu gewinnen, muß man sich aus dieser Sicht u. a. auch die große Bedeutung der Freihand für dieses neue Buch-Leser-Verhältnis vor Augen halten: Jede Form der Freihand ist gekennzeichnet durch das Moment der Selbsttätigkeit des Lesers. Wie in der modernen Medizin der Kranke kein behandeltes Objekt, kein Passivum, sondern ein am Heilungsprozeß aktiv mitwirkender Faktor ist, so wird der Leser durch die Freihand zum aktiven Teilnehmer am Bibliotheksgeschehen. Es bildet sich ein neues Wechselverhältnis der auf beiden Seiten aktiven Arbeit zwischen Leser und Bibliothekar heraus.[182]
Die Einbeziehung der Leser in die Lenkung und Leitung der Bibliotheken, der bewußt geleistete Beitrag der Werktätigen zur Erfüllung der Aufgaben, die den Bibliotheken – den allgemeinbildenden wie den wissen-

---

Noch nie hat sich aber jemand mit diesen sehr frühen nutzerfreundlichen Gepflogenheiten gründlich befaßt. Vgl. HUGO ALKER, *Aus der Praxis der Desiderienbücher.* In: ZfB 70 (1956) S. 10–23.

[182] „Die Freihandbibliothek verlagert das Gewicht der methodischen Vermittlung auf die generellen Lenkungsmittel, sie macht den Leser zu einem aktiven Teilnehmer. Sie ermöglicht dem Bibliothekar eine Intensivierung und Konzentrierung individueller und kollektiver Arbeit auf die wichtigsten Leserschichten." Vgl. JOHANNA WALIGORA-RITTINGHAUS, *Zur Entwicklung der Freihand in der DDR.* In: Bibliothekar 17 (1963) S. 1250 (S. 1242–1250).

schaftlichen – heute gestellt sind, ist ein echter Wesenszug sozialistischer Bibliotheksarbeit.

In der sozialistischen Bibliotheksarbeit verlagert sich also das Schwergewicht der gesamten Bibliotheksarbeit vom Buch und seiner Bearbeitung auf den Leser. Das Ergebnis ist ein neues Buch-Leser-Verhältnis. Anders ausgedrückt, der humanistische Wesenszug des Sozialismus bedingt eine Hinwendung zum Menschen: „Der Leser ist nicht mehr ein nur mitbestimmender Faktor, sondern er wird zum entscheidenden Ausgangspunkt bei der Lösung der Probleme sämtlicher Zweige der Bibliotheksarbeit.“[183]

Leser-Buch-Verhältnis im Sozialismus

Am deutlichsten wird die Wandlung dieses Grundverhältnisses in den sozialistischen Ländern offenbar, weil hier die alten Bildungsprivilegien konsequent beseitigt, die öffentlichen Buchbestände in Volkseigentum verwandelt wurden und der werktätige Leser zum „Besitzer“ sämtlicher staatlicher Bibliothekseinrichtungen emporgestiegen ist. Um so wichtiger ist es deshalb gerade für die sozialistischen Länder, daß sie die besten Errungenschaften der bürgerlichen Demokratie auf dem Gebiete der Bibliotheksorganisation – die dem Leser offene oder weitgehend offene Bibliothek – für ihre Zwecke nutzen, damit den stolzen Besitzern dieser Einrichtungen ihr Besitz zur Freude gereicht: Der leichteste und bequemste Zugang zum Buch ist für den Leser der entwickelten sozialistischen Gesellschaft der beste. Auf dem Gebiete der allgemeinbildenden Bibliotheken hat sich durch vielfältige Formen der Bibliotheks- und Literaturpropaganda ein deutlicher Wandel vollzogen. Die wissenschaftlichen Bibliotheken, die in allen sozialistischen Ländern nicht nur formal, sondern faktisch jedem Werktätigen zugänglich sind, werden, wenn ihre Raumverhältnisse ungünstig sind, nur schrittweise ihren Beitrag zur offenen Bibliotheksarbeit leisten können. Bei Bibliotheksneubauten sollte diese Forderung moderner Bibliotheksarbeit unbedingt angemessen berücksichtigt werden. Dabei wird es auf eine erfindungsreiche Vielfalt der Methoden bei gleichzeitiger Beachtung der Besonderheiten der wissenschaftlichen Bibliotheken ankommen.

offene Buchbestände

Die Erkenntnis, daß die Ausübung des bibliothekarischen Berufs in wissenschaftlichen Bibliotheken Dienstleistung für Forschung, Lehre und jedes ernste Bildungsstreben bedeutet, ist schon älter. Neu hingegen ist für uns die Einsicht, daß eine sozialistische Gemeinschaft die Mitarbeit ihrer Bürger zur ständigen Kontrolle und Verbesserung ihrer Arbeit benötigt. Wie die neue Schule ihren Elternbeirat braucht, wie die Arbeit der Räte in den Kreisen und Bezirken ohne die zahlreichen ehrenamtli-

[183] Auf diesen Wesenszug der sozialistischen Bibliotheksarbeit hat vor allem JAROSLAV DRTINA in seinem Aufsatz *„Einige kennzeichnende Wesenszüge des sozialistischen Bibliothekswesens“* (ZfB 73, 1959, S. 297–324) hingewiesen. Obiges Zitat dort S. 305. Vgl. ferner S. 305: „Die Einstellung auf den Menschen, auf immer breitere Leserschichten, denen nicht allein der Zugang zu den Bibliotheken ermöglicht wird, sondern die nunmehr aktiv als Leser für die Bibliotheken gewonnen werden, diese Einstellung durchdringt heute alle Zweige der Bibliotheksarbeit.“

chen Mitarbeiter in den Ausschüssen gar nicht mehr zu denken ist, so braucht auch die Bibliothek wie das Theater oder irgendeine andere öffentliche wissenschaftliche oder künstlerische Einrichtung die helfende Mitarbeit derjenigen Menschen, für die der Staat solche kostspieligen Einrichtungen unterhält und ausbaut.

Beratung der Bibliothek

Wie für jede planmäßige und koordinierte Arbeit bestimmte Organisationsformen gefunden werden müssen, so auch für die Zusammenarbeit der Leser mit ihren Bibliothekaren. Es sind dies die drei Formen: Leserversammlung, Leserbeirat, Leseraktiv, die zugleich Stufen der Zusammenarbeit darstellen.

Leserversammlungen

Nach dem Vorbild der sowjetischen Bibliotheken sind in der Deutschen Demokratischen Republik zunächst die allgemeinen öffentlichen Bibliotheken, in den letzten Jahren auch einzelne wissenschaftliche Bibliotheken, dazu übergegangen, Leserversammlungen durchzuführen. Es handelt sich dabei in der Hauptsache darum, Verbesserungsvorschläge, die von außen an die Bibliothek herangetragen werden können, anzuregen, zu sammeln und zu verwerten. Die Bibliotheksverordnung von 1968 macht es in der DDR den Bibliotheksleitern zur Pflicht, Leserversammlungen durchzuführen.

Durchführung von Leserversammlungen

Die Tagesordnung einer Leserversammlung wird zwar je nach der Art und dem Typus der Bibliothek, die sie durchführt, verschieden vorzubereiten sein. In der Regel wird ein Bericht des Bibliotheksleiters über die geleistete Arbeit oder die Stellungnahme zu einem besonderen Problem der Bibliotheksarbeit für den Leser eine solche Versammlung einleiten. In der anschließenden Diskussion werden die Leser dazu Stellung nehmen, indem sie Fragen stellen, auf Mängel hinweisen, positive Seiten hervorheben und Vorschläge für die künftige Arbeit der Bibliothek machen.

Die Praxis hat gezeigt, daß es in großen wissenschaftlichen Universalbibliotheken mit einem differenzierten Leserkreis zweckmäßig ist, Leserversammlungen auch mit bestimmten Lesergruppen (z. B. technischen Instituten und Industriebetrieben, Chemikern, Philologen, Historikern usw.) durchzuführen, weil solche Aussprachen zur Klärung spezieller Fragen besser geeignet sind als allgemeine Leserversammlungen. Selbstverständlich kann die Leserversammlung nur *ein* Mittel sein, um einen Kontakt zwischen Lesern und Bibliothekaren herzustellen. Grundsätzlich stehen dem Leser in unseren Bibliotheken heute alle Wege offen, um sich gegenüber seiner Bibliothek Gehör zu verschaffen.

Leserbeiräte

Aus der ständigen, planmäßigen und langfristigen Gemeinschaftsarbeit von Leser und Bibliothekar entstehen Leserbeiräte. In der Sowjetunion[184]

---

[184] Hier hat der Bibliotheksbeirat (russ. bibliotečnyj sovet) in Gestalt einer Verordnung eine gesetzliche Grundlage erhalten. Bereits am 10. Dezember 1959 gaben das Ministerium für Kultur der UdSSR und der Vorsitzende des Staatlichen wissenschaftlich-technischen Komitees eine Verordnung heraus, nach der der Bibliotheksrat „ein gesellschaftliches Organ der kollektiven Leitung für die gesamte Tätigkeit der Bibliothek und eines der Mittel der Kontrolle der Werktätigen ist". Abgedr. in: Bibliotekaŕ (Moskau) 2 (1960) S. 63. Dt. Arbeitsübersetzung in: Bibliothekar 14 (1960) S. 1106–1107.

und nach deren Beispiel in anderen sozialistischen Ländern haben sie sich beim Aufbau eines sozialistischen Bibliothekswesens folgerichtig entwikkelt. In der Deutschen Demokratischen Republik hat sich wie in der Sowjetunion zuerst im allgemeinbildenden Bibliothekswesen und auf der Grundlage der gleichen Gesetzmäßigkeit nach 1945 eine ähnliche Entwicklung vollzogen. Dabei handelt es sich zugleich um ein Anknüpfen an fortschrittliche Traditionen des deutschen Volksbüchereiwesens, so daß man im Zusammenhang mit Leserbeiräten in der Deutschen Demokratischen Republik mit Recht von einer „Tradition mit neuem Inhalt“[185] gesprochen hat. Auch in einer anderen Richtung ergeben sich zwischen den Leserbeiräten im sozialistischen Bibliothekswesen und der bürgerlichen Bibliotheksentwicklung in Deutschland direkte Zusammenhänge. Aufgaben, wie sie sich z. B. die Gesellschaften von Freunden einzelner Bibliotheken gestellt haben, die an verschiedenen bibliothekarischen Einrichtungen Deutschlands bestanden haben und in der BRD noch bestehen, werden unter veränderten gesellschaftlichen, sozialistischen Bedingungen von den Leserbeiräten weitergeführt. Handelt es sich unter kapitalistischen Bedingungen bei den Mitgliedern der genannten Gesellschaften vorwiegend um Mäzenatentum, weil der Staat seine Bibliotheken materiell nicht immer ausreichend unterstützen konnte, so erstreckt sich die Tätigkeit der Leserbeiräte in sozialistischen Ländern überwiegend auf eine ideell-moralische und praktische Förderung der Bibliotheksarbeit. Hauptaufgabe des Leserbeirates ist es, die Mitarbeiter der Bibliothek darin zu unterstützen, daß sie ihre Schwerpunktaufgaben zu lösen vermögen, nachdem diese zuvor gemeinsam beraten worden sind. Die Deutsche Staatsbibliothek, die schon seit 1961 mit einem Leserbeirat (Bibliotheksbeirat s. u.) zusammenarbeitet, hat auf Grund gesammelter Erfahrungen 1970 in einer Ordnung[186] dessen Rechte und Pflichten festgelegt. Hier hat der Leserbeirat bereits über eine lange Zeit hinweg vielseitige und fruchtbare Aktivitäten entfaltet.

nationale Traditionen

Leserbeiräte im Sozialismus

in der DSB

Durch die Bibliotheksverordnung vom 31. Mai 1968 wird die Bildung von Leserbeiräten, seitdem Bibliotheksbeiräte genannt, allen Bibliotheksleitern zur Pflicht gemacht[187], um die Leser in stärkerem Maße in die Gestaltung der Bibliotheksarbeit unmittelbar einzubeziehen. Ferner wird empfohlen, für die Leserwerbung, Bibliotheks- und Literaturpropaganda

---

[185] GERT FIEDLER, *Leserbeiräte – Tradition mit neuem Inhalt.* In: Bibliothekar 15 (1961) S. 73–77. 1909 hatte Walter Hofmann in der damaligen „Freien öffentlichen Bibliothek Dresden–Plauen“ einen „Arbeiterbeirat“ geschaffen (vgl. Protokolle des Arbeiterbeirates 1909–1918 in der Stadt- und Bezirksbibliothek Dresden), der im wesentlichen die Aufgabe übernahm, die Bibliotheksleitung über die Wünsche und Ansichten der Leserschaft zu informieren.

[186] Vom 12. Mai 1970. Dort heißt es u. a.: „Der Bibliotheksbeirat ist ein gesellschaftliches Organ, das durch seine beratende Tätigkeit in Übereinstimmung mit den gesamtgesellschaftlichen Interessen zur Lösung der Hauptaufgaben der Deutschen Staatsbibliothek beiträgt.“ Masch. schriftl. vervielf.

[187] *Rahmenordnung über Beiräte an staatlichen Allgemeinbibliotheken.* In: Verfügungen u. Mitteilungen d. Min. f. Kultur 1971. Nr. 3 S. 26 (lfde Nr. 5, Anl.)

sowie die Veranstaltungstätigkeit weitere ehrenamtliche Leser zu gewinnen. Die genannten ehrenamtlichen Helfer entsprechen etwa dem Leseraktiv, das in der Sowjetunion im Bereich der allgemeinbildenden Bibliotheken entwickelt ist, sich aber auch in anderen sozialistischen Ländern bewährt hat. Solche „Leseraktivisten" übernehmen z. B. technische Hilfsarbeiten, organisieren Ausstellungen, Leserdiskussionen und Buchbesprechungen oder führen sie selbst durch. Ihre Mithilfe geht aber auch über solche Wirksamkeit weit hinaus, wenn sie die Bibliothekare bei der Erziehung säumiger Leser unterstützen oder gar die Rolle der Bibliotheken in der Öffentlichkeit durch schriftliche und mündliche propagandistische Tätigkeit nachzuweisen vermögen.[188] Leserbeiräte und Leseraktivs können sich, besonders im Bereich der allgemeinbildenden Bibliotheken, überschneiden, sie können sogar identisch sein. Im übrigen sind diese Bezeichnungen nur zur Verdeutlichung dieses neuen Verhältnisses des Lesers zu seiner Bibliothek nötig. Das Wesen des Neuen besteht in den lebendigen, vielfältigen und höchst differenzierten Kontakten zwischen Leser und Bibliothekar sowie Bibliothek.[189]

Leseraktiv

Wir stellen also fest, daß entsprechend der Differenziertheit des Bibliothekswesens die Methoden gesellschaftlicher Bibliotheksarbeit verschieden und je nach Funktion und Typ der betreffenden Bibliothek unterschiedlich geeignet sind. Für die allgemeinbildenden Bibliotheken sind umfassende Literaturverbreitung sowie Gewinnung neuer Leser und ehrenamtlicher Helfer für die praktische Bibliotheksarbeit (Ausleihstellen, Hausbibliotheken[190]), besonders auf dem Lande, wichtige Ziele bei dieser Form der Festigung der sozialistischen Demokratie. Bei den wissenschaftlichen Bibliotheken steht die Zusammenarbeit mit ihren differenzierten Lesern sowie deren Einbeziehung in die Aktivitäten des Bibliotheksbeirates im Vordergrund. Es ergeben sich dabei immer neue Möglichkeiten, z. B. wenn Wohnheimbibliotheken in studentische Selbstverwaltung gegeben oder längere Öffnungszeiten in den Lesesälen durch ehrenamtliche Mitarbeit von Studenten ermöglicht werden. Es kommt dabei stets darauf an, neue und vielfältige Wege des Zusammenwirkens zu beschreiten und die besten auf der langen Strecke zu verwirklichen.

Ziele der gesellschaftlichen Bibliotheksarbeit

Zweigbibliotheken in Selbstverwaltung

---

[188] In der UdSSR beschäftigen sich die Bibliothekare z. B. seit einigen Jahren mit Fragen der methodischen Anleitung sogenannter „selbstverwalteter Bibliotheken", an denen Leser nicht nur zur Mitarbeit, sondern auch zur Leitung herangezogen werden. Diese Bemühungen fügen sich ein in eine ganze Bewegung der Nutzbarmachung gesellschaftlicher Kräfte für das Bibliothekswesen. Diesem Thema widmet der sowjetische *Bibliotekař* seit einiger Zeit jeweils eine besondere Spalte. Zum Thema selbstverwalteter Bibliotheken vgl. z. B. Bibliotekař 1962 Nr. 6 S. 24–28 (G. SEMENOVA) und Bibliotekař 1963 Nr. 6 S. 24–27 (G. KARMENJAN).

[189] Im Grunde sehr ähnlich ist die Wirksamkeit der schwedischen „Gesellschaft der Freunde der Bibliotheken" als „Interessenorganisation der Entleiher" und als „Kontaktorganisation". Vgl. Bücherei u. Bildung 12 (1960) S. 395–397 (K.-H. BOLAY).

[190] Vgl. Artikel *Gesellschaftliche Bibliotheksarbeit* in: Lexikon d. Bibliothekswesens. 2. Aufl. Sp. 604–605.

Die Stadt- und Bezirksbibliothek Karl-Marx-Stadt[191] hat Pioniertaten auf dem Gebiete der gesellschaftlichen Bibliotheksarbeit geleistet, insbesondere mit einer verzweigten Organisierung von Hausbibliotheken. Unter Hausbibliotheken versteht man wechselnde Buchkollektionen, die, von staatlichen Allgemeinbibliotheken zusammengestellt, in Wohngebieten durch ehrenamtliche Helfer verwaltet werden. Bei dieser Form gesellschaftlicher Arbeit für Bibliotheken geht es nicht darum, die Tätigkeit ausgebildeter Bibliothekare zu ersetzen. Im Gegenteil, je größer die Zahl der ehrenamtlichen Mitarbeiter einer Bibliothek ist, desto kräftiger muß das bibliothekarische Hinterland sein: Ein starkes, leistungsfähiges und qualifiziertes Zentrum muß die gesellschaftliche Bibliotheksarbeit überblicken und für die ständige Weiterbildung der ehrenamtlichen Helfer Sorge tragen.
Diese Formen der Einbeziehung der Nutzer in die Bibliotheksarbeit bezwecken nicht nur, die maximale Inanspruchnahme der Bibliotheksleistungen zu erreichen, sondern auch durch enge, kameradschaftliche Zusammenarbeit die Mitverantwortung aller Nutzer für ihre Bibliothek, deren Miteigentümer sie sind, zu erhöhen.
Ähnlichen Formen gesellschaftlicher Bibliotheksarbeit begegnen wir neuerdings auch in kapitalistischen Ländern, wobei Ziel und Inhalt durch die Bedingungen der Klassengesellschaft geprägt sind.

3.5. Nutzerschulung

Aufgabenstellung

Das alles ist bereits Nutzerschulung in Aktion. Über Methoden der Schulung oder Ausbildung erwachsener Nutzer ist schon viel geschrieben, hier und da auch experimentiert worden.[192] Vor übertriebenen Vorstellungen hinsichtlich des Zeit- und Kraftaufwandes, den der einzelne Nutzer dafür aufzubringen bereit ist, kann nur gewarnt werden. Nutzerschulung im engeren Sinne ist primär ein Problem der Universitäten und Hochschulen mit Hilfe ihrer bibliothekarischen Einrichtungen. Es sollte aber endlich begriffen werden, daß Vermittlung der Technik und Methodik der wissen-

[191] *Wie es Karl-Marx-Stadt macht.* In: Bibliothekar 16 (1962) S. 795–804. – WOLFGANG SCHIEFER, *10 Jahre Einbeziehung der Bürger in die Planung und Leitung bibliothekspolitischer Prozesse in der Stadt Karl-Marx-Stadt.* Karl-Marx-Stadt 1971.

[192] T. W. BURRELL, *Learn to use books and libraries:* a programmed text. London 1969. – JOACHIM DIETZE, *Einführung der Studenten in die Technik u. allgemeine Methodik d. wiss. Arbeit...* In: Aus Vergangenheit u. Gegenwart d. UuLB Sachsen-Anhalt in Halle/S. Halle/S. 1969 S. 37–42. – *Educating the library user.* Proceedings of the fourth triennial meeting of IATUL, Loughborough, April 1st–3rd, 1970. Ed. by C. M. Lincoln. Loughborough 1970. – GUNTER BOCK, *Hochschuldidaktische Aspekte des Bibliothekswesens.* Überlegungen und Vorschläge zu e. Reform d. Einführung v. Studenten i. d. Bibliotheksbenutzung. In: Dokumentation, Fachbibliothek, Werksbücherei 19 (1971) H. 2 S. 33–40. – RUDOLF FABIAN, *Diskussion: „Nutzerausbildung“ – Aufgaben der Universitäten und Hochschulen.* In: Das Hochschulwesen 20 (1972) S. 244–247. – H. MEWS, *Reader instruction in colleges and universities.* London 1972.

schaftlichen Arbeit eine Aufgabe der Hochschulen und des Studiums selbst ist. Der Bibliothekar, der in dieser Materie bewandert sein muß, ist der gegebene Mittler zwischen Theorie und Praxis.[193] Es kann aber nicht seine Aufgabe sein, Hochschullehrer für Bibliotheksbenutzung zu werden.[194] Leider ist die Zahl der Hochschullehrer immer noch zu groß, die für die Rolle der Bibliotheken und der Information in dieser Grundlagenausbildung nicht das richtige Verständnis aufbringen. Hier, bei den Hochschullehrern und bei ihrer Verantwortung für die Qualität der wissenschaftlichen Arbeit ihrer Studenten, hat Nutzerschulung zu beginnen.

Lesetechnik

Auch Fragen der Lesetechnik sind für den wissenschaftlichen Arbeiter, der große Mengen von Informationen zu bewältigen hat, von Wichtigkeit.[195] Hier kann – und soll sogar – der Bibliothekar Berater und Helfer sein.

Nutzerschulung und Leserwerbung

Natürlich ist bei der Nutzerschulung nicht alles neu. So liegen Nutzerschulung und Leserwerbung dicht beieinander, und Bibliothekare allgemeinbildender Bibliotheken können mit Recht darauf hinweisen, daß Zielsetzung und Methoden der Leserwerbung schon lange zum Rüstzeug ihres Berufswissens zählen.[196] Aber vielleicht läßt sich aus der modernen Nutzerforschung die eine oder die andere neue Methode im Kampf um den potentiellen Leser gewinnen? Gewiß nicht durch bibliographische Einführungskurse, wohl aber durch informatives Hinführen zu bestimmten attraktiven Themen, die viele interessieren. Es wird sich mindestens lohnen, darüber nachzudenken. Sicher aber sind solche Methoden, obwohl arbeitsaufwendig, erfolgreicher als manche „mechanisierte" Nutzerschulung, bei der der neue Leser in einen kahlen Raum gesperrt wird, in dem eine schnarrende Tonbandaufnahme ihm unpersönliche Weisungen erteilt, wie er sich als Leser der Bibliothek zu verhalten hat.[197]

---

193 DIETER SCHMIDMAIER, *Die bibliothekarische Hodegetik.* In: ZfB 80 (1966) S. 88–94. – Die einführende Lit. zur Technik d. wiss. Arbeit ist breit. Daher nur Hinweise auf Bibliographien: GERHARD SCHMIDT, *Rationelles Studieren.* Eine bibliogr. Inf. 2. Aufl. Leipzig 1964. (Bibliographischer Informationsdienst d. Deutschen Bücherei. 3.) – DIETER SCHMIDMAIER, *Versuch einer Bibliographie zur bibliothekarischen Wissenschaftspädagogik im deutschsprachigen Gebiet.* 1500–1970. Freiberg 1970. (Veröffentlichungen d. Bibl. d. Bergakademie Freiberg. 41.) – Guten Erfolg hat eine im Auftrage d. Min. f. Hoch- u. Fachschulwesen erarbeitete Broschüre *„Rationelles Studieren"*, für alle Studenten bestimmt.

194 So auch HANS LIMBURG in ZfBB 20 (1973) S. 341.

195 Solange diese Techniken nicht überschätzt werden, sind sie von einigem Nutzen. Vgl. FRANZ LOESER, *Rationelles Lesen.* 3. Aufl. Berlin 1973. – TOM WERNECK u. FRANK ULLMANN, *Dynamisches Lesen.* München 1972. (Kompaktwissen. 1.)

196 *Kleine Bibliothekskunde.* 2. Aufl. Leipzig 1966 S. 75–81.

197 Vielleicht ist diese Methode mit der Abwandlung, daß der Benutzer einen Kassetten-Recorder umgehängt bekommt und durch die Bibliothek zu gehen hat, in einem ohnehin schon weitgehend mechanisierten Lande erfolgreicher? Vgl. Dokumentation, Fachbibliothek, Werksbücherei 21 (1972/1973) S. 76; behandelt die J. Hills Miller Health Center Library der Universität Florida in Gainesville.

Ausstattung der Bibliotheksräume

Die Erkenntnis, daß das Bibliothekar-Leser-Verhältnis als ein ideologisches für die Effektivität der Bibliotheksarbeit von entscheidender Bedeutung ist, muß sich in der Zukunft aber auch auf die äußere Gestalt der Bibliotheken und vor allem auf ihre inneren Einrichtungen auswirken. Wenn Bibliotheken nämlich, wie heute nicht mehr bezweifelt wird, kulturelle Zentren sind, dann müssen sie ihren traditionellen Charakter als zwar nützliche, aber in ihrer äußeren Gestalt sparsamst ausgestattete öffentliche Einrichtungen („Anstalten“) verlieren und statt dessen kultivierte, attraktive gesellschaftliche Einrichtungen werden, die von den Bürgern nicht nur im Falle dringenden Bedarfs (weil sie ganz bestimmte Informationen um jeden Preis brauchen), sondern aus Freude am Lesen, Studieren oder Forschen aufgesucht werden. Der Leser muß sich in einer Bibliothek noch wohler fühlen als in seinen eigenen vier Wänden!

Nutzerforschung und Gesellschaftsformation

So wie der Bibliothekar einer sozialistischen Bibliothek wissen muß, für welche Öffentlichkeit er tätig ist, so verbergen sich auch hinter dem harmlos klingenden neuen Begriff Nutzerforschung klassenbedingte Einstellungen. Je nach Gesellschaftsformation werden Ziel und Zweck der Nutzerforschung bestimmt sein. Während in den kapitalistischen Ländern Nutzerforschung überwiegend eng gefaßt und nur auf Informationsnutzung[198] bezogen wird, herrscht in den sozialistischen Ländern eine politisch eindeutige und zugleich weitere Interpretation vor: hier umfaßt sie die Leser/Nutzer- und Bibliothekar/Bibliothek-Relationen im gesamtstaatlichen Bildungs- und Erziehungsprozeß.[199] Daher beziehen wir auch Fragen der Wissenschaftspädagogik und, sofern auf Hochschulangehörige bezogen, der Hochschulpädagogik ein, obwohl diese beiden Sondergebiete der Pädagogik ihrerseits breiter angelegt sind. Und deshalb sprechen wir bei bibliotheksbezogenen Aspekten dieser Gebiete z. B. von bibliothekarischer Wissenschaftspädagogik bzw. von Bibliotheksdidaktik[200] – mit Recht, denn das Bildungssystem ist unteilbar, und die Mitverantwortung der Bibliothekare in allen seinen Ebenen ist der Inhalt der Bibliothekswissenschaft.

praxisbezogene Nutzerforschung in wissenschaftlichen und allgemeinbildenden Bibliotheken

Wir meinen zusammenfassend, daß weitere Untersuchungen auf dem Gebiete der Nutzerforschung wichtig und für den Effektivitätsnachweis bibliothekarischer Arbeit erforderlich sind. Wir brauchen praxisbezogene, nach Nutzergruppen differenzierte Untersuchungen der Verhal-

---

[198] Nach F. Heidtmann ist der Inhalt der Benutzerforschung „die Untersuchung der personalen, soziographischen und situativen Variablen der Informationsbenutzer sowie die Untersuchung der organisatorischen und institutionellen Bedingungen des Interaktionsprozesses“ zwischen Benutzer und Bibliothek. Vgl. FRANK HEIDTMANN, *Zur Theorie u. Praxis der Benutzerforschung.* München-Pullach, Berlin (West) 1971 S. 12.

[199] Zur Nutzerforschung in der DDR vgl. REIMAR RIESE, *Nutzerforschung u. Nutzerausbildung in der DDR.* Vervielf. Ms. IFLA. 38. Vollversammlung Budapest 1972, Kommission für Bibliographie; mit ausführl. Lit.angaben.

[200] GUNTER BOCK, *Einführung in die Bibliotheksdidaktik.* In: ZfBB 19 (1972) S. 301–310; dazu die Replik von Hans Limburg in ZfBB 20 (1973) S. 339–343, der mit Recht die Bezeichnung Didaktik anzweifelt, da es sich um Methoden handelt.

tensweisen von Bibliotheksnutzern, am nötigsten dort, wo die Apparaturen, die es zur maximalen Nutzung zu beherrschen gilt, besonders kompliziert sind, also in den älteren wissenschaftlichen Universalbibliotheken, dort wiederum vor allem, wo Tausende von potentiellen Nutzern gegeben sind, nämlich in den Universitäts- und größeren Hochschulbibliotheken, und wir brauchen sie auch weiterhin im Bereich der allgemeinbildenden Bibliotheken mit der besonderen Blickrichtung auf Leserwerbung und qualitativ hochwertiger Leserbedienung auf lange Sicht. Hinsichtlich der Möglichkeiten der Nutzerschulung soll man sich keine übertriebenen Illusionen machen. Reiche Nutzerdienste, bestehend in zweckmäßigen, leistungsfähigen Arbeitsmitteln, vermehrt um aktuelle Informationsmaterialien sowie qualifizierte, lebenslänglich lernende, informationsfreudige Bibliothekare sind noch immer die besten Voraussetzungen dafür, daß dem Bibliotheksnutzer gut gedient werden kann. Daß eine moderne materiell-technische Basis diese Bemühungen bedeutend zu erhöhen vermag, sollte als selbstverständlich gelten.

Diese wünschenswerten äußeren Bedingungen sind das eine, das andere ist eine innere Voraussetzung. Wenn es nämlich bei der Nutzerforschung entscheidend darum geht, eine optimale Relation von Literaturerschließung und Literaturnutzung herzustellen, dann muß in diesem Zusammenhang die exakte Informationsnachfrage von großer Bedeutung sein. Mit Recht schenkt man dieser Fragestellung seit einigen Jahren erhöhte Aufmerksamkeit. Dabei geht es um die Frage, wieweit präzise Informationsnachfrage lehrbar bzw. erlernbar ist. Erst durch richtige, wissenschaftlich einwandfreie Fragestellungen können gespeicherte Informationen maximal ausgeschöpft werden. Der Dialog zwischen Mensch und Maschine muß aufeinander abgestimmt sein. Gewiß ist diese Schulung des Informationsverhaltens überhaupt die höchste Stufe und das letzte Ziel aller Nutzerschulung: das denkbar beste Verhältnis von Informationsnachfrage zu gegebenen Informationsmöglichkeiten durch zweckmäßiges Informationsverhalten herzustellen.

Mit diesen neuen Beziehungen des Lesers zur Bibliothek ist jedoch nur eine Seite des Verhältnisses von Leser–Buch–Bibliothek charakterisiert. Die Auffassung, daß es in Deutschland bereits vor 1945, ausgehend von Walter Hofmann, eine wissenschaftlich fundierte Erforschung der Leseinteressen im Volksbüchereiwesen gegeben habe, ist nicht richtig.[201] Nach dem Umfang der vorliegenden Literatur zum Thema Leserkunde könnte man in dieser Meinung bestärkt werden. Indessen hat sich Walter Hofmann selbst, der Verfasser eines grundlegenden Buches auf diesem Gebiete – „Die Lektüre der Frau“ –, viel zurückhaltender zu den von ihm verzeichneten Ergebnissen geäußert. Das von ihm begründete Institut für Leser- und Schrifttumskunde sammelte und ordnete leserkundliche Daten als eine „Notmaßnahme im Dienste der Praxis“. So

Erforschung der Leseinteressen

Institut für Leser- und Schrifttumskunde

[201] Vgl. hierzu und zum folgenden JOHANNA WALIGORA-RITTINGHAUS, *Zur Problematik der „Leserkunde“*. In: Bibliotheksarbeit heute. Folge 2. Leipzig 1960 S. 86–97.

sind seine und seiner Schüler leserkundlichen Bemühungen, die wir dankbar anerkennen, von konkreten Fragestellungen ausgegangen. Aus der bibliothekarischen Praxis erwachsen, waren sie als Hilfsmittel für die Volksbüchereipraxis bestimmt. Im Ergebnis läßt sich also feststellen, daß es eine Leserkunde als Wissenschaft im bürgerlichen Bibliothekswesen Deutschlands vor 1945 nicht gegeben hat.

sozialistische Leserkunde

Nach 1945 hat sich vor allem in den sozialistischen Ländern, besonders in der UdSSR, die Erkenntnis gefestigt, daß Leserkunde[202] ein wichtiges und notwendiges Forschungsgebiet ist, deren Ergebnisse geeignet sind, auf die Praxis der Bibliotheken unmittelbar einzuwirken. „Die Leserkunde erforscht die Bedürfnisse der Leser sowie die Methoden, durch die die Bibliotheken auf die Erziehung der Leser einwirken."[203] Auf dieser Grundlage sind in vielen Ländern Untersuchungen angestellt worden.

Leserbefragung

Das Wichtigste bei der Leserbefragung[204] (Umfrage mit Hilfe eines Fragebogens) ist die Vorbereitung. Sie muß davon ausgehen, daß nicht alles erfragt werden kann, und verlangt eine klare Konzeption als Ausgangspunkt. Das Zweite muß ein gründliches Studium der vorliegenden positiven und negativen Erfahrungen sein, die auf diesem Felde bereits vorliegen, um die einzuschlagende Methodik und, nicht zu vergessen, die anzuwendende Technik festzulegen. Dabei muß man sich bewußt sein, daß die schriftliche Befragung nur eine Methode der Informationsgewinnung innerhalb der sozialwissenschaftlichen Forschung ist.

Es hat sich nun herausgestellt, daß die Erforschung von Lesermeinungen über Literatur ein recht komplexes Tätigkeitsfeld ist.[205] Interesse an

---

[202] ODETTE J. LÉVY-BRUHL, *Enquête sur les gouts de lecture des adolescents par le „Nouveau test du catalogue"*. In: Bull. des bibliothèques de France 5 (1960) Nr. 9/10 S. 321–366. – JOHANNA WALIGORA-RITTINGHAUS, *Zur Problematik der „Leserkunde"*. In: Bibliotheksarbeit heute. F. 2. Leipzig 1960 S. 86–97. – JOHANNA WALIGORA-RITTINGHAUS, *Zur Herausbildung neuer Beziehungen zwischen Leser und Bibliothek.* In: Bibliotheksarbeit heute. F. 3. Leipzig 1965 S. 53–65. – HELMUT GÖHLER, *Ergebnisse soziologischer Untersuchungen der allgemeinen öffentlichen Bibliotheken im Bezirk Suhl.* In: Bibliothekar 21 (1967) S. 454–467. – ALOIS KLOTZBÜCHER, *Die Öffentliche Bibliothek und ihr Publikum.* Über d. Notwendigkeit bibliothekarischer Leserforschung. In: Bücherei u. Bildung 22 (1970) S. 452–460. – *Rabota s čitateljami.* Pod. red. V. F. Sacharova. Izd. 2., pererab. i dop. Moskva 1970. – HERMAN LIEBAERS, *The librarian as the artisan of reading.* In: Unesco bull. for libraries 26 (1972) S. 122–128.

[203] *Gegenstand und Methoden der Bibliothekswissenschaft unter besonderer Berücksichtigung d. Bibliothekswissenschaft als Hochschuldisziplin.* Leipzig 1963 S. 338.

[204] *Methoden der marxistisch-leninistischen Sozialforschung.* Hrsg. v. Walter Friedrich. 2. Aufl. Berlin 1971. Dort S. 24–73: WALTER FRIEDRICH, *Grundprobleme der Befragungsmethode.* – HEINZ ECKARDT, *Die Technik der schriftlichen Umfrage.* Hamburg 1969 (Berichte d. Instituts f. Buchmarktforschung. 1969 Sondernr.) – HANS BODEN, *Leserbefragungen – aber wie?* In: Bibliothekar 24 (1970) S. 118–128, dort weitere Lit. – HELMUT GÖHLER, *Erfahrungen bei der Vorbereitung, Durchführung u. Auswertung soziologischer Untersuchungen der Bezirksbibliothek Suhl.* In: Bibliotheksarbeit heute. Folge 4. Leipzig 1967 S. 51–64.

[205] Der Leserkunde wird von den einzelnen Ländern heute noch unterschiedliche Beachtung geschenkt. Besonders bemerkenswert ist das Bemühen Polens, auf diesem Gebiete

solchen Befunden einer Leserkunde haben nicht nur die Bibliothekare, sondern auch die Buchhändler, Pädagogen, Psychologen, Schriftsteller und Verlage, mehr und mehr auch die Literaturwissenschaftler.

Literaturaufnahme und Leseprozeß

Ferner besteht ein prinzipieller Unterschied zwischen Literaturaufnahme schlechthin, die heute keineswegs an den Leseprozeß selbst gebunden ist (Rundfunk, Fernsehen, Leseveranstaltungen) und dem Lesen als Bibliotheksbenutzer, denn jede Bibliothek arbeitet mit einer ganz bestimmten, wohlüberlegten Literaturauswahl (Bestandsaufbau).[206]

bibliothekarische Leserkunde

Leserkunde ist also aus bibliothekarischer Sicht ein vielschichtiger Begriff, der nicht identisch ist mit Literaturaufnahme und Leseinteressen schlechthin. Hinzu kommt, daß gerade in der sozialistischen Gesellschaft der Bücherkäufer zu einer Massenerscheinung wird, und dieser Literaturerwerb, der in der Regel auch zur Literaturaufnahme führt, vollzieht sich mit oder ohne Beratung durch mehr oder weniger sachkundige Buchhändler außerhalb der Bibliotheken.

Bücherkauf

Daß persönlicher Buchbesitz, also die Kaufliteratur[207], immer mehr an Bedeutung gewinnt, ist bereits erkennbar im modernen Taschenbuch, das sich, verglichen mit den traditionellen Buchformen auf dem Büchermarkt, schon ansehnliche Gebiete erobert hat. Wir wissen aber nicht, ob andere Veränderungen der Buchgestalt mittels moderner Technik den Anteil der Kaufliteratur nicht noch weiterhin erhöhen werden. Auf jeden Fall müssen die Bibliothekare besonders bei ihren Planungen diese Entwicklung beachten. So zu tun, als ob Bibliotheken die einzigen Literaturvermittler sind und bleiben werden, ist Vogel-Strauß-Politik. Deshalb wird die Partnerschaft von Bibliothekar und Buchhändler[208] immer aktueller, und die Bibliothekswissenschaft kann nicht umhin, die Ergebnisse der

---

voranzukommen. So ist bei der Biblioteka Narodowa in Warschau ein Institut für Buch- und Lesewesen mit 25 Mitarbeitern aufgebaut worden. – JÓZEF KĄDZIELSKI, *Instytut Książki i czytelnictwa Biblioteki Narodowej w Warszawie.* In: Rocznik Biblioteki Narodowej. The National Library Year-book. Bd. 2. 1966 S. 489–514. – JADWIGA KOŁODZIEJSKA, *The Book and Reader's Institute of the National Library in Warszaw.* In: Libri 19 (1969) S. 102–106.

[206] *Les bibliothèques sur les lieux de travail.* Paris 1963. Ergebnisse eines Kolloquiums der Commission de la République Française pour l' U.N.E.S.C.O. über Fragen der Lektüre und der Rolle der Bibliotheken in der Gegenwart. – *Le livre et la lecture en France* (par Jacques Chartentreau u. a.). Paris 1968. (Coll. „Vivre son temps." 19.)

[207] DIETER SCHLENSTEDT, *Die Leser und die Literatur.* In: Einheit 28 (1973) S. 1218 bis 1225.

[208] ROLF KLUTH, *Buch und Öffentlichkeit.* Über das Verhältnis v. Buchhandel, Bibliothek und Publizistik. In: Börsenblatt f. d. Dt. Buchhandel. Frankfurt/Main. 16 (1960) Nr. 11, Text-S. 147–150. – *Das Bücherlesen. Fakten und Motive.* Eine Untersuchung d. Nederlands Centrum voor Marketing Analyses NV ... Übers. aus d. Niederländ. v. Manhard Schütze. Hamburg 1968. – GERHARD SCHMIDTCHEN, *Lesekultur in Deutschland.* Ergebnisse repräsentativer Buchmarktstudien f. d. Börsenverein d. Dt. Buchhandels. In: Börsenblatt f. d. Dt. Buchhandel. Frankfurt a. M. 24 (1968) S. 1977 bis 2152. (Archiv für Soziologie u. Wirtschaftsfragen d. Buchhandels. 5.) – JUTTA DUCLAUS u. ANETTE ZIEGS, *Soziale Beziehungen zwischen Bücherbezug und Buchbesitz.* In: Wiss. Zeitschrift. Martin-Luther-Universität Halle-Wittenberg: Ges. u. spr.-wiss. Reihe 18 (1969) S. 241–246.

Buchmarktforschung[209], insbesondere aber die des eigenen Landes zu beachten und zu berücksichtigen. So ergeben sich in der sozialistischen Gesellschaft für die Literaturaufnahme insgesamt neue Kriterien, die sowohl für den individuellen Bucherwerb als auch für den Bestandsaufbau der allgemeinbildenden Bibliotheken von Tragweite sind. Während die praktische Leserkunde Walter Hofmanns auf dem Hintergrunde einer amoralischen, teilweise sogar unmoralischen privatkapitalistischen Verlagsproduktion nach Anhaltspunkten für eine auf das „gute" Buch orientierte Ausleihpraxis strebte, wird die Verlagsproduktion der sozialistischen Gesellschaft von ihrem politisch-ideologischen Bildungsziel bestimmt.
Wir müssen also bei der Leserkunde drei wirkende Faktoren unterscheiden:

drei Faktoren der bibliothekarischen Leserkunde

1. die Literaturaufnahme als Tätigkeit
2. den Leser
3. die Erziehungs- und Bildungsfunktion der Bibliothek, die ihrerseits wieder von dem politisch-ideologischen Bildungsziel der Gesellschaft bestimmt wird.

In dieser Richtung gilt es, in Zusammenarbeit mit z. T. bedeutenden speziellen Einrichtungen in den verschiedensten Ländern methodisch zu arbeiten, um unser Wissen vom Leseprozeß, von der Literaturaufnahme im allgemeinen und mit Hilfe von Bibliotheken im besonderen zu erweitern.

Bibliothek und Wissenschaft

Ein hierzulande noch unbeackertes Feld ist der Nachweis des Nutzeffektes der Bibliothek für den einzelnen. Wenig beachtet sind daher in der bibliothekswissenschaftlichen Literatur die verstreuten Urteile von Lesern über die Rolle der Bibliotheken in ihrem Leben.[210] Es ist aufschlußreich, daß in der einschlägigen sowjetischen Leserforschung den Leserautobiographien große Beachtung geschenkt wird.[211]
Wenig wissen wir noch von psychologischen Leseantrieben[212] und von

[209] JOSEF HARZ, RENATE BRENDEL u. PETER MEIER, *Einführung in die sozialistische Buchmarktforschung.* Leipzig 1971.

[210] Eine der bekanntesten kritischen Stimmen zu wissenschaftlichen Bibliotheken ist die von HERMANN DIELS in seinem Beitrag „Die Organisation der Wissenschaft" in der 2. Aufl. der „Kultur der Gegenwart" Bd. 1,1. Berlin, Leipzig 1912. Aus neuerer Zeit beachtenswert sind die Stimmen ausländischer Studenten in Westdeutschland hinsichtlich ihrer Bibliothekserfahrungen; vgl. Bericht der Alexander-von-Humboldt-Stiftung über ihre Tätigkeit vom 1. Okt. 1960 bis 30. Sept. 1961. Bad Godesberg 1961 S. 32–49. – OTHMAR FEYL, *Deutsche Gelehrte als Leser.* In: Buch – Bibliothek – Leser. Festschrift f. Horst Kunze … Berlin 1969 S. 499–517; ein wertvoller Beitrag zu diesem Thema.

[211] Vgl. GERHARD SCHWARZ, *Leser – Bibliothek – Lektüre.* In: ZfB 86 (1972) S. 712; Verf. zitiert dort N. E. Dobrynina „Eine Leserautobiographie … gibt Aufschluß über die Rolle des Buches im Verlauf des gesamten Lebens eines Lesers …".

[212] Einen in der volksbibliothekarischen Literatur wiederholt zitierten Versuch, Leseantriebe zu systematisieren und ausführlich zu formulieren, hat RUDOLF ANGERMANN

dem Prozeß der Literaturaufnahme. Wie extrem stehen sich gerade hier die Auffassungen gegenüber: die Goethes, der das Lesepublikum bezichtigte, das Bild, in das der Dichter das Leben verwandelt, wieder zum Stoff erniedrigen zu wollen, und die Novalis', der den Leser zum „erweiterten Autor" erhoben und ihm damit eine wichtige Funktion im künstlerischen Schaffensprozeß zugewiesen hat.

Leseantriebe

Während die ersten Beziehungen des kindlichen Lesers zum Buch passiv sind und von Erwachsenen gesteuert werden, entwickeln sich bereits im Schulalter aktive Leseantriebe, die von Phantasie und Wissensdrang gesteuert werden. Diese Motivationen werden beim jugendlichen und erwachsenen Leser sehr viel komplizierter, weil bei diesem Prozeß der Differentiation der Leseantriebe sich gesellschaftliche und berufliche Interessen, Projektionen persönlicher Probleme und imaginatives Erlebnisstreben individuell verschieden mischen.[213]

Leserkunde und Nutzerforschung

Die Anfänge der Leserkunde, so stellten wir fest, sind im Bereich der Bildungsbibliotheken gemacht worden, und auch ihre Weiterführungen nach 1945 standen in dieser Tradition und waren von deren Zielvorstellungen bestimmt.[214] Heute geht es bei der Nutzerforschung nicht einfach darum, sie auszudehnen auf den Bereich wissenschaftlicher Bibliotheken. Es ist vielmehr die Wissenschaft als Produktivkraft und ihr gesamtgesellschaftliches Gewicht, es sind die hohen Investitionen für Bibliotheks- und Informationseinrichtungen, die gebieterisch Effektivitätsnachweise verlangen. Weil die Öffentlichkeit, auf allen Gebieten im Aufwand-Nutzen-Denken bewandert, die Frage nach der Existenzberechtigung dieser Einrichtungen stellt, muß Nutzerforschung sein. Die Leserkunde, deren Nutzen unbestritten bleibt, geht auf in einer Nutzerforschung für alle Bibliotheksbereiche. Das Systemdenken auch im Bibliothekswesen führt unmittelbar zu ihr hin.

Wenn die moderne Nutzerforschung von der Einsicht ausgeht, daß es

---

unternommen: *Zur Lehre von den Leseantrieben.* In: Hefte für Büchereiwesen 13 (1929) S. 150–165. Seine drei Grundantriebe gehen auf Walter Hofmann zurück, der sie als erster, anders formuliert, herausgearbeitet hatte, um von dem primitiven Grundschema „Unterhaltende Literatur – belehrende Literatur" wegzukommen. Vgl. WALTER HOFMANN, *Das Grundverzeichnis.* Entwurf eines Planes f. seine Gliederung. In: Hefte für Büchereiwesen 9 (1924) S. 137 (S. 129–145).

213 MILAN NAKONEČNY, *Genese a struktura čtenářského zájmu.* In: Knihovna. Vědeckoteoretický sborník. T. 7. Praha 1967 S. 257–276. (Dt. Übers. 1971 beim Zentralinstitut f. Bibliothekswesen, Berlin.)

214 JOHANNA WALIGORA-RITTINGHAUS. *Lesen und Leser an den staatlichen allgemeinen öffentlichen Bibliotheken.* Berlin 1970. (Beiträge z. Theorie u. Praxis d. Bibliotheksarbeit. 5.) – HELMUT GÖHLER u. HELMA ULLMANN, *Ergebnisse einer Interessenforschung u. ihre Bedeutung für die Bibliothekspraxis.* Berlin 1970. (Beiträge zu Theorie u. Praxis d. Bibliotheksarbeit. 6.) – WILFRIED KSCHENKA, *Benutzeranalyse und pädagogische Literaturinformation.* München-Pullach, Berlin (West) 1970. (Beiträge z. Informations- und Dokumentationswissenschaft. 3.) – GOTTHARD RÜCKL, *Zu theoretischen Problemen der effektiven Befriedigung gesellschaftlicher Bedürfnisse nach Literatur u. Bibliotheksbenutzung durch die Staatl. Allgemeinbibliotheken in der DDR.* Berlin 1972. Phil. Diss.

Nutzergruppenstudien

nicht den Nutzer schlechthin gibt, sondern nur Nutzergruppen mit mehr oder weniger gleichen Verhaltensweisen und mehr oder weniger übereinstimmenden Vorstellungen vom Nutzen der Bibliotheks- und Informationseinrichtungen, so nimmt sie damit Erkenntnisse der Leserkunde auf, vermehrt um Forschungsergebnisse von Nachbarwissenschaften, insbesondere der Soziologie. Der Sinn solcher Nutzergruppenstudien kann nur sein, die tatsächlichen gesellschaftlich notwendigen Nutzeranforderungen zu ermitteln, damit die Bibliotheks- und Informationseinrichtung nach Maßgabe ihrer Möglichkeiten und mit besonderer Berücksichtigung ihrer Notwendigkeit und Vorrangigkeit sich diesen Anforderungen anpaßt. Auf der anderen Seite kommt es darauf an, die verschiedenen Nutzergruppen so mit der Organisation und Technik von Bibliotheken und Informationseinrichtungen vertraut zu machen, daß sie in die Lage versetzt werden, deren Leistungsvermögen voll auszuschöpfen. Dazu gehört auch, daß den Nutzern ihre eigentlichen Bedürfnisse präzis bewußt gemacht werden.

Nutzerfreundlichkeit

Wir gingen davon aus, daß das Entscheidende und Neue die unbedingte Einstellung des Bibliothekars und Informators auf den Leser/Nutzer ist. Nutzerforschung und erst recht Nutzerschulung haben auch eine emotionale Seite. Die erste Voraussetzung dafür ist die bewußte und beständige Nutzerfreundlichkeit des Bibliothekars. Darunter verstehen wir seine moralische Haltung gegenüber jedem Nutzer. Nur wenn der Bibliothekar sich darüber ganz und gar im klaren ist, daß er dazu da ist, dem Nutzer zu dienen,[215] kann er diese Einstellung gewinnen. Es geht also bei „Freundlichkeit" in dieser Verbindung nicht nur um Höflichkeit, die wir als selbstverständlich voraussetzen müssen. Es geht um die innere Bereitschaft des Bibliothekars und Informators, sich durch Leistungen dem Nutzer gegenüber als bereitwilliger Freund und Helfer zu erweisen.

Umgang mit Nutzern

Auf Nutzerwünsche eingehen, bedeutet, sich voll mit der Nutzerpersönlichkeit zu identifizieren. Dazu gehört auch, daß der Bibliothekar sich im Umgang mit Nutzern bemüht, seinen Fachjargon zu vermeiden und eine einfache, allgemeinverständliche Sprache zu sprechen. Fachtermini richten sofort eine Barriere auf, und die Angst unerfahrener, in der Bibliotheksbenutzung noch unbewanderter Leser, sich als dumm zu erweisen, kann sogleich die beabsichtigte Hilfestellung seitens des Bibliothekars vereiteln: Eine erzieherische, bildende Einwirkung des Bibliothekars ist dann ganz ausgeschlossen.

Bei der Fülle der bibliothekarischen Alltagsarbeit geht es nicht darum,

---

[215] Aus der Praxis des Alltags heraus und in äußerst humoriger Weise hat die American Library Association u. d. T. *Patrons are People* (Chicago 1945) eine schnurrige, zum Nachdenken anregende Schrift herausgebracht, die man mit Recht als einen kleinen „Knigge" für jeden Bibliothekar bezeichnen kann. Dt. von den Stadtbüchereien Hannover 1962 als Broschüre u. d. T.: *Leser sind auch Menschen oder Traktat von der idealen Bibliothekarin* herausgebracht. – In Ungarn beriet der Verein der Bibliothekare auf einer seiner Zusammenkünfte eigens über die Ethik des bibliothekarischen Berufs. Dabei wurde die Erarbeitung eines Kodexes angeregt. (Könyvtáros 25, 1975, S. 192–694.)

dem Nutzer etwas vorzukauen, sondern ihm den Umgang mit bibliothekarischen Hilfsmitteln so zu erleichtern, daß er sich in der Bibliothek wie zu Hause fühlt. Wegweisung (Hodegetik) zum Literaturziel des Nutzers, mit der Versicherung, daß er im Bedarfsfalle weitere Hilfe von seiten der Bibliotheksmitarbeiter erwarten kann – das ist die Aufgabe des nutzerfreundlichen Bibliothekars. Dazu gehört aber auch, daß der Bibliothekar nicht versucht, mehr zu scheinen als zu sein. Wenn er sich überfordert fühlt, soll er das deutlich sagen und den Suchenden an einen in diesem Falle fachkundigeren Kollegen oder an eine dafür kompetente Einrichtung (wissenschaftliche Fachbibliothek oder Informationsstelle) verweisen.

4. Bestandsaufbau

4.1. Erwerbung

4.1.1. *Allgemeines*

Terminologie

Anstelle der früher üblichen Dreiteilung der Arbeit einer wissenschaftlichen Bibliothek (Erwerbung, Katalogisierung und Benutzung) verwenden wir die international gültigen Begriffe Bestandsaufbau und Bestandsvermittlung. Unter Bestandsaufbau verstehen wir die ständige, planmäßige und systematische Vermehrung der literarischen Dokumente nach bestimmten Grundsätzen, die die Erfüllung des gesellschaftlichen Zweckes der betreffenden Bibliothek gewährleistet[216] (vgl. Kap. 1). Der Bestandsaufbau setzt sich zusammen aus: Buchauswahl, Erwerbung, Buchbearbeitung und Katalogisierung, also den Arbeitsprozessen, die ein erworbenes literarisches Dokument zu einem ausleihfähigen Bibliotheksbuch machen.

Es war bisher im Bereich der wissenschaftlichen Bibliotheken gang und gäbe, Fragen des Bestandsaufbaus lediglich unter dem Gesichtspunkt einzelner Bibliotheken oder höchstens im Zuschnitt auf einen bestimmten Bibliothekstyp abzuhandeln (örtlicher Bibliotheksbestand).

Staatliche Allgemeinbibliotheken

Im Bereich der Staatlichen Allgemeinbibliotheken hat sich aus dem Grundsatz, daß die große Bibliothek für die kleinere sorgen muß, die Theorie und Praxis des überörtlichen Bestandes herausgebildet.

überörtlicher Spitzenbestand Austauschbestand

Er umfaßt sowohl Spitzenbestand (d. h. differenzierte Literatur), den anzuschaffen nur in einem größeren territorialen Netz lohnend ist, als auch mobilen Bestand, d. h. aktuelle, breitenwirksame Literatur, die als Austauschbestand zeitweilig einer kleineren, häufig nur nebenberuflich geleiteten Bibliothekseinrichtung zur Verfügung gestellt wird. Solche Bestandszentren, die in einem festgelegten überörtlichen Wirkungsbereich ihren katalogmäßig erschlossenen Gesamtbestand in der skizzierten Weise einsetzen, sind Bezirksbibliotheken, Kreisbibliotheken, die sogenannten Zentralbibliotheken auf dem Lande, aber auch die Hauptbibliotheken (groß)städtischer Netze für Zweig- und Ausleihstellen.

„Überörtlicher Bestand" ist also eine pragmatische Begriffskonstruktion:

---

[216] FRITZ REDENBACHER, *Die Erwerbung.* In: Handbuch II 2. Aufl. (1961) S. 113–241. Mit Lit.angaben. – *Bibliotečnye fondy.* Učebnik. Moskva 1967. – GERTRUDE WULFEKOETTER, *Acquisition work: Processes involved in building library collections.* Seattle 1961. Mit Bibliogr. (S. 245–261). – S. R. RANGANATHAN, *Library book selection.* 2. ed. Bombay 1966. (Ranganathan series in library science. 16.) – *Voprosy komplektovanija knižnych fondov naučnych bibliotek.* (Iz opyta raboty bibl. AN SSSR.) Leningrad 1968. – *Problems of acquisition for research libraries.* Issue ed.: Rolland E. Stevens. In: Library trends 18 (1969/1970) S. 275–421. – *Perspektivy razvitija fondov naučnych bibliotek.* Metod. materialy. 1ff. Moskva 1969ff.

Es handelt sich auch hier um den zweckmäßigen Bestandsaufbau örtlicher Bibliothekseinrichtungen als Zentren, die mit spezifischen bibliothekarischen Mitteln andere Bibliothekseinrichtungen zeitweilig und nach Bedarf unterstützen. Von dieser Sonderproblematik abgesehen, behandeln wir die Fragen des Bestandsaufbaus aus der Sicht einzelner Bibliotheken, deren Kooperation mit Partnerbibliotheken uns gesondert beschäftigen wird.

4.1.2. *Buchauswahl*

4.1.2.1. Ökonomische Fragen

Die richtige Buchauswahl schafft die Voraussetzung für die gedeihliche Weiterentwicklung der Bibliotheksbestände bzw. für den organischen Bestandsaufbau einer Bibliothek bei ihrer Neueinrichtung. Die volle Verantwortung dafür liegt bei dem staatlichen Leiter. Ihm stehen dabei zur Seite:

Verantwortung

1. für die Buchauswahl das Kollektiv wissenschaftlicher Mitarbeiter;
2. für die ordnungsgemäße Beschaffung und Inventarisierung die Erwerbungsabteilung mit einem wissenschaftlichen Bibliothekar als Leiter an der Spitze.

Haushaltmittel

Die ökonomische Grundlage der Buchauswahl bilden die unter einem bestimmten Titel verbuchten Haushaltmittel der Bibliothek. Sie sind rechtzeitig einzuplanen und werden für das laufende Jahr zur Verfügung gestellt. Im Gegensatz zu der Lage der meisten Bibliotheken früher, als ihr Gedeihen von der Willkür der fürstlichen Landesherren abhängig war, verfügen die öffentlichen Bibliotheken heute über feste Mittel. Obwohl die Erkenntnis, daß Bibliotheken zu ihrer Entwicklung Geld brauchen, so alt wie die Bibliotheken selbst ist, bedurfte es eines langen, an Demütigungen reichen Weges, bis ein fester Etat Wirklichkeit wurde. Bis ins 19. Jahrhundert waren es nur zufällige Nebeneinnahmen, etwa aus Stiftungen, Inskriptionsgebühren der Studenten, Promotionsgebühren usw., die der Bibliothek zuflossen. Eine planvolle Vermehrungspolitik war unter diesen Bedingungen erschwert oder gar unmöglich. Das ändert sich allmählich und von Bibliothek zu Bibliothek verschieden in der ersten Hälfte des 19. Jahrhunderts, aber noch das ganze 19. Jahrhundert hindurch zieht sich das Nebeneinander von ordentlichen Haushaltmitteln und Sonderbewilligungen hin.

Hemmnisse in der Vergangenheit

Es ist eine besondere Errungenschaft des bibliothekarischen Berufsstandes, daß die Entscheidung über die Verwendung der Mittel heute unbestritten bei der Bibliotheksleitung liegt. Früher behinderten engstirnige Vorschriften, Statuten und Bibliothekskommissionen – besonders bei den Universitätsbibliotheken – die Verantwortung der Bibliothekare, mußten sie behindern, weil Professorenbibliothekare mit häufig nur kurzer Amtstätigkeit, von einigen wenigen rühmlichen Ausnahmen abgesehen, mehr im bibliothekarischen Nebenamt waltende Fachwissenschaftler als verantwortungsbewußte, universal schaltende Bibliothekare waren. Die Forderung nach einer alle Fächer berücksichtigenden Anschaffungspolitik, entsprechend der Funktion der betreffenden Bibliothek, ist bereits von Berufsbibliothekaren wie Friedrich Adolf Ebert erhoben worden.

Haushaltdisziplin

Der staatliche Leiter ist heute auch verantwortlich für die Beachtung strenger Sparsamkeit und die unbedingte Einhaltung der Haushaltdisziplin, die auch von allen anderen wissenschaftlichen Einrichtungen als selbstverständlich vorausgesetzt wird. Dazu ist eine ständige gute Zusammenarbeit zwischen Erwerbungsabteilung und allgemeiner Verwaltung bzw. Haushalt vonnöten: der für die Erwerbung Verantwortliche muß ständig über den Kontenstand unterrichtet sein, um danach seine Dispositionen treffen zu können. Aber auch jeder einzelne Mitarbeiter, der am Bestandsaufbau mitwirkt, muß neben Fachkenntnissen über politisches Wissen, gepaart mit ökonomischem Denken, verfügen. Jeder verantwortliche Leiter muß seine Haushaltmittel zu Beginn des Haushaltjahres aufschlüsseln nach festgelegten Ausgaben (Zeitschriften, Serien, Fortsetzungswerke usw.) und nach „freien" Mittelн für Neuanschaffungen.

Verantwortung des Bibliothekars für den Bestandsaufbau

Ganz entscheidend ist die Klärung der Verantwortung für den Bestandsaufbau, d. h. für die organische und systematische Weiterentwicklung des Bibliotheksbestandes. Sind die Bibliothekare dafür allein zuständig oder sind es die Leser – wenn ja, welche? – oder beide Seiten? Diese gewichtige Frage ist auch heute noch nicht international geklärt. Und dabei hängt für die Rolle des Bibliothekars in der Gesellschaft, für sein „Image" so viel davon ab.

Generationen von Bibliothekaren haben in Deutschland darum gekämpft, daß ihnen ihr Anspruch auf diese Verantwortung zugebilligt wurde, und ein Ergebnis ist die Herausbildung des Referentensystems. Diese Kompetenz des Bibliothekars für die Bestandsentwicklung seiner Bibliothek hat sich in Deutschland z. B. im 19. Jahrhundert herauskristallisiert.[217] Das ist aber keineswegs in allen Ländern der Fall. Als ein Beispiel seien die USA angeführt.[218] Obwohl J. Periam Danton[219] auf Grund praktischer

[217] FRITZ REDENBACHER, *Aufgabe und Verantwortung d. Bibliothekars in der Erwerbung.* In: ZfBB 6 (1959) S. 211–222.

[218] Vgl. *Zur Praxis der wissenschaftlichen Bibliotheken in den USA.* Wiesbaden 1956. (Beiträge z. Buch- u. Bibliothekswesen. 5.); dort bei F. Redenbacher S. 12, ausführlich bei W. Bauhuis S. 32 und besonders S. 104–106. Darin z. B.: „Der Vermehrungsetat der amerikanischen Universitätsbibliotheken wird in Einzelfonds aufgeteilt, über die die Professoren und Institutsleiter direkt oder im Rahmen von Kaufkommissionen, denen meistens Akzessions-Bibliothekare angehören, verfügen" (S. 102).

[219] J. PERIAM DANTON, *Book selection and collection.* A comparison of German and American university libraries. New York, London 1963. Trotz der einseitigen Orientierung auf westdt. Universitätsbibliotheken ist diese Studie wichtig und anregend, weil sie die unterschiedlichen Verhaltensweisen der Bibliothekare zur Buchauswahl dar-

Erfahrungen in den USA und der BRD als Ergebnis eine vergleichende bibliothekswissenschaftliche Studie vorgelegt und als Idealfall die Verantwortung des Bibliothekars für den Bestandsaufbau bei gleichzeitiger Beachtung der Wünsche, Meinungen und Forderungen maßgeblicher Leser vorgeschlagen hat, hat sich jedoch noch keine einheitliche Auffassung in den USA herausgebildet. Wohl aber ist ein breiter Meinungsstreit darüber noch immer im Gange.

Halten wir fest, daß es bei der Buchauswahl ausschließlich auf das beste Ergebnis für Wissenschaft und Bildung ankommt. Deshalb ist der Weg am besten, der am sichersten und einfachsten dahin führt. Die bibliothekarische Erfahrung spricht dafür, daß der sich für seine Bibliothek verantwortlich fühlende wissenschaftliche Bibliothekar, der den Rat qualifizierter Leser (Forscher und wissenschaftlicher Arbeiter) dankbar entgegennimmt, ja sogar sucht, die beste Erwerbungspolitik[220] zu betreiben vermag. In den Hochschulbibliotheken z. B. sollte als Grundsatz gelten, daß die ideale Buchauswahl nur als Gemeinschaftswerk zwischen Bibliothekaren und Fachwissenschaftlern erreicht werden kann. Deshalb sind hier die Wissenschaftler der Sektionen sowie der Informationsorgane, aber auch andere Fachwissenschaftler der Hochschule am Bestandsaufbau des Bibliotheksnetzes soweit wie möglich zu beteiligen, denn es geht dabei vorrangig um Arbeitsmittel für *ihre* Lehr-, Bildungs- und Forschungstätigkeit (vgl. auch Kap. 4.1.2.3.).

die ideale Buchauswahl

4.1.2.2. Sammelaufgaben wissenschaftlicher Bibliotheken

Bei der Erörterung der Sammelgrundsätze der wissenschaftlichen Bibliotheken haben wir zunächst zwischen wissenschaftlichen Allgemeinbibliotheken und wissenschaftlichen Fachbibliotheken zu unterscheiden. Für letztere liegen die Sammelaufgaben je nach Fachgebiet fest; verschieden kann nur der äußere Umfang und die wissenschaftliche Qualität der Vermehrungen sein. Eine wissenschaftliche Fachbibliothek, z. B. die Forschungsbibliothek eines Akademieinstitutes für Geographie, wird die spezielle wissenschaftliche Literatur des Gebietes sammeln, und zwar Fachzeitschriften, Monographien sowie Sonderformen. Eine wissenschaftliche Fachbibliothek auf dem Gebiete der Pädagogik, die auch der Verbreitung wissenschaftlicher Kenntnisse dient und jedermann zugänglich ist, wird zusätzlich auch die populärwissenschaftliche Literatur

Sammelgrundsätze der Fachbibliotheken

---

stellt, analysiert und daraus sehr diskutable Schlußfolgerungen ableitet. – ARTHUR HAMLIN, *The book collection of British university libraries: an American reaction.* In: Internat. library review 2 (1970) S. 146–151. – J. PERIAM DANTON, *University library selection policy revisited.* In: Internat. library review 3 (1971) S. 61–65. – Ferner vorher vgl. dazu die Polemik in: The library quarterly 37 (1967) S. 284–295 (M. KRAFT), 38 (1968) S. 286–290 (H. LENNEBERG).

[220] Analysentätigkeiten zwecks Erhöhung der Effektivität des Bestandsaufbaus werden in Kap. 8 und 9 behandelt.

des Gebietes pflegen (z. B. eine pädagogische Zentralbibliothek). In jedem Falle aber wird sich der Sammelauftrag auf das Fachgebiet und seine Grenzgebiete beschränken, je nach Funktion, örtlicher Bibliothekssituation und Mitteln. Daß daneben noch allgemeine politische und gesellschaftswissenschaftliche Literatur sowie Nachschlagewerke benötigt werden, ist selbstverständlich.[221]

universaler Sammelauftrag der wissenschaftlichen Allgemeinbibliotheken

Sehr viel schwieriger ist die eindeutige Klärung der Sammelaufgaben wissenschaftlicher Allgemeinbibliotheken (Staats-, National-, Universitäts- und Landesbibliotheken), sowohl nach der Quantität als auch nach der Qualität. „Die vollkommene Bibliothek" – so definiert Emil Gratzl[222] – „müßte alles enthalten, was der menschliche Geist zur Erkenntnis seiner selbst und der uns umgebenden Welt der Erscheinungen, zur Erkennung und Erklärung des Universums, zur Aufhellung der Vergangenheit der Erde und des Menschengeschlechtes, zur Beschreibung des gegenwärtigen Zustandes beider, zur Bereicherung des menschlichen Lebens durch Dichtung, Kunst und Religion und zur Ordnung der Beziehungen von Mensch zu Mensch und Volk zu Volk geleistet hat, soweit diese Erkenntnis im geschriebenen oder sonst vervielfältigten Wort (und Bild) niedergelegt ist und in immer weiterem Umfang niedergelegt wird." Oder kürzer gesagt, sie sollte „das allein sichere und bleibende Gedächtnis des menschlichen Geschlechts" (Schopenhauer) sein. Selbst die größten Weltbibliotheken mit universalem Sammelauftrag erreichen dieses Ziel in neuerer Zeit nicht mehr.

Rolle der Nationalbibliotheken

Gerade weil das vollständige Sammeln internationaler Literatur eine Utopie geworden ist, kommt den *Nationalbibliotheken*, die in der Regel zugleich Zentren der nationalen Primärbibliographie sind, eine große Bedeutung zu: Sie haben die Nationalliteratur vollständig zu erfassen und sollen sich dieser großen Aufgabe für alle anderen Bibliotheken des Landes im Dienste der Wissenschaft ausschließlich widmen. Das Beispiel der Deutschen Bücherei zeigt, welch gewaltiger Apparat und welche Summe zähen Fleißes nötig sind, um mit Vollständigkeit auch nur die auf eine Sprache beschränkte Sammelaufgabe wahrzunehmen. Die Sammelgrundsätze der Nationalbibliotheken sind sehr uneinheitlich (vgl. Kap. 2.1.3.1.).[223] Häufig ist noch eine zu starke Zurückhaltung gegenüber dem Kleinschrifttum zu beobachten. Maxime ihres Handelns sollte sein, daß vom Standpunkt der Einzelwissenschaften, vor allem im Interesse einer sehr intensiven gesellschaftswissenschaftlich-soziologischen Forschung, heute scheinbar nebensächliche Erscheinungen der Nationalliteratur

---

[221] HANS-ULRICH KLOTH, FRITZ-GEORG BARTH u. RUDI MÖBUS, *Die wissenschaftliche Fachbibliothek.* 2. Aufl. Leipzig 1975. Kap. 2 *Bestandsaufbau.*

[222] Im Handbuch II (1933) S. 118.

[223] Zum Beispiel *Sammelgrundsätze der Deutschen Bücherei.* Nur f. d. Dienstgebrauch. Mechan. vervielf. [1962]. Während letztere im wesentlichen nur ausschließen, welche Literatur die Deutsche Bücherei *nicht* sammelt, führt die *Sammelgebietsanweisung der Nationalbibliothek Széchényi* Budapest (1962, mechan. vervielf.) die zu erfassenden Literaturgruppen ausführlich an.

morgen schon dokumentarische Bedeutung haben können. Damit die wissenschaftlichen Allgemeinbibliotheken mit Auswahlcharakter und die wissenschaftlichen Fachbibliotheken ihre kritische Auswahlfunktion mit gutem Gewissen ausüben können, müssen an einer Stelle des Landes zentral *alle* Erzeugnisse der Nationalliteratur erfaßt sein, auch die abseitigsten.

Wenn die Bibliotheken auf allen Gebieten genötigt werden, neue Arbeitsmethoden zu entwickeln, so müssen es eben auch die Nationalbibliotheken. Es ist ein überholter Standpunkt, daß für eine Nationalbibliothek Erfassen und bibliographisches Verzeichnen identisch sind, d. h., es gibt innerhalb der Nationalliteratur bestimmte Literaturgruppen, deren Erfassung und materielle Erhaltung zunächst einmal vordringlich ist, die aber nicht in jedem Falle in der Nationalbibliographie verzeichnet zu werden brauchen. Eine summarische Aufstellung und Verwahrung bestimmter Literaturgruppen ist besser, als sie überhaupt nicht zu erfassen; der Forscher ist dankbar, wenn er diese Literatur am Standort einsehen kann. Der Bibliothekar von heute sollte seinem Kollegen von übermorgen die Chance geben, über dieses Material zu befinden – es entweder nachträglich gewissenhaft zu katalogisieren oder zu makulieren. Wenn wir gar die maschinelle Verarbeitung ins Auge fassen, so müssen alle großzügigen Auslassungen und Einschränkungen bei der Erfassung der Nationalliteratur heute für morgen als bedenklich gelten.[224]

breites Sammeln der Nationalliteratur – Hauptaufgabe der Nationalbibliothek

Grundsatz für die Sammeltätigkeit der Nationalbibliotheken sollte daher sein, die Nationalliteratur so breit wie möglich zu erfassen und aufzubewahren. Wenn es erforderlich ist, können sie Kleinschrifttum von untergeordneter Bedeutung von der bibliographischen Verzeichnung nach bestimmten, schriftlich fixierten Grundsätzen ausschließen. Vollständigkeit ist zwar kein wissenschaftliches, wohl aber ein einmalig notwendiges Sammelprinzip, und auch deshalb nehmen die Nationalbibliotheken eine Sonderstellung in jedem Bibliothekssystem ein.

Dem Charakter einer wissenschaftlichen Bibliothek entsprechend, kann es sich bei universal sammelnden Bibliotheken stets nur um eine *Auswahl* des wissenschaftlich Wertvollen handeln, eine Auswahl, die bei dem Sammeln der eigenen nationalen Literatur ganz natürlich sehr viel weiter gehen wird als bei der ausländischen Literatur. Das Auswählen[225] nach

Auswahlgesichtspunkte

[224] HELMUT LOHSE u. HORST HALFMANN, *Die Sammelgrundsätze der Nationalbibliotheken einiger sozialistischer Länder.* In: Jahrbuch d. Deutschen Bücherei. Jg. 2. Leipzig 1966 S. 9–35. – HORST KUNZE, *Nationalliteratur, Konsumliteratur und Bibliotheken.* In: Festschrift Josef Stummvoll ... zum 65. Geburtstag ... 1967. Hrsg. v. Josef Mayerhöfer u. Walter Ritzer unter Mitarb. v. Maria Razumovsky. T. 2 Wien 1970 [1971] S. 562–570.

[225] Vgl. dazu die noch immer beachtenswerten Ausführungen bei ARNIM GRAESEL, *Handbuch der Bibliothekslehre.* 2. Aufl. Leipzig 1902 S. 340–343; ferner im Handbuch II (1933), S. 124–127 (EMIL GRATZL); Handbuch II 2. Aufl. (1961) S. 116–118 (FRITZ REDENBACHER); GEORG LEYH, *Stellung u. Aufgabe d. wiss. Bibliothek in der Zeit.* In: ZfB 53 (1936) S. 473–482 (auch enthalten in GEORG LEYH, *Aus 40 Jahren Bibliotheksarbeit.* Wiesbaden 1954 S. 136–144).

Zweckmäßigkeit und Güte ist ein bibliothekarisches Kernproblem, mit dem besonders der wissenschaftliche Nachwuchs eingehend vertraut gemacht werden muß. Es ist im nationalen Rahmen nur durch eine kollektive Aufgabenverteilung in Zusammenarbeit mit den wissenschaftlichen Fachbibliotheken zu lösen. Schriftlich festgelegte Erwerbungsgrundsätze (Erwerbungsprogramme) müssen die Grundlage aller Auswahlentscheidungen bilden.[226]

obere Bestandsgrenze

Auf den Zusammenhang dieses Kernproblems mit einem anderen zentralen Problem der wissenschaftlichen Universalbibliotheken, der Raumfrage, ist zuerst W. Bauhuis eingegangen und zu folgender Forderung gelangt: „Während früher die Bibliotheken den Ehrgeiz hatten zu wachsen, werden sie jetzt bald ihre Anstrengungen darauf richten, eine Höchstgrenze zu halten und nur noch so viele Bücher neu einzustellen, wie sie zur gleichen Zeit ausscheiden und an eine Speicherbibliothek abgeben können."[227] Damit ist die Frage aufgeworfen, ob auch in wissenschaftlichen Bibliotheken eine obere Bestandsgrenze und ein aktiver Buchbestand zweckmäßig sind. Das ist aber weit mehr als eine Raumfrage, nämlich eine grundsätzliche Frage der Perspektive des Bibliothekswesens, die uns bereits beschäftigt hat.

Sammeln und Erhalten

Selbst bei Beachtung wissenschaftlicher Auswahlprinzipien ist der Sammelauftrag wissenschaftlicher Universalbibliotheken weit, weil der zeitliche Rahmen Vergangenheit und Gegenwart umfaßt. Gewiß erfüllt jede Bibliothek, die wissenschaftliche wie die allgemeinbildende, als Institution des Überbaus einen ganz bestimmten, von den derzeitigen ökonomischen Grundlagen abhängigen und zugleich auf diese einwirkenden gesellschaftlichen Auftrag, der höchst aktuell ist. Darüber hinaus aber haben die wissenschaftlichen Bibliotheken die Aufgabe, die von ihnen erworbenen Dokumente zu erhalten und auch künftigen Generationen bereitzustellen; zugleich wird von ihnen erwartet, daß sie die Druckdenkmäler vergangener Epochen bewahren und der Forschung zur Verfügung halten *(Archivcharakter)*. Das kann aber heute nicht mehr besagen, daß *alle* Bibliotheken *alles* für *alle* Zeit aufbewahren müssen. Zur Wahrnehmung dieser prinzipiell sehr wichtigen Archivaufgabe ist vielmehr eine Kooperation der Bibliotheken ebenso notwendig wie auf anderen Gebieten der modernen Bibliotheksarbeit. Ökonomische Gesichtspunkte drängen gebieterisch dazu, im nationalen Rahmen das Problem von konzentrierten Speichern wissenschaftlicher und anderer Altbestände zu lösen (vgl. Kap. 10).

Wissenschaftliche Bibliotheken stehen wie die allgemeinbildenden Bibliotheken in ihrer Zeit und wirken wie diese in ihre Zeit hinein, sie müssen aber im Gegensatz zu ihnen auch die Verbindung zu den Quellen vergan-

---

[226] *Richtlinien für die Erwerbungspolitik der Deutschen Staatsbibliothek.* In ihrer ersten Fassung abgedruckt bei OSKAR TYSZKO, *Die Richtlinien für die Erwerbungspolitik.* In: Aus d. Arbeit d. DSB. Leipzig 1961 S. 7–22. (ZfB Beih. 81.) 2. Aufl. Berlin 1965. (Maschinenschr. vervielf.) Neudruck 1971.

[227] Nachr. Dok. 3 (1952) S. 121.

gener Epochen, sofern sie in einem schriftkundigen Zeitalter liegen, herstellen können. Und über die Gegenwart hinaus muß sich ihr Bestandsaufbau auch auf die wissenschaftlichen Bedürfnisse in der Zukunft einstellen, wie sie in der gesellschaftlichen Entwicklung vorgezeichnet sind.

nur annähernde Vollständigkeit möglich

Man hat nicht zu Unrecht festgestellt, daß der Bibliothekar beständig einen geradezu tragischen Kampf gegen die innere Unmöglichkeit kämpft, seiner Aufgabe voll gerecht zu werden. Feststeht, daß der funktionelle Sammelauftrag wissenschaftlicher Universalbibliotheken, annähernde Vollständigkeit aller wissenschaftlich wertvollen Literatur, Bücher und Zeitschriften im internationalen Rahmen, selbst bei einem einschränkenden Auswahlcharakter nicht wörtlich genommen werden darf, sondern nur das nie vollkommen erreichte Ziel darstellt. So möge der Bibliothekar Trost finden in der Erkenntnis, daß sein Bemühen um eine sinnvolle Auswahl nur nach ihrer Qualität, nicht nach ihrer Quantität richtig zu beurteilen ist.

naturwiss.-technische Literatur

Die wissenschaftlichen Universalbibliotheken haben in der vergangenen Zeit dieses Ziel nur sehr einseitig, nämlich unter Bevorzugung der gesellschaftswissenschaftlichen Literatur angestrebt, obwohl sie früher als auf anderen Gebieten der Wissenschaftsorganisation zur Verteilung der Sammelaufgaben untereinander, zur Planwirtschaft bei den Neuerwerbungen, gelangt sind. Heute ist es eine Selbstverständlichkeit, daß die wissenschaftliche Universalbibliothek neben den gesellschaftswissenschaftlichen Fächern den naturwissenschaftlichen und technischen besondere Aufmerksamkeit zuzuwenden hat.

Literatur aus der SU und den sozialistischen Ländern

Ein weiterer Grundsatz der Erwerbungspolitik wissenschaftlicher Bibliotheken, der sich ebenfalls aus ihrer historischen Entwicklung ableiten läßt, muß der sein, die wissenschaftliche Literatur aus der Sowjetunion und den anderen sozialistischen Ländern besonders zu beachten.

Es geht dabei nicht nur darum, die Vernachlässigung der osteuropäischen Literatur in der Vergangenheit[228] wieder gutzumachen, ganz zu schweigen von der geistigen Abschnürung vom Osten, die den deutschen Bibliotheken von 1939 bis 1945 aufgezwungen worden war. Die Beschaffung und Bereitstellung besonders der sowjetischen Literatur ist heute eine objektive Notwendigkeit der Bibliotheken[229] im Dienste der internationalen Wissenschaft, für die der sozialistischen Länder zudem eine wichtige politische Aufgabe: sie propagieren durch intensive und zügige Erschlie-

---

[228] Zu den deutsch-sowjetischen Kultur- und Bibliotheksbeziehungen nach dem ersten Weltkrieg (bis 1933) vgl. *Deutschland – Sowjetunion. Aus 5 Jahrzehnten kultureller Zusammenarbeit.* Berlin 1966. Dort insbes. OTHMAR FEYL, *Die bibliothekarische Zusammenarbeit zwischen Deutschland und der Sowjetunion und ihre nationale und internationale Rolle* (1920–1930) S. 157–164. Dazu eine Diplomarbeit von M. SNIGULA am Institut f. Bibl. wiss. und wiss. Information der Humboldt-Universität zu Berlin. Berlin 1964. Maschinenschriftl.

[229] MIROSLAV NOVÁK, *Sowjetische technisch-naturwissenschaftliche Literatur in der UB/TIB Hannover.* In: ZfBB 20 (1973) S. 328–338.

ßung die Ergebnisse der sowjetischen Wissenschaft.[230] Eine rühmliche Ausnahme neben anderen sind die erfolgreichen Bemühungen der Notgemeinschaft der Deutschen Wissenschaft in den Jahren 1925 bis 1933 um Beschaffung russischer und sowjetischer Literatur auf dem Kauf- oder Tauschwege neben der für diese Organisation selbstverständlichen Bevorzugung westeuropäischer Literatur.

staatliche und ökonomische Schwerpunkte

Damit haben wir bereits zwei entscheidende Gesichtspunkte für einen harmonischen, universalen Bestandsaufbau in wissenschaftlichen Bibliotheken gewonnen. Unabhängig davon werden die Grundzüge der Erwerbungspolitik der wissenschaftlichen Bibliotheken in der Deutschen Demokratischen Republik durch die staatlichen Planungen und wirtschaftlichen Schwerpunkte bestimmt. Die sich daraus ergebenden Folgerungen stimmen mit den oben aus der gesellschaftlichen Entwicklung abgeleiteten Grundsätzen völlig überein. Sie lauten: Beschaffung derjenigen Literatur, die für den planmäßigen wirtschaftlichen und gesellschaftlichen Aufbau die wissenschaftlichen Voraussetzungen schafft und seiner Durchführung dient. Gerade aus dieser Aufgabenstellung wird deutlich, wie unmittelbar die wissenschaftlichen Bibliotheken in der Deutschen Demokratischen Republik wie in allen sozialistischen Ländern in den Entwicklungsprozeß des sozialistischen Aufbaus eingeschaltet sind.

Zeitschriften

Die internationale Zeitschriftenliteratur, in der das Fortschreiten der Wissenschaft heute in erster Linie seinen Niederschlag findet, muß in einem angemessenen Umfang neben der monographischen Literatur gesammelt werden. In den wissenschaftlichen Fachzeitschriften spiegelt sich die Pioniertätigkeit der Forscher und Wissenschaftler wider. Sie informieren die Fachwelt über die letzten Ergebnisse der Forschung und deren neuesten Stand. Besonders auf naturwissenschaftlich-technischem Gebiet wird ihre wissenschaftliche Aktualität deutlich. Bewährt hat sich auch der alte Grundsatz, daß die wissenschaftlichen Bibliotheken an Nachschlagewerken in erster Linie die umfassenden ausländischen, die der einzelne Forscher sich wegen ihres hohen Preises nicht anschaffen kann, erwerben sollen.

Selbstverständlich müssen diese allgemeinen Sammelgrundsätze von Fall zu Fall ihre örtlich unterschiedliche Anwendung erfahren. Die mitbestimmenden Faktoren sind: 1. die Funktion der Bibliothek, 2. die Bibliothekssituation an dem betreffenden Ort, 3. die Haushaltmittel.

---

[230] FRIEDHILDE KRAUSE, *Zur Pflege der fortschrittlichen humanistischen russischen und sowjetischen Belletristik durch die Deutsche Staatsbibliothek.* In: Buch – Bibliothek – Leser. Festschrift für Horst Kunze zum 60. Geb. Berlin 1969 S. 239–248. – JOACHIM DIETZE u. JUTTA FLIEGE, *Untersuchung über Erwerbung und Nutzung sowjetischer Literatur an der UuLB Sachsen-Anhalt in Halle (Saale).* In: ZfB 86 (1972) S. 587–595. – DIETER SCHMIDMAIER, *Die sozialistische ökonomische Integration und die Arbeit der Bibliotheken.* In: Neue Bergbautechnik 2 (1972) S. 934–936. – WERNER DUX, I. WERNER u. HANS-DIETER WÜSTLING, *„Universitätsbibliothek der Deutsch-Sowjetischen Freundschaft.“* In: ZfB 86 (1972) S. 723–730. – GERHARD SCHWARZ, *Sowjetliteratur und wissenschaftliche Bibliotheken.* In: ZfB 87 (1973) S. 641–650; dort weitere Untersuchungen zur Nutzung sowjetischer Lit. zit.

Bei allen Erwerbungen einer wissenschaftlichen Allgemeinbibliothek, vorzüglich für die Gesellschaftswissenschaften, ist der Gesichtspunkt der Parteilichkeit (vgl. Kap. 1) zu beachten. Der Pflege humanistischer Literatur gilt ihre ganze Aufmerksamkeit. Das schließt nicht aus, daß bestimmte wissenschaftliche Bibliotheken zu Forschungszwecken antihumanistische Literatur erwerben müssen. Eine Sonderstellung nimmt die Deutsche Staatsbibliothek ein, die derartige Literatur im größeren Umfange anschafft. Von ihrem Sammelgebiet her geschieht dies für die deutschsprachige Literatur auch in der Deutschen Bücherei.

gesellschaftswissenschaftliche Literatur

Diese allgemeinen Grundsätze der Erwerbungspolitik gelten für alle Bibliotheken der Deutschen Demokratischen Republik. Darauf fußend und entsprechend ihrer Funktion gilt für jede Bibliothek ein individuelles Programm für den Bestandsaufbau. Dieses Programm für den Bestandsaufbau einer bestimmten Bibliothek oder eines Bibliothekstyps bezeichnen wir als Erwerbungsrichtlinien, an deren Erarbeitung die bibliothekarischen und wissenschaftlichen Mitarbeiter beteiligt sind. Die Erwerbungsrichtlinien einer Bibliothek gehen notwendigerweise von der Funktion der Bibliothek und ihren Sammelaufgaben aus und ziehen daraus für ihre spezifische Buchauswahl die notwendigen Schlußfolgerungen.[231] Sie sind von Zeit zu Zeit auf ihre Gültigkeit zu überprüfen. Die Erfahrung hat gelehrt, daß selbst wohlüberlegte und ausführliche Erwerbungsrichtlinien nur Grundsätze bleiben, deren Anwendung den Bibliothekar immer wieder vor neue Entscheidungen stellt.

Erwerbungsrichtlinien der einzelnen Bibliotheken

4.1.2.3. Methoden der Buchauswahl

Die schwierigste Aufgabe für die Buchauswahl besteht für die wissenschaftlichen Mitarbeiter darin, diejenigen bibliographischen Unterlagen selbständig durchzuarbeiten, die allein die ausreichende Voraussetzung für eine umfassende und vielseitige Buchauswahl bieten: die Nationalbibliographien. Diese Verpflichtung ist eine große Belastung, aber eine unvermeidliche, denn alle Versuche, die wissenschaftlichen Bibliotheken durch zentral erarbeitete Listen bester Bücher bei der Buchauswahl zu entlasten, haben sich bisher als unzureichend erwiesen. Anders verhält es sich naturgemäß bei den allgemeinbildenden Bibliotheken, bei denen empfehlende Listen von Neuerscheinungen äußerst zweckmäßig und in den meisten Fällen ausreichend sind.[232]

Erwerbungsunterlagen

Nationalbibliographien

Für wissenschaftliche Bibliotheken kann die Durchsicht gedruckter Zugangsverzeichnisse von Weltbibliotheken eine Hilfe und Kontrolle bei der Auswahl internationaler wissenschaftlicher Literatur, nie ein Ersatz für die Durchsicht der Primärbibliographie sein. Anders verhält es sich

---

[231] GÜNTHER MEYER, *Zur Methodik der Erarbeitung von Erwerbsgrundsätzen.* In: ZfB 82 (1968) S. 449–461.

[232] Vgl. hierzu die näheren Ausführungen S. 117.

Rezensionen

mit der Auswertung von Rezensionen in Referateblättern und Fachzeitschriften. Es gibt Bibliotheken, die die Anschaffung ausländischer Literatur auf bereits erschienenen positiven Rezensionen der betreffenden Werke aufbauen, aber diese Methode hat den Nachteil, daß damit ein zeitlicher Verzug bei der Bestellung und die Gefahr in Kauf genommen werden müssen, daß dann das bestellte Buch bereits vergriffen ist. In Zweifelsfällen mag gelegentlich das Erscheinen von Besprechungen (möglichst mehreren!) abgewartet werden, wie es überhaupt für den wissenschaftlichen Bibliothekar geboten ist, wenigstens die wichtigsten allgemeinen Referatezeitschriften sowie die internationalen Referateblätter seines Fachgebietes zu verfolgen. Allerdings muß man bei einem wissenschaftlichen Bibliothekar voraussetzen können, daß er weiß, wie sehr das Rezensionswesen in den kapitalistischen Ländern von geschäftstüchtigen Verlegern gesteuert wird. Infolgedessen muß er sich gegenüber Rezensionen kritisch verhalten und einen eigenen Standpunkt einzunehmen suchen.

bibliothekarische Kriterien

Bei seinen Vorschlägen für Anschaffung und Aufstellung läßt sich der wissenschaftliche Bibliothekar neben seinem Fachwissen, das ihn z. B. befähigt, die wissenschaftliche Bedeutung einer Publikation und ihres Autors einzuschätzen, auch von bibliothekarischen und bibliographischen Kriterien leiten: Verlag, Aufnahme in eine bestimmte Schriftenreihe, neue kritische Ausgaben, bisher unveröffentlichte Textausgaben oder Briefsammlungen, wissenschaftlicher Apparat, insbesondere Register[233], bibliographische Angaben usw.

Zusammenarbeit mit Lesern

Bei der richtigen Buchauswahl einer wissenschaftlichen Bibliothek werden verschiedene Faktoren wirksam. Es versteht sich von selbst, daß jede Bibliothek die Anschaffungsvorschläge ihrer interessierten Leser genau beachtet, die diese mündlich im Verkehr mit den Mitarbeitern der Bibliothek im Lesesaal, in der Auskunftsabteilung oder schriftlich durch formlose Meldungen, durch Eintragung ins Wunschbuch oder auf irgendeinem anderen Wege der Bibliothek nahebringen. Die regelmäßige Auswertung der Bücherbestellungen, die vom Signierdienst nicht positiv bearbeitet werden konnten (Ortsausleihe und Fernleihe), sollte in jeder Bibliothek selbstverständlich sein. Freilich dürfen solche Wünsche oder zufälligen Feststellungen nicht kritiklos in Bestellungen umgewandelt werden. Festgelegte Erwerbungsrichtlinien sind auch bei solchen Entscheidungen wertvoll und uneinsichtigen Lesern gegenüber, die ihr persönliches Literaturbedürfnis überschätzen, zuweilen auch nützlich.

So wie an der Erarbeitung von Erwerbungsrichtlinien das gesamte Kollektiv der wissenschaftlichen Mitarbeiter einer Bibliothek beteiligt ist, so auch bei ihrer Anwendung. Die Vorstufe der Erwerbungsarbeit ist die Buchauswahl. Diese maßgeblichen Vorarbeiten für den Bestandsaufbau

---

[233] Jeder Bibliothekar sollte Kenntnisse der Registerarbeit haben und das Fehlen von Registern in wissenschaftlichen Publikationen größeren Umfangs kritisieren. Vgl. HORST KUNZE, *Über das Registermachen.* 3. Aufl. Leipzig 1968.

werden außerhalb der Fachabteilung Erwerbung geleistet. Buchauswahl ist Aufgabe des wissenschaftlichen Mitarbeiterkollektivs.

Buchauswahl

In wissenschaftlichen Fachbibliotheken werden heute die Anschaffungen, mindestens die wichtigen ausländischen und teueren in der Regel ebenfalls im Kollektiv der wissenschaftlichen Mitarbeiter unter Berücksichtigung der Bestandskoordinierung auf fachlicher und regionaler Ebene beraten. Den patriarchalischen Verhältnissen, in denen der Institutsdirektor anordnete, was „seine" Bibliothek anschaffte, sollten wir – in großen und kleinen Bibliotheken – entwachsen sein. Umgekehrt wäre es falsch zu meinen, daß die kollektiven Beratungen in Erwerbungsfragen den staatlichen Leiter von der Gesamtverantwortung für die Erwerbungspolitik entbinden könnten. Die letzte Entscheidung im Einzelfalle, sofern sich das als notwendig erweist, hat der staatliche Leiter oder der von ihm mit der Wahrnehmung dieser Funktion beauftragte Direktor der Erwerbungsabteilung zu treffen.

Entscheidung in Fragen der Buchauswahl

Für ältere und auch verlorengegangene Werke, die zur Lückenergänzung angeschafft werden sollen, empfiehlt es sich, eine besondere *Desideratenkartei* zu führen. Sie entsteht in der Hauptsache aus der praktischen Arbeit der wissenschaftlichen Mitarbeiter. Bei Bibliotheken, die ein ausgeprägtes Fachreferatsystem haben, führen die einzelnen Fachreferenten zunächst handschriftliche Desideratenkarteien. Die wichtigsten Desiderata davon melden sie laufend der Erwerbungsabteilung zum Suchen, während die eingehenden Antiquariatsangebote gleichzeitig unter diesem Gesichtspunkt von den Fachreferenten ausgewertet werden.

Desideratenkartei

Auch bei den allgemeinbildenden Bibliotheken zeigt sich mit der wachsenden Profilierung zwischen den verschiedenen Typen Staatlicher Allgemeinbibliotheken und ihrer sehr unterschiedlichen Größe – und das gilt auch für die Gewerkschaftsbibliotheken – eine immer stärkere Differenzierung im Bestandsaufbau. Die Erwerbungstätigkeit beschränkt sich nicht mehr allein auf Literatur aus der DDR. In den großen Wissenschaftlichen Allgemeinbibliotheken der Bezirke beispielsweise wird zunehmend auch wichtige ausländische Literatur angeschafft. Je nach Funktion und Größe der allgemeinbildenden Bibliothek ist die Buchauswahl aus der Produktion der DDR unterschiedlich. Es erwies sich als zweckmäßig, über die herkömmlichen Informationsmittel für den Bibliothekar in allgemeinbildenden Bibliotheken hinaus[234] Hinweise auf wichtige Neuerscheinungen aus der nationalen Buchproduktion zu geben. Das Erscheinen eines wöchentlichen *Informationsdienstes für den Bestandsaufbau der staatlichen Allgemeinbibliotheken und Gewerkschaftsbibliotheken*[235] bedeutet in Verbindung mit der Versorgung mit

allgemeinbildende Bibliotheken

[234] Zum Beispiel der regelmäßige Teil *Buchbesprechungen* der Zeitschrift *Der Bibliothekar.*

[235] Nur für d. Dienstgebrauch in allgemeinbildenden Bibliotheken. Seit 1956, zuerst als *Vorankündigungsdienst...*, hrsg. vom LKG Leipziger Kommissions- und Großbuchhandel, seit 1960 (ab Nr. 37) unter dem oben zit. Titel und hrsg. vom Zentralinstitut

ausleihfertiger Literatur (LKG) einen großen Schritt nach vorn. Diese Rationalisierungsmaßnahmen haben sich bestens bewährt.

4.1.2.4. Kaufsitzungen

Kaufsitzungen

Ein Mittel, die gleichmäßige Handhabung der gemeinsam erarbeiteten Erwerbungsgrundsätze zu gewährleisten, waren regelmäßige, ein- oder zweimal wöchentlich durchgeführte Kaufsitzungen, die in den wissenschaftlichen Bibliotheken mit Referatsystem früher für notwendig gehalten worden sind. Ihr ursprünglicher Charakter, den Kauf wichtiger Werke gemeinsam zu beraten, ist schon seit langer Zeit weitgehend verlorengegangen. Sie dienten in der Regel, neben der laufenden Verständigung über die Handhabung der Erwerbungsrichtlinien, dazu, daß die Referenten die wichtigsten Bücher ihres Fachgebietes vorstellten und Vorschläge zu deren Behandlung machten. Auch die Beratung über die Anschaffung großer und teurer ausländischer Publikationen sowie von umfassenden Fortsetzungswerken war Gegenstand von Kaufsitzungen. Die Mitarbeiter der Erwerbungsabteilung hatten dazu die Neueingänge einige Tage vorher in der Kaufauslage bereitgestellt, so daß die Referenten genügend Zeit zur Durchsicht der Bücher ihres Referates hatten. Die von Haus aus wichtige Einrichtung der Kaufsitzung, die auch Gelegenheit zum Erfahrungsaustausch bot, hat aus Gründen der Rationalisierung der Arbeit

Vereinfachungen

Veränderungen erfahren müssen. Um die Wartezeiten der Bücher, die sich durch deren Auslage ergaben, einzusparen, sind viele Bibliotheken entweder zur täglichen Kaufsitzung übergegangen oder haben auf die traditionelle Kaufsitzung ganz verzichtet. In Bibliotheken mit einer Vielzahl von Referenten (wie der DSB Berlin) ist man zur täglichen Durchsicht der Neueingänge übergegangen, ohne daß sich alle Referenten persönlich einfinden, wenn die Abnahme der täglichen Auslage durch leitende Mitarbeiter erfolgt.

Da aber eine Verständigung über die Grundsätze der Erwerbungspolitik und der Arbeitsmethodik von Zeit zu Zeit notwendig ist, muß der Wegfall der gemeinsamen Kaufsitzungen durch gelegentliche Beratungen oder Kolloquien mit den Fachreferenten ausgeglichen werden.

---

f. Bibliothekswesen, Berlin. – WERNER PLEITZ, *Zum neuen System der Bibliotheksversorgung mit ausleihfertiger Literatur.* In: Börsenblatt f. d. Dt. Buchhandel, Leipzig 135 (1968) S. 270–271.

4.1.2.5. Kleinschrifttum (schwer beschaffbare Literatur)

Begriff Kleinschrifttum

Ein besonderes Problem, das vor allem die großen wissenschaftlichen Bibliotheken heute mehr denn je beschäftigt, ist die Erfassung und Bearbeitung von Kleinschrifttum des In- und Auslandes.[236] Es wäre gut, wenn der zweifelhafte Begriff „minderwichtige Literatur" hier ganz aus dem Spiele gelassen würde. Besser ist es, von *Kleinschrifttum* und *schwer beschaffbarer Literatur* zu sprechen, wobei „klein" nicht immer den Umfang dieser Literatur betrifft, die sich vielfach äußerlich als ganz „gewichtig" darbietet.[237] Im angelsächsischen Sprachgebrauch wird es mit unter dem weiteren Begriff *Special material* zusammengefaßt. Frühere Generationen pflegten derartige Fragen, wenn sie überhaupt auftauchten, mit Hilfe des Papierkorbes zu lösen. Die üblen Folgen dieser Methode haben wir genügend zu spüren bekommen: Zeitraubende und langwierige Umfragen nach Flugschriften und Broschüren, Almanachen, Kalendern, Zeitungen, Kinderbüchern vor allem des 17. bis 19. Jahrhunderts belasten heute die Bibliotheksarbeit. Wenn solches Kleinschrifttum vergangener Zeit überhaupt noch beschaffbar ist, dann häufig nur dank der Initiative privater Sammler und des Buchhandels; die öffentlichen Bibliotheken versagen hier häufig infolge der Papierkorbmethode. Dieses Kleinschrifttum hat in den letzten Jahrzehnten in bedeutendem Umfang zugenommen: „In unübersehbarer Fülle drängen sich diese Urkunden des öffentlichen Lebens (d. h. Verwaltungs- und Geschäftsberichte von Behörden, Anstalten, Erwerbsunternehmen) auf unseren Regalen zusammen, ihr Daseinsrecht daselbst ist ihnen auch gar nicht zu bestreiten, es ist sogar sicher, daß sie dem Wirtschafts- und Sozialforscher der Gegenwart und Zukunft ebenso wichtig sein werden wie dem mittelalterlichen Historiker die zeitgenössischen Urkunden. Aber sie dürfen nicht mit den übrigen Literaturerzeugnissen auf einer Katalogstufe behandelt werden. Wir stehen vielmehr mit allen diesen Schriften einem Bibliotheksproblem von internationaler Bedeutung gegenüber. Es ist das uns alle bedrängende Problem der literarischen Massenerscheinung, wo das Individuum an sich nichts ist, sondern nur als Glied einer bestimmten Gruppe Anspruch auf Beachtung hat."[238]

Umfang

---

[236] WERNER DUX, *Informationsquellen. Arten, Ermittlung, Beschaffung.* Vortrag... Berlin 1966. (Zentralinstitut f. Information u. Dokumentation. Arbeitsmaterialien f. Lehrgänge. 1.) S. 28–31. – GEORG ABEL u. KARL BARTUSCH, *Literaturkategorien. Charakter, Bedeutung, Beschaffung.* 2., bearb. Aufl. Leipzig 1968. (Einführung in d. Information u. Dokumentation. 3.) – JÜRGEN FREYTAG, *Einführung in die Informationsquellen- und Informationsmittelkunde.* Probleme d. Gebrauchswertes v. Informationsquellen u. Informationsmitteln. Lehrbrief. Berlin 1972. (Lehrmaterialien f. d. Fernstudium d. Instituts f. Bibliothekswissenschaft u. wissenschaftliche Information d. Humboldt-Universität zu Berlin.)

[237] JOBST TEHNZEN, *Die schwer beschaffbare Literatur.* In: Dokumentation, Fachbibliothek, Werksbücherei 12 (1963/64) S. 172–177; mit Lit.verz. Hierunter fallen vor allem Dissertationen, Firmenschriften, Reports, Papers, Tagungsberichte.

[238] So bei JOHANNES FÜCHSEL, *Der Bibliothekskatalog in Herstellung und Bearbei-*

Bedeutung

Es ist richtig, dieses Material als „Urkunden des öffentlichen Lebens" zu bezeichnen, denn zur Dokumentation des gesellschaftlichen Lebens einer Epoche ist es heute und morgen genau so wichtig wie die „ephemere" Tagespresse. Aus diesem Grunde ist es sogar falsch, solche internationale Dokumentarliteratur als „minderwichtig" zu rangieren, handelt es sich doch richtiger um in der Regel selten gebrauchte Literatur, die aber immer dann, wenn sie gebraucht wird, äußerst wichtig, ja unter Umständen zu einer bestimmten Beweisführung unentbehrlich ist. Ein wichtiger Bestandteil des modernen Kleinschrifttums sind die Firmenschriften[239], d. h. die von Betrieben, Firmen oder Handelsorganisationen herausgegebenen und vertriebenen Werbeschriften oder Prospekte für bestimmte Erzeugnisse aus der Produktion. Das Besondere dieser Schriftengruppe ist: Informationswert, eingeschränkte Aktualität, schwankender Umfang (von einem Blatt bis zur umfangreichen Broschüre) und unterschiedlichstes Format, Erscheinungsweise außerhalb des Buchhandels (Abgabe in der Regel kostenlos direkt an die Interessenten, für Bibliotheken daher häufig schwer beschaffbar).

Auf der anderen Seite haben die Bibliotheken bestimmte Schwerpunktaufgaben zu erfüllen. Sie geraten unvermeidlich in Widersprüche, wenn sie ohne eine angemessene Differenzierung gleichzeitig Hauptfunktion und Nebenfunktionen zu meistern versuchen. Deswegen werden neuerdings große Anstrengungen gemacht, die Erfassung und Erschließung von schwer beschaffbarem oder Kleinschrifttum zu regeln. Fragen seiner Erschließung und Speicherung sind im Kapitel Bestandsaufbau behandelt worden. Was den Zugang betrifft, so sind neben den Pflichtablieferungen in der Regel der Tausch und das Geschenk die Quellen, aus denen diese Literatur den Bibliotheken zufließt. Im Zuge der Profilierung der Funktionen der Bibliotheken eines Landes ist anzustreben, dieses Problem durch Dezentralisierung der Aufgaben zu lösen, nämlich mit den fachlich profilierten Spezialbibliotheken Kooperationsvereinbarungen zu treffen, wonach die betreffende Spezialbibliothek ihr bestimmtes Gebiet einschließlich des Kleinschrifttums pflegt und von dem Partner (wissenschaftliche Allgemeinbibliothek) alles anfallende Material als Geschenk oder Dauerleihgabe bekommt.

Koordinierung in der Erwerbung

Bei Bibliotheken ohne Pflichtexemplar, bei denen diese Kleinliteratur nur im Tausch und als Geschenk in bescheidenerem Umfang auftritt, ist die Frage ihrer Abgabe ernstlich zu prüfen. Selbst bei vereinfachter Bearbeitung könnten hier Literaturfriedhöfe entstehen, weil dieses Material in dafür nicht profilierten Bibliotheken gar nicht vermutet wird. Anders verhält es sich, sobald ein sachlicher Bezug der betreffenden Bibliothek

tung. In: Primo congresso mondiale delle biblioteche e di bibliografia. Atti ... 2. Roma 1931 S. 172. Zitiert nach W. LIEBICH, *Vertikalablage* S. 62.

[239] MIKULAŠ MIČÁTEK, *Die Firmenschriftenbestände in der wissenschaftlichen Bibliothek, ihr Aufbau und ihre Nutzung.* In: ZfB 82 (1968) S. 65–90.

zu dieser Kleinliteratur erkennbar ist (z. B. Heimatliteratur in Regionalbibliotheken).

4.1.2.6. Staffelung

Die Staffelung, d. h. die Einstellung von Mehrstücken, ist ein uraltes, natürliches Prinzip bibliothekarischer Arbeit; mittelalterliche Bibliothekskataloge weisen aus, daß schon vor rund 1000 Jahren wichtige Unterrichtswerke „gestaffelt" worden sind. Ebenso selbstverständlich ist die Staffelung ein Grundprinzip im Bestandsaufbau allgemeinbildender Bibliotheken. Auch in wissenschaftlichen Bibliotheken wurden und werden, wenn auch nur in geringerem Umfang, von wichtigen Nachschlagewerken (Bibliographien, Enzyklopädien und Wörterbüchern und in Hochschulbibliotheken von Lehrmaterialien) doppelte oder mehrfache Exemplare angeschafft, sofern die Haushaltmittel es gestatten. Dabei lag aber vor allem der dienstliche Gesichtspunkt zugrunde, vielgebrauchte Nachschlagewerke an verschiedenen Stellen zur Verfügung zu haben. Die Sorge um den Leser, und zwar um ganz bestimmte Lesergruppen, verlangt aber heute mehr denn je, die Staffelung auch in wissenschaftlichen Bibliotheken zu einem Anschaffungsprinzip zu machen. Folgende Gesichtspunkte sind dabei bestimmend:

Mehrfachexemplare

1. Die Notwendigkeit, mehrere Exemplare von Hochschullehrbüchern anzuschaffen, ist in der Arbeit der Universitäts- und Hochschulbibliotheken mindestens seit dem Ende des ersten Weltkrieges anerkannt. Das geschieht entweder in der Universitätsbibliothek selbst oder in besonderen *Studentenbüchereien*, die dann häufig von den Universitätsbibliotheken verwaltet werden (vgl. Kap. 2).

Hochschullehrbücher

2. Auch auf dem Gebiete der schönen Literatur ist eine sinnvolle Staffelung grundsätzlich notwendig. Über die Rolle der Belletristik in den wissenschaftlichen Allgemeinbibliotheken wird im folgenden noch Näheres auszuführen sein.

Belletristik

3. Alle Bibliotheken, die wissenschaftlichen wie die allgemeinbildenden, haben die Aufgabe, ihre Leser zur Beschäftigung mit den Grundfragen des Marxismus-Leninismus anzuregen und das gesellschaftswissenschaftliche Studium der Studenten zu unterstützen. Deshalb müssen sie über einen gestaffelten Bestand gesellschaftswissenschaftlicher Literatur verfügen; auch die Wahrnehmung dieser Aufgabe ist Ausdruck parteilicher Bibliotheksarbeit. Das gilt ganz besonders für alle Hochschulbibliotheken, die den Studenten das Material für diesen Teil ihres Studiums bequem und in ausreichendem Maße zur Verfügung stellen müssen. Sofern es die Raumverhältnisse gestatten, ist der Lesesaal dafür besonders geeignet; sofern besondere Studentenbü-

marxistisch-leninistische Literatur

chereien bestehen, bieten sich auch diese dafür an. Die Ausleihe nach Hause sollte so einfach wie möglich abgewickelt werden.

Nachschlagewerke

4. Die Staffelung vielbenutzter Nachschlagewerke richtet sich nach dem Bedarf sowie nach den der Bibliothek zur Verfügung stehenden Anschaffungsmitteln. Sie ist erstrebenswert für Handbücher und viel benutzte allgemeine Bibliographien (nicht Fachbibliographien), sofern sie eine Sonderaufstellung in einer Handbibliothek gefunden haben.

4.1.2.7. Original oder Übersetzung?

Die Frage, ob die Bibliotheken die zur Auswahl vorgesehenen Werke in der Originalsprache oder – gegebenenfalls – in deutscher Übersetzung anschaffen sollen, ist nicht mit einem Satz zu beantworten. Zunächst sind die allgemeinbildenden Bibliotheken auszuklammern, die im Hinblick auf ihren Leserkreis Werke der Weltliteratur grundsätzlich nur in der Muttersprache erwerben. Bei den wissenschaftlichen Bibliotheken sollte der Grundsatz gelten, daß die Anschaffung der Literatur fremder Nationen in der Regel in der Originalsprache zu erfolgen hat, freilich mit zweckbestimmten Einschränkungen.

deutsche Übersetzungen

Deutsche Übersetzungen[240] wissenschaftlicher Literatur sollen bevorzugt werden

1. bei Spezialliteratur in weniger bekannten Sprachen;
2. bei bestimmten Standardwerken, die zur Information wichtig sind (Zeitgewinn);
3. bei Büchern, deren weite Verbreitung vom Standpunkt bibliothekarischer Parteilichkeit wünschenswert ist.

Außerdem sind unter Umständen auch Übersetzungen aus seltenen Sprachen in eine bekanntere dem Original vorzuziehen (z. B. aus dem Arabischen ins Französische, aus dem Japanischen ins Russische).

Belletristik

Sehr viel strenger gilt der Grundsatz, originalsprachigen Ausgaben den Vorzug vor Übersetzungen zu geben, für die schöne Literatur, die in wissenschaftlichen Bibliotheken in erster Linie Quellenwert hat. Für den Philologen – und *der* ist es ja, der sich wissenschaftlich mit der schönen Literatur auseinanderzusetzen hat – ist es eine Unmöglichkeit, belletristische Werke fremder Nationen nach deutschen Übersetzungen, also aus zweiter Hand, kritisch zu beurteilen oder in einer wissenschaftlichen Arbeit zur Beweisführung bestimmter Thesen in einer vielleicht unkorrekten Übersetzung zu zitieren. Unabhängig davon müssen zusätzlich Übersetzungen belletristischer Werke erworben werden, die wegen ihres humanistischen Gehaltes eine besonders große Verbreitung verdienen (Literaturpropaganda), unter Umständen sogar gestaffelt. In der Belletri-

[240] Näheres enthalten die *Richtlinien f. d. Erwerbungspolitik der Deutschen Staatsbibliothek.* 2. Aufl. Berlin 1965.

stik gibt es darüber hinaus noch den Sonderfall, daß es Übersetzungen – nicht nur ins Deutsche – gibt, die als sprachliches Kunstwerk für die betreffende Nationalliteratur einen literarischen Eigenwert besitzen. Für wissenschaftliche Bibliotheken mit einem stark philologischen Leserkreis (Universitätsbibliotheken) empfiehlt es sich immer, auf dem Gebiete der Belletristik neben der Übersetzung das Original zu erwerben.

Übersetzungen aus der Nationalsprache

Übersetzungen aus der Nationalsprache in fremde Sprachen sind in erster Linie für die Nationalbibliotheken des betreffenden Landes sammelwürdig. In wissenschaftlichen Auswahlbibliotheken sollten solche Ausgaben nur von Fall zu Fall angeschafft werden, z. B. wenn sie sich durch Besonderheiten (literarisch wertvoller Begleittext, kritischer Apparat) oder durch hohen literarischen Wert auszeichnen.

4.1.2.8. Belletristik

Über die Rolle der Belletristik[241] beim Bestandsaufbau der Bibliotheken ist in Fachkreisen schon viel diskutiert worden. Soviel ist sicher: Die große Zurückhaltung, die sich die wissenschaftlichen Bibliotheken früher gegenüber der Belletristik auferlegt haben, ist nicht mehr zu verantworten. Als Spiegelbild der künstlerischen und gesellschaftlichen Kräfte einer bestimmten Epoche, als Ausdruck des gesellschaftlichen Bewußtseins ist auch die Belletristik Quellenmaterial für die Forschung. Darüber hinaus verdient sie, z. B. in der Form des realistischen Romans, stärkste Beachtung als ein bedeutender Faktor bei der sozialistischen Bewußtseinsbildung, so daß auch die wissenschaftlichen Bibliotheken ihre Bereitstellung fördern müssen, wenn sie ihren Bildungsaufgaben gerecht werden wollen. Hinzu kommt, daß z. B. der gute historische oder biographische Roman keineswegs nur der Unterhaltung dient, sondern auch in sehr starkem Maße zu belehren vermag. Die Zurückhaltung der wissenschaftlichen Bibliotheken gegenüber der Belletristik erstreckte sich früher nur zum Teil auf ihre Anschaffung, in der Hauptsache jedoch auf ihre Verleihung. Im Vordergrund stand dabei das Verantwortungsgefühl des Bibliothekars für die ihm anvertrauten Bücherschätze. Die uneingeschränkte Ausleihe von Lyrik, Dramen und Romanen schien ihm unvereinbar mit seiner Verpflichtung zur Erhaltung der Bestände.

literarische Bedeutung der Belletristik

In dem oben dargelegten modernen ökonomischen Sinne soll der Archivcharakter der wissenschaftlichen Bibliotheken auf *allen* Literaturgebieten gewahrt werden, denn häufig muß der wissenschaftliche Arbeiter auf ältere Autoren zurückgreifen, und für ihn kann eine ganz bestimmte, zeitlich weit zurückliegende Auflage eines Romans oder eines Dramas von Bedeutung sein. Wer anders als die wissenschaftlichen Bibliotheken

Archivgesichtspunkt

[241] Zur Definition der schönen Literatur (Belletristik) vom Standpunkt der Bibliotheken vgl. HEINZ WEGEHAUPT, *Die Erschließung der schönen Literatur in den Sachkatalogen der deutschen wissenschaftlichen Allgemeinbibliotheken*... In: Wiss. Zschr. d. Humboldt-Univ. zu Berlin. Gesellschafts- u. Sprachwiss. Reihe 11 (1962) S. 625–627.

sind in der Lage, solche Benutzerwünsche zu befriedigen, da die allgemeinbildenden Bibliotheken für diese bibliothekarische Aufgabe ausscheiden. Die wissenschaftliche Bibliothek hat also im Rahmen ihres Sammelgebietes schöne Literatur nicht nur zu pflegen, sondern auch zu erhalten. Wichtig ist es aber auch, für ihre uneingeschränkte Nutzung durch ihre wissenschaftlichen Leser Sorge zu tragen. Damit ist zugleich gesagt, daß die wissenschaftliche Bibliothek nicht dazu da ist, Vielleser von Romanen an sich zu ziehen; das tut übrigens die allgemeinbildende Bibliothek grundsätzlich auch nicht. Wenn die wissenschaftliche Bibliothek also auf dem Gebiete der Belletristik ihre Sammel- und Archivaufgabe erfüllen will und sie zugleich schöne Literatur ohne Einschränkung zugänglich machen soll, ist sie genötigt, Zweitexemplare einzustellen. Das wird sie freilich aus finanziellen Gründen nur in beschränktem Umfange tun können. Bibliotheken, die Pflichtexemplare empfangen, kommt die Ablieferung von Neuauflagen, auch unveränderter, dabei entgegen. Der Geschäftsgang für solche zusätzlichen Exemplare kann der normale oder ein besonderer sein. In kleineren und mittleren Bibliotheken, in denen der Geschäftsgang der Bücher verhältnismäßig kurz ist, werden keine Bedenken dagegen bestehen, den normalen Durchlauf solcher zusätzlicher Exemplare zu wählen, in großen Bibliotheken jedoch wird sich ein vereinfachter Geschäftsgang mit dem Ziele einer Sonderaufstellung empfehlen.

zusätzliche Exemplare

Einen wertvollen Beitrag zur Frage der schönen Literatur in wissenschaftlichen Bibliotheken hat Walther Schultze auf dem Göttinger Bibliothekartag 1928 geleistet[242]; er ist besonders instruktiv durch das statistische Material, das er auf Grund einer von ihm durchgeführten Umfrage vorweisen konnte. Seine Ausführungen enthielten ein zukunftsträchtiges Programm. „Erstens: die moderne schöne Literatur – nicht bloß die deutsche, sondern auch die ausländische – gehört in die wissenschaftlichen Bibliotheken hinein; auch die Unterhaltungsliteratur muß vertreten sein; es ist von der Belletristik so viel zu sammeln, wie es die Mittel nur irgend erlauben; es ist dabei dem Werdenden besonders liebevolle Aufmerksamkeit zu schenken. Zweitens: diese Belletristik ist zu sammeln im Hinblick auf die spätere Forschung; es muß deshalb das archivalische Moment der Erhaltung an erster Stelle stehen; soweit es mit diesem verträglich ist, soll man die Belletristik möglichst liberal zugänglich machen, soll sie jeder Benutzung freigeben, die über das bloße Unterhaltungsbedürfnis hinausgeht."

Grundsätze für die Erwerbung von Belletristik

Im einzelnen hat Schultze folgende richtige, international gültige Anschaffungsgrundsätze vertreten:

1. für wissenschaftliche Bibliotheken mit zentralen Aufgaben (Staatsbi-

[242] WALTHER SCHULTZE, *Wissenschaftliche Bibliotheken und moderne schöne Literatur.* In: ZfB 45 (1928) S. 594–611. Dazu auch im positiven Sinne EMIL GRATZL im Handbuch II (1933) S. 145–148; ebenso Handbuch II 2. Aufl. (1961) S. 165–166 (F. REDENBACHER).

bliotheken) weitgehende relative Vollständigkeit der belletristischen Nationalliteratur und eine charakteristische Auswahl der ausländischen Belletristik;

2. für Universitäts- und große Regionalbibliotheken angemessene Auswahl des sachkundig ausgewählten literarisch Wertvollen und Proben der reinen Unterhaltungsliteratur. Insbesondere sollen Bibliotheken, die regionale Sammelaufgaben wahrnehmen, die schöne Literatur ihres Gebietes in größter Vollständigkeit ohne Qualitätsunterschied erfassen und dabei die Werke junger Autoren (sofern es in dem betreffenden Lande von Wichtigkeit ist, auch die Dialektliteratur) besonders berücksichtigen.

Weite der Anschaffungsgrundsätze

Auch die folgenden von ihm gegebenen Hinweise gelten noch: Die wissenschaftlichen Bibliotheken müssen bei der Erfüllung dieser Aufgaben sowohl den ephemeren belletristischen Zeitschriften als auch der Volksliteratur bis zum Kolportageroman Beachtung schenken und grundsätzlich auch deren Erstausgaben (wegen der ursprünglichen Textfassung) erwerben.

4.1.3. *Koordinierung der Buchauswahl*

4.1.3.1. Allgemeines

Die grundsätzlichen Fragen der Koordinierung der Bibliotheksarbeit sind im Zusammenhang mit betriebswirtschaftlichen Grundfragen behandelt (vgl. Kap. 8.4.). Vorzüglich drei Faktoren haben in den Reihen der Bibliothekare den Gedanken einer engen planmäßigen Zusammenarbeit bei Bücheranschaffungen heranreifen lassen; erstens die gerade in den letzten Jahrzehnten bedrohlich angestiegenen Bücherpreise[243], zweitens die stetig voranschreitende Erweiterung des Gesamtvolumens der internationalen Buchproduktion, drittens die ständig wachsenden Bedürfnisse der Wissenschaftler nach ausreichender Information über die internationale Literatur ihres Spezialgebietes. Es erweist sich aus den beiden erstgenannten Gründen als unmöglich, die von Jahr zu Jahr anschwellenden Erzeugnisse des internationalen Büchermarktes in einer dem wissenschaftlichen Bedarf angemessenen Auswahl aufzunehmen. Deshalb verdienen alle modernen Formen koordinierter Buchbeschaffung Beachtung.[244] Neben allen großangelegten staatlichen oder überstaatlichen

Koordinierung der Erwerbung

[243] Eine von der Deutschen Staatsbibliothek 1964 durchgeführte Analyse der Bücherpreise auf dem Weltmarkt hat ergeben, „daß unter Berücksichtigung aller Länder die Bücherpreise im Durchschnitt jährlich um etwa 6,5 %, die Zeitschriftenpreise um etwa 4,9 % steigen." Bei den „kapitalistischen Ländern – USA, Großbritannien, Westdeutschland – liegt der Steigerungsgrad sogar bei 7,6 % für Bücher bzw. 9,1 % für Zeitschriften".

[244] BOLESŁAW SWIDERSKI, *Współpraca bibliotek w zakresie gromadzenia zbiorów.* Warszawa 1964. [Die Zusammenarbeit der Bibliotheken auf dem Gebiete des Bestandsaufbaus.] Grundlegend und international. Mit Bibliogr. (S. 149–162). Engl. Zus.fassg. –

Maßnahmen der Koordinierung beim Bestandsaufbau steht auch die Aufgabe, die Buchauswahl mit den Wissenschaftlern und Bibliotheken im Orts- und Regionalbereich zu koordinieren. Die isolierte Arbeit der Bibliothekare bei der Buchauswahl hat sich, wie wir bei Behandlung des Referatesystems dargetan haben, in unseren Tagen als unzulänglich erwiesen.

Bibliothek und Information/ Dokumentation

Ein besonders wichtiger Ansatzpunkt ist die Zusammenarbeit zwischen Bibliothekaren und Informatikern, in erster Linie für die zentralen wissenschaftlichen Allgemeinbibliotheken und wissenschaftlichen Fachbibliotheken mit zentralen Aufgaben, soweit letztere nicht ohnehin in die Information und Dokumentation einbezogen sind. Hier wird noch Doppelarbeit geleistet, wenn z. B. die Mitarbeiter von Zentralstellen bzw. Zentralen Leitstellen im Bereiche der Information, um die Erfassung der dokumentierwürdigen Monographien ihres Fachbereiches zu sichern, die Nationalbibliographien der einzelnen Länder durcharbeiten – dieselbe Arbeit aber auch von den Referenten zentraler wissenschaftlicher Bibliotheken geleistet wird. In der gleichen Richtung muß die Abstimmung der Erwerbungen mit den einzelnen Fachrichtungen im Hochschulbereich erfolgen. Durch Arbeitsgemeinschaften (vgl. Kap. 4.1.3.3.5.) sind hier schon gute Erfolge erzielt worden.

international

Während die Koordinierung des Bestandsaufbaus im nationalen Rahmen, wie die Erfahrung lehrt, durchführbar ist, solange sie maßvoll betrieben wird, ist die Koordinierung über Ländergrenzen hinweg schwierig. Sie ist zwischen mehreren Ländern dann erfolgreich, wenn bestimmte Gemeinsamkeiten bestehen (Scandia-Plan) – sie ist äußerst problematisch, wenn keine gemeinsame sprachliche Plattform gegeben ist. So wird z. B. die Koordinierung des Bestandsaufbaus innerhalb der europäischen Länder der sozialistischen Staatengemeinschaft schon seit langen Jahren erwogen, ohne daß bisher greifbare Ergebnisse erzielt werden konnten.[245]

Eine instruktive Darstellung der bibliothekarischen Kooperation in Großbritannien ist: KENNETH GEOFFREY HUNT, *Subject specialisation and co-operative book purchase in the libraries of Great Britain.* Repr. London 1957. (Library Association Pamphlet. 12.) – GISELA VON BUSSE, *Warum gemeinschaftliche Erwerbungspläne?* In: Buch u. Welt. Festschrift f. Gustav Hofmann... Wiesbaden 1965 S. 137–150. – PETER GENZEL u. JUTTA KOHLENBACH, *Die Zusammenarbeit der wiss. Bibliotheken beim Bestandsaufbau.* Erfahrungen u. Probleme, dargest. am Beisp. d. Dt. Staatsbibliothek. In: ZfB 87 (1973) S. 195–211; mit internat. Lit.verz.

[245] JIŘÍ CEJPEK, *Möglichkeiten einer internationalen Koordinierung der Erwerbungspolitik zwischen den Bibliotheken der sozialistischen Länder.* In: ZfB 78 (1964) S. 1–16. – *Mezinárodní Porada o spolupráci knihoven v dopluvání zahranični literatury.* 6.–8. 4. 1965. Sbornik materiálu. Praha 1965.

4.1.3.2. Koordinierung zwischen mehreren Ländern

Der Scandia-Plan[246] beruht auf der freiwilligen Zusammenarbeit der großen wissenschaftlichen Bibliotheken Dänemarks, Finnlands, Norwegens und Schwedens. Die Initiative dazu ging 1955 von schwedischen Bibliothekaren, den Direktoren der Königlichen Bibliothek Stockholm und der Universitätsbibliotheken in Uppsala, Lund und Göteborg aus. Träger wurde dann der skandinavische Bibliothekarverband, der *Nordisk Vitenskapeliget Bibliotekarförbund* (gegr. 1947). Moralische Unterstützung erfährt das Unternehmen durch die *Nordische Kulturkommission*, eine zwischenstaatliche Organisation der skandinavischen Länder in kulturellen Angelegenheiten. Organisierende Zentren der kooperativen Arbeit sind eine zentrale Kommission für Gesellschaftswissenschaften, Naturwissenschaften und Medizin sowie Unterkommissionen für einzelne Spezialgebiete (z. B. Landwirtschaftswissenschaften, Technik und Parlamentsbibliotheken). Ausgehend von einer Bestandsaufnahme, welche Zeitschriften, Serien und Spezialgebiete in den einzelnen Bibliotheken der vier Länder bisher vorhanden waren und gepflegt worden sind, wurden rund 80 Spezialgebiete auf die teilnehmenden Bibliotheken verteilt. Die betreffende Bibliothek übernimmt mit der Zuweisung dieses Spezialgebietes die Verpflichtung, das einschlägige, ihr erreichbare wissenschaftliche Material zu erfassen. Scandia-Plan

Charakteristisch für diesen Plan koordinierter Buchbeschaffung ist seine großzügige Beweglichkeit und sein Verzicht auf starre Regeln. Keine der teilnehmenden Bibliotheken wird in ihrer organischen Entwicklung durch die Mitarbeit am Scandia-Plan behindert. Die für alle wissenschaftlichen Allgemeinbibliotheken lebenswichtigen Gebiete sind für die Koordinierung überhaupt nicht in Betracht gezogen worden. Es besteht beim Scandia-Plan auch keine Scheu, sowohl größere als auch kleine Gebiete in den gemeinsamen Erwerbungsplan aufzunehmen, z. B. Geographie Afrikas, Frauenbewegung, Literatur von und über Petrarca. Wenn auch, wie die skandinavischen Kollegen betonen, auf Grund der kulturellen Einheit dieser Länder besonders günstige Voraussetzungen für gemeinsames Handeln bestanden haben, so ist die Tat selbst höchster Anerkennung wert. In diesem Zusammenhang sind auch nationale Verzeichnisse von Spezialbeständen[247] in wissenschaftlichen Bibliotheken beachtenswert. Wesenszüge

---

[246] Lit.: HARALD L. TVETERÅS, *The Scandia Plan.* In: Unesco bull. f. libr. 14 (1960) S. 153–156. – TÖNNES KLEBERG, *Some notes on the „Scandia Plan"*. In: Libri 12 (1962) S. 76–84. – TÖNNES KLEBERG, *A propos du „Scandia Plan"*. In: Bull. des bibliothèques de France 7 (1962) S. 317–327. Dort weitere Literaturangaben und eine Tabelle der Verteilung der wichtigsten Spezialgebiete auf die einzelnen Bibliotheken (S. 321–323). Eine vollst. Übersicht findet sich in: Nordisk tidskrift för bok- och bibliotheksväsen 47 (1960) S. 42–43.

[247] LEE ASH und DENIS LORENZ, *Subjects collections.* A guide to special book collections and subject emphasis as reported by university, college, public, and special libraries in the United States and Canada. 3. ed. Comp. with the assistance of Harriet

Für die Bibliotheken der Deutschen Demokratischen Republik ist ein erster Anfang gemacht.[247a]

4.1.3.3. Koordinierung innerhalb eines Landes

4.1.3.3.1. Sondersammelgebiete[248]

Grundgedanke

Die deutschen wissenschaftlichen Bibliotheken haben schon sehr früh, als planwirtschaftliche Gesichtspunkte den wissenschaftlichen Einrichtungen in Deutschland noch sehr fernlagen, auf dem Gebiete der Vermehrungspolitik planmäßig zu arbeiten begonnen. So gingen u. a. Überlegungen dahin, ein System abgestimmter Erwerbungen zwischen bestimmten wissenschaftlichen Bibliotheken aufzubauen, ohne daß die daran mitwirkenden Bibliotheken in ihrem organischen Bestandsaufbau beeinträchtigt würden. Die Wahrnehmung eines Sondersammelgebiets sollte eine besondere zusätzliche Aufgabe sein.
Der erste, der den Gedanken planmäßiger Sondersammelgebiete entwikkelt hat, war Robert von Mohl (1869). Er forderte eine Abgrenzung von Literaturkreisen zwischen den deutschen Universitätsbibliotheken. Innerhalb ihres Kreises sollte jede Bibliothek Vollständigkeit erstreben. Durch einen Leihverkehr der Bibliotheken untereinander sollte die so gesammelte Literatur den Wissenschaftlern zugänglich gemacht werden.

Vorgeschichte

Aus der Bibliotheksgeschichte kennen wir rühmenswerte Fälle von Abstimmung in den Neuerwerbungen zwischen einzelnen Bibliotheken einer Stadt oder eines Hochschulbereichs bereits in der ersten Hälfte des 19. Jahrhunderts. Planmäßig und im größeren Stil setzte die Zusammenarbeit der wissenschaftlichen Bibliotheken bei Anschaffungen erst zu Beginn unseres Jahrhunderts ein. Unterstützt von Friedrich Althoff, haben vor allem Paul Schwenke und Adolf von Harnack den Gedanken der Sondersammelgebiete der wissenschaftlichen Bibliotheken propagiert, der sich fast gleichzeitig auch in anderen Ländern (Schweden, Österreich, Frankreich usw.) durchsetzte.
Nachdem schon 1910 für die preußischen Bibliotheken ein systematischer Gesamtaufbau der Bestände eingeleitet worden war, lag es nach dem ersten Weltkrieg nahe, den Gedanken der Sondersammelgebiete, d. h.

Lorenz and Alfred Waltermire, jr. New York, London 1967. – RICHARD C. LEWANSKI, *Subject collections in European libraries.* A directory and bibliographical guide. New York 1965.

[247a] *Sondersammlungen in Bibliotheken der DDR.* Meth. Zentrum f. wiss. Bibliotheken b. Min. f. Hoch- und Fachschulwesen. Bearb.: Helmut Roob. Berlin 1975.

[248] Grundsätzliche Probleme der Sondersammelgebiete behandeln die Fachvorträge, abgedruckt in: *Der österreichische Bibliothekartag 1962. Leoben, 27.–29. Sept. 1962.* Wien 1963. (Biblos-Schriften. 36.) Vgl. hierzu: Nachrichten. Vereinigung Schweiz. Bibliothekare 38 (1962) S. 135–145. (P. SCHERRER).

eines Systems abgestimmter Erwerbungen wieder aufzugreifen und konsequent weiterzuentwickeln. Die 1920 unter dem Vorsitz von Friedrich Schmidt-Ott[249] begründete *Notgemeinschaft der Deutschen Wissenschaft* sah ihre Aufgabe darin, die lebensnotwendige Grundlage der Forschung zu erhalten, indem sie sich bemühte, die durch den ersten Weltkrieg und seine Auswirkungen ins Hintertreffen geratene deutsche Wissenschaft zu fördern. Auf dem Gebiete der Literaturbeschaffung machte es sich die Notgemeinschaft zur Aufgabe, die durch den Krieg entstandenen Lücken in den ausländischen Zeitschriftenreihen der deutschen Bibliotheken zu schließen und ihnen die Standardwerke der ausländischen Monographienliteratur sinnvoll zuzuführen. Neben den zentralen Sammelstätten mit umfassenden Aufgaben in Berlin und München erfolgte die Belieferung der übrigen wissenschaftlichen Bibliotheken seitens der Notgemeinschaft nach besonderen Wissenschaftsgebieten, auch Kulturkreise genannt. Für ihre Festlegung wurde sowohl die geographische Lage als auch die geschichtliche Entwicklung der betreffenden Bibliothek berücksichtigt.

Notgemeinschaft der Deutschen Wissenschaft

Die Notgemeinschaft[250], die mit Reichsmitteln arbeitete, konnte das zunächst nur für die preußischen Universitätsbibliotheken angewendete Prinzip auf die übrigen deutschen, von ihr unterstützten Bibliotheken ausdehnen. In den 30er Jahren erfolgte auch eine Festlegung der Sammelschwerpunkte der Technischen Hochschulen Deutschlands.

Diese Organisation, die sich bewährt hat, ist wie so vieles andere ein Opfer des zweiten Weltkriegs geworden. Es mußte nach 1945 an einem Neuaufbau des Systems gearbeitet werden, das angesichts der Spaltung Deutschlands nicht anders als geteilt ausfallen konnte.

4.1.3.3.2. Sammelschwerpunkte in der DDR

In der Deutschen Demokratischen Republik erfolgte die Neuregelung der Sondersammelgebiete verhältnismäßig spät, nämlich erst 1956, auf Vorschlag der Bibliothekskommission für Erwerbungsfragen. Die erste Hochschulreform sowie neue Forschungsschwerpunkte der Industrie, die sich aus den Fünfjahrplänen ergaben, bewirkten zahlreiche Veränderungen.

Sammelschwerpunktplan

Im Zusammenhang mit der Ausarbeitung eines Perspektivplanes für das wissenschaftliche Bibliothekswesen bis 1970 wurden in verschiedenen Gremien Überlegungen zur Verbesserung der Sondersammelgebiete in

[249] Friedrich Schmidt-Ott, engster Mitarbeiter Althoffs und später preußischer Kultusminister, hat sich um die Gründung und Entwicklung der Notgemeinschaft größte Verdienste erworben.

[250] Vgl. hierzu *Verzeichnis der ausländischen Zeitschriften, die von der Notgemeinschaft der Deutschen Wissenschaft den deutschen Bibliotheken geliefert werden.* Berlin 1934. – FRIEDRICH SCHMIDT-OTT, *Der Bibliotheksausschuß der Notgemeinschaft der deutschen Wissenschaft.* In: ZfB 62 (1948) S. 145–157.

der DDR angestellt. Als Ergebnis legte die Abteilung wissenschaftliche Bibliotheken und Museen des damaligen Staatssekretariats für das Hoch- und Fachschulwesen (jetzt: Ministerium für Hoch- und Fachschulwesen) 1966 einen *Sammelschwerpunktplan der wissenschaftlichen Bibliotheken der DDR* vor.[251] Er wird definiert als „ein Gemeinschaftsunternehmen der wissenschaftlichen Bibliotheken aller Unterhaltsträger der DDR mit dem Ziel, durch die Koordinierung der Erwerbung einen ausreichenden Aufbau von nationalen Forschungsbeständen in allen Disziplinen der Wissenschaft zu gewährleisten. Seine Hauptaufgabe ist die verstärkte Förderung der Schwerpunkte des Volkswirtschaftsplanes mit bibliothekarischen Mitteln."

Grundsätze

Dieser neuen Bezeichnung der Sondersammelgebiete als Sammelschwerpunkte liegt auch ein neuer Inhalt zugrunde:

1. Für den Sammelschwerpunkt eines bestimmten Fachgebietes wurde nach Möglichkeit die leistungsfähigste Bibliothek ausgewählt.
2. Abweichend von der Tradition der Sondersammelgebiete wurden daher auch Fachbibliotheken einbezogen, die nicht zum Bereich des Ministeriums für Hoch- und Fachschulwesen gehören; für diese Bibliotheken hat der Sammelschwerpunktplan empfehlenden Charakter.
3. Für die methodische Anleitung bei der Realisierung des Sammelschwerpunktplanes sowie für alle grundsätzlichen Fragen der Koordinierung ist das Methodische Zentrum für wissenschaftliche Bibliotheken beim Ministerium für Hoch- und Fachschulwesen verantwortlich. Es berät sich dabei mit dem Beirat für das wissenschaftliche Bibliothekswesen und die wissenschaftliche Information sowie mit dem Zentralinstitut für Information und Dokumentation und der Zentralen Leitung für gesellschaftswissenschaftliche Information und Dokumentation.
4. Grundlegende Voraussetzungen für die Realisierung dieses Planes sind die Einbeziehung zentraler Fachbibliotheken (z. B. der Bibliothek der Hochschule für Verkehrswesen „Friedrich List" zu Dresden für das Verkehrswesen) sowie der perspektivische Aufbau neuer zentraler Fachbibliotheken in Kooperation mit den zentralen Leitstellen bzw. Leitstellen der Information und Dokumentation.
5. Der Sammelschwerpunktplan umfaßt grundsätzlich alle wichtigen Fachgebiete sowohl der naturwissenschaftlich-technischen als auch der gesellschaftswissenschaftlichen Bereiche. Den naturwissenschaftlichen und technischen Disziplinen ist besondere Aufmerksamkeit gewidmet worden.
6. Bei der Wahrnehmung der Sammelschwerpunkte ist der ausländischen

[251] GERHARD SCHWARZ, *Zur Entstehung und neuen Konzeption des Sammelschwerpunktplans.* In: ZfB 81 (1967) S. 321–324 nebst Auszug aus dem Sammelschwerpunktplan der wissenschaftlichen Bibliotheken der DDR S. 324–338; der Plan erschien selbständig Berlin 1966.

Literatur besondere Beachtung zu schenken. Das gilt in erster Linie für Fachzeitschriften und wissenschaftliche Forschungsliteratur (Specialissima).

Das Wirksamwerden dieses Planes hängt entscheidend davon ab, wie die Wahrnehmung der gestellten Aufgaben von den zuständigen staatlichen Organen kontinuierlich und entsprechend den wachsenden Literaturbedürfnissen ökonomisch gesichert wird (Haushaltmittel, Devisenkontingente).
Die Kenntnis der Standortverteilung der Literatur gehört zum Grundwissen des Bibliothekars. Besonders notwendig ist sie aber bei der Auskunfts- und Informationstätigkeit sowie im Signierdienst und im Leihverkehr.

4.1.3.3.3. Sondersammelgebiete in der BRD

Verteilungsplan

In der BRD stellte die wieder ins Leben gerufene Notgemeinschaft der Deutschen Wissenschaft[252] 1949/1950 einen *Verteilungsplan der Sondersammelgebiete* für die Anschaffungen der westdeutschen Bibliotheken auf, der viel weiter spezialisiert ist, als das vorher in Deutschland der Fall war. Er wurde mehrfach verbessert und weist 28 Hauptgruppen mit zahlreichen Untergruppen auf und umfaßt, da er sowohl für die Gesellschafts- als auch für die Naturwissenschaften gilt, alle westdeutschen Staats-, Universitäts- und Landesbibliotheken sowie die Bibliotheken der Technischen Hochschulen.[253] Einbezogen wurde auch die selbständige politische Einheit Westberlin. Durch die Herausbildung von zentralen Fachbibliotheken und weiteren überregionalen Schwerpunkten (wie Atomenergierecht, ausländische Zeitungen) hat sich eine Erweiterung, zugleich aber auch eine Veränderung des traditionellen Sondersammelgebiet-Prinzips ergeben. Deshalb wird die Summe der Sammelschwerpunkte in der BRD heute bezeichnet als „überregionale Schwerpunkte in dem von der Deutschen Forschungsgemeinschaft geförderten System der Literaturversorgung“[254]; es setzt sich zusammen aus Sondersammelgebieten, zentralen Fachbibliotheken und weiteren überregionalen Schwerpunkten.

---

[252] 1952 erfolgte ein Zusammenschluß des von den Akademien Göttingen, Heidelberg und München sowie der Max-Planck-Gesellschaft 1949 gegründeten Deutschen Forschungsrates mit der Notgemeinschaft der Deutschen Wissenschaft zur *Deutschen Forschungsgemeinschaft* mit Sitz in Bad Godesberg.

[253] *Verteilungsplan der Sondersammelgebiete* (für die Anschaffungen durch die Deutsche Forschungsgemeinschaft). In: Jahrbuch d. Dt. Bibliotheken 44 (1971) S. 475–482. – HERMANN FUCHS, *Bibliotheksverwaltung.* 2., verb. u. verm. Aufl. Wiesbaden 1968 S. 61–65. – ROLF KLUTH, *Grundriß der Bibliothekslehre.* Wiesbaden 1970, s. Reg. – *Sondersammelgebiete der kommunalen Bibliotheken und Büchereien.* Hrsg. v. Verband d. Bibliotheken d. Landes Nordrhein-Westfalen, Köln 1963; Katalog 1967/68. Köln 1968.

[254] Vgl. Jahrbuch d. Dt. Bibliotheken 74 (1971) S. 475–482.

4.1.3.3.4. Farmington-Plan (USA)

An dem unter der Bezeichnung Farmington-Plan bekanntgewordenen amerikanischen Gemeinschaftsunternehmen zur Beschaffung ausländischer Buchliteratur ist dreierlei bemerkenswert:

Entstehung

1. der Zeitpunkt seiner Entstehung: Der 1948 in Kraft getretene Plan wurde 1942, also während des zweiten Weltkriegs, in Farmington, Connecticut, beraten. Das war zu einer Zeit, als das Bibliothekswesen in Deutschland und in den vom deutschen Faschismus überfallenen Ländern darniederlag.

politisches Ziel

2. sein politisches Ziel: Schon während des zweiten Weltkriegs konnten sich die amerikanischen Wissenschaftsorganisatoren auf die Zeit nach dem Kriege vorbereiten. Der Farmington-Plan ist seit seiner Realisierung ein Versuch mehr, die Weltherrschaftsansprüche des amerikanischen Imperialismus zu sichern, und zwar durch ein System der Beschaffung ausländischer wissenschaftlicher Erkenntnisse, soweit sie in Büchern ihren Niederschlag gefunden haben, mit Hilfe buchhändlerischer Vertriebseinrichtungen im Ausland.

Beschaffung

3. seine Organisationsformen: In Übereinstimmung mit den Organisationsprinzipien der deutschen Sondersammelgebiete sieht der Plan eine differenzierte Sammeltätigkeit der angeschlossenen Bibliotheken vor. Die Beschaffung ausländischer Literatur für diese spezialisierten Bibliotheken erfolgt aber auf einem ungewöhnlichen Wege. Große Sortimenter in den einzelnen Ländern (z. B. Frankreich, Großbritannien, Schweden) werden mit der Beschaffung aller wichtigen Literatur beauftragt. Die Aufschlüsselung der aufgekauften Objekte erfolgt nach einem festgelegten Verteiler, bestehend aus rund 800 Sachgebieten, auf der Grundlage der Klassifikation der Kongreßbibliothek, in deren Wahrnehmung sich 62 große wissenschaftliche Bibliotheken teilen. Die Bibliotheken, die diese so beschaffte Literatur vereinnahmen, haben sich im voraus zur Bezahlung und Katalogisierung verpflichtet; eine Titelmeldung bekommt der National Union Catalog der Library of Congress. Für die Durchführung des Planes ist das Farmington plan committee verantwortlich, das der Association of research libraries beigeordnet ist.

Meldepflicht

Nicht erfaßt werden auf diesem Beschaffungswege des Farmington-Planes Zeitschriften, amtliche Drucksachen, Dissertationen, Musikalien, Karten u. a. m. Der Farmington-Plan gleicht also mehr einem großen geschäftlichen Vertragsunternehmen als einer Organisationsform wissenschaftlicher Bibliotheken. Seine offensichtliche Schwäche besteht, aus unserer Sicht, darin, daß der wissenschaftliche Bibliothekar für große Teile der ausländischen Literatur seiner wissenschaftlichen Verantwortung für den Bestandsaufbau enthoben wird und daß an seine Stelle der buchhändlerische Geschäftsmann tritt. Ein unbestreitbarer Vorteil des Farmington-Plans ist es jedoch, daß die

Schwächen und Vorteile

Beschaffung sofort erfolgen kann. So kommt es kaum vor, daß eine wichtige Neuerscheinung aus einem fremden Lande einer Bibliothek nur deshalb entgeht, weil sie inzwischen vergriffen ist. Ein abschließendes Urteil über diesen Weg zur gelenkten Beschaffung internationaler Literatur wird man erst später abgeben können.[255]

Der Farmington-Plan ist am 31. Dezember 1972 formell beendet worden.[256] Dafür hat es verschiedene Gründe gegeben, u. a. das Ausscheiden so bedeutender Bibliotheken wie der Harvard-UB in Cambridge und der Yale-UB in New Haven. Die selbständige Literaturerwerbung durch europäische Buchhändler ist mit diesem Zeitpunkt gestoppt worden. Ein neues Beschaffungsprogramm wird zur Zeit noch diskutiert.

neuester Stand

4.1.3.3.5. Innerhalb von Fachbereichen

Es ist im Grunde erstaunlich, wie wenig ausgeprägt die Zusammenarbeit der Fachbibliotheken bei der Buchauswahl selbst in den hoch entwickelten Bibliotheksländern der Welt ist. Bei den technisch-naturwissenschaftlichen Bibliotheken, die in der Regel auch eine starke ökonomische Förderung erfahren oder sogar z. T. finanziell unabhängig sind (wissenschaftliche Betriebsbibliotheken z. B.), ist das nicht verwunderlich. Fruchtbar hat sich in dieser Richtung auch die Wirksamkeit von fachlichen Arbeitsgemeinschaften erwiesen, wie sie sich in Berlin, überwiegend ausgehend von der Deutschen Staatsbibliothek oder aber mit deren Mitwirkung, gebildet hatten (z. B. für Slawistik, Medizin, Geschichte). Ihr gemeinsames Hauptanliegen waren Koordinierung und Rationalisierung der Bibliotheksarbeit im Dienste der betreffenden Einzelwissenschaft.[257] Mit Gründung des Bibliotheksverbandes der DDR 1964 sind diese Aufgaben von Verbandsgruppen (Sektionen insbesondere) wahrgenommen worden (vgl. Kap. 2.2. Netze).

Koordinierung auf bestimmten Fachgebieten

Arbeitsgemeinschaften

---

[255] GISELA VON BUSSE, *Gemeinschaftsunternehmungen amerikanischer Bibliotheken in der Literaturbeschaffung.* In: Zur Praxis d. wiss. Bibliotheken in den USA. Wiesbaden 1956 S. 154–171; – EDWIN E. WILLIAMS, *Farmington Plan Handbook.* Revised to 1961 and abridged. Ithaca, N. Y. 1961. Neubearb. d. 1. Ausg. von 1953. Mit Lit.verz.; vgl. hierzu ZfB 77 (1963) S. 459–463 (P. Genzel). – ROBERT VOSPER, *International book procurement, or, Farmington extended.* In: College and Research Libraries 21 (1960) S. 117–124. – EDWIN E. WILLIAMS, *Farmington Plan.* In: Encyclopedia of libr. and information science. Vol. 8. New York 1972 S. 361–368.

[256] HENDRIK EDELMAN, *The death of the Farmington Plan.* In: Library journal 98 (1973) Nr. 8 S. 1251–1253.

[257] Ein besonders nützliches Ergebnis dieser Eigeninitiative von Bibliothekaren und Bibliotheksleitung (DSB) waren die 1. u. 2. Aufl. des Bestandsverzeichnisses medizinischer Zeitschriften „Wo sind welche?“ Jetzt ein Gemeinschaftswerk der Deutschen Staatsbibliothek und des Instituts für Wissenschaftsinformation in der Medizin (ehemals Deutsche Akademie für ärztl. Fortbildung). *Wo sind welche?* Zeitschriften d. Medizin u. ihrer Grenzgebiete in den medizinischen Einrichtungen u. in wiss. Bibliotheken d. DDR. 5., neubearb. Aufl. Berlin 1973. (Deutsche Staatsbibliothek. Zeitschriften – Bestandsverzeichnisse. 7.)

In dem Rahmenstatut für Zentrale Fachbibliotheken vom 5. Januar 1972[257a] wurden erstmals staatliche Festlegungen über den Bestandsaufbau in den Zentralen Fachbibliotheken und ihren Netzen getroffen. In Abstimmung mit dem Sammelschwerpunktplan erwerben diese Bibliotheken Grundlagenliteratur und gemeinsam mit anderen leistungsstarken Bibliotheken Spezialliteratur und Zeitschriften ihres Faches sowie schwerbeschaffbare Sonderliteratur und wissenschaftliche Grundlagenwerke in schwer zugänglichen Sprachen.

4.1.3.3.6. Innerhalb regionaler Bereiche

Vereinbarungen über Abstimmungen erweisen sich u. a. besonders zwischen wissenschaftlichen Allgemeinbibliotheken am gleichen Ort (Großstädten) als notwendig und sind wegen der guten Kontaktmöglichkeit auch leicht durchführbar.[258] Solche schriftlich festgelegten Vereinbarungen haben z. B. in Berlin die Deutsche Staatsbibliothek, die Universitätsbibliothek der Humboldt-Universität mit Zweigstellen und die Berliner Stadtbibliothek getroffen. Sie erstrecken sich auf alle Formen der Zusammenarbeit[259], nicht nur auf Erwerbungen. Ein frühes Beispiel für koordinierte Aufgabenverteilung zwischen den Bibliotheken einer Großstadt hat Frankfurt a. M. nach dem ersten Weltkrieg gegeben: die Stadtbibliothek als Zentrale, die Senckenbergische Bibliothek für Medizin und Naturwissenschaften, die Rothschildsche Bibliothek für neuere Sprachen und Literaturen, die Kunstgewerbebibliothek für Kunst und Technik, die Zentralbibliothek des Städtischen Krankenhauses für Medizin.

Koordinierung in Großstädten

Überhaupt ist es nicht nötig, daß zur Koordinierung der Buchauswahl innerhalb eines Gebietes alles durch „Maßnahmen von oben" geregelt wird. Ein gutes Beispiel für Steuerung der Buchauswahl durch bibliothekarische Selbsthilfe im Wege der Information bietet der *Schweizerische Gesamtkatalog* in der Landesbibliothek Bern, der Unterlagen für eine freiwillige Abstimmung der Anschaffungen auf dem Gebiete der Periodica bearbeitet. Er veröffentlicht sechsmal jährlich eine Liste der in den Schweizer Bibliotheken neu abonnierten Zeitschriften und zweimal jährlich ein Verzeichnis von Zeitschriften, die gesucht worden sind, aber in Schweizer Bibliotheken nicht nachweisbar waren.

Eigeninitiative der Bibliothekare

[257a] *Rahmenstatut für Zentrale Fachbibliotheken.* In: Verfügungen und Mitteilungen des Ministeriums für Kultur 1972, Nr. 2.

[258] *Rol' obščestvennosti v koordinacii raboty bibliotek.* Sbornik statej. Leningrad 1963. Sieben Aufsätze über die Koordinierung der Bibliotheksarbeit im Bereich einer Großstadt (Leningrad).

[259] PETER GENZEL, *Bibliotheken koordinieren.* In: Das Hochschulwesen 10 (1962) S. 910–911. – WOLFGANG SCHUMANN, *Koordinierung u. Kooperation auf neuer Stufe.* In: Bibliothekar 23 (1969) S. 981–992.

4.1.4. *Buchbearbeitung*

4.1.4.1. Die Abteilung Bestandsaufbau im Bibliotheksorganismus

Die Erwerbungsabteilung (ehemals Akzession genannt), zutreffender als Abteilung Bestandsaufbau bezeichnet, hat sich erst in neuerer Zeit ihre Sonderstellung im Bibliotheksorganismus erobert. Früher, als alle Bibliotheksgeschäfte in der Hand des Bibliothekars mit seinen angelernten Hilfskräften (Amanuenses, Knechte, Diener) eng zusammengefaßt waren, bestand kein Bedürfnis nach einer gesonderten Erwerbungsabteilung. Noch in den Bibliotheksbauten vor dem ersten Weltkrieg sind keine Räume für diese Abteilung vorgesehen. Ihre Arbeit spielte und spielt sich noch heute in kleinen und mittleren Bibliotheken vorwiegend im Sekretariat des Direktors oder in irgendwelchen damit verbundenen Nebenräumen ab. In sehr großen Bibliotheken mit zentralen Aufgaben, die über hohe Anschaffungsmittel verfügen, einen ausgedehnten Tauschverkehr durchführen und umfangreiche Pflichtlieferungen vereinnahmen, hat sich diese Abteilung weitverzweigt.

Entwicklung der Erwerbungsabteilung

Die Tätigkeit in der Abteilung Bestandsaufbau ist deshalb besonders vielseitig, weil sich hier die engsten Beziehungen zum Verlagswesen und Buchhandel[260] knüpfen. Für die Mitarbeiter dieser Abteilung sind daher besonders gute Kenntnisse in den buchkundlichen und bibliographischen Fächern Voraussetzung. Eingehendes Vertrautsein mit den gängigen Arbeitsmitteln sowie den Gepflogenheiten des Buchhandels ist unerläßlich.

Kenntnis des Buchhandels

Den besten Einblick in die Zusammenhänge des Bestandsaufbaus vermittelt die praktische Mitarbeit in einer nach bibliothekarischen Grundsätzen verwalteten kleineren wissenschaftlichen Fachbibliothek, wo alle Erwerbungsgeschäfte in der Hand des Bibliotheksleiters liegen. Dazu ist während der praktischen Ausbildung der Nachwuchskräfte die beste Gelegenheit. Auch in mittleren wissenschaftlichen Allgemeinbibliotheken sind die Erwerbungsgeschäfte noch verhältnismäßig konzentriert und übersichtlich. Nur in sehr großen Bibliotheken laufen sie bei aller Übereinstimmung in den Erwerbungsgrundsätzen Gefahr, wegen ihrer Weitverzweigtheit für den Anfänger schwer durchschaubar zu sein. Es ist für jeden Bibliothekar wichtig, die Erwerbungsarbeit mehrerer Bibliotheken praktisch kennenzulernen, einmal um Vergleichsmöglichkeiten zu bekommen, zum anderen um zu verstehen, daß der in einer Bibliothek geltende technische Ablauf der Arbeiten nicht der einzig mögliche ist.

Erwerbungsarbeit und Ausbildung

Bei der Abteilung Bestandsaufbau laufen die Vorschläge des wissenschaftlichen Mitarbeiterkollektivs (Fachreferenten) für die Buchauswahl zusammen. Selbst wenn sie nach bestem Wissen und Gewissen, mit

[260] Für das Gebiet der DDR in diesem Zusammenhang wichtig: Institut für Verlagswesen und Buchhandel an der Karl-Marx-Universität Leipzig, gegr. 1968. Vgl. KURT SCHEIDEREITER, *Zu den Aufgaben des Instituts für Verlagswesen und Buchhandel.* In: Börsenblatt f. d. Deutschen Buchhandel 135 (1968) S. 512–513.

Vorschläge der Referenten

Sachkenntnis und unter Berücksichtigung der Funktion und des gesellschaftlichen Zwecks der Bibliothek gemacht worden sind, haben sie vorerst nur den Charakter von Vorschlägen. Es muß eine Überprüfung dieser Vorschläge erfolgen, ehe ihre Realisierung veranlaßt werden kann. Sie müssen aufeinander abgestimmt werden, damit der Bestandsaufbau nicht ungleichmäßig erfolgt. Maßstab dafür sind die Erwerbungsgrundsätze und die festgelegten Haushaltmittel. Es ist Sache des staatlichen Leiters, diese wichtige Aufgabe wahrzunehmen; in großen Bibliotheken kann er an seiner Stelle einen wissenschaftlichen Bibliothekar damit beauftragen: den Leiter der Abteilung Bestandsaufbau.

Umwandlung in Bestellungen

Die Verzahnung des für die Buchauswahl tätigen Mitarbeiterkollektivs mit der Erwerbungsarbeit kommt auch darin zum Ausdruck, daß die Beschaffungsarbeit damit eingeleitet wird, daß die kontrollierten Anschaffungsvorschläge der Referenten herausgeschrieben und in Bestellungen umgewandelt werden müssen. Das geschieht entweder – dann als erste Tätigkeit – durch den technischen Apparat der Abteilung Bestandsaufbau oder mit Hilfe technischer Kräfte im Bereich des wissenschaftlichen Mitarbeiterkollektivs für Buchauswahl (Katalogabteilung).

Haushaltmittel

Die ökonomische Grundlage des Bestandsaufbaus bilden die Haushaltmittel der Bibliothek, das sind die auf einem besonderen Sachkonto ausgewiesenen Mittel für die Anschaffung von Literatur. Sie sind termingemäß zu planen und werden jeweils für ein Kalenderjahr zur Verfügung gestellt. Der staatliche Leiter ist für die Beachtung strenger Sparsamkeit und die unbedingte Einhaltung der Haushaltdisziplin verantwortlich. Dazu ist eine gute Zusammenarbeit zwischen der Abteilung Bestandsaufbau und der allgemeinen Verwaltung, insbesondere zwischen dem Leiter dieser Abteilung und dem Haushaltsachbearbeiter erforderlich. Gesichtspunkte für eine gute, gesteuerte Erwerbungspolitik sind u. a.: bedarfsgerechte Anschaffungen, die einen hohen Nutzeffekt garantieren, Kooperation mit anderen Bibliotheken am Ort oder des gleichen Fachgebietes sowie angemessene Einschaltung des Leihverkehrs. Eine ständige Kontrolle des Kontenstandes, insbesondere der Devisenkontingente zur Beschaffung ausländischer Literatur, ist eine vordringliche Leitungsaufgabe. Um einen ersten Überblick über die verfügbaren Haushaltmittel zu gewinnen, ist deren Aufschlüsselung zu Beginn des Haushaltjahres geboten, und zwar nach festgelegten Ausgaben für Zeitschriften, Serien und Fortsetzungswerke sowie nach „freien“, d. h. disponiblen Mitteln für Neuanschaffungen, insbesondere von Monographien.

4.1.4.2. Technische Abwicklung der Erwerbungstätigkeit

Die Abteilung Bestandsaufbau hat die getroffene Buchauswahl zu realisieren. Bei der Darstellung der praktischen Funktion dieser Abteilung innerhalb eines Abrisses der Bibliothekslehre kommt es nicht darauf an, die Arbeitsgänge im einzelnen zu schildern. Wie viele Wege nach Rom führen, so können auch diese Arbeiten so oder so abgewickelt werden und doch zu dem gleichen Ziele führen. Entscheidend ist, daß die in der Arbeitsordnung der Abteilung festgelegten Manipulationen ständig daraufhin geprüft werden, ob sie den neuesten arbeitsökonomischen Erfahrungen entsprechen und ob alle regelmäßig wiederkehrenden Einzelheiten soweit wie möglich arbeitstechnisch vereinfacht werden (Vordrucke, Durchschreibeverfahren usw.).[261]

Grundaufgaben der Erwerbungsabteilung

Die Grundaufgaben der Abteilung Bestandsaufbau im Geschäftsgang sind:

1. die für den Bestandsaufbau der Bibliothek notwendigen *literarischen Dokumente zu beschaffen* (Bestellvorgang);
2. bestellte und ohne Bestellung eingegangene *literarische Dokumente nachzuweisen*;
3. *die rechnerische Verbuchung erworbener Druckschriften* durch sachliche Prüfung vorzubereiten oder selbständig zu erledigen;
4. die *Inventarisierung* aller Neuzugänge durchzuführen.

Bestellkarteien

Diejenige Verfahrensweise beim Bestellen ist die beste, bei der das Verhältnis der unfreiwillig erzeugten Dubletten zum Anschaffungsvolumen und zum Arbeitsaufwand am niedrigsten ist. Die technischen Voraussetzungen dafür bilden die Bestellkarteien, die doppelt zu führen sind, nämlich einmal alphabetisch nach dem Titel, wobei es zweckmäßig ist, die Bestellgrundlagen der letzten Jahre zusammenzulassen, zum andern eine nach Lieferanten geordnete Kartei der unerledigten Bestellungen, wobei die Ordnung der Bestellzettel innerhalb jedes Lieferanten am besten eine chronologische ist.

In sehr großen Bibliotheken ist es Brauch, die Führung dieser Karteien sowie die Nachprüfungen der gelieferten Titel auf ihr Vorhandensein in den Katalogen als *Vorakzession* aus den übrigen Erwerbungsvorgängen herauszuheben.

Jede Bestellung erhält eine besondere Nummer; schon dadurch läßt sich der chronologische Ablauf der Bestellung grob mechanisch kontrollieren.

Bestellformulare

Wie bei jeder Büroarbeit empfiehlt sich für Bestellungen die Verwendung von Vordrucken. Die Zahl der Zettel, die für eine Bestellung erforderlich sind, ist verschieden. Sie richtet sich nach dem einzuhaltenden Bestellweg. In sehr großen Bibliotheken hat sich eine Trennung von Büchern auf der einen sowie von Zeitungen, Zeitschriften und Serien auf der anderen Seite herausgebildet.

---

[261] WERNER BERGMANN u. HORST HALFMANN, *Der Einsatz von Lochkarten im Bereich der Abteilung Beschaffung und Zugang der Deutschen Bücherei.* In: ZfB 76 (1962) S. 420–423. – Die staatlichen Allgemeinbibliotheken der DDR haben hinsichtlich der Erwerbungstätigkeit (Einarbeitung von Büchern) bedeutende Rationalisierungsfortschritte gemacht. Vgl. KARL HEINZ SÜHNHOLD u. EDITH SCHURZIG, *Rationalisierung der Arbeitsorganisation in zentralen Einarbeitungsstellen.* Berlin 1971. (Beiträge zu Theorie und Praxis der Bibliotheksarbeit. 8.) – PETER GÜNNEL, WOLFGANG MÜHLE u. KARL HEINZ SÜHNHOLD, *Zur Rationalisierung der Bibliotheksarbeit,* Berlin 1972, bes. S. 73–76.

Zahlreiche *Kontrollfunktionen* sind mit der Erwerbungsarbeit verbunden:

Zustandskontrolle

1. *Kontrolle des einwandfreien Zustandes der eingehenden Objekte*
Defekte, unsaubere oder verdruckte Exemplare werden beim Lieferanten reklamiert.[262] Zu vergriffenen Werken, die Defekte (fehlende Seiten oder Bogen) aufweisen, müssen Fotokopien nach vollständigen Exemplaren anderer Bibliotheken angefertigt werden.

Preiskontrolle

2. *Kontrolle der angesetzten Preise*
Die Abteilung Bestandsaufbau ist für die sachliche Richtigkeit der vorgelegten Lieferantenrechnung verantwortlich. Sie verwendet dazu auf jeder Rechnung, die zur Anweisung an die Kasse gehen muß, einen Stempel „Sachlich richtig", der mit dem Namen des Bearbeiters und dem Datum versehen werden muß. Zur Prüfung der sachlichen Richtigkeit einer Rechnung gehört die Bestätigung der Übereinstimmung von gelieferten Objekten mit den Rechnungseintragungen. Es gehört aber auch dazu die Kontrolle der Richtigkeit der Bücherpreise durch Vergleich mit den auf den Bestellzetteln herausgeschriebenen Preisen und – durch Stichproben – in den Bibliographien.

Terminkontrolle

3. *Kontrolle der Lieferanten*
Je nach den Bedingungen der Belieferung ergeben sich durchschnittliche Lieferzeiten für Objekte aus der Deutschen Demokratischen Republik sowie aus anderen Herkunftsländern. Diese Termine sind zu überwachen. Fällige Bestellungen werden beim zuständigen Lieferanten reklamiert.

4.1.4.3. Inventarisierung

allgemeine Bestimmungen über Zugangsverzeichnisse

Für die ordnungsgemäße Inventarisierung der Zugänge bestehen in der Regel staatliche Anordnungen zwecks Erfassung und Sicherung des staatlichen Eigentums. Die für die Bibliotheken der Deutschen Demokratischen Republik zur Zeit geltende Anordnung[263] besagt u.a., daß die Zugänge in Zugangsverzeichnissen nachzuweisen sind; sie bestimmt ferner, welche Angaben sie enthalten müssen. Diese Regelung betont zwar ausdrücklich den Urkundenwert dieser Zugangsverzeichnisse und unterstreicht, daß die Eintragungen „urkundensicher" vorzunehmen sind, überläßt es aber weise dem Leiter der Bibliothek, in welcher – schriftlich

---

[262] Das Durchsehen aller Eingänge auf Vollständigkeit und gute Beschaffenheit (Kollationieren) erfolgt heute in der Regel nicht mehr mit derselben Gründlichkeit wie früher. 1914 wurden noch in 67 Bibliotheken von 117 befragten sämtliche Stücke kollationiert (vgl. ZfB 31, 1914, S. 200–201).

[263] *Anordnung Nr. 4 über die Erfassung und Sicherung des staatlichen Eigentums im Bereich der Organe der staatlichen Verwaltung und staatlichen Einrichtungen – Erfassung der Bibliotheksbestände* – vom 9. August 1962. In: GBl. II 1962 S. 511–512.

festzulegenden – Form die Zugangsverzeichnisse zu führen sind. Dieser Punkt ist sehr wichtig.

Es war nämlich bisher eine mindestens im deutschen wissenschaftlichen Bibliothekswesen vorherrschende Auffassung[264], daß nur ein Zugangsbuch den Urkundencharakter garantieren könnte. Ausländische Erfahrungen, das Streben nach Rationalisierung der Bibliotheksarbeit und vorliegende Erfahrungen mit anderen Inventarisierungsformen bei Zugangsverzeichnissen haben diese traditionelle Auffassung erschüttert. Anstelle einer Vielzahl unhandlicher großer, nach Büchern und Zeitschriften, Format und Erwerbungsart (bis zu 20) getrennten Zugangsbücher bieten sich verschiedene Formen an.[265]

Zugangsbuch

1. Kombination von Zugangsbuch – Standortkatalog. Das Zugangsbuch übernimmt die Funktion des Standortkatalogs. Problematisch bleiben dabei das Nachtragen von Zeitschriftenjahrgängen und Fortsetzungen (Ergänzung des Zugangsbuches = Standortkatalog ist dann z. B. die Fortsetzungskartei oder Führung eines besonderen Standortkatalogs für Zeitschriften und Fortsetzungen) sowie Revisionen (DB, DSB). Hierbei ist die Variante möglich, daß das Zugangsverzeichnis in Zettelform geführt wird, z. B. mit Durchschlägen, von denen einer als Bestellzettel zum Buchhandel gegeben, ein anderer für die Bestellkartei, ein dritter als Laufzettel verwendet wird.

Zugangsbuch = Standortkatalog

2. Umgekehrt übernimmt der Standortkatalog die Funktion des Zugangsbuches; er wird als Zettelkatalog geführt: verkürzte Titelangabe, zuzüglich der erforderlichen Angaben (Lieferant, Preis usw.). Vorteile sind neben einfacher und übersichtlicher Führung Beweglichkeit, besseres Nachtragen der Folgebände bei der Gesamtsignatur, Revisionsunterlage (SLB Dresden).

Standortkatalog = Zugangsbuch

3. Für gekaufte Bücher ersetzen die Rechnungen bzw. Durchschriften davon, in Briefordnern laufend numeriert aufbewahrt, das Zugangsverzeichnis; die Rechnungsdurchschläge können jährlich mit Klebebindung zu festen Blöcken verbunden werden. Dieses Verfahren wird – mit Recht – den allgemeinbildenden Bibliotheken in der DDR vom Zentralinstitut für Bibliothekswesen Berlin ausdrücklich empfohlen[266], zumal da es sich dabei in der Regel um Rechnungen von zwiefa-

Rechnungsunterlagen = Zugangsbuch

[264] Sie ist z. B. im Handbuch (1. Aufl.) und auch in der 2. Auflage des vorliegenden Lehrbuchs noch entschieden vertreten worden.

[265] Vgl. hierzu FRITZ REDENBACHER, *Die Erwerbung.* In: Handbuch II 2. Aufl. S. 236 bis 238. – BURGHARD BURGEMEISTER u. WERNER PRASSE, *Geschäftsgangsprobleme.* Erfahrungen u. Vorschläge aus d. Sächs. LB. Berlin 1962, dort bes. in dem Aufsatz von Werner Prasse S. 12–14. – WALTER BAUHUIS, *Erwerbung, Katalogisierung und Magazinierung in amerikanischen wissenschaftlichen Bibliotheken.* In: Zur Praxis d. wiss. Bibliotheken in den USA. Wiesbaden 1956 S. 92–93. (Beiträge z. Buch- u. Bibliothekswesen. 5.) – WALTER BAUHUIS, *Arbeitsmethoden der Erwerbungsabteilung.* In: Aus d. Arbeit d. Bibliothekars. Fritz Redenbacher z. 60. Geburtstag dargebr. Erlangen 1960 S. 37–39. (Schriften d. UB Erlangen. 4.)

[266] KARL HEINZ SÜHNHOLD u. EDITH SCHURZIG, *Rationalisierung der Arbeits-*

cher Provenienz handelt (LKG, Abt. Bibliotheken und Volksbuchhandel).

Lochkarten

Es sind auch auf diesem Gebiete der Bibliotheksarbeit bereits Erfahrungen mit Lochkarten[267] gemacht worden (Randlochkarte); dadurch ist es z. B. möglich, in *einer* Kartei ausgeführte und noch unerledigte Bestellungen zusammen zu führen. Wie bei verhältnismäßig einfachen Buchungsvorgängen ist immer die Frage zu stellen, ob der Aufwand und die Kosten eines Lochkartenverfahrens dem Nutzen tatsächlich entsprechen.

Bearbeitung der Rechnungen

Der zweite wichtige Inventarisierungsvorgang besteht in dem Übertragen der Zugangsnummer laut Zugangsbuch auf die Rechnung, und zwar neben den Einzeltitel, und in das inventarisierte Objekt selbst, dort auf die Rückseite des Titelblattes. Diese Zugangsnummer setzt sich meist zusammen aus: Zugangsart, Jahr und laufender Nummer (z. B. K 1955, 137, wobei K den Zugang durch Kauf bezeichnet). Mit diesem Arbeitsvorgang wird die Anerkennung der vorgelegten Rechnung, deren Preise bereits kontrolliert wurden, endgültig vollzogen. Sie kann nun mit dem Vermerk „Sachlich richtig" zur Anweisung an die Kasse gegeben werden.

Stempeln

Im Gegensatz zu der früheren Praxis, den Geschäftsgang des Buches mit dem Stempeln abzuschließen, hat es sich als zweckmäßig erwiesen, das Stempeln so zeitig wie möglich vorzunehmen, weil dadurch das Eigentum der Bibliothek an dem Buch sichtbar wird. Unter den charakteristischen Merkmalen eines Bibliotheksbandes, wie eingetragene Zugangsnummer und Signatur, Einband, Signaturschild, ist der Stempel die wichtigste Kennzeichnung des Besitzes.[268] Früher wurden diese Besitzvermerke handschriftlich vorgenommen.

Die Wichtigkeit des Stempelvorgangs darf beim Anbringen der Stempel nicht dazu führen, daß ästhetische Gesichtspunkte vernachlässigt werden. Hier ist in früherer Zeit viel gesündigt worden. Es ist barbarisch, ein Titelblatt, das eine in sich geschlossene typographische Komposition ist,

---

organisation an zentralen Einarbeitungsstellen. Berlin 1971 S. 60. (Beiträge zu Theorie und Praxis der Bibliotheksarbeit. 8.)

267 Vgl. oben WALTER BAUHUIS, *Erwerbung, Katalogisierung in amerikanischen Bibliotheken.* In: Zur Praxis d. wiss. Bibliotheken in den USA. Wiesbaden 1956 S. 92. (Beiträge zum Buch- u. Bibliothekswesen. 5.) – GERHARD LOH, *Stand und Möglichkeiten der Anwendung von manuellen Lochkartenverfahren im wissenschaftlichen Bibliothekswesen.* In: ZfB 79 (1965) S. 385–403. – Methodisches Zentrum für wissenschaftliche Bibliotheken ... *Elektronische Datenverarbeitung in Bibliotheken.* Leitfaden f. d. Einsatzvorbereitung. Berlin 1971, s. Register. – PAUL NIEWALDA, *Die elektronische Datenverarbeitung im Bibliothekswesen.* München-Pullach, Berlin (West) 1971 S. 57–61. (Bibliothekspraxis. 1.), dort auch weiterführende Literatur.

268 Allzu eifrige Stempelfreunde seien darauf hingewiesen, daß die bereits zitierte „Anordnung Nr. 4" zum Thema Stempeln ausdrücklich vermerkt: „Würde durch einen Eigentumsstempel der Wert des Objektes empfindlich beeinträchtigt, so kann die Eigentumskennzeichnung auch in anderer Weise erfolgen" (§ 5). – Verhältnismäßig ausführlich geht Fritz Redenbacher (Handbuch II 2. Aufl. 1961 S. 550–554) auf das Stempeln ein; wichtig wegen Hinweisen auf ausländische Gepflogenheiten, Lit.angaben.

mit einem Stempel zu verunzieren. Der Bibliotheksstempel in Büchern gehört daher auf die Rückseite des Titelblattes. Überhaupt ist das Stempeln mit Sinn und Verstand durchzuführen. Wertvolle Stücke, die ohnehin in der Regel in der Benutzung eingeschränkt sind (z.B. nur für den Lesesaal ausgegeben werden), sowie Tafelwerke sollten nur mit kleinen schmalen Stempeln versehen werden. Allerdings müssen bei Nachlässen und Briefsammlungen alle einzelnen Stücke mit solchen kleineren Besitzstempeln gekennzeichnet werden. Auch der Geheimstempel auf bestimmten Seiten des Buches soll so klein wie möglich sein; es bestehen allerdings Zweifel, ob er tatsächlich ein Schutz gegen Veruntreuung von Bibliothekseigentum ist. Dissertationen sowie ungebundene Lieferungen und Hefte von Fortsetzungen und Zeitschriften werden auf dem Umschlag gestempelt.

Stempelvorgang

Die Art der Stempel kann verschieden sein: Man verwendet am häufigsten Metall- oder Gummistempel. Der Metallstempel hat gegenüber dem Gummistempel den Vorteil, daß er besser sauber zu halten ist, in jedes Papier eindringt und sich weniger abnutzt. Solche Stempelungen restlos zu entfernen, ist bei Verwendung guter Stempelfarbe ohne deutlich wahrnehmbare Beschädigung des Papiers unmöglich. Trocken- oder Prägestempel können vom Gesichtspunkt der Sicherung der Bücher als noch zuverlässiger gelten; allerdings verletzen sie empfindlich das Titelblatt und müssen daher aus ästhetischen Gründen abgelehnt werden. Häufig vernachlässigt wird leider das Löschen des Besitzstempels, wenn ein Buch aus dem Bestand ausgeschieden wird. Dabei muß das Datum des Löschens handschriftlich oder durch einen Tagesstempel hinzugefügt werden. Ein besonderer Dublettenstempel ist entbehrlich, wenn dieses Löschverfahren strikt durchgeführt wird.

technische Gesichtspunkte

Das nobelste Bucheignerzeichen ist ohne Zweifel das Exlibris.[269] Im Zusammenhang mit kleineren und größeren Privatbibliotheken entstanden, wäre seine Verwendung für den Gesamtbestand einer großen modernen Gebrauchsbibliothek gewiß zu aufwendig. Für besondere Bestandsteile, z.B. für bestimmte Sondersammlungen (künstlerische Drucke, Einbandsammlung etc.) oder geschlossen aufgestellte Gelehrtenbibliotheken sollte das Exlibris der Bibliothek verwendet werden.

Exlibris

Eine rückläufige Bewegung des Bestandes erfolgt dadurch, daß einzelne Bücher oder Bestandsteile aus verschiedenen Gründen ausgeschieden werden. Bei der Aussonderung von inventarisierten Bibliotheksbeständen ist mit äußerster Sorgfalt vorzugehen. In den allgemeinbildenden Bibliotheken ist das Ausscheiden verbrauchter und abgenutzter sowie inhaltlich überholter Literatur ein selbstverständlicher Prozeß.[270] In wissen-

Aussonderung

---

[269] WILLIAM R. HOLMAN, *An approach to contemporary library bookplates.* In: Wilson library bulletin 43 (1968) S. 349–352.

[270] *Richtlinie über die Bestandssichtung in allgemeinbildenden Bibliotheken* vom 20. April 1963. Auch abgedr. in: Bibliothekar 17 (1963) S. 1116–1117. – EDITH SCHURZIG, *Verschleiß – Aussonderung – Abgang.* 1.2. In: Bibliothekar 27 (1973) S. 734–740; 28 (1974) S. 21–31.

schaftlichen Fachbibliotheken werden zerlesene, veraltete oder aus anderen Gründen nicht mehr benötigte literarische Dokumente nach Zweckmäßigkeit ausgesondert.[271] In wissenschaftlichen Universalbibliotheken mit Archivcharakter war früher das Aussondern von Beständen nicht gebräuchlich; in neuerer Zeit ist es jedoch aus ähnlichen Gründen (z. B. bei gestaffelt angeschaffter Literatur) durchaus üblich geworden. In jedem Falle sind die für die Aussonderung von Bibliotheksbeständen gültigen rechtlichen Regelungen gewissenhaft zu beachten. Für die Bibliotheken, die zum Bereich des Ministeriums für Hoch- und Fachschulwesen gehören, gilt die Bestimmung, daß ausgeschiedene Bestände einer dafür zuständigen Stelle, der Zentralstelle für wissenschaftliche Altbestände (ZwA) bei der Deutschen Staatsbibliothek, anzubieten sind.[272] Von dieser Möglichkeit machen auch Bibliotheken anderer Bereiche Gebrauch.

4.1.4.4. Erwerbungsarten

Wir unterscheiden vier Arten der Erwerbung: *Kauf, Tausch, Pflicht, Geschenk.* Die Bestandsvermehrung durch Pflichtexemplare gilt nur für bestimmte, meist zentrale Bibliotheken. Die allgemeinbildenden Bibliotheken kennen die Vermehrung durch Pflichtexemplare und Tausch in der Regel nicht; von gelegentlichen Stiftungen abgesehen, erwerben sie ihre neuen Bücher durch Kauf. In den wissenschaftlichen Bibliotheken sind Kauf und Tausch deswegen die wichtigsten Erwerbungsarten, weil mit diesen zwei Beschaffungswegen der planmäßige organische, auf bewußter Auswahl beruhende Bestandsaufbau vollzogen wird.

4.1.4.4.1. Kauf

Nach den dargelegten Grundsätzen für einen organischen Bestandsaufbau wäre der Idealzustand erreicht, wenn alle zur Beschaffung vorgesehenen Titel dem Bibliothekar „zur Ansicht" vorgelegt werden könnten, damit er seine verantwortliche Entscheidung über Ankauf oder Ablehnung durch Autopsie an Hand des Werkes selbst treffen könnte. Der Buchhandel unterscheidet Bestellungen „zur Ansicht", d. h. mit Rückgaberecht, und „fest", d. h. verbindlich für den Besteller. Leider ist die Beschaffungsarbeit des Bibliothekars heute mehr denn je mit Risiko verbunden, weil er den größten Teil der anzuschaffenden Literatur – überwiegend die ausländische – „fest" bestellen muß. Eine besonders

„zur Ansicht"

„fest"

---

[271] HANS-ULRICH KLOTH, FRITZ-GEORG BARTH u. RUDI MÖBUS, *Die wiss. Fachbibliothek.* 2. Aufl. Leipzig 1975 S. 54.

[272] *Anweisung Nr. 10/65 des Staatssekretariats für das Hoch- und Fachschulwesen über die rechtliche Regelung der Aussonderung von Bibliotheksbeständen* vom 1. August 1965. In: Rechts-ABC für Bibliothekare. Leipzig 1975 S. 314.

riskante, aber unvermeidliche Bestellform ist die Subskription, die gerade bei umfangreichen und teuren Werken weit verbreitet ist. Der Verlag lädt in solchen Fällen, um eine Vorstellung über den mutmaßlichen Absatz seines in Vorbereitung befindlichen Verlagswerkes zu gewinnen, durch einen Prospekt oder ein Inserat zur Subskription ein und gewährt den wagemutigen Subskribenten als Gegenleistung einen angemessenen Preisnachlaß (10 bis 15 % vom Ladenpreis), der *nach* Erscheinen des Werkes nicht mehr gewährt wird.

Subskription

Enger als mit dem Verlagswesen (herstellender Buchhandel) ist die Zusammenarbeit des Bibliothekars mit dem Sortiment (vertreibender Buchhandel).[273] Das Sortiment seinerseits ist gern bereit, den Bibliotheken Neuerscheinungen aus der nationalen Buchproduktion „zur Ansicht" regelmäßig vorzulegen. Diese Möglichkeiten gilt es weitgehend zu nutzen. Es ist zweckmäßig, mit einigen leistungsfähigen Sortimenten am Ort individuelle Abmachungen über Art und Umfang vorzulegender Ansichtssendungen zu treffen und dafür genaue, regelmäßige Termine festzulegen. Es ist weiterhin vorteilhaft, mit den zur Ansicht liefernden Sortimenten jeweils bestimmte Fachgebiete zu vereinbaren, um unfruchtbare Überschneidungen bei der Vorlage von Neuerscheinungen „zur Ansicht" zu vermeiden.

Vorteile der Ansichtssendungen

Die Beschaffungswege für Bücherkauf, die die Bibliotheken beim Kauf am zweckmäßigsten einschlagen oder einzuschlagen haben, sind je nach Wirtschaftsstruktur des betreffenden Landes verschieden.[274] In den sozia-

Beschaffungswege

---

[273] Wichtige zentrale Einrichtungen des Buchhandels in der DDR sind BE, LKG und Zentralantiquariat der Deutschen Demokratischen Republik. Der *Buchexport*, Volkseigener Außenhandelsbetrieb der DDR (BE) ist das Außenhandelsunternehmen auf dem Gebiet der Buch- und Zeitschriftenbeschaffung. Ihm obliegt 1. Export und Import von Monographien und Zeitschriften. 2. Bearbeitung von Druckaufträgen aller Länder. 3. Export von Briefmarken, Schallplatten, Spiel- und Postkarten, Münzen, Antiquaria. Als Werbemittel steht ihm die Zeitschrift „Buch der Zeit" zur Verfügung. – Der LKG Leipziger Kommissions- und Großbuchhandel ist das einzige Buchgroßhandelsunternehmen der DDR und führt eine alte Tradition des deutschen Buchhandels fort. Er nimmt die Produktion aller lizenzierten Verlage – etwa 100 – in Kommission und hat einen Jahresumsatz von über 500 Millionen M. Er ist ferner verantwortlich für die Auslieferung sämtlicher ausländischer Monographien innerhalb der DDR sowie der DDR-Produktion in alle Welt. Er liefert nur an Wiederverkäufer und verfügt über spezielle Abteilungen für die Auslieferung von Reproduktionen, Schulbüchern, Kunstpostkarten usw. Vgl. KURT-RUDOLF BÖTTGER, *Die Geschichte des LKG, Leipziger Kommissions- und Großbuchhandel,* 1946–1967. Leipzig 1968. – *Die Aufgaben und die Organisation des LKG, Leipziger Kommissions- und Großbuchhandel.* Leipzig 1969.

[274] Die Beschaffungswege für Literatur im Kauf sind in der Regel:
a) Monographien aus der DDR: über Buchhandel (Sortiment)
b) Zeitschriften und Zeitungen aus der DDR: über Postzeitungsvertrieb (PZV)
c) Monographien aus dem sozialistischen Ausland: über Buchhandel
d) Zeitschriften und Zeitungen aus dem sozialistischen Ausland: über Postzeitungsvertrieb
e) Monographien aus dem westlichen Ausland (Kontingent): über Buchhandel
f) Zeitschriften und Zeitungen aus dem westlichen Ausland (Kontingent): über Zeitungsvertriebsamt (ZVA)

listischen Ländern zeichnen sie sich durch eine stärkere Zentralisierung der Beschaffung einzelner Literaturgruppen aus (inländische Zeitungen und Zeitschriften, ausländische Periodica, inländische Monographien, ausländische Monographien).

Veröffentlichungen von Gesellschaften

Zur Beschaffung von Veröffentlichungen, die von wissenschaftlichen Gesellschaften und Vereinen des Auslands nur an ihre Mitglieder abgegeben werden und die auf dem Tauschwege nicht zu erlangen sind, ist es erforderlich, daß die Bibliothek die korporative Mitgliedschaft in diesen Organisationen erwirbt.

Antiquariat

Wie bereits erwähnt, verlangt die bibliothekarische Arbeit in der Abteilung Bestandsaufbau Kenntnisse von Gepflogenheiten und Organisationsformen des gesamten Buchhandels. Dazu zählt auch das Antiquariat.[275] Seine Angebote sind von den wissenschaftlichen Bibliotheken aufmerksam zu beobachten, sei es, daß es sich um Beschaffung von Werken, Büchern oder Zeitschriften handelt, deren Erwerbung früher versäumt worden ist oder aus finanziellen Gründen nicht erfolgen konnte, sei es, daß in Verlust geratene Veröffentlichungen wieder zu beschaffen sind, oder sei es, daß ein in kleiner Auflage erschienenes und wider Erwarten schnell vergriffenes wissenschaftliches Werk beschafft werden muß. Dem Ausschöpfen von Antiquariatsangeboten sind durch die Haushaltmittel natürliche Grenzen gezogen. Es wäre jedoch falsch, aus dieser Tatsache ableiten zu wollen, daß die wissenschaftlichen Bibliotheken das Antiquariat nicht zu beachten brauchen, weil sie doch nur gelegentlich auf dem Antiquariatsmarkte kaufen können. Vielmehr ist das Gegenteil richtig. Gerade weil die für Antiquariatskäufe verfügbaren Mittel in der Regel beschränkt sind, müssen sie wohlüberlegt und planmäßig angelegt werden. Deshalb dürfen sich die Bibliotheken auch nicht auf zufällige Angebote des Antiquariats beschränken, sondern müssen ihrerseits die Initiative der Auftragserteilung ergreifen und von Zeit zu Zeit Suchlisten an leistungsfähige Antiquariate geben. Dazu ist es erforderlich, daß jede Bibliothek eine gewissenhaft geführte und stets auf dem neuesten Stand zu haltende *Desideratenkartei* führt (vgl. Kap. 4.1.2.3.).

Angebote und Aufträge

Die Beziehungen der wissenschaftlichen Bibliotheken zum Antiquariat erstrecken sich vorwiegend auf das sogenannte wissenschaftliche Anti-

---

Innerhalb des Buchhandels sind für die Beschaffung der unter a) genannten Literatur der LKG Leipziger Kommissions- und Großbuchhandel und für die unter c) und e) genannte der Buchexport zuständig. Dem Postzeitungsvertrieb ist das Zeitungsvertriebsamt untergeordnet. – Vgl. HANS-GEORG FIEDLER, HORST JÄSCHKE u. HEINZ KRESSLER, *Postzeitungsvertrieb, Zeitungsvertriebsamt.* Berlin 1969.

[275] Für das Antiquariat in der DDR verbindlich ist die *Anordnung über die Regelung des Antiquariatsbuchhandels vom 20. Juli 1960.* In: GBl. I (1960) S. 442–443. Zuständig ist für das Antiquariat im Ministerium für Kultur die Hauptverwaltung Verlage und Buchhandel. – Eine gehaltvolle, noch immer lesenswerte Arbeit ist HANS PAALZOW, *Die deutschen wissenschaftlichen Bibliotheken und das Antiquariat.* In: Aus Wissenschaft und Antiquariat. Festschrift... Buchhandlung Gustav Fock. Leipzig 1929 S. 207–235. Sie zeigt auch, wieviel die dt. wiss. Bibliotheken dem Antiquariat verdanken.

quariat, während das „moderne Antiquariat", bestehend in dem Vertrieb von Restauflagen oder von Büchern, die zu herabgesetzten Preisen auf den Markt geworfen werden, von geringem Interesse ist.

modernes Antiquariat

Zu den besonderen Verkaufsformen des wissenschaftlichen Antiquariats zählen auch die Bücherversteigerungen oder Auktionen, an denen sich die Bibliotheken früher mehr beteiligt haben, als dies heute geschieht. Die Bücherauktion ist ein typisches Merkmal des kapitalistischen Büchermarktes: nicht der wichtigste Bedarfsträger, sondern derjenige zahlungskräftige Käufer, der das höchste Gebot macht, siegt auf der Auktion. Es ist daher klar, daß der sozialistischen Wirtschaft sowie jeder Gesellschaftsordnung, die sich auf dem Weg zum Sozialismus befindet, die Bücherauktion grundsätzlich wesensfremd sein muß. Die wirtschaftliche und moralische Überlegenheit des Sozialismus über den Kapitalismus spiegelt sich gerade in dieser Tatsache besonders deutlich wider. Es ist mit der hohen Wertschätzung, die hervorragende Objekte des kulturellen Erbes des eigenen Volkes oder anderer Völker im Sozialismus genießen, nicht vereinbar, daß sie zum Gegenstand geschäftlicher Spekulationen gemacht werden. Daher kommt es auch, daß in den politisch-ökonomisch fortgeschrittenen Ländern Bücherauktionen keine wesentlichen Faktoren des Büchermarktes sind. Das schließt nicht aus, daß bei der gegenwärtigen politischen Konstellation in der Welt auch diese Länder sich an Versteigerungen in kapitalistischen Ländern beteiligen, wenn es z. B. gilt, wertvolle Stücke des eigenen nationalen Kulturerbes zu erwerben. Daher müssen die Bibliothekare die Gepflogenheiten solcher Auktionen kennen, auch dann, wenn sie mit der Wahrnehmung ihrer Interessen einen buchhändlerischen Vertreter beauftragen. Mit ihm muß z. B. ein Limit, d. h. eine Höchstgrenze des Gebotes, das für ein bestimmtes Stück gemacht werden soll, vereinbart werden. Ausgangspunkt für die Festlegung des Limits sind die von dem Versteigerer angesetzten Mindestpreise, selbst wenn diese, wie es vorkommt, als Vorkalkül eines nicht übersehbaren Verhältnisses von Angebot und Nachfrage nicht erreicht werden. Ferner muß bei den Preiskalkulationen vor Versteigerungen stets beachtet werden, daß dem Versteigerer noch ein zusätzliches Aufgeld (von etwa 15%) gezahlt werden muß.

Auktionen

Die Kataloge guter wissenschaftlicher Antiquariate geben mit ihren Schätzungspreisen den Bibliotheken wichtige Anhaltspunkte für die Preisgestaltung auf dem Antiquariatsmarkt. Unentbehrlich aber sind ihnen in der Erwerbungsarbeit die großen jährlichen Zusammenfassungen der auf Auktionen in den einzelnen Ländern tatsächlich erzielten Preise; so z. B.:

Antiquariatspreise

Jahrbuch der Bücherpreise. Jg. 1–34. Leipzig 1907–1940, fortgeführt als:

Jahrbuch der Auktionspreise für Bücher und Autographen. Jg. 1 ff. Hamburg 1951 ff.

Book-Prices Current. Vol. 1 ff. London 1888 ff.

American Book-Prices Current. Vol. 1 ff. New York 1895 ff.
United States Cumulative Book Auction Records. Vol. 1 ff. New York 1941 ff.
Bibliographisch erfaßt sind diese Verzeichnisse in dem Werk von Gerhard Loh:
Internationale Bibliographie der Antiquariats-, Auktions- und Kunstkataloge (IBAK). 1960/61 ff. Leipzig 1965 ff.

Gute Kenntnisse des Antiquariats und seiner Marktlage wird den Bibliothekar auch befähigen, für die Bibliothek wertvolle Ankäufe aus Privathand zu tätigen. Alle größeren Bibliotheken erhalten von Zeit zu Zeit solche Angebote, deren Bearbeitung nicht immer leicht ist, weil bei unkundigen Privatpersonen meist übertriebene Vorstellungen über den Wert der von ihnen angebotenen Stücke – häufig aus Familienbesitz und

gerechter Preis

schon deswegen „kostbar" – bestehen. „Der gerechte Preis liegt, soweit sich dies generell sagen läßt, zwischen dem, was der Antiquar als Käufer bieten und was er als Verkäufer fordern würde."[276] Die Kataloge leistungsfähiger Antiquariate[277] sind für den Bibliothekar in mehrfacher Hinsicht wichtig:

1. Ihre Durchsicht ist nützlich für Lückenergänzung.
2. Ihr aufmerksames Studium ist ein Bildungsfaktor: Er bereichert das Bücherwissen des Bibliothekars, da in guten Katalogen wichtige Titel beschrieben und Besonderheiten einzelner literarischer Dokumente hervorgehoben werden.
3. Die Preisentwicklung bestimmter Literaturgruppen, abhängig von gesellschaftlich bedingten oder modischen Veränderungen ihrer Bewertung, läßt sich bei regelmäßiger Durchsicht von Antiquariatskatalogen erkennen.
4. Thematische Kataloge können, wenn sie auf wissenschaftlich wichtigem und umfangreichem Material (z. B. einer Gelehrtenbibliothek) beruhen, von fachbibliographischem Wert sein. Solche Kataloge erfahren heute vielfach Neudrucke („reprints").

Der seit Ende des 19. Jahrhunderts intensiv geführte Kampf der Bibliothekare gegen die vom Börsenverein der Deutschen Buchhändler konzentrierte Machtposition der kapitalistischen Verleger und Buchhändler um Einräumung eines Rabattes für Bibliotheken ist ein aufschlußreiches Kapitel deutscher Bibliotheksgeschichte.[278]

Bibliotheksrabatt

Aus folgenden Gründen haben große wissenschaftliche Bibliotheken Anspruch darauf erhoben, daß ihnen ein sogenannter Bibliotheksrabatt vom Sortiment gewährt wird.

---

276 FRITZ REDENBACHER, *Die Erwerbung.* In: Handbuch II 2. Aufl. (1961) S. 201.
277 *Internationale Bibliographie der Antiquariats-, Auktions- und Kunstkataloge. IBAK.* Bearb. v. Gerhard Loh. 1966/67. Mit Ergänzungen für 1960–1965. Leipzig: Universitätsbibliothek 1971. 572 S.
278 Handbuch I 1. Aufl. (1931) S. 787–797.

1. Sie sind Großabnehmer.
2. Sie sind sichere und pünktliche Zahler.
3. Sie schaffen große, teure Werke an, die von anderen Kunden nicht gekauft werden.
4. Sie geben in der Regel nur bibliographisch einwandfreie Bestellungen auf, die dem Sortimenter, im Gegensatz zu Bestellungen von privater Seite, keine Sucharbeit bereiten.
5. Von den Bibliotheken erworbene Exemplare kommen in der Regel nicht wieder in den Handel.
6. Sie kaufen auf Bestellung, so daß der Sortimenter kein Lager zu halten braucht.

Abkommen von 1926

1926 ist es zu einem Abkommen zwischen dem Börsenverein der Deutschen Buchhändler zu Leipzig und dem Preußischen Ministerium für Wissenschaft, Kunst und Volksbildung gekommen. Auf Grund dessen konnten wissenschaftliche Bibliotheken, die einen Vermehrungsetat von mindestens Mark 20 000 hatten und sich bereit erklärten, ihre Bestellungen beim örtlichen Sortiment aufzugeben, einen Rabatt von 5 % auf fast alle Neuerwerbungen beanspruchen. Ausnahmen bildeten bestimmte Literaturgruppen, wie Schulbücher, Lehrmittel, Karten usw.

ausleihfertige Bücher von LKG

Eine in diesem Zusammenhang zu erwähnende vorteilhafte Regelung ist in der DDR für Staatliche Allgemeinbibliotheken und Gewerkschaftsbibliotheken getroffen worden.[279] Diese Bibliotheken können vom LKG Leipziger Kommissions- und Großbuchhandel, Abteilung Bibliotheken, ausleihfertige Bücher zum Einzelverkaufspreis beziehen. Diese Bände sind mit einem stabilen Einband (Bibliothekseinband nach TGL 10/105), dem dazugehörigen Karteimaterial und einer Prägesignatur auf dem Buchrücken entsprechend der Notation der Systematik für allgemeinbildende Bibliotheken versehen. Das ist zugleich ein gutes Beispiel für Rationalisierung der Bibliotheksarbeit.

4.1.4.4.2. Tausch

„Tausch“ besteht darin, daß wissenschaftliche Institutionen oder gelehrte Gesellschaften sich gegenseitig ihre Veröffentlichungen unentgeltlich zuschicken. In der Regel werden bestimmte Bibliotheken im Bereich dieser Institutionen damit beauftragt, diesen Tausch organisatorisch durchzuführen und eingehende Tauschsendungen zu erschließen. Bibliotheken bedienen sich aber auch selbständig des „Tausches“ mit unterschiedlichen, in der Regel aber mit gleichwertigen Partnern. Bedeutung und Umfang des Schriftentausches sind zwar regional verschieden, für den Bestandsaufbau jedoch meist von größter Wichtigkeit. Die Beschaffung von Literatur, die außerhalb des Buchhandels erscheint, ist

Bedeutung

---

[279] *Anordnung über die Versorgung der allgemeinen öffentlichen Bibliotheken und der Gewerkschaftsbibliotheken mit Literatur vom 2. Nov. 1967.* In: GBl. II (1967) S. 805–807.

vielfach nur mit seiner Hilfe möglich. Die große Bedeutung, die der internationale Schriftentausch in den letzten Jahrzehnten gewonnen hat, darf jedoch nicht zu der falschen Auffassung führen, daß der Tausch *nur* eine Form internationaler Zusammenarbeit der Bibliotheken sei. Er ist vielmehr von Haus aus ein nationales Anliegen der Bibliotheken eines Landes; das beweist seine Geschichte in Deutschland (Dissertationstausch der deutschen Universitätsbibliotheken, Reichstauschstelle), aber auch im Ausland.[280] Diese Feststellung ist deshalb wichtig, weil die Bibliotheken eines Landes gut daran tun, in erster Linie untereinander ihre eigenen Publikationen zu tauschen, die dadurch eine größere Verbreitung erfahren. Als ein Mittel der Literaturpropaganda sollte der Tausch der Bibliotheken eines Landes untereinander grundsätzlich unberechnet durchgeführt werden.

nationaler Schriftentausch

Der internationale Schriftentausch[281] ist ein bedeutsamer Beitrag zur wissenschaftlichen und kulturellen Zusammenarbeit der Völker im Geiste friedlichen Wettbewerbs. Durch Tausch der wichtigsten Zeugnisse der Literatur eines Landes mit ausländischen Partnern auf der Grundlage einer freiwilligen Übereinkunft werden authentische Informationen über die wissenschaftlichen, wirtschaftlichen und politischen Auffassungen der betreffenden Nation vermittelt. Durch die gegebene Wechselseitigkeit empfangen die Bibliotheken beider Seiten literarische Quellen, die geeignet sind, den Gesichtskreis ihrer Nutzer zu weiten. Er kann über diesen Informationswert hinaus unter bestimmten Bedingungen (Beschaffung wichtiger älterer und längst vergriffener Werke, Verzicht auf Wertausgleich, s. u.) ein Akt echter freundschaftlicher Hilfe sein. So sind Zahl, Art und Umfang der Tauschbeziehungen, die eine Bibliothek unterhält, geradezu ein Gradmesser für ihre internationale Wirksamkeit im Interesse der Wissenschaft. Der zweckmäßigen Erweiterung und sorgfältigen Pflege der Tauschbeziehungen hat die Bibliotheksleitung Aufmerksamkeit zu widmen.[282] Auch aus Gründen der Deviseneinsparung ist der

internationaler Schriftentausch

Vorteile des Tausches

---

[280] *Instruktivno-metodičeskie materialy po vnutrisojuznomu knigoobmenu.* Moskva 1970.

[281] JULIETTE-LAMBERTINE DARGENT, *Échanges internationaux de publications.* Bibliographie. 1817–1960. Vol. 1.2. Bruxelles 1962. (Bibliographia belgica. 68.) – ILONA OHME, *Bibliographie zum internationalen Schriftentausch.* 1961–1970. Fachschule f. wiss. Information u. wiss. Bibliothekswesen, Berlin. Abschlußarbeit, Mai 1971. – Vorarbeit für eine seit Jahren von der Kommission f. Schriftentausch des IVBV vorbereitete internationale Bibliographie 1961 ff. *Handbook on the international exchange of publications.* Ed. and rev. by Gisela von Busse. 3. ed. Paris 1964. – *The international exchange of publications.* Proceedings of the European Conference held in Vienna from 24–29 April 1972. Ed. by Maria I. Schiltman. International Federation of Library Associations. Pullach/München 1973. S. 127–135: Final report and resolutions.

[282] *Meždunarodnyj knigoobmen sovetskich bibliotek.* International book exchange of sovjet libraries. Red. koll.: B. P. Kanevskij u. a. Moskva 1964. Material einer Konferenz sowj. Bibliothekare Jan. 1963; engl., franz. Zus.fassungen zu jedem der sieben Beiträge. – Commission Nationale Hongroise pour l'Unesco. *Conférence sur les échanges internationaux de publications en Europe.* Budapest, 13–19 sept. 1960. Red. par I. Gombocz. Budapest 1962. Dreisprachig, franz., engl., russ. Vollst. Tagungsberichte, einschl. des Rapport final, der bereits 1960 (Paris) veröffentlicht worden war. Mit Lit.verz.,

Tausch mit ausländischen Partnern wichtig. Davon abgesehen erfolgt die Beschaffung im Tausch meist schneller, unter Umständen auch billiger als auf dem Kaufwege, da die Tauschpartner unter Ausschaltung von Zwischenhändlern unmittelbar miteinander verkehren. Allerdings soll der Tauschverkehr grundsätzlich auf Gegenseitigkeit beruhen.

internationale Tauschvereinbarungen

Die gegenwärtig gültigen Grundgesetze des internationalen Schriftentausches faßt die *Convention concernant les échanges internationaux de publications* zusammen, die von der Generalversammlung der Unesco auf ihrer 10. Sitzung in Paris am 3. Dezember 1958[283] angenommen worden ist. Sie regelt in der verbindlich-unverbindlichen Form internationaler Vereinbarungen auf kulturellem Gebiet u. a. den Anwendungsbereich sowie die Art der Einrichtungen, die den internationalen Schriftentausch in jedem einzelnen Land durchführen, und gibt Empfehlungen zur Begleichung der Transportkosten und zur Zollabwicklung.

Nachteile

Die Schattenseite ausgedehnter Tauschbeziehungen besteht darin, daß die Abwicklung des Tausches bei mehreren hundert Tauschpartnern eines Büroapparates bedarf, der allerlei kostet. Deshalb ist es durchaus vernünftig, die Frage nach der Ökonomie des Tausches zu stellen, mindestens sollte jährlich festgestellt werden, welche Kosten den Bibliotheken durch den individuellen Tausch entstehen.[284]

Perspektive

In der Perspektive wird der Frage nicht auszuweichen sein, ob der Tausch tatsächlich noch eine moderne Erwerbungsart und in der bisherigen Weise beizubehalten ist. Wenn wir von Veröffentlichungen, die außerhalb des Buchhandels erscheinen, absehen, beweist der Farmington-Plan, daß eine schnelle Beschaffung von Buchhandelsveröffentlichungen auch auf andere Weise möglich ist. Bei diesen Diskussionen dürfen allerdings schwerfällige und zurückgebliebene Buchhandelsorganisationen keinen Maßstab bilden. Vorerst sprechen für viele Länder noch ökonomische Faktoren für seine Beibehaltung, ja für seine bestmögliche Ausnutzung.[285]

Auf zwei objektive Schwierigkeiten, die den internationalen Schriften-

---

diese Konferenz betreffend; dazu den Bericht von István Gombocz in: ZfB 75 (1961) S. 161–165. – PETER GENZEL, *Die internationale Zusammenarbeit der wissenschaftlichen Bibliotheken auf dem Gebiete des Literaturaustausches.* In: Deutsche Staatsbibliothek 1661–1961. Vorträge, Berichte u. Dokumente. Berlin 1965 S. 191–203. – *Unesco handbook of international exchange.* Paris 1965. – PETER GENZEL, *Der internationale Schriftentausch der wissenschaftlichen Bibliotheken der DDR.* In: ZfB 80 (1966) S. 707–726. – B. P. KANEVSKIJ, *The international exchange of publications.* In: Unesco bull. f. libr. 19 (1965) S. 302–307. – B. P. KANEVSKIJ, *The international exchange of publications and the free flow of books.* In: Unesco bull. f. libr. 26 (1972) S. 141–149. – PETER GENZEL, *Europäische Konferenz über den internationalen Schriftentausch.* In: ZfB 86 (1972) S. 537–541: Wien, April 1972, Fortsetzung d. Konferenz Budapest 1960 (ZfB 75, 1961, S. 161–165.)

283 Separat als Drucksache der Unesco 1958, viersprachig, engl., span., franz., russ. Ferner abgedruckt in JULIETTE-LAMBERTINE DARGENT, *Les nouvelles conventions internationales d'échange.* Bruxelles 1960. (Bibliographia belgica. 51.)

284 Untersuchungen dazu hat die Kommission f. Schriftentausch des IVBV unternommen.

285 GÜNTHER MEYER, *Analyse der Qualität des internationalen Schriftentausches einiger Universitäts- und Hochschulbibliotheken.* In: ZfB 82 (1968) S. 670–676.

politisch-ideologischer Faktor

tausch in zunehmendem Maße behindern, hat B. P. Kanevskij[286] deutlich hingewiesen. Das eine ist ein politischer Faktor, der sich darin auswirkt, daß die Verbreitung mancher Druckschriften, besonders technischer und ökonomischer, von militärischen ganz zu schweigen, mehr und mehr eingeschränkt wird, so daß sie nicht für den Schriftentausch zur Verfügung stehen. Das gilt besonders für amtliche und halbamtliche Druckschriften, aber auch für Veröffentlichungen der Industrie. Das andere ist ein ökonomischer Grund, nämlich das schwindelerregende Anwachsen der Bücherpreise in den kapitalistischen Ländern.

Fixierung von Tauschvereinbarungen

Bei Aufnahme neuer Tauschbeziehungen muß die beiderseitige Tauschgrundlage schriftlich vereinbart werden. Oberster Grundsatz soll die Effektivität und Rentabilität des Schriftentausches für die eigene Bibliothek sein (Ausnahmen s. o.: Unterstützung junger Nationalstaaten). Und ungeschriebenes Gesetz ist, daß zwischen gleichwertigen Partnern der Tausch am zweckmäßigsten ist und daß Fairness stets zu gelten hat. Wenn diese Voraussetzungen gelten, ist das einfachste Tauschverfahren in der Regel auch das beste. Wir unterscheiden:

1. den unberechneten Tausch (Stück gegen Stück),
2. den Seitentausch,
3. den Verrechnungstausch.

unberechnet

1. Der *unberechnete Tausch* ist die bequemste Form des Tausches. Getauscht werden Buch gegen Buch, Zeitschrift gegen Zeitschrift oder Bücher gegen Zeitschriften, ohne daß Verrechnung oder Wertausgleichberechnungen im einzelnen angestellt werden. Es werden von beiden Seiten lediglich die getauschten Einheiten gezählt. Bei wesentlichen Differenzen ist ein Ausgleich anzustreben. Unter gleichwertigen Tauschpartnern ist diese Tauschgrundlage die beste, weil einfachste.

Seitentausch

2. Der *Seitentausch*, Seite gegen Seite (1 Tafel = 2 Seiten) oder Bogen gegen Bogen setzt bereits eine Kontenführung voraus und erfordert eine ständige Überprüfung des wertmäßigen Ausgleichs. Der dazu erforderliche Arbeitsaufwand ist jedoch vertretbar.

Verrechnungstausch

3. Der *Verrechnungstausch* erfolgt auf Grund eines Umrechnungskurses, der zwischen den Tauschpartnern festgelegt wird. Hier müssen genaue Konten geführt und regelmäßige Abrechnungen (Vergleich des Kontenstandes) gemacht werden. Zur Wahrnehmung der rechnerischen Belastungen für hinausgehende und hereinkommende Sendungen ist ein recht komplizierter Arbeitsapparat notwendig.

Neben dieser ökonomischen und organisatorischen Grundlage des Tausches sind unter dem Gesichtspunkte der Tauschmaterialien beim wissenschaftlichen Schriftentausch *zwei Hauptarten* zu unterscheiden: der Tausch bestimmter, eng umgrenzter Literaturgruppen (1) und der Dublettentausch (2).

---

[286] B. P. KANEVSKIJ, *The international exchange of publications and the free flow of books.* In: Unesco bull. for libr. 26 (1972) S. 141–149.

1. *Tausch bestimmter, eng umgrenzter Literaturgruppen*

a) Tausch mit eigenen Veröffentlichungen
Diese nächstliegende Form des Tausches erstreckt sich z. B. auf wissenschaftliche Publikationen, Jahres- und Verwaltungsberichte, Benutzungsführer, Kataloge und Bibliographien, die von der Bibliothek selbst herausgegeben werden.

enger Tausch

b) Tausch mit wissenschaftlichen Schriften, die der Bibliothek seitens ihrer Trägerinstitution zur Verfügung stehen, selbstverständlich mit Genehmigung der Trägerinstitution.

Hochschulschriften

Die wichtigste Gruppe solcher Schriften ist die der Hochschulschriften, jener Veröffentlichungen also, die den zentralen Bibliotheken im Hochschulbereich seitens der Hochschule zugehen.
Die Hauptmasse der Hochschulschriften machen herkömmlicherweise die Dissertationen[287] aus. Daneben spielen auch die Vorlesungsverzeichnisse und Rektoratsreden sowie andere offizielle Veröffentlichungen der Hochschulen (Wissenschaftliche Zeitschriften) eine Rolle.
Die Wichtigkeit des Hochschulschriftentausches widerspiegelt auch seine Geschichte: Erste Bemühungen gehen in Deutschland bis 1817 zurück (Akademischer Tauschverein). Eine gesetzliche Regelung erfuhr der Tausch von Dissertationen durch den preußischen Ministerialerlaß vom 12. September 1913, der mit den übrigen deutschen Ländern abgestimmt war. Durch ihn wurden die Universitäten und Fakultäten zur Ablieferung der Dissertationen an die Universitätsbibliothek und diese wiederum zu regelmäßiger Versendung an ihre Tauschpartner verpflichtet. In der Folgezeit, als Begleiterscheinung des ersten Weltkrieges, wurde das Sammeln der Hochschulschriften durch zwei Umstände ernstlich gefährdet: einmal durch die Tatsache, daß gerade die wertvollsten dieser wissenschaftlichen Erstlinge in die verschiedensten Schriftenreihen abwanderten, so daß nur noch wertlose Teildrucke zum Tauschversand gelangten; zum anderen wurde in den Jahren 1920–1924 der Druckzwang für Dissertationen aufgehoben. Die gleiche Behinderung eines weiten Dissertationentausches ist durch Aufhebung des Druckzwanges seit dem zweiten Weltkrieg (ab 1941) aufgetreten. Hierdurch wurde die Arbeit der Deutschen Bücherei an dem *Jahresverzeichnis der deutschen Hochschulschriften* behindert, das neben seiner großen bibliographischen Bedeutung den Universitätsbibliotheken als Hilfsmittel bei der Kontrolle ihres Hochschulschriftentausches dient. Nach 1945 wurde eine Lösung darin gefunden, daß die Bibliotheken der Deutschen Demokratischen Republik über ihren Sammelschwerpunkt bei der Universitätsbibliothek Berlin 1 Exemplar jeder Dissertation an die westdeutsche Schwerpunktbibliothek für Hochschulschriften, die Stadt- und Universitätsbibliothek Frankfurt a. M., abliefern, während die Universitätsbibliotheken der BRD und

Hochschulschriftentausch bis 1945

nach 1945

287 R. STROMEYER, *The treatment of dissertations in German universities and libraries.* In: Unesco bull. f. libr. 14 (1960) S. 164–169. Behandelt die Situation in beiden deutschen Staaten. Mit Lit.angaben.

Westberlins je ein Exemplar an die Deutsche Bücherei in Leipzig und an die Universitätsbibliothek Berlin abgeben.
Diese Bemühungen der Bibliotheken, den Nachweis und die Bereitstellung von Hochschulschriften auf diese Weise aufrechtzuerhalten, verdienen höchste Anerkennung, denn die wissenschaftliche Welt ist auf diese Sammel- und Nachweistätigkeit der Universitätsbibliotheken angewiesen.

wissenschaftliche Zeitschriften

Neben den Dissertationen haben die Wissenschaftlichen Zeitschriften der Hochschulen der Deutschen Demokratischen Republik seit 1952 den Tauschverkehr der Hochschulbibliotheken wirksam belebt. Durch eine großzügige Regelung des dafür verantwortlichen Ministeriums für Hoch- und Fachschulwesen werden den zentralen Bibliotheken im Hochschulbereich in ausreichendem Maße Exemplare für Tauschzwecke zur Verfügung gestellt.

2. *Dublettentausch*

Dublettentausch

Eine besondere Form des Tausches ist der Dublettentausch. Unter Dubletten oder Doppelstücken verstehen wir im Bibliothekswesen nicht doppelte Exemplare schlechthin, sondern nur solche Stücke, die in gleicher Ausgabe bzw. Auflage bereits vorhanden sind und für deren Einstellung als zusätzliche Exemplare keine Notwendigkeit besteht.
Dubletten in diesem Sinne fallen hin und wieder – trotz allen organisatorischen Vorsichtsmaßregeln – durch Fehler in der Abteilung Bestandsaufbau an. Die Mehrzahl der Dubletten ergeben sich aber aus der Bearbeitung von Geschenken, durch Ablieferung entbehrlich gewordener Bücher von Institutsbibliotheken[288], durch Auflösung von Verwaltungsbibliotheken oder bei Ankauf ganzer Bibliotheken.

Dubletten-verwertung

Nationale und internationale Erfahrungen haben ergeben, daß eine zentral gesteuerte Dublettenverwertung am rationellsten ist (in Deutschland vor 1945: Reichstauschstelle 1926, 1934 der Preußischen Staatsbibliothek in Berlin angegliedert). In der DDR trat 1956 die Internationale Austauschstelle bei der Deutschen Staatsbibliothek in Aktion. Zentralisierung der Dublettenverwertung ist auch im ausländischen Bibliothekswesen zu verzeichnen.
Die Voraussetzung für eine zweckentsprechende Verwertung der Dubletten sind besondere Kataloge. Mindestens eine alphabetische Katalogisierung ist unerläßlich. Bei größeren Dublettenmengen ist auch eine sachliche Ordnung wünschenswert, weil häufig, z. B. von seiten neuer Institute, Dubletten bestimmter Gebiete erbeten werden; Aufstellung der Dubletten nach nicht zu großen Sachgruppen ist ein Ersatz dafür.
Nach ihren Dublettenkatalogen stellen manche Bibliotheken Angebotsli-

[288] Der § 7 des preußischen Erlasses vom 15. Okt. 1891 verpflichtete die Institutsbibliotheken zur Abgabe entbehrlicher Bestände an die Universitätsbibliothek, um zu verhindern, daß Institutsdirektoren mit solchen Büchern Geschäfte auf eigene Faust betreiben konnten.

sten zusammen, die sie, meist in Verbindung mit Suchlisten fehlender Bücher, an einzelne Bibliotheken verschicken.

Bei Anfall von Dubletten müssen im nationalen Maßstabe auf jeden Fall zunächst die Bedürfnisse derjenigen Bibliotheken befriedigt werden, die als zentrale Bibliotheken besonders weitgehende Sammelverpflichtungen haben oder die besondere Sammelschwerpunkte wahrzunehmen haben. Ebenso falsch wie eine übereilte Leichtfertigkeit bei der Abgabe von Dubletten ist eine unkritische und allzu großzügige Annahme von Dublettenangeboten, denn jedes neue Werk erfordert Geld für seine bibliothekarische Bearbeitung und Platz für seine Aufstellung. Im 18. und 19. Jahrhundert wurden auch offizielle Dublettenversteigerungen durchgeführt.

Ausscheiden von Dubletten

Werden Dubletten aus dem Besitz einer Bibliothek ausgeschieden, so ist streng darauf zu achten,

a) daß der Eigentumsstempel ungültig gemacht wird,
b) daß ein mit Datum und Namenszug des Bearbeiters versehener Löschstempel angebracht wird. Durch unachtsame Behandlung von Doppelstücken kann man Antiquare und private Bücherkäufer in sehr unangenehme Situationen bringen.

Zentralstelle für wissenschaftliche Altbestände DDR

In der Deutschen Demokratischen Republik wurde 1954 eine *Zentralstelle für wissenschaftliche Altbestände* (ZwA) aufgebaut[289]; sie war zunächst bei der LB Gotha in Tätigkeit, seit 1959 ist sie der Deutschen Staatsbibliothek angeschlossen. Ihre Aufgabenstellung und Arbeitsweise hängt aufs engste mit den gesellschaftlichen Wandlungen zusammen, die sich seit 1945 auf dem Territorium der Deutschen Demokratischen Republik vollzogen haben. Veränderungen im Besitzverhältnis und in der Funktion von Bibliotheken schufen die Möglichkeit, bestehende bibliothekarische Einrichtungen sowie neuaufzubauende mit Buchmaterial zu versehen. Diese Besitzverschiebungen unterscheiden sich aber von früheren dadurch, daß es sich um volkseigene Buchbestände handelt. Allein der Bedarf, der wiederum von den Schwerpunkten der Forschung und Wirtschaft bestimmt wird, ist für die Verteilung maßgebend; ein Wertausgleich wird nicht gefordert. In diesem Sinne übt die Zentralstelle für wissenschaftliche Altbestände ihre Funktion als zentrale Dublettenverwertungsstelle aus, wenn sie brachliegende oder freiwerdende wissenschaftliche Buchbestände erfaßt und verwertet. Daneben ist sie bestrebt, die wissenschaftlichen Bibliotheken der Deutschen Demokratischen Republik bei der Verwertung bisher unbearbeiteter Dubletten zu unterstützen.

Verwaltung von Dublettenbeständen

Im Bereich der Abteilung Bestandsaufbau, deren Hauptaufgabe die Buchbearbeitung für den Bestandsaufbau der Bibliothek ist, liegt auch die Verwaltung und Verwertung anfallender Doppelstücke sowie aller nicht zum Sammelgebiet zählender Schriften. Sofern diese Objekte nicht auf Grund staatlicher Regelungen an eine zentrale Literaturverwertungsstelle

[289] *Arbeitsordnung der Zentralstelle für wissenschaftliche Altbestände* (ZwA). In: Rechts-ABC für Bibliothekare. Leipzig 1975 S. 303. – SIGRID TRÖGER, *Die Geschichte der Zentralstelle für wissenschaftliche Altbestände.* In: ZfB 80 (1966) S. 415–425.

Dublettenstellen

internationale Tauschstellen

ablieferungspflichtig sind (z. B. in der DDR an die Zentralstelle für wissenschaftliche Altbestände), müssen sie bis zur endgültigen Abgabe so verwaltet werden, daß ihre maximale Sicherheit bei einem minimalen Inventarisierungsaufwand gewährleistet ist. Entfallen sollte für diese Schriften der Inventarisierungsstempel, weil dieser, von der Verunzierung des Buches abgesehen, bei Abgabe wieder gelöscht werden müßte. Erst recht muß von einer Anbringung von Signaturschildern abgesehen werden. Notwendig ist ihre Verzeichnung, im Idealfall alphabetisch und sachlich, mindestens aber alphabetisch nach dem Titel, dann möglichst in Verbindung mit einer Gruppenaufstellung. Die verwendeten Inventarisierungsnummern sollen sich von den an der Bibliothek für den Bestand verwendeten Signaturen deutlich unterscheiden. Die früher übliche Form der Registrierung mittels Inventarien in gebundener Form ist heute weitgehend ersetzt durch die Verwendung von Karteien oder Blättern.

Diese Dienststellen werden entweder Dublettenstellen oder Depots genannt (nicht zu verwechseln mit dem in Frankreich verwendeten Begriff Dépôt légal = Pflichtexemplarstelle sowie der entsprechenden Einrichtung an der Bibliothèque nationale in Paris).

Die Einrichtung zentraler internationaler Austauschstellen, wie sie heute in zahlreichen Ländern bestehen, geht bereits auf eine Tauschkonvention von Brüssel 1886 zurück; sie ist 1924 auf der Genfer Konferenz modifiziert worden. Diese Bestrebungen haben nach dem zweiten Weltkrieg neue Impulse durch die Unesco erfahren und ihren ersten Niederschlag in den bereits genannten Pariser Tauschkonventionen von 1958 gefunden (vgl. S. 149), an deren Erneuerung zur Zeit gearbeitet wird.

Die Funktion solcher nationaler Zentralstellen für den internationalen Schriftentausch hat eindeutig Vorteile und Nachteile. Wenn die Zentralisierung einen Sinn haben soll, muß damit aus ökonomischen Gründen[290] für hereinkommende Literatur die Weiterleitungsfunktion und für hinausgehende Druckschriften die Sammelsendung verbunden sein. Diese Rationalisierung hat aber zwangsläufig eine Verzögerung zur Folge. Die höchste, aber schwerste Aufgabe solcher internationaler Tauschstellen ist in einer planmäßigen Steuerung des internationalen Schriftentausches für das betreffende Land zu sehen. Es ist daher in den letzten zwei Jahrzehnten in der internationalen Diskussion wiederholt die Frage nach der Zweckmäßigkeit solcher zentraler Tauschstellen aufgeworfen worden; es handelt sich dabei letztlich, wenn auch nicht ausschließlich, um eine Frage der Effektivität.[291]

Eine spezielle zentrale Tauschfunktion nimmt seit dem 1. April 1952 die

---

[290] PETER GENZEL, *Die ökonomische Rentabilität der Weiterleitungsfunktion einer internationalen Austauschstelle.* In: ZfB 86 (1972) S. 321–331.

[291] PETER GENZEL, *Die Rentabilität von Sammelsendungen.* Studie zur Europäischen Konferenz über den internationalen Schriftentausch. Wien, 24.–29. 4. 1972. – PETER GENZEL, *Bericht über die Fortführung der Untersuchung zur Effektivität der Weiterleitungsfunktion Internationaler Austauschstellen. IFLA.* Kommission Schriftentausch, Grenoble 1973.

Deutsche Staatsbibliothek für das Gebiet der Deutschen Demokratischen Republik wahr. In den Abkommen über die kulturelle Zusammenarbeit, die zwischen den sozialistischen Ländern und der Deutschen Demokratischen Republik abgeschlossen und zweijährlich erneuert werden, ist u. a. auch die Durchführung eines Literaturaustausches vorgesehen. Er soll dazu beitragen, die freundschaftlichen Bande enger zu knüpfen, die gegenseitigen kulturellen Beziehungen zwischen den Vertragspartnern zu vertiefen und den wissenschaftlichen Erfahrungsaustausch zu fördern. Ausgetauscht werden grundsätzlich in Auswahl die wichtigsten Monographien und Zeitschriften in je einem Exemplar. Die Auswahl obliegt jeweils dem Tauschpartner auf der Grundlage schriftlicher Vereinbarungen.

Tausch auf der Grundlage kultureller Abkommen

Beispiele für zentrale internationale Austauschstellen sind:

Sowjetunion: die entsprechenden Abteilungen der Leninbibliothek in Moskau und des Institut naučnoj informacii po obščestvennym naukam (INION) in Moskau.

USA: 1846 Smithsonian Institution mit dem International Exchange Service, 1948 United States Book Exchange[292] (USBE) als selbständiges Institut in der Library of Congress.

internationale Tauschzentren

England: 1948 British National Book Centre.[293]

Frankreich: Bureau des Échanges Internationaux.

Deutsche Demokratische Republik: Internationale Austauschstelle der Deutschen Demokratischen Republik, Deutsche Staatsbibliothek, 1086 Berlin, Unter den Linden 8.[294]

Die Unesco räumt dem internationalen Schriftentausch in ihrem Unesco bulletin for libraries (Jg. 1. 1947 ff.) Spalten zur Bekanntgabe von Tauschwünschen und Angeboten ein. Verdienstvoll ist der von ihr herausgegebene *Manuel des échanges internationaux de publications*, Paris 1950, der 1964 in dritter, erweiterter Auflage erschienen ist.[295] Er gibt eine Übersicht über die am internationalen Buchtausch teilnehmenden Bibliotheken und Institute sowie die Titel ihrer im Tausch zur Verfügung stehenden wissenschaftlichen Veröffentlichungen.

Unesco

Diese internationalen Tauschbüros (Services des échanges internationaux) in den einzelnen Ländern üben im allgemeinen folgende Tätigkeiten aus:

Aufgaben internationaler Tauschzentren

a) *Sammeln der für das Ausland bestimmten Tauschstücke* (Druckschriften, Mikro- und Fotokopien) *sowie ihre Weiterleitung* in größeren Sammelsendungen an die internationalen Tauschbüros des Auslands.

Sammeln

[292] EDWIN E. WILLIAMS, *A serviceable reservoir: report of a survey of the United States* Book Exchange. Washington 1959. – Kurze Information gibt GERTRUDE WULFEKOETTER, *Acquisition work; Processes involved in building library collections.* Seattle 1961 S. 120–121.

[293] A. ALLARDYCE, *The British National Book Centre.* In: Unesco bull. f. libr. 14 (1960) S. 157–159.

[294] PETER GENZEL, *Der Schriftentausch.* Kap. III: Die Internationale Austauschstelle. In: Aus der Arbeit der Deutschen Staatsbibliothek. Leipzig 1961 S. 49–56. (ZfB Beih. 81.)

[295] Ab 3. Aufl. viersprachig: engl., franz., span., russ.

Die absendende Bibliothek trägt die Kosten für den Versand an die zentrale Tauschstelle im eigenen Land. Jedes Tauschbüro übernimmt in der Regel die Transportkosten für die ins Ausland gehenden Sammelsendungen bis zum vereinbarten Bestimmungsort. Die Kosten für den Weiterversand im Ausland trägt das betreffende internationale Tauschbüro im Lande der Empfänger.

Verteilen

b) *Verteilen der aus dem Ausland kommenden Tauschsendungen* an die einzelnen Empfänger im Lande.

Auskünfte

c) *Erteilen von Auskünften* über Tauschmöglichkeiten und bekannte Tauschpartner sowie vorbereitende Anbahnung von Tauschbeziehungen.

weitere Aufgaben

Damit erschöpft sich grundsätzlich die Tätigkeit solcher Tauschzentren, da sie die Abwicklung des Tausches (Einleiten neuer Tauschbeziehungen, Vereinbarungen über Inhalt und Form des Tausches usw.) den einzelnen Tauschpartnern voll und ganz überlassen. Außer Bibliotheken können sich auch Akademien, wissenschaftliche Vereine, Gesellschaften, Organisationen, Institute sowie einzelne Forscher den internationalen Tauschzentren anschließen. Allerdings lohnt sich das erst, wenn regelmäßig eine größere Anzahl von Sendungen gleichzeitig zur Versendung kommen soll.

Tauschkonferenz Budapest 1960

Hinsichtlich der Beurteilung von Zentralstellen oder Austauschbüros – nationalen Zentren für den internationalen Schriftentausch – kann man in neuester Zeit eine gewisse Zurückhaltung gegenüber ihren Funktionen konstatieren. In den Resolutionen der von der Unesco geförderten *Europäischen Konferenz über den internationalen Schriftentausch 1960 in Budapest* heißt es u. a.: „Die Grundform der Tauschbeziehungen ist der direkte Weg zwischen Partnern, doch sollen einzelne Aufgaben den Tauschzentralen anvertraut werden."[296] Demgegenüber besagt der Schlußbericht dieser Konferenz doch ein wenig deutlicher, daß diese Zentralstellen es übernehmen sollten, die Tauschbeziehungen innerhalb ihres nationalen Bereiches zu koordinieren, den Dublettentausch innerhalb des betreffenden Landes auch nach außen zu organisieren, Auskünfte über Tauschmöglichkeiten zu erteilen, Weiterleitungsdienste zu leisten, überhaupt günstige Beförderungsmöglichkeiten zu erstreben.

Planmäßigkeit des internationalen Schriftentausches

Soviel steht fest: Der internationale Schriftentausch ist aufwendig und kostspielig hinsichtlich der Mittel und Arbeitskräfte. Es wäre unökonomisch, ihn dem Selbstlauf zu überlassen und die Bibliotheken eines Landes mit ausländischem Buchmaterial durch zu weitgehende individuelle Tauschbeziehungen vollzustopfen. Planmäßigkeit im Aufbau des nationalen Bibliothekssystems ist ein Wesenszug sozialistischer Bibliotheksarbeit. Deshalb sind Tauschbüros = Zentralstellen nötig und wichtig; sie haben eine steuernde Funktion auszuüben und einen Beitrag

[296] Zit. nach d. Bericht von István Gombocz in: ZfB 75 (1961) S. 264.

zur Rentabilität der Bibliotheksarbeit zu leisten. Sie lösen ihre Aufgaben dann gut, wenn sie sie mit Takt und Verständnis für das gesamte nationale Bibliothekswesen wahrnehmen.

In der Praxis sieht es noch so aus, daß Kompetenz und Wirksamkeit der in den einzelnen Ländern existierenden Austauschstellen sehr unterschiedlich sind.[297] Am meisten vernachlässigt ist in zahlreichen Ländern noch die Koordinierung der Tauschbeziehungen für die Beschaffung internationaler wissenschaftlicher Literatur, um den Tausch so fruchtbar wie möglich werden zu lassen: Beseitigung jeder Zufälligkeit in den Tauschbeziehungen zugunsten einer planmäßigen Ausschöpfung aller echten Tauschmöglichkeiten, u. a. durch Hinweise auf bisher nicht berücksichtigte Tauschpartner. Es gibt nur *ein* ernsthaftes Argument *gegen* internationale Tauschzentren: Das ist der Tempoverlust im Versand der Tauschgaben, der eintreten kann – nicht eintreten muß –, wenn ein Austauschbüro bürokratisch und nach starren Prinzipien (große Sammelsendungen um jeden Preis) arbeitet. In wichtigen Fällen muß es willens und finanziell in der Lage sein, schnell zu reagieren (Paketsendungen). Das wiederum setzt sachkundige Mitarbeiter voraus.

Zeitfaktor

Zu erwähnen sind auch besondere Tauschformen von Akademien und Gelehrten Gesellschaften, die ihren Schriftentausch einer am gleichen Ort befindlichen wissenschaftlichen Bibliothek übertragen. Sie überlassen ihr Tauschexemplare und räumen ihr das Recht zum Empfang und zur Vereinnahmung der im Tausch dafür eingehenden Veröffentlichungen ein. Ein Beispiel für solchen Schriftentausch ist: die Sächsische Akademie der Wissenschaften, für die die Universitätsbibliothek Leipzig den Tausch abwickelt.

Besonderheiten des Schriftentausches

Akademien

Während der Tausch der Dissertationen von Jahrzehnt zu Jahrzehnt an Bedeutung gewonnen hat, ist der Austausch von Schulschriften heute bedeutungslos. Solche Jahresberichte und wissenschaftlichen Programme der deutschen Höheren Schulen, die sich häufig durch ihre wissenschaftlich wertvollen Abhandlungen einen guten Ruf in der Welt erworben hatten, erscheinen seit dem ersten Weltkrieg nur noch ganz vereinzelt.

Schulschriften

Die amtlichen Druckschriften sind ein ebenso wichtiges wie schwieriges Feld literarischer Dokumente. Das geht u. a. auch daraus hervor, daß hier zusätzlich mit dem Begriff halbamtlicher (früher: offiziöser) Druckschriften operiert werden muß, weil es viele Veröffentlichungen gibt, die zwar nicht von einer der unten genannten amtlichen Stellen unmittelbar, wohl aber „im Auftrag“, „auf Veranlassung“ usw. solcher Stellen herausgegeben werden.

Unter amtlichen Druckschriften versteht man Schriften, die, von staatlichen Organen (zentralen und regionalen), Parlamenten, Körperschaften des Öffentlichen Rechts herausgegeben, in der Regel außerhalb des Buchhandels erscheinen. Sie sind für die staatlichen Organe von hohem

amtliche Druckschriften

---

[297] MARIA RAZUMOVSKY, *Der internationale Büchertausch.* In: Biblios 10 (1961) S. 76–81.

Informationswert und besitzen besonders für die rechts- und staatswissenschaftliche Forschung Quellenwert, so daß über die Notwendigkeit ihrer Sammlung an dafür festgelegten bibliothekarischen Schwerpunkten, zentral und regional, kein Zweifel bestehen kann.[298] Ihre Bedeutung für das wissenschaftliche und politische Leben ist schon früh erkannt worden: 1886 schlossen mehrere Staaten eine *Tauschkonvention in Brüssel* ab (ohne Deutschland); sie wurde 1924 auf der *Genfer Konferenz* modifiziert. 1958 hat die Generalversammlung der Unesco u. a. eine spezielle *Convention concerning the exchange of official publications and government documents between states*[299] angenommen, nach der die meisten Länder heute arbeiten. Sie ist ziemlich unverbindlich gehalten; so kann jedes Land selbst festlegen, welche amtlichen Veröffentlichungen es als Tauschmaterial freigibt.[300]

internationale Konventionen für Amtsdrucksachen

Innerhalb Deutschlands wurde zuerst für Preußen (1882, erneuert 1908) eine gesetzliche Regelung getroffen, wonach alle von den Behörden veröffentlichten, im Buchhandel nicht erschienenen Druckschriften an die Königliche Bibliothek in Berlin abzuliefern waren. Erst 1927 konnte eine reichseinheitliche Regelung für alle amtlichen deutschen Behörden getroffen werden. Sie bestimmte, daß alle Reichsbehörden ihre Veröffentlichungen in einem Exemplar an die Deutsche Bücherei in Leipzig abzuliefern hatten. Außerdem wurden alle Reichsbehörden verpflichtet, ein weiteres Stück ihrer Veröffentlichungen an die Landesbibliothek ihres Landes, in dem sie ihren Sitz hatten, abzugeben.[301]

Geschichte

Die Sammlung amtlicher Druckschriften erfolgt in der DDR dezentralisiert und nach Schwerpunkten: Deutsche Staatsbibliothek (Ausland), Deutsche Bücherei (DDR) und die Wissenschaftlichen Allgemeinbibliotheken der Bezirke zusätzlich (DDR) je nach Einzugsbereich.

[298] HEINRICH KASPERS, *Die Abgabe amtlicher Drucksachen an die öffentlichen Bibliotheken.* Das Pflichtexemplarrecht f. amtl. Drucksachen in Deutschland von seinen Anfängen bis zum gegenwärtigen Stand. Köln 1954. (Arbeiten aus d. Bibliothekar-Lehrinstitut des Landes Nordrhein-Westfalen. 4.) – Die internationale Bedeutung der Sammlung amtlicher Druckschriften unterstreicht S. Honoré, Bibliothèque nationale, Paris, in ihrem Referat *L'Échange des publications officielles et administratives et les relations avec les organisations internationales, gouvernementales et non gouvernementales.* In: FIAB. Congrès International des Bibliothèques et des Centres de Documentation. Vol. 1. Rapports préliminaires. La Haye 1955 S. 97–101.

[299] Paris: Unesco 1958.

[300] Das sind in der Regel alle ohne Einschränkung (wie „Vertraulich", „Nur für den Dienstgebrauch") publizierten amtlichen Drucksachen.

[301] Von 1928 bis 1944 gab die Deutsche Bücherei auf Grund dieses Materials das *Monatliche Verzeichnis der reichsdeutschen amtlichen Druckschriften* heraus.
Für die Bundesrepublik und Westberlin erscheint laufend: Deutsche Bibliographie. *Verzeichnis amtlicher Druckschriften.* Veröffentlichungen der Behörden, Körperschaften, Anstalten und Stiftungen des öffentlichen Rechts sowie der wichtigsten halbamtlichen Institutionen in der Bundesrepublik Deutschland und West-Berlin. Bearb. v. d. Deutschen Bibliothek, Frankfurt a. M. Frankfurt 1962. Laufend, beginnt mit Berichtszeit 1957–1958.

4.1.4.4.3. Pflichtexemplare

Als Pflichtexemplare bezeichnet man Druckschriften, die auf Grund gesetzlicher Bestimmungen oder Verordnungen in der Regel unentgeltlich von dem Verleger oder Drucker an den Staat abzuliefern sind. Der Staat pflegt die Entgegennahme und Aufbewahrung solcher Pflichtexemplare in der Regel bestimmten Bibliotheken mit zentralen Aufgaben (National-, Staats- oder Landesbibliotheken) zu übertragen, die ihrerseits dann meist die Verpflichtung übernehmen, periodisch erscheinende Listen dieser Neuerscheinungen herauszugeben. So entstehen vielfach die nationalen Bibliographien (z. B. Bibliographie de la France, Bollettino delle pubblicazioni italiane usw.); sie können jedoch auch unabhängig von Pflichtexemplargesetzen auf freiwilliger Ablieferung beruhen.

Staat und Pflichtablieferungen

Damit ist bereits gesagt, daß die Ablieferung von Pflichtexemplaren sich auf einen ganz bestimmten Kreis von Bibliotheken mit zentralen Sammelaufgaben (außer den oben genannten wissenschaftlichen Universalbibliotheken auch Universitäts- und Regionalbibliotheken) beschränkt. Für die übrigen wissenschaftlichen Allgemeinbibliotheken und in der Regel für alle wissenschaftlichen Fachbibliotheken scheidet das Pflichtexemplar als Vermehrungsgut aus.

Zur Geschichte des Pflichtexemplares kann auf die gründliche Arbeit von Johannes Franke[302] verwiesen werden. Darin wird der Nachweis erbracht, daß die Ablieferungspflicht von Druckwerken in früheren Jahrhunderten eine Maßnahme war, die polizeilichen Überwachungs- und Zensurzwekken diente oder die Grundlage für die Erteilung von landesherrlichen Privilegien zum Schutze gegen Nachdruck bildete. Einen anderen Charakter hat ursprünglich das Freiexemplar für Bibliotheken im heutigen Sinne. Pflicht- und Freiexemplar stimmen also begrifflich durchaus nicht überein; sie stehen vielmehr im Gegensatz zueinander. Nur im Sprachgebrauch hat es sich eingebürgert, beide Begriffe gleichbedeutend zu verwenden.

Geschichte des Pflichtexemplars

Die Bibliothekare als Verwalter und Hüter der Nationalliteratur müssen sich für das Pflichtexemplar einsetzen: Freiexemplare für Bibliotheken als öffentliche Sammlungen dienen kulturellen Zwecken. Mindestens in einem Exemplar sollen alle Druckwerke eines Landes in größtmöglicher Vollständigkeit der wissenschaftlichen Benutzung zugänglich gemacht und für alle Zeiten aufbewahrt werden. Jede Pflichtexemplarregelung muß die folgenden Fragen klären, die in den einzelnen Gesetzen recht

Grundsätze für Pflichtexemplarregelungen

[302] JOHANNES FRANKE, *Die Abgabe der Pflichtexemplare von Druckerzeugnissen.* Berlin 1889. (Sammlung bibliothekswiss. Arbeiten. 3.) – Einen Überblick über *Die Pflichtexemplargesetze in den europäischen Ländern* gibt ALBERT PAUST in: Minerva-Zeitschrift 5 (1929) S. 109–115. – Die juristische Seite behandelt Heinrich Treplin im Handbuch II 2. Aufl. (1961) S. 791–803. – Ferner MAX STOIS, *Das Recht d. Pflichtexemplare mit bes. Berücks. d. deutschen Rechts.* In: ZfB 42 (1925) S. 112–139. – ALFRED FLEMMING, *Das Recht d. Pflichtexemplare.* München 1940. – Die einzelnen Pflichtexemplargesetze seit 1900 sind im „Jahrbuch d. Dt. Bibliotheken" abgedruckt.

verschieden gelöst sind: *Umfang* der Ablieferungen (z. B. Musikalien, Abbildungswerke, amtliche und innerdienstliche Druckschriften, unveränderte Auflagen), *Ablieferungspflicht* des Druckers oder des Verlegers, *Rechtsmittel der Eintreibung der Ablieferung* bei Versäumnis, *Ablieferungstermine.* Ob die Ablieferung zentral an eine große Nationalbibliothek oder dezentralisiert an mehrere regional dafür festgelegte Bibliotheken erfolgt, richtet sich nach der jeweiligen staatlichen Situation. Feststeht, daß das Freiexemplar in den sozialistischen Ländern eine höhere Wertschätzung erfährt als in kapitalistischen Ländern. In sozialistischen Ländern wird die nationale Bedeutung der Freiexemplare für öffentliche Sammlungen als eine Maßnahme der Förderung wissenschaftlicher Arbeit uneingeschränkt und widerspruchslos anerkannt; Beweise dafür sind die hohen Zahlen der Freiexemplare in sozialistischen Ländern.[303] In kapitalistischen Ländern können wir ein von merkantilem Profitstreben bestimmtes Feilschen des Verlagsbuchhandels mit den Landesregierungen und wissenschaftlichen Bibliotheken feststellen, das sich in Deutschland z. B. durch das ganze 19. und bis in das 20. Jahrhundert hinzieht.[304]

in den sozialistischen Ländern

Die Überwachung der Pflichtstücke erfordert in den Bibliotheken einen eigenen Apparat; meist besteht eine besondere Dienststelle dafür. Über das Soll und Haben der Bibliothek ist Buch zu führen. Streitfälle zwischen den abliefernden Stellen und der vereinnahmenden Bibliothek entstehen häufig dann, wenn das Verhältnis zwischen der den Druck veranlassenden Stelle (Behörde, Verein, Organisation) und dem Drucker unklar ist oder wenn ein anderes Vervielfältigungsverfahren als der Buchdruck verwendet worden ist (z. B. Mikrofilm). Alle diese Möglichkeiten, aber auch Zahl der abzuliefernden Exemplare, Termine, Zuständigkeit und Umfang der Ablieferungspflicht sowie Maßnahmen bei ihrer Nichterfüllung muß ein gutes Pflichtexemplargesetz vorsehen.

Überwachung der Eingänge

Unterschiedliche Auffassungen sind – früher mehr als heute – in der Frage vertreten worden, ob für diejenigen Bibliotheken, welche Pflichtexemplare empfangen, die Verpflichtung besteht, alles auf diesem Wege Eingehende restlos aufzubewahren. Wenn auch entsprechende Bestimmungen über die Aufbewahrungspflicht in den gesetzlichen Bestimmungen über die Pflichtexemplare nur selten enthalten sind, so besteht doch eine moralische Aufbewahrungspflicht der Bibliotheken, die „in der Natur der Sache begründet ist" (Karl Esselborn).[305]

Aufbewahrungspflicht

Natürlich kann für minderwichtige Gruppen von Freiexemplaren ein vereinfachter Geschäftsgang durchgeführt werden. Das Ausscheiden

minderwichtige Literatur

---

303 HELMUT RÖTZSCH, *Die Pflichtexemplargesetze der sozialistischen Länder.* In: ZfB 75 (1961) S. 337–347.

304 So ist es noch 1960 in der BRD nötig gewesen, daß der Verein Deutscher Bibliothekare eine Denkschrift ausgearbeitet hat, „um den Angriff auf die gesetzlichen Grundlagen des Pflichtexemplarrechts überhaupt abzuwehren". Vgl. HILDEBERT KIRCHNER, *Notwendigkeit und Berechtigung des deutschen Pflichtexemplarrechts.* In: ZfBB 8 (1961) S. 380–387, dort S. 387.

305 In: ZfB 24 (1907) S. 481.

solcher Schriften steht aber in krassem Widerspruch zu dem kulturellen Zweck des modernen Pflichtexemplars: die vollständige und lückenlose Erfassung der gesamten Nationalliteratur, unabhängig von ihrer Nutzung in der Gegenwart. Da Bibliothekare keine Hellseher sind, können sie nicht entscheiden, ob eine heute scheinbar unbedeutende Schrift nicht morgen schon gebraucht wird.

Anders liegen die Dinge, wenn etwa zwei Bibliotheken am selben Ort mit Pflichtablieferungen bedacht werden. Hier ist eine gegenseitige Verständigung und eine Auswahl bei einer der beiden Bibliotheken ein Gebot der Vernunft. Allerdings steht fest, daß jede Sichtung von einzelnen Pflichtlieferungen ebenfalls eine Dauerbelastung der Bibliothek darstellt.

Pflichtexemplarregelungen in Deutschland

Die Ablieferung der Pflichtexemplare in Deutschland[306] spiegelt notwendigerweise die staatliche und gesellschaftliche Entwicklung der deutschen Länder wider. Erstes Stadium in der ersten Hälfte des 19. Jahrhunderts: z. B. Württemberg 1817, Hessen 1836, Bayern 1865. Zweites Stadium in den Jahren nach dem ersten Weltkrieg: Anhalt 1926, Oldenburg 1933, Thüringen und Baden 1936. Drittes Stadium seit dem Ende des zweiten Weltkrieges:

Der Befehl 356 der Sowjetischen Militäradministration vom 24. Dezember 1946 regelte für das Gebiet der damaligen Sowjetischen Besatzungszone die Abgabe von durchschnittlich 28 Exemplaren. Mit Gründung der Deutschen Demokratischen Republik ging die Pflichtexemplarregelung an deutsche Dienststellen über. Nach provisorischen Regelungen (1951, 1953) traf die Zweite Durchführungsbestimmung zur Verordnung über die Entwicklung fortschrittlicher Literatur – Pflichtexemplare – vom 1. September 1955 entscheidende Bestimmungen zur Ablieferung von Pflichtexemplaren. Sie wurde außer Kraft gesetzt und verbessert durch die *Anordnung über die Ablieferung von Pflichtexemplaren vom 4. Juli 1960* in der Fassung der *Anordnung Nr. 2 vom 10. November 1970*[307]. Sie regelt u. a. die Abgabe sämtlicher Druckerzeugnisse aus der Produktion der Deutschen Demokratischen Republik an die Deutsche Bücherei (2 Exemplare) und die Deutsche Staatsbibliothek (1 Exemplar), die Ablieferung der Buchproduktion je nach Erscheinungsort bezirksweise an die zuständigen Landesbibliotheken bzw. Wissenschaftlichen Allgemeinbibliotheken (für die Hauptstadt der DDR, Berlin, die Berliner Stadtbibliothek)[308] in je einem Exemplar.

DDR

Die Gesetze und Verordnungen zum Pflichtexemplar in anderen Ländern sind sehr unterschiedlich. Besonders markante Pflichtexemplarregelungen sind:

[306] ERICH WILL, *Die Abgabe von Druckwerken an öffentliche Bibliotheken.* Recht und Praxis d. deutschen Pflichtexemplare. Köln 1955. (Arbeiten aus d. Bibliothekar-Lehrinstitut d. Landes Nordrhein-Westfalen. 10.)

[307] GBl. I 1960 S. 423–424; *Anordnung Nr. 2 vom 10. November 1970* in GBl. I Nr. 89. Vgl. dazu PETER KITTEL u. HEINZ WERNER, *Die neue Anordnung über die Ablieferung von Pflichtexemplaren vom 4. Juli 1960.* In: ZfB (1961) S. 348–353.

[308] Das Pflichtexemplar für Berlin (Hauptstadt der DDR) übernahm im Zuge der Kooperation die Berliner Stadtbibliothek von der UB Berlin.

Sowjetunion

1. Die hervorragende Organisation des Pflichtexemplarwesens in der Sowjetunion. Die 1917 gegründete Unionsbuchkammer (Vsesojuznaja Knižnaja palata) ist die zentrale Sammelstelle aller Pflichtexemplare. Abzuliefern sind von Monographien bei einer Auflage von mehr als 500 Exemplaren 41 Stück (unter 500 Exemplaren = 12 Stück), von Zeitschriften, Serien und Fortsetzungswerken bei einer Auflage von mehr als 500 Exemplaren 44 Stück (unter 500 Exemplaren = 15 Stück). Außer deren Weiterleitung obliegt ihr die bibliographische Verzeichnung der Eingänge, von der Herstellung der amtlichen Grundbibliographie, der Knižnaja letopiś, bis zu Sonderbibliographien wie Letopiś gazetnych statej, der Bibliographie der Zeitungsartikel.[309]

Frankreich

2. Die älteste Pflichtexemplarregelung in Frankreich, wo 1536 Franz I., um eine Zensur ausüben zu können, die Verleger verpflichtete, ein Exemplar von jedem Druckwerk an das Dépôt légal (Pflichtexemplarstelle) abzuliefern. Eine entsprechende Regelung aus den gleichen Zensurgründen unter Napoleon I. führte zur Begründung der Bibliographie de la France im Jahre 1811 als der amtlichen Pflichtexemplarliste, die von der Bibliothèque nationale mit ihrem Dépôt légal in Verbindung mit dem Cercle de la Librairie, der französischen Buchhandelsorganisation, herausgegeben wird.[310]

USA

3. Die besondere Einrichtung des Copyright als ein Sonderfall des Pflichtexemplars. Da die USA nicht der Berner Übereinkunft zum Schutze von Werken der Literatur und Kunst (1886, revidiert 1908, 1928 und 1948) zugehören, knüpfen sie den auf die USA ausgedehnten Urheberrechtsschutz von Werken der Literatur und Kunst an besondere Bedingungen: Eintragung in das Register of Copyright, das in dem Copyright Office der Library of Congress in Washington geführt wird.[311] Dort müssen neben dem Antrag entweder ein Belegstück und eine Gebühr von vier Dollar oder zwei Exemplare des betreffenden Werkes eingereicht werden.

Copyright

BRD

In der BRD gelten die Regelungen der einzelnen deutschen Länder aus früherer Zeit mit gewissen Einschränkungen oder Veränderungen. Eine einheitliche Regelung liegt dem Charakter der Bundesrepublik als Bundesstaat fern. In den Ländern Bayern, Niedersachsen, Nordrhein-Westfalen und Baden-Württemberg sind neue Gesetze nicht erlassen worden. In den Ländern Schleswig-Holstein und Südbaden wurden ältere Bestimmungen abgeändert, in Rheinland-Pfalz wurde eine Vereinbarung zwischen den Bibliotheken und dem Börsenverein für den Deutschen Buch-

[309] Vgl. GOTTFRIED GÜNTHER, *Die Unionsbücherkammer in Moskau.* In: ZfB 69 (1955) S. 188–208. – WERNER SCHMIDT, *Vom sowjetischen Bibliothekswesen.* In: ZfB 71 (1957) S. 1–12.

[310] M.-T. DOUGNAC et M. BUILBAUD, *Le dépôt légal, son sens et son évolution.* In: Bull. des bibliothèques de France 5 (1960) S. 283–291.

[311] *The Copyright Office of the United States of America.* 3. ed. Erg. Bd. Frankfurt a. M. 1969–1971.

handel getroffen, in Hessen wurde 1950 eine neue Verordnung über die Abgabe von Pflichtstücken erlassen.[312]

4.1.4.4.4. Geschenk

Unter der Erwerbungsart „Geschenk", im Zugangsinventar vielfach noch mit „D" (lat. donum) abgekürzt, werden verschiedene Zugänge zusammengefaßt, deren Wert für den organischen Bestandsaufbau unterschiedlich ist. Darunter fallen nicht nur einzelne Geschenke von Autoren, die sich als Leser der Bibliothek zu Dank verpflichtet fühlen, und von Verlagen, denen die Bibliothek durch Auskünfte und Bereitstellung von Druckvorlagen nützlich gewesen ist, sondern auch komplette Büchersammlungen, wie die Abgabe älterer Zeitschriftenbestände aus naturwissenschaftlich-technischen Institutsbibliotheken und entsprechendes Material aus Behördenbibliotheken. Höchst willkommen sind wissenschaftlich wertvolle und in sich geschlossene Gelehrtenbibliotheken. Sie pflegen freilich heute seltener als früher den Bibliotheken geschenkweise zuzufallen. Weniger nützlich sind heterogene Büchervermächtnisse aus privater Hand, weil sie in der Regel die Bibliothek wenig bereichern. *Verschiedenartigkeit der Geschenke*

Falsche bibliothekarische Leidenschaft sollte nicht dazu führen, jede Schenkung unbesehen zu übernehmen. Es ist besser, eine gut gemeinte Schenkung an eine andere bibliothekarische Stelle, in deren Sammelbereich sie paßt, zu verweisen, als den Geschäftsgang der eigenen Bibliothek damit zu verstopfen. Die Bearbeitung von Altbeständen kostet Zeit und Geld! Erstrebenswert ist es stets, sich freies Verfügungsrecht über Geschenke zu sichern. Auf die nicht selten gestellte Bedingung, eine geschenkte Büchersammlung geschlossen aufzustellen, sollte bei großen, wertvollen Spezialsammlungen eingegangen werden. Bei einer reinen Numerus-currens-Aufstellung ist es möglich, das gesamte Geschenk auf eine geschlossene Nummernfolge zu stellen.[313] *Nachteile*

Anders verhält es sich mit Geschenken, die von den Bibliotheken erbeten werden; hier handelt es sich um Stücke, die auf Grund einer Auswahl den Bestand bereichern sollen. Allerdings muß dieser Weg mit viel Takt eingeschlagen werden, wenn die Bibliothek nicht ihr Ansehen durch den schon häufig kritisierten „Bücherbettel" schädigen will. Von dieser Möglichkeit der Bestandsvermehrung sollte im allgemeinen nur bei Veröffentlichungen Gebrauch gemacht werden, die außerhalb des Buchhandels erschei- *erbetene Geschenke*

---

[312] Verordnungen und Erlasse hierzu im Jahrbuch der Deutschen Bibliotheken 34 (1950) S. 297–302. Eine fast vollständige *Liste* der Pflichtexemplar-Bibliotheken findet sich im *Jahrbuch der Dt. Bibliotheken* 36 (1955) S. 337–339. – Neuerer Stand: RALPH LANSKY, *Bibliotheksrechtliche Vorschriften.* 2., neubearb. u. erw. Aufl. Nebst Erg. Bd. 1.2. Frankfurt a. M. 1969–1974.

[313] Für diesen Zweck wurde in der Deutschen Staatsbibliothek die Signatur ZZ mit laufender Nummer geschaffen. Innerhalb einer solchen Signaturengruppe, z. B. ZZ 10 erfolgt die Zählung fortlaufend.

im Hochschulbereich

nen (Privatdrucke, Firmenschriften usw.). Der gute alte Brauch, daß die Angehörigen des Lehrkörpers einer Universität der zentralen Bibliothek im Universitätsbereich ein Exemplar jeder ihrer selbständig erschienenen Schriften schenken, sollte nicht einschlafen. Wenn hier die Universitätsbibliothek durch eine Bitte eingreift, kann es ihr nicht verargt werden. Es ist eine artige, wenn auch wenig nützliche Gegenleistung der zentralen Hochschulbibliothek, wenn sie von Zeit zu Zeit eine sachlich geordnete und durch Register erschlossene Bibliographie der Publikationen der Angehörigen des Lehrkörpers herausgibt.

Sonderabdruck

Zu den fragwürdigen Geschenken können in wissenschaftlichen Allgemeinbibliotheken die Sonderabdrucke von Zeitschriftenaufsätzen zählen, wenn sich die Bibliothek bei Autoren, die sie regelmäßig mit Sonderabdrucken beglücken, nicht dadurch zu helfen weiß, daß sie dafür eine vereinfachte Bearbeitung vornimmt (Sammelkapsel mit Inhaltsverzeichnis, in den Katalogen unter dem Verfasser eine Eintragung mit fingiertem Titel, etwa „Vermischte Schriften"). Wissenschaftlich wertvolle Sonderabdrucke aus Werken, die die Bibliothek nicht besitzt, verdienen natürlich eine normale Behandlung. In wissenschaftlichen Fachbibliotheken spielen die Sonderabdrucke eine wesentlich größere Rolle und erfahren dort demzufolge eine besondere Behandlung.[314]

Leihgaben

Zurückhaltung sollte sich jede Bibliothek gegenüber Leihgaben auferlegen. Es sind unglückliche Zwitter im Bestand. Man sollte sie auf jeden Fall zurückweisen, wenn an ihre Benutzung einschränkende Bedingungen geknüpft werden. Mit großer Sorgfalt ist darauf zu achten, daß sich die Bibliothek für jedes brauchbare Geschenk bedankt. Als Dankschreiben sollten typographisch ansprechende Vordrucke verwendet werden. Bei wertvollen Schenkungen ist ein persönlich gehaltenes Schreiben üblich. In Fällen bedeutender Bereicherung der Bibliothek durch Schenkung empfiehlt es sich, die Öffentlichkeit durch angemessene Hinweise in der Tages- und Fachpresse zu unterrichten. Eine Kartei der Schenker, die die Personalangaben der Schenker und die Titel der von ihnen ausgehenden

Danksagung

Schenkungen enthält, ist zur Kontrolle der Danksagungen nötig. Auch aus anderen Gründen kann es hin und wieder wichtig sein, eine Übersicht über Persönlichkeiten zu besitzen, denen die Bibliothek in Dankbarkeit verbunden ist. Eine geschickte Danksagung kann zugleich eine gute Werbung für die Bibliothek sein. Das richtige Verhalten gegenüber Geschenkgebern ist lohnende Öffentlichkeitsarbeit.

---

[314] HANS-ULRICH KLOTH, FRITZ-GEORG BARTH u. RUDI MÖBUS, *Die wiss. Fachbibliothek.* 2. Aufl. Leipzig 1975, s. Kap. 1.2.4. und 2.1.4.

4.1.4.5. Zeitschriften

Auf eine gründliche Definition der Zeitschrift muß verzichtet werden, weil sie einwandfrei in Kürze nicht möglich ist; es wird auf die einschlägigen Nachschlagewerke[315] verwiesen. Am leichtesten begreift man die Funktion der Zeitschrift aus ihrer Stellung zwischen Buch und Zeitung. Vom Buch unterscheidet sie sich durch ihre periodische Erscheinungsweise (täglich, wöchentlich, monatlich usw.) in Heften oder Nummern (Periodicum), die durch ein gemeinsames Titelblatt jährlich zu Jahrgängen bzw. Bänden zusammengefaßt werden. Die wichtigste inhaltliche Unterscheidung, die es bei Zeitschriften zu machen gilt, ist die nach allgemeinen populärwissenschaftlichen (Typ „Urania“) und wissenschaftlichen Fachzeitschriften (Typ „Druck und Papier“). Von der Zeitung unterscheidet sie sich durch Erscheinungsweise sowie durch graduelle Unterschiede der Aktualität und der Breite des Lesepublikums.[316]

Besonderheiten

Für die neuen „Regeln für die Alphabetische Katalogisierung“ kam es bei Klärung der Grundbegriffe lediglich darauf an, die Zeitschrift als Sammelwerk gegenüber Einzelwerk und Sammlung wie folgt abzugrenzen: „Als Zeitschrift wird ein fortlaufendes Sammelwerk bezeichnet, dessen einzelne Teile mehr oder weniger regelmäßig mindestens zweimal im Jahr erscheinen und im allgemeinen mehrere Beiträge enthalten.“[317]

Definition

Die periodische Erscheinungsweise dieser Druckschriften und ihre große Wichtigkeit für die Bibliotheksbenutzung verlangen aber eine möglichst einfache Arbeitsorganisation bei der Registrierung. So hat sich neben der vorgeschriebenen Inventarisierung der Anfänge von Zeitschriften in den Zugangsverzeichnissen das Eintragen der einzelnen Nummern oder Hefte auf besonderen Zeitschriften-Karteiblättern (Fortsetzungszetteln) eingebürgert. Der Eintragung der Nummer wird das Eingangsdatum hinzugefügt; es kann wegfallen, wenn jedes Heft mit einem kombinierten Datums-Eigentumsstempel versehen wird. Die einzelnen Zeitschriften-

Registrierung der Zeitschriften

---

[315] Zum Beispiel auf das *Lexikon des Bibliothekswesens.* 2. Auflage. Leipzig 1974–1975.

[316] Mit Präzision haben Karl Marx und Friedrich Engels das Verhältnis von Zeitschrift zu Zeitung formuliert, als die als Tageszeitung erschienene „Neue Rheinische Zeitung“ durch die Reaktion am Forterscheinen behindert wurde und ihre Fortführung zunächst in einer Zeitschrift gesichert werden sollte (Jan. 1850), und zwar als „Neue Rheinische Zeitung, politisch-ökonomische Revue“. In der dazu verfaßten Ankündigung heißt es zur Zeitung und Zeitschrift (= Revue): „Das größte Interesse einer Zeitung, ihr tägliches Eingreifen in die Bewegung und unmittelbares Sprechen aus der Bewegung heraus, die Widerspiegelung der Tagesgeschichte in ihrer ganzen Fülle, die fortlaufende leidenschaftliche Wechselwirkung zwischen dem Volke und der Tagespresse des Volkes, – dies Interesse geht notwendig bei einer Revue verloren. Die Revue gewährt dagegen den Vorteil, die Ereignisse in größern Umrissen zu fassen und nur beim Wichtigeren verweilen zu müssen. Sie gestattet ein ausführliches und wissenschaftliches Eingehen auf die ökonomischen Verhältnisse.“ KARL MARX u. FRIEDRICH ENGELS, *Werke.* Bd. 7. Berlin 1964 S. 5–6.

[317] Bibliotheksverband der DDR, Komm. f. Katalogfragen, Arbeitsgruppe Alphabet. Katalogisierung. *Regeln für die Alphabetische Katalogisierung.* §§ 1–35. Grundbegriffe. Vorabdruck. Berlin 1973 S. 3 § 10.

hefte bleiben in der Obhut der Zeitschriftenstelle, bis ein Jahrgang komplett ist, d. h., bis alle Nummern, vielfach noch zusätzlich ein besonderes Titelblatt mit einem Register oder Gesamtinhaltsverzeichnis, erschienen sind. Dann ist er bindereif und wird durch eine besondere Kennzeichnung, z. B. einen roten Abschlußstrich am Ende der Einzelnummer-Eintragung mit Hinzufügung des Bindedatums abgeschlossen. Weil aber erfahrungsgemäß die letzten Jahrgänge wissenschaftlicher Fachzeitschriften viel verlangt werden, sind manche Bibliotheken dazu übergegangen, die vollständigen Zeitschriftenhefte erst nach 2–3 Jahren zum Binden zu geben. Dadurch können, vor allem bei Einschaltung der Reprographie, mehr Nutzer schneller bedient werden. Der gebundene Zeitschriftenband tritt seinen besonderen Geschäftsgang an, auf dem er von der Zeitschriftenstelle die Zugangsnummer und, soweit bereits vorhanden, die Signatur mitbekommt: Bucheinband, Kataloge, Stempeln, Signaturendruck, Magazin. Für die Bearbeitung der Zeitschriftenhefte gilt, wie überall, das Gesetz der Mechanisierung aller erforderlichen Arbeitsgänge. Deshalb werden gerade für den Bereich dieser Dienststelle[318] gegenwärtig Automatisierungsanstrengungen gemacht.[319]

Bearbeitung

Die Zeitschriften-Fortsetzungszettel müssen ein einheitliches Format haben und als Vordrucke die Gewähr bieten, daß alle Eintragungen gleichmäßig vorgenommen werden können (genormte Blatteinteilung).[320]

Bibliotheken mit einem nach Tausenden zählenden Zugang pflegen ihre Zeitschriftenabteilung zu unterteilen in eine Dienststelle für deutsch- und eine für fremdsprachige Zeitschriften. Das gilt jedoch nur für den eigentlichen Geschäftsgang der Registrierung. Der Benutzungszweck verlangt, daß die neuen Zeitschriftenhefte so schnell wie möglich der Benutzung zugeführt werden. Die Verantwortung dafür liegt bei der Zeitschriftenstelle, solange die Zeitschriften sich noch im ungebundenen Zustand befinden. In kleineren und mittleren Bibliotheken, die über keinen Zeitschriften-Lesesaal verfügen, erfolgt ihre Auslage in Auswahl meist an einer dafür reservierten Stelle im Lesesaal.

Benutzung

Es sind schon viele Überlegungen angestellt worden, wie der Wildwuchs dieser wichtigsten Informationsmittel beschnitten werden könnte – bisher ohne nennenswerten Erfolg. Angesichts der Wichtigkeit, aber auch im Hinblick auf die einschneidende Inanspruchnahme der Haushalt- und Devisenmittel durch Zeitschriftenbezug sollten die Bibliothekare die Entwicklungstrends[321] auf diesem Gebiet aufmerksam verfolgen und für

Koordinierung bei der Beschaffung

[318] *Automatisierung der Zeitschriftenstelle in wissenschaftlichen Bibliotheken.* Ergebnisse e. Kolloquiums in Göttingen am 7. u. 8. Nov. 1968 (Vorträge, nebst Anl.) Bad Godesberg 1970.

[319] *Automatisierung bei der Zeitschriftenbearbeitung.* Berichte eines Kolloquiums, veranstaltet v. d. Arbeitsstelle für Bibliothekstechnik am 25. u. 26. Jan. 1972. München-Pullach, Berlin (West) 1972.

[320] Zur äußeren Form der Zeitschriftenkarteien, besonders zur Flachkartei (Cardex) vgl. Kap. 4.2.1.2.

[321] R. S. GILJAREVSKIJ, *Die Zukunft der periodischen Schriften als Quellen der wissenschaftlich-technischen Information.* In: Informatik 19 (1972) H. 4, S. 21–23.

ihre Arbeit auswerten. Daß eine maximal zweckmäßige Koordinierung des Bezuges ausländischer Zeitschriften auf nationaler Ebene zu erfolgen hat, sollte selbstverständlich sein.

Perspektive

Aus den genannten Gründen hat die Perspektive des internationalen Zeitschriftenwesens in den letzten zwei Jahrzehnten Wissenschaftler, Informatoren und Bibliothekare besonders intensiv beschäftigt. Dabei geht es vor allem um zwei verschiedene, aber miteinander zusammenhängende Probleme: um die zahlenmäßige Reduzierung des aufwendigen, weit verzweigten Fachzeitschriftenwesens sowie um die Verringerung des sogenannten informatorischen Makulaturfaktors in Zeitschriften (= Anteil des nicht gelesenen, bedruckten Papiers), der im Schnitt auf 80 % geschätzt wird. Der naheliegende und vernünftigste aller Vorschläge, von dem realpolitischen schweizerischen Bibliothekar Pierre Bourgeois bereits vor zwei Jahrzehnten gemacht, nämlich die Zahl der Zeitschriften international zu verringern, ist überhaupt nicht beachtet worden – im Gegenteil.

Depotsystem

Eine vielleicht zukunftsträchtige Rationalisierungsmethode besteht in dem sogenannten „Depotsystem“[322]. Ihm liegt der Gedanke zugrunde, ausführliche Originalarbeiten in einem Depot bei einem Verlag oder in einer Bibliothek zu hinterlegen, in der betreffenden Fachzeitschrift aber nur einen knappen Informationsartikel von 1–2 Druckseiten zu bringen. Die Originalarbeiten werden vom Depot auf Anforderung über Papierkopie oder als Mikrofilm gegen Gebühren zur Verfügung gestellt. Die Deutsche Staatsbibliothek hat sich bereits an der Erprobung dieses Verfahrens in Zusammenarbeit mit dem Verlag Technik beteiligt.

Kennziffern-Zeitschriften

Ähnliche Wege sind mit den sogenannten Kennziffern-Zeitschriften[323] zum Beispiel in der BRD beschritten worden: Hinweise durch kurze Informationen oder nur Annoncen auf ausführliche Darstellungen des angegebenen Themas, die von dem betreffenden Zeitschriftenverlag käuflich erworben werden können.

---

[322] NORBERT WASS, *Perspektive der Fachzeitschriften im System der Information.* Depotbericht. Zentralinstitut f. Inf. u. Dok. Berlin 1966. – NORBERT WASS, *Erste Ergebnisse eines Experiments* (Depotsystem). In: ZIID-Zeitschrift 14 (1967) 6, S. 8–10. – JÜRGEN FREYTAG, *Eine theoretische Voraussetzung für die Schaffung neuer Informationsquellen,* dargelegt am Beispiel von „Informationsartikel – Depotbericht“ sowie Vorschläge zum Aufbau e. zentralen Depotsystems in d. DDR. Berlin 1970. Phil. Diss. – JÜRGEN FREYTAG, *Erfahrungen bei der Einführung des „Depotsystems“ in d. DDR.* In: ZfB 87 (1973) S. 660–669.

[323] PETER SAMULSKI, *Das Novum Kennziffern-Zeitschrift.* In: DFW. Dokumentation, Fachbibliothek, Werksbücherei 18 (1969/1970) S. 195–210.

4.1.4.6. Zeitungen[324]

Die Zeitung, wie die Zeitschrift ein Periodicum, erscheint als wichtiges Mittel der Massenkommunikation in kurzen Abständen, in der Regel täglich, und wendet sich an breite Leserschichten. Ihr wichtigster Typ ist die politische Tageszeitung als Instrument der politischen Meinungsbildung und des Klassenkampfes. Sie zeichnet sich durch aktuelle Informationen aus.

Vernachlässigung der Zeitungen

Das Sammeln von Tageszeitungen, geschweige denn ihre Nutzbarmachung und Erschließung, ist ein sehr schwieriges Gebiet. Die Gründe hierfür sind folgende: In früheren Zeiten bis in die ersten Jahrzehnte unseres Jahrhunderts galten die Zeitungen als ephemere Erscheinungen, die der Aufnahme in wissenschaftliche Sammlungen nicht würdig waren (ephemerides non litterariae). Als sich dann, fast 100 Jahre nach dem Hinweis des Heidelberger Historikers Friedrich Christoph Schlosser, die Erkenntnis Bahn brach, daß sie als Geschichtsquellen von großer Bedeutung sind und ihre Sammelwürdigkeit nicht mehr umstritten war[325], scheiterten in Deutschland ernsthafte Bemühungen um eine systematische Sammeltätigkeit von Zeitungen an den damit verbundenen äußeren Schwierigkeiten, auf die wir noch zu sprechen kommen werden. Freilich unterließ man es auch, sich darüber klarzuwerden, wer sich der Sammlung dieser wichtigen Geschichtsdokumente annehmen muß. Es ist charakteristisch, daß bei der Begründung der Deutschen Bücherei Tageszeitungen als Sammelgebiet ausgenommen wurden, daß sie bei Redaktion der ersten Zeitschriften-Gesamtverzeichnisse (GZV 1914, GAZ 1929) beiseite gelassen wurden und ihre Aufnahme in den Deutschen Gesamtkatalog nicht einmal vorgesehen war. So verdanken wir auch den ersten gedruckten Standortkatalog wichtiger Zeitungsbestände in deutschen Bibliotheken[326] nicht einem Bibliothekar, sondern einem Zeitungswissenschaftler.

Zeitung und Bibliotheken

---

[324] Für die neuen „Regeln für die Alphabetische Katalogisierung“ kam es bei Klärung der Grundbegriffe lediglich darauf an, die Zeitung als Sammelwerk gegenüber Einzelwerk und Sammlung wie folgt abzugrenzen: „Als Zeitung wird ein fortlaufendes Sammelwerk bezeichnet, dessen einzelne Teile im allgemeinen regelmäßig mindestens einmal in der Woche erscheinen und über aktuelle Ereignisse berichten.“ Bibliotheksverband der DDR, Komm. f. Katalogfragen, Arbeitsgruppe Alphabet. Katalogisierung. *Regeln für die Alphabetische Katalogisierung.* §§ 1–35. Grundbegriffe. Vorabdruck. Berlin 1973 S. 3 §9.

[325] So z. B. Emil Gratzl im Handbuch II (1933) S. 161. – Vgl. ferner ADOLF HILSENBECK, *Bibliotheken und Zeitungen.* In: ZfB 37 (1920) S. 214–227. – OTTO KILGER, *Das pflichtgemäße Sammeln von Tageszeitungen in Deutschland, nebst Standortnachweis für Sachsen, Thüringen und Anhalt.* Leipzig 1938. (ZfB Beih. 71.) – KARL BÖMER, *Internationale Bibliographie des Zeitungswesens.* Leipzig 1932. (Sammlung bibliothekswissenschaftlicher Arbeiten. 43.) – WILLI HÖFIG, *Die Behandlung von Tageszeitungen an wiss. Bibliotheken.* München-Pullach 1975.

[326] HANS TRAUB, *Standortkatalog wichtiger Zeitungsbestände in deutschen Bibliotheken.* Hrsg. vom Dt. Institut f. Zeitungskunde. Leipzig 1933; in neuer Bearbeitung von GERT HAGELWEIDE, *Deutsche Zeitungsbestände in Bibliotheken u. Archiven.* Düsseldorf 1974. (Bibliographien zur Gesch. d. Parlamentarismus u. d. polit. Parteien. 6.)

Um ihre trotz Kriegs- und Verlagerungsverlusten noch immer ansehnlichen Zeitungsbestände besser zu erschließen, hat sich die Deutsche Staatsbibliothek der differenzierten Verzeichnung ihrer Zeitungen sowie der Bestände anderer Berliner Bibliotheken angenommen.[327] Sie wurde darin bestärkt durch das lebhafte und andauernde Nutzerinteresse an diesen Informationsquellen sowohl bei der örtlichen Benutzung als auch im Leihverkehr. Ein wesentlicher Motor dabei war die in der DDR mit großem Ernst betriebene Erforschung der Geschichte der deutschen und internationalen Arbeiterbewegung, wobei sich der Quellenwert dieser periodischen Veröffentlichungen aufs neue erwiesen hat.

Erschließung

Noch nicht voll wirksam geworden ist der 1954 in Angriff genommene *Gesamtkatalog der deutschen Presse*[328] (jetzt: Standortkatalog der deutschen Presse) der Bremer (Staats- und) Universitätsbibliothek, und dies aus mehreren Gründen. Einmal ist dieses gewichtige Unternehmen von Anfang an viel zu eng aufgezogen worden – im wesentlichen beschränkt auf die verdienstvolle Initiative Hans Jessens, Bremen –, zum anderen hat es nur unzureichende Unterstützung der Bibliotheken erfahren, so daß es sich auf unvollkommene Unterlagen (z. B. revisionsbedürftige Einzelkataloge) stützen mußte. Dieser Zentralkatalog wies 1972 über 335 000 Standorte von deutschen Zeitungen der letzten 400 Jahre nach.[329] Ein angeschlossenes Mikrofilmarchiv der deutschen Presse in der Bremer Universitätsbibliothek befindet sich im Aufbau.

Gesamtkataloge von Zeitungsbeständen

Bremen

Für zentrale wissenschaftliche Universalbibliotheken vom Typ Staatsbibliothek sollte das Sammeln und Erschließen von Tageszeitungen in einer angemessenen internationalen Auswahl heute eine selbstverständliche Aufgabe sein.[330]

– *Zeitung u. Bibliothek.* Ein Wegweiser zu Segn. u. Lit. Hrsg. v. Gert Hagelweide. Pullach b. München 1974.

327 Sie führt den „Zentralkatalog der Zeitungsbestände Berliner Bibliotheken" (ZZBB). Er erfaßt und ordnet mittels Lochkarten nach formalen und sachlichen Gesichtspunkten deutsche und ausländische Zeitungen bis 1945 sowie Westberliner, westdeutsche und sonstige ausländische Zeitungen nach 1945 in den Bibliotheken der Hauptstadt der DDR Berlin.

328 HANS JESSEN, *Aus der Werkstatt des Gesamtkataloges der deutschen Presse.* In: Aus der Welt des Bibliothekars. Festschrift f. Rudolf Juchhoff. Köln 1960 S. 363–368. – LUTZ MACKENSEN, *Die „Deutsche Presseforschung" zu Bremen.* In: Forschungen u. Fortschritte 35 (1961) S. 74–76. Das Institut „Deutsche Presseforschung" steht mit dem Bremer Standortkatalog in enger wissenschaftlicher Verbindung. – GERT HAGELWEIDE, *Das neue Standortverzeichnis wichtiger deutscher Zeitungen.* In: ZfBB 13 (1966) S. 82–94.

329 Da die Drucklegung des gesamten Materials noch in den Anfängen steckt, empfehlen sich direkte Anfragen: Standortkatalog der deutschen Presse, Bremen, Staats- und Universitätsbibliothek, Breitenweg 27. – Bisher erschien: ELSE BOGEL u. ELGER BLÜHM, *Die deutschen Zeitungen des 17. Jahrhunderts.* Ein Bestandsverz. mit hist. u. bibliogr. Angaben. Bd. 1. 2. Bremen 1971. (Studien zur Publizistik. Bremer Reihe. Deutsche Presseforschung. Bd. 17.)

330 Zentralkatalog der Zeitungsbestände Berliner Bibliotheken (ZZBB), er erschließt die deutschsprachigen und ausländischen Zeitungen bis 1945 sowie die Westberliner, westdeutschen und (zusätzlichen) ausländischen Zeitungen nach 1945 in den Biblio-

Schwierigkeiten

Die nicht zu leugnenden objektiven Schwierigkeiten, die dem Sammeln von Zeitungen in Bibliotheken entgegenstehen, sind einmal die Kostenfrage, und zwar sowohl für Erwerbung als auch für Einband, sowie das Raumproblem. Beides macht eine zentralisierte Vollständigkeit im nationalen Rahmen in größeren Ländern mit einer ausgedehnten Zeitungsproduktion von vornherein illusorisch. Die Lösung des Problems kann nur durch dezentralisiertes Sammeln erfolgen. Leider hat man sich aber in dieser Richtung mit Empfehlungen an die regional sammelnden Bibliotheken begnügt, statt einen straffen Organisationsplan wie auf anderen Gebieten (z. B. bei den Sondersammelgebieten) aufzustellen und seine Durchführung zu kontrollieren.

regionales Sammelprinzip

So stehen wir heute, nachdem der zweite Weltkrieg noch zusätzlich Lücken in die Bibliotheksbestände gerissen hat, in beiden deutschen Staaten vor der Tatsache, daß die Bereitstellung älterer Jahrgänge von Tageszeitungen zeitraubend, schwierig oder oft unmöglich ist. Um so verdienstvoller sind Bestandsverzeichnisse für Zeitungen[331]. Die großen wissenschaftlichen Universalbibliotheken sammeln eine kleine Auswahl der wichtigsten inländischen und ausländischen Blätter. Die Regionalbibliotheken (bei ihrem Fehlen die Universitätsbibliotheken) erfassen die lokalen Zeitungen, häufig unterstützt durch Pflichtexemplarregelungen, die ihnen wenigstens die hohen Anschaffungskosten ersparen. Selbst in diesem bescheidenen Rahmen sind die geschilderten objektiven Schwierigkeiten für die einzelnen Bibliotheken beträchtlich. Auch eine so bedeutende Bibliothek wie die des Britischen Museums hat sich wie viele deutsche Bibliotheken weitgehend damit begnügen müssen, Tageszeitungen ohne Einband, gebündelt und in Packpapier eingeschlagen, aufzubewahren. Abgesehen davon, daß man bei der Verleihung einzelner Nummern oder Jahrgänge die Erschwerung des Aus- und Einpackens sowie die Nachprüfung der Vollständigkeit in Kauf nehmen muß, läßt sich gegen diese Methode der Aufbewahrung nichts einwenden, am allerwenigsten dann, wenn die einzelnen Bündel zwischen starke Pappen von angemessener Größe im Originalformat der betreffenden Zeitung (keine Brüche!) gelegt werden. Besser ist freilich eine einfache Einbandart mit seitlicher Buchblockheftung. Über Unzulänglichkeiten in der Aufbewahrung von Zeitungen sollten die Bibliothekare hinwegsehen, wenn sie nur ihrer Pflicht nachkommen, koordiniert und dezentralisiert Tageszeitungen zu sammeln, für die Forschung bereitzustellen und zu erhalten.

Aufbewahrung

---

theken der Hauptstadt der DDR – Berlin – mittels Lochkarten nach sachlichen und formalen Gesichtspunkten. Vgl. auch WINFRIED LÖSCHBURG, *Die Zeitungsbestände der Deutschen Staatsbibliothek.* In: ZfB 84 (1970) S. 278–283.

[331] Vorbildliche Arbeit hat auf diesem Gebiet die LB Dresden geleistet: HANS-DIETER WÜSTLING, *Sächsische Zeitungen in Dresdner Bibliotheken u. Archiven.* Dresden 1966; JAN PEPINO, *Sächsische Zeitungen in Bibliotheken, Archiven u. Museen d. Bezirkes Dresden.* Dresden 1971; JAN PEPINO, *Sächsische Zeitungen in Bibliotheken, Archiven u. Museen des Bezirkes Karl-Marx-Stadt.* Dresden 1971. Dabei wurden viele Lokalzeitungen erstmalig erfaßt, zuweilen sogar Unica sichergestellt.

Der Mikrofilm vermag dabei wertvolle Hilfe zu leisten, und es ist zu hoffen, daß in Zukunft mit seiner Hilfe der Nachweis und die Benutzung von Tageszeitungen in völlig befriedigender Weise erfolgen kann.

Mikrofilm und Zeitungen

Von einer organisierten und planmäßigen Verfilmung von Zeitungsbeständen kann noch nicht die Rede sein – hier gibt es noch viel zu tun.[332] Man hüte sich davor, die Originalzeitungen nach der Verfilmung zu makulieren, sofern es sich nicht um identische Exemplare handelt (Kreisausgaben zu Bezirksausgaben regionaler Zeitungen).

Abgesehen davon, daß die Sicherheitsverfilmung als Schutz gegen Katastrophen für dieses wichtige Quellenmaterial geboten ist, verlangt es auch die schlechte Papierqualität der Zeitung.[333] Theoretisch ist es schon lange möglich, Zeitungspapier dauerhaft zu machen; das einzige, aber entscheidende Problem ist dabei, diese Verfahren bei niedrigen Kosten in der Masse zur Anwendung zu bringen, wie das bei den großformatigen und umfangreichen Zeitungen gegeben ist.

Zeitungspapier

Die Sammeltätigkeit von Tageszeitungen im Ausland ist sehr unterschiedlich. In der Erwerbungsarbeit sind die Zeitungen in der Regel den spezialisierten Zeitschriftenabteilungen angeschlossen. Die Auslage bzw. der Aushang wichtiger internationaler Zeitungen im Zeitschriften-Lesesaal selbst oder in einem benachbarten Raum ist heute unerläßlich. Sofern bei den Universitäten Zeitungslesesäle für Studenten und Dozenten eingerichtet sind (Akademische Lesehallen), sollte ihre Verwaltung nur durch die zentrale Bibliothek im Hochschulbereich, die Universitätsbibliothek, erfolgen.

Auslage

Auf dem Gebiet des Zeitungssammelns sind noch viele Fragen offen. Das schon vor dem ersten Weltkrieg geforderte Reichs-Zeitungsmuseum ist ebenso wenig realisiert worden wie der Vorschlag A. Hilsenbecks[334] von 1920, wenigstens ein Gesamt-Zeitungsverzeichnis zu schaffen.[335] Die wichtigsten Aufgaben für die Zukunft und zur Verbesserung der Zeitungsaufbewahrung und -erschließung hat W. Barton zusammengefaßt.[336]

---

332 JOHANNES FRANKE, *Eine ernste Gefahr für unsere Bibliotheken.* Berlin 1908. – ICKO IBEN, *Zur Sicherung der Zeitungsbestände.* In: Libri 6 (1955/56) S. 22–28. – WALTER BARTON, *Bibliothek und Mikrofilm.* Ein vorläufiger Überblick über die Mikrofilmpraxis deutscher Bibliotheken unter bes. Berücks. der Zeitungsverfilmung. In: ZfBB 11 (1964) S. 127–147.

333 MARTIN SPAHN, *Über die systematische Sammlung der deutschen Zeitungen.* In: ZfB 27 (1910) S. 93–106.

334 ADOLF HILSENBECK, *Bibliotheken und Zeitungen.* In: ZfB 37 (1920) S. 214–227.

335 Um so wertvoller sind regionale Bestandsverzeichnisse wie das von LUDWIG ZIEGELMEIER, *Standortverzeichnis der Nürnberger politischen Presse.* Nürnberg 1960. – WALTER BARTON, *Bibliographie der oldenburgischen Presse.* T. 1. Die Zeitungen. In: Oldenburger Jahrbuch 57 (1958) S. 41–80; 58 (1959) S. 55–78; 59 (1960) S. 81–110.

336 WALTER BARTON, *Bibliothek und Zeitung.* In: ZfBB 10 (1963) S. 16–21.

4.1.4.7. Serien

Definition

Unter einer Serie versteht man eine „fortlaufende Veröffentlichung mit übergeordnetem Gesamttitel und Stücktiteln für die einzelnen Bände oder Hefte, die in der Regel von verschiedenen Verfassern stammen".[337] Sie zählen zusammen mit den Zeitschriften und Zeitungen zu den fortlaufenden Veröffentlichungen, die in den Bibliotheken im Hinblick auf die Titelaufnahme von den begrenzten Veröffentlichungen unterschieden werden müssen. Es sind „Schriften, die nach Absicht des Verfassers, Herausgebers oder Verlegers beliebig fortgesetzt werden sollen"[338]. Obwohl sich die Serien oder Schriftenreihen von den Zeitschriften, Zeitungen und zeitschriftenartigen Reihen, die als fortlaufende Veröffentlichungen (Periodica) ohne Stücktitel weder als Zeitschrift noch als Zeitung angesehen werden können (z. B. Adreßbücher, Almanache, Jahrbücher, Kalender, periodische Bibliographien, Vorlesungsverzeichnisse usw.)[339], dadurch unterscheiden, daß sie nicht periodisch erscheinen, werden sie in der Praxis der Bibliotheken wie Periodica behandelt. So wurden sie auch in die großen zentralen Katalogisierungsunternehmungen für Periodica, wie GZV und GAZ, und werden im ZKZ der DDR aufgenommen, im letzten Falle lediglich ohne Berücksichtigung von „buchhändlerischen Serien".

Behandlung in Bibliotheken

Bei der Erwerbung werden die Serien in gleicher Weise wie Zeitschriften registriert, sofern solche Reihen lückenlos erworben werden. Erst in ihrem weiteren Geschäftsgang werden sie wie Bücher behandelt, indem in der Regel von jedem Stücktitel eine Titelaufnahme und entsprechende Eintragung im Sachkatalog erfolgt. Ihre buchbinderische Bearbeitung muß sich nach der mutmaßlichen Benutzung richten (einzeln oder Sammelbände).

4.1.4.8. Fortsetzungswerke

Definition

Das Fortsetzungswerk ist kein bibliothekarischer oder bibliographischer Begriff, sondern ein buchhändlerischer. Er sagt nichts über den Charakter der Schrift aus, obwohl es sich dabei stets nur um eine begrenzte Veröffentlichung handeln kann; andernfalls müßte es ein Periodicum oder eine Serie sein. Als begrenzte Veröffentlichung ist ein Fortsetzungswerk entweder ein Einzelwerk, eine Vielverfasserschrift, ein Sammelwerk, eine Sammlung von vorhandenem Schriftgut oder eine Sammlung von Einzelschriften.

---

337 Nach *Regeln f. d. Alphabetischen Katalog an wissenschaftlichen Bibliotheken. Entwurf...* Vorgelegt i. A. des Berliner Instruktionsausschusses v. Joris Vorstius. § 4, 2a. (In: ZfB 68, 1954, S. 39). Im wesentlichen übereinstimmend mit § 8,5 der Preußischen Instruktionen.

338 ZfB 68 (1954) S. 38–39.

339 Im Anschluß an die zitierten Regeln, S. 39.

Im buchhändlerischen Sinne also ist ein Fortsetzungswerk eine Veröffentlichung, die, nach Umfang und Inhalt begrenzt, in einzelnen Bänden, Teilen, Heften oder Lieferungen meist unregelmäßig erscheint. Der Buchhändler führt über seine festen Abnehmer eines Fortsetzungswerkes Buch, indem er in einer Fortsetzungsliste unter dem Namen und der Anschrift des Bestellers genau das verzeichnet, was er geliefert hat und was davon bezahlt worden ist. In gleicher Weise bedürfen die einzelnen Lieferungen bzw. Teile von Fortsetzungswerken in der abnehmenden Bibliothek einer besonders exakten Verzeichnung, und zwar aus folgenden Gründen:

Buchhandel

Bibliothek

a) Die einzelnen Lieferungen gehen meist unregelmäßig ein.
b) Die Berechnung wechselt oft von Stück zu Stück.
c) Für jede Lieferung ist in der Regel eine Zahlungsanweisung zu geben.
d) Häufig erfolgt die Berechnung auf Grund von Subskriptionen, so daß die auf dieser Grundlage abgeschlossenen Preise von den später geltenden abweichen.
e) Die Lieferungen des Buchhändlers müssen nach Preisen und Lieferterminen überwacht werden.

Deswegen werden für Fortsetzungswerke auch in den Bibliotheken Fortsetzungskarteien geführt. Wie für Zeitschriftenkarteien hat sich dafür ein Karteiblatt in einem A 5-Format (etwa 15 × 20 cm) bewährt. Jeder Fortsetzungszettel enthält oben unterhalb der Ordnungswörter Angaben über Titel, Erscheinungsbeginn, Verlag, Signatur, Art der Erwerbung, Lieferant und gegebenenfalls vereinbarter Preis (Subskription). Jedes hinzukommende Stück wird mit Zählung, Stücktitel, Erscheinungsjahr, Eingangsdatum, Akzessionsnummer je Band und – bei wechselnder Berechnung – mit Preis versehen. Diese Eintragungen sind die Grundlage der Bestandsermittlung für die Bibliothek selbst, z. B. bei Reklamationen und bei Bestellungen seitens der Benutzer. Die einzelnen Lieferungen oder Stücke werden in einer besonderen, der Erwerbungsabteilung nahegelegenen Ablage aufbewahrt, bis ein Teil oder Band komplett, d. h. bindereif ist. Sie werden bei Bestellung durch Benutzer in der Regel nur zur Benutzung im Lesesaal, und zwar in aufgeschnittenem Zustand, ausgegeben. Besonders wichtige Fortsetzungswerke sollen als Ziehmappen eingestellt werden, sofern für sie eine Sonderaufstellung, etwa in der Handbibliothek des Lesesaals oder im bibliographischen Handapparat, vorgesehen ist.

Registrierung

Aufbewahrung und Benutzung

Zu den Fortsetzungswerken zählen auch die Lieferungswerke, die ohne Rücksicht auf die textliche Aufeinanderfolge in Lieferungen von einer bestimmten Bogenzahl erscheinen. Gesamtumfang und Preis müssen bei Ankündigung bzw. Erscheinen festgelegt sein. Je nach Vereinbarung oder Ankündigung handelt es sich um 3 oder 4 Bogen = 48 oder 64 Seiten bei Normalformat. Hier ist die Kontrolle seitens der Bibliothek hinsichtlich der Aufeinanderfolge einfacher; die Terminüberwachung gilt auch hier.

Lieferungswerke

4.1.4.9. Loseblattausgaben

Nach den Ausführungen über Fortsetzungswerke versteht es sich von selbst, daß die seit den Jahren nach dem ersten Weltkrieg auf dem Büchermarkt auftauchenden Loseblattausgaben oder Karteibücher[340] eine analoge Registrierung erfordern. Es sind von Haus aus keine Bibliothekswerke, sondern Arbeitsmittel für den einzelnen Wissenschaftler oder Praktiker. Auch für sie sind einheitliche Fortsetzungszettel anzulegen. Im Gegensatz zu den Zeitschriften und zu den Fortsetzungswerken, die in ihren einzelnen Teilen später oder früher – bei Zeitschriften mit Abschluß eines Jahrgangs, bei Fortsetzungswerken bei Vollendung eines Bandes oder Teiles – einen Abschluß erfahren und dann als bibliographische Bände zählen, sind Loseblattausgaben bewußte Auflösungen der Buchform, also grundsätzlich unendliche Druckerzeugnisse, deren einzelne Teile jederzeit überholt werden können und dann, weil sie ihren Gebrauchswert verloren haben, auszuscheiden wären. Da die bibliothekarischen Probleme dieser Druckerzeugnisse weniger bei der Erwerbung als bei ihrer Benutzung liegen, werden sie zweckmäßiger dort behandelt (vgl. Kap. 5.1.8.).

Loseblattausgaben

Definition

4.1.5. *Standortkatalog*

„Das Tempo der Weiterbearbeitung nach der Akzession geben die Standortkataloge an.“[341] Deshalb erweist sich deren Behandlung vom Standpunkt des Geschäftsganges hier, nach der Buchauswahl und Buchbearbeitung und vor der alphabetischen und Sachkatalogisierung, als zweckmäßig. Ohne daß dies unbedingt erforderlich wäre, entspricht es in der Regel dem Bearbeitungsgang des Buches. Überhaupt nimmt der Standortkatalog unter den Bibliothekskatalogen in mehrfacher Hinsicht eine Sonderstellung[342] ein. Er ist ein internes Arbeitsinstrument der Bibliothek, also

Sonderstellung

---

[340] Die folgenden Bemerkungen beziehen sich also nur auf Ausgaben in Loseblattform, die fortgesetzt werden, nicht auf in sich abgeschlossene Monographien, die aus einer bestimmten Anzahl (gezählter oder ungezählter) loser Blätter bestehen (z. B. monographische Kunstmappen).

[341] BURGHARD BURGEMEISTER u. WERNER PRASSE, *Geschäftsgangsprobleme.* Berlin 1962. Dort WERNER PRASSE, *Der neue Geschäftsgang an der Sächsischen Landesbibliothek Dresden,* S. 12.

[342] Lit.: GEORG LEYH, *Aufstellung und Signaturen.* In: Handbuch II 2. Aufl. (1961) S. 684–734, nur historisch. – HEINRICH ROLOFF, *Lehrbuch der Sachkatalogisierung.* 4. Aufl. Leipzig 1975, nur am Rande erwähnt. – BURGHARD BURGEMEISTER u. WERNER PRASSE, *Geschäftsgangsprobleme.* Berlin 1962. Dort in dem Aufsatz von Werner Prasse S. 12–18. – WALTER BAUHUIS, *Arbeitsmethoden der Erwerbungsabteilung.* In: Aus der Arbeit des Bibliothekars. Aufsätze u. Abhandlungen Fritz Redenbacher … dargebracht. Erlangen 1960 S. 38. – HELMUT SCHWITZGEBEL, *Untersuchungen zur Führung des Standortkataloges.* Köln 1959. (Masch.schriftl. Prüfungsarbeit d. Bibliothekar-Lehrinstitutes Nordrhein-Westfalen Köln.)

nicht für den Leser bestimmt. Seine Hauptfunktion ist die eines *Inventariums*, das vollständig sein muß. Insofern ist er ein Hauptkatalog, aber doch eben ein Katalog besonderer Art. Der besondere Charakter dieses Inventariums ergibt sich auch daraus, daß er den Standort eines Buches festlegt und den exakten Nachweis über den Verbleib der erworbenen literarischen Dokumente in der Bibliothek (Aufstellung im Magazin, Sonderstandorte) gibt. Diese Nachweissicherheit des Standortkataloges muß sich auch auf die Angabe erstrecken, wieviele Bände das inventarisierte Werk umfaßt. So ist der Standortkatalog eine Widerspiegelung des Bestandes, inhaltlich vollständig und in seinen Angaben, bei aller Reduzierung dieser Eintragungen auf das Notwendigste, exakt. In der bibliothekarischen Theorie wird der Standortkatalog, mindestens in der deutschsprachigen Literatur, stets nur am Rande erwähnt; eine gründliche, in sich geschlossene Darstellung hat er noch nicht erfahren.[343]

Aufgabe

Der Standortkatalog[344] enthält in der Regel folgende Eintragungen: Standortbezeichnung, Verfasser und Titel bzw. Sachtitel, Auflage, Erscheinungsort und -jahr, Bändezahl, eventuell auch Einbandart. Seine Hauptaufgabe ist also die Signaturgebung, bestehend im allgemeinen aus Gruppenbezeichnung und laufender Nummer, bei chronologischer Schichtung zusätzlich noch die Angabe des Jahres, eventuell noch das Format, z. B. wenn es vom Normfall (Oktav) abweicht. Als Inventarium liefert ein solcher Standortkatalog auch die Revisionsunterlagen bei der Überprüfung des Gesamtbestandes. Gerade deswegen muß aus ihm das Verhältnis von *Buchbinderbänden* zu bibliographischen Bänden klar hervorgehen.
Beiseite lassen können wir, weil nicht mehr aktuell, die früher übliche standortgebundene systematische Aufstellung; der standortfreie Sachkatalog hat sich durchgesetzt. Aber auch unter den veränderten Bedingungen der Bibliotheksarbeit ergeben sich für die Stellung des Standortkatalogs im Geschäftsgang verschiedene Möglichkeiten.

Standortkatalog und Zugangsbuch

Im Verhältnis des Standortkatalogs zum Zugangsbuch bieten sich theoretisch zwei Möglichkeiten an: Entweder (a) wird dem Zugangsbuch die Rolle des Standortkatalogs übertragen oder (b) der Standortkatalog wird so verändert, daß er die Rolle des Zugangsbuches übernehmen kann. Daß beide Rationalisierungsmaßnahmen durchführbar sind, beweist die Bibliothekspraxis: die Deutsche Bücherei (a), die Sächsische Landesbibliothek Dresden (b). Ist die Übereinstimmung Standortkatalog und Zugangsbuch nach a) oder b) hergestellt, liegt der Standortkatalog als echtes Inventarium im Bereich der inventarisierenden Erwerbungsabteilung. Wird ein besonderer Standortkatalog in Zettelform neben dem Zugangsbuch geführt, liegt es nahe, den Standortkatalog unmittelbar nach

[343] Man muß schon, da auch das umfangreiche „Handbuch" versagt, auf den „Großen Graesel" zurückgehen, um eine solche grundsätzliche Darstellung zu finden (A. Graesel, Bibliothekslehre 1902 S. 240–243 mit Beispiel).

[344] Wie ausgeprägt die Sonderstellung des Standortkataloges ist, erkennt man u. a. auch daran, daß er im *Handbuch der Bibliothekswissenschaft.* 2. Aufl. überhaupt keine geschlossene Behandlung erfährt.

der Titelaufnahme einzuschalten. Wir sehen also, daß gegenüber dieser entscheidenden Frage des Verhältnisses von Zugangsbuch zu Standortkatalogisierung die Frage nach dem Verhältnis von Aufstellung zu Standortkatalog zurücktritt. Der Standortkatalog wurde notwendig, als die Übereinstimmung von Systematischem Katalog und Aufstellung aufgehoben war. Er hat sich weiter verändert durch seine Assimilation mit dem Zugangsbuch, die übrigens in den USA schon seit Jahrzehnten weitgehend vollzogen ist.

allgemeinbildende Bibliotheken

In den allgemeinbildenden Bibliotheken ist der Standortkatalog spätestens mit Anwendung der SAB überflüssig geworden. Der standortgebundene systematische Katalog nach diesem Gliederungsschema weist zugleich den Standort des Buches nach; infolgedessen ist in diesen Bibliotheken sogar der Nachweis des Buchstandortes im Zugangsverzeichnis entbehrlich geworden.

Form

Bedeutende Veränderungen hinsichtlich der Form des Standortkataloges haben sich in den letzten zehn Jahren ergeben. Während es zu den klassischen Traditionen des deutschen Bibliothekswesens zählte, daß wegen des Urkundenwertes dieses Inventariums nur die Bandform möglich sei, hat sich der Zettelkatalog auch hier mehr und mehr durchgesetzt. Arbeitsökonomische Überlegungen sprechen für die Zettelform mit verkürzten Titeln; die Erfahrungen der Sächsischen Landesbibliothek Dresden beweisen, daß alle notwendigen Angaben auf einem Zettel internationalen Formats unterzubringen sind.

Signaturgebung

Die heutige Form der Signaturgebung (Standortbezeichnung), die jedem Buch seinen individuellen Platz zuweist, bezeichnen wir als *Individualsignatur.* Sie hat sowohl die ältere Lokalsignatur (Bezeichnung des Buchgestells = Repositorium, wobei in der Regel mehrere bibliographische Bände die gleiche Signatur erhielten) als auch die *Seiten-* oder *Blattsignatur* (Bezeichnung der bibliographischen Bände nach der Seite oder dem Blatt des Kataloges, auf dem sie eingetragen waren) abgelöst. Die standortgebundene Katalogisierung der älteren Zeit, in Verbindung mit dem ungleichen Wachstum der Bestände, hatte vielfach zu komplizierten, häufig geradezu verwirrenden Signaturen geführt; sie setzten sich in ihrer Grundform in der Regel aus Buchstabenverbindungen zur Bezeichnung des Faches (Ab) und Ziffern (3850) = Ab 3850 zusammen, zu denen sich dann im Laufe der Zeit schwerfällige Exponenten (= hochgestellte Werte, die sich auf eine Grundzahl beziehen) bzw. Bruchstrichsignaturen gesellten. Deshalb ist bei der Signaturgebung die Verwendung „springender Nummern" (oder springender Signaturen) ein alter Brauch, besonders bei systematischer Buchaufstellung. Darunter versteht man das Überspringen mehrerer oder auch nur einzelner Ziffern, die Teil der Signatur sind.

Die mechanische Aufstellung schaffte wesentlich günstigere Voraussetzungen für die Signaturgebung: Größtmögliche Einfachheit ist bei der Signaturbildung anzustreben. Meist wird dabei das Format durch einen Buchstaben bezeichnet, der zwischen das Jahr des Zugangs und die laufende Nummer gesetzt wird. Grundtyp: 1965 A 1111, verkürzt auch

65 A 1111. Daneben gibt es natürlich noch andere Möglichkeiten der Signaturbezeichnung, wie überhaupt auch auf diesem im Grunde unproblematischen Gebiet die verschiedensten Theorien aufgestellt worden sind. Wichtig ist, daß die Signatur deutlich und in großen Ziffern bzw. Buchstaben (Blockschrift) auf der Rückseite des Titelblattes (obere Hälfte) angebracht wird. Bei mehrbändigen Werken ist die Bandangabe hinzuzufügen. Sind mehrere Teile eines Bandes zusammengebunden, so ist ein Schrägstrich zwischen die Bezeichnung der Teile zu setzen (65 A 1111 – 1/2).

4.2. Katalogisierung

4.2.1. *Allgemeines*[345]

4.2.1.1. Begriffsbestimmung und Zweck

Das Wort „Katalog“, das in die meisten europäischen Sprachen eingedrungen ist, kommt vom griechischen κατάλογος = „Liste, Aufzählung, Verzeichnis“, ohne daß es dort im eigentlichen Sinne für „Verzeichnis von Büchern“ (wohl aber von Personengruppen, Schiffen usw.) verwendet wurde. Vom Mittelalter an, damals in der latinisierten Form catalogus, hat der Begriff Katalog einen weiten Gebrauch im Deutschen gefunden (z. B. für Waren, Briefmarken usw., neuerdings u. a. in der Gewerkschaftssprache als „Lohngruppenkatalog“). Definition

In der bibliothekarischen Fachsprache bezeichnet heute der Bibliothekskatalog ein nach einer bestimmten Ordnung geführtes Verzeichnis von Schriften einer Bibliothek oder, als Gesamt- oder Zentralkatalog,

[345] KARL LÖFFLER, *Einführung in die Katalogkunde.* 2. Aufl. Neu bearb. v. Norbert Fischer, Stuttgart 1956. – WALTER BAUHUIS, *Warnung vor Publikumskatalogen.* Münster 1960. – Eine zusammenfassende, mit reichen Literaturangaben versehene Darstellung aller Katalogprobleme bietet, wenn auch teilweise veraltet, im Handbuch II (1933) S. 237–318 das Kapitel *Die Katalogisierung.* Von RUDOLF KAISER. Völlige Neubearb. v. HEINRICH ROLOFF Handbuch II 2. Aufl. (1961) S. 242–356. – ALEKSANDR VLADIMIROVIČ KLENOV, *Bibliotečnye katalogi.* Moskva 1963; Lit.verz. – ALEKSANDR VLADIMIROVIČ KLENOV und VLADIMIR VASIL'EVIČ PETROVSKIJ, *Organizacija bibliotečnych fondov i katalogov.* 2. izd. Moskva 1963. – FELIX REICHMANN, *The catalog in European libraries.* In: The library quarterly 34 (1964) S. 34–56. – CHRISTOPHER DONALD NEEDHAM, *Organizing knowledge in libraries.* An introd. to classification and cataloguing. 2. impr. London 1965. – *Catalog & index.* Periodical of the Library Association Cataloguing and Indexing Group. Publ. quarterly. Nr. 1 ff. Belfast 1966 ff. – *Bibliotečnye katalogi.* Učebnik... Pod red.: Z. N. Ambarcumjana. Moskva 1967. – GEORGI GAVRILOVIČ FIRSOV, *Bibliotečnye katalogi.* Učeb. posobie... Leningrad 1968. – E. A. NOVIKOVA, A. A. CHRENKOVA, *Katalogizacija v SSSR.* In: Trudy. Gos. Biblioteka SSSR im. V. I. Lenina 10 (1968) S. 55–82. – PAUL SHANER, *Cataloguing,* USA. Chicago 1969; Lit.verz. – Für die allgemeinbildenden Bibliotheken insbesondere: *Kleine Bibliothekskunde.* 2. Aufl. Leipzig 1965 S. 38–45. – BODO REBLIN, *Das Katalogwerk der allgemeinen öffentlichen Bibliotheken.* Leipzig 1967.

mehrerer Bibliotheken. In dieser präzisen Bedeutung ist das Wort „Katalog“ ein unentbehrliches Fremdwort, das durch keinen anderen Begriff ersetzt werden kann. Zur Begriffserklärung ist es aber erforderlich, den Bibliothekskatalog gegenüber anderen Verwendungen des Begriffes Katalog abzugrenzen. In der Fachsprache des Buchhandels bezeichnet man mit Katalog ein Verzeichnis von Schriften, die zur Zeit im Handel verkäuflich sind. Die Fachterminologie der Bibliographie als der Lehre von den Literaturverzeichnissen kennt, vor allem in älterer Zeit, den Katalog als Synonym von Bibliographie. Bibliographien und Kataloge verzeichnen Schriften. Von der Bibliographie unterscheidet sich aber der Katalog nach heutigem Sprachgebrauch eindeutig dadurch, daß er im Sinne der oben gegebenen Definition Literatur nur zweckgebunden und in Verbindung mit Fundortangaben nennt, während die Bibliographie in der Regel Titel ohne Rücksicht auf ihren Fundort zusammenstellt. Allerdings gibt es auch Bibliographien, die zugleich die Bedeutung von Katalogen haben, z. B. die Bibliographie de la France (mit Angabe von Signaturen); sie fußt auf den Beständen der Bibliothèque nationale in Paris. Umgekehrt können gedruckte Kataloge von wissenschaftlichen Fachbibliotheken, wie der Katalog der Bestände der Kinder- und Jugendbuchabteilung der Deutschen Staatsbibliothek Berlin[346], zugleich Bibliographien darstellen, nämlich Fachbibliographien für bestimmte Gebiete. Bei aller grundsätzlichen Klarheit der Begriffe Bibliothekskatalog und Bibliographie ergeben sich also in der Praxis zuweilen Grenzfälle. Die früher streng geltende Einschränkung, daß Bibliothekskataloge nur selbständige Schriften (Monographien) und Zeitschriftentitel enthalten, kann nicht mehr allgemein gültig sein, weil heute viele Bibliotheken, besonders wissenschaftliche Fachbibliotheken, auch Zeitschriftenaufsätze und Teile von Sammelwerken in ihre Kataloge aufnehmen.[347]

Katalog und Bibliographie

Katalog und Zeitschriftenaufsätze

Im Interesse einer klaren Terminologie sollte in allen wissenschaftlichen Bibliotheken Wert darauf gelegt werden, daß nur solche Verzeichnisse, die den Bücherbestand von Bibliotheken widerspiegeln, Kataloge genannt werden, während alle übrigen Titelverzeichnisse, sofern sie nicht Bibliographien sind, als Karteien bezeichnet werden sollten, z. B. gesondert aufgestellte Zeitschriftenauswertungskarteien, die unabhängig vom Bestand sind und keine Individualsignaturen angeben.

Zweck

Die Kataloge dienen der formalen titelmäßigen sowie der sachlich-inhaltlichen Erschließung der Bestände einer oder mehrerer Bibliotheken für ihre Leser und in deren Interesse für den Dienstgebrauch. Entsprechend der ihm zugrunde liegenden Ordnung erfüllt jeder Katalog einen besonderen Zweck. Alle Kataloge einer Bibliothek zusammen sollen eine organische Einheit bilden; sie müssen mindestens aufeinander abgestimmt sein.

[346] HEINZ WEGEHAUPT, *Theoretische Literatur zum Kinder- und Jugendbuch.* Bibliogr. Nachw. v. d. Anfängen im 18. Jh. bis z. Gegenw. nach d. Beständen d. Dt. Staatsbibliothek. Berlin, Leipzig 1972.

[347] HEINRICH ROLOFF, *Serientitel im Sachkatalog.* In: ZfB 87 (1973) S. 403.

Die Zweckbestimmung der Bibliothekskataloge, die sich in der bürgerlichen Bibliothekswissenschaft in der Regel auf diese oben genannten Kategorien als formale und sachliche Erschließungsmittel beschränkt, ist in Wirklichkeit sehr viel schwieriger. Das Katalogsystem einer Bibliothek hängt aufs engste mit der Funktion der Bibliothek zusammen. Es bildet ein Ganzes und muß als organische Einheit gesehen werden. Grundprinzip muß sein, „daß das Katalogwesen einer Bibliothek als eine funktionale Einheit verstanden werden sollte und daß demzufolge kein Katalog das nochmals leisten soll, was ein anderer ohnehin tut, daß aber jeder Katalog entsprechend seiner besonderen Funktion denselben Titel unter dem ihm eigenen Aspekt nachzuweisen hat, soweit dies sinnvoll und nützlich ist".[348]

Katalogsystem und Bibliotheksfunktion

Wir wissen bereits, daß der allen anderen Merkmalen einer Bibliothek übergeordnete Funktionsgesichtspunkt ihr gesellschaftlicher Zweck ist. Gleichsam außerhalb individueller Überlegungen für das richtige Katalogsystem einer Bibliothek liegt, weil unentbehrlich, das formale Kataloginstrument – der Alphabetische Katalog. Aber in allen Fragen der Sachkatalogisierung kann die Entscheidung über die richtige Katalogmethode nur von der gesellschaftlichen Funktion der Bibliothek her getroffen werden. Gar nicht genug kann der Bibliothekar dem zu eiligen Nutzer den allgemeinen Informationswert eines Katalogsystems nahelegen. Selbständige Katalogdurchsicht ist kein nur technischer Vorgang, kein notwendiges Übel, sondern produktive Horizonterweiterung – also ein Gewinn für den, der sich die Zeit nimmt, vielfältige, oft überraschende Anregungen aus den Katalogen zu schöpfen. Gegenüber Bibliographien besteht ein Vorteil der Kataloge darin, daß die dort nachgewiesenen literarischen Dokumente auch unmittelbar zur Einsicht zur Verfügung stehen. Dem Nutzer sollte also klar gemacht werden, daß in der wissenschaftlichen Arbeit die Gerade nicht immer auch die Kürzeste ist – hier ist die pädagogische Einflußnahme des Bibliothekars besonders sinnvoll.

Sicherung der Bestände

Gegenüber diesem Hauptzweck tritt die Zweckbestimmung der Kataloge als Maßnahme der Sicherung der Bibliotheksbestände, die früher sogar im Vordergrund stand, immer mehr und mehr zurück, richtiger gesagt, sie schränkt sich auf eine besondere Form der Kataloge, den *Standortkatalog*, ein. Seine ausschließliche Funktion ist sogar die eines Hilfsmittels zur Standortfestlegung jedes einzelnen Buches und zur Sicherung der Bestände im ganzen, so daß den übrigen Katalogen nur noch Erschließungsfunktionen zukommen.

bibliographischer Aussagewert

Auch der *bibliographische Wert* der Kataloge für Auskunftszwecke kann heute nicht mehr in vollem Umfange aufrechterhalten werden. Für minderwichtige Literatur und bestimmte Literaturgruppen sind vereinfachte Titelaufnahmen, mindestens im Alphabetischen Katalog, besser, als wenn sie aus Gründen der Arbeitsökonomie ohne Titelaufnahme einer Sondergruppe „Minderwichtige Literatur" zugewiesen werden. Allerdings ist

[348] Zum Beispiel in der Bibliothek des Instituts für Weltwirtschaft an der Universität Kiel, vgl. FRIEDA OTTO, *Die Spezialbibliothek als Grundlage sozialwissenschaftlicher Forschung.* Vortr. Kiel 1963. Mit Lit.angaben.

diese Behandlung beim Katalognachweis irgendwelcher sammelpflichtiger Teile der Nationalliteratur in Nationalbibliotheken bedenklich, weil in diesen Bibliotheken eine rasche Auskunftserteilung über die gesamte neuere Nationalliteratur ohne zeitraubendes Bibliographieren erwartet werden muß.

historische Entwicklung der Kataloge

Die seinerzeit vorherrschende Auffassung Friedrich Adolf Eberts aus dem Jahre 1820[349] erweist am besten, daß Katalogprobleme jüngeren Datums sind.[350] Sie besagte vom Bibliothekar: „Von den Fertigkeiten, deren Übung er nicht unterlassen darf, ist es hier genug, das Gedächtnis zu nennen. Ist ihm schon ein treues und festes Behalten von Titeln, Namen und Zahlen zur leichteren Führung seines Amtes unentbehrlich, so ist es doch fast noch mehr ein sicheres Lokalgedächtnis; denn derjenige Bibliothekar, der immer nur seinen Katalog handhaben muß, um zu finden, was er sucht, ist fürwahr ein sehr beklagenswerter Mann!"

Tatsächlich sind Katalogfragen erst im Zusammenhang mit der Entwicklung der modernen Gebrauchsbibliothek in ein entscheidendes Stadium getreten.[351] Solange sie als der Bibliothekslehre zugehörig erkannt und als Mittel der Buchbearbeitung betrachtet werden, ist alles in Ordnung. Katalogtheorie um der Katalogtheorie willen läuft jedoch Gefahr, in Katalogspitzfindigkeiten auszuarten.

4.2.1.2. Äußere Form

Die Frage der *äußeren Form* der Kataloge läßt sich im wesentlichen auf die Alternative *Band-* oder *Zettelkatalog* zurückführen. Sie hat in ungewöhnlicher Weise die Fachwelt bewegt, indem Vorteile und Nachteile der einen und der anderen Katalogform leidenschaftlich gegeneinander abgewogen worden sind.

Um diese Dispute zu verstehen, muß man wissen, daß für die Bibliotheksverwaltung bis zum Ausgang des 19. Jahrhunderts der Bandkatalog die fast selbstverständliche, höher bewertete Katalogform gewesen ist, der

---

[349] FRIEDRICH ADOLF EBERT, *Die Bildung des Bibliothekars.* 2. Aufl. 1820 S. 14–15.

[350] Eine Geschichte des Katalogwesens in Deutschland, geschweige denn eine internationale, vergleichende besitzen wir noch nicht. Einzelne Beiträge hierzu zitiert H. Roloff im Handbuch II 2. Aufl. (1961) S. 248.

[351] Vgl. dazu die beherzigenswerten Worte aus dem Referat von CARL DIESCH auf dem Kölner Bibliothekartag 1937: „Der bibliothekarische Systemstreit scheint mir großenteils von der Absicht auszugehen, daß der Katalog um des Kataloges willen da sei und daß wir verpflichtet wären, eine Wissenschaft von den Katalogen zu entwickeln, die wie alle Wissenschaften in beständiger Fortentwicklung begriffen sei. Eine solche Katalogwissenschaft gibt es nicht! Der Katalog ist ein Arbeitsinstrument der Bibliothek, und die Tätigkeit an ihm ist ein Zweig der bibliothekarischen Verwaltungsarbeit, zu deren Bewältigung ausgedehnte wissenschaftliche Kenntnisse gehören. Und je leichter er seine Aufgabe als bibliothekarisches Arbeitsinstrument erfüllen kann, um so besser ist er" (in: ZfB 54, 1937, S. 438).

[352] Vgl. ARNIM GRAESEL, *Handbuch d. Bibliothekslehre.* 2. Aufl. Leipzig 1902 S. 256.

gegenüber der Zettelkatalog nur als Vorarbeit für Bandkataloge geachtet worden ist.[352]

Bandkatalog

Unzweifelhaft ist es ein Vorteil des Bandkatalogs, daß er eine rasche Orientierung durch Übersicht über eine große Anzahl von Titeln in einer festen Reihenfolge ermöglicht. Demgegenüber steht sein ebenso unbestreitbarer Nachteil der Starrheit. Nachträge, die immer unberechenbar bleiben werden, füllen den Bandkatalog ungleichmäßig, so daß ein dauerndes Umbinden, in besonderen Fällen ein Umschreiben ganzer Bände oder großer Teile unausweichlich wird. Abgesehen davon gefährdet die dauernde Benutzung den Bandkatalog, der von Haus aus ein Dienstkatalog ist, dadurch, daß die Benutzer beim Herausschreiben von Literatur mit dem Band unachtsam umgehen.

Zettelkatalog

Der Vorteil des Zettelkatalogs ist seine größere Beweglichkeit; Erweiterungen oder – bei Sachkatalogen – Umordnungen bereiten keine Schwierigkeit. Jederzeit und überall können neue Zettel eingelegt werden. Andererseits sind seine Nachteile kaum nennenswert. Die schlechtere Orientierung (man muß sich von Titel zu Titel weiterarbeiten) ist kein überzeugendes Argument, denn die Katalogdurchsicht erfordert ohnehin nur einen Bruchteil des Zeit- und Kraftaufwandes einer wissenschaftlichen Arbeit. Noch weniger stichhaltig ist das andere, gegen den Zettelkatalog ins Treffen geführte Argument, daß er die Gefahr der Unordnung in sich berge. Bei Unachtsamkeit der Bearbeiter können in jedem Katalog, unabhängig von seiner Form, Fehler gemacht werden.

Katalogkartenvervielfältigung

Mit dem Abwägen von Vorteilen und Nachteilen ist jedoch im Grunde gar nichts bewiesen. Überzeugender ist der Hinweis auf die Tatsache, daß in der gesamten Technik der wissenschaftlichen Arbeit die Kartei das Notizbuch des Wissenschaftlers, das bewegliche Ringbuch des Studenten das feste Kollegheft abgelöst haben. Das entscheidende Wort in diesem Widerstreit hat die auch für Bibliotheken verbindliche Arbeitsökonomie zu sprechen. Wenn es richtig ist, daß die Eintragungen im Bandkatalog nur von qualifizierten Fachkräften des wissenschaftlichen oder des bibliothekarischen Dienstes gemacht werden können, dann ist es im Zeitalter der Rationalisierung auf die Dauer nicht zu verantworten, an ihrer Errungenschaft, der Katalogkartenvervielfältigung, vorbeizusehen. Von dieser Seite kann diese alte Streitfrage als endgültig gelöst angesehen werden.

Sieg des Zettelkatalogs

Der Zettelkatalog hat sich auf allen Gebieten der Katalogisierung durchgesetzt. Das Kapitel Band- oder Zettelkatalog ist jedoch damit noch nicht abgeschlossen. Die Entwicklung des Bibliothekswesens geht auf allen Gebieten unaufhörlich weiter. Wenn wir die künftige Entwicklung der Kataloge großer Weltbibliotheken ins Auge fassen, eröffnet die moderne

Katalogdruck in Bandform

Technik ganz neue Perspektiven. Sofern nämlich solche Kataloge wegen des umfassenden Bestandsaufbaus der betreffenden Bibliothek als Sammelstätte der nationalen oder internationalen Literatur zugleich von bibliographischer Bedeutung für die Wissenschaft sind, ist die Drucklegung mit modernen Verfahren der Reprographie zweckmäßig. Darüber wird im Zusammenhang mit Fragen der Zentralkatalogisierung und des Katalogdruckes überhaupt noch das Notwendige zu sagen sein (vgl. Kap. 4.2.1.6.). Hier geht es nur darum festzuhalten, daß der Einsatz moderner reprographischer Verfahren für den Katalogdruck den Bandkatalog wieder zu Ehren kommen läßt.[353] Das beweisen die Katalogunternehmen der *Kongreß-Bibliothek* und der *Bibliothek des Britischen Museums.* Bei einer Vervielfältigung der Katalognachweise des Bestandes älterer Literatur (retrospektiver Gesamtkatalog einer Bibliothek) vermag der Bandkatalog den ursprünglichen Zettelkatalog überflüssig zu machen und erweist sich gleichzeitig wegen seiner besseren Übersichtlichkeit für die wissenschaftliche Benutzung als dem Zettelkatalog überlegen!

Neben diesen beiden Grundformen – Zettel- und Bandkatalog – sind gewisse Sonderformen, wie sie in der Praxis der Bibliotheksarbeit hier und da Anwendung finden, von untergeordneter Bedeutung.

Noch entscheidender sind aber die Auswirkungen der elektronischen Datenverarbeitung auf dem Gebiete der Katalogisierung, auf die wir noch einzugehen haben. Hier zeichnet sich aus den bisherigen Erfahrungen deutlich ab, daß nicht der Zettelkatalog, sondern das ausgedruckte Blatt mit mehreren Titeln das Endprodukt ist. Auch von dieser Seite her ist eine „Renaissance des Bandkatalogs" im Gange.

Blattkatalog

Für den Blattkatalog gilt das über den Bandkatalog Gesagte, wenn er durch Klemmrücken oder seitliche Schraubverschlüsse Einzelblätter zusammenhält. Ohne solche Vorrichtungen, als Blattkatalog reiner Form, kann er nur für den Dienstgebrauch oder unter Aufsicht eines Bibliothekars für den Benutzer zugänglich sein. Seine bequeme Handhabung wird von den Bibliotheken mit Recht sehr geschätzt.[354]

Versuche, den Bandkatalog beweglich zu halten, wofür als Beispiel der *Albumkatalog* (z. B. in der ehemaligen Schloßbibliothek Wernigerode, heute in der UuLB Halle aufbewahrt) gelten kann, haben zu keiner befriedigenden Lösung geführt und können heute nur noch als Kuriositäten gewertet werden. Ebenso überflüssig wäre es, hier alle älteren Sonderformen des Zettelkataloges, besonders die *Zettelbücher* oder *Kapselkataloge* wie die Leidener und Gießener Kapsel sowie den Hartwigschen *Strumpfbandkatalog* oder die Systeme von Staderini, Maas u. a. zu behandeln, obwohl sie z. T. noch weitergeführt werden. Kein vernünftiger Bibliothekar wird heute daran denken, sie bei Neuanlage von Katalogen einzuführen. Ihre eingehende Darstellung haben sie durch Graesel[355] gefunden.

Sonderformen des Zettel- und Blattkatalogs

Einzig eine moderne Form des Zettelkataloges, die Sichtkartei, verlangt eine gesonderte Behandlung. *Sicht- oder Flachkarteien* nennt man alle

---

[353] HEINRICH ROLOFF, *Die Renaissance des Bandkataloges.* In: ZfB 81 (1967) S. 267 bis 273.

[354] Der als Hauptkatalog geführte AK der LB Dresden ist z. B. ein Blattkatalog; die einzelnen Blätter werden in Kapseln aufbewahrt.

[355] ARNIM GRAESEL, *Handbuch d. Bibliothekslehre.* 2. Aufl. Leipzig 1902 S. 256–272 (mit Abb.). – Eine gedrängte Übersicht gibt auch das *Lexikon des gesamten Buchwesens* II (1936) S. 218–219.

Karteien, die ihre Zettel beliebigen Formats (z. B. bei dem sehr verbreiteten Cardex) flach liegend ordnen, mit einer Staffelung der Köpfe, die das Auswerfen der Ordnungswörter eines Titels in der üblichen Ausdehnung (2–3 cm hoch) ermöglicht. Durch diese liegende, horizontale Anordnung der Zettel unterscheidet sich die Sichtkartei von der *Steil- und Stehkartei* mit vertikalem Aufbau, wie sie in jedem Karteikasten beliebigen Formats vorliegt. Die Sichtkartei wird häufig bei Zeitschriftenkatalogen als Fortsetzungskartei verwendet. Sie dürfte allerdings nur für mittlere oder kleinere Bibliotheken zu empfehlen sein. Wie geschaffen ist sie aber als Orientierungstafel für Zeitschriftenlesesäle, weil sie für diesen Zweck die denkbar leichteste Übersicht über die ausgelegten Zeitschriften bietet. Das ist besonders dann der Fall, wenn die Tafeln um Drehgestelle angeordnet oder als Aushang an der Wand befestigt sind.

Sichtkarteien

Wichtiger ist es, abschließend noch einige Angaben über das Format der Zettelkataloge zu machen. Während wir heute auf allen Gebieten eine maximale Standardisierung anstreben, müssen wir für unsere Zettelkataloge ein Kartenformat fordern, das kein Standard ist. Dieser Widerspruch ist daraus zu erklären, daß das internationale Bibliotheksformat ($7^1/_2 \times 12^1/_2$ cm = 3 × 5 Zoll) lange vor der Festlegung der DIN-Normen (ab 1920) und Standards eingeführt worden ist. Zu seiner Verbreitung in den wissenschaftlichen Allgemeinbibliotheken hat die 1909 aufgenommene Zettelausgabe der Berliner Titeldrucke (ab 1892 nur Heftausgabe) wesentlich beigetragen, so wie heute die Leipziger Titeldrucke und die Neue Folge der Berliner Titeldrucke seine Beibehaltung fordern. Die wissenschaftlichen Allgemeinbibliotheken sind wegen vorhandener und im Hinblick auf künftige Zentralkatalogisierungsunternehmen an dieses Format gebunden.

Zettelformat

Unabdingbare Voraussetzung für einwandfreie Zettelkataloge ist ihre Sicherung, die ein unmittelbares Herausnehmen oder – bei Drehung des Kastens – ein Herausgleiten von Zetteln verhindert. Als Verschlußform der Zettelkästen aus Holz oder aus Metall kennen wir das ältere *Rundloch-* und das *Schlitzlochsystem.* In beiden Fällen beruht die Sicherung der Kästen darauf, daß auf einer Schiene am Boden des Kastens ein Metallstab durchgeführt wird, der am Ende durch einen beweglichen Dorn gesichert ist. Am größten ist naturgemäß die Sicherung der Karten, wenn der Dorn nur mit Hilfe eines vorn am Kasten anzusetzenden Schlüssels ausgeklinkt werden kann; allerdings ist diese Sicherung auch recht umständlich in der Handhabung. Ein Sicherungsmechanismus des Stabes durch eine vorn unten an der Schiene angebrachte Löseklappe ist ausreichend. Kataloge in Lochkartenform als Bestandserschließungsmittel sind in den Informations- und Dokumentationseinrichtungen gebräuchlicher als in Bibliotheken (vgl. Kap. 6). Sie haben sich aber auch in der Praxis der Bibliotheken bewährt, z. B. bei Literaturgruppen (wie Zeitungen usw.), die unter vielfältigen Gesichtspunkten gesucht werden.[356]

Sicherung der Zettelkataloge

---

[356] HEINZ GITTIG u. KÄTHE SCHMIEDECKE, *Die Zeitschriften- und Zeitungserschlie-*

4.2.1.3. Innere Form

Der zweite Ordnungsgesichtspunkt für Kataloge ist der nach der inneren Form. Von der Benutzung her muß jede wissenschaftliche Bibliothek mit Hilfe ihrer Kataloge zwei Grundfragen beantworten können:

1. *die Verfasser- oder Titelfrage*

Verfasserfrage

Besitzt die Bibliothek eine bestimmte Veröffentlichung, deren Verfasser oder – bei verfasserlosen Schriften – deren Titel ich kenne? Nur eine Erweiterung dieser Grundfrage bedeutet es, wenn sie auf alle vorhandenen Veröffentlichungen eines bestimmten Verfassers ausgedehnt wird. Ihre Beantwortung erfolgt durch einen Katalog, der die Bibliotheksbestände nach ihren Verfassern oder, bei anonymen Schriften, nach ihren Sachtiteln ordnet. Das ist der *Alphabetische Katalog.*

2. *die Sachfrage*

Sachfrage

Welche Bücher besitzt die Bibliothek über einen bestimmten Gegenstand, über ein bestimmtes Sachgebiet? Ihre Beantwortung erfolgt durch einen Katalog, der die Bibliotheksbestände nach ihrem Inhalt ordnet. Das ist der *Sachkatalog*, dessen innere Ordnung systematisch oder alphabetisch nach Schlagwörtern sein kann.

Verlegerkatalog der Deutschen Bücherei

Eine Sonderform der Ordnung des Titelmaterials einer Bibliothek soll hier noch Erwähnung finden: der Verlegerkatalog der Deutschen Bücherei zu Leipzig. Er umfaßt das gesamte Titelmaterial dieser Bibliothek unter dem Gesichtspunkt des herstellenden Buchhandels oder, bei Veröffentlichungen außerhalb des Buchhandels, der herausgebenden Stelle.[357] Sein Wert als bibliographisches Auskunftsmittel gerade für eine dem Buchhandel so eng verbundene Anstalt, wie es die Deutsche Bücherei ist, besonders aber für den Dienstgebrauch dieser Bibliothek selbst, liegt auf der Hand.
Ausgesprochene Titelkataloge[358] – Alphabetische Kataloge, die Verfas-

---

ßung des Auskunftsbüros der deutschen Bibliotheken. In: Aus der Arbeit der Deutschen Staatsbibliothek. Leipzig 1961 S. 101–105 (ZfB Beih. 81.) mit Abb. Erfahrungen mit Kerblochkarten beim Aufbau des Zentralkatalogs der Zeitungsbestände Berliner Bibliotheken (ZZBB). – HEINZ GITTIG, *Die Anwendung des Lochkartenverfahrens bei Bibliothekskatalogen.* In: Bibliothekar 16 (1962) S. 187–190.

[357] Wegen seines großen praktischen Wertes für die Auskunftserteilung und für die innerbetriebliche Arbeit der Deutschen Bücherei ist dieser 1943 durch Kriegseinwirkung völlig vernichtete Katalog nach 1945 wieder rekonstruiert worden (abgeschlossen 1962); vgl. *Der Verleger- und Institutionskatalog der Deutschen Bücherei.* Leipzig 1962. (Neue Mitteilungen aus der DB. 20.)

[358] Bemerkenswert sind z. B. die von MIROSLAV NÁDVORNÍK ausgearbeiteten *Pravidla názvového seznamů.* Brno 1955. (Univ. Knihovna v Brně. Na pomoc knihovníkům a čtenářům. 7.) Sie betonen mit Recht den Charakter des Titelkataloges als bibliothe-

serschriften nach ihren Titeln ordnen – sind in deutschen wissenschaftlichen Bibliotheken in der Regel unbekannt. Titelnachweise von Verfasserschriften werden nur ausnahmsweise, z. B. in Sonderkatalogen (in der Kinderbuchabteilung der Deutschen Staatsbibliothek als Bestandteil des Alphabetischen Katalogs der Abteilung), geführt. In den allgemeinbildenden Bibliotheken sind sie unentbehrlich; sie werden überwiegend für Schöne Literatur geführt, bei Sachliteratur nur für Titel, die undeutlich sind (z. B. „Schöne weite Welt"). Durch Verwendung des Einheitszettels ist der Titelkatalog zum vollwertigen Bestandteil des Katalogwerkes geworden.

Titelkataloge

4.2.1.4. Umfang

Nach ihrem Umfang können Kataloge eingeteilt werden in:

1. *vollständige Kataloge*, auch Haupt- oder Generalkataloge genannt.
2. *Sonder- oder Spezialkataloge.*

1. Der *vollständigste Katalog* ist in der Regel der Standortkatalog, gleichviel ob er im modernen Sinn zusätzlicher signaturgebender Standortkatalog oder nach altem Brauch standortgebundener systematischer Katalog ist. Er umfaßt alle Schriften, die den normalen Geschäftsgang durchlaufen haben. Fehlen können in ihm im allgemeinen nur Veröffentlichungen, die einen besonderen Geschäftsgang nehmen. Das sind etwa Schriften, die eine vereinfachte Behandlung erfahren oder, besonders in sehr großen Bibliotheken mit Spezialabteilungen, bestimmte Schriftengruppen wie Handschriften, Karten, Musikalien. Diese Einschränkungen können nicht gelten, wenn der Standortkatalog zugleich Zugangsbuch ist (z. B. in der DB zu Leipzig), da in ihm *alle* Objekte inventarisiert werden müssen, die der Benutzung zugeführt werden sollen. Nur ausgesprochene Verbrauchsliteratur wie Fahrpläne, Telefonbücher usw., die dann aber in der Regel nicht aus Erwerbungsmitteln bezahlt wird, kann eine Ausnahme bilden.

Vollständigkeit des Standortkatalogs

Nächst dem Standortkatalog ist in der Regel der Alphabetische Katalog am vollständigsten. Über die oben genannten Schriftengruppen hinaus nimmt er zuweilen weitere Literaturgruppen wie Dissertationen, Zeitungen usw. nicht auf.

Alphabetischer Katalog

In den Universitätsbibliotheken ist die Praxis des Alphabetischen Katalogs hinsichtlich der Einbeziehung der Hochschulschriften sehr unterschiedlich (überhaupt keine Hochschulschriften oder nur die aus dem eigenen Universitätsbereich oder nur ausländische Dissertationen). Meist wird für Hochschulschriften ein Sonderkatalog geführt. Im Interesse der Nutzer ist es wichtig, über den Umfang des Katalogs, d. h. über die Art

Alphabetischer Katalog in Hochschulbibliotheken

---

karisch-informatorisches Hilfsmittel. Ferner BODO REBLIN, *Das Katalogwerk der allgemeinen öffentlichen Bibliothek.* Leipzig 1967 S. 28–29.

der in ihn aufgenommenen literarischen Dokumente, in geeigneter Weise Auskunft zu erteilen. Das kann durch ein Hinweisschild oder durch ein jedem Katalogbenutzer unentgeltlich zur Verfügung stehendes kurzes Merkblatt geschehen. Unbedingt muß im Benutzungsführer der Bibliothek der Umfang der Kataloge genau angegeben sein.

Sachkataloge

Noch unvollständiger sind in der Regel die Sachkataloge. Das gilt besonders dann, wenn z. B. neben dem Systematischen Katalog ein zweiter Sachkatalog in Form eines Schlagwortkatalogs geführt wird. Außer den bereits genannten Literaturgruppen, deren Auslassung oder auswahlweise Aufnahme hier sogar die Regel ist, wird in Sachkatalogen, besonders in Schlagwortkatalogen, häufig noch die gesamte Gruppe Belletristik weggelassen.

Haupt- oder Generalkataloge sind also unter Berücksichtigung der genannten Einschränkungen von Fall zu Fall der Standortkatalog, der AK und der erste Sachkatalog (z. B. ein standortgebundener Systematischer Katalog).

2. Bei den *Sonder- oder Spezialkatalogen* sind zu unterscheiden:

Sonderkataloge

a) *Sonderkataloge für eine formal homogene Literaturgruppe,* wie Handschriften, Inkunabeln, Karten, Musikalien, Bildnisse, Orientalia, Zeitungen usw. Sie erstreben in der Regel auf diesem Sondergebiet Vollständigkeit. Ihr spezifischer Charakter besteht also in der Beschränkung auf einen bestimmten Teil des Gesamtbestandes.
b) *Sonderkataloge,* die aus der vorhandenen Literatur vom Inhalt her unter einem besonderen sachlichen Gesichtspunkt *eine bestimmte Auswahl treffen.* In einem Auswahl-Sonderkatalog können z. B. alle Veröffentlichungen, die für den Gebrauch im Lesesaal oder für den bibliographischen Handapparat geeignet sind, vereinigt werden.

Vielfach sind die erstgenannten homogenen Literaturgruppen in den Hauptkatalogen (Standortkatalog, AK, erster Sachkatalog) nicht enthalten, während die Bestände mit Sonderaufstellung, die meist sogar eine Auswahl besonders wichtiger Nachschlagewerke darstellen, in den Hauptkatalogen nicht fehlen dürfen. Wie auch immer die meist alte traditionelle Regelung der Vollständigkeit oder Unvollständigkeit der Kataloge in der einzelnen Bibliothek aussehen mag, wichtig, ja sogar entscheidend für die Leistungsfähigkeit der Bibliothek ist es, daß die Mitarbeiter über den Umfang der Kataloge genauestens Bescheid wissen, um die Leser exakt beraten zu können. Neueingetretene Mitarbeiter müssen über diese Zusammenhänge eingehend unterrichtet werden.

Dienstkataloge und Leserkataloge

Der Gesichtspunkt der Spezial- oder Sonderkataloge lenkt unmittelbar darauf hin, die Kataloge nach ihrem Gebrauch durch den Personenkreis, für den sie bestimmt sind, d. h. nach dem Grade ihrer Öffentlichkeit zu betrachten. Die Unterscheidung zwischen Dienstkatalogen und Leserkatalogen ist zwar in der bibliothekswissenschaftlichen Literatur schon seit geraumer Zeit, genau genommen seit der Entwicklung der modernen Gebrauchsbibliothek, getroffen worden, abgesehen davon, daß alle Kataloge in wissenschaftlichen Bibliotheken von Haus aus mehr oder weniger dienstliche Arbeitsmittel darstellen. Der leitende Gesichtspunkt für diese Unterscheidung war aber ein formaler; der alte alphabetische Hauptkatalog in Bandform sollte z. B. durch ein Duplikat in Zettelform entlastet werden. Oder der alte standortgebundene systematische Katalog mit weitgehender Vollständigkeit erfuhr im Interesse der Leser, denen das Gestrüpp älterer oder minderwichtiger Literatur erspart bleiben sollte, eine moderne Ergänzung durch einen in seinem Umfang verkürzten, auswählenden Schlagwortkatalog, der ganze Literaturgruppen oder Literaturperioden (z. B. Literatur vor 1900) wegließ und sich nur auf moderne Gebrauchsliteratur beschränkte. Die Frage nach der Zweckmäßigkeit besonderer Leserkataloge, die im Grunde nur Auswahlsachkataloge sein können, ist trotz praktischer Versuche und theoretischer Überlegungen noch nicht geklärt.[359] Auf jeden Fall ist sie nicht für alle Bibliothekstypen gleichmäßig lösbar. Wenn wir damit beginnen, abzugrenzen und einzuengen, so können wir wissenschaftliche Fachbibliotheken, die für Spezialisten arbeiten und deren Bestand nicht überdimensional ist, grundsätzlich ausklammern. In den allgemeinbildenden Bibliotheken, ganz eindeutig sofern sie Freihandaufstellung haben, liegt die Parteilichkeit des Bibliothekars ohnehin im Bestandsaufbau. Das ist ein sozialistisches Grundprinzip der Freihand. Die Frage nach Leserauswahlkatalogen sachlicher Art reduziert sich also auf wissenschaftliche Allgemein- und Universalbibliotheken. Wenn wir als ein Grundprinzip solcher Auswahlkataloge ihren Beitrag zum sozialistischen Aufbau und zur sozialistischen Bewußtseinsbildung sehen, so leitet sich daraus zwangsläufig eine permanente Regeneration solcher Kataloge ab: Ausscheiden veralteter, überholter Literatur und Einbeziehen von Zeitschriftenaufsätzen, ja Zeitungsartikeln, solange noch keine bibliographisch selbständige Literatur zu einem bestimmten Thema vorliegt. Dieser unvermeidliche Prozeß stellt sowohl organisatorisch als auch politisch und wissenschaftlich sehr hohe Anforderungen an die Bibliothekare. Zu ihrer Erfüllung fehlt in der Regel die notwendige qualifizierte Kaderkapazität. Abgesehen davon, daß kein Nutzer einer Bibliothek genötigt werden kann, diesen oder jenen Katalog zu benutzen, entspricht der Aufwand dafür nicht dem Nutzen. Andere Formen der Öffentlichkeitsarbeit der Bibliotheken werden den bestehenden Bedürfnissen besser gerecht, z. B. thematische Auswahlbibliographien, Ausstellungen sowie Buchpropaganda seitens des Buchhandels usw. Auf jeden Fall bietet sich als ein Auswahlkatalog zur ersten Information der Nutzer der Schlagwortkatalog an, sofern er als zweiter Sachkatalog geführt wird. Hier wird das parteiliche Grundprinzip solcher Leserauswahlkataloge insofern von Haus aus verwirklicht, als neben gegebenen formalen Auswahlprinzipien die Empfehlung entwicklungs-

Gesichtspunkte für Leserauswahlkataloge

Leserauswahlkataloge

[359] Vgl. hierzu HEINRICH ROLOFF, *Lehrbuch der Sachkatalogisierung.* 4. Aufl. Leipzig 1975 S. 40–41 mit Literaturhinweisen.

und bewußtseinsfördernder und die Zurückstellung entwicklungshemmender Literatur im Vordergrund stehen.

Unabdingbarkeit vollständiger Kataloge

Die Führung vollständiger alphabetischer Kataloge und – nach Maßgabe des jeweiligen Katalogsystems – vollständiger oder weitgehend vollständiger Sachkataloge wird jedenfalls davon nicht berührt. Sie sind und bleiben unentbehrlich. Diese Kataloge werden aber damit wieder, von ihrer Unentbehrlichkeit für dienstliche Zwecke abgesehen, zu dem, was sie ursprünglich in wissenschaftlichen Bibliotheken gewesen sind: zu Arbeitsinstrumenten der Bibliothekare und der forschend tätigen Wissenschaftler.

4.2.1.5. Vervielfältigung von Katalogzetteln

Katalogkartenvervielfältigung

Ein weites Feld ist die Vervielfältigung von Katalogzetteln.[360] Um das Wichtigste vorauszunehmen: Es gibt viele Vervielfältigungsverfahren, aber noch keine ideale Methode der Vervielfältigung von Katalogzetteln. In kleineren Bibliotheken erfolgt sie maschinenschriftlich, in großen mit einem der modernen Vervielfältigungsverfahren. Dafür bieten sich heute die verschiedensten reprographischen Verfahren an. Es kommt daher darauf an, für die jeweiligen Bibliothekszwecke unter dem Gesichtspunkt der Rationalisierung mit mechanischen Mitteln das beste Verfahren auszuwählen. Es muß auf jeden Fall den Grundanforderungen bei der Vervielfältigung von Katalogkarten für Bibliothekszwecke entsprechen: maximale Lesbarkeit, gesicherte Haltbarkeit und Eignung für Karton als zu bedruckendem Material bei geringem Kostenaufwand. Die wegen ihrer Billigkeit verlockende Hektographie scheidet unter dem Gesichtspunkt der Haltbarkeit aus, weil die Abzüge nicht scharf genug und die Lichtbeständigkeit der Farben unzureichend sind. Wie lange die Typographie (Hochdruck) das nobelste Verfahren für die Vervielfältigung von Katalogkarten bleiben wird, hängt von den Fortschritten der Reprographie ab. Für die meisten Bibliotheken ist es in der Regel zu teuer. Bei Bibliotheken mit zentralen Aufgaben (Zentralkatalogisierung) bietet es sich als das beste und sauberste Verfahren an, die Verwendung gedruckter Katalogkarten für den eigenen Gebrauch ergibt sich bei diesen Bibliotheken dann als ein glückliches Nebenprodukt. Für alle anderen Bibliotheken mit einem

---

[360] Es gibt heute kaum noch in nennenswertem Umfang handschriftliche Katalogzettel. Insofern ist das Beherrschen von *Ackerknechts Büchereihandschrift* nicht mehr ein wesentlicher Ausbildungsgegenstand wie früher. Dessenungeachtet sollte das große Verdienst Ackerknechts (ERWIN ACKERKNECHT, *Deutsche Büchereihandschrift.* Berlin 1919. [Schriften d. Zentrale f. Volksbüchereien. 2.] 3. Aufl. Berlin, Frankfurt a. M. 1948) nicht ganz in Vergessenheit geraten, eine steile monumentale Schrift, die sich auf charakteristischen Buchstaben und Ziffern aufbaut, als Büchereihandschrift festgelegt zu haben. Von jedem Bibliothekar muß auch heute noch schon zur innerdienstlichen Selbstverständigung, aber auch zu provisorischen Eintragungen in Kataloge und Karteien eine einwandfreie Handschrift „nach Ackerknecht" verlangt werden.

normalen Bedarf an Katalogkarten (6 bis 10 Stück) empfiehlt sich in erster Linie der Offsetdruck (Flachdruck).[361]

Es bleibt abzuwarten, welches reprographische Verfahren in der Zukunft die beste Vervielfältigung für Katalogzwecke ermöglichen wird, weil es den eingangs genannten Anforderungen genügt. Natürlich liegt bereits eine Reihe von Erfahrungen bei der Anwendung moderner reprographischer Verfahren für Katalogzwecke vor.[362] Reprographie

Die Kongreß-Bibliothek in Washington arbeitet z. B. mit Mikrofilmaufnahmen der maschinenschriftlichen Vorlagen, die anschließend auf Fotokarten rückvergrößert werden. Auch die Xerographie ist bereits für diesen Zweck erprobt worden.[363]

Gute Erfolge sind auch mit parallel geschalteten oder mit Lochstreifen gesteuerten elektrischen Schreibmaschinen bei der Titelvervielfältigung erzielt worden.[364]

Nur behelfsmäßig kann die Fotokopie von Titelblättern verwendet werden. Sie ist dann zweckmäßig, wenn größere Mengen unbearbeiteter Bestände interimistisch erschlossen werden sollen. Ein vollwertiger Katalogersatz ist sie nicht. Fotokopie von Titelblättern

---

[361] R. S. GILJAREVSKIJ, *International distribution of catalogue cards: present state and future prospects.* Paris 1969. (Unesco manuals for libraries. 15.)

[362] Vgl. hierzu MANFRED KLEISS, *Die Vervielfältigung von Katalogkarten.* Köln 1963. (Arbeiten aus d. Bibliothekar-Lehrinstitut d. Landes Nordrhein-Westfalen. 25.) – OTTO FRANK, *Some methods for production and reproduction of catalogue cards.* In: Unesco bull. f. libr. 12 (1958) S. 43–49. – PHILIPP S. PARGETER, *The reproduction of catalogue cards.* London 1960. (Library Association Pamphlet. 20.) Mit Lit.verz. u. Abb. Gibt einen umfassenden Überblick – mit dem Ergebnis: „... there is as yet no perfect method" (S. 44). – *Catalog Card Reproduction.* Chicago 1965. (LTP Publications. 9.) Mit Kostenberechnungen, Abbildungen u. Register. Grundlegende Veröffentlichung nach dem neuesten Stand; LTP = Library Technology Project der American Library Association in Chicago.

[363] LOUIS G. VAGIANOS, *Xerography in the library.* In: Special libraries 54 (1963) S. 572–574. – H. WELLISCH, *Reproduction of catalogue cards on a Xerox 914 Copier.* In: Unesco bull. f. libr. 18 (1964) S. 118–121. – J. G. HODGSON, *Xerography in reproductive process for libraries.* Colorado 1953. – J. G. HODGSON, *The use of xerography in libraries.* In: Unesco bull. f. libr. 10 (1956) S. 196–200. – JOHANNES FÖLLMER u. KARL BARTUSCH, *Kopier- u. Vervielfältigungsverfahren in der Information u. Dokumentation.* 2. Aufl. Leipzig 1968. – *Lexikon der graphischen Technik.* 2. Aufl. Leipzig 1967, Artikel *Vervielfältigungsverfahren.* – *Lexikon des Bibliothekswesens.* 2. Aufl. Leipzig 1974, Artikel *Katalogkartenvervielfältigung, Reprographie.*

[364] WERNER DUX, *Erfahrungsaustausch über Probleme der Rationalisierung und Technisierung im Bibliothekswesen.* In: ZfB 77 (1963) S. 548–553. – W. RITTBERGER, *Bibliotheksrationalisierung mit Lochstreifengeräten.* In: ZfBB 11 (1964) S. 77–85. Im gleichen Heft (2) auch ein Erfahrungsbericht aus einer Fachbibliothek (R. ANIOL S. 99–100). – *Der Schreibautomat Optima 527 und seine Anwendbarkeit in wissenschaftlichen Bibliotheken.* Methodisches Zentrum f. wiss. Bibliotheken. Berlin 1967. – JURAY BUKOVSKY, *Herstellung von Katalogkarten mittels Lochstreifentechnik.* In: Technická knihovna 12 (1968) 3, S. 68–72. Dt. Übers. Meth. Zentrum f. wiss. Bibl., Berlin.

4.2.1.6. Zentralkatalogisierung

Geschichte der Zentralkatalogisierung

Ein viel und heiß diskutiertes Sonderproblem, das sich im Zusammenhang mit dem Katalogdruck und den Vervielfältigungsverfahren für Katalogzettel stellt, ist die Zentralkatalogisierung. Man könnte meinen, daß die zentrale Herstellung von Titelaufnahmen für Neuerscheinungen durch eine Zentralbibliothek und die Abgabe vervielfältigter Titelaufnahmen ein ebenso natürlicher und rationeller wie einfacher Vorgang sei. Die Geschichte der Zentralkatalogisierung von ihren Anfängen bis heute hat erwiesen, daß dem nicht so ist.[365]

Schwierigkeiten

Das Kernproblem der Zentralkatalogisierung ist neben der selbstverständlichen Exaktheit der Titelaufnahme entsprechend den geltenden Katalogisierungsregeln das *Tempo* ihrer Herstellung, das seinerseits wieder abhängig ist von der Schnelligkeit des Eingangs des zentral zu katalogisierenden Buchmaterials. Tempoverluste ergeben sich bereits bei der Ablieferung der nationalen Buchproduktion infolge der Säumigkeit der ablieferungspflichtigen Stellen (Verlage, herausgebende Stellen, Organisationen usw.); auch die Herstellung und der Versand der Zettel erfordert einige Zeit. Die Folge davon sind mehr oder weniger lange Wartezeiten. Vollends unerquicklich werden diese Tempoverluste bei ausländischer Literatur, deren Beschaffung je nach dem zu wählenden Beschaffungsweg (Kauf, Tausch) variiert. Hinzu kommt, wie eine Analyse der Deutschen Staatsbibliothek ergeben hat, daß Anschaffungsprinzipien und Bearbeitungsgrundsätze zwischen wissenschaftlichen Allgemeinbibliotheken und wissenschaftlichen Fachbibliotheken bei der Erwerbung ausländischer Literatur sehr unterschiedlich sind.[366] Diese Faktoren zusammen machen eine prompte Bedienung der einem Zentralkatalogisierungsunternehmen für ausländische Literatur angeschlossenen Bibliotheken mit den traditionellen Methoden nahezu unmöglich.

Zentralkatalogisierung „an der Quelle“

Im Grunde ist die zügige Zentralkatalogisierung an eine Bedingung geknüpft, deren Erfüllung problematisch ist. Die Zentralkatalogisierung müßte an der Quelle[367] ansetzen. „An der Quelle“, das bedeutet, daß die Titelkarte dem Buch bei Auslieferung bereits beiliegen müßte. Die bestehenden Katalogisierungs- und Sprachunterschiede schränken daher

---

365 Handbuch II 2. Aufl. (1961) S. 326–331 (H. ROLOFF).

366 ELISABETH LOTTE VON OPPEN, *Zur neuen Erscheinungsform der Berliner Titeldrucke.* In: ZfB 78 (1964) S. 540–548.

367 Ein entsprechendes Experiment – *cataloging in source* – in den USA ist gescheitert; vgl. *Cataloging-in-source-experiment.* A report to the Librarian of Congress by the director of the processing department. Washington 1960. Lt. freundlicher Mitteilung von Herrn Lewis C. Coffin (5. 8. 1963): „The cataloging-in-source-experiment was terminated in 1959, and there is no possibility of its being revived“. – TH. G. C. BOUWHUIS. *Het cataloguing-in-source-experiment in de USA.* In: Bibliotheekleven 49 (1964) S. 447–451. Indessen hat die Kongreßbibliothek ansehnliche Erfolge mit ihrem „Cards-with-booksprogram“ zu verzeichnen: Im Jahre 1963 waren 30 Kommissionäre und Verlage diesem Programm angeschlossen, wonach Neuerscheinungen an Schulen und Bibliotheken mit den Titeldrucken der Kongreßbibliothek geliefert werden.

die Zentralkatalogisierung auf die nationale Buchproduktion für das betreffende Land ein[368]; für ausländische Literatur ergeben sich unvermeidlich, je nach Beschaffungsmöglichkeiten, unterschiedliche Wartezeiten für den zentralen Titeldruck.

International werden heute vor allem zwei Wege beschritten, um das Problem zu lösen.[369] In der UdSSR sind durch einen staatlichen Unionsstandard[370] die Verlage verpflichtet worden, die für die Katalogisierung notwendigen Daten in die Bücher einzudrucken; das geschieht z. T. schon in Form einer Titelaufnahme. In den USA ist die Unterstützung der Association of American publishers dafür gewonnen worden, daß ab 1971 das sogenannte Pilot CIP (Cataloguing in publication) Program unter Mitwirkung von rund 100 Verlegern gestartet werden konnte. Aus den Erfahrungen lernend, werden, wiederum zentralisiert in der Library of Congress (LC), von den Verlagen die für die Titelaufnahme notwendigen Daten geliefert, so daß die LC diese Daten mit EDV-Einsatz z. T. schon vor Erscheinen der Druckschriften auf MARC-Bändern besitzt. Ergeben sich bei Erscheinen der Publikation noch bibliographische Abweichungen, so müssen Korrekturen, zuweilen auch Ergänzungen, angebracht werden.

Ausland

Davon abgesehen wird die Zentralkatalogisierung in traditioneller Weise durch spezielle Unternehmungen weitergeführt.

In der UdSSR[371] wird sie durch Einbeziehung der allgemeinbildenden Bibliotheken am ausgedehntesten praktiziert. Den Bedarf der wissenschaftlichen Bibliotheken der UdSSR deckt der Zetteldruck der Unionsbuchkammer (ab 1927), den der allgemeinbildenden Bibliotheken die Leninbibliothek. Verhältnismäßig gut funktioniert sie auch in den USA[372], wo sie als Printed cards der Kongreßbibliothek schon eine Tradition hat (ab 1901).

UdSSR

USA

Einen großen Fortschritt haben auf diesem Gebiete die allgemeinbildenden Bibliotheken in der DDR erzielt, die 1961 nach dem Beispiel der Leninbibliothek den *annotierten Zetteldruck*[373] aufgenommen haben. Für

Zetteldrucke der allgemeinbildenden Bibliotheken in der DDR

[368] Die Deutsche Bücherei erhält lt. Anweisung d. HV Verlage und Buchhandel Vorausexemplare aller Neuerscheinungen des Buchhandels der DDR.

[369] G. G. FIRSOV, *Die Zentralkatalogisierung in der UdSSR.* Kurzer Abriß der Geschichte und des gegenwärtigen Standes. In: ZfB 81 (1967) S. 580–604.

[370] A. L. WALTER, *50 years young.* Library of Congress cards. In: College and research libraries 13 (1952) S. 305–308. – WALTER BAUHUIS, *Erwerbung, Katalogisierung und Magazinierung in amerikanischen wissenschaftlichen Bibliotheken.* In: Zur Praxis d. wiss. Bibliotheken in d. USA. Wiesbaden 1956. Dort u. a. die Feststellung: „Metcalf bezeichnet die ganzen Erfahrungen mit zentralisierter oder kooperativer Katalogisierung als nicht ermutigend" (S. 123).

[371] *Gost 7. 4–69.* Vychodnye svedenija v izdatel'skoj produkcii.

[372] VERNER W. CLAPP, *Cataloguing in publication.* A new programme of pre-publication cataloguing in the USA, with comments on some similar programmes. In: Unesco bull. f. libr. 27 (1973) S. 2–11.

[373] LISGRETH SCHWARZ, *Die Bedeutung der zentralen Herausgabe annotierter Zetteldrucke für allgemeinbildende Bibliotheken.* In: Ein Wegbereiter sozialistischer Biblio-

dieses Unternehmen zeichnet das Zentralinstitut für Bibliothekswesen verantwortlich; sämtliche Karten erhalten die Gruppenbezeichnung nach der Systematik für allgemeinbildende Bibliotheken (SAB) aufgedruckt. Jährlich werden etwa 12 Millionen solcher Zettel für Neuerscheinungen hergestellt.

Trotz allen eingangs geschilderten objektiven Schwierigkeiten muß die Verbesserung der Zentralkatalogisierung weiter betrieben werden. Daß sie überall dort, wo sie ohne Schwierigkeiten durchgeführt werden kann, z. B. in Hochschulbereichen – wie das in der DDR bereits weitgehend geschieht –, zur Anwendung kommen muß, ist im Zeitalter der Rationalisierung und Technisierung selbstverständlich. Feststeht, daß die Zentralkatalogisierung ausländischer Titel ihren eigentlichen Zweck, den angeschlossenen Bibliotheken zentral eine Katalogisierungshilfe zu geben, heute angesichts der Wichtigkeit des Zeitfaktors auch in der Bibliotheksarbeit nicht oder nur zum Teil erfüllt; dessen ungeachtet bleibt der informative Wert solcher Titeldrucke erhalten. Jährliche Kumulationen einwandfreier Titelaufnahmen wichtiger ausländischer Literatur in Auswahl, wie sie mit modernen Vervielfältigungsverfahren ohne allzu großen Aufwand herstellbar sind, haben außerdem mindestens beträchtlichen bibliographischen Wert.

aktuelle Probleme

Ganz neue Aspekte gewinnt die Zentralkatalogisierung durch die Anwendung der EDV. Diese Technik ermöglicht es, den interessierten Bibliotheken Titelaufnahmen auf Magnetbändern zu übergeben, von denen im Bedarfsfalle Katalogzettel hergestellt werden können.

4.2.2. *Alphabetische Katalogisierung*[374]

4.2.2.1. Geschichte

Die alphabetische Katalogisierung schafft die Voraussetzung für das Wiederauffinden einer von der Bibliothek vereinnahmten Druckschrift unter dem Verfasser bzw. dem (Sach-) Titel. Das Sammelbecken dieser Nachweise ist der Alphabetische Katalog, abgekürzt AK. Diese Bezeichnung hat sich im deutschen Sprachgebrauch fest eingebürgert, und dabei sollte man es belassen, selbst wenn diese Bezeichnung ungenau ist. Eine Verwechslung mit dem alphabetischen Sachkatalog, dem Schlagwortkatalog, scheidet aus, da dieser niemals anders als „Schlagwortkatalog" bezeichnet wird. Korrekter wäre die Benennung *Alphabetischer Verfas-*

Terminologie

---

theksarbeit. Erich Schröter z. 70. Geburtstag. Berlin 1964 S. 124–128; Verf. geht u. a. auch auf die Vorläufer aus der Zeit nach 1945 bis 1961 ein.

[374] HEINRICH ROLOFF, *Die Katalogisierung.* In: Handbuch II 2. Aufl. (1961) S. 262–286. – BODO REBLIN, *Das Katalogwerk der allgemeinen öffentlichen Bibliotheken.* Leipzig 1967. – GEORGII GAVRILOVIČ FIRSOV, *Knigoopisanie i organizacija alfavitnogo kataloga.* Moskva 1971. – *International Cataloguing.* Quarterly Bulletin of the IFLA Committee on Cataloguing. Vol. 1, Nr. 1. London 1972.

ser- und Anonymen-Katalog, entsprechend dem französischen Terminus: Catalogue par auteurs et par titres anonymes oder dem englischen Author and title catalogue, aber auch in diesen beiden Sprachen sind die weniger korrekten Kurzformen Catalogue par auteurs und Author catalogue gebräuchlich. Im Russischen ist es der Alfavitnyj katalog.
Fest steht, daß im Deutschen alle übrigen Bezeichnungen, die man für den AK vorgeschlagen oder auch in praxi verwendet hat, unzulänglich sind. Das sind: Verfasserkatalog, Autorenkatalog, Nominalkatalog, Formalkatalog. Am ehesten wäre noch der „Alphabetische Titelkatalog" zu vertreten, da er den AK zugleich gegenüber dem alphabetischen Sachkatalog abgrenzt.

Aufgabe

Mit dieser terminologischen Klärung ist bereits ausgedrückt, was der AK enthält: die Titel der Bestände einer Bibliothek in alphabetischer Ordnung und mit Angabe ihres Standortes, wobei Verfasserschriften unter diesen, verfasserlose (anonyme) Schriften unter ihre Sachtitel gestellt sind. Für ihre Reihenfolge in einem Alphabet gilt ein festes Regelwerk, sofern nicht zwei getrennte Alphabete geführt werden.
Die Erkenntnis, daß die scheinbar so einfache alphabetische Anordnung von Titeln eindeutiger Bestimmungen bedarf, stellte sich schon früh ein. Bereits im 18. Jahrhundert bemühten sich einzelne Bibliothekare um ein einheitliches Regelwerk, beruhend auf einer Normalform der Titelaufnahme.[375]

Geschichte der alphabetischen Katalogisierung

Als Vater der Titelaufnahme gilt der Regensburger Bibliothekar Albrecht Christoph Kayser (1756–1811), der mit seiner 1790 veröffentlichten Schrift „Über die Manipulation bei der Einrichtung einer Bibliothek und der Verfertigung der Bücherverzeichnisse" bewiesen hat, daß er die Aufgabe des AK erkannt hat. Auf ihn gehen die Grundsätze zurück, die bei der alphabetischen Katalogisierung seit etwa 1820 in München befolgt wurden und die dort um 1850 zur Fixierung des ersten *schriftlichen* Regelwerkes für Titelaufnahme führten.
Der Weg zu einer einheitlichen Instruktion führte von München aus nach Breslau, wo das Münchener Regelwerk seit 1874 bei der Neukatalogisierung der Bestände zugrunde gelegt wurde. 1886 ließ Dziatzko seine durch die Breslauer Praxis bestätigte Instruktion erstmalig im Druck erscheinen, die „Instruktion für die Ordnung der Titel im alphabetischen Zettelkatalog der Universitätsbibliothek Breslau". Im Vorwort bekennt er seine Verpflichtung gegenüber den Münchener Regeln. Ende der 80er Jahre waren diese Instruktionen bereits in Königsberg, Münster und Berlin heimisch. Durch Dziatzkos Berufung wanderten sie außerdem noch von Breslau nach Göttingen. Für die Aufnahme von Titeln schuf eine Kommission in Berlin unter Ippel 1890 eine „Instruktion für die Herstellung der Zettel des alphabetischen Kataloges". Ein preußischer Ministerialerlaß von 1892 führte diese wenig veränderte Berliner Instruktion in sämtlichen preußischen Universitätsbibliotheken ein. Damit war der erste Schritt zu einer

Vorgeschichte der Preußischen Instruktionen

[375] WILHELM FRELS, *Die bibliothekarische Titelaufnahme in Deutschland.* Leipzig 1919. (ZfB Beih. 47.)

einheitlichen alphabetischen Katalogisierung in Preußen getan. Als dann 1896 die Schaffung eines Preußischen Gesamtkatalogs beschlossen wurde, erwies sich die Frage einer Instruktion wiederum als akut. Das Ergebnis der Beratung von Fachleuten, unter denen sich besonders Fritz Milkau für Vereinfachung und Übersichtlichkeit der Aufnahmen einsetzte, waren die *Instruktionen für die alphabetischen Kataloge der preußischen Bibliotheken* in ihrer ersten Fassung vom 10. Mai 1899. Diese Berliner Instruktionen sind im wesentlichen eine Aneinanderreihung der Berliner Vorschriften für die Aufnahme von Titeln und der Dziatzkoschen Vorschriften für die Ordnung der Titel.[376] In ihrer Neubearbeitung von 1908, die sich nur durch eine größere Ausführlichkeit auszeichnet, ohne gegenüber der ursprünglichen Fassung tiefgreifende Änderungen vorzunehmen, liegt sie seitdem in mehreren Neudrucken vor.[377]

Instruktionen 1908

4.2.2.2. Preußische Instruktionen

Bedeutung der Instruktionen

Die Schaffung einheitlicher Regeln für die alphabetischen Kataloge in den wissenschaftlichen Bibliotheken Deutschlands ist eines der wichtigsten Ereignisse der neueren deutschen Bibliotheksgeschichte. Die Einführung der Instruktionen und ihre Ausdehnung auf die außerpreußischen Länder steht im Zusammenhang mit dem Preußischen, später Deutschen Gesamtkatalog und den Berliner Titeldrucken, die auf diesem Regelwerk aufbauten und ihrerseits zu seiner Durchsetzung beigetragen haben. Alle späteren Gemeinschaftswerke der deutschen wissenschaftlichen Bibliotheken, wie das Auskunftsbüro der Deutschen Bibliotheken und der Deutsche Leihverkehr, bauen auf der Grundlage der Instruktionen auf.

Aufbau der Instruktionen

Das nur scheinbar so spröde Regelwerk der Instruktionen zeichnet sich durch einen klaren Aufbau aus. Der *erste Teil* befaßt sich mit der *Aufnahme der Titel*, der *zweite* mit der *Ordnung der Titel.* Während der erste Teil aus 29 koordinierten Paragraphen besteht, ergibt sich für die 212 Paragraphen des zweiten Teils folgerichtig ein viergliedriger Aufbau:

1. *Einordnung unter Verfassernamen oder Sachtitel* (§§ 30–77),
2. *Einordnung unter dem Verfassernamen* (§§ 78–180),
3. *Einordnung unter dem Sachtitel* (§§ 181–238),
4. *Ordnung von Verfassernamen und Sachtiteln innerhalb des Alphabets* (§§ 239–241).

---

[376] In der Ausgabe von 1899 werden die beiden Teile (Titelaufnahme und Titelordnung) noch als zwei völlig selbständige Instruktionen behandelt (vgl. Vorrede).

[377] Zuletzt Leipzig: Bibliogr. Inst. 1975, mit dem zusätzlichen Titel: *Regeln für die alphabetische Katalogisierung in wissenschaftlichen Bibliotheken.* – 1915 ist noch einmal ein „*Neuer Abdruck*" herausgebracht worden. In ihm heißt es S. III: „Bei Gelegenheit des Neudrucks sind nur einige ganz unwesentliche Versehen im Text und in den Beispielen berichtigt und einige Zusätze im Sachregister gemacht worden." Dieser neue Abdruck darf nicht mit der Neufassung von 1908 auf eine Stufe gestellt werden.

Eng verbunden mit den beiden Hauptteilen sind die sechs Anhänge: 1. Beispiele; 2. Transkriptionsschemata; 3. Abkürzungen; 4. Wiegendrucke; 5. Große Anfangsbuchstaben; 6. Karten.[378]
Im ersten Teil werden u. a. folgende Regeln aufgestellt, die über Charakter und Prinzipien der Instruktionen Wichtiges aussagen:

Prinzipien der Instruktionen

1. *Autopsie* (§ 1,1): Grundlage der Titelaufnahme bilden die Bücher selbst. Damit wird zugleich ausgedrückt, daß die Instruktionen grundsätzlich nur auf selbständige Buchindividuen, also bibliographische Bände, Anwendung finden.
2. *Titelaufnahme* statt *Titelkopie* (§ 1,2): Nur die wesentlichen Bestandteile des Titels werden der Aufnahme zugrunde gelegt. Damit tritt an die Stelle der diplomatisch getreuen Abschrift des Titelblattes (Titelkopie) die auswählende Titelaufnahme.
3. *Zettelform des Alphabetischen Katalogs* (§ 1,3): Damit ist für die alphabetischen Kataloge der wissenschaftlichen Bibliotheken die Zettelform festgelegt. Als Folge davon setzt sich das internationale Format als Bibliotheksformat durch.
4. *Korporative Verfasser* (§ 32 u. § 185,3): Unter den anonymen Schriften nehmen diejenigen eine Sonderstellung ein, deren Herausgabe Behörden, Institute, Organisationen usw. veranlaßt haben. Man spricht in solchen Fällen von korporativer Verfasserschaft. Das Ausland, besonders das angelsächsische, hat sich für eine Anerkennung der korporativen Verfasserschaft entschieden, d. h., man stellt solche Schriften unter die Korporation, wodurch innerhalb der anonymen Literatur wiederum größere Gruppen entstehen. Im Gegensatz dazu hatten es die Instruktionen abgelehnt, die korporative Verfasserschaft zu berücksichtigen, indem sie den Korporationsvermerk als Anlaß (§ 2e) bezeichneten, der nicht zu den maßgebenden Bestandteilen des Titels gezählt wird (§ 185).

Auch eine Reihe terminologischer Einzelheiten, die zum Grundwissen

---

[378] Als unzulänglich haben sich bald die Beispiele (Anhang 1) erwiesen. So ist eine Reihe von Hilfsmitteln entstanden: *1. Beispielsammlungen:* CHRISTLIEB GOTTHOLD HOTTINGER, *Tituli librorum.* Südende-Berlin 1908. – JORIS VORSTIUS, *Übungsbeispiele zu den preuß. Katalogisierungsvorschriften.* Nebst Schlüssel. Stettin 1927–1929. 2. Aufl. Stettin 1930. (Veröffentlichungen d. Bibliothekskurse in der Berliner Stadtbibliothek. 4. 4a.) – AUGUST WOLFSTIEG, *Exempla titulorum.* Berlin 1906. – 2. *Erläuterungen:* LUISE BERNHARDI, *Lehr- und Handbuch der Titelaufnahme.* Berlin 1923. (Schriften d. Zentrale f. Volksbüchereien. 3.) – DALE SASS, *Erläuterungen zu den Instruktionen für die alphabetischen Kataloge der preußischen Bibliotheken.* Leipzig 1927. 2. Aufl. 1931. – HERMANN FUCHS, *Kommentar zu den Instruktionen für die alphabetischen Kataloge der preußischen Bibliotheken.* 3., erneut durchges. Aufl. Wiesbaden 1962. – GERHARD RUSCH, *Einführung in die Titelaufnahme. Nach den „Regeln für die alphabetische Katalogisierung in wissenschaftlichen Bibliotheken“.* Mit zahlr. Beisp. u. Aufgaben. 5., unveränd. Aufl. Bd. 1.2. Leipzig 1974. (Lehrbücher für den bibliothekarischen Nachwuchs. 4.)

jedes Bibliothekars zählen (Titelarten, Impressum, Buchformate, Sammelwerk, Serie usw.), sind durch die „Instruktionen" geklärt worden. Im Gegensatz zu den meisten ausländischen Regelwerken erfolgt in den deutschen Instruktionen die Ordnung der Sachtitel nach dem *Substantivum regens*, d. h. nach einem grammatikalischen Prinzip (statt nach einem formal-mechanischen).

4.2.2.3. Kritik an den Instruktionen

Und dies ist zugleich der Punkt, der seit Einführung der Instruktionen Kritik und Einwände hervorgerufen hat, und zwar aus den Reihen der Bibliothekare selbst,[379] von der natürlichen Opposition nichtbibliothekarischer Kreise ganz abgesehen. Zur Genesis dieses wesentlichen Punktes der Instruktionen muß man wissen, daß diejenigen Fachleute, die bei ihrer Formulierung mitgewirkt haben und die sich ihrer ursprünglich ausschließlich bedienten, wissenschaftliche Bibliothekare mit meist philologischer Vorbildung waren. Aber auch die Tatsache, daß das Hauptwort im Deutschen eine überragende grammatikalische Stellung einnimmt, darf nicht außer acht gelassen werden. Im Laufe der letzten 50 Jahre sind nun eine Reihe von Faktoren in Erscheinung getreten, die diese latente Krisis in eine akute verwandelt haben.

Kritische Stimmen

Krise der alphabetischen Kataloge

1. Die wissenschaftlichen Bibliothekare selbst sind heute nicht mehr ausschließlich Philologen.
2. Infolge der Erweiterung des schulischen Bildungsstoffes (z. B. das Hinzukommen naturwissenschaftlich-technischer Fächer) ist der grammatikalische Unterricht in den Schulen zurückgetreten.
3. Die Titelaufnahme, ursprünglich ein Arbeitsgebiet der wissenschaftlichen Bibliothekare, ist ganz und gar in die Hände der bibliothekarischen Kräfte übergegangen. Es müssen daher sehr wesentliche Ausbildungsenergien darauf verwendet werden, diesen von Haus aus philologisch nicht geschulten Kräften ein grammatikalisches Fundament zu vermitteln, das sie zur sicheren Beherrschung der Instruktionen befähigt.
4. Die ursprünglich nur für dienstliche Zwecke benutzten Alphabetischen Kataloge müssen heute überall bibliothekarisch nicht vorgebildeten Benutzern zur Verfügung gestellt werden. Damit tritt die ursprünglich innerbibliothekarische Problematik des AK in das Licht der Öffentlichkeit. Die Folge davon sind unfruchtbare Diskussionen zwischen Benutzern, die sich auf ihren gesunden Menschenverstand berufen, und Bibliothekaren, die, ohne in jedem Falle einen geschichtlichen

[379] Besonders ROBERT GRADMANN, *Über das Ordnungswort im AK.* In: ZfB 25 (1908) S. 289–302 und WILHELM WEINREICH, *Die grammatikalische Reihenfolge der Ordnungsworte nach den Preußischen Instruktionen.* In: ZfB 48 (1931) S. 495–502.

Abriß der Instruktionen geben zu können, die bibliothekarische Ordnung verteidigen müssen.

5. Diese Spannungen werden erhöht durch den Strukturwandel der Benutzerkreise in wissenschaftlichen Bibliotheken: neue Leserschichten, die die erforderliche grammatikalische Sicherheit nicht besitzen, finden mehr und mehr Zugang zu den wissenschaftlichen Bibliotheken.
6. In den allgemeinbildenden Bibliotheken wurden schon immer vereinfachte Regeln für die alphabetische Katalogisierung verwendet, die sich in den Augen ihrer Nutzer durch mehr „gesunden Menschenverstand" auszeichnen als die „Instruktionen". Tatsache ist, daß das weniger komplizierte, weitgehend homogene und überwiegend deutschsprachige Titelmaterial dieser Bibliotheken eine vereinfachte Katalogisierung erlaubte.
7. Von größtem Gewicht, weil zukunftsträchtig, hat sich nach der Pariser Katalogisierungskonferenz der Gesichtspunkt ergeben, daß die weitgehende Vereinheitlichung der Regeln für die alphabetische Katalogisierung eine wichtige Voraussetzung – wenn nicht überhaupt die conditio sine qua non – für den internationalen Austausch maschinenlesbarer bibliographischer Daten ist (vgl. Kap. 11: Unisist).

4.2.2.4. Alphabetische Katalogisierung in den allgemeinbildenden Bibliotheken

Die *Anweisung für den alphabetischen Katalog der Volksbüchereien*, Leipzig 1938, bestehend aus 70 Paragraphen, brachte eine sinnvolle, den Volksbüchereiverhältnissen angepaßte Vereinfachung der alphabetischen Katalogisierung, nicht zuletzt auch durch die mechanische Ordnung verfasserloser Schriften. Einen weiteren Schritt vorwärts bedeutete die Katalogisierungsordnung von 1951. — Anweisung 1938

Ein neues Regelwerk, das für alle allgemeinen öffentlichen und alle Gewerkschaftsbibliotheken verbindlich ist, wurde 1963 herausgegeben: *Die Titelaufnahme in den allgemeinbildenden Bibliotheken*[380]. Es will dem Funktionswandel des alphabetischen Kataloges vom „formal beschreibenden zum sachlichen Auskunftsinstrument" gerecht werden. Die allgemeinbildenden Bibliotheken hatten in dieser Zeit bereits begonnen, sich mit den Ergebnissen der Pariser Konferenz auseinanderzusetzen.[381] — Regelwerk der allgemeinbildenden Bibliotheken in der DDR

---

[380] Hrsg. v. Zentralinstitut für Bibliothekswesen. Leipzig 1963.

[381] Ein erster Versuch in dieser Richtung war: BODO REBLIN, *Beachtenswerte internationale Katalogisierungsgrundsätze.* In: Bibliothekar 16 (1962) S. 435–437. – ILSE RIX, *Einführung neuer Regeln für die alphabetische Katalogisierung und ihre Bedeutung für die staatlichen Allgemeinbibliotheken.* In: Bibliothekar 27 (1973) S. 16–23 u. S. 85 bis 94. – MARIANNE GOLTZ, *Vorbereitung zur Einführung der neuen Regeln für die alphabetische Katalogisierung in der WAB (B) Potsdam.* In: Bibliothekar 27 (1973) S. 154–160.

4.2.2.5. Alphabetische Katalogisierung in der Information und Dokumentation

Standard von 1969

Der Bereich Information und Dokumentation hat es zunächst für richtig gehalten, bei der Charakterisierung von Informationsquellen durch Titelaufnahme, d. h. durch Erfassen aller notwendigen bibliographischen Angaben, eigene Wege einzuschlagen. Das Ergebnis war ein 1963 entworfener und 1969 für verbindlich erklärter Standard für die Titelaufnahme,[382] der jedoch berechtigte Kritik aus eigenen Reihen hervorgerufen hat.[383] Es ist ein scheinbar geringfügiger Schritt nach vorn, wenn die Einrichtungen der Information und Dokumentation in der DDR auf Grund einer Initiative des Zentralinstituts für Information und Dokumentation ihre Titelbeschreibungen den neuen Katalogregeln angleichen. Das wird in einem neuen, veränderten Standard seinen Niederschlag finden. Tatsächlich handelt es sich um einen bedeutsamen Fortschritt, den man als einen weiteren Baustein am Gebäude einer integrierten Bibliotheks- und Informations/Dokumentationswissenschaft betrachten darf.

4.2.2.6. Reform der Instruktionen und Pariser Konferenz

Besonders nach 1945 hat sich das Bedürfnis nach einer Reform der Instruktionen verstärkt. Es sind verschiedene Gremien von Fachleuten tätig gewesen, um eine solche Reform in die Wege zu leiten, wobei die Aufgabe des grammatikalischen Prinzips zugunsten seines sehr viel kräftigeren Konkurrenten, des Prinzips der mechanischen Wortfolge, im Vordergrund stand.

Pariser Katalogisierungskonferenz 1961

Diese im ganzen recht fruchtbaren Diskussionen[384], die sich über Jahre hingezogen haben, sind gleichsam ausgesetzt worden durch ein höchst bedeutsames Ereignis auf dem Gebiet der alphabetischen Katalogisierung: die *Pariser Konferenz über die Prinzipien der Titelaufnahme* (Inter-

---

[382] *TGL 20972. Bibliographische Angaben.* Berlin 1969. – *TGL 20969. Zeitschriftenkurztitel.* Berlin 1969. – Zentralinstitut f. Information u. Dokumentation. ZIID-Dia-Reihe 01. *Titelaufnahme in der Information u. Dokumentation.* 1. Buch und Zeitschriftenartikel. Berlin 1970.

[383] Humboldt-Universität zu Berlin. Institut für Bibliothekswissenschaft u. wiss. Information. *Titelaufnahme.* Lehrbrief. Verf.: Horst Seeling. Berlin 1972 S. 14 u. öfter.

[384] ROBERT SAMULSKI, *Die gegenwärtigen Probleme des Alphabetischen Katalogs in Deutschland. Der Stand d. Neubearbeitung d. Preuß. Instruktionen.* In: Verband d. Bibliotheken d. Landes Nordrhein-Westfalen. Mitteilungsblatt. N. F. 4 (1954) S. 49–62. Ausgezeichneter Überblick über alle einschlägigen Probleme. – JORIS VORSTIUS, *Die Ordnung der Sachtitel im Alphabetischen Katalog.* In: ZfB 69 (1955) S. 90–110. Besonders wertvoll durch seine Darlegung der verschiedenen Möglichkeiten der mechanischen Ordnung. – Gleichzeitig mit der vorgenannten Arbeit, aber unabhängig von ihr, erschien: LUDWIG SICKMANN, *Die Ordnung der Sachtitel im Alphabetischen Katalog nach der gegebenen Wortfolge (mechanische Ordnung).* Köln 1955. (Arbeiten aus d. Bibliothekar-Lehrinstitut d. Landes Nordrhein-Westfalen. 6.) – HERMANN FUCHS, *Für und wider die Preußischen Instruktionen.* In: ZfBB 1 (1954) S. 173–185.

national conference on cataloguing principles) vom 9. bis 18. Oktober 1961 und ihre bisher vorliegenden Arbeitsergebnisse.[385]

Das Verdienst am Zustandekommen dieser Konferenz gebührt dem IVBV, der Unesco und – als ökonomischer Hebelarm – dem Council on library resources. Die Vorarbeiten dafür hatten bereits 1954 begonnen und wurden von einer Arbeitsgruppe im Auftrag des IVBV durchgeführt. Hervorragenden Anteil am Gelingen hat ein engeres internationales Gremium, an der Spitze Arthur Hugh Chaplin, damals Keeper of books der Bibliothek des Britischen Museums.

Grundsätze

Die von der Pariser Konferenz angenommenen „Grundsätze" erstrecken sich lediglich auf die Wahl und Form der Ordnungselemente in alphabetischen Katalogen, Bibliographien oder buchhändlerischen Bücherverzeichnissen. Die erarbeiteten Empfehlungen[386] sind darauf bedacht, zunächst die Funktionen und die Struktur dieser Kataloge zu klären, um dann die Arten der Titelaufnahme zu bestimmen:

die Verwendung mehrfacher Titelaufnahmen,
die Funktion der verschiedenen Arten von Titelaufnahmen,
die Wahl des vereinheitlichten Ordnungswortes,
den persönlichen Einzelverfasser,
die Titelaufnahme unter Körperschaften,
die Vielverfasserschrift,
Werke, die unter den Sachtitel gestellt werden,
das Ordnungswort für persönliche Namen.

---

[385] Die grundlegende Quelle ist: International Federation of Library Associations. *International conference on cataloguing principles. Paris 9th–18th october, 1961. Report.* Ed. by Arthur Hugh Chaplin and Dorothy Anderson. London 1963. Im folgenden als *„Report"* zitiert. – Ferner Berichte und Stellungnahmen: HEINRICH ROLOFF, *Bemerkungen zur Internationalen Konferenz über Grundsätze der alphabetischen Katalogisierung.* In: ZfB 76 (1962) S. 145–156. – ELENA ANDREEVNA NOVIKOVA, *Die sowjetische alphabetische Katalogisierung und die internationalen Prinzipien der Titelaufnahme.* In: ZfB 77 (1963) S. 97–110. – MIROSLAV NÁDVORNÍK, *Bemerkungen zur Internationalen Konferenz über Grundsätze der alphabetischen Katalogisierung.* In: ZfB 76 (1962) S. 145–156. – LUDWIG SICKMANN, *Die Pariser Katalog-Konferenz und die deutschen Bibliotheken.* In: ZfBB 9 (1962) S. 314–320. – ÁKOS DOMANOVSZKY, *Der Code-Entwurf der Pariser Katalogisierungs-Konferenz.* In: Libri 12 (1962) S. 191–216. – V. A. VASILEVSKAJA, N. A. LAVROVA i G. G. FIRSOV, *Meždunarodnaja konferencija po principam katalogizacii.* In: Sovetskaja bibliografija 71 (1962) Nr. 1 S. 24–30. – *La Conférence internationale sur les principes de catalogage.* Paris, Unesco, 9.–18. octobre 1961. In: Bull. d'informations de l'Association des bibliothécaires français 37 (1962) S. 7–19. Mit Beiträgen verschiedener franz. Autoren. – L. JOLLEY, *International conference on cataloguing principles.* 2. Thoughts after Paris. In: Journal of doc. 19 (1963) S. 47–62; vorausgeht ein 1. Teil *Organization,* verfaßt von A. H. CHAPLIN S. 41–46. – Weitere Literatur nennt annotiert WERNER BERGMANN in seiner „Bibliographischen Übersicht" in: *Deutsche Bücherei und internationale Reform der alphabetischen Katalogisierung.* Leipzig 1964 S. 45–77; zugl. auch *Bibliographischer Informationsdienst der Deutschen Bücherei.* 6.

[386] Vgl. *Statement of principles.* In: International conference on cataloguing principles. Paris, 9.–18. oct. 1963. Report. London 1963 S. 91–96. Dt. Übersetzung dieser *„Grundsätze"* in: ZfB 76 (1962) S. 75–82.

Das inhaltliche Hauptanliegen der Pariser Konferenz war auf *internationale Vereinheitlichung* der Grundsätze für Katalogregeln gerichtet. Dieses Ziel hat die Konferenz erreicht. Auf der Grundlage dieser einheitlichen Grundsätze soll dann die Umarbeitung bestehender bzw. die Schaffung neuer nationaler Regelwerke erfolgen. Die große internationale Bedeutung einer Angleichung der Katalogregeln für die wechselseitige Benutzung von Katalogen und Bibliographien wie für internationale Gemeinschaftswerke aller Art (Gesamtkataloge, Titeldrucke usw.) steht außer Zweifel.

Ergebnis

Vereinheitlichung und Vereinfachung

Mit dem Streben nach Vereinheitlichung verbunden war das gesunde Bemühen, zu weitreichenden *Vereinfachungen* zu gelangen. Auch nach dieser Seite heben sich die „Grundsätze" von älteren Regelwerken – besonders den deutschen „Instruktionen" – vorteilhaft ab. Vereinheitlichung und Vereinfachung sind die unabdingbaren Voraussetzungen für die Weiterentwicklung der Katalogarbeit der Bibliotheken. Wenn auch, wie mit Recht kritisiert worden ist, die Konferenz alle Fragen der elektronischen Verarbeitung ausgeklammert hatte, so stand doch fest, daß jede Vereinfachung mit Hilfe der „Grundsätze" eine günstige Vorgabe für eine spätere maschinelle Verarbeitungsstufe[387] darstellt.

Schlußfolgerungen für das deutsche Sprachgebiet

Die wichtigste Schlußfolgerung[388] aus der Pariser Konferenz für die alphabetische Katalogisierung im gesamten deutschen Sprachgebiet war die Notwendigkeit, ein neues Regelwerk auszuarbeiten. Daraus hat sich zwangsläufig der Abbruch der auf der Grundlage der „Instruktionen" aufgebauten alphabetischen Kataloge ergeben. Obwohl die Frage der Umstellung dann veralteter Kataloge nicht unbedingt mit dem Übergang zu einem neuen Regelwerk gekoppelt ist, können wir feststellen, daß wir hinsichtlich der Umstellung alphabetischer Kataloge von der grammatischen auf die mechanische Ordnung nicht unvorbereitet sind. Es liegen bereits Erfahrungen[389] vor, die insgesamt besagen, daß der Kraft- und

---

[387] *Report* S. 23 u. *Working paper* Nr. 17: C. D. GULL, *The impact of electronics upon cataloguing rules.* (Report S. 281–290.) – C. D. GULL, *How will electronic information system affect cataloguing rules?* In: Library resources and technical services 5 (1961) S. 135–139.

[388] Vorarbeiten dazu sind: *Deutsche Bücherei und internationale Reform der alphabetischen Katalogisierung.* Auf Grund von Beratungen einer Arbeitsgruppe ausgearbeitet v. HEINZ HÖHNE. Mit e. bibliogr. Übers. v. Werner Bergmann. Leipzig 1964. – *Drei Hauptprobleme der alphabetischen Katalogisierung.* Vorarbeiten für e. Reform. Wiesbaden 1962. Enth.: PETER BAADER, *Körperschaftliche Verfasser;* DIETRICH POGGENDORF, *Die Titelordnung nach der gegebenen Wortfolge. Mechanische Ordnung;* HANS-OSKAR WEBER, *Der Einheitszettel.* – *Regeln für die alphabetische Katalogisierung.* Teilentwurf. Jan. 1965. Frankfurt a. M. 1965. (ZfBB. Sonderh. 2.) Erste Ergebnisse der zweijährigen Arbeit der Kommission für Alphabetische Katalogisierung des Vereins Deutscher Bibliothekare, betreffend die Eintragung unter der Körperschaft (Instruktionen §§ 101–149), die Ordnung der Eintragungen (Instruktionen §§ 201–224) nebst Anhang Klassische deutsche Anonyma (Vorläufige Liste). – ÁKOS DOMANOVSZKY, *Einiges über die Grundsätze der Titelaufnahme.* In: Libri 10 (1960) S. 205–254. – ÁKOS DOMANOVSZKY, *Revision of cataloguing rules – past, present and future.* In: Az Egyetemi Könyvtár évkönyvei 1 (1962) S. 21–34.

Zeitaufwand für derartige *Umstellungsarbeiten* meist überschätzt wird.

1. *Einführung der mechanischen Ordnung*[390]

mechanische Ordnung

Sie ergibt sich zwangsläufig aus den „Grundsätzen". Anstelle des gebräuchlichen, aber nicht präzisen Ausdrucks mechanische Ordnung trifft die Formulierung „Ordnung nach der im Titel gegebenen Reihenfolge der Ordnungseinheiten" die Sache, um die es dabei geht, besser. Im übrigen hat die Pariser Konferenz gerade diese für uns so entscheidende Frage gar nicht diskutiert, weil die mechanische Ordnung bereits zum Weltprinzip geworden ist. Den deutschsprachigen Ländern wurde es gleichsam anheimgestellt, sich diesem internationalen Gebrauch anzuschließen. Das ist seitdem geschehen. Die langen Diskussionen um das Für und Wider sind damit auch für die deutschsprachigen Länder abgeschlossen.

2. *Die korporative Verfasserschaft*

korporative Verfasserschaft

Die Pariser Konferenz hat in ihrem klugen Streben, zu praktischen, verwertbaren Ergebnissen zu gelangen, die theoretische Klärung des Begriffes „Körperschaftliche Verfasser" gleichsam ausgesetzt und seinen internationalen Gebrauch untersucht, um sich dann in den „Grundsätzen" auf die weniger verbindliche Formulierung *„Eintragung unter Körperschaften*[391] *(entry under corporate bodies)"* festzulegen. Hinsichtlich des Anwendungsbereiches körperschaftlicher Verfasser lassen die „Grundsätze" ausreichenden Spielraum. Damit ist der Tendenz nach Beschränkung des Ausmaßes bei der Berücksichtigung körperschaftlicher Verfasser, wie sie gerade von deutschsprachiger Seite wegen unserer

---

389 DIETRICH POGGENDORF, *Die Umstellung alphabetischer Kataloge von der grammatischen auf die gegebene Folge der Ordnungswörter.* Statistische Untersuchungen und Arbeitszeitstudien. Köln 1958. (Arbeiten aus d. Bibliothekar-Lehrinstitut des Landes Nordrhein-Westfalen. 16.) – GERHARD STEBNER, *Abbruch, Neuaufbau und Umarbeitung alphabetischer Kataloge.* Ergebnisse und Folgerungen aus einer Umfrage bei deutschen wissenschaftlichen Bibliotheken. Köln 1964. (Arbeiten aus d. Bibliothekar-Lehrinstitut des Landes Nordrhein-Westfalen. 26.)

390 Vgl. hierzu die gründliche, mit Lit.angaben und Lit.verz. versehene Studie von DIETRICH POGGENDORF, *Die Titelordnung nach der gegebenen Wortfolge. Mechanische Ordnung.* In: Drei Hauptprobleme der alphabetischen Katalogisierung. Wiesbaden 1962 S. 51–126. – *Deutsche Bücherei und internationale Reform der alphabetischen Katalogisierung.* Leipzig 1964 S. 25–31, 69–72. Mit Lit.angaben u. Lit.verz.

391 Als eine Körperschaft bezeichnen die Grundsätze „eine Institution, organisierte Personenvereinigung oder Gesellschaft von Personen, die unter einem Korporations- oder Sammelnamen bekannt ist (9. 1.)". – PETER BAADER, *Körperschaftliche Verfasser.* In: Drei Hauptprobleme der alphabetischen Katalogisierung. Wiesbaden 1962 S. 1–50. Mit Lit.angaben u. Lit.verz. – *Deutsche Bücherei und internationale Reform der alphabetischen Katalogisierung.* Leipzig 1964 S. 32–38, 72–75. – V. A. VASILEVSKAYA, *1. Limits to the use of entries under corporate authors; 2. The cataloguing of laws and treatises.* Working paper No 5 und SUZANNE HONORÉ, *Corporate authorship.* Working paper No 6. Beide in: Report. S. 165–183. – ÁKOS DOMANOVSZKY, *Die korporative Verfasserschaft.* In: Libri 11 (1961) S. 115–118.

abweichenden Traditionen zum Ausdruck kommen kann, Rechnung getragen. Das letzte Wort haben auch in dieser Sache die Katalogisierungsregeln zu sprechen.

3. *Der Einheitszettel*[392]

Einheitszettel

Der Einheitszettel (unit card), nicht zu verwechseln mit Titeldruck (printed card), ist ein wichtiges Mittel zur Rationalisierung der Katalogarbeit. Im Gegensatz zu den deutschen Traditionen ist der Einheitszettel im Ausland sehr verbreitet. Unter *unit card* versteht man eine einheitliche Titelkarte, die für alle Kataloge Verwendung findet, und zwar sowohl für Haupt- als auch für Nebeneintragungen. Dabei ist zu beachten, daß die „Grundsätze", weitergehend als bisher im deutschsprachigen Bereich üblich, zusätzliche Aufnahmen statt Verweisungen empfehlen. Es ist gerade ein Vorzug der mechanischen Ordnung, daß sich Nebenaufnahmen (Einheitszettel) leichter einfügen. Die Katalogpraxis beweist es. Außerdem ist der Einheitszettel sehr viel nutzerfreundlicher als das Verweisungssystem, das die „Instruktionen" haben entstehen lassen und von dem unsere Katalogtheoretiker und -praktiker vor Beratung der neuen Katalogregeln nicht abzubringen gewesen sind.
Bereits der dargelegte heutige Stand der Reform der alphabetischen Katalogisierung lehrt folgendes:

Stand der Reform des Alphabetischen Katalogs

1. den Nutzen internationaler Zusammenarbeit, mit deren Hilfe es möglich ist, selbst in schwierigen, weil von unterschiedlichen nationalen Traditionen abhängigen Fragen bei maßvoller Absteckung des Zieles zu gemeinsamen „Grundsätzen" zu gelangen,
2. die Tatsache, daß sich im internationalen Bibliothekswesen auch hier eine Wende vollzieht, die für die deutschsprachigen Länder besonders bedeutungsvoll ist,
3. die Möglichkeit, zu Vereinfachungen in der Katalogisierung zu gelangen, was sich wiederum vorteilhaft auf die Steigerung der Arbeitsproduktivität auswirken muß.[393]

Wenn wir außerdem noch berücksichtigen, daß den alphabetischen Katalogen in den wissenschaftlichen Allgemein- und Fachbibliotheken im Zusammenhang mit der Entwicklung des Bibliothekswesens und der Information eine wesentlich erhöhte Bedeutung zukommen wird (Nachweis und Bereitstellung dokumentierter Literatur durch Bi-

[392] HANS-OSKAR WEBER, *Der Einheitszettel.* In: Drei Hauptprobleme der alphabetischen Katalogisierung. Wiesbaden 1962 S. 127–154. Mit Lit.angaben u. Lit.verz.

[393] WALTER BAUHUIS, einer der entschiedensten Vorkämpfer für eine Katalogreform (*Katalogreformen.* In: ZfBB 1, 1954, S. 185–208), hat auf Grund seiner in den USA gesammelten Erfahrungen an einem Beispiel nachgewiesen, wie sich die Arbeitsproduktivität des Katalogspezialisten durch eine Vereinfachung der Katalogregeln verdreifacht hat. Vgl. WALTER BAUHUIS, *Erwerbung, Katalogisierung und Magazinierung in amerikan. wiss. Bibliotheken.* In: Zur Praxis der wiss. Bibliotheken in den USA. Wiesbaden 1956 S. 109.

bliotheken), erkennen wir am besten, wie wichtig die Reform der alphabetischen Katalogisierung durch die Ausarbeitung des neuen Regelwerkes für das deutschsprachige Gebiet ist.

In der DDR hat Ende 1965 die Kommission für Katalogfragen des Bibliotheksverbandes der DDR mit ihrer Arbeitsgruppe Alphabetische Katalogisierung die Arbeit an dem neuen Regelwerk aufgenommen.[394] Die Ausarbeitung erfolgte entsprechend den Empfehlungen der Pariser Konferenz und in Zusammenarbeit mit den entsprechenden bibliothekarischen Fachkommissionen der BRD, Österreichs, der Schweiz und Luxemburgs.[395] neues Regelwerk

Zusammenfassend ist zu sagen: Wir stehen auf dem Gebiete der alphabetischen Katalogisierung an einem wichtigen Wendepunkt. Die Pariser Konferenz war ein bedeutender Beitrag zur internationalen Standardisierung im Bibliothekswesen. Die Einführung des neuen Regelwerkes in allen Bibliotheken, den wissenschaftlichen und den allgemeinbildenden, ist ein wichtiger Schritt nach vorn – auf dem Wege zu einem einheitlichen Bibliothekssystem in der DDR. Sie liegt auch im Interesse der Nutzer, weil alle Bibliotheken künftig grundsätzlich nach den gleichen Katalogisierungsgrundsätzen vorgehen. Aus internationaler Sicht bedeutet das aber auch, daß die Unterschiede, wie sie in den Katalogisierungsregeln und damit auch in den bibliographischen Verzeichnungsprinzipien der einzelnen Länder bisher vorherrschten, überwunden sind und damit eine weitgehende internationale Vereinheitlichung erreicht wird. Diese Standardisierung der Titelbeschreibung ist aber wiederum die entscheidende Voraussetzung für den Datenaustausch sowohl in konventioneller Form als auch in Form von Magnetbändern oder anderen Datenträgern. Unabhängig davon werden die alten „Instruktionen“ noch auf langer Strecke nebenher laufen, so daß die Kenntnis beider Regelwerke für den Bibliothekar bis auf weiteres erforderlich sein wird.

Als der Ruf „Los von den komplizierten philologischen Instruktionen“ Wirklichkeit zu werden begann, hofften alle Bibliothekare auf ein vereinfachtes neues Regelwerk. Wir müssen uns damit abfinden, daß diese Rechnung nicht aufgegangen ist. Ein flexibles großzügiges Regelwerk wäre das eine Machbare gewesen, ein strenges, mögliche Fälle weitgehend Vorbedenkendes als Voraussetzung für maschinelle Ver-

---

[394] PETER KITTEL, *Die Reform der Regeln für die alphabetische Katalogisierung in den wissenschaftlichen Bibliotheken der DDR – Ausgangssituation und Ziele.* In: Probleme der Information und Dokumentation in der Landwirtschaft. Berlin 1968.

[395] HEINZ HÖHNE, *Über den Fortgang der Arbeiten am neuen Regelwerk für die alphabetische Katalogisierung im deutschsprachigen Raum.* In: Jahrbuch d. Deutschen Bücherei 3 (1967) S. 39–79. – PETER KITTEL, *Neue Regeln für die alphabetische Katalogisierung in den Bibliotheken der DDR.* Probleme, Ziele, Grundsätze. In: Bibliothekar 26 (1972) S. 513–517. – BRUNHILDE PLASSMANN, *Die „neue Ordnung“ im alphabetischen Katalog.* In: Bibliothekar 27 (1973) S. 300–308. – PETER KITTEL, *Eintragungen unter Personen, Körperschaften und Sachtiteln nach den neuen „Regeln für die alphabetische Katalogisierung“.* 1. In: ZfB 87 (1973) S. 650–660.

arbeitung von Titelbeschreibungen verschiedener Provenienz war im Zeitalter der Kooperation und Rationalisierung leider notwendig. Es ist alles andere als einfach.

Anwendung

Die Anwendung des neuen Regelwerkes ist eine wichtige Aufgabe für die Bibliotheksleitungen. Funktion, Größenordnung, Personallage als allgemeine Faktoren, aber auch die gegebene Katalogsituation (bisher ein AK oder bereits mehrere vorhanden, bisherige oder veränderte Teilnahme an Zentralkatalogisierungsunternehmen) haben dabei mitzusprechen.[396]

4.2.2.7. Weiterentwicklung seit der Pariser Konferenz

Büro für internationale Katalogisierungsfragen

Es ist in erster Linie das Verdienst von Arthur Hugh Chaplin, unterstützt vom IVBV, der ein ständiges Büro[397] für internationale Katalogisierungsfragen (IFLA Cataloguing Secretariat, London) eingerichtet hat, die weitere Arbeit nach der Pariser Konferenz vorangetrieben zu haben. Sichtbare Ergebnisse sind folgende, die Anwendung der Grundsätze international fördernde Publikationen.

1. International Federation of Library Associations. *Statement of principles.* Adopted at the International Conference on Cataloguing Principles, Paris, October 1961. Annotated ed. with commentary and examples by Eva Verona, assist. by... Definitive ed. London 1971.
2. Suzanne Honoré, *International list of approved forms for catalogue entries for the names of states.* Provisional ed. Paris 1964. Eine endgültige Ausgabe ist in Vorbereitung.
3. Roger Pierrot, *International list of uniform headings for anonymous classics.* Provisional ed. Paris 1964.
4. *Names of persons.* National usages for entry in catalogues. Definitive ed. Ed. by Arthur Hugh Chaplin and Dorothy Anderson. Sevenoaks, Kent 1967. (International Federation of Library Associations. International manuals. 2.)
5. *List of uniform headings for higher legislative and ministerial bodies in European countries.* London 1975.

Weitere Listen, Bezeichnungen anderer wichtiger Körperschaften betreffend, sind in Vorbereitung. Der nächste wichtige Markstein in der internationalen Katalogarbeit war eine weitere *Konferenz von Experten 1969 in Kopenhagen.*[398] Seit 1965 hatten nämlich in zunehmendem Maße internationale Entwicklungen eingesetzt, die durch den Einsatz von

[396] Dazu wichtig der verdienstvolle Problemkatalog von HEINZ HÖHNE, *Gedanken zur Umarbeitung und zum Abbruch alphabetischer Kataloge.* In: Jahrbuch der Deutschen Bücherei 8 (1972) S. 1–20. Dort Lit.angaben.

[397] Es gibt vierteljährlich das Informationsblatt „*International Cataloguing*" heraus.

[398] HEINZ HÖHNE, *IFLA International meeting of cataloguing experts (IMCE) vom*

Datenverarbeitungsanlagen neue Probleme aufgeworfen hatten. Es wurden Übereinstimmungen zu einigen Fragen der Anwendung der Grundsätze der Pariser Konferenz erzielt. Von praktischer Bedeutung ist eine Abänderung der Grundsätze bezüglich der Behandlung von Städte- und Staatennamen; es wird empfohlen, die Originalformen zu verwenden. Diese Klärung befindet sich in Übereinstimmung mit der in der Deutschen Demokratischen Republik geltenden Schreibweise geographischer Namen.[399]

Ergebnisse der Kopenhagener Konferenz

Von großer Bedeutung für die Zukunft werden die ersten Ergebnisse dieser Konferenz für den wichtigen internationalen Austausch von Kataloginformationen mit Hilfe der EDV sein. Ausgehend von einer Studie Michael Gormans[400], hat Ákos Domanovszky[401] die Stellungnahmen nationaler Expertengruppen – auch des Bibliotheksverbandes der DDR – zugearbeitet. Die ersten Ergebnisse der Kopenhagener Konferenz[402], die noch der weiteren internationalen Abstimmung und Präzisierung bedürfen, kann man für die künftige internationale Zusammenarbeit auf dem Gebiete der automatisierten alphabetischen Katalogisierung gar nicht hoch genug veranschlagen. Für eine internationale, maschinenorientierte Standardisierung kann es nicht nur um die einheitliche Titelaufnahme gehen, sondern auch um die Festlegung der Hauptelemente eines Titels und deren Abfolge, also um eine standardisierte Titelbeschreibung. Um dazu gelangen zu können, mußte für die Bearbeitung neuer Bücher in diesem Sinne der Fetisch „Titelblatt“, der ohnehin im Laufe seiner Entwicklung nur noch eine fiktive Einheit darstellte, geopfert werden: Die für eine Titelbeschreibung notwendigen Elemente sind unabhängig vom zufälligen Titelblatt zu gewinnen. Umgekehrt und in Abweichung von der Tradition der Preußischen Instruktionen: Verzicht darauf, daß das Titelblatt aus der Titelaufnahme rekonstruierbar sein müsse. Als Hauptelemente wurden, in folgender Abfolge, gebilligt:

standardisierte Titelbeschreibung

22.–24. 8. 1969 in Kopenhagen. In: ZfB 84 (1970) S. 19–32; ausführlicher Bericht mit Lit.angaben. Ebenso FRANZ GEORG KALTWASSER in ZfBB 17 (1970) S. 1–17; mit Abdruck des Report in engl. Sprache. – ANNELIESE BUDACH, *Internationale Vereinheitlichung der formalen Titelbeschreibung (Standard bibliografic description).* In: ZfBB 17 (1970) S. 283–288.

399 *Instruktion für die Schreibweise geographischer Namen in Erzeugnissen der DDR.* 5. Aufl. Berlin 1974.

400 *Bibliographical data in national bibliography entries.* Document for examination. Nr. 2 dieser Konferenz.

401 *Working paper.* Nr. 2 dieser Konferenz.

402 International federation of library associations. *International standard bibliographic description* (for single volume and multi volume monographic publications). London 1971.

1. Sachtitel
2. Zusätze zum Sachtitel
3. Verfasserangaben
4. Sekundäre Verfasserschaft (auf das Werk bezogen)
5. Ausgabebezeichnung
6. Sekundäre Verfasserschaft (auf eine Ausgabe bezogen)
7. Erscheinungsvermerk
8. Kollation
9. Serienangabe
10. Fußnoten

Dazu folgende Erläuterungen: Es wird vorausgesetzt, daß jede Titelaufnahme einen Ordnungsblock (heading) bekommt. „Als Werk wird eine geistige Schöpfung bezeichnet, die in einer oder mehreren Ausgaben erschienen ist";[403] es kann sich um ein Einzelwerk, eine Sammlung oder ein Sammelwerk handeln. „Als Ausgabe wird die Gesamtheit der bibliographisch identischen Exemplare bezeichnet, die bei der Vervielfältigung entstanden sind." Verschiedene Auflagen entsprechen verschiedenen *Ausgaben* eines Werkes, ebenso Teilausgaben, Auszüge eines Werkes.

Internationale Standard-Buchnummer

Zur eindeutigen Identifizierung einer bestimmten bibliographischen Einheit hat sich in zahlreichen Ländern die Internationale Standard-Buchnummer (ISBN) durchgesetzt. Sie ist primär für das Bestell- und Abrechnungsverfahren im Buchhandel von Nutzen und daher in nationale und fachliche Buchverzeichnisse eingedrungen; ihre Einbeziehung in die normierte Titelbeschreibung wird von der Kopenhagener Konferenz empfohlen. Das setzt voraus, daß sie im nationalen bibliographischen Rahmen Aufnahme gefunden hat.

Die Konferenz in Kopenhagen hat ferner zu Problemen Stellung genommen, die heute in der internationalen Diskussion sind, dem Shared cataloging program und dem MARC Project (Machine-Readable-Cataloging-Project), Fragen, die mit der Standard bibliographic description aufs engste zusammenhängen.

Das Shared cataloging program[404] ist ein Unternehmen, das primär für den

[403] Vgl. hierzu DBV, Komm. f. Katalogfragen... *Regeln für die alphabetische Katalogisierung.* §§ 201–220. Ordnung der Eintragungen. Vorabdruck. Berlin 1969.

[404] Über dieses amerikanische Zentralkatalogisierungsunternehmen gibt es bereits eine reiche Spezialliteratur. Ausgangspunkt war: L. QUINCY MUMFORD, *International co-operation in shared cataloging.* In: Unesco bull. f. libr. 22 (1968) S. 9–12. Kommentare und Stellungnahmen: HEINZ HÖHNE, *Über den Fortgang der Arbeiten am neuen Regelwerk für die alphabetische Katalogisierung im deutschsprachigen Raum.* Leipzig 1967 S. 68–70. – FRANZ GEORG KALTWASSER, *Internationaler Austausch von Kataloginformationen.* Das „Shared cataloging program" der Library of Congress in europäischer Sicht. In: Libri 18 (1968) S. 237–256. – HERMAN LIEBAERS, *Shared cataloging.* 1.2. In: Unesco bull. f. libr. 24 (1970) S. 62–72 u. S. 126–138 mit internat. Lit.angaben. – Ferner *Lexikon des Bibliothekswesens.* 2. Aufl. 1974 (H. Roloff). Laufende Berichterstattung im *Information bulletin* der Library of Congress ab 55 (1966).

amerikanischen Drang nach einer Vormachtstellung charakteristisch ist. Wir müssen festhalten, daß der damalige Direktor der Library of Congress, L. Quincey Mumford, die internationale bibliothekarische Welt auf einer IVBV-Tagung mit diesem Projekt überrascht hat, nachdem im Februar 1966 in London eine Besprechung in sehr engem Kreis dazu gedient hatte, die Stellungnahme einiger westeuropäischer Länder zu testen. Ausgangspunkt sind nicht Bemühungen um internationale Kooperation, sondern die nackten Feststellungen, daß die Erfassung ausländischer Literatur für amerikanische Bibliotheken verbessert, beschleunigt und vereinfacht werden sollte. Auch die Beseitigung von Doppel- und Vielfacharbeit bei der Erfassung und Erschließung relevanter Forschungsliteratur war ein maßgeblicher Gesichtspunkt dafür, daß in einem Gesetz des Weißen Hauses (Higher education act 1965) der Library of Congress ab 1966 beträchtliche Mittel für die Wahrnehmung dieser Aufgaben zur Verfügung gestellt wurden. Shared cataloging ist ein Teil des amerikanischen National program for acquisitions and cataloging. Nichtamerikanische Bibliotheken, die für dieses nationale Beschaffungsprogramm Zuarbeit leisten, werden dafür aus diesen Mitteln bezahlt. Der Grundgedanke des Unternehmens ist denkbar einfach und ähnelt dem Farmington Plan: Entwickelte Bibliotheksländer liefern Titelaufnahmen wichtiger Literatur, die den Katalogisierungsregeln der Library of Congress angepaßt und als Zetteldrucke von dieser Bibliothek beziehbar sind. Mit jedem Land, das sich zur Mitarbeit bereit erklärt hat, wird ein besonderer Vertrag abgeschlossen; als erste Einrichtung ist die British national bibliography (schon 1966) in dieses Geschäft eingestiegen. Die Titeldrucke der Library of Congress können von allen Bibliotheken der Welt gegen Entgelt bezogen werden. Weil einerseits die nationalen Titelaufnahmegepflogenheiten Verschiedenheiten aufweisen, andererseits das Unternehmen des Shared cataloging mit der Vereinheitlichung der primären Nationalbibliographien der beteiligten Länder steht oder fällt, sind auch aus dieser Sicht die Normierungsbestrebungen verständlich.

Shared cataloging program

Das MARC Project[405] steht in weltweitem Zusammenhang und geht seinerseits wiederum von Feststellungen aus, die unbestreitbar sind: Internationale Kooperation ist notwendig, weil heute kein Land mehr die Weltproduktion an Literatur erwerben und erschließen kann. Deshalb sollte jedes Land ein bibliographisches Zentrum besitzen, das alle literarischen Dokumente unabhängig von ihrer äußeren Form (auch Ton- und Bildträger) verzeichnet, und zwar in einer maschinenlesbaren Form, die den Austausch mit anderen Ländern sichert. Wenn in der weiteren Entwicklung in jedem Land bibliographische Datenbanken unterhalten werden,

MARC Project

[405] Dieses 1967 als MARC Pilot Project einsetzende Experiment der Library of Congress war darauf gerichtet, Titelaufnahmen auf Magnetbändern in maschinenlesbarer Form herzustellen, die in erster Linie für Katalogzwecke, aber auch für den Bestandsaufbau und vor allem die Information über Literatur verwendbar sein sollten. Die weitere Entwicklung führte zum MARC II Project, das von der Library of Congress und der British national bibliography gemeinsam betrieben wird.

würde sich ein internationales Datentausch-Netz herausbilden. Abgesehen von den Kosten, die ein solches gewaltiges internationales Unternehmen verschlingt und die zu bestreiten nach Prüfung der Effektivität für das eigene Land nur unterschiedlich möglich sein wird, sind bis zur Schaffung eines Supermarc-Systems noch viele und wichtige Abstimmungen in den Grundlagen, den vereinheitlichten bibliographischen Daten, notwendig. Das beweisen die bisherigen Schritte, eben die Erfahrungen mit MARC I und MARC II.

Die gegenwärtigen Bemühungen gehen um die Überwindung bestehender Abweichungen, wie sie bereits jetzt bei Anwendung des Austauschformats erkennbar sind: bei der bibliographischen Beschreibung, bei nationalen Unterschieden der Ansetzungsregeln bei den Sacherschließungsdaten sowie bei der Transkription und den Zeichensetzungen. Es geht um MARC international.[406]

Die Anwendung der elektronischen Datenverarbeitung für Katalogzwecke[407] hat eindeutig ein erstes positives Ergebnis gehabt: Sie hat zu einer Besinnung auf das Wesen der Titelaufnahme geführt und auf die Trennung von Beschreibungs- und Ordnungselementen hingeführt, insgesamt also zu einer Klärung ihrer Elemente beigetragen, weil eine Grundvoraussetzung für die maschinelle Verarbeitung die formale, logisch unmißverständliche Gleichheit der Titelaufnahme auf der Grundlage einwandfrei geklärter Elemente ist.

4.2.2.8. Richtzahlen für die Titelaufnahme[408]

Die Frage der Richtzahlen hat die Bibliothekare gerade bei der Titelaufnahme schon häufig bewegt. Sie schwanken ganz beträchtlich, nämlich zwischen 10 und 40 pro Tag und Arbeitskraft. Diese Schwankungen erklären sich zum Teil aus dem Schwierigkeitsgrad (Forschungsliteratur, Reports, amtliche Druckschriften, Pflichtexemplare und Kleinliteratur), besonders aber aus dem Prozentsatz fremdsprachiger Literatur (seltene Sprachen).

---

[406] Nach *The exchange of bibliographic data and the MARC format.* Austausch bibliographischer Daten und das MARC Format. Proceedings of the International seminar on the MARC format and the exchange of bibliographic data in maschine readable form. Berlin (West), June 14th–16th 1971. München-Pullach, Berlin (West) 1972. (Bibliothekspraxis. 6.)

[407] GÜNTHER PFLUG, *Der Einfluß der elektronischen Datenverarbeitung auf die Katalogisierungspraxis.* In: Aktuelle Probleme der Bibliotheksverwaltung. Festgabe Hermann Fuchs z. 70. Geb. am 13. 3. 1966. Wiesbaden 1966 S. 111–124. – *Maschinengerechte Erfassung von Titelaufnahmen mit Lochstreifenschreibmaschinen.* Berlin (West), Köln, Frankfurt/Main 1972.

[408] Vgl. HEINRICH ROLOFF, *Probleme der Rationalisierung in der bibliothekarischen Arbeit.* In: ZfB 70 (1956) S. 401–423). – HERMANN FUCHS, *Der alphabetische Katalog und seine Leute.* In: Libris et litteris. Festschrift f. Hermann Tiemann... Hamburg 1959 S. 89–90 (S. 84–92). Fuchs stützt sich auf die von W. Tiemann berechneten Werke. Vgl. *Der Wiederaufbau der Staats- und Universitätsbibliothek Hamburg.*

4.2.3. *Sachkatalogisierung*[409]

4.2.3.1. Grundbegriffe

„Sachkatalog“ ist der übergeordnete Begriff für denjenigen Katalog einer Bibliothek, der Sachfragen beantwortet. Er weist den Weg zu den vorhandenen literarischen Dokumenten über ein bestimmtes Thema, wobei die Verfasser solcher Schriften für seine Ordnungsgesichtspunkte nebensächlich sind. Man unterscheidet bei den Sachkatalogen den Systematischen Katalog, früher Realkatalog genannt, und den alphabetischen Sachkatalog oder Schlagwortkatalog. Anders ausgedrückt, der Sachkatalog verzeichnet Realien oder Gegenstände in systematischer Ordnung bzw. in einer für zweckmäßig gehaltenen Abfolge oder in alphabetischer Ordnung. Terminologie

Die traditionelle Form des Systematischen Katalogs ist der Bandkatalog, jedenfalls solange er standortgebunden war. Die neueren standortfreien Sachkataloge bevorzugen fast ausschließlich die Zettelform. Alle neueren Schlagwortkataloge werden als Zettelkataloge geführt. Form

Im systematischen Bandkatalog erleichtert eine Systemübersicht, früher Conspectus oder Rotulus genannt, in jedem Band die Orientierung. Sie gibt die Seitenzahlen an, auf denen eine neue Stelle im System beginnt. Im Zettelkatalog wird diese Übersicht mittels Leitkarten verschiedener Größen und Farben hergestellt. Systemübersicht

Die Notation ist ein integrierender Bestandteil des standortfreien und in Zettelform geführten Systematischen Katalogs; nur mit ihrer Hilfe kann eine Sachstelle in einem solchen Katalog präzis und unverwechselbar Notation

---

Jahresbericht 5/6. 1949/1951 S. 21. 7/9. 1951/1954 S. 70. 10/12. 1954/1957 S. 71. – RUDOLF LAIS, *Über Rationalisierungsmaßnahmen in der Titelaufnahme.* In: ZfBB 11 (1964) S. 150–154.

[409] Lit.: WILHELM FUCHS, *Zur Theorie und Praxis des Realkatalogs.* 1.2. Göttingen 1941–1944. (Hainbergschriften. 9.) – HEINRICH ROLOFF, *Lehrbuch der Sachkatalogisierung.* 4. Aufl. Leipzig 1975. – W. HOWARD PHILIPS, *A primer of classification.* 5. ed. London 1961. Erste Ausg. 1937. Ausgezeichnete lehrbuchmäßige Darstellung der Grundsätze der Klassifizierung sowie der bedeutendsten Klassifikationen (DK, Cutter, Libr. of Congr., Colon classification, Bliss usw). – JORIS VORSTIUS, *Die Sachkatalogisierung in den wissenschaftlichen Allgemeinbibliotheken Deutschlands.* Leipzig 1948. – HEINRICH ROLOFF, *Die Sachkatalogisierung.* In: Handbuch II 2. Aufl. (1961) S. 286–318. – E. I. ŠAMURIN, *Geschichte der bibliothekarisch-bibliographischen Klassifikation.* Übers. v. W. Hoepp. Bd. 1.2. Leipzig 1964–1967; Orig.ausg. Moskva 1955. – *Classification research.* Proceedings of the Second International Study Conference 14th to 18th Sept. 1964. Copenhagen 1965. – WILLIAM CHARLES BERWICK SAYERS, *A manual of classification for librarians.* 4. ed. rev. ... by Arthur Maltby. London 1970; seit 1. Aufl. 1926 weit verbreitet in angelsächsischen Bibliotheken. – HEINRICH ROLOFF, *Aktuelle Probleme des Sachkatalogs.* Vortrag. In: Biblos 18 (1970) S. 82–96. – Eine nützliche Einführung in aktuelle Probleme der Sachkatalogisierung gibt HEINRICH ROLOFF mit seiner kleinen Schrift *Sachkatalogisierung auf neuen Wegen. Von der Facettenklassifikation zu Deskriptor und Thesaurus.* 4. Aufl. Leipzig 1976, mit Literaturangaben u. Register.

bezeichnet werden. Sie ist operatives Element der Katalogbearbeitung. Eine Definition der Notation lautet: „Die Notation ist ein Hilfsmittel zur praktischen Führung eines standortfreien Systematischen Katalogs. Sie dient der formelhaften Bezeichnung einer bestimmten Sachstelle und verwendet dazu Symbole.“[410] Als Symbole haben sich Groß- und Kleinbuchstaben des lateinischen Alphabets sowie arabische Ziffern bewährt. Wichtigste Grundsätze für ein Notationssystem sind Paßfähigkeit entsprechend der Klassifikation und Erweiterungsfähigkeit.

Schlüsselung

Neben den formalen Ordnungsmitteln des Systematischen Katalogs wie Alphabetisierung (z. B. von Ortsbegriffen und Personennamen) und chronologische Gliederung (z. B. von Schriftstellern, Gelehrten) ist für die Katalogmethodik die Schlüsselung[411] von größter Bedeutung. Darunter versteht man immer wiederkehrende Kategorien literarischer Dokumente, die sich für eine normierende, vereinheitlichte Behandlung als Untergruppe innerhalb eines Systematischen Katalogs gut eignen. Solche in ihrer Abfolge festgelegten Begriffsreihen nennt man Schlüssel, Hilfsmittel also, die den Katalog gleichsam „aufschließen“. Sie können literarisch-formale, räumliche oder zeitliche Bindungen betreffen, also einen Schlüssel der Literaturformen, der Länder und Orte oder zeitlicher Perioden bilden. Das Streben nach Schlüsselung ist schon seit dem 18. Jahrhundert erkennbar und hat u. a. in der UDK sowie im „Mainzer geschlüsselten Katalog“ Anwendung gefunden. Praktisch bedeutet das z. B., daß man Bibliographien, Periodica, Ausbildung und Beruf, Geschichte, Biographien usw. eines Faches nach einem festgelegten Schlüssel immer an der entsprechenden Stelle innerhalb jedes Faches auffinden kann. Neben allgemeinen Schlüsseln haben sich auch Spezialschlüssel für bestimmte wissenschaftliche Disziplinen bewährt (Sprachwissenschaft, Kunst usw.).[412]

Schlagwortregister

Ebenso unentbehrlich sind für jeden Systematischen Katalog außer der Systemübersicht die Register, die je nach der Form des Katalogs geführt werden, besonders das Schlagwortregister. Es verweist nicht auf Titel, sondern nur auf die Stellen im Systematischen Katalog, an denen die einschlägige Literatur zu finden ist. Das Schlagwortregister ist ebenso wichtig für den Benutzer, dem es einen leichten Zugang zum Katalog

---

410 HEINRICH ROLOFF, *Lehrbuch der Sachkatalogisierung.* 4. Aufl. Leipzig 1975 S. 86 bis 91; Zitat S. 87. – HELMUT BECK, *Die Notation im Systematischen Katalog.* In: ZfB 84 (1970) S. 577–594.

411 H. ROLOFF, *Sachkatalogisierung.* 1975 S. 79–86.

412 Es ist erfreulich, daß dieses wichtige Gebiet in neuerer Zeit durch weiterführende Untersuchungen bereichert worden ist, z. B. OTTO RÜBESAME, *Probleme des geographischen Schlüssels.* In: ZfB 77 (1963) S. 309–316. – HELMUT BECK, *Der Sachkatalog und die Allgemeingruppen.* In: ZfB 79 (1965) S. 581–600 und S. 705–720. – JOACHIM DIETZE, *Möglichkeiten der Schlüsselung am Beispiel des neuen systematischen Kataloges der UuLB Sachsen-Anhalt in Halle.* In: Über Bücher, Bibliotheken und Leser. Ges. Beiträge zum 60. Geburtstag von Horst Kunze. Leipzig 1969 S. 38–52. (ZfB. Beih. 86.) – WOLFGANG BUDACH, *Probleme der Schlüsselung in Katalog- und Aufstellungssystemen.* Bremen 1971. (Bremer Bibliotheksschriften. 1.)

gewährt, wie für den Bibliothekar, dem es ein ständiges Kontrollmittel bedeutet.[413]

Alphabetische Register (Indices, Singular: Index) zu einzelnen Gebieten eines Systematischen Katalogs sind nur bei Katalogen größeren Umfangs von Wichtigkeit. Solche Indices zu einzelnen Sachgebieten (z. B. Astronomie, Kunst usw.) enthalten nur kurze Eintragungen, die das Auffinden einer bestimmten Schrift an einer Stelle des Systems erleichtern.

alphabetisches Register

4.2.3.2. Grundlinien der Entwicklung

Die Entwicklung der Wissenschaften, die Produktion wissenschaftlicher Literatur und die Aufnahme der Literatur durch Bibliotheken sind drei verschiedene Dinge. Die Klassifizierung der Wissenschaft ist ein Prozeß der Selbstverständigung der Philosophen und Fachwissenschaftler. Die Entwicklung der wissenschaftlichen Literatur vollzieht sich unter bestimmten politischen und gesellschaftlichen Bedingungen; ihr Träger ist der Buchhandel. Das Mitgehen der Bibliotheken mit der Literaturentwicklung ist von äußeren und inneren ökonomischen und politischen Faktoren (Unterhaltsträger, Funktion) abhängig.

Klassifizierung

Die Geschichte der bibliothekarischen Sachkatalogisierung lehrt, daß die wissenschaftlichen Systeme der einzelnen Epochen (Leibniz, Saint-Simon, Comte) zwar Einfluß auf die Systemüberlegungen der Bibliothekare gehabt haben, aber erst in neuester Zeit zur Grundlage bibliothekarischer Systeme gemacht worden sind (z. B. BBK).

Geschichte der Sachkatalogisierung

Während noch bis in das 17. Jahrhundert die Aufstellung der Bücher secundum pulpita oder nach Formaten, ergänzt durch einen Standortkatalog, für ausreichend gehalten wurde, änderte sich die bibliothekarische Praxis im 18. Jahrhundert. Nach dem Beispiel der Göttinger UB wurde Übereinstimmung von Aufstellung und Katalogisierung erstrebt. Der neugeschaffene Realkatalog übernahm zugleich die Funktion des Standortkatalogs: der standortgebundene Systematische Katalog war geboren. Bei dem in der bibliothekarischen Literatur so viel zitierten Göttinger Beispiel übersieht man meist, daß die von J. D. Reuß durchgeführte Neuordnung auf dem alten, 1738 von Georg Matthiae konzipierten Schematismus aufbaute, der sich in keiner Weise von den bis dahin üblichen Anlehnungen an die scholastische Wissenschaftshierarchie unterschei-

der standortgebundene Systematische Katalog

---

[413] C. M. BERDIČEVSKAJA, *Predmetnye ukazateli k sistematičeskim katalogam naučnych bibliotek.* Moskva 1961. – HELMUT BECK, *Das Schlagwortregister zum Systematischen Katalog.* In: Weite Welt und breites Leben. Festschrift zum 80. Geburtstag von Karl Bulling... Leipzig 1966 S. 23–42. (ZfB. Beih. 82.) – ADALBERT GUTHJAHR, *Die Wechselbeziehung zwischen dem systematischen Katalog und seinem Schlagwortregister.* Nutzen und Aufbau einer systematischen Schlagwortübersicht. In: ZfB 86 (1972) S. 26–35.

det. Er umfaßt Historia, Theologia, Jurisprudentia, Medicina, Philosophia, Philologia.[414]

Koppelung von Sachkatalogisierung und Aufstellung

Auch in der Folgezeit genügt für die Zwecke der Bibliotheken mit überwiegendem Sammlungscharakter irgendeine traditionelle Gruppenaufstellung. Es galt im 18. Jahrhundert als „modern und natürlich", inhaltsgleiche Literatur auch räumlich zu vereinigen und die so aufgestellte Literatur im Realkatalog widerzuspiegeln, wobei die Bibliothekare sicher waren, das Wesentliche an europäisch-internationaler Literatur zu erfassen. „Schon beim Betrachten müsse man die ganze Literärgeschichte wie in einem Spiegel aufgefangen vor sich sehen"[415]; deshalb galt den europäischen Bibliothekaren die systematische Aufstellung der Bücher, genauer gesagt, die Aufstellung nach Wissenschaftsgebieten, als selbstverständlich. 100 Jahre später erwies sich dieses Prinzip als ein schweres Hemmnis. Die Koppelung von Sachkatalogisierung und Aufstellung war brüchig geworden: Die Krise des Systematischen Katalogs war offenbar. Von da an setzt ein vielfältiges Streben ein, vom „Alten" loszukommen – nicht nur von der Standortbindung, sondern auch vom „System" überhaupt. „Beweglichkeit", „Elastizität" wurden die modernen Schlachtrufe der Sachkatalogisierer. Ein Schritthalten der Sachkatalogisierung mit der Entwicklung der Wissenschaften, mit dem System der Wissenschaften schien unmöglich geworden zu sein.

wissenschaftliche und bibliothekarische Systeme

Auf der Suche nach einer Erklärung für dieses bewußte Abrücken von dem wissenschaftlichen System zugunsten „bibliothekarischer Systeme" stellte sich die Auffassung ein: „Das wissenschaftliche System soll den wissenschaftlichen Charakter einer Zeit repräsentieren" (Otto Hartwig). Die Aufgabe der Bibliothekare sei es, Bücher zu ordnen. Man bezeichnete ihre den Wissenschaftsgebieten entsprechenden Gruppierungen als bibliothekarische Systeme.[415a]

Führungsfach

Von einer ausgewogenen Koordinierung gleichwertiger Fächer führt der Weg konsequent zum Gruppenkatalog. Wie sich auf dem Gebiete der bibliothekarischen Systeme die Akzente entwicklungsgeschichtlich verlagert haben, beweist z. B. das Führungsfach. Zunächst war es als Spiegelung der ursprünglich vorhandenen Vormachtstellung der Kirche die Theologie, die die Systeme einleitete. An ihre Stelle treten im 18. Jahrhun-

---

[414] Es ist nicht einmal einfach, in der Literatur dieses Schema zu ermitteln. Wilhelm Fuchs hat es rekonstruiert und abgedruckt (*Zur Theorie u. Praxis des Realkatalogs.* 3. Anhang S. 11–20). Vgl. Anm. 409.

[415] Dt. Fassung eines lat. Zitates von O. Legipontius bei GEORG LEYH, *Aus der älteren Bibliothekspraxis.* In: Beiträge z. Bibliotheks- u. Buchwesen. Paul Schwenke ... gew. Berlin 1913 S. 159–174 (auch abgedruckt in G. LEYH, *Aus 40 Jahren Bibliotheksarbeit.* Wiesbaden 1954 S. 56–71). Mit Lit.angaben. Zum Verhältnis von Aufstellung und Katalogen in der älteren Bibliothekspraxis ist diese Arbeit sehr aufschlußreich.

[415a] Völlig richtig hat Christian Molbech bereits 1829 das Wesentliche des bibliothekarischen Systems erfaßt, wenn er es als die „durch Ordnung bewirkte Zweckmäßigkeit für den Gebrauch" definierte. Vgl. CH. MOLBECH, *Über Bibliothekswissenschaft oder Einrichtung und Verwaltung öffentlicher Bibliotheken.* Nach d. 2. Ausg. übers. v. H. Ratjen. Leipzig 1833 S. 54.

dert Enzyklopädismus und Literärgeschichte, im 19. Jahrhundert das Fach Allgemeines mit der Bibliothekswissenschaft. In den sozialistischen Ländern hat der Marxismus-Leninismus die Führungsrolle übernommen.

Die politische Entwicklung in Deutschland hat es mit sich gebracht, daß auch auf dem Gebiete der Sachkatalogisierung kleinstaatliches Denken und bibliothekarischer Individualismus sich kräftig entfaltet haben. Besonders erstaunlich aber ist es, daß ausgerechnet in dem Lande, in dem die bibliothekarischen Systeme gewuchert haben, die gedankliche Bewältigung des Systematischen Katalogs so wenig entfaltet ist.[416]

Theorie des Systematischen Katalogs

Eine theoretisch fundierte, nüchterne Charakterisierung des Standpunktes der deutschen Bibliothekare, die sich ein für allemal von der Systembindung frei gemacht zu haben glaubten, hat um die Jahrhundertwende Rudolf Focke[417] gegeben, wenn er feststellte:

R. Focke

„Der Realkatalog ist das unter durchgängiger Anlehnung an die Systematik der Einzelwissenschaften in Abteilungen, die der formale Charakter der Literatur ermöglicht, bibliographisch-chronologisch geordnete Verzeichnis der in einer oder mehreren Bibliotheken enthaltenen Bücher.

1. An die Stelle einer systematischen Klassifikation der Gesamtwissenschaft tritt eine aus dem Charakter und den Aufgaben einer jeden Bibliothek sich ergebende und den praktischen Bedürfnissen entsprechende Teilung in Einzelwissenschaften, deren jede durch ein Hauptfach zum Ausdruck zu bringen ist.
2. Die Frage, ob ein Forschungsgebiet als Einzelwissenschaft zu behandeln sei, entscheidet sich nicht nur nach seiner wissenschaftlichen Bedeutung, sondern auch nach dem Grade seiner bibliographischen Selbständigkeit."

Focke war es auch, der den eigenen Weg der Bibliothekare auf dem Gebiete der systematischen Katalogisierung propagierte: „Jedenfalls aber ziehe man endlich der Weisheit letzten Schluß und überlasse es anderen, Berufeneren, die an sich höchst wichtige Frage nach der systematischen Einteilung der Gesamtwissenschaft mit heißem Bemühen zur Lösung zu bringen."

Das ist überhaupt der springende Punkt der ganzen systematischen Katalogisierung. Die Wissenschaftsklassifikation kann ein neues Forschungsgebiet von einem bestimmten Zeitpunkt an ex consensu als

---

[416] Außer den unten zitierten Arbeiten von R. Focke ist die wichtigste: WILHELM FUCHS, *Zur Theorie und Praxis des Realkatalogs.* 1. 2. Göttingen 1941–1944. (Hainbergschriften. 9.)

[417] RUDOLF FOCKE, *Allgemeine Theorie der Klassifikation u. kurzer Entwurf einer Instruktion für den Realkatalog.* In: Festschrift z. Begrüßung d. 6. Versammlung Deutscher Bibliothekare in Posen. Posen 1905 S. 16. – RUDOLF FOCKE, *Grundlegung zu einer Theorie des systematischen Kataloges.* In: Beiträge zur Kenntnis d. Schrift-, Buch- und Bibliothekswesens. Leipzig 1900 S. 73. (Sammlung bibl.wiss. Arbeiten. 13.)

das zentrale Problem des Systematischen Katalogs

Wissenschaftsdisziplin anerkennen und muß ihr sodann einen Platz im System der Wissenschaft zuweisen. Diese Entscheidung wird für den Bibliothekar erst dann spruchreif, wenn eine bestimmte Menge Titelmaterial vorliegt. Auch dann wird sich seine Entscheidung hinsichtlich der Einfügung einer neuen Disziplin (Gliederungsstufe) in sein bestehendes Ordnungsgefüge (Systematischer Katalog) nach der Menge des für ihn katalogmäßig zu bewältigenden Titelmaterials richten, also primär nach bibliographischen Ordnungsgesichtspunkten. *Das Buch ist ein entscheidender Faktor für jedes bibliothekarische System, und nur bibliothekarische Systeme sind Realitäten auf dem Gebiete der Sachkatalogisierung.*

4.2.3.3. Einzelne Systeme

ältere deutsche Systematische Kataloge

J. M. Francke

Ein klassisches Beispiel aus der Geschichte der bibliothekarischen Systeme ist die Katalogarbeit Johann Michael Franckes (1717–1755) in Dresden. Aus ihr geht besonders deutlich hervor, wie die Buchbestände die systematische Gliederung bestimmen. Francke ließ sich von dem Buchbestand leiten, der aufzustellen und dementsprechend in einem Catalogus zu verzeichnen war. So kam er zu einer Gruppenbildung und einer „natürlichen" Unterteilung im Sinne der Aufklärung. Bei seiner Katalogisierung einer der bedeutendsten Privatsammlungen des 18. Jahrhunderts, der Bünauschen Bibliothek, bildete er neun Abschnitte (gedruckt als Catalogus Bibliothecae Bunavianae 1748):

1. Theologie und klassische Autoren,
2. Literärgeschichte,
3. Philosophische Schriften,
4.–9. Weltliche und kirchliche Geschichte.

Bei der Anlage des Katalogs für die Kurfürstliche Bibliothek (die heutige Landesbibliothek) zu Dresden, in der sich die Bünausche mit der Brühlschen Bibliothek vereinigte, erweiterte er dieses Schema unter Beibehaltung des Schwergewichtes der historischen Fächer. Diese breiter angelegte Systematik war bedingt durch den erweiterten Buchbestand der Bibliothek. Charakteristisch für seine bibliothekarische Arbeitsmethode ist es, daß er ein „natürliches", nämlich topographisches Ordnungsprinzip wählte. Unter Historia, z. B. bei der Geschichte eines Landes, wird alles vereint, was sich gegenständlich darauf bezieht: Geographie, Geologie, Fauna, Flora, Wirtschaft, Industrie, Kunst und Altertümer, Recht, Verfassung, Schul- und Kirchenwesen. J. M. Francke hat einen großen Einfluß auf die Sachkatalogisierungspraxis in Deutschland ausgeübt. Seine Grundsätze wurden, meist in abgewandelter Form, von anderen Bibliotheken übernommen, z. B. auch von der damaligen Königlichen Bibliothek zu Berlin (heute: Deutsche Staatsbibliothek).[418]

J. D. Reuss

Dem Göttinger Jeremias David Reuss (1750–1837; vgl. Kap. 4.2.3.2.) kam es in erster Linie darauf an, eine Verbindung von Systematischem Sachkatalog und Standortkatalog herzustellen, indem er die Aufstellung der Bücher dieser Bibliothek von ihrer Signaturgebung durch Eintragung in dem von ihm angelegten Realkatalog abhängig machte. Damit wurde der standortgebundene Systematische Katalog geschaffen, der sich unter dem Eindruck des Göttinger Beispiels eine Vormachtstellung im wissenschaftlichen Bibliothekswesen Deutschlands eroberte. Die Schaffung und Führung solcher Kataloge hatte grundlegende Folgen für die gesamte Bibliothekspraxis.

der standortgebundene Systematische Katalog

1. Er wurde für lange Zeit zum entscheidenden Auskunftsmittel der Bibliothek.
2. Er gab eine sachliche Übersicht über die Bestände und bildete damit zugleich die Grundlage für ihre planmäßige Vermehrung.
3. Er bestimmte die Standorte aller neueingehenden Objekte und bildete dadurch die Grundlage für eine Revision des Buchbestandes.
4. Die Sachkatalogisierung, die, wie die gesamte Katalogisierungsarbeit, bis dahin von irgendwelchen ständigen oder vorübergehenden Hilfskräften des Bibliothekars erledigt worden war, wurde jetzt zu einer Hauptfunktion des Bibliothekars selbst, ja sie bildete überhaupt erst die Voraussetzung für seine anderen Tätigkeiten.

Diese schwerwiegenden Folgen, die der neue standortgebundene Systematische Katalog für das wissenschaftliche Bibliothekswesen hatte, muß man im einzelnen und in ihrem Zusammenwirken begreifen. Dann erst wird man die große Wertschätzung des Systematischen Katalogs in den deutschen wissenschaftlichen Bibliotheken ermessen können. Man wird aber auch gleichzeitig von hier aus die Entwicklung der modernen Gebrauchsbibliothek verstehen lernen. Der Geschäftsgang des Buches wurde ganz neu festgelegt. Es mußte nach der Erwerbung erst den signaturgebenden Systematischen Katalog passieren, bevor es ausleihfähig werden konnte. Die Auskunftserteilung, die Vermehrungspolitik und die Führung der Sachkataloge bestimmten das Berufsbild des Bibliothekars von nun an so entscheidend, daß man daraus eine unmittelbare Einwirkung auf die Herausbildung des bibliothekarischen Berufsstandes ableiten kann.

A. A. E. Schleiermacher

Noch bewußter hat sich Andreas August Ernst Schleiermacher von den alten Fakultätswissenschaften[419] gelöst. So wird bei ihm die Theologie an den Schluß verfrachtet, die Kameralistik (Gruppe T) aber verselbständigt und – reichlich willkürlich – zwischen Medizin und Philosophie einge-

---

418 HEINRICH ROLOFF, *Aufstellung und Katalogisierung der Bestände.* In: Deutsche Staatsbibliothek. 1661–1961. Bd. 1. Leipzig 1961 S. 141–142.

419 Vom Mittelalter an (erste Universität Bologna 1158) waren die vier Fakultäten verbindlich: die theologische, juristische, medizinische und die artistische. Wenn man bedenkt, daß diese Tradition bis ins 19. Jahrhundert vorherrschend gewesen ist, kann man ihr Gewicht ermessen.

reiht. Auch dieses System hat eine nachhaltige Wirkung ausgeübt. Nachdem Schleiermacher es in der Großherzoglichen Bibliothek zu Darmstadt eingeführt hatte, wurde es von der UB Gießen und der Senckenbergischen Bibliothek zu Frankfurt a. M. übernommen; auf das noch zu besprechende Berliner Schema hat es einen sichtbaren Einfluß ausgeübt. Schleiermacher hat sein *Bibliographisches System der gesamten Wissenschaftskunde*[420] 1852 in zwei Teilen gedruckt. Es umfaßt 25 Fächer.

A	Enzyklopädie, Literärgeschichte[421], Bibliographie
B	Vermischte Schriften
C	Sprachen- und Schriftkunde, Philologie
D	Griechische und Lateinische Literatur
E–F	Schöne Wissenschaften in den neueren und orientalischen Sprachen
G	Schöne Künste
H–O	Historische Wissenschaften
P	Mathematische und physikalische Wissenschaften
Q	Naturgeschichte
R–S	Medizin
T	Industrie oder Ökonomische Forst- und Jagdwissenschaften, Technologie, Handel und Schiffahrt, Militärwissenschaften (Kameralistik)
U	Philosophie, Pädagogik
V–W	Theologie
X–Z	Jurisprudenz und Staatswissenschaften

Julius Schrader und der Berliner Realkatalog

Nicht weniger offensichtlich ist die System-Aufweichung bei dem Berliner Realkatalog[422], der 1841 von Julius Schrader angelegt und in seinen wesentlichen Teilen bis 1881 fertiggestellt wurde. Er bildet sieben große Abteilungen, gekennzeichnet durch Großbuchstaben (A–Z).

---

420 JULIUS PETZHOLDT, *Schleiermachers bibliographisches System der Wissenschaftskunde.* In: Anzeiger f. Bibliogr. u. Bibliothekswissenschaft (1853) S. 30–32, 205–208.

421 Die Aufgabe der *Literärgeschichte* sieht JOHANN AUGUST FRIEDRICH SCHMIDT (Handbuch d. Bibliothekswissenschaft) 1840 darin, daß sie „die Literatur oder den Umfang und Inbegriff der schriftlichen Geisteserzeugnisse, welche im Verlaufe der Zeit von Menschen hervorgingen und zur Bildung der Menschen beitragen sollten, hauptsächlich dem inneren Wesen oder dem Geiste nach, der in ihnen sich kund gibt, und nach dem Einflusse, den sie auf die Menschen äußerten, betrachtet ..." (S. 3). Literärgeschichte befaßt sich also, im Gegensatz zur modernen Weltliteraturgeschichte, auch mit Geschichte und Entwicklung der internationalen wissenschaftlichen Literatur. Ein klassisches und zugleich letztes Beispiel der Literärgeschichtsschreibung in Deutschland ist JOHANN GEORG THEODOR GRAESSE, *Lehrbuch der allgemeinen Literärgeschichte.* Bd. 1–4. Dresden 1837–1859.

422 JORIS VORSTIUS, *Die Sachkatalogisierung in den wissenschaftlichen Allgemeinbibliotheken Deutschlands.* Leipzig 1948 S. 35. In der gleichen Schrift gibt der Verfasser eine eingehende Darstellung dieses Katalogs (S. 32–42). – Vgl. auch AXEL VON HARNACK, *Die Benutzung des Realkatalogs der Staatsbibliothek Berlin.* In: ZfB 59 (1942) S. 332–341. – HEINRICH ROLOFF, *Aufstellung und Katalogisierung*

A	Allgemeines
B–E	Theologie
F–H	Rechts- und Staatswissenschaft einschl. Kriegskunst
J–M	Medizin und Naturwissenschaften
N–O	Pädagogik, Philosophie, Kunst, Technik
P–U	Geschichte
V–Z	Sprachen und Literaturen

Sie lehnen sich an das natürliche Prinzip von J. M. Francke an: Bei Geschichte (P–U) werden die verschiedensten auf ein Land bezogenen Gegenstände vereinigt. Aber auch der Einfluß A. A. E. Schleiermachers ist in der Koordinierung der Facheinteilung spürbar. Wichtiger ist jedoch, daß die Zweckmäßigkeit für den Gebrauch sich hier konsequent manifestiert. Die Abteilungen des Katalogs werden bewußt nicht nach wissenschaftlichen Lehrmeinungen und Theorien über Dinge, sondern nach den Eigenschaften und den natürlichen Beschaffenheiten der Dinge gebildet. Hier zeigen sich aber auch die Grenzen dieses Prinzips sowie aller bibliothekarischen Ordnungen wissenschaftlicher Gegenstände. Gewiß liegt ein physischer Realismus vor, wenn z. B. im Fach Medizin die Krankheiten einfach nach Körperteilen, an denen sie auftreten, aneinandergereiht werden. Ganz gewiß setzt man sich damit über zeitbedingte Lehrmeinungen hinweg – man muß aber auch sehen, daß solche Ordnungsprinzipien einem vulgären Materialismus sehr nahe stehen und daß ihre Anwendung vielfach wissenschaftlichen Aberwitz zur Folge hat. Daneben weist dieses System typische Kennzeichen der bibliothekarischen Systeme auf: Anpassungsfähigkeit durch alphabetische, chronologische und sogar schlagwortmäßige Einteilungen.

Realkatalog O. Hartwig

Bei dem *Schema des Realkatalogs der Kgl. Universitätsbibliothek zu Halle a. d. Saale* (1888), das Otto Hartwig[423] ausgearbeitet hat, wird zwar noch einmal nach außen die universitas litterarum repräsentiert. Hier kann man von einem überlegten, praktisch bibliothekarischen System sprechen. Seine Anwendung wird noch von der Hoffnung getragen, eine umfassende Auswahl der wissenschaftlich wichtigen Literatur aller Gebiete in der Bibliothek gewährleisten zu können.[424]

---

der Bestände. In: Deutsche Staatsbibliothek. 1661–1961. 1. Geschichte u. Gegenwart. Leipzig 1961 S. 146–151. – „Daß der Berliner Realkatalog (ähnlich dem späteren Hartwigschen) nichts weniger sein will als ein streng logisches System, sondern ein den Bedürfnissen praktischer Brauchbarkeit angepaßtes Werkzeug, zeigt sich am deutlichsten an den vielen Stellen, wo er bewußt von einer logischen oder wissenschaftlichen Gliederung abweicht und in Untergruppen einfach alphabetisch ordnet." Vgl. RUDOLF KAISER, *Die Katalogisierung.* In: Handbuch II (1933) S. 287.

423 Leipzig 1888. (ZfB Beih. 3.)

424 Von diesem stolzen Bewußtsein getragen, sind in den achtziger Jahren des 19. Jahrhunderts noch eine ganze Reihe anderer Realkataloge entstanden, bei denen sich wiederum das begrenzte kleinstaatliche und individuelle Denken und Handeln des deutschen Bibliothekars äußert: so entstehen neue gedruckte „Systeme" in

Charakteristisch für das Hartwigsche System ist die bewußte und markierte Unterteilung in Geisteswissenschaften (A–N) und Naturwissenschaften (P–U) mit dem Bindeglied Geographie (O), die mit ihrem historischen Teil und der Länderkunde zu den Geisteswissenschaften, mit ihrem physikalischen Teil zu den Naturwissenschaften gehört. So kommt Hartwig zu 20 Gruppen, von denen die ersten 13 den Geisteswissenschaften, die letzten 6 den Naturwissenschaften eingeräumt werden. Technik ist als ein Anhängsel bei Land- und Forstwirtschaft (T) untergebracht.

A Bücherkunde und Allgemeine Schriften
B Allgemeine Sprachwissenschaft und orientalische Sprachen
C Klassische Philologie
D Neuere Philologie
E Schöne Künste
F Philosophie
G Pädagogik
H Kulturgeschichte und Allgemeine Religionswissenschaft
I Theologie
K Rechtswissenschaft
L Staatswissenschaft
M Historische Hilfswissenschaften
N Geschichte
O Erdkunde
P Allgemeine naturwissenschaftliche Schriften und mathematische Wissenschaften
Q Physik und Meteorologie
R Chemie
S Naturwissenschaften
T Land- und Forstwirtschaft, Technologie
U Medizin

Innerhalb jeder der 20 Gruppen macht die Schlüsselung bedeutende Fortschritte, d. h., es können bestimmte Untergruppen wie Bibliographie, Geschichte, Zeitschriften, Wörterbücher, Gesamtdarstellungen usw. auftreten, während die Ordnung innerhalb der kleinsten Gruppe eine chronologische nach dem Erscheinungsjahr der Bücher ist. Dieses System hat seine bibliothekarische Brauchbarkeit bewiesen. Seine Nachwirkung ist trotz seines offensichtlichen Mangels hinsichtlich der technisch-naturwissenschaftlichen Fächer beträchtlich gewesen.

Sachkatalog der Deutschen Bücherei

Die Auflösungstendenz des „Systems“ wird ganz offenbar bei dem Sachkatalog der Deutschen Bücherei.[425] Hier wird die praktische Bewährung

---

Hamburg (1885), *Heidelberg* (1885), *Kiel* (1883 u. 1888), vorher bereits *Stolberg-Wernigerode* (1866); vgl. ARNIM GRAESEL, *Handbuch der Bibliothekslehre.* 2. Aufl. Leipzig 1902 S. 513–515.

[425] ERNST RÜCKERT, *Der Sachkatalog der Deutschen Bücherei.* 1913–1945. In: ZfB 64

des Sachkatalogs oberstes Gesetz. Er vereinigt wichtige Elemente des Systematischen Katalogs mit solchen des Schlagwortkatalogs, ja, man kann sogar sagen, daß sich in ihm die verschiedensten Methoden ein Stelldichein geben. Die Einstellung auf die praktischen Bedürfnisse, die sowohl dem Dienstbetrieb (Auskunftserteilung, Bearbeitung von Bibliographien, Ausstellungen und Signierdienst) als auch dem Benutzer gerecht werden, bestimmt die Führung dieses Katalogs ausschließlich. Dafür muß eine gewisse Uneinheitlichkeit in Kauf genommen werden. Die für ihn aufgestellten Richtlinien geben nur die Marschrichtung an, sie lassen dem einzelnen Katalogbearbeiter jedoch sehr viel Spielraum für eigene Entscheidungen. Für seine zweckmäßige Auswertung muß der Leser – ein weiterer Nachteil seiner der Praxis zugewandten Methode – mancherlei wissen und beachten.[426]

Gruppenbildung

Zehn Hauptgruppen, die durch mnemotechnische Buchstabengruppen charakterisiert werden, bilden den Oberbau dieses Sachkatalogs[427]:

A	Allgemeines, Buch- und Schriftwesen, Bildungswesen
Ph	Philosophie, Religion
Ku	Kunst, Musik, Theater
Li	Sprachen und Literatur
Ge	Geschichte, Kulturgeschichte, Erd- und Völkerkunde
Re	Recht, Staat, Wirtschaft
Me	Medizin, Pharmazie
Ma	Mathematik, Naturwissenschaften, Land- und Forstwissenschaften
Te	Technik und Handwerk
Sp	Sport, Spiele, Hauswirtschaft, Verschiedenes

Es handelt sich also um Gruppenschlagwortkataloge: „Innerhalb der Hauptgruppen sind Schlagwörter wie in einem Konversationslexikon alphabetisch angeordnet" (S. 11). „Die unter einem Schlagwort verzeichnete Literatur ist meist systematisch gegliedert" (S. 12). Zur Erleichterung der Benutzung sind Register geschaffen worden, und zwar ein alphabetisches Register und ein systematisches Register zu jeder Hauptgruppe. Das „natürliche Prinzip", der Stolz bzw. der Trick der Bibliothekare, kommt auch in diesem Katalog darin zur Geltung: „Literatur über Allgemeine Landeskunde sowie Geschichte, Politik, Kultur, Wirtschaft und Statistik, die auf Länder und Orte sowie sonstige geographische Begriffe

---

(1950) S. 332. – *Der Alphabetische Katalog und der Sachkatalog der Deutschen Bücherei.* Leipzig 1961. Sämtliche Zitate im Text nach dieser Benutzungsanleitung. 4., veränd. Aufl. 1965. – ERNST RÜCKERT u. RUDI FRANZ, *Geschichte, Problematik und gegenwärtiger Stand d. Gruppenschlagwortkataloges der DB.* In: Deutsche Bücherei 1912–1962. Festschrift. Leipzig 1962 S. 175–1974. Lit. dazu S. 358.

[426] ERNST RÜCKERT, *Der Sachkatalog d. Deutschen Bücherei.* 1913–1945. In: ZfB 64 (1950) S. 323–343.

[427] *Der Alphabetische Katalog und der Sachkatalog der Deutschen Bücherei.* Leipzig 1968.

bezogen ist, muß in der Gruppe Ge unter dem Schlagwort ‚Länder und Ortschaften‘ gesucht werden.“ Dasselbe gilt für Literatur über Personen und ihr Werk (ebenfalls bei „Ge“).

SK ab 1974

Für alle Veröffentlichungen mit dem Erscheinungsjahr 1974 ff. wurde ein neuer Sachkatalog begonnen, der ebenfalls in der bewährten Form des Gruppenschlagwortkatalogs geführt wird. Abweichend von den bisherigen Sachkatalogabschnitten (1913–1945 und 1945–1973) besteht er jedoch aus 14 Hauptgruppen, die eine Kontraktion der sowjetischen BBK darstellen:

ML	Klassiker des Marxismus-Leninismus Allgemeine Werke zum Marxismus-Leninismus
Na	Naturwissenschaften, Mathematik
Te	Technik
La	Land- und Forstwirtschaft, Hauswirtschaft
Me	Medizin
Re	Gesellschaft, Staat, Recht, Militärwesen
Wi	Wirtschaft, Handel, Verkehr
Ge	Geschichte, Kulturgeschichte, Erd- und Völkerkunde
Bi	Kultur, Wissenschaft, Bildung, Sport
Li	Sprachen und Literatur
Ku	Kunst, Musik, Theater
Th	Religion, Theologie, Atheismus
Ph	Philosophie, Psychologie
A	Allgemeines und Vermischtes

War also bereits beim Sachkatalog der Deutschen Bücherei der Bruch mit der klassischen Tradition der deutschen Sachkatalogisierung (Übereinstimmung von Sachkatalog und Aufstellung der Bücher = Standortbindung) vollzogen, so wandelte sich nun die Systemdesinteressiertheit zur Systemfeindlichkeit. Die Bibliothekare paßten vor der Systemunsicherheit der bürgerlichen Philosophen und machten sich in ihren Sachkatalogen völlig frei von jedem Systemzwang.

Mainzer geschlüsselter Katalog

Der Mainzer geschlüsselte Katalog, in den zwanziger Jahren zuerst in Mainz entstanden, entwickelte eine neue Methodik der Sachkatalogisierung, die die Frage der Systematik ganz offen läßt. Er erstrebt sowohl eine Annäherung an den Schlagwortkatalog als auch eine Mechanisierung mittels Elementen der Dezimalklassifikation. Zur Begründung der neuen Methodik wird ganz offen ausgesprochen, daß kein System im alten Sinne Aussicht hat, sich wirklich allgemein durchzusetzen, „daß auf der anderen Seite aber irgend etwas geschehen sollte, den wahrhaft babylonischen Zustand unserer sachlichen Katalogisierung zu steuern“.[428]

[428] HANNS WILHELM EPPELSHEIMER, *Der neue Sachkatalog der Mainzer Stadtbibliothek.* In: ZfB 46 (1929) S. 406–424. – Ferner von demselben Verfasser: *Der Sachkatalog der Mainzer Stadtbibliothek.* In: Monatsblätter d. Mainzer Stadtbibliothek 1929. Sonderheft. 16 S.; – CLAUS NISSEN, *Der Mainzer Sachkatalog in Theorie und Praxis.* In: Beiträge z. Sachkatalogisierung. Leipzig 1937 S. 87–108. (Sammlung bibliothekswiss. Arbeiten. 45.)

Diesem Katalog sind vier *Wesensmerkmale* eigen:

1. Die sachliche Katalogisierung ist unabhängig von der Aufstellung der Bücher.
2. Der Katalog ist in eine systematische und in eine geographisch-historische Abteilung gegliedert.
3. Der Katalog wird durch ein Stichwortverzeichnis erschlossen und kontrolliert.
4. Der Katalog ist geschlüsselt.[429]

Der einzelne Zettel im Mainzer Sachkatalog erhält *neben* der Signatur die Bezeichnung für seine sachliche Einordnung (Notation) durch den Katalogbearbeiter (wissenschaftlicher Bibliothekar). Die Einordnung der Zettel erfolgt sodann durch einen anderen, am Katalog selbst tätigen Mitarbeiter (Bibliothekar). Obwohl dessen Aufgabe in einer mechanischen Ordnung nach den Notationen besteht, übt er zugleich eine Kontrolle der Richtigkeit der Notationen aus (Schutz gegen Verschreibungen). Damit wird ein wichtiger Schritt auf dem Gebiete der Arbeitsteilung bei der Sachkatalogisierung vollzogen. Umarbeitungen einzelner Katalogteile, veranlaßt durch Sonderentwicklung einzelner Wissenschaftsgebiete oder unerwartete Zugänge (Stiftungen oder Schenkungen), lassen sich leicht durchführen.
Die Berechtigung oder gar die Notwendigkeit einer solchen Trennung des Sachkatalogs in einen systematischen Teil und einen Länderkatalog ist in der Katalogkunde viel diskutiert und auch bestritten worden. Für diese Zweiteilung sprechen überzeugend zwei Gründe: erstens, seitens der Benutzer liegt ein Bedürfnis danach vor, also ein praktischer Grund; zweitens, eine nur einigermaßen allgemeingültige Ordnung innerhalb der einzelnen Abteilungen eines Systematischen Katalogs ist nur durch eine Abtrennung der örtlich und zeitlich gebundenen Literatur erreichbar. Diese Bestände selbst sind in jeder Bibliothek verschieden, und auch das Bedürfnis nach Erschließung dieser historisch-topographischen Literatur ist bei einzelnen Bibliotheken unterschiedlich (z. B. bei Landes- und Stadtbibliotheken besonders groß). Unter solchen Gesichtspunkten klärt sich auch das Bedenken, das seitens der Bibliotheken gegen diese Zweiteilung wegen der damit verbundenen Mehrarbeit erhoben worden ist. Ist sie notwendig, muß sie geleistet werden? Keinesfalls ist es notwendig, *jede* Raumbezogenheit auszuwerten. Das Nebeneinander eines systematischen und eines topographischen Teiles bedingt also nicht Doppelung *aller* Titel mit regionalen Bindungen. Mechanische Hilfsmittel für den Katalogbenutzer (Register), bestehend aus Schlagwortverzeichnissen, werden für unentbehrlich gehalten:

---

[429] Zitiert nach H. W. EPPELSHEIMER, *Der neue Sachkatalog der Mainzer Stadtbibliothek.* In: ZfB 46 (1929) S. 408–409.

Register

a) Ein *systematisches Register* für dienstliche Zwecke, das der Bearbeiter führt und an seinem Arbeitsplatz zur Hand hat. Es wird am zweckmäßigsten auf stärkeren A 5-Blättern (quer) in einer Kartei geführt; von ihm aus und mit seiner Hilfe erfolgt die Vergabe und ständige Kontrolle der Untergruppen und Schlagwörter.
b) Ein *alphabetisches Register* für den Nutzer, das einen Bestandteil des Katalogs selbst bildet. Es führt mechanisch und sicher zu der gesuchten Katalogstelle und ist daher als zusätzliches Katalogerschließungsmittel unentbehrlich.

Schlüsselung

Die Schlüsselung versucht, im Aufbau des Sachkatalogs das zu erfassen, was in allen Wissenschaftsgebieten gleich und konstant ist. Ihr inneres Problem liegt darin, diese Form der Mechanisierung, die aus arbeitsökonomischen Gründen unentbehrlich ist, in ein gesundes Verhältnis zum Eigenleben und zur Eigengesetzlichkeit der Wissenschaften zu setzen. Es werden drei verschiedene Schlüssel zugrunde gelegt.[430]

Der *Allgemeine Schlüssel* (1) für den systematischen Hauptteil des Katalogs

1–12	Hilfsschriften (z. B. Bibliographien, Kalender, Wörterbücher, Aufgabensammlungen)
13–23	Vereinigungen, Institute (ihre organisatorischen und verwaltungsmäßigen Veröffentlichungen sowie Berichte und Darstellungen über sie)
24–27	Geschichte der Wissenschaft
28–30	Sammelwerke
32–40	Quellen
42–62	Geschichte (allgemeine und spezielle des Gebietes)
63–72	Systematik, Theorie, Technik
73–78	Nach Ländern und Zeiten beschreibende Systematik (z. B. im Recht)
79–82	Statistik
83–86	Verordnungen, Entscheidungen, Gutachten
87–88	Arbeitsmethoden, Instrumente
89–99	Monographien, und zwar 89: Beziehungen des Gruppenbegriffes zu ..., 90–93: Arten und Gattungen des Gruppenbegriffes, 94: Einzelne Fragen (Probleme) zum Gruppenbegriff, 95–98: Für Sonderordnungen von Monographien, 99: Humor, Scherz, Satire

Schlüsselung

Ferner ein *Länderschlüssel* (2) für den geographisch-historischen Teil des Katalogs sowie ein *Literaturschlüssel* (3).
Die Monographienabteilungen 89 bis 99 sind alphabetisch geordnete

[430] Nach ZfB 46 (1929) S. 420–424.

Stichwortreihen und bedeuten eine Annäherung an den Schlagwortkatalog.
Der Ausgliederung solcher Monographienreihen mit Hilfe von Hundertergruppen steht nichts im Wege, wenn das Zettelmaterial eine Unterteilung erfordert.
Der Mainzer geschlüsselte Sachkatalog ist aus der Praxis heraus entstanden, als in den Jahren 1919 bis 1929 eine Neukatalogisierung der Mainzer Stadtbibliothek durchgeführt wurde. Zusammen mit einem Kollektiv von Kollegen, unter denen sich sowohl in der Praxis als auch in der Theorie dieser Katalogmethodik besonders Claus Nissen, Mainz, ausgezeichnet hat, hat Hanns Wilhelm Eppelsheimer das Verdienst, diesen Katalog entwickelt und propagiert zu haben. Er wird heute u. a. in der Stadtbibliothek Mainz, der Landes- und Hochschulbibliothek Darmstadt, der Stadtbibliothek Trier, der Stadt- und Universitätsbibliothek Frankfurt a. M., seit 1949 auch an der Staatsbibliothek Stiftung Preußischer Kulturbesitz Berlin (West) und seit 1950 an der Bibliothek der Justus-Liebig-Hochschule (vorm. UB) Gießen geführt. Daß er hier und da weiterentwickelt worden ist, bedarf für den Kenner dieses Katalogs keiner besonderen Erwähnung; das liegt in seiner ungewöhnlich elastischen Natur.[431]

H. W. Eppelsheimer

Eine Sonderform standortfreier Sachkatalogisierung für Zettelkataloge hat auch Hans Trebst mit seiner *analytischen Sachkatalogisierung*[432] erstrebt. Mit der Tendenz zur Normierung, allerdings ohne Zuhilfenahme von Buchstaben und Zahlen, erarbeitete er ein autonomes Kataloggesetz für den Systematischen Katalog ohne Rücksicht auf das Buchmaterial einer bestimmten Bibliothek. Dadurch will dieses Gesetz Anspruch auf Allgemeingültigkeit erheben. Normen mit allgemeingültigem Charakter glaubte Trebst in der Auswahl, Analyse und Untergliederung der Sachbegriffe zu finden. Er unterscheidet fünf Normelemente: Sachbegriff, Wissenschaftsform, zeitliche Erstreckung, Raumbindung, Literaturform. Als Hilfsmittel der Gliederung wählte er ein durchdachtes System von Leitkarten. Das Ergebnis ist eine detaillierte Systematik von Sachbegriffen, die Schlagwörtern vielfach sehr ähnlich sehen und unter denen dann zuweilen überhaupt keine Buchtitel stehen. Diese Katalogüberlegungen sind ein charakteristisches Beispiel dafür, wie wandelbar unsere Erkenntnisse sind. An der praktischen Verwirklichung seiner analytischen Sachkatalogisierung ist H. Trebst zwar gescheitert, denn von seinen eigenen

analytische Sachkatalogisierung H. Trebst

analytische Sachkatalogisierung

[431] ARTUR BRALL, *Der gegenwärtige Stand der Sachkatalogisierung nach der Methode Eppelsheimer.* In: ZfBB 14 (1967) S. 316–330. – ARTUR BRALL, *Anwendung und Abwandlung der Sachkatalogisierungsmethode Eppelsheimers an deutschen Bibliotheken.* Köln 1968. (Arbeiten aus dem Bibliothekar-Lehrinstitut d. Landes Nordrhein-Westfalen. 31.); dort weitere Lit.

[432] HANS TREBST, *Studien zu einer analytischen Sachkatalogisierung.* Leipzig 1931. Das ist ein erweiterter Druck seines Aufsatzes – in 2 Teilen unter dem gleichlautenden Titel in: ZfB 48 (1931) S. 36–61 u. 119–138. – HANS TREBST, *Der heutige Erkenntnisstand in der Formal- und in der Sachkatalogisierung.* In: ZfB 51 (1934) S. 435–451.

praktischen Katalogisierungsarbeiten abgesehen, hat keine Bibliothek sein System übernommen. Sein Grundprinzip aber finden wir in modernen Bemühungen um den Sachkatalog (koordinierte Sachkatalogisierung, vgl. Kap. 4.2.3.8.) wieder, und es ist nicht zuviel behauptet, wenn wir Trebst als einen Vorläufer von S. R. Ranganathan und seiner Colon-Klassifikation (vgl. Kap. 4.2.3.8.) bezeichnen.[433]

Dresdner Fachgruppen-Katalog B. Faaß

Dem Mainzer geschlüsselten Katalog nahe stehen die Fach- oder Fachgruppen-Kataloge. Um ihren Aufbau haben sich Dresdner Bibliothekare, besonders Bruno Faass, unter dem Direktoriat Martin Bollerts in den dreißiger Jahren verdient gemacht. Wie der Mainzer Sachkatalog werden die Fachgruppen-Kataloge in der Form als bewegliche Zettelkataloge geführt und sind wie dieser unabhängig von der Aufstellung der Bücher. Selbst der Gedanke der Schlüsselung findet sich in ihnen wieder, indem ein „Allgemeines Gliederungs-Schema" für fast alle Einzelfachkataloge verwendet wird. Das Allgemeine Gliederungsschema geht vom Allgemeinen zum Besonderen. Es besteht aus einer Reihe von Abteilungen, in die die zu katalogisierenden Schriften teils nach äußeren formalen (Erscheinungsart, z. B. Zeitschriften, Festschriften usw.), teils nach inneren formalen Gesichtspunkten (Darstellungsart, z. B. Handbücher, populäre Darstellungen usw.) eingeordnet werden. Im besonderen Teil wird dann der Eigenart jedes Einzelfaches Rechnung getragen. Für die drei Gruppen der Literatur-, Sprachen- und Geschichtsfächer ist jedoch wiederum versucht worden, eine einheitliche Gliederungsweise festzulegen. Ebenso wurde für alle Gliederungen, die nach geographischen Gesichtspunkten erfolgen, eine besondere „Geographische Ordnung" vereinbart.

Das Allgemeine Gliederungsschema sieht – in den Einzelangaben gekürzt – folgendes vor:

Dresdner Fachgruppen-Katalog

1. Bibliographien
2. Zeitschriften
3. Sammelwerke und Einzelschriften vermischten Inhalts
4. Wörterbücher
5. Enzyklopädien
6. Gesamtdarstellungen
7. Atlanten, Bilder usw.
8. Quellen
9. Statistik
10. Pflege, Vereine usw.
11. Studien, Beruf
12. Methoden, Technik
13. Theorie
14. Geschichte
15. Biographien

---

[433] Soweit ich sehe, ist der erste, der diese Zusammenhänge gesehen hat, HANS JÜRGEN ASCHENBORN gewesen; vgl. seine Arbeit *Sachkatalogisierung seit Trebst.* Eine Zu-

Für die Gliederung sind nur zwei Richtlinien zu beachten:

1. „Wie bei der Fächerreihenfolge geht auch bei den Gliederungen der Weg vom Allgemeinen und Zusammenfassenden zum Besonderen und Vereinzelten.
2. Wo nicht die Eigenart des Einzelfaches anderes erfordert, geht die Gliederung nach sachlichen Gesichtspunkten einer solchen nach räumlichen oder zeitlichen oder personalen Gesichtspunkten voran."[434]

Und wie beim Mainzer geschlüsselten Katalog sind die Fachgruppen-Kataloge frei in der Reihenfolge der Fächer; sie sind grundsätzlich auswechselbar, da jede Fachgruppe als in sich geschlossen behandelt wird. Die Reihenfolge der Unterteilungen (Fächer) innerhalb der Fachgruppen (Hauptsachgebiete) muß hingegen fachgerecht, d. h. weitgehend zwingend sein. Lediglich an die Stelle einer ziffern- und buchstabenmäßigen Notation, wie sie der Mainzer geschlüsselte Katalog aufweist, tritt eine wohlerwogene Gliederung durch Leitkarten.
Der Fachgruppenkatalog ist ein flexibler, nicht eigentlich systematischer Sachkatalog, dessen maßgeblichster Gesichtspunkt die „praktische Zweckbestimmung" (R. Faass) ist. Die Zahl seiner Einzelfächer hängt ganz und gar vom Umfang und Inhalt des sachlich zu erschließenden Buchmaterials ab, desgleichen die Anzahl der daraus zweckmäßig zu bildenden Fachgruppen. Der Katalog der Landesbibliothek Dresden z. B. umfaßt gegenwärtig rund 650 Fächer, aus denen 19 Fachgruppen (Allgemeines, Recht, Pädagogik, Kunst, Medizin, Technik usw.) gebildet worden sind. Arbeits- und Findinstrumente für Bearbeiter bzw. Nutzer sind ein Rotulus (Überblick über Fachgruppen und Fächer in Heftform), Verweisungen und Schlagwortregister. Der Fachgruppenkatalog ist auch in anderen Dresdner Bibliotheken eingeführt worden.

bibliographische Systeme

Nach Zweckmäßigkeit und Nützlichkeit klassifizieren auch die sogenannten bibliographischen Systeme, die für die sachliche Verzeichnung von Neuerscheinungen der Nationalliteratur aufgestellt worden sind.

Deutsche Nationalbibliographie

Am bekanntesten und einige Jahrzehnte im Gebrauch war das bibliographische System der „Deutschen Nationalbibliographie" mit seinen 24 Gruppen, die buchhändlerischen Gesichtspunkten Rechnung getragen haben, für bibliothekarische Zwecke aber ungeeignet waren. Es war 1931 entstanden. Lediglich pragmatische Gesichtspunkte hatten immer wieder dafür gesprochen, es noch lange Zeit beizubehalten,

---

sammenstellung d. dt. Lit. über Fragen d. Sachkatalogisierung seit 1930. T. 1–3. Pretoria 1957. (Mousaion. 15–17.)

[434] Einen ausführlichen Bericht über *Die neuen Fachkataloge der Sächs. LB* gibt BRUNO FAASS in: Beiträge zur Sachkatalogisierung. Leipzig 1937 S. 63–86. (Sammlung bibliothekswiss. Arbeiten. 45.) Dort auch als Anlagen das Wichtigste an Gliederungen und Regelwerk. Das obige Zitat findet sich S. 70–71. Zur Weiterentwicklung dieser Kataloge vgl. BURGHARD BURGEMEISTER, *Die Dresdner Fachkataloge.* In: Sächs. LB Dresden 1556 bis 1956. Festschrift... Leipzig 1956 S. 96–116.

obwohl es ideologisch veraltet war. Im Jahre 1974 wurde in Anlehnung an die sowjetische Bibliothekarisch-Bibliographische Klassifikation ein neues System erarbeitet, das 27 Gruppen umfaßt:

1. Klassiker des Marxismus. Allgemeine Werke zum Marxismus-Leninismus
2. Naturwissenschaften insgesamt
3. Mathematik, Physik, Astronomie
4. Chemie
5. Geowissenschaften
   - 5.1. Geodäsie, Geophysik, Geologie
   - 5.2. Geographie, Länderkunde
   - 5.3. Karten, Atlanten
6. Biowissenschaften
   - 6.1. Biologie
   - 6.2. Botanik
   - 6.3. Zoologie
7. Technik im allgemeinen. Grundlagen der industriellen Produktion
8. Energiewirtschaft, Elektrotechnik, Elektronik
9. Bergbau, Technologie der Metalle, Maschinenbau
10. Chemische Technologie und Produktion
11. Leichtindustrie
12. Bauwesen, Kommunaltechnik, Haushaltstechnik
13. Technik der Transport- und Verkehrsmittel
14. Land- und Forstwirtschaft, Hauswirtschaft
    - 14.1. Land- und Forstwirtschaft
    - 14.2. Hauswirtschaft
15. Medizin, Gesundheitswesen
    - 15.1. Humanmedizin, Gesundheitswesen
    - 15.2. Veterinärmedizin
16. Gesellschaftswissenschaften insgesamt (einschließlich Bevölkerung, Sozialwesen, Soziologie, Statistik)
17. Geschichte, Geschichtswissenschaft
    - 17.1. Geschichte, Historische Hilfswissenschaften
    - 17.2. Kulturgeschichte, Völkerkunde, Volkskunde
    - 17.3. Archäologie
18. Wirtschaft, Wirtschaftswissenschaften
    - 18.1. Politische Ökonomie, Volkswirtschaft, Weltwirtschaft, Ökonomische Geographie
    - 18.2. Betriebsökonomik, Arbeitsökonomik, Verwaltung und Büroorganisation
    - 18.3. Handel, Finanzen, Verkehr
19. Parteien, Gesellschaftlich-politische Organisationen
20. Staat und Recht, Rechtswissenschaften
21. Militärwesen, Militärwissenschaft

22. Kultur, Wissenschaft, Bildung
    22.1. Kulturpolitik, Presse, Rundfunk, Fernsehen
    22.2. Buch- und Bibliothekswesen, Bibliographie
    22.3. Wissenschaftstheorie und Organisation, wissenschaftliche Information und Dokumentation
    22.4. Erziehung, Aus- und Weiterbildung
    22.5. Schulbücher
    22.6. Sport, Spiele, Freizeit
23. Philologische Wissenschaften, Belletristik
    23.1. Sprachwissenschaft
    23.2. Literaturwissenschaft
    23.3. Belletristik
    23.4. Kinder- und Jugendliteratur
24. Kunst, Kunstwissenschaften
    24.1. Kunstgeschichte, Kunstpflege, Kunstsammlungen
    24.2. Musik, Tanz, Theater, Film
    24.3. Bildende Kunst, Baukunst
    24.4. Volkskunst, Kunstgewerbe
25. Religionswissenschaften, Theologie, Atheismus
26. Philosophische Wissenschaften, Psychologie
27. Allgemeines Schrifttum, Kalender, Jahrbücher

Der Buchhandel der DDR (Kommission für Bibliographie des Börsenvereins der Deutschen Buchhändler zu Leipzig) hatte 1959 auf der Grundlage der 24 Gruppen der „Deutschen Nationalbibliographie" eine Feingliederung, die sogenannte *Einheitliche Systematik* (ES), ausgearbeitet und veröffentlicht.[435] Um den spezifischen Bedingungen des Einsatzes der elektronischen Datenverarbeitung Rechnung tragen zu können, wurde auch für das Verlagswesen und den Buchhandel eine neue Systematik, die *Literatursystematik für Verlagserzeugnisse* (LSV)[436], eingeführt. Sie ist nach dem Dezimalsystem (Gruppen 0–9) aufgebaut und umfaßt vier Gliederungsstufen:

ES

LSV

1. Ziffer: Literaturgebiet (Hauptgruppe)
2. Ziffer: Literaturgruppe (Grobgliederung des Literaturgebietes)
3. Ziffer: Untergruppe (Feingliederung des Literaturgebietes)
4. Ziffer: Niveaugruppe (trifft nicht zu für die Hauptgruppen 6, 7 und 8)

[435] WALTER SCHNEIDER, *Die Einheitliche Systematik.* Einf. in e. neue Gliederung f. Literaturbestände u. -karteien. Leipzig 1959. Mit Schlagwortreg.

[436] Ministerium für Kultur, HV Verlage und Buchhandel. *Literatursystematik für Verlagserzeugnisse.* Berlin 1974.

In der vierten Gliederungsstufe der Hauptgruppen 0 bis 5 und 9 werden folgende Niveaugruppen bzw. Editionen ausgewiesen:

0 (Reserveziffer)
1 Schulbücher
2 Berufsschulliteratur (einschließlich Literatur dieser Niveaustufe)
3 Fachschulliteratur (einschließlich Literatur dieser Niveaustufe)
4 Hochschulliteratur (einschließlich Literatur dieser Niveaustufe)
5 Monographien, Überblicksdarstellungen, Jahrbücher, Handbücher
6 Textausgaben
7 Lexika, Nachschlagewerke (einschließlich Wissensspeicher und Tabellenbücher), fremdsprachige Wörterbücher, Bibliographien
8 Biographien
9 Populärwissenschaftliche Literatur

Jeder Titel muß am Ende eine vierstellige Ziffer erhalten. Die Hauptgruppen 6 bis 8 sind bis zu vier Stellen untergliedert, während in den anderen Gruppen die vierte Stelle durch die entsprechende Ziffer der Niveaugruppe gebildet wird. Die Hauptgruppen haben folgende Abfolge:

0 Gesellschaftswissenschaften
1 Mathematik, Naturwissenschaften
2 Medizin, Veterinärmedizin
3 Technik
4 Land-, Forst- und Nahrungsgüterwirtschaft, Gastronomie, Handelstechnik
5 Geographie, Kartographie, Heimat- und Touristikliteratur
6 Theologie, Religiöses Schrifttum
7 Schöne Literatur, Kinder- und Jugendliteratur
8 Literatur- und Kunstwissenschaften, Kunst- und Musikliteratur, Reproduktionen, Musikalien
9 Körperkultur und Sport, Lebensweise und Freizeit, Verschiedenes

Bei der Schaffung dieser Systematik waren allein pragmatische Gesichtspunkte ausschlaggebend. Vereinfachungen wurden bewußt in Kauf genommen.

4.2.3.4. Weitere Arten der Sachkatalogisierung

4.2.3.4.1. Schlagwortkatalog (SWK)[437]

Angesichts der geschilderten Katalogsituation ist es nur allzu verständlich, daß der Katalog, der auf das Grundprinzip des Systematischen Katalogs ganz verzichtet hat – der Schlagwortkatalog –, in den Kreisen der deutschen Bibliothekare eine bereitwillige Aufnahme gefunden hat. Auch zum richtigen Verständnis seines Entwicklungsganges bis heute ist ein kurzer historischer Rückblick vonnöten.

Geschichte des SWK

In mittelalterlichen Klosterbibliotheken, besonders in Oberösterreich, kannte man bereits alphabetische Real-Repertorien, häufig als Register zur sachlichen Erschließung von Bücherverzeichnissen. Wenn man bedenkt, daß die Zahl der verfasserlosen Schriften, die eine Einordnung verlangten, früher entschieden größer war als heute, liegt es nahe, daß man neben der formalen Verzeichnung solcher Titel auch ihre Kennzeichnung nach dem Inhalt vornahm. Bekannt ist, daß auch der vielseitige Philosoph und Bibliothekar Leibniz das Schlagwortprinzip erprobt[438] und daß Johann Karl Dähnert ein auch im Druck erschienenes *Repertorium reale universale* (1776) für die UB Greifswald angelegt hat. Diese im ganzen doch vereinzelten Unternehmungen von Bibliothekaren fanden im 17. und 18. Jahrhundert von seiten der jungen Bibliographie Unterstützung. 1679 bis 1685 veröffentlichte Martin Lipenius seine *Bibliotheca realis juridica* mit Schlagwortanordnung des Stoffes. So konnte Friedrich Adolf Ebert 1811 in seiner Schrift *Über öffentliche Bibliotheken* die Forderung nach einem „alphabetischen Realkatalog" erheben. In diesem Zusammenhang steht auch Martin Schrettinger, der in den Jahren 1819 bis 1851 in München einen „Materienkatalog" schuf; er nannte ihn auch ganz richtig „Alphabetischen Realkatalog". Auf dem Prinzip der mechanischen Ordnung fußend, ist er nichts anderes als ein alphabetisch, also mechanisch geordneter Sachkatalog. Er wird durch ein umfassendes Materienregister mit kleinsten Schlagwörtern ergänzt.[439]

M. Schrettinger

---

[437] Lit.: JAROSLAV DRTINA, *Der Schlagwortkatalog.* Aus d. Tschech. übers. v. Dorothea Hütter. Leipzig 1961. (Bibliothekswissenschaftliche Arbeiten aus der Sowjetunion und den Ländern der Volksdemokratie in deutscher Übersetzung. B, 4.) Orig. Titel: Předmětovy Katalog. 1957. Behandelt einleitend auch die Geschichte des SWK. – HEINRICH ROLOFF, *Die Katalogisierung.* In: Handbuch II 2. Aufl. (1961) S. 307–318: der SWK. – W. P. KRUGLIKOWA, *Grundprinzipien des Schlagwortkatalogs.* In: Zu neuen Problemen der Bibliographie. Leipzig 1955 S. 187–208. Der SWK, der in Rußland und der UdSSR nicht zu den nationalen Katalogtraditionen zählte, erfreut sich gerade in neuerer Zeit wachsender Beliebtheit in wissenschaftlichen Bibliotheken – E. V. MARČENKO, *Predmetnyj katalog v bibliotekach SSSR.* Moskva 1969. – *Predmetnyj katalog.* Obščaja metodika predmetizacii. Organizacija i vedenie kataloga. Posobie dlja bibliotekarej. Moskva 1973.

[438] Bei der Ordnung der Bibliothek von J. Ch. von Boineburg und später in Wolfenbüttel. Vgl. Handbuch III (1940) S. 385–390.

[439] „Der Katalog ist in der Tat bis zu Schrettingers Tode mit äußerstem Fleiß durch

ältere Formen des SWK in Deutschland

Nach 1850 lassen sich noch einige weitere Schlagwortkataloge in Deutschland nachweisen: 1850 UB München, 1880 LB Stuttgart, 1901 LB Wiesbaden. Als die Bibliographen Georg und Ost 1889 den Begriff Schlagwortkatalog durch ihre buchhändlerische Bibliographie prägten, nachdem man bis dahin nur von alphabetischen Real- oder Sachkatalogen gesprochen hatte, war inzwischen außerhalb Deutschlands die alphabetische Sachkatalogisierung in einem ganz anderen Zusammenhange erneut in ein akutes Stadium getreten.

Ch. A. Cutter

1876 hatte Charles Ammi Cutter in Washington seine *Rules for a printed dictionary catalogue* veröffentlicht und damit einer neuen Katalogart den Weg bereitet, die bereits in den fünfziger Jahren von Jewett erprobt worden war. Sie beruht auf einer Kreuzung von alphabetischem Verfasserkatalog und alphabetischem Sachkatalog, in dem Verfassernamen (author entries) und Schlagwörter (subject entries) in einem Alphabet vereinigt wurden (vgl. Kap. 4.2.3.4.3.).[440] Auf dem Umweg über Amerika also ist die alphabetische Sachkatalogisierung in unserem Jahrhundert, besonders nach dem ersten Weltkrieg, wieder nach Deutschland zurückgekehrt und hat nun eine leidenschaftliche Diskussion auf dem Gebiete der Sachkatalogisierung ausgelöst. In ihrem Mittelpunkt stand die Frage: *Systematischer Katalog oder Schlagwort-Katalog?* Diese Fragestellung ist, wie wir sehen werden, geklärt.

Definition des SW

Unter einem Schlagwort versteht man im bibliothekarischen Sinne *den genauen und vollständigen Ausdruck für den Inhalt einer Schrift, der im Hinblick auf seine alphabetische Einordnung in eine sprachlich möglichst kurze Form, am besten in ein Wort, zu fassen ist.*

Ein Katalog, der auf solchen Schlagwörtern und ihrer alphabetischen Reihenfolge aufbaut, ist naturgemäß für die Standortbestimmung und Aufstellung von Büchern denkbar ungeeignet; er kann sich nur dort entfalten, wo er nicht standortgebunden ist. Daher dient der Schlagwortkatalog einzig und allein der Bestandserschließung. Um seine Beweglichkeit nicht zu behindern, ist die Zettelform für ihn die richtige äußere Katalogform.

Wesen des SWK

Wie beim Systematischen Katalog bildet der Inhalt einer Schrift den Ausgangspunkt der Einordnung. Im Systematischen Katalog wird der richtige Einordnungspunkt dadurch gefunden, daß der Katalogbearbeiter eine vom Allgemeinen zum Besonderen fortschreitende Verengung der

Schrettinger ganz allein weitergeführt worden. In den insgesamt 151 Mappen, die je mehrere 100 Blätter in Folioformat beinhalten, befinden sich keinerlei Eintragungen von fremder Hand. Insgesamt sind es etwa 22 000 Einzelbogen mit etwa 84 000 verarbeiteten Bänden. Schrettinger hatte also bis zu seinem Tode etwa ein knappes Fünftel des Gesamtbestandes der Bibliothek erfaßt.“ Laut freundlicher schriftlicher Mitteilung von Herrn Direktor Dr. Joachim Wieder, Bibliothek der TH München.

440 Cutter unterscheidet darüber hinaus noch *titel-entry* (Titel-Ordnungswort) first-word-entry (1. Wort d. Titels), *important-word* oder *catch-word-entry* (sinnfälligstes Wort d. Titels als Stichwort). Cutter ist mit diesem Regelwerk der Vater des Dictionary catalogue geworden.

Begriffe vornimmt, bis er in dem vom Katalog vorgesehenen systematischen Bau die Stelle erreicht, die dem Gegenstand der zu katalogisierenden Schrift entspricht. Im SWK hingegen besteht die Aufgabe des Bearbeiters darin, den eigentlichen und richtig verstandenen Gegenstand einer Schrift im Sinne unserer Definition des Schlagwortes selbständig so knapp, genau und vollständig wie möglich zu formulieren. Der von ihm geformte Begriff kann sich nicht wie im Systematischen Katalog an das vorhandene System gleichsam wie an eine Wand anlehnen, sondern muß ohne Stütze frei stehen und sich behaupten können.

SWK und Systematischer Katalog

Während die deduktive Methode und das Begriffsnetz des Systematischen Katalogs dazu beitragen, die verarbeiteten Schriften sachlich in ihren Beziehungen zueinander zusammenzustellen, löst der SWK die im Systematischen Katalog zusammengehaltenen Wissenschaftsfächer auf, indem er den Inhalt der Bücher auf viele in sich geschlossene, selbständige Schlagwörter zurückführt, deren Einordnung nicht systematisch, sondern formalalphabetisch erfolgt. Da sachlich Zusammengehöriges dadurch auseinandergerissen wird, müssen Hilfestellungen zum nachträglichen Zusammenflicken auseinandergerissener Verbindungen gegeben werden. Also besteht ein methodischer Unterschied zwischen Schlagwortkatalog und Systematischem Katalog darin: der Systematische Katalog hält die Gegenstände durch die in seinem Wesen liegende Ordnung zusammen, der SWK löst sie ohne Rücksicht auf ihre sachlichen, inneren Zusammenhänge auf, um sie dann mechanisch alphabetisch aneinanderzureihen.

Methodik

Die formale Ordnung der Gegenstände im SWK ist freilich auf der anderen Seite ein ausgesprochener Vorzug, nämlich vom Benutzer aus. Während bei jedem Benutzungsvorgang im Systematischen Katalog eine Überlegung über den möglichen Ansatz zum Finden des gesuchten Themas angestellt werden muß, bietet der SWK seine Gegenstände *unmittelbar* in seiner mechanischen Ordnung dar, die keinerlei Denkprozesse, sondern nur eine routinemäßige Handhabung erfordert. Der SWK stellt daher an seine Benutzer keinerlei wissenschaftliche Anforderungen; nicht einmal Kenntnisse eines engeren Fachgebietes werden vorausgesetzt. Wer das Alphabet beherrscht, kann den SWK ohne weiteres benutzen. Man könnte daher sagen, daß der SWK der grundsätzlich am leichtesten zu handhabende Sachkatalog ist. Das wäre, wenn es sich tatsächlich in allen Fällen seiner Benutzung so verhielte, gewiß ein sehr gewichtiger Vorzug des SWK, und tatsächlich ist dieses Argument in der Sachkatalogdiskussion sehr häufig verwendet worden.

Bindung an Nationalsprachen

Da jedoch nichts umsonst erkauft wird, muß ein Nachteil seiner leichten Zugänglichkeit in Kauf genommen werden. Der SWK ist an *eine bestimmte* Sprache gebunden; das wird immer die Nationalsprache des betreffenden Landes sein. Sie muß der Benutzer gründlich kennen, und mit ihren Ausdrucksmöglichkeiten muß er vertraut sein. So ist der SWK im Gegensatz zum Systematischen Katalog, der es sich nicht nur erlauben kann, sondern gut daran tut, die internationale Wissenschaftsterminologie zu verwenden, weitgehend nationalsprachig gebunden. Eine Ausnahme bildet die festgelegte internationale Wissenschaftsterminologie (vgl. unten, Sprachgebrauch und Fremdwörter).

Bereits daraus ergibt sich, daß bei der Bearbeitung eines SWK ganz bestimmte Regeln beachtet werden müssen. Es kommen aber noch eine ganze Reihe von Einzelproblemen hinzu, z. B. die wichtige Frage *„enges“ oder „weites“ Schlagwort.*

enges oder weites SW

Beispiel: Eine Schrift über die Deutsche Bücherei zu Leipzig („Die Deutsche Bücherei zu Leipzig in Vergangenheit und Gegenwart“) wäre nach dem Prinzip des engen Schlagwortes alphabetisch unter Deutsche Bücherei, nach dem des weiten Schlagwortes unter Bibliotheken, DDR und weiter nach einer festzulegenden Reihenfolge der Ortsbegriffe einzuordnen.

Vertreter des weiten SW-Prinzips

Die theoretischen Auseinandersetzungen um diese für den Aufbau des SWK zentrale Frage setzten bereits 1909 durch eine eindeutige Parteinahme des Schweizer Bibliothekars W. von Wyss[441] für das weite Schlagwort ein, dem sich später der österreichische Fachkollege H. Schleimer[442] anschloß. Überhaupt erreichte die Diskussion des Schlagwortkataloges und seiner Arbeitsmethoden in den 20er Jahren ihren Höhepunkt. Auch die Deutsche Bücherei entschied sich, als sie nach dem ersten Weltkrieg einen Sachkatalog aufzubauen begann, im wesentlichen für die Katalogregeln Schleimers und damit für das Prinzip des weiten Schlagwortes.[443] Demgegenüber standen die Verfechter des engen Schlagwortes, allen voran Franz Schmid[444] und vor ihm schon Gottfried Zedler.[445] Andere schlugen vor, eine mittlere Linie einzuhalten.

Vertreter des engen SW-Prinzips

Gruppenbildung

Die Vertreter des weiten Schlagwortes, die übrigens aus Bibliotheken kamen, in denen der SWK der einzige Sachkatalog war, setzten sich für eine *Gruppenbildung am rechten Ort* ein. Ihre Begründung dafür, daß nämlich eine Anhäufung engster Schlagwörter die Literatur zersplittere, ist, wie wir noch sehen werden, ein sehr ernst zu nehmendes Argument gegen den SWK überhaupt. Sie wiesen darauf hin, daß bei einer engen Schlagwortbildung z. B. die Tiere einer bestimmten Gattung auseinandergerissen würden, so daß der Suchende Mühe hätte, sich die einzelnen Familien und Arten zusammenzutragen.

---

441 WILHELM VON WYSS, *Über den Schlagwortkatalog.* Mit Regeln f. d. Stadtbibliothek Zürich. Leipzig 1909. (Sammlung bibliothekswiss. Arbeiten. 25.)

442 HANS SCHLEIMER, *Der bibliothekarische Schlagwortkatalog.* Mit Regeln f. d. UB in Graz und einem Anh.: System. oder alphab. Sachkatalog? In: ZfB 40 (1923) S. 66–97, u. v. gleichen Verf.: *Zur Frage des Schlagwortkatalogs.* In: ZfB 44 (1927) S. 557–560.

443 Vgl. ERNST RÜCKERT, *Der Sachkatalog der Deutschen Bücherei.* 1913–1945. In: ZfB 64 (1950) S. 323–343.

444 FRANZ SCHMID, *Der alphabetische Sachkatalog (Schlagwortkatalog) mit bes. Beziehung auf d. LB in Stuttgart.* In: ZfB 41 (1924) S. 12–38, 104–137, und vom gleichen Verf.: *Weitere Betrachtungen zum alphabetischen Sachkatalog (Schlagwortkatalog).* In: ZfB 42 (1925) S. 353–371; *Mein letztes Wort zum alphabetischen Sachkatalog.* In: ZfB 44 (1927) S. 217–237.

445 GOTTFRIED ZEDLER, *Der Schlagwortkatalog.* In: ZfB 31 (1914) S. 445–469.

Demgegenüber argumentierten die Vertreter des engen Schlagwortes, daß eine Gruppenbildung dem Wesen des Schlagwortes widerspräche, das eben in der konkreten sprachlichen Widerspiegelung des Gegenstandes einer Schrift zu sehen sei. Abgesehen von dieser logischen Überlegung würde die Gruppenbildung zur willkürlichen Gliederung verführen. Außerdem sei es in der Praxis so, daß der Leser in der Regel nach ganz speziellen Dingen frage, und diesem Bedürfnis würde nur der nach engsten Begriffen aufgebaute SWK gerecht. Vom Standpunkt der Bibliothekslehre und unter dem Gesichtspunkt der Bestandserschließung muß man feststellen: das enge Schlagwort, konsequent angewendet, führt zu einer Vielzahl kleiner, enger Begriffe. Es löst daher den Buchbestand auf und trennt vielfach sachlich Zusammengehöriges. Das weite Schlagwort, konsequent durchgeführt, hat eine Gruppenbildung zur Folge, die den SWK dem Systematischen Katalog, insbesondere dem Fachgruppenkatalog, annähert.

Meinungsstreit

Bereits einleitend haben wir als entscheidendes Kriterium des Schlagwortes festgestellt, daß es grundsätzlich den Inhalt des Buches wiedergeben muß. In manchen Fällen liefert schon der Titel das richtige Schlagwort, z. B. Grundriß der Ophthalmologie: SW „Ophthalmologie". Wenn auch solche Beispiele in der streng wissenschaftlichen Literatur häufiger sind als in der populärwissenschaftlichen und allgemeinbildenden Literatur, so können sie doch nicht als Regel gelten. In dem genannten Beispiel ist das Schlagwort mit einem Stichwort identisch. Unter Stichwort versteht man die Hauptsinnworte oder auch nur das Hauptsinnwort des Titels. Schlagwort und Stichwort stimmen jedoch nur gelegentlich überein. Häufig ist der Buchtitel für die Schlagwortbildung völlig ungeeignet. Beispiele dafür sind: „Menschen ohne Schlüssel", ein Buch über den Strafvollzug; „Der große Krieg in Deutschland", ein Buch über den Dreißigjährigen Krieg.

Schlagwortbildung

Stichwort

Der Titel eines Buches kann also in günstigen Fällen für die Schlagwortbildung verwendbar sein, ist es aber häufig nicht. Die sprachliche Formulierung des richtig und vollständig erfaßten Inhalts einer Schrift erfordert eine exakte Denkarbeit. Da der Schlagwortkatalog als Mittel der Bestandserschließung in erster Linie für den Nutzer angelegt wird, muß der oberste Grundsatz für die Schlagwortbildung die Berücksichtigung des allgemeinen Sprachgebrauches sein. Dieses Bemühen, den Inhalt einer Schrift nach dem geltenden Sprachgebrauch wiederzugeben, stößt aber in der Praxis häufig auf beträchtliche Schwierigkeiten. Der Nutzer selbst ist, wie wir wissen, eine nach Vorbildung und geistiger Reaktionsfähigkeit sehr unterschiedliche Größe.

Sprachgebrauch

Ein Teilproblem, das in diesem Zusammenhang auftritt, bilden die Fremdwörter. Der Grundsatz, die im Volke gebräuchlichen, nicht die gelehrten Ausdrücke zu Schlagwörtern zu machen, erweist sich in der Praxis häufig als undurchführbar, denn nicht für alle wissenschaftlichen Gegenstände gibt es volkstümliche Bezeichnungen. Bei der wissenschaftlichen Fachterminologie ist man auf das Fremdwort festgelegt; es verdeutschen zu

Fremdwörter

wollen, wäre unsinnig, denn der SWK soll doch auch dem wissenschaftlichen Nutzer dienen. Man halte sich daher an die einwandfreie wissenschaftliche Terminologie. Liegen geläufige volkstümliche Synonyma vor, so soll man um der Einheitlichkeit willen von ihnen auf den wissenschaftlichen Fachausdruck verweisen.

Verweisungen

Verweisungen sollten im SWK so sparsam wie möglich verwendet werden, denn es ist für den Nutzer ausgesprochen ärgerlich, fortwährend hin und her verwiesen zu werden. Vom Bearbeiter aus sind Verweisungen ein bequemes und willkommenes Hilfsmittel, sich dem Katalogbenutzer verständlich zu machen. Hier ein rechtes Verhältnis zueinander herzustellen, ist eine Aufgabe, die nur mit Verstand und Takt zu lösen ist. In vielen Fällen wird es besser sein, Doppel- oder auch Mehrfacheinstellungen durchzuführen. Daß man auch von dieser Ausweichmöglichkeit nur sparsamen Gebrauch machen darf, verlangt die Rücksichtnahme auf den Katalogumfang sowie auf den zur Verfügung stehenden Raum, weniger die zusätzlich entstehenden Kosten.

komplexe Begriffe

Eine Entscheidung verlangt auch die Behandlung von zusammengesetzten, komplexen Begriffen, wie sie häufig in einem Buch behandelt werden. Dabei kann es sich um ein Kompositum, z. B. Mechaniker-Fachschule, oder um zwei oder mehrere nicht koordinierte Begriffe handeln, die aber in irgendeine Beziehung zueinander gesetzt sind, z. B. die Frau im Recht. Sehr häufig entstehen für den SWK dadurch Probleme, daß Sachbegriffe mit Personenbegriffen gekoppelt sind, z. B. Meusebachs juristische Tätigkeit in Koblenz. Die Verhaltensweise des Katalogbearbeiters kann in solchen Fällen verschieden sein. Entweder er entscheidet sich grundsätzlich und in allen Fällen für Doppel- und Mehrfacheinstellungen, oder aber er strebt nach Kompositionsbildung, oder er wählt den Weg eines Hauptschlagwortes mit Unterschlagwort. Es ergeben sich also drei Lösungen bei der Schlagwortbildung zum Thema „Die Frau im Recht“:

1. bei *Frau* und *Recht* mit entsprechendem Unterschlagwort,
2. *Frauenrecht,*
3. *Frau* mit entsprechendem Unterschlagwort, z. B. *Frau, Rechtsstellung* oder *rechtliche Bestimmungen.*

Komposita

Das Streben nach Komposita um jeden Preis birgt Gefahren in sich. Es kann leicht dazu führen, ungeläufige Begriffe zu bilden, die letztlich nur noch dem Katalogbearbeiter, nicht aber dem Nutzer verständlich sind. Nicht selten entbehren krampfhaft erzeugte Substantiv-Komposita der sprachlichen Eindeutigkeit, was übrigens auch bei der obengenannten Lösung (2) der Fall ist.

Im Zusammenhang mit den substantivischen Komposita ist festzuhalten, daß das Schlagwort nicht in jedem Fall ein Substantivum sein kann, weil unter Umständen der Sprachgebrauch eine Adjektiv-Substantiv-Verbindung verlangt, z. B. Geistiges Eigentum, Kulturelles Erbe. Solche Schlagwörter stehen völlig gleichberechtigt neben einfachen oder komplexen

Substantiven. Ihre alphabetische Einordnung ist im Regelwerk einheitlich festzulegen.

Grundsätzliche Entscheidung verlangt die *Verbindung von Sachbegriffen mit Ortsbegriffen.* Sofern man die Angst vor der Ausweitung des Katalogs überwindet und sich zu Doppeleinstellungen entschließt, ist das Problem gelöst: z. B. die Nadelhölzer Siziliens, einmal zu Nadelhölzer und einmal zu Sizilien, jeweils mit entsprechendem Unterschlagwort. Entscheidet man sich anders, so ergeben sich verschiedene theoretische Möglichkeiten, deren praktische Verwirklichung ebensoviele Vorteile wie Nachteile aufweist. Ortsbegriffe

Ähnliche Probleme stellen sich bei Zeitbegriffen ein, die wie „1848" oder „Dreißigjähriger Krieg" Anspruch auf selbständige Schlagwortbildung erheben können und als Sachbegriffe gewertet werden müssen. Hier muß man sich entscheiden, wie weit man mit der *Vergegenständlichung von Zeitbegriffen* gehen will. Zeitbegriffe

Nicht minder schwierig gestaltet sich die Behandlung der formalen Literaturkategorien wie Zeitschriften, Jahrbücher und Serien, die von Haus aus für eine Schlagwortfassung zu allgemein sind. Deshalb hat man z. B. für Periodica häufig eine Sonderregelung getroffen, indem man sie in einem Sonderkatalog zusammenfaßt. Ganz ungeeignet für den SWK erweisen sich jedoch ganz allgemein formulierte Titel, wie „Gesammelte Abhandlungen" und „Aufsätze"; sie müssen daher meist unbearbeitet bleiben. Formalgruppen

Sofern der SWK als zweiter Sachkatalog geführt wird, besteht die Tendenz, die schöne Literatur überhaupt nicht aufzunehmen. Ihre Einordnung unter dem Formbegriff, also Romane, Novellen, Dramen, Lyrik, mit jeweils alphabetischer oder chronologischer Untergliederung ist keine wirkliche Hilfe für den Nutzer. Wenn die meisten Bibliotheken sich dennoch mit solcher Behandlung der Belletristik begnügen, so tun sie es wider besseres Wissen, denn jedem Bibliothekar ist bekannt, daß der Leser von der Bibliothek überwiegend Auskunft über Stoff und Motiv in der schönen Literatur erwartet. Über literarische Formbegriffe gibt es genügend gute Nachschlagewerke; dazu braucht er keinen Bibliothekskatalog. So ist es klar, daß nur die stoff- und motivgeschichtliche Bearbeitung der schönen Literatur, nach Schlagwörtern geordnet, sinnvoll ist. Es ist höchst empfehlenswert, nach Themen, Personen oder Schauplätzen aufgeschlüsselte Literatur (z. B. einen biographischen Roman) unter dem entsprechenden Schlagwort aufzunehmen. Bedeutendes, aber immer noch Unvollkommenes auf dem Gebiete der stofflichen Erschließung der schönen Literatur hat bisher die Deutsche Bücherei geleistet.[446] schöne Literatur

---

[446] HEINZ WEGEHAUPT, *Die Erschließung der schönen Literatur in den Sachkatalogen der deutschen wissenschaftlichen Allgemeinbibliotheken, dargestellt am Beispiel einiger Bibliotheken in der DDR.* In: Wiss. Zschr. d. Humboldt-Univ. zu Berlin. Gesellschafts- u. sprachwiss. Reihe. 11 (1962) S. 625–640. – Vgl. ARTHUR LUTHER, *Der Sach-*

alphabetische Ordnung der Schlagwörter

Selbst bei der alphabetischen Ordnung der einzelnen Schlagwörter tauchen eine Reihe von Fragen auf, die in Bearbeitungsregeln gefaßt werden müssen. Einige davon, wie die Behandlung von Adjektiv-Substantiv-Bildungen neben den üblichen Substantiv-Bildungen, sind bereits erwähnt worden. Ein besonderes Problem dieser Art werfen die Komposita auf: Sollen sie formal-mechanisch oder nach dem sinntragenden Teil der Kompositionsbildung geordnet werden? Das Deutsche Bücherverzeichnis z. B., aber auch der SWK der UB Basel[447] hat sich für die „Stammwortregel" entschieden. Eine Schrift über den Einzelhandel wird dort unter Handel (Einzel- bzw. Detailhandel) eingefügt. Um sich eine Vorstellung von der Vielgestaltigkeit der Einzelfragen zu machen, die allein bei der Ordnung der Schlagwörter in der Praxis auftauchen können, betrachte man etwa die entsprechenden Regeln über die alphabetische Ordnung in einer Katalogisierungsordnung.[448]

Gruppenbildung

Eine andere Frage ist die der Gruppenbildung im SWK. Die Anhänger des engen Schlagwortes haben aus dem Wesen des SWK die Forderung abgeleitet, daß bei der Schlagwortregelung unbedingt das Prinzip der Konkretisierung anzuwenden sei. Unter einem konkreten Schlagwort verstehen sie die begriffliche Formulierung, die den Gegenstand einer Schrift „zu unmittelbarem, selbständigem und gleichwertigem Ausdruck bringt" (Franz Schmid). Dieses sei, so speziell bzw. so eng es auch ausfallen möge, zum Hauptschlagwort zu machen und in dieser Form einzuordnen. Sie begründen ihre Forderung mit der Behauptung, daß jede Zusammenfassung ähnlicher Begriffe unter einem höheren eine Gruppenbildung darstelle, die dem Wesen des Schlagwortprinzips – Konkretisierung – widerspräche. Diese Forderung ist Katalogtheorie, die von der Praxis widerlegt wird. Wenn die unter einem Schlagwort vereinigten Titel sich häufen, ergibt sich zwangsläufig eine Gruppenbildung, die logisch-systematischer Untergliederungen bedarf. Damit ist zugleich auch gesagt, daß die Katalogpraxis auf helfende Unterschlagwörter und Hilfsverweisungen angewiesen ist.

Konkretisierung

---

katalog. In: Die Deutsche Bücherei nach dem ersten Jahrzehnt ihres Bestehens. Leipzig 1925 S. 103 ff.; dort die S. 105–108. A. Luther († 1955), einer der besten Kenner der Weltliteratur, hat sich beim Aufbau des Literaturkatalogs große Verdienste um die DB erworben. – Ferner ERNST RÜCKERT, *Der Sachkatalog der Deutschen Bücherei. 1913–1945.* In: ZfB 64 (1950) S. 330: „Wenn auch z. B. für die zahlenmäßig größten Gruppen der erzählenden Prosa, die Romane und Novellen, die sachliche Feingliederung noch erweitert werden könnte, so ist doch mit der bisher durchgeführten dreifachen Einteilung *nach den in ihnen behandelten Zeitabschnitten bzw. historischen Persönlichkeiten, nach Schauplätzen* (bei Werken, die ein ausgeprägtes Lokalkolorit tragen) und schließlich *nach einzelnen Stoffen* (wie Arbeiter-, Ehe-, Entwicklungs-, Kriminalromane usw.) eine gute Grundlage für die weitere Arbeit geschaffen." (Auszeichnungen durch Kursiv von mir angebracht; der Verf.)

[447] Vgl. PHILIPP SCHMIDT, *Über die Gestaltung des SWK der UB in Basel.* In: ZfB 59 (1942) S. 257–264.

[448] Zum Beispiel in der Katalogisierungsordnung von Halle (Saale) bei HELMUT KIND, *Der Schlagwortkatalog der Universitäts- und Landesbibliothek Halle (Saale).* Leipzig 1953 S. 65 ff. (ZfB Beih. 76.)

Natürlich sind die Probleme des SWK ganz anders gelagert als beim Systematischen Katalog, aber es steht fest, daß seine Bearbeitung mindestens ebenso schwierig und zeitlich ebenso belastend ist wie bei einem Systematischen Katalog.
Die einige Jahrzehnte geführte Diskussion der Frage: Systematischer oder Schlagwortkatalog?[449] kann als abgeschlossen gelten. Sie ist nicht nutzlos gewesen, sondern hat zur Klärung der Funktion der Sachkatalogisierung beigetragen und die Stellung des SWK im System der Bibliothekskataloge bestimmt. Systematischer Katalog und SWK erfüllen verschiedene Funktionen, die beide unter dem Gesichtspunkt der Bestandserschließung von großer Wichtigkeit sind. Das hat Joris Vorstius mit folgenden Ausführungen überzeugend dargelegt: „Der eine Typ, der Realkatalog, dient dem Literaturbedürfnis des wissenschaftlichen Lesers, der sich gründlich über die allgemeine und spezielle Literatur eines bestimmten Sachgebietes unterrichten will; im Realkatalog wird die gesamte Literatur in systematischem Zusammenhang geordnet vorgeführt, so daß jeder beliebige Ausschnitt aus diesem System dargeboten werden kann. Der Schlagwortkatalog verteilt dagegen alle Themen, große, kleine und kleinste, auf das Alphabet der Schlagwörter; hierdurch ist der schnelle und sichere Zugang zu allen konkreten, sprachlich fest formulierbaren Themen und der zusammenfassenden Literatur über sie gegeben, der Sachzusammenhang aber, in den dieses Thema eingebettet ist, verschwindet und kann auch durch ein noch so sorgfältiges Netz von Verweisungen nur unter großem Zeitverlust und in Bruchstücken wiederhergestellt werden. Zur ersten Orientierung ausgezeichnet geeignet, versagt der Schlagwortkatalog bei gründlicheren Studien.“[450]

Klärung des Verhältnisses von SWK zu Systematischem Katalog

So wird der Systematische Katalog in den meisten Fällen dem wissenschaftlichen Arbeiter nützlich sein, der im systematischen Denken geschult und in der Benutzung wissenschaftlicher Bibliotheken erfahren ist, während der andere Sachkatalog, der SWK, einen bequemen und schnellen Zugang zu ganz bestimmten Schätzen der wissenschaftlichen Bibliotheken gewährt und dadurch wesentlich zur Verbreitung wissenschaftlicher Kenntnisse beiträgt, indem er vorwiegend Einzelfragen beantwortet.

Daraus und aus dem Charakter des SWK ergeben sich folgende Lehren:

Charakter des SWK und Schlußfolgerungen

1. Für Universalbibliotheken mit umfangreichen Beständen ist der SWK wegen seiner immanenten Besonderheiten und wegen der Grenzen, die ihm gezogen sind, *als einziger Sachkatalog* nicht geeignet.

[449] KARL BOYSEN, *Systematischer oder Schlagwortkatalog?* In: Aufsätze Fritz Milkau gewidmet. Leipzig 1921 S. 19–36. Dieser Aufsatz war ein entscheidender Ausgangspunkt für diese Diskussionen.

[450] JORIS VORSTIUS, *Die Sachkatalogisierung in den wissenschaftl. Allgemeinbibliotheken Deutschlands.* Leipzig 1948 S. 54–55.

2. Der SWK *als zweiter,* den Systematischen Hauptkatalog ergänzender *Sachkatalog* ist ein nützliches, nutzerfreundliches Instrument, und zwar weniger als Hilfsmittel der Forschung, vielmehr als ein bequemes Erschließungsmittel für den Anfänger in der Wissenschaft, aber auch für den Wissenschaftler, der es eilig hat und nur eine erste Orientierung in einer Querschnittsfrage braucht.
3. Als zweiter Sachkatalog ist der SWK als Auswahlkatalog zu führen. Die leitenden Gesichtspunkte für die Auswahl sind
   a) *Parteilichkeit.* Er verzeichnet nur wissenschaftlich wertvolle, die Entwicklung der sozialistischen Gesellschaft fördernde Literatur.
   b) *Aktualität.* Er verzeichnet vorwiegend neuere, den neuesten Stand der Erkenntnisse widerspiegelnde Literatur und scheidet laufend veraltete Darstellungen aus, sobald neuere Werke zu dem betreffenden Thema vorliegen.
4. Als zweiter Sachkatalog verzichtet der SWK auf speziellste Forschungsliteratur sowie auf Literatur in seltenen Sprachen.
5. Als zweiter Sachkatalog wird der SWK nach dem Prinzip des engen Schlagworts geführt.
6. Die Führung eines SWK stellt hohe wissenschaftliche Anforderungen an den Bearbeiter. Sie setzt neben einem umfassenden Wissen die Fähigkeit voraus, logisch und klar zu denken, selbständig zu entscheiden und unter strenger Berücksichtigung des Sprachgebrauches eindeutige, Sache und Begriff in Übereinstimmung bringende sprachliche Formulierungen zu finden.
7. Nach Festlegung eines bestimmten Schlagwortprinzips ist ein höchst folgerichtiges, peinlich genaues Fortschreiten auf dem eingeschlagenen Weg unbedingt erforderlich. Das enge Schlagwort ist eine Selbstschutzmaßnahme des Bearbeiters, denn es zwingt ihn mehr als das weite Prinzip, das recht gefährliche subjektive Ermessen einzudämmen.
8. Um eine durchgehende Ordnung im Aufbau des SWK zu gewährleisten, sind hinter den Kulissen, also innerdienstlich, verschiedene zusätzliche Arbeitsmittel nötig. Das sind
   a) eine Ordnung von *Bearbeitungsregeln (Regelwerk),* „deren Formenstrenge und Konsequenz der Preußischen Instruktion keineswegs nachstehen darf"[451];

[451] Joris Vorstius in einer Besprechung von O. REICH, *Vorschriften für ein abeceliches Schlagwörter-Verzeichnis.* Leipzig 1938. In: ZfB 56 (1939) S. 143. – Ein vorzügliches Regelwerk, das sich durch knappe und allgemeinverständliche Formulierungen und eine übersichtliche Anordnung auszeichnet, sind die *Regeln für den Schlagwortkatalog.* Eine Gemeinschaftsarbeit aus d. UB Erlangen. Erlangen 1953. (Schriften d. UB Erlangen. 1.) Mit Lit.verz. u. Sachreg. Es gilt der engste Begriff. Ferner der Entwurf eines Regelwerkes von Heinrich Roloff in: H. ROLOFF, *Lehrbuch der Sachkatalogisierung.* 4. Aufl. Leipzig 1975 S. 156–170. Wesentlich subtiler, aber auch komplizierter ist die Katalogisierungsordnung, die HELMUT KIND in seiner Arbeit *Der Schlagwortkatalog der Universitäts- und Landesbibliothek Halle (Saale).* Leipzig 1953. (ZfB Beih. 76.) aufgestellt hat (S. 39–82).

b) ein *alphabetischer Index* der bereits geprägten und verwendeten Schlagwörter zur Kontrolle der Arbeit;

Schlußfolgerungen

c) eine *systematische Übersicht* (Index) der Schlagwörter. Der Bearbeiter gewinnt dadurch einen Überblick über die Ausstrahlungen seines Katalogs in die einzelnen Fachgebiete hinein und vermeidet gleichzeitig Doppeleinstellungen, die sich durch Synonyma gern einschleichen. Der interessierte Benutzer findet in einem solchen Index alle Materien zusammen, die, im Katalog auseinandergerissen, ihn unmittelbar angehen. Jedes neue Schlagwort muß gewissenhaft nachgetragen werden. Ist ein Systematischer Katalog daneben vorhanden, so liegt es nahe, dem Index dieses System zugrunde zu legen, sofern es nicht veraltet ist.

Vom Ausland her gesehen[452] muß es auffallen, daß das deutsche Bibliothekswesen bis 1945, das auf dem Gebiete der Rationalisierung der Arbeit einiges aufzuweisen hat, noch keine umfassende Grundliste von Schlagwörtern besitzt, wie sie andere Länder erarbeitet haben.[453] Mit ihrer Hilfe kann eine gewisse Standardisierung der Schlagwortkataloge erreicht und die persönliche Willkür bei der Schlagwortgebung gesteuert werden. Damit würde auch der heute noch vorherrschende Zustand beseitigt werden, daß jede Bibliothek, die zur alphabetischen Sachkatalogisierung übergeht, gezwungen ist, viel Kraft und Zeit hineinzustecken und sich trotz Anschluß an ein vorliegendes Regelwerk einen eigenen Weg zu bahnen. Wertvolle Hilfe können dabei bieten:

Grundlisten von Schlagwörtern

Dezimalklassifikation. Dt. Gesamtausgabe. Alphabetisches Sachverzeichnis. Berlin (West), Köln 1951 bis 1953.
Dezimalklassifikation. DK-Handausgabe. Internationale mittlere Ausgabe der universellen Dezimalklassifikation. Bd. 2. Alphabetisches Sachverzeichnis. Berlin (West), Köln, Frankfurt a. M. 1968.
Auch das Schlag- und Stichwortregister zum Deutschen Bücherverzeichnis bzw. zu den Jahresverzeichnissen der Verlagsschriften kommt dafür in Frage. Eine eigene, für die Bedürfnisse der Schlagwortkatalogisierung vorgenommene Zusammenstellung der Schlagwörter in diesen Registern bearbeitet zur Zeit die DB in Leipzig.[454] Sie wird zweifellos einen gewichtigen Beitrag zur Vereinheitlichung der Schlagwortkataloge liefern.

---

452 HANS JÜRGEN ASCHENBORN, *Sachkatalogisierung seit Trebst.* 1–3. Pretoria 1957. (Mousaion. 15–17.)

453 Entsprechend der amerikanischen *List of subject headings for use in dictionary catalogues.* New ed. Chicago 1928. – *The Library of Congress Subject Cataloging Division. Subject headings used in the dictionary catalogs of the Library of Congress.* Ed. by M. V. Quattlebaum. 6. ed. Washington 1957. Enth. etwa 250000 Subject headings und Verweisungen (cross references). Eine umfassende Neubearb. ist in Vorbereitung. Für kleinere Bibliotheken liegt ein Auszug vor. – Neuerdings z. B. auch in Polen (J. KOSSONOGA 1956).

454 Bisher wurden in den Jahren 1960–1963 zu folgenden Kataloggruppen bzw. Sachgebieten des neuen Sachkatalogs der Deutschen Bücherei *Systematische und alphabetische Schlagwortregister* veröffentlicht: „Medizin, Pharmazie", „Technik und Handwerk",

4.2.3.4.2. Dezimalklassifikation

Völlig zu Unrecht haben die deutschen Bibliothekare jahrzehntelang in der Dezimalklassifikation (DK) einen grimmigen Feind ihrer Sachkataloge gesehen. Zu Unrecht schon deswegen, weil die Systematisierung der Bücher mit Hilfe des Systematischen Katalogs schon längst, wie wir gesehen haben, eine Illusion geworden ist. Die Abfolge der Fächer ist bei der DK nicht willkürlicher als z. B. bei dem Berliner Realkatalog oder bei der Gruppierung der Sachkatalogteile der Deutschen Bücherei. Angesichts der Weltgeltung, die die Dezimalklassifikation[455] errungen hat, wäre es müßig, die Argumente zu registrieren, die die deutschen Bibliothekare in der Vergangenheit gegen sie ins Treffen geführt haben.[456] Das mag der Geschichte der Klassifikation in Deutschland angehören. Heute geht es allein um das Abwägen von Vorteilen und Nachteilen der DK mit dem Ziele, daraus die notwendigen Schlußfolgerungen für die Katalogsituation jeder einzelnen Bibliothek oder jedes Bibliotheksnetzes zu ziehen. Es kommt darauf an, klar und deutlich Stellung zu beziehen, wie die wissenschaftlichen Bibliotheken zur DK stehen. 1876 brachte der damals erst 25jährige Bibliothekar Melvil Dewey seine erste Ausgabe der Dezimalklassifikation heraus.[457] Es wird zuweilen übersehen, daß Dewey eine

Bibliothekar und DK

M. Dewey

„Sprachen und Literatur“, „Kunst, Musik, Theater“, „Philosophie und Psychologie“, „Mathematik und Naturwissenschaften, Land- und Forstwirtschaft“, „Geschichte, Erd- und Völkerkunde“.

[455] Lit.: *DK-Mitteilungen.* Hrsg. vom Ausschuß für Klassifikation im Deutschen Normenausschuß (DNA) 1ff. Berlin (West), Köln, Frankfurt a. M. 1956ff. Zweimonatlich. Enth. laufend die neuesten DK-Ergänzungen (Deckblätter). – PETER HERRMANN, Praktische Anwendung der Dezimalklassifikation. Klassifizierungstechnik. 6., erw. u. verb. Aufl. Leipzig 1970. (ZIID-Schriftenreihe. 5.) – OTTO FRANK, *Die Dezimalklassifikation. Aufbau u. Arbeitsmittel.* 3. Aufl. Berlin (West), Stuttgart 1960. (O. Frank, Handbuch d. Klassifikation. 1.) – OTTO FRANK, *Die Dezimalklassifikation.* Anwendung u. Weiterentwicklung. Berlin (West), Stuttgart 1960. (O. Frank, Handbuch d. Klassifikation. 12.) – KARL FILL, *Einführung in das Wesen der Dezimalklassifikation.* 3. Aufl. Berlin (West), Köln, Frankfurt a. M. 1969. (Veröffentlichungen d. Internationalen Verbandes f. Dokumentation. 300.) – RENÉ DUBUC, *La classification décimale universelle (CDU). Manuel pratique d'utilisation.* Paris 1964. (Documentation et information.)

[456] Das ist, sehr zusammengefaßt, noch in der 2. Aufl. der Bibliotheksverwaltungslehre (1958) S. 162–165 geschehen und kann dort nachgelesen werden. Zum Sprecher der älteren Generation der wissenschaftlichen Bibliothekare in Deutschland, die die DK in Bausch und Bogen abgelehnt hat, hatte sich seinerzeit u. a. CARL DIESCH mit seiner Schrift *Katalogprobleme und DK* (Leipzig 1927) gemacht. Wegen des sachlichen Gewichtes, aber auch weil Humor in der bibliothekswissenschaftlichen Literatur sehr selten ist, sei auf die Entgegnung SAMUEL CLEMENT BRADFORDS, *Documentation* (London 1953) S. 180–194 hingewiesen.

[457] MELVIL DEWEY, *A Classification and subject index for cataloguing and arranging the books and pamphlets of a library.* Amherst (Mass.) 1876. Anonym erschienen. Die neueste Aufl., die 17., hrsg. v. Benjamin A. Custer, erschien 1965 u. d. T.: MELVIL DEWEY, *Decimal classification and relative index.* Vol. 1. 2. – *Dezimal-Klassifikation. Deutsche Gesamtausgabe.* Bearb. vom Deutschen Normenausschuß. 3. internationale Ausg. d. Dezimal-Klassifikation. Berlin (West), Köln 1934–1953. 771 S. nebst Nachtr.

Methode im Sinne hatte, die sowohl für Katalogzwecke (for cataloguing) als auch für die Aufstellung der Bücher (for arranging the books and pamphlets of a library) bestimmt war. Das geht bereits aus seinem ersten Memorandum vom 8. Mai 1873 hervor, das er dem Library Committee of Amherst einreichte. Dort betont er ausdrücklich, daß bei Anwendung seines Systems „any book may be found without a catalogue since the library is in itself a full classed subject catalogue ...".[458] Die DK ist also ursprünglich eine standortgebundene Form der Sachkatalogisierung, die erst später auch eine standortfreie Anwendung als Klassifikationsmethode gefunden hat. Allerdings verwenden auch heute noch manche Bibliotheken die DK zugleich zur Aufstellung ihrer Bestände, in den USA sogar sehr häufig.

Standortbindung der DK

Die DK teilte ursprünglich das gesamte Gebiet der Wissenschaften in 10 Haupt- oder Grundklassen (main-classes) ein:

0 Allgemeines, Bibliographie, Bibliothekswesen
1 Philosophie, Psychologie
2 Religion, Theologie
3 Sozialwissenschaften, Recht, Verwaltung
4 Philologie, Sprachwissenschaften
5 Mathematik, Naturwissenschaften
6 Angewandte Wissenschaften, Medizin, Technik
7 Kunst, Kunstgewerbe, Spiel, Sport
8 Schöne Literatur
9 Geographie, Geschichte

Hauptklassen

Diese auf Dewey zurückgehende, klassische Hauptgruppen-Einteilung hat in unseren Tagen eine bedeutsame Veränderung erfahren. Die Hauptgruppe 4 ist zur Zeit frei, weil 4 und 8 zusammengelegt worden sind (1964). Hauptgruppe 8 lautet also jetzt *Literaturwissenschaft, Schöne Literatur, Literaturwissenschaft* (gilt nur für UDK, vgl. unten).

Dezimalprinzip

Bereits in diesem Grundschema, das jedem Fach einen festen und unabänderlichen Platz zuweist, wird das Grundprinzip der Zahl wirksam: Die Ziffernbezeichnung von 0 bis 9 tritt an die Stelle der Fachbezeichnung. Die Beschränkung auf 10 Fächer verlangt das Dezimalprinzip, denn jede dieser 10 Ziffern ist Ausgangspunkt für weitere 10 Unterabteilungen, wodurch $10 \times 10 = 100$ Abteilungen (divisions), aus jeweils zweistelligen Zahlen bestehend, sich bilden lassen. Entsprechend verläuft die weitere Untergliederung in Sektionen (sections) und Untersektionen (subsections), jeweils unter Zuhilfenahme einer weiteren Dezimalstelle. Somit ist die Grundlage für eine theoretisch unendliche Untergliederung geschaf-

Sektionen, Untersektionen

(16 S.). Besonders wichtig das „Alphabetische Sachverzeichnis". Ferner dazu die *Deutsche Kurzausgabe.* 3., vollst. überarb. Aufl. Bearb. vom Dt. Normenausschuß. Berlin (West), Köln 1955. 1. Aufl. 1932, 2. Aufl. 1941, unveränderter Neudruck 1952.

[458] Vgl. GROSVENOR DAWE, *Melvil Dewey. Seer, inspirer, doer.* 1851–1931. New York 1932 S. 323.

fen. Praktisch wird sie jedoch stets nur so weit geführt, wie es sich vom Buchmaterial her als notwendig erweist.
Jede Zahl, die der Hauptgruppe (z. B. 5: Mathematik, Naturwissenschaften) hinzugefügt wird, dient der näheren Bestimmung der vorausgehenden Gruppenbezeichnung, jede weitere Zahl ist eine Unterteilung der vorhergehenden, z. B.:

Unterteilungspraxis

5	Mathematik, Naturwissenschaften
51	Mathematik
52	Astronomie, Geodäsie
53	Physik
54	Chemie, Mineralogische Wissenschaften
55	Geologie und verwandte Wissenschaften, Meteorologie
56	Paläontologie
57	Biologische Wissenschaften
58	Botanik
59	Zoologie

Die weitergehende Unterteilung, stets also vom Oberbegriff zum feiner gegliederten Spezialbegriff, verdeutlicht folgendes Beispiel:

Beispiele

6	Angewandte Wissenschaften, Medizin, Technik
62	Technik
624	Bauingenieurwesen usw.
624.1	Bauingenieurwesen im allgemeinen
624.13	Erdbau
624.131	Bodenmechanik, Bautechnische Bodenkunde
624.131.4	Bodeneigenschaften
624.131.43	Physikalische und mechanische Bodeneigenschaften
624.131.439	Festigkeitseigenschaften des Bodens
624.131.439.4	Druckfestigkeit

Idee der DK

Das Bestechende der Idee Deweys sind die unbegrenzten Möglichkeiten der immer weiteren Untergliederung der einzelnen Elemente und die sich daraus ergebenden unbeschränkten Kombinationsmöglichkeiten. Diese Idee wurzelt in einem naiven Kosmopolitismus. Jeder an den Wissenschaften Interessierte kann sich unabhängig von seiner Nationalität in jeder Bibliothek der Welt über seine Fachliteratur an der gleichen Stelle des Zahlensystems ohne fremde Hilfe unterrichten. Die Zauberformel 341 erschließt z. B. dem Völkerrechtler auf der ganzen Welt seine Fachliteratur an derselben Katalogstelle.
Die großen Hoffnungen, die manche hegten, daß die DK gerade wegen dieser Vorzüge die internationale Klassifikation der ganzen Welt werden könnte, haben sich deshalb nicht erfüllt, weil sie, um die Jahrhundert-

wende nach Europa verpflanzt, aus der Sphäre der Public libraries herausgerissen wurde. Als Paul Otlet und Henri La Fontaine 1895 in Brüssel das Institut international de bibliographie begründeten und unter dem Eindruck einer Amerikareise den utopischen Aufbau einer Weltbibliographie mit der Propagierung der DK koppelten, veränderten sie gleichzeitig die ursprüngliche Form der Deweyschen Klassifikation. 1905 erschien in Brüssel die erste Ausgabe ihrer Classification décimale universelle. Seitdem unterscheiden wir die DK Deweys (DDK) von der Brüsseler DK = Universale Dezimalklassifikation (UDK).[459]

P. Otlet und H. La Fontaine

Brüsseler DK (UDK)

In der UDK werden zwar die 10 Grundklassen beibehalten, in den Abteilungen und Sektionen jedoch bereits Veränderungen vorgenommen. Zum Beispiel wird die aus der angelsächsischen Blickrichtung entstandene Unebenheit beseitigt, die in der DDK darin bestand, daß das große und wichtige Gebiet der slawischen Sprachen in der Sammelsurium-Abteilung 49 = „Unbedeutendere Sprachen" untergebracht worden war, indem die Abteilungen Lateinisch (47) und Griechisch (48) der DDK zu der gemeinsamen Gruppe Klassische Sprachen (47) zusammengezogen werden, so daß die dadurch frei gewordene Abteilung (48) in der UDK den slawischen und baltischen Sprachen eingeräumt werden konnte. Das wesentliche Neue der UDK sind aber die Hilfstafeln, bestehend aus den „allgemeinen Anhängezahlen", die für alle Abteilungen gelten, und den „besonderen Anhängezahlen", die nur für besondere Abteilungen gelten.

Veränderungen

Allgemeine Anhängezahlen[460]

allgemeine Anhängezahlen

1. *Anhängezahl der Sprache.* Zeichen: =
   = 20 Englisch; = 82 Russisch; = 951 Chinesisch
   Beispiel:
   413.233 Dreisprachiges Wörterbuch
   413.233 = 30 = 82 = 84 Deutsch-Russ.-Poln. Wörterbuch

Sprache

2. *Anhängezahl der Form.* Zeichen: (0)
   (02) Systematisch angeordnete Darstellung in Buchform
   (07) Unterricht, Studium
   Beispiel:
   54 Chemie
   54 (03) Wörterbuch der Chemie
   54 (091) Geschichte der Chemie

Form

[459] In der internationalen Fachliteratur häufig auch als Abkürzung von Classification décimale universelle = „CDU" zitiert.

[460] *Anhängezahlen der Betrachtungsweise* des Autors sind vorgesehen. Vgl. den deutschen Entwurf dazu in: DK-Mitteilungen. 9 (1964) S. 30 (M. Schuchmann); z. B. –: 28 Christliche Betrachtungsweise –: 32 Politische Betrachtungsweise. – Ferner H. ARNTZ, *Problematik einer Klassifikation der Sozialwissenschaften.* In: DK-Mitteilungen 7 (1962) S. 23 (S. 21–23).

Ort, Rassen, Völker

3. *Anhängezahl des Ortes, der Rassen und Völker.*
Zeichen: ( ) oder (=)[461]
(4) Europa; (437) Tschechoslowakei; (438) Polen.
Beispiel:

392.5	Hochzeitsbräuche
392.5 (510)	Hochzeitsbräuche in China
392.5 (=927)	Hochzeitsbräuche bei den Arabern

Die Sprachanhängezahlen der Rasse und des Volkes werden in runde Klammern gesetzt.

Zeit

4. *Anhängezahl der Zeit.* Zeichen: „ “

„03“ im 4. Jahrhundert; „19“ im 20. Jahrhundert; „1956.12.01“ = 1. Dezember 1956
Beispiel:

061.4	Ausstellungen, Messen usw.
061.4 (43-2.7)	Leipziger Messe
061.4 (43-2.7) „1956“	Leipziger Messe 1956

Gesichtspunkt

5. *Anhängezahl des Gesichtspunktes.* Zeichen: .00

.002 Gesichtspunkt der Durchführung; .009 sozialer und moralischer Gesichtspunkt.
Beispiel:

622	Bergbau
622.002.5	Maschinelle Einrichtungen im Bergbau

alphabetische Unterteilung

6. *Alphabetische Unterteilung*

Um nicht um jeden Preis alle Begriffe in Zahlen auszudrücken, wurde die Möglichkeit vorgesehen, Namen, Buchstaben und Nummern an die DK-Zahlen anzuhängen; das geschieht natürlich besonders bei Eigennamen usw.

92	Biographien
92 Planck	Biographie über Max Planck
629.114.6	Personenkraftwagen
629.114.6 Wolga	Personenkraftwagen Wolga

besondere Anhängezahlen

Besondere Anhängezahlen. Zeichen: – und .0

Die besonderen Anhängezahlen sind Mittel zur feineren Stoffgliederung. „Es werden im wesentlichen zwei Arten von besonderen Anhängezahlen unterschieden, solche mit – und solche mit .0, die sich in den verschiedenen Abteilungen der Haupttafel befinden.“[462] Sie sollen vermeiden, daß

[461] Zu dem zweiten Zeichen (=) sagt die DK: „Manche Völker bewohnen kein fest umgrenztes Gebiet, ihr Name kommt deshalb in der geographischen Einteilung nicht vor. In solchen Fällen werden die allgemeinen Anhängezahlen der Rasse und des Volkes benutzt, die nach dem Muster der Sprachanhängezahlen gebildet sind. Die betreffende Sprachanhängezahl wird in runde Klammern gesetzt.“ Vgl. *DK Dt. Gesamtausgabe.* Berlin 1934 S. 24.

man für häufig vorkommende Einzelheiten an allen in Betracht kommenden Stellen der Haupttafel besondere DK-Zahlen dafür reserviert. Es gibt z. B. bei allen Maschinen Schmiervorrichtungen. Ihre Kennzeichnung übernimmt die besondere Anhängezahl –72.
Um ferner die Verbindung zweier Begriffe bzw. zweier DK-Zahlen auszudrücken, bestehen zwei Möglichkeiten:

1. *Beiordnung*

Erweiterung der Bedeutung

Beiordnung zweier Begriffe durch das Pluszeichen + im Sinne einer Erweiterung der Bedeutung
622 + 669 Bergbau und Hüttenkunde, auch umkehrbar: 669 + 622

2. *Herstellung einer Beziehung*

Beziehung zwischen Begriffen

Herstellung einer Beziehung zwischen zwei Begriffen durch Doppelpunkt : im Sinne einer Einengung des Begriffes
658.581 Maschinenpflege
621.941 Drehbänke
658.581:621.941 drückt in DK-Zahlen das Thema „Instandsetzung und Pflege von Drehbänken" aus. Diese Zahlenverbindung kann ebenfalls auch umgekehrt geschrieben werden 621.941:658.581.

3. *Die Erstreckung*

Erstreckung

Wie durch das Pluszeichen kann eine Beiordnung auch durch das Erstreckungszeichen / (gesprochen bis) erfolgen. Bei der Erstreckung handelt es sich auch um die Erweiterung einer Bedeutung, häufig durch Zusammenfassung mehrerer Teilbegriffe zu einem Oberbegriff:
541.121/123
d. h., dieser Oberbegriff setzt sich zusammen aus:
541.121
541.122 } 541.121 bis 541.123 oder 541.121/123
541.123

4. *Die Zusammenfassung oder Synthese*

Synthese

Durch das Zusammenfassungszeichen ' (gesprochen Apostroph) können mehrere Begriffe zu einem vereinigt werden, z. B. aus den Haupt-DK-Zahlen
546.32
546.221
die synthetische DK-Zahl:
546.32'221

Abwandlung, Anwendung, Weiterentwicklung

Wenn die DK auch nicht die Weltklassifikation geworden ist, so ist sie doch ein international weit verbreitetes Klassifikationssystem. Daß es

[462] Vgl. *DK Dt. Gesamtausgabe.* Berlin 1934 S. 81.

Abwandlungen der DK

Konkurrenten der DK

Expansive Classification

Klassifikation der Kongreß-Bibliothek

Anwendungsbereiche der DK

dabei auch zu einer Spaltung gekommen ist, sahen wir bereits. An Deweys System haben die amerikanischen Public libraries festgehalten, und das Brüsseler System hat die europäischen, der DK zugeneigten Institutionen erobert.[463] Darüber hinaus hat die DK in der Sowjetunion u. a. durch L. N. Tropovskij[464] eine Weiterentwicklung erfahren, die für kleinere und mittlere Massenbibliotheken bestimmt war; sie gilt heute als unzureichend. Von großer Bedeutung und Tragweite ist der Beschluß des Staatlichen Komitees beim Ministerrat der UdSSR für die Koordinierung der wissenschaftlichen Forschungsarbeit, ab 1963 die DK im Bereich der wissenschaftlich-technischen Information sowie in den naturwissenschaftlichen und technischen Fachbibliotheken anzuwenden.[465] In diesem Zusammenhang wurde auch eine Ausgabe der DK in russischer Sprache herausgebracht.[466]

Aber auch im Heimatlande der DK selbst, in den USA, sind zwei Ereignisse auf dem Gebiete der Sachkatalogisierung zu verzeichnen, die nicht anders als Ablehnungen der DK seitens der Bibliotheken zu deuten sind: einmal die von Charles Ammi Cutter nach Vorliegen der Arbeit Deweys über die DK entwickelte Expansive Classification[467], zum andern die seit 1901 durchgeführten Arbeiten der Library of Congress in Washington an einem eigenen Klassifikationsschema. „Die Hauptklassen werden durch Buchstaben bezeichnet, die Unterklassen durch einen zweiten Buchstaben, die Systemführung innerhalb der Unterklassen wird durch dem System parallellaufende Zahlenreihen markiert. Die geiche Symbolik aus Buchstabe und Zahl kehrt in den Untergliederungen wieder, hier einmal das Alphabet der Gegenstände, das andere Mal eine systematische Gliederung meinend, oder auch eine chronologische Bücherfolge darstellend."[468] Dieses System, und nicht die DK haben die meisten wissenschaftlichen Allgemeinbibliotheken in den USA angenommen.

Bei Angaben über wissenschaftliche Bibliotheken, die die DK als Ordnungsmittel benutzen, ist stets zu beachten, ob sie als *einzige* Form der Sachkatalogisierung verwendet oder nur für bestimmte Zwecke gebraucht wird.[469] So bedient man sich der DK in der Bibliothek der Technischen

---

[463] SIGISMUND RUNGE, *Die Deweysche DK im Vergleich zur Brüsseler DK.* In: Beiträge zur Sachkatalogisierung. Leipzig 1937 S. 35–44. (Sammlung bibliothekswiss. Arbeiten. 45.)

[464] Eine auszugsweise deutsche Übersetzung u. d. T.: *Tropovskijs Dezimalklassifikation der Gesellschaftswissenschaften und Politik* nach der 3. verb. u. erw. Aufl. (Moskau 1942) hat die Zentralstelle f. wiss. Literatur, Berlin 1956 herausgebracht. (Bücherei d. Dokumentalisten. 5.)

[465] In: Bibliotekař, Moskva 1962, Nr. 6 S. 29.

[466] Vsesojuznaja knižnaja palata. *Universal'naja desjatičnaja klassifikacija.* (Sokraščennye tablicy.) (Red.: E. I. Šamurin). Moskva 1962. Vgl. hierzu: Rev. Int. Documentation 31 (1964) S. 82–83 (A. THOMPSON).

[467] FRIEDRICH KLEMM, *Die Cuttersche Expansive Classification.* In: Beiträge zur Sachkatalogisierung. Leipzig 1937 S. 45–51. (Sammlung bibliothekswiss. Arbeiten. 45.)

[468] HELMUT MOGK, *Das System der Kongreßbibliothek in Washington.* In: Beiträge zur Sachkatalogisierung. Leipzig 1937 S. 51–62. (Sammlung bibliothekswiss. Arbeiten. 45.)

Hochschule Aachen neben einem weitergeführten Systematischen Katalog. Weitere Bibliotheken, die die DK in irgendeiner Form anwenden, sind u. a. die Deutsche Staatsbibliothek, die Bibliothek der Technischen Hochschule in Graz, die Schweizerische Landesbibliothek Bern, die Bibliothek der Eidgenössischen Technischen Hochschule Zürich, die Bibliotheken der Technischen Hochschulen Göteborg und Drontheim u. a. Es sind auch nicht die wissenschaftlichen Allgemeinbibliotheken, nicht einmal alle technischen Fachbibliotheken und wissenschaftlichen Betriebsbibliotheken, die die DK für ihre Sachkatalogisierung übernommen haben, wohl aber hat sie Eingang und Anwendung in den Einrichtungen der Information und Dokumentation gefunden, die in der DDR ab 1951 aufgebaut worden sind. Sehr erweitert hat sich die Anwendung der DK in Zeitschriften,[470] Bibliographien und Referateblättern häufig in der Weise, daß die DK-Zahlen zusätzlich zu der der Ordnung des Titelmaterials zugrunde liegenden Systematik hinzugefügt werden. Bei Karteien hat es den Vorteil, daß auch technische Hilfskräfte nach einer gewissen Einarbeitungszeit zu Ordnungsarbeiten eingesetzt werden können.

Propagierung der DK

Für die Propagierung der DK hat sich seit seinem Bestehen das Brüsseler *Institut international de documentation* eingesetzt (vgl. oben). Es stützt sich dabei auf die in den einzelnen Ländern bestehenden Dokumentationsvereinigungen und Normenausschüsse; für Deutschland war es der *Deutsche Normenausschuß* (gegr. 1926, hervorgegangen aus dem „Normenausschuß der deutschen Industrie", gegr. 1917). Es versteht sich von selbst, daß eine internationale Klassifikation wie die DK bei jeder grundsätzlichen Veränderung der internationalen Abstimmung[471] bedarf. Deshalb ist der Verfahrensweg bei der Weiterentwicklung der DK etwas langwierig. Jedermann ist berechtigt, seinem zuständigen nationalen DK-Ausschuß bzw. dem zentralen Informationsinstitut Vorschläge zur Abänderung der DK zu machen. Nach Prüfung dort können die Vorschläge an das Generalsekretariat der FID weitergeleitet werden. Im Auftrage der FID ist seit 1957 als kompetentes Gremium in allen Fragen der Weiterentwicklung der DK das Central classification committee (CCC) tätig. Die halbjährliche Zusammenstellung solcher Vorschläge erscheint, herausgegeben von der FID, als *Extensions and corrections to the UDC*. Wird innerhalb von 4 Monaten kein Einspruch gegen einen Vorschlag erhoben, so gilt er als angenommen. Die deutsche Fassung der angenommenen Änderungen wird laufend in den *DK-Mitteilungen* abgedruckt.

Weiterentwicklung der DK

[469] Eine Übersicht gibt OTTO FRANK, *Die Dezimalklassifikation*. 2. Aufl. Berlin 1947 S. 40–41. (Handbuch der Klassifikation. 1.) Allerdings ohne Beachtung des obigen Gesichtspunktes.

[470] HERMANN A. ELSNER, *Die DK in deutschen Fachzeitschriften*. In: DK-Mitteilungen 8 (1963) S. 9–12 weist 157 Titel (ohne Referateblätter und Referatekarteien) nach.

[471] Zur Frage der Weiterentwicklung der DK vgl. u. a. die letzten Kapitel in: OTTO FRANK, *Die Dezimalklassifikation*. Anwendung und Weiterentwicklung. Stuttgart 1960. (Handbuch d. Klassifikation. 12.)

Feststellungen und Schlußfolgerungen

Veraltetes

1. Das Grundschema der DK stammt aus der Mitte des vorigen Jahrhunderts. Vom Standpunkt der „Gewichte" der Wissenschaften ist es nicht nur für die Gesellschaftswissenschaften (3: Sozialwissenschaften, Recht, Verwaltung), sondern auch für die Naturwissenschaften und die Technik (6: Angewandte Wissenschaften, Medizin, Technik) unmodern – Produkt einer vergangenen Zeit, in der die Stellung der Wissenschaften eine andere war. So kommt es zum Zusammenfügen sachlich nicht zusammengehöriger Gebiete.

formale Gruppenbildung

2. Um des Dezimalprinzips willen wird das menschliche Wissen in 10 Gruppen gepreßt, für deren Notwendigkeit weder wissenschaftstheoretische noch praktisch-pädagogische Gründe angeführt werden können. Es ist eine rein formale und willkürliche Gruppenbildung; ihre sachliche Unzulänglichkeit steht außer Zweifel. Es ist unverkennbar, daß der Schöpfer der DK in der bibliographischen Vorstellungswelt der allgemeinbildenden Bibliotheken mit einem nach oben zahlenmäßig begrenzten und mit einem inhaltlich nicht allzu spezialisierten Buchbestand wurzelt. Aus dieser Welt der Public libraries kommt Dewey in der Tat, und für diese bibliothekarischen Einrichtungen ist sein System wie geschaffen. Von Haus aus gar nicht für große wissenschaftliche Allgemeinbibliotheken mit wissenschaftlicher Spezialliteratur bestimmt, ist die Entwicklung über diesen dem System gezogenen Rahmen hinausgegangen.

ohne Wertung

3. Das Zahlengruppensystem, insbesondere in den Hauptgruppen, erhebt keinerlei Anspruch auf Wertung der Wissenschaften, weil es weder ein wissenschaftliches noch ein streng logisches System ist – auch nicht sein will –, sondern ein Ordnungsmittel auf der Grundlage der Zahl. Der oberste methodische Grundsatz der DK verlangt, daß alles Eingeordnete rasch wiederfindbar sein muß. Diese auf logische Ordnung verzichtende Methode hat auf der anderen Seite den Vorteil, elastisch zu sein. Deshalb kennt die DK auch nicht *die* Einordnungsstelle für einen Gegenstand oder Begriff, sondern nur eine Hauptstelle, daneben aber auch mögliche Betrachtungsweisen.
   Beispiele[472]:

Betrachtungsweisen

Sand (Baustoffe) 691.52
(Bautechnik) 624.012.52
(Bergbau) 622.362.3
(Bodenmechanik) 624.131.212
(Geologie) 551.217.24
(Gesteinskunde) 552.517.4

[472] Zit. nach KARL FILL, *Einführung in das Wesen der DK.* 2. erg. Aufl. Berlin (West), Köln, Frankfurt a. M. 1960 S. 35–36.

(Glasrohstoff) 666.122.2
(Härtebäder) 621.784.672
(Lagerstätten) 553.623
(Schleifmittel) 621.921.26
(Technologie der Steine) 679.862
Ehe (Familienmoral) 173.1
(Familienrecht) 347.62
(Gerichtliche Medizin) 340.61
(Hygiene) 613.89
(Kirchenrecht) 348.412.7
(Sakramente) 265.5
(Statistik) 312.33

4. Diese Methode einerseits, ihre Anwendung entsprechend dem Verbreitungsgebiet der DK in der Etappe ihres Siegeszuges andererseits haben zur Folge gehabt, daß Wissensgebiete, die vom Standpunkt des Marxismus-Leninismus grundlegend sind, eine Unterordnung unter den entsprechenden unwichtigeren Begriffen der bürgerlichen Wissenschaft erfahren. Außerdem fehlt weitgehend die marxistische Terminologie für Begriffe und Gegenstände dieser Wissensgebiete. Das ist zugleich der schwerwiegendste Einwand gegen die DK vom Standpunkt des Marxismus-Leninismus. Stellt man sich auf den, wie wir festgestellt haben, falschen Standpunkt, daß Unterordnung innerhalb der DK Abwertung bedeutet, so ist dieses Bedenken unüberbrückbar. Teilt man jedoch die Auffassung, daß „Untergliederung" in der DK nicht mit Abwertung gleichzusetzen ist, so reduziert sich dieses ideologische Problem auf die Durchsetzung einer klaren Terminologie. Auf diesem Gebiet wird zur Zeit zwischen Dokumentalisten in Ost[473] und West gearbeitet.

marxistische Terminologie

5. Aber nicht nur von der Stellung und Terminologie her, sondern auch aus der Sache selbst ergeben sich Schwierigkeiten bei der Anwendung der DK auf die Gesellschaftswissenschaften. Die Gesellschafts- bzw. Geisteswissenschaften eignen sich überhaupt nicht in gleicher Weise wie die Technik und manche Teile der Naturwissenschaften für eine dezimale Klassifikation, weil ihre Gegenstände häufig weniger exakt voneinander geschieden werden können. Darin bestehen Schwierigkeiten, die aber nicht unüberwindlich[474] sind.

DK und Gesellschaftswissenschaften

6. Für Technik und Naturwissenschaften hat sich die DK als Ord-

[473] Wir weisen darauf hin, daß die Vertreter der Sowjetunion an den internationalen Bemühungen zwecks Ausbau der DK teilnehmen. Das gilt vor allem für die Gruppen der Gesellschaftswissenschaften, insbesondere für die Gruppe 3. Vgl. Bibliotekař, Moskva (1962) Nr. 6 S. 29.

[474] WILFRIED STIEHL, *Dokumentation und Information als wirksames Mittel zur Verbesserung der gesellschaftswiss. Lehre u. Forschung.* Berlin 1963 S. 59–66: *Wissenschaftliche Systematik u. Klassifizierungsprobleme d. gesellschaftswiss. Dokumentation.*

nungsmittel trotzdem im vollen Umfange bewährt, auch in wissenschaftlichen Allgemeinbibliotheken.[475]

Zahlenkomplexe

7. Die DK *kann* alles mit den ihr eigenen Ausdrucksmitteln (Haupttafeln, allgemeinen und besonderen Anhängezahlen) ausdrücken, sie tut es aber in der Praxis ebensowenig wie ein Systematischer Katalog, denn auch für die Untergliederung innerhalb der DK ist das Buchmaterial ausschlaggebend. Wenn z. B. als Schreckgespenst der DK ein Zahlenkomplex wie 621.791:669.71 zur Bezeichnung von „Schweißen von Aluminium" angeführt wird, so muß man die Gegenfrage stellen: Welcher Systematische Katalog drückt solche Feinheiten in der Untergliederung aus? Dem Fachmann auf diesem Gebiet der Technik ist die DK-Zahl für Aluminium (669.71) ohnehin so geläufig wie seine Telefonnummer.

zusätzliche Schlagwörter

8. Die Erkenntnis, daß eine Verbindung von DK-Zahl und Schlagwort bzw. Deskriptor in der Praxis der DK nützlich ist, hat sich mehr und mehr durchgesetzt.[476] Sie erweist sich als zweckmäßig bei Arbeiten, deren Zuordnung zu bestimmten DK-Zahlen schwierig ist. Wenn bei diesen Verzahnungen noch die besonderen Bedürfnisse der betreffenden Einrichtung, in der die DK als Ordnungssystem verwendet wird, berücksichtigt werden, so ist der Nutzen doppelt groß. Davon abgesehen ist das zusätzliche Schlagwort zweckmäßig, um Querverbindungen herzustellen, Begriffskombinationen zu verdeutlichen sowie um Handels- bzw. Warenbezeichnungen, mit Eigennamen verbundene Verfahren und neuauftauchende Fachausdrücke, über die noch keine internationale Verständigung erfolgt ist, aufzufinden und zugänglich zu machen. Solche zusätzlichen Schlagwortkarteien sind sowohl für den DK-Bearbeiter als auch für den Nutzer wertvolle Orientierungs- bzw. Hilfsmittel. Das hat die Erfahrung gelehrt.
9. Für die Anwendung der DK im deutschsprachigen Gebiet maßgebend sind:

DK-Ausgaben

a) *Dezimalklassifikation, Erste deutsche Gesamtausgabe.* Bearbeitet vom Deutschen Normenausschuß. Dritte internationale Ausgabe der Dezimalklassifikation. Berlin (West), Köln 1934–1953. Die erste Gesamtausgabe der DK überhaupt, und zwar in französischer Sprache, erschien 1905. 5., internationale Ausgabe in franz. Sprache 1940–1951. Engl. Ausgabe 1939–1949.
b) *Dezimalklassifikation. Zweite deutsche Gesamtausgabe.* Achte internationale Ausgabe der Dezimalklassifikation. Erscheint in einzelnen Abteilungen, z. T. als Loseblattausgabe.
c) *Dezimalklassifikation. DK-Handausgabe.* Internat. mittlere Ausgabe der universellen Dezimalklassifikation. Hrsg. vom Dt. Normenaus-

---

[475] Die *Deutsche Staatsbibliothek* hat 1956 im Zuge ihrer Sachkatalogreform die DK für Technik, Naturwissenschaften und Landwirtschaftswissenschaft eingeführt.

[476] Vgl. hierzu PETER HERRMANN, *Praktische Anwendung der Dezimalklassifikation.* 6. Aufl. Leipzig 1970 S. 80–84.

schuß (DNA). 2 Bde. Berlin (West), Köln, Frankfurt/M. 1967–1968. (Veröffentlichungen d. Internationalen Verbandes für Dokumentation [FID]. 396.) Bd. 1. Systematische Tafeln. 1967. Bd. 2. Alphabetisches Sachverzeichnis. 1968. Enthält 36 700 DK-Zahlen mit Texterläuterungen und 43 000 Registereintragungen. EDV-Register. Guter Gesamtüberblick; für spezielle Arbeitsgebiete sind die entsprechenden Teile der Gesamtausgabe heranzuziehen. Die deutsche Kurzausgabe (1955–1961) ist dadurch überholt.[477]

10. Eine, wenn nicht die entscheidende Frage für die Zukunft der DK ist ihre Eignung für EDVA-Einsatz. Zur Zeit stehen sich positive und negative Meinungen z. T. schroff gegenüber. Dieses Problem wird, wie es nicht anders sein kann, zur Zeit heftig diskutiert.[478]

4.2.3.4.3. Kreuzkatalog

Wesenszüge des Kreuzkatalogs

Bereits im Zusammenhang mit dem SWK ist auf den Kreuzkatalog, seine amerikanische Herkunft (dictionary catalogue) sowie auf das Regelwerk von Cutter hingewiesen worden (vgl. Kap. 4.2.3.4.1.). Der Kreuzkatalog ist ein Mischkatalog, indem er den AK und den SWK vereinigt. In seiner ausgeprägten Form bringt er das Titelmaterial als *author entry* (Verfassername), *subject entry* (Schlagwort) und *title entry*, wobei der Title entry das erste Wort des Titels oder das Stichwort sein kann. In seiner einfachen Form als Mischung von Author entry und Subject entry ist er auch im deutschen Sprachgebiet durch die Titelanordnung in Antiquariatskatalogen jedermann bekannt. Das allein beweist schon seine grundsätzliche Brauchbarkeit für Titelverzeichnisse, aber auch für Register. In wissenschaftlichen Bibliotheken sind ihm freilich natürliche, vom Umfang her bestimmte Grenzen gezogen. Für Sonderkataloge größerer Bibliotheken (z. B. einer Gesellschaftswissenschaftlichen Beratungsstelle, eines Lesesaal-Handapparats) ist er ebenso geeignet wie für bestimmte Fachbibliotheken. Seine Einführung in große wissenschaftliche Allgemeinbibliotheken verbietet sich einfach deshalb, weil der Kreuzkatalog den Umfang des ohnehin meist opulenten Alphabetischen Kataloges in unerträglicher Weise anschwellen läßt, so daß das Einordnen wie das Nachschlagen noch mehr erschwert wird. Das beweisen die Erfahrungen der amerikanischen Bibliotheken, in denen es zu einer Krise der traditionellen Kreuzkataloge gekommen ist.[479] Außer-

---

[477] Weitere mehrsprachige, Fach- und Teilausgaben s. z. B. PETER HERRMANN, *Praktische Anwendung der Dezimal-Klassifikation.* 6. Aufl. Leipzig 1970.

[478] *Die Zukunft der DK.* In: DK-Mitteilungen 9 (1964) 1, S. 2–11; mit verschiedenen Beiträgen. – MARTIN SCHUCHMANN, *Die DK gestern, heute und morgen.* FID/CR. International study conference on classification research. Elsinore 1964. (Working paper. 18.)

[479] WALTER BAUHUIS, *Erwerbung, Katalogisierung und Magazinierung in den amerikanischen wissenschaftlichen Bibliotheken.* In: Zur Praxis d. wiss. Bibl. in den USA.

halb der USA ist es eine Besonderheit, wenn in einer wissenschaftlichen Bibliothek mittleren Umfangs, wie in der Staats- und Stadtbibliothek Augsburg, ein Kreuzkatalog für die moderne Gebrauchsliteratur (alle Bestände ab 1900) – neben einem den gesamten Bestand umfassenden Systematischen Katalog – geführt wird.

4.2.3.5. Sachkatalogisierung in den wissenschaftlichen Fachbibliotheken

Sachkatalogisierung in Fachbibliotheken

In den wissenschaftlichen Fachbibliotheken engt sich die Problematik der Sachkatalogisierung auf das betreffende Fach und seine Randgebiete ein. Sofern hier nicht bereits Lösungen, die sich bewährt haben, getroffen worden sind (z. B. bei technischen Bibliotheken durch Einbeziehung des betreffenden Institutes in die Informationsarbeit und damit verbunden die Einführung der DK), geht in den Fachbibliotheken die zweckmäßigste Bewältigung der Fachliteratur allem anderen vor. Standortfreie Kataloge sind hier ebenso selbstverständlich wie die Abhängigkeit des Katalogs und seiner besten Ordnung vom Aufgabengebiet des Institutes und von den Beständen der Bibliothek. Anerkannte Wissenschaftssystematiken des betreffenden Gebietes geben häufig die Systemgrundlage. Das kann sogar eine Ungleichmäßigkeit in den Untergliederungen (z. B. feiner im Hauptgebiet, gröber im Randgebiet) zur Folge haben. Wenn noch eine Zeitschriftenauswertung einbezogen ist, kann die Untergliederung eines Faches in einer Institutsbibliothek sehr viel feiner sein als an der betreffenden Stelle in einer großen wissenschaftlichen Allgemeinbibliothek. Im übrigen kann hierzu auf das einschlägige Lehrbuch für wissenschaftliche Fachbibliotheken hingewiesen werden.[480] Die Autoren gehen von der richtigen Überzeugung aus, daß die Führung eines Sachkatalogs in diesen Bibliotheken unabdingbar ist, neigen zur Bevorzugung eines systematischen Katalogs, geben aber einen breiten Überblick über Ordnungs- und Normsysteme, die sich in der Praxis bewährt haben, ohne den SWK auszuschließen.

4.2.3.6. Systematik der allgemeinbildenden Bibliotheken

Die Sachkatalogisierung in allgemeinbildenden Bibliotheken konnte deshalb außerhalb unserer Betrachtung bleiben, weil sie eigene Wege eingeschlagen hat, die sich aus dem Bestandsaufbau und der Funktion dieser Bi-

---

Wiesbaden 1956 S. 110–113. (S. 85–147). – *Subject headings, used in the dictionary catalogs of the Library of Congress.* 7. ed. Ed. by Marguerite V. Quattlebaum. Washington: Libr. of Congress 1966.

[480] HANS-ULRICH KLOTH, FRITZ-GEORG BARTH u. RUDI MÖBUS, *Die wiss. Fachbibliothek.* 2. Aufl. 1975 S. 68–90.

bliotheken ergeben. Abgesehen davon muß die Bestandserschließung in allgemeinbildenden Bibliotheken grundsätzlich vom Leserinteresse ausgehen. Die Staatlichen Allgemeinbibliotheken haben seit 1961 eine verbindliche Systematik[481] erarbeitet, die *Systematik für allgemeinbildende Bibliotheken (SAB).* Sie ist die erste Systematik in der DDR, die auf der Grundlage des Marxismus-Leninismus erarbeitet worden ist. Die SAB wird in Zukunft natürlich nicht unberührt bleiben von der Entwicklung der Klassifikation in den sozialistischen Ländern, insbesondere von der BBK.

Systematik der allgemeinbildenden Bibliotheken

Die SAB arbeitet mit 17 Hauptgruppen für Sachliteratur sowie einer Hauptgruppe für schöne Literatur. Sie ist für das ganze Netz dieser Bibliotheken verbindlich und ist insofern standortgebunden, als sie u. a. bei der Aufstellung der literarischen Dokumente in Freihandbibliotheken Anwendung findet. Beim Systematisieren neuer Bücher sind dem Bibliothekar dieses Bereichs die konsequenten, rationalisierten Zentralisierungen von Nutzen, indem ihm Zetteldrucke, Informationsdienst (vgl. Kap. 4.1.2.3.) und zentral erarbeitete Listen, die allesamt mit den Notationen der SAB versehen sind, in die Hand gegeben werden.

4.2.3.7. Stand der Sachkatalogisierung

Für die Zeit ab 1930 gilt, was ein ausländischer Kenner deutscher Sachkatalogisierung als Fazit seiner Untersuchung gezogen hat: An die Stelle bisheriger Debatten über den besten bibliothekarischen Sachkatalog ist eine allgemeine „Erschlaffung" getreten. Es herrscht eine bunte Vielfalt von Sachkatalogen vor, und die Theorie des Sachkatalogs ist seit 1930 bis heute nicht wesentlich weiterentwickelt worden. Gesunde Ansätze zu einer einheitlichen Sachkatalogisierung, die in den 30er Jahren wirksam wurden, sind durch den zweiten Weltkrieg zum Erliegen gekommen.[482]

Vielfalt der Sachkataloge

Auch in der Deutschen Demokratischen Republik sind auf dem Gebiete der Sachkatalogisierung seit 1945 keine grundlegenden Veränderungen vorgenommen worden – wohl aber haben mehrere Bibliotheken neue systematische Kataloge, z. T. in Anlehnung an die BBK, geschaffen, und es sind auch einige theoretische Klärungen erfolgt. Eine *Theoretische Konferenz zu Fragen der Sachkatalogisierung* im Jahre 1959 befaßte sich mit grundsätzlichen Fragen der Sachkatalogisierung vom Standpunkt des Marxismus-Leninismus.[483] Die dort gehaltenen Referate und internationa-

Klärung grundsätzlicher Fragen in der DDR

Theoretische Konferenz 1959

---

481 *Systematik für allgemeinbildende Bibliotheken.* Hrsg. v. Zentralinstitut f. Bibliothekswesen. 3. Aufl. Bd. 1. 2. Leipzig 1966 1. Systematikübersichten. 2. Schlagwortregister; ferner *Kleine Bibliothekskunde.* 2. Aufl. Leipzig 1965 S. 38–45. – BODO REBLIN, *Das Katalogwerk der allgemeinen öffentlichen Bibliotheken.* Leipzig 1967.

482 HANS JÜRGEN ASCHENBORN, *Sachkatalogisierung seit Trebst.* Eine Zusammenstellung d. dt. Lit. über Fragen d. Sachkatalogisierung seit 1930. Pretoria 1957. (Mousaion. 15–17.)

483 *Institut für Bibliothekswissenschaft d. Humboldt-Universität zu Berlin. Theoretische*

len Übersichten über den Stand der Sachkatalogisierung sind von Wichtigkeit, die aufgeworfenen Fragen längst noch nicht gelöst.

Klassifikationsarbeiten in der UdSSR

Schon in den dreißiger Jahren wurde in der UdSSR die Arbeit an einer bibliothekarischen Klassifikation auf der Grundlage des Marxismus-Leninismus aufgenommen. Nach Unterbrechung durch den zweiten Weltkrieg wurde die Arbeit fortgeführt. An ihr beteiligten sich nun die großen Bibliotheken, wissenschaftliche Institute und einzelne Wissenschaftler. 1959 legten die Leninbibliothek, die Saltykov-Ščedrin-Bibliothek, das Institut für Gesellschaftswissenschaften und die Fundamentalbibliothek der Akademie der Wissenschaften der UdSSR sowie die Unionsbuchkammer die Hauptreihen (1. und 2. Gliederungsstufe) einer marxistischen Klassifikation vor, die vom Ministerium für Kultur der RSFSR gebilligt und für verbindlich erklärt wurde.[484] Auf der Grundlage gesicherter Grundsätze der marxistischen Wissenschaftstheorie wurde mit dieser Hauptreihe das Grundgerüst der ersten umfassenden marxistischen Klassifikation geschaffen.[485] Im folgenden wird lediglich die Hauptreihe (nach den Buchstaben des kyrillischen Alphabets) wiedergegeben:

Hauptreihe der BBK

А	Marxismus-Leninismus
Б	Naturwissenschaften
В	Physikalisch-mathematische Wissenschaften
Г	Chemische Wissenschaften
Д	Geologische und geographische Wissenschaften
Е	Biologische Wissenschaften
Ж	Allgemeine technische Wissenschaften
3–0	Technische Wissenschaften im einzelnen
П	Land- und Forstwirtschaft, Landwirtschaftliche und forstwirtschaftliche Wissenschaften
Р	Gesundheitswesen, Medizinische Wissenschaften
С	Gesellschaftswissenschaften insgesamt
Т	Geschichte, Geschichtswissenschaften
У	Ökonomie und ökonomische Wissenschaften
Ф	Kommunistische und Arbeiterparteien. Gesellschaftspolitische Organisationen der Werktätigen
Х	Staat und Recht, Rechtswissenschaften
Ц	Militärwesen, Militärwissenschaft
Ч	Kultur, Wissenschaft, Bildung, Pädagogik
Ш	Philologische Wissenschaften, Schöne Literatur
Щ	Kunst. Kunstwissenschaft
Э	Religion, Atheismus
Ю	Philosophie, Psychologie
Я	Literatur allgemeinen Inhalts

Konferenz zu Fragen der Sachkatalogisierung. Berlin, 9.–11. Dez. 1959. Berlin 1960. Enth. Referate u. Berichte mit Lit.angaben.

[484] Vgl. Sovetskaja bibliografija 55 (1959) Nr. 3 S. 102–104.

[485] O. P. TESLENKO, *Sovetskaja schema bibliotečno-bibliografičeskoj klassifikacii.* In: Sovetskaja bibliografija 78 (1963) Nr. 2 S. 3–15; dt. Ausg.: Methodisches Zentrum f. wiss. Bibliotheken beim Min. f. Hoch- und Fachschulwesen. *Bibliothekarisch-bibliographische Klassifikation.* Tafeln für wiss. Bibliotheken. Bde.: 2–7, 9, 11–14, 19, 21, 23–25. Berlin 1967 ff.

Für die internationale Bedeutung dieser Klassifikation sprechen Arbeiten, die außerhalb der UdSSR erschienen sind. Auch zur eigenen Meinungsbildung sind sie nützlich.[486]

differenzierte Klassifikationslage in der Sowjetunion

Seitdem diese Klassifikation für Bibliotheken voll ausgeführt vorliegt, ist die Bibliothekarisch-Bibliographische Klassifikation (BBK) viel beachtet und diskutiert worden.[487] Ohne Zweifel ist mit der BBK, vorerst für die UdSSR selbst und die übrigen Länder der europäischen sozialistischen Staatengemeinschaft, ein großer Schritt nach vorn getan, aber es sind bei weitem nicht alle Probleme einer Einheitsklassifikation gelöst. Das geht, was die UdSSR selbst betrifft, u. a. aus dem Beschluß des Staatlichen Komitees beim Ministerrat der UdSSR für die Koordinierung der wissenschaftlichen Forschungsarbeit hervor, die DK (in ihren Abteilungen 5 und 6) ab 1963 im Bereich der wissenschaftlich-technischen Information, in den naturwissenschaftlichen und technischen Fachbibliotheken sowie im Verlags- und Zeitschriftenwesen einzuführen. Damit war eine Entscheidung von großer Tragweite getroffen worden. Auch die Ausarbeitung eines Rubrikators des Referateblattes der UdSSR für das Jahr 1963 (Rubrikator referativnogo žurnala SSSR na 1963 god), herausgegeben vom VINITI und seitdem in Anwendung, hat Wege eingeschlagen, die von der BBK wegführen.

4.2.3.8. Ausländische Beispiele

Ein Blick auf die Sachkatalogisierung im Ausland lehrt, in welchem Maße alle Arbeiten auf diesem Gebiet von der nationalen Wissenschaftsentwicklung, Buchproduktion und Rolle der Bibliotheken abhängen. Trotzdem lassen sich außerhalb der DDR sehr viel mehr Normungstendenzen und Vereinheitlichungserfolge feststellen.[488]

---

486 Zum Beispiel JAROSLAV DRTINA, *Die sowjetische bibliothekarisch-bibliographische Klassifikation und die Möglichkeiten und Probleme ihrer Anwendung in anderen sozialistischen Ländern.* In: ZfB 79 (1965) S. 257–272. – R. L. COPE, *Soviet views on subject cataloguing.* A brief review of some writings. In: The Australian library journal 19 (1970) S. 123–136.

487 O. P. TESLENKO, *Die Klassifikation in der UdSSR von 1958–1965.* In: E. I. Šamurin, Geschichte der bibliothekarisch-bibliographischen Klassifikation. Bd. 2. Leipzig 1967. (Bibliothekswiss. Arbeiten aus d. Sowjetunion ... A, 3, 2.) S. 555–592; dieses Kapitel beh. im wesentlichen die BBK. – HERBERT HÖHNE, *Zur Standardisierung der bibliothekarischen Klassifikation.* In: ZfB 84 (1970) S. 720–734. – A. A. PANOV, *Über die wichtigsten Vorbedingungen für die Weiterentwicklung der Bibliothekarisch-bibliographischen Klassifikation (BBK).* Übers. aus d. Russ. Berlin 1971. (Arbeitsmaterial d. Meth. Zentrums f. wiss. Bibliothekswesen.) – GUDRUN BÜTTNER, *Die Bibliothekarisch-bibliographische Klassifikation (BBK).* Entwicklungsstand und Anwendung in den Bibliotheken der UdSSR. In: ZfB 86 (1972) S. 577–578; dort weitere Lit. – Weitere Lit. nach d. neuesten Stand zit. bei GERHARD SCHWARZ u. GERTRAUD STEIN, *Möglichkeiten für die Einführung einer Einheitsklassifikation in d. wiss. Bibliotheken d. DDR.* In: ZfB 88 (1974) S. 8.

488 Eine umfassende internationale Übersicht über Sachkatalogpraxis und -theorie gibt:

koordinierende, analytisch-synthetische

Zur Befruchtung unserer eigenen Sachkatalogtraditionen und im Hinblick auf die Anwendung der elektronischen Datenverarbeitung auf diesem Gebiet sind bei dem folgenden Überblick besonders die nichthierarchischen Klassifikationen von Wichtigkeit. Darunter versteht man Ordnungssysteme, die das herkömmliche Prinzip der Subordination aufgeben. Die erste Folge dieses wesentlich anderen Klassifikationsprinzips besteht darin, daß der Katalogbearbeiter nicht mehr wie bei einer hierarchischen Klassifikation vom weiten zum engen Begriff vordringt und die geeignete Sachstelle sucht, die entweder bereits vorhanden oder durch Ausbau an der nächstgelegenen Stelle zu gewinnen ist, sondern einen ganz anderen Weg beschreiten muß. Man nennt diese Sachkatalogverfahren koordinierende, weil hier jeder Begriff grundsätzlich mit jedem koordiniert werden könnte, in praxi natürlich nur sinnvolle Begriffsverbindungen hergestellt werden. Jedes literarische Dokument ist zu diesem Zweck vom Bearbeiter zu analysieren, indem diejenigen Begriffsgruppen herausgeschält werden, die sich aus dem Gegenstand bzw. dem Thema ergeben. Da diese „passenden" Begriffselemente danach zusammengesetzt bzw. verbunden werden, nennt man diese koordinierenden Sachkatalogverfahren auch analytisch-synthetische.[489]

USA

In den USA[490] hat die auf Cutter (vgl. Kap. 4.2.3.4.3.) zurückgehende Reglementierung für den *Dictionary catalogue* eine große normierende Wirkung ausgeübt. Der Kreuzkatalog ist zu einem weit verbreiteten Sachkatalog geworden. Andererseits ist durch die Titeldrucke der Library of Congress in den wissenschaftlichen Bibliotheken das 21 Fachgruppen umfassende System dieser Bibliothek vielfach aufgenommen worden, während zahlreiche Public libraries die Deweysche Dezimalklassifikation verwenden. Mehr diskutiert als praktisch angewendet ist in den USA die

H. E. Bliss

Bibliographical classification von Bliss.[491] Das System von Bliss ist der

---

EVGENIJ IVANOVIČ ŠAMURIN, *Geschichte der bibliothekarisch-bibliographischen Klassifikation.* Bd. 1–2. Leipzig 1964–1967. (Bibliothekswissenschaftliche Arbeiten aus der Sowjetunion und den Ländern der Volksdemokratie in deutscher Übersetzung. A, 3, 1.2.) – W. C. BERWICK SAYERS, *A manual of classification for librarians and bibliographers.* 4. ed. London 1967. Mit Bibliogr. – *Handbook of special librarianship.* 2. ed. Gen. red.: W. Ashworth. London 1962 S. 121–186 (D. J. Foskett). – JESSE H. SHERA and MARGARET E. EGAN, *The classified catalog.* Chicago 1956. – J. MILLS, *Classification.* In: Five years work in librarianship. 1956–1960. London 1963 S. 237–267. – RUTH UNGER, *Der gegenwärtige Stand der Sachkatalogisierung im kapitalistischen Ausland.* In: Theoretische Konferenz z. Fragen d. Sachkatalogisierung. Berlin, 9–11. Dez. 1959. Berlin 1960 S. 55–68.

489 HEINRICH ROLOFF, *Lehrbuch der Sachkatalogisierung.* 4. Aufl. Leipzig 1975 S. 192–207. – PETER HERRMANN, *Informationsrecherchesysteme.* Leipzig 1973, vgl. dort Register.

490 WALTER BAUHUIS, *Erwerbung, Katalogisierung und Magazinierung in amerikanischen wiss. Bibliotheken.* In: Zur Praxis d. wiss. Bibliotheken i. d. USA. Wiesbaden 1956 S. 110–113 (S. 85–147).

491 HENRY EVELYN BLISS, *A system of bibliographic classification.* 1.–4. New York 1940–1953. Bd. 4 = Register zu 1–3.

interessante Versuch einer Synthese der Erfahrungen der bürgerlichen Bibliothekswissenschaft auf dem Gebiete der Sachkatalogisierung. Es erstrebt eine neue Art der Annäherung an das wissenschaftliche System, das es im Grunde gar nicht gibt. Deshalb und aus vielen anderen Gründen, die Šamurin überzeugend nachgewiesen hat, ist das System auch nicht mehr als ein Zwittergebilde vorwärts und rückwärts gewandter Prinzipien.[492] In den letzten zwei Jahrzehnten hat das System von Bliss dadurch Beachtung gefunden, daß eine spezielle Arbeitsgruppe zum Studium seines bibliographischen Systems gegründet worden ist.

Aus der bibliothekarischen Praxis hervorgegangen und ohne wissenschaftssystematische Ambitionen ausgearbeitet ist das Klassifikationsschema der Library of Congress in Washington, ein beachtenswertes, lehrreiches Modell für Bibliothekare allein schon wegen seiner Universalität und der Tiefe seiner Gliederungen.[493]

Colon Classification S. R. Ranganathan

Aus der internationalen Klassifikationsdiskussion nicht mehr wegzudenken ist die *Colon Classification S. R. Ranganathans* mit ihrer Facetten- oder Phasenanalyse, weil sie die Grundlage eines „elektronischen Sachkatalogs" sein könnte. Sie bildet 35 Hauptgruppen, von denen 7 nur die Funktion übergeordneter Hauptgruppen haben, so daß 28 eigentliche Wissenschaftsgruppen übrigbleiben. Es geht nun darum, jedem Buch eine eindeutige und einmalige Einordnung zuzuweisen – im Hinblick auf systematische Freihandaufstellung. Ranganathan unterscheidet fünf Fundamental-Kategorien: *Persönlichkeit, Stoff, Energie, Raum und Zeit.* Hauptgruppen und Kategorien schaffen jedoch nur die Voraussetzung für das Facettieren, d. h. die Kombination aller wesentlichen Merkmale einer Schrift durch eine Notation auszudrücken. Das äußere Symbol dieser Kombination ist der Doppelpunkt (Colon).[494] So außergewöhnlich die theoretische Exaktheit dieser Klassifikation auch ist, unmittelbare praktische Anwendung im Ganzen hat sie international nicht gefunden.

---

492 E. I. ŠAMURIN, *Očerki po istorii bibliotečno-bibliografičeskoj klassifikacii.* 2. Moskva 1955 faßt die Grundsätze von Bliss wie folgt zusammen: 1. Der Systematische Katalog erfüllt wichtige erzieherische Funktionen und ist ein Mittel für die „organization of knowledge in libraries". 2. Die bibliothekarische Klassifikation hat ihre eigene Spezifik, muß sich aber auf die „wissenschaftliche" und „natürliche" Systematik der Erkenntnisse stützen, die die „reale Ordnung der Dinge in ihrer evolutionären oder historischen Entwicklung" widerspiegelt. 3. Bei der Ausarbeitung der bibliothekarischen Klassifikation müssen unbedingt mehrere Forderungen berücksichtigt werden, deren wichtigste die Abgrenzung der vier „Gesichtspunkte" der Erforschung des Gegenstandes ist – des philosophischen (logischen), wissenschaftlichen, historischen und angewandten (technischen) „Aspekts".

493 *Library of Congress. Classification. Outline Scheme [and] Classes A–Z.* Washington 1901 ff.

494 S. R. RANGANATHAN, *Colon classification.* Zuerst Madras 1933; 6. ed. Madras, London 1963. – S. R. RANGANATHAN, *Philosophy of library classification.* Copenhagen 1951. (Library research monographs. 2.) – MARTIN MÜLLEROTT, *Die Facetten- und Phasenanalyse der Kolonklassifikation Ranganathans und ihre Anwendungsmöglichkeit in anderen Klassifizierungssystemen.* In: Nachr. Dok. 8 (1957) S. 183–187. – HERBERT NAUMANN, *Die Colon classification und ihre Struktur.*

Weiterentwicklung

Ranganathans Methode aber übt eine nachhaltige Wirkung aus, insbesondere durch die Arbeit der 1952 gegründeten „Classification research group" (CRG) der British Library Association. Bei Aufgabe des hierarchischen Gerüsts und der strengen Reihenfolge der Facetten wurde von ihr die Facetten-Klassifikation weiterentwickelt, und zwar jeweils für einzelne Fachgebiete, also als Spezialklassifikation für Fachbibliotheken und spezielle Informations- und Dokumentationseinrichtungen. Ob nun diese praktisch angewendeten Facettenklassifikationen – nach Auffassung der CRG – die heute besten Spezialklassifikationen sind oder nicht, bemerkenswerte und anregende Einzel-Klassifikations-Modelle sind sie auf jeden Fall.[495]

Es ist nicht nötig, diese internationalen Streiflichter weiter auszuführen, denn die zukünftige Entwicklung des internationalen Bibliothekswesens ist nicht in der Richtung einzelner Systeme oder gar neuer Klassifikationen zu erwarten,[496] sondern in Vereinheitlichungsbestrebungen, die sehr wesentlich durch nationale Einheitsklassifikationen gefördert werden.

ältere Ansätze zur einheitlichen Sachkatalogisierung

Um die große Bedeutung dieser richtigen Tendenz ermessen zu können, ist ein Rückblick auf Vereinheitlichungsbemühungen auf dem Gebiete der Sachkatalogisierung im deutschen Bibliothekswesen (vor 1945) aufschlußreich.

Um die Jahrhundertwende hatten in Deutschland die Diskussionen um den Preußischen Gesamtkatalog u. a. auch den Plan entstehen lassen, Musterschemata einzelner Disziplinen zu erarbeiten, die zu einer Realkatalogreform der preußischen Bibliotheken führen sollten. Der Ausbruch des ersten Weltkriegs unterband diese Bestrebungen sowie die gleichlaufende, durch ein Musterschema die Vereinheitlichung der Realkataloge[497] herbeizuführen. Als nach dem ersten Weltkrieg auch das Bibliothekswesen gezwungen war, sich mit Fragen der Rationalisierung der Arbeit zu befassen, wurde das Streben nach Vereinheitlichung der Kataloge wiederum spürbar. Im Jahre 1927 wurde auf dem Dortmunder Bibliothekartag beschlossen, beim Deutschen Normenausschuß in Berlin

---

In: ZfBB 7 (1960) S. 28–35. – W. C. BERWICK SAYERS, *Manual of classification.* 3 ed. London 1955 S. 204–214. – PAULE SALVAN, *Les progrès de la classification à facettes.* In: Bull. des bibliothèques de France 7 (1962) S. 5–17. Mit Bibliogr. – B. C. VICKERY, *Faceted classification, a guide to construction and use of special schemes.* London 1960. Mit Bibliogr. Franz. Ausg. Paris 1963. – JORGE AGUAYO, *Ranganathan's contribution to the renovation of the library thought in the field of classification.* In: Herald of library science 7 (1968) S. 239–249. Zuerst (spanisch) in: Cuba bibliotecologica. Ser. 2, Vol. 1 (1956) S. 151–162.

495 BRYAN CAMPBELL VICKERY, *Facettenklassifikation.* Übers. aus d. Engl. v. Ernst Lutterbeck. München-Pullach, Berlin (West) 1969 vgl. H. BECK ZfB 85 (1971) S. 623–624; Originalausg. ersch. bereits London 1960. – BRYAN CAMPBELL VICKERY, *Faceted classification schemes.* New Brunswick, N. J. 1966. (Rutgers series on systems f. intellectual organisation of information. 5.)

496 Im übrigen gibt das bewährte Lehrbuch von ROLOFF, *Sachkatalogisierung,* 1975, einen ausreichenden, auch internationalen Überblick.

497 ZfB 30 (1914) S. 225–227 (P. SCHWENKE) u. ZfB 47 (1930) S. 389 (CH. WEBER).

einen Unterausschuß für Bibliothekswesen zu bilden, der vier Arbeitsausschüsse einsetzte, von denen einer damit beauftragt wurde, die Frage der Einheitsklassifikation zu prüfen. Er befaßte sich jedoch allzu einseitig mit Fragen der DK und entwickelte sich in der Folgezeit zu einem Ausschuß für Dezimalklassifikation. Es wurde daher ein Fachausschuß notwendig, der ohne einseitige Festlegung von vornherein sich mit Fragen eines Mustersystems befassen sollte. So entstand, wieder auf Beschluß der Mitglieder des VDB, 1930 ein *Ausschuß für Sachkatalogisierung*, der 1933 auf dem Bibliothekartag zu Darmstadt umgebildet wurde. Unter dem Vorsitz von Hans Trebst entfaltete er eine rege Tätigkeit. Als Ergebnis einer von ihm veranstalteten Umfrage konnte er in der Veröffentlichung *Die Kataloge der größeren Bibliotheken des deutschen Sprachgebietes.* Berlin 1935, eine auf 82 größere Bibliotheken beschränkte statistische Orientierung über die Katalogpraxis vorlegen.[498]

Ausschuß für Sachkatalogisierung 1930ff.

Worauf es dem Ausschuß ankam, war „... vor allem die Bildung eines neuzeitlichen Gesamtsystems, das alle bisherigen Erfahrungen der Katalogisierungstechnik nach Möglichkeit berücksichtigt, ohne jedoch der Überspitzung solcher klassifikatorischen Künsteleien zu verfallen, wie sie in manchen neueren Systementwürfen beobachtet werden muß".[499] Die Mitglieder des Ausschusses haben wertvolle Untersuchungen angestellt, die diesem Ziele dienen sollten. Eine Auswahl der wichtigsten, die auch heute noch als Diskussionsgrundlage Beachtung verdienen, wurde in dem von Sigismund Runge herausgegebenen Sammelband „Beiträge zur Sachkatalogisierung"[500] zusammengefaßt. Wiederum waren es Kriegsereignisse – der zweite Weltkrieg –, die die Weiterführung dieser höchst bedeutsamen Ansätze verhinderten.

S. Runge

Gegenüber diesen progressiven Bestrebungen der bürgerlichen Bibliothekswissenschaft in Deutschland, die man als Mißfallen an einem überlieferten Sachkatalogchaos, verbunden mit modernen Rationalisierungsabsichten, charakterisieren könnte, weist unser heutiges Bemühen um Vereinheitlichung eine ganz andere Vehemenz auf, weil dahinter eine eiserne Notwendigkeit steht. An diesem Punkt laufen verschiedene deutlich erkennbare Tendenzen zusammen, die einer Krise des Sachkatalogs gleichkommen.

gegenwärtiger Stand

---

498 Sie bildete z.B. die wichtigste Quelle für JORIS VORSTIUS' bereits zitierte Arbeit *Die Sachkatalogisierung in den wissenschaftlichen Allgemeinbibliotheken Deutschlands.* Leipzig 1948.

499 Vgl. SIGISMUND RUNGE, *Wege und Möglichkeiten gemeinschaftlicher Sachkatalogisierung.* In: Beiträge zur Sachkatalogisierung. Leipzig 1937 S. 1. (Sammlung bibliothekswissenschaftl. Arbeiten. 45.) Nach dem Tode von H. Trebst (gest. 1935) übernahm S. Runge den Vorsitz im „Ausschuß f. Sachkatalogisierung"; er hat sich dabei bedeutende Verdienste erworben.

500 Leipzig 1937. (Sammlung bibliothekswiss. Arbeiten. 45.) Er enthält außer der oben zitierten Arbeit von S. Runge einen weiteren grundsätzlichen Beitrag zum Hauptanliegen des Ausschusses von S. von Frauendorfer sowie andere Einzeluntersuchungen.

Einfluß der Information und Dokumentation

1. Das Wirkungsfeld der Sachkataloge ist, verglichen mit früher, enger geworden. Der wissenschaftliche Arbeiter in der Forschung ist auf die Ergebnisse der Information und Dokumentation sowie auf die Unterrichtung durch Fachbibliographien seines Gebietes angewiesen, die ihm die in Bibliothekskatalogen nicht nachgewiesene bibliographisch unselbständige Literatur (Zeitschriftenaufsätze) sowie andere, von Bibliotheken zum Teil überhaupt nicht erfaßte Kleinliteratur nachweisen. Sein Weg zu literarischen Dokumenten ist dadurch eindeutig bestimmt; Sachkataloge wissenschaftlicher Bibliotheken – auch großer und größter – liegen im Zeitalter der Information, das letztlich eine Folge der Spezialisierung der Wissenschaften ist, primär nicht mehr auf seiner Wegstrecke. Sein Ausgangspunkt müssen fachbibliographische und dokumentalistische Literaturerschließungen sein, die den internationalen Wissensstand überwiegend in literarischen (z. T. auch in nichtliterarischen) Dokumenten, unabhängig von ihrer zufälligen Publikationsform, widerspiegeln. Von sehr großer Bedeutung sind für ihn aber die alphabetischen Kataloge der Bibliotheken, die den Fundort für ihn nächstgelegener literarischer Dokumente, die er ermittelt hat, nachweisen. Angesichts dieser Situation sind Erscheinungen wie die folgenden keine Zufälligkeiten, sondern Symptome: Die Biblioteka Narodowa, Warszawa, hat mit Wirkung vom 1. 1. 1970 ihren Systematischen Katalog abgebrochen und führt als einzigen Sachkatalog nur noch ihren bereits bestehenden Schlagwortkatalog weiter. Die UB Marburg hat seit 1. 1. 1969 ihren Systematischen Katalog eingestellt.[501]

Mit diesem Sachverhalt und diesen Beispielen soll nicht der unmittelbar bevorstehende Untergang der Sachkatalogisierung in wissenschaftlichen Bibliotheken prophezeit sein. Für den großen Kreis der die wissenschaftliche Arbeit Erlernenden und nach Wissen Strebenden werden Sachkataloge bis auf weiteres jedenfalls noch wichtige Arbeitsinstrumente bleiben. Vermutlich wird aber die automatisierte Sacherschließung zu Informationszwecken früher oder später der biederen Handwerkelei der bibliothekarischen Sachkatalogmacher ein Ende bereiten.

Thesaurus

2. Die Krise des Sachkatalogs wird auch aus anderer Sicht deutlich. Seit einigen Jahren spielt in der Klassifikationslehre der Information der Thesaurus eine wichtige Rolle. Unter einem Thesaurus (eigentlich „Schatz“ oder „Schatzhaus“) versteht man jedes Wörterverzeichnis, „in dem Deskriptoren, d. h. genormte Sachbegriffe eindeutig definierter Bedeutung und klar umrissenen Anwendungsbereichs und deren Homonyme und Synonyme (Nichtdeskriptoren) zusammengestellt sind“.[502]

---

[501] Eine eingehende Begründung dieses Schrittes gibt HANS-JÜRGEN SCHOLZ, *Die Sachkatalogisierung – eine lebendige Tradition?* In: ZfBB 16 (1969) S. 274–279.

[502] HORST RAPPICH, Artikel *Thesaurus.* In: Lexikon des Bibliothekswesens. 2. Aufl. Bd. 2. Leipzig 1975. – Ferner MARTIN SCHEELE, *Thesaurus – Baustein jeder Fachdokumentation.* In: Nachr. Dok. 15 (1964) S. 1–4. – B. C. VICKERY, *Thesaurus – a new word in documentation.* In: Journal of documentation 16 (1960) S. 181–189.

Die Grundform des Thesaurus ist im Sinne seiner Definition die alphabetische; bei jedem Wort werden die dazugehörigen Synonyme aufgeführt. Indem die Thesauri einen Überblick über die Fachbegriffe eines oder mehrerer Wissenschaftsgebiete geben, tragen sie zur Vereinheitlichung der Fachterminologie bei. Zugleich schaffen sie eine wichtige und exakte Voraussetzung für die Festlegung von genormten Schlagwörtern („Deskriptoren"). Darüber hinaus können solche Wörterverzeichnisse wichtige Kontrollfunktionen ausüben (z. B. bei der Anlage von Registern, in der Abwehr nebelhafter oder unwissenschaftlicher Termini, wie sie zuweilen von Verwaltungsorganen geprägt werden). Bei der Klassifikation der Einzelwissenschaften üben systematisch geordnete Thesauri nützliche Kontrollfunktionen für Ordnungssysteme aus. Selbstverständlich gehören auf dieser Stufe der Thesaurusarbeit alphabetische Register dazu. Aber gerade aus der Sicht der Einzelwissenschaft ergibt sich, daß der Thesaurusgedanke gar nicht so neu ist, wie manche Dokumentalisten meinen. Verschiedene Einzelwissenschaften besitzen solche systematischen Wörterverzeichnisse, zu lexikographischen Zwecken angelegt, schon seit Jahrzehnten. Dessenungeachtet sollten auch die Bibliothekare die internationale Thesaurusarbeit unserer Tage aufmerksam verfolgen, nach Möglichkeit sogar an ihr Anteil nehmen, und zwar aus zwei Gründen: Sie ist wichtig für alle künftigen nationalen Klassifikationsarbeiten; sie bildet die unerläßliche Vorstufe für die so notwendige internationale terminologische Verständigung der Fachwissenschaftler und Bibliothekare.

Internationale Thesaurusarbeit

Nach den Fortschritten auf diesem Gebiete der Thesaurusarbeit[503], die u. a. darin zu sehen ist, daß umfangreiche Fachthesauri ihre Bewährungsprobe bereits bestanden haben, steht heute schon deutlich vor uns die Forderung, in einer „zweiten Generation" von Thesauren internationale Konvertierbarkeit anzustreben.[504] Im „Internationalen Zentrum für wissenschaftliche und technische Information" (IZWTI) der RGW-Länder in Moskau werden zur Zeit Empfehlungsstandards für mehrsprachige Thesauri erarbeitet.

In diesem Zusammenhang muß darauf hingewiesen werden, daß sich bei

---

[503] Die Thesaurusliteratur ist Legion. Wichtiges in Auswahl: MANFRED RAHMANN, *Planung und Aufstellung eines Fachthesaurus.* In: Nachr. Dok. 19 (1968) S. 222–226. – DAGOBERT SOERGEL, *Klassifikationssysteme und Thesauri.* Frankfurt a. M. 1969. – KARL CHRISTOPH GRAF VON ROTHKIRCH UND TRACH, *Prinzipien der Thesaurusherstellung.* München–Pullach, Berlin (West) 1970. – Unesco. *Guidelines for the establishment and development of monolingual thesauri for information retrieval.* Paris 1971. – *Methodische Richtlinien für die Erarbeitung von Thesauren.* Berlin 1972. (ZIID-Mitteilungen. Sonderausg.) – *Anordnung vom 1. Nov. 1972 über die Erarbeitung und Anwendung paßfähiger Thesauren.* In: GBl. II 1972 S. 793. – H. D. ROSENBAUM, *Die Koordinierung der Thesaurusarbeiten in der DDR.* In: Informatik 19 (1972) S. 16–21. – HEINRICH ROLOFF, *Sachkatalogisierung auf neuen Wegen.* Von der Facettenklassifikation zu Deskriptor und Thesaurus. 4. Aufl. Leipzig 1975.

[504] JU. GORNOSTAEV u. HORST RAPPICH, *Methodische Grundfragen bei der Erarbeitung kompatibler Thesauren.* In: Informatik 19 (1972) 6, S. 23–29.

der modernen Erschließung von Archivgut auf der Grundlage von Deskriptoren[505] eine Annäherung archivischer und bibliothekarischer Prozesse ergeben, die – so hoffen wir – eine sinnvolle Kooperation beider Berufszweige bewirken werden, zumal da die Bibliothekare durch ihre Schlagwortkatalog-Tradition einige Erfahrungen besitzen.

4.2.3.9. Klassifikationsvereinheitlichung heute

Von diesem Hintergrund heben sich die internationalen Bemühungen um Einheitsklassifikation zunächst noch überwiegend im nationalen Maßstab ab.

sowjetische Bestrebungen zur Einheitsklassifikation

Einheitsklassifikation – das ist die Stoßrichtung der Ausführungen der sowjetischen Katalogspezialistin O. P. Teslenko[506], die das große Werk E. I. Šamurins ergänzen. In diesem Sinne bietet die sowjetische Katalogtheorie eine Lösung an, die unserem gegenwärtigen Stand entspricht; sie erfüllt zwar noch nicht die Forderung nach Einheitsklassifikation, aber sie bedeutet de facto weitgehende Vereinheitlichung multipler Klassifikationen: Bibliothekarisch-bibliographische Klassifikation als hierarchisches Klassifikationssystem, das mit einem Deskriptorensystem kombiniert werden kann[507]; ihr Anwendungsgebiet sind wissenschaftliche Universalbibliotheken und – in verkürzter Form – alle Massenbibliotheken. Daneben steht die DK für die Zwecke technisch-naturwissenschaftlicher Fachbibliotheken und Informationseinrichtungen.

DDR

Im Bibliothekswesen der DDR gehen unter anderen Bedingungen die gegenwärtigen Vereinheitlichungsbestrebungen in die gleiche Richtung. Nach einer im Auftrage des Zentralen Beirats für Bibliothekswesen beim Ministerium für Kultur erfolgten Analyse der bekanntesten internationalen Klassifikationssysteme hat sich für die nahe Zukunft als vernünftige und praktische Lösung die Empfehlung ergeben, bei Einrichtung neuer Bibliotheken bzw. bei Abbruch alter Sachkataloge für Systematische Kataloge entweder die BBK oder die UDK anzuwenden. Bei also gleichem Trend besteht der Unterschied des Katalogwesens der DDR zu dem der UdSSR darin, daß hier bei größter Vielfalt alter Systematischer Kataloge noch weitgehend Vereinheitlichungsperspektive ist, was dort bereits beginnende Realität ist. Es ist allerdings vorstellbar, daß rasche erfolgreiche Automatisierungsschritte auf dem Gebiete der Sacherschließung in der DDR Klassifikationsvereinheitlichung oder gar maximale Klassifikationseinheitlichkeit eher herbeiführen als vielleicht heute vermutet werden kann.[507a]

---

[505] JOSEF HARTMANN, *Erschließung von Archivgut auf der Grundlage von Deskriptoren.* In: Archivmitteilungen 24 (1974) S. 10–14.

[506] O. P. TESLENKO, *Die Klassifikation in der UdSSR von 1958–1965.* In: E. I. Šamurin, Geschichte der bibliothekarisch-bibliographischen Klassifikation. Dt. Übers. Bd. 2. Leipzig 1967 S. 555–592.

[507] TESLENKO, S. 591.

In der BRD hat sich eine Studiengruppe der gleichen Aufgabe angenommen und führende Weltklassifikationen auf ihre Eignung als Einheitsklassifikation für die Bibliotheken der BRD insgesamt untersucht.[508] Als Ergebnis wurde festgestellt,[509] „daß keines der untersuchten Klassifikationssysteme unverändert als Einheitsklassifikation für die Bibliotheken der Bundesrepublik zu übernehmen ist". Die Schlußfolgerung, deshalb, gleichsam UNISIST zum Trotz, eine eigene neue Einheitsklassifikation zu erarbeiten, ist geeignet, Bedenken auszulösen. Die Arbeiten daran sind jedenfalls im Gange, obwohl es an kritischen Stimmen nicht gefehlt hat.[510] BRD

Auf eine Formel gebracht, wagen wir die Perspektive des Sachkatalogs so zu bezeichnen: Dem großen aber noch fernen Ziel der universellen, internationalen Einheitsklassifikation dienen alle nationalen Vereinheitlichungsbestrebungen der Bibliothekare, wenn sie koordiniert mit der Klassifikationsentwicklung des nationalen Informations/Dokumentationsbereiches und im Hinblick auf elektronische Datenverarbeitung unternommen werden. Denn die mechanisch oder elektronisch arbeitende Sacherschließung in Bibliotheken,[511] auf die wir mindestens in der Ebene neuer wissenschaftlicher Literatur unmittelbar zusteuern, ist allein schon aus ökonomischen Gründen nur als eine Einheit beider Bereiche vorstellbar, und an dieser Nahtstelle ist der Integrierungsprozeß von Bibliothek und Informationseinrichtung mit Händen greifbar. Die optimale Informiertheit der Nutzer, d. h. deren Versorgung mit aufgaben- und problemorientierten Informationen, ist das gemeinsame Band aller wissensvermittelnden Einrichtungen. Perspektive des Sachkatalogs

---

[507a] GERHARD SCHWARZ u. GERTRAUD STEIN, *Möglichkeiten für die Einführung einer Einheitsklassifikation in d. wiss. Bibliotheken d. DDR.* In: ZfB 88 (1974) S. 1–11.

[508] *Gutachten zur Frage einer Einheitsklassifikation für die Bibliotheken der Bundesrepublik Deutschland.* Vorgelegt v. e. Studiengruppe der Dt. Bibliothekskonferenz. Berlin 1972.

[509] Dort in d. gen. Gutachten S. 137–152, Zitat S. 137.

[510] U. a. I. DAHLBERG in: Nachr. Dok. 23 (1972) S. 175–176.

[511] HEINRICH ROLOFF, *Lehrbuch der Sachkatalogisierung.* 4. Aufl. 1975 S. 207–223. – J. L. DOLBY, V. J. FORSYTH and H. L. RESNIKOFF, *Computerized library catalogs: their growth, cost, and utility.* 2nd printing. Cambridge, Mass., London 1970. – DIETRICH ROESSLER, *Sacherschließung von Bibliotheken bei Einsatz elektronischer Datenverarbeitung.* Köln 1970. (Arbeiten aus dem Bibliothekar-Lehrinstitut d. Landes Nordrhein-Westfalen. 34.) – BRIAN CAMPBELL VICKERY, *Zur Theorie von Dokumentationssystemen.* Aus d. Engl... München-Pullach, Berlin (West) 1970; mit ausführl. Lit.angaben. – *Elektronische Datenverarbeitung in Bibliotheken.* Red.: Gertraud Stein. Meth. Zentrum f. wiss. Bibliotheken. Berlin 1971. – PAUL NIEWALDA, *Die elektronische Datenverarbeitung im Bibliothekswesen.* München-Pullach 1971. (Bibliothekspraxis. 1.) – HANS SENN, *Sachkatalogisierung heute.* In: Nachrichten. Vereinigung Schweiz. Bibliothekare 48 (1972) S. 61–70; S. 91 zur Kooperation von Bibliotheken u. Informationsstellen. – PETER HERRMANN, *Informationsrecherchesysteme.* Leipzig 1973.

4.3. Einbandstelle und Buchbinderei[511a]

Unter „Einbandstellen“ verstehen wir Dienststellen sehr verschiedener Art und sehr verschiedenen Umfangs, die nach Vorgaben Entscheidungen oder Festlegungen über das Binden bzw. die Einbandart von Neuzugängen treffen. In der „Hausbuchbinderei“ werden die zum Schutze des Buches notwendigen handwerklichen Arbeiten sachkundig und mit Hilfe der modernen Technik (Ausstattung, Maschinen) ausgeführt.

Funktion

Noch immer gilt der Grundsatz: Der beste Einband ist das beste Mittel der Buchpflege. Seine Durchführung ist jedoch sehr kostspielig geworden, so daß beim Bucheinband mehr oder weniger große Abstriche gemacht wurden. Es gibt keine andere Dienststelle einer Bibliothek, die im Zuge der Rationalisierung so vielen Veränderungen unterworfen worden ist, wie die Einbandstelle. Vor dem ersten Weltkrieg war es noch gang und gäbe, daß die Einbandstelle von einem „wissenschaftlichen Beamten“ geleitet wurde, der gleichzeitig auch eigenhändig das Buchbinderbuch führte, also im wesentlichen die Arbeit dieser Dienststelle allein leistete. Heute gibt es schon Bibliotheken, in denen die Einbandstelle ganz eingespart worden ist[511b]: die Buchbinderei nimmt deren Funktion mit wahr. Dabei wurde u. a. auch, bei „Verwendung einheitlicher Rückenmaterialien und Besatzpapiere“, auf die Beschriftung des Buchrückens verzichtet, was gleichzeitig auch den Wegfall von Probepappen einschließt. In anderen Ländern, z. B. in den USA, gibt es umgekehrt weitgehend keine eigenen Hausbuchbindereien in den Bibliotheken, weil sie unter den in diesen Ländern gegebenen Bedingungen nicht ökonomisch arbeiteten. In vielen Ländern ist es üblich, daß der Bucheinband grundsätzlich nach Abschluß des Geschäftsganges vorgenommen wird.

Stellung im Geschäftsgang

Was die Lage der Einbandstelle und des Bucheinbandes im Geschäftsgang betrifft, so hat es sich als zweckmäßig erwiesen, die Einbandstelle im Geschäftsgang so weit wie möglich nach hinten zu ziehen, denn auf diese Weise können eine Reihe Einbandentscheidungen bereits im Bearbei-

---

[511a] GUSTAV MOESSNER, *Was Setzer, Drucker u. Verlagshersteller von der Buchbindearbeit wissen sollten.* 2. Aufl. Stuttgart 1960. – MAX THUMA, *Die Werkstoffe des Buchbinders.* Neubearb. v. Gustav Moessner. 4. Aufl. Stuttgart 1960. – FRIEDRICH ADOLF SCHMIDT-KÜNSEMÜLLER, *Der Einband.* In: Handbuch II 2. Aufl. (1961) S. 508–554. – HELLMUTH HELWIG, *Das deutsche Buchbinderhandwerk.* Handwerks- u. Kulturgeschichte. Bd. 1.2. Stuttgart 1962–1965. – EKKEHARD LIEHL, *Die Einbandstelle u. ihre Buchbinder.* In: Allg. Anzeiger f. Buchbindereien 76 (1963) S. 635–640. – HELLMUTH HELWIG, *Der Bibliothekseinband für deutsche öffentliche wissenschaftliche Bibliotheken.* Stuttgart 1964. – *TGL 10–105. Bibliothekseinband.* Verbindlich ab 1. Juli 1966. – FRIEDRICH ADOLF SCHMIDT-KÜNSEMÜLLER, *20 Jahre Einbandforschung.* Eine Bibliographie. In: Archiv f. Geschichte d. Buchwesens 8 (1967) Sp. 1097–1144. – EKKEHARD LIEHL, *Die Einbandstelle und der Verkehr mit den Buchbindern.* 2. Aufl. München 1969. (Einband und Buchpflege. Merkblätter f. wiss. Bibliotheken. H. 2.) – HELLMUTH HELWIG, *Einführung in die Einbandkunde.* Stuttgart 1970.

[511b] BURGHARD BURGEMEISTER u. WERNER PRASSE, *Geschäftsgangsprobleme.* Berlin 1962 S. 23–24.

tungsgang des Buches nebenbei und sachlich kompetenter getroffen werden, als wenn die Einbandstelle gleich nach der Buchbearbeitung in der Erwerbungsabteilung liegt und alle Entscheidungen weitgehend selbst zu treffen hat. So gesehen bedeutet die „Auflösung" der Einbandstelle nur einen weiteren konsequenten Schritt.
Wir unterscheiden zwei verschiedene Formen der Einbandstelle in Bibliotheken:

Einbandstelle und Hausbuchbinderei

1. *Bibliotheken ohne eigene Buchbinderei,* in denen die Einbandstelle gleichsam die Verbindungsstelle der Bibliothek zu den für die Bibliothek arbeitenden und von ihr mit Aufträgen bedachten Buchbindereien darstellt.
2. *Bibliotheken mit eigener Buchbinderei* im Hause (Hausbuchbinderei), in denen der Einbandstelle neben der unter 1. gekennzeichneten Funktion zugleich die Leitung, in großen Bibliotheken die Lenkung der Hausbuchbinderei obliegt.

Bibliotheken, die alle anfallenden Buchbindereiarbeiten in eigener Regie durchführen, sind selten.

Vorteile eigener Hausbuchbindereien

Unter der Voraussetzung einer rationellen Arbeitsorganisation und einer gewissen Kapazität bietet eine eigene Hausbuchbinderei gegenüber hausfremden Buchbinderbetrieben folgende Vorteile:

1. Die *ständige Greifbarkeit aller Objekte*, weil sie im Hause bearbeitet werden. Aus dienstlichen Gründen ist es gelegentlich erforderlich, ein bestimmtes Objekt, das zum Binden gegeben worden ist, zu Auskunftszwecken einzusehen.
2. Die *Schnelligkeit der Bearbeitung* vor allem solcher Objekte, die als Lesesaalwerke oder als Auslage- und Ausstellungsgegenstände vordringlich gebraucht werden, ist besser gewährleistet, weil die Auftragssteuerung einfacher ist.
3. Die *größere Sicherheit* bei Handschriften, Inkunabeln, Erstausgaben und künstlerischen Drucken, die dadurch keinen Transporten außer Haus ausgesetzt werden.
4. Die *Kostenersparnis* durch individuelle Arbeitsorganisation, besonders bei Bänden, die wegen ihres Formates, ihrer Stärke oder ihres bibliographischen Charakters (Tafelwerke, Zeitungen) besondere Vorrichtearbeiten verlangen.

Die Einbandstelle hat zwei Aufgaben:

Aufgaben der Einbandstelle

a) die sachgemäße Vorbereitung des richtigen Einbandes und die Auftragserteilung an die Hausbuchbinderei oder an den auswärtigen Buchbinder,
b) die Übernahme der gebundenen Bücher auf der Grundlage des erteilten Auftrages sowie die Prüfung der sachlichen Richtigkeit der Erledigung.

Lieferungen für den Buchbinder

Entsprechend der oben gekennzeichneten doppelten Aufgabe erstreckt sich der Verkehr der Einbandstelle mit den Buchbindern auf folgende Tätigkeiten:

1. *Zusammenstellen von Lieferungen,* die zu regelmäßigen, vereinbarten Terminen von Buchbindern abgeholt werden.
2. *Das Registrieren dieser Lieferungen;* es erfolgt heute in der Regel mit Schreibmaschinenkopien und einer Buchbinderkartei. Einen Beleg über die gesamte zusammengestellte Lieferung muß der übernehmende Buchbinder erhalten. Im übrigen ist es völlig gleichgültig, welches Verfahren bei diesem Registrierungsvorgang angewendet wird, wenn es nur eine Bedingung exakt erfüllt: Jedes mit einer Lieferung dem Buchbinder vorübergehend anvertraute Objekt, das sich noch im Geschäftsgang befindet, muß in der Einbandstelle jederzeit einwandfrei nachweisbar sein.
3. *Nähere Bestimmung des Auftrags* durch Angabe der gewünschten Einbandart (Leinen, Halbleinen, Steifbroschur, Broschur) und Einbandfarbe sowie des Aufdruckes auf dem Buchrücken, in besonderen Fällen der Bindefolge. Musterpappen, die alle für den Einband notwendigen Angaben enthalten, sind bei allen Zeitschriften, Serien und Fortsetzungswerken sehr praktisch. Auf ihre peinlich genaue Ordnung in besonderen Ablagen ist zu achten.
4. *Übergabe der vorbereiteten Lieferungen.* Der Buchbinder bestätigt die ordnungsgemäße Übernahme. Tatsächliche oder scheinbare Unstimmigkeiten in den zurechtgelegten, mit den Begleitpapieren versehenen Lieferungen müssen vor Gegenzeichnung des Buchbinders geklärt werden. Die Lieferfristen sind so zu vereinbaren, daß die Interessen der Bibliothek an einem raschen Rücklauf der Bände maximal wahrgenommen werden. Die gewissenhafte Einhaltung des festgelegten Liefertermins unterstützt das in der Wirtschaft der DDR geltende Vertragssystem.
5. *Abnahme der bearbeiteten Lieferungen.* Mit der Übernahme der bearbeiteten Bände („sachlich richtig“) übernimmt die Einbandstelle die Verantwortung für sachgemäße Erledigung des Auftrags, wodurch der Buchbinder Anspruch auf fristgemäße Bezahlung seiner vorgelegten Rechnung gewinnt. Dabei hat sie dreierlei gewissenhaft zu beachten:

a) die mit dem Auftrag übereinstimmende ordnungsgemäße Erledigung des Einbandes nach Art, Farbe und Qualität der Ausführung;
b) den mit der gegebenen Anweisung oder Musterpappe richtig übereinstimmenden Aufdruck;
c) die dem gültigen Tarif entsprechende Preisfestsetzung. Verstöße oder Nachlässigkeit hierbei gehen zu Lasten des für den Bucheinband Verantwortlichen. Die dargelegten Arbeitsgänge der Einbandstelle vereinfachen sich entsprechend, wenn die Aufträge an die Hausbuchbinderei erteilt werden; grundsätzlich sind sie gleich.

Dabei tritt eine Fülle von Einzelfragen in Erscheinung, für deren Lösung es zwar bestimmte fachliche Gesichtspunkte, aber keine Patentlösung gibt.

Einzelfragen aus der Arbeit der Einbandstelle

a) Bei der *Zählung*: Feststellen versteckter Zählungen aus Rücken- bzw. Vortitel, Vorwort oder mit Hilfe der Bogensignatur zur Unterscheidung der Hauptzählung von etwaigen Nebenzählungen in Übereinstimmung mit den Gepflogenheiten der signaturgebenden Dienststelle (Standortkatalog, Zugangsstelle).
b) Bei der *Trennung von Textteil und Anzeigenteil*: Abgesehen von bestimmten Hausgepflogenheiten, deren Berechtigung gerade aus der Praxis der Einbandstelle heraus immer wieder neu zu prüfen ist (Gefahr der Betriebsblindheit), muß entsprechend ihrer bibliographischen Selbständigkeit über das Mitbinden von Beilagen und Supplementen entschieden werden. Grundsätzlich sollten regelmäßig erscheinende, umfangreiche Anzeigenteile, vom Textteil getrennt, in einem einfachen Verfahren gebunden werden, wenn sie eine eigene Paginierung aufweisen. Das bedeutet auch beim Verschicken im Leihverkehr eine Erleichterung.
c) Bei *mehrfacher Seitenzählung*: Bestimmung der Bindefolge.
d) Bei *Einzelstücken von Serien*: Entscheidung über das Zusammenbinden. Nach Maßgabe der Mittel und der zu erwartenden Benutzungsfrequenz müssen die Serienbände bestimmt werden. Das Ablegen wichtiger Serienstücke in den berüchtigten Schränken („Zum Binden") sollte nicht mehr vorkommen.
e) Bei *Fortsetzungs- und Lieferungswerken*: Entscheidung darüber, für welche Stücke eine *Ziehmappe* anzulegen ist und für welche eine einfache Ablage genügt.
f) Bei *unechten Loseblattausgaben*, d.h. bei Werken, die nicht ergänzt werden, sondern nur zur Arbeitserleichterung lose herausgebracht werden: Entscheidung über ihre buchbinderische Behandlung. Unechte Loseblattausgaben müssen, im Gegensatz zu echten, in Bibliotheken in der Regel wie Bücher behandelt werden.
g) Bei *älteren Werken*: je nach ihrer wissenschaftlichen Bedeutung Bestimmung eines besseren Gewandes sowie die Sorge darum, daß der Buchblock gar nicht oder nur so viel wie unbedingt nötig beschnitten wird. Sehr wichtig, und trotzdem wird dagegen immer wieder verstoßen.
h) Bei *Schutzumschlägen*: Erhaltung typographisch wertvoller sowie zum Buch als Bestandteil (Erwähnung seiner Gestaltung im Buch) gehöriger Schutzumschläge. Einkleben oder separat aufbewahren.

Nach einer Faustregel sind für Einbandkosten $^1/_5$ bis $^1/_4$ der Haushaltmittel für Bücherkauf anzusetzen, wenn die Buchbinderarbeiten den Anforderungen einer Gebrauchsbibliothek entsprechen sollen. Wenn man also bedenkt, daß die Bindekosten einer Bibliothek 20 bis 25 % der Erwerbungs-

Verantwortung der Einbandstelle

mittel ausmachen, erkennt man, daß dem Leiter der Einbandstelle die verantwortungsvolle Verfügung über beträchtliche Summen anvertraut ist. Seine Dispositionen müssen sowohl den Erfordernissen solider und dauerhafter Einbandgestaltung als auch dem Gesetz strengster Sparsamkeit entsprechen. Die Festlegung der Einbandart bei Monographien muß, stets im Rahmen der zur Verfügung stehenden Einbandmittel, den mutmaßlichen Benutzungsanforderungen und dem wissenschaftlichen Wert der Publikation entsprechen. Wenn auch bei Periodica die Einbandart durch die bereits im Magazin aufgestellten Bände festgelegt ist, so darf doch diese gewiß richtige Regel der Gleichmäßigkeit der Bände periodischer Veröffentlichungen nicht gedankenlos angewendet werden. Vielmehr muß sie, verantwortungsvoll und elastisch gehandhabt, unter Berücksichtigung der Entwicklung der Erwerbungspolitik der Bibliothek ständig daraufhin überprüft werden, ob die Beibehaltung eines vielleicht zu kostspieligen Einbandes einer Zeitschrift unter neuen Arbeitsbedingungen noch gerechtfertigt ist.

Klebebindung

Einfache und billige Einbandarten sind geeignet, die Einbandkosten zu senken: das *Meilerverfahren* (nach dem Buchbinder Meiler aus Kaufbeuren genannt) mit seitlicher Buchblockheftung und Hanffaden oder das *Lumbeckverfahren* (erfunden 1906 von dem Münchener Buchbinder Baumfalk und 1943 verbessert durch den Bibliophilen Lumbeck), das mit einer widerstandsfähigen Kunstharzemulsion arbeitet. Freilich soll sich der Bibliothekar bewußt sein, daß die moderne Klebebindung keine „Errungenschaft" der Buchbindekunst, sondern ein aus Gründen der Rationalisierung und Ökonomie nötig gewordener Behelf ist. Es ist ein offensichtlicher Nachteil der Klebebindung, daß einzelne Blätter mühelos entfernt werden können, ohne daß die Seiten – wie bei jeder anderen Heftung – einreißen. Bei der in der Regel nur flüchtigen Durchsicht der zurückgegebenen Bücher lassen sich solche Bücherbeschädigungen gar nicht feststellen. Ein weiterer Nachteil ist das unvermeidliche Beschneiden, das bei schmalem Bundsteg sich unangenehm auswirken muß. Ganz schweigen wollen wir schließlich von den freilich seltenen Fällen, in denen die Klebebindung infolge eines Material- oder Verarbeitungsfehlers aufplatzt.

Kenntnis der Fortschritte der Einbandtechnik

Daneben müssen sich die Mitarbeiter der Einbandstelle, insbesondere ihr Leiter, sehr eingehend mit der Technik des Bucheinbandes vertraut machen und mit der Entwicklung dieses Gewerbes und seiner Technik ständig auf dem laufenden bleiben. Ganz besonders müssen sie ihr Augenmerk auf alle Fortschritte im Buchbinderhandwerk richten, vor allem auf Verbesserungen in der Einbandtechnik (neue Arbeitsmethoden), auf die Bewährung neuer Materialien (neue Einbandstoffe) und auf die Entwicklung der Preise und Löhne. Dazu ist es notwendig, die einschlägigen Fachzeitschriften regelmäßig zu verfolgen und Verbindung mit den wichtigsten Fachbetrieben zu halten.[511c]

Die Arbeit in der Einbandstelle erfordert aber auch beträchtliche organisatorische Fähigkeiten. Je einfacher und unkomplizierter der Verkehr mit den Buchbindern durchgeführt wird, desto besser ist es. Die Verwirklichung arbeitstechnischer Grundweisheiten wie die: Mechanisiere, was überhaupt sinnvoll zu mechanisieren geht, ist hier besonders wichtig.

4.3.1. *Schlußstelle*

Schlußstelle im Geschäftsgang

Auch die Schlußstelle, obwohl eine äußerst wichtige Station im Geschäftsgang, hat infolge von allerlei Reformen beim Gang des Buches durch die Bibliothek keinen stabilen Platz mehr. Selten ist sie noch eine selbständige Dienststelle „am Schluß", die sich nur auf die Kontrolle der formalen Richtigkeit und Vollständigkeit der Bearbeitungsgänge beschränkt.

Funktion

In kleineren und mittleren Bibliotheken ist sie häufig mit anderen notwendigen Bearbeitungsgängen verbunden, z. B. mit dem Stempeln und Beschriften, obwohl dann zwei qualitativ sehr unterschiedliche Arbeiten zusammenfallen. Dieselbe Gefahr, daß nur augenfällige technische Mängel festgestellt werden, besteht bei einer anderen Koppelung, wenn etwa in Bibliotheken, in denen der Bucheinband nach den Katalogen und damit unmittelbar vor der Endstation Magazin liegt, diese Schlußkontrolle vom Leiter der Einbandstelle vorgenommen wird. So wichtig diese Kontrollmaßnahmen – wie die Erfahrung lehrt – auch sind, die Schlußkontrolle darf sich nicht nur darauf erstrecken, sondern muß allen Bearbeitungsstufen im Geschäftsgang gelten. Dazu gehört aber umfassende Vertrautheit mit der Funktion und den Aufgaben der Bibliothek, also eine hohe bibliothekarische Qualität. Daher ist die Verbindung der Schlußstelle mit der Katalogabteilung noch am günstigsten.

Laufzettel

Die Arbeit der Schlußstelle hat natürlich von dem literarischen Dokument selbst auszugehen, das den für ihn gültigen Geschäftsgang durchlaufen hat. Sie wird aber in großen Bibliotheken wesentlich erleichtert durch den sogenannten Laufzettel. Von seinem Wert für die Kontrolltätigkeit der Schlußstelle abgesehen, kann seine Auswertung zur Verbesserung der

---

[511c] Besondere Verdienste um Klärung der Bedürfnisse der wissenschaftlichen Bibliotheken auf dem Gebiete des Bucheinbandes, unter besonderer Berücksichtigung des Zeitfaktors (Schnelligkeit der Bereitstellung einer Neuerscheinung), hat sich die Kommission für Einbandfragen des Vereins Deutscher Bibliothekare in der BRD erworben. Vgl. *Einband und Buchpflege.* Merkblätter f. wiss. Bibliotheken. Hrsg. v. Verein Dt. Bibliothekare. Bearb. v. d. Komm. f. Einbandfragen. H. 1. 2. 5. 1962–1963. Mechan. vervielf. H. 1. 2. Aufl. 1967. Empfehlungen f. d. sichere Gestaltung d. Bibl.-einbände. Rez. v. *H. Deckert* in: ZfB 78 (1964) S. 369–371. Außerdem das Referat von EKKEHARD LIEHL, *Der Verlegereinband u. d. wiss. Bibliotheken.* In: Börsenblatt f. d. Dt. Buchhandel (Frankfurt a. M.) 11 (1955) S. 565–571. Von besonderem Interesse sind die dort abgedruckten *Leitsätze f. d. technische Gestaltung d. Einbände in öffentl. wissenschaftlichen Bibliotheken,* aufgestellt vom Verein Deutscher Bibliothekare, vom 1. 6. 1955 (S. 570). – *Arbeitstagung „Technik und Bauen im wissenschaftlichen Bibliothekswesen der DDR".* Leipzig Sept. 1960. Bericht. Berlin 1961. Dort: Themen d. Arbeitskreises *Buchbindereifragen* S. 51–54 sowie Bericht des gleichen Arbeitskreises S. 67–69.

Arbeitsorganisation beitragen. So kann eine Analyse der erledigten Laufzettel z. B. bestimmte dauernde, regelmäßig wiederkehrende oder plötzlich auftretende Engpässe aufdecken.[511d]

Der Laufzettel wird zweckmäßig an einem Klebestreifen hinten im Buch befestigt, damit er während des Gangs des Buches durch die Bibliothek nicht verschwinden kann. Auf ihm sind die einzelnen Stationen, die das Buch durchlaufen muß, angegeben. Die Abfolge der einzelnen Bearbeitungsstationen hängt von der Struktur und der Funktion der betreffenden Bibliothek ab, insbesondere von der Zahl der Kataloge und bibliographischen Bearbeitungsstellen. Die geringe zusätzliche Belastung, die das Ausfüllen der Laufzettel an den einzelnen Bearbeitungsstationen erfordert, oder die gefühlsmäßige Abneigung mancher Mitarbeiter gegen einen solchen Kontrollzettel sind keine Gegenargumente.

Magazinreife

Die Schlußstelle gibt den Weg frei für abschließende technische Manipulationen, die noch erforderlich sind, damit das Buch „magazinreif" wird. Das Fertigmachen selbst ist ein sehr unterschiedlicher Vorgang, je nach dem es sich um eine gebundene oder um eine ungebundene Monographie, um einen Folgeband oder um Zeitschriften- oder Zeitungsbände handelt. Auf jeden Fall zählt zum Fertigmachen das Ausschreiben der Signaturenschilder, sofern sie nicht auf Vorrat gedruckt vorliegen und nur zu entnehmen sind, das Aufkleben der Signaturenschilder bzw. der Signaturendruck, ein Arbeitsvorgang, der häufig zusammen mit der buchbinderischen Bearbeitung erfolgt. Wir setzen voraus, daß das Stempeln bereits in Verbindung mit der Buchbearbeitung erfolgt ist (vgl. Kapitel 4.1.). Dann ist die erforderliche Magazinreife erreicht; die Aufstellung des Buches an dem für ihn im voraus bestimmten Platz (Standortzuweisung) in der Bibliothek (Magazin, Freihand, Sonderaufstellung) kann erfolgen.

[511d] Eine Weiterentwicklung auch des Laufzettels ist darin zu sehen, wenn in der SLB Dresden ein besonderes Katalogblatt (K-Blatt) entwickelt worden ist, dem „Laufzettelfunktionen gegeben" worden sind. Vgl. WERNER PRASSE, *Der neue Geschäftsgang an der SLB Dresden.* In: Burghard Burgemeister u. Werner Prasse, Geschäftsgangsprobleme. Berlin 1962 S. 19.

5. Bestandsvermittlung, Literaturvermittlung

5.1. Bestandsvermittlung: Bereitstellung von Beständen

5.1.1. *Einleitung*

Benutzungsabteilung – Mittelpunkt der Arbeit für den Nutzer

Der Bestandsaufbau (Buchauswahl, Buchbearbeitung, Katalogisierung) schafft die Voraussetzung für die Benutzung der Bestände. Die bibliothekswissenschaftliche Theorie erfährt erst durch das reibungslose Funktionieren der Benutzungseinrichtungen ihre Bestätigung in der Bibliothekspraxis. Lesesäle und Bücherausgabe sind für den Nutzer der Spiegel, in dem er die Bibliotheksarbeit sieht und nach dem er sie beurteilt. Wie auf allen Gebieten der modernen Bibliotheksarbeit erschöpft sich der Benutzungsdienst einer Bibliothek nicht im passiven Bereitstellen vereinnahmter Literatur, sondern leistet einen höchst aktiven, unmittelbaren Beitrag zur Deckung des gesellschaftlichen Literaturbedarfs.
So steht die Arbeit der Benutzungsabteilung im ganzen wie im einzelnen im Brennpunkt des Bibliotheksgeschehens, und deshalb kommt ihr eine ganz besondere Bedeutung zu. Sie verlangt die größtmögliche Reaktionsfähigkeit auf die Forderungen, die im Zuge der gesellschaftlichen Entwicklung an Bibliotheken gestellt werden. Angesichts der Vielfalt der technischen Vorgänge, die gerade der Benutzungsdienst einer großen Bibliothek erfordert, lassen sich in einer „Bibliothekslehre" nur die Grundprinzipien darstellen. Alle Einzelheiten und Praktiken müssen die „Arbeitsordnungen" dieser Abteilung festlegen; daß sie ständig auf ihre Zweckmäßigkeit überprüft werden müssen, versteht sich von selbst.

Formen der Nutzung der Bestände einer Bibliothek

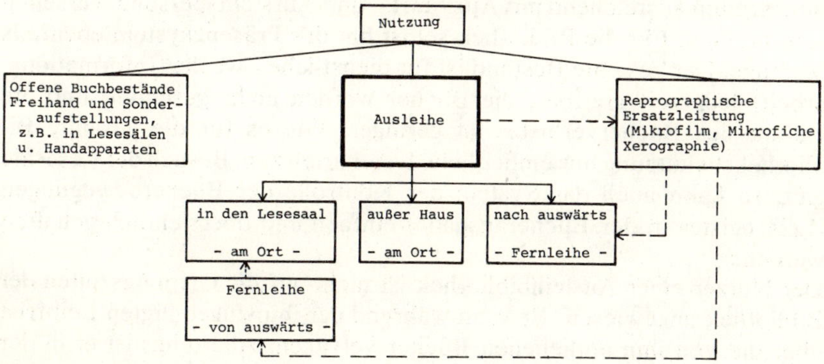

Bibliotheken werden heute in vielfältiger Weise genutzt. Es gibt Benutzungsfälle, in denen Bibliotheksleistungen in Anspruch genommen werden, ohne daß der Informant in der Bibliothek liest oder auch nur deren literarische Dokumente selbst einsieht (schriftliche, mündliche, fernmündliche Informationen). Daher ist die übergreifende Bezeichnung „Nutzer“ zutreffend. Daneben wird auch „Benutzer“ verwendet; selbst der „Leser“ kann in besonderen Fällen richtig sein. Das Schaubild auf Seite 271 soll diese differenzierten Nutzungen von Bibliotheksleistungen verdeutlichen.

Nutzer/Leser

5.1.2. *Präsenz- und Ausleihsystem*

Abhängigkeit von der Funktion der Bibliothek

Bereits bei der Klärung der Funktion der Bibliotheken stellten wir fest, daß an herkömmlichen Formen der Literaturbereitstellung zu unterscheiden sind: Präsenz- und Ausleihsystem sowie Mischformen. Durch die Behandlung dieser Frage im Zusammenhang mit der Funktion der Bibliothek sollte bereits zum Ausdruck gebracht werden, daß auch die Art und Weise der Benutzung nicht von der Vorliebe der Bibliothekare für die eine oder andere Form der Benutzung abhängt, sondern daß sie von dem kulturellen Zweck bestimmt wird, den die betreffende Bibliothek zu erfüllen hat.

Präsenzsystem

Präsenzsystem besagt, daß jedes Buch aus dem Bestand in der Bibliothek selbst zur Verfügung steht und daß eine Verleihung außerhalb der Bibliothek grundsätzlich nicht stattfindet. Das ist ein nicht zu unterschätzender Vorteil für den Nutzer, besonders für den auswärtigen, der damit rechnen kann, bei einem Bibliotheksbesuch an die von ihm benötigte Literatur herankommen zu können. Allerdings muß er in Kauf nehmen, daß er bei der Bibliotheksbenutzung zum Aufenthalt am Ort der Bibliothek gezwungen ist. Dort findet er Zugang zu den gesuchten Büchern in den meist großen, stark besuchten Lesesälen der Bibliothek, freilich nur innerhalb der festgesetzten Öffnungszeiten, die niemals individuelle Arbeitsdispositionen berücksichtigen können. Präsenzcharakter erfordert daher geräumige Lesesäle, die während ihrer ausgedehnten Öffnungszeiten ausreichend mit Auskunfts- und Aufsichtspersonal versehen sein müssen. Für die Bibliothek selbst hat das Präsenzsystem ebenfalls Vorzüge. Der gesamte Bestand ist für dienstliche Zwecke (Informationsarbeit) jederzeit greifbar, die Bücher werden mehr geschont, und die Gefahr des Bücherverlustes ist geringer. Wie es für die gesamte Bibliotheksbenutzung nur einheitliche Lesekarten zum Besuch der Lesesäle gibt, so kann auch das System der Kontrolle der Bücherbewegungen (Leihregister in der Bücherausgabe) einfach und übersichtlich gehalten werden.

Ausleihsystem

Der Nutzer einer Ausleihbibliothek ist nicht auf die Öffnungszeiten der Bibliothek angewiesen. Er kann während der ihm zugebilligten Leihfrist über die von ihm entliehenen Bücher verfügen. Allerdings ist er in der

Auswahl seiner Bücher sehr viel mehr abhängig von den Mitbenutzern der Bibliothek. Die Aussicht darauf, innerhalb einer kurzen Frist Zugang zu der von ihm benötigten Literatur zu finden, ist in Ausleihbibliotheken geringer als in Präsenzbibliotheken. Das ist besonders für den auswärtigen Benutzer ein Nachteil, der etwa zum Abschluß einer wissenschaftlichen Arbeit am Bibliotheksort arbeiten will, weil er umfangreichere Literaturarbeit zu leisten hat. In einer Präsenzbibliothek kann ihm in wichtigen Fällen geholfen werden, denn jedes Buch ist grundsätzlich präsent. Allerdings erfährt das Ausleihsystem in den Bibliotheken, die es anwenden, deutliche Einschränkungen. Auch in diesen Bibliotheken werden bestimmte Teile der Bestände, deren Erhaltung und Sicherung dringend geboten ist, nicht nach Hause verliehen (vgl. Kap. 8.8.3.). Beide Systeme weisen also Licht- und Schattenseiten auf. Die Frage, welches System den Vorzug verdient, läßt sich, losgelöst vom kulturellen Zweck der Bibliothek und von der gesamten Bibliothekssituation einer Stadt oder einer Region überhaupt nicht beantworten. Auf jeden Fall setzt die Durchführung eines strengen Präsenzsystems in zentralen wissenschaftlichen Bibliotheken das Vorhandensein von dezentralisierten Ausleihbibliotheken mit wissenschaftlichem Buchbestand am gleichen Ort voraus. Weltbibliotheken mit Präsenzcharakter sind: die *Leninbibliothek* in Moskau, die *Bibliothèque nationale* in Paris, die *British Library* in Großbritannien und die *Österreichische Nationalbibliothek* in Wien. Die größte Universitätsbibliothek der Sowjetunion, die *Bibliothek der Lomonossow-Universität* zu Moskau, hat in ihrem neuen Teil auf den Leninbergen für ihren Bestand an Forschungsliteratur, der zum größten Teil in dezentralisierten Fakultätsbibliotheken aufbewahrt wird, das Präsenzsystem eingeführt, daneben aber stellt sie den Studenten zwei große Ausleihabteilungen mit Lehrbüchern und anderem Studienmaterial zur Verfügung.

kultureller Zweck und Bibliothekssituation

Weltbibliothek mit Präsenzcharakter

Zweig- und Institutsbibliotheken sind vorwiegend Präsenzbibliotheken; Forschungsbibliotheken und wissenschaftliche Betriebsbibliotheken sind es in der Regel. Für die beiden großen Bibliotheken mit zentralen Aufgaben in der DDR, die *Deutsche Staatsbibliothek* zu Berlin und die *Deutsche Bücherei* zu Leipzig, ist im einzelnen noch folgendes zu bemerken. Die Deutsche Staatsbibliothek war bis 1945 – neben der im gleichen Gebäudekomplex untergebrachten UB Berlin mit Präsenzsystem – Ausleihbibliothek. Auf Grund der besonderen Bibliothekssituation, die sich nach dem zweiten Weltkrieg in Berlin ergeben hat, war sie bei der Wiederaufnahme ihrer Arbeit im Jahre 1946 zum Präsenzsystem übergegangen, das im Jahre 1952 für die Studenten der Humboldt-Universität durchbrochen wurde, nachdem schon vorher bei wichtigen Dienststellen und Professoren der Universität Ausnahmen vom Präsenzsystem gemacht worden waren. Sie leiht heute ihre Bestände nicht nur an Angehörige der Humboldt-Universität (Professoren, Studenten) sowie der Akademie der Wissenschaften der DDR (Mitarbeiter), sondern auch anderer wissenschaftlicher Institutionen, staatlicher Dienststellen, Verlage und Betriebe aus. Lediglich gegenüber Einzelbenutzern außerhalb dieser genannten

Deutsche Staatsbibliothek

Bereiche behält sie sich auf Grund ihrer Benutzungsordnung die Entscheidung über die Benutzung außerhalb der Bibliothek vor.[512] Sie stellt also hinsichtlich ihres Ausleihcharakters eine Mischform mit überwiegendem Ausleihsystem dar. Von den anderen großen Bibliotheken in der Hauptstadt der DDR sind die Berliner Stadtbibliothek seit ihrer Gründung (1901) sowie die UB Berlin neuerdings (seit 1963) Ausleihbibliotheken. Die Deutsche Bücherei zu Leipzig kennt seit ihrer Begründung im Jahre 1912 das Präsenzsystem, das nur insofern eine Einschränkung aufweist, als sie dem Leihverkehr der Bibliotheken der DDR und dem internationalen Leihverkehr angeschlossen ist. Das bedeutet, daß sie Bücher, die in anderen Bibliotheken nachweislich nicht vorhanden sind, nach auswärts versendet.

Deutsche Bücherei

5.1.3. *Aufstellung*[513]

5.1.3.1. Aufstellungsarten

Grundformate

Wir unterscheiden in Bibliotheken mechanische und systematische Aufstellungsarten, die wiederum aus Gründen der Zweckmäßigkeit eine formale Unterscheidung der Bücher nach ihrer Größe (Formaten) berücksichtigen.

Wir unterscheiden:	Oktav	(8°)	bis 25 cm
	Quart	(4°)	25–35 cm
	Folio	(2°)	35–45 cm
	Großfolio	(gr. 2°)	über 45 cm

Das Format ist ursprünglich durch die Größe des Papierbogens und seine Falzungen bestimmt worden: ein 2° ist ein einmal gefalzter Bogen, der aus 2 Blatt (= 4 Seiten), ein 8° ein dreimal gefalzter Bogen, der, aufgeschnitten, aus 8 Blatt (= 16 Seiten) besteht. Die Formate werden beim Aufstellen der Bücher deswegen berücksichtigt, weil dadurch Platz gespart wird. Die Erfahrungen der Bibliotheken besagen jedoch, daß diese traditionelle grobe Formateinteilung für eine wirklich rationelle Raumausnutzung nicht ausreicht. Deshalb ist man z. B. in amerikanischen Bibliotheken zu feineren Formatunterscheidungen übergegangen.[514] Viel für sich hat eine klare Formattrennung im Magazin, d. h. geschlossene Aufstellung aller Quart- bzw. Folioformate neben der Oktavgruppe. Im übrigen gibt es

Formattrennung im Magazin

[512] Vgl. *Benutzungsordnung der Deutschen Staatsbibliothek vom 23. Okt. 1961.* Mit Abänderungen vom 1. Jan. 1968. Berlin 1969.

[513] GEORG LEYH, *Aufstellung und Signaturen.* In: Handbuch II 2. Aufl. (1961) S. 684–734; vorwiegend historisch u. einiges zur ausländischen Praxis.

[514] Vgl. WALTER BAUHUIS, *Vereinfachung beim Gang des Buches durch die Bibliothek.* In: Bibliothek, Bibliothekar, Bibliothekswissenschaft. Festschrift Joris Vorstius. Leipzig 1954 S. 137–138. Der ganze Aufsatz umfaßt die S. 133–142. – Diese Praxis gilt allerdings nur bei nichtsystematischer Aufstellung; die systematische Aufstellung bevorzugt drei Größenklassen.

heute keinen stichhaltigen Grund mehr dafür, die Bücher in den Regalen von unten nach oben aufzustellen wie das früher aus anderen Gründen (größere Häufigkeit der Folioformate, systematische Aufstellung) zu geschehen pflegte. So wie jeder Europäer Bücher und Zeitschriften liest, sollte auch die Aufstellung der Bücher in Handapparaten und im Magazin eingerichtet werden: von oben nach unten. Das gilt auf jeden Fall für Quart- und Folioformate. Daß man deswegen Foliobände nicht in das oberste Regalfach stemmen wird, ist eine Frage des gesunden Menschenverstandes.

systematische Aufstellung

Die Ordnung der Bücher im Magazin in Übereinstimmung mit dem als Systematischen Katalog geführten Sachkatalog galt früher in Deutschland als die den wissenschaftlichen Bibliotheken allein gemäße Form der Aufstellung. Es bestand sogar vielfach die unbegründete Auffassung, daß die systematische Aufstellung ein unentbehrliches Kriterium der wissenschaftlichen Bibliothek überhaupt sei. Der unbestreitbare Vorzug der systematischen Aufstellung ist ein dreifacher:
1. Sie gestattet im Magazin selbst eine sachliche Orientierung über die vorhandene Literatur eines Gebietes, und zwar sowohl zu dienstlichen Zwecken als auch für bevorrechtete Benutzer. 2. Ein besonderer Standortkatalog ist entbehrlich. 3. Wenn ein bestelltes Werk verliehen ist, kann ein ähnliches am Standort ausgehoben und dem Benutzer angeboten werden. Allerdings gilt die ihr nachgerühmte Orientierungsmöglichkeit im Magazin nur eingeschränkt. Alle Werke mit Sonderaufstellung (LS, Bibliogr. Handapparat usw.) sowie natürlich alle verliehenen Werke fehlen. Eine weitere Ausnahme bilden alle Stücke vollständig geführter Serien, die geschlossen aufgestellt werden. Sie stehen nicht an ihrer Sachstelle. Der große Nachteil der systematischen Aufstellung, der auch die meisten Bibliotheken veranlaßt hat, sie aufzugeben, besteht darin, daß sie keine rationelle Raumausnutzung gewährleistet. Sie ist darauf angewiesen, an vielen Stellen Platz für Neuzugänge zu lassen. Da sich aber die Entwicklung der Wissenschaften nicht übersehen läßt, erfordert die ungleichmäßige Vermehrung der Bestände von Zeit zu Zeit einschneidende Bücherbewegungen. Das „Rücken" von Büchern ist untrennbar mit der systematischen Aufstellung verbunden.

formale Aufstellungsarten

Unter mechanischer Aufstellung im engeren Sinne verstehen wir in der bibliothekarischen Praxis die Aufstellung der Bücher nach der laufenden Nummer. Es bedarf aber zuvor eines Hinweises auf die alphabetische und chronologische Spielart der Aufstellung, die zwar nicht als „mechanische" im engeren Sinne, wohl aber als formale Aufstellungsarten zu gelten haben.

alphabetisch

1. *Alphabetisch.* Die alphabetische Aufstellung kann kurz abgetan werden. Sie ist nicht zweckmäßig und daher nur selten anzutreffen. Sie ordnet die Bücher wie im Alphabetischen Katalog nach dem Alphabet der Verfasser bzw. nach dem festgelegten Ordnungswort bei anonymen Schriften. Es ist klar, daß sie für große Buchbestände ungeeignet ist. Eine große Rolle spielt sie jedoch bei der Feinordnung innerhalb

einzelner Gruppen, und zwar sowohl in den sowjetischen Bibliotheken (Autorentabellen) als auch in den amerikanischen (Dewey-Sachstellen).

chronologisch

2. *Chronologisch.* Die chronologische Aufstellung ist für die wissenschaftlichen Bibliotheken ohne Bedeutung. Sie ist hier nur der Vollständigkeit halber zu erwähnen und darf nicht mit dem nützlichen Ordnungselement der Chronologie innerhalb der systematischen Aufstellung verwechselt werden.

Numerus currens

3. *Laufende Nummer* (Numerus currens). Die Aufstellung nach der laufenden Nummer des Zugangs ist die wichtigste Form der mechanischen Aufstellung und hat mehrere Vorteile. Zunächst gestattet sie bestmögliche Raumausnutzung; bei Monographien braucht kein Platz freigelassen zu werden. Das lästige Rücken wird auf ein Minimum reduziert, da die neuesten Zugänge sich am Schluß der Formatreihen anfügen. Ferner ist ihre Handhabung einfach, da die Standortbezeichnungen der Bücher eindeutig sind; das Zugangsbuch kann die Funktion eines Standortkataloges übernehmen. Die heikle Frage des freien Magazinzutritts für bevorrechtete Benutzer wird – wenn auch gewaltsam – gelöst: eine sinnvolle, für den Wissenschaftler ersprießliche Orientierung am Standort der Bücher ist nicht mehr möglich. Damit ist aber auch bereits ihr entschiedener Nachteil aufgedeckt: es gibt keinen unmittelbaren Zugang mehr zu den Bibliotheksbeständen, sondern nur noch den Weg über die Kataloge.

Problematik des Numerus currens

Das sind immerhin schwerwiegende Folgen der Numerus-currens-Aufstellung. Wir neigen heute nicht mehr dazu, diese einschneidende Veränderung im Gefüge der wissenschaftlichen Bibliotheken als eine Errungenschaft zu betrachten. Lediglich als ökonomisch bedingte Notwendigkeit müssen wir diese raumsparende Aufstellungsart freilich bis auf weiteres noch hinnehmen. Aber das sollte jedem Bibliothekar klar sein: Die Numerus-currens-Aufstellung ist ein Widerspruch zum Grundgesetz der Bibliothekswissenschaft und Bibliothekspraxis, nämlich Buch und Nutzer zusammenzuführen. Sie errichtet eine Scheidewand zwischen Nutzer und Buchbestand und hat auch dazu beigetragen, die sehr fragwürdige Dreiteilung der wissenschaftlichen Bibliothek zu konsolidieren.
Die sozialistische Bibliothekswissenschaft, die dieses Grundgesetz ihrer Arbeit zu beachten hat, steht deshalb vor der Aufgabe, Kurs zu nehmen auf eine offene Bibliothek, in der Buch und Nutzer nicht voneinander getrennt sind. Dafür ist die Numerus-currens-Aufstellung ungeeignet.

Gruppenaufstellung

Die Gruppenaufstellung[515] versucht, Wesenszüge der mechanischen Aufstellung mit der der systematischen zu kombinieren. Sie hatte Georg Leyh im Auge, als er gegen „Das Dogma von der systematischen Aufstellung“[516] polemisierte. Bei ihrer Anwendung werden die Bücher nach einer

[515] WALTER BAUHUIS, *Katalogprobleme und Lösungen.* In: ZfB 61 (1947) S. 107–121. – MAX GUNZENHÄUSER, *Grundsätzliches zur Gruppenaufstellung.* In: ZfB 63 (1949) S. 110–118.

willkürlichen Zahl von Gruppen aufgestellt und innerhalb der Gruppen wird, wie beim reinen Numerus currens, nach der laufenden Nummer geordnet. Zur Gruppenaufstellung sind häufig – besonders nach dem zweiten Weltkrieg – Bibliotheken übergegangen, die ursprünglich eine systematische Aufstellung hatten; der Bruch mit der Bibliothekstradition schien dabei weniger schmerzlich. Die Zahl der gewählten Gruppen ist sehr unterschiedlich, z. B. LB Stuttgart 19 (1946), UB Göttingen 20 für Monographien, 12 für Serien und Zeitschriften (nach 1945), Deutsche Staatsbibliothek 20 (1947 bis 1958). Sehr beachtlich sind innerhalb solcher Gruppen Differenzierungen nach Qualität und Mehrjahresgruppen, wie sie in Rom und Zürich durchgeführt worden sind. Es gibt aber auch schon aus älterer Zeit Einteilungen nach 200 (SB München) und sogar über 300 Gruppen (UB Tübingen).[517]

Charakteristisch für die Gruppenaufstellung sind also Fachgruppen, die in der Regel den Fächern des alten Realkataloges ungefähr entsprechen; sie können auch mit Formalgruppen durchsetzt sein.

Vor- und Nachteile

Die Gruppenaufstellung ist ein Zwitter, der sowohl die Vorteile als auch die Nachteile beider Grundformen der Aufstellung aufweist.

1. Die Gefahr des Rückens ist wesentlich herabgemindert, aber sie tritt doch noch ein, um so häufiger, je größer die Zahl der Gruppen ist.
2. Sie gewährt scheinbar noch eine sachliche Orientierung am Standort, aber diese Übersicht ist grob und bei großen Bibliotheken mit beträchtlichem Zugang, besonders an Pflichtablieferungen, sehr stark verwässert.
3. Das Entscheidende ist die Wahl und die Zahl der Gruppen. Je größer die Gruppen, desto geringer ist der Vorteil der sachlichen Übersicht, aber um so erheblicher ist der Raumgewinn. Je kleiner die Gruppen, desto besser ist die sachliche Übersicht, aber um so geringer ist der Raumgewinn.

Bei einer in die Hunderte gehenden Gruppeneinteilung nähert sich diese Aufstellungsform schon wieder beträchtlich der systematischen Aufstellung, verzichtet aber gleichzeitig auf die unbestreitbaren Vorzüge des Numerus currens.

Vorteile und Nachteile der Gruppenaufstellung

Ein greifbarer Vorteil der Gruppenaufstellung gegenüber dem Numerus currens liegt in der Möglichkeit, im Bedarfsfalle (z. B. bei Erweiterungsbauten) ganze Literaturgruppen, deren Benutzungsfrequenz geringer ist, in bestimmten Jahresschichten leicht verlagern zu können, um andererseits wichtige Gruppen näher an die Bücherausgabe heranzubringen. Derselbe Vorteil bietet sich an, wenn es sich im Zuge einschneidender Veränderungen als möglich und zweckmäßig erweist, Handmagazine

[516] Dies ist der Titel seiner Aufsätze im ZfB 29 (1912) S. 241–259; 30 (1913) S. 97–136. Er empfahl später für Universitätsbibliotheken 100 Gruppen und weniger. Vgl. Handbuch II (1933) S. 352–353.

[517] UB Tübingen: 11 Hauptgruppen, 329 Untergruppen.

größeren Umfangs zu Fachlesesälen einzurichten oder bereits vorhandene wesentlich zu erweitern.

Zusammenfassend läßt sich sagen: Die Gruppenaufstellung mit Numerus currens ist weder Fleisch noch Fisch; für wissenschaftliche Bibliotheken mit durchschnittlich großem Jahreszugang ist sie ungeeignet, weil hier ihre Orientierungsmöglichkeit nicht zum Tragen kommt.

systematische Aufstellung und Numerus currens

Die systematische Aufstellung ist zweifellos die vorteilhafteste Aufstellungsform für wissenschaftliche Bibliotheken. Sie konnte aber aus Raumgründen in größeren wissenschaftlichen Allgemeinbibliotheken nicht mehr aufrechterhalten werden. Für kleinere wissenschaftliche Fachbibliotheken (z. B. Institutsbibliotheken) ist sie nach wie vor die gegebene Aufstellungsart. Sie ist unentbehrlich für alle Sonderaufstellungen, besonders für alle Freihandbibliotheken, und wird mit der Erweiterung der Freihandzone auch in wissenschaftlichen Bibliotheken aufs neue große Bedeutung erlangen.[518] Es geht in der Zukunft auch um die bestmöglichen Beziehungen von Aufstellung und Ausleihe. Freilich ist es ein Trugschluß, für *alle* Bibliothekstypen in der Aufstellung „viel benutzter Literatur" in der Nähe der Ausleihe bzw. des Lesesaals das *einzige* Mittel zur Durchführung einer Sofortausleihe zu sehen. „Viel benutzte Literatur" ist kein für alle Bibliotheken gleichmäßig festzulegender Begriff. Er ist klar zu umreißen bei allgemeinbildenden Bibliotheken und Fachhochschulbibliotheken mit verhältnismäßig konzentrierten Leseinteressen bzw. relativ homogenen Lesergruppen. Er verschwimmt in der Breite und ist schwerer zu fassen bei großen wissenschaftlichen Allgemeinbibliotheken vom Typ National- oder Universitätsbibliothek. Ganz abgesehen davon spielt für die Sofortausleihe, mindestens in Großbibliotheken, der Einsatz moderner Technik (Fördereinrichtungen, Rohrpost, Gegensprechanlagen) eine mindestens ebenso wichtige Rolle. Eine gute, d. h. differenzierte Gruppenaufstellung, deren Nutzen bei Großbibliotheken freilich in Zweifel zu ziehen ist, kommt der Bewältigung der Sofortausleihe *ohne* technische Hilfseinrichtungen entgegen. Richtig ist ferner, in weiterer Verallgemeinerung dieses Sachverhaltes, daß zwischen Aufstellung im Magazin und Sofortausleihe für mittlere und kleinere Bibliotheken, bei denen technische Hilfsmittel gar nicht rentabel wären, enge Zusammenhänge bestehen.

5.1.3.2. Aufstellungsformen

Horizontalablage

Über die Form der Aufstellung von Bibliotheksmaterialien gibt es im Grunde nur ein Dogma: die Aufstellung von Büchern und Zeitschriften in gebundenem Zustand in Bücherregalen. In allen großen wissenschaftlichen Bibliotheken gibt es aber Materialien, die sich für diese Aufstellungsform nicht eignen: das sind an traditionellem Bibliotheksgut Landkarten

[518] JOACHIM STOLTZENBURG, *Bibliothekssystem und systematische Aufstellung.* In: ZfBB 14 (1967) S. 298–315.

und Einblattdrucke (Graphik, Kleingraphik, Porträts usw.), in neuerer Zeit Schallplatten, Tonbänder, Mikrofilme. Unabhängig davon hat es sich in Informationsstellen und wissenschaftlichen Fachbibliotheken als notwendig erwiesen, mit neuen Methoden die Bearbeitung und Erschließung anderer Materialien, wie Firmenschriften, Kataloge, Fortschrittsberichte, Zeitungsausschnitte, Bilder, zu bewältigen. Auch vor wissenschaftlichen Allgemeinbibliotheken steht heute die Aufgabe, Massen von Kleinliteratur so schnell und so einfach wie möglich benutzungsgerecht zu verarbeiten.

Wenn diese Probleme noch nicht deutlich genug erkannt und bewältigt werden, so liegt das u. a. daran, daß die gesellschaftswissenschaftliche Bedeutung der aktuellen Kleinliteratur noch immer unterschätzt wird, obwohl J. Füchsel[519] schon 1931 auf die Bedeutung der aktuellen Kleinliteratur für Bibliotheken hingewiesen hat. Damit mag es auch zusammenhängen, daß in unseren Bibliotheken, mindestens in den wissenschaftlichen Allgemeinbibliotheken, die Möglichkeiten der Vertikalablage (vertical file)[520] bisher kaum genutzt worden sind. Vertikalablage bietet sich für alle Materialien an, die nicht wie großformatige Karten, Pläne und Zeichnungen auf Flachablage angewiesen sind. Wir unterscheiden die Stehablage, die Steilablage, die Hängeablage und die Lateralablage (Ablage mit Aufhängung der dafür konstruierten Behälter an einer Stange; auch als Pendelablage, d. i. Aufhängung in gleicher Weise, aber fest, entweder an einer Schiene oder an zwei Stangen). Die Vertikalablage erfreut sich in sowjetischen, amerikanischen und englischen Bibliotheken schon lange großer Beliebtheit.[521]

5.1.4. *Benutzungsordnung*

5.1.4.1. Allgemeines

Wesen der Benutzungsordnung

Jede Benutzungsordnung[522] ist Ausdruck für das Verhältnis zwischen Bibliothek und Öffentlichkeit. Sie ist damit ein Spiegelbild der gesellschaftlichen Entwicklung. Sie enthält bibliothekspolitische, organisatorisch-technische und bibliotheksrechtliche Bestimmungen, die die betreffende Bibliothek zu treffen für angemessen hält. Selbstverständlich dürfen diese Bestimmungen nicht im Widerspruch zu den Gepflogenheiten des jeweiligen nationalen Bibliothekssystems hinsichtlich der

[519] Vgl. oben Kap. 4.1.2.3. (Erwerbungsgrundsätze).

[520] WERNER LIEBICH, *Anwendungsmöglichkeiten der Vertikalablage.* Ein Beitrag zum Problem der Bearbeitung, Aufbewahrung u. Erschließung ungebundener und broschierter Bibliotheksmaterialien. Mit 17 Abb. Köln 1959. (Arbeiten a. d. Bibliothekar-Lehrinstitut d. Landes Nordrhein-Westfalen. 18.) Mit Bibliographie.

[521] In wissenschaftlichen Allgemeinbibliotheken zuerst 1957 in der UB Heidelberg (Jahresbericht d. Universität Heidelberg 1952 S. 17) durch W. Bauhuis eingeführt. Zit. nach W. Liebich S. 16 (vgl. Anm. 520).

[522] „Die Benutzungsordnungen regeln die Rechtsbeziehungen zwischen einer bestimmten

Literaturbereitstellung durch Bibliotheken stehen. Auf dem Gebiete des Leihverkehrs müssen sie z. B. mit den Grundsätzen des nationalen und internationalen Leihverkehrs übereinstimmen. Sofern Rahmenbenutzungsordnungen erlassen sind, müssen sich die individuellen Bibliotheksordnungen diesen übergeordneten Regelungen fügen. Die Benutzungsordnung wird vom Direktor erlassen. Aus sachlichen wie erzieherischen Gründen sollte jede Benutzungsordnung allgemeine Bestimmungen voranstellen. Sie betreffen die Hausordnung sowie die Pflichten, die der Leser dieser öffentlichen Bibliothek übernimmt; sie betreffen insbesondere sein Verhalten in der Bibliothek und sein Verhältnis zu den volkseigenen Buchbeständen. Gerade weil viele junge Menschen heute Bibliotheken benutzen, ist es wichtig, daß die Bibliotheken ihnen helfen, von Anfang an ein richtiges Verhältnis zum Buch zu gewinnen.

neue Qualität der Benutzungsordnungen der sozialistischen Länder

Wie die Festigung der sozialistischen Gesetzlichkeit nicht nur eine Sache der Justizorgane ist, so kommt den Benutzungsordnungen der Bibliotheken in den sozialistischen Ländern eine ganz besondere Bedeutung zu. Sie haben eine neue Qualität dadurch erhalten, daß sie nicht nur wie eh und je die Benutzung einer Bibliothek, gleichviel welchen Typs, rechtlich regeln, sondern auch auf die Bewußtseinsbildung ihrer Nutzer Einfluß nehmen, indem sie zu bewußter Disziplin gegenüber den volkseigenen Buchbeständen und staatlichen bzw. gewerkschaftlichen Bibliothekseinrichtungen erziehen. Der Bürger eines sozialistischen Staates, der freiwillig eine notwendige Benutzungsordnung anerkennt, wird zugleich mit Rechten ausgestattet, wie sie ihm als Mitbesitzer aller öffentlichen Bibliotheken zukommen. Das muß auch das Verhältnis des Bibliothekars zu seinen Nutzern bestimmen.

wissenschaftliche Bibliotheken

Während bei den allgemeinbildenden Bibliotheken die Benutzungsbedingungen dem Leser in wenigen Regeln, vielfach durch Aushang in der Ausleihe oder durch Eindruck in das Leseheft, mitgeteilt werden können, spielt die Bibliotheks- oder Benutzungsordnung in wissenschaftlichen Bibliotheken eine gewichtigere Rolle. Ihre Anerkennung muß der Leser bei der Ausstellung einer Benutzungskarte durch Unterschrift bestätigen. Wünschenswert ist es sogar, daß ihm eine Benutzungsordnung unentgeltlich zum Verbleib ausgehändigt wird. Unabhängig davon ist es zweckmäßig, einen Auszug aus der Benutzungsordnung, der die wichtigsten und die am häufigsten zu Differenzen zwischen Bibliothek und Leser führenden Bestimmungen enthält, an mehreren zentral gelegenen Stellen der Bibliothek gut sichtbar auszuhängen. Durch schriftliche Anerkennung der Benutzungsordnung erwirbt der Leser das Benutzungsrecht und unterwirft sich den Benutzungsbestimmungen.

Bibliothek und ihren Benutzern, insbesondere die Bedingungen, unter denen die Bestände und die Benutzungseinrichtungen in Anspruch genommen werden können." So erläutert das *Rechts-ABC für Bibliothekare* (Leipzig 1975 S. 46) den Zweck einer Benutzungsordnung. Laufende Informationen vermitteln die vom Zentralinstitut für Bibliothekswesen herausgegebenen *Mitteilungen und Materialien* (Jg. 1 ff. Berlin 1963 ff.); jährliche Schlagwortregister.

Benutzungsregelungen gibt es seit dem 14. Jahrhundert, sie enthalten in der Regel Verbote. Die Erkenntnis, daß die Bibliothek eine Einrichtung für den Nutzer ist, hat sich nur allmählich Geltung verschafft. Die modernen Benutzungsordnungen gehen samt und sonders auf Bibliotheksgesetze zurück, wie sie die wissenschaftliche Musterbibliothek des 18. Jahrhunderts, die UB Göttingen, im Jahre 1761 aufgestellt hat. Bei diesen Gesetzen, später im 19. Jahrhundert meistens Reglements genannt, handelt es sich von Haus aus um Instruktionen für die Bibliotheksbeamten. Aus ihren die Benutzung der Bücher betreffenden Abschnitten oder Paragraphen entstehen die Benutzungsordnungen im heutigen engeren Sinne. In ihrer Vielgestaltigkeit sind sie ein Spiegelbild der deutschen Kleinstaaterei; daran änderte weder die politische Reichseinheit 1871 noch die Weimarer Republik etwas Entscheidendes. Im Gegensatz zu den in dieser Hinsicht unveränderten Verhältnissen, wie sie als Folgeerscheinung der politischen Entwicklung in der BRD heute noch bestehen, wird bei der Neuorganisierung des Bibliothekswesens in der DDR die Tendenz deutlich, eine einheitliche und feste Grundlage für die Benutzung von Bibliotheken aller Art zu schaffen. Sie hatte für die allgemeinen öffentlichen Bibliotheken schon 1953 zu einer Rahmenbenutzungsordnung geführt; diese wurde verbessert durch die *Anordnung über die Benutzung der staatlichen allgemeinen öffentlichen Bibliotheken in der Deutschen Demokratischen Republik – Benutzungsordnung – vom 17. Juni 1968.*[523] Eine Rahmenbenutzungsordnung für die wissenschaftlichen Bibliotheken im Bereich des Ministeriums für Hoch- und Fachschulwesen wurde 1965 erlassen.[524] Es versteht sich von selbst, daß eine solche Ordnung für die wissenschaftlichen Bibliotheken nur die grundsätzlichen Fragen der Bibliotheksbenutzung regeln kann und daß daneben die örtlichen Verhältnisse jeder Bibliothek berücksichtigt werden müssen. Solche Regelungen vollziehen nur das, was sich in einer langen Entwicklung bereits angebahnt hat, nämlich eine gewisse Einheitlichkeit in der Benutzung von Bibliotheken.

Vorgeschichte der modernen Benutzungsordnungen

Rahmenbenutzungsordnungen

Am 1. Januar 1973 wurde eine neue *Rahmenbenutzungsordnung für die wissenschaftlichen Allgemein- und Fachbibliotheken ...*[525] in Kraft gesetzt. Geregelt werden u. a. die Benutzungsberechtigung (§ 4), für Bürger der DDR (Vollendung des 16. Lebensjahres wird vorausgesetzt) und Bürger anderer Staaten, überhaupt in erster Linie die Rechte der Bibliotheksbenutzer, aber auch deren Pflichten (z. B. Schadenersatzpflicht) sowie alle grundsätzlichen Fragen der Benutzereinschränkungen. Neu ist eine Bestimmung (§ 10), die die Mitwirkung der Benutzer festlegt (Bibliotheksbeirat, Leserversammlung, Beschwerden, Eingaben).

[523] GBl. II. 1968 S. 637–640.

[524] GBl. II. 1965 S. 745–748.

[525] *Anweisung Nr. 3/1973 über die Rahmenbenutzungsordnung für die wissenschaftlichen Allgemein- und Fachbibliotheken im Zuständigkeitsbereich des Ministeriums für Hoch- und Fachschulwesen vom 20. Dez. 1972.* In: Verfügungen u. Mitteilungen des Ministeriums für Hoch- und Fachschulwesen 1973 Nr. 1 S. 6–9.

5.1.4.2. Zulassung zur Bibliotheksbenutzung

Zulassung und Sicherheit

Es ist überflüssig, über die Zulassung zur Benutzung von Bibliotheken mit eingeschränkter Öffentlichkeit zu sprechen; das ergibt sich aus deren Charakter, und Ausnahmeregelungen sind nicht typisch. Überhaupt verdient die Frage der Zulassung zur Benutzung öffentlicher Bibliotheken nur deshalb einige Beachtung, weil es bei diesen grundsätzlich uneingeschränkt öffentlichen Bibliotheken mit Ausleihcharakter gilt, größtmögliche Liberalität mit maximaler Sicherheit für die benutzten Bücher zu verbinden. Typisch für die bürgerliche Klassengesellschaft ist das aus der Bibliotheksgeschichte bekannte System von Kautionen und Bürgen sowie die damit verbundene Einteilung der Menschen in sichere Personen – Beamte, Angehörige freier akademischer Berufe oder kapitalkräftige Kaufleute – und unsichere Personen, die weder das eine noch das andere waren und deshalb eine Kaution hinterlegen oder einen Bürgen stellen mußten.

Zulassung und Präsenzsystem

Selbstverständlich galt und gilt dieses System der Sicherheitsleistungen nur für Ausleihbibliotheken. Präsenzbibliotheken können darauf verzichten, so daß z. B. die Deutsche Bücherei von Anfang an ein einfaches Zulassungsverfahren einführen konnte, das sich von den Verfahren der Universitäts- und Landesbibliotheken wohltuend abhob.

Studenten

Für die Zulassung zur Benutzung wissenschaftlicher Allgemeinbibliotheken mit Ausleihcharakter gilt heute in der DDR der Personalausweis für Bürger der DDR, bei Hochschülern der Studentenausweis in Verbindung mit dem Personalausweis als ausreichende Legitimation. Sehr wesentlich verändert hat sich die Stellung der Hochschüler bzw. Fernstudenten und Fachschüler zur Bibliothek. Früher, auf jeden Fall noch im ganzen 18. Jahrhundert und teilweise auch noch in der ersten Hälfte des 19. Jahrhunderts, waren sie entweder von der Verleihung ganz ausgeschlossen oder mußten hohe Kautionen hinterlegen bzw. Bürgschaften ihrer Professoren beibringen (sogenanntes Cavet-System).[526] Heute gelten sie kraft ihrer ordnungsgemäßen Immatrikulation der Bibliothek gegenüber als bevorrechtete Entleiher. In der Regel erhalten sie auf Grund von Vereinbarungen zwischen Universitätsbibliothek und Rektorat ihre Exmatrikel erst dann, wenn sie den Entlastungsstempel ihrer Hochschul-, Zweigstellen bzw. Instituts- oder Fachschulbibliothek vorweisen können. Er erbringt den Nachweis, daß sie keine Bücherschulden mehr in ihrem Hochschul- oder Fachschulbereich haben.

Mindestalter

Über das Mindestalter, das derjenige erreicht haben muß, der Benutzer einer wissenschaftlichen Universalbibliothek werden will, ist bereits bei Behandlung ihrer Funktion das Erforderliche gesagt worden; es beträgt 16 Jahre. Um Instituten, Betrieben und staatlichen Einrichtungen entge-

---

[526] Zu dem Cavet-System der Königlichen Bibliothek Berlin, der heutigen Deutschen Staatsbibliothek z. B. vgl. WILLY UNGER, *Benutzungseinrichtungen, Benutzungspolitik u. Gebrauchsöffentlichkeit.* In: Deutsche Staatsbibliothek. 1661–1961. Bd. 1. Leipzig 1961 S. 187–188.

genzukommen, werden für sie häufig besondere korporative Benutzerkarten ausgegeben. Auf ein bis drei Zeichnungsberechtigte, die diese Karten unterschrieben haben müssen, erstreckt sich dann die Zulassung zur Benutzung der Bibliothek unter den vereinbarten Bedingungen.

korporative Nutzer

Aus Sicherheitsgründen muß die Unterschriftsleistung des Benutzers im Beisein eines Angestellten der Bibliothek vollzogen werden, denn die Benutzerkarten sind nicht übertragbar. Auch die Weitergabe entliehener Bücher an Dritte ist unzulässig und hat ausnahmslos den Entzug der Ausleihgenehmigung zur Folge. Jede Bibliotheksleitung tut gut daran, auf die strenge Einhaltung dieses wichtigen Grundsatzes zu achten.

Grundregeln

5.1.4.3. Gebühren

Kein rühmliches Kapitel der Bibliotheksverwaltung sind die Benutzungsgebühren, die zu erheben die wissenschaftlichen Bibliotheken früher verpflichtet waren. In jeder sozial fortgeschrittenen Gesellschaftsordnung muß die Gebührenfreiheit bei der Benutzung von Bibliotheken gewährleistet sein. Während die allgemeinen öffentlichen Bibliotheken mit der erwähnten Rahmenbenutzungsordnung von 1956 dieses Ziel bereits erreicht hatten, trat die grundsätzliche Gebührenfreiheit für die wissenschaftlichen Bibliotheken der DDR 1958 in Kraft.[527] Es wird seitdem lediglich eine Einschreibegebühr erhoben; sie beträgt M 1,– für Einzelleser; für Studenten entfällt sie. Besondere Leistungen der Bibliothek gegenüber einzelnen Lesern sind auch weiterhin gebührenpflichtig. Zu den „besonderen Leistungen" zählen beispielsweise die Inanspruchnahme des Leihverkehrs sowie individuelle Literaturzusammenstellungen.[528]

Gebühren und Gebührenfreiheit

5.1.4.4. Öffnungszeiten

Im engsten Zusammenhang mit Funktion und Leihsystem stehen die Öffnungszeiten der Bibliothek. Die Geschichte der Bibliotheken zeigt, daß die Ausdehnung der Öffnungszeiten nur sehr allmählich erfolgt ist. Der uns heute selbstverständliche Grundsatz, daß die Bibliothek so viel und so lange wie nur irgend möglich geöffnet sein muß, ist eng verbunden mit der Entwicklung der modernen Gebrauchsbibliothek. Mit der dargestellten Übernahme von Bildungsaufgaben haben auch die wissenschaftlichen Bibliotheken, wie vor ihnen schon die Volksbüchereien, der Tatsa-

Nutzer und Öffnungszeiten

527 *Gebühren für die Benutzung wissenschaftlicher Allgemeinbibliotheken – Gebührenordnung – vom 20. 4. 1964.* In: Verfügungen u. Mitteilungen des Staatssekretariats für das Hoch- u. Fachschulwesen 1964 Nr. 7/8.

528 Wir können Regelungen beiseite lassen, wie sie in der BRD mit Einführung der „Bibliothekstantieme" durch die „Verwertungsgesellschaft Wort" als Ausdruck kapitalistischer Gesellschaftsordnung getroffen worden sind; sie haben heftige Diskussionen ausgelöst. Vgl. dazu besonders *Buch u. Bibliothek,* z. B. 25 (1973) S. 23–30.

che Rechnung tragen müssen, daß sie nicht nur von Professoren und Studenten, sondern auch von werktätigen Menschen der verschiedensten Berufe besucht werden. Sie müssen daher auch in den Abendstunden geöffnet sein. Bei gutem Willen läßt sich hier durch bessere Arbeitsorganisation manches erreichen, was früher als unmöglich galt. Schließungen der Bibliothek außerhalb der gesetzlichen Feiertage sind tunlichst zu vermeiden. Mit Rücksicht auf auswärtige Benutzer muß mindestens in wissenschaftlichen Universalbibliotheken der Grundsatz gelten, daß eine Bibliothek einer Klinik nähersteht als einer Verwaltungseinrichtung.

Präsenzbibliothek

Es ist klar, daß bei einer Präsenzbibliothek, bei der die Bibliotheksbenutzung überhaupt nur während der Öffnungszeiten erfolgen kann, diese Grundsätze noch ernster genommen werden müssen als bei einer Ausleihbibliothek, bei der die Lesesaalbenutzung nur einen Teil ihrer Gesamtbenutzung ausmacht. Es ist also sehr wichtig, bei Vergleichen der Öffnungszeiten zwischen einzelnen Bibliotheken oder Bibliotheken verschiedener Länder deren Charakter als Präsenz- oder Ausleihbibliothek zu beachten.

5.1.4.5. Umgang mit Büchern

Buch und Leser

Mehr oder weniger dringliche Ermahnungen zur sorgsamen und pfleglichen Behandlung der Bücher, die in jeder Benutzungsordnung an den Nutzer gerichtet werden, beruhen auf den Erfahrungen der Bibliothekare.

Bücherbeschädigung

Da es aber mit einigen Sentenzen im Sinne eines Bücherknigge nicht getan ist, sollte eine gute Benutzungsordnung auch konkrete Hinweise auf die Folgen enthalten, die sich für den Nutzer bei Bücherbeschädigungen ergeben. Wenn die Androhung von Sühnemaßnahmen mit dem schlichten Hinweis auf die Tatsache verbunden wird, daß es sich bei den Bibliotheksbüchern um Volkseigentum handelt, so darf man bei den Benutzern Verständnis dafür erwarten. Neben dem Hinweis auf das uneingeschränkte Verbot, Bibliotheksbücher durch Unterstreichungen und Randbemerkungen zu verunzieren, wird er darüber aufgeklärt, daß er Bücherschäden aller Art bei Entgegennahme der Bände zu melden hat und daß er bei Unterlassung dieser Meldepflicht für später festgestellte Mängel an Büchern haftbar gemacht werden kann. Immer wieder ist der Nutzer auch darauf hinzuweisen, daß Bibliotheksbücher beim Abholen und Zurückbringen nur in festen Taschen transportiert werden dürfen.

Bibliotheksmitarbeiter als Beispiel

Die Bemühungen der Bibliothekare um die bestmögliche Erhaltung der Bibliotheksbestände hat naturgemäß in einem sozialistischen Staate größte Aussicht auf Erfolg, weil in ihm die Erhaltung und pflegliche Behandlung von Volkseigentum eine ernste Bürgerpflicht ist. Wie überall entscheidet auch hier das Beispiel alles. Pflegliche Behandlung der Bibliotheksbücher muß bei den Mitarbeitern der Bibliothek selbst beginnen, und das ist beileibe keine Selbstverständlichkeit, sondern Aufgabe der staatlichen Leitung, bei deren Erfüllung sie alle leitenden Mitarbeiter und die Betriebsgewerkschaftsleitung unterstützen. Erst wenn die Rechnung im eigenen Hause stimmt, kann die Erziehung der Nutzer zum richtigen Umgang mit Büchern erfolgreich sein. Dazu gehört u. a., daß mindestens durch Stichproben der Zustand zurückgegebener Bücher geprüft wird, und zwar vor den Augen der Nutzer. Beschädigungsvermerke sind in die Bücher (innerer Buchdeckel) durch einen verantwortlichen Mitarbeiter des Benutzungsdienstes einzutragen.

5.1.5. *Lesesäle*

5.1.5.1. Geschichtliches

Geschichte der Bibliotheksbenutzung

Bestimmte Formen der Bestandserschließung und Literaturpropaganda gehen unmittelbar in die Bestandsvermittlung über – das sind alle Formen offener Buchbestände. Die Nahtstelle zwischen Bestandsaufbau und Bestandsvermittlung ist der *Lesesaal* (LS) mit seinem Bestand ausgewählter wissenschaftlicher Literatur. Diese offenen Bestände bieten sich dem Nutzer der Bibliothek durch ihre unmittelbare Zugänglichkeit an. Zu dieser Benutzung bedarf es nur der Legitimation, die sich jeder Nutzer beim ersten Betreten einer Bibliothek für eine bestimmte Zeit verschaffen muß und die ihn als Nutzer dieser Bibliothek ausweist.
So ist die Benutzung der Bibliotheksbestände im Lesesaal nicht nur die einfachste, sondern auch die älteste Form der Bibliotheksbenutzung. Die mittelalterliche Klosterbibliothek mit den angeketteten Handschriften (libri catenati) war die strengste Form der Präsenzbibliothek. Eine Erweiterung in der Benutzungsweise bedeuteten die Saalbibliotheken, in denen Buchbestand und Benutzung ebenfalls noch eine räumliche Einheit bildeten, obwohl hier bereits ein Teil der Bücher herbeigeschafft werden mußte. Eine einschneidende Veränderung führte die moderne Gebrauchsbibliothek mit ihrer Trennung von Benutzer-, Verwaltungs- und Magazinräumen herbei, denn nun mußte – von dem zahlenmäßig kleinen Teil der Bestände mit Sonderaufstellung abgesehen – jedes Buch, das zur Einsicht verlangt wurde, herbeigeholt werden.

Entstehung der Handbibliotheken

Im Zuge dieser Entwicklung der wissenschaftlichen Bibliotheken stellte sich das Bedürfnis nach besonderen Lesesaalhandbibliotheken ein. Solche Handbibliotheken, die für uns heute selbstverständlich sind, sind also junge Einrichtungen.[529] Trotz des berühmten Beispiels, das die Bibliothek des Britischen Museums bereits 1857 gab, beginnt die Entwicklung besonderer Handbibliotheken in Lesesälen erst in den achtziger Jahren des vorigen Jahrhunderts (Königliche Bibliothek zu Berlin, heutige Deutsche Staatsbibliothek). Heute steht der LS nicht nur in Präsenzbibliotheken, sondern auch in Ausleihbibliotheken im Mittelpunkt aller

[529] Es ist charakteristisch, daß ein zu seiner Zeit so bedeutendes Lehrbuch wie der *Katechismus der Bibliothekenlehre* von JULIUS PETZOLDT noch in der 2. Aufl. von 1871 besondere LS-Handbibliotheken nicht kennt.

Benutzungseinrichtungen, und zwar nicht nur als der Ort, wo bestellte Bücher eingesehen werden können, sondern gerade wegen seiner Handbibliothek. Sie vermittelt dem jungen Wissenschaftler durch Anschauung die ihm so nötigen Bücherkenntnisse. Der Lesesaal ist das Spiegelbild des Bestandsaufbaus einer Bibliothek, und da sie durch ihn einen ständigen und unmittelbaren Kontakt mit der Öffentlichkeit unterhält, verdient er größte Beachtung. Bei statistischen Angaben über die Frequenz der Lesesäle ist zu beachten, ob es sich um eine Präsenzbibliothek oder eine Ausleihbibliothek handelt. Die Benutzungsziffern einer Präsenzbibliothek, in der sich die gesamte Bibliotheksbenutzung im Lesesaal vollzieht, sind nicht vergleichbar mit denen einer Ausleihbibliothek, in der nur ein Teil der Benutzung sich im Lesesaal abspielt. Das ist auch bei Analyse der Bibliotheksstatistik zu beachten, weil sonst gerade die Bibliotheken statistisch zurückfallen, die ihren Nutzern mehr offene Buchbestände darbieten als andere.

pädagogischer Wert der Lesesaalhandbibliotheken

Die Bibliothekare haben die Aufgabe, den Nutzern, besonders den in der Wissenschaft Lernenden (Studenten), die Benutzung der Lesesäle öffentlicher Bibliotheken dringend ans Herz zu legen: Die bequeme Zugänglichkeit der Handbibliotheken, übersichtliche Sonderkataloge sowie der anwesende Auskunftsdienst dienen dem Nutzer unmittelbar. Aus Unkenntnis der Möglichkeiten, die ein gut ausgestatteter Lesesaal bietet, werden gerade diese Bestände häufig zu wenig ausgeschöpft.

5.1.5.2. Lesesaaldienst

Der Dienst im Lesesaal stellt hohe Anforderungen an die Mitarbeiter. Die sachgemäße Beratung der Nutzer muß unter der Obhut des Lesesaaldienstes ebenso gewährleistet sein wie die Sicherheit der Lesesaalbestände. Deshalb empfiehlt es sich auch, den Dienst im Lesesaal nicht als „Aufsicht", sondern als Auskunft und auch den Platz des Lesesaaldienstes als Platz der „Auskunft" zu bezeichnen. Am Lesesaaldienst sollen alle drei Berufsgruppen des bibliothekarischen Dienstes mitwirken. In ihren Aufgabengebieten ergeben sich folgende Abgrenzungen:

Leitung

1. Ein *wissenschaftlicher Bibliothekar* für die Gesamtleitung: Organisierung der gesamten Arbeit, einschließlich Diensteinteilung; Aufsicht über die Lesesaalkataloge, insbesondere Führung des Sachkatalogs; Erteilung schwieriger Auskünfte; Entscheidung über besondere Benutzerwünsche, z. B. Vorschläge die Handbibliothek betreffend; Sondergenehmigungen zur Verleihung von Büchern der Handbibliothek. Obwohl an dem Ausbau der Lesesaalhandbibliothek alle wissenschaftlichen Mitarbeiter mitwirken, soweit sie Fachreferate wahrnehmen, trägt die Gesamtverantwortung der Leiter des Lesesaals.

Auskunftserteilung und Ordnung

2. *Bibliothekarische Mitarbeiter* für Auskunftserteilung und Ordnung: Bei der dezentralisierten Auskunftstätigkeit in wissenschaftlichen Bibliothe-

ken kommt der Auskunftserteilung und Nutzerberatung im Lesesaal besondere Bedeutung zu, zumal da der neue Nutzer in der Regel seine Orientierung im Lesesaal beginnt. Da die gewünschten Auskünfte erfahrungsgemäß universal sind, müssen die Mitarbeiter im Lesesaal alle Einrichtungen der Bibliothek genauestens kennen und die bibliothekarischen und bibliographischen Hilfsmittel sicher beherrschen. Auch Kenntnisse der Terminologie, des systematischen Aufbaus und der Geschichte der Einzelwissenschaften sind für diese Tätigkeit vonnöten. Hier erweist sich die Zweckmäßigkeit des Ausbildungsfaches Wissenschaftskunde. Gleichzeitig ist die Auskunft im Lesesaal für die Sicherung der Lesesaalbestände sowie für die Eingangs- und Ausgangskontrolle verantwortlich. Deshalb sollte ihr Platz so gelegen sein, daß sie diese Kontrolle tatsächlich ausführen kann (in der Nähe des Eingangs). Diese Aufgabe erfordert Umsicht und Takt, da der Nutzer bei seiner Arbeit nicht das Gefühl haben soll, unter Polizeiaufsicht zu stehen. Andererseits verlangen die unausrottbaren Bücherverluste und Buchbeschädigungen (Herausschneiden von Seiten und Abbildungen) gewissenhafte Beobachtung der Nutzer. Zu den Dienstpflichten der bibliothekarischen Mitarbeiter im Lesesaal gehören ferner die Führung des Alphabetischen Kataloges sowie der Statistik des Lesesaalbesuches und die regelmäßige Revision der Handbibliothek.

technische Kräfte

3. *Bibliotheksfacharbeiter* für die Erledigung von Eil- und Sofortbestellungen, insbesondere das Herbeiholen von Büchern aus nahegelegenen Reservemagazinen; regelmäßige Ordnung der Handbibliothek (Verstellungen, „Nester“) und selbständige Durchführung von Nummernrevisionen, Mitwirkung bei den monatlichen Bestandsrevisionen gemeinsam mit einer Kraft des bibliothekarischen Dienstes; Mitwirkung bei allen Sicherheitsmaßnahmen, insbesondere bei der Eingangs- und Ausgangskontrolle; Mitwirkung bei der Führung der Statistik.

Grundbedingung für qualifizierte Auskunftserteilung und Beratung der Nutzer in den Lesesälen ist das Vertrautsein aller Lesesaalkräfte, je nach ihren fachlichen Voraussetzungen, mit ihrer Handbibliothek sowie ihre ständige Weiterbildung, z. B. an Hand der Neuzugänge durch den Leiter des Lesesaals.

5.1.5.3. Technische Ausstattung

Beleuchtung

Die Beleuchtung[530] ist seine sehr wichtige Frage der technischen Ausstattung von Lesesälen. Daß das Tageslicht (Oberlicht) soweit wie möglich auszunutzen ist, versteht sich von selbst. Auch ein heller Anstrich der Wände kann viel bewirken. Scharfe Kontraste von Decken- und Tischbe-

[530] Hier nur die speziellen Fragen der Lesesaalbeleuchtung. Allgemeines zu diesem Thema s. Kapitel 10. Gebäude; dort auch Literatur dazu.

leuchtung sind zu vermeiden. Individuelle Tischlampen in Lesesälen sollten vom Standpunkt der Ökonomie und Arbeitshygiene als überholt gelten. Sie sind teurer in der Anlage als gute Deckenbeleuchtungen, ganz abgesehen davon, daß das Reflektieren des grellen Lichtes und die ständige Umstellung des Auges von dieser Lichtquelle auf die des ganzen Raumes nachteilig für den Lesenden sind. Für die Beibehaltung von Tischleuchten gibt es nur einen psychologischen Grund: die lieben Gewohnheiten der Nutzer, denen man freilich zugute halten muß, daß Bibliotheken, die alten wie die modernsten, in der Regel höchst unpersönliche Einrichtungen sind, in denen individuelle Tischlampen in der Tat letzte Rudimente einer persönlichen Leseatmosphäre darstellen. Der individuell beleuchtete Arbeitsplatz mag in manchen Fällen zudem noch die Illusion nähren, sich besser auf die Arbeit konzentrieren zu können.

Diese Frage den Gegebenheiten entsprechend richtig zu lösen, ist also nicht einfach; sie steht aber bei jedem Neubau und Erweiterungsbau, früher oder später steht sie vor jeder Bibliothek mit Lesesaal, wenn sie mit der Zeit gehen will.

Stellraum

Der vorhandene Stellraum ist soweit wie möglich auszunutzen, doch dürfen die Gestelle keinesfalls die Normalhöhe (2 m) überschreiten. Lediglich das Auslegen der Zeitschriften wirft besondere Probleme auf; sie werden im Zusammenhang mit dem Zeitschriften-Lesesaal behandelt.

Tische

Empfehlenswert sind bequeme Tische. Einzeltische mit zwei bis drei Plätzen nebeneinander sollen in einer Richtung hintereinander so angeordnet sein, daß die daran arbeitenden Benutzer dem Platz der Auskunft zugewendet sind. Möglichst verschließbare Tischkästen oder in unmittelbarer Nähe des Lesesaals aufgestellte Schließfächer, die vom Nutzer zeitweise gemietet werden können, sind ebenfalls erwünscht.[531]

5.1.5.4. Einzelarbeitszimmer

Schreibmaschinen- und Einzelarbeitszimmer

Mit Rücksicht auf die heutige Technik des wissenschaftlichen Arbeitens sollte jede Bibliothek in unmittelbarer Nähe des Lesesaals Schreibmaschinenzimmer zur Verfügung halten.

Besonders großer Beliebtheit bei den wissenschaftlichen Arbeitern erfreuen sich deshalb Einzelarbeitszimmer, wie sie manche Bibliotheken zur Verfügung stellen können. Sie sollten in Nähe des LS gelegen sein. Für ihre Benutzung ist eine besondere Gebühr zu zahlen.

---

[531] Wie unterschiedlich die Praxis der Lesesaaleinrichtungen im internationalen Bibliothekswesen heute noch ist, belegt der Bericht von MATKO ROJNIĆ, *The problem of reading rooms in university libraries.* In: Libri 12 (1963) S. 372–381. Das Material, das der Verfasser auf Grund einer Erhebung bei 85 Universitätsbibliotheken (195 wurden befragt) auswerten konnte, ist aufschlußreich, aber heterogen.

5.1.5.5. Handbibliothek

Bei aller Wichtigkeit der technischen Einrichtung bleibt die freizugängliche Handbibliothek das Kernstück des Lesesaals. Auch die Verwendung von viel Glas und Stahl in der Ausstattung kann den Kenner nicht über eine magere oder veraltete Handbibliothek hinwegtäuschen. Ihre Pflege und Erweiterung bedarf des Aufgebots aller bibliothekarischen Tugenden.

Bedeutung des Aufbaus der Lesesaalhandbibliothek

Zu diesen Tugenden zählen bei den wissenschaftlichen Bibliothekaren, die für den Inhalt der Handbibliothek verantwortlich sind: Konzentration auf denjenigen wissenschaftlich wertvollen Nachschlagewerke, welche über den neuesten Stand des Wissens informieren, bei gleichzeitigem Ausscheiden veralteter, überholter Werke. Bei den bibliothekarischen und technischen Mitarbeitern, die diese Bestände verwalten, sorgfältige und umsichtige Arbeit, enges Vertrautsein mit der Handbibliothek und ständige Weiterentwicklung ihrer Kenntnisse.

Die Lesesaalhandbibliothek, die die wichtigsten Nachschlagewerke aus dem gesamten Bestand der Bibliothek vereinigt, hat empfehlenden Charakter. Immer wieder taucht der Wunsch nach Standardlisten für die Ausstattung von LS-Handbibliotheken auf (Grundlisten für Lesesaalhandbibliotheken nach verschiedenen Größenordnungen). Leider erschweren heute wachsende funktionelle Differenzierungen sowie das Entwicklungstempo der Wissenschaft derartige Unternehmungen.

Standardlisten

Für den Aufbau einer Lesesaalhandbibliothek kommen in erster Linie folgende formale Literaturgruppen in Frage:

einzelne Literaturgruppen

1. *Allgemeine Nachschlagewerke (Allgemeinenzyklopädien);*
2. *spezielle Nachschlagewerke* einzelner Gebiete (Fachenzyklopädien);
3. *Wörterbücher* aller Art (einsprachige, zwei- und mehrsprachige, historische, etymologische) sowie *Hilfsmittel für den praktischen Sprachgebrauch* (Grammatiken, Lehrbücher usw.);
4. *Quellenwerke,* insbesondere kritische Gesamtausgaben einzelner Autoren (Wissenschaftler, Schriftsteller und Dichter unter besonderer Berücksichtigung des literarischen und wissenschaftlichen Erbes), Text- und Gesetzessammlungen;
5. Grundlegende *Handbücher*[532], Grundrisse, Lehrbücher („Standardwerke");
6. *Registerbände zu Zeitschriften* sowie neuere Zeitschriftenjahrgänge wichtiger Fachzeitschriften je nach Stellraum (etwa die letzten fünf Jahrgänge).
7. *Bibliographien,* insbesondere Fachbibliographien, sofern sie nicht in besonderen, den Benutzern ebenfalls zugänglichen bibliographischen Handapparaten aufgestellt werden.

---

[532] K.-CHR. BUSCHBECK, W. LIPPERT u. E. ÜHLEIN, *Das systematische Handbuch in der naturwissenschaftlichen Literatur.* In: Die Naturwissenschaften 55 (1968) S. 379–384.

Aktualität und Parteilichkeit

Über diese allgemeinen Kriterien hinaus ist es äußerst wichtig, erste wissenschaftliche Arbeiten auf neuen Forschungsgebieten von allgemeinerer Bedeutung (z. B. Biometrie) auch dann in den Lesesaalbestand aufzunehmen, wenn sie keine ausgesprochenen Nachschlagewerke (ohne Register, ohne Bibliographie) sind; sie können bei Vorliegen besserer Werke zurückgezogen werden. Dasselbe gilt erst recht für wissenschaftliche Werke, die auf der Grundlage des dialektischen und historischen Materialismus neue Einblicke in traditionelle Forschungsgebiete vermitteln, unabhängig von ihrem Umfang (also gegebenenfalls auch Broschüren!). Solche Vorschläge bzw. Entscheidungen sind Ausdruck parteilicher Bibliotheksarbeit; ein Grundbestand marxistisch-leninistischer Literatur, insbesondere Ausgaben der Klassiker, sowie informative modernste Nachschlagewerke, gehört in jeden Lesesaal.

Richtlinien

Für jede Bibliothek, besonders aber für Großbibliotheken mit differenzierten Lesesälen („Lesesaalsystem"), sind Richtlinien für den Aufbau der Lesesaalhandbibliotheken[533] unabdingbar. Ebenso notwendig ist beim Vorhandensein spezialisierter Lesesäle mit Sonderkatalogen die Anlage eines zentralen Kataloges der Bestände aller Lesesaalhandbibliotheken.

Aufstellung

Die Aufstellung der Lesesaalhandbibliothek muß eine systematische sein. Es ist daher abwegig, Serien in einer Abteilung „Allgemeines" aufzustellen. Sie sind dann nur über den Katalog zu finden. Serienstücke gehören entweder zum betreffenden Fach oder überhaupt nicht in den Lesesaal. Zweckmäßig ist es, nicht zu viele Gruppen zu wählen (etwa 10, höchstens 20). Es ist selbstverständlich, daß die Gruppeneinteilungen an den Büchergestellen oben durch Schilder sichtbar gemacht werden müssen. Die Untergruppierungen spiegelt der Sachkatalog des Lesesaals wider. Eigene Signaturen bzw. Übersignaturen, die alle Lesesaalbände zusätzlich erhalten müssen, bestehen in der Regel aus der Gruppenbezeichnung (meist einer römischen Zahl) und einer springenden Nummer.

besondere Kennzeichnung

Eine besondere Lesesaalsignatur kann als ausreichende äußere Kennzeichnung eines Lesesaalbandes gelten, besonders dann, wenn die Signaturschilder sich durch Form und Farbe von den sonst verwendeten deutlich unterscheiden. Zusätzliche Kennzeichnung der LS-Bände ist zwar recht praktisch, bedeutet aber eine Belastung der Hausbuchbinderei (Markierung der Bände beim Einstellen und deren Entfernen beim Ausscheiden aus der Handbibliothek des Lesesaals), zumal da die Fluktuation des Bestandes in den Handbibliotheken immer stärker geworden ist.

Hilfsmagazine und Galerien

Um die Lesesaalhandbibliothek so reichhaltig wie möglich ausgestalten zu können, werden häufig Ausweichmöglichkeiten durch Aufstockung (Galerien) sowie durch Hilfsmagazine gesucht (Handmagazin). Während die auf den Galerien untergebrachten Werke jedermann unmittelbar zugänglich sind, müssen die in benachbarten Hilfsmagazinen unterge-

[533] Vgl. *Richtlinien für den Aufbau der Handbibliotheken der Deutschen Staatsbibliothek.* Überarb. Fassung v. 1. 3. 1965. In: Deutsche Staatsbibliothek. Hausmitteilungsblatt. H. 7. 1965.

brachten Bestände, die in den Katalogen der Lesesaalhandbibliothek verzeichnet sind, auf Verlangen sofort herbeigeholt werden.

zweite Exemplare

Darüber hinaus sollte es für die im Lesesaal arbeitenden Nutzer möglich sein, signierte Buchbestellungen in kurzer Frist herbeizuschaffen. Soweit es die Mittel erlauben, sollte für alle wichtigen, in der Lesesaalhandbibliothek aufgestellten Werke ein zweites Exemplar zum Ausleihen erworben werden; reine Nachschlagewerke, wie Spezialbibliographien, können von dieser Regelung ausgenommen werden. Auf jeden Fall ist bei der Entscheidung für Sonderaufstellung im Lesesaal stets zu bedenken, daß dieses Buch, wenn ein zweites Exemplar nicht sogleich angeschafft werden kann, der Ortsausleihe und dem auswärtigen Leihverkehr entzogen wird.

Kataloge

Die Bestände des Lesesaals werden in dem Katalog der Handbibliothek des Lesesaals verzeichnet, der in der Regel in zwei Teilen als Alphabetischer Katalog und als Sachkatalog geführt wird. Gerade hier bietet der *Kreuzkatalog* große Vorzüge. Für die Durchführung der ständigen Revisionen ist ohnehin die Anlage eines Standortkatalogs zweckmäßig, der nur aus Signaturenlisten zu bestehen braucht. Gedruckte Lesesaalkataloge, wie sie nach dem Vorbild der Bibliothek des Britischen Museums in London (1859), später auch in anderen Ländern herausgegeben worden sind, gehören schon der Bibliotheksgeschichte an. Heute kann bestenfalls erwogen werden, einzelne Abteilungen der Lesesaalhandbibliothek gesondert herauszugeben, wie es die ehemalige Preußische Staatsbibliothek in Berlin nach dem ersten Weltkrieg begonnen hatte. Solche Teilkataloge, mittels eines einfachen Vervielfältigungsverfahrens hergestellt, können nach Bedarf und Notwendigkeit leicht neu aufgelegt werden.

gedruckte Lesesaalkataloge

5.1.5.6. Zeitschriften-Lesesaal

Geschichte

Der Zeitschriften-Lesesaal bzw. das Zeitschriften-Lesezimmer hat in der Entwicklung der wissenschaftlichen Bibliothek in Deutschland ein außergewöhnliches Schicksal gehabt. Die Einrichtung eines Journal-Lesezimmers 1819 in der Königlichen Bibliothek zu Berlin, zu dem übrigens die Studenten keinen Zutritt hatten, ist ein Vorgriff auf eine viel spätere Entwicklung. Noch heute gibt es namhafte Bibliotheken im Ausland, die keinen Zeitschriften-Lesesaal aufzuweisen haben.[534] Die Mehrzahl der Zeitschriften-Lesesäle in deutschen wissenschaftlichen Allgemeinbibliotheken sind nach 1900 entstanden, manche davon sind erst Ende der zwanziger Jahre heiß erkämpft worden. Dabei handelte es sich damals um nützliche progressive Einrichtungen im Bibliotheksgefüge, weil sie diese wichtig gewordene periodische Literatur den Lesern in einer Auswahl des Wesentlichsten besser zugänglich machten. Heute ist die Existenz-

[534] Handbuch II 2. Aufl. (1961) S. 427 Anm. 5. – Im übrigen erweist sich das Handbuch in seiner 2. Aufl. in diesem Punkte als rückständig, da es die herangereifte Problematik des Zeitschriften-Lesesaals nicht einmal andeutet.

Problematik des Zeitschriften-Lesesaals heute

berechtigung eines besonderen Zeitschriften-Lesesaals, der einen Teil des Bibliotheksbestandes unter einem *formalen* Gesichtspunkt – nach der Publikationsform – darbietet, überall dort in Frage gestellt, wo der universale Lesesaal zugunsten eines Systems von Fachlesesälen aufgelöst worden ist.[535] Für den fachlich orientierten Nutzer, der seinen Fachlesesaal aufsucht, ist die Absonderung seiner Zeitschriftenliteratur eine Erschwerung seiner Arbeit, denn seine Literaturarbeit vollzieht sich nicht nach formalen, sondern nach inhaltlichen Gesichtspunkten. Deshalb ist es vernünftig und zweckmäßig, in den Buchbestand eines technischen Lesesaals z. B. die einschlägige Zeitschriftenliteratur in dem Umfange einzubeziehen, wie es die räumlichen Verhältnisse gestatten. Der Zeitschriften-Lesesaal wird aber nicht nur von dieser Seite der modernen Bibliotheksentwicklung, sondern auch von der allgemeinen Forderung nach größeren Freihandzonen in wissenschaftlichen Bibliotheken attakkiert. Die Zahl der Auslagezeitschriften richtet sich einmal nach dem zur Verfügung stehenden Raum, zum anderen wird sie dadurch bestimmt, daß nur wissenschaftlich wertvolle Zeitschriften ausgelegt werden.

Auslagetechnik

Für die Auslagetechnik[536] ist zu beachten, daß bei flachen Legeböden wesentlich mehr Zeitschriften auf dem gleichen Raum untergebracht werden können als bei schräg hochgestellen Auslagebrettern in den Regalen. Trotzdem empfiehlt es sich im Interesse der Nutzer nicht, die Zeitschriftenauslage nur unter dem Gesichtspunkt der Quantität zu betrachten. Der Wissenschaftler ist dankbar, wenn er sich in einem Zeitschriften-Lesesaal über seine Zeitschriften rasch visuell orientieren kann. Der junge Wissenschaftler wird durch die Möglichkeit, ihm noch unbekannte Zeitschriften vor sich zu sehen, zu ihrem Studium angeregt. Das gewährleistet jedoch nur die Steillage der Auslagebretter. Bei flacher Anordnung der Legeböden muß der Benutzer die in jedem Fall erforderlichen Beschriftungen an den Fächern studieren, oder er muß – und das ist dann das Übliche – probieren, bis er die gesuchte Zeitschrift beim Herausziehen erkennt. Daher sind die schräg hochgestellten bzw. die steil hochstehenden Auslagen in wissenschaftlichen Bibliotheken den flachen vorzuziehen. Bestens bewährt haben sich spitzwinklig gebaute hölzerne Ständer[537] mit eingehängten Ablagetaschen aus Kunststoff. Bei einer Höhe von 1,50 m lassen sich je qm rund 50 Zeitschriften unterbringen. Diese Vertikalaufstellung gestattet eine sofortige Orientierung über das

---

[535] Zu einem entsprechenden Ergebnis gelangt übrigens auch MATKO ROJNIĆ für Universitätsbibliotheken auf der Grundlage einer internationalen Erhebung (vgl. Anm. 531): „The same [gemeint ist, daß keine Notwendigkeit dafür bestehe] could be said of the reading rooms for periodicals since periodicals might be placed in the main reading room or subject reading rooms according to their subjects" (Libri 12, 1963, S. 380).

[536] INGEBORG HEINTZE, *Shelving for periodicals.* Lund 1966. – JÜRGEN HERING, *Die Präsenthaltung der Zeitschriften an deutschen Hochschulbibliotheken.* Köln 1970. (Arbeiten aus d. Bibliothekar-Lehrinstitut d. Landes Nordrhein-Westfalen. 35.)

[537] Soweit ich sehe, geht die erste Empfehlung dieser Aufstellungsart für Zeitschriften auf HERMANN NEUBERT zurück (ZfB 46, 1929, S. 64–65).

typographische Gewand der gesuchten Zeitschrift, sie ist raumsparend, billig und beweglich.

Die ausliegenden Zeitschriften müssen benutzbar, d.h. *aufgeschnitten* sein, wenn sie in die Auslage gelangen. Sie dürfen von dem Nutzer unmittelbar entnommen und an den dafür vorgesehenen Arbeitsplätzen studiert werden. Diese müssen gerade bei Zeitschriften-Lesesälen vom Auskunftspult aus gut überschaubar angeordnet sein. Es hat sich nämlich erwiesen, daß bei der aktuellen Zeitschriftenliteratur gewissenlose Beschädigungen (Heraustrennen von Abbildungen, besonders erotischer und automobiltechnischer Art, sowie von einzelnen Seiten oder ganzen Aufsätzen) noch immer vorkommen. Die ständige Kontrolle, daß die Hefte auch wieder richtig zurückgelegt worden sind, ist ebenfalls gerade in diesem Lesesaal erforderlich, denn nur so können Verluste sogleich bemerkt werden.

Sicherheitsmaßnahmen

Im Zeitschriften-Lesesaal können auch die übrigen Hefte des laufenden Jahrganges eines Periodicums, die von der Auslage bereits in die Ablage gewandert sind, eingesehen werden. Die Arbeit muß daher so organisiert sein, daß sich die Ablage dieser Hefte in unmittelbarer Nähe des Lesesaals befindet. In mittleren und kleineren Bibliotheken werden vielfach alle Hefte des laufenden Jahrganges ausgelegt; allerdings wird dabei meist die oben geschilderte nachteilige Flachauslage benutzt. In gleicher Weise werden die ungebundenen Stücke der nicht ausliegenden Fortsetzungen und Lieferungen unterzubringen sein, damit sie ebenfalls im Zeitschriften-Lesesaal eingesehen werden können. Sofern es der zur Verfügung stehende Platz hergibt, bewähren sich auch Schränke, deren untere Teile so gestaltet sind, daß darin die Hefte des laufenden Jahrganges bzw. mehrerer Jahrgänge abgelegt werden können.

Ablage

Der Nutzer darf erwarten, auch im Zeitschriften-Lesesaal einen alphabetischen und einen systematisch-sachlichen Überblick über alle von der Bibliothek laufend gehaltenen Zeitschriften vorzufinden. Ganz exakte Bestandsangaben sind mindestens in *einem* Katalogteil (dem alphabetischen) wünschenswert. Selbstverständlich müssen aber die Hauptkataloge (mindestens aber einer davon) jeden gebundenen Band verzeichnen. Zeitschriften, die ihr Erscheinen eingestellt haben, sind im Zeitschriften-Katalog des Lesesaals zu löschen; die Zettel können in einem besonderen Katalog der nicht mehr laufend erscheinenden Zeitschriften im Zeitschriften-Lesesaal aufbewahrt werden. Auf jeden Fall informiert über solche Zeitschriften dann der Alphabetische oder der Sachkatalog der Bibliothek bzw. beide.

Bestandsangaben im Katalog

Es ergibt sich also im Zeitschriften-Lesesaal eine natürliche Arbeitsteilung des Fachpersonals. Die Dienstaufsicht liegt bei dem für das Gebiet der neuen Zeitschriften zuständigen Abteilungsleiter. Die Vorschläge für die Auswahl der Auslagezeitschriften sowie für die erforderlichen Veränderungen werden ihm durch die wissenschaftlichen Bibliothekare gemacht. Bibliothekaren, die zugleich zur Beratung der Nutzer eingesetzt sind, obliegt die innere Arbeitseinteilung und die Führung der Kataloge.

Dienst im Zeitschriften-Lesesaal

Bibliothekstechnische Kräfte sind für die Ordnung der Ablagen, für das Auswechseln der Hefte in der Auslage sowie für das Erledigen der Bestellungen ungebundener Zeitschriftenhefte verantwortlich. Der Anfall technischer Arbeiten ist im Zeitschriften-Lesesaal besonders hoch.

Bestellungen

Ungebundene Zeitschriftenhefte werden in der Regel nicht außer Haus verliehen. Ausnahmen, die gemacht werden müssen, bedürfen der Genehmigung des Abteilungsleiters. Die übliche Bestellung ungebundener Hefte aus der Ablage für die Benutzung im Lesesaal kann auf sehr einfache Weise erfolgen: Das Ausfüllen eines vereinfachten Bestellformulars, das mit der Unterschrift des Lesers versehen sein muß, genügt für diesen Zweck.

Zeitungen

Zu Unrecht ist die Auslage von Zeitungen früher den Volksbüchereien überlassen worden. Eine Auswahl von Tageszeitungen sollte heute in allen größeren Bibliotheken den Lesern zugänglich sein. In den größeren Public libraries Englands und Amerikas zählt der Zeitungs-Lesesaal zu einer festen Einrichtung.

5.1.5.7. Speziallesesäle

Universitas litterarum

Mit einer gewissen Wehmut wird in der bibliothekswissenschaftlichen Literatur hin und wieder festgestellt, daß die Handbibliothek im Lesesaal einer wissenschaftlichen Allgemeinbibliothek den letzten unmittelbar sichtbaren Ausdruck der verlorengegangenen Einheit der Wissenschaften darstelle. Aber auch dieser letzte Inbegriff der durch die Entwicklung und Spezialisierung der Wissenschaften verlorenen „universitas litterarum" geht mit sicheren Schritten seiner Auflösung entgegen.

Spezialisierung der Lesesäle

Spezialisierte Lesesäle, die sich um einen zentralen Lesesaal mit allgemeinen Nachschlagewerken (Allgemeine Enzyklopädien, Wörterbücher, Allgemeinbibliographien) gruppieren, haben sich als notwendig erwiesen.[538] Der Grad der Differenzierung kann nur von den echten Bedürfnissen der Praxis, von der Funktion der betreffenden Bibliothek sowie von den Arbeitsgebieten und Interessen ihrer Nutzer bestimmt werden. Man muß sehen, daß für die Spezialisierung der Lesesäle eine obere Grenze einzuhalten ist, wenn der entschiedene Vorteil dieser Strukturierung der Lesesaalzone nicht dadurch zunichte gemacht werden soll, daß notwendige wissenschaftliche Zusammenhänge um eines Prinzips willen zerrissen werden.

Zeitschriften

Wir sahen bereits bei Behandlung des Zeitschriften-Lesesaals, daß sich die Abtrennung der Zeitschriften von einem System spezialisierter Le-

[538] Ein weitentwickeltes System dieser Art – Speziallesesäle in Verbindung mit einem zentralen Lesesaal allgemeiner Nachschlagewerke –, wie es nur wenige Bibliotheken in beiden deutschen Staaten aufzuweisen haben, besitzt die Deutsche Staatsbibliothek; vgl. HORST KUNZE, *Die Struktur der Lesesäle.* In: Aus der Arbeit der DSB. Leipzig 1961 S. 124–134. (ZfB Beih. 81.) Ein ähnliches System ist auch für den Neubau der Bibliothek des Britischen Museums vorgesehen.

sesäle als widernatürlich erweist. Mit der Einbeziehung der neuesten Fachzeitschriftenhefte (Ungebundenes) in die jeweiligen Fachlesesäle stellt sich auch das Bedürfnis nach bequemem Zugang zu den letzten gebundenen Jahrgängen wenigstens der grundlegenden und bibliographisch ergiebigen Fachzeitschriften des Gebiets ein. Hier begegnet sich eine Lesesaaltradition – die Einreihung gebundener Jahrgänge wichtiger Fachzeitschriften in den Lesesaalbestand – mit dem berechtigten Wunsch, auch die neuesten Hefte bequem einsehen zu können, d. h., ohne einen anderen Lesesaal aufsuchen zu müssen. Vom Standpunkt fachlich spezialisierter Lesesäle erweist sich daher die Weiterführung von Zeitschriften-Lesesälen als unzweckmäßig. Selbstverständlich sollen alle Zeitschriften allgemeinen Inhalts an einer Stelle zusammenbleiben und einzusehen sein.

Zeitschriften-Lesesaal kann entfallen

Die Besonderheiten der Lesesaaleinrichtungen in Hochschulbereichen sind im Zusammenhang mit der Funktion der Hochschulbibliotheken behandelt worden.

5.1.5.8. Sicherheitsmaßnahmen

Sicherheitsmaßnahmen für die Lesesaalbenutzung

Der besondere Charakter der Lesesaalhandbibliotheken erfordert auch besondere Sicherheitsmaßnahmen.
Die Berechtigung zum Betreten des Lesesaals wird in der Regel durch Vorzeigen der Benutzerkarte am Platz der Auskunft nachgewiesen. Vielfach wird noch die Eintragung in ein besonderes Benutzerbuch gefordert, dessen Führung allerdings wegen der meist unleserlichen Eintragungen von zweifelhaftem Wert ist. Der in der Nähe des Ausgangs gelegene Platz der Auskunft gewährleistet auch eine Ausgangskontrolle. Sie bedarf einer Ergänzung an der Pforte des Hauses beim Betreten und Verlassen der Bibliothek.

Bücher am Platz der Auskunft

Langjährige Lesesaalerfahrungen haben die Bibliotheken veranlaßt, Bücher, die wegen ihres Formats oder ihrer häufigen Benutzung gefährdet sind, am Platz der Auskunft in einer besonderen Klausurabteilung zu verwahren. Sie werden in der Regel nur gegen Hinterlegung der Benutzerkarte persönlich ausgehändigt. Eine Vertreterpappe an der betreffenden Stelle der Handbibliothek verweist auf ihre Sonderaufstellung.

Revisionen

Ständige Revisionen der Handbibliothek tragen dazu bei, die Übersicht über Vollzähligkeit der Bestände zu bewahren. Wir unterscheiden ständige Nummernrevisionen durch technische Kräfte und monatliche Teilrevisionen durch die bibliothekarischen Kräfte des Lesesaals an Hand des Standortverzeichnisses.

Fernsehsysteme

Es gibt Versuche, mittels interner Fernsehsysteme (Fernsehkreise, Monitoren) von einer zentralen Stelle der Bibliothek aus die Leser in mehreren Lesesälen gleichzeitig zu überblicken und zu kontrollieren (UB Amsterdam, Königliche Bibliothek Stockholm). Inwieweit dadurch Bücherdiebstähle oder Buchbeschädigungen verhindert werden können, bleibt abzuwarten. Daß damit Bibliothekspersonal eingespart werden kann, ist eine Rechnung, die auf Kosten der Nutzer gemacht wird, denn die unmittelbare Auskunfts- und Beratungsfunktion des Lesesaalbibliothekars entfällt oder wird wesentlich reduziert. Sie wird „wegrationalisiert“.

5.1.5.9. Lesesaalbereich und Nutzer

Arbeit für den Nutzer

Jede Bibliothek muß danach trachten, ihre Nutzer für die bibliothekarische Arbeit zu interessieren und sie zur Mitarbeit zu gewinnen. Dafür empfehlen sich folgende Einrichtungen:

Wandzeitung

1. Eine besondere *Lesesaal-Wandzeitung*, an der über die wichtigsten Vorgänge im Lesesaal berichtet wird. Solche Berichte erstrecken sich auf
   - monatliche *Bekanntgabe der Neuzugänge* sowie der ausgeschiedenen Werke;
   - *grundlegende Veränderungen* im Dienstbetrieb der Benutzungsabteilung, insbesondere solche, die den Lesesaal betreffen;
   - *besondere Vorkommnisse* im Lesesaal, wie schwerwiegende Diebstähle, Bücherbeschädigungen oder andere Verstöße gegen die Benutzungsordnung.

   Solche Kontakte sind geeignet, im Nutzer die Überzeugung zu festigen, daß die Bibliothek eine Einrichtung ist, an deren Gedeihen ihm persönlich gelegen sein muß. Dann wird er sich auch selbst zu Berichten der Wandzeitung äußern, indem er Kritik übt oder Anregungen gibt.

Wunschbuch

2. Ein besonderes *Wunschbuch* für die Lesesaalhandbibliothek, in das der Nutzer seine Anschaffungs- und Einstellungswünsche eintragen kann. Diese Wünsche erfordern gewissenhafte Beachtung durch die Bibliotheksleitung, und eine kurze Stellungnahme zu jedem einzelnen Leserwunsch muß möglichst schnell gegeben werden.

Mitarbeit der Nutzer

3. Darüber hinaus sollten besonders qualifizierte Nutzer dafür gewonnen werden, bei dem Aufbau und der Ausgestaltung der Handbibliothek mitzuwirken. Bei den Universitätsbibliotheken liegt es nahe, die Sektionsleiter und ihre engsten wissenschaftlichen Mitarbeiter dafür zu gewinnen.

4. Dringend erwünscht ist die Mitwirkung der Nutzer bei der Durchführung der Sicherheitsmaßnahmen im Lesesaal. Insbesondere ist ihre Mitwirkung wertvoll im Kampf gegen Diebstähle und sonstige Verstöße gegen die Benutzungsordnung, z. B. Beobachtung von verdächtigen Büchermardern, freiwillige Mitwirkung bei der Erziehung der Benutzer zu bewußter Disziplin (keine Verstellungen dulden, kein die Arbeitsruhe störendes Verhalten einzelner hingehen lassen).

Für diese Hilfe, die die Bibliothek von ihren Nutzern wünscht, sollte sie sich verpflichtet fühlen, auf deren Wohlbefinden im Hause zu achten. Daß bei Um- und Erweiterungsbauten sich in dieser Hinsicht einiges ändern kann, daß z. B. je ein angenehmer Aufenthalts- sowie ein Speise- und Erfrischungsraum (Casino) in jeder großen Bibliothek vorhanden sein sollten, ist in Verbindung mit Baufragen dargelegt. Trotzdem sollten alle Bibliotheksleitungen – und das geht sowohl staatliche als auch gewerkschaftliche Leitung gleichermaßen an – das Äußerste an Improvisationskunst und Entgegenkommen aufbieten, um dem Nutzer, der konzentriertes Arbeiten mit ständiger Rücksichtnahme auf seine Mitleser verbinden muß, sein schweres Los ein wenig zu erleichtern. Ein Aufenthaltsraum, und sei es nur ein Räumchen (und nicht die Toilette oder „vor dem Portal"), in dem der Nutzer sich rauchend entspannen und einen Imbiß einnehmen kann, müßte, wenn irgend möglich, herausgewirtschaftet werden. Ein Erfrischungsraum läßt sich schon schwerer improvisieren, sollte aber auch erstrebt werden. Die Nutzerfreundlichkeit der Bibliothekare muß erwiesen werden. Jeder wissenschaftliche Arbeiter braucht ein produktives Arbeitsklima, und dazu gehören einige Bequemlichkeiten.

Annehmlichkeiten für den Nutzer

Aufenthaltsraum

Sowohl den wissenschaftlichen als auch den bibliothekarischen Nachwuchskräften muß eine ausreichende Gelegenheit gegeben werden, sich über den Aufbau der Lesesaalhandbibliothek sowie über die vorzüglichsten dort aufgestellten Nachschlagewerke zu informieren. Kontrollfragen, vom wissenschaftlichen Leiter des Lesesaals gestellt, lassen die Fortschritte erkennen, die die Nachwuchskräfte in dieser Ausbildungsstation gemacht haben. Gute Kenntnisse, die hier erworben werden, tragen wesentlich zur Qualifizierung der Mitarbeiter in Bibliotheken bei und stellen eine wertvolle Ergänzung der Fächer Wissenschaftskunde und Bibliographie dar. Auch die Beachtung dieses Punktes gehört zum Dienst am Nutzer.

Lesesaaldienst ist Dienst für den Nutzer

5.1.5.10. Sonderaufstellungen

Im Laufe ihrer Entwicklung zur dreigeteilten Bibliothek haben die großen wissenschaftlichen Bibliotheken den Zugang zu ihren systematisch aufgestellten Beständen sperren müssen. In wissenschaftlichen Universalbibliotheken bilden die systematisch geordneten Sonderaufstellungen gleichsam die letzten Ausläufer dieser Erschließungsform. Das sind die Handapparate mit Präsenzcharakter in den Lesesälen, die bibliographischen Handapparate und, in großen Bibliotheken, die Apparate der wissenschaftlichen Sonderabteilungen. Der Bibliothekar als Erzieher sollte den Anfänger in der Wissenschaft, besonders also den Studenten und Fachschüler, immer wieder darauf hinlenken, welche günstige Möglichkeit der Orientierung über die Arbeitsmittel auf seinem Fachgebiet ihm neben seiner Fachbibliothek die systematisch geordneten Sonderaufstellungen in großen wissenschaftlichen Bibliotheken bieten. Noch besser ist

systematisch geordnete Sonderaufstellungen

es, wenn der Bibliothekar diesen Nutzen bei der Beratung des Lesers am gegebenen Beispiel demonstriert, indem er das jeweils richtige Nachschlagewerk vorlegt und dessen Handhabung erläutert.

Literaturapparate

Eine dieser Erschließungsformen durch Sonderaufstellung, die für Hochschulbibliotheken charakteristisch ist, besteht in der Bereitstellung von Literaturapparaten für bestimmte Vorlesungen oder Seminare. Im Einvernehmen mit dem betreffenden Dozenten stellt die Bibliothek, in der Regel im Lesesaal, diejenige Literatur für die Dauer eines Semesters oder eines ganzen Studienjahres zusammen, welche als grundlegend für ein bestimmtes behandeltes Thema betrachtet werden kann und mit deren verstärkter Benutzung infolgedessen zu rechnen ist. Die so zusammengetragene Literatur erhält damit für die Dauer ihrer Sonderaufstellung in einem Literaturapparat Präsenzcharakter, um sie möglichst vielen Studenten zugänglich zu machen. Die Zahl dieser Apparate ist in der Praxis verschieden; sie ist ganz entscheidend eine Raumfrage. Diese Erschließungsform verdient auch deshalb Beachtung, weil sie die Studenten in die Zentralbibliothek im Hochschulbereich führt und ihnen deren Unentbehrlichkeit für ihr Studium deutlich zu machen vermag. Sie wird auch von anderen öffentlichen Bibliotheken als eine nützliche Arbeitsmethode angewendet: Thematische Ausgangspunkte sind hier z. B. Vorlesungen und Übungen an den städtischen Einrichtungen zur Erwachsenenqualifizierung.

Zu den Sonderaufstellungen könnten auch bestimmte Formen der Studentenbüchereien (vgl. Kap. 2.1.3.2.) gezählt werden, sofern sie Teil einer Hochschulbibliothek sind und der freie Zugang zu den Beständen gewährt wird.

5.1.6. *Ausleihvorgang*[539]

5.1.6.1. Bücherbestellung

Leihscheine

Die Grundlage für die Bestellung von Büchern in wissenschaftlichen Bibliotheken bildet der Bestell- oder Leihschein. In Gestalt eines Vordruckes kann er auf eine 150jährige Geschichte (Königliche Bibliothek Berlin 1811) zurückblicken. Alle Vereinheitlichungs- und Normungsbestrebungen haben es nicht verhindern können, daß bis zum heutigen Tage noch mancherlei Varianten dieser Leihscheine in Umlauf sind.

In den Bibliotheken der DDR werden drei verschiedene Leihscheinvordrucke verwendet:

---

[539] Lit.: FRANZ-HEINRICH PHILIPP, *Der Ausleihvorgang an den deutschen wissenschaftlichen Universalbibliotheken.* Eine Untersuchung an Hand v. Arbeitszeitstudien. Köln 1959. (Arbeiten aus d. Bibliothekar-Lehrinstitut d. Landes Nordrhein-Westfalen. 17.) – GUSTAV ABB, *Die Bibliotheksbenutzung.* In: Handbuch II (1933) S. 354–437. – Neubearb. von Wilhelm Martin Luther. In: Handbuch II 2. Aufl. (1961) S. 357–507. – MAURICE F. TAUBER, *Technical services in libraries.* New York 1954 S. 343–382.

1. der traditionelle dreigeteilte Vordruck mit einem seitlichen (Kupon) und einem oberen Abschnitt,
2. der dreigeteilte Vordruck mit zwei seitlichen Abschnitten,
3. der Durchschreibeleihschein ohne seitlichen Abschnitt.

Das heute in wissenschaftlichen Universalbibliotheken als Leihschein verwendete Formular vom Typ 1 ist durch eine sinnvolle, in der Praxis bewährte Dreigliederung gekennzeichnet. Vereinfachungen sind im Interesse der Leser erstrebenswert.[540]

Typ 1

Der Stammabschnitt ist der Hauptabschnitt, der die vollständigsten Angaben über das bestellte Werk enthalten muß. Die geforderten Vermerke sollen im Druck seitlich angegeben sein: Verfasser mit Vornamen, Titel, Ort und Jahr. Unten hat der Besteller seinen Namen samt Vornamen, seinen Beruf und seine Wohnung anzugeben. Die Verwendung von Stempeln ist zulässig; allerdings kann der Besteller von der eigenhändigen Unterschrift an dieser Stelle des Leihscheines nicht entbunden werden, weil der Stammabschnitt nach Aushändigung des Buches den Charakter einer Quittung annimmt. Die linke untere Ecke ist in der Regel für eine Verwaltungsnotiz (Zahl der Bände) oder für den Wunsch des Lesers, das bestellte Buch im Lesesaal einzusehen, reserviert.

Stammabschnitt

Der seitliche Abschnitt, früher meist Kupon genannt, enthält Angaben des Benutzers und der Verwaltung, die leider nicht säuberlich voneinander getrennt sind. Der Benutzer soll die Signatur, die er bereits links daneben über dem Stammabschnitt angegeben hat, hier wiederholen und seinen Namen und Vornamen nochmals angeben; häufig wird zusätzlich die Angabe der Nummer seiner Benutzerkarte gefordert.

seitlicher Abschnitt

Der obere Abschnitt oder *Löschabschnitt* wird vom Benutzer gar nicht als ein besonderer Abschnitt erkannt, weil er nur durch Perforation vom

oberer Abschnitt

Bearbeitung der Buchbestellungen im Benutzungsprozeß

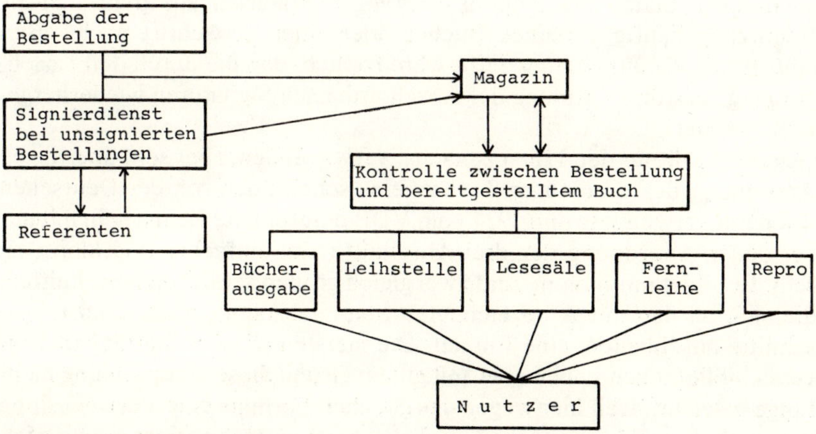

[540] In der Deutschen Staatsbibliothek wird z. B. ein Vordruck ohne seitlichen Abschnitt für Einzelleser erprobt.

Stammabschnitt getrennt ist; er verlangt vom Leser die Angabe der Signatur. Der größte Raum ist den „Bemerkungen der Verwaltung“ vorbehalten.

Kuponregister

Von diesen drei Abschnitten hat jeder seinen besonderen Zweck. Bei der Aushändigung der Bücher oder bereits nach dem Absignieren wird der seitliche Abschnitt abgetrennt und in ein besonderes Register, in der Regel noch „Kuponregister“ genannt, eingeordnet. Mit Hilfe dieses nach Signaturen geordneten Registers kann die Bibliothek jederzeit feststellen, wer ein nicht am Standort befindliches Buch ausgeliehen hat, wann es voraussichtlich zurückgegeben wird (das ist wichtig für Vormerkungen!) und daß es überhaupt ordnungsgemäß ausgeliehen worden ist (besonders wichtig bei Bibliotheken, die keine Vertreterpappen im Magazin einstellen!).

Entleiherkartei

Der Stammabschnitt wird dem Entleiher erst bei der Rückgabe des Buches ausgehändigt, da er bis dahin die Quittung für das ausgeliehene Buch dargestellt hatte. Vorher wird er zusammen mit dem oberen (Lösch-)Abschnitt in der Nutzer- oder Entleiherkartei (auch Leihregister, Quittungskasten usw. genannt) aufbewahrt. Alphabetisch nach den Namen der Nutzer geordnet, weist sie nach, wer Bücher ausgeliehen hat und was ein bestimmter Nutzer ausgeliehen hat. Auch für das Vormerken ist diese Kartothek unentbehrlich: auf dem Löschstreifen werden die für die Vormerkung nötigen Angaben gemacht; eine Verlängerung darf dann nicht stattfinden. Der obere Abschnitt hat seine Bezeichnung als „Löschabschnitt“ deswegen, weil er nach endgültiger Rückgabe der Bücher zum Herausziehen des seitlichen Abschnittes aus dem Register („Löschen“) verwendet wird und damit seine Mission erfüllt hat. Die gelöschten seitlichen Abschnitte werden in der Regel noch eine Anzahl Jahre aufbewahrt; sie sind nützlich, wenn es darum geht, besonders schwerwiegenden Bücherbeschädigungen auf die Spur zu kommen. Aber auch für die Verbesserung unserer Bibliotheksstatistik, besonders für leserkundliche Untersuchungen, bilden die Kupons wertvolles Material, aus dem sich die Benutzungshäufigkeit eines Buches oder einer Zeitschrift nachweisen läßt. Erste Voraussetzung dafür wäre freilich, daß die durch den Löschvorgang zerstörte Ordnung der Abschnitte nach Signaturen wiederhergestellt würde.

Typ 2

Gegenüber dieser den Laien zunächst verwirrenden, aber sehr überlegten Anordnung des dreiteiligen Leihscheins scheint der von der Deutschen Bücherei verwendete und 1924 vom VDB empfohlene Leihschein mit nur vertikaler Anordnung der drei Abschnitte viel einfacher und klarer zu sein. Er bildet mit Stamm- und zwei gleich großen seitlichen Abschnitten, die sich an den mit A bezeichneten Stammabschnitt als B- und C-Abschnitte anschließen, eine Einheit. Die meisten wissenschaftlichen Universalbibliotheken haben aber mit gutem Grund dieser Empfehlung nicht Folge geleistet, weil hier wegen des gleichen Formats eine Verwechslung von seitlichem Abschnitt mit Löschabschnitt jederzeit leicht möglich ist. Deswegen muß hier der Friststempel zusätzlich mit einer laufenden Nummer versehen werden (Kontrolle der Übereinstimmung der Nummern auf den Abschnitten B und C); darauf können Bibliotheken verzichten, die den anderen Leihschein mit ungleichen Abschnitten verwenden. Bei Bibliotheken mit einer recht ausgedehnten Ausleihe empfiehlt sich ein Nummernstempel aus statistischen Gründen. Beim Löschen (bei der Rückgabe der Bücher) leisten die gleichen Zahlen des Zählstempels eine optische Hilfe; auch die statistische Erfassung der täglich bearbeiteten Bestellungen wird durch den Zählstempel erleichtert.

Bibliotheken, die Sofortausleihe durchführen, tun gut daran, formlose Bestellungen (Angabe der Signatur auf beliebigem Zettel) entgegenzunehmen; sie verlangen das Ausfüllen eines Leihscheinvordruckes (Typ 3) erst dann, wenn das gewünschte Buch als ausleihbereit festgestellt worden ist. Für dienstliche Bestellungen haben sich zweiteilige perforierte Bestellstreifen in Karton, auch „Dienstpappen" genannt, bewährt, von dem der eine – entweder seitlich oder darunter angebrachte – Teil nach Ausheben des Buches als Repräsentant im Magazin verwendet werden kann.[541] Typ 3

Für den auswärtigen Leihverkehr werden rote drei- bzw. vierteilige Bestellscheine vom Typ 1 verwendet, um jede Verwechslung mit dem örtlichen Leihverkehr auszuschließen. Stamm- und Löschabschnitt werden in besonderen Leihregistern aufbewahrt, während der seitliche Abschnitt in das Kuponregister eingeordnet wird. Manche Bibliotheken verwendeten im auswärtigen Leihverkehr schon früher einen roten Leihschein mit einem zweiten, schmalen seitlichen Abschnitt. Da er sich in der Praxis bewährt hat, ist er im Leihverkehr der Bibliotheken in der Deutschen Demokratischen Republik für verbindlich erklärt worden.[542] Fernleihscheine

5.1.6.2. Signiergeschäft

Die Angabe der Signatur für obligatorisch zu erklären, d. h., als Voraussetzung für die Erledigung der Bestellung zu fordern, muß heute als ein Anachronismus der Bibliotheksarbeit bezeichnet werden. Die Frage: *Signierzwang oder nicht* kann als erledigt betrachtet werden, wenn die Bibliothek Anspruch darauf erheben will, eine wahrhaft demokratische Einrichtung zu sein. Das bedeutet *nicht*, daß dem Nutzer bei der Aufgabe von Bestellungen das Signieren *grundsätzlich* abgenommen werden soll. Vielmehr sollte jede Bibliothek durch einen individuellen Kontakt mit den Nutzern ihren ganzen Stolz darein setzen, möglichst viele Nutzer zum Selbstsignieren zu erziehen, wodurch die Frage des Signierzwanges zu einer Frage der aktiven Mitarbeit des Benutzers wird. Dabei ist ihm klar zu machen, daß es in seinem eigenen Interesse liegt, Bestellungen selbst Signierzwang

[541] Seitens der leitenden Mitarbeiter der Benutzungsabteilung ist streng darauf zu achten, daß sich die Bestellungen auf Dienstpappen nur auf echte dienstliche Anliegen beschränken, weil die Einschränkung dieser dienstlichen Bestellungen allein ihre Soforterledigung gewährleistet. Sie muß garantiert sein, wenn dieses Verfahren seinen Zweck erfüllen soll.

[542] Bereits mit der Leihverkehrsordnung von 1956.

zu signieren: er bekommt seine Bücher schneller. Auf keinen Fall darf aber ein neuer Nutzer durch eine solche überlebte Verwaltungsmaßnahme, wie es der Signierzwang ist, von der Benutzung der Bibliothek abgeschreckt werden.[543] Grundsätzlich anders verhält es sich mit Bücherbestellungen seitens korporativer Nutzer (Institute usw.), die über bibliothekarische Kräfte oder Hilfskräfte verfügen und häufig Großabnehmer von Literatur sind. Für sie sollte es eine moralische Pflicht und Ausdruck selbstverständlicher Kollegialität sein, Bücherbestellungen selbst zu signieren. Auch der Nutzer einer wissenschaftlichen Fachbibliothek wird Verständnis dafür aufbringen, daß er dort in der Regel signierte Bestellungen abgeben muß.[544]

Bestellungen korporativer Nutzer

Als die selbstverständliche Form der Bestellung gilt heute in wissenschaftlichen Bibliotheken, im Gegensatz zur früher häufigen mündlichen Bestellung beim Bibliothekar, die schriftliche Bestellung. Sie muß zweifellos als Norm gelten, an der festzuhalten allein schon die Verpflichtung zur Unterschriftsleistung seitens des Benutzers nahelegt. Das darf jedoch nicht dazu verleiten, daß sie in jedem Falle als unabdingbar zu gelten hat. In außerdeutschen Ländern, und zwar besonders in der Sowjetunion und in den Vereinigten Staaten von Nordamerika, wird in stärkerem Maße als bei uns auch eine fernmündliche Bestellung entgegengenommen. Die Bibliothekare haben sich nach anfänglichem Unbehagen an das „feuergefährliche" elektrische Licht in Bibliotheken gewöhnen müssen; sie können nicht auf die Dauer an der Existenz des Telefons vorbeisehen. Es ist selbstverständlich, daß die Aushändigung der auf diesem Wege bestellten Bücher nur bei gleichzeitiger Unterschriftsleistung erfolgen kann. Der Dienst am Nutzer erfordert es auch, die Tatsache zu berücksichtigen, daß der von der allgemeinbildenden zur wissenschaftlichen Bibliothek kommende Nutzer an eine mündliche Bücherbestellung gewöhnt ist. Es gilt also, ihm bei seinen ersten Schritten zu dem anders gearteten, an wissenschaftlichen Bibliotheken üblichen Bestellverfahren hilfreich an die Hand zu gehen mit dem Ziele, ihn zu einem neuen aktiven Nutzer der wissenschaftlichen Bibliothek zu erziehen.

telefonische Bestellungen

Dienst am Nutzer

Für einen beträchtlichen Teil der Bücherbestellungen muß jede wissenschaftliche Universalbibliothek einen Signierdienst[545] durchführen. Er besteht aus bibliothekarischen Kräften, die einem wissenschaftlichen Bibliothekar unterstellt sind. Diesem Dienst obliegt täglich das Signieren der eingeworfenen oder mit der Post eingegangenen Bestellungen, die noch keine Signatur tragen. Bei Werken, die auf Grund der Kataloge

Signiertechnik

[543] Welche Folgen ein erster erfolgloser Bibliotheksbesuch haben kann, erzählt WALTER HOFMANN launig in seinen Lebenserinnerungen *Mit Grabstichel und Feder.* Berlin 1947 S. 112–116 (sein Besuch der „Bibliothek der Gehestiftung" in Dresden).

[544] HANS-ULRICH KLOTH, FRITZ-GEORG BARTH und RUDI MÖBUS, Die wiss. Fachbibliothek. 2. Aufl. Leipzig 1975 S. 107.

[545] WILHELM FUCHS, *Signiertechnik.* Ein Praktikum f. Anfänger im Bibliotheksdienst. 1. 2. Leipzig 1924–25. H. 1 u. H. 2 S. 1–21 enthalten Aufgaben u. Lösungen, H. 2 S. 22 bis 106 einen „Leitfaden f. Signierende". – ROLF WEITZEL, *Bibliographische Suchpraxis.* Eine Einf. Stuttgart 1962.

ermittelt werden können, trägt der Signierer die entsprechende Signatur, bei Sonderaufstellung zusätzlich den Sonderstandort (z. B. LS, Bibliogr. Handapparat usw.) in dem dafür auf dem Bestellschein vorgesehenen Feld ein. Bestellungen, die auf diese Weise an Hand der Kataloge nicht ermittelt werden können, müssen bibliographiert, d. h. in den dafür in Frage kommenden bibliographischen Nachschlagewerken nachgeprüft werden. Dadurch ergeben sich häufig Berichtigungen falscher Verfasser- oder Titelangaben, die beim nochmaligen Nachschlagen im Alphabetischen Katalog zu positiven Feststellungen führen. Bei Neuerscheinungen von wissenschaftlicher Bedeutung, deren Anschaffung durch die Bibliothek wahrscheinlich ist, sollten auch die Arbeitsmittel der Erwerbungsabteilung zu Rate gezogen werden. Zuweilen ist das Buch bereits vereinnahmt, hat aber noch nicht den Geschäftsgang durchlaufen. Mit dem Stempelbescheid *„Noch nicht benutzbar“* sollte eine Bestellung nur dann an den Nutzer zurückgegeben werden, wenn es tatsächlich nicht in der Macht der Bibliothek steht, das gewünschte Buch herbeizuschaffen (z. B. wenn es sich zum Binden außer Haus befindet). In allen anderen Fällen sollte ein Schnellverfahren („Sofort“ bzw. „Von Hand zu Hand“) zwecks Abschlusses des Bearbeitungsverfahrens eingeschlagen werden. Es kann sich auch ergeben, daß das bestellte Werk aus anderen Gründen nicht ohne weiteres verleihbar ist (spezielle Forschungsliteratur, „Giftschrank“, ungebunden). Dann erhält der Besteller seinen Bestellzettel ebenfalls mit dem entsprechenden Vermerk zurück. Alle negativen Bestellungen, die mit dem Vermerk „Nicht vorhanden“ zurückgegeben werden müssen, sind vom Leiter des Signierdienstes in Zusammenarbeit mit den zuständigen Fachreferenten auszuwerten, d. h., wissenschaftlich wertvolle neue Veröffentlichungen titelmäßig dem Leiter der Erwerbungsabteilung zur Bestellung zuzuleiten, ältere Werke in die Desideratenkartei des Fachreferenten aufzunehmen. Schon aus diesem Grunde, aber auch um Fehler beim Signiergeschäft zu vermeiden, ist die Heranziehung aller wissenschaftlichen Mitarbeiter, mindestens aber aller Fachreferenten, zur Unterstützung des Leiters des Signierdienstes erforderlich.

„Noch nicht benutzbar“

Auswertung der negativen Bestellungen

Aufgaben des Fachreferenten und Bibliotheksleiters

Ein guter Bibliotheksleiter muß sogar sehr daran interessiert sein, jeden Tag die negativ erledigten Bestellungen selbst durchzusehen, um laufend über das der Bibliothek Fehlende unterrichtet zu sein, trägt er doch für die Bestandsvermehrung der Bibliothek die Verantwortung.

Fachsignieren

Überall dort, wo in Großbibliotheken ein besonderer Signierdienst voll (ganztägig) eingesetzt ist, galt es bisher als unbestrittener Grundsatz, daß das „Fachsignieren“, d. h. die Spezialisierung der einzelnen Signierer auf bestimmte Fachgebiete dem nicht spezialisierten Signieren – quer durch den Garten – je nach täglichem Anfall der Bestellungen vorzuziehen sei. Indessen ist das Signiergeschäft heute in Großbibliotheken ein Massenproblem geworden, bei dem die Zeitschriftenbestellungen einen breiten Raum einnehmen. Diese Bestellungen müssen in der Regel zunächst am Alphabetischen Katalog und an den Zeitschriftenkarteien überprüft werden. Falls die angegebenen Zeitschriftentitel dort nicht nachweisbar sind, sollte sich das Signieren, genau wie bei Monographien, auf jeden Fall auf das Bibliographieren mit Hilfe der allgemeinen Bibliographien erstrecken. Alle darüber hinausgehenden Überprüfungen sollten jedoch durch die Fachreferenten durchgeführt werden – also Arbeitsteilung nach Schwierigkeitsgrad statt Fachsignieren.

Signierdienst und Ausbildung

Bei der Vielseitigkeit des Signiergeschäftes – ständige enge Arbeit mit den Katalogen, Verbundenheit mit den bibliographischen Nachschlagewerken und ihrer Handhabung – muß jeder Bibliothekar mit ihm gut vertraut sein. Es gibt wenige bibliothekarische Dienstgeschäfte, die zur Nachwuchsausbildung, besonders der Bibliothekare, so gut geeignet sind wie der Signierdienst. Deshalb ist die Gepflogenheit der meisten wissenschaftlichen Universalbibliotheken, daß alle abkömmlichen bibliothekarischen Mitarbeiter täglich früh und mittags signieren und dabei die jungen Nachwuchskräfte anleiten, der Einrichtung eines selbständigen Signierdienstes, wie das in den großen zentralen Bibliotheken Brauch geworden ist, unbedingt vorzuziehen.

Durch den Signierdienst, der häufig auch mit der regelmäßigen Leerung der Bestellzettelkästen beauftragt ist, erfolgt meist die Verteilung und Weiterleitung eingeworfener Bestellzettel: a) unverzügliche Weitergabe der signierten Bestellungen nach statistischer Erfassung an das Magazin, b) Entnahme der unsignierten Bestellungen sowie deren Erledigung, c) Weitergabe der bearbeiteten Bestellungen nach statistischer Erfassung, und zwar der positiv erledigten an das Magazin, der negativ erledigten an die Leihstelle bzw. an den Direktor.

5.1.6.3. Erledigung von Bestellungen

Soforterledigung

Jeder Nutzer erwartet, daß ihm die benötigten Bücher in kürzester Frist zur Verfügung gestellt werden. Abgesehen davon, daß große offene Buchbestände dem Nutzer in dieser Hinsicht sehr entgegenkommen, haben die verschiedenen Bibliotheken bei der Erfüllung dieser berechtigten Leserwünsche ganz unterschiedliche Schwierigkeiten zu überwinden. In großen wissenschaftlichen Bibliotheken hängt die sofortige Erledigung von Buchbestellungen weitgehend von personellen, technischen und räumlichen Voraussetzungen ab. *Dessen ungeachtet muß auch in großen wissenschaftlichen Bibliotheken die Soforterledigung von Bücherbestellungen bewältigt werden.* Unbedingt geschafft werden muß sie für Bestellungen, die vom Nutzer selbst richtig signiert worden sind.[546]

[546] FRITZ MILKAU bezeichnete die Auslieferung des gewünschten Buches ohne Vorbestellung als eines der beiden großen Ziele, „... die in unsern wissenschaftlichen Bibliotheken nur ganz ausnahmsweise erreicht, in den Volksbibliotheken von Anbeginn als Selbstverständlichkeiten erscheinen ...“ Vgl. Handbuch II (1933) S. 646.

5.1.6.4. Bücherausgabe

Bevor die vom Magazindienst ausgehobenen Bücher dem Besteller übergeben werden, tritt eine sehr wichtige Prüfstelle, der Absignierdienst, in Aktion. Er wird von einer erfahrenen Kraft des bibliothekarischen Dienstes ausgeübt. Das Absignieren besteht in der Kontrolle der richtigen Ausführung der Bestellung sowie in der Vervollständigung der Angaben auf dem Bestellzettel, der der Bibliothek nach Ausgabe des Buches als Beleg und Quittung verbleibt. Falsch erledigte Bestellungen (Irrtümer in der Signatur, in der Bandzählung, in der Auflage) gehen unverzüglich zur Berichtigung ins Magazin zurück. Bei den richtig erledigten Bestellungen, die zur Ausgabe gelangen sollen, muß u. a. auf folgendes geachtet werden: bei mehrbändigen Werken, Serien und Periodica auf genaue Angabe der Bände (Buchbinderbände!), und zwar nicht nur auf dem Stammabschnitt, sondern auch auf dem seitlichen Abschnitt und dem Löschstreifen, ferner auf die Unterschrift des Bestellers, die mindestens auf dem Stammabschnitt handschriftlich geleistet sein muß, während auf dem seitlichen Abschnitt ein Namensstempel genügt. Aus der der Bibliothek verbleibenden Quittung muß eindeutig hervorgehen, welches bestimmte Werk und wie viele Bände davon dem Besteller ausgehändigt wurden. Das hat nicht nur für das Löschen bei Rückgabe, sondern auch für Mahnungen praktische Bedeutung. Ferner ist zu bedenken, daß der Stammabschnitt dem Benutzer nach Rückgabe der Bücher wieder ausgehändigt wird. Manche ökonomisch arbeitenden Wissenschaftler verwenden die Stammquittung für ihre privaten Karteien und als Unterlage für eine nochmalige Bestellung; sie verlassen sich natürlich darauf, daß die von einer wissenschaftlichen Bibliothek kontrollierten bibliographischen Angaben richtig sind. Auch die Kontrolle des Erhaltungszustandes der bestellten Bücher gehört zu den Dienstobliegenheiten des Absignierdienstes. Er notiert z. B. diejenigen Bücher, die wegen irgendwelcher Defekte nach Rückgabe durch den Nutzer einer buchbinderischen Bearbeitung zugeleitet werden müssen.

Absignierdienst

Absigniertechnik

Bei der nach 1945 zur Regel gewordenen gleichzeitigen politischen Kontrolle ging es in erster Linie darum, daß keine faschistische, militaristische oder sonstige undemokratische Literatur ohne weiteres an einen beliebigen Besteller ausgegeben wurde. Diese ist im wesentlichen aus den allgemeinen Magazinen herausgezogen worden.

Um die im Absignierdienst tätigen Kollegen in ihrer persönlichen Verantwortung zu stärken und sie vor dem ungerechtfertigten Vorwurf zu schützen, Fehlentscheidungen getroffen zu haben, muß erwartet werden, daß der Absignierer jeden Bestellzettel mit seinem Signum versieht.

Signum

Für Benutzungseinschränkungen gelten fachliche, moralische und politische Gesichtspunkte; Einzelheiten regelt die Benutzungsordnung jeder Bibliothek.

Benutzungseinschränkungen

Fachlicher bibliothekarischer Gesichtspunkt: Nicht außer Haus verliehen, sondern nur zur Benutzung im LS oder in dem Lesezimmer einer Fachab-

fachliche

teilung zur Verfügung gestellt werden: Handschriften[547], Inkunabeln, Drucke, die älter als 100 Jahre sind, Rara, z. B. künstlerische Drucke, Erstausgaben sowie Seltenheiten, deren Wiederbeschaffung schwierig, kostspielig oder unmöglich ist. Ferner alle Werke mit Sonderaufstellung (LS, HB usw.) sowie die Großformate, besonders Zeitungen.

moralische

Moralischer Gesichtspunkt: Erotica sowie Werke, die nach geltenden moralischen Auffassungen nicht für jedermann bestimmt sind, werden aus ihrem Sondermagazin oder „Giftschrank" bei nachweislich wissenschaftlicher Tätigkeit nur zur Benutzung im Lesesaal verliehen, um ihre Weitergabe an Dritte auszuschließen. Die Berücksichtigung dieses Gesichtspunktes hängt natürlich von der aus dem Bestellschein ersichtlichen Person des Bestellers ab. Diese Maßnahme hat außerdem einen ganz nüchternen Grund: von der normalen Verschleißgefahr durch Ausleihe abgesehen, handelt es sich bei dieser Literatur in der Regel um teuere, schwer oder kaum ersetzbare Werke. Keinesfalls dürfen solche Gesichtspunkte für verantwortungsbewußte Aufklärungsschriften gelten; sie sind im Gegenteil in allgemeinbildenden Bibliotheken nach Möglichkeit gestaffelt zu erwerben und zu propagieren.

politische

Politischer Gesichtspunkt: Auf Grund des Beschlusses des Alliierten Kontrollrats vom 13. Mai 1946 wurden die Bestände aller Bibliotheken in der damaligen sowjetischen Besatzungszone von faschistischem Schund und Schmutz gereinigt. Die Deutsche Bücherei erhielt von der damaligen Deutschen Verwaltung für Volksbildung den Auftrag, eine *Liste der auszusondernden Literatur*, namentlich der faschistischen und militaristischen, zusammenzustellen. Das geschah zuerst 1946 in einer Hauptausgabe und 1947, 1948 und 1953 in je einem Nachtrag. Die aus ihren Beständen herausgezogene faschistische und militaristische Literatur, vermehrt um Ablieferungen aus anderen Bibliotheken des südlichen Teiles der damaligen Besatzungszone, wurde in einer besonderen Abteilung der Deutschen Bücherei, der Abteilung für spezielle Forschungsliteratur, untergebracht. Die gleiche Einrichtung wurde bei der damaligen Öffentlichen Wissenschaftlichen Bibliothek zu Berlin, der heutigen Deutschen Staatsbibliothek, unter besonderer Berücksichtigung der ausländischen Literatur dieser Art, geschaffen. Diese Einrichtungen für Literatur, deren Benutzung aus politischen Gründen eingeschränkt ist, sind der Beweis dafür, daß in den Bibliotheken der DDR nach wie vor verantwortungsbewußt und parteilich gearbeitet wird. Wissenschaftlern steht diese Literatur zur Verfügung.

spezielle Forschungsliteratur

Friedensbewegung

Die Bibliothekare der Deutschen Demokratischen Republik sehen diese

[547] Die Verwaltung von Handschriften wirft eine Reihe von Problemen auf; vgl.: KARL LÖFFLER, *Allgemeine Handschriftenkunde.* Neu bearb. v. Paul Ruf. In: Handbuch I 2. Aufl. (1952) S. 106–162. – GUSTAV HOFMANN, *Gedanken zur Verwaltung von Handschriften in öffentlichen wissenschaftlichen Bibliotheken.* In: Aktuelle Probleme der Bibliotheksverwaltung. Festgabe Hermann Fuchs z. 70. Geb. am 13. 3. 1966. Wiesbaden 1966 S. 52–61.

Benutzungseinschränkungen aus politischen Gründen in Zusammenhang mit der Friedensbewegung in der ganzen Welt.

Erst nach dieser Prüfung gelangen die absignierten Bücher in die Bücherausgabe, wo sie nach dem Alphabet der Besteller in der Regel nicht länger als eine Woche in Ablagefächern bereitgehalten werden. Der Besteller erhält seine Bücher gegen Vorzeigen der Benutzer- oder Leihkarte ausgehändigt. Die zurückbleibenden Zettel werden auf dem oberen und dem seitlichen Abschnitt mit dem Friststempel versehen. Erst durch die Verbindung von Bestellangaben, Friststempel und persönlicher Unterschrift, deren Vorhandensein an den dafür bestimmten Stellen sicherheitshalber auch von dem Angestellten der Bücherausgabe nochmals zu kontrollieren ist, wird der Bestellschein (Antrag auf Benutzung) mit Aushändigung des bestellten Buches für die Bibliothek zum gültigen Empfangsschein (Bestätigung des Bücherempfangs = Quittung). Gleichzeitig wird der seitliche Abschnitt abgetrennt, sofern das nicht schon vorher erledigt worden ist. Die Praxis, den Leihschein bereits nach dem Absignieren mit dem Friststempel zu versehen und den seitlichen Abschnitt abzutrennen, hat besonders bei Bibliotheken, die keine Vertreterpappen einstellen, den Vorteil, daß der Nachweis über jedes dem Magazin entnommene Buch eher im Kuponregister geführt werden kann. Die aufgesammelten seitlichen Abschnitte werden täglich in das Register eingeordnet, während der Stammabschnitt samt vorerst noch daran verbleibendem oberen Abschnitt in die Kontomappe des Benutzers eingelegt wird. Die nach den Namen der Benutzer geordneten Einzelkonten-Mappen bilden die Benutzerkartei.

Funktion der Bücherausgabe

Tätigkeit in der Bücherausgabe

In den meisten Bibliotheken werden die für die Benutzung im Lesesaal bestimmten Bücher entweder im Lesesaal selbst – was in der Regel recht störend ist – oder unmittelbar davor ausgegeben. Sie werden für die Dauer der geltenden Leihfrist dort bereitgelegt und meist mehrfach vom Nutzer erbeten und nach Abschluß seiner täglichen Arbeit im Lesesaal zur weiteren Benutzung wieder abgegeben, bis er seine Arbeit mit diesen Büchern abgeschlossen hat. Im Interesse aller Nutzer müssen auch hier die Leihfristen und die Benutzungsintervalle kontrolliert werden. Sofern nichts Besonderes vereinbart worden ist, werden die für die Benutzung im Lesesaal reservierten Bücher wieder ins Magazin zurückgeschickt, wenn sie länger als eine Woche nicht benutzt worden sind.

Benutzung im Lesesaal

Bei der Bücherrückgabe hat der Angestellte der Bücherausgabe durch Vergleich der Bücher mit der aus Stammabschnitt und oberem Abschnitt bestehenden Quittung die Vollständigkeit der zurückgegebenen Bücher zu kontrollieren (Signatur, Bandzahl, Serienbezeichnung usw.), wobei er auch den äußeren Zustand der zurückgebrachten Bände beachtet. Erst jetzt wird der obere Abschnitt abgetrennt. Den Stammabschnitt erhält der Nutzer zurück. In seiner Hand wird dieser Abschnitt zum Beweis der Rückgabe, der ihn gegenüber der Bibliothek als entlastet ausweist. Die Nutzer sollten immer wieder darauf hingewiesen werden, daß es nützlich ist, die ihnen ausgehändigten Stammabschnitte längere Zeit aufzubewah-

Bücherrückgabe

ren. Mit Hilfe des oberen Abschnittes wird nunmehr der gesamte Bestellvorgang gelöscht, d. h., der seitliche Abschnitt wird dem Kuponregister entnommen; es enthält wie der Fristkasten in den allgemeinbildenden Bibliotheken immer nur den Nachweis tatsächlich ausgeliehener Bücher.

Aufbewahrung der Kupons

Wird in Bibliotheken mit einem Vertreterpappen-System im Magazin auf die Führung eines traditionellen Kuponregisters verzichtet, empfiehlt es sich, mittels der abgetrennten Kupons und auf möglichst einfache Weise neue Formen der Sicherung des Bibliotheksbestandes zu entwickeln. So dienen in der Deutschen Staatsbibliothek die Kupons noch mehrere Jahre dem Nachweis, wer ein bestimmtes Buch benutzt hat. Der Tagesstempel auf der Innenseite des hinteren Einbanddeckels, der mit dem auf dem Leihschein übereinstimmt, führt im Bedarfsfalle über den Kupon auf den betreffenden Entleiher hin. Davon abgesehen ist der Tagesstempel im Buch dem Leser als terminliche Gedächtnisstütze nützlich, er ist aber auch als Primärmaterial für lesersoziologische Forschungen von Wichtigkeit. Er dient also mehreren Zwecken.

Tagesstempel

Leihfristen

Die Sorge um alle ihre Nutzer zwingt die Bibliothek, auf die Einhaltung der vorgeschriebenen Leihfristen zu achten. Diese richten sich nach der Funktion der Bibliothek und nach der Größe ihrer Bestände. In den wissenschaftlichen Bibliotheken vieler Länder beträgt die Leihfrist in der Regel 4 Wochen, für neuere Zeitschriftenbände oder aktuelle, viel verlangte Literatur vielfach nur 14 Tage, in den Staatlichen Allgemeinbibliotheken der DDR drei Wochen. Verlängerungsgesuchen kann entsprochen werden, wenn das Werk von anderer Seite nicht verlangt wird. Voraussetzung ist, daß die Verlängerung vor Ablauf der Leihfrist – mündlich, schriftlich oder telefonisch – beantragt wird.

Mahnung

Die Bibliotheken erfüllen eine wichtige erzieherische Aufgabe an ihren Nutzern, wenn sie bei Fristüberschreitung streng und kompromißlos Gebühren erheben. Sie sollen sehr wohl spürbar sein. Besonders wenn eine erste *Mahnung*[548] erfolglos bleibt, ist eine gegenüber der ersten wesentlich erhöhte Mahngebühr zu empfehlen. Falls der formale Mahnweg versagt, müssen außerordentliche Wege zur Wiedererlangung verliehener Bücher beschritten werden. Dabei ist jedoch zu berücksichtigen, daß nach den in der DDR geltenden Rechtsauffassungen die öffentlichen Bibliotheken *staatliche Verwaltungen* sind. Das Verhältnis zwischen den staatlichen Bibliotheken und ihren Benutzern ist ein verwaltungsrechtliches. Es wird charakterisiert durch die Freiwilligkeit, mit der sich der Bürger dieses Staates in die Bibliotheksordnung begibt. Es entspricht diesem Verwaltungsrechtsverhältnis, daß alle Maßnahmen, zu denen die Bibliothek bei Verstößen gegen ihre Benutzungsordnung gezwungen ist, vom Erziehungsgedanken getragen sein sollen. So wird in den meisten

[548] Vgl. zum Mahnen, besonders im Hinblick auf Höhe der Gebühren und die Praxis des Auslands: GUSTAV ABB u. WILHELM MARTIN LUTHER, *Die Bibliotheksbenutzung.* In: Handbuch II 2. Aufl. (1961) S. 447–449; *Gebührenordnung* d. DDR vgl. Anm. 527.

Mahnverfahren

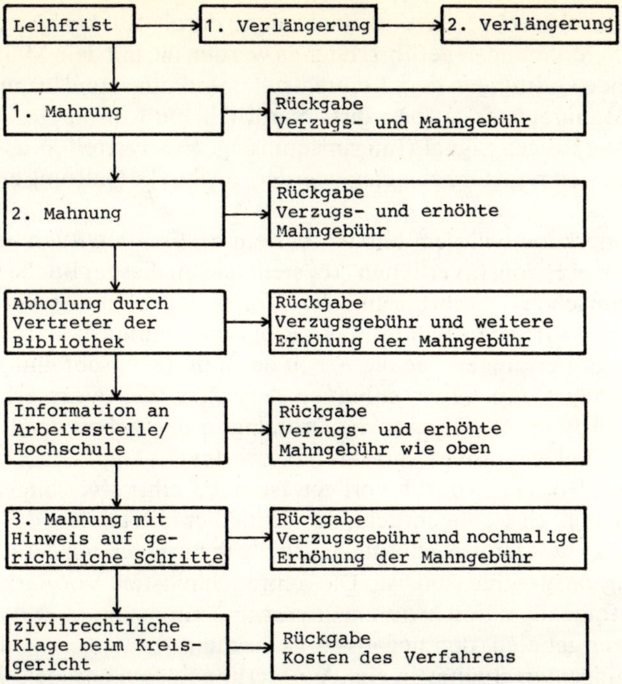

Fällen ein Botengang und gegebenenfalls eine Rücksprache mit der Arbeitsstelle des säumigen Benutzers (bei Studenten z. B. mit der Universität) zum Erfolg führen. In besonders hartnäckigen Fällen kann der Anspruch der Bibliothek zivilrechtlich geltend gemacht werden.

Für die Häufigkeit der Durchmahnung aller ausgeliehenen Bücher lassen sich keine festen Regeln aufstellen. Das hängt von der Personallage in der Benutzungsabteilung und von der Zahl der ausgeliehenen Bücher ab. Gleichwohl sollte im Interesse eines geordneten Leihbetriebes das Durchmahnen an Hand des Hauptleihregisters turnusmäßig erfolgen (monatlich). Wird zu langsam durchgemahnt, so treten Leihfrist-Überschreitungen in größerem Umfang ein, und das wirkt sich nachteilig auf den Vormerkdienst aus. Auf Vormerkverfahren wird im folgenden noch einzugehen sein.

Mahntechnik

Vorausgesetzt, daß die Leihfrist abgelaufen ist, hat das Mahnen unbedingt schnellstens zu erfolgen, wenn ein Buch vorgemerkt worden ist. Gebührenfrei wird in Sonderfällen gemahnt, wenn nämlich ein ausgeliehenes Buch aus dienstlichen Gründen dringend benötigt wird (z. B. zu Auskunftszwecken). Auf Wunsch des Nutzers kann ihm dieses vorübergehend eingezogene Buch, sobald die Nachforschung darin abgeschlossen ist, wieder ausgehändigt werden; dann wird der unterbrochene Leihvorgang wieder aufgenommen und fortgesetzt. Es versteht sich von selbst, daß das Mahnen mit Hilfe von Vordrucken erfolgt. Wichtiger ist, daß auf dem Leihschein vermerkt wird, daß die Mahnung durchgeführt ist (Datum und Handzeichen des Bearbeiters; 1. oder 2. Mahnung). Entweder wird eine Liste der erfolgten und noch nicht durch Rückgabe des Buches erledigten Mahnungen geführt, oder es werden die mit dem Mahnvermerk versehenen Quittungen dem Leihregister entnommen und in einem gesonderten Mahnregister aufbewahrt. Natürlich muß im letzteren Fall ein möglichst farbiges Signal (Interimsquittung, Ersatzstreifen usw.) an der Stelle des Leihregisters eingelegt werden, an der die Quittung entnommen worden ist.

Vormerkung

Die Vormerkung will dem Nutzer, der ein bestimmtes Buch bereits wiederholt ohne Erfolg („verliehen") bestellt hat, zu diesem Buche verhelfen. Zur technischen Durchführung der Vormerkung gibt es verschiedene Verfahren. Auf jeden Fall muß die Bibliothek darauf bedacht sein, daß bei den Vormerkungen, die die Arbeit der Benutzungsabteilung belasten, der Benutzer zum gewissenhaften Ausfüllen des Vormerkformulars angehalten wird. Ohne peinliche Ordnung in der Arbeit der Bücherausgabe wird jedes Vormerkverfahren entwertet.

Verfahrensweisen

Sobald ein Vormerkwunsch vorliegt, ist eine Leihfristverlängerung nicht mehr möglich. Es ist angebracht, dem Entleiher mitzuteilen, daß das Werk vorgemerkt worden ist, pünktliche Rückgabe erbeten wird und Fristverlängerung ausgeschlossen ist. Die gebräuchlichsten Vormerkverfahren sind die folgenden, und zwar ein älteres und ein neueres: Entweder wird der Nutzer gebeten, den negativen Leihschein vorzulegen und den Titel des gewünschten Buches in ein „Vormerkbuch" einzutragen. Daraufhin wird mit Hilfe des „Kuponregisters" (nach Signaturen geordnet) die Quittung (Stammabschnitt und Löschstreifen des Leihscheins) des Nutzers, der das Buch zur Zeit ausgeliehen hat, mit dem Namen des vorgemerkten versehen und in das Vormerkbuch das Datum des Ablaufs der Leihfrist eingetragen. Oder es wird, nachdem wie oben an Hand des negativen Leihscheins des Vormerkers die entsprechenden Feststellungen getroffen worden sind, auf der Quittung des Entleihers – meist links oben – ein für Vormerkzwecke bestimmtes gummiertes farbiges Zeichen aufgeklebt (in der Deutschen Staatsbibliothek „Kuckuck" genannt). Durch dieses Signalzeichen wird bei Rückgabe des Buches die Voraussetzung geschaffen, daß der Wunsch des Vorgemerkten sogleich berücksichtigt werden kann. In beiden Fällen hat eine schriftliche Benachrichtigung des Auftraggebers durch eine Vordruck-Postkarte dann zu erfolgen, wenn das Buch zur Abholung bereitliegt.

Verwaltungsgebühren

Mit Recht werden für eine zusätzliche Leistung, wie sie das Vormerken darstellt, geringe Verwaltungsgebühren erhoben, denn ein einzelner Vormerkakt kann unter Umständen mehrere Recherchen nötig machen. Nicht immer trifft es zu, daß das vorgemerkte Buch sich – leicht nachweisbar – in den Händen eines anderen Nutzers befindet. Es kann auch dienstlich auf sogenannte Dienstpappe entliehen oder über die Fernleihe nach auswärts verliehen sein – von den hoffentlich nur seltenen, aber doch vorkommenden Fällen abgesehen, daß für das vorgemerkte Buch überhaupt kein Entleihungsnachweis zu erbringen ist. In jedem dieser Sonderfälle bedarf das Vormerkverfahren einer bestimmten Modifikation.

Bücherverluste

Von geringfügigen Beschädigungen von Bibliotheksbüchern, sofern diese überhaupt eindeutig dem letzten Entleiher zur Last gelegt werden können, wird die Benutzungsabteilung in der Regel nicht allzu viel Aufhebens machen, da bei Bibliotheksbüchern ein bestimmtes Maß der Abnutzung gegeben ist. Schwerer wiegen Bücherverluste, die vielfältige Ursachen haben können. Hier muß die Bibliothek darauf bedacht sein, ein bibliographisch identisches Ersatzexemplar einzuziehen („Naturalrestitution" im Sinne des BGB § 249 sowie § 823 ff.).[549] Für diese Ersatzbeschaffung wird in der Regel dem Nutzer eine angemessene Frist gestellt und auch Beratung zuteil (z. B. über antiquarische Beschaffungsmöglichkeiten). Es ist zweckmäßig, in der Benutzungsordnung der Bibliothek auch den Fall vorzusehen, daß das verlorengegangene Buch nachweislich innerhalb der gesetzten Frist nicht wieder beschaffbar war. Dann muß festgelegt sein, daß die Bibliothek berechtigt ist, auf Kosten des Nutzers eine Fotokopie herstellen zu lassen. Allerdings muß diese Forderung zumutbar sein und sich im Rahmen einer angemessenen Schadenersatzleistung bewegen. Umgekehrt kann es möglich sein, daß der Wert eines verlorenen Buches höher ist, als es die Herstellungskosten für eine Fotokopie sind. Dann ist die Bibliothek berechtigt, diese Ersatzleistung abzulehnen und statt dessen ein gleichwertiges Objekt oder Geld in der Höhe des tatsächlichen Schadens zu fordern.

Zweck der Ausleihverbuchungsverfahren

Wenn wir nochmals auf die technische Seite der Bestandsvermittlung zurückkommen, um auf Methoden der Ausleihverbuchung an diesen Bibliotheken einzugehen, so gilt es zunächst festzuhalten, daß es bei der Bücherausgabe in jedem Falle und in jeder Bibliothek gleichwohl welchen Typs darum geht, zwischen dem aus der Bibliothek entliehenen Buch und dem Entleiher eine Verbindung herzustellen. Sie wird bei Rückgabe des Buches wieder getrennt. Während es bei der wissenschaftlichen Bibliothek darauf ankommt, jederzeit nachweisen zu können, welches bestimmte Buch von wem entliehen ist, wird dieser Nachweis in den allgemeinbildenden Bibliotheken, insbesondere in den staatlichen Allgemeinbibliotheken, in der Regel erst nach Ablauf der Leihfrist erforderlich.

Bestandsvermittlung in allgemeinbildenden Bibliotheken

Das Volksbüchereiwesen zahlreicher Länder hatte schon vor über 60 Jahren wie in Deutschland (Walter Hofmann) bewährte Ausleihverbuchungsverfahren entwickelt, die zunächst als manuelle Verfahren angewendet und später durch zusätzliche maschinelle Hilfsmittel verbessert worden sind.[550] Ihre Grundformen sind: die *Leserkarte*, die der Buchung

---

[549] Näheres hierzu *Rechts-ABC für Bibliothekare.* Leipzig 1975, Artikel *Schadenersatz.*

[550] Die wichtigsten in- und ausländischen Verfahren der allgemeinbildenden Bibliotheken behandelt im Überblick KARL HEINZ SÜHNHOLD, *Rationalisierung der Ausleihkontrolle.* Entwicklungen u. Tendenzen. Berlin 1969. (Beiträge z. Theorie u. Praxis d. Bibliotheksarbeit. 2.)

jedes einzelnen Lesers und zugleich als Ausweis dient. Sie kann auch die Gestalt eines *Leseheftes* haben, in dem die Entleihungen sowie die Wünsche eines Lesers über einen größeren Zeitraum hinweg festgehalten werden. Jedes in den Bestand aufgenommene Buch enthält eine Buchkarte (meist im Format A 6), auf der bei jeder Ausleihverbuchung die Lesernummer neben anderen technischen Vermerken (Statistik, Datumsstempel) angebracht wird. Die Summe der Buchkarten bildet den aus zwei Teilen bestehenden Buchkartenapparat: im Buchkartenpräsenzkasten befinden sich die Buchkarten der verfügbaren Bücher, im Fristkasten die der ausgeliehenen. Kleinere Büchereien verwenden Leserklappkarten anstelle der Leserkarte oder des Leseheftes. Sie enthalten die gleichen Angaben wie das Leseheft, werden aber dem Leser nicht ausgehändigt, sondern verbleiben, bei jedem Ausleihvorgang mit der entsprechenden Buchkarte als Einlage in einer Klappe aufbewahrt, in der Bibliothek.

Schalterausleihe

An Ausleihformen hatte sich in Deutschland die Schalterausleihe entwikkelt, die eine individualisierende Ausleihberatung (Walter Hofmann) gestattete. Bei ihr konzentrierte sich der Bibliothekar auf die Ausleihberatung des Lesers; sie fand ihren Abschluß im Einlegen der zur Ausleihe ausgewählten Buchkarte (aus dem Präsenzkasten) in das Leseheft, während das Herbeiholen des Buches von technischen Hilfskräften vorgenommen wurde.

Thekenausleihe

Daneben hat sich aber auch die Thekenausleihe (Franz Schriewer) bewährt. Für sie charakteristisch ist die Dreiteilung eines langen Ausleihtisches (Theke) in Buchrückgabe, Beratung und Buchausgabe. Die einzelnen Arbeitsvorgänge werden in großen Bibliotheken von verschiedenen Kräften ausgeführt; dadurch wird zugleich das Schlangestehen der Leser weitgehend vermieden.

Freihandausleihe

Die dritte Organisationsform der Ausleihe, die Freihandausleihe, überläßt dem Leser die Entscheidung bei der Buchauswahl innerhalb des zur Verfügung gestellten Bestandes. Ihre Organisationsform ist denkbar einfach: Der Leser hat zu den übersichtlich nach Sachgruppen aufgestellten Büchern selbst Zugang. Er hat nur beim Betreten der Bibliothek einen Ausleihtisch zu passieren, wo er seine gelesenen Bücher zurückgibt und beim Verlassen die von ihm neu ausgesuchten Bücher in sein Leseheft eintragen läßt. Selbstverständlich besteht auch bei der Freihand die Möglichkeit, daß sich der Bibliothekar, der ohnehin jeden Neuling einführen und mit der Bücherei vertraut machen muß, in die Leserberatung einschaltet.

Geschichte der Freihand

Der Ausdruck Freihand geht auf die Einrichtung der ersten deutschen Freihandbücherei im Jahre 1907 zurück, und zwar – nicht zufällig – in Hamburg (weltoffene Hafen- und Handelsstadt). Bis 1914 besaßen vier von sechs Hamburger Bücherhallen Freihandabteilungen für belehrende Literatur. 1927 gab es, trotz lebhaftem Widerstand gegen die Freihand in dem Verein der Volksbibliothekare, schon 25 Freihandbüchereien in Deutschland.[551]

Bestandsaufbau und Katalogisierung müssen bei der Freihand sehr exakt durchgeführt werden; das Schwergewicht verlagert sich auf den Bestandsaufbau. Auf jeden Fall ist sie eine höhere Form der Bibliotheksarbeit, die dem Drang des Menschen unserer Zeit nach Selbstbetätigung und Selbstbedienung entgegenkommt.

Grenzen für die Freihand

Zu den spezifischen Problemen der Freihand zählt das Wirksamwerden der Quantität. Die Freihand wird nach Gesetzen der Dialektik sinnlos, wenn ihr Bestand unübersehbar wird, d. h., wenn ihre Nutzung von der Freude am Selbstwählenkönnen umschlägt in Anstrengung und Last. Es gibt daher nur zwei Möglichkeiten, dem zu begegnen:

1. Einhalten einer oberen Bestandsgrenze.
   Auch für den beratenden Bibliothekar gibt es eine Begrenzung im Beherrschen des Instrumentes. Sie liegt bei 20000 bis 25000 Bänden.[552]
2. Kaschierung des Freihandsystems durch Auflösung des Gesamtbestandes in Fachgebiete, die dann auch räumlich getrennt sein müssen.

In beiden Fällen ist eine Auswahl der frei zugänglichen Literatur nach zwei Gesichtspunkten erforderlich: aktuelle Literatur plus ältere Standardwerke des betreffenden Fachgebietes. Infolgedessen bietet sich die Freihand primär für allgemeinbildende Bibliotheken an, die eine obere Bestandsgrenze durch Ausscheiden veralteter oder überholter Literatur grundsätzlich einhalten.

Ausbreitung der Freihand

Die Freihand, die sich in den skandinavischen Ländern, Großbritannien und den USA schon seit langer Zeit großer Beliebtheit erfreut, hat sich in den vierziger und fünfziger Jahren erst allmählich durchgesetzt,[553] steht aber heute, nach dem zweiten Weltkrieg, in vielen Ländern im Mittelpunkt des Interesses. Allerdings ist die Freihand kostspieliger als die Schalterausleihe: Sie erfordert mehr Raum, mehr Personal, und auch der Verschleiß der Bücher ist größer, von erhöhter Diebstahlsgefahr ganz zu schweigen.

Ausleihverbuchung in der Freihand

Heute wird in den allgemeinbildenden Bibliotheken der DDR in der Regel

[551] Nach LILLI VOLBEHR, *Die Freihandbücherei.* Unter Mitarb. v. Ruth Sierks. Hamburg 1953.

[552] Vgl. WILHELM SCHUSTER, *Neue Aufgaben der wissenschaftlichen Stadtbibliotheken.* In: ZfB 53 (1936) S. 542 ff.

[553] HANS BODEN, *Problem Freihandausleihe.* In: Bibliothekar 9 (1955) S. 650–660. – *Die Ausleihkontrolle in Freihandbibliotheken.* Berlin 1960. – *Bibliotheksverwaltung.* Bearb. u. hrsg. v. d. Abt. Fernstudium an d. Fachschule f. Bibliothekare „Erich Weinert", Leipzig. Leipzig 1963. (Lehrbriefe f. d. Fachschul-Fernstudium, R. A, 3.) – JOHANNA WALIGORA-RITTINGHAUS, *Zur Entwicklung der Freihandbibliothek in der DDR.* In: Bibliothekar 17 (1963) S. 1242–1250. Mit Lit.angaben. – FRITZ KUNZ, *Von der Theke zur Freihand.* Ein technischer Wegweiser für die Umstellungsarbeiten. Berlin 1962. Mit Lit.angaben. – *Freihandbibliotheken. Räume, Ausstattung.* Bearb.: Erich Schröter... Hrsg. v. Zentralinstitut für Bibliothekswesen. Berlin 1964. Mit Abb. u. Lit.angaben. Eine praktische Anleitung.

ein nach dem Prinzip des englischen Ticket-Systems (Zusammenfügen eines Formulars, das den Leser ausweist, mit einem Formular, das das Buch repräsentiert) abgewandeltes Lesescheinheft-System[554] angewendet (buchungslose Ausleihkontrolle).

Es arbeitet mit Fristblatt und Buchkarte auf der einen Seite und mit Leserverpflichtungskarte, Leserausweis sowie Lesescheinheft auf der anderen. Die Buchkarte in Taschenform befindet sich bei allen präsenten Büchern im Regal an der Innenseite des hinteren Buchdeckels. Der Leser legt die ausgewählten Bücher zusammen mit seinem Leserausweis und Lesescheinheft bei der Ausgabekontrolle vor. Die entsprechende Zahl Lesescheine (je Buch ein Schein) werden dem Lesescheinheft entnommen und in die Buchkarte eingelegt. Auf den Fristblättern wird das Rückgabedatum gestempelt. Die Buchkarten, aus denen die Lesescheine so herausragen, daß die Nummer des Lesescheines zu lesen ist, werden unter der jeweiligen Gruppe abgelegt. Bei der Rückgabe ist lediglich an Hand des Fristblattes die Einhaltung der Leihfrist zu kontrollieren. Der Leseschein wird vernichtet, die Buchkarten wieder in die dafür vorgesehene Buchkartenecke an der Innenseite des Buchdeckels gesteckt.

Die Ausleihkontrolle in nebenamtlich bzw. ehrenamtlich verwalteten Bibliothekseinrichtungen erfolgt weiterhin mit Hilfe einer Leserkarte.[555]

neue Verfahren der Ausleihverbuchung

Aber die Technik der Ausleihverbuchung ist damit nicht stehengeblieben, sondern hat sich gerade in den letzten zehn Jahren stürmisch weiterentwickelt. Seit 1940 sind vor allem zwei maschinelle Verfahren entwickelt worden, die sich bewährt haben, das Foto-Charging-System und das Thermo-Charging-System. Wie ihre Namen besagen, werden die für die Bibliothek wichtigen Fakten – es sind immer wieder die gleichen (Buchtitel, Signatur, Entleiher und in modernisierter Form die Buchkarte, die sogenannte Transactionskarte, in der Regel eine Randlochkarte) – einmal auf einem Filmstreifen, das andere Mal mit Hilfe eines Thermokopiergerätes originalgroß auf einer Kopie festgehalten. Diese Verfahren haben sich für allgemeinbildende Bibliotheken von einer bestimmten Größenordnung an (etwa 60 000 Bde. und mehr) bewährt; die Anschaffungs- und Unterhaltungskosten sind mäßig. Eine gut funktionierende Fotoverbuchung erfordert einen Zeitaufwand von wenigen Sekunden. Die so gespeicherten Materialien, die zwar noch der Auswertung bedürfen, sind für lesersoziologische Untersuchungen brauchbar.

Automatisierung

Mehr als diesem Verfahren und einigen anderen ähnlichen gilt unsere Aufmerksamkeit heute dem Einsatz der elektronischen Datenverarbeitung bei der Ausleihkontrolle. Hierbei ist zweierlei von grundlegender Bedeutung. Entsprechend den gültigen Kostennormen für die EDV ist eine Automatisierung der Ausleihkontrolle erst von einer jährlichen Durchschnittsausleihe von etwa 75 000 Leihfällen an vertretbar. Und das

[554] *Die Ausleihkontrolle in Freihandbibliotheken.* Hrsg. v. Zentralinstitut für Bibliothekswesen. Berlin 1960.

[555] *Die Ausleihkontrolle in nebenberuflich verwalteten Bibliothekseinrichtungen.* Hrsg. vom Zentralinstitut f. Bibliothekswesen. Berlin 1960.

andere wichtige ist: Als konsequente Fortsetzung maschineller Verfahren sind wiederum für die Erfassung dieselben Grundelemente erforderlich:

1. *Lochstreifenkarte* mit den notwendigen Angaben zur Identifizierung des Buches, in einer Tasche zum Buch aufbewahrt;
2. *Benutzerausweis;*
3. *Benutzerregister* (Adressenband).

Natürlich müssen alle Elemente, angefangen mit den Signaturen, maschinenlesbar gemacht werden.
Erfahrungen, wie sie u. a. aus der UB Bochum und der TU Dresden[556] vorliegen, rechtfertigen den Aufwand und ergeben folgende Vorteile: Entlastung der Mitarbeiter der Leihstelle von Routinearbeiten, also an einer Stelle im Bibliotheksgetriebe, wo bei den traditionellen Ausleihverbuchungen beängstigend hoher manuell-technischer Aufwand betrieben werden muß; schnellere Versorgung der Nutzer mit der von ihnen benötigten Literatur; Vormerkungen werden automatisch erledigt sowie entsprechende automatische Mahnung säumiger Leser, einschließlich Versäumnisgebührenberechnung. Von nicht zu unterschätzender Bedeutung ist die Tatsache, daß die automatisierte Ausleihverbuchung auch statistische Angaben zu der bibliothekswissenschaftlichen Grundfrage „Wer liest was?" und damit zur Steuerung des Bestandsaufbaus der Lesesaalhandbibliotheken liefern kann.

Fahrbüchereien

Zu den heute schon selbstverständlichen Methoden der Literaturvermittlung in Staatlichen Allgemeinbibliotheken zählen die Bibliobusse, d. h. die Auto- oder Fahrbücherei.[557] Ihr zweckmäßiger Einsatz ist an verschiedene Voraussetzungen gebunden (Siedlungsgebiet, Außenbezirke, Größe der Stadt usw.), die es zu prüfen gilt, ehe diese mobile Methode angewendet wird, weil bestimmte Mittel zu investieren sind.

---

[556] INGEBORG SASSENBERG, *Ausleihverbuchung.* Darstellung u. Vergleich traditioneller u. moderner Verfahren. Wiesbaden 1967. (Beiträge zum Büchereiwesen. R. A, Bd. 7.) Gesamtüberblick; mit Literaturverz. – *Die automatisierte Buchausleihe.* Erfahrungen in der Universitätsbibliothek Bochum. Bochum 1967. Enth. mehrere Beiträge, u. a. GÜNTHER PFLUG, *Datenerfassung für automatische Ausleihverbuchung.* S. 36–59. – KARL HEINZ SÜHNHOLD, *Rationalisierung der Ausleihkontrolle.* Entwicklung u. Tendenzen. Berlin 1969. (Beiträge z. Theorie u. Praxis d. Bibliotheksarbeit. 2.) – *Automatisierung der Ausleihverbuchung in Bibliotheken.* Materialien d. internationalen Arbeitsberatung. Berlin, 10.–11. Nov. 1970. Methodisches Zentrum f. wiss. Bibliotheken. Berlin 1971. – KLAUS STENGERT, *Ausleihverbuchung und -statistik.* In: Elektronische Datenverarbeitung in Bibliotheken. Leitfaden f. d. Einsatzvorbereitung. Berlin 1971 S. 116–135. – GUNDA HERRMANN, *Maschinelle Ausleihverbuchung mittels EDV in der Universitätsbibliothek der Technischen Universität Dresden.* In: ZfB 86 (1972) S. 221–222. – RUDOLF BLÄSING, HEINZ DROSS u. JOHANN SCHUBERT, *Anwendungshandbuch für die Automation der Buchausleihen in den Bibliotheken des Landes Hessen.* Hrsg. v. Kommunalen Gebietsrechenzentrum, Frankfurt a. M. 1973. (ZfBB. Sonderh. 15.)

[557] E. BAUERMEISTER, *Aufgaben und Probleme der Berliner Autobücherei.* In: Bibliothekar 20 (1966) S. 1260–1264. – HORST BUSCHENDORF, *Fahrbüchereien.* Begriff –

Büchervermittlungsstellen wissenschaftlicher Bibliotheken

Dem gleichen Grundsatz bibliothekarischer Arbeit, den Weg zwischen Buch und Nutzer zu verkürzen, entspricht in besonders hohem Maße auch ein System von *Außenstellen bei wissenschaftlichen Bibliotheken mit zentralen Aufgaben* im Orts- oder Bezirksbereich (z. B. Sächsische Landesbibliothek Dresden). Nach diesem Prinzip arbeiten die allgemeinbildenden Bibliotheken (Volksbüchereien) schon seit Jahrzehnten. Bei dieser Form der Ausschöpfung der lokalen Buchbestände spielen im Bereich der wissenschaftlichen Bibliotheken leistungsstarke Regionalbibliotheken eine besondere Rolle. Um die Verbindung mit ihrem Leserkreis so eng wie möglich zu gestalten, müssen sie andere Arbeitsmethoden anwenden als die Hochschulbibliotheken. Wie die großstädtischen Volksbüchereien mit ihrem System von Hauptbücherei und Zweigstellen die Großstadt gleichsam zu durchdringen streben,[558] so erhöht auch die Regionalbibliothek ihre Reichweite durch ein System von *Büchervermittlungsstellen*, die nach Möglichkeit über das engere Stadtgebiet ins Land hinausstrahlen sollen. Vorbildliche Arbeit, die auf die Initiative Martin Bollerts in den zwanziger Jahren zurückgeht, hat die Sächsische Landesbibliothek zu Dresden in dieser Beziehung geleistet. Die Zahl der Vermittlungsstellen, die von ihr nach dem zweiten Weltkrieg in dieser so schwer zerstörten Stadt wieder aufgebaut worden sind, betrug 27 bis zum Jahre 1956; sie ist inzwischen auf rund 50 angewachsen.

5.1.7. *Magazin*

5.1.7.1. Magazindienst

hohe Anforderungen an den Magazindienst

Wenn wir im Zusammenhang mit der Berufskunde des Bibliothekars von einer Sonderstellung des bibliothekarischen Berufes sprechen (Kap. 9), dann im besonderen Maße bei den Mitarbeitern in den Magazinen. Von der Qualität ihrer auch physisch anstrengenden Arbeit hängt sehr wesentlich die Einschätzung der Arbeit der gesamten Bibliothek durch den Nutzer ab. Peinlicher Ordnungssinn, unbedingte Zuverlässigkeit und bedachtsames Handeln in Verbindung mit Schnelligkeit und Wendigkeit, das sind die Voraussetzungen für eine gute Arbeit in den Magazinen. Das Herausnehmen und Einstellen von Büchern ist kein mechanisch zu erledigendes Geschäft; stumpfsinnige und gedankenlose Arbeit in den Magazinen führt zu Fehlern. Zu den Obliegenheiten des Magazindienstes zählt auch, den Absignierdienst entlastend, die Vorprüfung der Übereinstimmung von

---

Aufgabe – Arbeitsmethode. Berlin (West) 1967. (Bibliotheksdienst. Beih. 25/26.) – C. R. EASTWOOD, *Bookmobiles: past, present, future.* In: De openbare bibliotheek in opmars. 's-Gravenhage 1969 S. 115–125. – KARL HEINZ SÜHNHOLD, *Fahrbibliotheken in der Deutschen Demokratischen Republik.* Berlin 1971. (Beiträge zu Theorie und Praxis der Bibliotheksarbeit. 9.)

558 WALTER HOYER, *Die Durchdringung der Großstadt durch die Bücherei.* In: Die Bücherei 6 (1939) S. 137–167.

Signatur und Titel, die Feststellung, ob in einem bestellten signierten Band auch tatsächlich der gewünschte Aufsatz enthalten ist. Je gründlicher die Kenntnisse der Magazinmitarbeiter vom gesamten Bibliotheksorganismus sind, desto erfolgreicher wird ihre Arbeit sein. Es ist daher unerläßlich, alle Magazinmitarbeiter zu den regelmäßigen Arbeitsbesprechungen der Benutzungsabteilung heranzuziehen; selbstverständlich nehmen sie auch an den allgemeinen Arbeitsbesprechungen (vgl. Kap. 8.9.4.) teil. Ebenso ist ihre fachliche Weiterbildung ständig im Auge zu behalten. Alles, was das Verantwortungsbewußtsein des Magazinmitarbeiters zu fördern geeignet ist, muß bei der Diensteinteilung beachtet werden.

persönliche Verantwortung jedes Magazinmitarbeiters

Es ist daher auch falsch, alle Magazinangestellten in allen Abteilungen des Magazins zu beschäftigen. Richtig ist es vielmehr, jedem einzelnen ein bestimmtes Revier mit voller Verantwortlichkeit zu übertragen, so daß das Verantwortungsbewußtsein jedes Mitarbeiters für seinen Magazinteil gestärkt wird und Fehlleistungen genau zu kontrollieren sind. Damit sich diese Mitarbeiter vielseitige Kenntnisse im gesamten Magazin erwerben können, ist es zweckmäßig, die Reviere in größeren Zeiträumen zu wechseln. Neue Mitarbeiter im Magazin müssen erst eine gewisse Zeit unter der Anleitung eines erfahrenen Kollegen und mit ihm zusammen ihren Dienst verrichten, ehe ihnen ein Magazinteil selbständig übertragen werden kann. Ständige Kontrolle der Magazinarbeiten ist unerläßlich. In kleineren und mittleren Bibliotheken wird sie in der Regel vom Leiter des Benutzungsdienstes persönlich durchgeführt, in großen Bibliotheken obliegt sie neben- oder sogar hauptamtlich einem Bibliothekar, der dem Abteilungsdirektor für diese Aufgabe unmittelbar zur Verfügung steht. Er wird darin unterstützt von einem Magazinmeister oder Magazinhauptverwalter, der, stellenplanmäßig herausgehoben, eine deutliche Anweisungsbefugnis den übrigen Magazinmitarbeitern gegenüber haben muß. Das ist für alle Büchermagazine mittlerer und größerer Bibliotheken, die mehr als zwei Magazinmitarbeiter beschäftigen, von Wichtigkeit.
Aufgaben des Magazindienstes sind:

Aufgaben des Magazindienstes

1. *Heraussuchen bestellter Bücher und Zeitschriftenbände*
   Unterlage ist der signierte Bestellzettel.
2. *Wiedereinstellen benutzter Bände*
   Unterlage ist das Buch selbst.
3. *Einstellen neuer Zugänge*
   Unterlage ist das Buch selbst.
4. *Anbringen der Signaturen*
   (als arbeitspsychologischer Ausgleich).
5. *Allgemeine Ordnungsarbeiten und Nummernrevisionen* (Auflockern, Rücken).

Vertreterpappen

Grundsätzlich sollte für jedes Buch, das nicht unter seiner Signatur am Standort steht, ein Nachweis zu finden sein. Das bedeutet, daß auf jeden Fall alle Bücher mit Sonderaufstellung durch eine Vertreterpappe (Repräsentant) gekennzeichnet sein müssen. Diese Pappen, die eine exakte Signaturangabe tragen müssen, weisen nach, an welcher Stelle das Buch zu finden ist. Während dieses System der Vertreterpappen in den meisten wissenschaftlichen Bibliotheken durchgeführt wird, erstrecken es nur wenige Bibliotheken auch auf die verliehenen Bücher, weil damit eine Mehrarbeit für den Magazindienst verbunden ist. Ebenso soll bei Bänden verfahren werden, die zu dienstlichen Zwecken entnommen werden („Dienstpappen"). Bei konsequenter Durchführung des Repräsentanten-Systems müssen alle dem Magazin entnommenen Bücher nachweisbar sein. Bei den meisten Bibliotheken, gleichviel ob sie mit oder ohne Vertreterpappen arbeiten, ist es üblich, daß der Magazinangestellte, wenn er ein Buch am Standort nicht findet, den Zettel mit dem 0-Zeichen (= verliehen) kennzeichnet. Ebenfalls vermerkt er die Sonderaufstellung eines Buches auf dem Bestellzettel, bevor er ihn an die Ausleihe zurückgibt.

Ausheben

In zweifelhaften Fällen wird eine Nachprüfung der Signatur am Katalog erfolgen müssen. Das Heraussuchen der Bücher wird auch als „Ausheben" bezeichnet. In einzelnen Bibliotheken wurde früher das Ausheben – und nur dies, nicht das Wiedereinstellen – von den Signierern (bibliothekarischen Kräften, Praktikanten usw.) besorgt, und zwar hatte jede Signiergruppe die von ihr selbst signierten Bücher auszuheben. Rationalisierungsmaßnahmen haben diesen von Haus aus guten Brauch wesentlich eingeschränkt bzw. absterben lassen.

Wiedereinstellen

Das Wiedereinstellen muß arbeitsorganisatorisch straff geregelt sein. Es muß zu bestimmten Stunden außerhalb des täglichen Aushebedienstes und mit großer Aufmerksamkeit und Exaktheit erfolgen, denn jedes verstellte Buch ist meist für lange Zeit tot. Die bei der Entnahme eingestellte Vertreterpappe wird nun zurückgenommen. Aushilfskräfte können dazu nicht herangezogen werden!

neue Zugänge

Beim Einstellen neuer Zugänge wird ein Vorteil der Numerus-currens-Aufstellung besonders deutlich. Sofern die Monographien von den sich ungleichmäßig ausdehnenden Serien und Zeitschriften getrennt werden, erhält bei der mechanischen Aufstellung jeder neue Band seinen Platz grundsätzlich am Ende der Bücherreihe. Freilich treffen die einzelnen Bände, bedingt durch unterschiedlichen Geschäftsgang, nicht regelmäßig ein. Verschiebungen ergeben sich jedoch auch bei der mechanischen Aufstellung in den Serien- und Zeitschriften-Abteilungen.

Rücken

Mit der systematischen und selbst mit der Gruppenaufstellung ist zwangsläufig das „Rücken" verbunden. Trotz aller Raumberechnungen läßt sich das Anwachsen der Bestände in den einzelnen Wissenschaftsgruppen nicht voraussehen. Das Rücken muß nach einem genauen Plan und neben den laufenden Magazinarbeiten erfolgen. Ihm dadurch ausweichen zu wollen, daß einzelne besonders angeschwollene Abteilungen an irgendwelchen freien Stellen des Magazins untergebracht werden, ist mißlich, weil das Ordnungsgefüge der Bestände dadurch empfindlich gestört wird.

Das eingangs erwähnte strenge Ordnungsprinzip, verbunden mit persönlicher Verantwortung, verpflichtet die Magazinangestellten dazu, in ihrem Revier, so oft es die laufenden Geschäfte gestatten, auf die richtige Nummernfolge zu achten, indem sie in einzelnen Abschnitten eine Überprüfung der Bestände vornehmen. Das ist bei der Numerus-currens-Aufstellung leicht möglich, bei systematischer Ordnung der Bestände nur sehr oberflächlich durchführbar, weil die springenden und in der Regel mit Exponenten versehenen Signaturen keine vollständige Übersicht ohne Vergleich mit den Katalogen gestatten.

laufende Nummernrevisionen

Deshalb spielen bei systematischer Aufstellung gründlich und systematisch durchgeführte Gesamtrevisionen[559] eine wichtige Rolle. Sie können nur mit Hilfe eines Standortnachweises durchgeführt werden; das ist bei standortgebundener Sachkatalogisierung der Sachkatalog, der dadurch der Benutzung entzogen wird. Die früher in wissenschaftlichen Bibliotheken durchgeführte Revision erstreckte sich gleichzeitig auf den gesamten Bestand; man bezeichnete sie daher als Gesamtrevision. Sie wurde überhaupt für die einzig mögliche Form der Revision gehalten. Wir haben mittlerweile lernen müssen, daß auch Teilrevisionen möglich sind, weil eine Schließung des gesamten Bibliotheksbetriebes für längere Zeit untragbar ist. Allerdings ist und bleibt eine Gesamtrevision, wenn sie zu verantworten ist, vorteilhafter. Ihr voraus ging in der Regel ein sogenannter „Büchersturz", d.h., alle ausgeliehenen Bücher wurden durch die Leihstelle eingezogen. Bei der Gesamtrevision muß das nach Signaturen umgeordnete Leihregister auf jeden Fall entweder beim Revisionsakt selbst oder nachträglich hinzugezogen werden. An der Gesamtrevision nehmen alle geeigneten Mitarbeiter teil, und zwar so, daß jeweils zwei Mitarbeiter eine Revisionsgruppe bilden; eine bibliothekarische Kraft, die die Signatur und Bandzahl nennt sowie die Revisionsliste führt, und eine technische Kraft, die die Ansagen am Standort selbst vergleicht. In die Revisionsliste werden mit Signaturen die nicht am Platze befindlichen Bände eingetragen, in einer besonderen Spalte auch solche, die durch einen Vertreter gekennzeichnet sind. Wichtig ist, daß gleichzeitig auch beschädigte Bände festgehalten werden. Diese Revisionslisten bilden die Grundlage für die nachträgliche Auswertung der Revisionsergebnisse. Verstellungen werden sofort berichtigt, Bände mit doppelt besetzten Signaturen werden zwecks Berichtigung entnommen.

Gesamtrevisionen

Teilrevisionen

Revisionsverfahren

In gleicher Weise wird bei Teilrevisionen verfahren, die, regelmäßig durchgeführt, zu den gleichen Ergebnissen führen. Freilich ist ihre Durchführung und ihre Auswertung bei laufendem Geschäftsbetrieb umständlicher und zeitraubender. Leider gestatten es die Personalverhältnisse in

[559] Lit. WILHELM MARTIN LUTHER, in: Handbuch II 2. Aufl. (1961) S. 402–407. – WERNER KRIEG, *Die Revision der Preußischen Staatsbibliothek im Sommer 1939.* In: Aus der Welt des Bibliothekars. Festschr. f. Rudolf Juchhoff. Köln 1961 S. 401–421. – HEINRICH MIDDENDORF, *Die Generalrevision der Bayerischen Staatsbibliothek 1956–1958.* In: ZfBB 5 (1958) S. 305–320. – EUGEN NEUSCHELER, *Gesamtsturz (Generalrevision) und Bestandszählung der Universitätsbibliothek Tübingen im März 1952.* In: Nachr. f. wiss. Bibl. 6 (1953) S. 70–80.

der Regel nicht, diese Teilrevisionen so zügig durchzuführen, daß alle Magazinteile innerhalb eines kurzen Zeitraumes revidiert werden.[560]

Ordnungsmaßnahmen

Zur Erleichterung der Arbeit im Magazin ist auf eine gewissenhafte Einschaltung aller nur denkbaren Ordnungsmittel zu achten, die geeignet sind, den Sicherheitsfaktor zu erhöhen und die rasche Orientierung zu erleichtern. Dazu zählen folgende Maßnahmen:

1. Eine gleichmäßige und konsequente Kennzeichnung der Signaturschilder durch verschiedene Form, Farbe oder Aufdrucke für unterschiedliche Formate oder Sachgruppen durch Anbringung dieser Signaturschilder in ungleichmäßiger Höhe (unten bei Oktav-, oben bei Quart- und Foliobänden). Eine gute optische Hilfe leisten nach den Formaten differenzierte Umrahmungen auf dem Signaturschild.
2. Eine gute Übersicht über die einzelnen Abteilungen. Das geschieht besonders in großen Bibliotheken durch Aufhängen von Plänen für das gesamte Magazin sowie für jedes Geschoß und innerhalb jedes Geschosses durch die Kennzeichnung der Gestelle mit Orientierungstafeln.

Solange es große wissenschaftliche Universalbibliotheken gibt, wird von ihren Nutzern über den langen Bestellweg geklagt, und gelegentlich wird von ihnen auf die viel unkomplizierter arbeitenden allgemeinbildenden Bibliotheken hingewiesen.

Dimensionen des Bestandes in wissenschaftlichen Bibliotheken

Solche Klagen übersehen eins: Auch die wissenschaftlichen Bibliotheken kannten vor 100 Jahren, bei einem Bücherbestand bis zu etwa 50 000 Bänden, diese Probleme noch nicht. Sie entstanden erst mit der modernen wissenschaftlichen Gebrauchsbibliothek, die im Zeitalter der ständig wachsenden Bücherproduktion Archivaufgaben erfüllt und nach Hunderttausenden zählende Büchermassen verwaltet. Wer von diesen Klageführenden weiß etwas über die Länge der Wege, die im Magazin einer größeren wissenschaftlichen Universalbibliothek zurückzulegen sind? Es ist eine Frage der Dimensionen. Dabei lassen wir noch die zusätzlichen Schwierigkeiten beiseite, die sich aus komplizierten Signaturen bei systematischer Aufstellung großer Teile des älteren Buchbestandes ergeben.

Fassungskraft der Magazine

Nach einer Faustregel, die für die Einrichtung neuer Bibliotheken, insbesondere ihres Magazinraumes, wichtig ist, rechnet man etwa 30 bis 35 Bände auf den laufenden Meter (m) und rund 200 Bände auf 1 m Gestell-Länge. Die durchschnittliche Zahl für die Unterbringung von Büchern auf 1 m^2 Bodenfläche schwankt zwischen 200 und 250 Bänden. Voraussetzung für die Gültigkeit dieser Faustregeln ist

---

[560] Bei der Revision offener Buchbestände hat es sich als zweckmäßig erwiesen, bestimmte Revisionseinheiten (shelfreading units) zu bestimmen (etwa je 500 Bde) und mehrere Personen laufend dafür einzusetzen. Dadurch wird der bei solchen Arbeiten zwangsläufige Ermüdungsfaktor weitgehend ausgeschaltet und die Fehlerquelle reduziert. Vgl. PAUL E. VSENYI, *Shelfreading.* In: Library resources and technical services 8 (1964) S. 302–304. Mit Lit.angaben.

1. volle Ausnutzung der Flächen, daher durchgehende, tragende Gestellkonstruktion,
2. Achsenweite von 120 bis 130 cm und
3. Geschoßhöhe von etwa 225 cm.

Danach kann man leicht übersehen, daß eine große Bibliothek mit einem Bücherbestand von 1 Million einen Stellraum von rund 25 000 laufenden Metern benötigt, während er in einer kleinen Fachbibliothek mit 5000 Bänden nur rund 160 laufende Meter ausmacht. Bei nur geringer Berücksichtigung größerer Formate ist bei diesen Dimensionen in einer Millionenbibliothek eine Magazinstrecke von etwa 5000 m, bei einer 5000-Bände-Bibliothek aber nur eine Strecke von rund 25 m abzugehen.[561]

5.1.7.2. Klimatische Bedingungen

Wenn man bedenkt, welche schwierigen Probleme in tropischen und subtropischen Ländern die Erhaltung von Büchern gegen klimatische Schäden und das Heer von Schädlingen aufwerfen, können wir uns wegen unseres zentraleuropäischen bücherfreundlichen Klimas glücklich schätzen. Leider hat uns dieser Vorzug dazu verleitet, den klimatischen Bedingungen im Bücherhaus allzu wenig Aufmerksamkeit zu schenken. Hier gilt es einiges aufzuholen und bei Neubauten besser zu machen. zentraleuropäisches Klima

Es handelt sich einmal um die Schaffung und Einhaltung optimaler Luftfeuchtigkeitsbedingungen zwischen 50 % und 60 % durch laufende Kontrolle; bei über 70 % besteht Gefahr der Schimmelpilzbildung. Luftfeuchtigkeit

Zur Bestimmung und Kontrolle der Feuchtigkeitswerte bieten sich Spezialinstrumente, und zwar direkt anzeigende wie *Hygrometer* oder indirekt anzeigende wie *Psychrometer* an, während elektrische Feuchtigkeitsmeßgeräte einen größeren und daher auch kostspieligen apparativen Aufwand erfordern.[562]

---

[561] Bei Büchertransporten, wie sie bei größeren wissenschaftlichen Allgemeinbibliotheken hin und wieder anfallen, spielt für die Transportmittel stets das Gewicht der Bücher eine Rolle. Auf Grund von Wiegeproben läßt sich dafür etwa folgende Faustregel aufstellen:
bei Oktavbänden je Stellmeter = 25 kg
bei Quartbänden je Stellmeter = 40 kg
bei Foliobänden je Stellmeter = 75 kg
Ein weiterer Unterschied ergibt sich bei älteren Büchern (vor 1800); sie sind wesentlich leichter (z. B. bei 8° je Stellmeter 15–20 kg). Bei sachgemäßer Beladung kann man auf einem 3-t-Lkw 4000–5000 Bände befördern.

[562] ANTON FISCHER, *Das Buchklima.* 2. Ausg. Ergänzt von Alois Fauser. Geschäftsstelle d. VDB. Freiburg i. Br. 1969. (Einband u. Buchpflege. Merkblätter f. wiss. Bibliotheken. 5.) – A. HEUBERGER, *Das Raumklima.* Klimatechnische Grundbegriffe, Anforderungen, Wartung. In: Beiträge zum Schutz von Kulturgütern in Bibliotheken und Archiven. St. Gallen 1962 (Mitteilungen d. Eidg. Materialprüfungs- und Versuchsanstalt, Hauptabteilung C, St. Gallen.) SA aus: Textilrundschau 1962.

Temperaturen

Optimale Temperaturen liegen zwischen 15° und 20°. Bei höheren Temperaturen stellen sich günstige Bedingungen für die Entwicklung von Schädlingen ein, die untere Grenze ergibt sich aus der Abhängigkeit der relativen Luftfeuchtigkeit von der Temperatur.

5.1.7.3. Magazinzutritt

Einschränkung für Mitarbeiter

Im Interesse der Ordnung sowie zur Unterstützung des Verantwortungsbewußtseins der Mitarbeiter im Magazin bedarf die Frage des *Zutritts zum Magazin*[563], solange eben gesonderte Magazinkomplexe bestehen, einer klaren Regelung durch die Dienstordnung der Bibliothek. Aus längst vergangenen Zeiten her, in denen das in der Bibliothek beschäftigte Personal zahlenmäßig gering war, besteht noch vielfach die falsche Auffassung, daß das Betreten des Magazins ein selbstverständliches Privileg aller Mitarbeiter einer Bibliothek wäre. Von den Mitarbeitern einer großen modernen Gebrauchsbibliothek muß jedoch so viel Verständnis erwartet werden, daß sie diese Auffassung aus Gründen der Arbeitsökonomie als veraltet und unhaltbar erkennen. Je kleiner der Personenkreis ist, der sich im Magazin frei bewegen darf, desto günstiger ist es für die Ordnung des Magazins. Je strenger die Bestimmungen über den Magazinzutritt sind, desto besser wird es um die Arbeit der Bibliothek stehen. Aus den gleichen Gründen und bestimmt durch seine Verantwortung für die Sicherheit der Bestände wird der Leiter der Benutzungsabteilung bestrebt sein müssen, den Zutritt bibliotheksfremder Personen zum Magazin auf das äußerste zu beschränken. Der Kampf, den die Bibliothekare aus ihrer Verantwortung für die Ordnung im Hause gegen den freien Zutritt zum Magazin geführt haben, ist erfolgreich gewesen. Allerdings besteht von alters her in den Universitätsbibliotheken vieler Länder das Privileg der Dozenten, das Magazin betreten und Bücher entnehmen zu dürfen. In Zusammenarbeit mit den Verwaltungseinrichtungen der Universität (Rektor, Senat, Verwaltungsdirektor) ist es möglich, zu vernünftigen Vereinbarungen zu gelangen.

kein Zutritt für Nutzer

Vorrechte der Professoren

Mit solchen strengen Sitten, die unter den heute noch gegebenen Arbeitsbedingungen ihre Berechtigung haben, werden freilich die zeitgemäßen Probleme des freien Magazinzutritts nicht aus der Welt geschafft. Unsere moderne wissenschaftliche Gebrauchsbibliothek in Europa mit ihrer Dreiteilung – Leserbereich, Dienstbereich, Bücherhaus – hat (vgl. Kap. 10) eine Trennwand zwischen ihren Büchern und den Nutzern gezogen. Aber auch einige Erscheinungen der internationalen bibliothekarischen Praxis sollten uns zu denken geben. Einmal die von der europäischen abweichende englisch-amerikanische Einstellung zum Magazinzutritt. Offene Magazine (open shelves) haben sich in englischen und

offene Magazine in den USA

[563] Vgl. HENRI LEMAITRE, *Le libre accès au rayon.* In: Festschrift Georg Leyh. Leipzig 1937 S. 343–349. – F. W. RATCLIFFE, *Problems of open access in large academic libraries.* In: Libri 18 (1968) S. 95–111.

amerikanischen Public libraries[564] sowie in Universitätsbibliotheken als feste Einrichtungen herausgebildet. Eine spezifisch amerikanische Weiterentwicklung des freien Zugangs zu den Büchern im Magazin sind in Universitätsbibliotheken die „carrels“, auch „stalls“ oder „oases“ genannt. Das sind einfache Arbeitsplätze im Magazin, deren Raumansprüche in der Regel weniger als ein Drittel eines Lesesaalplatzes betragen. Wichtig ist die dieser Bibliothekstradition zugrunde liegende Idee: mit ihren Public libraries und gleichfalls mit ihren Universitäten schuf sich in den USA die Bourgeoisie ihre eigenen Bildungseinrichtungen und bestimmte deren Nutzung den von dieser Klasse abhängigen Grundsätzen. Gegenüber der Tatsache, daß das offene Magazin Nutzer und Buch aufs natürlichste zusammenführt, sofern die Aufstellung der Bücher dieser Begegnung sinnvoll, nämlich systematisch, entgegenkommt, ist das Abwägen von Vorteilen und Nachteilen dieses Verfahrens von untergeordneter Bedeutung. Dieses System, das personell nicht unbedingt aufwendiger zu sein braucht, hat eine stärkere Abnutzung der Bücher, zusätzliche Ordnungsarbeiten seitens der Bibliothek („verstellte Bücher“) sowie erhöhte Verwaltungskosten (Licht, Heizung, Reinigung) zur Folge. Allerdings ist es gewiß für alle Bücherfreunde eine angenehme Beschäftigung, in Büchern zu stöbern. Freilich ist eine solche lustbetonte Beschäftigung noch keine ausreichende Grundlage für die wissenschaftliche Arbeit. Wenn das offene Magazin mit seinem zufälligen und unvollständigen Bestand (es fehlen alle Sonderaufstellungen, Kostbarkeiten und die in Benutzung befindlichen Bücher) zur unmittelbaren Literaturauswahl für die wissenschaftliche Arbeit verführt, ohne daß eine Kontrolle durch Kataloge und Bibliographien erfolgt, dann wird es bedenklich, ja geradezu unwissenschaftlich. Aus dieser Sicht haben sich schon seit Jahren amerikanische Experten kritisch gegen die Open shelves und Carrels geäußert.[565]

„carrels“

Vorteile und Nachteile

offenes Magazin und wissenschaftliche Arbeit

Trotzdem müssen unsere Überlegungen zur Perspektive des Bibliothekswesens diese anders geartete anglo-amerikanische Bibliothekstradition beachten und zugleich berücksichtigen, daß die Freihand in den allgemeinbildenden Bibliotheken einen gewaltigen Durchbruch erzielt hat und ständig an Boden gewinnt. Auf keinen Fall können die wissenschaftlichen Bibliotheken, sofern sie auch Bildungsaufgaben zu erfüllen haben, an diesen ausländischen Erfahrungen auf die Dauer vorbeisehen. Echte Lösungen können für uns jedoch nicht einfach darin bestehen, bisher geschlossene Bücherhäuser (Magazine) in offene zu verwandeln, sondern zu erkennen, an welchen Stellen offene Bestände über das traditionelle Maß der Sonderaufstellungen hinaus heute aus Gründen der Nutzerfreundlichkeit erforderlich sind. Für wissenschaftliche Bibliotheken mit

Perspektive

564 Nach WALTER BAUHUIS, *Erwerbung, Katalogisierung und Magazinierung in amerikanischen wissenschaftlichen Bibliotheken.* In: Zur Praxis der wiss. Bibliotheken in den USA. Wiesbaden 1956 S. 137. (Beiträge z. Buch- und Bibliothekswesen. 5.) Zur Frage Open shelf und Carrel vgl. dort S. 133–137.

565 Vgl. die zitierte Arbeit von *W. Bauhuis* (Anm. 564, dort S. 134–135).

Archivaufgaben[566] und schwer beschaffbarer internationaler Literatur liegt eine Kombination von Freihand (Sonderaufstellungen, die über das traditionelle Lesesaalsystem quantitativ hinausgehen) mit Magazinbeständen nahe. Es geht lediglich um die Grenzziehung beider Zonen, denn ein Teil des Bestandes wissenschaftlicher Bibliotheken entzieht sich wegen seines Wertes (Erstausgaben, künstlerische Drucke, Kostbarkeiten usw.) von selbst der Freihandaufstellung. Darüber kann es prinzipiell keine Diskussion geben. So attraktiv offene Bestände für den Nutzer sind, für den Bibliothekar bedeutet das ständige Wieder-Ordnung-Schaffen-Müssen eine zusätzliche Belastung; dafür muß zusätzliche Arbeitskraft eingeplant werden und vorhanden sein.[567]

Archivcharakter

Wie immer die baulichen Lösungen der wissenschaftlichen Bibliotheken der Zukunft aussehen werden, die Verantwortung der wissenschaftlichen Bibliotheken mit Archivcharakter für die Erhaltung ihrer Bestände wird dabei stets angemessen zu berücksichtigen sein. Solange Freihandbibliotheken mit zusätzlich gestaffelten Exemplaren moderner Nationalliteratur, deren Verlust zwar schmerzlich, aber nicht unersetzlich ist, aufgebaut werden können, bestehen diese besonderen Probleme der Sicherung der Bestände ebenso wenig wie bei Verbrauchsbibliotheken.
Es ist bekannt, daß die gegenwärtige Raumsituation in den wissenschaftlichen Universalbibliotheken der DDR keine grundlegenden Veränderungen zuläßt. Deshalb bezweckt die nochmalige Hinlenkung auf Aufstellungsprobleme der Zukunft, wie sie auch im Zusammenhang mit Fragen des Bibliotheksbaus vorgenommen worden ist, vorerst nur, zum Nachdenken und zur theoretischen Beschäftigung mit diesen Fragen anzuregen. Auf jeden Fall will sie die Selbstzufriedenheit der Bibliothekare mit unseren Bibliothekstraditionen erschüttern.

5.1.7.4. Sondermagazine

Sondersammlungen

Sondersammlungen sind hinsichtlich ihrer Aufbewahrung nicht identisch mit Sondermagazinen. Unter dem Begriff Sondersammlungen von Bibliotheken fassen wir zusammen:

1. Gesondert aufgestellte Bibliotheken („Sonderbibliotheken"), z. B. eine unter dieser ausdrücklichen Bedingung der Bibliothek als Vermächtnis zugefallene Gelehrtenbibliothek. Sie werden vielfach gesondert, d. h.

---

566 WIELAND SCHMIDT, *Offene Buchbestände in Universalbibliotheken.* In: Aktuelle Probleme der Bibliotheksverwaltung. Festgabe Hermann Fuchs z. 70. Geb. am 13. 3. 1966. Wiesbaden 1966 S. 125–142; ein beachtenswerter kritischer Beitrag zu diesem Thema. – F. RATCLIFFE, *Problems of open access in large academic libraries.* In: Libri 18 (1968) S. 95–111. – PETER MOOSDORF, *Zur Problematik der Freihandausleihe in Hochschulbibliotheken.* Thesen u. Vorschläge. In: ZfB 86 (1972) S. 152–164.

567 ERNA ROOS, *Open access.* In: Nordisk tidskrift för bok- och biblioteksväsen 59 (1972) S. 121–129.

in sich geschlossen an dafür geeigneter Stelle im Hauptmagazin aufgestellt.

2. Sondersammlungen in wissenschaftlichen Universalbibliotheken mit dem Charakter einer Sonderabteilung z. B. für Handschriften, Karten, Musikalien usw. Diese Sondersammlungen mit Sondermagazinen sind Teil einer spezifischen Struktureinheit der Gesamtbibliothek.
3. Solche Sondersammlungen für bestimmte Literaturkategorien wie Zeitungen, Patentschriften u. a., wie sie überwiegend in wissenschaftlichen Universal- und Fachbibliotheken anzutreffen sind, können auch ohne eigenen dazugehörigen Geschäftsbereich als Materialsammlungen gesondert aufbewahrt bzw. magaziniert werden, während ihre Erschließung zentral erfolgt.

In diesem dreifachen Sinne läßt sich sagen: „Eine Sondersammlung ist ein Teil des Gesamtbestandes einer Bibliothek, der sich durch formale oder inhaltliche Merkmale, durch seine Herkunft oder durch seine spezifische Bedeutung, seinen Wert für die Gesellschaft von der Masse der übrigen Bestände unterscheidet und abgesondert von diesen aufgestellt und in einer besonderen Form erschlossen wird".[568] Hier geht es uns nur um Sondermagazine, in denen bestimmte Buchgruppen wegen ihres besonderen Wertes oder wegen ihrer besonderen Beschaffenheit aufbewahrt werden. Bekannt sind die Spezialmagazine für Handschriften und Inkunabeln, die wegen ihres Wertes (Handschriften sind Unica, Inkunabeln in der Regel Rara) besonderen Schutz gegen Temperaturschwankungen, Feuchtigkeit und Sonnenlicht erfordern. Die gleiche Maßnahme erstreckt sich auf kostbare Drucke älterer und neuerer Zeit, meist als Rara bezeichnet, nämlich literarische Dokumente der deutschen und internationalen Arbeiterbewegung, Erstausgaben von Druckwerken, künstlerische und bibliophile Drucke, die nicht in den allgemeinen Buchbestand eingereiht werden dürfen.

Sondermagazine für seltene und wertvolle Bestände

Die gesonderte Aufbewahrung künstlerisch wertvoller Bucheinbände[569], ihre Pflege und Erschließung sind ein Teil der Pflege des kulturellen Erbes in Bibliotheken mit Altbeständen. Daß moderne Einbände, die durch ihre Gestaltung oder durch besondere Materialien hervorragen, in solche Sondersammlungen, die Bestandteil der Sammlung alter und wertvoller Drucke sind, eingeschlossen werden, versteht sich von selbst.

Pflege des kulturellen Erbes

Sondermagazine werden in großen Bibliotheken mit nennenswerten Zeitungsbeständen auch den Zeitungen eingeräumt.[570] Sie werden am

Zeitungen

---

568 Vgl. hierzu die Studie von HEINRICH ROLOFF, *Sondersammlungen in wissenschaftlichen Bibliotheken.* In: Buch – Bibliothek – Leser. Festschrift für Horst Kunze zum 60. Geb. Berlin 1969 S. 249–261.

569 HELMA SCHAEFER, *Einbandsammlung und Einbandforschung.* Aufbau, Erschließung u. Wirkung d. Einbandsammlung d. Deutschen Buch- u. Schriftmuseums der Deutschen Bücherei. In: Jahrbuch d. Deutschen Bücherei 7 (1971) S. 93–112.

570 Die Aufbewahrungsart für Zeitungen in Folio, wie sie die Deutsche Staatsbibliothek gewählt hat, verlangt zwar etwa das Dreifache an Blechen und Wangen und etwa $^1/_5$ mehr an Stellraum. Demgegenüber sind aber die Vorteile beträchtlich: gute Über-

besten in dafür speziell angefertigten, tiefen Stahlregalen liegend aufbewahrt. Sonderformen der Magazinierung erfordern auch Mikrofilme[571], Tonbänder[572], ferner Schallplatten, die, was vielfach nicht beachtet wird, senkrecht aufzubewahren sind.[573]

Erotica, Geheimsachen, Verschlußsachen

Unter sekretierten Beständen, die gesondert aufgestellt werden („Giftschränke") versteht man Veröffentlichungen, die polizeilich beschlagnahmt sind. Dazu werden in der Regel auch besonders kräftige Erotica genommen, die nur zu wissenschaftlichen Zwecken ausgegeben werden. Eine gesonderte Aufbewahrung erfordern auch die nicht für die Öffentlichkeit bestimmten Druckschriften, Verschlußsachen und „Nur für den Dienstgebrauch" vorgesehene Veröffentlichungen. Sie gelangen in der Regel nur auf dem Wege von Pflichtablieferungen in öffentliche Bibliotheken. Sonderaufstellung erfährt in den wissenschaftlichen Bibliotheken der DDR, und zwar in der Deutschen Staatsbibliothek und in der Deutschen Bücherei, auch die spezielle Forschungsliteratur faschistischen und militaristischen Inhalts (vgl. Kap. 4.1.6.4.).

unzulängliche Sondermagazinierung

Die Absonderung der „Bestände" im Magazin als Folge der streng dreigeteilten Bibliothek, von Lesesaal-Sonderaufstellungen abgesehen, hat unter anderem auch zu einem verhängnisvollen Uniformierungsstandpunkt der Bibliothekare gegenüber den ihnen anvertrauten Kulturgütern geführt. Ausnahmen vorbehalten, [574] sind nur die Handschriften, Autographe und Inkunabeln, letztere erst verhältnismäßig spät (im Zusammenhang mit dem Entstehen des Gesamtkatalogs der Wiegendrucke), dem allgemeinen Magazintopf entronnen. Das ist völlig ungenügend. Für eine richtige Auswahl sind die verschiedensten Gesichtspunkte zu berücksichtigen. Um nur einige zu nennen: Erstausgaben bedeutender Werke der Weltliteratur und Literaturgeschichte („Inkunabeln der Wissenschaft"), typographische Spitzenleistungen, bedeutende Illustrationswerke, Bucheinbandspecimina, Exlibris und Superexlibris, „Inkunabeln" aller technischen Verfahren in Vergangenheit und Gegenwart sowie von Bibliothe-

---

sichtlichkeit, geringere Staubeinwirkung, bessere Erhaltung der Einbände und vor allem des gefährdeten Papiers der Zeitungen.

[571] OTTO FRANK, *Die Mikrofilmtechnik.* Stuttgart 1961 S. 120–122. (Handbuch d. Reprographie. 2; weitere Lit. dort S. 316. – OTTO WATTER, *Mikrofilmtechnik – Speichern und Finden.* In: Bild u. Ton 22 (1969) S. 263–271, 274

[572] GÜNTHER SOFFKE, *Anlage und Verwaltung von Schallplatten in wissenschaftlichen Bibliotheken.* Köln 1961 S. 79–88. (Arbeiten aus dem Bibliothekar-Lehrinstitut d. Landes Nordrhein-Westfalen. 19.) – HANS GEORG KRETSCHMER u. HORST STREICHHAHN, *Aufbewahrung und Lagerung von Tonbandaufzeichnungen.* In: Archivmitteilungen 3 (1970) S. 109–112.

[573] Schallplatten sollen nur stehend aufbewahrt werden; das hat die Untersuchung von A. G. PICKETT and M. M. LEMCOE, *Preservation and storage of sound recordings.* Washington 1959, eindeutig ergeben. G. SOFFKE führt die Gründe dafür im einzelnen an (S. 79–88).

[574] Eine rühmenswerte Ausnahme ist z. B. die Abteilung Künstlerische Drucke der Deutschen Bücherei Leipzig; vgl. *Neue Mitteilungen aus d. Deutschen Bücherei. 5.: Die Abteilung d. Künstlerischen Drucke d. Deutschen Bücherei.* Leipzig 1954. Weitere Lit. darüber in: *Deutsche Bücherei 1912–1962. Festschrift...* Leipzig 1962 S. 364–365.

ken früher vernachlässigte Literaturgruppen (z. B. Socialistica, alte Kinderbücher, Almanache, Unterhaltungsliteratur). Es gibt mehrere Gründe, die dafür sprechen, solche seltenen und wertvollen literarischen Dokumente aller Art aus dem allgemeinen Magazin, zusammen oder in Verbindung mit den gleichfalls gesondert aufzubewahrenden künstlerischen Drucken, zu konzentrieren und unter besonders fixierten, streng kontrollierten Bedingungen aufzubewahren.[575] Parallel zu den Sonderabteilungen für Handschriften, Inkunabeln usw. muß in allen Bibliotheken mit wertvollem Altbestand eine Abteilung für seltene und kostbare Drucke eingerichtet werden.[576]

ausländisches Beispiel

Erstens bedeutet die Anlage eines Sondermagazins wertvoller Altbestände (frz. réserve précieuse) eine Sicherheitsmaßnahme im Katastrophenfall; ihre Sicherstellung läßt sich leichter bewerkstelligen. Zweitens müssen sich diese kostbaren Dokumente unter ständiger Kontrolle befinden; ihr Erhaltungszustand ist besser zu überwachen. Drittens hat eine solche Auswahl von Kostbarkeiten, vor allem wenn die Kriterien dafür wohl überlegt und vielseitig sind, eine große erzieherische Bedeutung, nach innen für die Bibliothekare der betreffenden Bibliothek selbst und ihre Weiterbildung, nach außen bibliothekspropagandistisch für alle interessierten Leser. Die Kommission für seltene und wertvolle Dokumente des IVBV befaßt sich mit diesem Fragenkomplex.[577]

Réserve précieuse

5.1.8. *Karteibuch*

Das Karteibuch (Loseblattausgabe) ist wegen seiner leichten Gefährdung ein beunruhigender Besitz der Bibliotheken. Entgegen der Prognose einiger Neuerer aus den zwanziger Jahren unseres Jahrhunderts, darunter kein Geringerer als Wilhelm Ostwald, die die Umwandlung des Buches in die Kartothek verkündeten, hat es sich nur einen bescheidenen Teil des Büchermarktes erobert. Es ist heute weniger das naturwissenschaftlich-technische Schrifttum, wie man ursprünglich annahm, das sich dieser Publikationsform bedient, als das rechts- und wirtschaftswissenschaftliche, und zwar besonders das für die Berufspraxis bestimmte. Das Karteibuch trägt auf diesen Gebieten den durch die gesellschaftliche Entwicklung bedingten sehr raschen und einschneidenden Veränderungen der einschlägigen Bestimmungen am besten Rechnung. Es ist ganz und gar

das Karteibuch – ein Fremdkörper

---

[575] HERMAN LIEBAERS, *Propos sur les collections précieuses des bibliothèques publiques.* In: Le livre et l'estampe 5 (1958) S. 133–140. – H. RICHARD ARCHER, *Rare book collections.* Some theoretical suggestions for use by librarians and students. Ed. Chicago 1965. (ACRL Monograph. 27.) – GEORGES COLIN, *La réserve précieuse de la Bibliothèque royale de Belgique.* In: Librarium 13 (1970) S. 96–116.

[576] Eine solche Abteilung für seltene und kostbare Drucke befindet sich in der Deutschen Staatsbibliothek im Aufbau.

[577] PIERRE BREILLAT, *Les réserves précieuses dans les bibliothèques.* In: Bull. de l'Unesco à l'intention des bibliothèques 19 (1965) S. 186–207; mit Lit.angaben in den Anmerkungen.

auf den persönlichen Besitz eines einzelnen Wissenschaftlers oder Praktikers zugeschnitten. In den Beständen öffentlicher Bibliotheken ist es ein Fremdkörper, mit dem sich die Bibliothekare recht und schlecht abfinden müssen. Die Taktik, die sie anfänglich den Mappenwerken gegenüber einzuschlagen pflegten, nämlich jedes Blatt an einen Falz zu hängen und so dem Ganzen eine Buchform zu geben, läßt sich beim Karteibuch wegen seines unübersehbaren Weiterwachsens bei gleichzeitigem Auswechseln überholter Blätter nicht anwenden. Andererseits ist die Gefahr, daß einzelne Blätter entwendet werden, noch immer so groß, daß man Loseblattausgaben nicht der allgemeinen Benutzung, z. B. im Handapparat eines Lesesaales, überlassen kann.

Aufbewahrung und Benutzung

Deshalb müssen für Karteibücher besondere Benutzungsbestimmungen festgelegt werden. Das Magazin als Standort fällt aus den genannten Gründen für sie aus. In kleineren und mittleren Bibliotheken, in denen Loseblattausgaben nicht ins Gewicht fallen, hilft man sich so, daß sie entweder am Platz der Auskunft im Lesesaal oder bei dem das entsprechende Fach vertretenden wissenschaftlichen Mitarbeiter deponiert werden. In großen Bibliotheken ergibt sich trotz Ausschöpfung dieser Möglichkeiten die Notwendigkeit, eine besondere Dienststelle für Karteibücher einzurichten. Die Benutzung von Loseblattausgaben kann in der Regel nur im Lesesaal erfolgen.

Die Verwaltung von Karteibüchern bereitet Mühe. Selbst wenn der Verlag ein Stoffgliederungsschema mitliefert oder einen Zahlenschlüssel verwendet, erfordert das Einlegen der Lieferungen Umsicht, so daß in der Regel ein Bibliothekar die Aufsicht über den damit betrauten Bibliotheksfacharbeiter führen muß. Es widerspricht dem Sammelprinzip wissenschaftlicher Bibliotheken, vom Verlag zur Aussonderung vorgesehene Blätter zu makulieren, weil sie durch neuere Bestimmungen überholt sind. Ihre Aufbewahrung muß von Fall zu Fall geregelt werden und verlangt die Entscheidung des Bibliothekars, wenn nicht gar des zuständigen Fachreferenten.[578] Die höchst arbeitsaufwendige Verwaltung kann in wissenschaftlichen Universalbibliotheken, mit Pflichtexemplaren versehen, durch Kooperationsvereinbarungen mit zuständigen Fachbibliotheken wesentlich reduziert werden, wenn diese sich der gewissenhaften Führung solcher Materialien annehmen.

---

[578] Lit. zum Karteibuch: CURT FLEISCHHACK, *Die Loseblattzeitschrift.* In: Archiv f. Buchgewerbe ... 72 (1935) S. 324–328; HORST KUNZE, *Bemerkungen zur Buchform.* In: Festschrift f. Josef Stummvoll, Alois Kisser, Ernst Trenkler zum 50. Geb. (= Das Antiquariat 8, 1952 Nr. 13/18) S. 54–55.

5.1.9. *Buchpflege*[579]

Vorbeugen und Heilen

Wir müssen unterscheiden zwischen *prophylaktischer* und *therapeutischer* Buchpflege. Die Prophylaxe ist das ureigenste Feld des Bibliothekars; sie geht alle Mitarbeiter in den Bibliotheken an, und alle Nutzer der Bibliothek sind so weit wie möglich in diese Sorge um das Bibliotheksbuch einzubeziehen. Die Therapie, das Heilen von Schäden, ist Sache der Fachleute (Buchbinder, Restauratoren), die der Bibliothekar nur beraten kann. Einfachere Heilweisen können von qualifizierten Buchbindern durchgeführt werden; schwierige Fälle sind auf wissenschaftlicher Grundlage nach dem neuesten Stand der Buchtherapie (Restaurierung) von höchstqualifizierten Spezialisten (Restauratoren) in Spezialwerkstätten zu behandeln.

Prophylaxe

Die Prophylaxe beginnt beim täglichen Umgang mit dem Bibliotheksbuch,[580] das mindestens ebenso liebevolle Behandlung verlangt wie das private Buch zu Hause. Diese Umgangsformen mit dem Buch sind geradezu ein Kriterium für die Eignung zum bibliothekarischen Beruf. Gewisse Grundregeln der Buchpflege gelten für jeden, der in einer Bibliothek beschäftigt ist, vom Direktor bis zum Reinigungsdienst. Sie beginnen mit der sorgsamen Behandlung aller Bücher, die dem Bibliothe-

---

[579] *Buchpflegefibel.* Ein Ratgeber f. allgemeinbildende Bibliotheken. 3. Aufl. Leipzig 1962. – ANNELIESE DÜHMERT, *Buchpflege.* Eine Bibliographie. Stuttgart 1963. Eine verdienstvolle Arbeit, die leider verschiedene Mängel aufweist; vgl. ZfB 78 (1964) S. 366 bis 367 (HORST KUNZE). – FRIEDRICH ADOLF SCHMIDT-KÜNSEMÜLLER, *Der Einband.* In: Handbuch II 2. Aufl. (1961) S. 508–554; vgl. ZfB 77 (1963) S. 455–459 (HELMUT DECKERT). – HARRY MILLER LYDENBERG u. JOHN ARCHER, *Über die Pflege und das Ausbessern von Büchern.* Übers. v. Christian Voigt. Hamburg 1963. Orig.titel: *The care and repair of books.* 1931. Mit Bibliogr. u. Reg. – EKKEHARD LIEHL, *Gedanken und Vorschläge zur Buchpflege in den wissenschaftlichen Bibliotheken Westdeutschlands.* Vortr. In: ZfBB 6 (1959) S. 305–318. – *Problema dolgovečnosti dokumentov i bumagi.* Otvetstv. red.: D. M. Fljate. Moskva, Leningrad 1964; Beiträge verschiedener Verfasser, mit Literaturangaben. – *Gigiena i restavracija bibliotečnych fondov.* Metodičeskoe posobie. Moskva 1964. – CSABA CSAPODI, *Conservation of the manuscript and old book collections at the library of Hungarian Academy of sciences.* Budapest 1965. – *Permanence – durability of the book.* A two-year research program. Richmond 1963. Aus d. Arbeit des 1936 gegr. *W. J. Barrow Research Laboratory.* – W. THAMM, *Wie restaurieren wir heute?* In: Papier und Druck 15 (1966) B S. 163–167, 182–185 und 16 (1967) B S. 4–8. – EVA PIEPER, *Handbuch der praktischen Buchpflege.* München 1968. – *The conservation of cultural property.* With special reference to tropical conditions. ... Paris 1968. (Museums and monuments. 11.) – FRANÇOISE FLIEDER, *La conservation des documents graphiques.* Recherches expérimentales. Préf. du Prof. Roger Heim. Paris 1969. (Centre international d'études pour la conservation des biens culturels et Comité de l'ICOM pour les laboratoires de musées. Travaux et publications. 9.) – GÜNTER MÜLLER, *Zur Problematik der Restaurierung und Konservierung wertvoller Bücher und Dokumente auf Papiergrundlage.* In: ZfB 83 (1969) S. 301–308. – BERNARD C. MIDDLETON, *The restauration of leather bindings.* Chicago 1972.

[580] Die oft gestellte Frage, ob durch Bücher Infektionskrankheiten übertragen werden, ist offensichtlich zu verneinen; vgl. JULIE KŘIVINKOVÁ in: Knihovnik 4 (1959) S. 278–279.

kar durch die Hände gehen. Anstreichungen und handschriftliche Notizen in Bibliotheksbüchern, durch die Benutzungsordnung dem Nutzer streng untersagt, sind erst recht für den Bibliothekar eine Todsünde. Und wie kann der Bibliothekar im Benutzungsdienst die Nutzer zu einem einwandfreien Umgang mit Büchern erziehen, wenn es in der Bibliothek noch Kollegen gibt, die die unappetitliche Gewohnheit, beim Umblättern der Buchseiten von Zeit zu Zeit die Finger anzulecken, noch nicht abgelegt haben? Jeder Mitarbeiter ist – auch ohne ausdrückliche Dienstanweisung – verpflichtet, über den Erhaltungszustand der Bibliotheksbände zu wachen und wahrgenommene Schäden zu melden, beschädigte Bände der Einbandstelle unmittelbar zuzuleiten. Das gilt besonders für den Magazindienst, denn der Zustand des Magazins ist ein Spiegelbild der Qualifikation der dort tätigen Mitarbeiter. Eine einwandfreie senkrechte Stellung der Bücher im Gestell muß überall beachtet werden, weil ihre schräge Stellung den Einband schädigt. Folio- und Großfolio-Bestände (Zeitungen u. a.) sollten grundsätzlich liegend aufbewahrt werden. Von den Mitarbeitern im Magazin muß aber auch erwartet werden, daß sie ihre besondere Aufmerksamkeit dem Auftreten von Bücherschädlingen widmen, besonders den Anobiumarten (Klopfkäfer), die sich im Buch festsetzen und Papier und Einband zerstören. Die Bekämpfung pflanzlicher und tierischer Schädlinge[581] ist nur mit wissenschaftlichen Methoden und mit Hilfe von Spezialisten erfolgverheißend. Der Bibliothekar kann den notwendigen prophylaktischen bzw. therapeutischen Prozeß nur auslösen.

Magazin

Zur Buchpflege trägt auch sehr wesentlich die Sauberkeit im Magazin bei. Im Interesse der Benutzer wie mit Rücksicht auf die eigenen Mitarbeiter ist eine ständige Entstaubung der Magazine notwendig. Nur wenige Bibliotheken verfügen über moderne Entstaubungsanlagen. Der zweite Weltkrieg hat außerdem bestehende Einrichtungen vielfach zerstört. In allen mittleren und größeren Bibliotheken ist der Reinigungsdienst, unter Aufsicht eines Magazinangestellten, zum regelmäßigen Säubern der Bücher in den Magazinen einzusetzen. Im Zeitalter der Technik sollten statt des früher üblichen Abklopfens der Bücher Staubsauger benutzt werden. Einige Bibliotheken haben mit einfachen Entstaubungsbehältern gute Erfahrungen gemacht.

Sauberkeit

allgemeinbildende Bibliotheken

In den allgemeinbildenden Bibliotheken versteht man unter Buchpflege im engeren Sinne, entsprechend dem Buchmaterial dieser Büchereien (das neue Buch), die sorgfältige Behandlung der Bücher (Schutz vor Sonnen-

[581] O. WÄLCHLI, *Pflanzliche und tierische Schädlinge und ihre Bekämpfung.* In: Beiträge zum Schutz von Kulturgütern in Bibliotheken und Archiven. St. Gallen 1962 (Mitteilungen d. Eidg. Materialprüfungs- u. Versuchsanstalt, Hauptabt. C, St. Gallen). SA aus Textil-Rundschau 1962; behandelt umfassend (mit Abb.) vorbeugende Schutzmaßnahmen u. bekämpfende Maßnahmen f. Pilze, Bakterien, Insekten, Säugetiere (Mäuse, Ratten). – FAUSTA GALLO und PIERO GALLO, *Bücherfeindliche Insekten und Mikroorganismen.* In: Papiergeschichte 16 (1966) H. 3/4 S. 7–28. – OTTO WÄCHTER, *Die Entwesung v. Büchern.* In: Biblos 10 (1961) S. 189–198; behandelt wichtigste Methoden d. Bekämpfung tierischer Schädlinge in Büchern.

licht, übermäßiger Kälte, Feuchtigkeit, Staub) und ihre Einbandgestaltung, die den besonders hohen Anforderungen im Gebrauch Rechnung trägt. Unter der speziellen Buchpflege faßt man in diesen Bibliotheken alle Manipulationen zusammen, die bei planmäßiger, sorgfältiger Überwachung des Erhaltungszustandes zu einer sofortigen Beseitigung kleinerer Schäden durch einen Bibliothekstechniker, in sehr großen Staatlichen Allgemeinbibliotheken in einer Hausbuchbinderei durchgeführt werden.

wissenschaftliche Bibliotheken

In den wissenschaftlichen Bibliotheken erstreckt sich die Buchpflege ebenfalls auf diese Maßnahmen. Sie geht aber hier mit Rücksicht auf die Pflege und Erhaltung ihrer alten Bestände (Handschriften, Inkunabeln, alte Drucke, Erstausgaben, künstlerische Drucke) noch weit darüber hinaus. Somit ist die höhere Form der Buchtherapie ein besonderes Aufgabengebiet der wissenschaftlichen Bibliotheken, das die Bibliothekare nur in engster Verbindung mit sachkundigen Restauratoren erfolgreich beherrschen können. Der Bibliothekar, mindestens derjenige, dem wertvolle literarische Dokumente anvertraut sind (Handschriften-, Inkunabel-, Rara-Abteilungen, künstlerische Drucke usw.), muß mit der Entwicklung der Buchtherapie theoretisch Schritt halten,[582] um die Arbeit der eigentlichen Therapeuten (Restauratoren) beurteilen zu können. Das ist aus vielerlei Gründen notwendig, denn der Restaurator darf weder eingetretene Schäden kunstvoll unsichtbar machen, noch darf er fehlende Einbandteile durch Imitationen ersetzen wollen. Seine Arbeit muß stets erkennbar bleiben und wird deswegen auch genau schriftlich festgehalten. Der wissenschaftliche Bibliothekar, der auf Grund seiner Vorbildung nicht nur die Form, sondern auch den Inhalt der ihm anvertrauten Schätze beurteilen können muß, hat also darüber zu wachen, daß der Restaurator keine willkürlichen Eingriffe in die Substanz des Buches vornimmt oder stilfremde Elemente hineinrestauriert.

Aufgabe des Restaurators

F. Ehrle

Die Tradition der deutschen Bibliotheken auf dem Gebiete der Buchrestaurierung weist einige Höhepunkte auf, ist aber im Ganzen nicht ruhmreich. Besondere Verdienste hat sich der Bibliothekar Franz Ehrle

---

[582] Vgl. Handbuch II 2. Aufl. (1961) S. 545–550 (F. A. SCHMIDT-KÜNSEMÜLLER; s. o.). – GEORGE MARTIN CUNHA and DOROTHY GRANT CUNHA, *Conservation of library materials.* A manual and bibliography on the care, repair, and restoration of library materials. 2d ed. Vol. 1.2. Metuchen, N. J. 1971–1972. – *Library and archives conservation.* The Boston Athenaeum's 1971 Seminar on the application of chemical and physical methods to the conservation of library and archival materials. Ed. by George Martin Cunha and Norman Paul Tucker. Boston 1972. – Zur Weiterbildung des wissenschaftlichen Bibliothekars auf diesem Gebiet zählt es nicht nur, die neueste internationale monographische Literatur, sondern auch die einschlägigen Fachzeitschriften zu verfolgen: *Mitteilungen. Internationale Arbeitsgemeinschaft der Archiv-, Bibliotheks- u. Graphikrestauratoren.* Bd. 3, Nr. 47 ff. Marburg 1973 ff. – *Historická knižní vazba.* Sborník ... Der historische Bucheinband. Jahrbuch für die Gesch. d. Buchbinderei u. Methodik d. Schutzes historischer Bucheinbände. Vol. 1 ff. Liberec 1962 ff. – *Restaurator.* International journal for the preservation of library and archival material. Vol. 1 ff. Copenhagen 1969/1970 ff.

(1845 bis 1934), von 1895 bis 1914 Präfekt der Vatikanischen Bibliothek, später Bibliothekar und Archivar der Römischen Kirche, erworben.

A. Gallo

Diese Tradition hat Alfonso Gallo († 1952), der Begründer und Direktor des „Istituto di Patologia del Libro“ in Rom fortgesetzt.[583] Das Institut, das 1944 durch die Kriegshandlungen in Italien schwer getroffen wurde, ist wiederaufgebaut. Es besteht aus Museum, Bibliothek und Photothek, Restaurierungsräumen und wissenschaftlichen Laboratorien, und zwar aus je einem mikrobiologischen, chemischen, physikalischen und optisch-photographischen Laboratorium.

bedeutende Restaurierungsstellen

In der Deutschen Demokratischen Republik ist ein erfreulicher Aufschwung auf dem Gebiet der Buchrestaurierung zu verzeichnen. Die Restaurierungsstellen z. B. der Sächsischen Landesbibliothek Dresden, der UB Jena, der Deutschen Staatsbibliothek und der UB Greifswald haben bereits beachtliche Erfolge erzielt.

Bedeutende Einrichtungen dieser Art hat die UdSSR, z. B. die Leninbibliothek, aufzuweisen. Modernste Restaurierungsverfahren wendet u. a. auch die Restaurierungsabteilung der Staatsbibliothek der ČSR in Prag an.

In der BRD hat sich besonders die nach dem zweiten Weltkrieg eingerichtete Wiederinstandsetzungsstelle der Bayerischen Staatsbibliothek in München ausgezeichnet.

Von ihren eigenen Einrichtungen abgesehen, tun die Bibliothekare gut daran, künftig enger als bisher mit ihren Archivkollegen[584] zusammenzuarbeiten, die gleichfalls wertvolle Einrichtungen und Erfahrungen auf dem Felde der Restaurierung aufzuweisen haben.

Bestandspflege

Auf jeden Fall bedarf die Pflege und Erhaltung des den Bibliothekaren anvertrauten kulturellen und wissenschaftlichen Erbes in der Zukunft noch weit mehr Beachtung als bisher. Es genügt nicht, aus der Hand in den Mund zu leben oder über der notwendigen Beseitigung von Kriegs- und anderen Schäden die Pflege des gesamten Altbestandes zu vernachlässigen. Buchpflege muß langfristig geplant werden.[585]

Zeitungen

Besonders brennend ist die *Konservierung von Zeitungen*[586], die eine höchst wichtige Forderung unter dem Gesichtspunkt der Prophylaxe und Therapie ist. Und zwar nicht als restaurative Handwerkelei im Einzelfall, sondern mit Methoden, die eine ökonomisch vertretbare Massenanwendung gestatten. Die *Abteilung für Buchhygiene und Restaurierung der*

---

583 ALFONSO GALLO, *Patologia e terapia del libro.* Roma 1951 (Enciclopedia poligrafica. I 3.). – MICHELANGELO GALLO, *Das Institut für Buchpathologie „Alfonso Gallo“ in Rom.* In: Libri 5 (1954/55) S. 35–40. Vgl. ferner LAMBERTO BRAVI, *Disinfezione dei libri e igiene bibliotecaria. Disinfestazione delle biblioteche. 4. ed. Roma 1953.* – Vierteljährlich erscheint das *Bollettino dell'Istituto di patologia del libro „Alfonso Gallo“* (seit 1939).

584 Hierzu sind besonders die deutschen und ausländischen archivalischen Zeitschriften zu verfolgen.

585 ZfBB 6 (1959) S. 311, 316–318 (vgl. Anm. 579, LIEHL).

586 EVA VERONA, *Über die Restaurierung von Zeitungsbeständen in der National- und Universitätsbibliothek in Zagreb.* In: ZfB 77 (1963) S. 433–443.

Leninbibliothek Moskau hat mit methylakrylen Emulsionen schon bedeutende Erfolge bei der Zeitungskonservierung in größerem Umfang erzielt.
Hinzu kommt, daß die Erfahrungen des zweiten Weltkriegs dafür sprechen, die Sicherheitsverfilmung von Rara und Kostbarkeiten ernster zu nehmen als bisher. Dadurch würde ein wesentlicher Beitrag zur Erhaltung dieser Dokumente, also indirekt auch zur Buchpflege, geleistet. Die Sicherheitsverfilmung sollte grundsätzlich stets in zwei Exemplaren erfolgen, von denen eins in einem Tresor außerhalb der Bibliothek aufzubewahren ist, das zweite Exemplar aber – der Positivfilm – der Benutzung, besonders im Leihverkehr, vorbehalten werden sollte. Dadurch würde das Original wesentlich geschützt.

Sicherheitsverfilmung

5.2. Literaturvermittlung: Beschaffung von Literatur

Unter Literaturvermittlung fassen wir die Einrichtungen und Arbeitsmittel zusammen, die von Bibliothekaren geschaffen worden sind, um den Nutzern literarische Dokumente im Original oder in Reproduktion zugänglich zu machen, die in Bibliotheken am Wohnort des Nutzers nicht vorhanden sind.

Inhalt

5.2.1. *Fundortnachweise für Zeitschriften*

Der Literaturvermittlung dienen Fundortnachweise vielfältiger Art. Die zu diesem Zwecke hergestellten Verzeichnisse oder Kataloge sind Arbeitsergebnisse einzelner großer Bibliotheken oder Gemeinschaftswerke mehrerer Bibliotheken.

Fundortnachweise

Institut für Leihverkehr und Zentralkataloge (ILZ)
Diese 1905 gegründete Fundortnachweisstelle hängt aufs engste mit dem deutschen Gesamtkatalogunternehmen (Preußischer, seit 1936 Deutscher Gesamtkatalog = PGK bzw. DGK) zusammen. Das *Auskunftsbüro der deutschen Bibliotheken*[587] wurde bei der damaligen Königlichen Bibliothek zu Berlin eingerichtet. Es wurde ihm die Aufgabe gestellt, „nachzuweisen, ob sich ein gesuchtes Buch in einer der deutschen Bibliotheken, die ihre Mitwirkung an der Auskunftserteilung zugesagt hatten, befindet und welche Bibliothek dies ist“.[588] Bis zum Vorliegen des Preußischen Gesamtkataloges sollte das Auskunftsbüro für den Buchbesitz der preußischen Bibliotheken diesen Nachweis auf Grund des GK-Manuskriptes führen. Gewünschte Titel, die von ihm nicht nachgewiesen werden konnten, wurden durch das Auskunftsbüro gesucht, indem bei den in Frage

ILZ

Gründung des Auskunftsbüros 1905

[587] HEINZ GITTIG, *Das Auskunftsbüro der deutschen Bibliotheken.* In: Deutsche Staatsbibliothek 1661–1961. Bd. 1. Leipzig 1961 S. 223–240.
[588] *Jahrbuch der Deutschen Bibliotheken* 4 (1905) S. 123.

kommenden Bibliotheken mittels einer Suchkarte angefragt wurde. Die zurückgesandten Suchkarten wurden in dem sogenannten Ergänzungskatalog aufbewahrt. Eine umfassende und erlesene Handbibliothek wichtiger bibliographischer Nachschlagewerke, besonders aber von Fundortverzeichnissen, unterstützte die Arbeit des Auskunftsbüros. Der zweite Weltkrieg hat diesem Unternehmen schweren Schaden zugefügt.

Auskunftsbüro nach 1945

Nach 1945 wurde die unentbehrliche Arbeit des Auskunftsbüros von der Deutschen Staatsbibliothek weitergeführt. Durch die Dritte Durchführungsbestimmung vom 24. August 1970[589] zur Bibliotheksverordnung der DDR von 1968 wurde dem ehemaligen Auskunftsbüro nicht nur seine zentrale Stellung wieder zuerkannt, sondern es wurden ihm auch als Leiteinrichtung für Leihverkehr und Zentralkataloge wesentlich erweiterte Aufgaben gestellt, bis hin zur Forschung in den beiden Hauptbereichen (Leihverkehr, Zentralkataloge). Die neue Einrichtung wurde als Abteilung der Deutschen Staatsbibliothek geschaffen; sie erhielt die Bezeichnung *Institut für Leihverkehr und Zentralkataloge* (ILZ).
Von den drei wichtigsten Arbeitsmitteln des ehemaligen Auskunftsbüros, dem Material des GK (etwa $2^1/_2$ Millionen Titel), dem Ergänzungskatalog (1938: 292 000 Karten) und der Handbibliothek (5000 Bände), war nach dem zweiten Weltkrieg im vollen Umfange nur der Ergänzungskatalog erhalten geblieben, der mittlerweile erweitert worden ist (1971: 720 000 Nachweise); die Handbibliothek befindet sich im Neuaufbau (4200 Bde.); das GK-Manuskript muß als verloren gelten. Über diese traditionellen Materialien hinaus wurden nach 1945 neue geschaffen: der *Zentralkatalog der Auslandsliteratur* (ZKA) und das *Gesamtverzeichnis ausländischer Zeitschriften* (GAZ). Darüber sowie über andere Zentralkatalogunternehmungen wird im folgenden Kapitel im Zusammenhang gesprochen werden.

Zeitschriftenverzeichnisse

Unter den speziellen Fundortnachweisen nehmen die *nationalen Zeitschriftenverzeichnisse* (Gesamtverzeichnisse von Zeitschriftenbeständen innerhalb eines Landes oder eines großen Bibliotheks- bzw. Informationsbereiches) wegen der großen Wichtigkeit der Zeitschriftenliteratur eine Sonderstellung ein. Die wichtigsten davon zählen zum täglichen Handwerkszeug des Bibliothekars und müssen Teil seines sicheren Berufswissens sein.

GZV

Gesamt-Zeitschriften-Verzeichnis (GZV). Herausgegeben vom Auskunftsbüro der Deutschen Bibliotheken. Berlin 1914.
Es enthält, alphabetisch geordnet, die seinerzeit laufend gehaltenen Zeitschriften von etwa 300 deutschen Bibliotheken und gibt die Signaturen der Berliner und Münchener Staatsbibliothek sowie durch Sigel bis zu vier Besitzvermerke anderer Bibliotheken für eine Zeitschrift an. Mit seinen über 17 000 Titelnachweisen ist es heute noch wichtig für die älteren Zeitschriftenbände der deutschen wissenschaftlichen Bibliotheken.

[589] In: GBl. II 1970 Nr. 81 S. 570–571.

Kein Register! Obwohl es teilweise veraltet ist (Kriegsschäden in den Beständen), leistet es noch immer gute Dienste.

Gesamtverzeichnis der ausländischen Zeitschriften 1914–1924 (GAZ). Herausgegeben vom Auskunftsbüro der deutschen Bibliotheken. Berlin 1929. GAZ
Es enthält, alphabetisch geordnet und durch ein Stichwortregister erschlossen, die damals laufend gehaltenen ausländischen Zeitschriften von etwa 300 deutschen Bibliotheken. Es gibt die Signaturen der Berliner Staatsbibliothek sowie für diese wie für andere besitzende Bibliotheken, deren Sigel ohne Beschränkung auf eine bestimmte Anzahl verzeichnet werden, den nach Jahrgängen genau bezeichneten Bestand an. Mit seinen nicht ganz 15 000 Titelnachweisen ist es ein auch heute noch unentbehrliches Nachschlagewerk, trotz der durch Kriegseinwirkung entstandenen Bestandsverluste.

Gesamtverzeichnis ausländischer Zeitschriften 1939–1959 (GAZ). Bearb. u. hrsg. von d. Dt. Staatsbibliothek, Auskunftsbüro d. dt. Bibliotheken. Bd. 1 ff. Berlin 1961 ff. Im Erscheinen. GAZ 1939 ff.
Nach den Regeln für die alphabetische Katalogisierung in wissenschaftlichen Bibliotheken geordnetes Verzeichnis. Umfaßt etwa 26 000 Titelnachweise von ausländischen Zeitschriften und Serien in etwa 500 wissenschaftlichen Bibliotheken der DDR. Durch umfangreiche bibliographische Angaben erhält das Verzeichnis für die Berichtszeit 1939 bis 1959 den Charakter einer Zeitschriftenbibliographie. – Von der Aufnahme ausgeschlossen sind: nicht gezählte und populärwissenschaftliche Serien, Verlegerserien, Sammlungen von Klassikern und sonstige Werkausgaben, Zeitungen, Blätter lokalen Inhaltes und Zeitschriften unterhaltenden Charakters, reine Vorlesungs- und Personalverzeichnisse ohne wissenschaftliche Beiträge, Zugangsverzeichnisse einzelner Bibliotheken, Ortsadreßbücher, Kalender, Almanache, Kursbücher, Tarifverzeichnisse und ähnliche Veröffentlichungen; Titel, die nur von einer Bibliothek mit einem jeweils lückenhaften Band gemeldet worden sind. – Veröffentlichungen der Weltorganisationen (z. B. UN, Unesco) werden unter dem korporativen Verfasser verzeichnet. Internationale Kongreßberichte erscheinen unter dem Ordnungswort des fingierten deutschen Kongreßtitels.
Als eine Ergänzung dazu wurde für die Jahre 1960–1970 das Verzeichnis *„Neueste ausländische Zeitschriften"* (NAZ), 3 Bde. und 1 Ergänzungsband, (erschienen 1969/71) herausgegeben. Mit dem Jahre 1973 wurde in der DDR eine neue Qualitätsstufe der Zentralkatalogarbeit erreicht. Es erschien der erste Teil des Zentralkatalogs der DDR, hergestellt mittels EDV und beginnend mit der Verzeichnung von ausländischen Zeitschriften und Serien mit Impressum 1971, wobei unter ausländische alle außerhalb der DDR erschienenen und in Bibliotheken und Informationseinrichtungen der DDR vorhandenen Periodica verstanden werden.

ZKZ

Zentralkatalog der DDR. Zeitschriften und Serien des Auslands. ZKZ Jahrgang 1971.[590] Damit wurde einerseits eine fast sechzigjährige Tradition fortgesetzt, andererseits, wie es in dem Zusatz „Jahrgang" zum Ausdruck kommt, eine laufende und kontinuierliche Information über Standorte ausländischer Zeitschriften in den Bibliotheken sowie in den Einrichtungen der Information und Dokumentation begonnen. Damit nicht genug, es können aus dem gespeicherten Material sowohl regionale als auch fachliche Teilverzeichnisse (sowie unter noch anderen Gesichtspunkten, z. B. der Provenienz der einzelnen Zeitschriften) abgerufen und ausgedruckt werden. Das wird besonders lohnend bei der Erarbeitung des erweiterten Materials im Band 1971–1973 (Dreijahreskumulation) sein.
Zentralkatalog der DDR. Monographien. Dieser zweite Teil liegt in einem Zettelmanuskript zu Auskunftszwecken vor; seine Veröffentlichung mittels EDV wird vorbereitet.

Zeitschriften-bibliographie und Information

Die Zeitschriftenbibliographie wird zu einem aktiven Helfer der Information und Dokumentation, wenn Zeitschriftenverzeichnisse einzelner Fachgebiete, entstanden aus Bestandsverzeichnissen leistungsfähiger National- oder Staatsbibliotheken, zu Gemeinschaftswerken aller Bibliotheken eines Landes – wissenschaftlicher Allgemeinbibliotheken und wissenschaftlicher Fachbibliotheken –, die nennenswerte Bestände auf diesem Gebiet aufzuweisen haben, ausgebaut werden. Ein solches gutes Beispiel liegt in der DDR für die medizinische Literatur vor mit *Deutsche Staatsbibliothek. Institut für Wissenschaftsinformation in der Medizin. Wo sind welche? Zeitschriften der Medizin und ihrer Grenzgebiete in den medizinischen Einrichtungen und wissenschaftlichen Bibliotheken der DDR.* (5. Aufl. Berlin 1973), hervorgegangen aus dem entsprechenden Bestandsverzeichnis der Deutschen Staatsbibliothek. Von einer vorbereiteten sechsten und letzten Auflage abgesehen, wird es künftig als ein Teilergebnis des automatisierten Zentralkatalogs ausländischer Zeitschriften, geführt vom ILZ, vorgelegt werden können.

Wo sind welche?

Fundortnachweise für ausländische Zeitschriften in Bibliotheken der BRD gibt:

Stiftung Preußischer Kulturbesitz. Staatsbibliothek. Gesamtverzeichnis ausländischer Zeitschriften und Serien (GAZS). Hauptband 1939–1958, Teil 1–5. Wiesbaden 1959–1968.

GAZS

Nach der mechanischen Wortfolge alphabetisch geordnetes Verzeichnis. Umfaßt rund 55 000 Titelnachweise von ausländischen Zeitschriften und Serien in etwa 2000 öffentlichen wissenschaftlichen Bibliotheken, Bibliotheken von Forschungsinstituten von besonderer Bedeutung im Bereich der Bundesrepublik Deutschland und Westberlins. Durch umfangreiche bibliographische Angaben erhält das Verzeichnis für die

[590] REINHARD BRADLER und HEINZ GITTIG, *Zentralkatalog der DDR.* Zeitschriften und Serien des Auslands. In: ZfB 87 (1973) S. 385–391.

Berichtszeit 1939 bis 1958 den Charakter einer Zeitschriftenbibliographie. – Von der Aufnahme ausgeschlossen sind: Zeitungen, Adreßbücher, Vorlesungs- und Personalverzeichnisse, volkstümliche Kalender, Kursbücher, Tarife und ähnliche dem praktischen Leben dienende Veröffentlichungen, Zeitschriften und Serienwerke unterhaltenden Inhaltes, ungezählte Verlegerserien, Fortsetzungswerke und Sammlungen schöngeistigen Schrifttums. – Veröffentlichungen internationaler Organisationen (z. B. UN, Unesco, FAO) sind unter dem korporativen Verfasser verzeichnet. Internationale Kongreßberichte erscheinen unter dem fingierten deutschen Kongreßtitel.

5.2.3. *Zentralkataloge*

Zentralkataloge (ZK) sind unentbehrliche Arbeitsinstrumente der Bibliothekare im Dienste der Literaturinformation. Im Gegensatz zu den zentralen Titeldruckunternehmungen, Zentralkatalogisierung genannt (vgl. Kap. 4.2.1.6.), wobei von *einer* Bibliothek nur für den eigenen Dienstbetrieb oder gleichzeitig für *mehrere* andere Bibliotheken gedruckte Titelkarten hergestellt werden, sind Zentralkataloge[591] kollektive, von *mehreren* Bibliotheken getragene Unternehmungen, für die *eine* Bibliothek federführend ist. Man versteht sogleich die große Bedeutung von Zentralkatalogen, wenn man sich ihren praktischen Zweck klarmacht: Sie dienen primär der Bestandserschließung, indem sie den Buchbestand mehrerer Bibliotheken in einem Alphabet vereinigen und dadurch den Fundortnachweis für Literatur verbessern. Damit werden sie zu den

Definition

Zweck

[591] Die wichtigsten Arbeiten zum Thema Zentralkataloge sind: FRITZ MILKAU, *Centralkataloge und Titeldrucke.* Leipzig 1898 (ZfB Beih. 20.). – LEENDERT BRUMMEL, *Union catalogues.* Their problems and organization. Paris 1956. (Unesco bibliographical handbooks. 6.) – PIERRE BOURGEOIS, *Zweck und Aufbau der Gesamtkataloge.* In: Festschrift f. Josef Stummvoll, Alois Kisser, Ernst Trenkler zum 50. Geburtstage (= Das Antiquariat 8, 1952, Nr. 13/18 S. 16–17). – FRITZ JUNTKE, *Die zentrale Katalogisierung im Hochschulbereich auf Grund der Erfahrungen des Zentralkataloges Sachsen-Anhalt.* In: ZfB 67 (1953) S. 165–173. – WALTER BAUHUIS, *Zentralkataloge, Grundsätze u. Aufbauvorschläge.* In: ZfB 67 (1953) S. 81–102. – HEINRICH ROLOFF, *Zur Theorie des Zentralkatalogs.* In: Bibliothek, Bibliothekar, Bibliothekswissenschaft. Festschrift Joris Vorstius. Leipzig 1954 S. 252–273. – Eine Übersicht über deutsche und ausländische Zentralkatalogunternehmungen gibt im zweiten Teil seiner Arbeit FRANZ SCHMITT, *Örtliche Gesamtkataloge.* In: ZfB 65 (1951) S. 273–281; 355–383; 432–446. – In den Tatsachen veraltet, aber im Grundsätzlichen immer noch wertvoll ist: J. H. P. PAFFORD, *Library Cooperation in Europe.* London 1935. Zentralkataloge (Union catalogues) werden hier nur als ein Teil der bibliothekarischen Zusammenarbeit behandelt. – Grundlegend für Aufbau und Organisation eines Zentralkataloges ist die Arbeit von EUGEN EGGER, *Gesamtkataloge.* In: Libri 6 (1956) S. 97–170. Ferner als praktisches Hilfsmittel zur Orientierung: *International loan services and union catalogues.* A manual publ. by the Committee on union catalogues and international loans of the IFLA under the editorship of Valentin Wehefritz. Frankfurt a. M. 1974. (ZfB. Sonderh. 17.) – TAT'JANA NIKOLAEVNA DANČENKO, *Svodnye pečatnye katalogi.* Principy i metody ich sostavlenija. Pod red. G. G. Firsova. Leningrad 1973.

wichtigsten Arbeitsinstrumenten für den Leihverkehr. Mit Hilfe der gemeinsamen Arbeit an einem Zentralkatalog ist es auch möglich, die Erwerbungspolitik der beteiligten Bibliotheken zu koordinieren, etwa zwischen zentraler Hochschulbibliothek und Sektionsbibliotheken. Das ist nicht unwichtig, aber nicht das primäre Anliegen von Zentralkatalogen.[592] Daneben können Zentralkataloge auch für die Informationsarbeit nützlich sein. Es können dafür freilich keine Regeln aufgestellt werden, sondern es bleibt der Wendigkeit des Bibliothekars überlassen, aus der gegebenen Situation des Informations- oder Signierdienstes heraus zu entscheiden, wann das Einsehen eines Zentralkatalogs, z. B. bei einer bibliographischen Titelergänzung, ratsamer ist als das systematische Nachschlagen in Bibliographien.

Zentralkatalog und Leihverkehr

Nach J. Vorstius sind Zentralkataloge „Gemeinschaftsverzeichnisse zu praktischen Zwecken".[593] Sie vereinigen den gesamten oder ausgewählten Bestand mehrerer Bibliotheken in einem oder mehreren Alphabeten. Immer wird ihr wichtigster Zweck, wie wir bereits feststellten, in dem Nachweis von Titeln für die Benutzung zu sehen sein. Die zentrale Auskunftserteilung auf Grund des Titelmaterials eines Zentralkatalogs mündet also unmittelbar in den Leihverkehr.[594] Ein Netz von Zentralkatalogen ist die beste Steuerung des nationalen Leihverkehrs in jedem Lande und zugleich, gute Zusammenarbeit innerhalb dieses Netzes vorausgesetzt, günstige Voraussetzung für eine wirksame Unterstützung des Internationalen Leihverkehrs.

Bezeichnung

Von den im Deutschen üblichen Namen für solche kooperativen, kollektiven Kataloge ist der *Zentralkatalog* dem Gesamtkatalog vorzuziehen, weil „gesamt" irreführend ist. Die Gesamtheit erstreckt sich nur auf den Kreis der mitarbeitenden Bibliotheken, nicht auf die Vollständigkeit der zu erfassenden Bestände.

Umfang und Abgrenzung

Darüber, nämlich über den Umfang und die Abgrenzungen eines Zentralkatalogs, bestehen in der Praxis sehr große Unterschiede und in der Theorie beträchtliche Meinungsverschiedenheiten. Folgende Gesichtspunkte sind dabei vor Aufnahme der Arbeit zu beachten; sie bilden gleichsam die Voraussetzung für jede Zentralkatalogarbeit.

In der Geschichte der Zentralkataloge nimmt der Frankfurter Sammelkatalog eine Sonderstellung ein.

Frankfurter Sammelkatalog

Seine vollständige Bezeichnung lautete: Sammelkatalog Deutscher Bibliotheken bei der Freiherrlich Carl von Rothschildschen öffentlichen Bibliothek. Diese schon 1891 von Christian Wilhelm Berghoeffer[595] gegründete Fundortnachweisstelle wurde zu-

---

[592] Das gleiche Ziel kann auch mit anderen Mitteln erreicht werden, nämlich durch Abstimmungen von Fall zu Fall bei der Erwerbung z. B. teurer ausländischer Werke.

[593] JORIS VORSTIUS, *Vergangenheit, Gegenwart u. Zukunft des Deutschen Gesamtkataloges.* In: Festschrift Georg Leyh. Leipzig 1937 S. 320.

[594] HEINRICH MIDDENDORF, *Zur Einschaltung der Zentralkataloge in den Leihverkehr.* In: ZfBB 8 (1961) S. 233–247. – HANS CORDES, *Les catalogues collectifs de la République Fédérale d'Allemagne et leur emploi au service du prêt interbibliothèque.* In: Libri 13 (1963) S. 70–77.

[595] Wie lebendig Berghoeffer noch immer ist, beweist die ungarische Arbeit von MARIA

nächst nur für den lokalen Bereich geführt, ab 1906 aber auch auf Bibliotheken außerhalb Frankfurts ausgedehnt. Ihre Arbeitsmethode war ebenso originell wie einfach: alle erreichbaren gedruckten Bibliothekskataloge oder vervielfältigten Zugangs- und Neuerwerbungslisten von Bibliotheken wurden ausgeschnitten und auf einheitliche Karten geklebt. Der Frankfurter Sammelkatalog enthielt also eine recht zufällige Sammlung von Titelmaterial. Immerhin hat er es bei geringstem Kostenaufwand auf rund 4,5 Millionen Titel mit 5,5 Millionen Fundortnachweisen (Bücher und Zeitschriften) gebracht. Besondere Aufmerksamkeit wurde den Naturwissenschaften, der Technik und der Landeskunde gewidmet. Dieser Zentralkatalog wurde noch von 1945 bis 1950 fortgeführt. Der hessische Zentralkatalog, der sich in das System der regionalen Zentralkataloge der BRD einfügt, hat ihn abgelöst. Er verdient auch deshalb noch Erwähnung, weil seine Prinzipien auf die heutigen Grundsätze von Zentralkatalogen eingewirkt haben.

Kreis der mitarbeitenden Bibliotheken

Je nach der Beschränkung auf die Bibliotheken einer Stadt, eines Gebietes oder eines ganzen Landes spricht man von *lokalen*, *regionalen* oder *nationalen* Zentralkatalogen. Bei fachlicher Begrenzung der mitarbeitenden Bibliotheken entstehen *fachliche* Zentralkataloge.

Umfang der aufzunehmenden Titel

Begrenzungen des Umfangs können zeitlich oder formal sein; sie richten sich nach dem Charakter des Zentralkataloges. Eine enge zeitliche Begrenzung nach rückwärts weist z. B. der Zentralkatalog der Auslandsliteratur (ZKA) der Deutschen Staatsbibliothek auf: ab Erscheinungsjahr 1939; nach vorwärts z. B. Inkunabelkataloge wie der Gesamtkatalog der Wiegendrucke (bis 1500) und andere. Auch formale Begrenzungen, d. h. das Weglassen bestimmter formaler Literaturgruppen, dienen dem Zweck, den Zentralkatalog sinnvoll zu entlasten. So werden stets Handschriften, die ohnehin eine besondere Katalogisierung erfordern, ausgenommen. Häufig werden auch Hochschulschriften, Karten, Musikalien, reine Orientalia (Werke in orientalischen Schriftarten) ausgeschlossen.

NÉMETH, *A Központi Katalógus szerkesztésének Berghoeffer-féle módszere.* Mit dt. Zus.fassg.: Die Berghoeffersche Methode zum Aufbau des Zentralkataloges. In: Az Országos Széchényi Könyvtár évkönyve 1961–1962. Budapest 1963 S. 162–171. – Der Zeitschriften-Zentralkatalog (Arbeitskatalog für den Standortnachweis) im ILZ (etwa 60 000 Titel mit 480 000 Nachweisen) ist nach Berghoeffer entstanden und wird laufend genauso weitergeführt. – CLEMENS KÖTTELWESCH, *Vom Frankfurter Sammelkatalog zum Hessischen Zentralkatalog.* In: Aktuelle Probleme der Bibliotheksverwaltung. Festgabe Hermann Fuchs z. 70. Geb. am 13. 3. 1966. Wiesbaden 1966 S. 92 bis 101.

sachlich

Der Wunsch, sachlich geordnete Zentralkataloge zu schaffen, ist schon oft von Bibliothekaren und Wissenschaftlern geäußert worden. Die Praktiker sind sich jedoch darin einig, daß zentrale Sachkataloge vorerst wenigstens undurchführbar sind. Da die Einordnung der Titel nur an Hand der Objekte, die der federführenden zentralen Bibliothek nur zum Teil selbst zur Verfügung stehen, möglich ist, müßte für alle mitarbeitenden Bibliotheken ein einheitliches Klassifikationsschema gelten. Und davon sind mindestens die wissenschaftlichen Universalbibliotheken noch weit entfernt.

alphabetisch

Dringender ist die Festlegung auf eine bestimmte alphabetische Ordnung des Materials. Der besondere Charakter eines Zentralkatalogs erweist sich auch darin, daß für ihn die Ordnung nach den Preußischen Instruktionen keineswegs selbstverständlich ist. So hat sich die Trennung von Büchern und Zeitschriften (z. B. als ZKA und GAZ) als praktisch erwiesen. Der Schweizer Gesamtkatalog bei der LB Bern geht sogar noch ein Stück weiter, indem er 1. Verfasserschriften sowie 2. verfasserlose Schriften (Anonyma) und Periodica in zwei verschiedenen Alphabeten aufführt. Er schließt sich damit und auch in einer anderen Hinsicht der Methode des Frankfurter Sammelkatalogs an: der Vorname des Verfassers wird, abweichend von der Preußischen Instruktion, übergangen; das zweite Ordnungswort wird aus dem Sachtitel der Schrift genommen. Daß dann aus dem betreffenden ZK keine Zusammenstellungen von Schriften eines bestimmten Verfassers gemacht werden können, ist kein schwerwiegender Nachteil; solche Fragen hat ein ZK nicht unmittelbar, sondern nur mittelbar zu beantworten.

Herstellungsmethoden

Für die Herstellung von Zentralkatalogen gibt es grundsätzlich verschiedene Arbeitsmethoden:

Vergleichsverfahren

1. Die Kataloge der mitarbeitenden Bibliotheken werden mit dem AK der zentralen Bibliothek verglichen: identischer Besitz wird übertragen, Mehrbesitz ergänzt. Dieses Verfahren kann nur bei Zentralkatalogen, bei denen der Besitz der zentralen Bibliothek durch die Bestände der mitarbeitenden Bibliotheken nicht allzu wesentlich ergänzt wird, oder z. B. bei einem ZK im Hochschulbereich angewendet werden. Allerdings muß eine gewisse Übereinstimmung in den Katalogisierungsregeln bei zentraler Bibliothek und mitarbeitenden Bibliotheken gegeben sein.

Umlaufverfahren

2. Eine Kopie des AK der zentralen Bibliothek wird in Zettelform bei den mitarbeitenden Bibliotheken in Umlauf gebracht. Diese bezeichnen darauf ihren identischen Besitz und fügen ihren Mehrbesitz ein. Rationeller ist es jedoch, wenn gleichzeitig mehrere Abzüge eines bestimmten Teiles des Titelmaterials der zentralen Bibliothek an ver-

schiedene Bibliotheken verschickt werden können (wie beim Deutschen GK).

3. Es wird ohne jedes Umlaufmanuskript gearbeitet. Die mitarbeitenden Bibliotheken melden ihre Titel gemäß den vereinbarten Regeln und Grundsätzen. Die zentrale Bibliothek wertet die Meldungen aus, indem sie Mehrbesitz einfügt und identischen Besitz überträgt. Nach diesem Verfahren arbeiten z. B. die regionalen Zentralkataloge der Deutschen Demokratischen Republik. Meldeverfahren

Nicht zu Unrecht nimmt unter den beachtenswerten Thesen, die Walter Bauhuis über *Zentralkataloge, Grundsätze und Aufbauvorschläge*[596] aufgestellt hat, die folgende die erste Stelle ein: „Bei der Herstellung eines großen Zentralkataloges ist auf das Hilfsmittel der Photographie nicht zu verzichten." Und er weist auf die seit zwanzig Jahren gesammelten Erfahrungen beim Aufbau örtlicher und regionaler Zentralkataloge hin. Es ist nicht zu leugnen, daß das fotografische Verfahren „die Herstellungskosten von Zentralkatalogen so bedeutend herabsetzt, daß man, solange kein besseres mechanisches Vervielfältigungsverfahren da ist, wohl nicht mehr fragen kann, *ob* man es, sondern nur noch, *wie* man es verwenden soll." Erst in den Anfängen steckt noch die nicht minder zukunftsträchtige Methode, die Meldungen für einen ZK, der nach dem Meldeverfahren arbeitet, künftig mit einer zentral gesteuerten Erwerbungstätigkeit so zu koppeln, daß die Lieferungsnachweise in geeigneter Weise einbezogen werden. Der höchste Nutzwert ist dem vervielfältigt oder gedruckt vorliegenden Zentralkatalog beschieden, weil seine Fundortnachweise nicht erst durch eine Auskunftszentrale erfragt werden müssen.[597]

Hilfe der Reprographie

Nachdem der Preußische, später Deutsche Gesamtkatalog durch den zweiten Weltkrieg zum Erliegen gekommen war, sind einige neue Zentralkatalogunternehmungen begonnen worden, die auch erfolgreich weitergeführt werden. Dabei handelt es sich entweder um *Teil-Gesamtkataloge*, nämlich Zentralkataloge, in denen besonders wichtige und viel gefragte formale Literaturgruppen (z. B. ausländische wissenschaftliche Bücher und Zeitschriften) erfaßt werden, oder um *regionale* oder *örtliche Zentralkataloge*, die die Literatur eines bestimmten geographischen Gebietes registrieren.

Beispiele neuerer Zentralkataloge

Die wichtigsten Zentralkatalogunternehmen[598] dieser Periode, die heute noch weitergeführt werden, sind:

---

[596] In: ZfB 67 (1953) S. 81–102.

[597] Als Beispiel für die Kombination von Zentralkatalog und zentraler Erwerbung sei das Sokratus-Projekt der ČSR genannt; vgl. J. ZÁVADA, *Sokratus – Projekt einer Zentrale f. wiss. Bibliotheken zur Erwerbung, zentralen Katalogisierung, Bereitstellung von Standortnachweisen, bibliographischen Informationen und für Statistik u. Abrechnung.* In: Internationale Zusammenarbeit bei d. Einsatzvorbereitung d. elektr. Datenverarbeitung im Bibl.wesen. Meth. Zentrum f. wiss. Bibliotheken. Berlin 1971 S. 55–59.

[598] HEINRICH ROLOFF, *Die Zentralkataloge in der DDR.* In: Libri 14 (1964) S. 176–181.

Regionale Zentralkataloge

Halle

Der erste der Art war der *Zentralkatalog Sachsen-Anhalt*[599], geführt bei der Universitäts- und Landesbibliothek Sachsen-Anhalt, Halle (Saale), gegründet 1949. Der Kreis der mitarbeitenden Bibliotheken umfaßt von Anfang an nicht nur die Institutsbibliotheken der Universität und die wissenschaftlichen Bibliotheken des ehemaligen Landes (Magdeburg, Köthen, Dessau, Halberstadt, Merseburg usw.), sondern auch die wegen ihrer ausländischen technisch-naturwissenschaftlichen Literatur so wichtigen wissenschaftlichen Betriebsbibliotheken des Gebietes. Eine gedruckte Richtlinie legte von Anfang an die Grundsätze der Arbeit dieses Katalogs fest.

regionale Zentralkataloge der DDR

Durch den Perspektivplan für das wissenschaftliche Bibliothekswesen der DDR 1959–1965 ist der Ausbau eines lückenlosen Netzes von regionalen Zentralkatalogen festgelegt worden.[600]

Für die Bezirke Dresden, Karl-Marx-Stadt, Cottbus	Sächs. LB Dresden
für die Bezirke Halle, Magdeburg	UuLB Halle
für die Bezirke Erfurt, Gera, Suhl	UB Jena
für den Bezirk Leipzig	UB Leipzig
für die Bezirke Rostock, Schwerin, Neubrandenburg	UB Rostock

Seit Einführung der „Meldeordnung" melden die Bibliotheken zusätzlich an den Zentralkatalog der DDR beim Institut für Leihverkehr und Zentralkataloge.[601]

Neben diesem Netz methodisch einheitlicher regionaler Zentralkataloge werden in der Deutschen Demokratischen Republik, wie oben dargelegt, sowohl fachliche Zentralkataloge als auch formal und zeitlich begrenzte Zentralkataloge geführt.[602]

In der BRD ist der *Zentralkatalog der wissenschaftlichen Bibliotheken des*

---

[599] Lit. bei FRITZ JUNTKE, *Der Zentralkatalog des Landes Sachsen-Anhalt.* In: ZfB 64 (1950) S. 81–87 (S. 85–87 enthalten die dafür geltenden Richtlinien). – FRITZ JUNTKE, *Zwei Jahre Zentralkatalog Sachsen-Anhalt.* In: ZfB 65 (1951) S. 172–177. – FRITZ JUNTKE, *Die zentrale Katalogisierung im Hochschulbereich auf Grund der Erfahrungen des Zentralkataloges Sachsen-Anhalt.* In: ZfB 67 (1953) S. 165–173. – JOACHIM DIETZE, *Der regionale Zentralkatalog – Aufwand und Effektivität.* In: ZfB 84 (1970) S. 735–741.

[600] *Richtlinie über die regionalen Zentralkataloge in der DDR.* In: ZfB 76 (1962) S. 309–312; dazu Erläuterungen S. 313–316. Die Richtlinie regelt das System der regionalen Zentralkataloge. Mit der Zentralkatalogarbeit begonnen worden ist z. T. wesentlich früher. Von Halle abgesehen, z. B. in Jena 1954, in Dresden 1960. Daher kommt es auch, daß die Ergebnisse der Zentralkatalogarbeit sich schon sehr rasch auf den Leihverkehr positiv ausgewirkt haben. – Angaben zu den Zentralkatalogen der DDR nach dem letzten Stand werden jeweilig unter C. im *Jahrbuch d. Bibliotheken, Archive u. Inf.stellen d. DDR* veröffentlicht.

[601] *Anordnung über die Meldung ausländischer Literatur an den Zentralkatalog der Deutschen Demokratischen Republik vom 23. April 1975.* In: GBl. I 1975 Nr. 24 S. 446 bis 447.

Landes Nordrhein-Westfalen, geführt bei der Universitäts- und Stadtbibliothek Köln, der älteste (ab 1947).[603] Dieser Katalog weist deutschsprachige und ausländische Literatur ab 1800 in wissenschaftlichen Bibliotheken nach; eingeschlossen sind auch Spezialbibliotheken des Gebietes Nordrhein-Westfalen. Eine „Bibliographische Auskunftsstelle" ist angegliedert. Später wurde in der BRD ein System von regionalen Zentralkatalogen[604] aufgebaut, bei denen die Ländereinteilung zugrunde gelegt wurde. Es bildet die Grundlage des BRD-Leihverkehrs. Natürlich ist dieses „System" unmittelbare Widerspiegelung des bundesdeutschen Föderalismus und für den Leihverkehr alles andere als vorbildlich. BRD-Köln

Fachliche Zentralkataloge

Als Beispiel fachlich begrenzter Zentralkataloge seien genannt: der *Zentralkatalog der Literatur zur Geschichte des Sozialismus und der Arbeiterbewegung*[605], der die einschlägige deutschsprachige und ausländische Literatur (Bücher und Zeitschriften), von den Vorläufern des wissenschaftlichen Sozialismus bis 1945 erfaßt. Er wird in zwei Exemplaren, eins in der Deutschen Staatsbibliothek, das andere in der Deutschen Bücherei, geführt. Geschichte der Arbeiterbewegung

Ferner der *Zentralkatalog der Sportliteratur*, geführt bei der Zentralbibliothek der Deutschen Hochschule für Körperkultur und Sport der DDR Leipzig. Körpererziehung

Formal und zeitlich begrenzte Zentralkataloge

Der weltbekannte *Gesamtkatalog der Wiegendrucke* (GW), gegründet 1904, ist ein formal und zeitlich begrenzter Zentralkatalog, der bei der Verzeichnung der im 15. Jahrhundert gedruckten Werke (Inkunabeln) auf dem internationalen Inkunabelbesitz in öffentlichen und privaten Sammlungen fußt. Er soll nach Fertigstellung rund 40 000 Drucke des 15. Jahrhunderts nachweisen. GW

Das *Internationale Quellenlexikon der Musik (Répertoire international des*

---

[602] HEINRICH ROLOFF, *Die Zentralkataloge in der Deutschen Demokratischen Republik.* In: Libri 14 (1964) S. 176–181.

[603] Lit. bei RUDOLF JUCHHOFF, *Der Zentralkatalog der wissenschaftlichen Bibliotheken des Landes Nordrhein-Westfalen.* In: ZfB 63 (1949) S. 42–47.

[604] Den neuesten Stand der Zentralkataloge der BRD gibt das *Jahrbuch d. Deutschen Bibliotheken,* in dem die Angaben hierzu einen besonderen Abschnitt bilden; vgl. 45 (1973) S. 253–257 u. Anh. Bl. 25. Zur Methode vgl. HANS CORDES, *Die Zentralkataloge der Bundesrepublik und die coordination of cataloguing principles.* In: ZfBB 7 (1960) S. 219–227. – HEINRICH MIDDENDORF, *Die Einschaltung der Zentralkataloge in den Leihverkehr.* In: ZfB 8 (1961) S. 233–247; dort auch die *Entschließungen und Empfehlungen der Kommission für Benutzungs- und Zentralkatalogfragen* ... des VDB. – DAGMAR RAGATZKI, *Die regionalen Zentralkataloge Deutschlands seit 1945.* Göttingen 1966. (Arbeiten aus d. Evangel. Bibliotheksschule Göttingen. 1.)

[605] HILDEGARD SCHEFFLER, *Der Zentralkatalog der Literatur zur Geschichte des Sozialismus und der Arbeiterbewegung.* In: ZfB 75 (1961) S. 529–539; ferner ZfB 74 (1960) S. 205–206 (H. SCHEFFLER).

RISM

sources musicales, abgek. RISM) ist ein internationaler fachlicher Zentralkatalog. Im Zusammenhang mit der Mitarbeit der Deutschen Staatsbibliothek Berlin an diesem internationalen Unternehmen entstand bei ihr ein formal und zeitlich begrenzter *Zentralkatalog aller gedruckten und handschriftlichen Musikwerke theoretischer und praktischer Art* in öffentlichen Sammlungen, die bis 1800 erschienen sind (60 000 Meldungen aus 250 mitarbeitenden Bibliotheken).

5.2.4. *Nationaler Leihverkehr*

Zweck

Um die Buchbestände der Bibliotheken auch den Lesern zugänglich zu machen, die nicht am Orte einer leistungsfähigen Bibliothek ihren Wohnsitz haben, hat sich in vielen Ländern, darunter verhältnismäßig früh auch in Deutschland, ein organisiertes System von Bücherversendungen nach auswärts, in der Regel auf dem Postwege, entwickelt, das wir als „Leihverkehr“[606] bezeichnen. Wenn wir die Fälle beiseite lassen, in denen auswärtige Nutzer die Bibliothek eines anderen Ortes aufsuchen, um dort benötigte Literatur entweder selbst einzusehen oder sich von dieser Bibliothek auf Grund besonderer Vereinbarungen und Sicherheitsleistungen Bücher direkt zusenden zu lassen, so reduziert sich der Leihverkehr im engeren Sinne auf die Entleihung von literarischen Dokumenten im Auftrage eines Nutzers von einer anderen Bibliothek. Diese Bücher werden dem Besteller unter Bedingungen, die die verleihende Bibliothek bestimmt und nach dafür festgelegten Regelungen („Leihverkehrsordnung“), innerhalb bestimmter Fristen leihweise überlassen. Die in dieses System eingeschaltete zweite Bibliothek spielt dabei die Rolle einer Vermittlerin; die Verleihung an den Nutzer, der den Bestellvorgang ausgelöst hat, geschieht also indirekt. Die vermittelnde Bibliothek sichert den Leihverkehr durch Maßnahmen, die nach der Leihverkehrsordnung zwischen den mitwirkenden Bibliotheken festgelegt sind, besser als dies der Nutzer im direkten Verkehr mit der Bibliothek zu tun vermöchte; u. a. durch fachliche Beratung bei Aufgabe der Bestellung, durch Fristüberwachung, durch sachgemäße Verpackung sowie durch Einhaltung eines erprobten Versandweges.

Verfahrensweise

Grundproblem des Leihverkehrs

Beim Leihverkehr handelt es sich um arbeitsaufwendige Sonderleistungen der Bibliothek für bestimmte Nutzer. Deshalb, aber auch weil mecha-

[606] „Interlibrary loan is a technique by which one library lends material indirectly to an individual through another library.“ Auf diese Kurzformel, die oben näher erläutert wird, bringt MICHAEL M. REYNOLDS in seinem Aufsatz *Interlibrary loan, a reference service* (Library trends 12, 1963/1964, S. 425–436) das Wesen des Leihverkehrs. Die *Dritte Durchführungsbestimmung zur Bibliotheksverordnung der DDR von 1968,* das Institut für Leihverkehr und Zentralkataloge betreffend (GBl. II 1970 Nr. 81), definiert den Leihverkehr richtig im erweiterten Sinne als „die organisierte Zusammenarbeit der Bibliotheken und Informationseinrichtungen zum Zwecke der befristeten Ausleihe von Beständen an auswärtige Bibliotheken oder Informationseinrichtungen für deren Nutzer“ (S. 570).

nische Registrier- und Ordnungsarbeiten auf ein Minimum eingeschränkt werden müssen, sollte für alle Maßnahmen des Leihverkehrs als oberster Grundsatz gelten: Die vermittelnde Bibliothek soll so wenig wie möglich Verwaltungsarbeiten, verbunden mit Schriftlichkeit, darauf verwenden; der einzelne Besteller muß dies maximal in seinem gewünschten Leihfall übernehmen. Kurzum, beim Leihverkehr ist rationellstes Arbeiten unerläßlich. Die vermittelnde Bibliothek hat dafür Sorge zu tragen, daß erst die Beschaffungsmöglichkeiten innerhalb des engsten funktionellen bzw. regionalen Bereichs (Hochschulbereich, Stadt, Kreis) erprobt worden sind, ehe die Einrichtungen der weiteren Gebiete und die höhere Organisationsform in Anspruch genommen werden dürfen. Das bedeutet, daß vor Inanspruchnahme des Leihverkehrs die Beschaffungsmöglichkeiten am Ort, vor Einschaltung des Internationalen Leihverkehrs die nationalen Bücherbestände ausgeschöpft sein müssen. Das Grundproblem des Leihverkehrs besteht in der Harmonie von Zeitfaktor und rationeller Arbeit. Das will besagen, daß ebenso wichtig wie das Heranziehen lokaler, regionaler und nationaler Buchbestände die Einhaltung einer vernünftigen Zeit für die Beschaffung eines gesuchten Buches ist. Deshalb muß dieses Grundproblem mit bibliothekarischem Verstand behandelt werden. Allein der Bibliothekar ist in der Lage, eine Bestellung unter diesem doppelten Gesichtspunkt zu steuern. Auf welche besonderen Kenntnisse es dabei ankommt, wird weiter unten deutlich zu machen sein. Die Entwicklung der Literaturbedürfnisse hat es mit sich gebracht, daß der Leihverkehr – international – ein Massenproblem geworden ist, das zu lösen besonders den Bibliotheken mit sehr großen Beständen schwere Last auferlegt. Es ist daher notwendig geworden, den Leihverkehr lediglich zur Deckung des gesellschaftlich notwendigen Literaturbedarfs, d.h. zur Beschaffung von Literatur für Forschung, Lehre und Volkswirtschaft, einzusetzen. Dessenungeachtet bleibt es für sozialistische Länder eine Verpflichtung, unabhängig davon durch die Organisierung von regionalen Leihverkehrskreisen die Bücherwünsche aller Leser auch für die Freizeitgestaltung und Unterhaltung zu befriedigen, denn für die sozialistische Bibliotheksarbeit gilt als Prinzip, daß jedem Interessenten an jedem Ort die benötigte und gewünschte Literatur zugänglich sein muß.

Leihverkehr und örtliche Bibliotheksfunktion

Für unsere der aktuellen Bibliotheksarbeit zugewandten Lehrbuchzwecke genügt es, die Ursachen und Grundtendenzen der Entwicklung des Leihverkehrs am Beispiel des Leihverkehrs im deutschen Bibliothekswesen bis 1945 und in der DDR darzulegen.

Alle Bibliotheken haben von Haus aus die Aufgabe, an ihrem Bibliotheksort im Interesse ihrer Gründer, Besitzer oder Unterhaltsträger wirksam zu werden. Das galt für die in ihrer Öffentlichkeit ohnehin eingeschränkten Feudalbibliotheken wie für die Volksbüchereien des 19. und 20. Jahrhunderts, das gilt sinngemäß auch für die Hochschul- und Akademiebibliotheken in der Gegenwart. Wenn wir den Begriff Ort auf eine bestimmte Region (Land, Bezirk) ausdehnen, gilt dieser Satz auch für die Nachfolgeinstitute der Feudalbibliotheken, die Regionalbibliotheken. Bei Präsenzbibliotheken manifestiert sich das Prinzip der lokalen Wirksamkeit am allerdeutlichsten (Deutsche Bücherei, Bibliotheken von Forschungsinstituten).

geschichtliche Entwicklung in Deutschland

Wenn also diese Institutionen zu einem bestimmten Zeitpunkt ihrer geschichtlichen Entwicklung[607] bereit und willens waren, aus ihrer örtlichen oder regionalen Wirksamkeit herauszutreten, so müssen dafür bestimmte gesellschaftliche Bedingungen bestanden haben.

diplomatischer Weg

Diplomatische Wege mußten noch bis ins 19. Jahrhundert hinein eingeschlagen werden, wenn Handschriften oder ältere Drucke über deutsche Landesgrenzen hinaus verschickt werden sollten. Hierfür galten in den einzelnen Ländern verschiedene, mehr oder weniger liberale Regelungen, doch waren diese Verleihungen deswegen umständlich und zeitraubend, weil sie auf den diplomatischen Weg über die jeweiligen Gesandtschaften und Außenministerien angewiesen waren. Sie beruhten außerdem auf dem freundlichen Entgegenkommen des Landes, dessen Hilfe in Anspruch genommen werden mußte.

Erlaß von 1890

Durch das Aufblühen der historischen und philologischen Forschung entstanden im 19. Jahrhundert neue wissenschaftliche Literaturbedürfnisse. In diesem Zusammenhang muß man die erste staatliche Ordnung, den *Erlaß des Königlich Preußischen Ministers der geistlichen, Unterrichts- und Medizinalangelegenheiten betreffend die Verleihung von Hand- und Druckschriften an fremde Bibliotheken* vom 8. Januar 1890 sehen. Der Erlaß von 1890 überführt das Prinzip gegenseitiger Aushilfe auf freiwilliger Basis in ein Prinzip fest organisierter Zusammenarbeit. Diese höhere Qualität läßt Verkehrsverbindungen von Zweckmäßigkeit und Dauer entstehen. Die gesamte weitere Entwicklung, so langsam sie auch vorangegangen ist, beruht auf der Bewährung dieses neuen Prinzips. Diese Ordnung ist für das deutsche Bibliothekswesen von großer Bedeutung gewesen. Das spiegelt sich u. a. darin wider, daß fast alle unter staatlicher Aufsicht stehenden Bibliotheken Deutschlands sich dem Vorgehen Preußens angeschlossen haben. Wiederum vorwiegend auf Handschriften abgestellt, aber mit dem besonderen Anliegen, eine internationale Regelung zu treffen, waren die 1901 beginnenden Bestrebungen der *Internationalen Vereinigung der Akademien* (IVA). Weitere Bemühungen Preußens, eine Ordnung zu schaffen, die den erweiterten wissenschaftlichen Bedürfnissen Rechnung tragen sollte, indem zwischen der Verleihung von Handschriften und seltenen Drucken einerseits und „gewöhnlichen Büchern" andererseits unterschieden werden sollte, machte der erste Weltkrieg zunichte.

IVA 1901

Deutscher Leihverkehr 1924

Die Einrichtung des „Deutschen Leihverkehrs" im Jahre 1924[608] erzwangen letztlich Not und Mittelknappheit der deutschen Bibliotheken. Bei gleichzeitig stürmisch anwachsenden literarischen Bedürfnissen waren sie auf gegenseitige Unterstützung angewiesen. Es erwies sich auch als

[607] WALTER KOSCHORRECK, *Geschichte des „Deutschen Leihverkehrs"*. Wiesbaden 1958. (Beiträge zum Buch- und Bibliothekswesen. 7.)

[608] *Jahrbuch d. dt. Bibliotheken* 16 (1925) S. 242–245.

unmöglich, den Leihverkehr noch weiterhin nur auf Universitätsbibliotheken zu beschränken. Trotz eines strengen Zulassungsprinzips, das an den Volksbüchereien haltmachte, erweiterte sich der Kreis der teilnehmenden Bibliotheken.

Damit wurde die Kostenfrage ganz und gar vorrangig, und auf Empfehlung der Bibliothekare entschloß sich der Staat, die unabweislichen Bedürfnisse der Wissenschaft zu unterstützen. Freilich erwies sich die Weimarer Republik als zu schwach, um diesen allseitigen Bedürfnissen zu entsprechen. Die Anforderungen des Leihverkehrs überstiegen bei weitem das Leistungsvermögen der Bibliotheken, so daß der „wissenschaftliche Zweck" in enger Auslegung zum Vorwand für strenge Drosselung der Leserwünsche benutzt werden mußte. Eine neue Leihverkehrsordnung von 1930 bestätigte im wesentlichen die Ordnung von 1924, vermochte jedoch die eigentliche Krise nicht aufzuhalten, in die der Leihverkehr zwischen der Scylla der wachsenden Bedürfnisse und der Charybdis der Notlage der deutschen Bibliotheken sowie ihrer weiterhin verminderten Leistungsfähigkeit geraten war. Durch die Katastrophe des zweiten Weltkriegs wurde der Leihverkehr vorübergehend lahmgelegt.

Ordnung von 1930

In der Nachkriegsentwicklung mußte sich die unterschiedliche gesellschaftliche Entwicklung in beiden deutschen Staaten naturgemäß auch im Leihverkehr auswirken.

nach 1945

In der Deutschen Demokratischen Republik wurde nach einer vorläufigen Regelung im Jahre 1949 eine erste Leihverkehrsordnung (LVO) 1955 aufgestellt. In sie wurden Grundsätze aufgenommen, die sich durch die veränderten gesellschaftlichen Verhältnisse bereits in einigen progressiven Landesleihverkehrsregelungen (Sachsen 1950, Sachsen-Anhalt 1950) herausgebildet hatten. Ihr Wesenszug ist die durchgehende Demokratisierung des Leihverkehrs durch Berücksichtigung aller echten wissenschaftlichen Bedürfnisse.

DDR

Die 1965 erlassene Leihverkehrsordnung (LVO)[609] setzt an die Stelle des 1955 noch beibehaltenen Prinzips der Gegenseitigkeit die gesellschaftliche Pflicht *aller* Bibliotheken, ihre Bestände im Leihverkehr zur Verfügung zu stellen. Die Wahrnehmung dieser Pflicht ist oberstes Gebot. Damit werden die gesamten nationalen Buchbestände zur Befriedigung des gesellschaftlichen Literaturbedarfs frei. Das Netz der Bibliotheken mit Bestellrecht ist zu einer ausschließlich organisatorischen Frage geworden. Ist darin gleichsam das Wesen der neuen LVO 1965 zu sehen, so bedeutet die Einbeziehung vervielfältigter Bestandsverzeichnisse, besonders für Zeitschriften, eine selbstverständlich technische, im engeren Sinne verkehrstechnische Errungenschaft. Auch die Verwendung einheitlicher Leihscheine wurde geregelt.

LVO 1965

---

609 WILLY UNGER, *Die Grundzüge und wichtigsten Bestimmungen der neuen Leihverkehrsordnung der Deutschen Demokratischen Republik vom 1. Oktober 1965 (LVO).* In: ZfB 80 (1966) S. 257–289. – HEINZ GITTIG, *Der Leihverkehr der DDR unter bes. Berücks. d. Stellung d. Deutschen Staatsbibliothek Berlin.* In: ZfB 82 (1968) S. 705–714.

3. DB zur BVO

Die Bibliotheksverordnung der DDR von 1968 hatte als eine grundlegende Aufgabe der Bibliotheken die Versorgung aller Nutzer mit Literatur und Literaturinformation unterstrichen. Die dritte Durchführungsbestimmung vom 24. August 1970 zu dieser Verordnung bestimmte „Aufgaben und Arbeitsweise der Deutschen Staatsbibliothek Berlin als zentrale Leiteinrichtung für Leihverkehr und Zentralkataloge im Bibliothekssystem der Deutschen Demokratischen Republik“[610]. Dadurch wurde das ehemalige „Auskunftsbüro der deutschen Bibliotheken“ der Deutschen Staatsbibliothek zum „Institut für Leihverkehr und Zentralkataloge (ILZ)“ erweitert. Die genannte Durchführungsbestimmung legt Grundsätze, Aufgaben und Arbeitsweise dieser Leiteinrichtung fest. Diese Funktion ist auch in der neuesten Leihverkehrsordnung verankert, die mit Wirkung vom 17. November 1975 in Kraft getreten ist.[610a]

örtliche Bestände

Eine unmittelbare und höchst wichtige Entlastung des Leihverkehrs gewährleisten alle Maßnahmen zur vollständigen Ausschöpfung des Buchbestandes in öffentlicher Hand am Orte. Dazu zählen neben den örtlichen Zentralkatalogen alle örtlichen Bestandsverzeichnisse, besonders für Zeitschriften, Abstimmungen der Erwerbungen kostspieliger ausländischer Werke zwischen den Bibliotheken im Ortsbereich u. a. m.

Regionalbibliotheken

Wichtige Bastionen im Leihverkehr sind die zentralkatalogführenden Regionalbibliotheken (Landesbibliotheken und mit Regionalfunktion betraute UB). Sie werden durch die Wissenschaftlichen Allgemeinbibliotheken der Bezirke (WAB) bzw. Bezirks- und Stadtbibliotheken als Außenstellen unterstützt. Ihnen obliegt die Kontrolle der aus dem Regionalbereich eingehenden Fernleihbestellungen auf ihre formale Richtigkeit sowie ihre inhaltliche Berechtigung und gegebenenfalls die Festlegung des weiteren Leitwegs. Es ist jedoch ihre Aufgabe, ein Höchstmaß dieser Bestellungen mit Beständen des Regionalbereiches zu erledigen. Der eigene Bestandsaufbau und seine Koordinierung mit den Erwerbungsprinzipien anderer Bibliotheken schaffen hierfür wichtige Voraussetzungen. Wirksamste Arbeitsmittel sind dabei die regionalen Zentralkataloge, deren Funktion mit dem weiteren Ausbau des *Zentralkatalogs der DDR* neu zu bestimmen sein wird.

Grundsätze des Leihverkehrs in der UdSSR

In der UdSSR hat der Leihverkehr im letzten Jahrzehnt eine zunehmende Bedeutung gewonnen. Für ihn gilt der Grundsatz, daß jeder beliebige Leser an jeder beliebigen Bibliothek das Recht hat, den nationalen Leihverkehr in Anspruch zu nehmen.[611] Eine neue Leihverkehrsordnung vom Jahre 1969 regelt die dabei zu beachtenden Verfahren und Wege.[612]

---

[610] Veröffentlicht in: GBl. II 1970 Nr. 81; abgedruckt in: ZfB 85 (1971) S. 22–25.

[610a] *Anordnung über den Leihverkehr der Bibliotheken der Deutschen Demokratischen Republik – Leihverkehrsordnung – vom 17. Nov. 1975.* In: GBl. I 1976 S. 28–30.

[611] V. F. SACHAROV, *Der Leihverkehr der Bibliotheken in der UdSSR.* Berlin 1962. (Sowj. Beiträge z. Bibliothekswesen d. UdSSR in dt. Übersetzung. 7.)

[612] *Položenie o edinoj obščegosudarstvennoj sisteme meždubibliotečnogo abonementa v SSR.* In: Bibliotekaŕ 1969 Nr. 9 S. 53–57. – A. A. CHREŃKOVA, *Novyj etap razvitija MBA v SSSR.* In: Biblioteki SSSR 1969 Nr. 44 S. 49–63. – V. SEROV, *Sistema MBA soveršenstvuetsja.* In: Bibliotekaŕ 1973 Nr. 3 S. 60–61.

Für die Länder der BRD trat am 1. Juli 1951 eine von der „Leihverkehrskommission“ des „Vereins Deutscher Bibliothekare“ entworfene *Leihverkehrsordnung für die deutschen Bibliotheken* in Kraft. Sie beschränkt sich in traditioneller Weise auf die „Förderung gelehrter Forschung und wissenschaftlicher Berufsarbeit“. Die Frage der Zulassung der Bibliotheken, d. h. auch die alte Streitfrage der Zulassung der Volksbüchereien, wurde mit einer Kautschukbestimmung, die weder ja noch nein dazu sagt, umgangen: „Träger des Leihverkehrs sind die öffentlichen Bibliotheken mit vorwiegend wissenschaftlichen Buchbeständen“. Und als zulassungswürdig wurden neben den „Bibliotheken wissenschaftlicher Anstalten“ auch „öffentliche Stadt- und Kreisbüchereien, soweit sie von Fachpersonal verwaltet werden“ genannt. Neu ist die Bildung von sechs Leihverkehrsbezirken, innerhalb derer die Bestellungen einen festen Leitweg durchlaufen. Am Ende eines jeden Leitweges steht eine Schlußbibliothek, die befugt ist, Bestellungen an einen anderen Leihbezirk weiterzuleiten. Seit 1962 werden in der BRD die aufgebauten Zentralkataloge in den Leihverkehr eingeschaltet.[613]

Leihverkehrsordnung von 1951 in der BRD

Für den Leihverkehr gelten in allen Bibliotheken bestimmte Grundsätze, die jedem Bibliothekar ständig bewußt sein müssen:

Grundsätze für den Leihverkehr

1. Bei aller Liberalität ist die Einschaltung des Leihverkehrs nur dann gerechtfertigt, wenn es sich um *ernsthafte Anforderungen* seitens der Nutzer oder der Bibliotheken selbst handelt.
2. Zuerst müssen die wichtigsten *lokalen Beschaffungsmöglichkeiten* ausgeschöpft werden, bevor eine Bestellung in den Leihverkehr gegeben wird. Hierher gehört das Ausschöpfen gedruckter Kataloge von Fachbibliotheken am Ort, vorhandener regionaler Zeitschriften-Bestandslisten, von Zentralkatalogen und anderen Standortnachweis-Verzeichnissen. Sofern Signaturen angeführt werden, sind sie anzugeben!
3. *Jeder Bestellzettel ist ordentlich zu bibliographieren*, bevor er weitergeleitet wird. Das bedeutet, daß die in der bestellenden Bibliothek und in der Leitbibliothek zur Verfügung stehenden Hilfsmittel voll ausgeschöpft werden müssen. Diese Verpflichtung wird leider nicht immer beachtet.
4. *Abkürzungen sind zu vermeiden!* Sofern sie nicht geläufig sind,[614] erfordert ihre Auflösung unnötigen Zeitaufwand. Ist der Besteller selbst nicht in der Lage, eine Abkürzung (z. B. eines Zeitschriftentitels) aufzulösen, so soll er seine Quelle genau angeben.

---

[613] *Der Leihverkehr in der Bundesrepublik Deutschland.* Hrsg. v. Ernst Zunker. Frankfurt a. M. 1968. (ZfBB. Sonderh. 8.) – HEINZ WERHAHN, *Leihverkehr der Bibliotheken.* Berlin (West) 1971. (Bibliotheksdienst. Beih. 70.) – DORIS PINKWART, *Direktbestellungen im Fernleihverkehr. Ergänzungen zur Berliner Untersuchung.* In: Mitteilungsblatt. Verband d. Bibliotheken d. Landes Nordrhein-Westfalen N. F. 23 (1973) S. 128–139; dazu ZfBB 18 (1971) S. 118–122 (SCHMITZ-VELTIN) u. 18 (1971) S. 388–390 (PASCHEK).

[614] *Zeitschriftenkurztitel.* Regeln für die Kürzung von Zeitschriftentiteln in Sprachen mit lateinischen und kyrillischen Buchstaben. Verbindl. ab 1. Juli 1969. Fachbereichstandard. TGL 20969.

5. Die *Weiterleitung* von Bibliothek zu Bibliothek *darf nicht mechanisch*, sondern muß mit Verstand *erfolgen*. Das setzt gute Kenntnisse der regionalen Buchbestände und der Sammelschwerpunkte der Bibliotheken voraus. Fundortnachweisstellen aller Art, die den Leihverkehr fördern, gehören zu den großen Gemeinschaftsaufgaben der wissenschaftlichen Bibliotheken.
6. Fernleihbestellungen müssen *maschinenschriftlich* ausgefertigt werden.

NLL in Großbritannien

Der nationale Leihverkehr ist in den einzelnen Ländern im wesentlichen ähnlich organisiert. Eine Ausnahme bildet in neuerer Zeit Großbritannien, das mit Einrichtung der National lending library for science and technology (NLL, jetzt Teil der British Library)[615] in Boston Spa einen interessanten und erfolgreichen Weg beschritten hat: ein nach betriebswirtschaftlichen Gesichtspunkten organisierter Umschlagplatz für Literatur, insbesondere wissenschaftlich-technische und naturwissenschaftliche Zeitschriftenaufsätze im Dienste der Wissenschaft und Wirtschaft vorwiegend des eigenen Landes.

5.2.5. *Internationaler Leihverkehr*

Der Internationale Leihverkehr als das erfreuliche Ergebnis der Zusammenarbeit der wissenschaftlichen Bibliotheken in der ganzen Welt fand seine offizielle Regelung in der Internationalen Leihverkehrsordnung von 1937.[616] Das Bedürfnis danach war naturgemäß viel älter und ist, wie wir eingangs sahen, besonders auf dem Gebiete der Handschriftenverleihung zuerst zutage getreten.

ILV 1937

Die *Ordnung für den Internationalen Leihverkehr* ... vom 21. September 1937 brachte die erwünschte Ordnung und Festlegung aller notwendigen Bestimmungen. Seine Aufgabe wird dort unter Punkt (1) wie folgt festgelegt: „Der Internationale Leihverkehr (ILV) hat die Aufgabe, Bücher, die für die wissenschaftliche Arbeit benötigt werden und die in

---

615 Literatur und Weiteres zur NLL vgl. Kap. 2.3.1., Anm. 141.

616 *Jahrbuch d. dt. Bibliotheken* 28 (1937) S. 151–154. – GUSTAV ABB, *Die Ordnung für den Internationalen Leihverkehr.* In: ZfB 54 (1937) S. 612–620. – WILHELM MARTIN LUTHER, *Der internationale Leihverkehr.* In: Libri 7 (1956/57) S. 97–120. Überblick über seine geschichtliche Entwicklung bis etwa 1955. Lit.angaben in d. Anmerkungen. – LEENDERT BRUMMEL and EUGEN EGGER, *Guide to union catalogues and international loan centers.* La Haye 1961. Text engl. u. franz; vgl. ferner die Berichte des Präsidenten der IVBV-Kommission für Zentralkataloge und Internationalen Leihverkehr L. Brummel in der IVBV-Publikation „Actes". – JOHN C. COLSON, *International interlibrary loans since world war II.* In: The library quarterly 32 (1962) S. 259–269. Mit Lit.angaben. Die amerikanischen Bibliotheken ratifizierten die IVBV-Empfehlungen mit einigen Abänderungen 1959. – Die großen sowjetischen Bibliotheken nehmen seit 1959 auf Grund der *Položenie o meždunarodnom bibliotečnom abonementa* teil. Vgl. V. F. SACHAROV, *Der Leihverkehr d. Bibliotheken i. d. UdSSR.* Berlin 1962 S. 25–27. (Sowj. Beiträge z. Bibliothekswesen d. UdSSR in dt. Übers. 7.)

Bibliotheken des Inlandes nicht vorhanden sind, von ausländischen Bibliotheken auf dem schnellsten, billigsten und sichersten Wege zu beschaffen." Die Anmeldung zur Teilnahme erfolgte beim Generalsekretär des Internationalen Verbandes der Bibliothekar-Vereine durch Vermittlung einer nationalen Zentralstelle. In jedem Lande wurde eine solche Zentralstelle eingerichtet; als Zentralstelle für Deutschland im ILV wurde die Preußische Staatsbibliothek zu Berlin bestimmt. Ihr waren alle Bücherbestellungen zuzuleiten, und sie vermittelte die unmittelbare Zusendung der Bücher vom Ausland an die Bibliothek, von der die Bestellung ausging.

DDR

Für das Gebiet der DDR ist die Deutsche Staatsbibliothek, Institut für Leihverkehr und Zentralkataloge, gemäß Dritter Durchführungsbestimmung 1970 zur Bibliotheksverordnung der DDR von 1968 zentrale Leiteinrichtung für den ILV. Alle Bestellungen im ILV müssen über das ILZ geleitet werden. Teilnahmeberechtigt sind in der DDR neben der Deutschen Staatsbibliothek selbst die Deutsche Bücherei, alle Universitäts- und Hochschulbibliotheken, die wissenschaftlichen Allgemeinbibliotheken der Bezirke bzw. die Stadt- und Bezirksbibliotheken. Dadurch wird die Qualität des ILV (Ausschöpfung nationaler Buchbestände) gesichert.

Rules des IVBV

Die von dem IVBV erarbeiteten und empfohlenen *Rules of international library loans*[617] von 1954 wollen nur die Durchführung des ILV vereinfachen; im übrigen halten sie aber an den bewährten Grundsätzen von 1937 fest, auch an dem Gedanken nationaler Zentren.

Formulare

Die im Internationalen Leihverkehr verwendeten Formulare weisen noch eine große Uneinheitlichkeit auf, obwohl die IVBV-Kommission für Zentralkataloge und internationalen Leihverkehr 1965 einen wohlüberlegten dreisprachigen Vordruck (franz., engl., russ.) entworfen und empfohlen hat.[618] Der Leihverkehr, und zwar der nationale wie der internationale, gewinnt immer mehr an Bedeutung. Mag die eine Bibliothek besser als die andere mit Buchmaterial ausgerüstet sein, keine Bibliothek der Welt kann der Forschung im vollen Umfang genügen, sondern ist auf die Hilfe anderer Bibliothekseinrichtungen angewiesen. Das beweist die ständig steigende Tendenz des nationalen und internationalen Leihverkehrs. Im zunehmenden Maße schränkt sich aber auch die Theorie von der Gegenseitigkeit im Leihverkehr von selbst ein: mehr und mehr werden die großen wissenschaftlichen Bibliotheken mit umfassendem Buchbestand zu nationalen und internationalen Leihverkehrszentren.

Perspektive

Es kann kein Zweifel darüber bestehen, daß der nationale und erst recht der internationale Leihverkehr der Zukunft völlig anders, nämlich schneller und leichter, gehandhabt werden muß und mit Hilfe der modernen

617 *Unesco bull. for libraries* 9 (1955) S. 5–6. Zuvor schon 1936 in Madrid.

618 *International loan services and union catalogues.* A manual publ. by the Committee on union catalogues and international loans of the IFLA under the editorship of Valentin Wehefritz. Frankfurt a. M. 1974. (ZfBB. Sonderh. 17.) Trotzdem verwenden manche Bibliotheken das von der National Lending Library in Boston Spa genutzte und propagierte Durchschreibeverfahren mit Zetteln auf gewöhnlichem Papier.

Technik auch wesentlich verbessert werden kann. Die wichtigsten Faktoren, die den Leihverkehr künftig bestimmen müssen, sind:

1. Zusammenfassung der Kataloge einzelner Bibliotheken durch organisierte Netze regionaler und/oder nationaler Zentralkataloge und deren volle Ausnutzung.
2. Einsatz von Kraftfahrzeugen zur Verkürzung der Postwege („Kurierdienst") im Sinne eines Linienverkehrs zu den zentralen Punkten innerhalb einer Region, eines Landes.[619]

Zur Zeit existieren folgende regelmäßigen Kurierverbindungen:

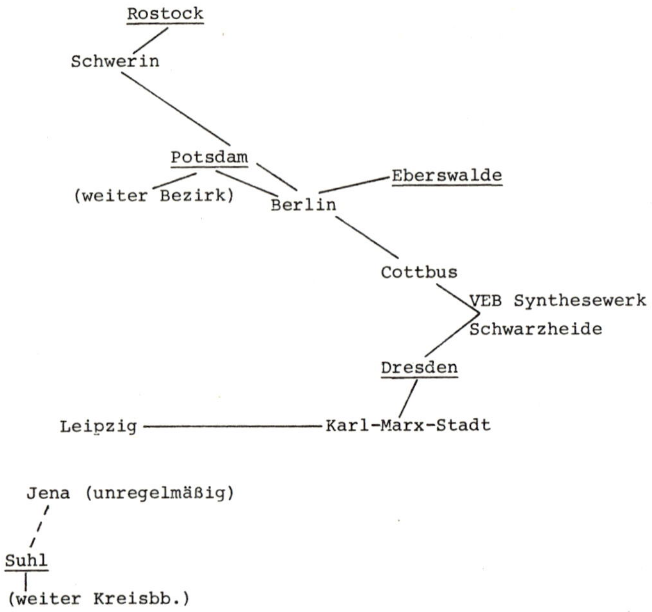

Die unterstrichenen Orte sind Träger des Kurierdienstes (Kraftfahrzeug, Fahrer u. a.)

3. Telexverbindung zwischen den Zentralkatalogen innerhalb der einzelnen Länder und international zwischen dafür zuständigen nationalen Zentren.
4. Einsatz moderner fotomechanischer Reproduktionstechnik bei der Bereitstellung gesuchter und nachgewiesener Literatur mit Hilfe von Mikrofilm oder Microcard (Microfiche) anstelle des Originals.[620]
5. Einschaltung des Luftpostweges zur Versendung der nach zügiger Fundortermittlung schnell hergestellten Ablichtungen.

---

[619] BURGHARD BURGEMEISTER, *Kurierwagen im Leihverkehr.* In: ZfB 85 (1971) S. 257–264. – HEINO BRANDES, *Zwei Jahre Kurierdienst d. WAB Potsdam.* In: Bibliothekar 25 (1971) S. 763–769.

[620] *Mikrofilm oder Original im Leihverkehr?* In: ZfB 78 (1964) S. 526–528 (L. PENZOLD). Die Praxis, eine Reprographie statt des Originals in den Leihverkehr zu geben, wird

Der Einsatz von Fernschreibern (Telex) im Leihverkehr hat sich bewährt und gehört heute zu den selbstverständlichen Einsatzmitteln in dringenden Fällen.[621] Ansätze dazu sind in der Leihverkehrsordnung der DDR von 1965 z. B. in der Einschaltung des ausgebauten Telexnetzes zu erkennen. Auch die Bestimmung, daß bei Zeitschriftenaufsätzen bis zu einem begrenzten Umfang die Bibliothek dem Besteller auch ohne besonderen Auftrag unter Berücksichtigung der urheberrechtlichen Bestimmungen einen Mikrofilm zusenden kann, ist ein technischer Fortschritt und bewirkt eine Verbesserung des Leihverkehrs. Die Richtlinie zur Leihverkehrsordnung von 1975 sieht ein einheitliches Schema für Telex-Bestellungen vor, das in solchen Fällen den Leihschein ersetzt. Die Zukunft gehört vielleicht der Telefaksimile-Technik im Leihverkehr, im nationalen wie im internationalen.[622] Sie ist erprobt und geeignet, Vorlagen geringen Umfanges direkt zu übertragen. Ihre Anwendung ist im wesentlichen eine Kostenfrage.

Einsatz moderner Technik

So spielt der nationale und internationale Leihverkehr auf dem Gebiete der Literaturvermittlung eine bedeutende und ständig zunehmende Rolle. Seine zweckmäßigste Organisierung und Durchführung ist Sache der Bibliothekare, die dadurch auch sehr wesentlich zur Erhöhung der Leistungsfähigkeit von Dokumentation und Information beitragen.

Verantwortung der Bibliothekare

---

bereits von einigen Bibliotheken ausgeübt, z. B. der Bibliothek d. TH Delft, der National Lending Library for Science and Technology in Boston Spa (England); sie wird auch von der Kommission für Zentralkataloge und Internationalen Leihverkehr empfohlen (Präs.: H. Cordes, 30. Session Rom Sept. 1964). – DIETRICH ROESSLER, *Organisationsprobleme beim Einsatz des Fernschreibers zur Beschleunigung des auswärtigen Leihverkehrs.* In: Mitteilungsblatt. Verband d. Bibl. d. Landes Nordrhein-Westfalen. N. F. 20 (1970) S. 234–246. – HORST ERNESTUS, *Bibliotheken und Fernschreiber: Erfahrungen und Konzeptionen im Ausland.* In: Bibliotheksdienst 1972 S. 63–69.

[621] MILOŠ PAPÍRNÍK, *Využiti dálnopisu v knihovně.* Praha 1963. (Statnítechnické knihovna v Praze. Metodický leták. 37.) [Ausnutzung des Fernschreibers in der Bibliothek.] – L. J. VAN DER WOLK, *Die praktischen Erfahrungen der Bibliothek der TH in Delft mit Telex und Microfiche.* Vortrag. Delft 1958. – L. J. VAN DER WOLK, *Télétype et microfiche transparente dans les relations entre bibliothèques.* In: Bull. d. bibliothèques d. France 4 (1959) S. 475–494. Mit Lit.angaben. – L. J. VAN DER WOLK, *Der Fernschreiber im Leihverkehr d. wiss. Bibliotheken.* In: Nachr. Dok. 11 (1960) S. 78–86. Mit Abb. u. einigen Lit.angaben. – L. J. VAN DER WOLK, *The function of telex in the union catalogue.* In: Libri 11 (1961) S. 377–391. Mit Lit.angaben. – *Verzeichnis d. Telexteilnehmer in der Deutschen Demokratischen Republik.* 1. Ausg. Berlin 1965. – A. COCKX und G. SCHUURMANS STEKHOVEN, *IFLA–IATUL. Telecode and telex address book.* 2. ed. London 1966. (IFLA. International manuels. 1.) – V. A. MIRONOVA und M. JA. SOROKINA, *Izpol'zovanie teletaipa v rabote mežbibliotečnogo abonementa.* Moskva 1973.

[622] HANS-JOACHIM MEISTER, *Faksimiletechnik in wissenschaftlichen Bibliotheken der DDR.* In: ZfB 82 (1968) S. 95–96. – WILLIAM D. SCHIEBER u. RALPH M. SHOFFNER, *Telefacsimile in libraries.* A report of an experiment ... for interlibrary loan systems. Berkeley 1968. – DAVID HERON, *Telefacsimile in libraries: progress and prospects.* In: Unesco bull. f. libraries 23 (1969) S. 8–13; mit angelsächs. Lit.angaben. – HAROLD G. MOREHOUSE, *The future of telefacsimile in libraries: problems and prospects.* In: Library resources and technical services 13 (1969) S. 42–46.

6. Literaturinformation

6.1. Allgemeines

Allgemeines

Information ist ein Modewort unserer Tage. Viele von Unkundigen verfaßte Artikel in Tageszeitungen haben ihm einen Nimbus gegeben, der ihm nicht zukommt. Das drückt sich z. B. in weit verbreiteten Redewendungen aus wie „Informiertsein ist alles". Bedenklich wird es, wenn Kommunikationswissenschaftler Formulierungen fabrizieren wie „frei sein heißt informiert sein". Wir haben uns auch schon daran gewöhnt, daß jede selbstverständliche Auskunftsdienstleistung in einem Hotel oder auf einem Bahnhof als Information bezeichnet wird. Information[623], wie auch wir sie verstehen, ist eine philosophische Kategorie. Für eine Bibliothekslehre kommt es darauf an, den Anteil zu bestimmen, den die Bibliothekare mit ihren Arbeitsmitteln und Kenntnissen an der Information nehmen. Wir bezeichnen ihn als Literaturinformation und verstehen darunter die von Bibliotheken geleistete Informations-, Auskunfts- und Beratungstätigkeit in mündlicher oder schriftlicher Form auf der Grundlage der von ihnen erworbenen literarischen Dokumente oder Medien in der Sprache der Information ihrer Informationsquellen und Informationsmittel. Dabei

[623] HELMUT METZLER, *Information in kybernetischer und philosophischer Sicht.* In: Deutsche Zeitschrift f. Philosophie 10 (1962) S. 621–638. – V. A. POLUŠKIN', *K opredeleniju ponjatija „Informacija".* In: Naučno-techničeskaja informacija (1963) 9, S. 6–8. – HEINRICH VOGEL, *Materie und „Information".* In: Deutsche Zeitschrift f. Philosophie 11 (1963) S. 314–323. – G. JUNG, *Information als soziale Erscheinung.* Leipzig 1966. Phil. Diss. – HORST KRESCHNAK, *Einige philosophische und methodologische Fragen zu den Begriffen „Information" und „semantische Information".* In: Wiss. Zeitschr. d. Pädagog. Hochschule Dresden 2 (1968) Sonderheft, S. 11–16. – HORST VÖLZ, *Einige Gedanken zum Begriff Information.* In: Deutsche Zeitschrift f. Philosophie 16 (1968) S. 336–348. – PETER FRANZ, *Zum Begriff der Information und zur Ermittlung des Informationsbedarfs.* Sitzungsbericht der DAL, Berlin 18 (1969) 2, S. 3–19. – A. D. URSUL, *Information – eine philosophische Studie.* Berlin 1970. – ROLF STEIGER, *Lenin über die wissenschaftliche Information.* In: Informatik 19 (1972) 6, S. 6–10. – E. S. MAIMINAS, *Planungsprozesse.* Informationsaspekt. Berlin 1972. (Aus d. Russ.) – NORBERT FICHTNER, *Gesellschaftliche Aspekte von Information und Erkenntnis.* In: Deutsche Zeitschrift f. Philosophie 22 (1974) S. 968–983. – M. LEUPOLT, *Die Fachinformation und ihre Rolle in der sozialistisch/kommunistischen Gesellschaft.* Berlin 1973. (Lehrbrief. Inst. f. Bibl.wiss. u. wiss. Inf. d. Humboldt-Univ. Berlin.) – PETER STÄBER, *Die gesellschaftliche Information.* Zur Bestimmung und Abgrenzung der Erscheinung „Information". 2., überarb. Aufl. Berlin 1973. (Lehrbrief. Inst. f. Bibl.wiss. u. wiss. Inf. d. Humboldt-Univ. Berlin.) – J. KOBLITZ, *Zum Informationsbegriff.* In: ZIID-Zeitschrift 14 (1967) S. 92–94. – OTFRIED ARNOLD u. KARL-HEINZ WIELAND, *Wirksame Information – Bestandteil sozialistischer Demokratie und Leitung.* In: Einheit 26 (1971) S. 570–578.

kommen im wesentlichen bibliographische Unternehmungen vielfältigster Art, alte bewährte und neue, zur Anwendung.[624]

6.2. Bibliographie

Vom Standpunkt der Bibliographie hat der Bestandsaufbau jeder Bibliothek zwei Mängel: Er hat Auswahlcharakter, und seine katalogmäßige Erschließung erstreckt sich in der Regel nur auf bibliographisch selbständige Schriften. Der ersten Beschränkung sind sich die Bibliothekare schon seit Jahrzehnten bewußt. Sie haben sie durch den Aufbau von Fundortnachweisstellen (= Nachweise von Literatur in anderen Bibliotheken) zu überbrücken gesucht.

Auswahlcharakter der Bibliotheksbestände

Der Leihverkehr, der nationale wie der internationale, sorgt für das Herbeischaffen der mit Hilfe dieser Zentralkataloge ermittelten Literatur. Die zweite Einschränkung ihrer unmittelbaren Arbeit mit dem Buch haben die Bibliothekare durch Verbesserung und Differenzierung der Bibliographie, die in vielfältigen Formen zum Traditionsgut der Bibliotheken gehört, auszugleichen gesucht. Nun erlebt aber in unseren Tagen diese traditionelle Bibliographie eine Krise, die durch das gesteigerte Tempo der Wissenschaft in der wissenschaftlich-technischen Revolution bewirkt wird und von der auch die nichttechnischen Fächer berührt werden. Der Wert der Bibliographie ist unbestritten. Aber die Bibliothekare müssen auch die auf ihrer bibliothekarisch-bibliographischen Arbeit beruhende Dokumentation und deren Ergebnisse in ihre Informations- und Beratungstätigkeit einbeziehen. So drängen die Grenzen der Bestandsaufbereitung durch Bibliotheken die Bibliothekare zwangsläufig dazu, ihre Arbeit auf dem Gebiete der Bibliographie in Verbindung mit der Entwicklung von Information und Dokumentation zu bringen.

Bibliotheksbestand – nur bibliographisch selbständige Schriften

Bibliographie und Information

Der Gesichtspunkt der Literaturinformation bewirkt eine unterschiedliche Wertung der bibliographischen Hilfsmittel.[625] Auf dem Felde der *allge-*

---

[624] GOTTFRIED ROST, *Bibliothek und Dokumentation.* Eine bibliogr. Grundlage für d. Diskussion über e. einheitl. Informationssystem. Bearb. Leipzig 1964. (Bibliogr. Informationsdienst d. Deutschen Bücherei. 5.) Vermittelt annotiert die wichtigste deutschsprachige Literatur. – Überwiegend auf das westliche Ausland beschränkt sind die jährlich erscheinenden Literaturhinweise der von der FID herausgegebenen *Bibliographie de la documentation et de la bibliothéconomie: Current research and development in scientific documentation.* La Haye 1951 ff. – THEODOR PETER LOOSJES, *Dokumentation wissenschaftlicher Literatur.* München, Basel, Wien 1962. Mit Lit.angaben, Register.

[625] Laufende internationale Information: *Bibliography, documentation, terminology;* zweimonatlich in vier Ausgaben (engl., franz., russ., span.) erscheinendes Bulletin, von der Unesco herausgegeben. – *Die Bearbeitung empfehlender Bibliographien.* Hrsg. v. d. Deutschen Bücherei. Leipzig 1960. Enth. nicht nur Arbeiten zur empfehlenden Bibliographie. – *Die Bibliographie in den europäischen Ländern der Volksdemokratie.* Entwicklung u. gegenwärtiger Stand. Gesamtred.: Gerhard Schwarz. Leipzig 1960. – *Theoretische Konferenz zu den Aufgaben und Methoden der Literaturpropaganda der*

allgemeine Bibliographie

Nationalbibliographie

primäre und sekundäre Nationalbibliographie

meinen Bibliographie sind die *nationalen Bibliographien* als Arbeitsmittel der Bibliothekare deshalb so wichtig, weil sie die innerhalb eines bestimmten Landes gedruckten Bücher und Zeitschriften aller Fachgebiete oder – über das Mutterland hinaus – die in einer bestimmten Sprache verfaßte und gedruckte Literatur vollständig verzeichnen. Das gilt besonders für die sogenannten *primären Nationalbibliographien*[626], die diese Literatur in wöchentlich oder monatlich erscheinenden Heften verzeichnen. Als *sekundäre Nationalbibliographie* werden die auf der primären Bibliographie beruhenden Jahres- oder Mehrjahreszusammenfassungen bezeichnet. Der primären Nationalbibliographie fällt also die Rolle einer vollständigen und aktuellen Berichterstattung zu, die sekundäre orientiert mit der gleichen Vollständigkeit über größere Zeitabschnitte. Häufig stimmen nationale Bibliographien mit den Katalogen zentraler Bibliotheken weitgehend überein, weil die gesamte verzeichnete Literatur auf Grund von Pflichtexemplarbestimmungen von einer zu ihrer Aufnahme und Archivierung

---

wissenschaftlichen Bibliotheken in der DDR, Dresden, 11.–14. Okt. 1960. Red. Bearb.: Horst Bunke. Leipzig 1962. – RUTH UNGER, *Die Fächer Bibliographie und Information/Dokumentation.* In: ZfB 79 (1965) S. 662–666. – *Informationstätigkeit der Bibliotheken unter den Bedingungen der wissenschaftlich-technischen und kulturellen Revolution.* Thesen zur Jahreshauptversammlung des Deutschen Bibliotheksverbandes vom 1.–3. Juni 1966 in Erfurt. Leipzig 1966. – GERHARD POMASSL u. GOTTFRIED ROST, *Die Bibliographie im System der Information.* In: Jahrbuch d. Deutschen Bücherei 1 (1965) S. 9–35. – CURT FLEISCHHACK, *Bibliographisches Grundwissen.* 6. Aufl. Bearb. v. Gottfried Rost. Leipzig 1968. – *Bibliografija.* Obščij kurs. Moskva 1969. – GERHARD POMASSL, *Zur Entwicklung der bibliographischen Arbeit der Bibliotheken und der Information/Dokumentation in der DDR 1949–1969.* In: 20 Jahre Bibliothekswesen der DDR Berlin 1969 S. 121–141 (zugleich in: Bibliothekar 23, 1969, H. 7/8). – WILHELM TOTOK, ROLF WEITZEL u. KARL-HEINZ WEIMANN, *Handbuch d. bibliogr. Nachschlagewerke.* 4. Aufl. Frankfurt a. M. 1972. – KONSTANTIN ROMANOVIČ SIMON, *Bibliogr. Grundbegriffe u. Fachtermini.* Übers. aus d. Russ. Leipzig 1972. – Ein neues Lehrbuch der Bibliographie, das den veralteten *Grundriß der Bibliographie* (C. FLEISCHHACK, E. RÜCKERT, G. REICHARDT) von 1957 ersetzen wird, ist in Vorbereitung. – HERBERT HÖHNE, *Die Steigerung der Effektivität der bibliographischen Arbeit.* In: ZfB 86 (1972) S. 65–75.

[626] JORIS VORSTIUS, *Der gegenwärtige Stand der primären Nationalbibliographie in den Kulturländern. Zugleich ein Beitrag zur Theorie der Bibliographie.* Leipzig 1930; weitere Lit. bei GEORG SCHNEIDER, *Einführung in die Bibliographie.* Leipzig 1936 S. 99–101. – JORIS VORSTIUS, *Ergebnisse und Fortschritte der Bibliographie in Deutschland.* Leipzig 1948 S. 52–55. – ROBERT L. COLLISON, *Bibliographical services throughout the world. 1950–1959.* Paris 1961. (Unesco bibliographical handbooks. 9.) – Neue Nationalbibliographien werden in *Bibliographie, Documentation, Terminologie* angezeigt. – *Biblioteka Narodowa. Conférence internationale de bibliographie sur les problèmes de la bibliographie nationale.* Warszawa, 19.–21. 9. 1957. Warszawa 1961. Text russ. u. franz. – KNUD LARSEN, *National bibliographical services.* In: Unesco bull. f. libr. 15 (1961) S. 301–309. Grundlegende Zusammenfassung der Hauptaufgaben der Nationalbibliographie. Vgl. hierzu auch desselben Verfassers Buch: *National bibliographical services, their creation and operation.* 2. Ausg. Paris 1954. (Unesco bibliographical handbooks. 1.) Neuausgabe in Vorbereitung. – G. P. FONOTOV, *Voprosy obščej retrospektivnoj bibliografii v national'nych respublikach.* In: Sovetskaja bibliografija 94 (1965) 6, S. 3–13. – *Retrospektivnaja obščaja bibliografija v nacional'nych respublikach.* Materialy ... In: Sovetskaja bibliografija 95 (1966) 1, S. 3–63 und 96, 2, S. 12–64.

bestimmten staatlichen Bibliothek vereinnahmt wird. Dann ist die primäre Bibliographie zugleich eine Pflichtexemplarliste des betreffenden Staates und eine Zugangsliste der staatlichen Zentralbibliothek. Alle angezeigten Veröffentlichungen stehen dann mindestens an dieser einen Stelle der Benutzung zur Verfügung. Die alphabetischen Titelkataloge von Bibliotheken, die, wie die Deutsche Bücherei zu Leipzig, zugleich Zentren der nationalen Bibliographie sind, stellen für die Bestandserschließung von einem bestimmten Zeitpunkt an (im Falle der Deutschen Bücherei ab 1913) Nationalbibliographien in Zettelform dar. Es liegt also in einem solchen Falle weitgehende Übereinstimmung von Bibliographie und Bibliothekskatalog vor.

nationale bibliographische Zentren

Die Einrichtung bibliographischer Zentren als Abteilungen von Staats- oder Nationalbibliotheken oder als selbständige Institute hat sich als eine gute Lösung erwiesen.[627] Ihre Hauptaufgabe besteht in der Erarbeitung der laufenden nationalen Grundbibliographien. Sie sollten aber neben der bibliographischen Verzeichnung der Neuigkeiten auch die nationale retrospektive Bibliographie umfassen. In der UdSSR hat sich das bibliographische Zentrum für die Nationalbibliographie als eine selbständige Institution – die *Unionsbuchkammer (Vsesojuznaja knižnaja palata)*[628] – herausgebildet; das ist angesichts der riesigen räumlichen Ausdehnung der Sowjetunion durchaus gerechtfertigt.

Unionsbuchkammer

Fachbibliographie

Während der Wert der nationalen Bibliographien in ihrer Vollständigkeit liegt, hängt der wissenschaftliche Wert einer Fachbibliographie von ihrem wertenden Auswahlcharakter ab. Die Fachbibliographie beschränkt sich nicht auf Bücher und Zeitschriftentitel; Zeitschrifteninhalte machen vielmehr einen wesentlichen Teil aller fachbibliographischen Arbeiten aus. In ihrer äußeren Form ist sie vielfältig; sie tritt als Buch, Heft, Liste oder Kartei, neuerdings auch als Mikroform in Erscheinung. Die Übergänge zur Referatekartei bzw. zum Referateblatt sind, vor allem retrospektiv, fließend.

Referateblätter

Die internationale Entwicklung auf dem Gebiet der wissenschaftlichen Fachbibliographie ist so verlaufen, daß im 19. Jahrhundert zunächst für Naturwissenschaften, später auch für Gesellschaftswissenschaften Referateblätter erschienen sind, die laufend über ihr Fachgebiet, z. T. auch über allgemeine Grundlagen und Randgebiete, informiert haben. Aus der seit Jahrzehnten um die Referateblätter geführten Kritik hat sich eindeutig ergeben, daß dieser Form der Fachbibliographie hinsichtlich ihrer Aktualität Grenzen gezogen sind: Buchdruck, Erscheinen in Heften bzw. Lieferungen, sachliche Erschließung durch nachträglich bearbeitete Register usw. Daher sind den Referateblättern, sofern sie nicht ihr Erscheinen überhaupt eingestellt haben, in den zentral erarbeiteten Referatekarteien

---

[627] Grundlegend zur Information: *Guide to national bibliographical information centres.* 3. ed. Paris 1970. (Unesco bibliographical handbooks. 3.) Eine Unesco-Publikation, zuerst 1953 im Unesco bull. f. libr. veröffentlicht, 2. Aufl. 1962.

[628] GOTTFRIED GÜNTHER, *Die Unionsbücherkammer in Moskau.* In: ZfB 69 (1955) S. 188–208.

Konkurrenten erwachsen. Wissenschaftliche Universalbibliotheken und wissenschaftliche Fachbibliotheken[629] bedienen sich dieser Informationsmittel gemäß ihren Sammelaufgaben, indem sie entsprechende Referatekarteien führen und auf dem laufenden halten.

Bibliothekar und Fachbibliographie

Je größer der Anteil der Bibliothekare an der Fachbibliographie ist, desto besser ist es um die bibliothekarische Arbeit und sicher auch um die Bibliographie selbst bestellt. Ob sich diese Tätigkeiten auf dienstliche Aufträge, etwa bei Herausgabe von Fachbibliographien durch einzelne Bibliotheken, oder auf persönliche, außerdienstliche bibliographische Arbeiten erstrecken, ihr Nutzen für die Erschließung der Bestände wissenschaftlicher Bibliotheken ist beträchtlich. Manche Bibliothekare haben die bibliographische Arbeit sogar für das Haupttätigkeitsgebiet des bibliothekarischen Berufs gehalten.[630]

Ein wichtiges Anliegen ist es auf jeden Fall, denn ein Bibliothekar ohne ein sicheres bibliographisches Fundament ist unvorstellbar.[631]

Bibliothekar und Information

Für eine systematische bibliographische Information des Fachwissenschaftlers durch den wissenschaftlichen Bibliothekar bieten sich besonders die Fachzeitschriften an. Das müssen die Bibliothekare beachten. Die bibliographische Arbeit der Bibliotheken ist mit den Bedürfnissen und Schwerpunkten von Information und Dokumentation zu koordinieren.

empfehlende Bibliographie

Wenn wir in den Neuerwerbungslisten eine bereits traditionelle Form der Bestandserschließung sehen können, deren Inhalt zwar durch die gesellschaftliche Entwicklung neu bestimmt worden ist, so haben die Bibliothekare auf dem Gebiete der empfehlenden Bibliographie[632] Neuland betreten. Gewiß kennen wir schon seit der zweiten Hälfte des 19. Jahrhunderts Versuche, Listen bester oder guter Bücher zusammenzustellen. Der Altmeister der Bibliographie, Georg Schneider, hat angesichts der ins Unermeßliche angewachsenen Literaturflut die Notwendigkeit, Listen guter Bücher aufzustellen, betont, gleichzeitig aber Konzentration auf das Wesentliche und Beschränkung auf die nationale

---

[629] HANS-ULRICH KLOTH, FRITZ-GEORG BARTH u. RUDI MÖBUS, *Die wiss. Fachbibliothek.* 2. Aufl. Leipzig 1975 S. 157–162.

[630] Vgl. RICHARD FICK, *Die bibliographische Schulung des Bibliothekars.* In: ZfB 45 (1928) S. 551–561. – GEORG SCHNEIDER, *Die Bibliographie an den wissenschaftlichen Bibliotheken.* In: Von Büchern und Bibliotheken. Ernst Kuhnert dargebracht. Berlin 1928 S. 322–326.

[631] WERNER DUX, *Methodik und Technik der Bearbeitung und Nutzung von Bibliographien.* Eine Anleitung für die Praxis. Leipzig 1967. – FRIEDRICH DOMAY, *Formenlehre der bibliographischen Ermittlung.* Eine Einführung in die Praxis der Literaturerschließung. Stuttgart 1968. – SIGRID HIRSCH und HERBERT RIEGER, *Methoden und Formen der Literaturinformation.* 4. Aufl. Leipzig 1976. – Einen besonderen Gesichtspunkt für das Verhältnis Bibliothekar und Leser betont: S. A. TRUBNIKOV, *Literaturnaja bibliografija kak sredstvo estetičeskogo razvitija čitatelej.* Posobie po speckursu dlja studentov bibliotečnogo fakul'teta. Moskva 1970.

[632] Lit.: *Die Bearbeitung empfehlender Bibliographien.* Allgemeine Grundsätze und methodische Verfahren. Leipzig 1960. Enth. in d. Hauptsache sowjetische Arbeiten und eine tschechoslowakische in dt. Übers. – B. A. SMIRNOVA, *Dejatel'nost' gosudarstvennoj biblioteki SSSR imeni V. I. Lenina v oblasti rekomendatel'noj bibliografii.* Moskva 1964.

Literatur eines Landes gefordert.[633] Er hat aber auch bereits richtig gesehen, daß das Gebiet der Auswahllisten weit ist. Verschiedenheit an Geistesrichtung und Bildung sowie hinsichtlich sozialer Abstufung und Berufe sind nach G. Schneider die Haupthindernisse bei ihrer zweckmäßigen Gestaltung.

Man kann bezweifeln, ob die Bezeichnung empfehlende Bibliographie, die sich eingebürgert hat, für ihr Anliegen zutreffend ist. Richtiger wäre, von populärwissenschaftlicher Bibliographie zu sprechen, denn im Unterschied zur Fachbibliographie wendet sich die empfehlende Bibliographie an jeden, der an einem bestimmten Thema interessiert ist und vermittelt ihm einen ersten Zugang dazu. Die im folgenden angeführten Wesenszüge machen das noch deutlicher.[634]

Wesenszüge der empfehlenden Bibliographie

1. Aktuelle Probleme bestimmen ihre Themenstellung.
2. Nicht nur neueste Literatur, sondern auch kritisch ausgewählte Schriften des progressiven Erbes sollen in ihr Aufnahme finden.
3. Die verzeichneten Veröffentlichungen sollen sich in der Regel im Besitz aller großen Bibliotheken befinden. Die Angabe von Signaturen ist daher erwünscht, denn sie erleichtert den Zugang zu der empfohlenen Literatur.
4. Ihre Bearbeitung setzt gründliche und umfassende Fachkenntnisse voraus, wenn Fehler (Auslassung wichtiger einschlägiger Arbeiten) vermieden werden sollen. Der beste Fachmann ist daher der beste Bearbeiter auch dieser Bibliographien.
5. Die führende Rolle hat die gesellschaftswissenschaftliche Literatur; das ergibt sich aus der Zweckbestimmung der zu empfehlenden Literatur. Auch die Propagierung technischer Literatur sollte nur in Verbindung mit empfehlenswerten gesellschaftlichen Schriften, insbesondere der politischen Ökonomie, erfolgen.
6. Der empfehlende Charakter solcher Verzeichnisse wird nicht nur durch die richtige Auswahl gewahrt, so wichtig sie ist, sondern auch durch die Wertung der Bedeutung der betreffenden Schrift.[635] „Die

[633] GEORG SCHNEIDER, *Einführung in die Bibliographie.* Leipzig 1936 S. 148–153; (Listen guter Bücher).

[634] K. R. SIMON, *Bibliographische Grundbegriffe und Fachtermini.* Leipzig 1972, definiert nach M. A. BRISKMAN u. M. P. BRONŠTEJN: „Annotation ist die kurze, allgemeine Charakteristik eines Druckerzeugnisses. Sie weist entweder auf die Thematik oder die Bedeutung oder die wesentlichen Besonderheiten eines Buches (Aufsatzes) hin, und häufig tut sie dies alles gleichzeitig.“ Simon fügt jedoch hinzu, daß eine A. „zuweilen auch die Besonderheiten der Herausgabe eines Werkes und sein weiteres Schicksal enthüllt“. Nachdem bereits E. I. Šamurin (Simon S. 17) die „referierende Annotation“ propagiert hatte, weil es in der Tat schwierig ist, die Annotation zu klassifizieren, d. h. die (gute) Annotation von dem (schlechten) Referat abzugrenzen, meine ich, daß die Grenzen von Annotation und Referat in der Praxis fließend sind. Vgl. aber auch JOSEF KOBLITZ, *Methoden des Referierens von Dokumenten.* 3. Aufl. Leipzig 1975, der anderer Meinung, auch als K. R. Simon, ist.

[635] Außerordentlich nützlich sind z. B. die als *Bibliographischer Informationsdienst der Deutschen Bücherei* erscheinenden empfehlenden Bibliographien, die die durchgängig

empfehlende Annotation ist folglich eine organische Einheit der Darlegung des Buchinhalts, seiner wissenschaftlichen Analyse und der methodischen Hinweise."[636]

Daraus ergibt sich zweierlei: empfehlende Bibliographien stellen hohe Anforderungen an die Bearbeiter. Die Erarbeitung solcher Bibliographien gehört in erster Linie zum Aufgabenbereich der allgemeinbildenden Bibliotheken. Allerdings liegen uns noch keine überzeugenden Effektivitätsnachweise für die Nutzung empfehlender Bibliographien vor; sie sind zwar schwierig, wären aber dringend erforderlich. Überhaupt sollte die stets arbeitsaufwendige bibliographische Arbeit gründlicher und stetiger auf ihren gesellschaftlichen Nutzen untersucht werden.[637]

breites Bedürfnis nach Annotation

Der Wunsch des Nutzers von Bibliographien, kurze, knappe Orientierungen zu den einzelnen Titeln zu erhalten, ist durch die wachsende internationale Literaturproduktion in unserer Zeit nur verstärkt worden. So hat die *bibliographie raisonnée,* jene klassische Form der wissenschaftlichen Bibliographie, erneut an Gewicht gewonnen. Auch aus der Sicht der Fachbibliographie hat sich die internationale Theorie der Bibliographie in den letzten Jahren mit diesem Problem auseinandersetzen müssen.[638] Für die zweckmäßigste Annotation gibt es kein Schema; Form und Inhalt ihrer Aussage hängen von verschiedenen Faktoren ab, in erster Linie aber vom potentiellen Nutzer der betreffenden Bibliographie.

Bibliothekar und Fachwissenschaftler auf dem Gebiete der Bibliographie

Das Verhältnis des Bibliothekars zur Bibliographie ist also differenziert. Die *allgemeine Bibliographie* ist seine eigentliche Domäne; Bibliotheken sind heute überwiegend die Produzenten der primären Nationalbibliographien und auch weitgehend ihre Herausgeber. Die *Fachbibliographie* ist das Arbeitsgebiet des Fachwissenschaftlers; an ihr soll der Fachbibliothekar soweit wie möglich aktiven Anteil nehmen. Die Ergebnisse der Fachbibliographie zählen auf alle Fälle zu seinen wichtigsten Arbeitsmitteln. Auf dem Gebiet der *empfehlenden Bibliographie* begegnen sich Bibliothekar und Fachwissenschaftler, wie das gesamte Gebiet der Verbreitung wissenschaftlicher Kenntnisse keine spezifische Angelegenheit der Bi-

---

deutschsprachigen Titel weitgehend annotieren. – Ferner auch: *Bibliographische Kalenderblätter der Berliner Stadtbibliothek.* Jg. 1, F. 1ff. Berlin 1959ff. Erscheint monatlich und dient „der Erinnerung an wichtige geschichtliche Ereignisse und bedeutende Persönlichkeiten, deren Gedenktage im allgemeinen nicht in jedem Jahr begangen werden". – EVGENIJ IVANOVIČ ŠAMURIN, *Metodika sostavlenija annotacij.* Moskva 1959; vgl. ZfB 78 (1964) S. 42–45 (G. GÜNTHER).

[636] Nach D. A. WOLOSCHIN, *Die Probleme der empfehlenden Annotation.* In: Bibliothekar 7 (1953) S. 111 (S. 108–116).

[637] HERBERT HÖHNE, *Die Steigerung der Effektivität der bibliographischen Arbeit.* In: ZfB 86 (1972) S. 65–75.

[638] GÜNTER REICHARDT, *Die Bedeutung der Annotation für Bibliographie und Katalog.* In: Bibliothek, Bibliothekar, Bibliothekswissenschaft. Festschrift Joris Vorstius. Leipzig 1954 S. 86–109. – D. A. WOLOSCHIN, *Die Probleme der empfehlenden Annotation.* In: Bibliothekar 7 (1953) S. 108–116. – E. I. ŠAMURIN, *Die empfehlende Annotation.* In: Zu einigen Problemen der sozialistischen Literaturpropaganda d. wiss. Bibliotheken. Berlin 1960 S. 57–98.

bliothekare, sondern aller Fachwissenschaftler, also *auch* des Bibliothekars, ist. Je enger das Zusammenwirken von Fachwissenschaftler und Bibliothekar auf dem gesamten Gebiet der Fach- und empfehlenden Bibliographie ist, desto besser wird es um die Qualität der Bibliographie bestellt sein. Der Gebrauchswert von Fachbibliographien wird bedeutend erhöht, wenn den einzelnen Titelangaben Standortnachweise hinzugefügt werden. Obwohl diese zusätzliche Arbeit aufwendig ist, mehren sich erfreulicherweise solche Beispiele in neuester Zeit.[639]

Ein Schwerpunkt der bibliothekarischen Arbeit ist der Aufbau eines gediegenen und umfassenden *bibliographischen Handapparats.* Ihm kommt nicht nur eine große wissenschaftliche, sondern auch eine pädagogische Bedeutung zu. Dient er doch auch dazu, Anfänger in der Wissenschaft unter Anleitung des Bibliothekars zur selbständigen Arbeit zu erziehen. Diese traditionelle Forderung an die Bibliotheken genügt heute schon nicht mehr: Der gepflegte bibliographische Handapparat muß durch eine der Funktion der Bibliothek entsprechende Auswahl von Informationsmitteln ergänzt werden, die von der Information und Dokumentation erarbeitet wurden.

bibliographische Handapparate

Mit der gewissenhaften Rezeption von Bibliographien ist es aber für den Bibliothekar nicht getan. Da er mit seiner ganzen Arbeit auch in der Praxis der Bibliographie steht, muß er sich ebenso auf dem Gebiet der bibliographischen Theorie auskennen. Vom Bibliothekar erwartet der bibliographisch arbeitende Fachwissenschaftler sachkundige Beratung in methodischer und arbeitstechnischer Hinsicht.[640] Wichtig dafür ist eine Klärung der bibliographischen Terminologie; hier sind noch viele Wünsche offen.[641]

Theorie der Bibliographie

Besonders wichtig ist die Koordinierung der bibliographischen Arbeit im nationalen Rahmen. Ihre gesamte vorausplanende Erfassung – einschließlich der Fachbibliographie – ist sehr schwierig. Deswegen sind koordinierte Planungen der Bibliotheken bereits ein Fortschritt. Der Gesamtplan der bibliographischen Vorhaben der Bibliotheken der DDR und Institute wird jährlich veröffentlicht.[642]

Koordinierung der bibliographischen Arbeit

---

639 WERNER KRAUSS, *Altspanische Drucke im Besitz der außerspanischen Bibliotheken.* Berlin 1951. (Berichte über die Verhandl. d. Sächs. Akad. d. Wiss. zu Leipzig. Philol.-hist. Klasse. Bd. 97, H. 7.) – WERNER RISSE, *Bibliographia logica.* Verz. d. Druckschriften zur Logik mit Angabe ihrer Fundorte. Bd. 1. Hildesheim 1965. (Studien u. Materialien z. Geschichte d. Philosophie. Bd. 1.) – HEINZ GITTIG, *Illegale antifaschistische Tarnschriften.* 1933–1945. Leipzig 1972. (ZfB. Beih. 87.)

640 Min. Kul't. RSFSR. Gos. Bibl. SSSR im. V. I. Lenina. *Soveščanie po spravočno-bibliografičeskoj rabote. 23–25 janv. 1961 g.* Sbornik materialov. Moskva 1962. – HANS BAER, *Bibliographie und bibliographische Arbeitstechnik.* Frauenfeld 1961. (Bibliothek des Schweizer Buchhandels. 3.) – CYRIL C. BARNARD, *Bibliographical citation.* London 1959. – *Pravila bibliografičeskogo opisanija proizvedenij pečati.* Posobie dlja bibliografov naučnych i izdatel'skich rabotnikov. Sost. N. A. Nikiforovskaja. Pod red. S. P. Luppova. Leningrad 1964.

641 I. I. REŠETINSKIJ, *Pervyj gosudarstvennyj standart na bibliografičeskuju terminologiju.* In: Sovetskaja bibliografija 121 (1970) S. 11–16. – K. R. SIMON, *Bibliographische Grundbegriffe und Fachtermini.* Leipzig 1972.

Auf der Grundlage der Bibliotheksverordnung der DDR von 1968 ist der Deutschen Bücherei in Leipzig „die Funktion der zentralen Leit- und Koordinierungseinrichtung für Bibliographie und bibliographische Arbeit in der Deutschen Demokratischen Republik" übertragen worden.[643]

6.3. Auswertung der Zeitschrifteninhalte

Auf dem Gebiete der Zeitschriftenauswertung hat sich seit Ende des ersten Weltkriegs folgende Situation ergeben. Der Ruf nach Auswertung der internationalen Fachzeitschriften ist von den Wissenschaftlern auf naturwissenschaftlich-technischem Gebiet ausgegangen.

falsche Beurteilung der Zeitschriften-inhaltsauswertung früher

Die staatlichen Bibliotheken in Deutschland – und in anderen kapitalistischen Ländern Europas verhielt es sich ganz ähnlich – befanden sich als Folge des ersten Weltkriegs und im Zusammenhang mit den zyklischen Krisen des Kapitalismus in einer Notzeit und waren objektiv gar nicht in der Lage, diesen Anforderungen zu genügen. Sie machten freilich aus ihrer Not eine Tugend, indem sie sich zunächst auf den Standpunkt stellten, daß eine Zeitschriftenauswertung für Bibliotheken schon deshalb unmöglich sei, weil dadurch der Sinn und Zweck des Bibliothekskatalogs als „eine nach bestimmten Grundsätzen angeordnete Bestandsnachweisung der Bibliothek"[644] zerstört würde. Diese Feststellung war im Grunde völlig richtig, nur ihre Prämisse war falsch. Nicht Zeitschrifteninhaltserschließung in den Bibliothekskatalogen, sondern *neben* ihnen, das war die Frage, um die es damals gegangen ist. Recht widerspruchsvoll war die spätere Erkenntnis, daß die Zeitschrifteninhaltserschließung eine Angelegenheit der Bibliographie sei, an der wissenschaftliche Bibliothekare mitarbeiten sollten.[645] Sie taten das auch, aber nur vereinzelt, zersplittert und für bestimmte Gebiete. Dabei tröstete man sich damit, daß es eine breite Zeitschrifteninhaltsauswertung schon gäbe: Der Verlag Dietrich[646] hatte bereits 1896 seine internationale Zeitschrifteninhaltsbibliographie

---

642 Früher als Beilage zum *ZfB* und zum *Bibliothekar,* jetzt als Anhang zu einem Heft der *Bibliographie der Bibliographien* (seit 1968).

643 *Zweite Durchführungsbestimmung zur Bibliotheksverordnung – Aufgaben und Arbeitsweise der Deutschen Bücherei zu Leipzig als Leit- und Koordinierungseinrichtung für Bibliographie und bibliographische Arbeit in der DDR vom 24. August 1970.* In: GBl. II 1970 Nr. 81 S. 570–571. – GERHARD POMASSL, *Zur Arbeit des Beirats für Bibliographie bei der Deutschen Bücherei.* In: ZfB 86 (1972) S. 410–415.

644 KARL DIESCH, *Katalogfragen.* In: ZfB 54 (1937) S. 443.

645 Charakteristisch ist die Stellungnahme der Fachenzyklopädie, des „Handbuches der Bibliothekswissenschaft", im Jahre 1933 zur Zeitschriftenerschließung. In dem Beitrag von RUDOLF KAISER, *Die Katalogisierung* (II 1933 S. 237–318) heißt es im letzten Kapitel „Aufgaben der Zukunft": „Der wichtigste, aber auch schwierigste Teil dieses Problems ist die Aufgabe, die ungeheure Literatur, die in den Zeitschriften und Sammelwerken niedergelegt ist, für die Kataloge unmittelbar nutzbar zu machen, und zwar in alphabetischer wie in sachlicher Ordnung. Eine Einreihung in die Bibliothekskataloge ist wohl ausgeschlossen; ..." (S. 317).

646 *Internationale Bibliographie der Zeitschriftenliteratur.*

begonnen und allmählich, wenn auch mit unvollkommenen Mitteln, ausgebaut.

Erschließungsarbeiten nach 1945

Als bei der unzureichenden Literaturlage nach 1945 das Verlangen nach Zeitschrifteninhaltsnachweisen sich aufs neue und eindringlicher denn je meldete, war das Dogma der älteren Generation von der Unmöglichkeit der Zeitschriftenauswertung in wissenschaftlichen Universalbibliotheken überwunden. So entstanden nach 1945 in wissenschaftlichen Universalbibliotheken in der Hauptsache zwei begrenzte Zeitschriftenauswertungen:

ein *Katalog aktueller Zeitschriftenaufsätze* an der Sächsischen Landesbibliothek (begründet von Helmut Deckert); er ist auf die Funktion dieser Bibliothek zugeschnitten und erfaßt auch ausländische Literatur. Thematisch begrenzte Teile neuen Titelmaterials werden an Besteller versandt;

eine *Kartei gesellschaftswissenschaftlicher Zeitschriftenaufsätze* der Berliner Stadtbibliothek; erscheint vervielfältigt für alle als Bezieher angeschlossenen Bibliotheken (über 100).[647]

Problematik nationaler Zeitschrifteninhaltsauswertung

In beiden Fällen handelt es sich um nützliche Auswahlbibliographien für die Praxis der Bibliotheksarbeit. Problematischer ist die auf Vollständigkeit bedachte, nationale bzw. nationalsprachige, periodische Zeitschrifteninhaltsbibliographie geworden. Die Entwicklung hat eine Spezialisierung der Zeitschrifteninhaltsauswertung zur Folge gehabt. Daher ist es fraglich, ob eine allgemeine Auswertung von Zeitschrifteninhalten eines bestimmten Landes als Teil der primären, dann auch der sekundären Nationalbibliographie heute überhaupt noch lohnend ist. Vor der Entfaltung der Information war das eine Lehrmeinung der Bibliothekare; das beweisen nationale laufende Zeitschrifteninhaltsbibliographien vom Typ des sowjetischen *Letopiś žurnal'nych statej* in zahlreichen Ländern. Erste Effektivitätsbeobachtungen hinsichtlich der Nutzung dieser allgemeinen Verzeichnisse sind geeignet, Zweifel an ihrer weiteren Existenzberechtigung aufkommen zu lassen.

6.4. Informations-, Auskunfts- und Beratungstätigkeit der Bibliotheken

Begriff Auskunftserteilung

Auch bei der Informations-, Auskunfts- und Beratungstätigkeit der Bibliotheken erweist es sich als zweckmäßig, diese Funktion in ihren entwicklungsgeschichtlichen Zusammenhang zu stellen. Die Auskunftserteilung der wissenschaftlichen Bibliothek als besondere bibliothekarische Funktion hat sich erst im Zusammenhang mit der modernen Gebrauchsbibliothek herausgebildet.

---

[647] ADOLF WESER, *Die zentrale Berliner Zeitschriftenauswertung im dritten Jahrzehnt.* In: ZfB 87 (1973) S. 212–221.

Bestandsvermittlung

Die allgemeinbildende Bibliothek kannte den Begriff Auskunftserteilung oder Informationstätigkeit von Haus aus nicht, sondern man sprach früher in diesem Bereich nur von Bestandsvermittlung, die neben dem Bestandsaufbau eine der Grundfunktionen der Volksbüchereien bildete. Solange sie diese Vermittlung mit Hilfe der Theken- bzw. Schalterausleihe vollzog, war die Funktion des Bibliothekars als verantwortungsvollem Mittler zwischen Buch und Leser vorgezeichnet. Bestandsvermittlung erfolgte entweder im zwanglosen Beratungsgespräch oder gezielt an Theke oder Schalter. Heute werden in der allgemeinbildenden Bibliothek genauso wie in der wissenschaftlichen noch andere Methoden der Bestandserschließung angewendet, auch die der Auskunftserteilung[648] und Informationstätigkeit. Sie gilt als fester Bestandteil der Bestandserschließung dieser Bibliotheken. Um die Informationsbedürfnisse ihrer Leser befriedigen zu können, ist ihnen die Aufgabe gestellt[649]: „Sie ermitteln den Informationsbedarf in ihrem Territorium, organisieren in Zusammenarbeit mit anderen Einrichtungen den Informationsfluß und entwickeln eine aktive eigene Informationstätigkeit. Sie bauen zu diesem Zweck Informationsbestände auf,[650] die im allgemeinen Präsenzcharakter haben, und richten besonders in den Hauptbibliotheken der Großstädte und in den Stadt- und Bezirksbibliotheken Aufgabenbereiche für Information ein."

wissenschaftliche und allgemeinbildende Bibliothek

Zentralstelle für die Information und Dokumentation Bibliothekswesen

Leitstelle für die Informationstätigkeit der Staatlichen Allgemeinbibliotheken ist die 1969 geschaffene *Zentralstelle für die Information und Dokumentation Bibliothekswesen*; sie ist gemäß ihrem Statut von 1970 Bestandteil des Zentralinstituts für Bibliothekswesen. Diese Zentralstelle gibt verschiedene Materialien heraus, darunter für das gesamte Gebiet des Bibliothekswesens das sechsmal jährlich in Heftform erscheinende Referateorgan „Informationsdienst Bibliothekswesen" (in Zusammenarbeit mit der Deutschen Bücherei).

Die politisch sehr wichtige allgemeine, gesellschaftliche, soziale oder Masseninformationstätigkeit der Bibliotheken,[651] wie sie heute in ganzer

---

648 FRITZ KUNZ, *Die Auskunftserteilung in allgemeinbildenden Bibliotheken.* In: Bibliothekar 16 (1962) S. 1158–1162.

649 *Richtlinie zur Fünften Durchführungsbestimmung zur Bibliotheksverordnung* – Aufgaben, Arbeitsweise und Struktur der den örtlichen Räten unterstehenden staatlichen Allgemeinbibliotheken. In: Bibliothekar 25 (1971) S. 409; dazu: *Richtlinie über die Informationstätigkeit der allgemeinen öffentlichen Bibliotheken.* In: Bibliothekar 20 (1966) S. 1305–1308. Ferner hierzu Anleitungsmaterialien des Zentralinstituts für Bibliothekswesen (z. B. Titellisten für Informationsbestände) sowie einzelner Bezirksbibliotheken.

650 *Titelliste zum Aufbau von Informationsbeständen in staatlichen Allgemeinbibliotheken.* 2., überarb. Aufl. Berlin 1971. Nur f. d. Dienstgebrauch.

651 BODO REBLIN, *Die Aufgaben der allgemeinen öffentlichen Bibliotheken auf dem Gebiet der Information.* In: Bibliothekar 19 (1965) S. 461–471. – MARIANNE JONCZECK, *Leistungsmöglichkeiten der allgemeinen öffentlichen Bibliothek bei der Informationstätigkeit.* In: Bibliotheksarbeit heute. Folge 4. Leipzig 1967 S. 93–105. „Im Bereich der allgemeinen öffentlichen Bibliotheken gibt es kein gesondertes System bibliothekarischer Informationsvermittlung" (S. 104). – HARTMUT ZENKER u. ILSE BEUL, *Die Informationstätigkeit in staatlichen allgemeinen öffentlichen Bibliotheken.* Grundsätze und Empfehlungen. In: Bibliothekar 23 (1969) S. 481–488.

Breite von den allgemeinbildenden Bibliotheken und für bestimmte Leserschichten mit ähnlichen Mitteln und Methoden auch von den wissenschaftlichen Bibliotheken geleistet wird, ist eine legitime bibliothekarische Aufgabe. Die Bibliotheken üben diese Tätigkeit als organische Weiterentwicklung ihrer traditionellen Beratungs- und Auskunftstätigkeit aus.

Masseninformationstätigkeit der Bibliotheken

Auch in den wissenschaftlichen Bibliotheken ist früher Auskunftserteilung und Buchausgabe auf einen Punkt und in einer Hand konzentriert gewesen, nämlich auf den Arbeitsplatz und die Person des Bibliothekars, der sowohl Beratung als auch Ausleihe entweder allein oder mit Unterstützung einer Hilfskraft durchführte. Die Informationsarbeit ist gemäß Bibliotheksverordnung der DDR von 1968 eine den Bibliotheken neu gestellte Hauptaufgabe. Auch in ihnen hat also ursprünglich ein persönliches Verhältnis zwischen Leser und Bibliothekar bestanden. Allerdings handelte es sich nur um wenige privilegierte Leser, die in den Genuß dieser engen persönlichen Verbindung mit dem Bibliothekar kamen. Die Vermehrung der Bestände, der Ausbau der Kataloge und vor allem die Erweiterung des Leserkreises hatten eine Arbeitsteilung zur Folge, und diese wiederum entwickelte besondere Einrichtungen und Arbeitsmittel, an die die Auskunftserteilung heute gebunden ist.

Sonderentwicklung der wissenschaftlichen Bibliotheken

Im Zuge dieser strukturellen Entwicklung ergab sich eine Mechanisierung der Ausleihtätigkeit in wissenschaftlichen Bibliotheken, die auch eine Veränderung des Charakters der Leihstelle zur Folge hatte: Sie ist mit ihrer dem Publikum zugewandten Seite zur *Bücherausgabe* geworden und mehr und mehr der Auskunftserteilung über Literatur und Bestände enthoben worden. Das darf aber keineswegs dazu verleiten, den Auskunftswert der Ausleihe und, in sehr großen Bibliotheken, den der gesonderten Benutzerkartenausgabe (Anmeldung) völlig zu übersehen. Die Mitarbeiter dieser Dienststellen müssen vielmehr den bibliothekarischen Betrieb wenigstens so weit kennen, daß sie in der Lage sind, neue Leser über die Einrichtungen des Hauses zu beraten und sie je nach Wunsch an die richtige Stelle der Bibliothek zu lenken. Diese Wirkungsmöglichkeit sollte bei Bibliotheksführungen, vor allem bei der Nutzerschulung nicht vergessen werden (vgl. Kap. 3.5.).

Prinzip der Arbeitsteilung

Da es die Arbeitsteilung mit sich gebracht hat, daß in der Bücherausgabe vorwiegend technische Kräfte tätig sind, müssen die für diese Dienststelle verantwortlichen Leiter eine ständige Anleitung ihrer Kollegen des technischen Dienstes ausüben, deren Teilnahme an allgemeinen Arbeits- und Abteilungsbesprechungen sowie an der fachlichen Weiterbildung auch aus diesem Grunde unbedingt erforderlich ist.

So verlagerte sich die wissenschaftliche Auskunftstätigkeit mehr und mehr auf die Katalogabteilung, besonders auf die Sachkataloge. Auf dieser Stufe (bis 1945) ging es in erster Linie um Bestandsnachweise an Hand der Kataloge, in zweiter Linie um das Hinlenken der Nutzer auf einschlägige Bibliographien und Nachschlagewerke. Daß auch an den alphabetischen Katalogen eine Beratungstätigkeit erforderlich ist, ergibt sich aus den komplizierten Katalogisierungsvorschriften.

Auskunftsstelle im Sachkatalog

Das wachsende Bedürfnis nach Sachauskünften hat in den Bibliotheken von einer bestimmten Größenordnung an zur Einrichtung einer Auskunftsstelle, meist in der Nähe des Sachkatalogs gelegen, geführt. An diesen Stellen entwickelte sich vielfach eine ausgesprochene Beratungstätigkeit durch die Bibliothekare. Besonders bei neuen Lesern und Anfängern in der Wissenschaft hat es sich als notwendig erwiesen, mit der gewünschten sachlichen Auskunftserteilung die Einführung in die Bibliotheksbenutzung geschickt zu verbinden (Benutzung der Kataloge, Nachschlagewerke, Lesesäle usw.). Benutzungsführer, Merkblätter für Leser wurden zur Unterstützung dieser wissenschaftspädagogischen Arbeit und zur Erleichterung des beratenden Bibliothekars geschaffen. Von vorrangiger Bedeutung ist die Wirksamkeit der Abteilung wissenschaftliche Information der Hochschulbibliotheken (vgl. Kap. 2.1.3.2.).

vielfältige Auskunftstätigkeit

In allen Bibliotheken erfolgt eine unmittelbare Auskunftserteilung in den Lesesälen. Obwohl sie sich in erster Linie auf die Auswertung des dort zur Verfügung stehenden Materials erstreckt, geht sie in vielen Fällen darüber hinaus. In den Lesesälen ist es die Handbibliothek, also die Sammlung wichtiger Nachschlagewerke mit vielfach bibliographischem Charakter samt den dazugehörigen Katalogen, im Zeitschriften-Lesesaal das entsprechende Zeitschriftenmaterial. Ein Sonderkatalog der laufend gehaltenen Zeitschriften, der in der Regel im Zeitschriften-Lesesaal selbst geführt wird, hilft bei der Auskunftserteilung. An diesen Stellen müssen die Kenntnisse der Mitarbeiter mit bibliothekarischer Fachausbildung und Berufserfahrung über die Beherrschung der vorhandenen Arbeitsmittel hinausgehen. Gute Allgemeinbildung und überdurchschnittliche bibliographische Kenntnisse (vor allem der Fachbibliographie) sind hier ganz besonders erforderlich.

Abgesehen von diesen Kristallisationspunkten der Auskunftserteilung holen die Nutzer wissenschaftlicher Bibliotheken Auskünfte in allen dem Publikum zugänglichen Dienststellen ein, insbesondere in allen Sonderabteilungen, selbst wenn diese keinen ausgesprochenen Informationscharakter haben. Daher müssen die Mitarbeiter *aller* Dienststellen auf Anfragen eingehen und mindestens Hinweise über die Grenzen ihres eigenen Arbeitsbereichs hinaus geben können.

Grundformen der Auskunftswünsche

Die Auskunftswünsche der Nutzer lassen sich auf vier Grundformen zurückführen:

1. *bibliographische Titelergänzungen,*
2. *Ermittlung von Veröffentlichungen bestimmter Art,*
3. *Feststellung bestimmter Tatsachen aus der Literatur,*
4. *Nachweis von Büchern in Bibliotheken (Fundortnachweis).*

Bibliographische Titelergänzungen

Ergänzungen

Die Ergänzung und Berichtigung von Titeln, die dem Anfragenden nur ungefähr bekannt sind, können sich auf spezielle Punkte beziehen: Autor, Verlag, Erscheinungsjahr, Preis. Zu ihrer Ermittlung werden entweder die

Kataloge oder, wenn diese nicht ausreichen, Bibliographien herangezogen.

Ermittlung von Veröffentlichungen bestimmter Art

Literaturnachweise

Solche Anfragen erstrecken sich auf Ermittlung
– der Veröffentlichungen eines bestimmten Verfassers,
– der Veröffentlichungen aus einem bestimmten Zeitabschnitt oder zu einem bestimmten Thema.

Besonders die zweite Gruppe von thematischen Auskünften ist es, die die wissenschaftlichen Bibliotheken wesentlich belastet, mit deren umsichtiger Bearbeitung sie aber auch zugleich den größten Dank der Anfragenden ernten. Ein umstrittenes Problem stellt sich dabei immer wieder aufs Neue: Nach traditionellen Auffassungen der Hochschullehrer, die gesellschaftswissenschaftliche Fachrichtungen vertreten, ist die Literaturzusammenstellung für wissenschaftliche Anfängerarbeiten ein Bestandteil der Arbeit selbst. Die wissenschaftlichen Bibliotheken haben sich früher diese Auffassung zu eigen gemacht und es im allgemeinen abgelehnt, Literaturzusammenstellungen für Examens- und Doktorarbeiten zu übernehmen. Die Vertreter der naturwissenschaftlichen und noch ausgeprägter die der technischen Disziplinen teilen schon längst nicht mehr diese Auffassung, weil sie die naturwissenschaftlich-technische Dokumentationsarbeit als eine ihnen selbstverständlich gebührende Dienstleistung *aller* Literaturstellen betrachten. Die Existenz naturwissenschaftlich-technischer Dokumentationszentren beweist die Richtigkeit ihrer Auffassungen, und die wissenschaftlichen Bibliotheken können an diesen Tatsachen nicht einfach vorbeisehen. So stehen sich also in der Frage der Literaturrecherchen für Examensarbeiten zwei entgegengesetzte Auffassungen gegenüber. Die Informationsstellen der wissenschaftlichen Bibliotheken sollten daher die Bitte um Literaturnachweise in keinem Falle grundsätzlich abweisen, sondern eingedenk ihrer pädagogischen Aufgabe den Anfragenden beraten und ihn zum selbständigen wissenschaftlichen Arbeiten anleiten. Das geschieht zum Beispiel dadurch, daß bei *jeder* schriftlichen Anfrage dem Fragesteller ein bibliographischer Ansatzpunkt gegeben (Hinweis auf einschlägige Bibliographien, Referatekarteien, Handbücher und sonstige grundlegende und bibliographisch weiterführende Werke) und ihm gleichzeitig empfohlen wird, die ihm nächstgelegene Bibliothek aufzusuchen. Es sollte aber auch in jedem Falle dem Anfragenden vorsorglich versichert werden, daß die ihn beratende Bibliothek sich auch weiterhin zur Verfügung hält, wenn die gegebenen Hinweise nicht zum Ziele führen sollten. Diese Seite der Informations- und Beratungstätigkeit der Bibliothek muß sehr ernst genommen werden, weil es sich hierbei um die Anwendung zweckmäßiger pädagogischer Prinzipien, um echte Arbeit mit dem Nutzer handelt.

Literaturnachweise für Examensarbeiten

Ein nach dem Beispiel der Sowjetunion[652] ins Leben gerufenes Gemein-

---

[652] *Informacionnyj ukazatel' bibliografičeskich spisok i kartotek, sostavlennych bibliotekami Sovetskogo Sojuza.* Erscheint seit 1958.

schaftswerk der wissenschaftlichen Bibliotheken der DDR ist das von der Deutschen Bücherei von 1961–1966 bearbeitete *Bulletin wichtiger Literaturzusammenstellungen,* seit 1967 die monatlich erscheinende *Bibliographie der Bibliographien*, die größere Literaturzusammenstellungen nachweist, die in den verschiedenen wissenschaftlichen Allgemein- und Fachbibliotheken gemacht worden sind. Viele Bibliotheken „verkarten" diese Nachweise und schaffen sich so einen nach Schlagworten geordneten zusätzlichen Nachweis thematischer Literaturauskünfte, der sich je nach Initiative der einzelnen Bibliotheken durch Aufnahme bedeutender versteckter Bibliographien leicht erweitern läßt.

Bibliographie der Bibliographien

Feststellung bestimmter Tatsachen aus der Literatur

Sachauskünfte

Es ist gewiß ehrenvoll für die wissenschaftlichen Bibliotheken, daß die öffentliche Meinung ihnen das Vertrauen entgegenbringt, auch bei der Suche nach schwierigen Realien helfen zu können. Zweifellos handelt es sich bei dieser Auffassung um eine Nachwirkung der alten Einschätzung des Bibliothekars als Enzyklopädisten. Gleichwohl sind solche Auskünfte in den wissenschaftlichen Bibliotheken nicht sehr beliebt, weil sie meist eingehende Literaturrecherchen voraussetzen: Ermittlung der in Frage kommenden Literatur mit Hilfe von Bibliographien, Feststellung der davon in der betreffenden Bibliothek vorhandenen Titel an Hand der Kataloge, das Herbeischaffen dieser Werke. Fast in jedem Fall erfordern solche Ermittlungen viel Geduld und Zeit, wenn nicht ein glücklicher Zufall oder das außergewöhnliche Gedächtnis des einen oder anderen Kollegen hilfreich ist. Die Geduld dazu wäre bei Bibliothekaren wohl zu erwarten, die Zeit aber steht meist nicht ausreichend zur Verfügung, so daß solche Anfragen manchmal mit dem Bereitstellen der in Frage kommenden Literatur, deren eingehende Durchsicht dem Anfragenden zu empfehlen ist, abgebogen werden müssen. Sofern es die Arbeitslage gestattet, werden die Bibliothekare solche Aufträge übernehmen, vorausgesetzt, daß sie einen gesellschaftlichen Nutzen in oder hinter der Anfrage zu erkennen vermögen. Sie sollten jedoch abgelehnt werden, wenn es sich dabei nur um die Befriedigung abstruser Neugier nach Belanglosigkeiten handelt.

Fundortnachweis

aus anderen Bibliotheken

Der Nachweis nicht vorhandener literarischer Dokumente in anderen Bibliotheken ist eine spezifische Aufgabe der wissenschaftlichen Bibliothek, die höchste Aufmerksamkeit verdient. Sie ist im Zusammenhang mit Fragen der Literaturvermittlung gesondert und ausführlich behandelt worden.

6.5. Fortschreitende Integrierung von Bibliotheks- und Informationswesen

Seit vielen Jahren besteht im Lager der Bibliothekare Klarheit darüber, daß dieses traditionelle Informationssystem weder hinsichtlich der zu diesem Zwecke geschaffenen Einrichtungen noch hinsichtlich der angewendeten Methoden genügt. Positiven Einfluß der Dokumentation auf die Bibliotheksarbeit haben wir u. a. darin zu sehen, daß sie die Bedarfsträger (Sammlungsnutzer) und Bibliothekare (Sammlungsbetreuer) zusammengeführt hat, ja daß sie die Bibliothekare zur Überprüfung ihrer traditionellen Arbeitsmethoden gezwungen hat. Das Prinzip der Arbeitsteilung auf der einen Seite und der Kampf um den höchsten Nutzeffekt auf der anderen erfordern die Einbeziehung der Bibliotheken in die Informationsarbeit nach Maßgabe ihrer Möglichkeiten und Mittel.

Zusammenarbeit zwischen Bibliothekswesen und Information

Seit eh und je haben die wissenschaftlichen Bibliotheken mit ihren traditionellen Arbeitsmethoden der Information unmittelbar zugearbeitet,[653] und zwar durch folgende Arbeitsmittel und Gemeinschaftswerke:

Arbeitsmittel und Gemeinschaftswerke der Bibliotheken

1. *Fundortnachweis*, insbesondere durch Zentralkataloge, Bestandsverzeichnisse, Gesamtverzeichnisse, z. B. für Zeitschriften (Auskunftsbüro der deutschen Bibliotheken seit 1905, heute Institut für Leihverkehr und Zentralkataloge);
2. *Leihverkehr*, das wichtigste Instrument zur Beschaffung von Literatur, die am Bibliotheksort nicht vorhanden ist (in den einzelnen deutschen Ländern ab 1890, als „Deutscher Leihverkehr“ 1924);
3. *Kataloge*, einschließlich ihrer Regelwerke und Ordnungssysteme, zum Ermitteln dokumentierter Literatur;
4. *bibliographische Arbeit* der Bibliotheken selbst sowie die von ihnen durch den systematischen Aufbau bibliographischer Handapparate und Lesesaalhandbibliotheken gegebene Literaturorientierung;
5. individuelle *Auskunfts- und Beratungstätigkeit*;

---

[653] MARCEL GODET, *Rapports des bibliothèques et de la documentation.* In: Archives et bibliothèques 3 (1937/38) S. 257–263. – HORST KUNZE, *Dokumentation und wissenschaftliche Bibliotheken.* In: Dokumentation 1 (1953/54) S. 257–263. – HORST KUNZE, *Bemerkungen zum Thema „Wissenschaftliche Bibliotheken und Dokumentation“.* In: Bibliothek, Bibliothekar, Bibliothekswissenschaft. Festschrift Joris Vorstius. Leipzig 1954 S. 203–213. – FRITZ PRINZHORN, *Dokumentation und Buchwissenschaft.* In: Börsenblatt f. d. Dt. Buchhandel (Frankfurt a. M.) 20 (1964) S. 1149–1157. Mit Lit.verz. – DOUGLAS JOHN FOSKETT, *Information service in libraries.* 2nd. ed. rev. London 1967. – E. SAUVENIER-GOFFIN, *Bibliothèques scientifiques et documentation: point de vue du bibliothécaire.* In: Archives et bibliothèques de Belgique 38 (1967) S. 165–175. – G. P. FONOTOV, *Universal'nye biblioteki i naučnaja informacija.* In: Sovetskaja bibliografija 109 (1968) H. 3, S. 6–22. – G. P. FONOTOV, *Die Universitätsbibliotheken und die wissenschaftliche Information.* (Übers.: Gisela Jänicke.) Berlin 1969. (Arbeitsmaterial d. Methodischen Zentrums f. wiss. Bibliotheken.) – JOHANNES ROGALLA VON BIEBERSTEIN, *Archiv, Bibliothek und Museum als Dokumentationsbereiche.* Einheit u. gegenseitige Abgrenzung. München 1975. (Bibliothekspraxis. 16.)

6. Pflege besonderer *Sammelschwerpunkte* (Sondersammelgebiete), aber auch z. B. die Tätigkeit der Deutschen Bücherei als Sammelschwerpunkt für deutschsprachige Literatur, einschließlich der Bibliotheken, die *regionale Pflichtexemplare* vereinnahmen und erschließen, mit der Vollständigkeit ihres Bestandes regionaler Literaturproduktion.

Allein schon von dieser Seite ihrer Wirksamkeit her ist den Bibliotheken von Vertretern der Information und Dokumentation die Zuarbeit für die Dokumentation dankbar bestätigt worden. „Dokumentation ist ohne Bibliotheken nicht denkbar, aber sie geht in ihren Einzelaufgaben weit über das hinaus, was die allgemeinen wissenschaftlichen Bibliotheken bisher leisten konnten“ (Otto Frank).[654] Die organische Einheit von Bibliothek und Dokumentation wird bereits auf dieser Stufe der Zusammenarbeit sichtbar.

Tradition der bibliothekarischen Informationsarbeit

Die neuen Ansätze zur Verbesserung der Informationsarbeit der Bibliotheken fußen auf den besten Traditionen deutscher Bibliotheksarbeit. Schon Friedrich Adolf Ebert hat den Dienstleistungspflichten des Bibliothekars warme Worte gewidmet und gefordert, daß er die „Excerpirung nöthiger und wichtiger Stellen aus Büchern“ nach besten Kräften übernehmen sollte.[655] Und im Zusammenhang mit der Auskunftserteilung des Bibliothekars auf Grund der Bibliothekskataloge hat Arnim Graesel (1902) das beherzigenswerte Wort geprägt: „Hier, wie nirgends besser und erfolgreicher, vermag ein Bibliothekar echte Humanität zu entfalten, indem er seine Kenntnisse und Erfahrungen selbstlos in den Dienst der Allgemeinheit stellt.“[656] In diesem Sinne, bereichert um einen neuen sozialistischen Inhalt, wirken die Auskunfts-, Informations- und Beratungsstellen, wie sie in allen Bibliotheken der Deutschen Demokratischen Republik eingerichtet worden sind.

Auskunfts-, Informations- und Beratungsstellen

Für die Informationstätigkeit der Bibliotheken insgesamt gilt, daß jede einzelne Auskunft, verantwortlich gehandhabt, ein Baustein zum gesellschaftlichen Aufbau ist. Die Ergebnisse der bibliothekarischen Arbeit, die auf dem Gebiet des Bestandsaufbaus geleistet wird, werden bei der

---

[654] OTTO FRANK, *Einführung in die Dokumentation.* Berlin (West) 1949 S. 35. (ders., Handbuch der Klassifikation. 5.) Frank hat nur die Dokumentation auf naturwissenschaftlich-technischem Gebiet im Auge. – Zu diesen Problemen vgl.: O. S. ČUBAŘJAN, *Biblioteka i informacija.* In: Sovetskaja bibliografija 86 (1964) 4, S. 3–12. – GERHARD POMASSL, *Die Informationstätigkeit der Bibliotheken.* In: Dokumentation/Information. 3. Kolloquium des INER an d. TH Ilmenau vom 19.–21. 11. 1964. T. 1 Ilmenau 1965 S. 128–140. [Wiss. Zschr. d. TH Ilmenau. 11 (1965) Sonderh.] – GERHARD POMASSL u. GOTTFRIED ROST, *Die Bibliographie im System d. Inf. u. Dok.* In: Jahrbuch d. Deutschen Bücherei 1 (1965) S. 9–35. – *Informationstätigkeit der Bibliotheken unter den Bedingungen der wiss.-techn. u. kulturellen Revolution.* Thesen z. Jahreshauptversammlung d. DBV vom 1.–3. 6. 1966 in Erfurt. 2. Fassung. Leipzig 1967.

[655] FRIEDRICH ADOLF EBERT, *Über öffentliche Bibliotheken, bes. deutsche Universitätsbibliotheken.* Freyburg 1811 S. 66. – JOSEF KOBLITZ, *Bibliotečnoe delo i informacija-documentacija: otličnye i občšie čerty.* In: Teoretičeskie problemy informatiki. Moskva 1968 S. 128–151.

[656] ARNIM GRAESEL, *Handbuch d. Bibliothekslehre.* 2. Aufl. Leipzig 1902 S. 406.

Auskunftserteilung sichtbar. Die Öffentlichkeit beurteilt die Arbeit der Bibliotheken nach eben diesem Beitrag, den sie zur gesellschaftlichen Entwicklung leisten. Sie erwartet aber zugleich, daß jede einzelne Auskunft, besonders bei der Beratung junger wissenschaftlicher Arbeiter, von hohem Verantwortungsbewußtsein und von parteilicher Stellungnahme erfüllt ist. So kommt der Auskunftserteilung der wissenschaftlichen Bibliotheken wie der aller Bibliotheken eine ebenso große politische wie fachliche Bedeutung zu.

In den Auskunfts-, Informations- und Beratungsstellen der Bibliotheken werden nach Maßgabe der gegebenen Möglichkeiten, Räumlichkeiten und Mittel die wichtigsten Dokumentationsergebnisse für die Informationstätigkeit der Bibliothekare und für ihre Nutzer bereitgehalten. Durch Koordinierung der Bibliotheken am Ort, besonders im Hochschulbereich, d. h. durch Einbeziehung der Zweigbibliotheken muß ein Maximum an Dokumentationsmaterialien im örtlichen Bereich erstrebt werden. Steuernde Funktion dabei kommt der zentralen wissenschaftlichen Bibliothek im Hochschul- bzw. örtlichen Bereich zu. Die schon in anderem Zusammenhang dargetanen Grenzen ihrer Bestandsvermittlung zwingen die Bibliotheken zu diesem Schritt. *Hier* muß die unausweichlich gewordene Synthese von Informations- und Bibliothekswesen vollzogen werden.

Arbeitsteilung bei der Informationsarbeit

Ein weiterer Ausdruck dieser Integration muß die enge und selbstverständliche Zusammenarbeit zwischen Bibliothek und Informationsstelle sein – so wie die Zusammenarbeit der Bibliotheken aller Typen untereinander heute Wirklichkeit geworden ist. In den Hochschulbereichen hat die Anweisung 22/69[657] in dieser Richtung ganz entscheidend gewirkt, so daß auch dort jetzt eine neue Qualität integrierter Informations- und Dokumentationstätigkeit entstanden ist (vgl. hier Kap. 2.1.3.2.). Für Bibliothek und Informationsstelle hat zu gelten: „Keine der genannten Einrichtungen sollte den Ehrgeiz haben, alles tun zu wollen, da das erwiesenermaßen heute nicht mehr möglich ist. Das bedeutet bei der Auskunftserteilung, daß man nur die Anfragen beantwortet, die man auch wirklich in der geforderten Form erledigen kann. Geht die Anfrage über das Spezialgebiet oder über die Möglichkeiten einer Stelle hinaus, so wird der Fragesteller an die Bibliothek oder Dokumentationsstelle verwiesen, die ihrer Eigenart nach besser für die Erledigung der Anfrage geeignet ist."[658] Das bedeutet, jeder soll nur *die* Auskünfte erteilen, die er zu geben imstande ist. Der Bibliothekar ist kein Alleswisser, selbst wenn manche Nutzer das noch annehmen. Gewiß muß er über ein bestimmtes Wissen verfügen, vor allem aber muß er weiterhelfen, steuern und vermitteln

[657] *Anweisung 22/1969 des Ministeriums für Hoch- und Fachschulwesen über die Stellung, Aufgaben und Arbeitsweise des Bibliothekswesens und der wissenschaftlichen Information an den Hochschulen.* In: Die Bibliotheksverordnung d. DDR u. mit ihr in engem Zusammenhang stehende rechtl. Regelungen u. Vereinbarungen. Berlin 1973 S. 54–58.

[658] PETER HERRMANN, *Der Auskunftsdienst einer Dokumentationsabteilung.* In: Dokumentation 1 (1953/54) S. 77. Überhaupt verdient bis heute der ganze Aufsatz Herrmanns von den Bibliothekaren besonders beachtet zu werden (S. 67–78).

können – an den richtigen Kollegen oder an die richtige Bibliothek bzw. Informationsstelle. Das ist das Wesentliche.

steuernde Funktion der Bibliotheken

In dem Maße, wie die Bibliotheken über die Bestandserschließung hinaus aktiven Anteil an der Literaturinformation nehmen, wachsen aber auch ihre Funktionen als Literaturnachweisstellen, als Bücherleitstellen, als Vermittlungseinrichtungen für die Wissenschaft. Nicht der in jedem Falle unvollkommene Buchbesitz einer einzelnen Bibliothek ist der Gradmesser ihrer Leistungsfähigkeit, sondern – über einen bestimmten Grundbestand hinaus – ihre steuernde und vermittelnde Funktion. Bei dem riesigen Umfang der Buchproduktion wird das Vorhandensein eines literarischen Dokumentes gegenüber dem Titelnachweis und der raschen Herbeischaffung der betreffenden Quelle im Original oder in Reproduktion immer unwichtiger.

Allgemeine Arbeitsmittel für die steuernde Funktion

Von der Informationsstelle einer größeren Bibliothek wird u. a. auch erwartet, daß sie einen Überblick über die bedeutendsten wissenschaftlichen Einrichtungen besitzt. Dazu stellt sie in ihrem Handapparat die einschlägigen Nachschlagewerke auf. Adressenverzeichnisse von Bibliotheken und Informationsstellen, ferner Jahrbücher der Akademien der Wissenschaften, Vorlesungsverzeichnisse der Hochschulen usw. Darüber hinaus empfiehlt es sich, eine *Anschriftenkartei* der wichtigsten wissenschaftlichen Einrichtungen und Dienststellen der Regierung zu führen, die ständig gewissenhaft auf dem laufenden zu halten ist. In ihr müssen alle Änderungen, die die Tagespresse und die Fachzeitschriften bekanntgeben, nachgetragen werden. Es ist die Pflicht jedes Mitarbeiters einer Bibliothek, die (zentrale) Informationsstelle durch Hinweise bei der Lösung dieser besonderen Aufgabe zu unterstützen. Diese Funktion stärkt ihre Position als Auskunftsstelle wesentlich. Ist es doch bereits eine positive Hilfe, wenn sie eine Spezialauskunft, die sie auf Grund ihres eigenen Materials nicht erteilen kann, an die richtige Fachstelle verweist.

6.6. Information und Dokumentation

Terminologie

Abgesehen davon, daß die terminologische Unklarheit des Informationswesens so weit geht, daß in westlichen Ländern zum Teil heute noch zur Bezeichnung des Gesamtgebiets der Begriff Dokumentation verwendet wird, steht fest, daß sich das moderne Informationswesen aus der Dokumentation herausgebildet hat. Deshalb muß der Bibliothekar wie der wissenschaftliche Informator die Geschichte der Information kennen, die über eine weite Strecke die Geschichte der Dokumentation ist.

Dokumentation[659] (in allen germanischen, romanischen und slawischen

[659] Den bereits in der 1. und 2. Auflage des vorliegenden Lehrbuchs (Bibliotheksverwaltungslehre) eingeschlagenen Weg, von der Absteckung der geschichtlichen Entwicklung zum Inhalt vorzudringen, haben gleichfalls gewählt: THEODOR PETER LOOSJES, *Dokumentation wissenschaftlicher Literatur.* München, Basel, Wien 1962. – CARL

Sprachen mit entsprechend abgewandelter Schreibweise bekannt) ist eine latinisierte Ableitung von franz. *document*, das im engeren Sinne „Urkunde", im weiteren „beliebiger, als Beweis dienender Gegenstand" bedeutet. Im Französischen ist *documentation* lexikographisch erstmalig 1878 (Grand Dictionnaire Larousse, Suppl.), und zwar in dreifacher Bedeutung, nachweisbar:

1. die Tätigkeit, Behauptungen auf beliebige, als Beweis dienende Gegenstände (documents) zu stützen oder das Sammeln dieser Gegenstände selbst,
2. das Ganze dieser beliebigen, als Beweis dienenden Gegenstände (documents),
3. die besondere Arbeitstechnik auf diesem Gebiet.

Bibliographie und Dokumentation

Von Haus aus im engeren juristischen Sinne, etwa als urkundlicher Nachweis (= engere Bedeutung von document) verwendet, dringt „documentation" erst wesentlich später, auf jeden Fall nach 1900 in die übrigen europäischen Sprachen im modernen Sinne ein. Die Dokumentation selbst ist eine Weiterentwicklung der Bibliographie. Das beweist die Geschichte der Bibliographie. Die im 19. Jahrhundert entstandenen, weltbekannten Referate- bzw. Zentralblätter für bestimmte Fachgebiete sind eindeutig Informationsmittel. Seit Mitte des 19. Jahrhunderts hat es nicht an Unternehmungen zur Erschließung internationaler Zeitschriftenliteratur mehrerer Fachgebiete gefehlt (Catalogue of scientific papers, Royal Society London, ab 1851 und weitergeführt bis 1925). Am bekanntesten geworden ist der Versuch einer Weltbibliographie von Paul Otlet und Henri La Fontaine[660], die 1892 das *Office International de Bibliographie* gegründet hatten, das 1895 in *Institut International de Bibliographie* umbenannt wurde. Bereits 1905 beziehen Otlet und La Fontaine den Begriff „Dokumentation" in ihre Aufgabenstellung ein: Sie sehen die Aufgabe dieses Instituts in einer rationellen Organisation der Dokumentation.

Institut International de Bibliographie

Es war der eigentliche Plan Otlets und La Fontaines, eine alle Wissensgebiete umfassende Literaturkartei, sowohl alphabetisch als auch sachlich, nach Deweys Decimal Classification geordnet, einzurichten. Dieser letzte Versuch einer universalen internationalen Bibliographie hat sich schließlich (1934), nachdem das gesammelte Material auf 17 Millionen Titel angewachsen war, als utopisch erwiesen und mußte aufgegeben werden.

BJÖRKBOM, *The history of the world documentation within the FID.* In: Revue de la documentation 26 (1959) S. 68–69. – SAMUEL CLEMENT BRADFORD, *Documentation.* 2nd ed. London 1953 in dem Kapitel „Fifty years of documentation" S. 132–143.

660 GEORGES LORPHÈVRE, *Henri La Fontaine (1854–1943), Paul Otlet (1868–1944).* In: Revue de la documentation 21 (1954) S. 89–103. Mit Abb. u. Bibliogr. ihrer Schriften. Beide Belgier kamen aus der juristischen Praxis, bevor sie sich mit Leidenschaft der Dokumentation widmeten.

Institut International de Documentation

Der erste Weltkrieg hemmte die weitere Entwicklung der Dokumentation, erst nach dem Kriege konnte das Institut International de Bibliographie seine Arbeit erfolgreich fortsetzen. 1931 wurde der Name geändert in *Institut International de Documentation.* Bereits seit 1928 hatte das Institut jedes Jahr regelmäßige Tagungen organisiert, auf denen Fragen des Bibliothekswesens und der Dokumentation in Referaten und Diskussionen behandelt wurden. Von besonderer Bedeutung wurde die Tagung im Haag 1937; das Institut International de Documentation wurde in die *Fédération Internationale de Documentation* (FID)[661] umgewandelt. In dieser Fédération sind in der Hauptsache die nationalen Verbände, Vereinigungen oder Ausschüsse für Dokumentation vertreten[662]; daneben gehören der Fédération noch einige internationale Verbände wie die *Fédération Internationale des Associations de Bibliothécaires* als Mitglieder an. In der DDR pflegt das *Zentralinstitut für Information und Dokumentation* (ZIID) die Beziehungen zur FID.

FID

Seit 1962 besteht ein internationaler Personenverband der Dokumentalisten, die *Association Internationale des Documentalistes* mit dem Sitz in Paris.

Wie eng die Dokumentation von Haus aus mit der Arbeit der Bibliotheken, insbesondere mit ihrer Tätigkeit auf den Gebieten der Bibliographie und der Auskunftstätigkeit verbunden ist, beweist die Entwicklung des Office International de Bibliographie zur FID. Nur der Weg über die geschichtliche Entwicklung der Information und Dokumentation führt zu ihrem richtigen Verständnis. Sehr viel schwerer ist es, mit Definitionen zu ihrem Wesen vorzudringen. Bereits 1931 hat das Institut International de Documentation definiert: „Documenter c'est réunir, classer et distribuer des documents de tout genre dans tous les domaines de l'activité humaine." Zu deutsch: Dokumentieren heißt Sammeln, Ordnen und Erschließen von Dokumenten aller Art auf allen Gebieten menschlicher Tätigkeit. Auch diese Definition, so allgemein sie ist, beweist die engen Beziehungen, die zwischen der Arbeit der wissenschaftlichen Bibliotheken und der Dokumentation von Anfang an bestehen. Im Grunde handelte es sich bei dieser Definition nur um eine Erweiterung der Funktionsbestimmung der wissenschaftlichen Bibliotheken. Auch die wissenschaftlichen Bibliotheken sammeln, ordnen und erschließen ihre Bestände. Diese veraltete Definition der Dokumentation sagt mit einer einzigen Ausnahme nichts Charakteristisches aus. Die Ausnahme besteht darin, daß die wissen-

Definition

[661] Eine knappe authentische Orientierung über Aufgaben und Tätigkeit der FID gibt die vom Rat im Juni 1953 angenommene *Satzung,* abgedruckt in Revue de la documentation 21 (1954) S. 23–33. Dort besonders Artikel 2: Zweck und Ziel, sowie die angehängten Ausführungsbestimmungen, z. B. die, die Veröffentlichungen betreffen (V). – *75 years of FID publications.* A bibliography. 1895–1970. The Hague 1970. – F. A. SVIRIDOV, *Die Fédération Internationale de Documentation (FID) und ihre Aufgaben.* In: Informatik 18 (1971) 3, S. 5–8

[662] PIERRE BOURGEOIS, *Internationale Dokumentations- und Bibliotheksfragen vom Blickfeld der FID, der FIAB und der Unesco.* In: Biblos 5 (1956) S. 1–16. Unterstreicht die Notwendigkeit der Zusammenarbeit von Dokumentation und Bibliotheksarbeit.

schaftlichen Bibliotheken nur *literarische Dokumente* aller Art, handschriftlich überlieferte und vervielfältigte, bearbeiten, während die Dokumentation sich mit *Dokumenten aller Art* befaßt. Dabei handelt es sich um Prospekte, Kataloge und Anzeigen einzelner Produktionsbetriebe, Akten, insbesondere Betriebsakten, Patentschriften, bildliche und graphische Darstellungen aller Art (Fotografien, Pausen, Diapositive, Postkarten, Filme, Zeichnungen, Pläne, Karten, Diagramme usw.), Schallplatten, Tonbänder, ja sogar Gegenstände, Proben und Modelle aus Forschungsstätten, Museen und Sammlungen aller Art. Viele Materialien dieser Art, einschließlich audiovisueller Informationsmittel, zählen heute zu den literarischen Dokumenten, die wissenschaftliche Bibliotheken, insbesondere Fachbibliotheken, sammeln und erschließen. Wiederum sehr allgemein läßt sich also sagen, daß es das Ziel der Dokumentation ist, Dokumente aller Art, insbesondere graphische, inhaltlich zu erschließen. Sofern es sich um unveröffentlichte oder überhaupt nicht zur Vervielfältigung bestimmte Dokumente (Berichte, interne Mitteilungen) handelt, unterliegen sie weitgehend dem Geheimnisschutz.[663]

In neuerer Zeit sind Bemühungen zu erkennen, den Inhalt der Dokumentation deutlicher zu fassen. Dabei ging es vor allem um Akzentuierung der Aktualität der Dokumentation (neuester Stand der Erkenntnisse), um ihre Methoden sowie um das Verhältnis von Informations- und Dokumentationswissenschaft zur Bibliothekswissenschaft, insbesondere der Bibliographie. Zahlreiche grundlegende Publikationen sowie eine Flut von Einzelarbeiten bezeugen dies.[664]

neuere Definitionsversuche

Wir beschränken uns auf die Wiedergabe zweier Definitionsversuche, die der Sache nahekommen. A. I. Michajlov, A. I. Černyj, R. S. Giljarevskij neigen der Auffassung vieler Theoretiker zu, daß die Hauptmerkmale der Dokumentation bestehen „in der raschen Wiedergabe neuer Erkennt-

---

[663] *Anordnung zum Schutz der Dienstgeheimnisse vom 6. Dez. 1971.* GBl. Sonderdruck Nr. 717 vom 1. 1. 1972. – I. M. KLEMPNER, *The concept of „National security" and its effect on information transfer.* In: Special libraries 64 (1973) S. 263–269.

[664] JOSEF KOBLITZ, *Dokumentation und Information.* Eine terminologische Untersuchung. In: Dokumentation 6 (1959) S. 3–10. – JOSEF KOBLITZ, *Das begriffliche Verhältnis der Information zur Dokumentation.* In: Dokumentation 7 (1960) S. 2–12. – THEODOR PETER LOOSJES, *Dokumentation wissenschaftlicher Literatur.* München 1962. – MARIA DEMBOWSKA, *Dokumentacja i informacja naukowa.* Zarys problematyki i kierunki rozwoju. Warszawa 1965. (Dokumentation und wissenschaftliche Information. Grundriß der Problematik und Entwicklungstendenzen.) – JOSEF KOBLITZ, *Information und Dokumentation – ein Teilgebiet der wissenschaftlichen Information.* In: ZIID-Zeitschrift 15 (1968) S. 36–43. – A. I. MICHAJLOV, A. I. ČERNYJ u. R. S. GILJAREVSKIJ, *Informatik.* Grundlagen. Bd. 1. Berlin 1970. – GEORG SCHMOLL, *Wortschatz der Information und Dokumentation.* 3. Aufl. Leipzig 1972. – KLAUS LAISIEPEN, ERNST LUTTERBECK u. KARL-HEINRICH MEYER-UHLENRIED, *Grundlagen der praktischen Information und Dokumentation.* München 1972. (DGD-Schriftenreihe 1.) – Akademija Nauk SSSR. Naučnyi sovet po kompleksnoj probleme „Kibernetika". *Informacionnye materialy.* Moskva; diese Reihe, von der bisher 50 Bände vorliegen, enthält Einzelabhandlungen und Informationen verschiedenster Art.

nisse, in der Zusammenfassung verstreut vorkommender Materialien, in der Auswertung der in veröffentlichten sowie unveröffentlichten Materialien enthaltenen Informationen und in der Beantwortung spezieller sowie mehrdimensionaler Anfragen"[665]. Der amerikanische Bibliothekswissenschaftler Jesse H. Shera definierte: „Therefore, documentation is to be regarded as an essential part of our modern system of graphic communication within the world of scholarship, an instrumental device to expedite the flow of recorded information within a group of specialists or between various groups of specialists."[666] Enge des Dokumentationsbegriffs auf der einen Seite, Vieldeutigkeit auf der anderen haben nun dazu geführt, daß sich die Theoretiker auf diesem Felde dem Begriff Information zugewandt haben.[667]

Die internationale Diskussion dazu ist noch nicht abgeschlossen. Die Dokumentation ist gegenüber dieser Erscheinung in die Enge getrieben, aber es läßt sich nicht behaupten, daß eine Übereinstimmung der Meinungen erzielt worden ist. Dokumentation, Dokumentalistik, Informationswissenschaft, Informatik, Informatologie, wissenschaftliche Information, Fachinformation, Informations- und Dokumentationswissenschaft – das ist etwa die Skala der Begriffe, die in die internationale Diskussion einbezogen worden ist. Es ist ein Symptom für den gegenwärtigen Stand, daß die Fachredaktion der DDR unter Leitung von Josef Koblitz, die die „fach- und sprachgerechte Übersetzung" der sowjetischen „Grundlagen der Informatik" von A. I. Michajlov, A. I. Černyj und R. S. Giljarevskij besorgt hat, sich in einem längeren Vorwort von dem Begriff Informatik distanziert, obwohl die genannten drei Autoren in dem ersten Kapitel ihres Buches („Gegenstand und Methoden der Informatik") ausdrücklich erklärt hatten: „Die Autoren dieses Buches halten das Wort Informatik zur Bezeichnung der neuen wissenschaftlichen Disziplin für die beste sprachliche Lösung" (dt. Übers. S. 41). Sie hat sich für die Bezeichnung Infor-

---

665 A. I. MICHAJLOV, A. I. ČERNYJ u. R. S. GILJAREVSKIJ, *Informatik.* Grundlagen. Bd. 1. Berlin 1970. Russ. Org.ausgabe 1. Aufl. Moskau 1965, 2. Aufl. 1968. Zitat Bd. 1 S. 33.

666 JESSE H. SHERA, *Documentation: its scope and limitations.* In: The library quarterly 21 (1951) S. 13.

667 JOSEF KOBLITZ, *Zum Wesen und zum Entwicklungsstand der Informations- und Dokumentationswissenschaft.* In: ZIID-Zeitschrift 15 (1968) S. 151–156. – HANS WERNER SCHOBER und GERNOT WERSIG, *Informations- und Dokumentationswissenschaft.* Ein Diskussionsbeitrag u. theoretischer Ausblick. In: Nachr. Dok. 19 (1968) S. 116–124. – JOSEF KOBLITZ, *Die Stellung der Bibliothekswissenschaft und der Informations- und Dokumentationswissenschaft in der Informationswissenschaft.* In: ZfB 83 (1969) S. 689–720. – JOSEF KOBLITZ, *Der Gegenstand der Informations- und Dokumentationswissenschaft, Informationswissenschaft und Informatik.* In: Informatik 17 (1970) 2, S. 12–21; 3, S. 22–26. – E. P. SEMENJUK, *K formirovaniju nauki ob informacii.* In: Naučno-techn. inform. Ser. 1 (1971) 1, S. 5–13. – GERNOT WERSIG, *Information, Kommunikation, Dokumentation.* Ein Beitrag zur Orientierung d. Informations- und Dokumentationswissenschaften. München, Berlin (West) 1971. (Beiträge z. Informations- und Dokumentationswissenschaft F. 5) Mit Lit.verz. S. 317–351. – WERNER KUNZ u. HORST RITTEL, *Die Informationswissenschaften.* Ihre Ansätze, Probleme, Methoden u. ihr Ausbau i. d. BRD. München, Wien 1972.

mations- und Dokumentationswissenschaft[668] entschieden (dt. Übers. S. XIII). Wir schließen uns dieser Auffassung grundsätzlich an, weil sich daraus – Informations- und Dokumentationswissenschaft als gesellschaftswissenschaftliche Disziplin mit dem Gegenstand Information und Dokumentation – eine Parallele zur Bibliothekswissenschaft ergibt.

Informations- und Dokumentationswissenschaft

Wenn man den Begriff Informations- und Dokumentationswissenschaft verwendet, bedarf es jedoch zugleich ihrer Zuordnung zur Wissenschaft im allgemeinen und zur Bibliothekswissenschaft im besonderen. Man geht davon aus, daß es Information sowohl in der Gesellschaft als auch in der Natur gibt und daß so gesehen die Anfänge der Information weit zurückreichen. Mit dem Fortschreiten der menschlichen Gesellschaft sind sie immer komplizierter geworden, und zugleich ist auch das Bedürfnis der Gesellschaft nach Informationsbefriedigung gewachsen. Seit Beginn des 20. Jahrhunderts, mit besonderer Intensität in den letzten Jahrzehnten, haben sich die Wissenschaften, allen voran die technischen so ausgedehnt und zugleich spezialisiert, daß sich zur rationellen Gestaltung der Informationsprozesse zum Teil neben, zum Teil mit der Bibliotheks- und Archivwissenschaft eine neue übergreifende Wissenschaft herausgebildet hat, die sich gegenwärtig international noch in einem empirisch beschreibenden Zustand befindet: das ist die Informationswissenschaft, die komplexe Fragen, wie Informationsbedarf, -nutzung, -fluß, -erschließung, -speicherung, -recherche bis hin zu Fragen informationsbezogener Ökonomie, Psychologie und Soziologie usw., zu lösen hat.

fachliche und institutionelle Arbeitsteilung

Von den gewachsenen und weiter wachsenden Informationsbedürfnissen der Gesellschaft her hat sich nun ergeben, daß die Bibliotheken mit ihren Mitteln und Methoden diesen Anforderungen nicht gewachsen waren. Die Bewältigung des objektiv notwendig gewordenen Informationsprozesses in der Gesellschaft hat gesetzmäßig eine Arbeitsteilung sowohl institutionell als auch fachlich herbeigeführt. Spezifische Informationsleistungen vollbringen die Bibliotheken sowie die Informations- und Dokumentationseinrichtungen, und je enger ihre arbeitsteilige Kooperation ist, desto besser sind deren Arbeitsergebnisse, desto nützlicher wirken sie für die Gesellschaft.[669] Aber auch fachlich haben sich arbeitsteilig spezifi-

---

[668] JOSEF KOBLITZ im Vorwort zu A. I. MICHAJLOV, A. I. ČERNYJ u. R. S. GILJAREVSKIJ, *Informatik.* Übers. aus d. Russ. Bd. 1. Berlin 1970 S. IX–XVI. – JOSEF KOBLITZ, *Die Wesensmerkmale der Informationswissenschaft und der Informations- und Dokumentationswissenschaft.* 2., veränd. Aufl. Berlin 1973. (Lehrbrief. Inst. f. Bibl.wiss. u. wiss. Inform. d. Humboldt-Univ. zu Berlin.)

[669] Über die Auseinanderentwicklung von Bibliotheks- und Informationswesen in den USA berichtet JESSE H. SHERA, *Of librarianship, documentation and information science.* In: Unesco bull. for libraries 22 (1968) S. 58–65. Auch er unterstreicht die natürliche Partnerschaft von Bibliotheks- und Informationswissenschaftlern und schließt mit einem optimistischen Ausblick. Aus der Sicht des sozialistischen Bibliothekswesens grundlegend JAROSLAV DRTINA, *Die gesellschaftliche Funktion der Bibliotheken als Informationsstellen.* In: ZfB 81 (1967) S. 12–27. J. Drtina war es auch, der die Dokumentation mit einem Geldstück verglichen hat, „das auf der Schwelle der Bibliotheken lag und das die Dokumentalisten aufgehoben haben" (S. 20). Und die Dokumen-

sche Formen der Information herausgebildet, sei es, daß Fachbibliotheken mit Methoden der Informations- und Dokumentationswissenschaft arbeiten, sei es, daß für bestimmte Gebiete neue Informations- und Dokumentationseinrichtungen entstanden sind. Immer aber ist unter ökonomischen Gesichtspunkten eine zwangsläufige Partnerschaft dadurch entstanden, daß den Bibliotheken die alleinige Verantwortung für die Erwerbung und die bibliothekarische Erschließung von Informationsquellen obliegt. Die Einrichtungen der Information und Dokumentation haben die Aufgabe, die Quellen so zu erschließen, daß sie in der Lage sind, Aussagen über Fakten und Sachverhalte zu vermitteln. Mit der theoretischen Klärung dieses Informationsprozesses auf der Grundlage enger Kooperation befassen sich die Bibliothekswissenschaft und die Informations- und Dokumentationswissenschaft. Beide Wissenschaftsdisziplinen sind auf Zusammenwirken mit der Archivwissenschaft und dem Verlagswesen als Wissenschaft angewiesen. Bei der Durchführung ihrer spezifischen Aufgaben nutzen Bibliothekswissenschaft sowie Informations- und Dokumentationswissenschaft Methoden und Arbeitsergebnisse anderer Wissenschaften, z. B. der Leitungswissenschaft, der Pädagogik, Psychologie, Soziologie, der Ökonomie, der Kybernetik, Sprachwissenschaft, Semiotik, Rechentechnik, Nachrichtentechnik und Mikroformentechnik. Die so in dem gemeinsamen gesellschaftlichen Auftrag begründete Kooperationsnotwendigkeit, die bei Beachtung der Spezifika beider Wissenschaften und Arbeitsgebiete die Zusammenarbeit von Bibliotheken und Informationseinrichtungen erfordert, bewirkt notwendig darüber hinausgehende Gemeinsamkeiten, z. B. auf den Gebieten der Aus- und Weiterbildung der Mitarbeiter, der Nutzerschulung und nicht zuletzt auch der Forschung.

Einfluß anderer Wissenschaften

Diese unabweisliche und natürliche Partnerschaft von Bibliotheks- und Informationswesen, wie sie sich als eine Grundauffassung auch international mehr und mehr durchsetzt, spiegelt sich u. a. wider in der Verwendung des neuen Kompositums Bibliotheks- und Informationswissenschaft (library and information science)[670]. Es wird im kapitalistischen wie im sozialistischen Lager verwendet, wenn auch vorerst nur als ein prag-

Bibliotheks- und Informationswissenschaft

tation sei zu einem „Reichtum geworden, den die Bibliotheken verloren hätten ...“ – In diese Richtung steuert auch die Bibliotheksverordnung der DDR von 1968, und in diesem Sinne wirkt seit seinem Bestehen der Bibliotheksverband der DDR. Vgl. dessen Publikation: *Informationstätigkeit der Bibliotheken unter den Bedingungen der wiss.-techn. und kulturellen Revolution.* Thesen... . Berlin 1967.

[670] *Encyclopedia of library and information science.* Editors: Allen Kent and Harold Lancour. Vol. 1ff. New York 1968ff.; 18 Bände geplant, alphabet. Anordnung. – MARTIN CREMER, *Bibliothekswissenschaft und Informationswissenschaften.* Sonderabdruck aus: Bibliothekswissenschaft. Kölner Kolloquium. Köln 1970 S. 133–145. – *Hungarian library and information science abstracts.* Budapest Vol. 1 ff. 1972ff. – *Library and information science.* Keio University. School of library and information science. Tokyo 1971. – *Library and information science today.* LIST 1971 New York 1971. Ferner dass. 1972. – DOUGLAS JOHN FOSKETT, *Information services in libraries.* London 1973. – R. S. GILJAREVSKIJ, *Informatika i bibliotekovedenie.* Obščie tendencii v razvitii i prepodavanii. Moskva 1974.

matischer Begriff, der der wissenschaftlichen Vertiefung bedarf. Dieser Zustand hängt mit dem gegenwärtigen Stand der Information als Wissenschaft zusammen. Der Klärungsprozeß der Informationsgewinnung, Informationsweitergabe und des Wiederauffindens von Informationen (retrieval) ist noch nicht zu Ende geführt. Es ist zwar richtig, davon auszugehen, daß Information von Haus aus ein philosophischer Begriff ist, aber es genügt nicht, sie als einen „Grundbegriff der Kybernetik" auszuweisen. Zum anderen werden, besonders in der westlichen Literatur, überwiegend die technische und wissenschaftliche Bewältigung des Informationsprozesses zum Gegenstand von Betrachtungen gemacht. Notwendig ist eine geduldige und beharrliche Analyse der Gemeinsamkeiten und Unterschiede. Dabei kann es auch zweckmäßig sein, die drei erkennbaren Grundpositionen, die Konzeption der Vereinigung, der Wechselwirkung und der Autonomie zugrunde zu legen,[671] um zu einer allseitigen, alle Gesichtspunkte berücksichtigenden Analyse zu gelangen.

steigender Informationsbedarf

Unser Ausgangspunkt ist die Tatsache der weltweiten Ausbreitung des Informationswesens auf der Grundlage eines erkannten und für notwendig gehaltenen Informationsbedarfes. Anders ausgedrückt, keine moderne Gesellschaftsformation ist ohne Information denkbar; sie ist zu ihrer Weiterentwicklung notwendig. Nun geht es aber bei so aufwendigen Untersuchungen, wie es der Aufbau von nationalen Informationssystemen ist, nicht darum, das gesellschaftlich vorhandene Wissen schlechthin zu vermehren, sondern darum, solche Mitteilungen zu gewinnen und zu vermitteln, die ein zweck- und zielgerichtetes Verhalten der Empfänger fördern. Wenn aber solche gewünschten und gesuchten Informationen gesellschaftsbildend notwendig sind, dann sind sie zugleich auch bewußtseinsbildend,[672] und zwar grundsätzlich mehr oder weniger alle.

Zwischen Natur und Gesellschaft besteht eine Wechselwirkung, und der Mensch als Leiter und Lenker dieser Prozesse benötigt dazu Informationen. Soweit befinden wir uns in Übereinstimmung mit einer Grundthese der Kybernetik als der Wissenschaft von der Leitung komplizierter dynamischer Systeme. Entscheidend aber ist der Wert der Information für die gesellschaftlichen Zielvorstellungen der Menschen, die sie sich beschaffen und „verwerten". Dieser Wert ist abhängig von der Gesellschaftsformation, der die Informationsnutzer angehören und deren weitere Entwicklung sie betreiben.

Auch die wissenschaftlich-technische Information ist in das eine (kapitalistische) oder andere (sozialistische) Gesellschaftssystem einbezogen, und

---

[671] Davon gehen A. V. SOKOLOV, A. I. MANKEVIČ u. T. N. KOLTYPINA aus, wenn sie sich mit den *Zusammenhängen der Informatik und den bibliothekswissenschaftlichen und bibliographischen Disziplinen* befassen. Dt. Übers. (Rohübers. aus d. Wiss. Inf.zentrum d. Bergakademie Freiberg. 54.) Aus: Naučnye i techničeskie biblioteki SSSR (1974) 4, S. 28–37. Diese Verfasser bezeichnen ihren Standpunkt als eine Variante der Konzeption der Wechselwirkung.

[672] REINHARD BRADLER, *Bemerkungen über das Wesen der Information.* In: Informatik 18 (1971) S. 16–18.

bewußtseinsbildende Funktion der Information

von daher erfährt sie ihre Bewertung. Wir betonen das deshalb, weil zwar eine weitgehende Übereinstimmung darin besteht, daß politische, ideologische und ökonomische Informationen klassenbedingt unterschiedlich wertig sind, daß daneben aber die Gebiete der wertfreien naturwissenschaftlichen und technischen Informationen bestünden. Und das ist ein Trugschluß: Aus der marxistischen Erkenntnis des Verhältnisses von Sein und Bewußtsein ist jede Information bewußtseinsbildend, anders gewendet, Information ist geradezu eine notwendige Voraussetzung für die Bewußtseinsbildung. Die wissenschaftlich-technische Information steht in der kapitalistischen Gesellschaft unter dem ökonomischen Gesetz der maximalen Profiterzeugung. Bestimmte technologische und ökonomische Tätigkeiten, die in ihrem Wandel ebenso informationsabhängig sind, befinden sich damit im engsten, häufig überhaupt nicht lösbaren Zusammenhang. Darüber kann auch die Existenz einiger identischer Grunddaten z. B. der Mathematik usw. nicht hinwegtäuschen, schon gar nicht dann, wenn diese „reinen" Daten in Zusammenhänge gebracht werden, die vom jeweiligen Klasseninteresse abhängig sind, d. h., wenn sie „angewandt" werden. Daraus folgt, daß es keine „reinen" Informationen gibt, sondern nur mehr oder weniger deutliche Wechselbeziehungen von Informationen untereinander – genauso wie alle sozialen Erscheinungen und Prozesse untereinander verbunden sind. Aus dieser Sicht begreifen wir auch das international wahrnehmbare gesetzmäßige Streben nach organisatorischer Zusammenfassung einzelner fachlicher Informationsbereiche, in den sozialistischen Ländern die zentrale staatliche Förderung einheitlicher Informationssysteme.[673]

Parteilichkeit der Information

Der Klassencharakter der gesellschaftswissenschaftlichen Information,[674] der also außer Zweifel steht, ist so deutlich ausgeprägt wie die Parteilichkeit des Bibliothekars, und auch von hier aus ergeben sich Gemeinsamkeiten, wobei die Fachinformatoren auf einige Erfahrungen und Erkenntnisse der Bibliothekare zurückgreifen könnten. Dieser parteiliche, klassenbedingte Charakter der Information auf allen Gebieten und damit der Ansatz für ihre Wertigkeit ergibt sich bereits aus dem Auswahlcharakter der Information im Prozeß ihrer Erfassung und Bearbeitung.

Frage der Vollständigkeit

Überhaupt ist die Vollständigkeit der Informationen in Einzelwissenschaften oder selbst in deren Teilgebieten eine Illusion, der nur noch einige wissenschaftliche Arbeiter anhängen, die von dem Ausmaß der internationalen Literatur keine exakte Vorstellung haben. Der Einzelwissenschaftler wie das Forschungskollektiv sind informationsabhängig geworden, denn sie sind weder in der Lage, die zunehmenden Sprachbarrieren zu durchbrechen, noch gestattet ihr Zeitbudget, sich das nötige Wissen über den Forschungsstand selbst zu erschließen. Bei aller Unter-

[673] JOSEF HAJDUŠEK, *Organizácia vedeckých a technických informácii v socialistických krajinách.* Stručný prehlad. Martin 1969. (Die Organisation der wissenschaftlichen und technischen Information in den sozialistischen Ländern. Kurzer Überblick.) – *Sbornik materialov v pomošč' razrabotke problemy „Biblioteka i naučnaja informacija".* Vyp. 1–21. Leningrad 1965–1971.

schiedlichkeit der Einzelwissenschaften gehen internationale Schätzungen dahin, daß trotz bestehender Informationsleistungen bis zu Dreiviertel oder zu Vierfünftel der Arbeitszeit des einzelnen Wissenschaftlers heute durch Informationsaufnahme abgeschöpft wird.

Den klassenmäßigen Zielvorstellungen entsprechen aber auch zum Teil Terminologie, Deskriptorenfestlegung und Klassifikationsfragen, da sie in ihrer Anlage bereits im Hinblick auf parteiliche Abfrage-Algorithmen gesteuert worden sind. Das Gesagte gilt erst recht für das Annotieren und Referieren der Quellen. Aus der Sicht der marxistischen Wissenschaft wird hier eine parteiliche Bewertung des Materials geradezu verlangt. Diese klassenbedingten Zielvorstellungen werden am deutlichsten in den sogenannten Leitungs- bzw. Führungsinformationen, weil es hier auf ein Maximum von Auswahl, Konzentration und präziser parteilicher Wertung als Voraussetzung für Entscheidungsfindung und Führungstätigkeit ankommt.

Planmäßigkeit

Die genannten Kriterien erstrecken sich aber auch auf die planmäßige Verbreitung und Steuerung wissenschaftlicher Informationen. Das allein schon ist eine gewaltige Aufgabe, eingedenk der dargelegten Wechselbeziehungen aller Informationen, denn jede abfragbare Problemstellung kann eine Menge von Beziehungen zu angrenzenden Teilbereichen erfordern.

Information, so sahen wir, ist eine Entwicklungsbedingung für jede Gesellschaft, also für ein einheitliches Ganzes, dessen Grundlage die Produktionsverhältnisse bilden. Basis und Überbau der Gesellschaft sind stets an eine bestimmte Gesellschaftsformation gebunden, und so auch die stets und grundsätzlich überall parteilichen, klassenbedingten Informationen, die neue Erkenntnisse vermitteln, damit sich ihre Empfänger zielgerichtet verhalten können.

internationales Problem

Das Verhältnis von Bibliothek und Information ist ein internationales Problem. Für seine beste Lösung gibt es kein Rezept, d.h., in jedem einzelnen Land müssen optimale Systembezüge[675], entsprechend den nationalen Besonderheiten seiner historischen Entwicklung, hergestellt werden.[676]

---

674 *Parteilichkeit in der gesellschaftswiss. Information und Dokumentation.* Wiss. Seminar, veranst. v. d. ZLGID bei d. Dt. Adad. d. Wiss. zu Berlin ... 16.–18. Sept. 1969 in Potsdam. Berlin 1969.

675 Ein interessantes Beispiel für Kooperation von Public libraries in mittleren Städten mit Informationszentren ist: *Libraries and neighbourhood information centers.* Ed. by C. L. Kronus and L. Crowe. Chicago 1972. – *Funkcii, rol' i mesto naučnych universal'nych bibliotek v edinoj sisteme naučno-techničeskoj informacii strany.* Sbornik. Moskva 1973.

676 Zu beachten sind die angelsächsischen Auffassungen: JESSE H. SHERA, *Documentation and the organization of knowledge.* Ed. and with an introduction by D. J. Foskett. London 1966. Darin das Kapitel: *A review of the present state of librarianship and documentation.* S. 21–53. Ausgangspunkt ist: „That librarianship and documentation are a unity is the major thesis of this introductory statement" (S. 22). Verfasser stützt sich dabei auf Pionierarbeit von SAMUEL CLEMENT BRADFORD, *Documentation.* 2. ed. London 1953. – Grundlegende Gedanken, die nur in Einzelheiten überholt sind,

Die internationalen Dachorganisationen des Bibliothekswesens (IVBV) und der Information und Dokumentation (FID[677]) bemühen sich, unterstützt von der Unesco, um grundsätzliche Fragen dieses Prozesses. Das ist naturgemäß deshalb so schwierig, weil Entstehung und Befriedigung von Informationsbedürfnissen im Zusammenhang mit den Wesenszügen der betreffenden Gesellschaftsformation und ihren Zielen stehen.[678] Als ein Symptom für den internationalen Charakter dieser Bibliothek-Information-Beziehung sei der sogenannte Weinberg-Bericht[679] genannt, der aus der Sicht des amerikanischen „management" und mit deutlichem Bezug auf die Interessen der Regierung der USA die aktuellen Probleme der Information zu fassen sucht.

Die Fachliteratur auf dem Gebiete der Informations- und Dokumentationswissenschaft ist – trotz Fehlens eines Handbuches oder Fachlexikons – soweit entwickelt, daß es sich erübrigt, auf spezifische Methoden der praktischen Informationstätigkeit einzugehen.[680] Wohl aber ist noch auf einige Fragen hinzuweisen, die den Bibliothekar ebenso wie den Fachinformator besonders angehen. Zum Beispiel, ob die sogenannte Schneeball-Methode, mit der er immer wieder konfrontiert wird, heute noch berechtigt ist. Viele Wissenschaftler arbeiten danach, vielleicht ohne sich dessen immer bewußt zu sein: Ausgehend von einer neuen Arbeit, meist einem Zeitschriftenaufsatz, verfolgen sie die zitierte Literatur, um dann die dort wiederum zusätzlich auftauchende Literatur zu nutzen. So ergibt sich ein abgegrenztes Netz von Literaturfäden. Th. P. Loosjes hat sich mit Vor- und Nachteilen dieser Methode eingehend auseinandergesetzt. Er kommt zu dem Ergebnis, daß sich Bedenken gegen die

Schneeball-Methode

enthält die Veröffentlichung des BV/DDR: *Informationstätigkeit der Bibliotheken unter den Bedingungen der wissenschaftlich-technischen und kulturellen Revolution.* Thesen. Jahreshauptversammlung des DBV 1.–3. 6. 1966 in Erfurt. Berlin 1967. – JOSEF KOBLITZ, *Die ideale Partnerschaft von Bibliothekswesen und Information und Dokumentation.* In: Buch – Bibliothek – Leser. Festschrift für Horst Kunze zum 60. Geb. Berlin 1969 S. 113–129.

677 *World Guide to technical information and documentation services.* Guide mondial des centres de documentation et d'information techniques. Paris 1969. (Documentation and terminology of science.)

678 *Developments in national documentation and information services.* Issue editor: H. C. Campbell. In: Library trends 17 (1969) Nr. 3.

679 *Science, government and information.* The responsibilities of the technical community and the government in the transfer of information. A report of the President's Advisory Committee. Washington, D. C. 1963. „Weinberg-Report" genannt nach dem maßgeblich daran beteiligten Direktor der Oak Ridge National Laboratories Dr. Alvin Martin Weinberg. Deutsch u. d. T.: *Wissenschaft, Regierung und Information* als Beih. 12 zu den Nachrichten f. Dokumentation, Frankfurt a. M. 1964 und u. d. T. *Weinberg-Bericht.* Dt. Arbeitsübers. Berlin (West) 1965. (Beihefte Zentrale Information. 1965, 2.)

680 GEORG SCHMOLL, *Methodik des Recherchierens und Recherchemittel.* 2. Aufl. Leipzig 1967. (Einführung i. d. Information u. Dokumentation. 5.) – ARKADIJ DMITRIEVIČ URSUL, *Informacija.* Metodologičeskie aspekty. Moskva 1971. – KLAUS LAISIEPEN, ERNST LUTTERBECK u. KARL-HEINRICH MEYER-UHLENRIED, *Grundlagen der praktischen Information u. Dokumentation.* Eine Einführung. München-Pullach u. Berlin (West) 1972. (DGD-Schriftenreihe. 1.)

Schneeball-Methode erheben und daß sie keine ausreichende Grundlage der Forschung bildet. Sie muß sich vielmehr auf eine systematische Literatursuche stützen. „Aber auch die systematische Literaturforschung soll sich auf das Schneeballsystem stützen."[681] Wir meinen, daß die Qualität der einschlägigen Fachbibliographie bzw. Fachdokumentation das entscheidende Kriterium ist. Ist sie hoch, d. h., sind die dem Forscher dargebotenen Nachweise international angelegt und zuverlässig, so erübrigt sich die traditionelle Schneeballmethode. Ob diese Voraussetzung für sein Fachgebiet heute schon gegeben ist, muß jeder Wissenschaftler selbst entscheiden.

Sprachbarrieren

Ein anderes Problem, das noch keine befriedigende Lösung gefunden hat, sind die Sprachbarrieren und ihre Überwindung. Selbst wenn die Kenntnisse fremder Sprachen in der Ausbildung der Bibliothekare und Fachinformatoren verbessert und im Zuge der Weiterbildung den berufstätigen Kollegen finanzieller Anreiz zur Pflege, Aktualisierung und Erweiterung ihrer Sprachkenntnisse gegeben würde, wie das in einigen sozialistischen Ländern schon geschieht – die existierenden und sich ständig erhöhenden Sprachbarrieren würden damit nicht überwunden werden können. Es wird international und national noch viel zu tun sein, um den nachweisbaren „Provinzialismus" in der wissenschaftlichen Arbeit und damit auch in der Information und Dokumentation zu überwinden. So bezeichnet Th. P. Loosjes[682] die jedem Bibliothekar bekannte Tatsache, daß die Forscher aus Sprachbereichen, die als Weltsprache gelten, hinsichtlich der Provenienz der von ihnen genutzten Literatur sehr viel „provinzieller", d. h. also auf das eigene Sprachgebiet in hohem Maß beschränkt, eingestellt sind als etwa die Wissenschaftler kleinerer Länder, die auf vielseitige Sprach- und Literaturkenntnisse von Haus aus angewiesen sind.

Übersetzungswesen

Eine Voraussetzung für die Überwindung dieser Hürden ist eine gut funktionierende Organisation des Übersetzungswesens in jedem Lande. Dabei ist es jedoch nicht damit getan, daß passiv, also auf der Grundlage einer Meldepflicht Übersetzungsvorhaben registriert werden, sondern daß über die vorliegenden Übersetzungen auch zentral und dezentral publiziert wird. Die hohen Übersetzungskosten müssen dadurch effektiv werden, daß die übersetzten Arbeiten, von denen wir voraussetzen können, daß es sich nur um wichtige handelt, mit allen zur Verfügung stehenden bibliographischen Mitteln und Informationsdiensten propagiert werden. An diesem zweiten Schritt fehlt es noch häufig, auch in der Deutschen Demokratischen Republik.[683]

---

681 THEODOR PETER LOOSJES, *Dokumentation wissenschaftlicher Literatur.* München, Basel, Wien 1962 S. 77–85. Eine in London 1967 erschienene englische Übersetzung weist „some substantial additions", besonders in den Literaturangaben, auf „so that the English version really constitutes a new edition (Foreword von D. J. Foskett).

682 LOOSJES (681), S. 79.

683 *Anordnung über die Meldepflicht für Übersetzungen wiss. u. techn. Literatur in deutscher Sprache vom 25. Nov. 1957* (GBl. I S. 679) sowie *Anordnung Nr. 2 über die Melde-*

Ausbildung von Informationsfachkräften

Die Ausbildung[684] von Fachkräften für die Information und Dokumentation ist ein getreues Spiegelbild der bestehenden entwicklungsbedingten Schwierigkeiten. Es beginnt damit, daß es im deutschsprachigen Gebiet keine einheitliche Berufsbezeichnung gibt: Dokumentalist, Dokumentar, Informator, Fachinformator, Informatiker, Informationswissenschaftler – mindestens diese Bezeichnungen kommen vor. Die in der DDR zur Zeit gültigen Berufsbezeichnungen lauten: *Informator* für den Absolventen der Fachschule für wissenschaftliche Information und wissenschaftliches Bibliothekswesen zu Berlin (mit Spezialfach Information und Dokumentation); *Fachinformator* für fachwissenschaftlich ausgebildete Kräfte, die zusätzlich ein zweijähriges, postgraduales Studium auf dem Gebiete der Information bzw. Informatik am Institut für Bibliothekswissenschaft und wissenschaftliche Information der Humboldt-Universität zu Berlin oder am Institut für Informationswissenschaft, Erfindungswesen und Recht der Technischen Hochschule Ilmenau

---

pflicht ... vom 11. Aug. 1958 (GBl. I S. 642). – Der zentrale Übersetzungsnachweis für die DDR, vorher bei der Akad. d. Wiss. d. DDR, Wiss. Informationszentrum, wird seit 1. 1. 1973 beim ZIID geführt. – RAINER ZEKALLE, *Der Übersetzungsnachweis der Zentralstelle für wiss. Literatur.* In: Dokumentation 3 (1956) S. 81–90. – LISSI PRESSL, *Die Entwicklung des Übersetzungsnachweises des Instituts für Dokumentation.* In: Dokumentation 8 (1961) S. 8–13.

[684] Vorbildlich organisiert in Argentinien, vgl. A. L. C. VICENTINI, *Bibliothekswissenschaft und Dokumentation.* In: ZfB 77 (1963) S. 2–9; Ausbildung von Bibliothekaren und Dokumentalisten nach einem einheitlichen Universitätslehrplan mit Spezialisierung in der Ausbildung, aber von dem Grundsatz ausgehend, „daß ein Dokumentalist vor allem erst einmal ein Bibliothekar ist" (S. 8). – KARL FILL, *Die künftige Entwicklung der Dokumentation.* In: Libri 12 (1962/63) S. 294; Verf. macht sich zum Sprecher f. d. Synthese von Dokumentations- und Bibliotheksarbeit; er weist darauf hin, „daß die Lehrgänge der Deutschen Gesellschaft für Dokumentation (DGD) zu etwa 20% den Bereich der Bibliothekswissenschaft einbeziehen". – ERICH PIETSCH, *Ausbildung und Berufsbild des Dokumentars.* Versuch einer Querschnittsbetrachtung. Vortrag vor dem Komitee „Training of Documentalists", Warschau, 21.–23. 5. 1964. Frankfurt a. M. 1965; internationaler Überblick über den damaligen Stand der Dokumentalistenausbildung mit Abdruck von Quellen und Literaturangaben; vgl. auch den gesamten Konferenz-Bericht *Training of Documentalists.* Report of the meeting FID/TD, Warsaw, 21–23 May 1964. The Hague 1964. (Beil. zu Revue internationale de la documentation 31, 1964, Nr. 3.) – *Training facilities in documentation and information work.* The Hague 1965. (FID 373.) – JOSEF KOBLITZ, *Informations- und Dokumentationswissenschaft – ein Studienfach an der Humboldt-Universität zu Berlin.* In: Das Hochschulwesen 15 (1967) S. 565–568. – H. SCHUR, W. L. SAUNDERS u. LISBETH J. PARGETER, *Education and training for scientific and technological library and information work.* London 1968. Mit Lit.verz. – HEINZ ZIEGLER, *Zur Eröffnung eines postgradualen Hochschulstudiums für wissenschaftliche Informationsfachkräfte.* In: ZIID-Zeitschrift 15 (1968) S. 249–253. – C. V. PENNA, *The planning of library and documentation services.* 2. ed., rev. by P. H. Sewell and Herman Liebaers. Paris 1971. (Unesco manuals f. libraries. 17.) – *VII. Kolloquium über Information u. Dokumentation vom 17.–19. Nov. 1971. Themenkreis 1. Ilmenau 1972.* (Dokumentation/Information. Schriftenreihe d. Inst. f. Informationswiss., Erfindungswesen u. Recht d. TH Ilmenau. 17.) – JOSEF KOBLITZ, *Probleme der Erziehung, Aus- und Weiterbildung von Informationsfachkräften.* In: Informatik 20 (1973) 6, S. 46–50.

absolviert haben; *Diplom-Informatoren* sind Absolventen des genannten Berliner Universitätsinstituts, die ein kombiniertes fünfjähriges Studium einer gesellschaftswissenschaftlichen Einzelwissenschaft mit Informations-/Dokumentationswissenschaft absolviert haben. Als Sammelbezeichnung für Fachkräfte aller Ausbildungsebenen der Information und Dokumentation, unabhängig von ihrem Ausbildungsgang, hat man *Informationsfachkräfte* gewählt. Diese Unklarheiten spiegeln sich auch in den Ausbildungsinhalten mindestens insofern wider, als ein gemeinsames Grundlagenstudium von Bibliothekswissenschaftlern und Fachinformatoren noch ungenügend entwickelt ist[685] und die bedarfsgerechte Proportionierung und Koordinierung der einzelnen Ausbildungsfächer noch verbesserungsbedürftig ist. Ansätze dazu – gemeinsame Grundlagenfächer, gelehrt von den gleichen Dozenten bei Verwendung abgestimmter Lehrmaterialien – sind in der DDR, sowohl in der Fachschul- wie in der Hochschulausbildung, zu verzeichnen.

6.7. Struktur und Organisation des Informations- und Dokumentationswesens

In Deutschland war die Weimarer Republik (1918 bis 1933) ökonomisch viel zu schwach, um ein organisiertes und abgestimmtes Netz von Dokumentationsstellen in den vorhandenen staatlichen Bibliotheken aufzubauen. Die durch Krieg und Inflation geschwächten staatlichen wissenschaftlichen Bibliotheken waren unter den gegebenen Bedingungen dazu nach keiner Seite stark genug. Infolgedessen schuf sich die kapitalistische Industrie, deren Hauptanliegen es war, wieder weltmarktfähig zu werden, nach Bedarf und Maßgabe ihrer Möglichkeiten eigene Dokumentationsstellen. Dieser anarchische Prozeß, wie er sich zwangsläufig aus den kapitalistischen Produktionsverhältnissen ergab, herrscht im Grunde in der Dokumentationsarbeit der kapitalistischen Länder noch heute.

Deutschland bis 1945

In der Deutschen Demokratischen Republik entwickelte sich aus der 1950 gegründeten *Zentralstelle für wissenschaftliche Literatur* 1957 folgerichtig ein *Institut für Dokumentation* (IFD)[686], dessen Träger die Deutsche Akademie der Wissenschaften zu Berlin war.

DDR

[685] Eine gemeinsame Ausbildungsstätte für Bibliothekare und Dokumentalisten wurde 1963/64 (Stichting Bibliotheek- en Documentatiescholen) in den Niederlanden ('s-Gravenhage) eingerichtet.

[686] Die anleitende Tätigkeit des IFD kam u. a. in seiner Publikationstätigkeit zum Ausdruck: Herausgabe der *Bücherei des Dokumentalisten* (H. 1. 1957), enthaltend kleine Monographien, sowie der *Richtlinien und Empfehlungen für die praktische Dokumentationsarbeit* (ab 1960), für Anfänger auf d. Gebiete der Dokumentation bestimmt. Außerdem war das IFD Hrsg. der Zeitschrift *Dokumentation* 1954–1963. Den notwendigen Überblick über das Netz der Dokumentationsstellen vermittelt *Wegweiser durch die Information und Dokumentation.* Informationseinrichtungen und die von ihnen herausgegebenen Informationsmittel. Berlin 1968. (ZIID-Schriftenreihe. 11.) Dieser Wegweiser kann dadurch, daß er als Loseblattausgabe erscheint, ständig auf dem Laufenden gehalten werden.

Nachdem sich die Sozialistische Einheitspartei Deutschlands und die Regierung der DDR Anfang der sechziger Jahre eingehend mit Fragen der wissenschaftlichen Information befaßt hatten, erfolgte 1963 eine organisatorische Neuordnung von Information und Dokumentation. Auf der Grundlage des *Beschlusses über den weiteren Ausbau des in der Deutschen Demokratischen Republik bestehenden Systems der Information und Dokumentation auf dem Gebiete der Wissenschaft, Technik und Ökonomie vom 8. August 1963*[687] wurde das *Zentralinstitut für Information und Dokumentation* (ZIID)[688] geschaffen. Mit Wirkung vom 1. April 1964 gehört es zum Bereich des Staatssekretariats für Forschung und Technik (jetzt: Ministerium für Wissenschaft und Technik).[689]

ZIID

Das ZIID ist das zentrale staatliche Organ für die Anleitung und Kontrolle der Information im Bereich Wissenschaft und Technik (IWT) in der DDR. Seine wichtigsten Tätigkeitsgebiete erstrecken sich auf die Ausarbeitung von Rahmenordnungen, auf den Übersetzungsnachweis, auf Standardisierungsprojekte national und international; es ist zugleich Zentralstelle für Forschungs- und Entwicklungsberichte und Dissertationen des Gebietes. Vielfältige Kooperationsformen verbinden es mit dem wissenschaftlichen Bibliothekswesen, insbesondere mit den wissenschaftlichen Fachbibliotheken. Rechtsstellung sowie Aufgaben des ZIID sind durch ein Statut[690] geregelt. Es pflegt die internationale Arbeit, insbesondere mit der UdSSR (Mitgliedschaft in dem Internationalen Zentrum für wissenschaftliche und technische Information in Moskau). Seit 1968 ist es Mitglied der FID.

Für die Information und Dokumentation auf gesellschaftswissenschaft-

---

[687] GBl. II 1963 S. 623–625.

[688] GBl. II 1963 S. 737–740, enth. Anordnung über die Errichtung des Zentralinstituts für Information und Dokumentation. – *Der weitere Ausbau des in der DDR bestehenden Systems der Information und Dokumentation auf dem Gebiet der Wissenschaft, Technik und Ökonomie.* Berlin 1964. (Bücherei d. Dokumentalisten. 30.) – HERTA ZESSIN, *Der Aufbau eines einheitlichen Systems der Information und Dokumentation in der DDR.* In: Dokumentation 11 (1964) S. 69–74. – *Der gegenwärtige Stand des Systemaufbaues der Information und Dokumentation in den VVB und die vor uns stehenden Aufgaben.* Arbeitsberatung des ZIID am 4. Nov. 1964. Berlin 1964. (ZIID-Schriftenreihe. 2.) *Vorläufige Rahmenordnung für Informationsstellen, Leitstellen und zentrale Leitstellen für Information u. Dokumentation sowie für andere auf diesem Gebiet tätige Stellen vom 5. Sept. 1964.* – Ursprünglich als *Liste* bzw. als *Wegweiser durch die Inf. u. Dok. d. DDR* erschienen, geben den neuesten Stand im Bereich des Informationssystems Wissenschaft und Technik (IWT): *Katalog Informationsmittel aus dem Informationssystem Wissenschaft u. Technik der DDR.* Zentralinst. f. Inf. u. Dok. Nebst Erg.kat. Berlin 1974. – *Die Fonds des IWT der DDR.* Zentralinst. f. Inf. u. Dok. d. DDR. Nur f. d. Dienstgebrauch. Bd 1, Bd. 2: Register. Berlin 1975. – Neubear. beider Werke u. d. T.: *Die Fonds des IWT und ihre Leistungen* vorgesehen, ersch. vorauss. 1977. Ferner *ZIID-Mitteilungen* und *ZIID-Schriftenreihe* sowie regelmäßige Herausgabe von Informationsdiensten. Weiterführung der Zeitschrift *Dokumentation* ab Jg. 16 (1969) u. d. T.: *Informatik;* 6mal jährlich.

[689] GBl. II 1964 S. 115.

[690] *Anordnung über das Statut des Zentralinstituts für Information und Dokumentation der DDR vom 25. Juli 1972.* In: GBl. II S. 565–566.

lichem Gebiet ist auf Grund eines Ministerratsbeschlusses vom 22. April 1965[691] die *Zentrale Leitung für gesellschaftswissenschaftliche Information und Dokumentation* (ZLGID) bei der Akademie der Wissenschaften der DDR in ähnlicher Weise (Entwicklung, Anleitung, Kontrolle und Koordinierung) verantwortlich. Auch sie besitzt seit 1966 ein Statut[692] und hat u. a. Rahmenordnungen für Zentralstellen, Leitstellen, Dokumentations- und Informationsstellen, für die Methodik der Arbeit auf dem Gebiet der gesellschaftswissenschaftlichen Dokumentation und Information und andere Materialien[693] herausgegeben. Der Sitz beider Zentralstellen ist Berlin. Auf der Grundlage einer Vereinbarung[694] kooperieren beide Zentralstellen. Über ihre grundsätzliche Zusammenarbeit mit dem Bibliothekswesen der DDR ist 1968 zwischen ZIID, ZLGID und dem Bibliotheksverband der DDR eine Vereinbarung[695] abgeschlossen worden. Sie bedarf noch weiterer Präzisierung. ZLGID

Das umfangreichste System der Information und Dokumentation in der DDR ist das Volkswirtschaftliche Informationssystem (VIS), das durch die Staatliche Plankommission koordiniert wird. Es setzt sich zusammen aus mehreren Teilsystemen, von denen das Informationssystem Wissenschaft und Technik (IWT), das unter Anleitung des Zentralinstituts für Information und Dokumentation arbeitet, und das gesellschaftswissenschaftliche Teilsystem unter Anleitung der Zentralen Leitung für gesellschaftswissenschaftliche Information und Dokumentation für die Bibliotheken als Partner von besonderer Wichtigkeit sind. Die Struktur eines solchen Teilsystems wird am Beispiel der Medizin bildlich verdeutlicht (vgl. S. 388). Volkswirtschaftliches Informationssystem der DDR

Einen besonderen Bereich bildet das Informationswesen der Universitäten und Hochschulen. In der Deutschen Demokratischen Republik hat die Bibliotheksverordnung der DDR vom Mai 1968, die „den weiteren schrittweisen Ausbau des Bibliothekssystems“ (Präambel) bezweckte, den Bibliotheken die grundsätzliche Aufgabe zugewiesen, mit den Einrichtungen der Information und Dokumentation eng zusammenzuarbeiten. Eine Anwendung dieses progressiven Wesenszugs der Bibliotheksverordnung auf das Universitäts- und Hochschulwesen war deshalb nach kurzer Zeit möglich, weil eine Grundbedingung dafür bereits in den vorausgegangenen Jahren für das wissenschaftliche Bibliothekswesen der DDR geschaffen worden war: Die alte und viel diskutierte Frage der Einheit der Bibliotheksarbeit in Universitäten und Hochschulen war in der DDR bereits

[691] *Beschluß über den weiteren Ausbau des in der Deutschen Demokratischen Republik bestehenden Systems der gesellschaftswissenschaftlichen Information und Dokumentation vom 22. April 1965.* In: GBl. II S. 343–345. Die ZLGID gibt seit 1972 (Jg. 1) *Mitteilungen für die gesellschaftswissenschaftlichen Informationseinrichtungen der DDR* heraus; 6mal im Jahr.

[692] Vom 1. Februar 1966. In: GBl. II S. 155–157.

[693] *Verzeichnis der Informationsmittel auf gesellschaftswissenschaftlichem Gebiet.* Stand: Jan. 1971. Berlin 1971. (ZIID-Schriftenreihe. 18.)

[694] Abgedruckt in: ZIID-Mitteilungen (1966) 31, S. 1–4.

[695] Abgedruckt in: ZfB 82 (1968) S. 365–366.

Einordnung des IWT Medizin in das IWT und Bibliothekssystem der DDR (Stand: Mai 1974)

Institut für Wissenschaftsinformation in der Medizin (IWIM)

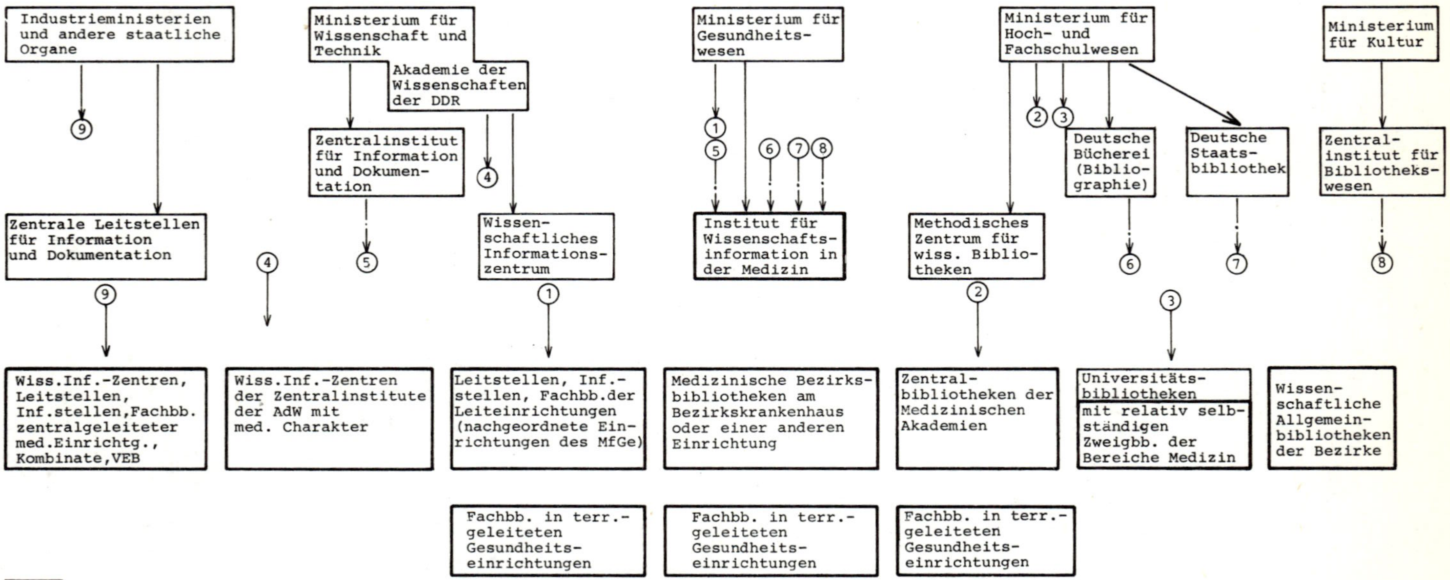

Zum IWT Medizin gehörig und vom IWIM methodisch angeleitet

→ Weisung, Unterstellung

—·→ Method. Anleitg. des IWT Medizin durch Leiteinrichtg. des IWT und Bibliothekssystems

Die Zahlen in den Kreisen drücken die jeweilige Zuordnung der durch administrative Unterstellung und methodische Anleitung miteinander verbundenen Einrichtungen aus.

soweit gelöst, daß die Bibliotheksverordnung festlegen konnte: „Als zentrale Bibliotheken leiten und koordinieren die Universitäts- und Hochschulbibliotheken die bibliothekarische Arbeit im jeweiligen Universitäts- und Hochschulbereich" (§ 5). Die Grundsätze der 3. Hochschulreform förderten diese Entwicklung seit 1968. So konnte am 15. 8. 1969 die *Anweisung Nr. 22/1969 des Ministeriums für Hoch- und Fachschulwesen über die Stellung, Aufgaben und Arbeitsweise des Bibliothekswesens und der wissenschaftlichen Information an den Hochschulen*[696] erlassen werden. Anweisung 22/1969

Ihr erstes Anliegen ist es, „die Hochschulbibliothek und die Einrichtungen der Information/Dokumentation in stärkerem Maße als bisher als wissenschaftliche Einrichtungen in den unmittelbaren Prozeß der wissenschaftlichen Arbeit an der Hochschule einzubeziehen."[697] Zu diesem Zweck werden die Leitungsaufgaben beider Bereiche – Bibliothek und Information – maximal angenähert. Im einzelnen besagt die Anweisung: Inhalt

1. Der gesamte Literaturfonds einer Universität oder Hochschule bildet eine Einheit.
2. Die Einrichtungen des Bibliothekswesens und der wissenschaftlichen Information und Dokumentation werden durch die Hochschulbibliothek zusammengefaßt und geleitet.
3. Der Direktor der Hochschulbibliothek untersteht unmittelbar dem Rektor, der nicht mehr wie früher ein primus inter pares, sondern ein im Auftrage des Ministers für Hoch- und Fachschulwesen operativ wirkender staatlicher Leiter der Hochschule nach dem Prinzip der Einzelleitung bei kollektiver Beratung ist.
4. Der Direktor der Hochschulbibliothek ist verantwortlich für die Leitung und Planung des Bibliotheks- und Informationswesens der Hochschule sowie für Herstellung und Pflege von Kooperationsbeziehungen zu Bibliotheken und Informationseinrichtungen außerhalb der Hochschule.
5. Zur Durchführung seiner Aufgaben steht dem Direktor der Hochschulbibliothek ein beratendes Gremium in dem „Bibliotheks- und Informationsrat" zur Seite. Es setzt sich zusammen aus den Bibliotheksbeauftragten, den Leitern der Informationseinrichtungen sowie Vertretern der Studenten. Der Bibliotheksbeauftragte wird vom Direktor der Sektion ernannt, sofern diese Funktion nicht zugleich vom Leiter der Informationseinrichtung der Sektion wahrgenommen wird.

---

[696] In: ZfB 84 (1970) S. 198–202.

[697] GUDRUN MESSOW u. PETER THÜRINGER, *Die Aufgaben der Bibliotheken und Einrichtungen der Information/Dokumentation in der 3. Hochschulreform.* In: ZfB 84 (1970) S. 197. – *Konzeption (E2) für das Teilsystem 10 Bibliothekswesen und wissenschaftliche Information.* Bearb.: Karl Heinz Bell, Thomas Fischer, Gertraud Stein, Christoph Weickmann. Berlin 1970. (Maschinenschriftl. vervielf.) – *Verflechtung von Bibliotheks- und Informationsarbeit im Hochschulbereich.* Studie. Bearb.: Karl Heinz Bell, Thomas Fischer, Christoph Weickmann. Berlin 1971. (Maschinenschriftl. vervielf.) – GISELA SCHOCH, *Die Informationsmittel einer UB.* Ihre Nutzung durch studentische Leser. München-Pullach, Berlin (West) 1971.

6. Der Sektionsdirektor ist für den Inhalt der Informations- und Dokumentationstätigkeit seiner Sektion verantwortlich. In den Informationseinrichtungen der Sektionen arbeiten hauptamtliche Fachinformatoren und Dokumentalisten. Die aufbereitende Dokumentationsarbeit wird vorwiegend von Wissenschaftlern der Sektion unter Anleitung von Fachinformatoren geleistet.

Bedeutung

Die Informationseinrichtungen im Hochschulwesen arbeiten grundsätzlich auf der Grundlage der Ordnungen, die von den beiden staatlichen Zentren der Information und Dokumentation, dem ZIID und der ZLGID, getroffen werden. Mit der Anweisung 22/1969 ist noch kein perfektes einheitliches System der Bibliotheks- und Informationsarbeit im Hochschulbereich geschaffen.[698] Ihre Bedeutung ist aber darin zu sehen, daß damit die Entwicklungsrichtung für die nächste Zukunft bestimmt ist. Ihre Anwendung, zusammen mit der Auswertung der sich aus praktischer Arbeit ergebenden Erfahrungen, ist ein Prozeß, in dessen Verlauf sich, je nach Funktion und Struktur der einzelnen Hochschule, Varianten in der Anwendung der Grundsätze ergeben.[699] Das richtige und konsequente Prinzip der Einheit des literatur- und informationsvermittelnden Systems in der jeweiligen Hochschule darf jedoch nicht verletzt werden.

Effektivitätsuntersuchungen

Eine effektive Information ist immer aufwendig; die dafür notwendigen Kosten sind naturgemäß besonders hoch, wenn es sich um Automatisierung der Informationsprozesse handelt. Man kann an der neuesten internationalen Fachliteratur deutlich ablesen, wie ernst diese Frage genommen wird, denn es mehren sich Kosten- und Effektivitätsuntersuchungen[700] auf dem Gebiete der Information. In diesem Zusammenhang sind auch alle Normungs- und Standardisierungsbestrebungen[701] wichtige und

---

[698] KLAUS NEUMANN, *Die Information über Wissenschaft und Technik an den Universitäten und Hochschulen der DDR.* In: Informatik 19 (1972) H. 6, S. 18–20.

[699] Am Modell eines „Wissenschaftlichen Bibliotheks- und Informationszentrums" (WBIZ) beschreibt HELMUT ZESEWITZ, *Möglichkeiten und Probleme der Integration zwischen dem Bibliotheks- und Informationswesen an Hochschulen.* In: ZfB 86 (1972) S. 201–212; mit Angabe der wichtigsten einschlägigen Literatur 1966–1971.

[700] A. V. KOZENKO u. A. N. POLOVINČIK, *Effektivnost' naučno-techničeskoj informacii.* Moskva 1967. – A. H. PRICHOD'KO, *Effektivnost' ispol'zovanija naučno-techničeskoj informacii.* Moskva 1968. – KLAUS GRESSER, HERBERT PASCHEN u. WERNER SCHWUCHOW, *Die Kosten der wissenschaftlichen und technischen Information. Ein Standardsystem für statistische Erhebungen.* München-Pullach 1970. – HEINZ ENGELBERT, *Methoden der Effektivitätsmessung in Informationsrecherchesystemen.* In: Informatik 17 (1970) 2, S. 33–39; vgl. auch H. Engelberts Habil.-Schrift (Berlin Humboldt-Univ.): *Probleme des Aufbaus effektiver Informationsrecherchesysteme i. d. Wissenschaft.* 1970. – PETER HERRMANN, *Informationsrecherchesysteme.* Leipzig 1973, s. dort Register.

[701] HORST RAPPICH, *Zusammenstellung deutschsprachiger terminologischer Standards (TGL und DIN) zur Information und Dokumentation sowie angrenzender Fachgebiete.* (Auswahlverz.) Berlin 1969. – *Standardization for documentation.* Ed. by Bernard Houghton. London (1969). – MAX GRAY and KEITH LONDON, *Documentation standards.* 3. print. Princeton usw. 1970.

notwendige Schritte zur Kostensenkung. Schließlich ist auch eine klare, verständliche und international weitgehend abgestimmte oder angenäherte Terminologie[702] eine wichtige Grundvoraussetzung für die Wirksamkeit der Information.

Ähnlich wie in der DDR ist das Informations- und Dokumentationswesen in den befreundeten sozialistischen Ländern organisiert. Auch hier hat sich auf der Grundlage des staatlichen Zentralismus die Entwicklung der Dokumentation trotz allen nationalen Verschiedenheiten organisiert und zielstrebig vollzogen. Information und Dokumentation werden im Auftrage des Staates von staatlichen wissenschaftlichen Institutionen und staatlichen Forschungsstellen betrieben. Weltbekannt ist das Zentrum der wissenschaftlichen Information für Naturwissenschaften und Technik in der UdSSR, das VINITI[703] (Vsesojuznyj institut naučnoj i techničeskoj informacii = Unionsinstitut für wissenschaftliche und technische Information) in Moskau. Es erfüllt seinen Auftrag durch die Herausgabe des Referativnyj žurnal sowie von Schnellinformationen und Expressinformationen. UdSSR

Wichtigste Voraussetzung für ein effektives nationales Informationssystem ist, neben der Einbeziehung der Kapazität der Bibliotheken, eine zentrale staatliche Leitung und Planung, wie sie in sozialistischen Staaten auf der Grundlage des demokratischen Zentralismus gegeben sind.[704]

---

[702] JOSEF KOBLITZ, *Die Terminologie für die Fachgebiete Dokumentation und Information und ihre Bedeutung für die internationale Zusammenarbeit.* In: Dokumentation 10 (1963) S. 97–101. – *Fachwörterbuch der wissenschaftlichen Information* (in 8 Sprachen). Moskva 1966. – GEORG SCHMOLL, *Wortschatz der Information und Dokumentation.* 2. Aufl. Leipzig 1971. – *Slovaŕ terminov po informatike na russkom i anglijskom jazykach.* Von G. S. Ždanova u. a. Moskva 1971. – JOSEF KOBLITZ, *Standardisierung der Terminologie als Voraussetzung für die Formierung der Informations- und Dokumentationswissenschaft.* In: Dokumentation/Information. Schriftenreihe des Inst. f. Inf.wiss., Erfindungswesen und Recht der TH Ilmenau. H. 24 (1974) S. 5–15. – *Terminologie der Information und Dokumentation.* Red.: Ulrich Neveling u. Gernot Wersig. München 1975. (DGD-Schriftenreihe. 4.) – *Terminology of documentation. Terminologie der Dokumentation.* A selection of 1200 basic terms ... Comp. by Gernot Wersig and Ulrich Neveling. Paris 1976.

[703] Das VINITI ist eine Institution der Akademie der Wissenschaften der UdSSR, die jedoch angeleitet wird vom obersten Leitungsorgan auf dem Gebiete der Information in der UdSSR, dem Staatlichen Wissenschaftlich-Technischen Komitee beim Ministerrat der UdSSR (Gosudarstvennyj naučno-techničeskij komitet ...). Vgl. u. a. F. A. SVIRIDOV, *Das Allunionsinstitut für wissenschaftliche und technische Information der Akademie der Wissenschaften der UdSSR (VINITI).* Aufgaben u. Tätigkeiten. In: Nachr. Dok. 17 (1966) S. 197–203. – A. A. FOMIN, *Vsesojuznyj institut naučnoj i techničeskoj informacii i ego dejatel'nost'.* Moskva 1968. – JOSEF KOBLITZ, *Die Dokumentation und Information in der UdSSR.* In: Dokumentation 8 (1961) S. 65–73.

[704] Zur Weiterbildung über das Inf.- u. Dok.wesen in den sozialistischen Ländern empfiehlt es sich in erster Linie, die Zeitschriften *Informatik* und *Naučno-techničeskaja informacija* laufend zu verfolgen. Darüber hinaus gilt es, die internationale Entwicklung aus der Sicht der FID zu verfolgen; Informationsquellen dazu sind die *Revue internationale de documentation* sowie das *FID news bulletin.* Ferner sei auf folgende Informationsmöglichkeiten hingewiesen, USA: *Current research and development in scientific*

BRD

Diese Vorzüge werden freilich aus westlicher Sicht zuweilen als starr und „dirigistisch“ bezeichnet, aber gerade für die Organisierung einheitlicher und effektiver Informationssysteme erweist sich der Zentralismus als vorteilhaft. Das erkennt man am besten daran, daß föderalistische Staaten wie die BRD große Anstrengungen machen müssen, um zu einem Informations- und Dokumentationssystem auf der Grundlage des guten Willens der zur Mitarbeit nötigen Kräfte zu gelangen.[705]

---

documentation, hrsg. vom Office of Science Information Service der National Science Foundation, Washington. 1 ff. 1957 ff. – E. H. E. PIETSCH, *Nationale Dokumentationseinrichtungen.* In: Nachr. Dok. 6 (1955) S. 5–18; mit Lit.angaben. – Ferner einzelne Länder näher beschreibend: INGETRAUT DAHLBERG, *Organisation des Dokumentationswesens auf nationaler und internationaler Ebene.* In: Nachr. Dok. 15 (1964) S. 90–99; behandelt werden u. a. Frankreich, Polen, ČSSR, Ungarn und die BRD. – HERBERT COBLANS, *The structure of national documentation and library services.* In: Aslib proceedings 16 (1964) S. 22–32. – Sehr beachtenswert ist das skandinavische Gemeinschaftswerk Scandinavian Documentation Center (Scandoc), das 1960 von Dänemark, Finnland, Norwegen und Schweden eingerichtet worden ist. Vgl. Bulletin des bibliothèques de France 9 (1964) S. 237–243.

[705] *Das Informationsbankensystem.* Vorschläge für die Planung und den Aufbau eines allgemeinen arbeitsteiligen Informationsbankensystems für die BRD. Bd. 1–3, Köln, Berlin (West), Bonn, München 1971–1972. Vgl. dazu ZfB 87 (1973) S. 228–233 (G. ROST).

7. Öffentlichkeitsarbeit

7.1. Grundsätze

Das Verhältnis von Bibliothek und Öffentlichkeit, das wir einleitend grundsätzlich berührt haben, ist noch unter dem Gesichtspunkt bibliothekarischer Initiativen gegenüber der Öffentlichkeit zu betrachten. Unter Öffentlichkeitsarbeit[706] der Bibliotheken in diesem Sinne verstehen wir alle die Methoden, die über die Ausübung der Grundfunktionen einer Bibliothek, bestehend in Bestandsaufbau/Bestandsvermittlung sowie Literaturvermittlung/Literaturinformation, hinausgehen. Öffentlichkeitsarbeit ist ein Teil sozialistischer Leitungstätigkeit. Daraus folgt zweierlei: Erstens kann sie nur wirksam werden, wenn sie kontinuierlich und systematisch betrieben wird; das bedeutet aber, daß sie geplant und „abgerechnet" werden muß. Zweitens kommt es entscheidend darauf an, daß alle Mitarbeiter in die Öffentlichkeitsarbeit einbezogen werden. Voraussetzung für eine gute und umfassende Öffentlichkeitsarbeit der Bibliothek – gleichviel welchen Typs – besteht also darin, daß Einsichten und Entscheidungen der Leitung eine Einheit mit deren Umsetzung und Verwirklichung durch alle Mitarbeiter bilden. Dazu müssen jedem Mitarbeiter Sinn und Zweck aller Maßnahmen zur Öffentlichkeitsarbeit klar sein. Das sollte nicht schwierig sein, weil es sich dabei nicht um Wunschvorstellungen oder Einfälle, sondern nur um wissenschaftlich begründete Entscheidungen handeln darf.

bibliothekarische Initiativen

Einbeziehung aller Mitarbeiter

Die nächstwichtige Voraussetzung für Öffentlichkeitsarbeit ist die grundsätzliche Einbeziehung desjenigen Teils der Öffentlichkeit, der sich auf Grund freiwilliger Entscheidung in ein Partnerschaftsverhältnis zur Bibliothek begeben hat: das sind die Mitglieder des Bibliotheksbeirats. Aus dieser Sicht gewinnt die durch die Bibliotheksverordnung von 1968 angewiesene Einbeziehung von Bibliotheksbeiräten in die Leitungstätigkeit an Bedeutung.

Bibliotheksbeirat

Auch auf dem Felde der Öffentlichkeitsarbeit treten die Bibliothekare ein

---

[706] RUDOLF BÖHME, *Bibliothekspropaganda.* In: Taschenbuch f. Bibliothekare. Leipzig 1967 S. 149–196; knapper, vielseitiger Überblick mit Lit.angaben. – FRITZ KUNZ, *Öffentlichkeitsarbeit der Bibliothek.* In: Bibliothekar 24 (1970) S. 28–33; ein erster Versuch mit ungenügender Differenzierung. – GRETE RENBORG, *Att arbete med bibliotekens PR.* Bibliotekstjänst. Lund 1970. (SAB-Serien. 6.) – HERBERT SCHUSTER, *Aufgaben und Ziele sozialistischer Öffentlichkeitsarbeit* 1.2. In: Bibliothekar 25 (1971) S. 759–763; 836–841. – Ein Modell für zentrale Öffentlichkeitsarbeit aller Bibliotheken der DDR ist KARL-SCHUBARTH-ENGELSCHALL, *Die Bibliothek und Du.* 2. Aufl. Leipzig 1972.

Ansätze in der bürgerlichen Bibliothekswissenschaft

Erbe der bürgerlichen Bibliothekswissenschaft in Deutschland vor 1945 an, das kritisch zu nutzen ist. Das ist z. B. der Beitrag von Otto Glauning in der ersten Auflage des „Handbuches der Bibliothekswissenschaft"[707], betitelt „Die Bibliotheken und die Öffentlichkeit". Natürlich unterscheidet sich unsere sozialistische Öffentlichkeitsarbeit prinzipiell von diesen ersten Versuchen der bürgerlichen Bibliothekswissenschaft. Beim Aufbau der entwickelten sozialistischen Gesellschaft hat sich die Notwendigkeit ergeben, Fragen der Öffentlichkeitsarbeit besondere Aufmerksamkeit zu widmen, nachdem die neuen gesellschaftlichen Produktionsverhältnisse eine Basis geschaffen haben, auf der die Interessen des einzelnen mit den gesamtgesellschaftlichen in Übereinstimmung gebracht worden sind. Es handelt sich also heute bei der Öffentlichkeitsarbeit um eine kontinuierliche Weiter- und Höherentwicklung der bereits früher gewonnenen Erkenntnisse in Methoden der Literaturpropaganda. Öffentlichkeitsarbeit zu leisten, ist für alle Bereiche und Einrichtungen notwendig, nicht um Ideen zu propagieren, sondern um zum konkreten Handeln anzuleiten. Bereits am 6. Dezember 1967 faßte der Ministerrat der DDR einen „Beschluß über Aufgaben und Verantwortung der Leiter der Staats- und Wirtschaftsorgane und ihrer Presseinstitutionen für die Öffentlichkeitsarbeit im Zusammenwirken mit der staatlichen Nachrichtenagentur ADN, Presse, Rundfunk und Fernsehen"[708]. Im Bibliothekswesen der DDR waren schon vor diesem Zeitpunkt theoretische Überlegungen zur Öffentlichkeitsarbeit angestellt worden; sie kristallisierten sich um Fragen der Literatur- und Bibliothekspropaganda.[709] Deshalb übersehen wir auch klar, daß die Methoden und Ziele der Öffentlichkeitsarbeit den verschiedenen Bibliothekstypen und Bibliotheksfunktionen entsprechen müssen. Eins gilt nicht für alle. Während z. B. die Frage der Leserwerbung für die Staatlichen Allgemeinbibliotheken, Gewerkschaftsbibliotheken und Schulbibliotheken von erstrangiger Bedeutung ist, spielt sie für Forschungsbibliotheken gar keine Rolle und engt sich bei institutsgebundenen Bibliotheken in der Regel auf die jeweilige Institutsöffentlichkeit ein.

Weiterentwicklung der Literaturpropaganda

Abhängigkeit von der Funktion

im Mittelpunkt – das Buch

Im Mittelpunkt der Öffentlichkeitsarbeit der Bibliothekare steht ihr Produktionsmittel Buch, d. h. die Literatur. Da aber Bücher sowohl gekauft

707 *Handbuch* II (1933) S. 581–598. Dieser Artikel aus der Sicht eines progressiven bürgerlichen Bibliothekswissenschaftlers ist in der 2. Aufl. des Handbuches abhanden gekommen. Sozialistische Öffentlichkeitsarbeit der Bibliotheken und das Erbe der bürgerlichen Bibliothekswissenschaft ist ein noch unbearbeitetes Thema. So finden sich in O. GLAUNING's Beitrag neben differenzierten Einzelvorschlägen z. B. weiterführende Gesichtspunkte wie Planmäßigkeit (S. 590) sowie künftige Gestaltung des Verhältnisses zu einzelnen Benutzergruppen (S. 593).

708 Mitt. des Ministerrates der DDR. 1967, Nr. 13.

709 GOTTHARD RÜCKL, *Für einen Aufschwung der Propagandaarbeit der Bibliotheken.* In: Bibliothekar 15 (1961) S. 337–344. – *Theoretische Konferenz zu den Aufgaben und Methoden der Literaturpropaganda der wiss. Bibliotheken in der DDR.* Leipzig 1962. – LISGRETH SCHWARZ, *Zur Entwicklung der literaturpropagandistischen Tätigkeit der Bibliotheken.* In: Bibliothekar 23 (1969) S. 814–822.

(Buchhandel) als auch zur individuellen Nutzung ausgeliehen werden, ist Literaturpropaganda hierfür der übergeordnete Begriff. Gerade hier wird deutlich, daß Kooperationsbeziehungen mit der Öffentlichkeitsarbeit des Buchhandels zwingend sind.[710] Für die Bibliotheken, die so ihren Beitrag zur Verbreitung und Nutzung (begrenzt auch, z. B. durch ihre Buchkritik, zur Entstehung und Entwicklung) von Literatur leisten, geht es in erster Linie darum, „die Öffentlichkeit darüber zu informieren, welche Bedingungen die sozialistische Gesellschaft (Staat, gesellschaftliche Organisationen) geschaffen hat, um die Bedürfnisse nach Literatur zu befriedigen“[711], und zwar mittels bibliothekarischer Einrichtungen. Diese Arbeit für die Öffentlichkeit bleibt im Grunde Literaturpropaganda, ist aber zugleich Bibliothekspropaganda, wobei sowohl die Gesamtheit der Bibliotheken – das Bibliothekssystem – als auch die einzelne Bibliothek Objekt der Öffentlichkeitsarbeit sein können. Um aber deren Nutzung für den einzelnen Bürger wie für Kollektive zielgerecht propagieren zu können, benötigt der Bibliothekar Kenntnis der Literaturbedürfnisse seiner faktischen und potentiellen Nutzer. Öffentlichkeitsarbeit der Bibliotheken kann also ohne Nutzerforschung nicht mit wissenschaftlichen Methoden betrieben werden, das eine ergänzt das andere. Es ist kein Zufall, daß Nutzerforschung heute ein internationales Anliegen der Bibliothekswissenschaft geworden ist. Erst auf einer wissenschaftlichen Grundlage, die durch Untersuchungen und Forschungen gewonnen worden ist, ist es möglich, gezielte Öffentlichkeitsarbeit zu leisten, denn nach Beschaffenheit jeder Zielgruppe müssen sich die Methoden der Öffentlichkeitsarbeit der Bibliothekare richten.

Literatur- und Bibliothekspropaganda

Nutzerforschung

Zu einer so verstandenen Öffentlichkeitsarbeit der Bibliothekare zählt ein weitverzweigtes System von Formen der Literaturaufbereitung unter bestimmten Gesichtspunkten und zu konkreten Zwecken sowie von gezielten Informationen. Alle Maßnahmen der Öffentlichkeitsarbeit sind beharrlich zu betreiben; sie bezwecken, vorhandene Literaturbedürfnisse zu befriedigen und neue Lese- und Literaturwünsche zu wecken. Geht man davon aus, daß sich im großen und ganzen mittelbare Massenkommunikation und unmittelbare individuelle oder personale Kommunikation unterscheiden lassen, so können wir die folgenden Einzelmaßnahmen ins Auge fassen.[712] Dabei lassen wir globale Bestandsdarbietungen in allgemeinen oder speziellen Lesesälen sowie als Freihandbibliotheken ebenso beiseite wie die Auskunfts-, Informations- und Beratungstätigkeit, weil sie traditionelle oder moderne Gebiete der Bibliotheksarbeit

Methoden und Erfahrungen

---

710 WOLFGANG SIELAFF, *Untrennbarer Bestandteil der Führung gesellschaftlicher Prozesse.* In: Börsenbl. f. d. Dt. Buchh. 136 (1969) S. 72–74; dazu Börsenbl. f. d. Dt. Buchh. 136 (1969) S. 379–380 (H. MÜLLER-MUCK).

711 HERBERT SCHUSTER, *Aufgaben und Ziele sozialistischer Öffentlichkeitsarbeit. 2.* In: Bibliothekar 25 (1971) S. 837.

712 Bestimmte Formen und Methoden der Öffentlichkeitsarbeit überschneiden sich mit dem Verhältnis von Bibliothek und Leser, das in seinem grundsätzlichen Teil in Kap. 3 (Leser/Nutzer) behandelt worden und daher zur Ergänzung heranzuziehen ist.

bzw. deren geradlinige Weiterentwicklung überhaupt (Aufstellungsarten, Auskunftserteilung) darstellen.

Uns geht es dabei um die aktive bibliothekarische Arbeit für die sozialistische Öffentlichkeit.[713] Es ist aber notwendig zu wissen, daß in der Fachsprache der Bibliothekare der BRD neben Öffentlichkeitsarbeit der aus dem Englischen übernommene Begriff „public relations" sowie „Werbung" verwendet wird. Da es sich bei der Öffentlichkeitsarbeit der Bibliotheken in kapitalistischen Ländern primär darum handelt, Geldgeber für die Bibliotheksarbeit zu gewinnen,[714] engt sich der Begriff Public relations von selbst ein, und zwar auf: Ausstellungen, Veranstaltungsdienst, Druckkataloge, Presse, Rundfunk, Fernsehen sowie einzelne Werbemittel vom Handzettel über Inserat, Plakat bis zu Lesezeichen und Buchumschlag (im Sinne von werbender Verpackung auszuleihender Bücher).

„public relations"

7.2. Auslage von Neuerwerbungen

Grundform der Literaturpropaganda

Die Auslage von Neuerwerbungen ist in den allgemeinbildenden Bibliotheken selbst bei Freihandaufstellung eine Grundform der Literaturpropaganda, um die Leser über neue Literatur zu unterrichten. Sie ist in den wissenschaftlichen Bibliotheken mit Archivcharakter, in denen im Geschäftsgang erledigte Bücher unmittelbar dem Magazin zugeführt werden, erst recht vonnöten, obwohl dies in diesem Bereich nicht zu den Traditionen der Bibliotheksarbeit zählt. In mittleren und großen Bibliotheken erfolgt diese Information über Neuzugänge in der Regel im Lesesaal, zuweilen auch in einem anderen dafür geeigneten Raum, sofern Kontrollmöglichkeiten (Nähe einer Aufsicht) gegeben sind.

Die Aufstellung bzw. Auslage der Neuzugänge bedarf einiger technischer Überlegungen. Sofern es räumlich möglich ist, sollten die Bücher liegend (nicht kompress Rücken an Rücken) dargeboten werden. Ein Verzeichnis der jeweiligen, in der Regel wöchentlichen Auslage ist beizufügen, um dem eiligen Nutzer einen raschen Überblick zu geben, aber auch zwecks

---

[713] Dafür ist natürlich auch das Eindringen in das Wesen der sozialistischen Öffentlichkeit von Wichtigkeit: Sie ist eine freiwillige, nichtstaatliche Vereinigung von Menschen; ihre moralische Autorität beruht auf Überzeugung. Vgl. hierzu A. K. ULEDOW, *Die öffentliche Meinung.* Berlin 1964, bes. S. 99–102.

[714] Das wird deutlich, wenn auch umschrieben von Martha Höhl gesagt, wenn sie feststellt, daß Voraussetzungen für gute bibliothekarische Arbeit da sein müssen, wenn man für die Bücherei werben will. Es käme also zunächst darauf an, „die Bedingungen zu produktiver Büchereiarbeit zu erreichen" (S. 10), indem man Geldgeber gewinnt. Vgl. M. HÖHL, *Büchereiwerbung.* Berlin (West) 1964. (Druckschriften d. Arbeitsstelle f. d. Büchereiwesen. 4.) – Ferner BRIGITTE KRAHE, *Public relations in amerikanischen Bibliotheken.* In: Buch u. Bibliothek 23 (1971) S. 965–968. – SIBYLLE SELBMANN, *Zur Öffentlichkeitsarbeit wiss. Bibliotheken.* Ein theoret. u. empir. Beitr. München 1975. (Bibliothekspraxis. 15.)

Ordnung und Sicherung der Auslage. Die Gelegenheit zur Vormerkung für bestimmte Titel muß geboten werden.

7.3. Neuerwerbungslisten

Viele größere Bibliotheken geben vervielfältigte Verzeichnisse ihrer Neuerwerbungen periodisch, vielfach monatlich, heraus. Sie können inhaltlich der bereits beschriebenen Auslage der Neuerwerbungen entsprechen. Es kommt bei diesen Verzeichnissen entscheidend darauf an, wie die Grundsätze für die inhaltliche Auswahl der Neuerwerbungen beschaffen sind, in welcher Ordnung sie gedruckt werden und was zur Charakteristik der Titel getan wird.

Neuerwerbungsverzeichnisse

1. *Inhalt* und *Umfang* werden bestimmt durch die Tatsache, daß vervielfältigte Neuerwerbungslisten sich an einen breiten, an der Entwicklung des wissenschaftlichen, kulturellen und politischen Lebens interessierten Kreis von Menschen wenden. Es entfallen also für sie alle Veröffentlichungen, deren Benutzung aus irgendwelchen Gründen einzuschränken ist.
2. Die *Ordnung* der Neuerwerbungen innerhalb solcher Verzeichnisse richtet sich nach dem Umfang und der Art des Materials. In der Regel genügen größere Gruppen innerhalb der gesellschaftswissenschaftlichen und naturwissenschaftlichen Fächer.
3. Eine Charakterisierung des Inhalts aller Titel, deren Fassung nicht eindeutig oder sehr allgemein ist, durch *Annotationen* ist praktische Öffentlichkeitsarbeit! Solche Erläuterungen sind bei Schriften unentbehrlich, die mehrere thematisch verschiedene Arbeiten vereinigen (Sammelwerke). Wichtig ist ferner die Kennzeichnung des Niveaus, z. B. populärwissenschaftliche Darstellung, allgemeine Einführung, Hochschullehrbuch, sowie die Angabe des bibliographischen Wertes einer Schrift, besonders dann, wenn sie eine sogenannte „versteckte Bibliographie" enthält.

7.4. Bestandsverzeichnisse

Wie in dem Kapitel „Kataloge" dargelegt wurde, ist es unmöglich, alle Kataloge großer wissenschaftlicher Universalbibliotheken zu drucken, so sehr auch viele Benutzerkreise nach einem so bequemen Mittel der Bibliotheksbenutzung immer wieder verlangen. Alle Bibliotheken sollten darauf bedacht sein, in einem zweckmäßigen und sinnvollen Rahmen ihre Bestände zu erschließen, wie es die allgemeinbildenden Bibliotheken, begünstigt von ihrem wesentlich geringeren Bestandsumfang, mit ihren thematischen Auswahlkatalogen seit Jahrzehnten tun. Ein besonders bevorzugtes Gebiet für Bestandsverzeichnisse größerer Bibliotheken ist

Themenkataloge und Bestandsverzeichnisse

die Zeitschriftenliteratur. Zahlreiche große Bibliotheken haben heute Bestandsverzeichnisse ihrer laufend gehaltenen Zeitschriften aufzuweisen. Bei Bibliotheken mit sehr großem Zeitschriftenbestand (Staats- und Nationalbibliotheken) ist die Herausgabe solcher Verzeichnisse auf bestimmten Sammelschwerpunktgebieten naheliegend. Ein einfaches fotomechanisches Abzugsverfahren empfiehlt sich deswegen, weil häufiger an eine neue Ausgabe, die den letzten Stand widerspiegelt, gedacht werden muß. Diese traditionellen vereinzelten Erschließungsformen werden im Zuge des Ausbaus des „Zentralkatalogs der DDR" durch moderne Bearbeitungsverfahren (EDV) ersetzt werden.

7.5. Ausstellungen[715]

Natürlich haben Bibliotheken schon vor über hundert Jahren bei besonderen Anlässen Ausstellungen veranstaltet, z. B. der als langjähriger Herausgeber des „Serapeum" bekannte Leipziger Bibliothekar Robert Naumann bereits 1847. Die Einsicht, daß sie eine notwendige und unentbehrliche Form der Bestandserschließung nicht nur in allgemeinbildenden Bibliotheken, sondern auch in wissenschaftlichen Bibliotheken darstellen, hat sich erst seit den zwanziger Jahren unseres Jahrhunderts, besonders entschieden seit 1945, durchgesetzt.[716] Während sich ältere Ausstellungen in der Regel auf ein Zurschaustellen von Kostbarkeiten und Schätzen der besitzenden Bibliothek beschränkten, verfolgen moderne Ausstellungen auch in wissenschaftlichen Bibliotheken eine pädagogische Tendenz. Neben historischen Themen (Gedenktage) werden in einem gesunden Verhältnis aktuelle Gegenstände berücksichtigt. Damit ist bereits gesagt, daß früher bei Buchausstellungen in Bibliotheken der gelehrte Charakter überwog, während ihnen heute ein allgemeinbildender Zug eigen ist. Das hängt aufs engste mit der Tendenz zur Öffentlichkeitsarbeit in allen Bibliotheken zusammen. Sie erstreckt sich in selteneren

Ausstellungen gestern und heute

[715] Lit.: PAUL SATTLER, *Ausstellungen als bibliothekarische Aufgabe.* In: ZfB 54 (1937) S. 498–511. – FRIEDHILDE KRAUSE, *Wie wird eine Buchausstellung vorbereitet?* In: Beiträge z. fachl. Weiterbildung 1963 H. 1 S. 5–14. Grundlegender Artikel zur Praxis der Ausstellungen in Bibliotheken. – KATE COPLAN, *Effective library exhibits.* How to prepare and promote good displays. New York 1958. Für alle Bibliothekstypen bestimmt, vornehmlich für allgemeinbildende Bibliotheken (public libraries). Viele Abb. – Lehrreich wegen des ausführlichen Abbildungsmaterials auch für Bibliotheksausstellungen ist die dem Thema allgemein gewidmete Arbeit von KLAUS FRANCK, *Ausstellungen, Exhibitions.* Mit 593 Ill., Plänen u. Detailskizzen. Stuttgart 1961. – PIERRE BREILLAT, *Temporary exhibitions in libraries.* In: Unesco bull. f. libr. 21 (1967) S. 2–10. – KENNETH CECIL HARRISON, *Public relations for librarians.* London 1973.

[716] „Wer wüßte nicht, welch nebensächliche Rolle das Ausstellungswesen in den wiss. Bibliotheken in Deutschland lange Zeit hindurch gespielt hat. Zahlreiche Bibliotheken veranstalteten überhaupt keine Ausstellungen; es war, als ob man weithin die Berührung mit der profanen Welt der Nichtzünftigen scheute..." So GUSTAV WAHL, *Statistisches über Bibliotheksausstellungen.* In: Festschrift Martin Bollert... Dresden 1936 S. 141.

Fällen auf große Gemeinschaftsausstellungen im nationalen oder internationalen Rahmen, in der Regel auf größere und kleinere individuelle Ausstellungen, die mit Beständen der einzelnen Bibliotheken bestritten werden. Wir befassen uns hier ausschließlich mit den individuellen Ausstellungen der einzelnen Bibliotheken.

Die Erfahrung lehrt, daß große umfassende Ausstellungen wegen des außergewöhnlichen Arbeitsanfalles nur selten, nämlich ein- bis zweimal im Jahr, durchgeführt werden können. Voraussetzung dafür ist ein geeigneter, zentral gelegener Ausstellungsraum, der zwar zu jedem modernen Bibliotheksgebäude gehören sollte, aber selten vorhanden ist.

Charakter moderner Ausstellungen

Die Ausstellungsarbeit der Bibliotheken muß der Tatsache Rechnung tragen, daß sich die Nutzerkreise in den letzten Jahrzehnten wesentlich erweitert haben. Die alte Zimelienausstellung wendete sich als gelehrte Bücherschau an einen kleinen privilegierten Personenkreis, die moderne Buchausstellung will jeden nach Wissen und Bildung Strebenden ansprechen. Selbstverständlich werden daneben auch heute noch gelehrte Ausstellungen veranstaltet, z. B. bei wissenschaftlichen Tagungen oder Kongressen; sie wenden sich dann an den Fachwissenschaftler. Am häufigsten sind kleine Gelegenheitsausstellungen[717] aus aktuellem Anlaß; sie können auch von Bibliotheken durchgeführt werden, die über keinen besonderen Ausstellungsraum verfügen. Sie werden am zweckmäßigsten dort aufgebaut, wo der Kontakt mit den Nutzern am engsten ist (Eingangshalle, Katalograum, Lesesaal).

Ausstellungen außerhalb der Bibliothek

Die Überlegung, daß durch Ausstellungen in Bibliotheken selbst immer wieder nur die für die Bibliothek bereits gewonnenen Nutzer angesprochen werden, hat dazu geführt, mit bibliothekseigenen Beständen Ausstellungen auch außerhalb der Bibliothekszone zu veranstalten, um gerade solche Menschen zu interessieren, die noch nicht zu deren regelmäßigen Benutzern zählen. Solche Veranstaltungen sind besonders für die Werbetätigkeit der Staatlichen Allgemeinbibliotheken und Gewerkschaftsbibliotheken von Wichtigkeit. Gerade diese Bibliotheken haben seit 1945 auf dem Ausstellungsgebiet Pionierarbeit geleistet und mit beachtlichem Erfolg Wanderausstellungen mit freier Auslage neuer Literatur auf verkehrsreichen Plätzen durchgeführt. Aber auch die wissenschaftlichen Bibliotheken haben in dieser Richtung neue Wege eingeschlagen und sind mit Ausstellungen wissenschaftlicher Bestände außer Haus gegangen. Neben Knotenpunkten des Verkehrs (Bahnhofshallen, zentrale Postämter usw.) bieten sich dafür in erster Linie große volkseigene Betriebe an, die sich immer mehr und mehr zu gesellschaftlichen Zentren mit eigenen kulturellen, künstlerischen, sozialen, sportlichen und geselligen Einrichtungen entwickeln.

Bereits die Wahl des Themas bestimmt den Umfang und den Ort der

[717] FERDINAND WERNIGG, *Die Kleinausstellung in der wissenschaftlichen Bibliothek.* Zur 100. Ausstellung hrsg. v. d. Wiener Stadtbibliothek. Wien 1960. Diese bekannte und rührige Stadtbibliothek verdankt einen Teil ihrer Popularität nicht zuletzt ihrer meist literarischen Ausstellungstätigkeit.

Charakter der Buchausstellung

Ausstellung; sowohl größere als auch kleinere Ausstellungen gehören zu diesem Arbeitsgebiet. Selbstverständlich sollen Ausstellungen von Bibliotheken das Typische zum Ausdruck bringen: Sie sollen einmal Buchausstellungen sein, zum anderen den spezifischen Bestand der Bibliothek widerspiegeln.[718] Das schließt zweierlei nicht aus: erstens, daß große Ausstellungen in stärkerem Maße mit graphischen und künstlerischen Ergänzungen des Buchmaterials arbeiten als kleinere, und zweitens, daß wichtige Tagesereignisse des politischen Lebens Anlaß zu Ausstellungen geben können, selbst wenn kein umfangreiches Ausstellungsmaterial in Buchform dazu vorliegt. Hier muß dann in stärkerem Maße als üblich mit anderen Materialien gearbeitet werden.

Auswahl, nicht Vollständigkeit

Der pädagogische Charakter jeder Ausstellung muß bereits in der *Wahl* und *Formulierung* des Themas, aber auch in der Auswahl der gezeigten Literatur zum Ausdruck kommen. Bibliographische Vollständigkeit[719] ist schlechterdings unvereinbar mit richtiger Ausstellungsarbeit, von ganz speziellen Themen abgesehen. Um so größer ist die Verantwortung der Veranstalter dafür, daß jedes gezeigte, unter vielen anderen ausgewählte Buch einen empfehlenden Charakter hat, sofern nicht eine deutlich sichtbare Erläuterung kritisch zu einem bestimmten, anders gearteten Ausstellungsobjekt Stellung nimmt. Jede Ausstellung, die in dieser Weise einen bestimmten erzieherischen Zweck verfolgt, ist ein wichtiges Mittel der Bewußtseinsbildung. Ein häufig anzutreffender Fehler von Buchausstellungen ist die Überfülle des dargebotenen Materials, die es dem Betrachter schwer oder gar unmöglich macht, den roten Faden der Ausstellung zu erkennen.

Die *Auswahl* des Materials nach einem dem Thema gemäßen Prinzip ist der wissenschaftliche Anteil an der Ausstellung. Ihre Bewältigung erfordert eine genaue Sachkenntnis, so daß in der Regel die Mitwirkung der fachlich zuständigen wissenschaftlichen Mitarbeiter erforderlich ist.

Ordnung und Gliederung

Diese Mitarbeit ist um so wichtiger, als auch der weitere Schritt, die Ordnung und Gliederung des Sachgebietes, eine ausreichende Beherrschung des Stoffes zur Voraussetzung hat. In unmittelbarem Zusammenhang mit dieser auswählenden und systematisierenden Tätigkeit des Ausstellungsbearbeiters stehen seine Vorarbeiten zur textlichen Erläuterung der Ausstellungsobjekte, deren letzte Fassung jedoch erst dann erfolgen kann, wenn die technische Frage der räumlichen Anordnung der Ausstellungsstücke gelöst ist.

Gestaltung

Die pädagogische Aufgabenstellung und die wissenschaftliche Durchdringung des Stoffes beim Aufbau einer Ausstellung erfährt ihre Ergänzung

---

718 Die besonderen Probleme von Ausstellungen in Universitätsbibliotheken behandelt HELMUT HÄUSER, *Buchausstellungen in einer Universitätsbibliothek.* In: Bibliotheksarbeit heute. Festschrift f. Werner Krieg... Frankfurt a. M. 1973 S. 335–343. (ZfBB. Sonderh. 16.)

719 „Vollständig kann nie eine Ausstellung sein; sie kann immer nur Beiträge zu dem Thema bieten." PAUL SATTLER, *Ausstellungen als bibliothekarische Aufgabe.* In: ZfB 54 (1937) S. 507.

durch eine dritte Komponente, die die Ausstellungsarbeit bestimmt: die *technisch-künstlerische Gestaltung*. Hierbei dürfen werbepsychologische Erfahrungen, z. B. die positive Wirkung bestimmter Farben, nicht außer acht gelassen werden.[720] Die Gestaltung stellt die Bibliothekare in wissenschaftlichen Bibliotheken vor ganz besondere Probleme, die für die Kollegen der allgemeinbildenden Bibliotheken grundsätzlich nicht bestehen, weil diese nur mit aktueller neuer, wieder beschaffbarer Literatur arbeiten. Es ist das bibliothekarische Urproblem jeder Ausstellung, größtmögliche Liberalität mit der Verantwortung für die Sicherheit der Bestände zu vereinigen. Und dieses Problem spitzt sich bei Ausstellungen bis zum offenen, doppelten Widerspruch zu. Museales Darbieten bestimmter Gegenstände unter Glas oder, bei ungeschützter Aufstellung, mit dem Warnungsschild „Berühren streng verboten" ist für eine Buchausstellung ein Widerspruch in sich, weil Bücher lebendige, zum Lesen und Studieren bestimmte Arbeitsmittel und keine Museumsgegenstände sind. Außerdem wird jedes Bibliotheksbuch durch eine Ausstellung mindestens vorübergehend seiner Zweckbestimmung, gelesen zu werden, entzogen.

Grundsätzliche Problematik

Es bedeutete nur ein Ausweichen, aber kein Lösen dieses Widerspruches, wenn man den bequemen, herkömmlichen Weg der Vitrinenausstellung wählt. Dieser Weg war richtig, solange, wie oben dargelegt, Ausstellungen sich auf gelehrt-historisches Darbieten von Schätzen der Bibliothek beschränkten. Selbstverständlich ist er auch heute noch der einzig mögliche, wenn bestimmte Ausstellungen dieser Art (Handschriften, Inkunabeln, illustrierte Werke, künstlerische Drucke) gezeigt werden. Ebenso werden auch bestimmte Teile einer aktuellen Ausstellung, etwa die dem kulturellen Erbe des behandelten Gebiets (Erstausgaben) gewidmeten, eine Vitrinendarbietung erfordern. Die Sicherheit solcher Bestände muß über allem Öffentlichkeitsstreben stehen.

Vitrinenausstellung

Für alle Ausstellungen aber, die mit dem aktuellen Buch arbeiten, müssen andere Wege der Stoffvermittlung gesucht und gefunden werden, Wege, die dem Charakter einer Buchausstellung Rechnung tragen. Solche Wege sind:

Ausstellungen aktueller Literatur

1. freie Auslage der Ausstellungsobjekte. Sicherheitsmaßnahme: ständige Aufsicht während der Öffnungszeit,
2. Verwendung von Dubletten,
3. Beschränkung der freien Auslage auf wieder beschaffbare Neuerscheinungen.

Das Ziel, einen engen Kontakt zwischen Buch und Beschauer herzustellen, wird durch eine freie Auslage der Objekte am besten erreicht. Je nach dem vorliegenden Ausstellungsmaterial sind die Sicherheitsmaßnahmen stets neu zu prüfen und zu variieren. Nicht der Gesichtspunkt absoluter

[720] HERBERT HÖHNE, *Buchwerbung – einmal psychologisch gesehen.* In: Bibliothekar 13 (1959) S. 1314–1317.

Diebstahlsicherheit, sondern die Sicherung aller sicherungswerten Objekte müssen die jeweiligen Maßnahmen bestimmen.

Leseecken, Lesezimmer

Eine glückliche Lösung dieses Widerspruches ist eine Vitrinenausstellung in Verbindung mit einer Sonderaufstellung zum Thema gehöriger Buchbestände, etwa in Form eines mit der Ausstellung verbundenen Lesezimmers oder einer Leseecke. Mit Lesezimmer ist bereits ausgedrückt, daß durch Tische und bequeme Stühle Gelegenheit zu beschaulichem Betrachten gegeben sein soll. Die Anwesenheit eines sachkundigen Bibliothekars, der Fragen beantworten und Auskünfte erteilen kann, ist wünschenswert. Mit solchen Einrichtungen sind z. B. bei größeren Gedenkausstellungen gute Erfahrungen gemacht worden.

Führungen

Regelmäßige Führungen oder Führungen nach vorheriger Vereinbarung gehören als fester Bestandteil zur Ausstellungsarbeit. Ihre Wirkung wird noch erhöht, wenn Vorträge, Diskussionen oder Dichterlesungen mit ihr verbunden werden.

Gästebuch

Zur Verbesserung der Ausstellungsarbeit ist es wesentlich, die Wirkung der Ausstellung auf den Betrachter zu erforschen. Ohne Mühe möglich ist in allen Fällen die Auslage eines Gästebuches, das den Besucher einlädt, seine Eindrücke und seine Kritik schriftlich zu formulieren. Anspruchsvoller sind kurze, auf einige wenige wesentliche Fragen beschränkte Handzettel, die jedem Besucher beim Betreten der Ausstellung mit der Bitte um Beantwortung übergeben werden.

Kataloge

Ein gedruckter Ausstellungskatalog erleichtert bei größeren Ausstellungen dem Betrachter die Orientierung und zugleich auch seine kritische Stellungnahme. Da allerdings mit der bloßen Aufzählung der Ausstellungsstücke nicht viel getan ist, sondern erst ihre exakte Beschreibung – erläuternd und begründend – seine Herausgabe rechtfertigt, bedeutet seine Bearbeitung einen großen Arbeits- und Zeitaufwand. Deshalb sind solche Kataloge bei Buchausstellungen von Bibliotheken, die diese Arbeit in der Regel ohne ausreichenden Apparat nebenher leisten müssen, leider nur selten. Als Minimalforderung sollte aber für jede Ausstellung gelten, daß eingeladene Gäste und alle Besucher ein Einblatt oder Doppelblatt unentgeltlich erhalten, das Anlaß und Zweck der Ausstellung vermerkt sowie eine Übersicht über deren Aufbau und Gliederung gibt. Angesichts der raschen Vergänglichkeit jeder Ausstellung ist ein solches vervielfältigtes Blatt mehr als ein Souvenir für den Besucher; es ist auch etwas Bleibendes für die Geschichte der betreffenden Bibliothek selbst.

Eröffnung, Presse

Überhaupt bietet sich der Höhepunkt jeder Ausstellung, die Eröffnung, für ihre Propagierung an. Sie beginnt mit der Einladung der Presse, deren Vertretern im eigenen Interesse der Veranstalter exakte Informationen schriftlich auszuhändigen und auf Wunsch auch Interviews zu gewähren sind. Bei besonderen Anlässen ist eine Pressekonferenz angemessen.

Archiv

Es ist zweckmäßig, die Ergebnisse der für eine Ausstellung geleisteten Arbeit bei späteren Gelegenheiten wieder auszunutzen. Dazu empfiehlt sich die Anlage eines Ausstellungsarchivs: Es soll bei Fehlen eines Ausstellungskatalogs 1. genaue Verzeichnisse der zu einem bestimmten

Thema ausgestellten Stücke, sachlich gegliedert wie in der Ausstellung selbst, 2. Abschriften aller verwendeten Beschriftungen (Zitate, Leitsätze, Mottos usw.) oder diese Beschriftungen selbst enthalten.

Zusammenarbeit mit Buchhandel

Empfehlenswert ist auch die Zusammenarbeit mit dem Buchhandel, dem Verlagswesen und dem Sortiment.[721] Beide Partner der Bibliothekare sind gern bereit zu Ausstellungen in größeren oder örtlich zentralen Bibliotheken, vor allem dann, wenn besondere Ereignisse (Fachtagungen, wissenschaftliche Kongresse) einen ökonomischen Anreiz bieten. Ein dafür geeigneter Raum muß freilich vorhanden sein. Solche gelegentlichen Ausstellungen, deren Träger und Veranstalter buchhändlerische Einrichtungen sind, erweitern die Thematik, entlasten die Bibliotheken und sind zugleich von buchpropagandistischer Wirkung.

Planung

Als wichtiger Teil der Öffentlichkeitsarbeit muß Ausstellungsarbeit systematisch betrieben, d.h. geplant werden.[722] Ihr kommt eine große politische, kulturelle und bildende Bedeutung zu, sei es, daß Ausstellungen zur Pflege des kulturellen Erbes hinführen, sei es, daß sie durch politische Themen unmittelbar bewußtseinsbildend einwirken. Daneben darf ihre internationale, völkerfreundschaftliche Bedeutung nicht übersehen werden, wenn Ausstellungen z.B. große Persönlichkeiten des Auslandes ehren oder wenn sie über fremde Länder unterrichten. Für die Propagierung sowjetischer Literatur ist in den Bibliotheken der DDR mittels Ausstellungen schon viel geleistet worden, wie überhaupt mit Hilfe von Ausstellungen viel zur Vertiefung der Beziehungen zu den sozialistischen Ländern, aber auch zu anderen Völkern beigetragen wurde.

buchmuseale Dauerausstellungen

Buchmuseen

Ein lebhaftes internationales Interesse besteht an buchmusealen Dauerausstellungen. Diese Entwicklung vollzieht sich in zwei Richtungen. Einmal in der Richtung großer buchkundlicher Fachmuseen[723] vom Typ Deutsches Buch- und Schriftmuseum Leipzig (Deutsche Bücherei), Gutenberg-Museum Mainz, das neuerdings Kurs genommen hat auf ein Weltmuseum der Druckkunst[724], Musée du Livre Brüssel. Zum andern widerspiegelt sich die wachsende Aufmerksamkeit für die Kulturgeschichte des Buches in dem Streben vieler Bibliotheken, ihren Lesern und Besuchern (z.B. bei Führungen) – Interessentenkreisen, die nicht immer identisch sind – auf engerem Raum einen Überblick über die Geschichte des Buches zu geben. Burghard Burgemeister[725] hat dieser

---

721 HANS FERDINAND SCHULZ, *Buchausstellungen bei wissenschaftlichen Kongressen.* In: Börsenbl. f. d. Dt. Buchhandel. Frankfurt a. M. 14 (1958) S. 901–904.

722 Als Beispiel vgl. FRIEDHILDE KRAUSE, *Ausstellungen der Deutschen Staatsbibliothek 1946–1971.* 2. Aufl. Berlin 1972.

723 HANS H. BOCKWITZ, *Schrift-, Buch- und Papiermuseen Europas.* In: Archiv f. Druck u. Papier. 1 (1955) S. 14–21. Auch in: H. H. BOCKWITZ, *Beiträge zur Kulturgeschichte des Buches.* Leipzig 1956 S. 150–164; mit Abb.

724 ALOYS RUPPEL, *Weltmuseum der Druckkunst und internationale Gutenberg-Gesellschaft.* Mainz 1951. (Kleiner Druck d. Gutenberg-Gesellschaft. 50.) – HELMUT PRESSER, *Gutenberg-Museum, Mainz, Weltmuseum der Druckkunst.* München 1963.

725 BURGHARD BURGEMEISTER, *Zimelienzimmer oder Buchmuseum?* In: ZfB 73 (1959) S. 99–111.

buchmusealen Sonderentwicklung eine Studie gewidmet und, ausgehend von dem 1950 wiedereröffneten „Buchmuseum der Sächsischen Landesbibliothek", bemerkenswerte Empfehlungen für die Praxis dieser spezifischen Ausstellungsarbeit ausgearbeitet. Besondere Beachtung sollte die Anregung finden, auf diesem weiten und unerschöpflichen Gebiete anstelle einer Dauerausstellung zu einem Ausstellungszyklus überzugehen, bestehend aus einer planvollen Folge von Einzelausstellungen.

Ausstellungszyklen

Es ist nicht zufällig, daß gerade in den sozialistischen Ländern die buchmuseale Arbeit seit 1945 einen gewaltigen Aufschwung erfahren hat.[726] Das hat verschiedene Ursachen: Darin kommt die bewußte Pflege des kulturellen Erbes sowie das wachsende Interesse am Buch der nach Wissen und Bildung strebenden Werktätigen in diesen Ländern zum Ausdruck.

7.6. Bibliothekspropaganda

Für die bürgerliche Bibliothekswissenschaft ist es charakteristisch, daß sie den Begriff Bibliothekspropaganda nicht kennt, weder früher noch heute. Das ist verständlich, denn unter Bibliothekspropaganda verstehen wir die Verpflichtung der Bibliothekare und der staatlichen Organe usw., die Wirksamkeit der Bibliotheken in der Öffentlichkeit zu erhöhen und alle Bibliothekseinrichtungen jedermann zugänglich zu machen. Das sind naturgemäß keine Ziele für eine Gesellschaft, die die Bildungsprivilegien und Vorrechte der herrschenden Klasse zu sichern bestrebt ist. Am ehesten war und ist man noch geneigt, solche Aufgaben – z. B. neue Leser zu gewinnen – den öffentlichen Bibliotheken zuzubilligen.

Propagierung der Wirksamkeit der Bibliotheken

Die Bibliothekspropaganda ist also kein Deus ex machina, sondern sie fußt auf demokratischen Traditionen des deutschen und ausländischen Bibliothekswesens. Das Neue an ihr im sozialistischen Bibliothekswesen besteht darin, daß sie, als Verpflichtung geltend, systematisch und zielstrebig zu betreiben ist, um den gesellschaftlichen Nutzeffekt der Bibliotheken zu erhöhen,[727] während es bei den in kapitalistischen Ländern praktizierten Methoden der Werbung für das Bibliothekswesen in erster Linie darum geht, den Staat oder private Geldgeber von der Notwendigkeit zu überzeugen, daß die finanziellen Aufwendungen für Bibliotheken zu erhöhen sind. Bibliothekspropaganda ist im sozialistischen Bibliothekswesen Teil der Kulturrevolution.

[726] HORST KUNZE, *Buchmuseen im Sozialismus.* Fragen d. buchgeschichtl. Forschung u. ihrer musealen Darstellung. In: Horst Kunze, Alles für das Buch. Leipzig 1974 S. 150–167.

[727] Ihre Methoden werden, da dieser Frage ein besonderes Kapitel gewidmet ist, bei Behandlung des Lesers/Nutzers dargelegt (Kap. 3).

7.7. Presse, Rundfunk, Fernsehen, Film

Von den Kommunikationsmitteln, wie Presse, Rundfunk, Fernsehen und Film, ist für die Bibliothek in ihrem Verhältnis zur Öffentlichkeit zweifellos die Presse das wichtigste. Der Rundfunk ist verständlicherweise für die Arbeit der allgemeinen öffentlichen Bibliotheken von größerer Bedeutung, weil er bei der Breite seiner Wirksamkeit literarische Sendungen, in die sich Buchbesprechungen zwanglos einfügen, spezialwissenschaftlichen oder bibliothekswissenschaftlichen vorzieht. Der Film, besonders der Lehr- und Dokumentarfilm, kann ebenso wie das Fernsehen gelegentlich gute Dienste leisten und hat es auch bereits getan. Bei dem zeitlichen und arbeitsmäßigen Aufwand, den selbst ein kurzer Filmstreifen erfordert, kann er jedoch nur selten als Werbung für die Bibliotheksarbeit benutzt werden. Rundfunk, Film

Um so wichtiger ist die Verbindung der Bibliothek zur Presse, und je enger der Kontakt zu ihr hergestellt wird, desto besser ist es.[728]

Die Zusammenarbeit mit der Presse muß planmäßig und kontinuierlich sein. Eine Voraussetzung dafür ist ein regelmäßiger Informationsfluß. Bei aller Wichtigkeit größerer Berichte und umfassender Aufsätze über die Ergebnisse bibliothekarischer Arbeit muß man doch sehen, daß der kleinen, aber häufig untergebrachten Mitteilung eine große Werbekraft zukommt. Grundsätzlich sollen alle Neuerungen, Verbesserungen und Veränderungen in der Arbeit der Bibliothek ihre Widerspiegelung in der lokalen Presse finden, sei es dadurch, daß sie Notizen und Berichte der Bibliothek selbst bringt oder eigene Berichte der Zeitungen auf Grund von Informationen der Bibliothek erstattet. Über die eigene Bibliothek hinaus sollte sich die Pressearbeit auch auf das Bibliothekswesen im allgemeinen sowie auf neue bibliothekswissenschaftliche Arbeiten von allgemeiner Bedeutung erstrecken. Es geht dabei sowohl um populärwissenschaftliche Arbeit (in allgemeinen Zeitschriften) als auch um wissenschaftliche Mitarbeit in Fachzeitschriften. Da Bibliothekare mit Recht als Bibliographen sehr geschätzt werden, bietet sich ihnen bibliographische Berichterstattung in Fachzeitschriften an (die damit in der Regel auch gut beraten sind). Vorzüglich um die Presse und Zeitschriftenredaktionen einwandfrei zu unterrichten, wird seit 1955 das Informationsblatt „Nachrichten aus dem Bibliothekswesen der Deutschen Demokratischen Republik" herausgegeben. Sie erscheinen ab 1963 monatlich unter dem Titel: „Mitteilungen aus dem wissenschaftlichen Bibliothekswesen der Deutschen Demokratischen Republik". Presse

An Hochschulen und anderen Institutionen mit zentralen Bibliotheken, an denen z. B. die Studentenschaft („Freie Deutsche Jugend") eigene Publikationsorgane (Zeitung, Zeitschrift, Wandzeitung) hat, ergibt sich die Gelegenheit zur Öffentlichkeitsarbeit für diese Zielgruppe dadurch,

---

[728] Unesco. *Guide de la préparation des communications scientifiques pour la presse.* Paris 1968.

daß die Bibliotheksleitung kontinuierlich Hinweise auf wichtige neue Erwerbungen sowie auf Veränderungen bzw. Neuerungen in Organisation und Struktur innerhalb des betreffenden Bibliotheksnetzes gibt.

Wandzeitung

Die Bibliotheksarbeit bietet stets Ansatzpunkte für eine Wandzeitung, deren Ausgestaltung eine wichtige Aufgabe ist. Das von altersher bekannte „Schwarze Brett“ war der Vermittlung von Erlassen, Verordnungen und Verboten gewidmet. Eine lebendige Wandzeitung muß für die Mitarbeiter der Bibliothek große wie kleine Fragen, die Bibliothek und Leser gemeinsam berühren, zur Diskussion stellen. Daher ist es notwendig, daß staatliche, politische und gewerkschaftliche Leitungen der Bibliothek der Wandzeitung Aufmerksamkeit schenken, den Bibliotheksbeirat hinzuziehen und insbesondere die jugendlichen Mitarbeiter (Freie Deutsche Jugend) für deren Gestaltung gewinnen. Aktualität ist ihr oberstes Gebot. In sehr großen Bibliotheken empfiehlt sich eine besondere Wandzeitung für die Beziehungen zwischen Bibliothek und Nutzern innerhalb der verzweigten Benutzungsabteilung. Sie eignet sich besonders für die Beantwortung von Leserzuschriften, die von allgemeiner Bedeutung sind. Und wenn sie auch in erster Linie dazu dienen soll, ein freundschaftliches Verhältnis von Bibliothek und Nutzer herzustellen, so darf sie doch nicht auf die Lösung erzieherischer Aufgaben verzichten. So sollten z. B. grobe Fälle von Büchermißhandlungen angeführt und nachgewiesene Fälle von Bücherdiebstahl angeprangert werden.

Presseaktivs

Bei der Zusammenarbeit mit der Tages- und Fachpresse ist die Einbeziehung von Mitarbeitern auf freiwilliger Grundlage genauso gegeben wie bei der Wandzeitung. Diese Mitarbeit kann sich auf Text- und Bildinformationen erstrecken. Deshalb sind auch in größeren Bibliotheken gute Erfahrungen mit Presseaktivs sowie mit Wettbewerben auf diesem Gebiet gemacht worden. Das Zusammenwirken von Presseaktiv und staatlicher Leitung versteht sich im Interesse einer planmäßigen Arbeit von selbst.

7.8. Führungen, Vorträge, Veranstaltungen

Führungen durch die Bibliothek galten früher als eine besondere Form der Bibliotheksbenutzung.[729] Wenn Bibliotheken heute Führungen entsprechend den verschiedenen Interessen und Bedürfnissen der Teilnehmer veranstalten, so steht dahinter die bibliothekspropagandistische Absicht, Menschen, die sich für Bibliotheksarbeit zu interessieren begin-

[729] Vgl. z. B. GUSTAV ABB, *Schleiermachers Reglement für die Kgl. Bibliothek zu Berlin.* Berlin 1926. Dieses Reglement vom 30. April 1813 besagte in § 1: „Es giebt für das Publikum eine dreifache Benutzung der Königlichen Bibliothek: das Lesen auf dem Lesezimmer derselben, das Leihen der Bücher in die eigene Behausung und die Besichtigung der Bibliothek.“ Auch die 1844 von Pertz erlassene Benutzungsordnung nennt die „Besichtigung der Bibliothek“ als Benutzungsform, und zwar an erster Stelle. Vgl. hierzu: WILLY UNGER, *Benutzungseinrichtungen, Benutzungspolitik und Gebrauchsöffentlichkeit.* In: Deutsche Staatsbibliothek 1661–1961. 1. Geschichte u. Gegenwart. Leipzig 1961 S. 177, 183–184 (S. 175–221).

nen, eine erste Information zu geben und sie als Leser zu gewinnen.[730] Darin zeigt sich am deutlichsten der Wandel der Auffassungen von Führungen durch Bibliotheken. Regelmäßige Führungen durch die Bibliothek, am besten an den arbeitsfreien Wochenenden, haben sich in den meisten Bibliotheken bewährt. Gewiß handelt es sich bei den Teilnehmern an solchen Führungen in vielen Fällen um Menschen, die nur aus Freude am Schauen dabei sind. In der Regel überwiegen aber doch die an der Benutzung interessierten Leser oder solche, die es werden wollen. Ein knapper, einleitender Vortrag, von den Anwesenden sitzend angehört, der über die lokale Bedeutung der Bibliothek, ihre Funktion und ihre Stellung im Bibliothekswesen das Wichtigste aussagt, sollte einer Führung durch das Haus vorangehen. Die dem Bibliothekar eigene Liebe zu seinem Beruf sollte ihn nicht dazu verleiten, solche Führungen allzu lange auszudehnen. Eine allgemeine Führung sollte einschließlich Einführungsvortrag keinesfalls länger als 90 Minuten währen. Eine gute Hilfe leistet dabei ein fester Führungsplan, der allen an Führungen beteiligten Mitarbeitern schriftlich vorliegt. Er dient dem einzelnen zur Selbstkontrolle und bewährt sich besonders dann, wenn bei besonderen Anlässen gleichzeitig mehrere Führungen in Gruppen durchgeführt werden müssen.

Führungen

Neben diesen allgemeinen und regelmäßigen Führungen, für die mit allen zu Gebote stehenden Mitteln (Hinweisschilder am Hause, Notizen in der lokalen Presse und in Veranstaltungskalendern der Stadtverwaltung oder demokratischer Massenorganisationen) geworben werden muß, empfehlen sich Führungen nach vorheriger Vereinbarung für einzelne Institute oder Betriebe. Dabei ist es zweckmäßig, besondere Schwerpunkte, die den Angehörigen dieser Einrichtungen naheliegen, in den Vordergrund zu stellen. Selbst bei solchen Führungen sollte mit Rücksicht auf alle Teilnehmer eine feste zeitliche Begrenzung gelten. Sonderwünsche einzelner, z.B. hinsichtlich der Bibliothekskataloge usw., sollten besser durch besondere Einführungsvorträge erfüllt werden.

Sonderführungen

Überhaupt können alle Formen und Methoden der Einführung in die Bibliotheksbenutzung zur Öffentlichkeitsarbeit gezählt werden. Wir behandeln sie als spezifische Fälle des unmittelbaren Zusammenwirkens von Bibliothek und Nutzer in dem dieser Frage gewidmeten Kapitel (3).

Auch Vorträge und literarische Veranstaltungen[731] spielen in der Öffentlichkeitsarbeit je nach Bibliothekstyp eine Rolle. Die Zusammenarbeit mit den demokratischen Massenorganisationen, wie dem Kulturbund der DDR, der Urania Gesellschaft zur Verbreitung wissenschaftlicher Kenntnisse, der Gesellschaft für Deutsch-Sowjetische Freundschaft

Vortragswesen

---

[730] Wenn z. B. in der Deutschen Staatsbibliothek allein jährlich etwa 2000 Menschen mit der Arbeit dieser Bibliothek durch Führungen vertraut gemacht werden, so ist das ein ganz beachtlicher Beitrag zur Bibliothekspropaganda.

[731] *Literarische Veranstaltungen.* Nachweis v. Materialien mit einer methodischen Anleitung. Hrsg. v. Zentralinstitut f. Bibliothekswesen. Red.: Edith Schurzig. Berlin 1968. – FRITZ KUNZ, *Veranstaltungen.* Aus d. Praxis d. Öffentlichkeitsarbeit. 1. In: Bibliothekar 27 (1973) S. 586–591.

usw., ist selbstverständlich. Solche Veranstaltungen, die gleichzeitig der fachlichen Weiterbildung der Mitarbeiter dienen, werden von den Lesern besonders dann dankbar begrüßt, wenn sie mit der Besprechung und Auslage wesentlicher, die Entwicklung einzelner Disziplinen fördernder Neuerwerbungen verbunden werden.

Woche des Buches

Für alle Mittel und Möglichkeiten der Öffentlichkeitsarbeit, insbesondere der Literatur- und Bibliothekspropaganda, bietet sich die „Woche des Buches"[732] (jeweils Mai) in der Deutschen Demokratischen Republik an. Planmäßiges und zeitgerechtes Vorgehen ist überall, vor allem aber in größeren Städten und Großstädten erforderlich, in denen neben den Bibliotheken auch zahlreiche Verlage, Buchhandlungen und Schulen zusammen mit den demokratischen Massenorganisationen (FDGB, FDJ und vor allem dem Kulturbund der DDR) besondere Aktivitäten anläßlich der Woche des Buches entfalten.

7.9. Visualisierungen

Unter diesem modernen Begriff fassen wir sehr weit alle optischen textlichen, graphischen und bildlichen Benutzungshilfen zusammen, die allein schon deshalb, weil sie in Bibliotheken noch unterentwickelt und nicht selbstverständlich sind, sich in die Öffentlichkeitsarbeit überwiegend als Forderungen für die Zukunft einfügen. Das ist ein weites Feld, das nur an einigen markanten Punkten abgesteckt werden soll.

graphische Orientierungsskizze

Die erste Orientierungshilfe für alle räumlich verzweigten und größeren Bibliotheken sollte eine graphische Orientierungsskizze[733] über die Räumlichkeiten sein, die der Nutzer beim Betreten der Bibliothek, also am besten in der Eingangshalle, vorfindet.

Beschilderung

Die bekannteste Benutzungshilfe ist die Beschilderung[734], angefangen von der Fassade, der einzelnen Räume sowie der Arbeitsmittel, die die Bibliothek bereitstellt (Kataloge). Das richtige Maß bedeutet hier alles. Ein Zuviel kann schlimmer als ein Zuwenig sein. Verbotsschilder, die stets eine abschreckende Wirkung haben, sind ganz und gar zu vermeiden.

Piktogramme

Viel zu wenig werden allgemeinverständliche Zeichen oder Symbole (Piktogramme) für nicht bibliotheksspezifische, dem Nutzer dienende Einrichtungen, wie Garderobe, Fahrstuhl, Eingang, Ausgang, Telefon und Toiletten, genutzt. Bei der Beschilderung ist gar nichts oder nur sehr wenig

---

[732] H. BUNKE u. F. FIEDLER, *Zur Teilnahme der wissenschaftlichen Bibliotheken an der Woche des Buches.* In: ZfB 77 (1963) S. 382–398. – G. HÖPPNER, *Die Woche des Buches im zwanzigsten Jahr der Republik.* In: Bibliothekar 23 (1969) S. 865–868.

[733] Vgl. hierzu auch 7.10.

[734] GERHARD SCHLITT, *Beschilderung als Benutzungshilfe.* In: Bibliotheksarbeit heute. Festschrift f. Werner Krieg ... Frankfurt a. M. 1973 S. 272–280. (ZfBB. Sonderh. 16.) – GISELA SCHOCH, *Die Informationsmittel einer Universitätsbibliothek.* Ihre Nutzung durch d. student. Leser. Dargestellt am Beispiel d. Staats- u. Univ.-Bibl. Hamburg. München-Pullach, Berlin (West) 1971.

mit Einzellösungen getan. Ein Gesamtplan optischer Hilfen sollte einer systematischen Orientierung zugrunde gelegt werden.
Bei der Beschilderung, Wegweisung und Erläuterung der Benutzungseinrichtungen sollten die Erfahrungen der Werbung genutzt werden. Sie besagen für Schilder z. B., daß eine gewisse Größe der Schrift gegeben sein muß, wenn sie Beachtung finden sollen, daß der Ort und die Höhe über dem Fußboden für das Anbringen wichtig ist, daß die Verwendung bestimmter Farben (Signalwirkung) die Aufnahme von Hinweisen wesentlich erleichtern kann und daß sie, weil sich Änderungen häufiger ergeben als meist vermutet wird, flexibel, d. h. leicht veränderbar sein müssen. Damit ist angedeutet, daß die technische Seite eines Beschilderungssystems genau beachtet werden muß.

Plakate

Eine besondere Form optischer Orientierung ist das Hinweisschild oder Plakat. Solche Hinweisschilder sind besonders in Städten und Gemeinden als Wegweiser zur Bibliothek, auch zur Erinnerung an ihre Existenz, angebracht. Kleinere Bibliotheken sollten mit werbewirksamen, zentral hergestellten Plakaten arbeiten, die, wenn sie gut sind, eine attraktive, zum Buch führende Wirkung ausüben. Größere Bibliotheken haben die Möglichkeit, sich zu besonderen Anlässen (Jubiläen, Gedenktagen), vor allem aber anläßlich größerer Ausstellungen, von Graphikern Plakate anfertigen zu lassen. Der Verkauf künstlerisch wertvoller Plakate hat sich übrigens als eine nicht zu unterschätzende, zusätzliche Einnahmequelle erwiesen.

Signete

Es ist erfreulich, daß sich in den letzten Jahren auch eine ganze Anzahl Staatlicher Allgemeinbibliotheken Signete zugelegt haben. Ihre Verwendung bei dafür geeigneten Drucksachen der Bibliothek übt eine werbende Wirkung aus. Für große Bibliotheken, besonders für Staats- und Nationalbibliotheken, ist das Signet eine gute Tradition, die es weiterzuführen gilt, weil neben der ästhetischen Wirkung eines künstlerisch wertvollen Signets auch die Verbindung zwischen dem Nutzer und „seiner" Bibliothek immer wieder hergestellt wird.

Exlibris

Eine ähnliche Funktion haben die Bucheignerzeichen (Exlibris) von Bibliotheken, die besonders für Bibliotheken mit Archivcharakter, und auch da nur für wertvolle Bestände, sinnvoll sind. Besonders passend sind sie für bedeutende Sondersammlungen, z. B. Gelehrtenbibliotheken. In solchen Fällen sollte das Bibliotheksexlibris, das dazu ein freies disponibles Feld aufweisen muß, mit dem Namen des Vorbesitzers (z. B. Bibliothek Baesecke usw.) versehen werden. In Büchern solcher Sammlungen angebracht, üben die Exlibris durch ihren Hinweis zudem eine psychologische Wirkung aus und erklären zugleich, warum solche Bücher vielfach nur zur Benutzung im Lesesaal ausgehändigt werden können.

7.10. Publikationstätigkeit

Der Bibliothekar muß sich immer wieder vor Augen halten, daß eine Bibliothek für den Nichtbibliothekar eine unbekannte Größe ist, die um so undurchsichtiger wirkt, je größer sie in ihrer Ausdehnung ist. Daher ergeben sich sachliche Zusammenhänge zwischen Publikationstätigkeit und Nutzerforschung, wie überhaupt die Beziehungen zwischen Öffentlichkeitsarbeit und Nutzerforschung zu beachten sind (vgl. Kap. 3.2.).

Nutzerfreundlichkeit

Der wichtigste Grundsatz der bibliothekarischen Publikationstätigkeit sollte Nutzerfreundlichkeit sein. Sie muß sich darin äußern, daß der Bibliothekar, der über seine Bibliothek für den Nutzer schreibt, seinen bibliothekarischen Fachjargon strengstens vermeidet und sich allgemeinverständlich, präzis und knapp ausdrückt. Seine Publikationen sollen klar, deutlich, übersichtlich gestaltet sein. Das kann man mit Buchdruck sicher besser, aber auch bei Schreibsatz läßt sich mit Nachdenken vieles in dieser Richtung tun. Dazu gehört ein typographisches und drucktechnisches Grundwissen, worauf noch in anderem Zusammenhang eingegangen wird (8.7.4.). Wir meinen sogar, daß der Bibliothekar, der z. T. durch eigene Publikationstätigkeit, immer aber durch den täglichen Umgang mit literarischen Dokumenten berufen ist, die neben der Literaturkritik ganz unterentwickelte Gestaltungskritik beispielgebend zu betreiben. Das heißt, er sollte dafür sorgen, daß bei Rezensionstätigkeit, bei öffentlichen Diskussionen, in Gesprächen und durch Zuschriften an Verlage die zweckmäßigste Handhabbarkeit literarischer Dokumente, insbesondere von Nachschlagewerken, stets untersucht und Falsches kritisiert wird. Er sollte in dieser Richtung auch seine Nutzer beeinflussen, die genau so wie er benachteiligt sind, wenn z. B. in einem materialreichen wissenschaftlichen Buch das dazugehörige sorgfältig gearbeitete Register fehlt. Gestaltungskritik[735] in diesem Sinne ist echte, vielen nützliche Öffentlichkeitsarbeit der Bibliothekare, Informatoren und Fachinformatoren!

erste Orientierungen

Publikationstätigkeit für den Nutzer beginnt damit, daß man ihm den Zugang zur Bibliothek und ihren Benutzungseinrichtungen erleichtert. Eine orientierende Erstauskunft über das Haus, seine Einrichtungen, seine verschiedenen Dienststellen und die dafür persönlich verantwortlichen Mitarbeiter erteilen, wie wir bereits feststellten, die Pförtner. Es ist jedoch zweckmäßig, ihnen zur Unterstützung eine große übersichtliche, farbig ausgeführte Planskizze zur Erläuterung beizugeben.

Merkblätter

Ein Merkblatt über die wichtigsten Benutzungseinrichtungen, die Lage und den Zweck der Kataloge sowie der Lesesäle sollte jedem neuen Leser bei seiner Anmeldung unentgeltlich ausgehändigt werden. Es wird um so wirksamer sein, je präziser es abgefaßt ist. In einer kleineren und mittleren Bibliothek wird ein solches Merkblatt überhaupt zur allgemeinen Übersicht über das Haus ausreichen. Große Bibliotheken benötigen zusätzlich einen Benut-

[735] HORST KUNZE, *Das Buch als Mittler des Wissens:* In: Horst Kunze, Alles für das Buch. Leipzig 1974 S. 191–210.

zungsführer. Auf ihn müssen alle Mitarbeiter bei ihrer Auskunftserteilung ständig hinweisen, und es muß die Möglichkeit bestehen, ihn in der Bibliothek selbst zu erwerben. Ein stets aktueller Benutzungsführer gehört heute zu den unabdingbaren Orientierungsmitteln einer größeren Gebrauchsbibliothek. Wie jedes Merkblatt soll er so knapp (und damit so billig) wie möglich gehalten sein. Er soll die wichtigsten Benutzungsbestimmungen erläutern und den Gebrauch der Benutzungseinrichtungen, insbesondere den der Kataloge, erklären. Wie weit er darüber hinaus auf wichtige bibliographische Hilfsmittel, die die Bibliothek zur Verfügung hält, hinweisen sollte, ist eine umstrittene Frage. Tut er es in einem sehr bescheidenen Umfang, so kann man berechtigte Zweifel an dem Wert einer solchen Auswahl von allgemeinen Bibliographien hegen. Die Hinzunahme von Fachbibliographien muß sich unbedingt so auswirken, daß kein Führer für den Benutzer, sondern ein „kleiner Graesel"[736] entsteht. Für größere Bibliotheken hat es sich mit Rücksicht auf ausländische Besucher, die nicht Fachkollegen sind, als praktisch erwiesen, knappe Informationsblätter mit allen wichtigen historischen und aktuellen Fakten in fremden Sprachen bereitzuhalten.[737]

Benutzungsführer

der „kleine Graesel"

In großen Bibliotheken sollen gedruckte oder vervielfältigte Orientierungshinweise für alle Hauptabteilungen und die wichtigsten Sonderabteilungen vorliegen. Auch Merkblätter zu bestimmten zentralen Fragen des Bibliothekswesens, wie Leihverkehr und Berufsausbildung, haben sich sehr bewährt.

Sonderinformationen

Wichtig ist die Streuung dieser praktischen Hilfsmittel der Bibliotheksbenutzung. Ihre Propagierung in der lokalen Presse und ihre Verbreitung durch Wurfsendungen sind neben der Einzelverbreitung innerhalb der betreffenden Bibliotheken und Abteilungen zu beachten. Freilich darf sich mit der Herausgabe von Benutzungsführern sowie mit Kurz- und Schnellinformationen in Art der Merkblätter die bibliothekspropagandistische Publizistik nicht erschöpfen. Innerhalb der notwendigen Literatur zur Einführung in die wissenschaftliche Arbeit sollte die spezielle Literatur zur Einführung in die Bibliotheksbenutzung weiter ausgebaut und laufend verbessert werden. Solche Einführungen sind teils allgemein, teils für bestimmte wichtige Lesergruppen, z. B. Studenten[738], von Wert. Eine echte bibliothekspropagandistische Mission erfüllen auch Arbeiten, die einen Einblick hinter die Kulissen – in das Getriebe einer Bibliothek – vermitteln[739]; sie müssen auf alle Fälle das Detail meiden und sollen so anregend wie möglich geschrieben und gestaltet sein.

Einführungen in die wissenschaftliche Arbeit

---

[736] ARNIM GRAESEL, *Führer für Bibliotheksbenutzer.* 2. Aufl. Leipzig 1913. Unser moderner „Graesel" ist KARL SCHUBARTH-ENGELSCHALL, *Die Bibliothek und Du.* 2. Aufl. Leipzig 1972.

[737] Die Deutsche Staatsbibliothek hält solche Informations-Faltblätter in russ., engl., franz. u. span. Sprache bereit.

[738] THEODOR LOCKEMANN, *Bibliothek und Studium.* Jena 1931. (Student und Leben. 1.)

[739] HERMANN ESCHER, *Was es in einer Bibliothek zu tun gibt.* Vortrag. Zürich 1928. Diese kleine Schrift des Schweizer Bibliothekars H. Escher zählt zu den „Klassikern"

örtliche Bibliothekenführer

Von besonderem Wert für die Bibliothekspropaganda sind regionale, fachliche und institutionelle Bibliothekenführer als Ergebnisse gemeinsamer Arbeit örtlicher Bibliotheken. Fast alle größeren Städte der DDR sowie einzelne Bezirke haben solche Führer aufzuweisen, die die neue Einstellung zur Einheit des Bibliothekswesens dadurch zeigen, daß sie wissenschaftliche und allgemeinbildende Bibliotheken umfassen. Einige führen neben den Bibliotheken beider großen Bibliothekszweige auch die am Ort ansässigen Informations- und Dokumentationsstellen an.[740]

Betriebszeitschriften

Große oder zentrale Bibliotheken sollten im Interesse der Öffentlichkeitsarbeit, sofern es nicht in der lokalen Presse regelmäßig möglich ist, eigene Informationsblätter, wenn möglich eigene Betriebszeitschriften herausgeben, wie das verschiedene Weltbibliotheken z. T. schon sehr lange tun. Alles Wichtige und Neue aus der Arbeit der Bibliothek, aber auch Nachrichten über verdiente Mitarbeiter und beste Arbeitskollektive bieten sich dafür ebenso an wie Mitteilungen über erfolgreiche Kooperationstätigkeit und internationale Beziehungen. Ein gutes Beispiel für eine bibliothekarische Betriebszeitschrift ist das „Biuletyn informacyjny Biblioteki narodowej", Warszawa, das sich sowohl an die Mitarbeiter der Bibliothek als auch an die internationale bibliothekarische Öffentlichkeit wendet und kleinere und größere aktuelle Informationen enthält. Auch das „Stichwort" der Deutschen Staatsbibliothek bemüht sich, nach innen und nach außen zu wirken und der Weiterbildung der Mitarbeiter zu dienen. Ausgezeichnete Öffentlichkeitsarbeit mittels Publikationen leistet die Deutsche Bücherei[741] mit ihrem „Jahrbuch", ihren „Neuen Mitteilungen aus der DB" sowie ihren interessanten und stets gut ausgestatteten Neujahrsgaben.

Vielfalt der Publikationen

Es ist eine reiche Vielfalt an Publikationen, die von Bibliotheken veranlaßt werden, sei es in eigener Regie oder mit Unterstützung von Verlagen oder zentralen Institutionen: empfehlende Bibliographien, Fachbibliographien, thematische Kataloge, Neuerwerbungslisten, Titeldrucke, Bestandsverzeichnisse vielfältigster Art, Jahresberichte, Jahrbücher, Adressenverzeichnisse, Hauszeitschriften, Informationsblätter, Benutzungsführer verschiedener Art, populärwissenschaftliche Einführungsliteratur, Benutzungsanleitungen, Ausstellungskataloge, kurzum von Vordrucken bis zu bibliothekswissenschaftlichen Veröffentlichungen vielfältiger Art (Studien bis Festschriften).

Infolge der Schwierigkeiten bei der raschen Herausgabe bibliothekswis-

---

der europäischen Bibliotheksliteratur. – FRITZ MEYEN, *„Hinter den Kulissen der Bibliothek".* 2. Ausg. Braunschweig 1962. SA aus: Braunschweiger Hochschulführer 1962/63. Konkrete Schilderung anhand der Arbeit der Bibliothek d. TH Carolo-Wilhelmina Braunschweig für ihre Leser.

740 Wichtig und kritisch hierzu, mit Verz. d. Bibliothekenführer der DDR, EWALD BIRR u. WILFRIED KERN, *Bibliothekenführer – Stiefkind der Öffentlichkeitsarbeit?* Bestandsaufnahme u. Empfehlungen. In: Bibliothekar 26 (1972) S. 733–739.

741 HORST BUNKE, *Öffentlichkeitsarbeit der Deutschen Bücherei.* In: Jahrbuch d. Dt. Bücherei 9 (1973) S. 91–107.

senschaftlicher Publikationen, insbesondere von Bibliographien und Bestandsverzeichnissen (lange Herstellungszeiten, hohe Kosten infolge kleiner Auflagen, Unterschätzung der Rolle der Bibliographie usw.), sind in der ganzen Welt große Bibliotheken gezwungen worden, in eigner Regie Druckschriften herauszugeben.[742] Das verlangt aber eine gute Kenntnis der Buchherstellung (Satz und Druck) und Buchgestaltung sowie einen Vertriebsapparat, sofern nicht dafür die gängigen Vertriebsformen des Buchhandels genutzt werden können. Auf jeden Fall sind dadurch den Bibliothekaren neue und erweiterte Aufgaben zugefallen, die es zu meistern gilt. Für mittlere und kleinere Bibliotheken wird es ratsam sein, sich durch enge Zusammenarbeit untereinander, sei es im regionalen Bereich oder auf fachlicher Ebene, eigene Zentren der Buchherstellung für bestimmte Bereiche aufzubauen und gemeinsam zu nutzen.

Verlagstätigkeit der Bibliotheken

[742] Vgl. *Editorial practice in libraries.* Ed. by B. C. Brookes. London 1961. Neun Experten haben sich zusammengefunden, um vom Standpunkt des Bibliothekars Satz, Druck und Illustrationsverfahren bibliothekseigener Publikationen mit Hilfe instruktiver Abbildungen darzustellen. – WILLIAM R. HOLMAN, *Library publications.* Foreword by Lawrence Clark Powell. San Francisco 1965.

8. Betriebswirtschaftliche Grundfragen

8.1. Bedeutung und Umfang

Die Bibliotheksverordnung vom 31. Mai 1968 hat noch einmal die Ausarbeitung einer sozialistischen Betriebswirtschaftslehre für Bibliotheken in der DDR als vorrangig bezeichnet.[743] Solange sie uns noch fehlt, geht es darum, die fortgeschrittensten Arbeitserfahrungen zu verallgemeinern und zu propagieren. Ihr Gegenstand „sind die politischen, ökonomischen, ideologischen und sozialen Beziehungen im betrieblichen Reproduktionsprozeß sowie die Beziehungen zwischen dem betrieblichen und gesellschaftlichen Reproduktionsprozeß“[744]. Sozialistische Betriebswirtschaft ist „planmäßige und rationelle Gestaltung des gesamten betrieblichen Reproduktionsprozesses einschließlich seines Leitungssystems“[745] und damit wesentlicher Teil der sozialistischen Ökonomik. Sie beruht auf der ökonomischen Funktion des sozialistischen Staates und der sozialistischen Planwirtschaft. Dadurch unterscheidet sie sich von der bürgerlichen Betriebswirtschaftslehre, die, als „allgemeine“ oder „besondere“ ökonomische Lehre, „Möglichkeiten einer rationellen Betriebs- und Arbeitsorganisation zur Erreichung eines hohen Profits“[746] erforscht. Nicht zuletzt wegen des uns fehlenden betriebswirtschaftlichen Forschungsvorlaufes gibt es auf diesem Gebiet auch noch einige terminologische Unklarheiten oder Unsicherheiten. „Arbeitsstudium“ und Ergebnisse der sozialistischen Arbeitswissenschaften, dazu auch alle Fragen der dynamischen Kategorie Arbeitsorganisation lassen sich in das System der sozialistischen Betriebswirtschaftslehre einordnen.[747] Wir jedenfalls verfahren so, allein schon um die vielfältigen Einzelfragen, die in diesen

Gegenstand

Aufgabenstellung für das Bibliothekswesen

---

[743] Fast gleichzeitig sind zwei wesentliche Beiträge dazu im sozialistischen Ausland erschienen, die mit Recht ins Deutsche übersetzt worden sind: I. M. FRUMIN, *Die Arbeitsorganisation in den sowjetischen Bibliotheken.* Leipzig 1974. Russ. Org. Moskva 1969. MIROSLAV NÁDVORNÍK, *Kapitoly řízení a organizaci knihoven.* (Über die Leitung u. Organisation von Bibliotheken.) Martin 1969. Druckausgabe d. Übers. wird vorbereitet. – *Die wissenschaftl. Arbeitsorganisation in den Bibliotheken.* Materialien d. ersten wiss.-prakt. Unionskonferenz vom 29. 9.–1. 10. 1971 in der Staatl. Leninbibliothek, Moskau. Dt. Übersetzung im Meth. Zentrum f. wiss. Bibliotheken. – G. T. SIROTENKO, *Zu Fragen d. wiss. Arbeitsorganisation in Bibliotheken.* In: ZfB 88 (1974) S. 129–146.

[744] *Sozialistische Betriebswirtschaft.* Lehrbuch. Autorenkollektiv. 2. Aufl. Berlin 1974.

[745] *Ökonomisches Lexikon.* A-K. 2. Aufl. Berlin 1970 S. 345.

[746] *Ökonomisches Lexikon* (745), S. 346.

[747] *Ökonomik der Arbeit.* Autorenkollektiv. 6. Aufl. Berlin 1973. – KLAUS LADENSACK, *Arbeitsorganisation.* Berlin 1965.

Komplex gehören, an dieser Stelle zusammenzufassen. Dabei kann es sich freilich nur darum handeln, aktuelle Aufgabenstellungen für das Bibliothekswesen zu umreißen und auf erste Arbeitsergebnisse hinzuweisen. Eine künftige komplexe sozialistische Betriebswirtschaftslehre für Bibliotheken wird die Grundlage für alle bibliothekarischen Betriebs- und Arbeitsprozesse (Organisation des Zusammenwirkens von Arbeitskräften und Produktionsmitteln) und damit auch für Teilgebiete der Bibliothekswissenschaft, also auch für die Bibliothekslehre, bilden. Grundlage einer so gefaßten Betriebswirtschaft werden die Vorzüge der sozialistischen Produktionsverhältnisse, das gesellschaftliche Eigentum an den Produktionsmitteln, bilden müssen. Es werden aber auch ganz entscheidend die neuen Formen des Verhältnisses der Werktätigen zur Arbeit (schöpferische Tätigkeit als Produzent und Eigentümer, Neuererbewegung) sowie zueinander (sozialistische Gemeinschaftsarbeit und Wettbewerb) sichtbar.

Arbeitskultur

Bedeutung und Weite betriebswirtschaftlicher Grundfragen werden deutlich, wenn man neben den naheliegenden Aufgaben der Leitung und Planung, der Rationalisierung und Technisierung auch die Schlüsselfrage für die sozialistische Kulturentwicklung, die sozialistische Arbeitskultur, einbezieht. Es besteht ein enger Zusammenhang zwischen Planerfüllung und Arbeitsfreude, von präziser Arbeitsorganisation und persönlichem Wohlbefinden der Werktätigen an ihrem Arbeitsplatz.

Nicht mit Grünpflanzen, frischem Farbanstrich der Wände und neuen Möbeln allein ist Arbeitskultur zu schaffen, sondern in erster Linie durch positive Arbeitsbedingungen in ihrer Gesamtheit, vom Leitungsstil bis zu den kameradschaftlichen Beziehungen im Arbeitskollektiv. Die Brille der Gewohnheit trübt nur allzuoft den Blick (sofern sie nicht überhaupt blind macht) für eine richtige Beurteilung des herrschenden Arbeitsklimas und der betrieblichen Atmosphäre. Eine wissenschaftlich fundierte Betriebswirtschaft ist geeignet, den Blick zu schärfen für notwendige Veränderungen, die den Weg für eine so verstandene neue Arbeitskultur und Kultur am Arbeitsplatz freimachen.

8.2. Stellung der Bibliotheken im gesellschaftlichen Reproduktionsprozeß

Reproduktionsprozeß und kulturelle Einrichtung

Ausgangspunkt ist die Funktion der Bibliotheken, worüber in Kap. 1 bereits Ausführungen gemacht worden sind. Unter betriebswirtschaftlichen Aspekten ist hier noch einmal die Stellung der Bibliotheken im gesellschaftlichen Reproduktionsprozeß zu unterstreichen und auf die Spezifik der Bibliotheksarbeit hinzuweisen. Die Bibliotheken gehören als Bestandteil des Überbaues zum nichtmateriellen Bereich der Volkswirtschaft. Sie „produzieren" nicht, so daß es auch nicht angemessen ist, in bezug auf Bibliotheken von Arbeitsproduktivität und deren Steigerung zu sprechen. Sie leisten nichtproduktive, aber gesellschaftlich notwendige

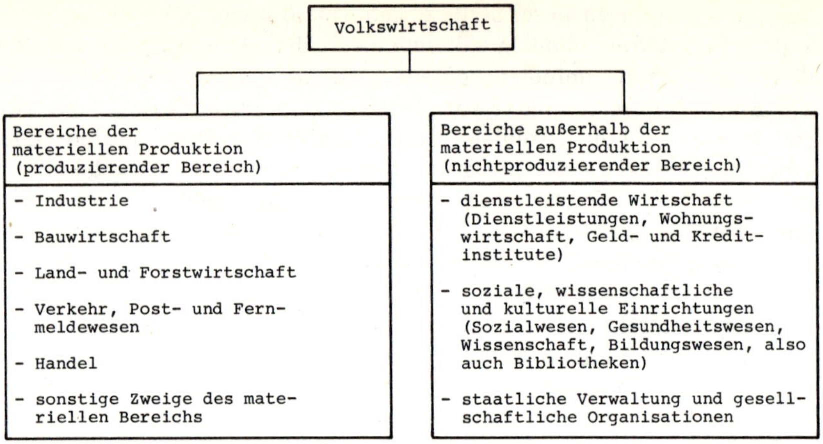

Abgeändert nach: Betriebsökonomik. Grundlehrgang. 3. Aufl. Berlin 1973 S. 15

Arbeit. Deshalb werden sie, zusammen mit anderen für die Kontinuität des Reproduktionsprozesses unerläßlichen Einrichtungen zur kulturellen, sozialen und medizinischen Betreuung der Bevölkerung, aus dem Nationaleinkommen unterhalten. Wiewohl sie also keine materiellen Werte schaffen, nehmen sie jedoch unmittelbaren Einfluß auf die Entwicklung von Wissenschaft und Bildung, Technik und Kultur. Je erfolgreicher ihre Arbeit ist, desto höher wird ihr Anteil an der Steigerung der Effektivität der Arbeit auf allen Gebieten menschlicher Tätigkeit und an der Steigerung der Arbeitsproduktivität selbst sein.

Erhöhung des Nutzeffektes der Bibliotheksarbeit

Voraussetzung für diese Steigerungsprozesse ist die Erhöhung des Nutzeffektes bibliothekarischer Arbeit. Daneben gibt es eine Reihe von äußeren Faktoren, die im Zuge internationaler Entwicklungen die Bibliotheken drängen, ja zwingen, die besten Ergebnisse sozialistischer Betriebswirtschaft zu nutzen und den Fragen einer wissenschaftlichen Arbeitsorganisation größte Aufmerksamkeit zu schenken: Das sind die wachsende Buch- und Zeitschriftenproduktion in der Welt und damit die Verbreiterung des Informationsstromes einerseits, die ständig wachsenden Literatur- und Informationsbedürfnisse der Nutzer in einer sich verändernden Welt andererseits. Da ein stetes unbegrenztes extensives Wachsen der Bibliotheken aus vielerlei Gründen nicht möglich ist, müssen Mittel und Wege gesucht werden, um zu qualitativen Veränderungen durch Nutzung und rascheste Umsetzung neuer wissenschaftlicher Erkenntnisse sowie durch Modernisierung, Mechanisierung und – sofern eine Effektivität erweisbar ist – auch durch Automatisierung der Arbeitsprozesse im einzelnen wie im ganzen („integriert") zu gelangen.

8.3. Grundlagen der Arbeit

8.3.1. *Verfassung, Gesetzbuch der Arbeit*

Nicht nur Leitungstätigkeit, sondern auch jede echte schöpferische Mitarbeit im Bibliotheksorganismus setzt neben Fachwissen die Kenntnis der wichtigsten rechtlichen Regelungen voraus. Grundlagen sind die *Verfassung der Deutschen Demokratischen Republik* von 1974[748] sowie das *Gesetzbuch der Arbeit der Deutschen Demokratischen Republik* (1961).[749]

Bei jedem Mitarbeiter einer sozialistischen Bibliothek muß eine gewisse Gesetzeskenntnis vorausgesetzt werden. Alle leitenden Mitarbeiter sind verpflichtet, Gesetze und Verordnungen aufmerksam zu beachten. In schwierigen Fragen berät sich der Verwaltungsleiter mit dem Bibliotheksdirektor. Wichtige Gesetze, Verordnungen und Bestimmungen, die das Buch- und Bibliothekswesen unmittelbar berühren,[750] müssen allen Mitarbeitern bekanntgemacht und erläutert werden. Das geschieht je nach Wichtigkeit entsprechend der Struktur und Größe der Bibliothek entweder mündlich (Konsultation, Beratung) oder schriftlich (Umlauf). Keinesfalls darf die Gesetzeskenntnis ein Spezialwissen des Verwaltungsleiters und des Bibliotheksdirektors bleiben. Beide sind vielmehr verpflichtet, zusammen mit der Betriebsgewerkschaftsleitung die gesetzlich verankerten Maßnahmen der Regierung zu erläutern und für ihre Durchführung zu sorgen. Unabhängig davon sollen alle Mitarbeiter ständig angeregt werden, sich selbständig mit wichtigen neuen Gesetzen und Verordnungen durch Selbststudium vertraut zu machen.

Gesetzeskenntnis

In der Deutschen Demokratischen Republik erscheint als amtliches Verkündungsblatt das *Gesetzblatt der Deutschen Demokratischen Republik,* früher in drei, seit 1. Januar 1972 nur noch in zwei Teilen.

Gesetzblätter in der DDR

Teil I: Gesetze und andere allgemeinverbindliche Rechtsvorschriften mit Ausnahme von völkerrechtlichen Verträgen.

Teil II: Ausschließlich völkerrechtliche Verträge.

Daneben werden Sonderdrucke des Gesetzblattes veröffentlicht; sie enthalten Rechtsvorschriften, die nur einen begrenzten Kreis betreffen.

Da ein Teil der Bibliotheken mit Archivcharakter unersetzbares Kulturgut verwaltet, das öffentliches Eigentum und nach den in der DDR geltenden Rechtsauffassungen Volkseigentum ist, muß nicht nur die maximale materielle Sicherheit für diese Schätze jederzeit gewährleistet sein, son-

---

[748] *In d. Fassung v. 7. Oktober 1974.* Berlin 1974.

[749] Zuerst GBl. I 1961 S. 27–49; es liegt in mehreren kommentierten, Ergänzungen zum Gesetz berücksichtigenden Ausgaben vor. Hierzu u. a. *Lexikon des Arbeitsrechts d. Deutschen Demokratischen Republik.* Berlin 1972.

[750] Eine Zusammenstellung hat die Zentralbibliothek der Gewerkschaften nach d. Stande v. 1972 (Berlin 1973) herausgebracht (Fotokopien). – *Rechts-ABC für Bibliothekare.* Leipzig 1975.

dern auch ein besonders hohes Verantwortungsbewußtsein aller Mitarbeiter und staatlichen Leiter dieser Bibliotheken vorausgesetzt werden.

8.3.2. *Statuten*

oberste Rechtsnorm

Die oberste Rechtsnorm für zentrale wissenschaftliche Einrichtungen – also auch entsprechende Bibliotheken – enthält das Statut. Bibliotheken werden damit zu juristischen Personen erklärt, da in der Regel nur diese ein Statut erhalten.
In einer Präambel werden grundsätzliche Aussagen zur Funktionsbestimmung und zur Bedeutung der betreffenden Einrichtung gemacht. Im Mittelpunkt eines Statuts stehen die Aufgaben sowie die Formen und Methoden zu ihrer Lösung, von der persönlichen Verantwortung des Leiters bis zur kollektiven Leitung und Beratung. Darüber hinaus müssen bestimmte juristische Sachverhalte, wie Rechtsstellung, Sitz, Vertreter im Rechtsverkehr usw., in einem Statut eindeutig geklärt sein. Statuten haben z. B. die Deutsche Staatsbibliothek, die Deutsche Bücherei[751], die Sächsische Landesbibliothek Dresden[752] sowie das Zentralinstitut für Bibliothekswesen[753]. Rahmenstatuten erhielten auf der Grundlage der 6. Durchführungsbestimmung zur BVO die Wissenschaftlichen Allgemeinbibliotheken der Bezirke[754] und auf der Grundlage der 7. Durchführungsbestimmung zur BVO die Zentralen Fachbibliotheken[755].

8.3.3. *Rechtsvorschriften*

Bibliotheksrecht – ein Sondergebiet der Bibliothekswissenschaft

Aus mehreren Gründen ist eine auch nur knappe Darstellung rechtlicher Regelungen und damit zusammenhängender Probleme nicht notwendig. Erstens liegt, von einem Kollektiv rechtskundiger Bibliothekare erarbeitet, in einer Neubearbeitung das bewährte Rechts-ABC als eine treffliche Zusammenfassung der einschlägigen Fragen vor,[756] wie sie die bibliothekarische Praxis stellt. Diese Beziehungen zwischen Bibliothek und Gesellschaft werden u. a. durch die erweiterte Öffentlichkeitsarbeit, wie wir

---

[751] Verfügungen u. Mitteilungen d. Staatssekretariats für Hoch- und Fachschulwesen 1965, Nr. 1/2.

[752] Verfügungen u. Mitteilungen d. Ministeriums f. Hoch- und Fachschulwesen 1972, Nr. 7.

[753] GBl. II 1970 S. 565.

[754] *Sechste Durchführungsbestimmung zur Bibliotheksverordnung – Aufgaben und Arbeitsweise der Wissenschaftlichen Allgemeinbibliotheken der Bezirke – vom 5. Januar 1972.* In: GBl. II 1972 S. 26.

[755] *Siebente Durchführungsbestimmung zur Bibliotheksverordnung – Aufgaben und Arbeitsweise Zentraler Fachbibliotheken – vom 5. Januar 1972.* In: GBl. II 1972 S. 26.

[756] *Rechts-ABC für Bibliothekare.* Leipzig 1975. (Zuerst beschränkt auf Rechtsfragen wiss. Bibliotheken Berlin 1963 u. d. T. *Kleines ABC rechtlicher Regelungen für Bibliothekare.*)

bereits festgestellt haben (vgl. Kap. 1.2.), immer intensiver. Das ist auch – zweitens – der Grund dafür, daß wir einzelne Rechtsfragen des Bibliothekswesens nicht im Überblick hier, sondern im unerläßlichen Zusammenhang mit den fachlich-ideologischen Fragen der Bibliotheksarbeit behandeln.[757] Drittens befindet sich das sozialistische Bibliotheksrecht noch immer in Entwicklung. Letztlich entscheidend ist aber, daß das Fundament des Bibliotheksrechts eine andere Einzelwissenschaft – die Rechtswissenschaft – liefert. Daher handelt es sich um ein Sondergebiet der Bibliothekswissenschaft, das sich wie die Bibliothekssoziologie um so gedeihlicher entfalten wird, je enger die Integrierung von Bibliothekswissenschaft und Nachbarwissenschaft vollzogen wird. Die rechtlichen Regelungen für einzelne Gebiete der Bibliotheksarbeit machen ohnehin nur einen Teil des Bibliotheksrechts aus: Dazu gehört ferner die internationale Bibliotheksgesetzgebung, die noch nicht entwickelte Kooperation mit den auf diesem Gebiet sachkundigen Kollegen in den Bibliotheken des sozialistischen Lagers mit dem Ziele eines vergleichenden Bibliotheksrechts und schließlich die Auseinandersetzung mit dem bürgerlichen Bibliotheksrecht.[758]

8.4. Kooperation und Koordinierung

Gesellschaftliche Arbeitsteilung

Nachdem wir bereits die innerbetriebliche Arbeitsteilung in der Bibliothek kennengelernt haben, müssen wir noch die für das Bibliothekswesen wichtigen Formen der „außerbetrieblichen“, besser gesagt der gesellschaftlichen Arbeitsteilung kennenlernen. Neben Konzentration und Spezialisierung spielen Kooperation und Koordinierung eine bedeutende Rolle. Unter Kooperation verstehen wir die planmäßig organisierte und kameradschaftliche Zusammenarbeit im Prozeß der Arbeitsteilung. Dabei handelt es sich zugleich um einen wichtigen Bestandteil der komplexen sozialistischen Rationalisierung. Da Kooperation und Koordinierung wichtige Voraussetzungen im Prozeß der Netz- und Systembildung des Bibliothekswesens sind, ist das einschlägige Kapitel (2.2. und 2.3.) hier heranzuziehen.

Geschichtliches

Gerade im deutschen Bibliothekswesen hat es schon früher zahlreiche und vielseitige Kooperationsbeziehungen gegeben. Sie kamen in einer

---

[757] Deshalb werden z. B. Arbeitsstreitigkeiten im Zusammenhang mit den Arbeitsordnungen in Bibliotheken behandelt (vgl. 8.13.1.).

[758] Einen Überblick von diesem Standpunkt geben HEINRICH TREPLIN u. HILDEBERT KIRCHNER im *Handbuch.* II. 2. Aufl. S. 762–834. Ferner RALPH LANSKY, *Bibliotheksrechtliche Vorschriften.* 2., neubearb. u. erw. Aufl. Nebst Erg. Bd 1.2. Frankfurt a. M. 1969–1974. – RALPH LANSKY, *Bibliographie zum Bibliotheksrecht.* Verzeichnis v. Büchern, Aufsätzen, Gesetzen, Verordnungen, Erlassen u. Entscheidungen ab 1900 zum Recht d. öffentl. Bibliotheken u. Büchereien in Deutschland. Frankfurt a. M. 1970. (Zeitschrift f. Bibliothekswesen u. Bibliographie. Sonderh. 10.); wichtig besonders für Nachweis der Quellen des Bibliotheksrechts, aber auch für aktuelle bibliotheksrechtliche Fragen in beiden deutschen Staaten.

Reihe von bedeutenden Gemeinschaftswerken der Bibliothekare[759] ebenso wie in Arbeitsvereinbarungen zwischen Bibliotheken z. B. in einer Stadt oder Region zum Ausdruck. Bereits der Leihverkehr der deutschen Bibliotheken ist eine Form der Zusammenarbeit der Bibliotheken, die als Kooperationsvereinbarung zwischen den daran teilnehmenden Bibliotheken bezeichnet werden kann. Aber diesen für ihre Zeit stolzen Errungenschaften haftete doch der Charakter der Kooperation in der kapitalistischen Gesellschaftsordnung an. Sie verdankten ihre Entstehung und Pflege in der Hauptsache der Initiative der Bibliothekare, es fehlte ihnen aber die planmäßige Steuerung.

Insofern bedeutet die Bibliotheksverordnung vom 31. Mai 1968 für das Bibliothekswesen der DDR einen Neubeginn: Vielfältige Kooperationsbeziehungen bei der Erfüllung ganz bestimmter, in der Verordnung genannter gesellschaftlicher Aufgaben der Bibliotheken wurden nun als Planaufgaben bestimmt und als Voraussetzung für die „Nutzung aller vorhandenen Kapazitäten des Bibliothekssystems" genannt.

sozialistische Kooperation

Die sozialistische Kooperation im Bibliothekswesen ist aber gerade durch bewußte, zielgerichtete und planmäßige Zusammenarbeit der Partner, in der Regel auf vertraglicher Grundlage, gekennzeichnet.[760] So bestehen in der Bibliothekspraxis heute die vielfältigsten Kooperationsbeziehungen.[761] Sie bestätigen in vollem Umfang die Theorie der sozialistischen Kooperation, wonach solche Beziehungen vertikal und horizontal nützlich sind. Im Bibliothekswesen der DDR sind wie in anderen sozialistischen Ländern einerseits örtliche bzw. territoriale, andererseits fachliche Kooperationen erfolgt und vertraglich gesichert, auch zwischen Bibliotheks- und Informationseinrichtungen. Zwischen Bibliotheken verschiedener sozialistischer Länder sind in der Regel bilaterale, aber auch multilaterale Kooperationsbeziehungen hergestellt worden.[762]

---

[759] HORST KUNZE, *Gemeinschaftswerke der wissenschaftlichen Bibliotheken im Dienste der Wissenschaft.* In: Aus d. Arbeit d. wiss. Bibliotheken in d. DDR. Leipzig 1955 S. 11–19; Überblick seit 1884.

[760] Zum Wesen der Kooperation im Bibliothekswesen vgl. Artikel *Kooperation* von RUDI FRANZ in: Lexikon d. Bibl.wesens. 2. Aufl. – RUDI FRANZ, *Theorie und Praxis der Kooperation im Bibliothekswesen.* In: Jahrbuch d. Deutschen Bücherei 5 (1969) S. 93–126. – *Sozialistische Gemeinschaftsarbeit und Kooperationsbeziehungen im Bibliothekswesen d. DDR.* Referate u. Berichte ... Berlin 1969. – *Koordinierung und Kooperation auf neuer Stufe.* In: Bibliothekar 23 (1969) S. 981–992; betr. eine Vereinbarung zw. Min. f. Kultur u. Bundesvorstand d. FDGB v. 1. 6. 1969. – HEINZ WERNER, *Kooperationsbeziehungen im Bibliothekswesen in rechtlicher Sicht.* In: ZfB 85 (1971) S. 321–332. – Zu Fragen der Kooperation in kapitalistischen Ländern seien genannt: KURT SHIMON WALLACH, *Kooperation, Koordination oder Zentralisation.* Köln 1965. (Arbeiten aus d. Bibliothekar-Lehrinstitut d. Landes Nordrhein-Westfalen. 27.) – S. P. L. FILON, *Library cooperation in Great Britain.* In: Librarianship and literature. Essays in honour of J. Pafford. London 1970 S. 38–57. Beide Arbeiten bringen weiterführende Literaturhinweise.

[761] Ein viel beachtetes Beispiel haben die Schwedter Bibliotheken mit ihrer Kooperationsgemeinschaft Schwedter Bibliotheken gegeben; vgl. HELMUT QUECK, *Eine erste Bilanz.* In: Bibliothekar 23 (1969) S. 16–21. – GISELA QUECK, *4 Jahre Kooperationsgemeinschaft der Bibliotheken in Schwedt.* In: Bibliothekar 26 (1972) S. 229–233.

Eine auch für das Bibliothekswesen wichtige Form des Zusammenwirkens vor allem auf Leitungsebenen ist die Koordinierung, um eine bewußte Aufgabenteilung planmäßig zu vollziehen. Die Aufgabe der Koordinierung ist häufig mit der Leitungsfunktion für spezielle Prozesse verbunden, um im Zuge der zunehmenden Komplexität der Aufgaben ein verantwortliches Steuerungsinstrument zwecks maximaler Effektivität zu haben.[763] So koordiniert im Bibliothekswesen der DDR die Deutsche Staatsbibliothek den Prozeß des Leihverkehrs und der Zentralkataloge, die Deutsche Bücherei die bibliographische Tätigkeit. Laut Statut von 1970 ist ferner dem Zentralinstitut für Bibliothekswesen, Berlin, die Verantwortung für die Koordinierung der wissenschaftlich-methodischen Arbeit im Bibliothekssystem der DDR übertragen. Von großer Bedeutung ist auf dem Gebiete der allgemeinbildenden Bibliotheken die ständige, durch Festlegungen bestätigte Koordinierungstätigkeit zwischen dem Ministerium für Kultur und dem Bundesvorstand des FDGB.

Koordinierung als Leitungsfunktion

In Anbetracht der Kosten, die für Forschungsarbeiten aufzubringen sind, selbst wenn sie im Bibliothekswesen, verglichen mit anderen Bereichen, sehr bescheiden sind, ist die Koordinierung der Forschung besonders notwendig. Dabei sollten heute Forschungsvorhaben der Bibliothekswissenschaftler mit denen ihrer Partner, der Informations- und Dokumentationswissenschaftler und der Archivwissenschaftler, abgestimmt werden.[764]

Koordinierung der Forschung

Auch in den nichtsozialistischen Ländern spielen heute Fragen der Zusammenarbeit, besonders unter dem Gesichtspunkt der Regionalplanung (Zusammenarbeit Öffentlicher Büchereien und wissenschaftlicher Bibliotheken) eine große Rolle.[765] Sie mündeten in der BRD im „Bibliotheksplan '73" zwecks Errichtung eines umfassenden Bibliotheksnetzes bzw. -systems (vgl. Kap. 2.3.).

Bibliotheksplan in der BRD

---

762 HORST KUNZE, *Die Zusammenarbeit der Bibliotheken der sozialistischen Länder.* In: ZfB 84 (1970) S. 156–162. – GOTTHARD RÜCKL u. HANS RIEDEL, *Für eine höhere Stufe d. Zusammenarbeit d. sozialistischen Länder auf d. Gebiete d. Bibl.wesens.* In: Bibliothekar 25 (1971) S. 83–91.

763 PETER GENZEL, *Die Zusammenarbeit der Bibliotheken bei der Literaturerwerbung.* Eine Übersicht auf d. Grundlage d. gleichn. Buches v. Bolesław Swiderski. In: ZfB 80 (1966) S. 321–325, S. 385–415; betr. die Veröffentlichung des genannten poln. Bibliothekars, Warszawa 1964. – K. KALAJDŽIEVA, *Probleme der Koordinierung zwischen der Nationalbibliothek und den Fachbibliotheken.* In: Buch – Bibliothek – Leser. Festschrift f. Horst Kunze zum 60. Geb. Berlin 1969 S. 97–111. – WOLFGANG SCHUMANN, *Koordinierung und Kooperation auf neuer Stufe.* In: Bibliothekar 23 (1969) S. 981–993.

764 G. KLOSE, M. KOSS und A. LANGE, *Sozialistische Forschungskooperation.* Grundfragen. Berlin 1973.

765 GISELA VON BUSSE u. HORST ERNESTUS, *Das Bibliothekswesen der Bundesrepublik Deutschland.* Wiesbaden 1968 S. 138–171; mit Lit.angaben. – *Bibliothekarische Kooperation.* Frankfurt a. M. 1974. (ZfBB. Sonderh. 18.)

8.5. Rationalisierung

8.5.1. *Allgemeines*

Die internationale bibliothekswissenschaftliche Literatur bestätigt, daß die Rationalisierung der Bibliotheksarbeit immer mehr und mehr an Bedeutung gewinnt. Unter Rationalisierung versteht man den zweckmäßigsten Einsatz menschlicher Arbeitskraft durch organisatorische Maßnahmen, wobei man sehen muß, daß Inhalt und Ziel der Rationalisierung von den herrschenden Produktionsverhältnissen bestimmt werden.[766] Sozialistische Rationalisierung ist keine Notmaßnahme, sondern eine Hauptrichtung der ökonomischen Politik des Sozialismus. Ihre Notwendigkeit leitet sich unmittelbar aus dem Gesetz der Ökonomie der Zeit ab; sie bezweckt einen hohen ökonomischen Nutzeffekt mit relativ geringem Aufwand. Die komplexe sozialistische Rationalisierung erfaßt alle Arbeitsprozesse. Ihre Ergebnisse und deren sinnvolle Analyse sind wichtige Instrumente in der Hand jedes Bibliotheksleiters,[767] wenn er sie auf seinen Bibliotheksbetrieb richtig anzuwenden versteht.

Rationalisierung

Allgemeines

Mittel der Rationalisierung der Bibliotheksarbeit sind u. a. ein richtiger und erprobter Ablauf der Arbeitsvorgänge, die Zentralisierung identischer Arbeitsprozesse, das Ansetzen einzelner Mitarbeiter mit Spezialkenntnissen auf bestimmte abgrenzbare Teile eines komplexen Arbeitsvorganges, die Auswertung arbeitspsychologischer Gesetzmäßigkeiten, ferner die Ausnutzung aller Möglichkeiten der Mechanisierung, Typisierung, Normung bzw. Standardisierung sowie überhaupt die Anwendung betriebsökonomischer Gesichtspunkte auf die Bibliotheksarbeit.

im Bibliothekswesen

Eine Reihe von Rationalisierungsmaßnahmen im Bibliothekswesen[768] wird im Zusammenhang mit den bibliothekarischen Arbeitsvorgängen behandelt werden. Wir beschränken uns daher auf einige Hauptprobleme, und zwar auf die Arbeitsteilung, Arbeitsnormung und Standardisierungsfragen.

---

[766] *Arbeitstagung „Technik und Bauen im wissenschaftlichen Bibliothekswesen der DDR“.* Leipzig, Sept. 1960. Bericht. Berlin 1961.

[767] JOACHIM DIETZE, *Arbeitsnormen und Arbeitsrichtwerte als Leitungsinstrument.* Theorie u. Praxis. In: ZfB 87 (1973) S. 577–591.

[768] HEINRICH ROLOFF, *Probleme der Rationalisierung in der bibliothekarischen Arbeit.* In: ZfB 70 (1956) S. 401–423. – Státní technická knihovna v Praze. *Racionalizace práce ve Státní technické knihovně v Praze.* Výměny zkušeností. Sv. 3. Praha 1965. (Rationalisierung der Arbeit in der Staatlichen Technischen Bibliothek. Sammelwerk von Abhandlungen. Mit dt. Zsfassg.) – GERHARD SCHWARZ, *Zur Rationalisierung im wiss. Bibliothekswesen.* In: ZfB 81 (1967) S. 641–651. – Methodisches Zentrum f. wiss. Bibliotheken beim Ministerium für Hoch- und Fachschulwesen. *Die Rationalisierung der Arbeit in wiss. Bibliotheken.* Materialien d. Internat. Tagung, Berlin, d. 8.–9. Juni 1967. Berlin 1968. – I. M. FRUMIN, *Die Arbeitsorganisation in den sowjetischen Bibliotheken.* Leipzig 1974. – PETER GÜNNEL, WOLFGANG MÜHLE u. KARL HEINZ SÜHNHOLD, *Zur Rationalisierung der Bibliotheksarbeit.* Ergebnisse e. Untersuchung zu Tätigkeitsstrukturen in staatl. Allgemeinbibliotheken. Hrsg.: Institut f. Bibliothekswiss. u. wiss. Inf. d. Humboldt-Univ. zu Berlin u. Zentralinstitut f. Biblio-

8.5.2. *Arbeitsteilung*

Ein tragendes Prinzip der Rationalisierung ist die Arbeitsteilung; es gilt sowohl für den einzelnen Bibliotheksbetrieb als auch auf nationaler und internationaler Ebene. Wir steuern hier zunächst nur die innerbetriebliche Arbeitsteilung, die „Arbeitsteilung im einzelnen" (Karl Marx) an, bei der es um die Aufteilung der Arbeit innerhalb des gesamten Arbeitsprozesses oder seiner Teile zwischen den Arbeitskräften geht.[769] Ein Modellfall der Arbeitsteilung in größeren Bibliotheken ist das Referatsystem, dessen Problematik gegenwärtig gerade unter dem Gesichtspunkt konsequenter Rationalisierung offenbar wird.

Referatsystem

Darunter versteht man die Arbeitsverteilung unter den wissenschaftlichen Mitarbeitern nach einzelnen Fachgebieten. Der Idealfall, daß in einer wissenschaftlichen Bibliothek für jedes Wissensgebiet ein Fachwissenschaftler zur Verfügung steht, ist nur in Bibliotheken mit einem ausreichenden Mitarbeiterkreis gegeben. Um ein einigermaßen ausreichendes Fachreferatsystem durchführen zu können, sollten in einer wissenschaftlichen Universalbibliothek außer dem Direktor mindestens zehn wissenschaftliche Mitarbeiter und das entsprechende bibliothekarische Personal tätig sein. Innerhalb der ihm zugewiesenen Fächer hat der Referent die

---

thekswesen, Berlin. Berlin 1972. (Wiss. Schriftenreihe d. Humboldt-Univ. zu Berlin.) – A. T. LITASOVA, *Analiz sostojanija organizacii truda v strukturnych podrazdelenijach Biblioteki im. V. I. Lenina.* Sost. Moskva 1972. – Literatur aus nichtsozialistischen Ländern: S. MÖHLENBROCK, *Rationalisierung genom arbétsundersökening.* In: Biblioteksbladet 38 (1953) S. 409–500. – VIBEKE AMMUNDSEN, *Arbejdsrationaliseringsproblemer i bibliotekerne.* In: Nordisk tidskrift för bok-och biblioteksväsen 43 (1956) S. 24–36. – FRITZ MEYEN, *Rationalisierung in wiss. Bibliotheken.* In: Dokumentation, Fachbibliothek, Werksbücherei 11 (1963) S. 177–182. – HERMANN VON KORTZFLEISCH, *Rationalisierungsreserven in wiss. Bibliotheken.* In: ZfBB 15 (1968) S. 324–339; zugrunde liegt ein „Gutachten über Rationalisierungsmöglichkeiten in wiss. Bibliotheken" d. Verf. i. A. d. Dt. Forschungsgemeinschaft, Bad Godesberg. – HERMANN VON KORTZFLEISCH, *Ausgewählte Rationalisierungsmöglichkeiten in wiss. Bibliotheken.* In: Arbeitsgemeinschaft d. Spezialbibliotheken (ASpB), Bericht über die 12. Tagung in Nürnberg 19.–21. März 1969. Kiel 1969 S. 19–41. – *Rationalisierung in wiss. Bibliotheken.* Vorschläge u. Materialien. Hrsg. v. d. Dt. Forschungsgemeinschaft. Bonn, Boppard 1970.

[769] Ansätze dazu sind bereits nach der Jahrhundertwende in den Jahren 1903–1914 gemacht worden. Ausgelöst durch zwei Referate von JOHANNES FÜCHSEL, *Geschäftsgang und Arbeitsteilung an d. wiss. Bibliotheken* (ZfB 26, 1909 S. 49–59) sowie *Über Arbeitsmethoden und Organisationsformen der Bibliotheken* (ZfB 27, 1910 S. 294–321), wurde eine Kommission für Verwaltungspraxis vom Verein Deutscher Bibliothekare eingesetzt, die im ZfB 31 (1914) S. 195–237 einen ausgedehnten Bericht über Arbeitsmethoden und Organisationsfragen der deutschen Bibliotheken veröffentlichte. Diese tatkräftigen Bemühungen sind leider später nicht fortgesetzt worden. Aus neuerer Zeit ist neben OTTO GLAUNINGs Beitrag zum Handbuch II (1933), *Die Bibliotheken und d. Öffentlichkeit,* noch FRITZ REDENBACHERs *Tradition und Erneuerung bibliothekarischer Arbeitsformen* (ZfB 56, 1939 S. 583–594) zu erwähnen. Das Register zum Handbuch kennt weder in der 1. noch in der 2. Aufl. die Begriffe Arbeitsorganisation, Arbeitsteilung und Normung.

Aufgabe, die mit der Erwerbung, Sachkatalogisierung und Informationsarbeit verbundenen Geschäfte wahrzunehmen.

Anfänge

Die Anfänge des Referatsystems gehen bis zum Beginn des 19. Jahrhunderts zurück. Friedrich Schleiermacher hatte bereits eine entsprechende Regelung in das „Reglement" für die Königliche Bibliothek zu Berlin vom Jahre 1813 aufgenommen; sie hatte jedoch zunächst keinen Bestand (1817 wieder fallengelassen). Mit Konsequenz durchgeführt wurde es in Deutschland erst 1906 an derselben Bibliothek durch Adolf von Harnack. Seitdem hat es weite Verbreitung gefunden.[770] Ein vollkommenes System der Arbeitsteilung kann das Referatsystem nicht darstellen. Objektiv gegebene Sprachbarrieren machen es dem einzelnen Fachreferenten unmöglich, alle Erscheinungen seines Fachgebiets zu überschauen und zu klassifizieren. Ein Blick in die internationale Bibliothekswelt bestätigt das. In den sowjetischen Bibliotheken z. B. hat sich ein anderes System herausgebildet, das nach Sprachgebieten („Korrespondentensystem"). Sprachkundige Bibliothekare nehmen bestimmte Sprachgebiete wahr. In den amerikanischen Bibliotheken hat sich mindestens auf dem Gebiete der Buchauswahl eine enge Zusammenarbeit der Bibliothekare mit maßgeblichen Fachwissenschaftlern, besonders bei den Universitätsbibliotheken ergeben. Die Buchauswahl ist dort – u. a. auch aus diesen Gründen – keineswegs die wichtigste Domäne des Bibliothekars.

Weiterentwicklung des Referatsystems

Daraus ergibt sich folgendes: Der Fachreferent ist auf die Hilfe sprachkundiger Kollegen angewiesen. Er arbeitet schlecht, wenn er isoliert arbeitet. Die in der Regel nur auf zwei Augen abgestellte Tätigkeit des Fachreferenten verführt zu einem Spezialistentum, das aber, gemessen an den Anforderungen, die die internationale wissenschaftliche Fachliteratur eines Fachgebiets an einen einzelnen Mitarbeiter stellt, wissenschaftlich eine zu dünne Decke aufweist. Deshalb wären eine Kombination von Fachreferenten mit Sprachreferenten sowie die engere Zusammenarbeit mit in der Forschung stehenden Wissenschaftlern zweifellos erstrebenswert. Aber auch hier dürfte die Voraussetzung für eine durchgreifende Verbesserung im Wachstum echten und bewußten Kollektivgeistes liegen. Es hat sich als notwendig erwiesen, den Ein-Mann-Referenten aus seiner Isolierung zu lösen und eine vernünftige Referatgruppenbildung durchzuführen – ein Prozeß, der der Entwicklung in der Forschung durchaus entspricht. Solche Referatgruppen können sich zu Fachbereichen, unter Umständen sogar zu Fachabteilungen entwickeln.

---

[770] S. J. BOUMA, *De functie van de wetenschappelijke ambtenaar aan de Universiteitsbibliotheek.* In: Bibliotheekleven 43 (1958) S. 347–358. – PETER KITTEL, *Aus der Arbeit eines Fachreferenten am Realkatalog der Deutschen Staatsbibliothek.* In: ZfB 73 (1959) S. 337–356. – VINCENT KÚTIK, *Erfahrungen mit dem Fachreferentensystem in der Universitätsbibliothek Bratislava.* In: ZfB 80 (1966) S. 599–603. – KENNETH HUMPHREYS, *The subject specialist in national and university libraries.* In: Libri 17 (1967) S. 29–41. – J. PERIAM DANTON, *The subject specialist in national and university libraries, with spec. ref. to book selection.* In: Libri 17 (1967) S. 42–58. – SIEGFRIED ULBER, *Arbeitszeitstudien im Bereich der Fachreferenten.* In: ZfB 86 (1972) S. 733–739.

Das wäre ein gesunder Prozeß, der das Referentensystem, das ursprünglich eine Errungenschaft gewesen ist, auf eine zeitgemäße Stufe des Expertenkollektivs hebt.

Allerdings wäre auch damit ein gewichtiges arbeitsökonomisches Argument gegen das Referatsystem noch nicht entkräftet. Die Konzentration wichtiger bibliothekarischer Funktionen (Buchauswahl, Sachkatalogisierung, Auskunfts- und Informationstätigkeit) in einer Hand erschwert die Arbeitsanalyse. Ermittlungen zur Quantität und Qualität der geleisteten Arbeit, z. B. bei der Sachkatalogisierung im Vergleich des einen Referenten mit anderen, sind bei dieser Verquickung mehrerer Tätigkeiten schwer zu führen.[771] Unter dem Gesichtspunkt der Arbeitsnormung als Voraussetzung für exakte Arbeitsplanung weist das Referatsystem Nachteile auf.

Arbeitspsychologie

Die Erkenntnisse der Arbeitspsychologie sind bisher nur unzureichend auf die innerbetriebliche Arbeitsteilung angewendet worden. Bei der Vielschichtigkeit bibliothekarischer Arbeit in Großbibliotheken mit weitgehender Spezialisierung der Tätigkeitsbereiche sollte bei bestimmten notwendigen Arbeitsfunktionen ein stundenweiser oder halbtäglicher Wechsel durch eine andersgeartete Tätigkeit durchgeführt werden, um Ermüdungserscheinungen, die der Arbeitsproduktivität abträglich sind, zu vermeiden. Dabei käme es darauf an, daß diese alternierenden Tätigkeiten auch verschiedenen Willens- bzw. Energieeinsätzen entsprechen; der Ausgleich von sitzender (Titelaufnahme) mit stehender bzw. ambulanter Tätigkeit (Signieren) wäre nur ein sinnfälliger Extremfall physischer Kompensation. Auch die Frage, ob und wie der unvermeidlichen Spezialisierung der Mitarbeiter in Großbibliotheken durch Arbeitsplatzwechsel zu begegnen ist, scheint noch offen zu sein.[772]

8.5.3. *Arbeitsnormung*

Die Jahr um Jahr gesammelten statistischen Werte aus der bibliothekarischen Arbeit und deren Auswertung bilden eine Grundvoraussetzung für die Arbeitsanalyse. Verbunden mit einer differenzierten Analyse der einzelnen Tätigkeitsbereiche in den Bibliotheken und mit Hilfe von Zeitstudien, die über längere Zeiträume hinweg durchgeführt werden müssen, gelangt man zu Richtzahlen (erfahrungsstatistischen Normen, Bestwerten)[773] für einzelne Arbeitsvorgänge. Offensichtlich ist die Aus-

---

771 Vgl. hierzu GERHARD SCHWARZ, *Über den Geschäftsgang in den wiss. Bibliotheken.* In: ZfB 81 (1967) S. 391.

772 GEROLD ZIMMERMANN, *Periodische Rotation von Mitarbeitern im Bibliotheksbetrieb.* In: Nachrichten. Vereinigung Schweiz. Bibliothekare 41 (1965) S. 5–8.

773 JADWIGA KOLODZIEJSKA, *O normowaniu czasu pracy w bibliotekarstwie.* (Über Zeitnorm bibliothekarischer Arbeiten.) In: Przegląd biblioteczny 23 (1955) S. 41–51. – I. K. KIRPIČEVA, *Organizacija raboty po podgotovke bibliografičeskich posobij v Biblioteke im. M. E. Saltykova-Ščedrina.* In: Sovetskaja bibliografija 1963, Nr. 6

wertung von Untersuchungsergebnissen durchgeführter Zeitstudien sowie deren Realisierung nicht ohne Schwierigkeiten, denn allein auf dem Felde der Arbeits- und Zeitstudien liegt bereits ein riesiges, in zwei Jahrzehnten erarbeitetes Material vor.[774]

Während sich früher, im 19. Jahrhundert, die Anwendung und volle Ausnutzung einer neuen Technik über Jahrzehnte erstreckten, beträgt heute, im Zeitalter der technischen Revolution, dieser Zeitraum in den technisch fortgeschrittenen Ländern in der Regel nur einige Jahre. Nur die Einhaltung einer solchen kurzen Frist sichert eine führende Rolle in der Welt, nur am Weltniveau darf in der Gegenwart der Maßstab für die Ermittlung von Arbeitsnormen angelegt werden. Es genügt daher heute schon nicht mehr, Arbeitsnormen auf der Grundlage der Leistungen bester Arbeiter zu ermitteln und festzulegen, sondern die Arbeitsnormen müssen abgeleitet werden aus der Leistungsfähigkeit der Technologie unter Berücksichtigung der konkreten Arbeitsbedingungen und bester Arbeitsleistungen (technische Parameter). Nicht die besten, sondern die bestmöglichen Leistungen müssen die Grundlage der Arbeitsnormen bilden. Damit kommt den Leitungen die Aufgabe zu, durch Einführung der neuen Technik und durch rationelle, durchdachte Anwendung der Technologie die Arbeitsbedingungen zu schaffen, die es den Werktätigen ermöglichen, die bestmöglichen Normen zu erfüllen.

Grundlagen der Arbeitsnormen

Die nur gefühlsmäßige Aversion gegen alles, was unter der Bezeichnung Arbeitsnormen im Bibliothekswesen zur Diskussion steht, kann also nicht ausschlaggebend sein, sondern allein die hartnäckige und gewissenhafte Prüfung, an welchen Punkten die für Arbeitsnormen gültigen Voraussetzungen bestehen oder geschaffen werden können.[775]

Es wäre auch wünschenswert, daß alle Bibliothekare zur Kenntnis näh-

---

S. 21–33. – WERNER DUX u. GABRIELE ITH, *Ermittlungen erfahrungsstatistischer Werte für den Arbeitsaufwand bei einzelnen Tätigkeiten in wiss. Bibliotheken d. DDR.* ZfB 78 (1964) S. 528–539. – JOS TORFS, *Normen der Büchereiarbeit.* In: Bücherei u. Bildung 19 (1967) S. 28–32. – ISTVÁN CSÜRY, *Prinzipien und Anwendungsmöglichkeiten d. Arbeitsnormung im ung. Bibliothekswesen.* In: Die Rationalisierung d. Arbeit in wiss. Bibliotheken. Berlin 1968 S. 106–116. – EBERHARD KABUS u. KARLA SCHMIDT, *Richtwerte für wissenschaftliche Fachbibliotheken.* 2., erw. Aufl. Berlin 1973. – JOACHIM DIETZE, *Arbeitsnormung und Arbeitsrichtwerte als Leitungsinstrument.* In: ZfB 87 (1973) S. 577–591.

774 RICHARD H. LOGSDON, *Time and motion studies in libraries.* In: Library trends 2 (1953/1954) S. 401–409; mit Angaben angelsächs. Lit. – FRANZ-HEINRICH PHILIPP, *Der Ausleihvorgang an den deutschen wiss. Universalbibliotheken.* Eine Untersuchung an Hand v. Arbeitszeitstudien. Köln 1959. (Arbeiten aus d. Bibliothekar-Lehrinstitut d. Landes Nordrhein-Westfalen. 17.); mit Lit.verz. u. zahlreichen Nachweisen von Zeitstudien. – HENNER FAEHNDRICH, *Die Bedeutung der Zeitstudie für das Bibliothekswesen.* In: ZfBB 8 (1961) S. 126–143; mit ausführl. Lit.angaben. – GERHARD SCHWARZ, *Gliederung und Kategorisierung des Zeitaufwandes in wiss. Bibliotheken.* Methodisches Material für die Durchführung des Arbeitsstudiums. Berlin März 1974. (Arbeitsmaterial des Meth. Zentrums f. wiss. Bibliotheken.)

775 M. I. RABEJ, *Die Normung der Arbeit in großen und mittleren Bibliotheken.* Dt. Übers. Meth. Zentrum f. wiss. Bibliotheken. Berlin 1965.

men, daß das Bemühen, bibliothekarische Arbeiten zu messen, sehr viel älter ist als gemeinhin angenommen wird.[776] Objektive Schwierigkeiten ergeben sich zweifellos aus der Unterschiedlichkeit des bearbeiteten Buchmaterials und aus dem unterschiedlichen Anteil der einzelnen Abteilungen an der Bearbeitung der Bücher. Auf der anderen Seite sollte jeder, der sich mit der Analyse von Arbeitsvorgängen in Bibliotheken zwecks Festlegung von Richtzahlen befaßt, zwei Voraussetzungen erfüllen: Er muß die zu untersuchenden Arbeitsvorgänge im Detail beherrschen und über ein arbeitspsychologisches Grundwissen[777] verfügen. Arbeitsnormen sind keine Materialnormen, sie betreffen Menschen. Die schöpferische Mitarbeit der Werktätigen muß bereits beim vorangehenden Arbeitsstudium und erst recht bei der Normenfindung gesichert sein!

Voraussetzungen

Auf dem Gebiete der Arbeitsnormen im Bibliothekswesen sind in den letzten Jahren beträchtliche Fortschritte erzielt worden. Sie haben die Bedeutung von Richtwerten.[778] Führend auf diesem Gebiete sind die sowjetischen Bibliothekare.[779] Für die Ausarbeitung von Arbeitsnormen sind diejenigen Arbeitsprozesse besonders geeignet, die in ihrer Durchführung verhältnismäßig einheitlich sind und bei denen das zu bearbeitende Buchmaterial relativ gleichartig ist. Hier wird auch der unmittelbare Nutzen für die Leitungstätigkeit, z. B. bei der Ermittlung des Arbeitskräftepotentials sowie für die Arbeitsplanung am deutlichsten.[780]

Richtwerte

In diesem Zusammenhang sind die Methoden der Arbeitszeitberechnungen, Arbeitsstudien, Arbeitsanalysen, kurzum die neuesten Erkenntnisse der Arbeitswissenschaft und Ökonomie sowie detaillierte Kostenberechnungen einzelner und komplexer Arbeitsvorgänge von großer Bedeutung.[781] In dieser Richtung muß die bibliothekswissenschaftliche For-

Aufgaben der Bibliothekswissenschaft

---

[776] LAWRENCE S. THOMPSON, *History of the measurement of library service.* In: The library quarterly 21 (1951) S. 94–106.

[777] S. N. ARCHANGELSKIJ, *Arbeitspsychologie.* Übers. aus d. Russ. Berlin 1962.

[778] *Normen für Grundprozesse der bibliothekarischen Arbeit d. Gebietsbibliotheken u. d. Regionsbibliotheken sowie d. Republiksbibliotheken der autonomen sowjetischen Sowjetrepubliken.* Berlin 1972. (Arbeitsmaterial d. Meth. Zentrums f. wiss. Bibliotheken.)

[779] V. V. KOSOLAPOV, *O metodologičeskich principach razrabotki optimalnoj sistemy informacionnych centrov i bibliotek.* In: Naučno-techničeskaja informacija. Ser. 1. 1967, Nr. 1 S. 5–11. – RUDI MÖBUS, *Arbeitsstudium in wissenschaftlichen Bibliotheken.* In: ZfB 82 (1968) S. 322–332.

[780] LORENZ WALIGORA, *Über Leistung, Leistungsbedingungen und Leistungskriterien d. allgemeinbildenden Bibliotheken.* In: Bibliotheksarbeit heute. F. 3. Leipzig 1965 S. 109 bis 140. – PHILIP M. MORSE, *Library effectiveness.* Cambridge 1968. – KARL HEINZ F. MEYER, *Die Untersuchung über „Library effectiveness" am M. I. T.* In Nachr. Dok. 21 (1970) S. 195–200. – Hierher gehören auch die zahlreichen modernen internationalen Arbeiten zur Effektivität der Information und Dokumentation und der Wissenschaft, die in den einschlägigen laufenden nationalen und internationalen Fachbibliographien verzeichnet werden.

[781] GERHARD SCHWARZ, *Über den Geschäftsgang in den wiss. Bibliotheken.* In: ZfB 81 (1967) S. 385–398. – WERNER DUBE, *Zur Anwendung des ökonomischen Systems im wiss. Bibliothekswesen.* In: ZfB 82 (1968) S. 666–670. – M. I. KIRSANOVA, *Četkij učet*

schung noch wesentlich zielstrebiger und schwerpunktmäßig vorangetrieben werden. Das Entscheidende für die Bibliothekspraxis sind, ähnlich der Analyse auf der Grundlage statistischer Werte, die Schlußfolgerungen, die aus den Ergebnissen des Arbeitsstudiums gezogen werden müssen, sowie deren konsequente Realisierung. Daß Rationalisierung der Bibliotheksarbeit innere Reserven zu mobilisieren vermag, ist klar. Ebenso eindeutig ist aber auch, daß das statistisch nachweisbare Ansteigen der Zahl der Nutzer und ihrer wachsenden Anforderungen – eine internationale Erscheinung – konsequente und planmäßige Personalvermehrung[782] verlangt. Mögliche exakte Personalbedarfsberechnungen auf Grund von Leistungsnormen gehören daher ebenso zu den Leitungs- und Planungsaufgaben wie die weitblickende Sicherung der materiell-technischen Basis. Senkung der Unterhaltskosten durch Steigerung der Arbeitsleistungen, Sparsamkeit und ständig verbesserte Arbeitsorganisation ist das Ziel, das mit Hilfe von Normen, durch Wettbewerbe oder auf eine andere Weise anzusteuern ist.[783] Immer wird der Ansatzpunkt die Vereinfachung und die Verbesserung der Arbeitsvorgänge und -abläufe sein müssen. Hier kann die Institutsleitung eine wertvolle Unterstützung durch eine aus fachkundigen Mitarbeitern bestehende technische Kommission finden, die sich der Auswertung der Betriebsstatistik annimmt.

---

račego vremini – v osnovu naučnoj organizacii truda bibliografov. In: Sovetskaja bibliografija 1 (1968) S. 9–15; spez. f. bibliographische Arbeit. – C. V. PENNA, *The financing of library and documentation services.* In: Unesco bull. f. libr. 22 (1968) S. 229–235. – RENATE LUDWIG, *Gegenstand, Aufgaben u. Methoden der Kostenrechnung.* In: ZfB 83 (1969) S. 571–590. – M. I. KIRSANOVA, *Die Ausnutzung der Arbeitszeit des Bibliographen bei der Zusammenstellung e. retrospektiven Fachbibliographie.* In: ZfB 83 (1969) S. 321–342. – GERHARD KISSEL, *Betriebswirtschaftliche Probleme wiss. Bibliotheken.* München-Pullach, Berlin (West) 1971. (Bibliothekspraxis. 4.) – ELLIS MOUNT und PAUL FASANA, *An approach to the measurement of use and cost of a large academic research library system.* In: College & research libraries 33 (1972) S. 199–211; betr. Columbia university libraries. – Mehrere Aufsätze in: Aslib proceedings 24 (1972) No. 6. – HANS-WERNER SCHMIDT, *Probleme der Anwendung der wiss. Arbeitsorganisation in den Bibliotheken, dargest. am Beispiel der Kostenrechnungsuntersuchungen an der Bibl. d. TH Magdeburg.* In: ZfB 87 (1973) S. 340–350.

[782] KARL F. STOCK, *Betrachtungen zum Verhältnis Arbeit: Personal an Hand d. österr. Bibliotheksstatistik.* In: Biblos 15 (1966) S. 11–29. – OSKAR MAHRENHOLTZ, *Ein Beitrag zur Ermittlung des Personalbedarfs wiss. Bibliotheken.* In: ZfBB 19 (1972) S. 139–148.

[783] HELMUT SCHULZE, *Bemerkungen zur Arbeitsproduktivität in wissenschaftlichen Fachbibliotheken.* In: ZfB 78 (1964) S. 82–88. – CONSTANCE BRUTCHER, GLEN GESSFORD and EMMET RIXFORD, *Cost accounting for the library.* In: Library resources & technical services 8 (1964) S. 413–431. Mit Bibliogr. – WOLFGANG KALTSCHMIDT, *Wissenschaftliche Bibliotheken und Steigerung der Arbeitsproduktivität.* In: ZfB 78 (1964) S. 515–525. – HELMUT LOHSE, *Die Verwendung der Begriffe Arbeitsproduktivität, produktive Arbeit u. technisch begründete Arbeitsnormen im wiss. Bibliothekswesen.* In: ZfB 80 (1966) S. 22–33.

8.6. Standardisierung

Unter einem Standard versteht man die Bestlösung einer sich wiederholenden Aufgabe, deren einheitliche Anwendung verbindlich erklärt wird. Solche Standards können Arbeitsmittel, Erzeugnisse, Verfahren oder Verständigungsmittel betreffen. Es gibt also sowohl materielle als auch nichtmaterielle Standards. Ihr Geltungsbereich kann eng (Werk- oder Fachbereichstandard), weit (national) oder weitest (international) sein. Dadurch, daß die Bibliotheken in einer entscheidenden Epoche des Monopolkapitalismus zur Entwicklung der Produktivkräfte benötigt wurden, wurden ihnen bereits Ende des 19. Jahrhunderts Aufgaben gestellt, die sie zu gemeinsamen Festlegungen und neuen Formen kollektiver Arbeit auf den verschiedensten Gebieten der Bibliothekspraxis nötigten. In dem wichtigsten Bibliotheksland Preußen ist auch staatlicherseits, besonders unter Althoff, viel getan worden, um die Unzulänglichkeiten der baulichen Einrichtungen und technischen Ausrüstung durch Vereinheitlichung der Arbeitsmittel und durch Gemeinschaftswerke auszugleichen. So kommt es, daß in deutschen Bibliotheken früher als in anderen wissenschaftlichen Einrichtungen gewisse Standardisierungen (Normungen) in den Arbeitsmitteln erfolgreich eingeführt worden sind. Diese Standardisierungen erstreckten sich z. B. auf Katalogkarten im Format $7^1/_2 \times 12^1/_2$ cm (zurückgehend auf 3×5 Inches bzw. Zoll), die zugleich im wesentlichen international einheitlich sind. Auf einem so bedeutsamen Arbeitsgebiet wie der alphabetischen Katalogisierung stellten die „Instruktionen" (1899) eine Grundlage der Normung dar. Auch auf dem Gebiete der Benutzung bildete sich ebenso wie auf dem der Statistik frühzeitig die Tendenz zur Normung normbarer Einzelheiten heraus. Selbst die einheitliche Büchereihandschrift (Ackerknecht), wenn sie auch heute im Zeitalter der Schreibmaschine von geringerer Bedeutung ist als früher, ist als eine Normungstendenz zu bewerten.

Definition

Standardisierung

ältere Ansätze im Bibliothekswesen

Charakteristische Normzeichen des Bibliothekswesens sind ferner die Sigel: Zahlzeichen, die den einzelnen Bibliotheken als Kennzeichen zugewiesen sind. Sie haben sich aus bescheidenen Anfängen[784] zu unentbehrlichen und weitverbreiteten Normzeichen bei Zentralkatalogen, gedruckten Standortverzeichnissen, im Leihverkehr und Auskunftswe-

Sigel

---

[784] FRITZ MILKAU hat in seiner grundlegenden Arbeit *Centralkataloge und Titeldrucke,* Leipzig 1898 (ZfB Beih. 20), zunächst für die preußischen Bibliotheken im Zusammenhang mit dem Preuß. Gesamtkatalog arabische Ziffern vorgeschlagen (S. 132). – Vgl. ferner *Sigel-Liste der Bibliotheken der Deutschen Demokratischen Republik.* Stand vom 1. 6. 1974. Hrsg. v. d. Dt. Staatsbibliothek, Inst. f. Leihverkehr u. Zentralkataloge. 5., erw. Aufl. Berlin 1975. – *Sigelverzeichnis für die Bibliotheken der Bundesrepublik Deutschland einschl. Berlin (West).* 2., verb. u. erw. Aufl. Im Auftrag der Staatsbibliothek Stiftung Preußischer Kulturbesitz bearb. v. Walter Wagner. Wiesbaden 1974. Das erste Verzeichnis für die BRD und Westberlin erschien 1969 und enthielt Sigel für 2612 Bibliotheken, ein Nachtrag 1970 verzeichnet weitere 479. Die jetzt vorliegende 2. Aufl. fügt 910 neue Bibliotheken hinzu. Ein ausführliches Sachregister erleichtert das Nachschlagen.

sen entwickelt. Auch in der täglichen Arbeit werden diese Kurzzeichen zur Verständigung der Bibliothekare untereinander verwendet.[785] Auf vielen Gebieten fehlen leider noch einheitliche Regelungen, z. B. für die Erwerbungstätigkeit der wissenschaftlichen Bibliotheken. Während für die Zettelform der alphabetischen Kataloge die „Instruktionen" ausschlaggebend waren, erfolgte eine wirksame Vereinheitlichung des Formats dieser Zettel durch die Berliner Titeldrucke in ihren Zettelausgaben. Lange vor Aufstellung der DIN-Normen eingeführt, liegt dieses internationale Bibliotheksformat außerhalb der DIN-Normen bzw. Standards. Ebenfalls außerhalb genormter Formate liegen die Leihscheine, deren grundsätzliche Vereinheitlichung in der DDR gelungen ist.

Katalogkarten

Leihscheine

Bedeutende Fortschritte sind auf dem Gebiete der Standardisierung im allgemeinbildenden Bibliothekswesen, insbesondere in den Staatlichen Allgemeinbibliotheken, angeleitet vom Zentralinstitut für Bibliothekswesen[786], gemacht worden.

Staatliche Allgemeinbibliotheken

So ist auch als ein erfreuliches, allen Bibliotheken nützliches Ergebnis von Standardisierungsbemühungen in der Schaffung nationaler Versorgungseinrichtungen für Bibliotheken[787] und deren Bedarf an Einrichtungsgegenständen (Tischen, Stühlen, Bücherregalen, Katalogkästen usw.) sowie an Büchern in Bibliothekseinband, Zetteldrucken, Auswahlbibliographien usw. zu sehen. Für das Gebiet der DDR haben der LKG Leipziger Kommissions- und Großbuchhandel, Abt. Bibliotheken, und das Versorgungskontor Bürobedarf, Leipzig, Abt. Technischer Bibliotheksbedarf, diese Aufgabe übernommen.

Voraussetzung für EDV

Im Zuge der komplexen sozialistischen Rationalisierung hat die Standardisierung große Bedeutung gewonnen, denn Standards sind die Voraussetzung für den ökonomischen Einsatz der elektronischen Datenverarbeitung (z. B. Deskriptor, Thesaurus) auch auf bibliothekarischem Gebiet, das hier deutlich mit der Information und Dokumentation zusammengeht.[788] Dabei geht es sowohl um wichtige Einzelheiten (wie Papierformate, Laufrichtung des Rückentitels usw.) als auch um komplizierte Verständigungsstandards. Ein Beispiel dafür sind die Regeln für die alphabetische Katalogisierung. Erstrebt werden auch einheitliche Klassifikationen[789] und Geschäftsgangsmodelle.

---

[785] Vorschläge für eine internationale Vereinheitlichung der Bibliothekssymbole macht HEINRICH ROLOFF, *Einheitliche Bibliothekssymbole.* In: ZfB 78 (1964) S. 72–83; vgl. dazu auch ZfB 78 (1964) S. 412–414 (G. ROST).

[786] GOTTHARD RÜCKL, *Zu einigen Fragen der Standardisierung im Bereich der allgemeinen öffentlichen Bibliotheken.* In: Bull. d. zentralen Einrichtungen f. bibl.wiss. u. wiss.-meth. Arbeit 2. T. 3 Prag 1967 S. 442–462.

[787] Hierzu Art. *Versorgungseinrichtungen für Bibliotheken* von FRITZ KUNZ in Lex. d. Bibl.wesens. Bd. 2. 2., neubearb. Aufl. Leipzig 1975. – Europäische Übersicht: MICHAEL DEWE, *Library supply agencies in Europe.* London 1968; m. Bibliogr. S. 193–197.

[788] ZIID-Zeitschrift 13 (1966) H. 5 enthält Beiträge zur Standardisierung in Information (R. ZEKALLE), Bibliotheken (G. SCHWARZ) u. Verlagswesen (H. WESCHKE).

[789] HERBERT HÖHNE, *Zur Standardisierung der bibliothekarischen Klassifikation.*

So ist es notwendig, daß die Bibliothekare der DDR an der Arbeit des Amtes für Standardisierung,[790] das die DDR-Standards (Fachbereichs- und nationale Standards = TGL) in Kraft setzt, künftig regeren Anteil nehmen als bisher, nicht nur deshalb, weil die planmäßige Entwicklung der Standardisierung im Sozialismus eine staatliche Aufgabe ist, die von den Produktionsverhältnissen und den Erfordernissen der staatlichen Planung bestimmt wird, sondern auch deshalb, weil zahlreiche Standardisierungsmaßnahmen das Bibliothekswesen[791] sowie das Verlagswesen unmittelbar oder mittelbar berühren und im Prozeß der Rationalisierung der bibliothekarischen Arbeit von großer Bedeutung sind. Bibliotheken, die eigene Publikationen herausgeben, müssen die einschlägigen, die Buchherstellung betreffenden DDR-Standards kennen und in ihrer Arbeit beachten. Die Zentralstelle für Standardisierung beim Zentralinstitut für Information und Dokumentation der DDR bearbeitet Standards für den Bereich Information und Dokumentation und Bibliothekswesen. Hinsichtlich der Zusammenarbeit der Bibliotheken mit den staatlichen Normungs- bzw. Standardisierungsämtern liegt aus sozialistischen Ländern schon eine Reihe von Erfahrungen vor.[792]

Amt für Standardisierung

Nützliche Standardisierungsarbeit für Bibliotheken und Informationseinrichtungen leisten im internationalen Maßstab die Ständige Kommission für Standardisierung im RGW sowie der IVBV mit seinem Committee on statistics and standards in Zusammenarbeit mit FID und ISO/TC 46.[793] Hervorzuheben ist auch die fruchtbare internationale Arbeit der ISO, die

---

In: ZfB 84 (1970) S. 720–734; hier z. B. wird die BBK als Standard für eine normierte Klassifikation begründet und empfohlen.

790 *Verordnung über die Standardisierung in der Deutschen Demokratischen Republik – Standardisierungsverordnung – vom 21. Sept. 1967.* GBl. II 1967 S. 665–674. – *Standardisierung. Mitteilungsblatt d. Amtes für Standardisierung d. DDR.* Jg. 1 ff. 1954 ff.

791 WERNER DUX, *Zur Entwicklung der Standardisierung im wiss. Bibliothekswesen der DDR.* In: ZfB 77 (1963) S. 193–202. – HORST BRANDT, *Standards der grafischen Industrie.* I–IV. In: Börsenblatt f. d. Dt. Buchhandel 130 (1963) S. 60–62, 192–193, 251–254, 355–358. – H. GÖTTE, *Ökonomische Erfolge durch Standardisierung von Bücher- und Zeitschriftenformaten.* In: Standardisierung 9 (1963) S. 705–707. – WERNER DUX, *Normung und Standardisierung im Bibliothekswesen.* In: Taschenbuch f. Bibliothekare. Leipzig 1967 S. 184–190. – *Standards für öffentliche Bibliotheken (Public libraries).* Dtsprach. Fassung i. A. d. Sektion Öffentl. Bibliotheken d. IVBV, vorgelegt v. Dt. Bibliotheksverband. Berlin 1972. – OTTO LÖHMANN, *The standardization problem in IFLA since 1971.* Report. In: IFLA News 42 (1972) S. 26–28. – *Standards for libraries.* Ed. by Felix E. Hirsch. In: Library trends 21 (1972/73) S. 159 bis 355; internationaler Überblick durch 13 Autoren. – Unesco. *International standardization of library and documentation techniques.* Paris 1972; Bestandsaufnahme der Standardisierungsbestrebungen im Bibliotheks- und Informationswesen. Geeignet als Überblick über Standardisierung im weitesten Sinne.

792 Für das Bibliothekswesen der sozialistischen Länder hat sich eine Kommission für Statistik und Standardisierung, vertreten durch die jeweiligen methodischen Einrichtungen, gebildet. Sie gibt ein Bulletin mit einschlägigen Arbeiten heraus.

793 OTTO LÖHMANN, *Efforts for international standardization in libraries.* Reprinted from Library trends Vol. 21, No 2, Oct. 1972. – F. N. WITHERS, *Standards for library service.* An intern. survey. Paris 1974. (Documentation, libraries and archives. 6.)

schon seit 1928 (zunächst als ISA: International federation of the national standardization associations) tätig ist.

ISBN

Ein interessantes Beispiel integrierter internationaler Standardisierung, obwohl sie noch nicht Weltgeltung erlangt hat, ist die Internationale Standardbuchnummer (ISBN).[794] Sie ist für das Buch- und Verlagswesen (Buchhandelsverzeichnisse) wie für das Bibliotheks- und Informationswesen (Bibliographien, Kataloge) gleichermaßen von Bedeutung, weil sie jedes Buch und jede seiner Ausgaben durch eine Nummer festlegt. Ihr Wirkungsfeld ist noch nicht vollständig zu übersehen, aber sicher beträchtlich. Die ISBN ist in Großbritannien entwickelt und von der ISO/TC 46 empfohlen worden. Jede Standardbuchnummer, durch ISBN eingeleitet, umfaßt 10 Ziffern, die durch Zwischenräume oder Trennungsstriche in drei Gruppen mit wechselnder Stellenzahl gegliedert werden; eine Prüfziffer bildet den Abschluß. An erster Stelle dieser Ziffernabfolge steht die der nationalen, sprachlichen oder geographischen Herkunft des Buches. Sie wird von einer Stelle aus, der British standards institution, vergeben (zentrale Registrierung). Eine entsprechende Regelung ist auch für Zeitschriften und Serien („serials") gefunden worden (International Serial Standardnummer = ISSN). Mit der Einführung von ISBN und ISSN in allen Ländern würde nicht nur ein weiteres Beispiel für internationale Standardisierung, sondern auch eine sehr wichtige und ökonomische Voraussetzung für weltweite Automation im Buch- und Bibliothekswesen gegeben sein. Auf Beschluß des RGW führen die europäischen sozialistischen Länder die ISBN ab 1977 ein.

8.7. Technisierung und materielle Ausstattung

8.7.1. *Allgemeines*

So entscheidende Fragen der Technisierung (Einsatz technischer Mittel zur Entlastung und Steigerung der menschlichen Arbeitskraft) für Bibliothekszwecke können infolge der Vielfalt der gegebenen Möglichkeiten nur als eine grundsätzliche Frage behandelt werden.[795] Außerdem ist die Entwicklung technischer Hilfsmittel insbesondere auf den Gebieten der Reprographie und Nachrichtenübermittlung in einem noch nie dagewesenen Ausmaß in Fluß geraten. Die Technisierung des Bibliotheks-

[794] S. M. A. LAWANI, *Standard book numbering.* In: Unesco bull. f. libr. 23 (1969) S. 226–233. – *Internationale Standard-Buchnummer.* Leitfaden. Frankfurt a. M. 1970. – KARL WILHELM NEUBAUER, *Internationale Standard-Buchnummer und Internationale Standard „Serial"-Nummer (ISSN).* In: ZfBB 18 (1971) S. 333–338. – KARL WILHELM NEUBAUER and SIBYLLE SELBMANN, *Application of ISBN in libraries.* Paper d. IVBV/Committee on statistics and standards. Grenoble 1973. – JÜRGEN EHLERS, *ISSN für deutsche Periodica.* International Standard Serial Number. In: Börsenbl. f. d. Dt. Buchh. (Frankfurt a. M.) 29 (1973) S. 906–908.

[795] Einzelne bewährte Technisierungsvorgänge werden innerhalb der verschiedenen Kapitel dieses Lehrbuchs behandelt.

betriebs auf allen Gebieten ist heute unaufschiebbar geworden.[796] Die Begründung dafür ist sehr einfach zu geben: Auf der einen Seite wachsen ständig die Anforderungen, die an die Bibliotheken gestellt werden, auf der anderen Seite läßt der Arbeitskräftemangel eine proportionale Erweiterung der Kader nicht zu, selbst wenn sie volkswirtschaftlich zu leisten wäre. Aber auch abgesehen davon zählen die ununterbrochene Vervollkommnung des technologischen Prozesses sowie die ständige technische Neuausrüstung der Produktion in der sozialistischen Gesellschaft zu den Grundvoraussetzungen für die Steigerung der Arbeitsproduktivität. Schon Karl Marx hat als Faktoren bzw. „Umstände" der Arbeitsproduktivität u. a. „die Entwicklungsstufe der Wissenschaft und ihre technologische Anwendbarkeit sowie den Umfang und die Wirkungsfähigkeit der Produktionsmittel"[797] bezeichnet. Nach dem Grad der Technisierung unterscheidet man: *Mechanisierung,* d. h. Ersetzung menschlicher Arbeitskraft im Produktionsprozeß durch Maschinen usw., die aber noch von Menschen gesteuert und kontrolliert werden müssen. Demgegenüber stellt die *Automatisierung,* bei der alle Tätigkeiten des Menschen durch selbsttätige Arbeit der Maschine ersetzt werden, die höchste Stufe in der Anwendung moderner Technik dar. Der Weg von der Mechanisierung zur Automatisierung ist von bestimmten Voraussetzungen abhängig, die einen beträchtlichen Aufwand an Investitionen erfordern. Er kann daher entsprechend den ökonomischen und technischen Möglichkeiten nur schwerpunktmäßig beschritten werden.

Notwendigkeit der Technisierung

Wesen

Ein Handbuch der Technisierung für Bibliothekare besitzen wir noch nicht. Angesichts der Breite, die dieses Gebiet aber bereits heute angenommen hat, können wir uns nur auf einige weiterführende Hinweise beschränken, um das Feld der bibliothekarischen Technisierung abzustecken:

Ausdehnung

---

[796] KURT BRÜCKMANN, *Die Bedeutung der Technisierung und Rationalisierung für die Lösung der den wissenschaftlichen Bibliotheken im Siebenjahrplan gestellten Aufgaben.* In: ZfB 75 (1961) S. 49–66. – WERNER DUX, *Fragen der Technisierung von Bibliotheken.* In: ZfB 78 (1964) S. 321–339. Mit Lit.angaben. Auszug aus e. Konferenz-Referat, Prag 11. bis 14. Febr. 1964. – Státní knihovna ČSSR, Ustřední vědeckometodický kabinet knihovnictvi. *Mezinárodní porada odborníků socialistických zemi o výstavbě, zařizeni a technickém vybaveni knihoven.* Sborník materiálů. Praha 1964. (Internationale Beratung von Fachleuten der sozialistischen Länder über den Aufbau, die Einrichtung und technische Ausrüstung von Bibliotheken.) – S. A. PIŠČAL'NIKOV, *Mechanizacija raboty v techničeskich bibliotekach.* Moskva 1967. – GERHARD SCHWARZ u. HANS-JOACHIM MEISTER, *Möglichkeiten für die Modernisierung d. materiell-technischen Basis der Bibliotheken.* In: ZfB 83 (1969) S. 3–16. – ANNA VEJSOVÁ, *Mechanizace a automatizace v knihovnách a útvarech VTEI.* Praha 1969. (Státní technická knihovna. Učební texty. Mit russ., engl. u. dt. Zsfassg.) – PETER SCHWEIGLER, *Materialfluß im Bibliotheksbetrieb.* Transporttechnik – Lagertechnik – Nachrichtentechnik. In: ZfBB 19 (1972) S. 311–352. – N. J. GRJAZNOV u. V. F. RUDAKOV, *Über die Mechanisierung und Automatisierung bibliothekarischer Prozesse.* In: Naučno-techničeskaja informacija. Ser. 1 (1973) 7 S. 13–16. Arbeitsübersetzung Deutsche Staatsbibliothek.

[797] Zit. nach *Ökonomik der Arbeit in der DDR.* 2. Aufl. Berlin 1963 S. 197.

Bürotechnik, Büroorganisation, Büromaschinen. Für alle modernen Einrichtungen auf dem Gebiet der Verwaltungsorganisation und Bürotechnik können wir auf die Publikationen des 1960 geschaffenen Instituts für Verwaltungsorganisation und Bürotechnik mit Sitz in Leipzig verweisen, das ausgezeichnete Arbeit geleistet hat und leistet. Das gilt auch für Büromaschinen (Diktiergeräte, Schreibautomaten, Organisationsautomaten.[798]

8.7.2. *Selektierungsverfahren*

Eine besondere Bedeutung kommt bei der Technisierung der wissenschaftlichen Arbeit den Selektierungsverfahren zu. Unter Selektierungsverfahren versteht man manuelle, halbautomatische, automatische oder hyperautomatische Vorrichtungen, die es gestatten, bestimmte Sortier- und Auswahlvorgänge mechanisch, d. h. mit Hilfe dieser Vorrichtungen, durchzuführen. Vorerst aber ist es sehr nötig, auf diese Arbeitsmethoden hinzuweisen, die auf dem Gebiete der Bibliotheksarbeit und der Dokumentation bereits als mechanisierte Selektion eine so große Rolle spielen. Alle Selektierungsverfahren verfolgen den Zweck, das menschliche Gedächtnis durch die Maschine zu entlasten. Die Methoden der mechanisierten Dokumentation erstrecken sich auf Lochkartenverfahren[799] der verschiedensten Systeme sowie auf die Anwendung des Filmes („Rapid-Selektor", mit hellen und dunklen viereckigen Zeichen auf einem Film arbeitend) und von Magnetstreifen oder Magnetsaiten mit festgelegten Zeichen, die durch magnetische Einwirkung gewonnen werden, nach dem Prinzip elektronischer Rechenmaschinen arbeitend.

mechanisierte Selektion

---

[798] *Anordnung über das Statut des Instituts für Verwaltungsorganisation und Bürotechnik.* In: GBl. II 1960 S. 248. – Das Institut für Verwaltungsorganisation und Bürotechnik, 701 Leipzig, Petersstr. 43, informiert u. a. durch seine in Lieferungen erscheinende Publikation „Technik im Büro" (1963 ff.), Loseblattausgabe, nach DK orientierend. – *NTB. Neue Technik im Büro.* Zeitschrift f. Büromaschinen, Registrierkassen u. Büroorganisation. Berlin 1. 1957 ff. – *Organisation.* Zeitschrift für Leitungs- und Verwaltungsorganisation. Hrsg. v. Institut für Verwaltungsorganisation und Bürotechnik. Ersch. 8mal jährlich. Berlin 1. 1967 ff. – OTTO u. URSULA FELDMANN, RUDOLF WALLNER, *Büroorganisation und Bürotechnik.* 9., bearb. Aufl. T. 1. 2. Berlin 1969. – *Rationalisierung der Schreibarbeiten.* Hrsg. v. Institut für Verwaltungsorganisation und Bürotechnik. Berlin 1965.

[799] WALTER LINGENBERG, *Über die Anwendung von Lochkartenverfahren in Bibliotheken.* Köln 1955. (Arbeiten aus d. Bibliothekar-Lehrinstitut d. Landes Nordrhein-Westfalen. 9.) – HEINZ GITTIG, *Die Anwendung des Lochkartenverfahrens bei Bibliothekskatalogen.* In: Bibliothekar 16 (1962) S. 187–190. – GERHARD LOH, *Stand und Möglichkeiten der Anwendung von manuellen Lochkartenverfahren im wissenschaftlichen Bibliothekswesen.* In: ZfB 79 (1965) S. 385–403. – HANSPETER SMERS, *Das maschinelle Lochkartenverfahren.* 4. Aufl. Leipzig 1969. – ROLF HAAKE, *Informationstechnik.* Leipzig 1975.

8.7.3. *Produktion materieller Informationsträger*

Hierunter fassen wir alle anfallenden Arbeiten und Verfahren im Bibliotheksbereich zusammen, die entweder den Zweck verfolgen, eigene Arbeitsergebnisse (Neuerwerbungslisten, Bestandsverzeichnisse, Bibliographien, methodische Materialien usw.) zu vervielfältigen oder Kopien entweder nach eigener oder herbeigeschaffter Originalliteratur herzustellen. Auf keinem der beiden Gebiete ist es Aufgabe des Bibliothekars, orginelle Wege zu beschreiten, sondern die besten und zweckmäßigsten Verfahren des graphischen Gewerbes auf dem Gebiete des Hoch- und Flachdruckes und der Reprographie nach den ihm gegebenen Möglichkeiten, die man auch nicht überschätzen darf, anzuwenden.

Herstellung von Informationsträgern

8.7.4. *Vervielfältigung*

Große Bibliotheken verfügen in der Regel über eigene Hausdruckereien, die sie für die Herstellung ihrer Publikationen einsetzen können. Ein unvermeidbarer Nachteil dieser eigenen typographischen Regie ist, daß solche Bibliotheken meist weniger beweglich sind als Produktionsbetriebe der graphischen Industrie. Verglichen damit arbeiten sie häufig noch mit veralteten Maschinen und Apparaten. Vermeidbar sind jedoch grobe Fehler in der Publikationstätigkeit, wenn sich die dafür verantwortlichen Bibliothekare dessen bewußt sind, daß sie auch verlegerische Aufgaben erfüllen und dazu über ein Grundwissen der Buchherstellung und Buchgestaltung verfügen müssen.[800]

Vervielfältigungen und Publikationstätigkeit

8.7.5. *Reprographie*

Unter Reprographie faßt man seit einigen Jahren alle Verfahren der lichttechnischen bleibenden Wiedergabe von Vorlagen zusammen. Das Bedürfnis nach diesem übergeordneten Begriff hat sich ergeben, weil die herkömmlichen fotomechanischen Verfahren in neuerer Zeit um thermochemische und rein physikalische erweitert worden sind. Die Reprographie umfaßt also fotochemische Lichtpausverfahren, Wärmekopierverfahren, Elektrofotographie und alle an Druckformen gebundenen Vervielfältigungsverfahren.[801]

Reprographie

---

[800] *Editorial practice in libraries.* Ed. by B. C. Brookes. London 1961.

[801] OTTO FRANK, *Die Kopier- und Vervielfältigungstechnik.* Stuttgart 1963. (Handbuch der Reprographie. 3.) – *Manuel pratique de reproduction documentaire et de sélection.* Publ. sous la dir. de Paul Poindron. Paris 1964. (Fédération internationale de documentation. Publication. 353.) – GERHARD ZIEGER, *Vervielfältigen – aber wie?* Berlin 1965. – WERNER DUX, *Zur gegenwärtigen und künftigen Bedeutung der Reprographie für die wiss. Bibliotheken.* In: ZfB 80 (1966) S. 455–467. – *Reprographie II.* Bericht über den II. Internationalen Kongreß f. Reprographie. Köln, 25.–31. Okt. 1967. Hrsg. v. Othmar Helwich. Darmstadt, Wien 1969 S. 455–467. – JOHANNES

Große Vorteile bieten die Mikrokarten den Einzelwissenschaftlern und den Wissenschaftlerkollektiven an. Sie können mit Hilfe dieses fotographischen Ersatzes wichtige Fachliteratur zur Hand haben und in ihren Karteien oder Katalogen raumsparend aufbewahren und rasch auffinden.

Mikrokarten

Für die Bereitstellung von Literatur durch Bibliotheken, besonders im Leihverkehr, ist die Mikrokarte heute schon eine unerläßliche Hilfe. Die Verbindung von Mikrokarte und Lochkarte steckt noch in den Anfängen, sie kann für die Zukunft von großer Bedeutung sein (selektierte Karten, die neben den Titeln gleich das Original darbieten, besonders bei Patenten z. B.). Spezielle Lesegeräte, neuerdings auch Klein-Lesegeräte für Mikrokarten zum ambulanten Gebrauch, sind keine unüberwindliche Hürde bei der Benutzung.[802]

Beachtung des Urheberrechts

Für die Bibliothek, die Reproduktionen für den Nutzer herstellt, ist es von größter Wichtigkeit, die Bestimmungen des Urheberrechtes gewissenhaft zu beachten. Für das Gebiet der DDR gilt das *Gesetz über das Urheberrecht – Urheberrechtsgesetz – vom 13. Sept. 1965,* darüber hinaus die mehrfach revidierte Berner Übereinkunft zum Schutze von Werken der Literatur und Kunst (Berner Übereinkunft), zuletzt in Stockholm am

---

FÖLLMER u. KARL BARTUSCH, *Kopier- und Vervielfältigungsverfahren in der Information und Dokumentation.* 2. Aufl. Leipzig 1968. – *Kolloquium Probleme der Mikrofilm- und Vervielfältigungstechnik im Informationswesen der Deutschen Demokratischen Republik.* Berlin, 14.–15. 12. 1967. Berlin 1968. (ZIID-Schriftenreihe 20.) – DONALD MASON, *Document reproduction in libraries.* London 1968. – OTTO FRANK, *Reprographische Ausrüstungen.* Materialien, Geräte u. Maschinen zum Kopieren u. Vervielfältigen. Stuttgart 1968/1969. (Handbuch d. Reprographie. 4.) – HANS-JOACHIM MEISTER u. LEONHARD PENZOLD, *Ablichtungsdienste in Großbibliotheken.* In: ZfB 83 (1969) S. 217–221. – GERHARD ZIEGER, *Organisation der Vervielfältigungsarbeiten.* Leipzig 1970. – *Probleme der Dokumentenreproduktion und -bereitstellung unter besonderer Berücksichtigung der Mikroformentechnik.* II. Kolloquium Dresden, 26. 2.–27. 2. 1970. T. 1. 2. Berlin 1970–1971. (ZIID-Schriftenreihe.) – JOACHIM PFENNIG, *Geräte und Verfahren der Kopiertechnik und ihre Anwendungsmöglichkeiten in Bibliotheken.* Köln 1971. (Arbeiten aus d. Bibliothekar-Lehrinstitut d. Landes Nordrhein-Westfalen. 37.) – HEINZ WILLKOMM, *Grundlagen der Reproduktionstechnik.* Frankfurt a. M. 1973. – *Probleme der Mikrofilm- und Kopiertechnik in der gesellschaftswiss. Information und Dokumentation.* Kolloquium d. Arbeitsgruppe Reprographie d. Fachkomm. Informationsrecherchesysteme bei d. ZLGID ... Berlin 1973. – GERHARD ZIEGER, HANS KRUG u. ALFRED BORCHERDING, *Organisation der Schriftgutverfilmung.* Berlin 1974.

[802] OTTO FRANK, *Die Mikrofilmtechnik.* Stuttgart 1961. (Handbuch d. Reprographie. 2.) Zum Verfahren (Elektrokopierverfahren) S. 94–96; zur Praxis u. Anwendung S. 117 bis 121. – D. COMTESSE, *Kleine Unterweisung im Gebrauch von Mikrokarten.* In: Dokumentation, Fachbibliothek, Werksbücherei 11 (1962) S. 93–95. – Interessante Wege haben die ungarischen Bibliothekare mit Hilfe von Microcards eingeschlagen, besonders hinsichtlich von Publikationen in kleinen Auflagen (50 Stück), auch zur Sicherheitsverfilmung geeignet. Zum Beispiel das Zusammenkleben von Filmstreifen (16-mm-Film) zu „Mikrotafeln" sowie die Herstellung von Kontaktabzügen solcher Filmstreifen; 96 Bilder = 192 S. Vgl. RESZŐ BARABÁSI, *A mikromásolás néhány ujabb lehetősége.* In: Magyar könyvszemle 77 (1961) S. 505–516 (Einige neue Möglichkeiten der Mikrokopie). Mit Lit.angaben. – LÁSZLÓ TÖKÉS, *A mikrokártya és a kutatók.* In: Magyar könyvszemle 79 (1963) S. 130–146. (Die Microcards und der Forscher.) Mit Lit.angaben u. engl. Zs.fassung.

14. Juli 1967; die Deutsche Demokratische Republik ist der Stockholmer Fassung der revidierten Berner Übereinkunft mit Wirkung vom 20. Juni 1968 beigetreten.[803] Die internationalen Urheberrechtskonventionen sind seitens der DDR 1974 anerkannt worden.[804] Sie ist ferner Mitglied der in Stockholm gegründeten Weltorganisation für geistiges Eigentum (WIPO/OMPI).[805]

8.8. Sicherheit und Sicherung

8.8.1. *Allgemeines*

Wie in allen Betrieben ist auch in Bibliotheken die Arbeitssicherheit der Mitarbeiter durch sinngemäße Anwendung der Bestimmungen des Gesundheits- und Arbeitsschutzes zu gewährleisten.

Gesetzbuch der Arbeit

Das Gesetzbuch der Arbeit bestimmt u. a. die Bildung von Sicherheitsinspektionen bzw. die Einsetzung von Sicherheitsinspektoren oder ehrenamtlichen Sicherheitsbeauftragten. Die Arbeitsschutzverordnung legt die Grundsätze der Arbeit, die Aufgaben, die Arbeitsmethoden der Arbeitsschutzkommission sowie die Rechte ihrer Mitglieder fest. Eine Arbeitsschutzkommission ist unmittelbar nach Wahl der BGL zu berufen. Für jedes Jahr ist von der Institutsleitung mit der BGL eine Arbeitsschutzvereinbarung zu treffen. Besondere Gewerkschaftsorgane, die vom Staat mit der Wahrnehmung des Arbeitsschutzes beauftragt sind, kontrollieren die Durchführung der Arbeitsschutzbestimmungen und sind mit weitgehenden Vollmachten ausgestattet.

Maßnahmen zum Gesundheits- und Arbeitsschutz

Maßnahmen des Arbeitsschutzes[806] sind nicht nur für Produktionsstätten erforderlich, sondern auch für alle Betriebe und Institute, in denen Werktätige arbeiten, denn der erstrebte Schutz der Arbeitskraft umfaßt nicht nur vorbeugende Maßnahmen zur Verhütung von Unfällen und zur Erhöhung der technischen Sicherheit im Betrieb, sondern ganz allgemein

---

[803] GBl. I 1965 S. 209–220. – *Urheberrecht der Deutschen Demokratischen Republik.* Autorenkollektiv. Berlin 1969. – HEINZ WERNER, *Das sozialistische Urheberrecht der DDR und die wiss. Bibliotheken.* In: ZfB 80 (1966) S. 129–147. – In allen Fragen der praktischen Handhabung urheberrechtlicher Bestimmungen ist heranzuziehen: *Rechts-ABC für Bibliothekare.* Leipzig 1975. – Nützlich auch: ANSELM GLÜCKSMANN, HERBERT RIEGER u. RUDOLF WALTHER, *Das Urheberrecht und die wiss.-techn. Information u. Dokumentation.* 2. Aufl. Leipzig 1966. (Einführung in d. Information u. Dok. 8.) – *Urheberrecht.* Hrsg. v. Heinz Püschel. Leipzig 1975. (Meyers Taschenlexikon.)

[804] GBl. II 1974, Nr. 4.

[805] *Bekanntmachung über das Inkrafttreten der Artikel 22–38 der Berner Übereinkunft vom 10. August 1970.* In: GBl. I 1970 S. 288.

[806] GERHARD TIETZE, *Arbeitshygiene und Gewerkschaften.* Berlin 1961. – *Handbuch für den Arbeitsschutz.* Redaktions-Kollektiv. 7. Aufl. Berlin 1966. – *Arbeitshygiene und Arbeitsschutz.* Berlin 1967. – *Allgemeine Arbeitshygiene.* Hrsg. v. Max Quaas u. Ursularenate Renker. 3. Aufl. Leipzig 1969. – *Handbuch für den Arbeitsschutzobmann.* 4. Aufl. Berlin 1970.

auch den Schutz des Lebens und der Gesundheit aller Werktätigen. In diesem weiten Sinne gehören zum Arbeits- und Gesundheitsschutz alle Fragen der Hygiene des Arbeitsplatzes, Gesundheitskontrollen, Arbeitszeit- und Arbeitspausenregelungen, Sonderbestimmungen für Jugendliche und Frauen, Arbeitsschutzmittel und Arbeitsschutzkleidung u. a. m. Infolgedessen verlangen diese Aufgaben auch in allen Bibliotheken Beachtung, ganz besonders aber in sehr großen Bibliotheken mit beträchtlichen Verwaltungseinrichtungen (technisches Hauspersonal, z. B. Heizer, Handwerker, besonders Buchbinder). Noch sehr im argen liegt der Teil der Bibliothekshygiene, der sich mit dem Gefahrenherd des durch die Ausleihe von Hand zu Hand gehenden Bibliotheksbuches und des Staubes zu befassen hat.

8.8.2. *Brandschutz*

Zu den in Bibliotheken besonders wichtigen Aufgaben der Hausverwaltung gehört auch der vorbeugende Brandschutz.[807] Wie auf allen Gebieten ist vorbeugen besser als heilen: Gerade für Bibliotheken ist der vorbeugende Brandschutz von höchster Wichtigkeit. Jeder Mitarbeiter muß das ABC des Brandschutzes beherrschen. Zu den selbstverständlichen Maßnahmen des vorbeugenden Brandschutzes, die von der zuständigen Brandschutzinspektion der Volkspolizei in der DDR und von der Feuerwehr kontrolliert werden, zählen u. a. die Zusammenfassung der wichtigsten Anordnungen, die auf dem Gebiete des Brandschutzes für die betreffenden Bibliotheken von Bedeutung sind, in einer besonderen „Brandschutzordnung"; Benennung und Unterweisung eines Brandschutzverantwortlichen, der von Brandschutzhelfern unterstützt wird; Anlage von Kontrollbüchern; Führung einer Brandschutzakte; Aufbau einer Löschgruppe usw. Niemand sollte die große Bedeutung des Brandschutzes gerade in den Bibliotheken, in denen bedeutende kulturelle Werte aufbewahrt werden, unterschätzen. Besondere Bestimmungen (Sicherheitsvorschriften) gelten für die technischen Einrichtungen in Bibliotheken, die mit feuergefährlichen Materialien oder auch nur mit offenen Brennstellen umgehen (elektrische Anlagen, Fotostelle, Handwerker-Arbeitsräume, Kraftfahrzeuge und Garagen, Lagerung von Brennstoffen/Kohle). Ganz entscheidend für den vorbeugenden Brandschutz ist die ständige und regelmäßige Kontrolle aller angeordneten Maßnahmen; z. B. ist die Einhaltung des Verbots von Tauchsiedern laufend zu überwachen. Jeder Mitarbeiter muß die Standorte von Feuerlöschgeräten kennen und sie zu handhaben verstehen. Auch die Wasserzuleitungen (Zisternen) müssen

Brandschutzordnung

Sicherheitsvorschriften

[807] HORST BERENSMEIER, *Handbuch des Brandschutzes.* Berlin 1970. – *Gesetz über den Brandschutz in der DDR – Brandschutzgesetz – vom 19. Dez. 1974.* In: GBl. I 1974, Nr. 62 S. 575–579.

jedem bekannt sein; ihr Funktionieren ist von Zeit zu Zeit zu überprüfen. Ein Fortschritt ist im Brandschutz der DDR insofern erzielt worden, als jedes Bibliotheksgebäude (nach TGL 10685) in eine Brand-Gefahrenklasse eingeordnet ist.

Es sind, u. a. von der Cornell UB in Ithaca in den USA, Brandversuche gemacht worden, deren Ergebnisse für alle Bibliothekare sehr lehrreich sind: Im Prinzip bestätigte sich, daß aufgestellte oder gestapelte Bücher schwer entflammbar und Stahlregale relativ widerstandsfähig sind. Weitere Schlußfolgerungen: „Die Magazinstockwerke sollen durch feuerfeste Decken voneinander getrennt sein. Metallregale sind Holzregalen vorzuziehen. Alle Treppen, Aufzüge etc. sollen mit feuerresistentem Material ausgekleidet sein. Zur Brandbekämpfung genügt eine Alarmanlage, die auf Hitzeentwicklung anspricht, in Verbindung mit einer genügenden Anzahl von Handfeuerlöschern, die ständig kontrolliert werden müssen."[808]

Automatisierung des Brandschutzes

Eine „Automation"[809] des Brandschutzes dergestalt, daß sich bei anormal hohen Temperaturen eingebaute Stahltüren selbsttätig schließen und dadurch einzelne Magazinteile abriegeln, sollte daher in Zukunft eine selbstverständliche Sicherheitseinrichtung in Bibliotheksmagazinen sein. Darüber hinaus sind Feuermelde- und Warnanlagen in Bibliotheken mit wertvollen Altbeständen dringend erforderlich. Hier können die Bibliothekare von den Archivaren, die um die Sicherung ihrer unikalen Bestände besonders besorgt sein müssen, manches profitieren.[810]

Aber damit ist es nicht getan.[811] Es geht in den wissenschaftlichen Bibliotheken mit kostbaren und schwer ersetzbaren Altbeständen um ein wohlüberlegtes Sicherheitssystem, um den Schutz von Kulturgut überhaupt. Es ist an der Zeit, die allgemeine Sorglosigkeit in dieser Hinsicht zu überwinden. Staatlicherseits werden hierzu wertvolle Impulse gegeben, und ein begründetes Sicherheitssystem kann auch auf Realisierung rechnen. Auch die Schaffung einer Sonderabteilung für alte und wertvolle Drucke ist ein Glied in der Kette solcher erforderlichen Sicherheitsmaßnahmen.

Um bei allen Mitarbeitern zu erreichen, daß sie sich für die Sicherheit der Bibliothek gegen drohende Gefahren aller Art verantwortlich fühlen, sind in mancher Bibliothek, unabhängig von Maßnahmen, die auf Grund der

---

[808] Nach ZfB 75 (1961) S. 39; Quelle: Library journal 85 (1960) S. 3413.

[809] *Fire rated top problem in security study.* In: Library journal 98 (1973) S. 2954–2955. – *Technik zur automatischen Erkennung und Meldung von Bränden.* In: Unser Brandschutz (1973) H. 1–7.

[810] ARNOLD HOBER, *Brandschutz in Archiven.* In: Archivmitteilungen. 20 (1970) S. 103 bis 108. – WOLFGANG SCHEFFLER, *Brandwarn- und Meldeanlagen für Archive.* In: Archivmitteilungen 23 (1973) S. 187–189.

[811] An den neben Feuer gefährlichsten Feind der Bibliotheken, das Wasser, soll, eingedenk der Flutkatastrophe in Florenz 1966, erinnert werden. Vgl. JOACHIM WIEDER, *Internationale Zusammenarbeit auf dem Gebiet der Konservierung und Restaurierung von Bibliotheksgut.* Bericht über das Florentiner Kolloquium vom 12.–14. März 1970. In: ZfBB 17 (1970) S. 401–405.

allgemeine Sicherheitsbestimmungen

polizeilichen Brandschutzbestimmungen zu ergreifen sind, allgemeine Sicherheitsbestimmungen vom Direktor erlassen worden. Sie legen die Verantwortlichkeit der Mitarbeiter in den einzelnen Arbeitsbereichen fest; die Einhaltung der Sicherheitsbestimmungen wird durch Stichproben der leitenden Mitarbeiter kontrolliert. Alle Mitarbeiter (sofern vorhanden, auch alle Untermieter des Hauses) müssen sich durch Unterschrift zur gewissenhaften Einhaltung der geltenden Bestimmungen verpflichten.

8.8.3. *Sicherung der Bestände*

Verantwortung des Leiters

Die Sicherung der Bibliotheksbestände[812] ist eine Aufgabe, für die zwar der staatliche Leiter nach dem Gesetz die volle Verantwortung persönlich trägt; sie ist aber ohne das Mitdenken und Mithandeln aller Mitarbeiter einer Bibliothek nicht lösbar. Und es ist eine permanente Aufgabe. Deshalb müssen in Bibliotheken alle – auch geringfügige – Verstöße gegen die Betriebssicherheit (Feuergefahr) und gegen die Sicherheit der Bestände (eigenmächtige Entnahme von Büchern) immer sehr ernst genommen und gegebenenfalls disziplinarisch geahndet werden. Die gewissenhafte Beachtung von Weisungen, wie sie sich aus allgemeinen Gesetzen und bibliotheksspezifischen Rechtsvorschriften[813] ergeben, ist selbstverständliche Pflicht für jede Leitung und jedes Kollektiv einer Bibliothek. Eine besondere Maßnahme zur Sicherung wertvoller oder gefährdeter Bibliotheksbestände ist die Sicherheitsverfilmung[814] auf Rollfilm oder Mikroplanfilm. Sie muß nach einem Gesamtplan erfolgen. Es

Sicherheitsverfilmung

[812] GÜNTER DEMGENSKY, *Sicherheitsdienst in Kulturstätten.* 2. Aufl. Berlin 1964. (Kleine Fachbücherei d. Feuerwehr. 15.) – HANS-JOACHIM MEISTER, *Zu einigen Fragen der Sicherung von Bibliotheksbeständen.* In: ZfB 83 (1969) S. 193–204. – HANS FORAMITTI, *Kulturgüterschutz.* Empfehlungen zur praktischen Durchführung. T. 1–3. Wien, Köln, Graz 1970. (Studien zu Denkmalschutz u. Denkmalpflege. 4.) – *Protection of library collections.* Boston, Mass. 1970. – OSCAR M. TRELLES, *Protection of libraries.* In: Law library journal 66 (1973) S. 241–258; ausgehend v. d. Brand in der Temple Univ. law library und mündend in d. Feststellung: „The lack of interest of some librarians regarding the security of their libraries is shocking“ (S. 258). Mit Lit.angaben. – *National survey on library security institute.* New York 1973. – WALTER SCHUSTER, *Sicherheitstechnik und ihre Anwendung im Kulturgüterschutz.* Wien u. a. 1974.

[813] *Anordnung Nr. 4 über die Erfassung und Sicherung des staatlichen Eigentums im Bereich der Organe der staatlichen Verwaltung und staatlichen Einrichtungen – Erfassung der Bibliotheksbestände – vom 9. August 1962.* In: GBl. II 1962 S. 511–512.

[814] Ein in der Fachlit. noch vernachlässigtes Gebiet. Vgl. hierzu GUSTAV HOFMANN, *Gedanken zur Verwaltung von Handschriften in öffentlichen wiss. Bibliotheken.* In: Aktuelle Probleme d. Bibliotheksverwaltung. Festgabe Hermann Fuchs ... Wiesbaden 1966 S. 52–61. – WOLFGANG BLÖSS, *Sicherungsverfilmung in der Deutschen Demokratischen Republik.* Ergebnisse u. Erfahrungen. In: Archivmitteilungen 18 (1968) S. 122–128. – A. SCHLEGEL, *Probleme der Sicherungs- und Ersatzverfilmung unter dem Aspekt der Bewertung des neuzeitlichen Schriftgutes.* In: Archivmitteilungen 19 (1969) S. 183–184.

empfiehlt sich, für kostbare sowie für materialgefährdete Dokumente (z. B. Zeitungen) doppelte Verfilmung vorzunehmen: Ein Exemplar tritt als Schutzfilm an die Stelle des Originals und steht zur Benutzung zur Verfügung (Katalogeintragung), das andere soll als eigentlicher Sicherheitsfilm unter Beachtung notwendiger Aufbewahrungsbedingungen an einem sicheren Ort außerhalb der Bibliothek aufbewahrt werden, um im Katastrophenfall wenigstens einen Ersatz des Originals zu garantieren.
Für Bibliotheken mit wertvollen Altbeständen, besonders an Handschriften, hat sich die Anlage eines Archivs von Mikroformen zum Schutze der Originale bestens bewährt: Mikrofilme bzw. Mikrokarten für vielbenutzte handschriftliche Texte, Ektachrome für häufig wegen ihrer Illustrationen in Anspruch genommene Handschriften.

Haager Konvention

Für die Sicherheitsmaßnahmen für Bibliotheken ist die Haager Konvention zum Schutze von Kulturgut[815] bei bewaffneten Konflikten von 1954 von Bedeutung, denn zu den Schutzobjekten zählen neben Bau-, Kunst- oder geschichtlichen Denkmälern (also auch bestimmten Bibliotheksgebäuden) Manuskripte und Bücher von künstlerischem, historischem oder archäologischem Interesse. Auch daraus erwachsen den Bibliotheken Verpflichtungen für Sicherungsmaßnahmen.

8.9. Leitungstätigkeit

8.9.1. *Grundprinzipien*

Leitungswissenschaft

Leitung und Planung[816] gesellschaftlicher Prozesse sowie einzelner Glieder innerhalb dieses Prozesses sind in der sozialistischen Gesellschaft von grundlegender Bedeutung. Deshalb hat sich eine besondere Leitungswissenschaft herausgebildet. Nun kann man aber nicht durch eine Fach- oder Hochschulausbildung Leiter für bestimmte Bereiche wie das Bibliothekswesen heranbilden. Wohl aber muß bei dem erreichten Entwicklungsstand der Bibliotheken in den sozialistischen Ländern von den Mitarbeitern erwartet werden, daß sie bereits in der Ausbildung mit den wichtigsten Grundsätzen sozialistischer Leitungs- und Planungstätigkeit vertraut gemacht worden sind. Die Qualifizierung zum Leiter kann nur durch

---

[815] HANS FORAMITTI, *Kulturgüterschutz in Bibliotheken.* In: Biblos 21 (1972) S. 8–16.

[816] Allgemein: *Organisation.* Zeitschrift f. Leitungs- und Verwaltungsorganisation. Leipzig 1967 ff.; jährlich 8 Hefte. – RUDI WEIDAUER u. ALBERT WETZEL, *Sozialistische Leitung im Betrieb u. Kombinat.* Berlin 1972. – *Leiter, Kollektiv, Persönlichkeit.* Handbuch d. soz. Leitungstätigkeit. Berlin 1972. – Speziell: HERBERT SCHUSTER, *Zur Leitungstätigkeit der allgemeinen öffentlichen Bibliotheken.* In: Bibliothekar 21 (1967) S. 225–233. – WOLFGANG KALTSCHMIDT, *Einige Gedanken zu Führungsaufgaben im sozialistischen Bibliothekswesen.* In: ZfB 82 (1968) S. 598–601. – KARL HEINRICH BELL u. EBERHARD KABUS, *Probleme der Anwendung wiss. Methoden in der Planungs- u. Leitungstätigkeit wiss. Bibliotheken.* 1.2. In: ZfB 84 (1970) S. 705–720, 85 (1971) S. 129–147. – E. ZAZERSKIJ, *Krugozor rukovoditelja, kakim on dolžen byť?* In: Bibliotekař (1973) 3, S. 54–56. – GERHARD FROHN, *Rationell leiten.* 8. Aufl. Berlin 1974.

Weiterbildung, Selbststudium und Bewährung erreicht werden; es gehört auch eine gewisse Erfahrung, Menschenkenntnis sowie Einfühlungsvermögen zum Leiten von Mitarbeitern dazu. Die Ausbildung von Bibliothekaren und wissenschaftlichen Bibliothekaren hat propädeutisch in Leitungs- und Planungsprobleme einzuführen.[817]

demokratischer Zentralismus

Das Hauptprinzip der sozialistischen Leitung, das nicht nur für die Wirtschaft, sondern auch für den Staatsapparat selbst, alle staatlichen Einrichtungen und gesellschaftlichen Organisationen gilt, ist das Prinzip des demokratischen Zentralismus. Das ist ein entscheidender Wesenszug der sozialistischen Gesellschaft, beruhend auf der festen Einheit von zentraler Leitung und Planung sowie demokratischer Initiative der Werktätigen. Aus dem demokratischen Zentralismus leiten sich sozialistische Leitungsprinzipien ab. Jeder Leiter in einem Bibliotheksorganismus (nicht nur der Direktor) muß sich durch Selbststudium, Nutzung von Weiterbildungsmöglichkeiten und nicht zuletzt durch persönliche Aufgeschlossenheit mit den Grundfragen der Leitungstätigkeit ständig auseinandersetzen. Zu den grundlegenden Leitungsprinzipien zählen u. a. die richtig verstandene und immer wieder neu zu durchdenkende Einheit von Politik, Ökonomie und Kultur sowie die effektivste Nutzung und Mehrung, aber auch der Schutz sozialistischen Eigentums.

Teilnahme der Werktätigen an der Leitung

Von besonderer Bedeutung ist das Prinzip der Teilnahme der Werktätigen an der Leitung der Betriebe und Institute. Wie für alle leitenden Organe des Staates ist es auch für wissenschaftliche und kulturelle Einrichtungen verbindlich und besagt, daß jede Aufgabe nur in engster Verbindung mit der Bevölkerung richtig gelöst werden kann. Zwischen der Politik des sozialistischen Staates und den Interessen seiner Bürger kann es keinen prinzipiellen Widerspruch geben. Es wäre aber falsch zu glauben, daß sich diese Einsicht in die Übereinstimmung der Interessen des Staates und des einzelnen spontan vollzieht; vielmehr handelt es sich dabei um einen historisch bedeutsamen Entwicklungs- und Erziehungsprozeß. Die gesamte Arbeitsweise der leitenden Organe muß daher auf diesem Grundgesetz beruhen. Das bedeutet, daß die Mitverantwortung der Bürger entfaltet und beständig gefördert werden muß. Das Hauptanliegen des Prinzips der Teilnahme der Werktätigen an der Leitung geht dahin, die sozialistische Demokratie allseitig zu entfalten. Die Werktätigen ihrerseits müssen lernen, die Rechte, die ihnen als Eigentümer der Produktionsmittel zustehen, bewußt zu nutzen. Die aktive Teilnahme der Werktätigen an der Leitung und die Förderung ihrer Mitwirkung seitens der Leitungen sollen bei allen Werktätigen die Einsicht in die gesellschaftlichen Zusammenhänge vertiefen. Nur auf diesem Wege werden sie zu sicheren Beherrschern der von ihnen selbstgestalteten gesellschaftlichen Verhältnisse.

Die Formen der demokratischen Mitwirkung sind vielfältig und zum Teil in verfassungsmäßigen oder gewerkschaftlichen Rechten garantiert: so-

[817] WOLFGANG SCHUMANN, *Planen und leiten lernen.* In: Buch – Bibliothek – Leser. Festschr. f. Horst Kunze zum 60. Geb. Berlin 1969 S. 415–420.

zialistischer Wettbewerb, sozialistische Gemeinschaftsarbeit, Neuererbewegung, betriebliche Vereinbarungen, Rechenschaftslegungen, Betriebs-, Abteilungs- und Gewerkschaftsversammlungen, Tätigkeit in gesellschaftlichen Organisationen. Auf einige wichtige wird noch eingegangen werden. Besondere Bedeutung kommt nicht nur in diesem Zusammenhang, sondern als wesentliche Leitungsaufgabe der Arbeit mit der Jugend[818] und in Bibliotheken, die in zunehmendem Maße Frauenbetriebe werden, der Arbeit mit den Frauen („Frauenausschuß" der BGL) zu. Es entspricht dem Wesen der sozialistischen Kollektivität, daß sich alle Mitglieder eines Leitungskollektivs für die Lösung der gestellten Aufgaben mitverantwortlich fühlen. Das ist aber nur die eine Seite. Die andere verlangt eine Konkretisierung der persönlichen Verantwortung der einzelnen Mitglieder durch klare Arbeitsteilung und durch deutliche Funktionsabgrenzung innerhalb des Kollektivs. Arbeitsteilung in Gestalt von Festlegungen spezieller Verantwortungsbereiche ist eine unabdingbare Voraussetzung für die Erfüllung der Aufgaben.

Arbeit mit der Jugend und Frauenförderung

Innerhalb der Verantwortungsbereiche muß jedoch das Prinzip der Einzelleitung[819] und der persönlichen Verantwortung konsequent durchgesetzt werden. Der Leiter wird seine Entscheidung nur dann richtig treffen können, wenn er sich gründlich mit seinen Mitarbeitern beraten hat. Man kann durchaus verallgemeinern, daß der Kreis, mit dem diese Beratungen durchzuführen sind, um so größer sein wird, je wichtiger die Frage ist, um die es geht. Aber nach der Beratung muß der verantwortliche Leiter seine Entscheidung treffen, und dann kann es keine Diskussionen, sondern nur noch konsequente Durchführung der Entscheidung geben. Auch das ist ein Wesenszug des demokratischen Zentralismus. Wir können also feststellen, daß das Prinzip der kollektiven Beratung, richtig verstanden, die persönliche Verantwortung der leitenden Mitarbeiter nicht mindert, sondern erhöht. Zwischen dem Prinzip der Einzelleitung und der persönlichen Verantwortung auf der einen Seite und dem Prinzip der Teilnahme der Werktätigen an der Leitung besteht nicht nur eine Wechselbeziehung, sondern auch das Verhältnis der Über- oder Unterordnung. Nur als ein Ganzes können beide Prinzipien die Grundlage für die Verbesserung der Leitungsarbeit bilden. Einzelleitung unter Ausschluß der Werktätigen („Managertum") ist ebenso falsch wie das Ausweichen vor der persönlichen Verantwortung hinter „breiten" Diskussionen, die die notwendige Entscheidung verzögern oder gar zerfließen lassen (Flucht vor der Verantwortung).

Einzelleitung und persönliche Verantwortung

Mit dem Blick auf die Besonderheiten des Bibliothekswesens und anderer wissenschaftlicher Einrichtungen leiten wir aus diesen grundsätzlichen Feststellungen folgendes ab: Die Gesamtverantwortung für die Leitung

Verantwortung des staatlichen Leiters

[818] *Jugendgesetz der DDR vom 28. Jan. 1974.* 2. Aufl. Berlin 1974.

[819] Es ist auch in zahlreichen Rechtsvorschriften zum Bibliothekswesen der DDR ausdrücklich fixiert, z. B. in der *Bibliotheksverordnung von 1968* (§ 19) sowie in deren Durchführungsbestimmungen, desgl. in der *Anweisung 22/69 des MHF vom 15. Aug. 1969* (§ 4).

der Bibliothek trägt der staatliche Leiter (Direktor, Leiter). Er übt seine Tätigkeit nach dem Prinzip der Einzelleitung und der persönlichen Verantwortung aus, wobei zwischen diesem Prinzip und der schöpferischen Teilnahme aller Mitarbeiter bei der Leitung der Bibliothek sowie bei der Erfüllung aller ihrer Aufgaben, wie dargelegt, ein innerer Zusammenhang besteht. Für den Schutz von Dienstgeheimnissen, als Bestandteil der Führungs- und Leitungstätigkeit in allen Bereichen des gesellschaftlichen Lebens, trägt der Leiter die volle Verantwortung.[820] Der staatliche Leiter wird in der Ausübung seiner Dienstgeschäfte unterstützt und beraten von der gewerkschaftlichen Leitung (Betriebsgewerkschaftsleitung, Abteilungsgewerkschaftsleitung) und der politischen Leitung (Betriebsparteiorganisation der SED, Parteileitung, Parteisekretär). Die prinzipielle Einheit dieser drei Führungsgremien ist die unabdingbare Voraussetzung für eine erfolgreiche Leitungstätigkeit in politischer und fachlicher Hinsicht. Das gemeinsame oberste Ziel aller Leitungsgremien ist die maximale Leistung, das beste Arbeitsergebnis der Bibliothek für ihre Nutzer, die ständige Erhöhung des Nutzeffektes und die Steigerung der Arbeitsproduktivität. Entscheidend ist, daß über allen Leitungsmethoden der werktätige Mensch steht. Deshalb kommt der Arbeit mit den Menschen – der Kaderarbeit – eine so große Bedeutung zu. Kaderarbeit ist keine Ressortangelegenheit von Kaderabteilungen; Menschenführung ist oberste Pflicht aller leitenden Mitarbeiter und aller Leitungsgremien. „Wissenschaftlich leiten erfordert die Anwendung und ständige Beachtung der Prinzipien der sozialistischen Menschenführung bei der Arbeit mit Kadern. Auswahl, Einsatz und Erziehung der Kader müssen zu festen Bestandteilen der Leitungsarbeit werden. Kenntnisse, Fähigkeiten, Neigungen und Wünsche der Mitarbeiter für die Aufgabenstellung der Bibliothek zu nutzen, ist für jede Leitung eine vordringliche Aufgabe."[821] Für jeden einzelnen Mitarbeiter ist ein Funktionsplan aufzustellen, der seine Aufgaben und Befugnisse innerhalb seines Verantwortungsbereiches enthält. Dafür werden Vordrucke verwendet. Es ist sehr wichtig, daß die Funktionspläne stets auf dem laufenden gehalten werden; auch Veränderungen in den Gehaltsgruppen-Katalogen sind in den Funktionsplänen zu berücksichtigen. Die Funktionspläne insgesamt widerspiegeln das Qualifikationsniveau des Mitarbeiterkreises und sind Hilfsmittel der Arbeitsorganisation. Kaderentwicklungsgespräche, Festlegung von Qualifizierungsmaßnahmen sowie deren gewissenhafte Kontrolle, das alles ist nur ein Teil der Kaderarbeit.

Einheit von staatlicher, politischer und gewerkschaftlicher Leitung

Kaderarbeit

Funktionspläne

Zusammenarbeit mit Menschen, das bedeutet enge persönliche Kontakte und soviel wie möglich davon unmittelbar am Arbeitsplatz. Persönliche Kontakte auch deswegen, weil sie weg vom Papierkrieg führen, der ein Ausmaß angenommen hat, das unbedingt einzudämmen ist. Dieser Grund-

persönliche Kontakte

[820] *Anordnung zum Schutz der Dienstgeheimnisse vom 6. Dezember 1971.* GBl. Sonderdruck Nr. 717.

[821] RICHARD HERBER u. HERBERT JUNG, *Wissenschaftliche Leitung und Entwicklung der Kader.* 2. Aufl. Berlin 1965.

satz hat sich ganz besonders bei der Anwendung der Arbeitsmethoden und Formen der Arbeitsorganisation zu bewähren, die von den Bedürfnissen der täglichen Praxis bestimmt werden.
Das Management[822] als Teil moderner Unternehmensführung, d. h. das System der Leitung und Kontrolle von Reproduktionsprozessen im Kapitalismus, hat auch in das Bibliothekswesen des Auslands Einzug gehalten. Abgesehen von dem grundsätzlichen, klassenbedingten Unterschied zwischen dem kapitalistischen Management und der sozialistischen Betriebswirtschaftslehre, werden auch in diesem Leitungssystem wissenschaftliche Methoden entwickelt und angewendet, die für die internationale Bibliotheksentwicklung und damit auch für uns von Nutzen und Interesse sind. Immer aber bedarf die wissenschaftliche Auseinandersetzung mit Management-Fortschritten im Bibliothekswesen einer kritischen Klassenposition. Das Management hat zwar wie ein Teil der sozialistischen Leitungstätigkeit einen strategischen Aspekt, nämlich hinsichtlich des Einsatzes von Menschen und Materialien. Aber die Entscheidungsfindung im Management reduziert sich auf die Aufteilung von „Ressourcen". In dieser Summe aus Geld, Raum, Material und Personen ist der Produzent nichts weiter als ein disponibles Glied neben anderen, der Mensch ist Gegenstand oder Zubehör des Managements. Über dem Produzenten erhebt sich eine Hierarchie, die nach Profitgesichtspunkten ins Spiel gebracht wird.

Management

8.9.2. *Zusammenwirken mit der Gewerkschaftsorganisation*

Der aus der gemeinsamen Zielsetzung abgeleitete Grundsatz der Einheit von staatlicher, politischer und gewerkschaftlicher Leitung besagt bereits, daß es in einer sozialistischen Bibliothek keine prinzipiellen Differenzen zwischen staatlicher und gewerkschaftlicher Leitung[823] geben kann. Vielmehr ist die von den gewerkschaftlich organisierten Mitarbeitern gewählte Vertretung, die Betriebsgewerkschaftsleitung (BGL) bzw. Abteilungsgewerkschaftsleitung (AGL), berufen, die Institutsleitung besonders auf drei Gebieten zu unterstützen: bei der Lösung aller Aufgaben, die die wissenschaftlich-technische Revolution stellt, bei der Erhöhung der Arbeitsproduktivität, bei der Vertretung der materiellen, sozialen und kulturellen Interessen aller Mitarbeiter.

gemeinsame Ziele der staatlichen und gewerkschaftlichen Leitung

---

[822] Artikel *Management* in: Ökonomisches Lexikon L–Z, 2. Aufl. Berlin 1971 S. 117. – *Leiter, Kollektiv, Persönlichkeit.* Berlin 1972. – ERNEST DALE, *Management.* Theorie und Praxis d. mod. Unternehmensführung. Düsseldorf 1972. – MOIRA BERGERSEN and CLAIRE FRIGON, *Management literature for librarians.* An annotated list. In: Canadian library journal 30 (1973) S. 227–233; diese Informationen sollen fortgeführt werden. – D. M. GVIŠIANI, *Management.* Eine Analyse bürgerl. Theorien v. Organisation u. Leitung. Russ. Originalausg. Moskau 1972. Dt. Übers. Berlin 1974.

[823] *Handbuch für den Gewerkschaftsfunktionär.* Hrsg. v. Bundesvorstand d. FDGB. 2. Aufl. Berlin 1970, nur Inh.verz., kein Register!

Die Initiative zur Zusammenarbeit hat von beiden Partnern auszugehen. Ihre grundsätzliche Bereitschaft zur Zusammenarbeit muß ihren sichtbaren Ausdruck darin finden, daß sich die Institutsleitung in allen grundsätzlichen Fragen mit der BGL verständigt, wie umgekehrt die BGL aus eigenem Antrieb die Institutsleitung bei der Erfüllung ihrer Aufgaben unterstützt.

Interessenvertretung der Mitarbeiter

Die technische Revolution und die stürmische Entwicklung der Produktivkräfte, wie sie sich gegenwärtig in der DDR vollziehen, hat auch eine Änderung der Arbeitsmethoden der Gewerkschaft[824] zur Folge gehabt. So gesehen betrifft Interessenvertretung der Werktätigen – neben der ständigen Verbesserung der Arbeitsbedingungen (Arbeits- und Gesundheitsschutz) in den Betrieben und Instituten – die materiellen und kulturellen Lebensbedingungen der Werktätigen insgesamt, also auch außerhalb der Betriebs- bzw. Institutsarbeit. Das bedeutet aber, daß die gewerkschaftliche Leitung die Pflicht hat, alle Mitarbeiter an die Erfüllung der dem Betrieb bzw. der Institution gestellten Aufgaben, an die besten Arbeitsmethoden, an die dazu gegebenen technischen Möglichkeiten, an neue Leitungsmethoden und Planungsaufgaben heranzuführen.

Förderung der Eigeninitiative der Mitarbeiter

Die breite Entfaltung der sozialistischen Demokratie, die auf der aktiven und bewußten Teilnahme aller Werktätigen an der Erfüllung der gestellten Aufgaben beruht, setzt eingehende Kenntnis aller Neuerungen voraus, also auch die ständige Weiterbildung der Mitarbeiter. Deshalb pflegen die gewerkschaftlichen Leitungen auch die Organisation der gesellschaftlichen Arbeit, d. h. alle Formen der sozialistischen Gemeinschaftsarbeit[825] (Brigaden der sozialistischen Arbeit, deren Mitglieder im Wettbewerb den Ehrentitel „Kollektiv der sozialistischen Arbeit“ erhalten) sowie andere Formen der sozialistischen Gemeinschaftsarbeit. Deshalb fördern sie den Leistungsvergleich und den Wettbewerb[826], deren Voraussetzung die Erarbeitung geprüfter Richtzahlen, Richtwerte oder Normative ist. Die Beherrschung der fachlich-technischen und der wissenschaftlichen Vor-

sozialistische Gemeinschaftsarbeit

---

[824] *Gewerkschaften, Gesundheitsschutz, Arbeitsschutz, Sozialversicherung.* Bearb. v. Red. Kollektiv: Gerhard Liebscher, Günther Trude, Gerhard Thietze. Berlin 1964. Ein umfassender Leitfaden von 900 S. Hrsg. v. d. Hochschule d. Dt. Gewerkschaften „Fritz Heckert“. Behandelt die genannten Themen in ihren politischen, ökonomischen u. fachlichen Zusammenhängen. Sachregister.

[825] RUDI WEIDIG, *Sozialistische Gemeinschaftsarbeit.* Berlin 1969. – WOLFGANG WINKLER, *Zur Theorie und Praxis der sozialistischen Gemeinschaftsarbeit in d. wiss. Bibliotheken der DDR.* In: ZfB 81 (1967) S. 65–85. – ROSWITHA MANTEY, *Erfahrungen mit der sozialistischen Gemeinschaftsarbeit in d. Bibl. d. Hochsch. f. Ökonomie Berlin-Karlshorst.* In: ZfB 81 (1967) S. 273–277. – *Sozialistische Gemeinschaftsarbeit und Kooperationsbeziehungen im Bibliothekswesen d. DDR.* Referate u. Berichte... Hrsg. v. Dt. Bibliotheksverband. Red. Bearb. Helmut Schulze. Berlin 1969.

[826] ERHARD GROSSKOPF u. RONALD HELLER, *Sozialistischer Betriebsvergleich.* Berlin 1973. – *Sozialistischer Wettbewerb in d. wiss. Bibliotheken der DDR.* Materialien d. Erfahrungsaustausches Berlin, 16. 10. 1973. Meth. Zentrum f. wiss. Bibliotheken. Berlin 1974. – GERTRAUD STEIN, *Erfahrungsaustausch zu Fragen d. sozialistischen Wettbewerbs in wiss. Bibliotheken d. DDR am 16. 10. 1973 in d. DSB in Berlin.* In: ZfB 88 (1974) S. 154–158 nebst Anl.: Empfehlungen S. 158–159.

aussetzungen, das Verständnis für die Einheit von Ökonomie und Bibliotheksarbeit, sind nur bestimmte Seiten dieses allseitigen Prozesses, zu dem aber gerade in Bibliotheken auch das geistige, das kulturelle und das gesellige Leben gehören.

gewerkschaftlicher Arbeitskreis

Als beratendes Organ der Gewerkschaft Wissenschaft ist seit 1956 ein Arbeitskreis tätig, der seit 1972 als „Kommission Gewerkschaftsarbeit in Bibliotheken, Archiven und Museen" wirksam ist.[827] Er hat Empfehlungen zum wissenschaftlich-technischen Fortschritt sowie zur politisch-ideologischen Arbeit in Bibliotheken, insbesondere zum sozialistischen Wettbewerb erarbeitet. Auch zur Befriedigung der wachsenden differenzierten Literaturbedürfnisse einen konstruktiven Beitrag zu leisten, betrachtet die Kommission als eine ihrer Hauptaufgaben.

8.9.3. *Neuererbewegung*

Pflichten des Leiters

„Plane mit, arbeite mit, regiere mit" ist die Losung für das Recht der Werktätigen in der sozialistischen Gesellschaft, die Entwicklung von Staat, Wirtschaft und Gesellschaft entscheidend mitzubestimmen. Dieses Mitbestimmungsrecht schließt die Teilnahme der Werktätigen an der Leitungstätigkeit ein. Deshalb ist es eine selbstverständliche Pflicht des Leiters, die schöpferische Arbeit seines ganzen Kollektivs ständig anzuregen und Verbesserungsvorschlägen ernste Beachtung zu schenken.

Rechtsvorschriften

Mit der „Verordnung über die Förderung der Tätigkeit der Neuerer und Rationalisatoren in der Neuererbewegung – Neuererverordnung – vom 22. 12. 1971"[828], beschlossen vom Ministerrat der DDR, hat die Neuererbewegung eine umfassende gesetzliche Grundlage erfahren. Die Neuererverordnung regelt die Rechte und Pflichten der Neuerer und bestimmt die Aufgaben der staatlichen Leiter. Ein Beschluß des Präsidiums des Bundesvorstandes des FDGB zur „Förderung und Entwicklung der Neuerer- und Rationalisatorenbewegung durch die Gewerkschaften und die Arbeitsweise der gewählten Neuereraktivs"[829] nimmt die Rechte und Pflichten gewerkschaftlicher Leitungen dabei wahr.

---

[827] *Die Rolle der Gewerkschaftsorganisationen in den wissenschaftlichen Bibliotheken.* Als Ms. gedr. Berlin 1961. Darin besonders KURT BRÜCKMANN, *Die nächsten Aufgaben des Arbeitskreises für Mitarbeiter an wiss. Bibliotheken u. Archiven.* S. 32–36. – HANS-MARTIN PLESSKE, *Die gewerkschaftliche Arbeit in den wiss. Bibliotheken.* S. 5–18. – HANS-MARTIN PLESSKE, *Unsere Bibliotheken haben die Forderungen des VIII. Parteitages richtig verstanden.* In: 6. Zentrale Delegierten-Konferenz d. Gewerkschaft Wissenschaft. 2. Berlin 1972 S. 117–120. (Materialien d. ZV-Tagungen d. Gew. Wiss. 14.)

[828] GBl. II 1972 S. 1–11.

[829] Beil. zur Tribüne Nr. 13 vom 19. 1. 1972.

8.9.4. *Arbeitsberatungen*

In dem verzweigten Apparat, der seine Grundlage in der Geschäftsverteilung hat, muß eine einheitliche Steuerung auch dann gewährleistet sein, wenn neue Aufgaben an die Bibliothek herantreten. Die Koordinierung der angewendeten Arbeitsmethoden und ihre laufende Kontrolle ist Teil sozialistischer Leitungstätigkeit.

allgemeine und besondere Arbeitsbesprechungen

Diesem Ziele dienen regelmäßige Arbeitsbesprechungen. Je nach Größe und Struktur der Bibliothek werden solche Zusammenkünfte entweder – in kleineren und mittelgroßen Bibliotheken – alle Mitarbeiter vereinigen oder – bei großen Bibliotheken – eine organisatorische Zweiteilung erfahren. In den Abteilungsbesprechungen werden die besonderen Aufgaben der betreffenden Abteilung (grundsätzliche Fragen, aufgetretene Schwierigkeiten, Nutzerwünsche usw.) besprochen.

Dienstbesprechungen

Die Gewähr dafür, daß die notwendige Koordinierung der Aufgaben der einzelnen Abteilungen gegeben ist, bieten regelmäßige Dienstbesprechungen. An ihnen nehmen teil: der Direktor und sein Stellvertreter, die Abteilungsdirektoren und Abteilungsleiter, der Leiter der Kaderabteilung, der Vorsitzende der BGL und der Sekretär der Betriebsparteiorganisation der SED. Den Vorsitz führt der Direktor. Die Tagesordnungspunkte sind jedem Teilnehmer vor der Sitzung rechtzeitig zuzustellen. Darüber hinaus hat jeder Teilnehmer in diesen Sitzungen Gelegenheit, Fragen seines Abteilungsbereiches zur Diskussion zu stellen, soweit sie von allgemeinem Interesse sind. In den Dienstbesprechungen werden vor allem Angelegenheiten behandelt, die aus den Beratungen der Abteilungen hervorgegangen sind und auf andere Abteilungen übergreifen. Auf der Grundlage dieser Beratungen trifft der staatliche Leiter seine Entscheidungen, die zum Beschluß erhoben werden. Der Direktor ist ferner dafür verantwortlich, daß die Beschlüsse von Partei und Regierung und die sich daraus ergebenden Folgerungen für die Bibliotheksarbeit bei allen Festlegungen Anwendung finden. Die Ergebnisse sowie Durchführungstermine werden in einem Protokoll festgehalten. Die Durchführung der gefaßten Beschlüsse ist in jeder Sitzung an Hand des Protokolls zu kontrollieren. Bei der Fülle der stets zu behandelnden Fragen muß die Beschlußfassung in diesen Sitzungen gut vorbereitet sein. Die Stellungnahme derjenigen Fachabteilungen, welche für einen bestimmten Verhandlungspunkt zuständig sind, muß vorher eingeholt sein.

Kollegium

Zur Beratung grundsätzlicher Fragen der Arbeitsorganisation, z. B. bei der Planung neuer Vorhaben, kann sich die staatliche Leitung großer Bibliotheken eines besonderen Kollegiums bedienen, das nur bei bestimmten Anlässen zusammentritt. In ihm sind besonders bewährte und aktive Kollegen des wissenschaftlichen und bibliothekarischen Dienstes vertreten. Das Kollegium hat gegenüber der staatlichen Leitung eine beratende Funktion.

Die enge und kameradschaftliche Zusammenarbeit zwischen Bibliotheksleitung und Bibliotheksbeirat ist selbstverständlich (vgl. Kap. 7.1.).

8.9.5. *Strukturplan*

Der Strukturplan ist ein Instrument der Leitungstätigkeit, denn er spiegelt die Struktur der Bibliothek wider. Er ist besonders in großen Universalbibliotheken wichtig, denn er verdeutlicht die horizontale und vertikale Arbeitsteilung, und er macht das Funktionieren des Bibliotheksapparats anschaulich. Sein Charakter als Anschauungsmaterial sollte in seiner übersichtlichen, möglichst farbigen Anlage und in der Knappheit seiner Formulierungen zum Ausdruck kommen. Er eignet sich besonders gut für die Einführung neuer Mitarbeiter, für die fachliche Weiterbildung und zur Erläuterung des Institutes bei Besuchen von Fachkollegen des In- und Auslandes. Der Strukturplan läßt den Verantwortungsbereich und das Unterstellungsverhältnis von Aufgabengebieten, Abteilungen und Dienststellen schnell und übersichtlich erkennen.

Bedeutung

8.9.6. *Betriebsklima*

In dem Verhältnis des Menschen zu seiner Arbeit gibt es ganz bestimmte Erscheinungen, die für die Erhöhung der Effektivität der Arbeit sowie für die emotionale Einstellung der Werktätigen zu ihrer Arbeit (Arbeitsfreude) und zu ihrem Betrieb ganz wesentlich sind.

Vorbild des Leiters

Das eine ist das mit Recht unter den Bibliotheksmitarbeitern wie von anderen Werktätigen viel diskutierte Betriebsklima. Das wissenschaftlich noch wenig erforschte Betriebsklima ist ein Kernstück sozialistischer Leitungstätigkeit, denn es geht dabei um die bewußte Gestaltung sozialistischer Beziehungen zwischen Menschen in dem gleichen Betrieb. Das Klima jeder Gruppe oder jedes Kollektivs wird ganz wesentlich von dem Vorbild beeinflußt, das der Leiter darzustellen vermag. Ist das betriebliche Klima gut, so ist eine wichtige Voraussetzung für die Stabilität des Betriebes gegeben; solange es schlecht ist, ist eine permanente Fluktuation der Mitarbeiter unausbleiblich. Deshalb sind für jeden Leiter die Beziehungen jedes einzelnen Mitarbeiters zu seiner Arbeit, zu seinem Kollektiv und zum Leitungssystem der Bibliothek von großer Wichtigkeit. Das System dieser Beziehungen als eine objektive gesellschaftliche Erscheinung steht im Mittelpunkt des Teiles der marxistischen Soziologie, der dem Betriebsklima gilt. Darunter verstehen wir das „System konkreter sozialer Beziehungen, die in ihrer Gesamtheit den Reifegrad der subjektiven Integration der Individuen und sozialen Gruppen zur Verwirklichung der gemeinsamen Betriebsziele widerspiegeln“[830]. Ihnen ist daher ständig Beachtung zu schenken, wobei die gewerkschaftlichen

Mitverantwortung der Gewerkschaftsleitung

---

[830] „Die Ruhe und Sicherheit, die Überzeugungskraft und das Durchsetzungsvermögen, die die Mitglieder des Werkleitungskollektivs aus ihren Beratungen mitnehmen, wirken ihrerseits auf die Atmosphäre des ganzen Betriebes.“ Vgl. JOACHIM TRIPOTZKY, *Leitungstätigkeit und Betriebsklima.* In: Dt. Zschr. f. Philosophie. Sonderheft 1965: Die marx.-len. Philosophie u. d. techn. Revolution. S. 233–236.

Leitungen Mitverantwortung tragen. Ein gesundes Betriebsklima ist jedoch nicht durch Beschlüsse oder Kampagnen zu schaffen, sondern nur mit Geduld und Beharrlichkeit.[831]

8.9.7. *Innerbetriebliche Information*

Recht auf Information

Eine andere Voraussetzung ist das Funktionieren des Informationsflusses von oben nach unten, aber auch von unten nach oben. Wer sich mitverantwortlich fühlen soll, wer schöpferisch an der Weiterentwicklung seiner Bibliothek mitarbeiten soll, muß informiert sein: er hat ein Recht darauf. Andererseits muß die staatliche Leitung erwarten können, daß sie nicht nur über sachliche Veränderungen, die in einer Brigade der sozialistischen Arbeit erwogen oder gar kurzerhand verwirklicht werden, informiert wird, sondern daß sie auch, besonders durch die Gewerkschaftsvertretung der Bibliothek, über positive und negative Erscheinungen des Betriebsklimas unterrichtet wird. Bei der Wichtigkeit dieser Wechselbeziehungen müssen alle Mittel und Möglichkeiten der Information beiderseits ausgeschöpft werden, vom persönlichen Gespräch bis zum Rundschreiben.

Mittel der innerbetrieblichen Information

Dazwischen liegen, je nach Struktur und Größe der Bibliothek, Mittel wie Hauszeitschrift, Hausmitteilungsblatt (z. B. in der Deutschen Staatsbibliothek), Wandzeitung, Weiterbildungsveranstaltungen oder Kolloquien. Ein guter innerbetrieblicher Informationsfluß[832] kostet Mühe und Anstrengung, denn die häufigste Ursache von Mängeln und Fehlleistungen sind Unachtsamkeit und Sorglosigkeit, nicht böser Wille.

8.10. Planung[833]

8.10.1. *Arbeitsplan*

Die Grundlage der gesamten Arbeit einer Bibliothek ist ihre allgemeine und besondere Aufgabenstellung (Funktion). Aus ihr leiten sich alle laufenden und zusätzlich zu planenden Einzelaufgaben ab. Der Arbeitsplan als Instrument sozialistischer Leitungstätigkeit wird auf der Grund-

---

[831] JOSEF KUNZE, *Betriebsklima.* Eine soziologische Studie zum System der sozialen Beziehungen im sozialistischen Industriebetrieb. Berlin 1969 S. 49.

[832] Ein offensichtlich vernachlässigtes Gebiet der Informations/Dokumentationswissenschaft. Einige Bemerkungen dazu: MAREK CIGÁNIK, *Der Informationsfonds in Wissenschaft, Technik u. Ökonomie.* 2. Aufl. Berlin 1973. – Wenn Informationen, die – von unten nach oben – dem Leiter bzw. den Leitungsorganen zur Leitung und Kontrolle eines Betriebes zugehen sollen (vgl. *Verordnung über das einheitliche System von Rechnungsführung und Statistik vom 12. Mai 1966.* In: GBl. II 1966 § 15 S. 448), als innerbetriebliche Informationen bezeichnet werden, so wird nur eine Seite dieses doppelten Sachverhaltes berührt.

[833] Hier werden nur Fragen der Planung innerhalb einzelner Bibliotheken behandelt. Zu Fragen gesamtstaatlicher Planungen (Bibliothekssystem) s. Kap. 2.3. Bibliothekssystem.

lage staatlicher Plankennziffern und Normative sowie nach Weisungen der übergeordneten Organe für den jeweiligen Planzeitraum ausgearbeitet. Für die Ausarbeitung des Arbeitsplanes ist der staatliche Leiter verantwortlich; er stützt sich dabei auf die Initiative aller Mitarbeiter. Gemeinsam mit der Betriebsgewerkschaftsleitung, die Träger der Plandiskussion ist, organisiert er die Plandiskussion. Die Verabschiedung und Weiterleitung des Arbeitsplanes an das übergeordnete Organ (Ministerium, gesellschaftliche Organisation) erfolgt erst nach eingehender Beratung des Planes mit allen Mitarbeitern und nach Stellungnahme der Betriebsgewerkschaftsleitung. Für den Inhalt der Arbeitsplanung in dem betreffenden Zeitraum gelten neben den sich aus der Funktion und dem Statut der Bibliothek ergebenden laufenden Aufgaben die gesamtstaatlichen Aufgaben, die volkswirtschaftlichen Schwerpunkte sowie die einschlägigen gesetzlichen Bestimmungen. Zu den Grundfragen der Arbeitsplanung zählen die maximale Steigerung der Arbeitsproduktivität, die Senkung der Kosten (Sparsamkeitsprinzip), die Durchsetzung des wissenschaftlich-technischen Höchststandes, die konsequente Anwendung des sozialistischen Leistungsprinzips auf der Grundlage von Bestwerten, Arbeitsrichtzahlen oder Vergleichswerten, die Qualifizierung der Mitarbeiter, die Festigung der Arbeitsdisziplin sowie die Verbesserung des Gesundheits- und Arbeitsschutzes, die soziale Betreuung der Mitarbeiter und die Förderung des wissenschaftlichen und kulturellen Lebens in der Bibliothek.

Verantwortlichkeit

Grundfragen der Arbeitsplanung

Darüber hinaus sind bei der Arbeitsplanung der Bibliotheken die Richtlinien und Empfehlungen der für das Bibliothekswesen zuständigen staatlichen Organe oder gesellschaftlichen Organisationen sowie die Beschlüsse der von diesen organisierten wissenschaftlichen Konferenzen und Arbeitstagungen maßgeblich.

Die grundsätzlichen Gesichtspunkte für den Arbeitsplan[834] werden von dem staatlichen Leiter, unterstützt von der Betriebsgewerkschaftsleitung, vor Beginn der Plandiskussion in dem Leitungskollektiv (Dienstbesprechung) erläutert. In großen Bibliotheken werden die Planungen der einzelnen Abteilungen in den Arbeitsbesprechungen der Abteilungen vorbereitet; verantwortlich ist der Abteilungsdirektor.

Es ist zu unterscheiden zwischen langfristigen Planungen (Perspektivplan) und kurzfristigen. Die langfristige Planung ist in erster Linie Aufgabe der zentralen staatlichen Organe. Das entscheidende Plandokument zur Sicherung einer planmäßigen proportionalen Entwicklung ist, wie in jedem Betrieb so auch in den Bibliotheken, der Fünfjahrplan. Der Jahresplan ist das Dokument zur Realisierung der im Fünfjahrplan festgelegten Ziele und Aufgaben. Zu jeder Planung ist nach Ablauf der Planzeit ohne besondere Aufforderung ein Erfüllungsbericht an das übergeordnete Organ einzureichen. Die Erfüllung der einzelnen Planpunkte ist schriftlich

langfristige und kurzfristige Planungen

[834] *Definition wichtiger Kennziffern und Begriffe für Planung und Statistik.* Hrsg.: Ministerrat d. DDR, Staatliche Zentralverwaltung f. Statistik. Nebst Ergänzungsausg. Berlin 1965–1967.

zu vermerken; bei nicht erfüllten Planpunkten ist der Hinderungsgrund genau anzugeben.

Da für den Arbeitsplan der Bibliothek jeder Mitarbeiter mitverantwortlich ist, muß auch jeder Bibliothekar das ABC der Planung beherrschen. Jeder Planpunkt muß enthalten: 1. in knapper Formulierung den Inhalt des Planpunktes, 2. den Verantwortlichen und 3. den Termin. In einer Präambel ist die Planung zu begründen, indem die Schwerpunkte der geplanten Arbeit genannt werden. Bei der Planaufstellung ist zu bedenken, daß wenige konkrete und realisierbare Planpunkte besser sind als viele allgemein gehaltene, die dann nur teilweise erfüllt werden. Die vorausschauende Planung der Bibliotheken muß mit der Perspektivplanung des zuständigen Bereiches beim übergeordneten staatlichen Organ übereinstimmen.

ABC der Planung

Innerhalb der staatlichen Leitungstätigkeit spielen auch Einzelfragen eine wichtige Rolle. So ist, nicht zuletzt durch die Veränderungen der Arbeitsbedingungen, wie sie die Einführung der 5-Tage-Arbeitswoche mit sich gebracht hat, die Urlaubsplanung[835] ein fester Bestandteil des betrieblichen Plansystems geworden.

Urlaubsplanung

Das ist aus zwei Gründen von Wichtigkeit: im Interesse der Verbesserung der Erholung der Werktätigen und der Sicherung des effektiven Arbeitsablaufs.

8.10.2. *Betriebliche Vereinbarungen*

Auf der Grundlage gesetzlicher Bestimmungen, wie sie für die Betriebskollektivverträge in der Produktion gelten, werden in den Bibliotheken „Betriebliche Vereinbarungen (BV)" jährlich abgeschlossen.

Betriebskollektivverträge

Sinngemäß gelten dafür die Grundsätze, wie sie die „Richtlinie des Ministerrates der Deutschen Demokratischen Republik und des Bundesvorstandes des Freien Deutschen Gewerkschaftsbundes für die jährliche Ausarbeitung der Betriebskollektivverträge"[836] vorgibt. Es geht darum, die Politik der Sozialistischen Einheitspartei Deutschlands entsprechend dem gesamtgesellschaftlichen Wachstum zu verwirklichen, indem die Planaufgaben mit echter sozialistischer Demokratie vorbereitet und zugleich die materiellen, kulturellen und sozialen Arbeits- und Lebensbedingungen der Werktätigen noch mehr beachtet werden. Zugleich wird dadurch die Autorität der Gewerkschaften in allen Betrieben und Einrichtungen wesentlich erhöht. Für die schöpferische Teilnahme der Werktätigen an der Ausarbeitung und Erfüllung des Betriebsplanes, der also aufs engste mit der Betrieblichen Vereinbarung zusammenhängt, sind alle Vorausset-

Rolle der Gewerkschaften

[835] *Rahmenordnung für die Urlaubsplanung und -gewährung im Jahre 1969 vom 27. Nov. 1968.* In: GBl. II 1968 S. 1050–1051.

[836] Erschienen als „Anlage" zu einem entsprechenden Beschluß des Ministerrates der DDR und des Bundesvorstandes des FDGB vom 18. April 1973 (GBl. I 1973 S. 213 bis 216).

zungen zu schaffen. Wie auf allen Gebieten der Planung ist die Berichtspflicht über Erfüllung und Wirksamkeit der betrieblichen Vereinbarung eine Verpflichtung sowohl der staatlichen als auch der gewerkschaftlichen Leitung. Langjährige Planerfahrungen haben zu dem Hinweis geführt, daß allgemeine, gutgemeinte Erklärungen nicht Bestandteil der Betrieblichen Vereinbarung sein dürfen. Vielmehr hat zu gelten: „Die Verpflichtungen müssen konkret, abrechenbar und terminiert sein."[837]

8.10.3. *Haushaltwirtschaft*

Haushaltsplan

Das Finanzsystem als Teil des ökonomischen Systems des Sozialismus sichert den Bibliotheken in allen sozialistischen Ländern eine stabile materielle Basis und fördert deren kontinuierliches, organisches Wachstum sowie die planmäßige Entwicklung der Bibliotheksarbeit. Das wichtigste Instrument zur Finanzierung der Bibliothek ist der Haushaltsplan; er ist ein spezieller Planteil, in dem sich die Bilanzierung der Aufgaben des Betriebsplanes widerspiegelt. Er richtet sich nach den Bestimmungen der Staatshaushaltsordnung der DDR und hat exakte gesetzliche Regelungen zur Grundlage.[838]

zentral und örtlich geleitete Bibliotheken

Der Staatshaushaltsplan ist die wertmäßige Widerspiegelung der materiellen Seite des Volkswirtschaftsplanes. Er ist der Finanzplan eines sozialistischen Staates, mit dessen Hilfe alle im Volkswirtschaftsplan eines Jahres vorgesehenen Maßnahmen finanziert werden. Die Mitwirkung der Werktätigen an der Gestaltung und Durchführung der Haushaltspläne legen Rechtsvorschriften fest.[839] Bei den Bibliotheken ist zu unterscheiden zwischen den zentral geleiteten und den örtlich geleiteten. Von den wissenschaftlichen Bibliotheken der DDR werden z. B. die Deutsche Staatsbibliothek, die Deutsche Bücherei und die Sächsische Landesbibliothek Dresden zentral vom Ministerium für Hoch- und Fachschulwesen angeleitet, und zwar nicht nur in fachlicher Hinsicht, sondern auch in allen Fragen der Haushaltsplanung (Arbeitskräfte, Material, Finanzen u. a. m.). Die allgemeinbildenden Bibliotheken sind den jeweiligen örtlichen Räten nachgeordnet.

Für die Aufstellung der Haushaltspläne gelten Direktiven oder Richtlinien

---

[837] *Hinweise zur Ausarbeitung der betrieblichen Vereinbarungen vom 13. August 1973*, gegeben vom Zentralvorstand der Gewerkschaft Wissenschaft u. d. Ministerium für Hoch- und Fachschulwesen. In: Verfügungen u. Mitteilungen d. Ministeriums f. Hoch- und Fachschulwesen. 1973, Nr. 9 S. 71–72; gültig also für den Zweig der zum Bereich des Ministeriums für Hoch- u. Fachschulwesen gehörenden Bibliotheken.

[838] HORST HEIDEN u. EGON HÖFT, *Die Haushaltwirtschaft der Kultureinrichtungen.* Berlin 1964. – Vgl. hierzu den grundlegenden Artikel v. WOLFGANG SCHUMANN in d. 2. Aufl. des Lexikons d. Bibliothekswesens, Bd. 1, Leipzig 1974, sowie die dort ausführl. zit. Literatur, insbes. gesetzl. Bestimmungen. – I. M. FRUMIN, *Die Arbeitsorganisation in den sowjetischen Bibliotheken.* Aus d. Russ. Leipzig 1974. – *Rechts-ABC für Bibliothekare.* Leipzig 1975.

[839] *Gesetzbuch der Arbeit,* §§ 9–12.

und Kennziffern, die den jeweiligen ökonomischen Verhältnissen Rechnung tragen. Für die ordnungsgemäße Bewirtschaftung der in einem Planjahr zur Verfügung stehenden Haushaltsmittel ist der Haushaltsbearbeiter zuständig. Er ist für das gesamte finanzielle Geschehen verantwortlich. Der Haushaltsbearbeiter informiert über die Inanspruchnahme und zweckmäßige Verwendung der finanziellen und materiellen Mittel nach den gesetzlichen Bestimmungen und Weisungen des übergeordneten staatlichen Organs. Seine Analysen (quartaliter, halbjährlich) sind geeignet, wichtige Hinweise für die staatliche Leitungstätigkeit zu geben.

Haushaltsbearbeiter

In der Haushaltsabteilung wird ferner u. a. der Bargeld- und bargeldlose Zahlungsverkehr abgewickelt, werden Löhne und Gehälter berechnet, Dienstreise-, Trennungsentschädigungs- und Umzugsangelegenheiten bearbeitet sowie das Inventar (Vermögensnachweis) nachgewiesen. Arbeitsaufwendig und wichtig ist das gesamte Rechnungswesen, insbesondere die Rechnungsprüfung.

Aufgaben der Haushaltsabteilung

Der Haushaltsplan der Bibliothek sichert u. a. neben den Personalausgaben und der Werterhaltung auch die Anschaffung von Büchern, Zeitschriften und Zeitungen. Um nicht unnötig finanzielle Mittel zu binden, die an anderer Stelle Verwendung finden könnten, sind die vorgesehenen Ausgaben exakt und realistisch zu ermitteln.

8.10.4. *Plandisziplin, Kontrolle, Richtzahlen*

Mit dem Haushalts- und Stellenplan seiner Bibliothek übernimmt der Direktor eine große Verantwortung. Die Einhaltung des Arbeitskräfte- und Stellenplanes verlangt eine strenge Disziplin in der Arbeitsverteilung und Arbeitsorganisation. Entscheidend ist, daß jedem Mitarbeiter klar wird, in welchem Maße er durch strenge Plandisziplin hilft, den wirtschaftlichen Aufbau zu fördern.

Plandisziplin

Das zuständige Fachministerium, das für die Bibliotheken seines Bereichs verantwortlich ist, hat die Aufgabe, die Haushalts- und Stellenpläne der ihm unterstellten Bibliotheken fachlich zu begutachten und für ihre sachlich einwandfreie Gestaltung sowie ihre Koordinierung untereinander zu sorgen. Es ist dem Ministerium der Finanzen für die Haushaltsplanung und der Staatlichen Plankommission für die Arbeitskräfteplanung verantwortlich. Im Kampf gegen verantwortungslose Überforderungen wie gegen Vernachlässigung des Haushalts- und Stellenplanes bedurften die staatlichen Organe gewisser Richtzahlen, die es freilich in jedem einzelnen Falle entsprechend der Funktion der Bibliothek und ihren lokalen Besonderheiten anzuwenden gilt.[840]

staatliche Anleitung und Kontrolle

[840] Ein erster Versuch, Richtwerte für das Fachpersonal zur Verwaltung von Bibliotheken im Universitätsbereich aufzustellen, war der von WILLI GÖBER. Sein Schema berücksichtigt folgende Faktoren: 1. Bestand. 2. Vermehrungsetat. 3. Katalogerfordernisse. 4. Öffnungszeiten. Vgl. W. GÖBER, *Das Bibliothekswesen einer Universität als*

Lenin hat einmal[841] den Jahresbericht für 1911 der Public Library von New York zum Anlaß genommen, um die öffentliche Berichterstattung über die geleistete Arbeit für alle Bibliotheken zu propagieren. So zählt die Rechenschaftslegung der Leitung gegenüber dem zuständigen staatlichen Organ, gegenüber den Mitarbeitern und gegenüber der Öffentlichkeit, insbesondere gegenüber den Nutzern und Lesern, zu einer selbstverständlichen Bürgerpflicht, auf jeden Fall in den sozialistischen Ländern. Mit Recht hat I. M. Frumin[842] dem Berichtswesen größte Aufmerksamkeit gewidmet und wichtige Hinweise für seine optimale Vorbereitung und Durchführung gegeben.

öffentliche Berichterstattung

8.10.5. *Arbeitskräfte-, Stellen- und Geschäftsverteilungsplan*

Um einen zweckmäßigen Einsatz der vorhandenen Arbeitskräfte zu sichern, hat es sich als notwendig erwiesen, jedem Betrieb bzw. jeder Einrichtung eine bestimmte Anzahl von Arbeitskräften und Lohnmitteln (Lohnfonds) zuzubilligen. Sie werden in einem Arbeitskräfteplan bestätigt. Der Arbeitskräfteplan ist die Basis für die Aufstellung des Stellenplanes. Der Stellenplan ist das Organisationsmittel für die zu lösenden Aufgaben. Neben einer mit der Anzahl der Arbeitskräfte übereinstimmenden Anzahl von Planstellen werden je Planstelle kurz umrissene Tätigkeitsmerkmale und die tariflich zustehende Vergütung ausgewiesen. Da der Stellenplan nach Abteilungen und weiteren Untergliederungen aufgestellt wird, kann sich der Abteilungsleiter jederzeit des Stellenplanes seiner Abteilung als Arbeitsmittel bedienen. Ein weiteres Hilfsmittel für die Aufgabenverteilung ist der Geschäftsverteilungsplan. Er ist eine Konkretisierung der im Stellenplan nachgewiesenen Tätigkeitsmerkmale. Damit ist jederzeit eine umfassende Information über das Aufgabengebiet jedes Mitarbeiters möglich. Stellen- und Geschäftsverteilungsplan sind vertrauliche Dienstsachen. Der Arbeitskräfte- und Stellenplan verpflichten den Direktor der Bibliothek, die in diesen Plänen bestätigten Arbeitskräfte nach Vollbeschäftigteneinheiten und Personen mit dem zur Verfügung gestellten Lohnvolumen in Übereinstimmung zu halten. Arbeitskräfte- und Stellenplan bilden die Grundlage der Arbeit im vorgesehenen Zeitabschnitt.

Arbeitskräfte- und Stellenplan

Geschäftsverteilungsplan

Die technische Durchführung dieser Arbeiten ist vom Sachgebiet Arbeit unter der unmittelbaren Anleitung des Verwaltungsdirektors zu leisten. Neben elementaren Arbeiten wie Anwesenheitskontrolle, Urlaubsregelung und -kontrolle usw. wird hier die Stellenplanüberwachungskartei

Überwachung

Einheit. In: Bibliothek, Bibliothekar, Bibliothekswissenschaft. Festschrift Joris Vorstius. Leipzig 1954 S. 165.

[841] V. I. LENIN, *Werke.* Ins Dt. übertr. nach d. 4. russ. Ausg. Bd. 19. Berlin 1962 S. 267–269.

[842] I. M. FRUMIN, *Die Arbeitsorganisation in den sowjetischen Bibliotheken.* Leipzig 1974 S. 85–99.

geführt, werden arbeitsrechtliche Fragen aller Art behandelt, Gehaltsveränderungen und Erschwerniszuschläge bearbeitet und sonstige arbeitsorganisatorische Vorkommnisse im Einklang mit dem „Gesetzbuch der Arbeit" geregelt.

8.10.6. *Ausblick*

Kostenplanung für Bibliotheken international

Ausgehend von den in neuester Zeit, besonders im letzten Jahrzehnt steil ansteigenden Betriebskosten der Bibliotheken, befinden sich Überlegungen zur Berechnung und Planung des Kostenaufwandes für Bibliotheken in internationaler Diskussion. Im kapitalistischen Ausland, ausgehend von den USA, werden für Bibliotheken Finanzplanungen systematisch erprobt, die auf Analyse-, Rechnungs- und Planungsmethoden zurückgreifen, wie sie in der Industrie zur Anwendung gekommen sind.[843] Auf der Tagung des IVBV 1971 in Liverpool wurden unter der Bezeichnung *Planning-Programming-Budgeting-System* (PPBS) erstmalig solche Kosten/Leistungs- und Planungsrechnungen für Staats- und Universitätsbibliotheken dargelegt. Die Diskussion ist auf der IVBV-Tagung 1972 in Budapest weitergeführt worden. Dieses Finanzplanungssystem befindet sich noch im Zustand der Erprobung. Es zielt aber darauf ab, den Budgetierungsvorgang aus dem starren 1-Jahres-Rhythmus herauszulösen und auf einen Zeitraum von mindestens fünf Jahren zu erweitern, und zwar mit dem Ziel, von der Messung der Resultate einzelner Bibliotheken aus zu einer Finanzplanung für ein ganzes nationales Bibliothekssystem zu gelangen.

Planung und Finanzierung der StAB

Erfahrungen, die in den letzten Jahren auf dem Gebiet der Staatlichen Allgemeinbibliotheken der DDR gemacht worden sind, sprechen nicht dafür, den Weg der Leistungsfinanzierung für das gesamte Bibliothekswesen zu beschreiten. Vielmehr wird es für die nächsten Jahre darauf ankommen, die Planung und Finanzierung der Bibliotheken auf der Grundlage bibliotheksspezifischer Kennziffern so exakt wie möglich zu betreiben, die materielle Interessiertheit der Mitarbeiter zu erhöhen, die gesellschaftliche Bibliotheksarbeit zu fördern und die Abrechnungspflicht zu erhöhen.[844] Mit dieser Anordnung wurde die erste grundlegende, mit Haushaltsnormativen verbundene Regelung im Bibliothekswesen der DDR getroffen.

---

[843] ELMAR MITTLER, *Moderne Bibliotheksplanung.* In: ZfBB 19 (1972) S. 260–284.

[844] Das sind leitende Gesichtspunkte der *Anordnung über die Planung, Finanzierung und Abrechnung der staatlichen Allgemeinbibliotheken vom 1. Dezember 1973.* In: GBl. I 1973 S. 550–551. Die Anordnung vom 10. Dezember 1970 über die Leistungsfinanzierung in den staatlichen allgemeinen öffentlichen Bibliotheken (GBl. II 1971 S. 20) ist damit außer Kraft gesetzt.

8.11. Bibliotheksstatistik

Erst verhältnismäßig spät, nämlich nach Herausbildung der modernen Gebrauchsbibliothek mit dem Berufsbibliothekar, konnte einer Bibliotheksstatistik der Boden bereitet werden, die den damaligen Ansprüchen genügte.[845] In der Tat hängt die Einsicht in die Notwendigkeit statistischer Erfassungen und Wertungen der geleisteten Arbeit, die sich in bibliothekarischen Kreisen erst allmählich Bahn gebrochen hat, aufs engste zusammen mit der Erkenntnis, daß die Benutzung der Bibliothek, also ihre Wirksamkeit für die Gesellschaft, das ausschlaggebende Kriterium ihrer Arbeitsleistungen darstellt.[846]

Geschichte der Bibliotheksstatistik

Von Göttingen aus unter August Wilmanns und im Zusammenhang mit dem zweiten großen Rechenschaftsbericht über das deutsche Bibliothekswesen, den Paul Schwenke in seinem „Adreßbuch der deutschen Bibliotheken" (Leipzig 1893) vorlegte, wurde der Grundstein zur modernen Bibliotheksstatistik gelegt. Auf ihm aufgebaut zu haben, ist das Verdienst des „Vereins Deutscher Bibliothekare", der durch seine Statistische Kommission, die wiederum entscheidende Impulse von Paul Schwenke empfing, die Grundsätze für eine deutsche Bibliotheksstatistik entworfen hat (1901–1902).

Verein Deutscher Bibliothekare

Die Kommission traf die heute noch im Prinzip richtige Feststellung, daß zwischen einer länger geltenden Bestandsstatistik (bebaute und unbebaute Grundfläche, Einrichtungen des Hauses, wie Heizung und Beleuchtung, Art der Kataloge sowie Etat und Personalstand) und einer nur für kürzere Zeitabschnitte geltenden Betriebsstatistik zu unterscheiden sei. Seit Erscheinen des „Jahrbuchs der Deutschen Bibliotheken" (Jg. 1 ff. 1902 ff.) ist dort, bei zunächst zögernder Beteiligung zahlreicher Bibliotheken, statistisches Material veröffentlicht, und zwar so, daß die Bestandsstatistik im ersten Teil des Jahrbuchs (Verzeichnis der Bibliotheken) in Erscheinung trat, während die Betriebsstatistik den dafür ausschließlich vorbehaltenen vierten Teil jedes Jahrbuchs ausmachte. Dafür galt ein feststehendes Schema, das auf den drei Gesichtspunkten der Ausgaben, der Vermehrung und der Benutzung beruht.

Bestands- und Betriebsstatistik

Der Anwendung dieses Schemas hat die Verschiedenartigkeit der Zähl-

---

845 Die Bibliotheken hatten das Glück, daß sie schon um die Mitte des 19. Jahrhunderts bei allgemeinen statistischen Erhebungen in Deutschland erfaßt worden sind. Vgl. W. KONER, *Statistik der Bibliotheken Deutschlands.* In: Zeitschr. d. Vereins f. dt. Statistik 2 (1848) S. 881–902, 976–988, 1072–1086; über entsprechende Beschlüsse der VI. Tagung des Internationalen statistischen Kongresses 1867 hat MIRKO VELINSKÝ interessante Ergebnisse ans Licht gebracht: *K počdtkum mezinárodní knihovnické statistiky.* In: Knihovna 8 (1971) S. 303–322.

846 *Jahrbuch der Deutschen Bibliotheken.* 1 ff. Leipzig 1902 ff. – GEORG LEYH, *Statistik.* In: Handbuch II, 2. Aufl. (1961) S. 735–761. – *Statistik.* Lehrbuch. Berlin 1972. Behandelt grundlegende Fragen der allg. Statistik aus sozialistischer Sicht. Mit Lit.verz. und Register. – *Definitionen wichtiger Kennziffern und Begriffe für Planung und Statistik.* Hrsg. Ministerrat der DDR, Staatliche Zentralverwaltung für Statistik. Berlin 1965 (S. 326–330: Buch- und Bibliothekswesen).

weise von Anfang an bis heute Schwierigkeiten bereitet.[847] Als Grundlage der Zählung sollte international der Buchbinderband, nicht der bibliographische Band gelten.[848] Jede Kapsel oder Umschnürung sollte als eine Zähleinheit = Buchbinderband gewertet werden. In mancher alten wissenschaftlichen Bibliothek wird aber das Kleinschrifttum lose aufbewahrt, in der Deutschen Bücherei dagegen wird – von Serien abgesehen – aus jeder Broschüre ein Buchbinderband. Infolgedessen erfordert die Bandzählung noch eine Ergänzung durch Ausmessung des Bestandes bzw. der Neuzugänge nach laufenden Metern. Beide Zahlen stehen in innerer Beziehung zueinander. So verdienstvoll dieses statistische Fundament ist, so klar ist es auch, daß seither viele andere Fragen nach den Ergebnissen der wissenschaftlichen Bibliotheksarbeit gestellt worden sind, die durch diese statistischen Erhebungen nicht beantwortet werden konnten.

Zähleinheiten

Betriebsstatistik der wissenschaftlichen Bibliotheken in der DDR

Die statistischen Erhebungen für die wissenschaftlichen Bibliotheken der DDR gehen in verschiedenen Punkten über die früher übliche Betriebsstatistik hinaus: In der Vermehrungsstatistik werden Filme und andere Mikroformen, Standards, Patentschriften und Tonträger berücksichtigt, bei der Vermehrung nach Fächern ist die Zahl der Fächer von 17 auf 25 erweitert worden; in der Benutzungsstatistik sind hinzugekommene Angaben über Lesegerät- und Tonträgergerätbenutzung sowie über Auskunftserteilung, Führungen und Ausstellungen usw., und an Stelle der bisher nur für Hochschulbibliotheken zutreffenden Erhebung über Ausleihe an Dozenten und Studierende ist eine Erfassung der Zahl (absolut und in Prozenten) der Benutzer, nach Dienststellen bzw. Instituten, Organisationen, Betrieben und Berufen gegliedert, hinzugekommen. Als neue betriebsstatistische Ermittlungen sind aufgenommen: Zentralkataloge, fototechnische Einrichtungen, Buchbinderarbeiten und eine Personalstatistik für wissenschaftliche Bibliothekare, Bibliothekare und bibliothekstechnische Mitarbeiter, getrennt nach ihrer fachlichen Qualifikation, sowie für die übrigen Bibliotheksangestellten, schließlich eine Erhebung über die bewilligten und verbrauchten Haushaltmittel, letztere getrennt nach planmäßigen und außerplanmäßigen.

In der Deutschen Demokratischen Republik wurden bisher noch drei

[847] Aus einem solchen prinzipiellen Unterschied der Zählweise erklären sich auch die Unterschiede in der Bestandsangabe zwischen unseren Bibliotheken und den sowjetischen. In den wissenschaftlichen Bibliotheken der Sowjetunion wird im allgemeinen jedes einzelne Zeitschriftenheft als Zähleinheit genommen.

[848] Ein bibliographischer Band, auch bibliographische Einheit genannt, ist ein Buch, das ein eigenes Titelblatt und in der Regel auch besondere Seitenzählung aufweist. Unter einem Buchbinderband versteht man die durch einen besonderen Einband zusammengefaßte Zahl von Seiten oder Blättern, also etwas Äußerliches, das in der einen Bibliothek so, in der anderen so behandelt werden kann (z. B. mehrere bibliographisch selbständige Nummern einer Serie, mehrere Jahrgänge einer Zeitschrift, aber auch Sammelbände verschiedener Schriften). – Vgl. HANS-OSKAR WEBER, *Bibliographisch selbständig/bibliographisch unselbständig.* In: Aktuelle Probleme der Bibliotheksverwaltung. Festgabe Hermann Fuchs... Wiesbaden 1966 S. 143–151.

verschiedene Statistikbogen im Bereich der wissenschaftlichen Bibliotheken verwendet. An deren Stelle ist ab Berichtsjahr 1975 ein einheitlicher Statistikbogen getreten.

unterschiedliche Statistikbogen

Die Tatsache, daß die Bibliotheksstatistik eine so bedeutende Erweiterung erfahren hat, beweist, daß die Statistik als der Hebelarm für jede Bibliotheksanalyse anerkannt worden ist. Besondere Beachtung verdient jedoch der erste Versuch, auch in wissenschaftlichen Bibliotheken die soziale und berufliche Struktur der Benutzer zu ermitteln. Die praktische Bedeutung dieser Feststellungen ist darin zu sehen, daß hierdurch der Bibliothek Hinweise für ihre Erwerbungspolitik gegeben werden.[849]

Leserstatistik

In der Frage Buch und Leser sind die allgemeinbildenden Bibliotheken kraft ihrer pädagogischen Zielsetzung weiter vorgedrungen als die wissenschaftlichen. Die traditionelle, aber aufwendige Kreuzstatistik (Entleihungen der einzelnen Bestandsgruppen an bestimmte Lesergruppen) wird jedoch heute nur noch in besonderen Fällen und in einzelnen Einrichtungen, z. B. zum Zwecke soziologischer Untersuchungen, angewendet; sie wurde 1954 in den allgemeinbildenden Bibliotheken (Staatliche Allgemeinbibliotheken und Gewerkschaftsbibliotheken) durch ein System der Ermittlung, Erfassung und Analyse statistischer Werte auf der Grundlage moderner statistischer Methoden abgelöst.[850] Es beruht auf Gesamtwerten und differenzierten Kennziffern (Einrichtungen, Personal, Bestände), die in Beziehung zu den Leistungen (Entleihungen, Leser) sowie zum finanziellen Aufwand gesetzt werden. Große Bedeutung wird wie in anderen sozialistischen Ländern den Leserzahlen und der Zahl der Entleihungen beigemessen.[851]

allgemeinbildende Bibliotheken

Die Statistik der wissenschaftlichen Bibliotheken ist lange genug ein Sorgenkind[852] gewesen, weil sie nichts über das Verhältnis von Leser und

---

[849] WERNER SCHMIDT, *Die Bibliotheksstatistik.* In: Beiträge zur fachlichen Weiterbildung in wissenschaftlichen Bibliotheken. H. 1 (1963) S. 15–23.

[850] JOHANNES LOHMANN, *Zehn Jahre Bibliotheksstatistik.* In: Ein Wegbereiter sozialistischer Bibliotheksarbeit. Erich Schröter zum 70. Geburtstag. Berlin 1964. S. 86–92. – ERIK WILKENS, *Neue Wege der Büchereistatistik.* Wiesbaden 1966. (Beiträge z. Büchereiwesen. A, 6.)

[851] *Die zahlenmäßigen Ermittlungen in den allgemeinbildenden Bibliotheken ab 1961.* Berlin 1961. Eine Anleitung für die Anwendung statistischer Zählmethoden für Buchbestand, Leser und Ausleihe. – *Kleine Bibliothekskunde.* Hrsg. v. Zentralinstitut f. Bibliothekswesen. 2. Aufl. Leipzig 1965. Kap. Bibliotheksstatistik. S. 126–132. – *Die statistischen Arbeiten der nebenberuflich und ehrenamtlich geleiteten Bibliotheken u. d. Ausleihstellen ab 1968.* Berlin 1968. – Mit wechselnder Titelfassung, zuletzt als *Bibliotheksstatistik. Staatl. Allgemeinbibliotheken u. Gewerkschaftsbibliotheken d. DDR in Zahlen,* werden seit 1961 jährlich die Ergebnisse der statistischen Erhebungen in diesen Bereichen publiziert. Das Material wird von der Staatlichen Zentralverwaltung f. Statistik über Rechenautomaten aufgearbeitet.

[852] HORST KUNZE, *Sorgenkind Bibliotheksstatistik.* In: ZfB 77 (1963) S. 404–408. – Schon PAUL LADEWIG hat auf diese Unzulänglichkeit hingewiesen: „Diese, die Gesamtheit des Problems im Zeiterfolg eines Jahres und einer Reihe von Jahren fassend, müßte das volle geistige Leben in klaren Zahlen zeigen, wertvoll für die Staatsleitung wie das Publikum, und geeignet sein für schlüssige vergleichende Statistik. Dazu sind die heutigen Statistiken nicht ausreichend. In dieser Hinsicht treibt

Sorgenkind Bibliotheksstatistik

Buch aussagte. Zwei Säulen standen unverbunden im statistischen Raum: die der Neuzugänge von literarischen Dokumenten und die der Lesergruppen. Der Leser als Individuum ging jeweils in dem anonymen Gruppen-Kollektiv seiner Lesergruppe unter. Nach seiner Anmeldung bzw. Wiederregistrierung und anschließenden Einreihung in eine der Leser-Berufsgruppen tauchte er als Individuum nicht wieder auf. Mittels statistischer Erhebungen auf der Grundlage der Repräsentativstatistik sind in den letzten Jahren bedeutende Fortschritte erzielt worden, die wir im Zusammenhang mit Fragen der Nutzerforschung (Kap. 3) behandelt haben. Es hat sich jedenfalls erwiesen, daß es mit dieser Methode möglich ist, Ergebnisse hinsichtlich des Nutzungsgrades einzelner Literaturgruppen in bestimmten Bibliotheken zu erzielen.

Vergleichbarkeit statistischer Werte

Eine weitere Frage, die zwecks statistischer Vergleichbarkeit einer einheitlichen Regelung zugeführt werden muß, ist die statistische Erfassung der Benutzung der Sonderaufstellungen (offene Buchbestände mit Präsenzcharakter in wissenschaftlichen Bibliotheken), die z. B. in der DDR gar nicht erfolgt. Abgesehen davon, daß dieser Umstand die Benutzungsstatistik gerade großer wissenschaftlicher Bibliotheken mit gut ausgestatteten Handapparaten herabmindert, ergibt sich bei dem gegenwärtigen Ignorieren dieser Art von Bibliotheksbenutzung die groteske Situation, daß mit fortschreitender Verbesserung des Buch-Leser-Verhältnisses durch reiche, vielfältige und wertvolle Sonderaufstellungen bzw. offene Buchbestände die Zahl der Bücherbestellungen aus den Magazinen sinkt. Auch die einheitliche Zählung der täglichen Leser in den wissenschaftlichen Bibliotheken kann als nicht ausreichend geklärt gelten, von internationalen Vergleichsmöglichkeiten ganz zu schweigen.

Genehmigungspflicht für statistische Erhebungen

Es geht nicht an, daß jeder auf eigene Faust statistische Erhebungen anstellt. Jede Regierung hat ein staatspolitisches Interesse daran zu erfahren, wer innerhalb ihres Hoheitsgebiets etwas erfragt. Mit Recht bedarf also jede Befragung und Berichterstattung, die über den innerbetrieblichen Rahmen hinausgeht, der Genehmigung durch die Organe der staatlichen Verwaltung, z. B. für die wissenschaftlichen Bibliotheken der DDR durch das Ministerium für Hoch- und Fachschulwesen. Fragebogen und Formulare für statistische Erhebungen müssen den amtlichen Genehmigungsvermerk der zuständigen staatlichen Dienststelle tragen. Fragebogen ohne diesen Vermerk dürfen weder gedruckt noch vervielfältigt bzw. ausgefüllt werden. Mit Stellung, Aufgaben und Arbeitsweise der Staatlichen Zentralverwaltung für Statistik[853] muß daher jeder Bibliothekar vertraut sein. Es gilt, alle Ressentiments gegenüber der Statistik auszurotten. Hier ist noch viel Aufklärungsarbeit zu leisten – wie übrigens schon

---

fast die ganze Welt noch Feldgraswirtschaft." (Politik d. Bücherei. 3. Aufl. Leipzig 1934 S. 358.) Interessant auch seine Nachweise, wie stark ökonomisch orientiert (Kostenberechnungen) die Bibliotheksstatistik in den USA ist (S. 359–363).

853 *Verordnung über Rechnungsführung und Statistik vom 20. Juni 1975.* In: GBl. I 1975 S. 585–592. *Statut der Staatlichen Zentralverwaltung für Statistik.* Beschluß des Ministerrates vom 24. Juli 1975. In: GBl. I 1975 S. 639–642.

vor 60 Jahren. Die Bibliotheksleitungen sollten es gleichzeitig nicht versäumen, sich auch um die elementaren Voraussetzungen für jede statistische Erfassung zu kümmern, z. B. um die konsequente Anwendung einheitlicher Zählmethoden.

Aufklärung über Notwendigkeit der Statistik

Die statistischen Erhebungen, die die einzelnen Abteilungen oder Dienststellen einer Bibliothek anstellen, bedürfen nach vorausgegangener Zusammenfassung der Auswertung für die betreffende Bibliothek selbst. Statistische Werte sind unentbehrliche Kriterien für Leitung, Planung und Arbeitsorganisation.

Für das nationale Bibliothekssystem[854], mindestens für seine Hauptbereiche, ist die nächste Stufe der Auswertung von Bedeutung: die vergleichende Statistik, die die statistischen Werte mehrerer gleichartiger Bibliotheken nebeneinanderstellt und auswertet. Jede statistische Auswertung ist eine sehr verantwortungsvolle Aufgabe, besonders die vergleichende, weil sie den Sinn der Statistik in sein Gegenteil verkehren kann, wenn sie die Voraussetzungen für die Vergleichbarkeit der ermittelten Werte nicht genügend beachtet. Schon vor jeder statistischen Erhebung muß eine theoretisch fundierte Analyse der qualitativen Faktoren stattfinden. Bei jedem auswertenden Vergleich müssen sie erneut überprüft werden. Auch die Kontrolle, ob das zu vergleichende Material unter gleichen Bedingungen zustande gekommen ist, bedarf der genauen Untersuchung. Eine Kausalforschung ist mit Hilfe der Statistik nur im begrenzten Umfang möglich.

Auswertung

Die Bibliotheken benötigen statistische Erhebungen zum Nachweis ihrer Leistungen gegenüber der Gesellschaft ebenso wie gegenüber ihren Unterhaltsträgern, besonders bei den entscheidenden Verhandlungen über Haushalts- und Stellenpläne. Unabhängig davon hat die demokratische Öffentlichkeit ein berechtigtes Interesse daran, daß der gesellschaftliche Nutzen ihrer wissenschaftlichen und Bildungseinrichtungen nicht nur dem Fachexperten, sondern grundsätzlich jedem Bürger deutlich wird.

Bedeutung der Statistik

Aber nicht nur für die gegenwärtige Situation, sondern auch unter größeren zeitlichen Aspekten ist die Statistik ein unentbehrliches Hilfsmittel: für die in die Zukunft weisende Arbeit bei Bauvorhaben (Erweiterungsbauten oder Neubauten) ebenso wie für die Rechenschaftslegung, aufbauend auf den Jahresberichten, und schließlich für die Bibliotheksgeschichte.

Die Gesellschaft hat Anspruch darauf, regelmäßige Rechenschaftslegungen von ihren aus staatlichen Mitteln unterhaltenen Einrichtungen zu

[854] Wichtiges Ausgangsmaterial sind die Jahresberichte, wie sie seit 1970 (Berichtsjahr, ersch. 1971) vom Zentralinstitut für Bibliothekswesen, Zentralstelle für Information und Dokumentation Bibliothekswesen, ab Berichtsjahr 1972 (Berlin 1973) vom Zentralinstitut für Bibliothekswesen gemeinsam mit dem Methodischen Zentrum f. wiss. Bibliotheken beim Ministerium f. Hoch- u. Fachschulwesen u. d. T.: *Die Entwicklung des Bibliothekswesens in der Deutschen Demokratischen Republik im Jahre* ... (zuletzt für 1974, Berlin 1975) herausgegeben werden.

Bibliotheks-
statistik und
Gesellschaft

bekommen. Deswegen sollte eine selbstverständliche Form der Berichterstattung über geleistete Arbeit bei allen größeren Bibliotheken der gedruckte oder mindestens vervielfältigte Jahresbericht sein; bei kleineren Bibliotheken genügen Mehrjahresberichte (z. B. Fünfjahresberichte). Übersichtlich gegliedert, soll jeder Jahresbericht nüchtern und sachlich, in allen Angaben aber genau über die Arbeit berichten. Insofern als er auch kritisch auf Mängel in der bisherigen Arbeit und ihre Ursachen eingeht, enthält jeder Jahresbericht auch Programmatisches für die künftige Arbeit. Die gemeinsame Arbeit an ihm stärkt zugleich das Gefühl der Zusammengehörigkeit bei allen Mitarbeitern.

Gesamtstatistik
der Bibliotheken
der DDR

In der DDR wird seit 1970 alljährlich ein für die Öffentlichkeit bestimmter Gesamtbericht über „Die Entwicklung des Bibliothekswesens in der Deutschen Demokratischen Republik im Jahre . . .“ publiziert, der von dem Zentralinstitut für Bibliothekswesen, dem Methodischen Zentrum für wissenschaftliche Bibliotheken und dem Bibliotheksverband der DDR gemeinsam erarbeitet wird.[855] Die im Jahrbuch der Bibliotheken, Archive und Informationsstellen laufend veröffentlichten statistischen Materialien [856] ergänzen diesen Gesamtbericht. Für einen ausführlichen gesamtstaatlichen statistischen Jahresbericht fehlt noch die Voraussetzung, nämlich eine einheitliche Grundstatistik für alle Bibliotheken, selbst wenn sie sich nur auf einige grundlegende Kennziffern beschränkt; an ihr wird in der DDR zur Zeit gearbeitet.

internationale
Bibliotheksstatistik

Daß eine internationale Bibliotheksstatistik ein äußerst schwieriges Problem ist, liegt auf der Hand. Ihre Geschichte beweist es.[857] Weil ihr Ausgangspunkt die Erarbeitung international vergleichbarer Kennziffern sein mußte, ist der internationale statistische Kongreß in Brüssel 1853 auch für eine vergleichende Bibliotheksstatistik von Bedeutung gewesen. Der sechste dieser internationalen Kongresse 1867 in Florenz bezog erstmalig Bibliotheksstatistik in seinen Arbeitsplan ein. Der IVBV hat bereits 1932 eine (Unter-)Kommission für Statistik eingesetzt. Ab 1950 ist der IVBV in seinen Bemühungen um eine internationale Bibliotheksstatistik durch die Unesco unterstützt worden. Sie arbeitet ferner mit der International Standard Organization (ISO) engstens zusammen.[858] Ver-

---

[855] Die DDR führt damit positive Ansätze des deutschen Bibliothekswesens vor 1945 weiter. Beginnend mit dem Jahre 1929 wurden auf Anregung von H. A. KRÜSS im ZfB die statistischen Meldungen der Preuß. SB und der preuß. Univ.bibliotheken unter übergeordneten Gesichtspunkten verarbeitet. Die Fortsetzung sollte ein vielgegliederter Jahresbericht über die Tätigkeit aller deutschen wissenschaftlichen Bibliotheken sein. Dieser Plan ist gescheitert. Vgl. Handbuch II, 2. Aufl. 1961 S. 745.

[856] Dieses seit Berichtsjahr 1959 erscheinende Jahrbuch bringt statistische Angaben für Staatliche Allgemeinbibliotheken und Gewerkschaftsbibliotheken (jeweils nur letztes Jahr) und für wissenschaftliche Bibliotheken (jeweils für zwei Jahre) getrennt.

[857] Knapper faktographischer Überblick: FRANK L. SCHICK, *The international standardization of library statistics.* In: Unesco bull. f. libr. 25 (1971) S. 1–11; mit Abdruck d. Empfehlungen in engl. Sprache. – *Library statistics.* A handbook of concepts, definitions and terminology. Chicago 1966.

[858] *The international standardization of library statistics.* A progress report. IFLA/ISO. London 1968. (IFLA. International manual. 4.)

schiedene Beratungen und Kongresse in den sechziger Jahren, mit Unterstützung der Unesco durchgeführt, erbrachten im Ergebnis Empfehlungen seitens der Unesco an ihre Mitgliedsstaaten: *Recommendation concerning the international standardization of library statistics*, 1970[859]. Die Berichterstattung soll alle drei Jahre erfolgen. Die dort vorgesehenen Angaben entsprechen im wesentlichen den in der DDR zugrunde gelegten Kennziffern der Bibliotheksstatistik; Abweichungen ergeben sich z. B. bei den geforderten Angaben zum Bibliothekspersonal, das in unseren Bibliotheken fachlich deutlicher differenziert ist. Natürlich bedarf dieses Grundschema noch der Anpassung an nationale Besonderheiten besonder in entwickelten Bibliotheksländern mit Traditionen,[860] also auch in der DDR. Weiterentwicklungen der internationalen Bibliotheksstatistik werden unter der Rubrik *International standardization of library statistics* laufend im Unesco bulletin for libraries veröffentlicht.[861]

Statistik und Betriebswirtschaftslehre

Der progressive Teil der Bibliothekare hat sich nie der Auffassung verschlossen, daß allein schon moralische Gründe für gewissenhafte statistische Erhebungen sprechen: zur Rechenschaftslegung über geleistete Arbeit sich selbst und als Nachweis der Existenzberechtigung von Bibliotheken der Öffentlichkeit gegenüber. Die moderne Leitungswissenschaft und die sozialistische Betriebswirtschaft haben aber, unabhängig davon, erwiesen, daß sinnvoll erhobene und maximal vergleichbare statistische Zahlen die Voraussetzung für unentbehrliche Arbeitsanalysen bilden. Diese wiederum stellen die Basis für fast alle Methoden des Arbeitsstudiums dar, ebenso für die Planung der Bibliotheksarbeit und deren Kontrolle. Ohne Zweifel hat damit ein neuer Abschnitt in der Bewertung der Bibliotheksstatistik begonnen. Das Sammeln statistischer Daten einer Bibliothek, um durch Summierungen und Mittelwertberechnungen zu hauseigenen Kennziffern zu gelangen, genügt heute nicht mehr. Unser Blick ist auf die sehr schwierige Frage der statistischen Vergleichbarkeit, auf Leistungsbemessungen sowie auf Nachweise der Effektivität bibliothekarischer Tätigkeit gerichtet. Alle diese Fragestel-

---

[859] Dt. Fassung mit Erläuterungen (HANS-JOACHIM MEISTER). In: ZfB 85 (1971) S. 594–601.

[860] Vgl. PETER K. LIEBENOW, *Deutsche Bibliotheksstatistik.* In: Buch u. Bibliothek 23 (1971) S. 1138–1140; u. a. Plan einer Arbeitsstelle für Bibliotheksstatistik, die alle Bibliotheken der BRD erfassen soll.

[861] Grundsätzliche Fragen aus der Sicht des sozialistischen Bibliothekswesens behandelt, neben den Arbeiten von M. Velinský u. a. FRANTIŠEK PLACHNÝ, *Fragen der Evidenz und Statistik in wiss. Bibliotheken.* In: Knihovna 1965, S. 189–240. (Zentralinstitut f. Bibliothekswesen, Berlin, Arbeitsübersetzung.) – I. M. FRUMIN, *Aktual'nye voprosy bibliotečnoj statistiki.* In: Biblioteki SSSR opyt raboty 34 (1967) S. 71–84. – Aufschlußreich als Übersicht über Leistungen allgemeinbildender Bibliotheken in 34 Staaten: *Vergleich von Kapazitäten und meßbaren Leistungen der allgemeinen öffentlichen Bibliotheken, Gewerkschafts- und Schulbibliotheken sowie anderer allgemeinbildender Bibliotheken ausgewählter Staaten.* Zentralinstitut f. Bibliothekswesen. Berlin 1972. – K. M. ROMANSKAJA u. N. C. RUMJANZEVA, *Bibliotheksstatistik.* Aufstellung d. Jahresplanes u. d. Berichterstattung d. Hochschulbibliotheken. Berlin 1974. (Meth. Zentrum f. wiss. Bibliotheken. Arbeitsübersetzung.)

lungen sind aber zugleich Teilfragen einer Betriebswirtschaftslehre, für deren wissenschaftliche Ausarbeitung die Statistik eine wichtige Grundlage bildet.

Grenzen der Statistik

Hinsichtlich der Rolle der Bibliotheksstatistik können wir zur Zeit eine eigenartige, aber typisch dialektische Erscheinung beobachten. Wenn wir den Teil der Bibliothekare ausklammern, die weder früher noch heute an Statistikführung und Statistikanalyse Interesse gezeigt haben, so können wir bei den Bibliotheksstatistikern als Reaktion auf die langjährige Unterschätzung einen Bewertungsüberschwang verzeichnen, der über das Ziel hinauszuschießen scheint. Ob Statistik einzelner Bibliotheken, von Teilsystemen (Netzen) oder nationalen Bibliothekssystemen – immer wird man die Grenzen der Leistungsbewertung bibliothekarischer Arbeit beachten müssen, weil sie nur zu einem Teil unmittelbar gesellschaftlich genutzt wird und daher nachweisbar ist. Aus der Sicht allgemeinbildender Bibliotheken sind Leser und Ausleihe sehr wohl ein wesentlicher „Ausdruck der Leistung der Bibliothek“[862], wenn auch nicht „konzentrierter“. Deshalb können Kapazitätsbegriffe (Bibliothekskapazität = Arbeitsmittel + Mitarbeiter) als statistische Kriterien nicht überzeugen, die, auf den Begriff Bibliotheksleistung hinführend, zur Folge haben, daß „Katalogisierung, bibliographische Informationstätigkeit“ u. a. m. keine bibliothekarische Leistung im engeren Sinne ist, weil sie „keine unmittelbare gesellschaftliche Ausnutzung der eigentlichen Kapazität darstellt“[863].

Grundlage für die Leitungstätigkeit

Richtig ist, daß wir zum Zwecke der Bibliotheksanalyse und um mit Hilfe statistischer Werte Eisen für die Leitungstätigkeit zu schmieden, nicht mehr mit herkömmlichen Methoden auskommen.[864] Die Statistik als Einzelwissenschaft[865] hat eine Entwicklung genommen, die auch auf die Bibliotheksstatistik in dem Sinne Einfluß haben muß, daß entwicklungsbedingte Veränderungen und sich herausbildende Beziehungen unter die Lupe genommen werden. Auch die Wichtigkeit der Statistik für die Festlegung von vielseitigen Arbeitsrichtwerten steht außer Zweifel. Aber ebenso wird als richtig und noch immer gültig anerkannt werden müssen, daß die Leistung bibliothekarischer Arbeit nicht allein mit der Zahl ausgeliehener Bücher und an steigenden Leserzahlen gemessen werden kann, sondern daß das Eigentliche ihrer Effektivität: Erweiterung der Allgemeinbildung, Persönlichkeitsformung, Bewußtseinsbildung, das hinter

---

[862] GOTTHARD RÜCKL, *Zum Problem der wiss. Planung der Bibliotheken.* In: Könyvtártudományi Módszertani Központok nemzetközi értekezlete... Internationale Arbeitstagung d. Bibliothekswissenschaftlich-methodischen Institute. Budapest, 1964 dec. Budapest 1967. (Könyvtártudományi és Módszertani Központ. Bulletin. 1.)

[863] MIRKO VELINSKÝ, *Interpretation und Analyse statistischer Angaben in der Bibliotheksstatistik.* In: Bibliothekar 27 (1973) S. 312.

[864] Wertvolle Anregungen zur Neubearbeitung d. Bibliotheksstatistik hat die Internationale Konferenz zur Bibliotheksstatistik 1971 in Prag gegeben. Vgl. ZfB 86 (1972) S. 415–419 (Ines Fischer).

[865] KARL F. STOCK, *Entwicklung und Stand der Bibliotheksstatistik.* – Graz, Staatswiss. Diss. v. 1968. – KARL F. STOCK, *Grundlagen u. Praxis der Bibliotheksstatistik.* Pullach b. München 1974. (Bibliotheksstudien. 2.)

dem ausgeliehenen, ja sogar hinter dem zurückgegebenen Buch liegt, überhaupt nicht unmittelbar statistisch erhebbar ist. Hinzu kommt, daß das Gesetz der großen Zahl, das Streben, alle potentiellen Leser zu tatsächlichen Nutzern (und zwar dauerhaften, die mehr als 1 Buch pro Jahr entleihen!) zu machen und die Zahl der ausgeliehenen Bände insgesamt zu erhöhen – daß diese Gesichtspunkte für einen Teil der wissenschaftlichen Bibliotheken keine wesentlichen Leitungsgesichtspunkte sind. Dort liegt das Schwergewicht in der begrenzten Bestandsauswahl aus der Fülle teurer ausländischer Literatur, in deren Nachweis und in der darauf fußenden, aber heute faktisch weit darüber hinausgehenden Informationstätigkeit, bei der ein mühsamer aber exakter Negativnachweis für eine vorgesehene Forschungsarbeit grünes Licht bedeuten kann.

Funktionsunterschiede der Bibliotheken

Bibliotheken sind eben keine Artillerie- oder Raketeneinheiten, sondern sie sind und bleiben Arsenalen vergleichbar: Ein Arsenal ist ein Zeughaus mit Werkstatt. Die Sorgfalt bei der Aufbewahrung, Pflege und Einsatzvorbereitung von Kriegsgerät und Waffen, im Verein mit der Qualität ihrer Werkstattmitarbeiter nebst verantwortungsbewußter Leitung – das sind entscheidende gesellschaftliche Leistungen für Wirkungen, die außerhalb der Arsenale erzielt werden.[866]

Wenn wir also die Statistik noch nicht als ein vollkommenes Leitungs- und Planungsinstrument nutzen können, so ist die Ursache ganz offensichtlich auch in objektiven Schwierigkeiten zu sehen. Es ist gewiß richtig, wenn auch leichter, Forderungen an die Bibliotheksstatistik zu stellen, z. B. die Forderung, daß sie als „dynamisch funktionales Modell" (M. Velinský) wirksam sein solle, als sie zu dieser Wirkung zu bringen. Trotzdem besteht kein Grund zu Pessimismus. Es gilt, die statistischen Methoden zu verbessern, sie auf das gesamte nationale Bibliothekssystem anzuwenden und von da aus zu echten internationalen Vergleichen zu gelangen.

Verbesserung der Methoden

8.12. Verwaltung[866a]

8.12.1. *Aufgaben*

Der staatliche Leiter trägt die Gesamtverantwortung für die Arbeit der Bibliothek und ist für die Erfüllung aller Aufgaben der Bibliothek persönlich verantwortlich, also nicht nur für die bibliothekarischen, sondern auch für die ökonomischen. Auch die Einhaltung der Arbeitsdisziplin seiner Mitarbeiter hat er zu gewährleisten. Er ist daher gegenüber allen Mitarbeitern weisungsberechtigt. Je nach Größe und Struktur der Bibliothek kann er dieses Weisungsrecht an leitende Mitarbeiter delegieren; das entbindet ihn jedoch nie von seiner Gesamtverantwortung.

Gesamtverantwortung des staatlichen Leiters

[866] Vgl. zur Statistikproblematik WERNER A. KLEYE, *Trugschlüsse.* Vom Trugschluß (bis) zum Politikum. Bibliotheksstatistik kritisch behandelt. In: Börsenblatt f. d. Dt. Buchhandel (Frankf. a. M.) 27 (1971) S. 260–266.

[866a] *Organisation und Technik der Verwaltungsarbeit.* Berlin 1975. (Lexikon der Wirtschaft. 6.)

Je größer eine Bibliothek ist, um so umfangreicher sind auch die von der Verwaltung zu leistenden Arbeiten. Hauptaufgabe der Verwaltung ist, die arbeitsorganisatorischen Voraussetzungen für die von der Bibliothek zu erfüllenden Aufgaben zu schaffen. Dem staatlichen Leiter, dem Direktor der Bibliothek, steht für die Lösung dieser vielfältigen Verwaltungsaufgaben ein Verwaltungsleiter zur Verfügung. Aufgabe des Verwaltungsleiters ist es vor allem, fachliche Erfordernisse ins Verwaltungstechnische umzusetzen, sich des vielseitigen Planungswesens anzunehmen und damit den ordnungsgemäßen Arbeitsablauf des Planjahres zu sichern.

Unterstützung durch Verwaltung

8.12.2. *Post, Aktenwesen*

Poststelle

In allen größeren Betrieben und Institutionen gibt es zentrale Poststellen, die für das Abholen, Aufgeben und Weiterleiten der Post mitverantwortlich sind; in kleineren Einrichtungen übernimmt diese im Prinzip gleiche Funktion ein Verwaltungsmitarbeiter. Häufig werden für diesen wichtigen Tätigkeitsbereich sogar besondere Dienstvorschriften (Postordnungen) erlassen; sie haben den Zweck, durch Festlegung der Rechte und Pflichten der Postsachbearbeiter eine rasche Posterledigung zu gewährleisten.

allgemeine Postsachen, Staatspost, interne Post

Bei staatlichen Dienststellen und Einrichtungen werden drei verschiedene Dienstpostarten unterschieden: allgemeine Post, Staatspost (ZKD)[867] und interne Post. Allgemeine Post umfaßt Postsendungen zwischen einer staatlichen Dienststelle der DDR und anderen nichtstaatlichen Stellen bzw. Bürgern. Sendungen von einer staatlichen Dienststelle zur anderen gelten als Staatspost. Interne Post („vergegenständlichte Dienstgeheimnisse") kommt innerhalb einer staatlichen Dienststelle zum Versand, wird also nicht durch die Deutsche Post zugestellt. Ein Teil der Staatspost unterliegt als „Vertrauliche Dienstsache" (VD) oder „Nur für den Dienstgebrauch (NfD) einer besonderen Behandlung. Zur beschleunigten Beförderung der Dienstpost und aus Sicherheitsgründen ist innerhalb der DDR 1960 der Zentrale Kurierdienst für Dienstgeheimnisse (ZKD) eingerichtet worden. Teilnehmer daran sind alle staatlichen Dienststellen, volkseigene Betriebe, Akademien, Hochschulen, Fachschulen usw.

Aktenbildung

Besondere Sorgfalt erfordert die Ablage erledigter Schriftstücke und Vorgänge.[868] Aus einem bestimmten Schriftverkehr entsteht ein Vorgang.

---

[867] *Anordnung zum Schutz der Dienstgeheimnisse vom 6. Dezember 1971.* In: GBl. Sonderdruck Nr. 717 vom 1. 1. 1972.

[868] Für die wissenschaftlichen Institutionen im Bereich des Ministeriums für Hoch- und Fachschulwesen regelt eine *Rahmen-Archivordnung vom 1. Oktober 1964* die Sicherung, Ordnung und Erschließung „... des gesamten, in der laufenden Arbeit nicht mehr benötigten Schriftguts, Tonschriftguts, Bildmaterials und sonstiger Dokumente ...". – *Leitfaden für die Aufstellung von Aktenplänen.* Hrsg. v. Institut für Verwaltungsorganisation und Bürotechnik. 2. Aufl. Leipzig 1964. – *Rationelle Schriftgutregistratur.* Hrsg.: Akad. f. Staats- u. Rechtswiss. d. DDR, Inst. f. Verw.organisation u. Bürotechnik. Berlin 1974.

Vorgänge zusammengenommen bilden Akten, und das Ganze ergibt in der Schriftgutablage eine Einheit. Sie erfolgt nach einem Aktenplan, der der Struktur bzw. dem Strukturplan der Bibliothek entsprechen soll. Er bildet auch die beste Grundlage für die Aufstellung und Ordnung archivreifer Aktenbestände; dazu kann auch auf hilfreiche Fachbücher verwiesen werden.[869] Auch für Bibliotheken wichtig ist die *Verordnung über das staatliche Archivwesen vom 11. März 1976*[870], die die Erhaltung von Archivalien gesetzlich regelt. Nach dieser Verordnung darf das aus der Tätigkeit eines Volkswirtschaftsbereichs, von Organen oder Einrichtungen entstandene dienstliche Schriftgut, wie Schriftstücke, ausgefertigte Vordrucke, Pläne, aber auch Mikrofilme, Magnettonträger usw., nicht vernichtet werden, auch wenn es wertlos erscheint, bevor es nicht von dem Zentralen Staatsarchiv, den Staatsarchiven, den Spezialarchiven oder den Räten der Bezirke geprüft und zur Vernichtung (Kassation) freigegeben ist.

Bestimmungen über Archivalien

8.12.3. *Sonstige Aufgaben*

Allgemeine Verwaltung

In großen Bibliotheken hat es sich als zweckmäßig erwiesen, noch eine besondere Dienststelle „Allgemeine Verwaltung“ für den Einkauf von Geräten und Materialien einschließlich Abrechnung darüber sowie eine Dienststelle „Technischer Betrieb“ einzurichten.

8.12.4. *Schriftverkehr*

Unter Schriftverkehr[871] versteht man alle schriftlichen Festlegungen, die sich im inneren Dienstverkehr der Bibliothek und im Verkehr nach außen ergeben. Hier interessiert nur die technische Seite dieses Teiles der Verwaltungsarbeit, der sachliche Inhalt richtet sich nach den Grundsätzen der Bibliothekslehre.

Für den gesamten Schriftverkehr muß die Forderung gelten, die für die Technik der wissenschaftlichen und bibliothekarischen Arbeit genauso wichtig ist wie für die reine Verwaltungsarbeit: Mechanisiere, was zu mechanisieren geht, norme, was normbar ist. Für Vorgänge, die sich oft wiederholen und regelmäßig dieselbe Form haben, sind Vordrucke oder Stempel zu verwenden. Unter einem Vordruck, Formblatt oder Formu-

Vordrucke

[869] BOTHO BRACHMANN, *Die Schriftgutverwaltung in Staat und Wirtschaft.* Berlin 1965. – *Wisssensspeicher. Organisation und Technik der Verwaltungsarbeit.* 4. Aufl. Berlin 1973.

[870] In: GBl. I 1976 S. 165–169. Hier auch S. 169–171 1. Durchführungsbestimmung zu dieser Verordnung und S. 172–174 2. Durchführungsbestimmung (Benutzungsordnung).

[871] *Schriftverkehr rationell.* Hinweise zur Rationalisierung d. Schriftverkehrs ... Leipzig 1972 (SA aus: „Organisation“ 1972/5). – *Wissensspeicher.* Organisation und Technik der Verwaltungsarbeit. 4. Aufl. Berlin 1973. – ERIKA NOACK, HANS HANSEN und HEINZ KRAL, *Rationelle Organisation der Schreibarbeiten.* Inst. f. Verw.organisation u. Bürotechnik, Leipzig 1973.

lar[872] versteht man eine schriftliche Mitteilung, die häufig wiederkehrende Texte in zweckmäßiger Anordnung festlegt und die in einem Vervielfältigungsverfahren hergestellt wird. Vordrucke ersparen Zeit und Arbeit und helfen im Verkehr nach außen durch Portoersparnis die Verwaltungskosten senken.
Hinsichtlich ihrer Verwendung sind an Vordrucken zu unterscheiden:

1. Vordrucke für die innere Verwaltung
2. Vordrucke für den Verkehr nach außen (Leser, Buchhandel, staatliche Verwaltung).

Im Gebiet der DDR ist das Vordruckwesen durch gesetzliche Bestimmungen[873] zentral geregelt.
Im schriftlichen Verkehr nach außen werden in der Regel standardisierte Papierformate verwendet.[874] Nationale und internationale Gepflogenheiten bilden die Grundlage des Schriftverkehrs, bei dem zwischen dem Schriftverkehr innerhalb des Hauses und dem Schriftverkehr nach außen zu unterscheiden ist.
Im innerdienstlichen Schriftverkehr unterscheiden wir die formlose Notiz, die Aktennotiz, die Hausmitteilung.

formlose Notiz

Die formlose Notiz, für einen anderen Mitarbeiter oder Dienstvorgesetzten bestimmt, ergibt sich häufig aus einer mündlichen oder telefonischen Vereinbarung. Sofern sie mit einem Vorgang verbunden ist, wird sie in der Regel auf diesem selbst vorgenommen.

Aktennotiz

Die Aktennotiz[875] erstreckt sich, wie ihr Name sagt, auf aktenwürdige Vorgänge (z. B. über eine mündliche oder telefonisch getroffene Vereinbarung), deren Bedeutung in der Regel noch dadurch zum Ausdruck kommt, daß sie anderen Mitarbeitern, Dienststellenleitern oder dem Direktor im Original oder als Durchschrift zur Kenntnis und schließlich zur Aufbewahrung zu den Akten (z. d. A.) gegeben wird. In diesem Falle sind die Verteiler zu beachten.

---

[872] HEINZ NEHLS u. HEINZ SCHÖPPENTHAU, *Das Vordruckwesen der sozialistischen Wirtschaft.* Berlin 1960. – Methodisches Zentrum für wiss. Bibliotheken. *Formulare für Bibliotheken aus dem Vordruck-Leitverlag Spremberg.* Stand: 1. Nov. 1968. Berlin 1968. – Deutscher Bibliotheksverband, Sektion Technische Bibliotheken. *Vordrucke und Formulare für Fachbibliotheken.* Karl-Marx-Stadt 1968. – KLAUS-DIETRICH HOFFMANN, *Formulare in Öffentlichen Büchereien.* In: Bibliotheksdienst (1969) 8, S. 18–23.

[873] *Anordnung über die Vereinheitlichung und Zentralisierung des Vordruckwesens vom 21. 12. 1959.* In: GBl. II 1960 S. 33–38. – *Vereinheitlichte Vordrucke für den allgemeinen Dienstverkehr.* 2., veränd. Aufl. Leipzig 1972.

[874] Die Normung der Papierformate geht auf DIN (= Deutsche Industrienormen) 476 aus dem Jahre 1922 zurück. Über Papierformate vgl. H.-D. RICHTER, *Aufbau und Begründung der Maschinenmaße polygraphischer Maschinen nach TGL 9329.* In: Standardisierung 9 (1963) S. 692–694 (S. 695–705).

[875] HEINRICH OTTO MEISNER, *Urkunden- u. Aktenlehre der Neuzeit.* 2. Aufl. Leipzig 1952 S. 49 weist darauf hin, daß eine solche Aktennotiz im strengen Sinne ein Protokoll ist, „freilich ein ‚einseitiges', das eigentlich den sonstigen Beteiligten ... zur Billigung vorgelegt oder mit deren Aufzeichnungen verglichen werden muß ...", was allerdings in der Regel nicht geschieht.

Die Hausmitteilung ist eine kurze schriftliche Mitteilung von Abteilung zu Abteilung bzw. von Dienststelle zu Dienststelle auf einem dafür bestimmten Vordruck auf einfachem Papier. Sie gibt am Kopf unter dem Datum den Empfänger und den Absender im Hause an, beides mit Namen und Abteilungen. Sie wird für Mitteilungen verwendet, auf deren schriftliche Fixierung man aus bestimmten Gründen Wert legen muß. Hausmitteilung

Größte Beachtung der Formalien verlangt der Schriftverkehr nach außen. Abkürzungen bibliothekarischer Einrichtungen (GAZ, ZKA, AK usw.), die dem innerdienstlichen Schriftverkehr angemessen sind, müssen hier vermieden werden. Sie werden sonst mit Recht für eine Überheblichkeit der Bibliothekare gehalten, die ihre spezifischen Abkürzungen für allgemein bekannt halten. Überhaupt sollte der Abkürzungswut Paroli geboten werden. Abkürzungen

Ein weiterer wichtiger Grundsatz für den Schriftverkehr der Bibliothek nach außen ist: bei Wahrung aller Gebote der Höflichkeit maximale Präzision der Formulierung und Knappheit im Ausdruck. Weil im Schriftverkehr immer wieder viel gesündigt wird und weil bei der Nachwuchsausbildung (von der Facharbeiter-Ausbildung abgesehen) diese Seite, vermutlich als zu „primitiv", vernachlässigt wird, verzichteten wir nur ungern auf Empfehlungen und Ratschläge zum Schriftverkehr, wenn es nicht neuerdings vorzügliche Fachbücher und Broschüren gäbe, deren Nutzung nahegelegt wird.[876]

Unterschriftsbefugnis oder Zeichnungsrecht hat grundsätzlich nur der staatliche Leiter. Je nach Größe der Bibliothek wird aus praktischen Gründen die Unterschriftsbefugnis nach schriftlicher Vereinbarung in einem beschränkten Umfang auf bestimmte, verantwortliche Mitarbeiter (Abteilungsdirektoren bzw. Abteilungsleiter) erweitert. Die Delegierung des Zeichnungsrechtes an weitere Mitarbeiter ist Sache der Abteilungsleiter, die dem staatlichen Leiter für den gesamten Schriftverkehr ihrer Abteilung persönlich verantwortlich sind. Es ist erforderlich, die schriftlich festgelegte Unterschriftsbefugnis von Zeit zu Zeit, mindestens aber zu Beginn jedes Jahres, auf ihre Gültigkeit zu prüfen. Wer dienstliche Schreiben unterzeichnet, muß wissen, daß er mit seiner Unterschrift die Verantwortung für den Inhalt des Schriftstückes übernimmt und bei Fehlern persönlich zur Rechenschaft gezogen wird. Unterschriftsbefugnis

8.12.5. *Sitzungen und Protokollführung*

Zu den organisatorischen Fähigkeiten, die auch jeder Bibliothekar erwerben muß, zählen Sitzungsvorbereitungen, Sitzungsleitung und Protokollführung.[877] Es ist unbedingt erforderlich, daß der Bibliotheksleiter auch

[876] Wie sie in der 3. Auflage dieses Lehrbuches (1966) S. 97–101 noch gegeben worden sind und dort nachgelesen werden können. Lit. vgl. Anm. 871.

[877] KARLHEINZ HENZEL, *Das Protokoll.* Berlin 1954. (Schriftenreihe Demokratischer Aufbau. 9.) – KARL HEINZ BURGHARDT, CLAUS POBUDA u. KARL WEBER, *Organisation von Konferenzen und Beratungen.* Berlin 1973.

diese wichtigen Funktionen auszuüben vermag und daß diese heute notwendigen Fähigkeiten in der Weiterbildung der Mitarbeiter berücksichtigt, d.h. geübt werden. Das ist ein Gebot der Arbeitsökonomie. Neuere Fachliteratur ist dabei von Nutzen.

8.13. Innerdienstliche Regelungen

8.13.1. *Arbeitsordnung*

allgemeine Festlegungen

Nach dem Gesetzbuch der Arbeit (§ 107) sind in den Betrieben auf der Grundlage gesetzlicher Bestimmungen Arbeitsordnungen „zur sozialistischen Organisation der Arbeit und zur Festigung der Arbeitsmoral" zu schaffen. Sie sind unter Mitwirkung der Werktätigen auszuarbeiten und im Einvernehmen mit der (Betriebs-)Gewerkschaftsleitung von dem staatlichen Leiter in Kraft zu setzen. In ihnen sind insbesondere festzulegen:

a) die Rechte und Pflichten des Betriebsleiters, der leitenden Mitarbeiter und der anderen Werktätigen;
b) die Auszeichnungen für vorbildliche Erfüllung der Arbeitsaufgaben;
c) die Disziplinarmaßnahmen.

Nicht identisch damit sind interne Festlegungen für das Verhalten der Mitarbeiter eines Betriebes oder einer Institution (z.B. Schlüsselaufbewahrung, Passierscheine); sie können in besonderen Hausordnungen oder in anderer Form schriftlich festgelegt werden.

8.13.2. *Arbeitsordnungen der Abteilungen*

Arbeitsordnungen der Abteilungen

Die Neuerungen und Besonderheiten im Arbeitsablauf einzelner Abteilungen finden in großen Bibliotheken ihren Niederschlag in Arbeitsordnungen der Abteilungen. Bei den zahlreichen und komplizierten Arbeitsvorgängen, die innerhalb der Fachabteilungen zu beachten sind, hat sich in größeren Bibliotheken schon vor Jahrzehnten das Bedürfnis nach solchen Arbeitsordnungen (früher „Consuetudines" genannt) eingestellt. Von den einzelnen Mitarbeitern jeder Abteilung unter Verantwortung ihres Direktors erarbeitet, dienen sie den Abteilungsangehörigen zur Klärung der gesamten Arbeitsvorgänge der Abteilung. Neuen Mitarbeitern geben sie in gedrängter Form eine Einführung in die Arbeit der betreffenden Abteilung. Die Arbeitsordnungen aller Abteilungen des Hauses bilden in der Hand des staatlichen Leiters eine notwendige Grundlage für die Arbeitsanalyse der gesamten Bibliothek.

8.13.3. *Arbeitsstreitigkeiten, Disziplinarangelegenheiten*[878]

Arbeitsstreitigkeiten werden nach den dafür geltenden allgemeinen und besonderen Rechtsvorschriften behandelt (Gesetzbuch der Arbeit, Konfliktkommissionen). Die Wahl und Arbeitsweise der Konfliktkommissionen regelt eine besondere Richtlinie[879]. Die Konfliktkommissionen sind auch für die „Behandlung geringfügiger Straftaten"[880] zuständig.

Konfliktkommission

In allen Disziplinarangelegenheiten gilt die Verordnung über die Pflichten, die Rechte und die Verantwortlichkeit der Mitarbeiter in den Staatsorganen vom 19. Februar 1969.[881]

8.13.4. *Dienstanweisungen*

Regelungen, die sich aus der laufenden Arbeit, vielfach auf Grund neuer Rechtsvorschriften ergeben, werden als Dienstanweisungen (Weisungen) durchgeführt. Solche Dienstanweisungen gehen in der Regel durch Rundschreiben unmittelbar von den übergeordneten staatlichen Organen aus, für die staatlichen Bibliotheken also vom Ministerium für Hoch- und Fachschulwesen bzw. vom Ministerium für Kultur, für die Gewerkschaftsbibliotheken vom Bundesvorstand des FDGB. Dienstanweisungen innerhalb der Bibliothek müssen vom Direktor oder seinem Stellvertreter unterzeichnet sein. Sie werden in der Regel allen Mitarbeitern durch Umlauf schriftlich bekanntgemacht. Jeder Mitarbeiter nimmt durch Gegenzeichnung (Urlauber, Kranke beachten!) vom Inhalt Kenntnis. Auch wichtige Informationen von allgemeinem Interesse werden so bekanntgegeben. Nach Umlauf bei allen Mitarbeitern werden solche Dienstanweisungen zu den Akten genommen. Verantwortlich dafür ist in großen Bibliotheken der zuständige Abteilungsdirektor, in kleineren und mittleren der Verwaltungsleiter.

Dienstanweisungen

8.13.5. *Dienstverkehr*

Innerhalb der Bibliothek erfolgt der Dienstverkehr der Mitarbeiter untereinander mündlich, telefonisch oder schriftlich. In größeren Einrichtungen haben sich auch Ruf- und Wechselsprechanlagen für den innerdienstlichen Verkehr bewährt. Die direkte Sprechverbindung zwischen angeschlossenen Teilnehmern bietet z. B. auch die Möglichkeit der Konferenzschaltung (Sprechverbindung von einer Station aus mit allen Teilneh-

---

[878] *Rechts-ABC für Bibliothekare.* Leipzig 1975.

[879] GBl. I 1968 S. 287–298. *Konfliktkomissionsordnung vom 4. Okt. 1968.*

[880] GBl. I 1963 S. 21. – *Handbuch für die Konfliktkommission.* Arbeitsmaterialien f. d. Tätigkeit d. gesellschaftl. Gerichte in d. Betrieben. Autorenkollektiv. Berlin 1974.

[881] GBl. II 1969 S. 103–109. Dazu Durchführungsbestimmung in den Verfügungen u. Mitteilungen des Ministeriums für Hoch- und Fachschulwesen 1971, Nr. 7 S. 5.

mern). Gerade für Bibliotheken mit großen Magazinbereichen, in denen die Mitarbeiter keinen festen Arbeitsplatz für längere Zeit haben, hat die drahtlose Rufanlage große Vorteile.

Dienstweg

Im innerdienstlichen Verkehr ist jeder Mitarbeiter zur Einhaltung des Dienstweges verpflichtet. Auch der Direktor einer Bibliothek kann nicht ohne weiteres von sich aus mit der Spitze seiner vorgesetzten Dienststelle, dem Minister oder Staatssekretär, in Verbindung treten, ohne daß besondere Verhältnisse es erfordern. Vielmehr wendet er sich in der Regel an den Leiter des Sektors bzw. der Abteilung des zuständigen staatlichen Organs. Ebenso müssen dienstliche Angelegenheiten innerhalb einzelner Abteilungen der Bibliothek zunächst mit dem zuständigen Dienststellenleiter besprochen werden. Selbstverständlich liegen die Verhältnisse in jeder Bibliothek je nach Struktur und Größe anders. In einer großen Bibliothek mit einem Fachabteilungssystem bedeutet der Versuch, eine unmittelbare Verhandlung mit dem Direktor herbeizuführen, eine bewußte Ausschaltung des zuständigen Abteilungsdirektors. Solche direkten Verhandlungen können zwar in der Praxis durchaus eintreten, z. B. dann, wenn der Mitarbeiter mit seinem Abteilungsdirektor nach seinem Eindruck erfolglos verhandelt hat. Nach dem Gesetz von Kritik und Selbstkritik ist es allerdings jedem Mitarbeiter überlassen, seine wohlerwogene Kritik an jeder Person oder jeder Einrichtung der Bibliothek – von vertraulichen Dienstsachen abgesehen – so anzusetzen, wie er es aus einer bestimmten Situation heraus für richtig hält, z. B. an der Wandzeitung oder bei einer dafür zuständigen übergeordneten Dienststelle, also ohne den Dienstweg einzuhalten.[882]

Ausschaltung des Dienstweges

Bei dienstlichen Verhandlungen innerhalb der Bibliothek und nach außen ist es ratsam, sich in allen Angelegenheiten, die nicht von grundsätzlicher Bedeutung sind, des Telefons oder des mündlichen Verhandlungsweges zu bedienen. Im allgemeinen wird durch umständlichen Schriftverkehr noch viel zuviel gegen das Gebot strenger Sparsamkeit verstoßen.

---

[882] *Gesetz über die Bearbeitung der Eingaben der Bürger – Eingabengesetz – vom 19. Juni 1975.* In: GBl. I 1975 Nr. 26 S. 461–462. Dieses Gesetz legt u. a. die Verantwortlichkeit des Leiters, Unterschriftsbefugnis und Bearbeitungsfristen bzw. Zwischenbescheid fest. Es gilt wie die ihm vorangegangenen entsprechenden Erlasse des Staatsrates von 1961 bzw. 1969 auch für alle staatlichen Einrichtungen auf dem Gebiet der Kultur und der Volksbildung.

8.14. Geschäftsgang (Buchbearbeitung)

8.14.1. *Allgemeines*

Die grundlegenden Aufgaben der Bibliotheken lassen sich zusammenfassen unter

Bestandsaufbau,
Bestandserschließung,
Bestandsvermittlung.

grundlegende bibliothekarische Aufgaben

In diesen drei Hauptaufgaben widerspiegeln sich zugleich die Forderungen, die der Nutzer an die Bibliothek stellt: eine gute Literaturauswahl, vielfältige Wege, die zu den Beständen und zur Literatur überhaupt führen sowie bequeme und rasche Zugänglichkeit der Bestände. Sie hängen untereinander aufs engste zusammen, ja gehen zum Teil ineinander über. Während die Buchauswahl nach bestimmten Grundsätzen, auf der Grundlage guter Fachkenntnisse der Bibliothekare mit Hilfe interessierter Bibliotheksnutzer erfolgt und nicht zuletzt durch die zur Verfügung stehenden Mittel festgelegt ist, die rasche Zugänglichkeit der ausgewählten und bearbeiteten Materialien weitgehend von räumlichen und technischen Bedingungen abhängt, ist die Buchbearbeitung die Domäne des Bibliothekars, die die höchsten Anforderungen an die Arbeitsorganisation stellt.

Geschäftsgang im Mittelpunkt

Deshalb ist der Geschäftsgang, d. h. der Gang des Buches durch die Bibliothek (engl.: process; russ.: obrabotka knig) von seinem Eintreffen bis zu seiner Ausleihreife, der Prüfstein bibliothekarischer Arbeitsor-

Geschäftsgang einer Universalbibliothek

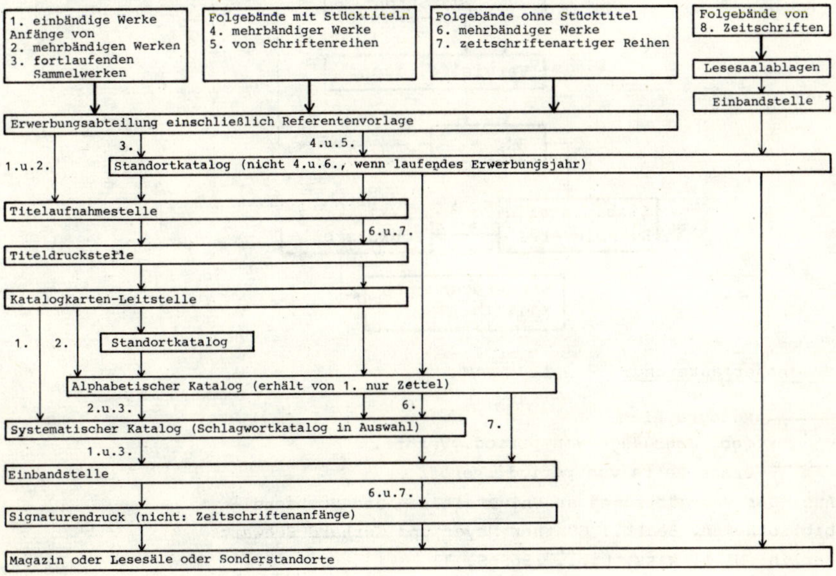

ganisation. Freilich gibt es hinsichtlich der Bedeutung des Geschäftsgangs in den Bibliotheken beträchtliche Unterschiede. Der Geschäftsgang ist ein spezifisches Problem der Quantität und typisch für die großen wissenschaftlichen Bibliotheken. Er ist in den allgemeinbildenden Bibliotheken lediglich eine Arbeitskräftefrage, und er existiert auch in einer wissenschaftlichen Fachbibliothek kleineren Umfangs mit einer Vermehrung von 200 bis 300 Bänden im Jahr nicht einmal als Begriff.

Struktur des Geschäftsgangs einer Hochschulbibliothek

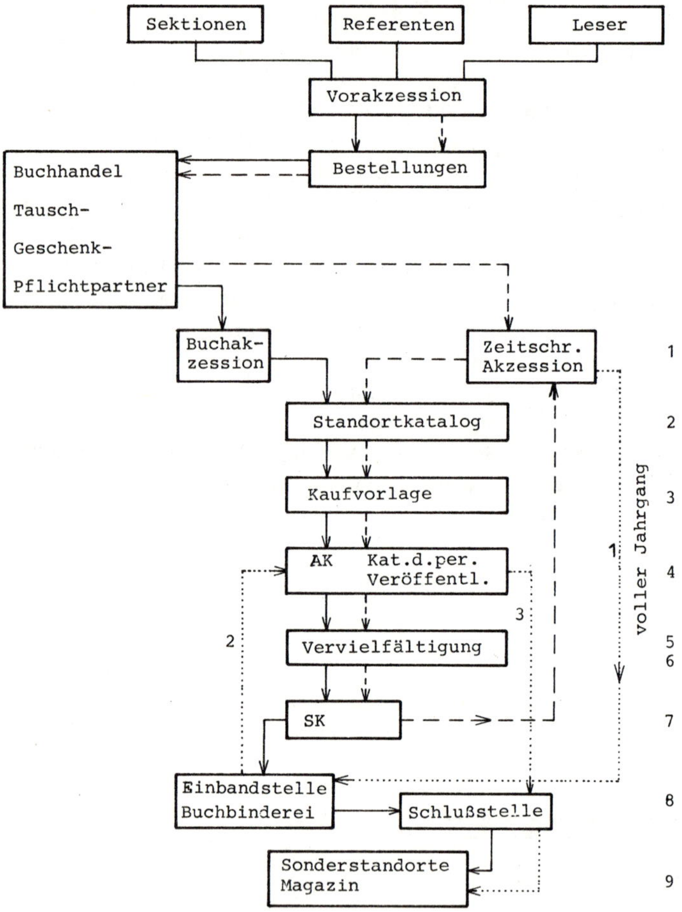

Zeichenerläuterung:

——— Monographien

.... geb. Jahrgänge von period. Veröff.

- - - - erste Hefte von period. Veröff.

Aus: Der Geschäftsgang an Universitäts- und Hochschulbibliotheken. Bearb.: Günther Meyer und Gerhard Schwarz. Berlin: MZ f. wiss. Bibl. 1969 S. 33

Woher kommt das? Die Vielzahl der Bearbeitungsstellen (Kataloge, Bibliographien) einerseits und die durch das Buchmaterial gegebenen Unterschiede (Bücher, Zeitschriften, Kleinliteratur) andererseits haben ein beträchtliches Ausmaß angenommen, so daß sich vielfach verschiedene, mehr oder weniger umständliche Geschäftsgänge herausgebildet haben. Auch die Erschwernisse, die hinzukommen, wenn die Bibliothek umfangreiches ausländisches Buchmaterial zu bearbeiten hat, gemessen an Bibliotheken, die ausschließlich oder überwiegend nationalsprachige Literatur sammeln, fallen sehr ins Gewicht. Die geringste Störung in der Bearbeitung an ein oder zwei Stellen, hervorgerufen durch längere Krankheit, Urlaub, Überbelastung oder Säumigkeit, hat zusätzliche Verzögerungen zur Folge. Um so wichtiger ist es, daß jeder Mitarbeiter eine Übersicht über den Geschäftsgang im ganzen wie im einzelnen bekommt.

Geschäftsgang – ein Problem von Großbibliotheken

Daß es sich bei Fragen des Geschäftsganges um ein sehr wichtiges Anliegen handelt, geht bereits daraus hervor, daß der Gesichtspunkt, die gesamte Buchbearbeitung als das eine Kernstück der Bibliotheksarbeit zu betrachten, in der bibliothekswissenschaftlichen Literatur neu ist.[884]
Um so wichtiger sind alle neueren Bemühungen um Verbesserung des Geschäftsganges in großen wissenschaftlichen Bibliotheken.[885]
Geht es doch bei diesem Hauptproblem der Rationalisierung und Technisierung ganz entscheidend um die Erhöhung des Nutzeffektes der Bibliotheksarbeit für Wissenschaft und Kultur, Wirtschaft und Technik.

Grundsätze des Geschäftsganges

Die auf diesem Gebiet in den letzten Jahren gewonnenen praktischen Erfahrungen erlauben zunächst folgende Verallgemeinerungen:

---

[884] Auch hier müssen wir wieder mit Bedauern feststellen, daß das „Handbuch der Bibliothekswissenschaft“ uns sowohl in seiner ersten als auch in seiner zweiten Auflage in Sachen Geschäftsgang, von gelegentlichen Marginalien dazu abgesehen, im Stich läßt.

[885] WALTER BAUHUIS, *Vereinfachungen beim Gang des Buches durch die Bibliothek.* In: Bibliothek, Bibliothekar, Bibliothekswissenschaft. Festschrift J. Vorstius... dargebr. Leipzig 1954 S. 133–142. – WALTER BAUHUIS, *Erwerbung, Katalogisierung und Magazinierung in amerikanischen wissenschaftlichen Bibliotheken.* In: Zur Praxis der wiss. Bibliotheken in den USA. Wiesbaden 1956 S. 85–147. (Beiträge zum Buch- und Bibliothekswesen. 5.) Eine gehaltvolle Studie, zugleich ein Beitrag zur vergleichenden Bibliothekslehre; mit Angaben amerikanischer Fachlit. – *Arbeitstagung „Technik und Bauen im wissenschaftlichen Bibliothekswesen der DDR“.* Leipzig, Sept. 1960. Bericht. Berlin 1961. – BURGHARD BURGEMEISTER u. WERNER PRASSE, *Geschäftsgangsprobleme.* Erfahrungen u. Vorschläge aus d. SLB Dresden. Berlin 1962. – *Vorläufige Arbeitsordnung für den Geschäftsgang der Deutschen Staatsbibliothek.* In: Deutsche Staatsbibliothek. Hausmitteilungsblatt 4 (1963) S. 1–14. – KNUT KNUTSSON, *Organisationsuntersuchungen in einer Universitätsbibliothek.* In: ZfB 78 (1964) S. 353–359. – M. J. RABEJ, *Die Normung bibliothekarischer Arbeit in großen und mittleren Bibliotheken.* Übers. aus d. Russ. Berlin 1967. (Meth. Zentrum f. wiss. Bibliotheken. Arbeitsmaterial.) – *Die Rationalisierung der Arbeit in wissenschaftlichen Bibliotheken.* Materialien d. Internat. wiss. Tagung, Berlin, d. 8. u. 9. Juni 1967. Meth. Zentrum f. wiss. Bibliotheken. Berlin 1968. – GERHARD SCHWARZ, *Über den Geschäftsgang in den wiss. Bibliotheken.* In: ZfB 81 (1967) S. 385–398. – GÜNTHER MEYER u. GERHARD SCHWARZ, *Der Geschäftsgang an Universitäts- und Hochschulbibliotheken.* Meth. Zentrum f. wiss. Bibliotheken. Berlin 1969.

1. Alle Sonderregelungen („Sondergeschäftsgang") müssen zugunsten eines einheitlichen Geschäftsganges beseitigt werden.
2. Es ist zweckmäßig, neue Titel (Monographien, Anfänge von Zeitschriften und Zeitungen) von laufend gehaltenen weiteren Jahrgängen von Zeitschriften und Zeitungen zu trennen.
3. Die Zahl der aufeinanderfolgenden Bearbeitungsstationen ist auf das notwendige Minimum zu verkürzen.
4. Aus der Analyse der Faktoren, die den Geschäftsgang ausmachen, ergeben sich drei Schlußfolgerungen:
   a) rationellster Vollzug der technisch-organisatorischen Maßnahmen der Buchbearbeitung
   b) Vereinfachung der Transportwege
   c) Reduzierung der Wartezeiten der Bücher durch Einhaltung festgesetzter Bearbeitungszeiten.
5. Notwendig ist die statistische Erfassung aller Geschäftsgangstätigkeiten während eines längeren Zeitraums, die Auswertung und Festlegung von Durchschnittswerten, die als Grundlage einer realen, gesteuerten Umlaufplanung im Geschäftsgang dienen.
6. Durchführung täglicher Kaufsitzungen zu einer ganz bestimmten Tageszeit.[886]

8.14.2. *Besonderheiten*

Daneben ergeben sich in der Geschäftsgangsplanung einige spezifische Probleme.

Der Bindevorgang

Einband

Entgegen der deutschen Bibliothekstradition wird im Ausland der Bindevorgang vielfach aus dem Geschäftsgang ausgeklammert und erst im Bedarfsfalle nachträglich durchgeführt. Unabhängig von der Entscheidung, ob sich eine Bibliothek zu dieser Maßnahme entschließt, verlangt der Bindevorgang – das schwierigste Geschäftsgangsproblem, besonders dann, wenn die hauseigene Bindekapazität gering ist – eine exakte Planung (Jahresplanung) und insgesamt die maximale Reduzierung der Bindefristen.

Serien

Behandlung von Serien

Hier besteht theoretisch die Möglichkeit, Serien aufzulösen und jedes Stück als Monographie zu behandeln oder an der Tradition der Zusammenfassung der Serienstücke unter einer Gesamtsignatur festzuhalten. Feststeht, daß der Übergang auf Einzelsignatur große Vorteile für die Buchbearbeitung bietet und in allen Bibliotheken, die nur wenige Serien

[886] Dazu *Erfahrungsbericht d. UB Leipzig.* In: ZfB 87 (1973) S. 91–98 (K. LENGNER, B. MEWES, W. ORF).

vollständig erwerben, leichter durchführbar ist als in einer Großbibliothek mit vielen laufenden Serien (zentralen Pflichtexemplarbibliotheken). Unabhängig davon müssen an einer Stelle im Bearbeitungsgang, am zweckmäßigsten im AK, unter dem Gesamttitel die Sondertitel zusammengefaßt eingetragen werden.

Weitere Auflagen

Behandlung weiterer Auflagen

Um den Geschäftsgang zu beschleunigen, ist es ratsam, weiteren Auflagen eines bereits vorhandenen Buches eine neue Signatur zu geben, d. h., Auflagen zu trennen. Der Nachteil, der dadurch in Kauf genommen werden muß, besteht darin, daß dem Leser, wenn die bestellte Auflage nicht verfügbar ist, keine andere Auflage angeboten werden kann, ohne daß der Katalog zu Rate gezogen wird. Das ist aber beim Zusammenstellen aller Auflagen eines Buches ohne weiteres möglich. Der Einwand, daß der Leser ohnehin nur die bestellte Auflage bzw. ein völlig identisches (Mehrfach-) Exemplar wünscht, trifft nur teilweise zu. Der Grad des Veraltens von Büchern, die neue Auflagen erleben, ist ganz verschieden, und dem Studenten oder einem nur allgemein interessierten Leser kann mit einer älteren Auflage sehr wohl gedient sein.

Staffelexemplare

Staffelung

Staffelexemplaren muß, um sie ihrem Zweck entsprechend einsetzen zu können, die gleiche Signatur wie dem bereits vorhandenen Erstexemplar gegeben werden. Dazu kann man Exponenten verwenden (z. B. Kleinbuchstaben in der Reihenfolge des Alphabets).

Titelaufnahme

Problem der Titelaufnahme

Neben dem Bindevorgang ist die Titelaufnahme die höchste Hürde im Geschäftsgang. Zugleich liegt hier die größte Schwierigkeit für die Mechanisierung der damit verbundenen Arbeitsvorgänge im Sinne eines „Fließbandsystems". Verschiedene Schwierigkeitsgrade, Unzulänglichkeiten der bibliographischen Angaben und Vielsprachigkeit des Materials erschweren die Normierung. Auch alle Zentralkatalogisierungsunternehmen, im besonderen Maße die für ausländische Literatur, haben sich für eine schnelle Bearbeitung des Geschäftsganges als unzulänglich erwiesen. Eine internationale Abstimmung in der bibliographischen Gestaltung von Druckschriften (Titelei, Impressum, Auflagen- und Ausgabenvermerk, Originaltitel und Übersetzung usw.) könnte wesentlich bessere Bedingungen schaffen.

8.14.3. *Ausblick*

Begriff Geschäftsgang

Der Geschäftsgang ist die im Deutschen herkömmliche (wenn auch sprachlich nicht besonders glückliche) Bezeichnung für den bibliothekarischen Arbeitsprozeß der Buchbearbeitung, der sich zusammensetzt aus

Buchauswahl, Buchbestellung und Buchbearbeitung. Das Buch wird auf Grund wissenschaftlicher Entscheidungen erworben, nach seiner verwaltungsmäßigen, technischen Registrierung in der Erwerbungsabteilung (Zugangsbuch, Standortkatalog) nunmehr nach wissenschaftlichen Grundsätzen registriert mit dem Ziel, es unter ganz bestimmten häufigen Fragestellungen wieder auffindbar zu machen. In der Perspektive der Bibliotheksarbeit wird der alphabetischen Katalogisierung für den Nachweis von Informationsmaterialien noch viel mehr als bisher Bedeutung zukommen. Erst die Katalogisierung insgesamt gibt dem Bibliotheksbuch bibliothekarische Reife. Es kann nun, wiederum mit Hilfe technischer Manipulationen (Signaturenschild, Schlußkontrolle), magazin- bzw. ausleihreif gemacht werden.

Katalogisierung im Geschäftsgang

Während die einzelnen Stationen dieses Prozesses mehr oder weniger folgerichtig ablaufen müssen (Auswahl, Beschaffung, Registrierung, Bearbeitung), kann ein Bearbeitungsteil, das Wetterfestmachen des Buches für den Gebrauch (Bibliothekseinband), grundsätzlich auch außerhalb dieses Prozesses liegen. Rein praktische Gründe sprechen für oder gegen die Einbeziehung des Bucheinbandes in den Bearbeitungsprozeß; die Entscheidung hängt von der Funktion der Bibliothek ab (mutmaßlicher Benutzungsgrad). Die Richtigkeit dieser Feststellung beweist die unterschiedliche Einordnung des Bucheinbandes im Geschäftsgang, nämlich an seinem Anfang oder an seinem Ende.

Bucheinband im Geschäftsgang

Die Einschätzung des Charakters des Geschäftsganges seitens der Bibliothekare ist unterschiedlich. Gegenüber der früheren Vorstellung, daß von Mechanisierung in der bibliothekarischen Arbeit überhaupt nicht die Rede sein kann, weil bibliothekarische Buchauswahl und Buchbearbeitung geistige Vorgänge seien, steht die Meinung, daß das Fließbandsystem der industriellen Produktion konsequent auf den bibliothekarischen Geschäftsgang anwendbar sei. In der Mitte liegt holdes Bescheiden: Für Bearbeitungsvorgänge, die zwar vielseitige bibliothekarische Kenntnisse und Sprachkenntnisse voraussetzen, lassen sich durchaus erfahrungsstatistische Durchschnittswerte[887] festlegen. Die Sachkatalogisierung hingegen, die vom Inhalt des Buches ausgeht, ist ein geistiger Vorgang, für den nur annäherungsweise Bestwerte angesetzt werden können. So läßt sich zusammenfassend sagen, daß für den Geschäftsgang mit gewissen Einschränkungen sehr wohl ein richtig verstandenes Fließbandsystem[888] angewendet werden kann. In der Bemessung dieser Werte, ihrer ständigen Kontrolle sowie in dem Ausgleich anfallender Unebenheiten, die den Gesamtplan gefährden könnten, besteht letztlich eine Grundvoraussetzung

sinnvolle Anwendung des Fließbandsystems

[887] BURGHARD BURGEMEISTER, *Die Beschleunigung des Geschäftsgangs in großen Bibliotheken*... In: Burghard Burgemeister u. Werner Prasse, Geschäftsgangsprobleme. Berlin 1962. Dort bes. S. 37–46.

[888] Vgl. FRITZ REDENBACHER, *Über die Arbeitsmethoden der amerikanischen Bibliotheken.* In: Nachr. f. wiss. Bibl. 5 (1952) S. 69–70 (S. 57–70). Wichtig hierzu besonders das Kapitel *Allgemeine Grundsätze für die Leitung und Organisation,* in: Günther Meyer u. Gerhard Schwarz, Der Geschäftsgang an Universitäts- und Hochschulbibliotheken. Meth. Zentrum f. wiss. Bibliotheken. Berlin 1969 S. 29–32.

für die Reform des Geschäftsganges, deren Ziel eine strenge Rhythmisierung und ständige Kontrolle des Bearbeitungsablaufs nach Richtwerten sein muß, die aus Arbeitsplatzanalysen zu gewinnen sind. Was jedoch für kleinere und mittlere Bibliotheken leichter durchführbar ist, setzt bei Großbibliotheken voraus, daß alle am Geschäftsgang beteiligten Abteilungen und Dienststellen zu einer Hauptabteilung Geschäftsgang zusammengefaßt werden. In diese Richtung gehen auch die Vorschläge Josef Mayerhöfers[889], um zu einer „integrierten Tätigkeit" bei der Bearbeitung des Buches zu gelangen: durch den Einsatz parallel geschalteter Arbeitsgruppen (etwa je 4 Mitarbeiter unterschiedlicher Qualifikation) „die Bearbeitungsverhältnisse in kleineren Bibliotheken möglichst nachzubilden".

Verständnis für Geschäftsgangsprobleme

Wenn wir erreichen wollen, daß alle erdenklichen organisatorischen Maßnahmen, die wir dazu ergreifen können, tatsächlich voll wirksam werden und daß alle Mitarbeiter ihren höchsten Berufsstolz in der Verkürzung der Bearbeitungsfristen innerhalb ihrer Abteilung mit stetem Blick auf das Ganze sehen, müssen wir zuvor jeden einzelnen am Geschäftsgang mitwirkenden Kollegen von der Notwendigkeit seiner Beschleunigung überzeugen.[890] Auch hier ist es so, daß das Wissen, warum diese Maßnahmen erforderlich sind, zugleich ein Politikum ist: die ideologische Voraussetzung für die Stetigkeit in einem rationalisierten Geschäftsgang ist nicht zu unterschätzen.

Kostenfrage

Unentwickelt ist noch die Kostenrechnung[891] des Geschäftsganges und seiner einzelnen Teile, wie sie z. B. in den angelsächsischen Bibliotheken seit langem üblich ist. Gute Vorarbeiten dazu leisten die an der SLB Dresden ermittelten Arbeitszeitberechnungen und erfahrungsstatistischen Werte; sie rücken den ökonomischen Faktor, der neben allen Beschleunigungsbemühungen im Interesse des Nutzers gleichfalls eine wichtige Rolle spielt, in den Vordergrund. Die Kostenfrage soll sich z. B.

---

[889] JOSEF MAYERHÖFER, *Betriebswirtschaftliche Untersuchungen in wissenschaftlichen Bibliotheken.* In: ZfB 82 (1968) S. 129–140. – Ferner darauf aufbauend und zu einem neuen Strukturmodell für Großbibliotheken (Geschäftsgang, Arbeit mit dem Leser, Leitung und Verwaltung sowie Sonderabteilungen) gelangend. – GISELA EWERT, *Aufbau einer modernen Bibliotheksstruktur.* In: ZfB 83 (1969) S. 448–459. – GERHARD KISSEL, *Betriebswirtschaftliche Probleme wiss. Bibliotheken.* München-Pullach, Berlin (West) 1971 (Bibliothekspraxis. 4.) S. 90–99: Vorschläge zur Beschleunigung des Geschäftsganges. Dort auch weitere Lit.

[890] Daß es von dieser Warte aus als eine bibliothekarische Todsünde gebrandmarkt werden muß, wenn Bücher, die sich im Geschäftsgang befinden, von Mitarbeitern zwecks privater Lektüre ohne Nachweis entnommen werden, sollte sich eigentlich von selbst verstehen. Erfahrungen legen es nahe, auf diese Gefahr hinzuweisen, jedoch nicht ohne hinzuzufügen, daß bei solchen Verstößen gegen die Arbeitsdisziplin ernstlich daran gezweifelt werden muß, ob der Betreffende als Mitarbeiter einer Bibliothek richtig am Platz ist. Moral insanity oder Beschränktheit können die einzigen Ursachen sein.

[891] Ein Aufsatz dazu: WALTER GEBHARDT, *Gedanken zum Personalbedarf.* In: In libro humanitas. Festschrift f. Wilhelm Hoffmann. Stuttgart 1962 S. 63. – Für Einbandkosten: GERHARD SCHWARZ, *Über den Geschäftsgang in wiss. Bibliotheken.* In: ZfB 81 (1967) S. 386–387.

arbeitsökonomische Gesichtspunkte

auch darauf erstrecken, ob die Einarbeitung veralteter Literatur (wissenschaftlicher oder populärwissenschaftlicher Altbestände) mit einer exakten Kostenberechnung zu vereinbaren ist. Die Abgabe an eine andere zuständige Bibliothek ist in der Regel dann geboten, wenn es sich um Titel handelt, die die Bibliothek noch nie besessen hat.

Feststeht, daß der gesamte Ablauf der Buchbearbeitung unter arbeitsökonomischen Gesichtspunkten neuzufassen ist. Dabei sind vor allem die beiden Komponenten Kosten und Zeit genauer zu analysieren als bisher.

Aber die „automatisierte Bibliothek" ist im Werden. Die elektronische Datenverarbeitung in Bibliotheken eröffnet auch hier neue Perspektiven. Wenn auch die Grundpositionen des Geschäftsganges bestehen bleiben werden, so müssen doch die zu bearbeitenden Daten in maschinenlesbarer Form aufbereitet werden. Die integrierte Datenverarbeitung wird Bestandsaufbau (Inventarisierung, Titelaufnahme) und Bestandserschließung[892] zusammenbringen und eine grundsätzliche Veränderung bewirken, von der eine entscheidende Verbesserung zu erwarten ist.

8.15. Die „automatische Bibliothek"

Die „automatische Bibliothek", richtiger die automatisierte Bibliothek, muß komplex verstanden werden. Sie umfaßt u. a. Verwaltungsaufgaben (Haushalt, Rechnungswesen, Bürotechnik), Leitungsaufgaben (Statistikanalyse), Büchertransport und Buchausgabe innerhalb der Bibliothek wie Bücherversand mittels Leihverkehr, Inventarisierung, Katalogisierung und Titellisten aller Art (Neuerwerbungsverzeichnisse, Zentralkataloge).

Buchformen

Daß auch die Methoden der Buchherstellung sich weiter verändern und die Bibliotheksarbeit der Zukunft beeinflussen werden, ist eine reale Perspektive. Immer wieder taucht in diesem Zusammenhang die Frage nach der Buchform der Zukunft auf. Es ist schon eine journalistische Mode geworden, die Auflösung der Buchform oder das Absterben des Buches, zuweilen sogar mit Datierungen (z. B. im Jahre 2000) vorauszusagen. Wenn man sich jedoch im klaren ist, daß es in der Zukunft ganz entscheidend auf das Wiederauffinden verschütteten menschlichen Wissens ankommt, so sind die meist originell aufgemachten Prognosen hinsichtlich der Zukunft des Buchwesens wenig geeignet, einen Lösungsversuch anzubieten. Das „mobile Buch" ist nichts Neues, sondern schon vor

„mobiles Buch"

fast 60 Jahren von Wilhelm Ostwald verkündet worden.[893] Das sollte doch

[892] KURT WOLFGANG DROZD, *Die Integration von Akzession u. Katalogisierung in e. Betriebsabteilung.* In: ZfBB 19 (1972) S. 244–259.

[893] WILHELM OSTWALD 1919 im 1. Bd. des *Handbuches der allgemeinen Chemie:* „Das Buch geht kurz gesagt in die Kartothek über." – HORST KUNZE, *Bemerkungen zur Buchform.* In: Festschrift f. Josef Stummvoll, Alois Kisser, Ernst Trenkler zum 50. Geburtstag. Wien 1952 S. 54–55. (Das Antiquariat 8, 1952, Nr. 13–18.)

zu denken geben. Die Auflösung des Buches in Einzelabhandlungen würde neue und schwierige Probleme des Vertriebs aufwerfen und belastete, von der Verteuerung abgesehen, den Konsumenten zusätzlich mit Ordnungs- und Ablagearbeiten.

Derartige Prognosen, heute mit anderen Worten und Begriffen wiederholt, sind eine Versimplung des Sachverhaltes und eine Verkennung des vielschichtigen Charakters des Buches, das eben weder nur Ware noch nur Textträger in fester Form, sondern dies alles und viel mehr ist, nämlich ein kultureller Faktor von allergrößter Zähigkeit. Es wird also in der Buchproduktion der Zukunft auf eine zweckmäßige Differenzierung und auf eine teilweise Auflösung oder Veränderung (Mikrodruck) der Buchform ankommen. Sicher werden sich durch zweckmäßigen Einsatz des Schreib- und Filmsatzes, des Offsetdruckes und der Mikrokopie auf dem Gebiete des wissenschaftlichen Buches noch wesentliche Veränderungen des Büchermarktes ergeben. Wenn man z. B. bedenkt, daß die 10 Millionen Daten umfassenden 200 Bände der Auswertung des Geophysikalischen Jahres (World Meteorological Organization) im Offsetdruck immer noch $4400,– gekostet hätten, die entsprechende Serie Mikrokarten für $265,– geliefert werden konnte, dürfte klar sein, wohin ein Weg zur Herstellung und Verbreitung wissenschaftlicher Forschungsergebnisse führen könnte, sofern nicht noch bessere Lösungen gefunden werden.

Buchproduktion der Zukunft

So können wir in der Zukunft mit einer bunten Vielfalt von Publikationen rechnen, die sich vom bibliophilen gedruckten Buch über einfache Vervielfältigungsverfahren bis zur Mikrokarte erstrecken wird.

Deshalb ist die Perspektive, die Manfred von Ardenne entwickelt, sehr viel realer, wenn er, ausgehend von der Frage der Wissensspeicherung, das Tabellenbuch als Speicherform der Technik und Naturwissenschaften fordert. Und er denkt auch vorwiegend an diese Gebiete, wenn er mit dem Blick auf die Zukunft die künftige Entwicklung so sieht: „Man wird die heutigen Dokumentationsstellen zu staatlichen Dokumentationszentralen zusammenfassen und dort das sachkundig klassifizierte Material beispielsweise mit Hilfe von Lochkarteneinrichtungen über elektronische Speicherautomaten allen Interessenten des Staates zugänglich machen. In späterer Zeit wird wahrscheinlich ein stark verbessertes Nachrichtensystem die Möglichkeit bieten, daß diese Speicherzentralen in kürzester Zeit von jedem Ort des Staates aus angesprochen und benutzt werden können.“[894]

Wissensspeicher

Die richtig verstandene „automatische Bibliothek“ ist heute keine Vision mehr, sie ist eine Realität in Entwicklung.[895] Allerdings ist auch zu erken-

---

[894] MANFRED VON ARDENNE, *Wege zur Steigerung der Weltmarktfähigkeit unserer industriellen Erzeugnisse.* Mit einem Beitrag v. Max Steenbeck. Berlin 1963 S. 55.

[895] *Mechanisierung und Automatisierung in amerikanischen Bibliotheken.* Eindrücke e. Studienreise dt. Bibliothekare im Frühjahr 1965. Hrsg. v. Günther Pflug. Frankfurt a. M. 1967. (ZfBB. Sonderh. 6.) – *Sredstva mechanizacii i avtomatizacii informacionnych i bibliotečno-bibliografičeskich rabot.* Moskva 1968. – *Internationale Zusammenarbeit bei der Einsatzvorbereitung d. elektron. Datenverarbeitung im Bibliothekswesen.*

nen, daß die euphorische Hausse in Bibliotheksautomatisierung abgeklungen ist, wie sie sich im Zusammenhang mit den bekannten Publikationen von J. C. Licklider (1965), P. Wasserman (1965) und H. Coblans (1966) entfaltet hatte. In vielen Bibliotheks- und Informationsländern der Welt ist die „automatische Bibliothek" im Vormarsch. Da sie sehr kostenaufwendig ist, müssen alle Planungen von hohem gesamtvolkswirtschaftlichen Verantwortungsbewußtsein getragen sein. Automatisierung, auch Automation, Automatisation, nimmt bei der Schaffung der materiellen Grundlagen des entwickelten Sozialismus einen hervorragenden Platz ein, sie macht den Werktätigen zum Beherrscher des gesellschaftlichen Produktionsprozesses. Von Haus aus höchste Stufe der Produktion, ist die Automatisierung immer mehr auch in Wissenschaft und Bildung, also auch ins Bibliothekswesen, eingedrungen.

Verantwortung bei der Automatisierung

Aus den allgemeinen Grunderkenntnissen der Automatisierung in Verbindung mit den im internationalen Bibliotheks- und Informationswesen gemachten Erfahrungen dürfte sich bereits so viel sagen lassen:

Schlußfolgerungen

1. Der Bibliothekar von heute muß sich Gedanken über die Bibliothek und das Buch von morgen machen. Der sozialistische Bibliothekar darf dabei die politische, kulturelle, erzieherische und bildende Funktion der Bibliothek nicht außer acht lassen. Hinter Konzeptionen von der Bibliothek der Zukunft ohne Bibliothekar und ohne Bücher oder von der Bibliothek in der Aktentasche stehen – wenn nicht einfach simple Einfalt – in der Regel falsche, politisch reaktionäre Auffassungen, nach denen die Bibliothek zu einer „Fakten aller Art vermittelnden Einrichtung"[896], zu einer perfektionierten Berieselungsanlage degradiert wird. Der „automatisierte Kellner" von Wissenschaft und Bildung – das bliebe dann vom Bibliothekar übrig.

Bibliothek und Buch von morgen

2. Die Realisierung jedes Automatisierungsprozesses verlangt den Nachweis des Nutzeffektes.[897]

Nutzeffekt

Meth. Zentrum f. wiss. Bibliotheken. Berlin 1971 S. 55–60. (Materialien e. Konferenz 1969 in Gera.) – *Elektronische Datenverarbeitung in Bibliotheken.* Leitfaden für die Einsatzvorbereitung. Red.: Gertraud Stein. Berlin 1971. – ROBERT M. HAYES and JOSEPH BECKER, *Handbook of data processing for libraries.* Spons. by the Council on libr. resources. London 1971. – PAUL NIEWALDA, *Die elektronische Datenverarbeitung im Bibliothekswesen.* München-Pullach, Berlin (West) 1971. (Bibliothekspraxis. 1.) – *Unesco-Seminar Elektronische Datenverarbeitung in Bibliotheken.* Regensburg, 13.–18. April 1970. In: Libri 21 (1971) No. 1–3.

896 R. S. GILJAREVSKIJ, *Die Bibliothek der Zukunft in der bürgerlichen Bibliotheksliteratur.* In: Entwicklungstendenzen d. bürgerl. Bibl.wissenschaft. Meth. Zentrum f. wiss. Bibliotheken. Berlin 1966 S. 7–28; zuerst in: Bibliotekovedenie i bibliografija za rubežom. Moskva 15 (1964).

897 JOSEPH STUMMVOLL, *Elektronik in Bibliotheken.* Wien 1969. (Biblos-Schriften. 53.) – CHRISTOPH WEICHMANN, *Schätzung der Kosten bei der Anwendung der EDVA Robotron 300 in Bibliotheken u. Informations- u. Dokumentationsstellen d. Hoch- u. Fachschulwesens.* In: ZfB 86 (1972) S. 193–200. – RICHARD ABEL (Oregon, USA), *Über Fehlentwicklungen beim Aufbau von EDV-Systemen für Bibliotheken.* In: Verband d. Bibliotheken d. Landes Nordrhein-Westfalen. Mitteilungsblatt. N. F. 23 (1973) S. 368–373.

Sowohl in der Bibliotheksarbeit als auch in der Informationstätigkeit können nur bestimmte, sich häufig wiederholende Tätigkeiten automatisiert werden. Auf sehr vielen Gebieten muß auch weiterhin lebendige Arbeit aufgewendet werden.[898] Der Einsatz elektronischer Datenverarbeitungsanlagen (EDVA) erstreckt sich also im Bibliothekswesen nur auf eine Teilautomatisierung. Gerade deshalb und im Hinblick auf Aufwand-Kosten-Berechnung beim Einsatz von EDVA ist das Zusammengehen von Bibliotheks- und Informationswesen gesellschaftlich notwendig.

3. Die klassische Bibliothekslehre und die Praxis der Bibliothekare nicht nur in den Grundlagen, sondern bis hinein in ihre minutiösen Einzelheiten bilden die unabdingbare Voraussetzung für die Programmierung, deren bibliotheksspezifischer Teil von den Bibliothekaren zu leisten ist. Da das maschinelle System nur „mechanisch" arbeitet, müssen die Arbeitsanweisungen von eindeutiger, standardisierter Form, in einzelne elementare Schritte aufgelöst, vollzogen werden. Dazu sind beste Fachkenntnisse von den zu automatisierenden Arbeitsvorgängen und Teilprozessen erforderlich, und zwar im Ganzen wie im Detail.[899] Wer sie sich nicht aneignet, kann zwar über Automatisierung in Bibliotheken reden, aber nicht den Einsatz von EDVA vorbereiten helfen. Das sollten diejenigen Vertreter der Bibliothekswissenschaft beachten, die nur noch in System-, Netz- und Leitungsvorstellungen schweben.

Voraussetzung: detaillierte Fachkenntnisse

4. Die Automatisierung der Bibliotheksarbeit macht den Bibliothekar nicht überflüssig.[900]
5. Wenn man bedenkt, daß die „Automatisierung" großer wissenschaftlicher Bibliotheken, die Erhaltung des Weltfriedens vorausgesetzt, in den meisten entwickelten Bibliotheksländern in absehbarer Zeit vollzogen sein wird, wird eine internationale Kooperation sinnvoll, weil ökonomisch sein.[901] EDV-Planungen sollten diese Perspektive bedenken.

internationale Kooperation

6. Die internationale Fachliteratur zum Computer/EDVA-Einsatz[902] in

---

[898] JESSE H. SHERA, *The quiet stir of thought or what the computer cannot do.* In: Library journal 94 (1969) S. 2875–2880. – G. E. RANDALL and J. G. OXTON, *A mechanized library ten years later.* In: Special libraries 64 (1973) S. 76–80. Zwei trotz verschiedener Ausgangspunkte übereinstimmende Meinungen.

[899] „Die Datenverarbeitung bringt eine unerhörte Aufwertung des bibliothekarischen Details mit sich, vor der die in der Vergangenheit von Außenstehenden oft belächelte und von Betroffenen gelegentlich bestöhnte Penibilität unserer Berufsarbeit sich noch großzügig ausnimmt." GOTTFRIED ROST in: ZfB 87 (1973) S. 419.

[900] Obwohl noch zu eng gesehen: „But for the foreseeable future, we need not worry about the threat that the computer will make us technologically obsolescent. The catalog librarian and the reference librarian will be with us for a long time to come." Vgl. G. E. RANDALL and J. G. OXTON, *A mechanized library ten years later.* In: Special libraries 64 (1973) 2 S. 76–80.

[901] In diesem Sinne auch der international bekannte Kollege L. J. VAN DER WOLK, *National and international co-operation in library automation.* In: IATUL proceedings 3 (1968) No. 1 S. 2–5.

[902] Im Hochschulwesen der DDR gelten einheitliche Richtlinien für die EDV-Grundaus-

bibliographische Übersicht

Bibliothek und Information ist heute bereits uferlos. Sie wird sich, nach Einsatzgebieten differenziert, zu einem wichtigen modernen Teil der bibliothekswissenschaftlichen Literatur entwickeln. Bibliographische Übersichten bzw. eine analytische periodische Spezialbibliographie der internationalen Fachliteratur zur Automatisierung im Bibliotheks- und Informationswesen wäre erwünscht.[903]

So geht es heute überhaupt nicht mehr um das Für oder Wider der Mechanisierung und Automation in der Bibliotheksarbeit (Dokumentationsstelle, wissenschaftliche Fachbibliothek, wissenschaftliche Allgemeinbibliothek), es geht letztlich nur noch um die gewissenhafte, nüchterne Prüfung und allseitige Erprobung ökonomisch vertretbarer Methoden auf dem Gebiete der Wissensspeicherung und der partiellen Auslese daraus, Methoden, die mindestens für Bibliotheken bestimmter überdurchschnittlicher Größenordnung praktisch verwertbar sind.

vernünftige Prognose

Jesse H. Shera[904] hat schon vor zehn Jahren mit Recht darauf hingewiesen, daß die Maschinen zur Mechanisierung und Automation der geistigen Arbeit schon da sind; es käme nun darauf an, daß auch wir, die Bibliothekare, bereit für die Maschinen sind. Resignation und Desinteressiertheit sind daher ebenso unangebracht wie überschwengliche Knopfdrücker-Illusion und unverantwortliche Prognosen. Und auch das ist gewiß: Die integrierte Automatisierung bibliothekarischer Prozesse wird das Berufsbild des Bibliothekars verändern und ihm zum Vorteil gereichen: „Die Automatisierung begünstigt die geistig-schöpferische Arbeit des Bibliothekars, sie ermöglicht ihm eine umfassendere Aneignung von Spezialkenntnissen sowie deren Anwendung in der bibliothekarischen Praxis."[905]

---

bildung, die, je nach Fachrichtung, nach einem differenzierten 4-Stufenprogramm zu absolvieren, aber für alle Studenten obligatorisch ist. Dazu liegt z. Z. vor: Verbindliches Hochschullehrbuch. Grundausbildung. *Elektronische Datenverarbeitung.* T. 1–4. Berlin 1971. – Als „berufsbildende Literatur" für Facharbeiter: Wissensspeicher. *Grundlagen der Datenverarbeitung.* Autorenkollektiv. 4. Aufl. Berlin 1973.

903 Ansätze dazu: *Journal of Library Association.* Official publ. of the Information science and automation division of the American library association. Issued quarterly. Seit 1968. – *Program. News of computers in libraries.* London. Vierteljährlich, No 7 (1973); dort Rezensionen neuer Literatur. – C. F. CAYLESS and HILARY POTS, *Bibliography of library automation,* 1964–1967. Comp. London 1968. – LYNNE TINKER, *An annotated bibliography of library automation.* 1968–1972. Aslib. London 1973. – CHARLENE MASON, *Bibliography of library automation.* Comp. In: ALA bulletin 63 (1969) S. 1117–1134.

904 JESSE H. SHERA, *Automation and the reference librarian.* In: R. Q. Reference Services Division of the American Library Association 3 (1964) No. 6 S. 3–7.

905 A. S. SOKAL'SKIJ u. L. Z. AMLINSKIJ, *Die automatisierte Bibliothek.* Erprobung e. Automatisierungssystems in d. Bibl. d. Staatl. Kulturinstituts Kiev. Meth. Zentrum f. wiss. Bibliotheken. Berlin 1970. (Arbeitsmaterial d. Meth. Zentrums f. wiss. Bibliotheken); Übers. aus: Naučnye i techničeskie biblioteki SSSR 80 (1969)8 S. 31–36.

9. Die Mitarbeiter in Bibliotheken

9.1. Die bibliothekarischen Berufsgruppen

bibliothekarische Berufsgruppen

Bibliothekarische Tätigkeit wird schon seit Jahrtausenden ausgeübt, der bibliothekarische Berufsstand auf der Grundlage einer planmäßigen Berufsausbildung ist aber noch verhältnismäßig jung; in Deutschland ist er jedoch ziemlich früh (1893) entstanden. Seine erste, zusammenfassende Darstellung hat der bibliothekarische Beruf in dem Beitrag Fritz Milkaus[906] *Der Bibliothekar und seine Leute* gefunden. Er unterscheidet folgende drei Berufsgruppen: den Bibliothekar, die mittleren Beamten und die Unterbeamten. Diese Dreiteilung gilt im Prinzip auch heute noch, wenn wir auch dafür in der Deutschen Demokratischen Republik andere Bezeichnungen setzen und andere Ausbildungswege eingeschlagen haben[907]: der *Fachbibliothekar* bzw. *Diplombibliothekar*, der *Bibliothekar*, der *Bibliotheksfacharbeiter.*

Für die Mitarbeiter in Bibliotheken gehört die Kenntnis der Entwicklung des bibliothekarischen Berufs zum obligatorischen Fachwissen; sie muß von ihnen auch deshalb erwartet werden, weil in der Öffentlichkeit[908] in der Regel gar keine oder falsche Auffassungen über Bibliotheksarbeit bestehen, denen zu begegnen jeder Bibliothekar gerüstet sein muß.

---

[906] In: Handbuch II (1933) S. 635–761. Die völlige Neubearbeitung dieses Artikels durch GEORG LEYH in: Handbuch II 2. Aufl. (1961) S. 1–112: *Der Bibliothekar und sein Beruf* ist in seinen Fakten als Berufsgeschichte nützlich, an den aktuellen Problemen der bibliothekarischen Ausbildung geht sie vorbei.

[907] Die innerhalb dieser Berufsgruppen im deutschen Bibliothekswesen früher üblichen Dienstbezeichnungen, die im übrigen uneinheitlich waren, gelten heute innerhalb der DDR samt und sonders nicht mehr, mit Ausnahme des Direktors und des Stellvertretenden Direktors (z. B. an Hochschulbibliotheken). In der BRD wird die Berufsgruppe der *wissenschaftlichen Bibliothekare* noch wie früher allgemein als *Höherer Dienst an wissenschaftlichen Bibliotheken* bezeichnet. Die Dienstbezeichnung für den Planstelleninhaber innerhalb dieser Gruppen lautet, von Sonderregelungen innerhalb einzelner Länder abgesehen (z. B. Bayern: Staatsbibliothekar), Bibliotheksrat. In der Berufsgruppe der *Bibliothekare,* die in der BRD ebenfalls wie früher allgemein *Diplombibliothekare* genannt werden, gelten dort die alten Dienstbezeichnungen wie Inspektor, Oberinspektor, Amtmann (z. B. Bibliotheksinspektor).

[908] Für die breite Öffentlichkeit bestimmt ist die Werbebroschüre für die in der DDR bestehenden bibliothekarischen Ausbildungswege: GISELA EWERT, *Wie werde ich Bibliothekar?* Eine Informationsschrift ... Bibliotheksverband der DDR. Berlin 1972. In Verbindung damit nützlich: KARL SCHUBARTH-ENGELSCHALL, *Die Bibliothek und Du.* Eine Einf. in d. Benutzung d. Bibliotheken u. ihrer Literatur. 2. Aufl. Leipzig 1972.

9.2. Der wissenschaftliche Bibliothekar (Fach- oder Diplombibliothekar)

Die Geschichte der Bibliotheken als ein Spiegelbild der politischen Geschichte Deutschlands lehrt, daß bis in die zweite Hälfte des 19. Jahrhunderts hinein die Bibliotheken von Männern verwaltet wurden, die sich entweder aus dieser Tätigkeit einen Beruf selbst machten oder die diese Tätigkeit nur nebenberuflich, häufig auch nur für kurze Zeit ausübten.

geschichtliche Entwicklung des bibliothekarischen Berufs

Zu der ersten Gruppe zählten die Poeten und Literaten, darunter viele verhinderte Dichter und Reimeschmiede, die im Zeitalter des Feudalismus und des frühen Kapitalismus zu Bibliothekaren von Fürsten Gnaden gemacht wurden.[909] Daß neben diesen billigen Protektionskindern auch Männer von Format wie Gotthold Ephraim Lessing anzutreffen sind, darf uns nicht darüber hinwegtäuschen, daß hier viele Unfähige amtiert haben, die zu der noch heute häufig anzutreffenden falschen Einschätzung des bibliothekarischen Berufs beigetragen haben.

Zur zweiten Gruppe gehörten die Wissenschaftler, meist Professoren, die die Verwaltung von Bibliotheken im Nebenamt betrieben. Sie waren vor allem an Universitätsbibliotheken tätig, und wir bezeichnen sie als Professorenbibliothekare. Wenn es unter ihnen auch glänzende Namen und hervorragende Organisatoren, wie Gottfried Wilhelm Leibniz, Robert von Mohl und Friedrich Ritschl gegeben hat, so fehlte es doch nicht an Spitzwegfiguren, denen das Amt des *bibliothecarius* nichts als eine Pfründe und jeder Benutzer ein Störenfried eigener Arbeit gewesen ist.

Ebert

Bereits 1820 hatte ein weitsichtiger Bibliothekar, der Sachse Friedrich Adolf Ebert[910], Prüfungen für Bibliothekare gefordert, weil die Besetzung von Bibliothekarstellen dem bloßen Zufall – wofür wir besser Günstlingswirtschaft setzen – überlassen sei. Ihm schloß sich 1834 der Bayer Martin Schrettinger mit seinem Vorschlag an, bei der Hauptbibliothek des Landes „eine Art Bibliothekar-Pflanzschule" zu gründen.[911] Aber erst im Zusammenhang mit der Entwicklung der modernen Gebrauchsbibliothek erwies sich das Bedürfnis nach einem selbständigen Berufsstand des Bibliothekars mit nachgewiesener Qualifikation als unabweislich. Nachdem bereits im Jahre 1864 für die Königliche Hof- und Staatsbibliothek zu München die Vorbedingungen für den Eintritt in den bibliothekari-

Schrettinger

Bayern

[909] Vgl. KARL BADER, *Lexikon deutscher Bibliothekare im Haupt- und Nebenamt bei Fürsten, Staaten und Städten.* Leipzig 1925. (ZfB. Beih. 55.)

[910] FRIEDRICH ADOLF EBERT, *Die Bildung des Bibliothekars.* 2. Aufl. Leipzig 1820 S. 58–59: „Der Besetzung der gemeinsten und unbedeutendsten Ämter des gewöhnlichen Lebens geht eine Prüfung oder doch die Forderung einer beglaubigten Nachweisung früherer Vorbereitung voraus; nur das Amt eines Bibliothekars ist bisher ohne alle Prüfung vergeben – ja wohl oft geradezu als eine bequeme Sinecurastelle fügsamer Gesellschafter oder als eine milde Versorgung verunglückter Erziehungskünstler erteilt worden."

[911] MARTIN SCHRETTINGER, *Handbuch d. Bibliothekswissenschaft.* Wien 1834 S. 149. Vorher schon (1814) bei der Besprechung v. F. A. EBERTs Buch *Über öffentliche Bibliotheken* (Freyberg 1811) in der Jenaischen Allgemeinen Lit.-Zeitung. 1814, Nr. 91 u. 92.

schen Dienst geregelt worden waren, schuf der *Erlaß betreffend die Befähigung zum wissenschaftlichen Bibliotheksdienst bei der Königlichen Bibliothek zu Berlin und den königlichen Universitätsbibliotheken* vom 15. Dezember 1893 in Preußen die Grundlage für den Berufsbibliothekar, der nun den Professorenbibliothekar ablöste. F. Milkau bezeichnet diesen Erlaß im Handbuch als die *Geburtsurkunde des deutschen Bibliothekars* und nennt ihn „das wichtigste Dokument der ganzen deutschen Bibliotheksgeschichte". Dieser Geburtsurkunde war jedoch der Stempel des bürgerlichen Klassenstaates eingeprägt. Denn geregelt waren damit nur die bildungsmäßigen *Voraussetzungen für die Zulassung*, bestehend in Reifezeugnissen, Universitäts-Abschlußprüfung und Promotion, nicht aber die ökonomischen. So wurde neben diesen Nachweisen auch der verlangt, „daß dem Bewerber mindestens diejenigen Mittel gesichert sind, welche für seinen standesgemäßen Unterhalt während zweier Jahre erforderlich erscheinen" (§ 2). Das Wichtigste an diesem Erlaß war sein äußerer Rahmen, nämlich die für die Ausbildung festgelegten zwei Jahre, die durch eine zusätzliche bibliothekarische Fachprüfung abgeschlossen wurden.[912]

Preußen

Erlaß von 1893

Von der Geburt des Berufsbibliothekars bis zu seiner Mündigkeit war also noch ein weiter Weg zu beschreiten. War es doch nach dem Erlaß von 1893 dem Volontär überlassen, sich die für die Prüfung erforderlichen Kenntnisse selbst anzueignen. Die Prüfungsergebnisse waren dementsprechend nicht befriedigend. Deshalb nützte man in Preußen die Erfahrungen, die Bayern in Ausbildungsfragen inzwischen gemacht hatte. Ein neuer Erlaß vom 13. Januar 1912 für die preußischen Bibliotheken brachte entscheidende Änderungen in der systematischen Schulung der Volontäre, die an bibliothekarischen Vorlesungen und Übungen in Göttingen oder an Ausbildungskursen in Berlin teilzunehmen hatten. Der Ausbruch des ersten Weltkriegs hemmte allerdings die Durchführung dieser so verbesserten Ausbildung, erst die *Ordnung für die Annahme, Ausbildung und Prüfung der Anwärter für den wissenschaftlichen Bibliotheksdienst vom 30. Juli 1928* bringt für Preußen die Grundlage für eine strenge Fachausbildung, nämlich die obligatorische Teilnahme der Volontäre im zweiten Ausbildungsjahr an den Vorlesungen und Übungen, die an dem neugegründeten *Bibliothekswissenschaftlichen Institut* bei der Universität Berlin von Hochschullehrern und Bibliothekaren abgehalten wurden.[913] Diese verantwortliche Steuerung des gesamten Ausbildungsganges

Erlaß von 1912

Ordnung von 1928

erstes bibliothekswissenschaftliches Institut

[912] Verdienste um die Reform der preußischen Bibliotheken, u. a. auch um das Zustandekommen dieser Ausbildungsregelung, hat Friedrich Althoff, von 1882 bis 1906 zunächst Vortragender Rat, dann Ministerialdirektor im Preuß. Kultusministerium. – Vgl. PAUL SCHWENKE, *F. Althoff.* In: ZfB 25 (1908) S. 485–489. – FRIEDRICH SCHMIDT-OTT, *Althoff und die Bibliotheken.* In: ZfB 56 (1939) S. 101–103. – Mit Recht hat bereits F. Milkau den persönlichen, aktiven Anteil Karl Dziatzkos an der Vorbereitung des Erlasses hervorgehoben (Handbuch II, 1933, S. 655–660).

[913] WERNER DUBE u. RUTH UNGER, *Geschichte des Instituts für Bibliothekswissenschaft.* In: Wiss. Zeitschrift d. Humboldt-Universität zu Berlin. Beiheft z. Jub.jahrgang 9 (1959/60) S. 81–84.

spiegelt sich in der Erweiterung und Vertiefung der Prüfungsanforderungen wider. Zu der bisher nur mündlichen Prüfung ist die Verpflichtung zur Abgabe einer größeren schriftlichen Prüfungsarbeit als Hausarbeit getreten. Der Nachweis standesgemäßer Mittel während der Ausbildungszeit ist zwar weggefallen, aber von einer Verwirklichung des angeblich geltenden demokratischen Grundsatzes „Freie Bahn dem Tüchtigen" ist auch in dieser Ausbildungsordnung der Weimarer Republik nichts zu spüren.

Ordnung von 1938

Eine *Ausbildungs- und Prüfungsordnung für den wissenschaftlichen Bibliotheksdienst vom 18. August 1938* brachte inhaltlich nichts Neues. Zentrale Ausbildungsbibliotheken, an denen das zweite theoretische Ausbildungsjahr abzuleisten war, waren die Preußische Staatsbibliothek in Berlin und die Bayerische Staatsbibliothek in München, während die Deutsche Bücherei in Leipzig insofern in die Ausbildung der wissenschaftlichen Bibliothekare eingeschaltet wurde, als alle Anwärter einen Monat an ihr informatorisch unterwiesen wurden. Die bisherigen Ausbildungsvorschriften der Länder, zu denen neben den erwähnten preußischen und bayrischen z. B. noch die sächsischen zählten, wurden durch diese Verordnung aufgehoben.

Nach der Zerschlagung des faschistischen Staates galt es, in den vier Besatzungszonen die Ausbildung der Nachwuchskräfte neu zu klären. In den drei westlichen Besatzungszonen legte man zunächst die Ordnung von 1938 „unter Außerachtlassung der nationalsozialistischen Bestimmungen"[914] wieder zugrunde.

BRD

Entsprechend dem staatsrechtlichen Föderalismus der BRD regelten die zuständigen Länderregierungen selbständig und nach Ermessen die Ausbildung und Prüfung des höheren (= wissenschaftlichen) Bibliotheksdienstes an wissenschaftlichen Bibliotheken.[915]

sowjetische Besatzungszone

Auf dem Gebiet der damaligen sowjetischen Besatzungszone erließ die Deutsche Verwaltung für Volksbildung bereits am 16. April 1947 eine *Vorläufige Ausbildungs- und Prüfungsordnung für den wissenschaftlichen Bibliotheksdienst* ...[916] Der Wille zur Neuordnung, gepaart mit einer klugen Zurückhaltung, ist für diese erste Ordnung charakteristisch.[917] Zwei Ausbildungsjahre wurden beibehalten, von denen das erste an einer der

Ordnung von 1947

---

914 Vgl. *Jahrbuch der Deutschen Bibliotheken* 34 (1950) S. 263.

915 Die neuesten Regelungen, die zuerst in den Gesetzblättern der Länder veröffentlicht werden, werden jeweils auch abgedruckt im *Jahrbuch der Deutschen Bibliotheken.* – Eine Übersicht geben GISELA VON BUSSE u. HORST ERNESTUS, *Das Bibliothekswesen der Bundesrepublik Deutschland.* Wiesbaden 1968 S. 237–256. Ferner *Bibliotheksrechtliche Vorschriften.* Zsgest. v. Ralph Lansky. 2. Aufl. Frankfurt a. M. 1969. (ZfBB. Sonderh. 5.) Nebst Ergänzungsbd. 1.2. 1971–1974. – RALPH LANSKY, *Die wissenschaftlichen Bibliothekare in der Bundesrepublik Deutschland.* Eine soziologische Analyse ... Bonn 1971. (Bonner Beiträge z. Bibliotheks- und Bücherkunde. 23.) – F. L. CAROLL, *West German library schools 1968–1972.* In: International library review 5 (1973) S. 329–333.

916 Abgedruckt in: ZfB 61 (1947) S. 135–141.

917 ZfB 61 (1947) S. 123.

festgelegten Ausbildungsbibliotheken, das zweite für den südlichen Teil des Gebietes an der Deutschen Bücherei, für den nördlichen Teil an der damaligen Öffentlichen Wissenschaftlichen Bibliothek (heute: Deutsche Staatsbibliothek) abzuleisten war, bei denen auch je eine Prüfungskommission eingerichtet wurde. Neu war an dieser Ordnung, daß der gesetzliche Anspruch der Bibliotheksreferendare auf einen Unterhaltszuschuß während ihrer Ausbildungszeit festgelegt wird und daß neben der fachlichen Ausbildung auch eine gesellschaftswissenschaftlich-politische zu vermitteln ist. Ab 1951 übernahm die Öffentliche Wissenschaftliche Bibliothek, die heutige Deutsche Staatsbibliothek, im Auftrage des damaligen Staatssekretariats für Hochschulwesen zentral die Ausbildung des gesamten wissenschaftlichen Nachwuchses. Die Ausbildung vollzog sich wie bisher in zwei Jahren so, daß die Referendare zunächst eine Grundausbildung von drei Monaten an der Öffentlichen Wissenschaftlichen Bibliothek absolvierten, dann neun Monate praktisch an einer Ausbildungsbibliothek außerhalb Berlins ausgebildet wurden. Das zweite Jahr bestand in einem theoretisch-praktischen Ausbildungslehrgang an der Öffentlichen Wissenschaftlichen Bibliothek, an der auch die Fachprüfung abgelegt wurde.

DDR Neuregelung von 1951

Als das (1950 gegründete) Staatssekretariat für Hochschulwesen (seit 1958: Staatssekretariat für das Hoch- und Fachschulwesen, seit 1967 Ministerium für Hoch- und Fachschulwesen) 1951 eine Bibliothekskommission für Ausbildungsfragen ins Leben rief und sie beauftragte, eine neue Ausbildungs- und Prüfungsordnung zu erarbeiten, ging es um eine wichtige Entscheidung. Es galt, sich entweder für ein bibliothekswissenschaftliches Vollstudium nach dem Beispiel der Sowjetunion und der USA sowie der Tschechoslowakischen Sozialistischen Republik an einer Spezialhochschule bzw. an einer Universität oder für das Studium eines Spezialfachs in gleichzeitiger Verbindung mit Bibliothekswissenschaft oder für Beibehaltung der traditionellen Lehrgangsausbildung nach abgeschlossenem Hochschulstudium zu entscheiden. Man entschied sich für die zweite der drei möglichen Varianten: Studium eines an der Humboldt-Universität vertretenen Spezialfachs in Verbindung mit der Fachrichtung Bibliothekswissenschaft. Die Fachrichtung Bibliothekswissenschaft besteht nur an einer Universität der DDR, nämlich an der Humboldt-Universität zu Berlin. Mit der Schaffung dieser Fachrichtung erfolgte die Gründung des *Instituts für Bibliothekswissenschaft* der Humboldt-Universität zu Berlin (1. 11. 1955) in den Räumen der Deutschen Staatsbibliothek.[918] Diese neue Ausbildung wurde bereits im Studienjahr 1954/55 aufgenommen. Ihre Vorteile waren: Beibehaltung der Ausbildungstradition, bestehend in der Beherrschung eines Spezialfachs in Verbindung

Vorgeschichte der neuen Ausbildungsregelung

Institut für Bibliothekswissenschaft 1955

[918] *Zehn Jahre Institut f. Bibliothekswissenschaft der Humboldt-Universität zu Berlin.* In: ZfB 79 (1965) H. 11. – HORST KUNZE, *The training of librarians and documentalists in the German Democratic Republic.* In: Journal of librarianship 2 (1970) S. 45–55. – *20 Jahre Institut für Bibliothekswissenschaft und wissenschaftliche Information der Humboldt-Universität zu Berlin.* In: ZfB 89 (1975) H. 6.

mit bibliothekswissenschaftlichen Kenntnissen, Durchdringung des Fachstudiums mit Gesichtspunkten des künftigen bibliothekarischen Berufs, da die bibliothekarische Ausbildung nicht mehr nachträglich aufgestockt wurde; es konnten Studenten aller Fachrichtungen – auch der naturwissenschaftlichen – dafür gewonnen werden. Ihr Nachteil lag darin, daß die Durchführung dieses Zweifachstudiums organisatorische Schwierigkeiten mit sich gebracht hat.

differenzierte Ausbildungswege

Im Zusammenhang mit grundsätzlichen Veränderungen im Hochschulwesen hat sich im Laufe der letzten Jahre eine wesentliche Differenzierung der Ausbildungswege ergeben, die am Institut für Bibliothekswissenschaft und wissenschaftliche Information beschritten werden können:

1. die Ausbildung von Hochschulkadern ohne ein Spezialfach, zur Zeit nur als Fernstudium.
   Diese Ausbildung ist 1968 aufgenommen worden. Sie schließt mit der Prüfung als *Diplombibliothekar* ab (zugleich Berufsbezeichnung).
2. die Weiterführung der Zweifachausbildung als postgraduales Studium der Bibliothekswissenschaft, d. h., Hochschulabsolventen können sich postgradual um Ausbildung in der Fachrichtung Bibliothekswissenschaft bewerben, nachdem sie ihre Eignung dafür in praktischer Arbeit an einer Bibliothek erwiesen haben. Diese Ausbildung schließt mit der Prüfung als *Fachbibliothekar* ab (zugleich Berufsbezeichnung).

Seit der Erweiterung des (1955 gegründeten) Instituts für Bibliothekswissenschaft zum Institut für Bibliothekswissenschaft und wissenschaftliche Information (1966) werden wissenschaftliche Mitarbeiter für gesellschaftswissenschaftliche Information ausgebildet, und zwar im Direktstudium vier Jahre ohne Spezialfach (Abschluß: *Diplominformator*), oder im postgradualen Studium für Bewerber, die bereits einen Hochschulabschluß mit Praxiserfahrung aufzuweisen haben, zwei Jahre (Abschluß: *Fachinformator*).

---

919 ERICH SIEK, *Das bibliothekswissenschaftliche Vollstudium.* In: Bibliothekar 20 (1966) S. 477–488. – FRIEDRICH NESTLER, *Grundzüge der bibliothekarischen Aus- und Weiterbildung in der DDR.* In: Bibliothekar 23 (1969) 7/8 S. 786–892. – ERIKA MARKS, Das bibliothekswissenschaftliche Fernstudium – eine neue Ausbildungsform. In: ZfB 86 (1972) S. 345–352. – *Anordnung über das postgraduale Studium an den Hoch- und Fachschulen vom 1. Juli 1973.* In: GBl. I 1973 Nr. 31 S. 308–311. – *Studienplan für die Grundstudienrichtung Bibliothekswissenschaft Fernstudium zur Ausbildung an Universitäten und Hochschulen der DDR.* Berlin 1975.

9.3. Der Bibliothekar

9.3.1. *Der Bibliothekar an wissenschaftlichen Bibliotheken*

Obwohl sich nach der Begründung des bibliothekarischen Berufsstandes 1893 schon sehr bald das Bedürfnis eingestellt hatte, dem wissenschaftlichen Bibliothekar einen fachlich vorgebildeten Mithelfer beizugeben, schuf erst der *Erlaß betr. die Einführung einer Diplomprüfung für den mittleren Bibliotheksdienst an wissenschaftlichen Bibliotheken sowie für den Dienst an Volksbibliotheken und verwandten Instituten vom 10. August 1909* für Preußen eine gesetzliche Grundlage dafür. F. Milkau hat die Einrichtung des mittleren Dienstes als den bedeutendsten Schritt in der Geschichte der deutschen Bibliotheken seit der Schaffung des bibliothekarischen Berufs gepriesen und in ihm einen Helfer gesehen, der dem wissenschaftlichen Bibliothekar „erst den Kopf und die Hände freigemacht hat für jede höhere Leistung“[920]. Es ist diesem Dienstzweig jedoch zum Verhängnis geworden, daß seine Tätigkeitsmerkmale in wissenschaftlichen Bibliotheken von Anfang an zu eng als rein technische angesehen worden sind. Der Erlaß von 1909 erweist sich bei näherer Betrachtung als ein wenig konstruktives Gebilde; er kann nur als ein erster, schwacher Versuch einer Ausbildungsregelung angesehen werden. Auch in ihm spiegelt sich der Klassencharakter der bürgerlichen Gesellschaft des Wilhelminischen Reiches deutlich wider. Geregelt wurden durch ihn, wie bei dem oben erwähnten Erlaß von 1893 für den wissenschaftlichen Dienst, nur die Bedingungen für die Zulassung zur Prüfung und diese selbst, während der Ausbildungsgang in allen wesentlichen Punkten dem einzelnen überlassen blieb. Für die Zulassung zur Prüfung wurden folgende Bedingungen gestellt: Nachweis der Primareife eines Gymnasiums, Realgymnasiums oder einer Oberrealschule, Nachweis einer mindestens dreijährigen Ausbildungszeit in Fächern, auf die sich die Prüfung erstreckte. Innerhalb dieser dreijährigen Ausbildungszeit war nur *ein* Jahr praktischer Tätigkeit an einer wissenschaftlichen Bibliothek oder an einer unter fachmännischer Leitung stehenden Volksbibliothek unter der Kontrolle der Ausbildungsbibliothek vorgesehen. In den übrigen zwei Jahren blieb es dem jungen Berufsanwärter überlassen, sich die in der Prüfung geforderten Kenntnisse in Sprachen und Literatur zu erwerben, wozu ganz besonders ein Aufenthalt in Frankreich oder England zu Sprach- und Literaturstudien empfohlen wurde. Wie diese Anregung beweist, machte sich diese „Geburtsurkunde“ keinerlei Gedanken darüber, wer dem Berufsanwärter die Ausbildung sicherte. Den gleichen naiven Klassenstandpunkt verrät dieser Erlaß, wenn er die Verwendung der Anwärter, die die Prüfung abgelegt haben, dem Zufall oder den guten Beziehungen des einzelnen überließ. „Sie erhalten ihr Diplom und sind frei wie zuvor.“[921]

Erlaß von 1909

Bedeutung und Grenzen

---

[920] *Handbuch* II (1933) S. 679.
[921] *Handbuch* II (1933) S. 684.

Das Bildungsprivileg der Bourgeoisie, das sich in dem ökonomischen Aufwand vor Beginn der Ausbildung und während dieser selbst manifestierte, hat es mit sich gebracht, daß sich ihr keine Arbeiterkinder, wohl aber viele „höhere Töchter" anvertraut haben, die, von Hause aus mit gesicherter Existenzgrundlage ausgestattet, eine standesgemäße Beschäftigung in einem akademischen Milieu erstrebten. Diese Einschätzung des bibliothekarischen Berufs hat noch lange nachgewirkt. Der Erlaß von 1909 hat die Beschäftigung von Frauen in deutschen Bibliotheken gefestigt,[922] wodurch diese – wie Milkau meint – „ein freundlicheres Gesicht bekommen" haben. Eine weitere verhängnisvolle Schwäche dieses Erlasses bestand darin, daß die Gültigkeit der neuen Diplomprüfung für den mittleren Bibliotheksdienst an wissenschaftlichen Bibliotheken sowie für den Dienst an Volksbibliotheken und verwandten Instituten angeordnet wurde, während die besonderen Bedürfnisse der volksbibliothekarischen Arbeit weder in der Ausbildung noch in den Prüfungsanforderungen angemessen Berücksichtigung fanden. Infolgedessen trachteten die Volksbibliothekare mit wachsender Festigung ihres Berufsstandes danach, sich aus dieser Bevormundung durch die wissenschaftlichen Bibliotheken zu befreien.

zunehmende Widersprüche

Das Ergebnis der Verhandlungen zwischen führenden Volksbibliothekaren und Vertretern wissenschaftlicher Bibliotheken, die auf Veranlassung des Unterrichtsministeriums 1915 geführt wurden, fanden in einem neuen *Erlaß vom 24. März 1916* seinen Ausdruck. Statt der bisherigen dreijährigen Ausbildung wurde eine vierjährige eingeführt mit der Maßgabe, daß ein Jahr davon wie bisher bei einer wissenschaftlichen Bibliothek, ein zweites bei einer unter fachmännischer Leitung stehenden Volksbibliothek abzuleisten war. Die übrigen zwei Jahre der Ausbildung waren nach wie vor dem individuellen Freilauf des einzelnen überlassen. Formal-bürokratische Gründe, die mit dieser Auseinandersetzung zwischen Volksbibliothek und wissenschaftlicher Bibliothek nichts zu tun hatten, veranlaßten das Ministerium außerdem, statt der bislang geforderten Primareife sich mit der Obersekundareife, dem sogenannten Einjährigenzeugnis, zu begnügen. Die Einheit des Bibliothekswesens war scheinbar noch insofern gewahrt, als das auf Grund dieser Ausbildung erworbene Diplom für den Dienst sowohl an wissenschaftlichen als auch an volkstümlichen Büchereien galt. Aber das war, wie die weitere Entwicklung zeigt, doch nur eine brüchige Lösung. Die Auseinanderentwicklung beider Bibliothekszweige war nicht mehr aufzuhalten. Den Bibliothekaren jener Zeit war über ihren Meinungsverschiedenheiten der Blick für den organischen Aufbau des gesamten Bibliothekswesens getrübt worden. Man hatte sich mit spitzen Federn in eine Gegensätzlichkeit der bibliothekarischen Aufgaben hineindiskutiert, aus der es keinen anderen Ausweg mehr als den der Trennung gab.

Erlaß von 1916

[922] CHRISTA SCHWARZ, *Die Anfänge des bibliothekarischen Frauenberufs im wiss. Bibliothekswesen Deutschlands.* 1899–1911. In: Buch – Bibliothek – Leser. Festschrift f. Horst Kunze zum 60. Geb. Berlin 1969 S. 421–434. Verf. weist nach, daß der Einzug von Frauen bereits 1899 erfolgt ist.

Die *Preußische Bibliotheksprüfungsordnung vom 24. September 1930* offenbart die vollzogene Trennung, deren Zustandekommen in der Darstellung der wissenschaftlichen Bibliothekare gern der mangelnden Einsicht der Volksbibliothekare zugeschrieben wird. Bei einer verständnisvolleren Behandlung der jüngeren Brüder, der Volksbibliothekare, von seiten der wissenschaftlichen Bibliothekare hätten die Auseinandersetzungen jedoch einen anderen Verlauf nehmen können. Das Ergebnis der neuen Ordnung war: Das gemeinsame Zeugnis war aufgegeben, man konnte nur das Zeugnis für den mittleren Dienst an wissenschaftlichen Bibliotheken oder für den Dienst an volkstümlichen Bibliotheken nach drei Ausbildungsjahren erwerben. Allerdings bestand für Examensfreudige die Möglichkeit, zusätzlich die Prüfung für den anderen Bibliothekszweig bereits nach einem Jahr abzulegen. Ordnung von 1930

Die neue Regelung war in dem entscheidenden Punkt der Ausbildung selbst allen vorausgehenden drei Regelungen überlegen. Sie beseitigte die Nonchalance der alten Ordnungen durch die Einrichtung von Bibliothekarschulen, an denen die Nachwuchskräfte innerhalb ihrer dreijährigen Ausbildungszeit nach einem festen Lehrplan drei Semester ausgebildet wurden,[923] und zwar getrennt nach den beiden Bibliothekszweigen. Noch fehlte dieser Ordnung viel von dem, was wir heute von einer guten Ausbildungsordnung verlangen. Der Lehrplan erschöpfte sich in formaler Wissensvermittlung und bibliothekstechnischem Praktizismus. Eine wirtschaftliche Sicherung der Nachwuchskräfte fehlte, obwohl dadurch die Ausbildung teurer geworden war, denn der Besuch der Bibliothekarschule kostete zusätzliche Studiengebühren. Das bürgerliche Bildungsprivileg war damit noch weiter gefestigt worden.

Nach 1945 mußten neue Wege auch auf diesem Ausbildungsgebiet eingeschlagen werden. nach 1945

In der damaligen sowjetischen Besatzungszone bemühte sich die Deutsche Verwaltung für Volksbildung, die Ausbildung den veränderten gesellschaftlichen Verhältnissen anzupassen. Am 16. April 1947 gab sie eine *Vorläufige Ausbildungs- und Prüfungsordnung für den gehobenen Dienst an wissenschaftlichen Bibliotheken*[924] heraus. Sie hielt sich noch eng an die Ausbildungstradition des bibliothekarischen Dienstes und baute zugleich auf dem bereits erwähnten nördlichen und südlichen Ausbildungsregionalismus auf, vertreten durch die Öffentliche Wissenschaftliche Bibliothek, die heutige Deutsche Staatsbibliothek, und die Deutsche Bücherei. Oberschulreife war nicht Bedingung, aber Absolventen der Oberschule hatten sich einer zweijährigen, alle übrigen einer vierjährigen Ausbildung zu unterziehen. Der vorläufige Charakter dieser Ordnung wurde immer deutlicher. Im Zusammenhang mit der Gründung des Zentralinstituts für Bibliothekswesen 1950 setzte nun eine Zeit der Ausbildungsexperimente ein, die erst mit der Rahmenverordnung vom 3. August 1954 (*Anordnung*

sowjetische Besatzungszone

Ordnung von 1947

DDR

[923] Im wesentlichen damit übereinstimmend waren die Ausbildungsvorschriften in den Ländern; in Sachsen waren z. B. zwei Jahre Bibliothekarschule obligatorisch.

[924] ZfB 61 (1947) S. 142–149.

Rahmenverordnung von 1954

zur Regelung der Ausbildung von Bibliothekshelfern, Bibliothekaren und wissenschaftlichen Bibliothekaren[925]) abgeschlossen wurde. Sie ist ein Markstein in der Geschichte der bibliothekarischen Ausbildung nach dem zweiten Weltkrieg.

Fachschulen in Leipzig und Berlin

Gegenwärtig werden Bibliothekare für wissenschaftliche Bibliotheken an zwei Fachschulen ausgebildet: an der Fachschule für wissenschaftliche Information und wissenschaftliches Bibliothekswesen in Berlin (eingerichtet 1954 an der Deutschen Staatsbibliothek) und an der Fachschule für wissenschaftliches Bibliothekswesen in Leipzig (eingerichtet 1954 an der Deutschen Bücherei in Leipzig).[926] Die Bewerber müssen den erfolgreichen Abschluß einer Erweiterten Oberschule (Abitur) nachweisen können. Diese Fachschulausbildung dauert drei Jahre und gliedert sich in den theoretischen und den praktischen Teil. Dabei ist die Verbindung des theoretischen Teils der Ausbildung mit der Bibliothekspraxis wesentlich besser geregelt als zuvor.[927] Während der gesamten Ausbildung erhalten die Fachschulstudenten ein Stipendium gemäß den Stipendienrichtlinien für Fachschulen in der DDR. Seit 1962 werden an der Berliner Fachschule auch dreijährige Ausbildungslehrgänge für Informatoren (mittlere Kader) durchgeführt.

Informatorenausbildung 1962

Die Erfüllung der vielseitigen Aufgaben, die die Bibliotheken heute zu leisten haben, ist ohne qualifizierte Bibliothekare gar nicht mehr vorstellbar. Die wachsenden Anforderungen, die von seiten der Wissenschaft an die Bibliotheken gestellt werden, aber auch das bewußte Streben nach erhöhter Verantwortung durch Mitdenken und Mitplanen am Ganzen, haben es mit sich gebracht, daß der bibliothekarische Dienst nicht mehr ein technischer Hilfsdienst für den wissenschaftlichen Bibliothekar ist, sondern ein Berufsstand mit weitgehend selbständigen und fachlich qualifizierten Aufgaben, dessen beste Vertreter als Dienststellenleiter nicht nur organisatorische, sondern auch politisch-ideologische Verantwortung zu tragen haben. Die Möglichkeit zur weiteren Qualifizierung zum wissenschaftlichen Bibliothekar ist gegeben.

Tätigkeitsgebiete des Bibliothekars

Berufsbezeichnungen und Titel

Eine rechtliche Grundlage für das Führen der Berufsbezeichnungen *Bibliotheksfacharbeiter, Bibliothekar* und *Wissenschaftlicher Bibliothekar* wurde mit der 4. Durchführungsbestimmung zur BVO vom Mai 1968[928] geschaffen; seit 1975 wird der wissenschaftliche Bibliothekar je nach Ausbildungsweg als Fach- oder Diplombibliothekar bezeichnet. Gleich-

---

[925] Zentralbl. d. DDR. Ausg. A. 1954 S. 418.

[926] Nähere Angaben zur Ausbildung von Bibliothekaren für wiss. Bibliotheken vgl. GISELA EWERT, *Wie werde ich Bibliothekar?* Bibliotheksverband d. DDR. Berlin 1972. – Fachschule f. wiss. Information u. wiss. Bibliothekswesen, Berlin. *Studienmöglichkeiten.* Berlin 1972.

[927] ROSEMARIE WERNER, *Die Durchführung d. 3. Studienjahres d. bibliothekarischen Fachschulausbildung als Spezialisierungsphase in d. Praxis wiss. Bibliotheken.* In: ZfB 85 (1971) S. 663–669.

[928] *Vierte Durchführungsbestimmung zur BVO – Führung von bibliothekarischen Berufsbezeichnungen und Verleihung von Titeln an Bibliothekare – vom 4. November 1970.* In: GBl. II 1970 Nr. 89.

zeitig wurden dort die Voraussetzungen für die Verleihung der Titel *Oberbibliotheksrat, Bibliotheksrat* und *Oberbibliothekar* festgehalten. Diese Festlegungen sind Ausdruck der Wertschätzung der Arbeit der Bibliothekare durch den sozialistischen Staat.

9.3.2. *Der Bibliothekar an allgemeinbildenden Bibliotheken*

Über die Vorgeschichte des volksbibliothekarischen Berufs ist einleitend bereits das Wichtigste gesagt worden. Der Anspruch, eine eigene, von der traditionellen älteren Ausbildung für wissenschaftliche Bibliotheken unabhängige Ausbildung zu erlangen, war seitens der Volksbibliothekare berechtigt und verständlich. Dazu war aber zunächst eine klare Abgrenzung vonnöten; sie erfolgte 1930. In einzelnen deutschen Ländern wurden selbständige Volksbüchereischulen gegründet.

Nach Gründung der Deutschen Demokratischen Republik setzten zunächst Ausbildungsexperimente ein mit dem gesunden Ziele, zu einer gemeinsamen Ausbildung der Bibliothekare für alle Bibliothekszweige zu gelangen. Dem 1950 gegründeten *Zentralinstitut für Bibliothekswesen* in Berlin wurde diese Aufgabe übertragen. 1953 bahnte sich mit der Einrichtung der Fachschule für Bibliothekare „Erich Weinert" in Leipzig eine Klärung der Fronten an.[929] Für die Ausbildung der Bibliothekare an wissenschaftlichen Bibliotheken kam es, wie bereits erwähnt, zur Gründung der beiden Fachschulen in Berlin und Leipzig. Die Ausbildung für Bibliothekare an allgemeinbildenden Bibliotheken wurde der Fachschule „Erich Weinert" in Leipzig übertragen. Sie war von 1953–1956 Ausbildungsstätte für beide Bibliothekszweige. Daneben gab es weitere Ausbildungseinrichtungen zu Berlin, Jena, Rostock und Halle. Diese Leipziger Fachschule ist seit 1959 alleinige Ausbildungseinrichtung für Bibliothekare an allgemeinbildenden Bibliotheken (Staatliche Allgemeinbibliotheken, Gewerkschaftsbibliotheken und die Bibliotheken der bewaffneten Organe in der DDR).

Zentralinstitut für Bibliothekswesen

Das Studium dauert im Direktstudium drei Jahre und gliedert sich wie folgt[930]:

Fachschule für Bibliothekare Leipzig

---

[929] Die Leipziger Schule wurde 1914 als *Fachschule für Bibliothekstechnik und -verwaltung* von Walter Hofmann in Leipzig eröffnet. Nach Unterbrechung ihrer Tätigkeit im zweiten Weltkrieg wurde sie 1946 als Deutsche Volksbüchereischule wieder eröffnet. Sie führte zunächst Kurzlehrgänge und eine zweijährige Ausbildung durch. Vgl. auch: *Statut für die Fachschule für Bibliothekare „Erich Weinert".* In: Verfügungen und Mitteilungen d. Ministeriums f. Kultur (1961) S. 14–17. Sie ist, nachdem die *Berliner Bibliotheksschule* 1959 ihre Arbeit eingestellt hat, die einzige Ausbildungsstätte für Bibliothekare an allgemeinbildenden Bibliotheken in der DDR. Die Berliner Bibliotheksschule war 1925 mit der Einrichtung von Bibliothekskursen bei der Berliner Stadtbibliothek ins Leben getreten und 1930 als Lehranstalt für Volksbibliothekare staatlich anerkannt worden.

[930] *Richtlinie über die Ausbildung von Bibliothekaren an allgemeinbildenden Bibliotheken.* In: Verfügungen u. Mitteilungen d. Ministeriums f. Kultur (1961) S. 2; dazu: *Merkblatt über*

1. theoretisches Studium an der Schule im ersten und zweiten Ausbildungsjahr, ergänzt durch Praktika;
2. Tätigkeit an einer Ausbildungsbibliothek im dritten Ausbildungsjahr mit Spezialisierungsphase und Selbststudium.

Fachschulfernstudium

1959 wurde an der Fachschule für Bibliothekare „Erich Weinert" in Leipzig ein bibliothekarisches Fernstudium aufgenommen, in erster Linie um den unausgebildeten Kräften im allgemeinbildenden Bibliothekswesen die Möglichkeit zur beruflichen Qualifikation zu geben.[931]
Die Studenten aller drei Fachschulen schließen ihre Ausbildung als „Bibliothekar" (zugleich Berufsbezeichnung) ab.
In den letzten Jahren sind bedeutende Fortschritte auf dem Gebiete der Fachschulausbildung in der DDR gemacht worden.[932] Ausgehend von der Tatsache, daß sich Gegenstand, Mittel und Methoden bibliothekarischer Arbeit trotz der Spezifik einzelner Bibliothekstypen im Zuge der Entwicklung eines sozialistischen Bibliothekssystems mehr und mehr annähern, ist ein einheitliches Berufsbild für bibliothekarische Fachschulkader erarbeitet worden. Es ist 1974 als „Anforderungscharakteristik für den Bibliothekar"[933] vom Ministerium für Hoch- und Fachschulwesen bestätigt worden. Darin werden die Anforderungen, die für alle Bibliothekare gelten, dargelegt sowie die speziellen Anforderungen entsprechend dem späteren Einsatz in wissenschaftlichen Allgemein- und Fachbibliotheken bzw. in Staatlichen Allgemeinbibliotheken und Gewerkschaftsbibliotheken formuliert. Die gegebenen Möglichkeiten der Spezialisierung am Arbeitsplatz sowie der Weiterbildung sind in die Zielstellung eingeschlossen. So entsteht auf einer gemeinsamen Ausbildungsbasis eine einheitliche und zugleich differenzierte bibliothekarische Berufsausbildung. Und

Anforderungscharakteristik

---

die Ausbildung zum Bibliothekar an allgemeinbildenden Bibliotheken d. DDR. Fachschule f. Bibliothekare „Erich Weinert" Leipzig o. J. 2 S. – *25 Jahre Fachschule für Bibliothekare „Erich Weinert"*; Zwei Aufsätze (Bruno Haid, Helmut Topp) in: Bibliothekar 26 (1972) H. 4. – Fachschule für Bibliothekare „Erich Weinert". *Berufsbild f. d. Bibliothekar an allgemeinbildenden Bibliotheken (Fachschulabsolvent).* Leipzig 1967. – HELMUT TOPP, *Zur Neugestaltung des Studiums an der Fachschule für Bibliothekare „Erich Weinert".* In: Bibliothekar 24 (1970) S. 833–840. – HANS-JOACHIM HEISE u. HANS JOACHIM ZIEGENHEIN, *Zu neuen Prinzipien und Methoden der Fachschulausbildung.* In: Bibliothekar 24 (1970) S. 840–843.

[931] Näheres vgl. *Anweisung Nr. 2 Einführung eines Fachschulfernstudiums für Bibliothekare an allgemeinbildenden Bibliotheken vom 30. 8. 1960.* In: Verfügungen u. Mitteilungen d. Ministeriums f. Kultur 1960 S. 67–68; dazu: *Merkblatt f. Bewerber f. d. bibliothekarische Fernstudium.* Fachschule f. Bibliothekare „Erich Weinert", Abt. Fernstudium. Leipzig o. J. 4 S. – DIETMAR KUMMER, *Der erste Schritt zur einheitlichen Fachschulausbildung für Bibliothekare. Das bibliothekarische Fachschulfernstudium in den 70er Jahren.* In: Bibliothekar 25 (1971) S. 546–551.

[932] ROSEMARIE WERNER, *Stand und Entwicklungstendenzen der bibliothekarischen Fachschulausbildung in der DDR.* In: ZfB 88 (1974) S. 587–591. – DIETMAR KUMMER, *Der erste Schritt zur einheitlichen Fachschulausbildung für Bibliothekare.* In: Bibliothekar 25 (1971) S. 546–551.

[933] *Anforderungscharakteristik für den Bibliothekar.* In: Bibliothekar 28 (1974) S. 596 bis 600.

es wächst ein disponibel einsetzbarer Bibliothekar mit speziellen Kenntnissen und Fertigkeiten heran.
Sichtbare Ergebnisse dieser gesunden Bestrebungen sind:

- einheitliche Zulassungsbedingungen an allen drei bibliothekarischen Fachschulen (1971/1972);
- einheitliche Ausbildungsstruktur durch eine dreijährige Fachschulausbildung (1971/72).

Diese Grundsätze sind in dem neuen Studienplan für die Grundstudienrichtung Bibliothekswesen mit den Fachrichtungen wissenschaftliche Allgemein- und Fachbibliotheken sowie Staatliche Allgemein- und Gewerkschaftsbibliotheken berücksichtigt.[934]

9.4. Der Bibliotheksfacharbeiter

Bibliotheksfacharbeiter

Die dritte Berufsgruppe, die der Bibliotheksfacharbeiter, ist aus der Weiterentwicklung der bibliothekarischen Praxis heraus entstanden. Die wesentlich erweiterten Aufgaben der Bibliotheken verlangten eine spürbare Entlastung der Bibliothekare.[935] Der neue Bibliotheksfacharbeiter unterscheidet sich von dem „Unterbeamten" der früheren Zeit durch seine Qualifikation, die ihm durch eine zweijährige Facharbeiterausbildung vermittelt wird. Die ersten Anregungen dazu sind von den allgemeinbildenden Bibliotheken ausgegangen. Heute werden Facharbeiter für Bibliotheken und Einrichtungen der Information und Dokumentation ausgebildet.[936] Die Ausbildung vollzieht sich nach staatlichen Richtlinien.

---

[934] HELMUT TOPP, *Zur Neugestaltung des Studiums an der Fachschule für Bibliothekare „Erich Weinert".* In: Bibliothekar 24 (1970) S. 833–840. – ROSEMARIE WERNER, *Zur Rolle der Praxis im Erziehungs- und Ausbildungsprozeß von Bibliothekaren.* In: ZfB 88 (1974) S. 713–726. – *Studienplan für die Grundstudienrichtung Bibliothekswesen zur Ausbildung an Fachschulen der DDR.* Berlin 1975. – *Studienplan für die Grundstudienrichtung Information und Dokumentation zur Ausbildung an Fachschulen der DDR.* Berlin 1975.

[935] HORST KUNZE, *Der technische Bibliotheksdienst.* In: ZfB 65 (1951) S. 247–252.

[936] *Rahmenausbildungsunterlage Bibliotheksfacharbeiter.* Schlüssel-Nr.: 5011. Rahmenausbildungsunterlage für die sozialistische Berufsausbildung. Berlin 1969. – *Hinweise für die Ausbildung Werktätiger zum Bibliotheksfacharbeiter in wissenschaftlichen Allgemein- und Fachbibliotheken und staatlichen und gewerkschaftlichen allgemeinbildenden Bibliotheken.* In: Verfügungen u. Mitteilungen d. Ministeriums f. Kultur (1970) S. 54–55. – ERICH SIEK, *Der Beruf des Bibliotheksfacharbeiters im sozialistischen Bibliothekswesen der DDR.* In: Bibliothekar 24 (1970) S. 3–22. – *Informationsmaterial für die Ausbildung zum Bibliotheksfacharbeiter.* Berlin 1971. – *Beruf und Ausbildung von Bibliotheksfacharbeitern in der DDR.* Berlin 1972. Material für die IVBV-Tagung 1972 in Budapest. – Technische Hilfskräfte in der Art der Facharbeiter werden seit einigen Jahren auch in der Schweiz und in der BRD ausgebildet. Vgl. z. B. GERHART LOHSE, *Ausbildung von Bibliotheksgehilfen in der Bibliothek der TH Aachen.* In: Mitteilungsblatt. Verband d. Bibliotheken d. Landes Nordrhein-Westfalen. N. F. 14. (1964) S. 147 bis 150. Angelernte bibliothekarische Hilfskräfte werden in der BRD als „mittlerer Dienst"

Richtlinien

Vorausgesetzt werden der Abschluß der zehnklassigen allgemeinbildenden polytechnischen Oberschule sowie u. a. gute Allgemeinbildung, gesellschaftliche Aktivität und ausreichender Gesundheitszustand. Die zweijährige Ausbildung besteht in einem Jahr Grundlagenausbildung und einem Jahr Ausbildung in einer der beiden Spezialisierungsrichtungen: wissenschaftliche Allgemein- und Fachbibliotheken sowie Einrichtungen der Information und Dokumentation oder Staatliche Allgemeinbibliothek und Gewerkschaftsbibliothek. Die Lehrzeit schließt mit der Facharbeiterprüfung ab. Die berufstheoretische Ausbildung erfolgt in Berlin und Leipzig an Bezirksfachklassen örtlicher bzw. betrieblicher Berufsschulen, für alle übrigen Orte an der Betriebsschule für Bibliotheksfacharbeiter in Sondershausen.

Erwachsenenqualifizierung

Unausgebildete Mitarbeiter von Bibliotheken haben die Möglichkeit, im Rahmen der Erwachsenenqualifizierung ebenfalls die Ausbildung als Bibliotheksfacharbeiter zu erwerben. Zu diesem Zweck besteht bei allen großen Bibliotheken die Möglichkeit, nach einem festen Lehrprogramm Lehrveranstaltungen, Lehrgänge, Seminare und Konsultationen zu besuchen. Das Zentralinstitut für Bibliothekswesen gibt zur Unterstützung dieser Maßnahmen Lehrprogramme, Studienanleitungen und methodische Materialien heraus.

Tätigkeitsbild

Die wesentlichsten Tätigkeiten eines Bibliotheksfacharbeiters bestehen in der selbständigen Durchführung aller bibliothekstechnischen Tätigkeiten, Ordnungs- und Pflegearbeiten sowie der Mitwirkung bei bibliothekarischen Aufgaben. Die Arbeitsgebiete sind nach Bibliothekstyp verschieden und ausgesprochen vielseitig, je nachdem z. B., ob der Betreffende mehr zur Verwaltungsarbeit oder zur Wartung und Bedienung technischer Geräte neigt. Dem Facharbeiter eröffnen sich alle Entwicklungsmöglichkeiten durch weitere Qualifizierung, nach Absolvierung einer bibliothekarischen Fachschule z. B. auch die Aufnahme eines bibliotheks- oder informationswissenschaftlichen Hochschulstudiums.

9.5. Mitarbeiter ohne bibliothekarische Ausbildung

Beschäftigtengruppen

Nach den planmethodischen Bestimmungen für die Arbeitskräfteplanung werden in Bibliotheken drei Beschäftigtengruppen unterschieden:

I. wissenschaftliches Fachpersonal
II. sonstiges Fachpersonal
III. übriges Personal: a) Verwaltungspersonal, b) Betriebs-, Wirtschafts- und sonstiges Personal.

Zum sonstigen Fachpersonal zählen: Schriftsetzer, Drucker, Buchbinder,

---

z. B. in Bayern (1964) und Baden-Württemberg (1966) ausgebildet. Vgl. GISELA VON BUSSE u. HORST ERNESTUS, *Das Bibliothekswesen der Bundesrepublik Deutschland.* Wiesbaden 1968 S. 244–245.

Fotografen, Fotolaboranten; ferner die Sekretärinnen der Direktoren und Abteilungsdirektoren bzw. -leiter, die Bibliotheksfacharbeiter, angelernte Kräfte mit bibliothekarischer Tätigkeit, Übersetzer und Informatoren, letztere mit einer Qualifikation, die dem Niveau eines Fachschulabschlusses entspricht bzw. mit entsprechenden Berufskenntnissen.

sonstiges Fachpersonal

Zum übrigen Personal zählt zunächst das Verwaltungspersonal: Verwaltungsleiter, Kaderleiter, Haushaltbearbeiter, Hauptsachbearbeiter (z. B. Leiter der Allgemeinen Verwaltung), Sachbearbeiter (z. B. Vermögensverwaltung, Rechnungsprüfung), Lohn- und Finanzbuchhalter, Kassierer, Hilfssachbearbeiter (z. B. Leiter der Poststelle). Verwaltungsschulen vermitteln die erforderlichen Kenntnisse für diese Tätigkeitsbereiche. Entsprechende Stellen sind nur in selbständigen Verwaltungseinrichtungen verankert, d. h. in bibliothekarischen Einrichtungen, die den staatlichen Organen unmittelbar unterstellt sind; bei den Hochschulbibliotheken werden diese Tätigkeiten überwiegend von den Fach- und Hilfskräften der Hochschulverwaltung ausgeübt; ein Verwaltungsleiter oder ein Sachbearbeiter der Hochschulbibliothek stellt die Verbindung dazu her.

übriges Personal

Mitarbeiter wie Heizer, Pförtner, Garderobenangestellte, Raumpfleger (Reinigungskräfte), Hausarbeiter, Telefonisten, Fernschreiber und Kraftfahrer bilden das Betriebs-, Wirtschafts- und sonstige Personal.
Im übrigen gelten die Bestimmungen, wie sie in der „Systematik des Staatshaushaltes der DDR" jeweils festgelegt werden.

9.6. Die bibliothekarische Ausbildung in anderen Ländern

Das bunte Bild der Ausbildungsformen, ihrer Methoden und Inhalte, das sich auch heute noch international darbietet,[937] beweist, wie eng gerade die Ausbildung der Bibliothekare mit der nationalen Bibliotheksentwicklung des betreffenden Landes verbunden ist.

nationale Besonderheiten

Für die Zeit bis zum ersten Weltkrieg galt die summarische Feststellung Fritz Milkaus[938], daß es dem Berufsbibliothekar alles in allem im Ausland nicht viel anders ergangen sei als in Deutschland und daß von gegenseitigen Beeinflussungen nicht viel zu spüren ist. Das ist verständlich, wenn

[937] Das Handbuch der Bibliothekswissenschaft bietet, was die bibliothekarische Ausbildung im Ausland betrifft, in seiner 1. Aufl. (FRITZ MILKAU, *Der Bibliothekar und seine Leute.* II. 1933 S. 688–716) einige Informationen nach dem Stand bis 1930, in seiner 2. Auflage (GEORG LEYH, *Der Bibliothekar und sein Beruf.* II. 1961 S. 107–112) nur noch „Streiflichter". – Als Faktensammlung, aber bereits teilweise überholt, ist nützlich SUZANNE BRIET, *Enquiry concerning the professional education of librarians and documentalists.* Final report presented to the Joint Committee of the International Federation of Library Associations and of the International Federation for Documentation. Transl. from the French. Paris: Unesco 1950. – Einen Überblick über die Ausbildungsverhältnisse in 16 Ländern nach dem Stand von um 1960 in: *Library trends* Vol. 12 (1963/1964) Nr. 2: *Education for librarianship abroad in selected countries.*

[938] FRITZ MILKAU, *Der Bibliothekar und seine Leute.* In: Handbuch II (1933) S. 689.

Rolle des IVBV

man bedenkt, daß der bibliothekarische Berufsstand verhältnismäßig jung ist. Der Internationale Verband der Bibliothekar-Vereine (IVBV) hat mittels seiner Kommission für Ausbildung (seit 1972 als Sektion der Bibliotheksschulen weitergeführt) internationalen Erfahrungsaustausch in Ausbildungsfragen hergestellt und auch einige grundlegende Materialien veröffentlicht bzw. angeregt, so daß wir heute eine bessere Übersicht über die verschiedenen nationalen Ausbildungsformen besitzen.[939] Daneben haben die sozialistischen Länder durch gemeinsame Tagungen von Vertretern der Ausbildungseinrichtungen für die Hochschulausbildung von Bibliothekaren wesentliche Beiträge zur Klärung einiger Grundfragen geleistet.[940] Der vergleichenden Bibliothekswissenschaft eröffnet sich hier trotzdem noch ein weites Feld.

sozialistische Länder

Praktisch herrschen aber in den sozialistischen Ländern insgesamt die verschiedensten Ausbildungsformen vor, die im Zuge der Entwicklung zudem noch laufend Veränderungen erfahren. Eine fortschreitende Angleichung der Bildungssysteme wird eine Aufgabe der nächsten Zukunft sein.

BRD

Auch die Ausbildung von Bibliothekaren für öffentliche Bibliotheken ist in der BRD, entsprechend dem westdeutschen Föderalismus sehr unterschiedlich geregelt gewesen. In dieser Hinsicht hat das Bibliothekar-Lehrinstitut des Landes Nordrhein-Westfalen als erstes neue Wege eingeschlagen, indem es sich bemühte, unter anderem auch die Ausbildung „für den gehobenen Dienst an wissenschaftlichen Bibliotheken und für den Volksbüchereidienst – getrennt nach den genannten Sparten – in einheitlichem Gesamtaufbau zusammenzufassen“[941]. Bis zum Jahre 1963 sind die allerverschiedensten Länderbestimmungen für bibliothekarische Ausbildungswege für öffentliche Bibliotheken gültig gewesen. Die *„Rahmenvereinbarung für Büchereischulen – Beschluß der Kultusminister-Konferenz vom 27./28. 6. 1963“*, ergänzt durch eine weitere Vereinbarung

Rahmenvereinbarung 1963

[939] Quellen: IFLA Annual, IFLA News, Libri, international library review und IFLA communications; International library review; Journal of education for librarianship. – *World guide to library schools and training courses in documentation.* Paris, London 1972. Verzeichnet, nach Ländern geordnet, etwa 300 Ausbildungseinrichtungen. – *Education for librarianship.* The design of the curriculum of library schools. Ed. by Herbert Goldhor. Urbana, Ill. 1971.

[940] Mezinárodní konference o vysokoškolském knihovnickém vzdělaní v Praze. *Internationale Konferenz über die bibliothekarische Hochschulbildung in Prag.* 25.–27. III. 1958. Referatý, diskuse a doporučení. Referate, Diskussion und Empfehlungen. Red.: Jaroslav Drtina. Praha 1959. (Knihovna. Vědecko-teoretický sborník. 1959.) Texte in tschechischer, russischer, deutscher und französischer Sprache. – Zweite Konferenz der bibliothekswissenschaftlichen Hochschulen und Institute in den sozialistischen Ländern. Berlin, 20.–26. Mai 1962. *Gegenstand und Methoden der Bibliothekswissenschaft unter besonderer Berücksichtigung der Bibliothekswissenschaft als Hochschuldisziplin.* Referate, Materialien, Diskussionen, Ergebnisse und Empfehlungen. Hrsg. vom Institut f. Bibliothekswissenschaft der Humboldt-Universität zu Berlin. Gesamtredaktion: Othmar Feyl. Leipzig 1963.

[941] Zu beiden Rahmenvereinbarungen und Länder-Ausbildungsrichtlinien vgl. *Bibliotheksrechtliche Vorschriften.* Zsgest. v. Ralph Lansky. 2. Aufl. Frankfurt a. M. 1969. (ZfBB. Sonderh. 5.) Nebst Ergänzungsbd. 1. 2. 1971–1974.

von 1968, bildet die Grundlage für eine mindestens in den Grundsätzen einheitliche Ausbildung der Bibliothekare an öffentlichen Bibliotheken: dreijährige Ausbildungszeit, etwa $^1/_3$ praktische, $^2/_3$ theoretische Ausbildung, Berufsbezeichnung „Diplom-Bibliothekar für den Dienst an öffentlichen Büchereien".

Varianten der Ausbildung

Im wesentlichen geht es bei der internationalen Ausbildungsproblematik um einige Punkte, die sich in der Ausbildungspraxis in verschiedenen Varianten widerspiegeln:

1. bibliothekswissenschaftliches Studium („Vollstudium") ohne Spezialfach
2. kombiniertes Studium eines Spezialfachs und der Bibliothekswissenschaft
   a) als Simultanstudium
   b) als zeitlich aufeinanderfolgendes Studium, Spezialfach (postgraduales bibliothekswissenschaftliches Studium)
3. Proportionen von Theorie und Praxis
4. Zuordnung von theoretischer und praktischer Ausbildung im Verlauf des Studiums
5. unterschiedliche Auffassung in den Anforderungsbildern
6. Differenzierung der bibliothekarischen Berufsgruppen (obere, mittlere, untere)
   a) in der theoretischen Ausbildung
   b) in der bibliothekarischen Berufsausbildung (Praktika)
7. Proportionen des bibliothekswissenschaftlichen Lehrstoffs zum informationswissenschaftlichen
8. Anteil der historischen Fächer an der Ausbildung
9. Spezialisierungen während der Ausbildung (weitgehend, in Ansätzen, gar nicht)
10. Methodik und Anforderungen des Fern- und Abendstudiums
11. Dauer des Studiums
12. Schwerpunkte des Ausbildungsprogramms
13. Ausbildung an Universitäten, Kulturinstituten, Fachhochschulen (pädagogischen oder bibliothekswissenschaftlichen) oder mittels Lehrgängen an Praxiseinrichtungen oder zentralen Bibliotheken.

Keine dieser Fragen läßt sich losgelöst von einem konkreten, aus der Praxis abgeleiteten Anforderungsbild entscheiden, inhaltliche Fragen sind von der jeweiligen Gesellschaftsformation abhängig, und nationale Bibliothekstraditionen üben bewußt oder unbewußt Einfluß auf Entscheidungen aus. Feststeht, daß es mindestens drei Grundanforderungsbilder mit wesentlichen Spezialprofilen gibt, ohne daß deswegen eine gemeinsame Grundausbildung unmöglich wäre:

1. der Bibliothekar und der Fach- oder Diplombibliothekar für den Bereich der allgemeinbildenden Bibliotheken mit prononciert pädagogischen und kulturellen Aufgaben, der ein Literaturpropagandist sein muß;

2. der Informationsbibliothekar, der mit der Wissenschaftsentwicklung auf einem Gebiete Schritt halten, neueste internationale wissenschaftliche Literatur bearbeiten und mit seinen Mitteln und Möglichkeiten erschließen muß;
3. „Erbe"-Bibliothekar, der, mit historischen und altsprachigen Kenntnissen ausgestattet, Sammlungen von Handschriften, Autographen und alten Drucken verwaltet mit der Aufgabe, deren Bewahrung zu sichern und Erschließung zu fördern.

9.7. Berufsverbände

9.7.1. *Zur Geschichte des Berufsverbandes in Deutschland (bis 1945)*

Verein Deutscher Bibliothekare

Die Bildung des Vereins Deutscher Bibliothekare (VDB) steht in engstem Zusammenhang mit der Entwicklung des bibliothekarischen Berufs. 1884 hatte das neu begründete *Zentralblatt für Bibliothekswesen* damit begonnen, die Bibliotheken aus ihrer „stillen Vereinzelung" zu lösen und Fäden zwischen den einzelnen Bibliotheken regelmäßiger und fester als bisher zu knüpfen. 1893 war in Preußen durch eine Ausbildungsordnung der Berufsstand des wissenschaftlichen Bibliothekars geschaffen worden. Vor allem die jüngere Generation der Bibliothekare war es, die in den

Geschichte

Jahren vor der Jahrhundertwende danach strebte, die praktische Tagesarbeit im Meinungsaustausch zu klären und persönliche Aussprachen herbeizuführen. Die führenden Vertreter der älteren Generation, Dziatzko, Hartwig, Wilmanns, wollten nicht an die erste Stelle treten. So kam es zunächst nur zu einem Anschluß an den bereits bestehenden Verband der Philologen, 1897 in Dresden, 1899 in Bremen. Aber bereits 1900 war in Marburg die Gründung eines eigenen Berufsverbandes, eben des Vereins Deutscher Bibliothekare, herangereift.

Zweck

Die Satzungen des Vereins[942] legten fest: „Der Verein hat den Zweck, den Zusammenhang unter den deutschen Bibliothekaren zu pflegen und ihre Berufsinteressen wahrzunehmen, dem Austausch und der Erweiterung ihrer Fachkenntnisse zu dienen und das wissenschaftliche Bibliothekswesen zu fördern."

Tätigkeit

Als die geeigneten Mittel, diesen Vereinszweck zu realisieren, werden satzungsgemäß festgelegt:

1. Arbeitstagungen der Fachgenossen (Bibliothekartage), die in der Regel jährlich stattfinden;
2. die Herausgabe des „Jahrbuches der Deutschen Bibliotheken"[943];
3. die Arbeit der Kommissionen.

---

[942] Letzte Fassung vom 9. 6. 1960 vgl. *Jahrbuch der Deutschen Bibliotheken* 39 (1961) S. 444–453; dazu Satzungsänderungen v. 21. 5. 1964, vgl. dieses Jahrbuch 41 (1965) S. 476–477.

Bei der Durchsetzung seiner Ziele hat der VDB zwar nie gesetzgeberische Kraft besessen, aber er hat trotzdem bis 1945 wesentlichen Einfluß auf die Entwicklung des deutschen Bibliothekswesens genommen, indem er das Zusammengehörigkeitsgefühl der deutschen Bibliothekare genährt und sie zum gemeinsamen Handeln geführt hat. Verdienst

9.7.2. *Bibliotheksverband der DDR*

In der Deutschen Demokratischen Republik besteht seit 1964 ein Bibliotheksverband (1964–1972 Deutscher Bibliotheksverband, seit 1972 Bibliotheksverband der DDR).[944] Er ist kein Personalverband, sondern ein institutioneller, aber er umfaßt im Gegensatz zu der rückständigen berufsständisch differenzierten Vereinsgliederung in der BRD das gesamte Bibliothekswesen der DDR. Dadurch ist er berufen, das unglückliche Erbe der deutschen Bibliotheksgeschichte, die Zersplitterung des Bibliothekswesens, zu überwinden und zur Entwicklung eines Bibliothekssystems in der DDR beizutragen. Darüber hinaus macht er es sich zur Aufgabe, die sozialistische Bibliothekswissenschaft zu fördern, die besten Erfahrungen und Methoden der Bibliotheksarbeit zu vertreten sowie der beruflichen Qualifizierung aller Mitarbeiter des Bibliothekswesens, der Zusammenarbeit der Bibliotheken mit allen anderen Kultur- und Bildungseinrichtungen und nicht zuletzt der Pflege internationaler Beziehungen zu dienen.[945]

Überwindung der Zersplitterung

Die Gründung des BV/DDR ist ein wichtiger Schritt auf dem Wege zu einem sozialistischen Bibliothekssystem: Er hat zunächst das Sichkennenlernen der Mitarbeiter aus den verschiedensten Bibliotheksbereichen und somit ein wechselseitiges Verständnis für die besonderen Probleme des anderen Bereiches bewirkt. Der Schwerpunkt der Arbeit liegt in den regionalen Organisationen der Mitgliedsbibliotheken (Bezirksgruppen,

Bedeutung und Schwerpunkte

---

[943] Jg. 1. 1902. Mit Unterbrechungen während und nach den beiden Weltkriegen alle zwei Jahre erschienen. Letzter Jg. 46 (1975). Bestehend aus fünf Teilen: I. Verzeichnis der Bibliotheken. II. Personalverzeichnis. III. Verordnungen. IV. Betriebsstatistik. V. Vereinsteil. Ab Jg. 40 ist diese Einteilung geringfügig geändert. – Vorher schon in Frankreich: *Annuaire des bibliothèques et des archives* (seit 1886); in England: *Libraries, museums and art galleries yearbook* (seit 1897). Vgl. OTTO LÖHMANN, *Zur Vorgeschichte, Entwicklung und Gestaltung des Jahrbuches der Deutschen Bibliotheken.* In: ZfBB 8 (1961) S. 33–41.

[944] HORST KUNZE, *Die nationale Bedeutung und die Aufgaben des Deutschen Bibliotheksverbandes.* In: ZfB 78 (1964) S. 193–208. – *Zehn Jahre Bibliotheksverband der DDR 1964–1974.* Chronik, Bibliographie, Verzeichnis der Veröffentlichungen. Berlin 1974. – GOTTHARD RÜCKL, *Über den Bibliotheksverband der DDR im 10. Jahre seines Bestehens.* In: Bibliothekar 28 (1974) S. 145–152; dort (H. 3.) noch weitere Aufsätze zum Bibliotheksverband.

[945] Vgl. dazu GOTTHARD RÜCKL, *Aufbau und Arbeitsweise des Deutschen Bibliotheksverbandes.* In: Bibliothekar. 18 (1964) S. 449–463; auch in: ZfB 78 (1964) S. 385–400; S. 401–404 Abdruck des Statuts. – ERWIN MARKS, *Die internationale Arbeit des Deutschen Bibliotheksverbandes in den ersten vier Jahren seines Bestehens.* In: Buch–Bibliothek–Leser. Festschrift f. Horst Kunze zum 60. Geb. Berlin 1969 S. 131–136.

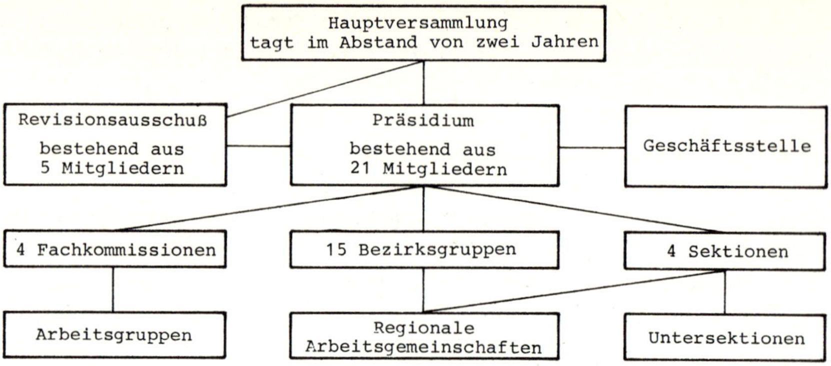

Aus: Zehn Jahre Bibliotheksverband der Deutschen Demokratischen Republik. Chronik - Bibliographie - Verzeichnis der Veröffentlichungen. Berlin 1974 S. 52

insgesamt 15). Daneben wird wichtige Verbandsarbeit in Sektionen und Kommissionen geleistet.

So hat der BV/DDR bisher einen wesentlichen bewußtseinsfördernden Beitrag geleistet. In der bibliothekarischen Praxis hat sich aus dieser ideologischen Gemeinsamkeit eine bessere Zusammenarbeit von Bibliotheken verschiedenster Typen ergeben. Zur Lösung gemeinsamer Aufgaben sind zahlreiche und unterschiedliche Vereinbarungen auf vertraglicher Grundlage zwischen wissenschaftlichen Bibliotheken und Staatlichen Allgemeinbibliotheken abgeschlossen worden, die die Leistungsfähigkeit der einzelnen Vertragspartner als Kollektiv erhöht haben. Desgleichen gibt es Festlegungen zwischen den zentralen Leiteinrichtungen der einzelnen Bibliothekstypen und den entsprechenden Gremien des Bibliotheksverbandes.

BV und staatliche Organe

Die Wertschätzung der Tätigkeit des Bibliotheksverbandes als gesellschaftlicher Institution belegt die Tatsache, daß die staatlichen Organe durch die Bibliotheksverordnung vom Mai 1968 zur Beratung mit dem Bibliotheksverband verpflichtet sind. Gleichzeitig muß der Verband einen Vertreter in den Beirat für Bibliothekswesen beim Ministerium für Kultur entsenden.

Die Organisationsform des Bibliotheksverbandes der DDR als institutioneller Verband, der *alle* Bibliothekstypen umfaßt, hat international Beachtung gefunden.

9.7.3. *BRD*

Nach 1945 hat der Verein Deutscher Bibliothekare (VDB) seine Arbeit wieder für die BRD aufgenommen. Seit 1949 gehört er, wie bereits vor 1945, dem Internationalen Verband der Bibliothekar-Vereine (IVBV) an. Er führt jedes Jahr Bibliothekartage durch, gibt u.a. ein Jahrbuch heraus und hat die Zahl seiner Kommissionen vermehrt.[946] Der VDB, der weiterhin ein ständischer Personalverband für wissenschaftlich vorgebildete Bibliothekare und Anwärter für den „höheren Dienst an wissenschaftlichen Bibliotheken" der BRD ist, hat seit 1960 neue Statuten.

VDB nach 1945

Für die BRD ist eine Vereinshypertrophie derzeitig charakteristisch. Außer dem VDB haben nach 1945 noch weitere ständische Traditionsverbände ihre Arbeit wieder aufgenommen, und neue Organisationen sind entstanden.

Vereinshypertrophie

1. *Verein der Diplombibliothekare an wissenschaftlichen Bibliotheken e. V.*
2. *Verein deutscher Volksbibliothekare.*
   Erster Zusammenschluß der Volksbibliothekare in Deutschland 1921 im Deutschen Büchereiverband; aus ihm ging 1924 hervor der Verband deutscher Volksbibliothekare. 1933 in die nazistische Reichsschrifttumskammer eingegliedert. Als Personalverband seit 1949 unter obiger Bezeichnung tätig. Er stützt sich in seiner Arbeit auf Ländergruppen und gibt die Zeitschrift „Buch und Bibliothek" (vorher: „Bücherei u. Bildung") heraus.
3. *Deutscher Büchereiverband e. V.*
   1950 gegründet als Zusammenschluß von öffentlichen oder privaten gemeinnützigen Bibliotheken sowie Länderverbänden solcher Bibliotheken. Er hat sich die „Arbeitsstelle für Büchereiwesen" mit Sitz in Westberlin geschaffen, die ein Informationsblatt („Büchereidienst") herausgibt.
4. Ferner gibt es eine Reihe von Arbeitsgemeinschaften gleichartiger Fachbibliotheken, von denen die *Arbeitsgemeinschaft der Spezialbibliotheken* (hervorgegangen aus der engeren, 1946 gegründeten Arbeitsgemeinschaft der technisch-wissenschaftlichen Bibliotheken) die wichtigste und aktivste ist. Sie hat den Zweck, die Zusammenarbeit zwischen den Fachbibliotheken zu pflegen. Mitglieder dieses Verbandes können Institutionen (Bibliotheken, Informationsstellen usw.) oder Einzelpersonen sein. Die Arbeitsgemeinschaft umfaßt heute Fachbibliotheken aller Art, also auch gesellschaftswissenschaftliche. Solche Zusammenschlüsse von Bibliotheken bestimmter Aufgabenstellung gibt es z. B. für Parlaments- und Behördenbibliotheken, für Pädagogische Bibliotheken, für Landesbibliotheken.

---

[946] Über den neuesten Stand der Kommissionen informiert laufend das *„Jahrbuch der Deutschen Bibliotheken"*.

5. Schließlich gibt es noch Arbeitsgemeinschaften kirchlicher Bibliotheken:
Arbeitsgemeinschaft theologisch-katholischer Bibliotheken, Arbeitsgemeinschaft für das Archiv- und Bibliothekswesen in der Evangelischen Kirche.[947]
6. Beachtung verdient die Aktivität der Bibliothekare des Landes Nordrhein-Westfalen, die bereits 1947/1948 einen regionalen Landesverband, den *Verband der Bibliotheken des Landes Nordrhein-Westfalen*, gegründet haben. Er umfaßt alle Bibliotheken dieses Bundeslandes und gibt eine eigene Zeitschrift heraus.[948]

9.8. Ausblick

Es gibt wenig Bereiche im Bibliothekswesen, die so vielen Veränderungen unterworfen gewesen sind wie die Ausbildung des Nachwuchses; in den letzten 30 Jahren sind die Ausbildungsregelungen besonders häufig verändert worden. Dafür gibt es Ursachen: die wachsenden und sich ebenfalls ändernden Aufgaben von Wissenschaft und Kultur, die weitergetriebene Differenzierung der Wissenschaften und deren Eindringen in alle Lebensbereiche sowie neue pädagogische Erkenntnisse. Die hohen Ziele, die Ausbildungsreformen auf bibliothekswissenschaftlichem Gebiet immer wieder mit Recht erstreben, sind:

Ziele der Ausbildungsreformen

1. eine stabile Grundlage politisch-ideologischen Wissens zu vermitteln,
2. ein gesundes Verhältnis von Theorie und Praxis zu sichern,
3. Fremdsprachenkenntnisse mit Einschluß der Fachterminologie extensiv und intensiv zugleich durchzusetzen,
4. den zu vermittelnden Wissensstoff so zu begrenzen, daß eine schöpferische und produktive Mitarbeit seitens der Studierenden gewährleistet ist.

Vermehrung der Ausbildungsgegenstände

Ein schwerwiegendes Problem ist darin zu sehen, wieweit die Ausbildung der Bibliothekare weiterhin bemüht sein kann, der raschen Wissenschaftsentwicklung zu folgen. Das hätte eine weitere Vermehrung der Ausbildungsgegenstände, d. h. der Einzelfächer zur Folge und müßte den Wissensstoff („Wissensspeicher" in der Rocktasche allein tun es nicht) weiter aufschwemmen. Tatsache ist doch, daß sich immer neue „Kunden" in Wissenschaften verwandeln oder gleich, die Stufe der „Kunde" überspringend, als Wissenschaften auf die Welt kommen. Es geht darum, das richtige Prinzip der Integrierung der Wissenschaften auf die Ausbildung

---

[947] Anschriften und andere Angaben zu allen genannten Verbänden im „Jahrbuch".

[948] *Mitteilungsblatt.* Verband der Bibliotheken des Landes Nordrhein-Westfalen. 1948 N. F. Jg. 1950 Nr. 1. Die am 17. März 1948 angenommene Satzung des Verbandes ist abgedruckt in: *Die Bibliotheken in Nordrhein-Westfalen.* Köln, Opladen 1951 S. 78–80.

anzuwenden. Zurückhaltung wird geboten sein, denn ein Wettrennen mit der zwangsläufig weiterrollenden Wissenschaftsentwicklung ist von vornherein aussichtslos. Darunter möchten wir jedoch nicht verstanden wissen die Partnerwissenschaft der Bibliothekswissenschaft, die Informations- und Dokumentationswissenschaft, das Buch- und Verlagswesen sowie die Archivwissenschaft. Die stärkere Einbeziehung der Grundlagen der Informations- und Dokumentationswissenschaft ist unbedingt erforderlich. Für jedes Land müßte es ein erstrebenswertes Ziel sein, eine gemeinsame Grundausbildung von Bibliothekswissenschaftlern und Informatoren zu organisieren.

Partner der Bibliothekswissenschaft

Im übrigen muß man heute die Grenzen jeder Hoch- oder Fachschulausbildung deutlicher abschätzen, als das früher der Fall war: Aus- und Weiterbildung ist eine einheitliche Planungsgröße für die Berufsausbildung, und es liegt vielleicht nur an der Unvollkommenheit bestehender Weiterbildungseinrichtungen und Weiterbildungsmethoden, wenn diese Einheit von Aus- und Weiterbildung heute noch nicht überall konsequent genug bedacht wird.[949] Das bedeutet aber, daß die Ausbildung sich darauf beschränken sollte, eine stabile Grundlage zu vermitteln, ohne Zersplitterung in Einzelgegenstände.[950] Unter einer solchen Grundlage verstehen wir in erster Linie Einsicht in die gesellschaftliche Funktion des Bibliothekars und der Bibliotheken in ihrer vielfältigen Gestalt als Typen und Netze. Dazu gehört eine politische Klarheit über die Aufgaben der sozialistischen Bibliotheken und die dienende Rolle des Bibliothekars den Nutzern gegenüber. In diesem Sinne sind unter Grundlagen der Ausbildung zu verstehen: Marxismus-Leninismus, Gegenstand und Methoden

Grenzen der Fach- und Hochschulausbildung

stabile Grundlagen

[949] Die für das Bibliothekswesen der DDR bisher erreichten Weiterbildungsmöglichkeiten sollen keineswegs mißachtet werden, im Gegenteil, es sind bedeutende Fortschritte, aber sie können noch nicht als Ausdruck der neuen Qualität „einheitliche Planungsgröße Aus- und Weiterbildung" gesehen werden. Im großen und ganzen ist die systematische Weiterbildung im Bereich der allgemeinbildenden Bibliotheken, insbesondere der Staatlichen Allgemeinbibliotheken, auf Weisung des Ministeriums für Kultur und mit Hilfe des Zentralinstituts für Bibliothekswesen sowie der Stadt- und Bezirksbibliotheken, schon sehr wesentlich ausgebaut. So gelten bereits seit 1962 eine *Anweisung über die systematische Weiterbildung für hauptberuflich tätige bibliothekarische Mitarbeiter an allgemeinbildenden Bibliotheken* (Verfügungen u. Mitteilungen des Min. f. Kultur 1962 Nr. 5 S. 49) sowie die *Weiterbildungsmaßnahmen für Bibliothekare staatlicher Allgemeinbibliotheken, ab Sept. 1972.* Berlin 1972. Spezielle Weiterbildungseinrichtungen, neben vielfältigen anderen Formen, sind u. a. die Weiterbildungseinrichtung in Sondershausen sowie der Bereich Weiterbildung des Methodischen Zentrums für wissenschaftliche Bibliotheken beim Ministerium für Hoch- und Fachschulwesen in Gotha. Vgl. HELMUT ROOB, *2 Jahre bibliothekarische Weiterbildung in Gotha.* In: ZfB 85 (1971) S. 588–594. – Auch auf die geschaffenen Fernstudium-Möglichkeiten ist in diesem Zusammenhang hinzuweisen. Der Beirat f. Bibliothekswesen beim Minister für Kultur bereitet ein einheitliches System von Weiterbildungsmaßnahmen für das gesamte Bibliothekswesen der DDR vor. Gesamtüberblick s. Lexikon d. Bibliothekswesens. 2. Aufl. Art. *Weiterbildung* (E. SIEK).

[950] HORST KUNZE, *On the professional image and the education of the librarian.* In: Toward a theory of librarianship. Papers in honor of Jesse Hauk Shera. Metuchen, N. J. 1973 S. 515–522.

der Bibliotheks- sowie der Informations- und Dokumentationswissenschaft, Bibliothekslehre, Bibliographie, Nutzersoziologie sowie die historischen Fächer – Buch- und Bibliotheksgeschichte – im Überblick, aber hingeführt bis zum Buchwesen der Gegenwart. Denn der Sinn eines solchen Grundlagenwissens, von jedem einzelnen durchdacht und seminaristisch verarbeitet, muß sich auch in einer inneren Einstellung zum Buch widerspiegeln, das für den Bibliothekar mehr ist als ein Informationsträger beliebiger Gestalt und beliebigen Stoffes. Dann wird sie in seiner Grundeinstellung zur Gesellschaft, in dem Berufsethos des Bibliothekars Ausdruck finden. Das muß gegenüber Tendenzen betont werden, die darauf abzielen, aus dem Bibliothekar einen Manager oder einen Techniker zu machen, der notwendigerweise das Verhältnis zum Buch als Wissenschaftsfaktor und Kulturträger verlieren muß.[951]

Kenntnisse der Wissenschafts- und Lesemethodik

Zu diesem Kernwissen gehört, aufbauend auf dem Fach Bibliographie und den Grundlagen der Informations- und Dokumentationswissenschaft, Kenntnis der Methodik der wissenschaftlichen Arbeit, des Studierens und Lesens. Denn wenn der Bibliothekar zuweilen auch heute noch fälschlich für einen Alleswisser (Enzyklopädisten) gehalten wird, so erwartet die Öffentlichkeit doch mit Recht vom Bibliothekar sachkundige Hilfe in allen Fragen der Wissenschafts-, Studien- und Lesemethodik. Eine gründliche Schulung hierin versetzt den Bibliothekar aber auch in die Lage, flexibel zu reagieren, wenn es Berufseinsatz oder neue Aufgaben am Arbeitsplatz erfordern. Nicht einer Flexibilität des Bibliothekars durch ein eingepauktes oberflächliches Wissen während der Ausbildung reden wir das Wort, sondern es geht uns um eine methodische Fähigkeit und Bereitschaft, sich im Zuge der Weiterbildung und des dazugehörigen Selbststudiums mühelos auch in neue Aufgabengebiete hineinzufinden.

Studium als Vorbereitung auf den Beruf als Bibliothekar

Kurzum, die Hoch- und Fachschulausbildung kann die Studierenden nur darauf vorbereiten, ein brauchbarer, d.h. der Gesellschaft nützlicher Bibliothekar zu werden. Der Hoch- und Fachschulabsolvent wird zum Bibliothekar in der Praxis der Berufsarbeit mit ihren vielfältigen täglichen Anforderungen, und er reift um so schneller zum geachteten Bibliothekar heran, als die vermittelten Grundlagen ihm das Rüstzeug zu seiner weiteren Qualifizierung mitgegeben haben.

Es muß als paradox erscheinen, wenn wir auf der einen Seite unaufhörlich von wachsenden differenzierten Literatur- und Informationsbedürfnissen in der sich entwickelnden sozialistischen Gesellschaft sprechen und die Richtigkeit dieser Erkenntnis auch in der zunehmenden Arbeitsteiligkeit des Bibliotheks- und Informationssystems (Herausbildung verschiedener Bibliothekstypen und Informationseinrichtungen) bestätigt finden, auf der anderen Seite aber uns hartnäckig um die Schlußfolgerungen daraus drücken. Nun gilt aber für das ohnehin aufwendige Ausbildungswesen das

---

[951] Vgl. D. J. URQUHART, *Presential address.* In: Library Association Record 74 (1972) S. 212: „... an active disseminator and efficient manager." – S. A. LEBEDYEV, *The bibliotechnician is the librarian of the future.* In: Library progress 4 (1971) S. 58–59 (Ausz.) (Source: Life in the twenty-first century. London: Penguin special S. 195).

Gesetz der (Bildungs-)Ökonomie, das in allen nicht überdimensionalen Ländern verbietet, entsprechend den differenzierten Anforderungsbildern des arbeitsteiligen Bibliotheks- und Informationssystems ein Dutzend verschiedener Ausbildungswege einzuschlagen. Daher kann dieses Problem bildungsökonomisch nur gelöst werden, wenn wir für das Bibliothekswesen und den Partnerbereich Information und Dokumentation eine stabile Grundausbildung sichern mit Spezialisierungen im letzten Teil des Ausbildungsprozesses. Diese richtige Grundkonzeption bliebe aber eine Halbheit, solange wir nicht begreifen, daß damit nur eine der Praxis entgegenkommende Differenzierungsvorgabe geleistet werden kann. Der Zeitpunkt ist gekommen, um Aus- und Weiterbildung nicht nur als eine Einheit zu „konzipieren", sondern ganz real einen Bildungsvorlauf im Hinblick auf Weiterbildung zu schaffen. Also nicht Ausbildung und Erziehung hier und Weiterbildungsmöglichkeiten da, sondern Herausbildung sozialistischer Persönlichkeiten durch Ausbildung auf breiter, stabiler Grundlage und, nach einem bestimmten Zeitabschnitt, der auf Grund von Ergänzungswerten bestimmbar ist, Fortführung der Bildung durch Weiterbildung, verstanden als weitere Ausbildung und Erziehung, gleichlaufend mit der nach Abschluß des Hoch- oder Fachschulstudiums aufgenommenen Berufstätigkeit. Dabei wird ein gewisses Maß von Zentralisierung unausweichlich sein, auf der anderen Seite darf dadurch den großen und größeren Praxiseinrichtungen des Bibliotheks- und Informationswesens die Verantwortung für die Qualifizierung der Mitarbeiter im einzelnen nicht abgenommen werden. Aber zentrale und dezentralisierte Maßnahmen müssen in einem Weiterbildungsprogramm zusammenfließen.

neues Verhältnis von Aus- und Weiterbildung

zentrale und dezentralisierte Maßnahmen

Von diesen Überzeugungen getragen, hat die UdSSR ein System der Weiterbildung für Bibliothekare ausgearbeitet und die Teilnahme daran obligatorisch gemacht.[952] Bei dem Leningrader Staatlichen Institut für Kultur z. B. besteht seit 1968 eine „Fakultät für Weiterbildung".

UdSSR

Wir leben in einer Epoche, in der harte ökonomische Gesetze gelten und in der die möglichst unverzügliche Umsetzung von Forschungs- und Entwicklungsergebnissen in die Praxis lebensnotwendig ist. Auch dadurch wächst der Anteil der geistigen Arbeit bei allen Werktätigen unaufhörlich. Immer deutlicher wird daher auch, daß die in einem zurückliegenden Ausbildungs- und Erziehungsabschnitt erworbene Bildung nur auf kürzester, nicht aber auf langer Strecke genügt, um den ständig wachsenden Anforderungen von Beruf und Gesellschaft zu entsprechen. Weiterbildung und Erwachsenenqualifizierung sind erstrangige gesellschaftliche Forderungen: Ihnen nachzukommen, genügen nicht mehr alte bewährte, traditionelle Einrichtungen und Rezepte. Erst die Perspektivplanung der Weiterbildung als zweiter wichtiger Teil der Berufsausbildung, sei es in der Facharbeiter-, Fachschul- oder Hochschulebene rundet das einheitliche sozialistische Bildungssystem ab. Dessen Erfordernisse sind deswe-

notwendiger Perspektivplan für die Weiterbildung

---

[952] GEORGI GAVRILOVIČ FIRSOV, *Die bibliothekarische Ausbildung in der UdSSR.* In: ZfB 87 (1973) S. 267–270.

gen besonders hoch, weil es von der Erkenntnis geleitet wird, daß Fachstudium allein nicht ausreicht, um besondere Leistungen zu vollbringen. Erst die Einheit von politisch-ideologischer und fachlicher bzw. fachwissenschaftlicher Bildung schafft die Voraussetzung dafür. Schlagworte sind offensichtlich notwendig, aber sie sind manchmal nicht ungefährlich, wenn sie zu glatt sind: „Lebenslanges Lernen“ als Merkmal unserer Zeit darf nicht darüber hinweg täuschen, daß wir dazu auch umlernen müssen, z. B. in der Richtung, daß wir von der Überbewertung der Ausbildung loskommen müssen, um sie als nur einen Teil der permanenten Gesamtbildung zu begreifen. Das gilt mit besonderem Gewicht für das Bibliotheks- und Informationswesen, in dessen Einrichtungen die Wissens- und Bildungsarsenale für die Erwachsenenqualifizierung auf allen Gebieten und die Werkstätten für den notwendigen Bildungsvorlauf zu sehen sind, besonders wenn man bedenkt, daß die Einrichtungen selbst in einem tiefgreifenden Wandel begriffen sind, nämlich in dem Prozeß der Umwandlung von traditionellen Einrichtungen in moderne teilautomatisierte.

Ausbildung ein Teil der Gesamtbildung

Es gibt zwei internationale Entwicklungen im Bibliothekswesen, die, mit der technischen Revolution zusammenhängend und durch andere Faktoren beeinflußt, deutlich erkennbar sind: die Integrierung der Bibliotheksarbeit mit Informationsaufgaben und die Technisierung von Arbeitsabläufen in Bibliotheken. Diesem Prozeß, d. h. dem Einsatz von EDV-Anlagen als unentbehrliches Hilfsmittel, wird in der Ausbildung der Bibliothekare große Aufmerksamkeit zu schenken sein. Beide Entwicklungen, besonders die neue Technik, werden zwangsläufig die Lehrmethoden verändern, und man sollte jetzt schon sehen, daß nicht alle Lehrgegenstände in den vertrauten konventionellen „Hörsälen“, sondern auch außerhalb, an der Basis, gelehrt werden müssen. Dazu ist für die Lehrenden ein engeres Vertrautsein mit den neuesten Entwicklungen der Praxis vonnöten. Auch der Einsatz audiovisueller Mittel bei der Bildung und Erziehung der Studierenden verdient mehr und mehr Beachtung.[953] Es werden also heute und morgen ganz neue und wesentlich höhere Anforderungen an die Erzieher gestellt. Auch deshalb beschäftigt die internationale Bibliothekswelt gegenwärtig die Frage, wie die Erziehung der Erzieher gerade in der Bibliotheks- und Informations/Dokumentationswissenschaft am zweckmäßigsten gesichert werden kann.[954] Daß sie notwendig ist, steht außer Zweifel, aber die Frage ist, ob die Theorie durch traditionelle theoretische Weiterbildungsmaßnahmen (Lehrgänge usw.) ausreichend genährt werden kann. Die Formulierung „Erziehung der

zwei internationale Hauptentwicklungswege

[953] CARLOS VICTOR PENNA, *Library training by audio-visual means.* In: Unesco bull. f. libr. 24 (1970) S. 234–241.

[954] WILMA KLOMPEN, *Überlegungen zur bibliothekarischen Fortbildung für Dozenten.* In: Bibliotheksarbeit heute. Beiträge z. Theorie u. Praxis. Frankfurt a. M. 1973 S. 68–73. (ZfBB. Sonderh. 16.) – GÜNTHER REICHARDT, *The need of highly qualified lecturers for the training of information officers.* In: Intern. conference on information science. Vol. 2. 1972 S. 529–534.

Erzieher" stützt sich auf die dritte der „Thesen über Feuerbach" von Karl Marx[955], die davon ausgeht, „daß der Erzieher selbst erzogen werden muß", weil menschliche Tätigkeit immer gegenständliche Tätigkeit ist und weil die „revolutionäre", praktisch-kritische Tätigkeit der Menschen nur im „Zusammenfallen des Änderns der Umstände und der menschlichen Tätigkeit" als „umwälzende Praxis" gefaßt werden kann.

praktisch-kritische Arbeit für Lehrer

Das bislang ungelöste Problem besteht also darin, daß jeder Lehrer im Fache Bibliotheks- und Informations- und Dokumentationswissenschaft Gefahr läuft, der Basis Bibliothek bzw. Informationseinrichtung, für die er ausbildet, entfremdet zu werden, wenn er über viele Jahre, ja Jahrzehnte seine Lehrtätigkeit losgelöst von praktisch-kritischer Tätigkeit ausübt. Internationale Vorstellungen gehen dahin, die Lehrenden zyklisch aus ihrer theoretischen Arbeit zu lösen und ihnen über jeweils eine Strecke von ein bis drei Jahren Gelegenheit zu geben, an leitender Stelle in einer Bibliothek oder Informationseinrichtung die von ihnen vertretene bibliothekswissenschaftliche Theorie in die Praxis umzusetzen, um danach erneut und „erneuert" in die Lehre zurückzukehren.

So rückt das traditionelle Thema Ausbildung in ein sehr neues Licht, wenn wir dieses Gebiet der Erziehung und Bildung künftiger Bibliothekare mit den sich bereits deutlich abzeichnenden gesellschaftlichen Erfordernissen in Einklang bringen wollen. Es ist so abwegig nicht, wenn darauf hingewiesen worden ist, daß der Analphabet von morgen nicht der sein wird, der nicht lesen, sondern der nicht lernen gelernt hat.[956] Lernen und weiterlernen gehen so zusammen, weiterlernen bedeutet vielfach auch umlernen!

[955] KARL MARX, *Thesen über Feuerbach.* In: Karl Marx u. Friedrich Engels. Ausgewählte Schriften in 2 Bdn. Bd. 2. Berlin 1953 S. 376–377.

[956] HERBERT GERJUOY; zit. von DON ROBERTS, *Tomorrow's illiterates.* In: Library trends 20 (1971) No. 2 S. 306.

10. Gebäude

10.1. Allgemeines

Anwachsen der Bauliteratur

Ein Kenner des modernen Bibliothekswesens[957] hat bemerkt, daß der Bibliothekar, der heute eine Bibliothek zu bauen hat, damit beginnen müßte, daß er seine Pensionierung einreichte – soviel Zeit benötigte eigentlich das Studium der üppigen Fachliteratur über Baufragen.[958] Das ist ein Scherz mit tieferer Bedeutung. Die internationale Literatur über Bibliotheksbau ist in den letzten Jahrzehnten in einem unvorstellbaren Maße angewachsen. Es lohnt sich, den Ursachen dieser bemerkenswerten Erscheinung nachzugehen.

Ursachen

Bedürfnis nach neuen Bauten

Einige Faktoren dafür sind: unzureichend gewordene Bibliotheksbauten in fast allen Ländern der Welt, Unterbrechung der Bauentwicklung in vielen Staaten als eine Folge des zweiten Weltkriegs und schließlich das Bedürfnis nach neuen Bibliotheken sowohl in den alten Bibliotheksländern als auch in den Entwicklungsländern. Während beim Bau der allgemeinbildenden Bibliotheken vorwiegend verbesserte Arbeitsmethoden, erweiterte Literaturbedürfnisse und wachsende Leserzahlen neue Bibliotheksbauten motivieren, hat sich im Bereich des wissenschaftlichen

Unbehagen mit Bautraditionen

Bibliothekswesens in mehreren Ländern ein Unbehagen mit den überlieferten Traditionen der Baugeschichte eingestellt. So befinden wir uns heute auf dem Wege zu neuen theoretischen Lösungen und zu neuen praktischen Schlußfolgerungen.

---

957 MARCEL ELSEN, *Probleme des modernen Bibliotheksbaues.* Enschede 1957.

958 Eine internationale Dokumentation über Baufragen befindet sich in Paris im Aufbau. – Ferner verweisen wir auf: Dokumentationsstelle für Bautechnik in der Fraunhofer-Gesellschaft, Stuttgart. *Literaturzusammenstellung über Bibliotheksbauten.* Beginnend mit: Literatur bis 1954 (1954); fortgesetzt in Nachträgen, zuletzt erschienen: Bibliotheken 1968–1970 (1970). – *Bibliotheksbau.* Literaturübersicht. Seit 1967 laufend für je 2 Jahre bzw. 1 Jahr. In: DFW. Dokumentation, Information. Hannover. Wichtige Bauliteratur: F. N. PAŠČENKO, *Architektura i stroitel'stvo bibliotečnych zdanii.* Moskva 1941. – JOSEF L. WHEELER and ALFRED MORTON GITHENS, *The American public library building.* Chicago 1941. – GERHARD LIEBERS, *Bibliotheksbau in USA.* In: Zur Praxis der wiss. Bibliotheken in den USA. Wiesbaden 1956 S. 36–84. (Beiträge z. Buch- u. Bibliothekswesen. 5.) Mit Lit.verz. u. Abb. – HOYT R. GALVIN and MARTIN VAN BUREN, *The small public library building.* Paris 1959. (Unesco Public Library Manuals. 10.) – *Guidelines for library planners. Proceedings of the library buildings and equipment institute.* Ed. by Keith Doms and Howard Rovelstad. Chicago 1960. – GEORG LEYH, *Das Haus und seine Einrichtung.* Ergänzt v. Gerhard Liebers. In: Handbuch II, 2. Aufl. (1961) S. 845–1025. Mit Lit.angaben u. Abb. Besonders der Abschnitt v. G. LIEBERS (1930–1960). – GERHARD LIEBERS, *Entwicklungstendenzen im deutschen Bibliotheksbau.* In: ZfBB 8 (1961)

Daneben sind aber für diese Flut internationaler Bauliteratur auch noch andere Gründe ausschlaggebend gewesen: einmal die Tatsache, daß es bei Bibliotheksbauten in der Regel um beträchtliche, zuweilen sogar um sehr hohe Investitionssummen und um funktionelle Festlegungen auf Jahrzehnte hinaus geht. Zum anderen auch der unvermeidliche Widerspruch, daß jeder Bibliothekar, dem das Los zuteil wird, seine Bibliothek auszubauen oder ein neues Bibliotheksgebäude zu errichten, diese aufwendige Arbeit in seinem Leben in der Regel nur einmal leistet. Hinzu kommt auch, daß nur sehr wenige Architekten jemals mehr als einen Bibliotheksbau ausführen, eine Tatsache, die uns darauf lenkt, wie nachteilig das Fehlen spezialisierter Architekten für Bibliotheksbau ist. Erwähnen wir schließlich noch die Gesetzmäßigkeiten der gesellschaftlichen Entwicklung, die die Bibliothekare in allen Ländern, besonders aber in den sozialistischen, drängen, die Frage nach der Funktion der Bibliothek heute und morgen zu lösen. Die gesetzmäßige Entwicklung auf dem Gebiet des Bauwesens nötigt den Architekten seinerseits dazu, auch den Bibliotheksbau unter den neuen Gesichtspunkten der Normung, Standardisierung, Typenbildung sowie der Anwendung der neuesten Technik, vom Baumaterial bis zur Technisierung und Automatisierung im Innern, zu betrachten.

hohe Investitionen

Einmaligkeit

Funktionsüberlegung

Bibliotheksbau und Bauentwicklung

S. 219–232. – K. A. LODEWYCKS, *Essentials of library planning.* Melbourne 1961. – WŁADYSŁAW PIASECKI, *Biblioteka.* Warszawa 1962. Mit engl. u. russ. Zusammenfassung. – RAINALD STROMEYER, *Europäische Bibliotheksbauten seit 1930.* Wiesbaden 1962. (Beiträge z. Buch- und Bibliothekswesen. 9.) – JEAN BLETON, *The construction of university libraries.* In: Unesco bull. f. libraries 17 (1963) S. 307–315. – ANTHONY THOMPSON, *Library buildings of Britain and Europe.* An international study, with examples mainly from Britain and some from Europe and overseas. With contributions by specialists. London 1963. – F. N. PAŠČENKO, *Directions and technical specifications for the design of libraries in specialized schools of higher and secondary education in the USSR.* In: Libri 14 (1964) S. 135–167. – KEYES D. METCALF, *Planning academic and research library buildings.* New York (usw.) 1965. – *Bibliotheks-Neubauten in der BRD.* Hrsg. v. Gerhard Liebers. Frankfurt a. M. 1968. (ZfBB. Sonderh. 9.) – RALPH E. ELLSWORTH, *Planning the college and university library building.* 2nd ed. Boulder, Colorado 1968. – *Osnovy proektirovanija bibliotek.* Sost.-red. G. V. Mejendorf. Moskva 1967. – Meth. Zentrum f. wiss. Bibliotheken. *Richtwerte für wiss. Fachbibliotheken.* Berlin 1969. – MICHAEL BRAWNE, *Bibliotheken. Architektur u. Einrichtung.* Stuttgart 1970. – F. N. PAŠČENKO et V. VINOGRADOV, *Conception et construction des grandes bibliothèques en URSS.* In: Bull. de l'Unesco à l'intention des bibliothèques 24 (1970) S. 342–351. – PETER PROHL u. PETER TZSCHACKSCH, *Bau und Ausstattung wiss. Fachbibliotheken.* Meth. Zentrum f. wiss. Bibliotheken. Berlin 1970. Verf. behandeln über die engere Zielsetzung hinaus alle grundsätzlichen Fragen des modernen Bibliotheksbaus. – Österreichisches Institut für Bibliotheksforschung. *Symposium moderner Bibliotheksbau.* Wien, 16. u. 17. Okt. 1969. Tagungsbericht. Wien 1971. (Biblos-Schriften. 56.) – *Colloquium on university library buildings.* Lausanne, 29. June–2. July 1971. Papers and résumés of discussions. Ed. by Brigitte Butticaz and Louis-Daniel Perret ... Gen. ed.: K. W. Humphreys. Birmingham, Lausanne 1972. (LIBER. Suppl. 1.) Darin S. 118–141: PETER PROHL, *Buchanforderungs- und Buchförderanlagen für wiss. Bibliotheken.* – JU. P. OBROSOV i F. N. PAŠČENKO, Massovye biblioteki v gorodach. Struktura seti, pomeščenija i zdanija. Moskva 1973. Lit.verz. S. 174–176 (54 Titel). – *Bibliotheksbau und Bibliothekstechnik.* Ein Kompendium für Bibliothekare. Hrsg. v. Franz-Heinrich Philipp. München-Pullach 1974. (Bibliothekspraxis. 11.)

Überhaupt ist Bibliotheksbau ein höchst komplexer Begriff, der sowohl Neubauten als auch Um- und Erweiterungsbauten von Bibliothekseinrichtungen oder Gebäuden, die bisher ganz anderen Zwecken gedient hatten, umfassen kann. Wir zählen zum Bibliotheksbau aber neben dem Bau selbst seine bibliotheksspezifische Einrichtung nebst Ausrüstung.

der Bibliotheksbau – eine bibliothekswissenschaftliche Grundfrage

Das sind einige Gründe, die dieses Anschwellen der internationalen Bauliteratur zu erklären vermögen. Nicht allein dieser bibliographische Aufwand, sondern vor allem die Besinnung auf die gegenwärtige Funktion der Bibliothek und ihre Perspektive macht jedes Bauvorhaben zu einer bibliothekswissenschaftlichen Grundfrage. Dies alles zusammen sollte aber auch Anlaß sein, die Lehre vom Bibliotheksbau aus seiner nebengeordneten Rolle zu befreien und sie zu einem gewichtigen Teil jeder Bibliothekslehre zu machen.[959]

10.2. Historische Entwicklung

Paradiesische Zustände herrschten im Bibliothekswesen, als Buch, Leser und Bibliothekar noch eine räumliche und optische Einheit bildeten (mittelalterliche Pultbibliotheken, Saalbibliotheken). Zeitlich hat sich dieser Bogen vom Mittelalter bis ins 19. Jahrhundert gespannt. Der markante Einschnitt, der Neues zur Geltung bringt, wurde von dem Italiener

Leopoldo della Santa

Leopoldo della Santa vorgenommen, als er mit seinem Idealplan einer Bibliothek, niedergelegt in seiner Schrift *Della costruzione e del regolamento di una pubblica universale biblioteca* (Firenze 1816), eine neue Epoche des Bibliotheksbaus einleitete. Seiner Bibliotheksplanung, die auf den drei Elementen *Bücher, Leser* und *Bibliotheksverwaltung* aufbaute, lag erstmalig eine von der Funktion der Bibliothek ausgehende Überlegung zugrunde. Freilich hat sich auch im internationalen Bibliotheksbau des 19. Jahrhunderts das Zukunftsträchtige nur in Widersprüchen vollzogen:

mangelhaftes Funktionsdenken im 19. Jahrhundert

Das Funktionsdenken auf der Grundlage von della Santas drei Elementen, auf der die bis in unsere Tage vorherrschende Dreiteiligkeit der wissenschaftlichen Universalbibliothek beruht, hat sich nicht gleichmäßig durchgesetzt. Der Bibliotheksbau ist bis zum Beginn unseres Jahrhunderts noch weitgehend von repräsentativen und monumentalen Architekturgesichtspunkten und nur zum Teil von Funktionsüberlegungen bestimmt worden. Noch zu Beginn des 20. Jahrhunderts leistete sich z. B. das amerikanische Bürgertum klassizistische Tempel und pompöse Kathedralen als Bibliotheken, wie den Bücherturm der UB Pittsburgh und die Bibliothek der Yale University in New Haven. Selbst bei dem Erweiterungsbau der Leninbibliothek zu Moskau (begonnen 1930, unterbrochen durch den zweiten Weltkrieg, abgeschlossen 1957/1958) haben Repräsentationsgesichtspunkte Funktionsüberlegungen zurückgedrängt.

[959] Das ist u. a. auch das Anliegen der Untersuchung von HANS KARL, *Die Vorbereitung der Bauplanung von wiss. Bibliotheken in d. DDR.* Meth. Zentrum f. wiss. Bibliotheken. Berlin 1966; Ergebnisse e. Fragespiegels.

Davon abgesehen setzte sich allmählich die dreigliedrige Raumgruppenaufteilung der Bibliothek nach *Magazin, Leser-* und *Diensträumen* durch, um in Deutschland schließlich zum Dogma zu erstarren. Die moderne Gebrauchsbibliothek als dreigeteilter Zweckbau wurde seit Ausgang des 19. Jahrhunderts, besonders aber nach 1900, konfrontiert mit einem lawinenartigen Anwachsen der Buchbestände und ab 1918 mit erweiterten Leserkreisen. Das bedingte nicht nur die Einrichtung von ursprünglich gar nicht vorgesehenen Abteilungen (z. B. Erwerbungsabteilungen), sondern auch die Anwendung neuer Katalogtechnik und moderner Arbeitsmethoden auf dem Gebiete der Literaturerschließung. Es stellte die Bibliotheken auch vor ganz neue Aufgaben hinsichtlich der Raumeinteilung. Viele Bücher mit vielen Lesern so schnell und so reibungslos wie nur irgend möglich zusammenzubringen, wurde das Kernproblem der bibliothekarischen Arbeit. Es ist allen Bibliothekstypen, den allgemeinbildenden wie den wissenschaftlichen Bibliotheken, gemein. Während aber der Bestandsaufbau in den allgemeinbildenden Bibliotheken eine obere Grenze einhält, weil ein funktionell bedingter Erneuerungsprozeß ständig im Gange ist, ist das stetige Wachstum der Bestände in bestimmten wissenschaftlichen Bibliotheken gleichsam eine unendliche Größe.

Dogma der dreigeteilten Bibliothek

Raumprobleme der dreigeteilten Bibliothek

Aus diesem spezifischen Wachstumsprozeß wissenschaftlicher Universalbibliotheken, also aus einer von Haus aus quantitativen Erscheinung, ergaben sich qualitative Veränderungen besonderer Art, nämlich neuartige Raumprobleme. Diese Folgeerscheinungen wurden besonders deutlich bei den Universitäts- und Landesbibliotheken mit einem nach mehreren Hunderttausenden und erst recht bei den National- und Staatsbibliotheken mit einem nach Millionen zählenden Bestand. Verbesserungen nahmen bis 1945 lediglich darauf Kurs, die anfallenden Büchermassen noch zweckmäßiger unterzubringen und das Ineinandergreifen der drei Raumgruppen weiter zu verfeinern. Das Dogma von der dreigeteilten Bibliothek blieb trotz allem uneingeschränkt verbindlich. Anders liegen die Dinge bei den wissenschaftlichen Fachbibliotheken, deren Bestand, aus anderen Gründen zwar als bei den allgemeinbildenden Bibliotheken, ein zahlenmäßig begrenzter ist. Er überstieg früher in der Regel nicht 100000 Bände. Die überwiegende Mehrzahl dieser Bibliotheken, der Zweigstellen bzw. Institutsbibliotheken der Hochschulen und Akademien z. B., wird stets weit unterhalb dieser Grenze liegen. Sie vermögen eine bestimmte Bestandsgrenze auch dadurch zu halten, daß sie veraltete Literatur abgeben. Für die Zweigstellen bzw. Institutsbibliotheken, die die Hauptmasse der wissenschaftlichen Fachbibliotheken ausmachen, nicht für die wenigen Fachbibliotheken mit zentralen Aufgaben, besteht noch eine Einheit von Bestand, Benutzung und Verwaltung. Die für die großen wissenschaftlichen Universalbibliotheken heute brennenden Raumprobleme berühren sie nicht so wesentlich, weil ihr Raumbedürfnis bei normalen Verhältnissen innerhalb eines Hochschul- oder Betriebsbereichs befriedigt werden kann. Über die zweckmäßigste Anordnung der

Sonderfall großer wissenschaftlicher Bibliotheken

Baufragen der Fachbibliotheken

Bibliotheksräume zueinander muß hier von Fall zu Fall entschieden werden.

Zähigkeit des Prinzips der dreigeteilten Bibliothek

Von diesem Sonderproblem wissenschaftlicher Fachbibliotheken abgesehen, können wir also feststellen, daß das auf della Santa zurückgehende Prinzip der dreigeteilten Bibliothek in Deutschland und in anderen europäischen Ländern bis zum zweiten Weltkrieg unangetastet blieb.

10.3. Neue Gesichtspunkte

Erschütterung des traditionellen Dogmas

Buch-Leser-Verhältnis und der Bibliotheksbau

Wenn die sozialistische Bibliothekswissenschaft betonte, daß das Verhältnis Buch und Leser im Mittelpunkt bibliothekarischer Arbeit zu stehen hat, mußte sie notwendigerweise darauf gelenkt werden, das Buch-Leser-Verhältnis in allen Bereichen der Bibliotheksarbeit neu zu durchdenken und Schlußfolgerungen für Theorie und Praxis der Bibliotheksarbeit daraus zu ziehen.[960] Von der Überlegung, daß die Kontakte des Lesers mit seiner Bibliothek allseitig zu verbessern seien, rührten auch die Zweifel an der überlieferten Dreiteilung der wissenschaftlichen Bibliotheken her. Aber damit waren noch andere Impulse, und zwar Erfahrungswerte, verbunden.

Erfahrungen der allgemeinbildenden Bibliotheken

Die allgemeinbildenden Bibliotheken sind in neuerer Zeit weitgehend von der Theken- zur Freihandausleihe übergegangen. Das bedeutete, daß diese Bibliotheken, überzeugt von deren besserer Methode, ihr klassisches Bauschema des geschlossenen Magazinsystems zugunsten eines offenen Hauses mit allgemein zugänglichen Buchbeständen über Bord geworfen haben. Nun sind aber die Zeiten vorbei, da die wissenschaftlichen Bibliotheken so tun könnten, als ob sie alles das nichts anginge, was sich im allgemeinbildenden Bibliothekswesen vollzieht. Gemeinsame Bildungsaufgaben ziehen gemeinsame Probleme nach sich, die dennoch infolge qualitativer Unterschiede in beiden Bibliothekszweigen verschiedene Lösungen verlangen.

Bauentwicklung in den USA

Als dritter Faktor, der zur Überwindung der klassischen Dreiteilung der Bibliothek beigetragen hat, ist die Bauentwicklung in den Vereinigten Staaten und die Vermittlung ihrer Erfahrungen und Ergebnisse durch Studienreisen und Berichte zu sehen. Für das amerikanische Bibliothekswesen sind das dort schon traditionelle Open-shelf-system der Public libraries und Universitätsbibliotheken mit „carrels“ sowie die daraus abgeleitete neuere Forderung des „open plan“ charakteristisch. „Open plan“ bedeutet weitgehender Verzicht auf feste, raumbegrenzte Wände im Innenraum, um wechselnden funktionalen Erfordernissen *(flexibility)* gerecht werden zu können. Es wird dabei ein einheitliches Tragsystem für den gesamten Grundriß verwendet: eingeschossig – Halle mit weitgespannten Bindern, mehrgeschossig als Skelettsystem.[961] Erwähnen wir

---

[960] *Arbeitstagung „Technik und Bauen“ im wiss. Bibliothekswesen d. DDR. Bericht.* Berlin 1961.

schließlich noch, daß auch ein Streben nach Spezialisierung der Lesesäle zwar nicht notwendig, aber doch faktisch zur Unterhöhlung des Dogmas von der dreigeteilten Bibliothek beigesteuert hat, indem es den Blockcharakter des Magazins auflöste, wodurch ganze Magazinteile von den Bereichen der spezialisierten Lesesäle angezogen worden sind.

Spezialisierung der Lesesäle

Das sind, alles zusammengenommen, wesentliche Faktoren, die jeder Bibliotheksbau der Gegenwart und Zukunft in einer ihm gemäßen Weise zu lösen, mindestens aber angemessen zu berücksichtigen hat. Das Streben nach der offenen Bibliothek, in der die Trennwand, die durch das unzugängliche Magazin zwischen Leser und Buch errichtet worden ist, aufgehoben wird, mußte notwendigerweise zur Suche nach dem möglichst offenen, unstarren, weitgehend beweglichen Baumodus führen. „Flexibility" und „modular systems" wurden die Zauberformeln, mit denen manche Experten meinten, die Probleme des Bibliotheksbaus ein für allemal und grundsätzlich gelöst zu haben. Das in den USA aufgekommene Prinzip der „flexibility" geht von der Voraussetzung aus, daß eine Bibliothek wie eine Fabrik ein reiner Zweckbau sei. Infolgedessen sei es nur konsequent, das bei Fabrikgebäuden und Geschäftshäusern schon seit den dreißiger Jahren angewandte *modular system* auch auf den Bibliotheksbau anzuwenden. Modules sind laut TGL 8471 Grundeinheiten für die Abteilung der Baustandardmaße. Modular system bedeutet Beweglichkeit im Sinne von Vertauschbarkeit aller Räume und Einrichtungen innerhalb des Gebäudes. Sie werden nicht von einem festen, leitenden, inneren Prinzip, sondern nur durch die Außenmauern zusammengehalten. Dieses Prinzip der Beweglichkeit in seiner Ausschließlichkeit steht im Widerspruch zum obersten funktionellen Grundgesetz des Bibliotheksbaus: Die *Funktion* der Bibliothek bestimmt ihre Gestaltung und ihr Inneres. Auf diesen Widerspruch zwischen radikaler „flexibility" und geplanter Bauvorbereitung hat ein bedeutender amerikanischer Bauspezialist[962] hingewiesen. Eine Stätte des Geistes der Wissenschaft, der Bildung, des Fortschritts und des Humanismus kann in ihrer Gestalt nicht auf eine Stufe mit einem Bürogebäude oder einer Versicherungsanstalt herabgedrückt werden. Ihre Mission muß auch nach außen sichtbar

Streben nach offener Bibliothek

„flexibility"

Modularsystem

Bedeutung der Funktion der Bibliothek

[961] WŁADYSŁAW PIASECKI, *University library interiors. Fixed function or modular?* In: Unesco bull. f. libraries 17 (1963) S. 346–350.

[962] RALPH E. ELLSWORTH, *Planning the college and university library building.* Boulder 1960 S. 8. „The relationship of programm planning to fixed function as modular planning now becomes fairly obvious. In theory, a fixed function building would have to be programmed and planned with great care and precision, whereas a modular building should need no programming except for the proper location of fixed core elements and areas and for the provision of the proper amount of floor space." – Vgl. ebenda S. 8–9; dort u. a.: „He who is satisfied that the concept of modular planning is the ultimate and final basis for library planning is lacking in both hindsight and foresight indeed because it should be obvious to all that the technology of building construction is still in its infancy in some respects." Über *Das erste „Modular" Bibliotheksgebäude in Polen* berichtet WŁADISŁAW PIASECKI im ZfB 81 (1967) S. 535–547; es handelt sich um die 1966 eröffnete Hauptbibliothek d. Akademie f. Berg- u. Hüttenwesen in Kraków.

werden; das geschieht nun freilich nicht durch pompöse Repräsentationsbauten in der Art von Domen oder Bücherfestungen, sondern gepaart mit äußerster Zweckmäßigkeit, in einer adäquaten künstlerischen Form, die diesem Leitbild entspricht.

Grenzen des Modularsystems

Es sprechen also die verschiedensten Gründe gegen die konsequente Anwendung des Modularsystems, das zur Voraussetzung hat, daß dieser Stahlskelett- oder Stahlbetonbau durchgängig mit Bodenstärken arbeitet, die es erlauben, konzentrierte Bücherlasten überall im Bibliotheksgebäude unterzubringen („auszutauschen"). Dieses System bedingt aber auch, daß die festgelegten, einheitlichen Bauelemente in der Senkrechte und in der Waagerechte neben-, auf- und untereinandergesetzt werden können. Aus Gründen der Flexibilität müssen niedrige Raumhöhen in Kauf genommen werden; sie variieren zwischen 2,4 und 2,7 m. Ob sie bei Mitarbeitern und Nutzern ein beklemmendes Gefühl erzeugen, das ist nicht das Entscheidende, sondern der starre Schematismus bei konsequent modularer Bauweise. Ferner muß, damit belastete Bücherregale auch tatsächlich „flexibel" aufgestellt werden können, die Tragkraft der Decken durchgehend 700 kp pro m^2 ausmachen. Die volle Ausnutzung der Vorteile dieses Systems ergäbe sich dann, wenn innerhalb einer konsequent flexibel gebauten Bibliothek auch tatsächlich laufend Umstellungen im großen („Austausch von Abteilungen bzw. Dienststellen") erfolgten. Abgesehen davon, daß eine Bibliothek keine Nutzer-Verwirranstalt sein darf, wären die Kosten, der Zeitaufwand und die Unterbrechung der stetigen Bibliotheksarbeit für Mitarbeiter und Nutzer so beträchtlich, daß sie nicht zu verantworten wären. Selbst ein Geschäftshaus leistet sich aus ökonomischen Gründen ein strukturelles Durcheinander höchst selten. So werden die Vorteile der Flexibilität z. B. beim Verkauf eines flexiblen Geschäftshauses von einer Gesellschaft an eine andere deutlich. Bibliotheken werden in der Regel nicht verkauft.

Hinter dem Modularsystem als Prinzip steht ein weltanschaulicher Existentialismus: der Verzicht auf planvolles Leben in der Zukunft und die Mißachtung gesellschaftlicher Gesetzmäßigkeiten.[963]

richtige Anwendung von „flexibility" und „modular system"

Mit diesen Vorbehalten sind jedoch Flexibilität und Modularsystem nicht abgetan. Unsere Einwände richten sich nur gegen eine Verabsolutierung des Modularsystems, d. h. gegen das Prinzip radikaler Austauschbarkeit im Bibliotheksbau. Im Gegensatz zur Theorie kennt die Praxis des neueren Bibliotheksbaus mehr Mischformen neuer und älterer Bauweisen als reine Anwendungen der Flexibilität im Bibliotheksbau, auch in den USA. Sinnvoll angewendete Flexibilität ist ohne Zweifel ein bedeutender Fortschritt im Bibliotheksbau – nur das Ei des Columbus ist auch sie nicht.

---

963 „Demgegenüber scheint ein größerer Mangel an Sicherheit, Künftiges voraussehen zu können, ein geringeres Vertrauen auf die Stetigkeit des Weitergangs offenbar auch im viel gesicherter aussehenden Amerika für diese Generation kennzeichnend zu sein." So im Hinblick auf „flexibility" GERHARD LIEBERS, *Bibliotheksbau in USA*. In: Zur Praxis der wissenschaftlichen Bibliotheken in den USA. Wiesbaden 1956 S. 59. (Beiträge zum Buch- u. Bibliothekswesen. 5.) Vgl. dort Kapitel S. 36–84.

Es ist nun außerordentlich aufschlußreich zu sehen, wie das konsequent modulare flexible Bibliotheksgebäude im westlichen Ausland aus einer verständlichen Reaktion heraus eine Gegenströmung (Reaktion auf „Rasterarchitektur") erzeugt. Die geschlossene, strenge Blockform dieser Konstruktion, die mindestens aus amerikanischer Sicht schon wieder als „klassisch" angesehen wird, hat schon seit langer Zeit wegen ihrer nüchternen und gleichförmigen Rationalität nicht nur in Bibliotheken eine Reaktion ausgelöst, die sich in dem Streben nach Modifikation und Bewegung äußert, bis hin zu „organischen Formen", d. h. „zu geschlossenen, burg- und höhlenartigen Gehäusen oder zu dynamischen, dramatischen Gestalten"[964]. Wenn wir bei dieser Tendenz auch mit modischen Überspitzungen, die sich abschleifen werden, rechnen müssen, etwas Zukunftsträchtiges scheint doch darin zu sein: nämlich das positive Streben, dem Bibliotheksgebäude die abschreckende Strenge einer öffentlichen Anstalt zu nehmen, so wie man ja auch im Innern neuester Bibliotheksgebäude einen sehr begrüßenswerten Trend zu einer Atmosphäre, die Wohlbehagen und Intimität erzeugt, anstelle von Sälen und Massenquartieren für Nutzer erkennen kann.

Die gleichen Tendenzen der „Vermenschlichung" sind international im Bereich der allgemeinbildenden Bibliotheken bzw. der Public libraries erkennbar: Bestandsgliederung, Raumausnutzung bei gleichzeitiger Schaffung intimerer Buchauswahl-, Lese- und Studienzonen.[965]

Standardisierung und Typenbau

Im Mittelpunkt des modernen Bauwesens steht die Anwendung wirtschaftlicher Methoden, denen sich der Bibliotheksbau auf die Dauer nicht entziehen kann. Es geht um Standardisierung und um Typenbau. „Dazu gehört als Grundbedingung für das industrielle Bauen die Verwendung eines Rastermaßes. Hierbei darf jedoch nicht etwa ein für den Bürobau geschaffenes Rastermaß blindlings übernommen werden, vielmehr muß ein den bibliotheksspezifischen Bedingungen genügendes Rastermaß erarbeitet werden ..."[966] Im Bereich wissenschaftlicher Bibliotheken richtet sich die Typisierung heute weniger auf Typenbauten global (wie für Schulen, Turnhallen, allgemeinbildende Bibliotheken), sondern auf

---

[964] GERHARD LIEBERS, *Tendenzen im Bibliotheksbau. Wissenschaftliche Bibliotheken.* In: Mitteilungsblatt. Verband d. Bibliotheken d. Landes Nordrhein-Westfalen. N. F. 19 (1969) S. 15–24; Zitat S. 20. – FRANZ KROLLER, *Grundgedanken des modernen Bibliotheksbaus.* In: Bauforum 3 (1970) 17, S. 18–26. Hier besonders S. 20, wo der Verf. Beispiele für diese Verbindung von „Modular-Bauweise und architektonischer Imagination" in Großbritannien und Irland nennt. – *Informationen zum Bibliotheksbau.* Hrsg. v. Franz Künzl, Pullach b. München 1974. (Bibliothekspraxis. 12.)

[965] WERNER MEVISSEN, *Tendenzen im Bibliotheksbau. Öffentliche Bibliotheken.* In: Mitteilungsblatt. Verband d. Bibliotheken d. Landes Nordrhein-Westfalen. N. F. 19 (1969) S. 43–49.

[966] *Arbeitstagung „Technik und Bauen" im wissenschaftlichen Bibliothekswesen der DDR.* Leipzig, September 1960. Bericht. Berlin 1960 S. 63. – F. N. PAŠČENKO, *Directions and technical specifications for the design of libraries in specialized schools of higher and of secondary education in the USSR.* In: Libri 14 (1964) S. 136–167. Mit Lit.angaben u. Skizzen.

Bausysteme und auf Arbeitsplatzstrukturen, vor allem Einrichtungen und Mobiliar.

Raster

Die ganze Frage reduziert sich also darauf, die Anwendbarkeit von Rastern und Typen nach dem Baukastensystem in der Entwicklung der Bautechnik auf den Bibliotheksbau zu klären mit dem Ziel, mit den gleichen Mitteln und Materialien mehr Baukapazitäten zu gewinnen, freilich ohne Aufgabe der Formschönheit des Gebäudes bei selbstverständlicher Wahrung aller notwendigen funktionellen Besonderheiten der einzelnen Bibliotheken. Auch für eine andere modernistische Strömung im Bibliotheksbau, nämlich die übermäßige Verglasung von Außenwänden eines Gebäudes, ist mittlerweile viel Lehrgeld gezahlt worden.[967] Es ist davon abzuraten, weil der Ausgleich gegen Kälte im Winter und gegen sommerliche Sonnenbestrahlung zwar weitgehend möglich, aber viel zu kostenaufwendig ist.

Normung für allgemeinbildende Bibliotheken

Von besonderer Bedeutung, verbunden mit Realität, sind Normungsbestrebungen im Bereich allgemeinbildender Bibliotheken, angefangen mit ihren Inneneinrichtungen. Einheitliche Arbeitsmethoden dieser Bibliotheken vorausgesetzt, gilt für sie bereits hinsichtlich ihrer inneren Ausstattung: „Neben der ständigen Erweiterung der Buchbestände und des immer größer werdenden Leserkreises in unseren Städten und Gemeinden gewinnt die funktionsgerechte und die den sozialistisch-ästhetischen Grundsätzen entsprechende Ausstattung der allgemeinen öffentlichen Bibliotheken immer mehr an Bedeutung. Deshalb müssen sich Bestrebungen zur Normung von Bibliothekseinrichtungen[968] als vernünftig und ökonomisch erweisen."[969] So hat man auch Kennziffern – selbstverständlich Durchschnitts- oder Annäherungswerte – zur Berechnung des Flächenbedarfs allgemeinbildender Bibliotheken aufgestellt.[970]

sinnvolle Anwendung der Typisierung

Die darüber hinausgehende Frage, wieweit bestimmte Typen allgemeiner öffentlicher Bibliotheken aufgestellt werden können, begegnet schon manchem Zweifel. Die Tatsache ist beachtenswert, daß Werner Mevissen[971] bei seiner materialreichen Übersicht über den neuen Volksbüchereibau in den USA, Großbritannien, Kanada, Skandinavien und der BRD den von ihm nachgewiesenen Formenreichtum keineswegs nur positiv wertet und den Mangel an Beispielen gültiger baulicher Lösungen („Modelle") bedauert.

---

[967] WILLIAM H. JESSE, *New library buildings – some strength and weaknesses.* In: Library journal 89 (1964) S. 4700–4704. – WŁADISŁAW PIASECKI, *Das erste „Modular" Bibliotheksgebäude in Polen.* In: ZfB 81 (1967) S. 535–547.

[968] Hier kommt es, z. B. bei Möbeln, in erster Linie auf die Grundmaße an, die, wenn sie richtig und sachgemäß sind, auch dann noch Gültigkeit haben, wenn die Ausführung bestimmter Möbeltypen modernisiert werden muß.

[969] *Möbel für Bibliothekseinrichtungen.* Grundlagen für einen Typenkatalog. Berlin 1962 S. 3, Einleitung.

[970] PETER GÜNNEL, *Bibliotheksbau.* In: Taschenbuch für Bibliothekare. Leipzig 1967 S. 179.

[971] WERNER MEVISSEN, *Büchereibau. Public library building.* Essen 1958. Dt., engl., mit vielen Abb.

Es ist erwiesen, daß der Typenbau unter den heute gegebenen bibliothekarischen und architektonischen Bedingungen, von einigen Sonderfällen (Großstadtbüchereien) abgesehen, durchaus möglich ist, sofern nur die Typenbildung nicht starr durchgeführt wird, sondern mit verschiedenen Varianten arbeitet. Für kleinere allgemeinbildende Bibliotheken ist diese Frage z. B. in Dänemark schon gelöst.[972] Die entscheidende Grundlage für solche Normungen sind wie beim Mobiliar einwandfreie Maßzahlen auf der Grundlage erarbeiteter Erfahrungswerte.

Sonderfall große wissenschaftliche Bibliothek

Am größten sind noch die Zweifel, den Bau wissenschaftlicher Bibliotheken auf der Grundlage des Typenbaus vornehmen zu können. Und diese Zweifel sind vorerst durchaus berechtigt. Wenn man z. B. die Untersuchung Rainald Stromeyers[973] daraufhin ansieht, so ergibt sich eine Fülle individueller Lösungen, die nur die Herausarbeitung einiger Gesichtspunkte, nicht aber die Aufstellung einer Theorie des Bibliotheksbaus gestatten. Nur mit größten Vorbehalten gibt Stromeyer, nachdem er Normungsbestrebungen in der UdSSR, der VR Polen und der ČSSR kurz registriert hat, der Möglichkeit Raum, mindestens für Abmessungen wichtiger Bibliothekseinrichtungen zu einer Art „Normenskala" im internationalen Rahmen zu gelangen.

Angesichts dieser noch nicht geklärten Situation im Bereich des Baus großer wissenschaftlicher Bibliotheken mit differenzierten Funktionen ist es also um so wichtiger, grundsätzliche Gesichtspunkte auch für diese Bibliotheksbauten zu erarbeiten.[974] Erst nachdem sie gefunden und auf die Baupraxis angewendet worden sind, werden wir in der Theorie des Bibliotheksbaus klarer sehen.

Der Weg, der zu einem Neu- oder Erweiterungsbau führt, ist in jedem Lande durch Rechtsvorschriften festgelegt, die Veränderungen unterwor-

---

[972] *Normer og planer for folkebiblioteksbygninger.* 1. Teknisk veiledning samt forslag til planer for det mindre Købstadbibliotek. København 1958. – Vgl. hierzu CARL THOMSEN, *The architect and the librarian.* In: Unesco bull. f. libraries. 16 (1962) S. 150. – SVEN PLOVGÁARD, *Systemplanung von Büchereibauten. Dän. Normen u. Typenpläne f. Büchereiräume.* Dt. Übers. Wiesbaden 1970. (Beiträge z. Büchereiwesen. R. A. Druckschriften d. Arbeitsstelle f. d. Büchereiwesen. 9.)

[973] RAINALD STROMEYER, *Europäische Bibliotheksbauten seit 1930.* Wiesbaden 1962. (Beiträge zum Buch- u. Bibliothekswesen. 9.)

[974] ALFRED MORTON GITHENS hat in seinem Beitrag *Libraries* zu dem vierbändigen amerikanischen Handbuch für Architektur *Forms and functions of twentieth century architecture,* ed. by Talbot Hamlin (New York 1952), der sich in Vol. 3 S. 675–715 befindet, eine Aufstellung von Library elements, z. B. für den Lesesaal, das Magazin usw., unter Berücksichtigung der amerikanischen Verhältnisse gegeben. – Grundlegender ist das eigens für diesen Zweck zum Gebrauch von Bibliothekaren und Architekten bei der Bauplanung geschriebene Buch von RALPH E. ELLSWORTH, *Planning the college and university library building:* a book for campus planners and architects. Boulder (Colorado) 1960. – Ders.: *Guidelines for library planners.* Proceedings of the library buildings and equipment institute. Ed. by Keith Doms and Howard Rovelstad. Chicago 1960. Mit reichhaltigem Grundriß-Material. – Spezielle Erfahrungen und Ergebnisse beim Bau der Baillieu Library der Universität Melbourne mit der Tendenz zur Verallgemeinerung: K. A. LODEWIJCKS, *Essentials of library planning.* Melbourne 1961.

fen sind. Er besteht in der DDR aus Etappen, deren wichtigste durch die zuständigen staatlichen Organe bestätigt werden müssen (Investitionsvorentscheidung, Investitionsgrundsatzentscheidung). Am Anfang steht in der Regel der Nachweis der volkswirtschaftlichen Dringlichkeit und Effektivität des betreffenden Vorhabens, damit es in den Investitionsplan des übergeordneten staatlichen Organs aufgenommen werden kann. In der Regel geht es in der weiteren Abfolge der Bauvorbereitung darum, den Standort zu begründen und auf der Grundlage von Funktionsanalyse, Raumprogramm und Kapazitäts- und Leistungskennziffern die Aufgabenstellung auszuarbeiten, die die Grundlage für die exakte Planung („Projektierung") des Architekten bildet. Diese hat ihrerseits alle notwendigen Gesichtspunkte (allgemeine Gesichtspunkte der Architektur, städtebauliche Notwendigkeiten, Eignung und Besonderheiten der Baustoffe usw.) zu berücksichtigen. Für diesen entscheidenden Beitrag der bibliothekarischen Fachleute zu jeder Bauplanung, zugleich aber auch als Vorstufe für eine auszuarbeitende Normenskala beim Bau großer und mittelgroßer wissenschaftlicher Bibliotheken, geben wir im folgenden einen Überblick über die zu beachtenden Gesichtspunkte und Einrichtungen.

Projektierung

grundsätzliche Gesichtspunkte

Hilfstafel für Raumdisposition[975]

Eingang und Anmeldung

Eingangshalle
Vorhalle
Kleiderablage (Schließfächer)
Pförtner- und Nachtwächterraum
Anmeldung und erste Auskunft

Geschäftsgangsbereich

Post- und Versandstelle (Packraum)
Erwerbungsabteilung mit Einzeldienststellen
Einbandstelle
Katalogabteilung
Schlußstelle
Hausbuchbinderei und Restaurierungswerkstatt

Leserbereich

Informationsstelle (Auskunft)
Kataloge
Lesesäle
Forscherstudios, Dozentenzimmer

---

[975] Eine entsprechende Liste für kleine Public libraries („a brief outline of the various areas of the small public library and their situation in relation to one another") geben HOYT R. GALVIN and MARTIN VAN BUREN, *The small public library building.* Paris 1959 S. 23–24. (Unesco public library manuals. 10.)

Gruppenarbeitsräume
Raum für Lesegeräte
Schreibmaschinenzimmer
Neuerwerbungsauslage (separat oder in einem Raum des Leserbereichs)
Ausstellungsräume (nebst Abstellraum f. Vitrinen usw.)
Buchmuseum
Ausleihe (Bücherausgabe, Fernleihe)

Magazin

Magazin und Sondermagazine
Raum für Magazinmitarbeiter

Direktion

Direktor
Abteilungsleiter
Sitzungsraum

Sonderabteilungen

Mechanisierung und Automatisierung
Karten, Atlanten, Globen
Musikalien (Tonbänder, Musikzimmer, Abhörräume)
Handschriften, Inkunabeln (Safes), seltene und wertvolle Dokumente
Kinderbücher
Orientalia
Bibliographische Abteilung
sonstige Spezialitäten, die eigene Raumplanung erfordern

Verwaltung und technische Einrichtungen

Räume für allgemeine Verwaltung
Fotoabteilung, Reprographische Abteilung
Druckerei
Unterrichtsraum für Weiterbildung
Vortragsraum
Filmvorführraum (sofern nicht mit Vortragsraum gekoppelt)
Mitarbeiter-Klubraum
Umkleideräume
Archivraum
Gästezimmer
Kochstellen für Mitarbeiter
Kasino (Erfrischungsraum und Speiseraum)
Toiletten und Waschräume für Mitarbeiter
Toiletten für Nutzer
sanitäre Anlagen für Hausarbeiter (Duschräume)
Erste Hilfe, Krankenzimmer
Ruheraum für Frauen
Tonbandraum

Werkstätten für Handwerker
Hausverwaltung
Reinigungsdienst
  Geräteraum
  Aufenthaltsraum
Parkplatz
Garagen

Einbauanlagen

(technische Ausrüstungen, Brandschutzanlagen, Bau-, Hygienemaßnahmen usw.)
Heizanlage
Beleuchtung, Notbeleuchtung
Entlüftung
Fußboden
Fenster
Wandschmuck
Treppenhäuser
Sicherheitsausgänge
Feuerschutzanlagen
Beschilderungen
Klimaanlage
Schallisolierung
Wärmeschutz, Sonnenschutz
Signalsystem
Transporteinrichtungen
  Aufzüge (Lasten-, Personen- und Bücheraufzug)
  Paternoster
  Förderbänder
Alarmanlagen
Rohrpost oder andere Postbeförderungsanlage
Wechsel- und Gegensprechanlage
Fernschreiber- und Telefonanlage

Reserve

Raumreserve für Erweiterungsbauten

Perspektive der Funktion wissenschaftlicher Bibliotheken

Wir haben einleitend festgestellt und im Zusammenhang mit den Möglichkeiten der Anwendung der Flexibilität gesehen, in welchem Maße das funktionale Denken den Bibliotheksbau bestimmen muß. Wir sahen auch, daß bestimmte moderne Massenerscheinungen des Buchwesens qualitative Veränderungen in der Bibliotheksarbeit nach sich gezogen haben. Dürfen wir uns der Illusion hingeben, daß die heutige Funktion der wissenschaftlichen Bibliotheken, eng zusammenhängend mit der Entwicklung der Wissenschaft, ihren Organisationsformen, Methoden und Bedürfnissen, unveränderlich bleiben wird? Sicher nicht, vielmehr müssen wir schon jetzt erkennen, daß die sich verändernden Literaturbedürfnisse der Wissenschaft neue Forderungen hinsichtlich der Literaturverarbeitung und Literaturspeicherung an die Bibliotheken stellen werden. Wir sahen in anderem Zusammenhang mit Literaturerschließung und Literaturvermittlung, daß die traditionellen Literaturnachweise der Bibliotheken bibliographisch selbständiger Schriften und Zeitschriftentitel durch Kataloge sowie durch laufende und abgeschlossene Bibliographien dem Wissenschaftler nicht mehr ausreichen. Informationszentren, die in ihren Materialien (Referatekarteien usw.) über diese traditionellen Nachweise hinausgehen, sind daher heute schon bei Bauplanungen zu berücksichtigen. Aber auch wesentlich erweiterte Einrichtungen zur Reprographie literarischer Dokumente werden für wissenschaftliche Bibliotheken von einer bestimmten Größenordnung an angemessen einzuplanen sein. Der Bibliothekar muß sich schon heute mit den Formen und Methoden der wissenschaftlichen Arbeit, mit der Rolle des Buches und des Originaldokumentes bzw. seines Ersatzes in der Zukunft unter dem Gesichtspunkt des Bibliotheksbaus befassen. Aber auch die Frage, wieweit die veränderte Stellung der zentralen Bibliothek im Hochschul- und Akademiebereich[976] zu neuen baulichen Lösungen führen muß, ist heute schon mindestens zu überlegen.

10.4. Einzelne Fragen

10.4.1. *Lage*

Die Lage einer Bibliothek (Standort) ist von entscheidender Bedeutung für ihre Hauptaufgabe, die Bestandserschließung. Wenn auch die ideale Forderung einer nach allen Seiten freien Lage mit Grünanlagen in Großstädten heute nur sehr eingeschränkt gelten kann, so muß doch auf jeden Fall für Erweiterungsbauten im Bauplan Vorsorge getroffen werden. Ebenso unabdingbar ist ein günstiger Anschluß der Bibliothek an das Verkehrsnetz der Stadt. Bei Universitätsbibliotheken ist die Nähe zum Universitätshauptgebäude geboten. Nach den Gebäudezerstörungen durch den zweiten Weltkrieg, die einzelne Bibliotheken gezwungen haben, behelfsmäßige Unterkünfte am Stadtrand zu beziehen, haben wir ausreichende Erfahrungen sammeln können, wie nachteilig sich eine verkehrstechnisch ungünstige Lage auf die Benutzung auswirkt.

Lage

Für allgemeinbildende Bibliotheken[977] ist insbesondere die Nähe von

[976] WŁADISŁAW PIASECKI, *University library interiors. Fixed function or modular?* In: Unesco bull. f. libraries 17 (1963) S. 346–350. – JEAN BLETON, *The construction of university libraries.* In: Unesco bull. f. libraries 17 (1963) S. 307–315.

[977] Vgl. WERNER MEVISSEN, *Büchereibau. Public library building.* Essen 1958 S. 29 bis 31. – JOSEPH L. WHEELER, *The effective location of public library buildings.* Urbana, Illinois 1958. (University of Illinois Library School. Occasional papers. 52.)

allgemeine öffentliche Bibliotheken

Verkehrs- und Einkaufszentren, aber auch der Zusammenhang von Großstadtzentralen mit kulturellen Einrichtungen von Wichtigkeit. Ist das Stadtzentrum aus verkehrstechnischen Gründen oder infolge konzentrierter Industrieanlagen (Lärm, Abgase) für die Zentrale ungeeignet, so bietet sich auch die Möglichkeit an, im Zentrum eine gut ausgestattete Zweigstelle einzurichten, die Zentrale aber in einen dem Stadtzentrum nahen, stilleren Stadtteil zu verlegen. Damit ist zugleich angedeutet, daß sich für Großstadtbüchereien das Sonderproblem von Zentrale und Zweigstellen (z. B. Ladenbücherei) stellt.

10.4.2. *Magazin*[978]

Entwicklung des Magazins

Mit der modernen Gebrauchsbibliothek ist grundsätzlich die Galerie und das hohe Büchergestell an den Wandflächen verschwunden. Es verschwand der Spitzweg-Bibliothekar auf der Leiter, weil sich die feste Regel herausbildete, daß alle Bücher ohne Leiter erreichbar sein müssen. Das Ergebnis war eine lichte Höhe von 2,10 m bis 2,25 m. Mehrere solcher Geschosse, durch bequeme Treppen und Aufzüge untereinander verbunden, bildeten das Magazinsystem (System hier im Sinne eines wohlgegliederten Ganzen, in dem das Einzelne im Verhältnis zum Ganzen und zu den übrigen Teilen die ihm angemessene Stelle einnimmt).

Lipmangestelle

Ende des 19. Jahrhunderts konstruierte der deutsche Kunstschlosser Robert Lipman zweckmäßige eiserne Büchergestelle, die folgende Vorteile boten: Die Bücherbretter wurden in ein Zahngestänge eingefügt und sind in Abständen von 1,5 cm beweglich. Das bedeutete einen weiteren Vorteil gegenüber dem damit überholten „Panizzistift"[979]: noch bessere Raumausnutzung sowie leichteres Umstellen („Rücken") der Bücher durch Aus- und Wiedereinhängen der genormten Bücherbretter mitsamt den darauf ruhenden Büchern. Auf- und Abwärtsbewegung erfolgen durch senkrechten Druck nach oben bzw. leichtes Anheben nach vorn. Das Bücherbrett hängt sich dann beim Loslassen selbsttätig ein. Die Gefahr, daß Bretter herausfallen können, ist damit auch beseitigt.

mittragender Stützpfeiler

Das Lipmangestell, ursprünglich wie das Holzregal nur ein Einrichtungsgegenstand des Bücherhauses, wurde dank seinem Konstruktionsprinzip – an eisernen Pfosten mit Zahngestänge eingehängte Bücherböden – zum Mitträger der baulichen Anlage, indem nun die eisernen Stützen durch das Magazinsystem an Stützpfeilern durchlaufen. Damit wurde die Lösung eines entscheidenden Problems des modernen Magazinbaus, die Zwischenböden des Magazinsystems bei gleichzeitiger Verminderung ihrer

[978] GEORG LEYH, *Das Büchermagazin in seiner Entwicklung.* Berlin 1929.

[979] Stellstift aus Metall, der eine geringe Verstellbarkeit des Legebodens (um je 1,5 cm je Legeboden) gestattete. Zuerst 1854 verwendet von Antonio Panizzi, Principal Librarian der Bibliothek des Britischen Museums. Zu dem nach ihm benannten Stift und seiner Weiterentwicklung vgl. *Lexikon des gesamten Buchwesens.* Hrsg. v. Karl Löffler u. Joachim Kirchner. Bd. 3. Leipzig 1937 S. 333–334.

Stärke statisch zu entlasten, wesentlich gefördert: Der Magazinbau wurde von den eisernen Stützen mitgetragen, die von unten nach oben durchliefen.

Dank der neuen Konstruktionsprinzipien des Magazinsystems war es möglich, einen weiteren Raumgewinn dadurch zu erzielen, daß die Achsweite wesentlich verringert wurde. Unter Achsweite versteht man den horizontalen Abstand zwischen den Mittelachsen zweier benachbarter parallel hintereinander angeordneter Büchergestelle. Sie ist nicht zu verwechseln mit der Gangbreite zwischen den Gestellen, vielmehr setzt sie sich zusammen aus Gangbreite und zweimal halbe Tiefe des rechten und linken Doppelgestells. Diese Achsweite, die früher bei 2,5–3 m lag, hat im modernen Magazinbau eine mehr als 50%ige Verringerung erfahren. 1,30 m, max. 1,40 m gelten heute als ausreichende Achsabstände.[980] Allerdings dürfen dann die Folioformate nicht doppelseitig aufgestellt werden. Für diese bessere Raumausnutzung müssen freilich Opfer gebracht werden: Die Reichweite des Tageslichtes wird verringert, und mit dem Bücherwagen kann der Gang nicht mehr passiert werden. Wenn wir die genannten Zahlen einer Achsweite von 130 cm auf die dadurch entstehende Gangbreite beziehen, so ergeben sich, bei einer Tiefe von je 25 cm, 50 cm plus durchschnittlich 8 cm ungenutzter Raum infolge der Stärke der Stützen = 58 cm, also eine Gangbreite von 72 cm bei 130 cm Achsabstand. Auf eine angemessene Breite des Mittelganges in allen Magazingeschossen (etwa 150 cm) ist zu achten.

Achsweite

Gangbreite

Wenn man bei einem hölzernen Bücherbrett noch 3 cm durchschnittlich für die Dicke ansetzen mußte, sind es bei einem Bücherbrett aus Eisenblech etwa 1,8 cm (mit Kante). Dieser Unterschied scheint nicht groß zu sein, bei der riesigen Zahl der Bücherbretter, die in einem großen Magazin Verwendung finden müssen, ergibt sich jedoch ein beachtlicher Raumgewinn allein aus dieser Differenz.[981] Hinzu kommt, daß bei den früheren hölzernen Büchergestellen die vertikalen Seitenteile benachbarter Gestellabteilungen einen durchschnittlichen Raumanteil, erklärlich aus der Dicke der hölzernen Backen, von etwa 4 cm zur Folge hatten, während bei den Lipmangestellen nur etwa 1 cm verlorengeht. Abgesehen davon wurde ein bedeutender Raumgewinn dadurch erzielt, daß die statische Entlastung der Böden eine wesentliche Verringerung der Dicke der Zwischenböden gestattete (früher etwa 30 cm, heute etwa 5–6 cm).

Vorteile der eisernen Lipmangestelle

[980] Ein Treppenwitz in der Geschichte des Bibliotheksbaus ist es, daß Paul Schwenke erst nach der Fertigstellung des Neubaus der Königlichen Bibliothek Berlin (jetziges Gebäude der Deutschen Staatsbibliothek) Gelegenheit zu einer Bibliotheksreise nach Amerika hatte und dort feststellte, daß der Achsenabstand auf 140 cm und darunter gesenkt werden konnte. Im Neubau der Königlichen Bibliothek hatte man aber auf einer Achsweite von 183 cm beharrt! Vgl. dazu *Handbuch II* (1933) S. 54 und FRITZ REDENBACHER, *Das Gebäude der UB Erlangen.* In: Bibliothek, Bibliothekar, Bibliothekswissenschaft. Festschrift Joris Vorstius. Leipzig 1954 S. 247–248.

[981] Bei etwa 12 übereinander liegenden Geschossen wird z. B. dadurch reichlich 1 m in der Höhe gewonnen.

Jedes Brett ist in der Regel 1 m lang. Das ist wichtig für die Berechnung des Fassungsvermögens des Magazins sowie für statistische Zwecke.

Stahlbetonbau

Durch das Fortschreiten der Bautechnik hat die selbsttragende Regalanlage an Bedeutung eingebüßt. Stahlbeton kann weite Flächen mit relativ dünnen Decken überspannen, und der Skelettbau gewährleistet ein einheitlich durchkonstruiertes Gebäude.

Das Streben, das Raumproblem im Magazin durch immer weitere Verringerung des toten Raumes in den Gängen zwischen den Regalen zu lösen, hat in neuerer Zeit zu der weiteren Konsequenz geführt: weitgehende Ausschaltung der Stützpfosten. Schon zu Anfang unseres Jahrhunderts wurde in englischen Bibliotheken ein Regalsystem eingeführt, das mit einer Kombination von festen und beweglichen Regalen arbeitete. Die beweglichen, „rolling cases" genannt, bestehen aus manuell verschiebbaren Regalen, die dieselbe Länge haben wie die festen und mit diesen einen Block bilden.[982]

„rolling cases"

Kompaktsystem

Die Weiterführung dieses Gedankens ist das Kompaktsystem[983], nach dem Schweizer Erfinder von der Herstellerfirma *System Compactus Ingold* genannt. Es schaltet die Gänge zwischen den Regalen fast vollständig aus und füllt das Magazin mit Doppelgestellen. An nicht bestelltem Raum wird lediglich ein Orientierungsgang an der Längsseite und ein freier Raum mit normaler Gangbreite (80 cm) an der Breitseite ausgespart. Die Doppelregale sind mit einem Dach versehen, so daß sie wie ein Kasten oder Schrank aussehen. Ein Magazin, das nach diesem System gebaut ist, stellt einen kompakten Block dar. Infolgedessen ist auch, was gar nicht unwichtig ist, die Staubansammlung auf den Büchern geringer. Die Gestelle laufen auf Rädern in einer Laufschiene. Der Compactus-Schrank ist so konstruiert, daß er an jeder gewünschten Stelle geöffnet werden kann. Der die Anlage bedienende Magazinangestellte tritt dann an einer von ihm durch Auslösung eines Mechanismus gewählten Stelle in die Schrankanlage zwischen zwei Regale und kann die benötigten Bücher herausholen oder einstellen.[984]

So interessant und imponierend diese technische Neuerung auch sein

---

[982] Vgl. WILHELM MUNTHE, *Kompakte Bokmagasiner.* In: Nordisk tidskrift för bok- och biblioteksväsen 10 (1923) S. 24–30.

[983] FREMONT RIDER, *Compact book storage.* New York 1949. – HANS STRAHM, *Eine umwälzende Neuerung im Magazinsystem.* In: Nachrichten. Vereinigung Schweizerischer Bibliothekare 31 (1955) S. 161–165. – RAINALD STROMEYER, *Moderne Probleme des Magazinbaues in Deutschland und seinen Nachbarländern.* Köln 1958. (Arbeiten aus d. Bibliothekar-Lehrinstitut d. Landes Nordrhein-Westfalen. 15.) Dort das Kap.: Platzersparnis durch neuartige Regalanlagen. S. 56–77. – K. D. METCALF, *Compact shelving.* In: College & research libraries 23 (1962) S. 103–111. – ROBERT H. MÜLLER, *Evaluation of compact book storage systems.* In: ACRL Monographs 11. Spring 1954 S. 77–93. – ROBERT H. MÜLLER, *Economics of compact book shelving.* In: Library trends 13 (1964/1965) S. 433–447. – DRAHOSLAV GAWRECKI, *Compact library shelving.* Transl. from the Czech. Chicago 1968. (LTP publication. 14.)

[984] Neben dem System Ingold gibt es noch andere Kompaktsysteme, von denen das in Amerika und Frankreich verbreitete *Snead-Strafor-System* das bekannteste ist. Es wurde z. B. im Midwest Interlibrary Center eingebaut. Einen Vergleich des Snead-

mag, die Lösung der Raumprobleme im Magazin stellt auch sie nicht dar. Sicher wird man erst in der Praxis noch mehr Erfahrungen mit dem Kompaktsystem sammeln müssen, bevor man darüber endgültig urteilen kann. Soviel steht jedoch bereits fest: Die Raumersparnis ist beachtlich (etwa 50 %), die Verkürzung des Weges zu den Büchern bedeutet echte Zeit- und Arbeitsersparnis, infolge der vermehrten Belastung der Böden läßt sich das System aber aus statischen Gründen nicht in jedes beliebige Gebäude einbauen. Sehr geeignet ist es für Kellermagazine. Für einen vielbenutzten Magazintrakt, in dem mehrere Angestellte gleichzeitig arbeiten müssen, ist das System nicht geeignet. Es hat sich auch herausgestellt, daß bei starker Frequentierung die Druckschriften durch die Fliehkraft der Regalbewegungen von den Brettern herabgeschoben werden. Broschürensammlungen geraten dadurch in arge Unordnung. Für größere wissenschaftliche Bibliotheken empfiehlt es sich, sofern ausreichende Deckenstärken gewährleistet sind, für die Unterbringung eines Teiles des Bestandes, überhaupt für alle Sondersammlungen sowie für Zeitungs- und ältere Zeitschriftenbestände.[985] Für kleinere und mittlere wissenschaftliche Universalbibliotheken mit einem nicht allzu großen Bestand ist es sehr vorteilhaft. Auf jeden Fall wird man dem Kompaktsystem bei Neubauten sehr ernste Beachtung schenken müssen, ohne dabei außer acht zu lassen, was F. Rider[986] durch einen Untertitel zu seiner Publikation über das Kompaktsystem schon 1949 thesenartig ausgesagt hat: „Some suggestions toward a new methodology for the shelving of less used research materials."

Vorteile und Nachteile

Wenn ein Dogma des Bibliotheksbaus aus den Fugen gerät, so muß davon zuerst das Magazin betroffen werden. Das trifft für unsere gegenwärtige Bauproblematik im vollen Umfang zu: „Das organisierende Element"[987] jeder Bibliothek, die Büchermasse, und deren kompakte Anordnung, wie es die deutsche Bautradition besagte, wird von verschiedenen Seiten angegriffen. Dabei gibt letztlich die Besinnung darauf den Ausschlag, daß der Leser, dem die Bücher dienen, im Mittelpunkt bibliothekarischer Arbeit und deswegen auch im Zentrum moderner Baugestaltung zu stehen habe. Das wirkt sich einmal aus durch die zunehmende Einbeziehung größerer Büchermengen in den Lesesaalbereich, zum anderen durch die Spezialisierung der Lesesäle, mit deren Hilfe es ebenfalls möglich ist, mehr Bücher in die Lesersphäre hineinzubringen. Und drittens wird das oben gekennzeichnete Dogma durch das Open-plan-System erschüttert, nach dem amerikanische Public libraries bereits seit den zwanziger und dreißiger Jahren gebaut worden sind. Das Open-plan-System zielt, wie wir

veränderte Rolle des Magazins

Open plan

Systems mit dem System Ingold führt R. Stromeyer in seiner oben zit. Magazinstudie (S. 72–76) durch.

[985] Zu den etwas schwierigen Kostenfragen des Kompakt-Systems vgl. ebenfalls R. Stromeyers Magazinstudie, und zwar wegen der dort angestellten Überschlagsberechnungen.

[986] F. RIDER, *Compact book storage.* New York 1949; dort dazu u. a. S. 29.

[987] GEORG LEYH im *Handbuch II* (1933) S. 108.

bereits sahen, darauf ab, „möglichst alle wichtigen Publikumsräume in das Erdgeschoß zu legen und dort möglichst viele Buchbestände frei zugänglich zu machen".[988] Immer geht es dabei um das Problem, die unmittelbar zugänglichen Bücherbestände zu erweitern, eine ausgedehnte Freihandzone zu schaffen, anders ausgedrückt: Es geht um die wechselseitige Durchdringung der Leser- und Buchbereiche. Dabei sollte mehr Wert darauf gelegt werden, die Freihandbestände auch in ihrer Aufstellung aufzulockern und Vielfalt der Darbietungsformen statt herkömmlicher Gleichförmigkeit – Aneinanderreihung von Büchermetern – zu erstreben. Drehbare Büchergestelle[989], wie sie im Sortiment eingesetzt werden, sind dazu besonders geeignet. Sie sichern auch rationelle Raumausnutzung und sind daher auch für kleinste Bibliotheken – Dorfbibliotheken – zweckmäßig.

Auflösung des kompakten Blockcharakters

Die Folge davon ist, daß das Magazin mehr und mehr seinen kompakten Blockcharakter verliert und sich entweder als äußerer Ring um die Lesesäle herumlegt oder zu einem guten Teil in die Leserbereiche einbezogen wird. Welche Lösungen auch in Zukunft entsprechend der Funktion der einzelnen Bibliothek angesteuert und gefunden werden mögen, das Dogma von der Notwendigkeit der dreigeteilten Bibliothek wird gerade aus dieser Sicht und an diesem Punkte erschüttert. Ebenso aber ist erwiesen, daß es *die* beste Magazinlösung nicht gibt, sondern daß für jeden Neubau sowie für jeden Bibliothekstyp die zweckmäßigste Lösung jeweils gefunden werden muß. So bleibt der Magazinbau ein wesentlicher Teil der Gesamtbauplanung, seine bauliche Lösung jedoch kann nur unter Berücksichtigung der jeweiligen konstruktiven Bedingungen richtig entschieden werden.

moderne Magazinformen

Die im modernen Bibliotheksbau verwirklichten Magazinformen sind die folgenden[990]:

1. rückwärtige Lage
2. blockartig, in die Bibliothek hereingezogen
3. Turmanlage (vertikale Lösung)
4. periphere Lage, die Leserzone umgebend
5. aufgelöstes Magazin durch Einbeziehung der Buchbestände in die Leserzone (Spezialabteilungssystem).

Angesichts dieser vielfältigen Möglichkeiten ergibt sich zweierlei: Nicht einmal die Grundfrage, ob der Magazinbau in der Vertikale dem in der

---

[988] GERHARD LIEBERS, *Bibliotheksbau in USA.* In: Zur Praxis der wiss. Bibliotheken in den USA. Wiesbaden 1956 S. 42 u. 45. (Beiträge z. Buch- u. Bibliothekswesen. 5.) – Zu modernen Magazinproblemen vgl. ferner: RAINALD STROMEYER, *Moderne Probleme des Magazinbaues in Deutschland und seinen Nachbarländern.* Köln 1958. (Arbeiten aus d. Bibliothekar-Lehrinstitut d. Landes Nordrhein-Westfalen. 15.) – GERHARD LIEBERS, *Das Haus und seine Einrichtungen.* Außerdeutsches Gebiet. In: Handbuch II 2. Aufl. (1961) S. 990–1025.

[989] Bogens verden 51 (1969) S. 538–539.

[990] Nach JOHN ELY BURCHARD, *Planning the university library building.* Princeton 1949 S. 55.

Horizontale unbedingt vorzuziehen sei, läßt sich grundsätzlich mit ja oder nein beantworten. Das hängt von mancherlei Faktoren ab (Funktion, Umfang und Art „offener" Bestände, zur Verfügung stehende Grundfläche, Baugrund usw.). Im Zusammenhang mit stärkerer Hinwendung zum Nutzergesichtspunkt, aber auch aus technischen Gründen (Flexibilität, einheitliche Bauraster) ist gerade in neuester Zeit, seit den sechziger Jahren, eine Hinwendung zum flachen Magazinbau erkennbar. Normungen für Magazinbauten lassen sich also vorerst und generell überhaupt nicht aufstellen, wohl aber bei bestimmten Bibliothekstypen entsprechender Größenordnung für Magazineinrichtungen erstreben.

Magazinanlage abhängig von verschiedenen Faktoren

Das Fortschreiten des Bibliotheksbaus ist auch daran zu erkennen, daß die Periode architektonischer Akrobatik, mit der man „Tageslicht" um jeden Preis in die Magazine einzufangen bestrebt war, seit etwa 1900 vorbei ist. Es war ein altes Axiom des Bibliotheksbaus, daß Fenster und Gestellgassen im Magazin zusammenfallen müssen, um soviel wie möglich Tageslicht hineinzubringen. Allerdings muß man beachten, daß dieses Bestreben, durch solche Baudisposition oder mittels durchbrochener Böden (UuLB Halle) und Lichtschlitzen Tageslicht einzufangen, in eine Zeit fällt, die mit elektrischer Beleuchtung noch nicht rechnen konnte oder sie wegen ihrer angeblichen Feuergefährlichkeit für das Magazin strikt ablehnte. Auch die Anlage von Lichthöfen, die heute vielfach zugebaut worden sind, diente diesem Streben nach Tageslicht in allen Bibliotheksräumen. Damit verband sich die vernünftige Absicht, die Feuersicherheit des gesamten Gebäudes zu erhöhen. Immerhin waren die Erfahrungen, die ein europäischer Bibliothekar auf einer Amerikareise im Jahre 1930 sammeln konnte, auch in dieser Hinsicht bedeutungsvoll. Wilhelm Munthe prägte damals[991] das Wort vom „Aberglauben an das Tageslicht" und wies gleichzeitig auf zwei wichtige Momente hin: auf die Illusion, mit Hilfe von Fenstern ausreichende Lichtverhältnisse im Magazin zu schaffen sowie auf die Tatsache, daß erst das Aufgeben dieses Aberglaubens die Voraussetzung für eine rationelle Magazinform schafft. Die seitdem gesammelten Erfahrungen im internationalen Bibliotheksbau beweisen jedenfalls, daß das fensterlose Magazin technisch und praktisch möglich ist. Allerdings ist der Bau fensterloser Magazine von zwei Bedingungen abhängig, die gegeben sein müssen, nämlich von erprobten, zweckmäßigen künstlichen Beleuchtungsanlagen sowie von zuverlässig funktionierenden Feuchtigkeits- und Klimaregulierungen. Zweifellos ist es richtig, daß die Entscheidung für fensterlose, rationelle Magazine nicht abhängig ist von der „Benutzungs-Art und -Frequenz"[992] der Magazine. Auf jeden Fall ist die Entscheidung für fensterlose Magazine besonders bei großen

Tageslicht

fensterlose Magazine

[991] WILHELM MUNTHE, *Die neuesten amerikanischen Bibliotheksbauten.* In: ZfB 48 (1931) S. 447–478. – Zur Frage Tageslicht im Magazin vgl. die Materialien im Kapitel „Bibliotheksbau und Bestandsschutz" bei RAINALD STROMEYER, *Europäische Bibliotheksbauten seit 1930.* Wiesbaden 1962 S. 120–129; weitere Lit. s. Anm. 958.

[992] RAINALD STROMEYER, *Europäische Bibliotheksbauten seit 1930.* Wiesbaden 1962

wissenschaftlichen Bibliotheken von Wichtigkeit, während für kleinere wissenschaftliche Fachbibliotheken sowie für alle als offen geplanten Magazinteile großer Bibliotheken, wenn die Bauplatzverhältnisse es gestatten, die traditionelle Magazinbauweise mit Fenstern angemessen bleibt.

10.4.3. *Leseräume*

Entwicklung der Lesesaalzone

Im Mittelpunkt der Leserzone steht herkömmlich der Lesesaal, in Großbibliotheken das System der Lesesäle. In der modernen Gebrauchsbibliothek hat der Lesesaal seine beherrschende Stellung etwa ab 1900 eingenommen. Die damit verbundene Trennung vom Bücherhaus wurde durch den allmählichen Ausbau einer umfangreichen Lesesaal-Handbibliothek wenigstens teilweise ausgeglichen. Dadurch wurde die günstige Lage des Lesesaals zum Bücherhaus zwecks Verkürzung der Wege, die bei der Bücherbereitstellung zu überwinden sind, eine Grundforderung.

Kuppel-Lesesaal

Der Kuppel-Lesesaal, d. h. der runde Lesesaal mit einer hohen Kuppel, der noch beim Bau der ehemaligen Königlichen Bibliothek zu Berlin als die neueste Errungenschaft des modernen Bibliotheksbaus galt (nach dem Muster des British Museum, London, und der Library of Congress in Washington), hat sich nicht bewährt. Er ist im Grunde nur ein Rudiment aus der Epoche der Saalbibliothek. Raum- und Materialverschwendung, Minderung der natürlichen Lichtzuführung und überflüssiger Wärmeverschleiß sind neben schlechter Übersichtlichkeit seine Hauptmängel. Ihm vorzuziehen sind quadratische oder halbrunde Lesesaal-Anlagen mit ausreichender Deckenhöhe und mit hohen, tief herabgezogenen Fenstern. Der Platz der Auskunft, die in solchen Räumen zugleich auch eine Übersicht über den ganzen Raum hat, soll zur besseren Kontrolle der aus- und eingehenden Benutzer unmittelbar am Eingang liegen.

Lesesaalzone in Hochschulbibliotheken

Inzwischen ist der einzige und universale Lesesaal für größere wissenschaftliche Universalbibliotheken durch die wissenschaftliche und gesellschaftliche Entwicklung überholt. In diese Richtung geht auch die Entwicklung im Ausland. Das erste Ergebnis einer internationalen Erhebung des IVBV über Lesesaalverhältnisse in Universitätsbibliotheken[993] hat zwar im ganzen heterogenes Material zutage gefördert. Es zeigt aber doch deutlich, daß *der* zentrale universale Lesesaal auch bei einer UB international nicht mehr als ausreichend betrachtet wird und daß sich in mehreren Ländern um ihn herum Fachlesesäle herausgebildet haben. Auch die Tendenz, den Studenten in den Sektionen und in ihren Wohnhei-

---

S. 125. – WOLFGANG JUCKEL, *Klimatisierung in Bibliotheksräumen*. In: Informationen zum Bibliotheksbau. Pullach b. München 1974 S. 29–72.

993 Vgl. den Bericht *The problem of reading rooms in university libraries* (Libri 12, 1963, S. 372–381) von MATKO ROJNIĆ, den dieser als Präsident der Unterkommission Universitätsbibliotheken des IVBV auf der Grundlage von 85 Antworten erstattet hat, die 195 befragte Bibliotheken gegeben haben.

men durch die zentrale UB Leseräume einzurichten, zeichnet sich ab. Fast durchgängig zu erkennen ist die Unzufriedenheit mit den als unzulänglich empfundenen Lesesaaleinrichtungen in den alten Universitätsbibliotheken.

Fachlesesäle

In großen wissenschaftlichen Bibliotheken hat sich das Bedürfnis nach mehreren spezialisierten Lesesälen aus zwei Gründen eingestellt: Einmal bevorzugt der Fachwissenschaftler, an seine sonstigen Arbeitsverhältnisse gewöhnt, den Fachlesesaal, in dem er – und das ist das Wesentliche – eine größere Auswahl seiner wichtigsten Fachliteratur sofort griffbereit hat; zum anderen muß die Bibliothek eine ernste Aufgabe darin sehen, dem Forscher besonders günstige Arbeitsverhältnisse durch ihm vorbehaltene Fachlesesäle zu bieten. So ergeben sich zwei verschiedene Gesichtspunkte für die Einrichtung von Fachlesesälen; beide lassen sich grundsätzlich miteinander vereinigen. Wenn die Raumverhältnisse eine Alternative verlangen, dann sollte in einer Hochschulbibliothek unbedingt der Einrichtung von Fachlesesälen für Forscher der Vorzug gegeben werden.[994]

Die Einrichtung von Fachlesesälen kann von seiten der bibliothekarischen Arbeitsorganisation nur begrüßt werden, denn sie sind geeignet, wenigstens zum Teil das moderne Grundprinzip des funktionellen Zusammenhangs von Magazin und Räumen für die Nutzer zu verwirklichen.

Ausstellungs- und Vortragsräume

Die Vernachlässigung aller Einrichtungen, die über die engste Bibliotheksbenutzung hinaus den Bibliotheken zur Wirkung in die Öffentlichkeit hinein verhelfen können, dürfte heute nicht mehr Platz greifen. Nur wenige ältere Bibliotheken weisen etwa einen besonderen Ausstellungs- und einen Vortragsraum[995] auf; noch schlimmer ist es, wenn sie zwar vorhanden sind, aber wegen Raumnot zu anderen dienstlichen Zwecken verwendet werden müssen.

Unterschätzt wurden früher auch alle Einrichtungen, die als Annehmlichkeiten bei der Arbeit in Bibliotheken gelten können. Eine zwangsläufig rigorose Hausordnung verbot z. B. allen Nutzern bei ihrer Arbeit im Lesesaal vieles von dem, was sie in ihrem Leben außerhalb der Bibliothek zu tun gewohnt sind: ungezwungenes Sprechen, Rauchen, Essen. Deshalb sollte jede größere Bibliothek mindestens einen Aufenthaltsraum für Nutzer, in dem diese widernatürlichen Verbote aufgehoben sind, sowie einen Erfrischungsraum zur Einnahme einfacher Speisen und Getränke aufweisen. Wünschenswert sind auch Schreibmaschinenzimmer mit bibliothekseigenen Maschinen, die gegen mäßige Gebühren vermietet werden, sowie ein Raum, in dem Nutzer mit eigenen, mitgebrachten

Aufenthaltsraum

Schreibmaschinenzimmer

---

[994] Die UB in Leiden besitzt z. B. 14 Fachlesesäle.

[995] Charakteristisch ist es, daß noch beim Bau der UB Erlangen 1913 von einer Baukommission, der sogar ein bibliothekarischer Fachmann angehörte, ein Ausstellungssaal als entbehrlich bezeichnet wurde und gegen den ausdrücklichen Beschluß dieser Kommission durchgesetzt werden mußte. Vgl. FRITZ REDENBACHER, *Das Gebäude der UB Erlangen.* In: Bibliothek, Bibliothekar, Bibliothekswissenschaft. Festschrift Joris Vorstius. Leipzig 1954 S. 254.

Maschinen arbeiten dürfen. Jeder Neubau zentraler wissenschaftlicher Bibliotheken sowie anderer einer bestimmten Größenordnung (Bezirksbibliotheken z. B.) sollte solche Einrichtungen vorsehen, außerdem eine Anzahl von kleinen Arbeitsräumen in der Nähe der Lesesäle, die, für eine bestimmte Zeit gegen zusätzliche Gebühren gemietet, völlig ungestörtes Arbeiten, auch mit Schreibmaschine, gestatten (Einzelarbeitszimmer für Forscher). Auch Gästezimmer für auswärtige, besonders ausländische Gelehrte, die ihnen die Beschwerlichkeit einer Hotelunterkunft abnehmen und die Voraussetzung für eine maximale Arbeitsmöglichkeit schaffen, sollten vorgesehen werden.

10.4.4. *Diensträume*

Bis etwa in die Mitte des 19. Jahrhunderts ist für die Bibliotheken zweierlei charakteristisch: 1. Dienstbetrieb und Benutzung bildeten eine Einheit; für die bibliothekarische Geschäftsführung stand in der Regel ein gemeinsamer Raum zur Verfügung. 2. Der für inneren Dienstbetrieb und Benutzung anfallende Raum war sehr knapp. Auch in den Neubauten, die in der zweiten Hälfte des 19. Jahrhunderts entstanden sind, wurden weitsichtige Programme der Bibliothekare, so bescheiden und zeitbedingt sie auch waren, häufig ein Opfer der Sparsamkeit.

Entwicklung der Diensträume

Der Saal für den ursprünglich nicht öffentlichen Katalog blieb der Hauptarbeitsraum für die Bibliothekare sämtlicher Dienststellen mit Ausnahme der Leihstelle. Wie in Halle, wo 1886 der geplante Raum für die Registratur mit einem Bürosekretär gestrichen wurde, sah es auch anderswo aus. Vereinzelt und erst allmählich entstanden die heute unentbehrlichen Spezialräume für Bucheinband, Hausbuchbinderei, Post- und Paketverkehr. Am erstaunlichsten ist es, daß die Erwerbung noch gar nicht als besondere und raumbedürftige Dienststelle angesehen wurde.

Funktion und Größenordnung haben die Bauplanung der Diensträume zu bestimmen. Wenn uns auch noch Maßstäbe fehlen, so gilt doch uneingeschränkt, daß die Zahl und Art der Dienststellen auch künftige Bauprogramme bestimmen werden. Dabei muß den Architekten immer wieder klargemacht werden, daß die ihnen geläufigen Kennziffern für Arbeitsplätze in Büroräumen nicht einfach auf Bibliotheken übertragen werden können. Schließlich sollte die Flucht der wissenschaftlichen Bibliothekare in das Einzelzimmer, die für Deutschland charakteristisch war, aber auch anderswo anzutreffen ist, im Interesse der Arbeitsorganisation der ganzen Bibliothek mit aller Entschiedenheit als eine Fehlentwicklung erkannt werden. Die Einheit von Buch-Nutzer-Bibliothekar muß sich auch im Dienstbetrieb und damit in der Bauplanung der Diensträume widerspiegeln, ganz abgesehen davon, daß die Isolierung des Fachreferenten der echten und notwendigen Kollektivarbeit entgegensteht. Im Zuge struktureller Veränderungen des Bibliotheksorganismus, z. B. bei Schaf-

Bibliothekar und Leser

fung von Geschäftsgangsabteilungen, steht die Frage von großen Arbeitsräumen. Bei Neubauten größerer Bibliotheken ist das Großraumbüro[996] sowohl für Geschäftsgangszone als auch für Auskunfts- und Informationsbereich ein Problem, das es den jeweiligen Bedingungen entsprechend zu lösen gilt – auf keinen Fall darf es als nicht bibliotheksgeeignet beiseite geschoben werden.

Noch schwerer wiegt die Vernachlässigung der berechtigten Interessen der Mitarbeiter. Sie ist besonders offenbar geworden, seitdem die Sorge um den Menschen in seiner Arbeitsstätte eine besonders verantwortungsvolle Aufgabe sozialistischer Institutsleitungen in Zusammenarbeit mit den Betriebsgewerkschaftsleitungen geworden ist. Gefordert werden müssen: Klubräume für die Mitarbeiter der Bibliothek, mindestens ein gemeinsamer Speiseraum, Räume zur sportlichen Betätigung, Bade- und Duschräume, eine Sanitätsstelle mit ärztlicher Betreuung und Ruheraum sowie eine Lebensmittelverkaufsstelle. Ein großer Versammlungsraum für alle Mitarbeiter (z. B. für allgemeine Arbeitsbesprechungen, gemeinsame Feierstunden, gesellige Veranstaltungen sowie sonstige Veranstaltungen) sollte in jedem Bauprogramm eine Selbstverständlichkeit sein.

soziale Einrichtungen für Mitarbeiter

Für die Mitarbeiter und Nutzer von Wichtigkeit ist das gesamte Mobiliar, das formschön und zweckmäßig sein sollte. Das ist noch ein weites Feld für Verbesserungen und Typisierungen.[997]

10.4.5. *Technische Einrichtungen*

technische Einrichtungen

Technische Einrichtungen, die dem neuesten Stand der Entwicklung entsprechen und sich in die funktionellen Besonderheiten wissenschaftlicher Bibliotheken einfügen, gehören zu einer modernen Gebrauchsbibliothek, wenn sie den an sie gestellten Forderungen ihrer Benutzer genügen will.[998] Betrachten wir die Raumdispositions-Übersicht für technische Einrichtungen (vgl. Abschnitt 10.3.), so wird uns deutlich, daß damit eine Raumgruppe mit der Tendenz zur weiteren Ausdehnung herangewachsen ist, die für künftige Bauprogramme eine wichtige Rolle spielen wird. Es werden sich sogar von da her (z. B. EDVA) Umbildungen in der gesamten Raumdisposition notwendig machen.

Zentralheizung, Telefon, automatische Bücheraufzüge, Fließbänder und Rohrpost zählen heute bereits zu den selbstverständlichen Einrichtungen großer Bibliotheken. Sie helfen, den Weg zwischen Nutzer und Buch zu

---

[996] Lit. zum Großraumbüro betrifft überwiegend Verwaltungen usw. – GERHARD SCHLITT, *Großraumbüros u. große Büroräume in Bibliotheken.* In: Dokumentation, Fachbibliothek, Werksbücherei 18 (1970) S. 127–130.

[997] PATRICIA MILLARD, *Modern library equipment.* Comp. and ed. London 1966. – *Moderne Möbel für Bibliotheken.* Leipzig 1967.

[998] THOMAS LANDAU, *Library furniture and equipment.* London 1963. Alphabetisch nach Schlagwörtern geordnet, mit Sachregister. – PATRICIA MILLARD, *Modern library equipment.* London 1966.

verkürzen. Klimaanlagen, die in allen Räumen Temperatur und Luftfeuchtigkeit selbsttätig regeln, sind ebenso wie vollkommenste Feuerschutzanlagen kein Luxus, sondern notwendige technische Einrichtungen. Dazu zählen auch Sprechanlagen als Verbindung zum Magazin sowie Entstaubungsanlagen im Magazin. Zu den noch vielfach vernachlässigten Problemen der Bibliothekseinrichtungen zählt u. a. die Beleuchtung[999] in den Leseräumen, aber auch in den Diensträumen und im Magazin. Keineswegs untersucht ist eine so wichtige Frage wie die nach dem zweckmäßigsten Fußbodenbelag[1000], bei maximaler Ausnutzung der Vorteile der PVC-Folie. Wesentliche Unterstützung der wissenschaftlichen Arbeit gewährleisten die zwischen den großen Bibliotheken geschaffenen Verbindungen durch Fernschreiber. Da die Sofortausleihe eine unausweichliche Forderung in allen großen wissenschaftlichen Bibliotheken ist, verdienen heute alle technischen Möglichkeiten der Magazineinrichtung, insbesondere Bücherförderanlagen[1001], besondere Beachtung. Für jede Förderanlage stellen sich drei Grundfragen, die gelöst werden müssen, und zwar der Weg des Magazinmitarbeiters zur Entgegennahme der Bestellung, sein Weg von da zum Standort des Buches und sein Weg von dort bis zur Übergabe des herausgesuchten Buches an das Fördersystem. Das wichtigste Problem dabei ist in der Regel, wie die Höhenunterschiede zwischen den Stockwerken überwunden werden. Sofern die Neigungswinkel gut bedacht und mäßig sind, ist eine Förderanlage mit Schrägführung der Bänder am praktischsten und auch am billigsten. Der Einbau

Zusammenfassung der wichtigsten Einrichtungen

Bücherförderanlagen

[999] ROBERT T. JORDAN, *Lighting in university libraries.* In: Unesco bull. f. libraries 17 (1963) S. 326–336. Mit Lit.verz. – TIBOR TOMBOR, *Einige aktuelle Fragen der Beleuchtungstechnik in den Bibliotheken.* Dt. Übers. Aus: Tudományos és műszaki tájékoztatás 13 (1966) Nr. 1. Berlin 1967. (Arbeitsmaterial des Methodischen Zentrums f. wiss. Bibliotheken.) – KEYES D. METCALF, *Library lighting.* New York 1970. – KLAUS PFEFFER, *Der Einfluß der Beleuchtung auf die Gestaltung von großen Publikumsräumen und Magazinen in Bibliotheken.* In: Informationen zum Bibliotheksbau. Pullach b. München 1974 S. 147–174.

[1000] BERNARD BERKELEY, *Floors: selection and maintenance.* Chicago 1968. (LTP Publications. 13.)

[1001] WILLY R. F. NIEMANN, *Automatische Förderung in einer Bibliothek.* In: Fördern u. Heben 9 (1959) S. 712–716; überhaupt ist diese Fachzeitschrift dafür zu beachten. (Jg. 1 ff. Wiesbaden 1951 ff.) – SIEGFRIED MÜHLHÄUSER, *Mechanisierter Büchertransport in wissenschaftlichen Bibliotheken.* Köln 1960. (Prüfungsarbeit, maschinenschriftl. vervielf.) – RAINALD STROMEYER, *Transportprobleme in großen Bibliotheken.* Wiesbaden 1962. – PETER SPYERS-DURAN, *Moving library materials.* Chicago 1965. – VLADIMÍR RADA, *Dopravní zařízení v knihovnách.* Praha 1966. (Transporteinrichtungen in Bibliotheken). Arbeitsübers. liegt beim Meth. Zentrum f. wiss. Bibliotheken vor, das auch einen Auszug daraus in dt. Sprache veröffentlichte: *Probleme des Transportes und der Transporteinrichtungen in Bibliotheken.* Berlin 1967. – PETER PROHL, *Fördereinrichtungen in wiss. Allgemeinbibliotheken.* In: ZfB 83 (1969) S. 645–662. – PETER PROHL, *Buchanforderungs- und Buchförderanlagen für wiss. Bibliotheken.* Vortrag. Colloquium on university library buildings Lausanne, 29. 6.–2. 7. 1971. Birmingham, Lausanne 1972 S. 118–141. (Liber. Bulletin suppl. 1.) – PETER SCHWEIGLER, *Materialfluß im Bibliotheksbetrieb.* In: ZfBB 19 (1972) S. 311–352. – Vom selben Verf. zum gleichen Thema auch in: Informationen zum Bibliotheksbau. Pullach b. München 1974 S. 73–115.

einer Buch-Paternosteranlage lohnt sich überhaupt nur bei sehr hohen Magazinanlagen (12 Stockwerke und mehr). Die Bandförderung hat zwar den Vorteil, daß die Bücher nicht im Kasten gerüttelt werden, dafür ist hierbei sehr viel mehr Augenmerk auf das Ankommen der Bücher, in erster Linie in der Leihstelle, zu legen: Hartes Anstoßen oder Ineinanderschieben muß unbedingt ausgeschaltet sein.
Das Transportsystem mit Paternoster und Kasten hat dem Band gegenüber doch eine Reihe von Komplikationen aufzuweisen, die nicht nur die Anlage, sondern auch ihre Nutzung vom Standpunkt der Rentabilität kostspielig machen: die Rücksteuerung der leeren Kästen, ihre breite Verteilung in die einzelnen Magazintrakte, Weichensystem, Magnetabtastung usw.
Eine beachtenswerte Weiterentwicklung traditioneller Büchertransportanlagen ist das System Telelift (BRD), wie es u. a. in der Königlichen Bibliothek Stockholm Anwendung gefunden hat.[1002] Der Transport erfolgt in Behältern auf stromführenden Schienen. Die programmierten Stationen (bis zu 99) können automatisch angesteuert werden, und zwar vertikal und horizontal. Die Anlage wird durch ein automatisches Rohrpostsystem (Teletube International) für die Bestellscheine ergänzt.
Zweckmäßig ist es, die Rohrpostanlage sowie das Aufzugsystem mit einer Tablo-Rufanlage zu koppeln, d. h. optisch mit Hilfe aufleuchtender numerierter Transparenttablos das Eintreffen einer Büchse an einer bestimmten Stelle der Rohrpostanlage zu signalisieren. Das optische Signal, das mit einem akustischen (Summer) gekoppelt werden kann, bleibt solange in Tätigkeit, bis die Entnahme der Büchse erfolgt; die zum Leuchten gebrachten Nummern innerhalb der Tabloanlage werden gelöscht und damit auch das Kontrollzeichen am Tisch der Rohrpostzentrale. Rufanlage
Obwohl die Bestimmungen des Brandschutzes, wie sie unterschiedlich, aber in den Prinzipien im wesentlichen übereinstimmend, in den einzelnen Ländern gelten, bereits von seiten des Architekten und der Baufachleute zu beachten sind, sollten auch die Bibliothekare diesen Fragen besondere Aufmerksamkeit bei Bauplanungen widmen, weil es ihre Pflicht ist, die Buchbestände bestmöglich zu sichern. Gleichsam zum ABC des Brandschutzes zählt eine feste Zwischendecke, die zweckmäßige Isolierung aller Rohre (Heizung, Wasser), die durch den Magazintrakt führen, sowie die ordnungsgemäße Aufstellung von Feuerlöschgeräten und die regelmäßige Kontrolle der in der Bibliothek oder ihrer Nähe gelegenen Hydranten. Notwendig sind aber auch Rauchmeldeanlagen bzw. die auf bestimmte außergewöhnliche Wärmegrade reagierenden Kontakte, die vorhandene Durchgänge automatisch sperren. Wünschenswert sind Verbesserungen der für Magazinzwecke notwendigen Materialien, z. B. für Regale hinsichtlich ihrer Feuerbeständigkeit sowie die volle Ausschöpfung der Möglichkeiten, die Schutzlacke für Stahlregale bieten können. Brandschutz

---

[1002] Notiser från riksbibl. 4 (1971) 4, S. 12–14.

10.5. Speicherbibliotheken

Aufbewahrung wenig benutzter Literatur

Das Problem der sinnvollen Aufbewahrung wenig benutzter Literatur hat zwei Seiten.[1003] Sofern man sich damit begnügt, für eine wissenschaftliche Bibliothek Außen- oder Ausweichmagazine, etwa am Stadtrand, einzurichten, entstehen keine neuen bibliothekarischen Probleme, höchstens zusätzliche Transportaufgaben, die jedoch im Zeitalter der Motorisierung nicht unlösbar sind. So hat die Bibliothek des Britischen Museums bereits 1905 ein Außenmagazin für Zeitungen, fünf Kilometer nordwestlich von London, die Bibliothèque nationale 1934 einen Annex in Versailles, und zwar einen achtstöckigen Magazinbau, erhalten. Beachtenswerte neue Speichereinrichtungen sind in Finnland, Schweden und Dänemark entstanden.[1004]

Außenmagazine

Bei Verlagerungen wenig benutzter Literatur einer Bibliothek innerhalb geschlossener Standortgruppen bedarf es in erster Linie der Entscheidung für die betreffenden Gruppen; dabei kann die Repräsentativstatistik wertvolle Hilfe leisten. Wenn es ein chronologisches Aufstellungsprinzip innerhalb der Fächer gibt, kann man – und das ist die günstigste Lösung – einen Schnitt etwa beim Jahre 1900 machen. Sofern diese Voraussetzung nicht besteht, bieten sich für die Aussonderung zunächst geschlossen aufgestellte, abgeschlossene ältere Sammlungen (Stiftungen usw.) an. Dabei müssen freilich Rara und Kostbarkeiten (Einbände z. B.) herausgezogen und entsprechend den jeweiligen Möglichkeiten (Rara-Abteilungen) gesondert untergebracht werden. Unabhängig davon kommen für die Aussonderung älterer Bestände bestimmte Fächer in Frage, in erster Linie Naturwissenschaften, Technik, Medizin, nur bedingt die gesellschaftswissenschaftlichen Fächer insgesamt, am ehesten noch Rechtswissenschaft, Theologie, Wirtschaftswissenschaften („Kameralistik" usw.); philologisch-historische Wissenschaften weisen erfahrungsgemäß einen relativ hohen Benutzungsgrad in ihren alten Beständen auf. Auch die Verlagerung älterer Zeitschriften, und hier wiederum in erster Linie

Aussonderungsgesichtspunkte

1003 FRITZ JUNTKE, *Magazinierung der toten Literatur.* In: ZfB 48 (1931) S. 394–421. Mit Recht weist Juntke darauf hin, daß bei der Behandlung dieses Problems „vier Gesichtspunkte berücksichtigt werden müssen: 1. die Art der Bibliothek, 2. die Feststellung, was unter toter Literatur zu verstehen ist, 3. die Wirkung der Trennung auf die Bibliothek und 4. auf die Benutzer" (S. 397). – PHILIPP W. PLUMB, *Central library storage of books.* (Sevensma prize 1962.) London 1965. (Library association pamphlet. 24.) Dazu Rez. v. ADELHEID KASBOHM in: ZfB 82 (1968) S. 238–242. – LEE ASH, *Yale selective book retirement program.* Hamden 1963. – GERHARD SCHWARZ, *Die Speicherung wenig benutzter Bibliotheksbestände in der DDR.* In: ZfB 83 (1969) S. 510–530. – ADELHEID KASBOHM, *Kriterien für die Aussonderung wenig benutzter Literatur.* In: ZfB 86 (1972) S. 263–278; von d. Verf. liegt auch vor: *Zum Problem d. wenig benutzten Literatur u. deren Speicherung.* Berlin, Humboldt-Univ., Ges. wiss. Fak., Diss. v. 9. Juni 1971.

1004 UNO WILLERS, *Ett svenskt depåbibliotek.* In: Cum libris. 1961. Lund 1961 S. 10–12. – Zur finnischen Speicherbibliothek in Urajärvi vgl. PETER GENZEL, *Die UB Helsinki.* In: ZfB 79 (1965) S. 519. – PAUL DANGAARD, *A central storage library for public libraries in Denmark.* In: Scandinavien publ. libr. quarterly 2 (1969) S. 42–45.

naturwissenschaftlicher und technischer, kann erwogen werden.[1005] Ausweichmagazine dieser Art bedeuten aber – im wahren Sinne des Wortes – nur ein Ausweichen vor dem Problem selbst. Denn abgesehen davon, daß eine vollständige Erhaltung *aller* von Bibliotheken erworbenen Literatur in der Perspektive ökonomisch nicht zu verantworten wäre, begegnet sich die Frage nach der zweckmäßigen und rationellen Aufbewahrung wenig benutzter Literatur mit der Überzeugung des modernen Bibliothekars, daß auch eine wissenschaftliche Bibliothek im Interesse ihrer Nutzer ein überschaubarer Organismus bleiben muß, daß auch eine wissenschaftliche Bibliothek eine obere Bestandsgrenze (optimale Betriebsgröße) aufweisen soll.

Speicherbibliotheken

Das eigentliche Problem der Speicherbibliothek reduziert sich also auf den dauerhaften, kooperativen Speicher (cooperative storage). In den USA sind bisher in größerem Umfang Einrichtungen geschaffen worden, die das Problem an der Wurzel angepackt haben. 1941/1942 entstand als ein Gemeinschaftsunternehmen die *New England Deposit Library*[1006] in Boston (Mass.), die erste *Cooperative Storage Library* für zunächst sieben, später elf Bibliotheken. Das größte Gemeinschaftsunternehmen dieser Art in den USA ist das ehemalige *Midwest Interlibrary Center* in Chicago, 1950 zunächst für 10, später für 16 Universitätsbibliotheken des Mittelwestens gegründet. Es hat u. a. einen Lesesaal und 20 Einzelarbeitsräume. Dieses Center hat eine Fassungskraft von drei Millionen Bänden. Es hat 1965 seine Funktion über den Midwest-Bereich hinaus erweitert; seine neue Bezeichnung lautet: *Center for Research Libraries* (CRL).[1007] Es wird in ihm, sicher mit Recht, ein Markstein in der Geschichte des amerikanischen Bibliothekswesens gesehen.

Begriff „storage library“

Die auf diesem Gebiet in den USA geschaffenen Einrichtungen sind nicht als Hilfsmaßnahmen auf längere oder kürzere Sicht, sondern als echte Lösungen des Raumproblems, planmäßig und von grundsätzlicher Bedeutung für das Bibliothekswesen, anzusehen. „Storage library“ sollte, um die neue Qualität solcher Einrichtungen auszudrücken, mit Speicherbibliothek übersetzt werden; sie sind von den eingangs genannten Außen- oder Ausweichmagazinen bzw. Depots zu unterscheiden.

Bearbeitungsprobleme

Bei der Speicherbibliothek als Gemeinschaftsunternehmen mehrerer Bibliotheken tauchen eine ganze Reihe bibliothekarischer und technischer Probleme auf, die bewältigt werden müssen: neben der richtigen Auswahl

---

[1005] Zu dem gesamten Fragenkomplex vgl. HANS SEYFFERT, *Magazinierung wenig benutzter Literatur.* Die Entwicklung der „Storage library“ in Amerika u. ihre Möglichkeiten in Deutschland. Köln 1953. (Arbeiten aus d. Bibliothekar-Lehrinstitut d. Landes Nordrhein-Westfalen. 1.) Mit Lit.verz., besonders amerikanischer Lit. – WOLFGANG BRÜSKE, *Zur Frage der wenig benutzten Literatur.* Ergebnisse e. Untersuchung an d. Univ.- u. Stadtbibl. Köln. In: Mitteilungsblatt. Verband d. Bibliotheken d. Landes Nordrhein-Westfalen. N. F. 8 (1958) S. 208–222.

[1006] Vgl. ANDREW D. OSBORN, *The New England Deposit Library.* In: College and research libraries 5 (1943) S. 21–28.

[1007] *The Center for Research Libraries. The report of a survey with an outline of programs and policies.* Chicago 1965.

der auszusondernden Bestände selbst (Gruppenbildung oder Einzelbücher) die Frage, ob endgültige oder zeitweilige Abgabe erfolgen soll, die Benutzung dieser Literatur, die Aufstellungsform, Signaturgebung und nicht zuletzt die Kennzeichnung bzw. Tilgung der ausgesonderten Literatur in den Katalogen. Die amerikanischen Erfahrungen[1008] haben jedenfalls erwiesen, daß die in diesem Zusammenhang auftauchenden neuen Probleme nicht gering, aber doch lösbar sind.

Perspektive

In der Deutschen Demokratischen Republik ist die zweckmäßigste Speicherung wenig benutzter Literatur theoretisch bereits weitgehend geklärt.[1009]

10.6. Grundprinzipien

Anforderungen an den modernen Bibliotheksbau

Der Bibliotheksbau ist deshalb so schwierig, weil die Anforderungen, die an ihn gestellt werden, vielfältiger sind, als dies bei den meisten speziellen Zweckbauten der Fall ist. Zugleich sind die verschiedensten Gesichtspunkte unter einen Hut zu bringen: Die öffentliche Bibliothek soll ein lebendiges kulturelles oder wissenschaftliches Zentrum sein, das breiten interessierten Schichten der Bevölkerung offensteht; sie soll zugleich ruhiges und konzentriertes Arbeiten gestatten. Die wissenschaftliche Arbeit mit dem Buch vollzieht sich aber heute schon nicht mehr ausschließlich in der individuellen Begegnung des Einzelnutzers mit dem Buch, sondern auch im Kollektiv (Gruppenarbeit). Der Bibliotheksbau soll Büchermassen unter klimatisch einwandfreien Bedingungen (vorbeugende Buchpflege) und mit höchster Ökonomie (Raumausnutzung) zur übersichtlichen, geordneten Aufstellung bringen und zugleich den mit diesen Büchern arbeitenden Menschen günstige, angenehme Arbeitsbedingungen in Arbeitsräumen und Lesesälen verschiedener Größe und Zweckbestimmung gewährleisten. Der Weg zwischen Buch und Nutzer soll, wie die Gerade in der Geometrie, der kürzeste und schnellste sein.

Vielzahl der Probleme

Dazu bedarf es, zur Unterstützung der Menschenkraft, modernster technischer Anlagen und Hilfsmittel. Der Zugang zu den Büchern soll in zunehmendem Maße unmittelbar sein (Freihand), zugleich aber muß für besonders wertvolle und unersetzliche Teile des Bestandes ein höchstes Maß von Sicherheit gewährleistet sein (Sonderaufstellung, Tresore). Zwischen diese zwei Bereiche muß sich eine bibliothekarische Dienstzone für die Auswahl, Bearbeitung, Erschließung und Vermittlung der Bücher

---

[1008] JERROLD ORNE, *Storage warehouses.* In: The state of library art. Ed. by Ralph R. Shaw. Vol. 3, p. 3. New Brunswick 1960 S. 1–52. Mit umfassender Bibliographie, darunter viele Erfahrungsberichte (S. 39–49), Register. – ANTHONY THOMPSON, *Library buildings of Britain and Europe.* London 1963 S. 302–316, mit Skizzen u. Lit.angaben.

[1009] Vgl. Diskussionsbeiträge im ZfB 84 (1970) S. 268–272 (B. BURGEMEISTER), S. 273–275 (J. DIETZE); 85 (1971) S. 219–222 (H. KUNZE u. H. RÖTZSCH); 86 (1972) S. 263–277 (A. KASBOHM).

auf der Grundlage modernster Büro- und Verwaltungstechnik durch die Bibliotheksmitarbeiter schieben, von der wiederum zu gelten hat, daß sich diese Bearbeitungsgänge mit dem Weg des bearbeiteten Buches zum Leser möglichst nicht kreuzen.

Aus den Lehren der Vergangenheit lassen sich einige Grundforderungen ableiten.

Grundforderungen

1. Jedes Bauvorhaben, ob Neubau oder Erweiterungs- bzw. Umbau, setzt voraus, daß die gegenwärtige und künftige Funktion der Bibliothek gründlich geklärt wird. Baufragen sind von Haus aus grundlegende Fragen der Bibliotheksorganisation und Bibliothekspolitik. Jede geplante bauliche Maßnahme, erst recht eine Vielzahl überlegter baulicher Maßnahmen, wie sie ein Bibliotheksneubau darstellt, bestimmt auf längere Zeit die Ausstrahlung der betreffenden Bibliothek.

Funktionsklärung

2. Jeder Bibliotheksbau ist als Teil des kulturellen Bauprogramms einer Gemeinde, einer Stadt, eines Bezirkes von übergeordneten örtlichen Gegebenheiten der kommunalen Bauplanung abhängig. Das muß sich besonders in Großstädten auswirken, denn dort muß sie sich den städtebaulichen Gesichtspunkten unterordnen, aber auch auf dem Lande bestimmen der Charakter der Landschaft sowie lokale Bautraditionen das Gesicht jedes öffentlichen Neubaus. Solche Aspekte können von grundsätzlicher Bedeutung sein (Hoch- oder Flachbau, Bücherturm oder horizontale Lösung).

Bibliotheksbau und kommunale Bauplanung

3. Eine Bibliothek auf der Grundlage ihrer richtig bestimmten Funktion bauen, heißt, von innen nach außen[1010] – nicht umgekehrt – bauen. Daraus leitet sich folgerichtig die heute unbestrittene Forderung des Zusammenwirkens von Bibliothekar und Architekt ab,[1011] aber auch die Notwendigkeit, ökonomische Fragen der Rationalisierung des Baus (Raster) im Zusammenhang mit der kulturellen Funktion der Bibliothek zu sehen. Verständnis der Funktion der Bibliothek und ihrer bibliothekstechnischen Aufgabenstellungen sowie Hineindenken in die bautechnischen und gestalterischen, ästhetischen Probleme der Architektur müssen sich harmonisch zusammenfinden. Das ist die Voraussetzung für die notwendige Partnerschaft von Bibliothekar und Architekt. Das bittere Wort des

Bibliothekar und Architekt

[1010] Diesen Gedanken hat Rolf Kluth in folgender Richtung weitergeführt: Die Hauptgliederung der wissenschaftlichen Bibliothek sollte „dem System der Wissenschaften" entsprechen, wobei die bautechnische Widerspiegelung eines so verstandenen „Systems" als Fachabteilungen nicht als Schema, sondern als Prinzip und mit der notwendigen Ergänzung durch zentrale Abteilungen verstanden wird. Dem kann mindestens für große Universitätsbibliotheken zugestimmt werden. Vgl. R. KLUTH, *Bibliotheksstruktur und Baustruktur.* In: ZfBB 12 (1965) S. 3–33.

[1011] CARL THOMSEN, *The architect and the librarian.* In: Unesco bull. f. libraries 16 (1962) S. 146–151. – PETER PROHL u. PETER TZSCHAKSCH, *Bau und Ausstattung wiss. Fachbibliotheken.* Meth. Zentrum f. wiss. Bibliotheken. Berlin 1970.

bekannten amerikanischen Bibliothekars Charles Ammi Cutter, „Der Architekt ist der natürliche Feind des Bibliothekars"[1012], ist noch immer des Nachdenkens wert. Bei aller Bereitschaft zur Zusammenarbeit von Bibliothekar und Architekt bleibt es doch dabei, daß zwei verschiedene Ausgangspositionen in der besten Lösung eine Verbindung eingehen müssen.

Baukollektiv

4. Bauvorbereitung ist ein so wichtiges und verantwortungsvolles Unternehmen, daß sich die Zusammenarbeit der Verantwortlichen in einem engeren Planungskollektiv als zweckmäßig erweist. Als gut zusammengesetzt kann nach den bisherigen Erfahrungen ein Kollektiv gelten, dem angehören: ein Vertreter der übergeordneten staatlichen Institution (Planträger), die für alle ökonomischen Fragen kompetent ist, der Bibliotheksdirektor und ein sachkundiger Mitarbeiter der Bibliothek mit langjährigen Erfahrungen in der örtlichen Bibliotheksarbeit, der verantwortliche Architekt, ein Innenarchitekt, mindestens zeitweise ein Heizungs- und Beleuchtungsingenieur sowie ein Vertreter der kommunalen Stadtplanung (auf dem Lande ein entsprechender Vertreter der Kreis- bzw. Bezirksplanung). Für die bibliothekarischen und staatlich-kommunalen Mitarbeiter eines solchen Kollektivs ist es wichtig, daß sie Entwurfszeichnungen zu lesen verstehen und die Standardzeichen der Architekten sowie die Terminologie der Baufachleute beherrschen.

nationale Zentren für Bibliotheksbau

5. Die Erfahrungen im Bibliotheksbau sind zu sammeln und zwecks Verallgemeinerung in Verbindung mit dem Studium und der Auswertung der internationalen Bauliteratur an einer Stelle im Bibliothekswesen zu konzentrieren. Diese Aufgabe können, besonders in kleineren Ländern, zentrale Beratungsstellen oder methodische Einrichtungen wahrnehmen. Erstrebenswert ist in größeren Ländern mit differenzierten Bibliotheksnetzen eine spezielle Arbeitsstelle für Bibliotheksbau, die am besten, getrennt nach Baufragen des wissenschaftlichen und des allgemeinbildenden Bibliothekswesens, entweder bei den staatlichen Organen selbst (Staatliche Bibliotheksdirektion im Ministerium) oder bei den zentralen Instituten des jeweiligen Bibliothekszweigs einzurichten sind (Staats- bzw. Nationalbibliotheken, Zentralinstitute usw.).

ständige Arbeitsgruppen von Bibliothekaren und Architekten

Unabhängig davon wird es sich in der Perspektive als zweckmäßig erweisen, eine ständige Arbeitsgruppe von Bibliothekaren und Architekten in jedem Lande zu bilden, die sich gutachtlich zu jedem Bibliotheksbau im gesamten Bereich des Bibliothekswesens des betreffenden Landes zu äußern hat. Nachdem 1957 in der Leninbibliothek Moskau ein spezieller Sektor für Architektur, Bau und Einrichtung von Bibliotheken unter Leitung von F. N. Paščenko gebildet worden war, ist dieser Sektor 1959 auf Grund einer Verordnung zu einem gesamtstaatlichen *Fachausschuß Architektur, Bau und Einrichtung von Bibliotheken* für das Gebiet der

---

[1012] In: Library journal 13 (1888) S. 318.

RSFSR erweitert worden.[1013] Ihm ist u. a. die Ausarbeitung grundlegender Schemata und Normen für die Projektierung, den Bau bzw. die Rekonstruktion von Bibliotheken sowie deren Einrichtung, von den Dorfbibliotheken bis zu den größten wissenschaftlichen Bibliotheken, übertragen worden. Ein detailliertes Arbeitsprogramm legt die Aufgaben des Fachausschusses im einzelnen fest.

UdSSR

Die Erfahrung, daß die Tätigkeit ehrenamtlich arbeitender Experten des Bibliothekswesens in Fachkommissionen zur Bewältigung der großen Aufgaben z. B. auf dem Gebiete des Bibliotheksbaus nicht mehr ausreicht, hatte im wissenschaftlichen Bibliothekswesen der DDR zunächst zur Einrichtung einer *Methodischen Beratungsstelle für Technisierung und Baufragen*, 1964 zur Einbeziehung dieser Stelle in das Methodische Zentrum für wissenschaftliche Bibliotheken geführt. Für das allgemeinbildende Bibliothekswesen übt das Zentralinstitut für Bibliothekswesen schon seit Jahren eine methodisch anleitende Arbeit für Bau und Einrichtungen aus. Außerdem wirken auf diesem Gebiet in der DDR: das Institut für Hoch- und Fachschulbau an der Technischen Universität (TU) in Dresden (besonders zuständig für Planungsgrundlagen) sowie TU-Projekt Dresden (Projektamt für Bauten des Hoch- und Fachschulwesens). Wie das Ministerium für Hoch- und Fachschulwesen für seinen Bereich hat sich auch das Ministerium für Kultur ein Institut für den Bau kultureller Einrichtungen geschaffen (Institut für Kulturbauten), vgl. Anm. 1015.

Methodische Zentren in der DDR

Für den Bau und die Einrichtung von Bibliotheken gibt es eine fruchtbare Zusammenarbeit zwischen den europäischen sozialistischen Ländern. Es werden in der Regel alle zwei Jahre Konferenzen durchgeführt. Das die jeweils nächste Konferenz vorbereitende Land übernimmt für diesen Zeitraum die Funktion eines Koordinierungszentrums europäischer sozialistischer Länder für Bibliotheksbau.[1014] Die vorgelegten Konferenzmaterialien sind wichtige Informationsquellen für den Bibliotheksbau in diesen Ländern. Auch die Bemühungen der Kommission für Bibliotheksbau innerhalb des IVBV sind zusammen mit den dort alljährlich vorgelegten Spezialarbeiten beachtenswert.

Zusammenarbeit soz. Länder

[1013] DRAHOSLAV GAWRECKI, *Der Bau von Bibliotheken in der Sowjetunion.* In: ZfB 75 (1961) S. 243–255. Mit Abdruck d. obengenannten Verordnung über den Fachausschuß. Dort auch weitere Literaturhinweise, u. a. auf Verzeichnisse von Typenprojekten (1960) und Ausstattung und Einrichtungsmaterialien (1960).

[1014] Entsprechend den Empfehlungen der V. Internationalen Konferenz der sozialistischen Länder zu Fragen des Baus, der Einrichtung und technischen Ausstattung von Bibliotheken (Dezember 1973 in Moskau) haben das Ministerium für Hoch- und Fachschulwesen und das Ministerium für Kultur der DDR das Methodische Zentrum für wissenschaftliche Bibliotheken und das Zentralinstitut für Bibliothekswesen beauftragt, bis zur nächsten (VI.) Internationalen Konferenz 1975 die Funktion eines Koordinierungszentrums für den Bau, die Einrichtung und technische Ausstattung von Bibliotheken der sozialistischen Länder zu übernehmen. Die genannten zwei Zentren geben gemeinsam ein *Informationsbulletin* (unregelmäßig) heraus. (Informationsbulletin des internationalen Koordinierungszentrums für den Aufbau, die Einrichtung und technische Ausstattung von Bibliotheken der sozialistischen Länder. Prag 1 ff. 1968 ff.)

Dänemark

Auch die Erfahrungen in Dänemark[1015] zeigen, daß eine Arbeitsgruppe am besten in der Lage ist, eine Normung des nationalen Bibliotheksbaus in angemessener Weise zu verwirklichen. Die überstaatliche Zusammenarbeit solcher nationaler Arbeitsgruppen ist im Interesse des Fortschreitens des internationalen Bibliotheksbaus äußerst erstrebenswert. Der IVBV wäre für die Koordinierung dieser Bestrebungen das geeignete Forum.

Weiterbildungsveranstaltungen

Da auf dem Gebiet des Bibliotheksbaus nicht nur – wie anderswo auch – eine stürmische technische Entwicklung zu verzeichnen ist, sondern weil auch der Einsatz der Mittel (Investitionen und Werterhaltung) hier besonders hoch ist, muß der Weiterbildung der Mitarbeiter in den Bibliotheken jedes Landes Aufmerksamkeit geschenkt werden. Eine gute Lösung ist in der DDR dadurch gefunden worden, daß das Methodische Zentrum für wissenschaftliche Bibliotheken beim Ministerium für Hoch- und Fachschulwesen alljährlich für Bibliothekare und auf dem Gebiet des Bibliotheksbaus tätige Architekten zentrale Weiterbildungsveranstaltungen organisiert und leitet; dort werden neueste wissenschaftliche Erkenntnisse vermittelt und Erfahrungen ausgetauscht. Gerade diese Gemeinsamkeit von Architekten und Bibliothekaren ist ein bedeutender Fortschritt gegenüber früher.

maximale offene Buchbestände

6. Jede Planung eines Bibliotheksneubaus im Bereich der wissenschaftlichen Bibliotheken wird im Zusammenhang mit der Funktion der betreffenden Bibliothek ausgehen müssen von dem Zweifel an der Berechtigung der starren dreigeteilten Bibliothek. Sie wird ein Maximum „offener" Buchbestände erstreben müssen und die sich dafür anbietenden Möglichkeiten von Fall zu Fall zu prüfen haben.

Mittelpunktgestaltung

6.1. Eine ganz entscheidende Frage ist die Mittelpunktgestaltung der Bibliothek aus der Sicht des Nutzers. Hier bieten sich zwar Varianten

---

[1015] In Dänemark besteht beim Erziehungsministerium eine Bibliotheksdirektion (Inspection nationale des bibliothèques); in ihr arbeitet ein Spezialist für Bibliotheksbau (Bibliothekar), dessen Begutachtung von Neubauplänen, ohne daß eine unmittelbare Anweisungsbefugnis besteht, in praxi beachtet wird. Außerdem ist zur Beratung dieses Ministeriums ein Baukomitee, bestehend aus Architekten und Bibliothekaren, eingesetzt, dessen Vorsitzender der Inspecteur en chef des bibliothèques ist. Vgl. CARL THOMSEN, *The architect and the librarian.* In: Unesco bull. f. libraries 16 (1962) S. 136–140. – Für den Bau allgemeinbildender Bibliotheken in der DDR besteht seit 1963 ein *Institut für Technologie kultureller Einrichtungen,* zuvor (1960) „Büro ...", das seit 1975 mit erweiterter Aufgabenstellung „Institut für Kulturbauten" heißt. Es ist „die wissenschaftliche Einrichtung für die Funktion, die Ökonomie und die Technologie beim Bau kultureller Einrichtungen, die im Aufgabenbereich des Ministeriums für Kultur liegen ..."; darunter fallen u. a. auch Bibliotheken und Museen. Sein Statut besagt u. a.: „Das Institut hat folgende Aufgaben: a) es übernimmt als wissenschaftliche Einrichtung die Forschungs- und Entwicklungsarbeiten für die Funktion, die Ökonomie und die Technologie beim Bau kultureller Einrichtungen; b) es erarbeitet in Abstimmung mit dem VEB Typenprojektierung bei der Deutschen Bauakademie Kennziffern, Richtlinien, Entwurfsgrundlagen und Konzeptionen (Studien) für die Rekonstruktion, den Umbau, den Wiederaufbau und den Neubau kultureller Einrichtungen. Vgl. *Bibliothekar* 17 (1963) S. 780–782.

an, aber bestimmend muß das Interesse des Nutzers sein. In dem Neubau der UB Bonn ist z. B. die Benutzung (dort allerdings mit vertikaler Gliederung) in den Mittelpunkt gestellt worden. Wenn die Fläche ausreicht, bietet sich für große Universalbibliotheken eher das Informationszentrum[1016] an. Es würde umfassen die Kataloge, die bibliographische Handbibliothek einschließlich allgemeiner Enzyklopädien und an Informationsmitteln die übergreifenden und integrierenden, während die fachspezifischen in den Bereich des jeweiligen Fachlesesaals gehörten. Diese Planung würde dem Integrationsprozeß von Bibliothekswesen und Informations/Dokumentationswesen entsprechen.

6.2. Die Verbindung von Lesesaal bzw. Lesesälen mit erweiterten Sonderaufstellungen (Handmagazin) mit freiem Zugang 1. für alle Lesergruppen oder 2. für bestimmte Lesergruppen (Studenten, Fachwissenschaftler). Dafür bieten sich die unmittelbar neben, unter oder über dem Lesesaal bzw. den Lesesälen gelegenen Bereiche an.

Lesesäle mit Sonderaufstellungen

6.3. Unabhängig vom Lesesaalbereich ist die Einrichtung besonderer Freihandbibliotheken nach bestimmten Gesichtspunkten (Lehrbücher, Belletristik, Einführungswerke für verschiedene Wissensgebiete) zu erwägen.

Freihandbibliotheken

7. Ein Fehler der Vergangenheit muß unter allen Umständen vermieden werden, nämlich den Raumbedarf für Diensträume, insbesondere für Bestandsaufbau und Buchbearbeitung nebst künftig dazugehörigen technischen Einrichtungen, aber auch für die allgemeine Verwaltung zu niedrig zu bemessen. Dabei ist unter allen Umständen grundsätzlich, aber ganz speziell für die Buchbearbeitung („Geschäftsgang"), die Einrichtung eines Großraumes oder von Großraum-Trakten zu prüfen und nicht vom Standpunkt lieber Gewohnheiten, sondern nach Zweckmäßigkeit zu entscheiden. Selbstverständlich müssen hierbei die neuesten Erfahrungen, besonders ausländische, ausgewertet werden.[1017]

Diensträume

8. Gegenüber diesen besonderen Bestandsgliederungen sind in der Planung die Proportionen des eigentlichen Magazinbestandes einschließlich der Sondermagazinierung für seltene und kostbare Werke usw. abzugrenzen. Das Hauptmagazin kann, wenn es vom Bauplatz her erforderlich ist,

[1016] Auf die Notwendigkeit, „die Kataloge zum Ausgangspunkt des Bauplanes und zum Zentrum der Bibliotheksanlage" zu machen, hatte bereits WALTER BAUHUIS (*Kataloge im Bauprogramm.* In: Libri 10. 1960 S. 33–39) hingewiesen; er hatte dabei den traditionellen Auskunftsbereich im Auge. – CSABA CSAPODI hat diesen Vorschlag noch erweitert: *Zentrale Handbibliothek im Bauprogramm.* In: Libri 14 (1964) S. 108 bis 112. Entscheidend ist darüber hinaus die oben betonte Einbeziehung von Dokumentationsmaterialien.

[1017] BRUNO STEINIGER, ROLF TACKE u. HEINZ MADY, *Büroraumgestaltung und Büroraumausstattung als Teile der organisatorischen Vorplanung von Verwaltungsbauten.* Leipzig 1964. – GERHARD SCHLITT, *Großraumbüros* In: Dokumentation, Fachbibliothek, Werksbücherei 18 (1970) S. 127–130.

Magazinplanung

teilweise als Kompaktanlage geplant werden, aber *die* Lösung für wissenschaftliche Universalbibliotheken ist das Kompaktsystem nicht. In die Perspektive der Bauentwicklung sind Speicherbibliotheken einzubeziehen (vgl. Kapitel 10.5.).

Rationelle Kommunikation

9. Es genügt nicht mehr, bei der Frage nach Verkürzung des Weges zwischen Buch und Nutzer nur an optimal konstruierte Förderanlagen zu denken, bis hin zu Büchergreifern, die automatisch auf hohe Bücherwände eingestellt werden können. Das wird in der Zukunft nur noch ein Teil des Gesamtproblems sein, das wir zusammengesetzt aus Buchtransport und Veränderungen im Kommunikationsprozeß durch Bibliotheken sehen müssen. Wenn die heute schon bewährten Kommunikationsmittel wie Telex und Faksimiletechnik weiterentwickelt werden, werden sich, von anderen ähnlichen Kommunikationsneuerungen abgesehen, gegenüber den heute bereits wahrnehmbaren Veränderungen durch Reprographie sehr wesentliche Kommunikationswandlungen ergeben. Es wird immer weniger darum gehen, das bestimmte Buch, in diesem Falle richtiger das bestimmte Informationsmittel von seinem Standort zum Nutzer hin zu „befördern“, sondern ihm rationellst die gewünschte Kommunikation zu vermitteln. Das wird konkret bedeuten, den Weg zwischen Standort des Informationsmittels und technischer Kommunikationsumsetzung neu zu bestimmen, das heißt, die technischen Einrichtungen zur Bewältigung des veränderten bibliothekarischen Kommunikationsprozesses an den Aufstellungsort literarischer Dokumente (Magazin und andere massierte Aufstellungsorte) so nahe wie möglich heranzubringen.

Forderungen der sozialistischen Bibliothek

Es geht bei all diesen Überlegungen nicht allein um die mathematische Verkürzung des Weges Buch : Nutzer sowie um Rationalisierungsmaßnahmen schlechthin, sondern auch um ein neues Verhältnis des Nutzers zu den Büchern seiner Bibliothek. Die Bibliothek als Repräsentationsbau ist tot, die neue sozialistische Bibliothek im Werden. Feststeht, daß auch im wissenschaftlichen Bibliothekswesen die Aushändigung bestimmter Bücher aus den von Bibliothekaren hinter den Kulissen der Bibliothek verwalteten Buchbeständen auf ausdrückliche schriftliche Anforderung des Nutzers hin (Bestellung) nicht mehr genügt. Den neuen Bedingungen des Bestandsaufbaus, in dessen Mittelpunkt der Geschäftsgang zu stehen hat, müssen auch neue Formen der Bestandsvermittlung entsprechen.

10.7. Ausblick

Vielfalt der zu berücksichtigenden Gesichtspunkte

Es wird in Zukunft nicht mehr genügen, Bibliotheken vom Standpunkt der betreffenden Institution (Akademie, Hochschule, Institut usw.) zu bauen. Selbst regionale Gesichtspunkte allein werden nicht mehr ausreichen. Es müßte den Rahmen eines Lehrbuchs sprengen, sollten hier noch künftige spezifische Entwicklungsrichtungen skizziert werden, wie sie sich im Prozeß der Automatisierung zwangsläufig ergeben werden. Das könnte ohnehin nur recht spekulativ ausfallen. Um aber die Dynamik und die Notwendigkeit, Auswirkungen neuer, besserer Arbeitsmethoden auf den Bibliotheksbau anzuwenden, wenigstens anzudeuten, sei auf die Tatsache hingewiesen, daß z. B. der verstärkte Einsatz moderner Medien in den allgemeinbildenden Bibliotheken die herkömmlichen Baunormative für diese Bibliotheken durchbricht: Es werden dann im Zuge dieser Entwicklung wesentlich mehr und differenzierte Arbeitsplätze mit durchschnittlich größerem Flächenbedarf je Arbeitsplatz gebraucht werden.[1018] Beim Bibliotheksbau wird es entscheidend darauf ankommen, wie weit sich jedes aufwendige Bauprojekt in das nationale Bibliothekssystem einfügt und wie es dazu beiträgt, die Wirksamkeit dieses Systems für Wissenschaft und Bildung zu erhöhen.

Bibliothek und schöpferisches Arbeitsklima

Nicht um eines durchaus berechtigten Kreativitätsbedürfnisses der Architekten willen, sondern aus der Sicht der gesellschaftlichen Rolle der Bibliothek im Sozialismus müssen wir bei unserem Ausblick die Frage nach der Atmosphäre und nach dem schöpferischen Klima der Bibliothek nochmals aufgreifen. Wir meinen, daß wir neben einer Vielzahl von Bibliothekspunkten als Typenbauten, die in Zukunft neben ihrer pädagogisch-erzieherischen Aufgabe gleichzeitig noch mehr als bisher Zulieferfunktionen zu übernehmen haben werden (Leihverkehr, Weiterleitung von Informationsmitteln, Reprographie etc.), eine größere Zahl von Bibliotheken brauchen, deren Charakter als kulturelle Zentren grundlegend verändert werden muß: weitgehende Auflösung der großräumigen Lesezonen, wo in Reihe und Glied studiert werden muß, zugunsten klubartiger und differenzierter Räume mit verschiedenartigen, individuellen Leseplätzen bei einem großen offenen Buchbestand. Daß dazu nicht nur intimere Arbeitsatmosphäre, damit sich der Nutzer wie zu Hause fühlen kann, sondern auch Einzelarbeitszimmer, Gruppenarbeitsräume und Rekreationsräume gehören, ist selbstverständlich.[1019] An die Stelle der Leseanstalt mit Warnungstafeln muß die einladende attraktive Bibliothek mit Differenzierungen im Buchbestand wie in den Studienmöglichkeiten treten. Bereits in Diskussionen über Baufragen, die 1960 unter Leitung des Ministeriums für Hoch- und Fachschulwesen zwischen Fachkollegen der Deutschen Demokratischen Republik geführt worden sind, wurde festgestellt, daß die Frage nach dem organisierenden Element im Bibliotheksbau zwar verschiedene Antworten zuließe, daß aber „das organisierende Element im weitesten Sinne für die wissenschaftliche Bibliothek der Nutzer ist, der Mensch – der sozialistische Mensch“ [1020] (wobei aus der heutigen Sicht die Einschränkung auf „wissenschaftliche“

1018 WERNER KULLMANN, *Die Mediothek als Aktivitätszentrum für möglichst viele Bürger.* In: Buch u. Bibliothek 26 (1974) S. 797–807.

1019 Man sollte die kritischen Stimmen wissenschaftlicher Arbeiter über Bibliotheken sammeln und auswerten. Als Beispiel HELMUT BONHEIM, Ordinarius f. Anglistik, Köln: *Die Traumbibliothek.* In: Mitteilungsblatt. Verband d. Bibliotheken d. Landes Nordrhein-Westfalen. N. F. 23 (1973) S. 119–122.

Bibliothek fehl am Platze ist). Die Bibliothek der Zukunft wird daher ihre Aufgabe in der sozialistischen Gesellschaft dann am besten erfüllen, wenn sie, den differenzierten Lese-, Studier- und Forschungsbedürfnissen der Nutzer entsprechend, arbeitsteilig strukturiert und organisiert ist und ihre maximale Leistungsfähigkeit in einem Gehäuse erzielt, das auch den wachsenden kulturellen und ästhetischen Anforderungen genügt.
Deshalb gilt für den Bibliotheksbau: Rationalisierung, Standardisierung und Technisierung, um die Büchermassen für den Nutzer leicht, sicher und zügig zu steuern, Flexibilität nicht als durchgängiges Bauprinzip, wohl aber als strukturelle Notwendigkeit, um neuen Entwicklungen innerhalb der nächsten Jahrzehnte begegnen zu können, aber auch funktionsgemäße Individualität und Schönheit der Architektur nach außen und nach innen, um die kulturelle Mission der modernen Bibliothek zum Ausdruck zu bringen.

[1020] *Arbeitstagung „Technik und Bauen" im wiss. Bibliothekswesen d. DDR.* Leipzig, Sept. 1960. Bericht. Berlin 1961 S. 63.

11. Internationale Bibliotheksarbeit

Die internationale Zusammenarbeit der Bibliotheken[1021] gewinnt in der Gegenwart immer mehr an Bedeutung. Einmal drängt das Ringen um den höchsten Nutzeffekt ihrer Arbeit die Bibliothekare zu zwischenstaatlichen technisch-organisatorischen Kontakten und Verbindungen (elektronische Datenverarbeitung, Leihverkehr, Büchertausch, Bibliographie usw.). Zum anderen haben internationale bilaterale oder multilaterale Arbeitsvereinbarungen eine hervorragende politische Bedeutung; sie helfen Brücken zwischen den einzelnen Nationen schlagen und dienen der Freundschaft zwischen den Völkern, vor allem dann, wenn diese Beziehungen über rein technisch-organisatorische Gemeinsamkeiten hinausgelangen (Erfahrungsaustausch, gemeinsame Publikationen usw.).[1022] Das gilt in hervorragendem Maße für die Zeitschrift „Bibliotekovedenie i bibliografija za rubežom", die Kenntnisse der Bibliotheksentwicklung im Ausland, vor allem auch in den Entwicklungsländern vermittelt.

Bedeutung

Bibliothekarische Fachzeitschriften, wie sie in den letzten Jahrzehnten des vorigen Jahrhunderts begründet wurden (Amerika: Library Journal 1876; Zentralblatt für Bibliothekswesen 1884), haben durch ihre Informationen über ausländische Bibliotheksverhältnisse die internationale Gemeinschaftsarbeit zwischen den Bibliotheken gefördert. Auch die bibliothekarischen Berufsverbände (American Library Association 1876, Verein Deutscher Bibliothekare 1900) haben der wechselseitigen Information gedient. Von einigen Ansätzen zu internationaler Zusammenarbeit mittels Konferenzen und Kongressen in der Zeit vor dem ersten Weltkrieg abgesehen, sind praktische Versuche zur dauerhaften Zusammenarbeit erst nach 1918 unternommen worden, insbesondere im Zusammenhang

Rolle der Fachzeitschriften und Berufsverbände

[1021] P. HARVARD-WILLIAMS, *International librarianship.* In: Unesco bull. f. libraries 26 (1972) S. 63–68; der Verf. definiert international librarianship als „Co-operative activity in the field of librarianship done for the benefit of the individual librarian in the whole of the world".

[1022] *International library directory. A world directory of libraries.* London 1963. – RICHARD C. LEWANSKI, *European library directory. A geographical and bibliographical guide.* Comp. Firenze 1968. – *Internationales Bibliotheks-Handbuch. World guide to libraries.* 3. Ausg. T. 1–4. München-Pullach 1970. (Handbuch der technischen Dokumentation u. Bibliographie. Bd. 8.) – *Unesco bull. f. libraries.* Vol. 1. ff. Paris 1947 ff., zweimonatlich. – *Libri.* International library review. [Mit] IFLA-FIAB-communications. Vol. 1 ff. Copenhagen 1950/1951 ff., vierteljährlich. – *International library review.* Vol. 1 ff. London 1969 ff., vierteljährlich.

mit dem Völkerbund. 1922 wurde eine „Völkerbundkommission für die geistige Zusammenarbeit" mit einer „Unterkommission für Bibliographie" gegründet.[1023]

Gründung des IVBV

Von entschieden größerer Bedeutung wurde die Gründung und Tätigkeit des *Internationalen Verbandes der Bibliothekar-Vereine* (IVBV); frz.: Fédération Internationale des Associations de Bibliothécaires, abgekürzt FIAB; engl.: International Federation of Library Associations, abgekürzt IFLA. Er ist im Jahre 1929 als ständige Organisation, zunächst (1927) als *Internationaler Bibliotheksausschuß* entstanden. Vor allem durch seine jährlichen Tagungen, aber auch durch die Wahrnehmung seiner statutengemäß festgelegten Aufgabe, bibliothekarische Weltkongresse durchzuführen, wurde die internationale Zusammenarbeit der Bibliothekarvereine und ihrer Mitglieder gefördert.

nach 1945

Der zweite Weltkrieg unterbrach diese gedeihliche Wirksamkeit. Nach Wiederaufnahme seiner Tätigkeit 1947 gab sich der IVBV 1952 neue Statuten.[1024] Die Leitung des Verbandes übernahm ein Rat (Council). Auch wurde, um eine größere Elastizität der Arbeit des Verbandes zu gewährleisten, eine Reihe regionaler und fachlicher Sektionen neben bereits bestehenden Kommissionen geschaffen. Obwohl auch die neuen Statuten die Abhaltung internationaler Bibliothekskongresse alle fünf Jahre vorsahen, wurde in der Nachkriegszeit bisher nur ein Internationaler Bibliothekskongreß durchgeführt.[1025] Über die geleistete Arbeit des IVBV berichten die von ihm herausgegebenen jährlich erscheinenden *Actes*[1026].

Publikationen

Seit 1962 veröffentlichte das Sekretariat unregelmäßig erscheinende Nachrichten[1027]; ab 1975 (Vol. 1) gibt der IVBV statt dessen vierteljährlich

---

[1023] *Lit.: Handbuch II.* 2. Aufl. Wiesbaden 1961. Kap. 11: *Internationale Bibliotheksarbeit.* 1. HUGO ANDRES KRÜSS, *Von den Anfängen bis zur Zeit des Völkerbundes* (S. 819 bis 834); identisch mit dem entsprechenden Kapitel der 1. Aufl. d. Handbuchs; 2. A. C. BREYCHA-VAUTHIER, *Völkerbund und Vereinte Nationen* (S. 835–844).

[1024] Die Vorgeschichte des IVBV beginnt 1927 mit der Gründung eines Internationalen Komitees für Bibliothekswesen und Bibliographie anläßlich der 50-Jahr-Feier der britischen Library Association in Edinburgh; 1928 fand in Rom die 1. Tagung des Komitees statt. Vgl.: Fédération Internationale des Associations de Bibliothécaires. *Répertoire des associations de bibliothécaires, membres de la Fédération Internationale. Repertoire of the associations of librarians, members of the International Federation.* 7. éd. La Haye 1963 (1. Ausg. 1931) Loseblattausg. Wird fortgesetzt (1970ff.) durch IFLA directory.

[1025] *Congrès international des bibliothèques et des centres de documentation. International congress of libraries and documentation centers.* Bruxelles, 11.–18. sept. 1955. Vol. 1. 2A. 2B. 3. La Haye 1955–1958. Veranstalter waren der IVBV, die FID und die AIBM.

[1026] Seit 1930 unter dem Titel: *Fédération Internationale des Associations de Bibliothécaires. Publications.* Vol. 1. *Actes du Comité International des Bibliothèques.* Uppsala 1930. Solche Kongreßberichte liegen vor von 1930–1939 und wieder ab 1947 jährlich: International Federation of Library Associations. *IFLA Annual 1972. Proceedings of the General Council. Annual Reports...* Pullach b. München 1973; ersch. in dieser Form ab Berichtsjahr 1969, Fortsetzung von: *Actes du Conseil Général. Session 1–34.* 1928–1968. Seit April 1973 ist der Verl. Dokumentation, München-Pullach, vertraglich der Verlag d. IVBV.

[1027] *IFLA News.* International Federation of Library Associations. Munich 1962, No. 1 ff.

das IFLA-Journal heraus. Es will ein Kontaktorgan zwischen den Fachkollegen aller Länder sein, indem es über Aktivitäten dieses internationalen Verbandes unterrichtet und dessen Dokumente und Beschlüsse veröffentlicht. Regelmäßig vierteljährlich werden seit 1953 unter der Rubrik *IFLA communications* in der Zeitschrift *Libri* Mitteilungen über die Verbandsarbeit gebracht.
Nach den „Statuten" besteht der Zweck des Verbandes darin, „die Zusammenarbeit auf dem Gebiet des Bibliothekswesens und der Bibliographie zu fördern und insbesondere Untersuchungen durchzuführen sowie Vorschläge zu machen, die die internationalen Beziehungen zwischen Bibliotheken, Bibliothekarvereinen, Bibliographen und anderen organisierten Gruppen betreffen" (§ 2).[1028]
Aus den Statuten sind ferner folgende Festlegungen wichtig: Statuten
„Die Generalversammlung (General Council) der IFLA legt die Tätigkeit des Verbandes fest. Sie setzt sich aus den Mitgliedern des Vorstandes und den Vertretern zusammen, die von den Mitgliedsverbänden der Föderation nominiert werden" (§ 4).
„Der Vorstand des Verbandes (Executive Board) besteht aus einem Präsidenten, sechs Vizepräsidenten und dem Schatzmeister" (§ 5). Der Vorstand stützt sich in seiner Arbeit auf den Beirat (Consultative Committee); er besteht aus den Mitgliedern des Vorstandes selbst sowie den Präsidenten und Sekretären aller Sektionen und Kommissionen, einem Vertreter jeder Regionalen Gruppe. Damit sind auch bereits die Arbeitsformen des IVBV genannt:
Sektionen für Bibliothekstypen, Kommissionen für Probleme oder Funktionen der Bibliotheken, Regionale Gruppen der Mitgliedsverbände für bestimmte weit entfernt liegende Regionen. Wichtige Anregungen und Informationen über Fortschritte der internationalen Bibliotheksarbeit vermitteln die jährlichen Tagungen des IVBV. Nach dem Stand von 1970 umfaßt der IVBV 86 Vollmitglieder und 172 Beigeordnete Mitglieder.
Zur Rolle, die der IVBV heute im internationalen Bibliothekswesen spielt, ist folgende Feststellung charakteristisch. „Five years ago the International Federation of Library Associations was predominantly a forum for librarianship in Western Europe with some support from the United States. Now it is an organisation of world-wide scope representing libraries in 52 countries. This is something more then growth; it implies a radical change in responsibility and a considerable extension of activities."[1029] Diese neue Qualität des IVBV ist also dadurch entstanden, daß die frühere westeuropäische Internationalität einer neuen weiten Platz zu

erweiterte Internationalität des IVBV

[1028] Abgedruckt u. a. in: *Répertoire des associations de bibliothécaires, membres de la Fédération Internationale.* Die „Statuten" haben 1964 in Rom einige Veränderungen erfahren. Die folgenden Ausführungen zur Struktur und zur Arbeitsweise des IVBV werden bei Vorliegen dieses Lehrbuchs notwendigerweise überholt sein, weil eine grundlegende Neufassung der Statuten z. Z. erarbeitet wird.

[1029] GUSTAV HOFMANN, München, Präsident des IVBV von 1959–1963, in der „Preface" zu *Libraries in the world.* The Hague 1963 S. V.

machen begonnen hat, die außer Europa und den USA auch Afrika, Asien, Australien und Südamerika umfaßt. Aber auch innerhalb Europas hat sich durch stärkere Mitarbeit der sozialistischen Länder, nachdem die UdSSR das Beispiel gegeben hat, eine Veränderung in der Zusammensetzung ergeben. Die Deutsche Demokratische Republik ist seit 1960 im IVBV vertreten; sie wurde, solange ein Bibliotheksverband noch nicht bestand, durch die Deutsche Staatsbibliothek und die Deutsche Bücherei repräsentiert. Seit 1964 gehört ihr der Bibliotheksverband der DDR als volles Mitglied mit Stimmrecht, die beiden genannten zentralen wissenschaftlichen Bibliotheken als beigeordnete Mitglieder ohne Stimmrecht an.[1030]

Perspektive

Rückblick auf die Arbeit des Verbandes in den letzten Jahren und Ausblick auf die nächsten fünf bis zehn Jahre bietet das *Long-term-programme for the International Federation of Library Associations*, das u. d. Titel *Libraries in the world* (The Hague 1963) erschienen ist.[1031]

Verdienste

Besondere fachliche Verdienste hat sich der IVBV[1032] auf folgenden Gebieten erworben: Grundlagen der internationalen Katalogisierungsvorschriften, Festlegungen für die Hauptgebiete der bibliothekarischen Arbeit durch Ausarbeitung von Empfehlungen, insbesondere auf den Gebieten des internationalen Schriftentausches und des Leihverkehrs. Damit ist jedoch lediglich ein Teil, nämlich der meßbare spezielle, der Wirksamkeit des IVBV angedeutet. Viel wichtiger ist es aber, daß der internationale Bibliotheksverband durch seine Existenz und Tätigkeit die Rolle der Bibliotheken in der gesamten Kulturwelt unterstrichen und den Aufbau eines modernen Bibliothekswesens auch in den Ländern gefördert hat, die bisher auf diesem Gebiet infolge ihrer besonderen nationalen Entwicklung noch gehemmt oder zurückgeblieben waren.

ideelle Hilfe des IVBV

Mit seinen Empfehlungen wendet er sich häufig unmittelbar an die Regierungen der Länder, deren Bibliotheksverbände Mitglieder sind. Auf diese Weise gibt er den Bibliotheken eine ideelle Hilfe, die sich vielfach in eine materielle Unterstützung der Arbeit der Bibliothekare umsetzt. Als besonders fruchtbar erweisen sich die persönlichen Kontakte der Bibliothekare aus aller Herren Länder, wie sie durch die jährlichen Tagungen des Rates geschlossen werden, an denen außer den Vertretern der Mitgliedsverbände auch Gäste teilnehmen.[1033]

[1030] Grundsätzliche Ansprachen, Berichte und Arbeitsergebnisse legt der BV der DDR jährlich in deutscher Sprache u. d. T. „Materialien der ... Tagung des Internationalen Verbandes der Bibliothekar-Vereine" vor.

[1031] Deutsche Übersetzung, hrsg. vom BV d. DDR, erschien 1965.

[1032] Vgl. hierzu auch GEORG LEYH, *Die Wirksamkeit des Internationalen Verbandes der Bibliothekar-Vereine in den letzten Jahren.* In: Nordisk tidskrift för bok- och biblioteksväsen 46 (1959) S. 103–110.

[1033] HORST KUNZE, *Der internationale Verband der Bibliothekar-Vereine (IVBV).* In: ZfB 79 (1965) S. 1–5. – ANTHONY THOMPSON, *Brief history of IFLA.* In: IFLA directory 1970/1971. S. 55–63. – Deutscher Bibliotheksverband. *Der Internationale Verband der Bibliothekar-Vereine.* Bearb. v. Erwin Marks. Berlin 1971. – International Federation of Library Associations. *ABC for officers of sections and committees.* The Hague 1972.

Einzelne Organe des IVBV geben eigene Zeitschriften heraus, z. B. die Sektion Fachbibliotheken (Section of special libraries), die „Internationale Zeitschrift für Fachbibliotheken" namens „Inspel".[1034] Der IVBV unterhält unmittelbare und offizielle Beziehungen zu mehreren anderen internationalen Organisationen,[1035] u. a. zu der *Fédération internationale de documentation* (FID)[1036] und der *International organization for standardization* (ISO). Eine Dachorganisation für die Bibliotheken der Welt ist scheinbar eine recht einfache Konstruktion. In Wirklichkeit ist sinnvolle und effektive Aufrechterhaltung einer solchen Weltorganisation eine schwierige Aufgabe, bei deren Lösung immer wieder neue Fragestellungen auftauchen.[1037] Das Grundproblem besteht in der Entscheidung, ob Zentralisation oder Dezentralisation am Platze ist: Sollen alle Bibliothekstypen unter diesem Dach vereinigt werden, und bleiben oder sollen sich spezielle Interessentengruppen in der Nähe des „Hauptgebäudes" des IVBV selbständig ansiedeln und damit auch von sich aus das nahe oder ferne Verhältnis zu ihrer Mutterorganisation bestimmen? Tatsache ist, daß aus dem Schoße des IVBV internationale Organisationen von Bibliothekstypen erwachsen sind, die in der Öffentlichkeit völlig selbständig in Erscheinung treten und z. B. eigene Zeitschriften herausgeben. Nur der Verbandshistoriker erinnert sich noch, daß es sich dabei z. B. um eine ehemalige Sektion des IVBV handelt. Dieser Entwicklungszug einerseits und die Schaffung von internationalen Organisationen andererseits, die Bibliotheken oder bibliothekarische Fragen betreffen, unabhängig vom IVBV oder als Partner neben ihm, hat zu einer beängstigenden Hypertrophie internationaler Organisationen auf dem Felde der Bibliothekswissenschaft sowie der Informations/Dokumentationswissenschaft geführt. Man fragt sich, ob diese Entwicklung gesund ist und ob, gemessen an dem Aufwand, den diese Organisationen erheischen, dabei überhaupt noch von Effektivität die Rede sein kann.

FID ISO

Das Musterbeispiel für eine selbständige Vereinigung von spezifischen Fachbibliotheken ist die 1955 gegründete IATUL[1038]: *International asso-*

IATUL

[1034] Erscheint seit 1966, zunächst als Nachrichtenblatt für Mitglieder, jetzt als Fachzeitschrift mit bibliographischem Wert.

[1035] Eine gute Übersicht über internationale wissenschaftliche Organisationen nach dem neuesten Stand bietet: *International scientific organizations.* A guide to their library, documentation, and information services. Prep. under the direction of Kathrine O. Murra. Ed. by the General Reference and Bibliography Division, Reference Department, Library of Congress. Washington 1962. Mit „List of Acronyms" (Abkürzungen) und Register („Index"). Ergänzend hierzu als reines Abkürzungsverzeichnis: *World list of abbreviations of scientific, technological and commercial organizations.* 2nd ed. London 1960 (erste Ausg. 1959).

[1036] EDITH SCOTT, *IFLA and FID. History and programms.* In: The library quarterly 32 (1962) S. 1–18.

[1037] CURT D. WORMANN, *Aspects of international library co-operation – historical and contemporary.* In: The library quarterly 38 (1968) S. 338–351.

[1038] WERNER DUX, Aufgaben und Wege internationaler Zusammenarbeit zwischen den Bibliotheken an Technischen Hochschulen und Universitäten. Aus d. Arbeit d.

ciation of technological university libraries. Ihr gehören einige Hochschulbibliotheken der DDR als Mitglieder an. Sie hat zwar den Status einer IVBV-Sektion, arbeitet aber im übrigen selbständig. Zunächst gab IATUL ein unregelmäßig erscheinendes Informationsblatt (IATUL newsletters) heraus; es wurde 1966 in eine eigene Verbandszeitschrift (IATUL proceedings) umgewandelt. Auch die Protokolle ihrer Arbeitstagungen werden von IATUL veröffentlicht und vertrieben (IATUL reprints and publications). Nach einem eigenen Statut (1963) ist die Generalversammlung das höchste Organ, das im Abstand von zwei Jahren zusammentritt und den Vorstand wählt. Von diesem nur als Modell belegten Verselbständigungsprozeß abgesehen, leistet die IATUL für ihre Bibliotheken nützliche Arbeit. Wie für technische Hochschul/Universitätsbibliotheken gibt es entsprechende internationale Vereinigungen für alle möglichen Fachgebiete, z. B. für Landwirtschaft (International association of agricultural librarians and documentalists = IAALD), für Jurisprudenz (International association of law libraries = IALL), für Orientalistik (International association of orientalist librarians = IAOL). Eine weitere Wucherung dieser Art ist die International association of metropolitan libraries (INTAMEL), die sich 1968 in Liverpool konstituiert hat.[1039] Sie gilt als Untersektion der Sektion Öffentliche Bibliotheken des Internationalen Verbandes der Bibliothekar-Vereine. In ihr sind Vertreter von Großstadt-Bibliotheken (Städte mit mehr als 400 000 Einwohnern) zusammengefaßt. INTAMEL hat bereits begonnen, eine eigene Publikationstätigkeit zu entfalten und ist im Begriff, sich wie IATUL zu verselbständigen.

andere spezielle Vereinigungen

Aus dieser zentrifugalen Sicht muß man bezweifeln, daß es eine richtige Entscheidung des IVBV-Vorstandes (Executive Board) 1972 in Budapest gewesen ist, die traditionelle Kommission für Ausbildung in eine Sektion Bibliotheksschulen umzuwandeln.

Rolle der LIBER

Eine besonders fragwürdige Vereinigung mit politischem Aspekt ist die 1971 gegründete Ligue des bibliothèques européennes de recherches (LIBER)[1040]. Die regional auf Westeuropa abgegrenzte Organisation wird vom Europarat gefördert und finanziell unterstützt und steht somit im Gegensatz zu der weltoffenen, der Unesco verbundenen Arbeit des IVBV. Das kommt auch darin zum Ausdruck, daß ein großer Teil der LIBER-Mitglieder dem IVBV nicht angeschlossen ist.

Solche Entwicklungen werfen naturgemäß die Frage nach der künftigen

---

IATUL. In: ZfB 79 (1965) S. 5–12. – L. J. VAN DER WOLK, *Organization and activities of the IATUL.* In: Bull. AID 4 (1965) 2, S. 17–19.

[1039] GEORGE CHANDLER, *Internationale Vereinigung der Großstadtbibliotheken.* In: Zukunftsaufgaben öffentlicher Bibliotheken. Festschr. z. 125jähr. Bestehen d. Stadtbücherei Frankfurt a. M. Berlin (West) 1970 S. 77. – INTAMEL. Review of the three year research and exchange programme 1969–1971. – JÜRGEN EYSSEN, *Fünf Jahre INTAMEL (1968–1973).* In: Buch u. Bibliothek 25 (1973) S. 777–781. – JOSEPHINE RISS FANG und ALICE H. SONGE, *INTAMEL.* A worldwide forum on problems of large metropolitan libraries. In: Library journal 98 (1973) S. 1553–1557.

[1040] JEAN-PIERRE CLAVEL, *European associations of research libraries (LIBER).* In: Unesco bull. f. libr. 26 (1972) S. 47–48.

Struktur und Arbeit der Weltorganisation der Bibliotheken (IVBV) auf, die – das muß man in diesem Zusammenhang sehen – dem sichtbaren Integrierungsprozeß von Bibliotheken und Informationseinrichtungen durch eine engere Verbindung (statt wie bisher in loser Kooperation) mit der FID nicht ausweichen kann, ohne zurückzubleiben. Wenn man weiter bedenkt, daß die wachsende Kooperation des internationalen Bibliothekswesens sich in der Herausbildung neuer Bibliotheksländer (Entwicklungsländer) deutlich widerspiegelt, so daß mit einer Vermehrung der Mitgliedsstaaten des IVBV und dadurch auch aus allen Kontinenten mit wachsenden Anforderungen an den IVBV zu rechnen ist, muß die Perspektive der Weltorganisation problematisch erscheinen. Es sind daher auch seit Jahren schon Tendenzen erkennbar, die darauf abzielen, beginnend mit einer Teilung Europas in eine westliche und eine östliche Gruppe, regionale Gruppen außerhalb Europas zu schaffen; damit würden ganz neue Probleme der Verbandsführung aufgeworfen werden.

Perspektive IVBV – FID – Beziehungen

Verständlich ist auch, daß das Bedürfnis nach Kooperation gerade bei den sogenannten internationalen Bibliotheken vom Typ „Bibliothek der Vereinten Nationen" in New York[1041] besonders rege gewesen ist, weil diese bibliothekarischen Einrichtungen zwar im Auftrage einer Organisation, aber im übrigen isoliert ihre Aufgaben erfüllen. Sie gehören den Bibliotheksverbänden der Länder, in denen sie ihren Sitz haben, meist nicht an. Infolge ihres besonderen Status sind auch ihre Beziehungen zum IVBV besonderer Art. So ist es 1963 zu einem Zusammenschluß dieser Bibliotheken in der Association of international libraries (AIL) gekommen; diese Organisation hat bereits vielerlei nützliche Aktivitäten entfaltet.[1042]

internationale Bibliotheken

Unter den internationalen Organisationen dieser Art hat sich die *Internationale Vereinigung der Musikbibliotheken* (IVMB) / *Association internationale des bibliothèques musicales* (AIBM)[1043] ausgezeichnet. Sie bezweckt, die Zusammenarbeit zwischen den Musikbibliotheken der Welt enger zu gestalten und hat bereits große Gemeinschaftswerke aufgebaut.[1044] In der DDR besteht eine nationale Ländergruppe der IVMB.[1045]

IVMB/AIBM

Die internationale Bibliotheksarbeit zunächst des eigenen Landes, der USA, dann auch der westlichen Welt, hat auch der *Council on library resources*, Inc.[1046], USA, mit seinem Sitz in Washington, gefördert; er ist

---

[1041] JOSEF STUMMVOLL, *Die „Dag Hammarskjöld-Bibliothek" der Vereinten Nationen in New York.* In: Libri 12 (1962) S. 97–110. – DORIS CRUGER DALE, *The United Nations library: Its origin and development.* Chicago 1970.

[1042] JOSEPHINE RISS FANG und ALICE H. SONGE, *The Association of international libraries.* In: Library journal 98 (1973) S. 2403–2407; mit Lit.verz.

[1043] HANS-MARTIN PLESSKE, *Geschichte und Funktion der Internationalen Vereinigung der Musikbibliotheken (IVMB).* In: ZfB 86 (1972) S. 352–359.

[1044] Zum Beispiel das *Répertoire international des sources musicales (RISM).*

[1045] Sie gibt unregelmäßig erscheinende *Informationen. AIBM. Ländergruppe Deutsche Demokratische Republik* heraus. 1. 1960 enthält die Statuten der Ländergruppe DDR.

[1046] Der Council berichtet über seine Tätigkeit jährlich in seinem *Annual report for the period ending...* Washington 1 ff. 1957 ff.

Council on Library Resources

1956 von der Ford-Stiftung ins Leben gerufen worden. Darüber hinaus hat der Council auch einige wichtige internationale Gemeinschaftswerke, die z.T. vom IVBV organisiert oder angeregt worden sind, materiell unterstützt.[1047]

Unesco

Besonders vorteilhaft für die Arbeit des IVBV hat sich die enge Zusammenarbeit mit der *Unesco* erwiesen, die seit dem Ende des zweiten Weltkrieges – in sehr viel stärkerem Maße als seinerzeit der Völkerbund – zu ihrem Förderer geworden ist. Der Leiter der Bibliotheksabteilung der Unesco erstattet auf den jährlichen Tagungen des IFLA-Rates Bericht über die Arbeit seiner Abteilung für das internationale Bibliothekswesen.

Allgemeines

Die *United Nations educational, scientific and cultural organization (Unesco)*[1048] wurde 1945 in London auf Vorschlag der Alliierten Erziehungsminister gegründet (Verfassung 1946); sie ist eine besondere Organisation der Vereinten Nationen (United Nations=UN). Ihr gehören grundsätzlich alle Mitglieder der UN an; andere Staaten können auf Vorschlag des Executive Board und bei zwei Drittel Stimmenmehrheit als Mitglieder in die Unesco aufgenommen werden. Sie hält alle zwei Jahre Generalkonferenzen ab, auf denen sie über ihre Arbeit Rechenschaft ablegt und die nächsten Aufgaben festlegt.

Ziele und Aufgaben

Ziel der Unesco ist es, „einen Beitrag zum Frieden und zur Sicherheit zu leisten, und zwar durch die Förderung der Zusammenarbeit zwischen den Völkern auf dem Wege der Erziehung, der Wissenschaft und Kultur, um auf diese Weise die Achtung der Gerechtigkeit, des Gesetzes, der Menschenrechte und der grundlegenden Freiheiten in der ganzen Welt für jedermann, ohne Rücksicht auf Rasse, Geschlecht, Sprache oder Religion, zu sichern", wie dies die Satzung der Vereinten Nationen für alle Völker vorsieht (Artikel I: Ziele und Aufgaben). Auf dem Gebiet des Bibliothekswesens insbesondere ist die Unesco bestrebt, die Bibliotheksarbeit, Bibliographie und Dokumentation zu verbessern, die Bildung nationaler Fachverbände zu fördern und die internationalen Verbände (IVBV, FID) sachlich und finanziell zu unterstützen.

Bibliotheksfragen

Die Bibliotheks- und Informationsfragen nehmen in der Tätigkeit der Unesco einen breiten Raum ein.[1049]

Auch seitens der Unesco werden die Gemeinsamkeiten von Bibliotheks-, Informations- und Archivwesen grundsätzlich gefördert. Das kommt u.a. darin zum Ausdruck, daß seit 1968 statt bis dahin getrennten Abteilungen für diese Bereiche ein einheitliches Department of documentation, libra-

---

[1047] Zum Beispiel das *Répertoire international des sources musicales (RISM)*, die *Pariser Katalogkonferenz* 1961 sowie damit zusammenhängende vorbereitende Konferenzen.

[1048] Sitz: Paris. Anschrift Place de Fontenoy, Paris-7e. What is Unesco? 8. ed. Paris 1970. (Unesco information manuals.) – VADIM K. SOBAKIN, *Unesco, Probleme und Perspektiven.* Moskau 1972. – *Looking at Unesco.* 2. ed. Paris 1973; „for the information of the general public".

[1049] *A summary of Unesco's activities in the fields of libraries, documentation and archives,* 1967–1971. In: Unesco bull. f. libraries 25 (1971) S.318–331.

Unesco

Organization of the Secretariat, 1973-74

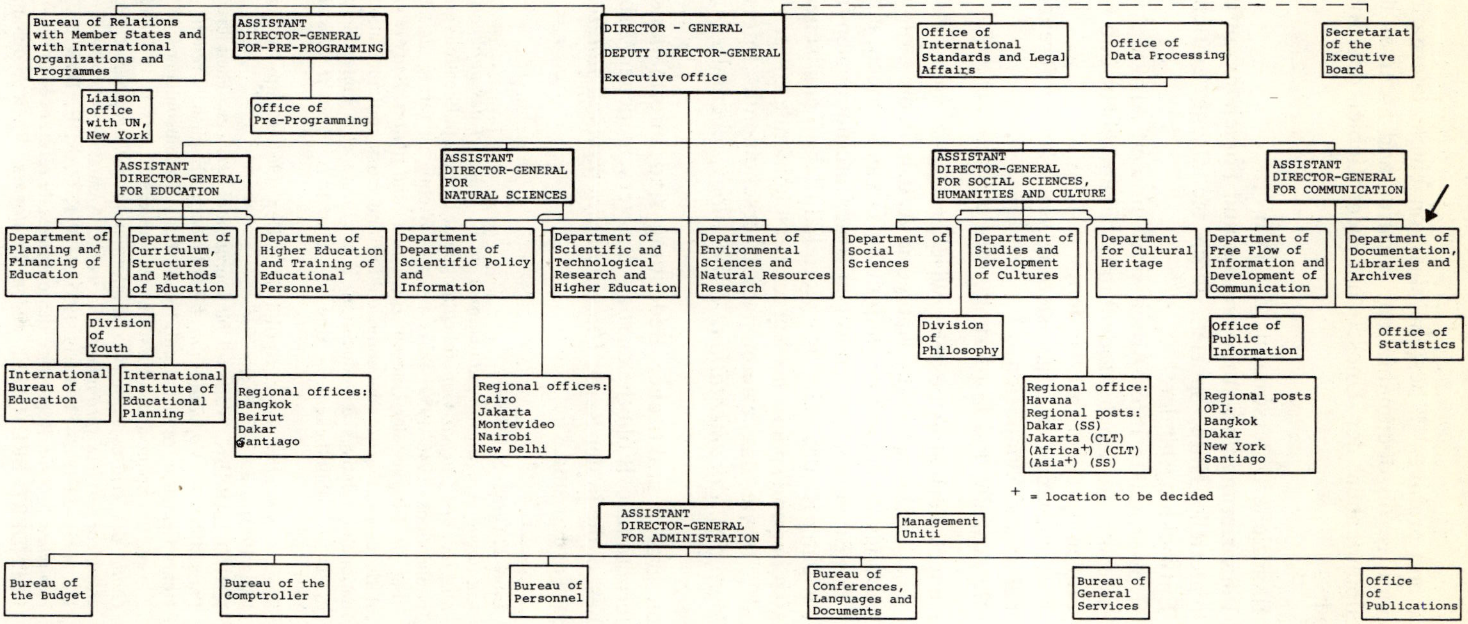

Aus: Looking at Unesco. 2. ed. Paris 1973.

ries and archives[1050] besteht, das von einem internationalen Advisory committee on documentation, libraries and archives unterstützt wird. Hauptaufgaben der Unesco auf dem Gebiet des Bibliothekswesens sind:

- finanzielle Unterstützung des IVBV;
- Finanzierung von Studienreisen und Forschungsaufträgen;
- materielle Hilfe, speziell durch technische Einrichtungen, für die Entwicklungsländer;
- Schwerpunkte ihrer Arbeit sind zur Zeit Afrika, Asien und Lateinamerika, in denen Modellbibliotheken gebaut und regionale Konferenzen durchgeführt werden;
- Finanzierung der Organisierung von Fachkonferenzen, Spezialseminaren und Symposien;
- Herausgabe und Förderung von Publikationen.[1051]

Ein enges Verhältnis besteht zwischen Unesco und IVBV: Der IVBV ist seitens der Unesco in die Kategorie A, d. h. in die Gruppe der besonders förderungswürdigen internationalen Organisationen, eingereiht worden. Für das Bibliothekswesen wegen seines internationalen Informationswertes wichtig ist das seit 1947 vierteljährlich in englischer, französischer, russischer und spanischer Sprache erscheinende *Unesco bulletin for libraries*[1052] sowie das zweimonatlich erscheinende Informationsblatt *Bibliography, documentation, terminology*, ebenfalls viersprachig (seit 1961).

Unesco bulletin

Von großer praktischer Bedeutung sind Informationswerke über die internationale Bibliotheksarbeit auf verschiedenen Arbeitsgebieten der Unesco, die in der Reihe *Unesco bibliographical handbooks* herausgegeben worden sind.[1053]

Handbücher

[1050] Libri 22 (1968) S. 103–104.

[1051] *Catalogue général des publications de l'Unesco et des publications parues sous les auspices de l'Unesco.* General catalogue of Unesco publications and Unesco sponsored publications. 1946–1959. Paris 1962. – Wichtig ist ferner als allgemeiner Überblick über die Tätigkeit der Unesco: *Basic facts and figures. Faits et chiffres.* International statistics relating to education, culture and mass communication. Statistiques internationales relatives à l'éducation, à la culture et à l'information. 1961. Paris 1962 (S. 80–98: Bibliotheken). – Unesco. *What it is. What it does. How it works.* Paris 1971.

[1052] Dazu: *Cumulative index.* April 1947 – Dec. 1961. Comp. by Margery Le Chatelier. Paris 1963.

[1053] KNUD LARSEN, *National bibliographical services.* Their creation and operation. Paris 1953. – *Vocabularium bibliothecarii.* English, French, German. Begun by Henri Lemaitre, rev. and enl. by Anthony Thompson. Paris 1953. Suppl. 1958 (Die 2., rev., um Spanisch u. Russisch erweiterte Aufl. ersch. 1970 außerhalb der Reihe). – *Guide des centres nationaux d'information bibliographique.* Paris 1953. – *Bibliographical services throughout the world.* Annual reports. By Louise-Noëlle Malclès, 1/2, 1951–52/1952–53. Paris 1955. – P. K. GARDE, *Directory of reference works published in Asia.* Répertoire des ouvrages de référence publiés en Asie. Paris 1956. – LEENDERT BRUMMEL, *Union catalogues,* Their problems and organization.

Die Deutsche Demokratische Republik ist seit 1972 Mitglied der Unesco. Zur Vorbereitung ihrer Mitarbeit in dieser Weltorganisation ist die *Kommission für Unesco-Arbeit der DDR*[1054] seit 1963 tätig[1055]; ihr gehören auch Vertreter des Bibliothekswesens an. Seit 1964 gibt diese Kommission ein Informations-Bulletin[1056] heraus. Kommission für Unesco-Arbeit der DDR

Nach den *Principles governing United Nations depository libraries* vom 20. Dezember 1955 sind in der DDR Depositärbibliotheken der UN die Deutsche Staatsbibliothek (seit 1957) und die Deutsche Bücherei (seit 1964); bereits seit 1949 ist die Deutsche Staatsbibliothek Depositärbibliothek der Unesco. UN-Depositärbibliotheken

Nach Jahren der Vorbereitung in verschiedenen Arbeitsgruppen wurde auf Veranlassung und mit Unterstützung der Unesco sowie des ICSU (International council of scientific unions) 1970 Unisist = United Nations international system of information, both scientific and technical[1057] geboren. Positiv gesehen, will Unisist ein Weltinformationssystem bewirken, negativ steht dahinter die richtige Einsicht, daß in den entwikkelten Ländern die nationalen Informationssysteme schneller und unterschiedlicher denn je gewuchert sind, so daß man von einer Informationskrise sprechen muß. Für die Entwicklungsländer müßte eine auf einheitlichen Prinzipien beruhende Organisierung ihnen gemäßer nationaler Informationssysteme beträchtliche Vorteile haben. Ein internationales Informationssystem würde ein weitgehend gleichmäßiges Vorgehen, z. B. durch abgestimmte und kontrollierte Standards zur Voraussetzung haben. Dadurch würde der unkomplizierte und ungehinderte Austausch von Unisist

---

Paris 1956. – *Étude des bibliographies courantes des publications officielles nationales.* A study of current bibliographies of national official publications. Guide sommaire et inventaire ... Réd. Jean Meyriat. Paris 1958. – *Repertorio de publicationes periódicas actuales latinoamericanas.* Por Unión panamericana. Directory of current Latin America periodicals... Répertoire des périodiques en cours publiés en Amérique Latine... Paris 1958. – ROBERT L. COLLISON, *Bibliographical services throughout the world 1950–1959.* Paris 1961.

1054 Vgl. *Verordnung über das Statut der Kommission für Unesco-Arbeit der Deutschen Demokratischen Republik vom 29. Mai 1963.* In: GBl. II 1963 S. 353–354.

1055 *Bekanntmachung über das Inkrafttreten der Verfassung der Organisation der Vereinten Nationen für Erziehung, Wissenschaft und Kultur (UNESCO) vom 16. November 1945 für die Deutsche Demokratische Republik vom 27. Dezember 1972.* In: GBl. II 1973 S. 1–15.

1056 *Informationen, Kommission f. Unesco-Arbeit d. DDR.* Berlin. Monatlich, seit März 1964.

1057 *Unisist. Study report on the feasibility of a World science information system by the United Nations educational, scientific and cultural organization and the International council of scientific unions.* Paris 1971. – *Unisist. Conférence intergouvernementale pour l'établissement d'un système mondial d'information scientifique.* Rapport final. Paris 1971. Besprechung dieser Veröffentlichungen in: Bulletin des bibliothèques de France 18 (1973) S. 135–152 (Eric de Grolier). – A. WYSOCKI und J. TOCATLIAN, *A world science information system.* In: Unesco bull. f. libraries 25 (1971) S. 62–66. – Seit 1973 erscheint als Informationsblatt: *Unisist newsletter,* unregelmäßig, 4- bis 6mal jährl. Hrsg. v. Unesco, division of scientific and technological information and documentation.

Informationen ermöglicht, dessen Vorteil für alle beteiligten Länder unbestritten wäre. Zur Durchführung eines so weltweiten Programms sind gewaltige Anstrengungen erforderlich, die zu bestimmen das Anliegen einer ersten Studie (Study report on the feasibility of Unisist) gewesen ist. Das Aktionsprogramm, das nach einer internationalen Beratung 1971 als Empfehlung erarbeitet wurde, konzentrierte sich auf

1. Hilfsmittel zur Verknüpfung von Systemen untereinander,
2. Stärkung der dazu erforderlichen Institutionen,
3. Verstärkung des Arbeitskräftepotentials,
4. Klärung der wirtschaftlichen und politischen Bedingungen,
5. wissenschaftliche und technische Information in Entwicklungsländern.

Neben nationalen Investitionen beträchtlichen Ausmaßes sind natürlich auch internationale Steuerungen, z. B. durch einen gewiß nicht kleinen internationalen Lenkungsausschuß, erforderlich. Es kann kein Zweifel bestehen, daß die Realisierung von Unisist einen gewaltigen wirtschaftlichen und wissenschaftlichen Aufwand erfordern und daß nur eine schrittweise Annäherung an das große Ziel möglich sein wird.

UBC

Ein gleichfalls weltweit konzipiertes System stellt die Universale Bibliographische Kontrolle, engl. Universal bibliographic control (UBC) dar; es wird von der Unesco und dem IVBV gefördert. Zu dem Anliegen dieses Systems für die Kontrolle und den Austausch bibliographischer Informationen heißt es in der offiziellen Definition: „The purpose of the system is to make universally and promptly available, in a form which is internationally acceptable, basic bibliographic data on all publications issued in all countries.“ [1057a] Der Grundgedanke von UBC ist nicht neu.[1057b] Es geht um ein langfristiges komplexes Programm vernünftiger Vereinheitlichungsbestrebungen auf bibliographischem Gebiet. Natürlich kann ein solches internationales System nur auf der Grundlage nationaler Komponenten zustande kommen, die bibliographisch nach einheitlichen Gesichtspunkten arbeiten. Es soll alle verlegerischen und bibliothekarischen Aktivitäten umfassen. Da eine gut ausgebaute Nationalbibliographie der Zentralnerv jedes nationalen bibliographischen Netzes ist, muß ein wichtiger Punkt in der UBC-Konzeption das Funktionieren der nationalen Bibliographien sein: die einmalige Verzeichnung jeder Druckschrift eines Landes in Übereinstimmung mit internationalen Standards, die sowohl für manuelle als auch für automatisierte Systeme Anwendung finden können. Das besagen die Richtlinien der Unesco für die nationale

---

[1057a] Zit. nach der vom IVBV herausgegebenen Druckschrift von DOROTHY ANDERSON, *Universal bibliographic control.* A long term policy, a plan for action. München 1974. D. Anderson ist der derzeitige Direktor von IFLA International Office for UBC. – Ferner: FRANZ GEORG KALTWASSER, *Universal bibliographical control (UBC).* In: Unesco bull. f. libraries 25 (1971) S. 252–259.

[1057b] D. Anderson in der oben zitierten Publikation S. 15: The concept of UBC is not new (= Überschrift).

und internationale Tätigkeit nationaler Informationssysteme (National Information System, abgekürzt NATIS)[1057c]. In diesem Zusammenhang mit NATIS und UBC stellt sich eine Reihe von traditionellen Fragen in einer neuen Bewertung: Nationalbibliothek, Nationalbibliographie, Pflichtexemplarregelung, vermehrt um IBBD(M) und ISBB (S), ISBN und ISSN, letztere zwei besonders im Zusammenhang mit dem Unisist-Programm.

NATIS

Manche dieser Probleme greifen also ineinander. Es bedarf schon einiger bibliothekarischer Kenntnisse und Erfahrung, um ein richtiges Verhältnis zu dem Wert und zu der Bedeutung all der „Inter-" Unternehmungen zu finden, wie sie seit einigen Jahren mit Vehemenz aus dem internationalen Boden schießen. Nicht alles daran ist immer originell, und zuweilen muß man Spreu vom Weizen zu sondern verstehen, z. B. wenn Mißbrauch mit diesen wohlüberlegten Bezeichnungen getrieben wird.

Ein anderes bedeutsames, aber gleichfalls schwer durchführbares Unternehmen hat die Unesco 1971 mit dem sogenannten International system on research in documentation (ISORID) gestartet. Zu bemängeln ist, daß trotz mehrfacher Proteste an der unzulänglichen Bezeichnung festgehalten wird. Geht es doch darum: „ISORID is an information system established by Unesco in co-operation with the International federation for documentation (FID), to collect, organize, analyse and disseminate information on research activities and efforts in the field of documentation, libraries and archives." [1058] Die sachlich richtige Einbeziehung der Forschung in Bibliotheken und Archiven kommt also durch ihre Bezeichnung nicht zum Ausdruck. In den einzelnen Ländern, die Mitglieder der Unesco sind, sollen nationale Zentren zur Übermittlung solcher Informationen an die Unesco (National information transfer centres – NITCs) geschaffen oder bei bestehenden Einrichtungen (Nationale Informationszentren, Staats- und Nationalbibliotheken) institutionalisiert werden. Die Unesco publiziert die gesammelten Informationen in vielfältigen Formen (laufend, kumuliert usw.). Bei weltweitem Funktionieren könnte ISORID außerordentlich nützlich für die bibliotheks- und informationswissenschaftliche Forschung werden.

ISORID

Eine besondere Aufgabe besteht für das Bibliothekswesen der DDR in der Zusammenarbeit mit den sozialistischen Ländern, mit denen es eine gemeinsame Weltanschauung und eine gleichartige ökonomische Basis verbindet. Über die bilateralen „Abkommen für kulturelle Zusammenarbeit" (vgl. Kap. 4.1.4.4.2.) hinaus sind auf dem Gebiet dieser engeren internationalen Zusammenarbeit schon wesentliche Ergebnisse zu verzeichnen.[1059] So wurde über einen laufenden Erfahrungs-, Bibliographien- und Arbeitsmittel-Austausch hinaus innerhalb der sozialistischen Länder

Zusammenarbeit mit den sozialistischen Ländern

[1057c] *National Information Systems (NATIS).* Objectives for national and international action. Unesco. Paris 1974.

[1058] Vgl. Unesco bull. f. libraries 27 (1973) S. 294.

[1059] HORST KUNZE, *Die Zusammenarbeit der Bibliotheken der sozialistischen Länder.* In: ZfB 84 (1970) S. 156–162.

Stand und Ergebnisse

eine Reihe von internationalen Kongressen durchgeführt, und zwar zu Fragen der Bibliographie in Warschau (1957)[1060], Ausbildungsfragen in Prag (1959)[1061], zur Inkunabelforschung in Berlin (1960)[1062] und zu Gegenstand und Methoden der Bibliothekswissenschaft in Berlin (1962)[1063]. Die Weiterführung und Intensivierung dieser Arbeit bleibt eine wichtige Aufgabe der Zukunft. Dabei wird ein enger Anschluß an die bereits außerhalb des Bibliothekswesens bestehenden Einrichtungen für die Zusammenarbeit der sozialistischen Länder zu suchen sein. Ständige Kontakte durch gemeinsame Beratungen unterhalten zur Zeit die Ausbildungseinrichtungen, die National- und Staatsbibliotheken, die wissenschaftlich-methodischen Einrichtungen sowie die Experten für Bau, Einrichtung und Ausstattung von Bibliotheken in den europäischen sozialistischen Ländern.

RGW

Getragen vom proletarischen Internationalismus, hat das Streben nach Vertiefung der internationalen wirtschaftlichen und technisch-wissenschaftlichen Zusammenarbeit der sozialistischen Länder 1949 zur Gründung des *Rates für gegenseitige Wirtschaftshilfe* (abgek. RGW; russ. Sovet Ekonomičeskoj Vzaimopomošči, SEV) geführt. Seine Hauptaufgabe besteht in der planmäßigen Verwirklichung der sozialistischen internationalen Arbeitsteilung durch gründliche Spezialisierung und Kooperation der Produktion für wichtige Zweige der Volkswirtschaft, wobei u. a. der Entwicklung der neuesten Technik und ihrer Anwendung besondere Aufmerksamkeit gewidmet wird. Der RGW ist eine Organisation souveräner Staaten und beruht auf den Prinzipien der Gleichberechtigung,[1064] der gegenseitigen Respektierung der nationalen Interessen und der kameradschaftlichen gegenseitigen Hilfe. Die Beschlüsse des Rates stellen Empfehlungen dar. Die Funktion, Aufgabenstellung und Arbeitsweise des RGW regelt ein Statut von 1959.[1065]

Arbeitsmethoden

Der Rat hat *Ständige Kommissionen für wirtschaftliche und technisch-wissenschaftliche Zusammenarbeit* ... auf den verschiedensten Gebieten

---

[1060] Biblioteka Narodowa. *Conférence internationale de bibliographie sur les problèmes de la bibliographie nationale.* Warszawa, 19.–21. IX. 1957. Warszawa 1961. Titel poln., russ. u. franz. Texte russ., franz. u. zum Teil poln.

[1061] Vgl. Kap. 9: Die Mitarbeiter der Bibliotheken, Anm. 940.

[1062] HANS LÜLFING, *Die Konferenz der Inkunabelbibliothekare der sozialistischen Länder in Berlin, 11.–12. Aug. 1959.* In: ZfB 73 (1959) S. 489–501. Mit Beschlüssen.

[1063] Vgl. Kap. 9: Die Mitarbeiter der Bibliotheken, Anm. 940.

[1064] NIKOLAJ VASIL'EVIČ FADDEEV, *Der Rat für Gegenseitige Wirtschaftshilfe.* Berlin 1965. – E. T. USENKO, *Sozialistische internationale Arbeitsteilung und ihre rechtliche Regelung.* Berlin 1966. – STANISLAV IVANOVIČ STEPANENKO, *Organizacija sotrudničestva stran-členov SEV v oblasti standartizacii.* Moskva 1968. – OLEG TIMOFEEVIČ BOGOMOLOV, *Theorie und Methodologie der internationalen sozialistischen Arbeitsteilung.* Berlin 1969. – *Dvadcat' let dejatel'nosti Soveta Ekonomičeskoj Vzaimopomošči.* Obzor. Moskva 1969. – Dokumente RGW. *Über die Vertiefung und Vervollkommnung der Zusammenarbeit und Entwicklung der sozialistischen ökonomischen Integration.* Berlin 1971.

[1065] Russ. u. dt. Fassung vgl. GBl. I 1960 S. 283–292.

gebildet. Zur Unterstützung ihrer Arbeit können die Ständigen Kommissionen Arbeitsgruppen einsetzen. Außerdem bedient er sich für seine Arbeit besonderer Organe der zweiseitigen Arbeit, z. B. „Ständiger Kommissionen für technisch-wissenschaftliche Zusammenarbeit der Deutschen Demokratischen Republik mit ...“, d. h. mit den einzelnen sozialistischen Ländern. Der RGW hat bereits Wesentliches zur Koordinierung auf dem Gebiet der Dokumentations- und Informationstätigkeit geleistet. 1962 wurden je eine Kommission für Standardisierung sowie für Koordinierung der wissenschaftlich-technischen Forschung[1066] gebildet, letztere mit dem besonderen Auftrag der langfristigen Planung der Forschung. Seit 1969 werden gemeinsame Untersuchungen zur Theorie und Technik des EDV-Einsatzes im Bereich der wissenschaftlich-technischen Information sowie Forschungen zur Mechanisierung und Automatisierung bibliothekarisch-bibliographischer Prozesse in wissenschaftlich-technischen Bibliotheken betrieben. Leitinstitut für diese Arbeiten ist die Staatliche öffentliche wissenschaftlich-technische Bibliothek der UdSSR in Moskau; daran beteiligen sich auch Bibliotheken der DDR. Es ist zu wünschen, daß diese internationale Zusammenarbeit künftig auf weitere Bibliothekstypen und bibliothekarische Prozesse ausgedehnt werden wird.

nordeuropäische Länder

Positiv zu bewerten sind auch andere multilaterale Kooperationsbeziehungen, z. B. zwischen Ländern, die, durch gemeinsame Kultur und auch weitgehend durch sprachliche Verständigung verbunden, regionale Traditionen aufzuweisen haben, wie die skandinavischen Länder, deren erste Kooperationsergebnisse durch den Scandia-Plan der ganzen bibliothekarischen Welt bekannt geworden sind. Hier haben sich neue beachtenswerte Entwicklungen ergeben, und weitere zukunftsträchtige bahnen sich an. 1970 wurde ein *Nordic Committee for information and documentation* (NORDOK) durch die Regierungen Dänemarks, Finnlands, Norwegens und Schwedens gegründet. Die Inauguration erfolgte Anfang 1972. Es geht um Ausdehnung der Kooperation auf den Gebieten der Information und Dokumentation zwischen diesen Ländern. Mehrere Projekte sind gemeinsam in Angriff genommen worden bzw. geplant. Hierzu muß man wissen, daß es für das skandinavische Bibliothekswesen bereits einen Ausschuß für Zusammenarbeit der skandinavischen wissenschaftlichen Bibliotheken gibt. Und so wie in Finnland die zwei nationalen Ausschüsse, der eine für wissenschaftliche Bibliotheken (seit 1954), der andere für wissenschaftliche Information (seit 1969) 1972 in einem *Beirat für das wissenschaftliche Informations- und Bibliothekswesen* vereinigt worden sind,[1067] so ist auch die Fusionierung der oben genannten zentralen skandinavischen Gremien für die nächste Zukunft beabsichtigt.

Auswertung der Arbeitsergebnisse

Die internationale Bibliotheksarbeit, ihre Fortschritte und Arbeitsergeb-

---

1066 Bei dieser Kommission ist z. B. eine Arbeitsgruppe für Probleme der wissenschaftlich-technischen Information tätig.

1067 ESKO HÄKLI, *Neue Entwicklungen im wiss. Bibliotheks- und Informationswesen Finnlands.* In: ZfB 87 (1973) S. 68.

nisse – das ist das eine. Das andere ist die Auswertung der besten Erfolge anderer Länder, wie sie durch bilaterale und multilaterale Kooperation vermittelt werden, für das eigene nationale Bibliothekswesen.[1068] Hier erweisen sich zwar nationale Zentren für wissenschaftlich-methodische Arbeit als sehr nützlich, wie sie das Bibliothekswesen der DDR in dem Methodischen Zentrum für wissenschaftliche Bibliotheken und dem Zentralinstitut für Bibliothekswesen besitzt. Auch die vorbildliche Auswertung internationaler bibliothekarischer Fortschritte, wie sie die UdSSR außerdem sowohl durch retrospektive Übersichten als auch durch laufende Berichterstattung[1069] vornimmt und dadurch zu deren Verbreitung beiträgt, ist eine beachtenswerte Methode zur Nutzung neuer theoretischer und praktischer Arbeitsergebnisse des Auslands. Trotzdem wäre es des Nachdenkens wert, wie sich diese Umsetzung etwa durch thematische Studien und abgegrenzte Fortschrittsberichte noch verbessern ließe, denn die Beteiligung an internationaler Zusammenarbeit ist ein ökonomisch immer aufwendiger werdender Faktor in der Bibliotheksarbeit.

vergleichende Bibliothekswissenschaft

In dem letzten Jahrzehnt ist, von den USA ausgehend, viel Aufhebens von der vergleichenden Bibliothekswissenschaft[1070] (comparitive librarianship) gemacht worden. Eine international akzeptable Definition hat dieses neue Untersuchungsgebiet noch nicht anzubieten, wohl aber gibt es viele individuelle Auffassungen dazu, weil es immer wieder verführerisch ist, die einfachsten Dinge kompliziert zu machen, um ihre Neuartigkeit zu erweisen. Wenn jemand einen Einzelgegenstand der Bibliotheksarbeit, z. B. den Bestandsaufbau, in seinem Lande mit den Gepflogenheiten und Auffassungen eines anderen Landes (wie es u. a. J. Periam Danton bereits 1963 getan hat[1071]) oder mehrerer fremder Länder analysierend vergleicht, so betreibt er vergleichende Bibliothekswissen-

[1068] Die Pflege internationaler fachlicher Beziehungen ist eine der zwei Hauptaufgaben des Bibliotheksverbandes der DDR, der für diesen besonderen Bereich eine Kommission eingesetzt hat. In der BRD ist 1963 als zentrale Einrichtung des Vereins Deutscher Bibliothekare, des Vereins der Diplom-Bibliothekare und des Deutschen Büchereiverbandes eine *Bibliothekarische Auslandsstelle* gegründet worden, die Auslandskontakte aller Art, vor allem mit nationalen Institutionen des Auslands und internationalen Organisationen (IVBV), pflegen sowie den Personalaustausch fördern soll; vgl. ZfBB 11 (1964) S. 69–70.

[1069] *Bibliotekovedenie i bibliografija za rubežom.* Sbornik. Vyp. 1ff. Moskva 1958ff. – *Informacija o bibliotečnom dele i bibliografii za rubežom.* Sbornik materialov. 1961–1962ff. Moskva 1963ff. – *Bibliotekovedenie i bibliografija v zarubežnych stranach.* Referaty statej. 1970ff. Moskva 1971ff. – *Bibliotečnoe delo v zarubežnych stranach.* Moskva 1965.

[1070] *A handbook of comparative librarianship.* Ed. by S. Simsova and M. Mackee. London 1970. Vgl. Besprechung v. J. PERIAM DANTON in: The library quarterly 40 (1970) S. 449–450; H. KUNZE in: ZfB 86 (1972) S. 37–39. – ELISABETH GRAHAM, *The problems of comparing the library service of different countries.* London 1973. – *Journal of library history, philosophy and comparative librarianship.* Jg. 1 (1966) Florida, USA.

[1071] *Book selection and collections: a comparison of German and American university libraries.* New York and London 1963. (Columbia University studies in library service. 12.) 2. Aufl. 1975.

schaft. Bei allem Modischen, das diesem Arbeitsgebiet anhaftet, und trotz der Fragwürdigkeit mancher angelaufenen Untersuchung hierzu könnten einschlägige abgegrenzte und fundierte, d. h. wissenschaftlich gut vorbereitete Arbeiten auf diesem Gebiet auf der langen Strecke eines bewirken: die überall traditionell herangewachsene nationale Enge der Bibliothekswissenschaft und insbesondere ihres Kernfachs Bibliothekslehre um eine bibliothekarische Auslandskunde zu bereichern und auf diese Weise zu einer internationalen Verständigung der Bibliothekare beizutragen. Wenn sie jedoch oberflächlich und unwissenschaftlich betrieben wird, indem sie gegebene Unterschiede der Gesellschaftsformationen nicht gebührend berücksichtigt, besteht die Gefahr, daß sie schiefe Urteile heraufbeschwört oder aus politischen Gründen manipulierte Vorurteile gar noch festigt. Das bedeutete aber, daß eine solche vergleichende Bibliothekswissenschaft mehr schadete als nützte.

Gerade die Bemühungen um eine vergleichende Bibliothekswissenschaft führen auf Gedanken zurück, die schon Ende vorigen Jahrhunderts von Ferdinand Eichler und Arnim Graesel geäußert worden sind. Eine der Begründungen Eichlers für die Schaffung von Bibliotheksmuseen lautet: „Das Bibliotheksmuseum wird eine historische und eine vergleichende Aufgabe erfüllen.“[1072] Über einige Ansätze sind wir seitdem in dieser Hinsicht, international gesehen, nicht hinausgelangt. Es scheint aber der Zeitpunkt gekommen zu sein, um diese Ideen zu realisieren, wobei zugleich die bewahrende Funktion als auch die aktuelle Aufgabe, vergleichende Studien zu fördern, ins Gewicht fallen sollten. Ihren vollen Nutzen brächten diese Einrichtungen, wenn sie als museale Sammlungen internationaler Bibliotheksarbeit angelegt würden.

[1072] FERDINAND EICHLER, *Bibliothekspolitik am Ausgang des 19. Jahrhunderts.* Leipzig 1897 S. 14–18. – ARNIM GRAESEL, *Über Bibliotheksmuseen.* In: Börsenblatt f. d. Dt. Buchhandel 64 (1897) S. 7361–7362. – ARTHUR R. VON VINCENTI, *Eine bibliothekstechnische Lehrmittelsammlung.* In: ZfB 41 (1924) S. 430–445. – Im Aufbau befindet sich neuerdings ein internationales Bibliotheksmuseum (International library museum) in den Niederlanden. Vgl. Unesco bull. f. libraries 27 (1973) S. 238.

Register

Substantiva sind, soweit sinnvoll, im Singular angesetzt. Mehrdeutigen Begriffen ist in runder Klammer eine erläuternde Angabe hinzugefügt. Bei Personennamen ist auf eine zusätzliche Berufsangabe verzichtet worden, da es sich überwiegend um Bibliothekare handelt. Einzelne Bibliotheken und andere wissenschaftliche Einrichtungen stehen unter dem Ort. Ausnahmen bilden Bibliotheken und andere Einrichtungen mit zentralen Aufgaben (Staats-, Nationalbibliotheken, Zentralinstitute usw.). Bei Angabe der Seitenzahlen steht die Hauptstelle am Anfang; bei Unterschlagwörtern ist sie vorausstehend als „Allgemeines" gekennzeichnet. Die alphabetische Ordnung erfolgt im wesentlichen nach den „Regeln f. d. Alphabetische Katalogisierung (RAK)".
Registerhinweise auf Anmerkungen erfolgen durch: Seitenzahl – Schrägstrich – Anmerkungsnummer, also 133/257.